TRATADO DE

DIREITO CIVIL

IV

PESSOAS

ANTÓNIO MENEZES CORDEIRO
CATEDRÁTICO DA FACULDADE DE DIREITO DE LISBOA

TRATADO DE DIREITO CIVIL

IV

PESSOAS

5.ª edição
(revista e atualizada)

com a colaboração de

A. BARRETO MENEZES CORDEIRO, LLM
Doutor em Direito
Professor auxiliar da FDL

ALMEDINA
2019

TRATADO DE DIREITO CIVIL

AUTOR
ANTÓNIO MENEZES CORDEIRO

EDITOR
EDIÇÕES ALMEDINA, SA
Rua Fernandes Tomás n.os 76-80
3000-167 Coimbra
Tel.: 239 851 904
Fax: 239 851 901
www.almedina.net
editora@almedina.net

DESIGN DE CAPA
FBA

PRÉ-IMPRESSÃO
EDIÇÕES ALMEDINA, SA

IMPRESSÃO E ACABAMENTO

Abril, 2019

DEPÓSITO LEGAL
/19

Biblioteca Nacional de Portugal – Catalogação na Publicação

CORDEIRO, António Meneses, 1953-

Tratado de Direito Civil – 5.ª ed. rev. e atualizado
4.º v.: Pessoas

ISBN 978-972-40-7897-7

CDU 347

ADVERTÊNCIAS

A presente 5.ª edição do volume IV do *Tratado de Direito Civil*, relativo às pessoas, acompanha a produção lusófona e a estrangeira, nos planos da legislação, da jurisprudência e da doutrina. O essencial das atualizações deve-se a António Barreto Menezes Cordeiro: sem ele, a presente edição não seria possível. Ressalve-se a nova rubrica relativa ao regime do maior acompanhado, introduzido pela Lei n.º 49/2018, de 14 de agosto, da nossa autoria.

A atualização abrange elementos publicados até janeiro de 2019.

Apesar do cuidado posto na sua revisão, nem os Autores, nem a Editora se responsabilizam pelas indicações legislativas. Os práticos são convidados a confrontar, permanentemente, as precisas leis em vigor.

Lisboa, março de 2019.

ÍNDICE DO QUARTO VOLUME

PARTE IV - PESSOAS

CAPÍTULO I - A PESSOA NO DIREITO CIVIL

§ 1.º Ser humano e pessoa

CAPÍTULO II - O DIREITO DE PERSONALIDADE

SECÇÃO I - DESENVOLVIMENTO E ÂMBITO

§ 2.º Origem e evolução

§ 3.º A experiência lusófona

§ 4.º A jurisprudência portuguesa

SECÇÃO II – DOUTRINA GERAL

§ 5.º Construção dogmática

§ 6.º Características dos direitos de personalidade

§ 7.º Modalidades e regime geral

SECÇÃO III – AS FIGURAS AFINS

§ 8.º O problema das figuras afins; os direitos do homem

§ 9.º Os direitos fundamentais

§ 10.º Direitos e liberdades fundamentais no Direito europeu

SECÇÃO IV – OS DIREITOS DE PERSONALIDADE EM ESPECIAL

§ 11.º O direito à vida e à integridade física

§ 12.º O direito à integridade moral, ao bom nome e à reputação

§ 13.º O direito ao nome

§ 14.º As cartas-missivas confidenciais

§ 15.º O direito à imagem

§ 16.º O direito à reserva sobre a intimidade da vida privada

SECÇÃO V – DIREITO AO NOME (EXCURSO): DIREITO NOBILIÁRQUICO PORTUGUÊS (BREVE EXPOSIÇÃO)

§ 17.º O regime tradicional português dos títulos nobiliárquicos

§ 18.º **Os títulos nobiliárquicos nos regimes republicanos**

§ 19.º **Os títulos nobiliárquicos no Direito civil português vigente**

§ 20.º **Os títulos nobiliárquicos e a questão constitucional de 2007**

CAPÍTULO III – PESSOAS SINGULARES

SECÇÃO I – O INÍCIO DA PERSONALIDADE

§ 21.º **O problema da tutela pré-natal**

§ 22.º **A tutela civil do nascituro**

§ 23.º **Aquisição de personalidade e de capacidade**

SECÇÃO II – ELEMENTOS DOS ESTADOS DAS PESSOAS

§ 24.º **Estados e registo**

§ 25.º **O registo civil**

§ 26.º **A identidade**

§ 27.º **O sexo**

§ 28.º **Domicílio**

§ 29.º **Ausência e morte presumida**

SECÇÃO III – OS MENORES

§ 30.º **A situação dos menores**

§ 31.º **A proteção dos menores**

SECÇÃO IV – OS MAIORES COM NECESSIDADES ESPECIAIS

§ 32.º **Necessidades especiais: nota histórico-comparatística**

§ 33.º **Direito internacional e Direito europeu**

§ 34.º **Origem e evolução do Direito português**

§ 35.º **A reforma de 2018**

§ 36.º **O acompanhamento**

SECÇÃO V – O TERMO DA PERSONALIDADE

§ 37.º **A morte**

§ 38.º **As consequências da morte**

§ 39.º **A tutela *post mortem***

CAPÍTULO IV – PESSOAS COLETIVAS EM GERAL

SECÇÃO I – A PERSONALIDADE COLETIVA

§ 40.º **Terminologia e origens**

§ 41.º **O pensamento de Savigny**

§ 42.º **Doutrinas tradicionais**

§ 43.º **Tendências recentes e posição adotada**

SECÇÃO II – PESSOAS RUDIMENTARES E FIGURAS AFINS

§ 44.º **As pessoas coletivas rudimentares**

§ 45.º **Figuras afins**

SECÇÃO III – CLASSIFICAÇÕES DE PESSOAS COLETIVAS

§ 46.º **Critérios de classificação**

§ 47.º **Tipologia de pessoas coletivas privadas**

SECÇÃO IV – DOGMÁTICA BÁSICA

§ 48.º **Sistema de fontes**

§ 49.º **Elementos essenciais**

§ 50.º **Organização e funcionamento**

§ 51.º **A capacidade e a atuação**

§ 52.º **A formação; aquisição de personalidade**

§ 53.º **As vicissitudes**

SECÇÃO V – O LEVANTAMENTO DA PERSONALIDADE COLETIVA

§ 54.º **Origens e evolução do levantamento da personalidade**

§ 55.º **Situações típicas de levantamento**

§ 56.º **As teorias do levantamento**

§ 57.º **Importância prática em Portugal e posição adotada**

CAPÍTULO V – PESSOAS COLETIVAS EM ESPECIAL

SECÇÃO I – ASSOCIAÇÕES

§ 58.º **Características gerais e constituição das associações**

§ 59.º **A posição dos associados**

§ 60.º **A assembleia geral das associações**

§ 61.º **A administração e o conselho fiscal das associações**

§ 62.º **A modificação e a extinção das associações**

§ 63.º **Associações dotadas de regimes especiais**

SECÇÃO II – FUNDAÇÕES

§ 64.º **Coordenadas históricas e comparatísticas**

§ 65.º **Direito europeu**

§ 66.º **Características gerais e instituição das fundações**

§ 67.º **Funcionamento, modificação e extinção das fundações**

SECÇÃO III – ASSOCIAÇÕES SEM PERSONALIDADE JURÍDICA E COMISSÕES ESPECIAIS

§ 68.º **Associações sem personalidade jurídica (ASP)**

§ 69.º **Comissões especiais**

SECÇÃO IV – SOCIEDADES CIVIS PURAS

§ 70.º **A evolução geral das sociedades civis**

§ 71.º **As sociedades civis puras no Direito português**

§ 72.º **A eventual reforma**

PARTE IV

PESSOAS

CAPÍTULO I

A PESSOA NO DIREITO CIVIL

§ 1.º SER HUMANO E PESSOA

1. A origem da Humanidade

I. No estado atual dos nossos conhecimentos, a espécie humana terá surgido em África, no decurso dos últimos quatro milhões de anos. Em 1999, foram tornados públicos resultados de pesquisas, depois confirmadas, que permitem reportar, a datas bastante recuadas, o seu aparecimento.

O homem moderno pertence à família dos hominóides que, dentro dos primatas, agrupa ainda, além dele, o gibão, o siamangue, o orangotango, o gorila e o chimpanzé. Na teoria evolucionista hoje dominante, foi antepassado comum destas espécies o *proconsul africanus*, que teria vivido no centro de África, no Miocénio inferior e médio: entre 22 e 16 milhões de anos, no passado[1]. De capacidade cerebral reduzida – 180 cm^3, contra 1 400 para o homem moderno –, tratar-se-ia de um quadrúpede arborícola.

II. A evolução subsequente ter-se-á operado mais a Norte e a Leste. Modificações climatéricas ditaram o progressivo aparecimento de clareiras, obrigando, no final do Miocénio superior – 8 milhões de anos – os hominóides a descer das árvores e a procurar, em terra aberta, alimentos de localização mais complexa. Ainda a partir dessa época, deu-se uma irradiação

[1] O primeiro crânio do *proconsul africanus* foi encontrado por Mary Leakey, em 1948, na Ilha de Bussinga, no Lago Vitória (hoje, Nyanza). Anteriormente e desde 1930, haviam sido localizados outros despojos desta espécie; a designação *proconsul* foi encontrada pelo conservador do *British Museum*, A. Hopwood, inspirado num chimpanzé de nome Consul que, nos anos trinta do século XX, era exibido em Londres: vestido, de bicicleta e fumando cachimbo. O *proconsul africanus* agruparia, ele próprio, várias espécies.

de hominóides em direcção ao Sul (*australopithecus*), à Ásia Oriental e à própria Europa. Todavia, a literatura especializada atual mantém o entendimento dominante de que o homem teve uma origem unitária e africana; as sucessivas vagas de hominóides primitivos, que deixaram África e se expandiram, não teriam deixado descendentes.

Novas alterações climatéricas e a divisão da África, pelo Vale do Rift, numa área ocidental florestada e numa área oriental de savana conduziram a uma evolução que originou o homem. Nas zonas florestadas, os hominóides mantiveram-se (ou regressaram) às árvores, enquanto, no Leste, a adaptação aos espaços abertos facilitou a bipedia. Efetivamente, de entre os hominóides, o homem é o único bípede, numa característica muitas vezes usada para o isolar, na evolução das espécies, dos tipos aparentados.

Os primeiros *australopithecus* bípedes terão vivido ao longo da segunda metade do Pliocénio – há cerca de 4 milhões de anos[2].

III. Antecedendo o homem moderno, terá havido múltiplas linhas evolutivas[3]. Os estudiosos retêm, como a mais promissora, a linhagem dos hominóides omnívoros, capazes de regimes carnívoros, particularmente vantajosos para o desenvolvimento do cérebro. Dentro dos hominóides emergiram, assim, os homídios, de volume encefálico crescente: 440 cm^3 para o *australopithecus africanus* (3 milhões de anos), 640 cm^3 para o *homo habilis* (2 milhões de anos), 900 cm^3 para o *homo erectus* (1 milhão de anos) e 1 400 cm^3 para o *homo sapiens* ou homem moderno (200.000 anos); essa data, mercê de estudos publicados pelo Instituto Max Planck de Leipzig em 2017 e em face de descobertas feitas em Marrocos, foi recuada para 300.000 anos). O *homo sapiens* ainda originou derivações, como a do homem de Neanderthal, depois extintas. Quedou a espécie atual, também dita *homo sapiens sapiens*.

O *homo habilis* fabricava diversos instrumentos, designadamente para talhar a carne e esmagar os grãos; o uso de instrumentos – na sequência hoje admitida – conduz ao desenvolvimento do cérebro, sendo permitido por mãos adequadas. Todavia, não é possível explicar ainda o influxo dos diversos fatores na hominização. Nos últimos 20.000 anos,

[2] Uma súmula de elementos disponíveis pode ser confrontada em Isabelle Bourdial/ /Pedro Lima, *Qui a inventé l'homme*, Science & Vie 1026 (Março, 2003), 49-57.

[3] Estão recenseadas sete espécies do género *australopithecus*, todas africanas: *anamensis*, *afarensis* – inclui o espécimen "Lucy" –, *loisei*, *aethiopicus*, *robustus*, *africanus* e *bahrelghazali*.

mantém-se uma tendência clara para a redução do volume encefálico – 1 569 cm^3, em média e para os homens, no Paleolítico superior, contra 1 436 cm^3 para o europeu moderno – sem que se conheça o sentido e a razão de tal fenómeno.

Trabalhos recentes admitem a presença, em solo africano, do *homo*, já há 3,5 milhões de anos.

IV. O uso do fogo documenta-se há 450.000 anos, sendo discutível um seu domínio anterior. A sedentarização tem sido recuada, até aos 50.000 anos. A partir daí, a especialização dentro dos grupos humanos, a utilização de uma linguagem articulada, capaz de transmitir ideias abstratas, a (melhor) sobrevivência das comunidades (mais) organizadas – com a concomitante capacidade de resolver racionalmente as oposições de interesses, por forma a conseguir uma aceitação livre pelos envolvidos, numa primeira e primitiva ideia de "justiça" – as trocas, a propriedade e o Direito terão feito a sua aparição.

A espécie humana (re)colonizou os Continentes, ainda em períodos recuados. Muito mais tarde surgiram as primeiras civilizações e, depois, num crescendo histórico, as civilizações da Antiguidade, a civilização chinesa, a civilização ocidental greco-latina cristã e a civilização tecnológica planetária, hoje imperante[4].

2. O ser humano

I. A determinação naturalística do ser humano levanta dúvidas históricas. Como foi referido, a hominização só com imprecisão pode ser

[4] Sobre toda a matéria da origem da Humanidade, *vide Les origines de l'homme/ /Dossier*, Pour la Science (1999) e, particularmente, os trabalhos aí contidos, de Yves Coppens, *La saga de nos ancêtres* e *Une histoire de l'origine des hominidés*, Louis de Bonis, *Les grands ancêtres*, Meave Leakey/Alan Walker, *Les premiers bipèdes en Afrique*, Neville Agnew/Martha Demas, *Les empreintes de Laetoli*, Anne-Marie Bacon, *Les australopithèques*, Robert Blumenschine/John Cavallo, *Nos ancêtres des charognards?*, Robert Martin, *La taille du cerveau et l'évolution humaine*, Brigitte Senut, *Les humains les plus anciens*, Ramiro Javier March/Jean-Laurent Monnier, *Les plus anciennes traces de feu*, Véronique Barriel, *L'origine génétique de l'homme moderne* e Yuval Noah Harari, *Sapiens/A Brief History of Humankind* (2015), 512 pp., traduzido em várias línguas. Todos estes trabalhos vêm acompanhados por indicações bibliográficas.

localizada no espaço e no tempo. Tanto quanto se sabe, ela foi ocorrendo progressivamente, dentro de comunidades de hominóides.

Curiosamente, as múltiplas espécies aparentadas aos *homines* mais antigos, mas não humanas, desapareceram. O homem ocupa uma posição isolada, surgindo, como espécies mais próximas, o chimpanzé e o gorila, que se terão separado do tronco comum há 10 milhões de anos.

Biologicamente, a definição do *homo sapiens* – mais completamente: *homo sapiens sapiens* – como espécie não suscita dúvidas: não há qualquer espécie próxima, ao ponto de provocar problemas de delimitação. A sua identificação física é imediata: bipedia, crâneo, linguagem e postura humana constituem traços imediatos e indiscutíveis, seja qual for a raça em presença.

Também podemos considerar adquirida a pertença das diversas raças humanas a uma única e mesma espécie. O argumento da interfertilidade dominou, durante anos. Atualmente, a análise do ADN permite fixar a identidade das espécies, em termos de rigor matemático. A essa luz, as raças humanas são muito próximas: variam, entre si, muito menos do que sucede dentro de diversas outras espécies.

II. O ser humano é o produto de um conjunto de 27.000 genes articulado num genoma: o genoma humano. Consta de 23 pares de cromossomas, presentes nas diversas células do organismo. Os cromossomas, por seu turno, são pares de moléculas de ADN[5], susceptíveis de se replicar.

A estrutura do ADN foi descoberta por James Watson e Francis Crick em 1953, no que ficará como, porventura, a maior descoberta científica do século XX. Os genes humanos correspondem a combinações de elementos constitutivos basilares; estes, traduzidos em letras convencionais, ocupariam 5.000 volumes de cerca de 350 páginas.

A partir dos anos 90 do século XX, foi lançado o Projeto de Genoma Humano, tendente ao levantamento dos diversos cromossomas[6]. A tarefa, gigantesca, ficou concluída no início de 2001. A sequência do genoma humano, menos extensa do que o suposto, pode hoje ser parcialmente con-

[5] Iniciais de ácido desoxiribonucleico; no estudo da sua estrutura, levado a cabo por Watson e Crick, abaixo referidos, foi precursora Rosalind Franklin, prematuramente desaparecida.

[6] *Vide*, de entre a vasta literatura de divulgação, Kevin Davies, *Cracking the Genome/Inside the Race to Unlock Human DNA* (2001), 1 ss. A UNESCO ocupou-se do tema, adotando a Declaração Universal sobre o Genoma Humano e os Direitos Humanos, de 11-nov.-1997.

sultada na *Internet*[7]. De todo o modo, conhecimentos empíricos baseados, designadamente, em estudos de anomalias hereditárias permitiam já conhecer o papel, pelo menos tendencial, dos diversos cromossomas[8]. O aproveitamento científico, político e económico destes conhecimentos coloca problemas que o Direito deve acompanhar, sem entravar o progresso científico, mas com salvaguarda dos valores do Homem.

A identificação do genoma humano permite aproximar todos os *homines sapientes*, determinando as fronteiras exatas da espécie.

III. Os conhecimentos disponíveis sobre a origem do homem e a sua natureza são recentes: datam dos séculos XIX e XX. Continuamente, pontos adquiridos são revistos. Áreas importantes, sobretudo quanto aos precisos momentos da hominização, estão pouco claras. Também não conhecemos com rigor os mecanismos naturais (admitindo, *a priori*, que sejam naturais) que terão levado ao aparecimento do *homo sapiens*. A vida terá surgido, na Terra, há 4 biliões de anos – a data tem sido sucessivamente recuada, parecendo aproximar-se cada vez mais da da própria formação do Planeta; todavia, só há cerca de 500 milhões de anos assumiu formas complexas, datando a vida inteligente dos últimos momentos planetários. Porquê e porque então – e não antes ou não depois – é questão a que não sabemos responder.

Neste momento, os mecanismos da vida e da sua evolução são conhecidos: o seu porquê está por explicar. Os cientistas – permanecendo no campo da Ciência – tendem hoje a acentuar o extraordinário número de coincidências cósmicas necessário para possibilitar a tripla e crescente singularidade da Terra, da vida e do homem[9]. Domina, na atual literatura de divulgação científica, a ideia – certamente passível de revisão – de que, no Cosmos

[7] http://genome.ucsc.edu/

[8] Em especial: Matt Ridley, *Genome/The autobiography of a species in 23 chapters* (2000); há tradução portuguesa da versão de 1999, de Carla Rego, *Genoma* (2001).

[9] Entre outros aspetos, um planeta tipo Terra, capaz de abrigar a vida, teria de: não pertencer a uma galáxia ativa, sujeita aos sobressaltos do seu núcleo; ficar no bordo da sua galáxia, por forma a gozar de uma longa tranquilidade; orbitar em torno de uma estrela estável e de larga esperança de vida; situar-se na "zona habitável", de modo a comportar água líquida; dispor de planetas exteriores (tipo Júpiter), capazes de deter a maioria dos asteróides suscetíveis de o atingir; beneficiar de um grande satélite estável (tipo Lua), que assegure um eixo de rotação seguro; mover-se numa órbita (quase) circular e em rotação rápida; deter um núcleo de ferro suficientemente maciço para, em conjunto com a Lua, gerar um campo magnético que o defenda da radiação solar; conhecer uma tectónica das

e a ser natural, o fenómeno humano é único ou, pelo menos, muito raro. E não está assente que se trate de um fenómeno estável, capaz de perdurar, em termos planetariamente significativos, durante algum tempo. A própria inteligência, soltando-se das leis naturais que a terão originado, poderá conter os germes da sua destruição, seja diretamente, seja pelo aniquilamento do seu *habitat* natural. A incapacidade gritante, patenteada pela civilização planetária atual, de limitar o aquecimento global do Planeta – e isso mesmo dispondo (ainda) de meios para o fazer – constitui um grave sinal de alarme.

IV. O Direito decorre da vertente social da hominização. A crescente complexidade da vida humana, particularmente desde o momento em que a especialização das tarefas fez a sua aparição, levou ao estabelecimento de instâncias próprias de aprendizagem e de aplicação de regras de conduta social. O Direito separou-se, por essa via, das restantes ordens normativas.

Normalmente, os estudiosos associam as origens do Direito ao mercado, às trocas e à propriedade. O próprio *homo sapiens*, provavelmente por ser óbvio, não adquiriu, no imediato, relevância jurídica. Direitos apa-

placas, que promova um equilíbrio entre o calor do núcleo e a crosta; dispor de meios naturais capazes de manter o CO_2 em níveis baixos.

As explorações, em curso, de Marte, de Vénus e dos satélites de Júpiter e de Saturno, afastam hipóteses de vida no sistema solar, fora da Terra. O progressivo conhecimento de planetas extrassolares (em 1-jan.-2019, estavam confirmados 3.946, enquanto cerca de 2.000 aguardavam validação), essencialmente constituídos por planetas gigantes a pouca distância da sua estrela, planetas esses que terão emigrado para as posições que ocupam, destruindo quaisquer "terras" no seu percurso), mostra as dificuldades naturais de planetas telúricos, em zonas habitáveis. Além disso: a modelização dos sistemas planetários e as simulações informáticas da sua formação, cada vez mais aperfeiçoadas, evidenciam que um sistema tipo "Sol" exige um improvável equilíbrio, na sua origem.

Porventura mais perturbante do que tudo isso: a vida surgiu na Terra há cerca de 4.000 milhões de anos; mas manteve-se ao nível de bactérias, só tendo assumido uma feição pluricelular os últimos 500 milhões. Depois disso, esses 500 milhões quase se esgotaram, até surgir o homem, homem esse que só nos últimos duzentos anos alcançou a revolução industrial.

A própria Terra logrou, ao longo de milhares de milhões de anos, montar um esquema de equilíbrio do carbono, que tem garantido uma estabilidade de temperaturas, mau grado o permanente incremento do Sol. Veremos por quanto tempo.

Com os conhecimentos atuais, o Homem surge como uma singularidade improvável: ou está só, ou tem hipóteses ínfimas de, jamais, encontrar outra espécie inteligente. Mas – há que frisá-lo – tudo isso pode ser revisto, à medida que se aprofunde o estudo do Cosmos e da própria Terra.

rentemente tão evidentes, como os de personalidade, apenas no século XIX lograram, com dificuldades, uma certa consagração jurídica. Além disso, a qualidade de "ser humano" também não foi transposta, desde logo, para o Direito. Sintomaticamente falta, nas línguas latinas, uma expressão simples para designar o "ser humano" equivalente, por exemplo, a *Mensch*, na língua alemã. *Homem* tem um alcance menos universalista, enquanto *pessoa* corresponde a uma abstração já com o cunho do jurídico, como adiante melhor se verá.

V. O ser humano pode, num prisma ontológico, suportar diversas reflexões[10]. Na doutrina dos estratos, de Hartmann[11], devidamente transposta[12], encontramos, no ser humano, sucessivamente, um estrato animal, um estrato psíquico e um estrato espiritual. Apenas este último seria, em exclusivo, humano, abrindo as portas da racionalidade e da autorreflexão.

O Direito civil não trata o ser humano no seu estrato ontológico espiritual. Sem negar mérito à reflexão filosófica, particularmente à doutrina dos estratos, devemos ter presente que a mesma não tem um alcance "geográfico" (Henkel): os estratos não se separam, antes se interpenetrando. Os apelos à natureza espiritual do ser humano, quando desgarrados, amputam-no da sua riqueza biológica e psíquica, representada pelo cérebro, ele próprio dependente do conjunto do corpo[13]. Torna-se oportuno lembrar aqui as prevenções de Larenz/Canaris contra o esvaziamento dos conceitos provocado pela sua excessiva generalização e de que a "pessoa" será dos mais acabados exemplos[14].

A hominização surgiu quando os *homines* lograram elevar a sua onticidade animal, psíquica e espiritual a um nível que permitiu armazenar e transmitir conhecimentos. Estes, atingindo uma certa massa crítica, originaram a História, tal como a conhecemos.

[10] Com indicações: Chr. Grawe, *Mensch/Einleitung* HWPh 5 (1980), 1059-1061, bem como as subsequentes entradas de *Mensch*.

[11] Nicolai Hartmann, *Das Problem des geistigen Seins*, 2.ª ed. (1949), 15 ss.

[12] Heinrich Henkel, *Einführung in die Rechtsphilosophie*, 2.ª ed. (1977), 240 ss.

[13] Recordamos António R. Damásio, *O erro de Descartes/Emoção, razão e cérebro humano*, trad. port. (1994).

[14] Karl Larenz/Claus-Wilhelm Canaris, *Methodenlehre der Rechtswissenschaft*, 3.ª ed. (1995), 282 ss. (284).

3. A pessoa

I. Todo o Direito existe por causa dos homens[15]. Trata-se de um aforismo clássico que, todavia, está ainda longe de esgotar os seus reflexos, no Direito civil.

Como foi dito, as ideias que cedo se impuseram, em termos normativos, foram a do contrato e a da propriedade: desde o momento em que a especialização se tornou possível, os homens encontraram-se no mercado para trocar excedentes pelos produtos de que necessitavam. Surgiu o contrato e, daí, a ideia de propriedade: apenas com o mútuo reconhecimento da propriedade se explicava a troca.

II. Já a ideia de pessoa foi bem mais lenta: ela exigia uma forte abstração. Além disso, implicava uma série de contraposições que só a História foi afeiçoando[16].

No Direito romano, havia a noção de *cives* ou cidadão. Era política, traduzindo a plenitude dos poderes suscetíveis de exercício no quadro da *respublica*. Ao *cives* contrapunha-se o *servus* ou escravo, simples *res*. De permeio ficavam diversas categorias de *homines* que, não sendo escravos, também não dispunham da plenitude das prerrogativas jurídicas.

III. O próprio termo *persona*[17] traduzia a máscara[18], usada em representações teatrais, pelos atores. Passaria a designar as personagens retratadas, os figurantes e, por fim, os agentes em geral[19]. Não se passou, daí, a uma ideia de sujeito de direitos; esta última figura também só muito mais

[15] Hermoginiano, D. 1.5.2.: *cum igitur hominum causa omne ius constitutum sit* (...) = Okko Behrends/Rolf Knütel/Berthold Kupisch/Hans Hermann Seiler, *Corpus iuris civilis/Text und Übersetzung* II (1995), 117-118.

[16] *Vide* Hans Hattenhauer, *"Person"/Zur Geschichte eines Begriffs*, JuS 1982, 405-411 e Thomas Duve, HKK/BGB I – *Allgemeiner Teil* (2003), §§ 1-14, Nr. 4 ss. (169-170).

[17] Grego *πϱοσοπων*; *vide* Siegmund Schlossmann, *Persona und πϱοσοπων im Recht und im Christlichen Dogma* (1906), 11 ss. e 35 ss.

[18] Etimologicamente, *persona* vem de *per sonare*: soar através de: os atores falavam através da máscara (a *persona*), o que melhoraria a acústica. A *persona* terá sido introduzida em Roma, vinda da Grécia, pelo ator Roscius, em 100 a. C..

[19] Gustav Nass, *Person, Persönlichkeit und juristische Person* (1964), 10, Bernardo Albanese, *Persona (diritto romano)*, ED XXXIII (1983), 169-181 (170) e Jean-Marc Trigeaud, *La personne*, ADP 34 (1989), 103-121 (104 ss.).

tarde se viria a impor. Seria necessária uma evolução milenária, impulsionada pelo cristianismo e rematada pelo liberalismo, para se alcançar a ideia de que todo o ser humano tem igual qualidade, no tocante a encabeçar direitos e obrigações, o que é dizer, a ser destinatário de normas jurídicas.

IV. Atualmente, todo o ser humano é uma pessoa. Mas o Direito admite que possam ainda ser consideradas pessoas, realidades não correspondentes a seres humanos: associações, fundações, sociedades e o próprio Estado, como exemplos, juridicamente ditos "pessoas coletivas".

Historicamente, não é possível definir ou explicitar, de modo cabal, a pessoa através do ser humano: além de "pessoa" só recentemente se ter tornado num conceito manuseável, seres humanos havia que não eram reconhecidos como "pessoas". Dogmaticamente, também não há correspondência: temos hoje pessoas – as referidas pessoas coletivas – que não são seres humanos. E o próprio ser humano ainda não nascido – juridicamente denominado "nascituro" – não tem sido, civilmente, considerado como pessoa idêntica às demais.

Por isso e embora a matriz da ideia seja, obviamente, o ser humano, a pessoa é definida, em termos dogmáticos, como a susceptibilidade de ser titular de direitos e de ficar adstrito a obrigações[20].

O direito subjetivo é o produto de uma norma jurídica permissiva, enquanto a obrigação é o resultado de normas impositivas ou proibitivas. A pessoa é, simplesmente, o destinatário de normas jurídicas ou, se se preferir, o centro de imputação dessas normas. Apenas o ser humano pode ser destinatário de normas jurídicas: assim se efetua a síntese forma/ /substância que permite superar o formalismo[21].

V. A discussão sobre a essência da personalidade torna-se mais delicada e profunda a propósito da personalidade coletiva: aí a iremos encontrar.

[20] Trata-se de um entendimento hoje compartilhado pela literatura do *common law*; *vide What we talk about when we talk about persons: the language of a legal fiction*, 114 HLR 1745-1768 [2001], 1745: pessoa é o ser humano, mas apenas enquanto sujeito de direitos; a referência a um Direito das pessoas torna-se, assim, ambíguo.

[21] Alfons Kraft, em artigo escrito há já mais de trinta anos, apontou a existência de 50 definições de personalidade; desse Autor, *Gedanken zum allgemeinen Persönlichkeitsrecht juristischer Personen*, FS Hubmann (1985), 201-219 (205): é impensável uma solução apriorística jurídico-científica.

A personalidade singular é simples: traduz a dimensão jurídica do ser humano, enquanto realidade racional, dotada de liberdade. Trata-se de uma ideia que pode ser substancializada com recurso à ideia da dignidade humana, seguida através da História.

4. A dignidade da pessoa

I. A ideia de pessoa impôs-se, no Direito, como instrumento técnico necessário para assegurar a organização económica e social. Designadamente, havia que tornar operacional a figura da troca e, logo, do contrato e da propriedade. Já o atribuir, ao ser humano, uma dignidade própria, suscetível de conduzir a uma tutela jurídica apriorística e de infletir todas as decisões jurídicas que tivessem ligações com "pessoas", foi objeto de uma lenta e por vezes hesitante caminhada.

A denominada Civilização Ocidental teve, aí, um papel que não deve ser enjeitado nem esquecido e isso sem prejuízo de importantes contributos vindos de outras culturas[22].

II. Na tradição judaico-cristã, pessoa tem a mais elevada conceituação. Na Bíblia, pessoa[23] representa todo o ser inteligente, humano ou divino: não como ideia abstrata, então inexistente, mas como a sua representação: a "face"[24]. O homem foi criado à imagem de Deus[25].

O pensamento bíblico original – tal como, de resto, o ideário greco-romano, mau grado o seu afinamento – foi permanentemente prejudicado pela limitação da dignidade aos membros da comunidade considerada: seja pela ideia de "povo eleito", seja pela exclusão dos "bárbaros". Uma ideia de universalidade – diríamos, hoje: de Humanidade – surgiu no

[22] Sobre a evolução histórica e o significado atual da dignidade da "pessoa humana", cumpre referir o escrito maciço de Christoph Enders, *Die Menschenwürde in der Verfassungsordnung/Zur Dogmatik des Art. 1 GG* (1997), 532 pp., especialmente 163 ss. e o artigo de Martin Nettesheim, *"Leben in Würde": Art 1 Abs. 1 GG als Grundrecht hinter den Grundrechten*, JZ 2019, 1-11.

[23] Hebreu *pâneh*, grego *προσοπων* e latim *persona*; *vide Dictionaire de la bible*, publ. F. Vigouroux V (1908), 159/II.

[24] Êxodo, 33, 14 (*E o Senhor disse-lhe* [a Moisés]*: A minha face irá diante de ti e eu te darei descanso*), como exemplo.

[25] Génesis, 1, 26 (*... façamos o homem à Nossa imagem e semelhança ...*) e 1, 27 (*E criou Deus o homem à Sua imagem.*).

Novo Testamento[26] e no Corão[27]. Trata-se de uma conceção que contundia com sociedades esclavagistas, como a grega ou a romana, onde a *dignitas* exprimia apenas a posição relativa do titular considerado.

III. A dignidade humana, mesmo conquistada, era reconduzida à Imagem de Deus[28] ou à comparticipação nos desígnios ou no escopo final de Deus[29]. Com os pensadores do racionalismo, deu-se uma transposição da fonte da dignidade da pessoa: da Divindade, ela passou para o próprio Homem.

O exemplo mais claro é o de Christian Thomasius (1655-1728), considerado o pai do iluminismo alemão. Thomasius retoma a proposição fundamental de Grotius (1583-1645)[30]: o Direito natural deverá ser obrigatório mesmo se se admitisse que Deus não existe ou não se ocupa dos assuntos dos homens[31].

O círculo foi fechado com Kant (1724-1804), que retira da razão as suas próprias potencialidades[32]:

> (...) porque a razão tem as fontes do conhecimento não nos objetos ou na sua contemplação, mas sim em si própria (...)

[26] S. Mateus, 28, 19: *Ide, pois, ensinai todas as gentes, baptizando-as ...*; S. Marcos, 16, 15: *E* [Jesus] *disse-lhes: Ide por todo o mundo, pregai o Evangelho a toda a criatura*; S. Lucas, 24, 47: (...) *e que em seu nome se pregasse a penitência e a remissão dos pecados a todas as nações* (...).

[27] Por exemplo, Alcorão 10.º Surata *Yunis*, 19: *A princípio, os humanos formavam uma só comunidade; então, dividiram-se. Porém, se não tivesse sido por uma palavra proferida por teu Senhor, ter-se-iam destruído, por causa das suas divergências*.

[28] Bíblia, *Salmos* I, 8, 5-7: *Que é o homem, para te lembrares dele? Ou que é o filho do homem, para cuidares dele? Tu o fizeste pouco inferior aos anjos, de glória e de honra o coroaste, e lhe deste o mando sobre as obras das tuas mãos, sujeitaste todas as coisas debaixo dos seus pés* (...)

[29] S. Tomás, *Summa Theologica* I, qu. 83, 2 = ed. Leão XIII, *Sancti Thomae Aquinatis Doctoris Angelici opera omnia* VII (1892), 102/II ("... *originalis iustitia pertinebat primordialiter ad essentiam animae: erat enim donum divinitus datum humanae naturae, quam per prius respicit essentia animae quam potentiae*").

[30] Hugo Grotius, *De jure belli ac pacis*, Prol., 11 = ed. Cocceius (1758), 8.

[31] Christian Thomasius, *Fundamenta iuris naturae et gentium*, 4.ª ed. (1718), I, I, § V (167).

[32] Immanuel Kant, *Prolegomena zu einer jeden künftigen Metaphysik die als Wissenschaft wird auftreten können* (1783), em *Kant's gesammelte Schriften*, ed. Real Academia Prussiana das Ciências IV (1903), 366.

A pessoa tornar-se-ia, em definitivo, no fim de toda a atuação: nunca num meio.

Assim, diz Kant na *Metafísica dos costumes*[33]:

> O imperativo será, pois, o seguinte: procede de tal modo que uses a humanidade (*Menschheit*), tanto quanto à tua pessoa (*Person*) como quanto à pessoa de qualquer outro como escopo e nunca como mero meio.

E prossegue:

> O ser humano (*Mensch*) não é nenhuma coisa, portanto não é algo que possa ser usado como mero meio, mas antes deve ser considerado, por todos nas suas acções e a cada tempo, como escopo em si mesmo. Por isso eu não posso dispor, na minha pessoa (*Person*), de seres humanos (*Menschen*), mutilá-los, pervertê-los ou matá-los.

O princípio da humanidade como escopo em si mesma não se obtém da experiência, mas da razão[34]. A própria normatividade é retirada do ser racional[35]:

> age de acordo com a máxima que possa elevar-se a si própria a lei geral.

IV. A categoria "pessoa" é, segundo a própria lógica kantiana, uma mera forma (de pensamento)[36]. A síntese pessoa/ser humano suscetível de acompanhar o desenvolvimento liberal obteve uma fórmula de excelência em Hegel (1770-1831): assume-se como fonte da própria juridicidade[37]:

[33] Kant, *Grundlegung zur Metaphysik der Sitten* (1785), em *Kant's gesammelte Schriften* cit., IV (1903), 429.

[34] Kant, *Grundlegung* cit., 430-431.

[35] Kant, *Grundlegung* cit., 436-437. A subjetivação racionalista está bem clara em Fichte:

> Age de tal modo que possas pensar a máxima da tua vontade como lei eterna para ti.

Vide Johann Gottlieb Fichte, *Einige Vorlesungen über die Bestimmung der Gelehrten* (1794), publ. Fritz Medicus, 1.º vol. (1962), 225.

[36] Kant, *Kritik der reinen Vernunft*, 2.ª ed. (1787), nos *Kant's gesammelte Schriften* cit., III (1911), 208-209.

[37] Georg Friedrich Hegel, *Grundlinien der Philosophie des Rechts oder Naturrecht und Staatswissenschaft im Grundrisse* (1820), ed. Hermann Glockner (1928), VII, 9091.

A personalidade abrange a capacidade jurídica em geral e constitui o conceito, a própria base abstrata do Direito abstrato e, assim, formal. A regra jurídica é, por isso: sê uma pessoa (*Person*) e respeita os outros como pessoas (*Personen*).

Por diversas vias e na sequência de múltiplas tradições, a dignidade da pessoa surge como dado conformador do Direito[38]. Outros valores têm vindo a impor-se: a vida, o ambiente e o próprio Planeta. Nunca, porém, contra o ser humano, parte integrante de todas essas realidades, mais vastas.

V. O pensamento kantiano, na versão krausista[39], modelaria bastante a orientação que esteve na génese das codificações portuguesas. Particularmente divulgada por Ahrens[40], essa linha de pensamento resulta da seguinte transcrição[41]:

> O Direito tem o seu fundamento na necessidade de o ser humano se desenvolver como um ser racional e moral. Por isso o ser humano (*Mensch*) sujeito do Direito, enquanto o único objetivo do ordenamento, surge como o cumprimento do escopo racional da vida individual e coletiva. Uma entidade que saiba de si própria e seja dotada de razão e de liberdade chama-se "pessoa", tem personalidade.

5. A escravatura

I. As repetidas afirmações da dignidade do ser humano têm coexistido, ao longo da História, com a escravatura. Oficialmente, a escravatura apenas foi abolida, no Ocidente, ao longo do século XIX. Se datarmos o aparecimento da Ciência do Direito civil no século II a. C. (Quintus

[38] Christoph Enders, *Die Menschenwürde* cit., 220 ss..

[39] De Karl Friedrich Krause (1781-1832), neo-kantiano alemão que, embora por via indireta, contribuiu para modelar o pensamento filosófico e humanista português. *Vide* Cabral de Moncada, *O "Idealismo alemão" na História da Filosofia do Direito em Portugal* (1938), 14 ss.; alguns elementos podem ser confrontados em Menezes Cordeiro, *Teoria geral do Direito civil/Relatório* (1988), 86 ss..

[40] Heinrich Ahrens (1808-1874), cuja obra foi traduzida em português; *vide infra*, 70, nota 241.

[41] H. Ahrens, *Das Naturrecht oder die Rechtsphilosophie nach dem gegenwärtigen Zustande dieser Wissenschaft in Deutschland*, 2.ª ed. por Adolph Wirk (1846), 83.

Mucius Scaevola), poderemos dizer que, durante quase 95% da sua História, ela conviveu com a escravatura, legitimando-a: um ponto que não pode ser escamoteado dos modernos tratados de Direito civil.

II. A escravatura datará de tempos recuados. Segundo Heródoto (séc. V a. C.), os gregos primitivos não teriam escravos[42]. Todavia, os comentadores são unânimes em considerar que se trata de uma conceção poética de uma idade do ouro, sem tradução real: os poemas homéricos relatam a realidade de uma escravatura indiscutida[43].

Na origem, os escravos seriam adquiridos como despojos de guerra: esta tinha como lógica consequência a total submissão dos vencidos[44] e, até, a dimensão meritória de, assim, se evitar ... a sua morte[45]. A antiguidade do instituto da escravatura romana parece, de todo o modo, reforçada pelas dificuldades em apontar a etimologia de *servus*[46].

A literatura sobre a escravatura antiga é inabarcável. Nas palavras de Jean Christian Dumont, na abertura do seu monumental *Servus*, seria necessário somar várias vidas humanas só para se ler o que se publicou nesse domínio[47]. A Comissão para a História da Antiguidade da Academia das Ciências e da Literatura de Mainz dá conta, há já mais de 30 anos, de 5162

[42] Heródoto, *Histórias*, VI, 137: "... naquele tempo, nem eles [os atenienses] nem os restantes helenos tinham escravos"; *vide* na trad. al. de Friedrich Lange, *Die Geschichten des Herodotos*, ed. Otto Güthling (1885), II, 126.

[43] W. W. How/J. Wells, *A commentary in Herodotus*, vol. II (Livros V-IX) (1912, reimp., 1990), 123 e C. W. Westrup, *Some notes on the roman slave in earley times/A comparative sociological study* (1956), 3. Também em Roma já se pôs a hipótese de uma origem ... não romana da escravatura: adviria dos etruscos, numa hipótese de De Visscher, que tem merecido pouco entusiasmo aos romanistas; *vide* Paul Koschaker, rec. a Emilio Bussi, SZRom 58 (1938), 252-270 (261, nota 1).

[44] Já Rudolf von Jhering, *Geist des römischen Rechts*, II, 1, 10.ª ed. (= 5.ª ed. 1894, reimp., 1993), 162 ss. (166 ss.).

[45] Olis Robleda, *Il diritto degli schiavi nell'antica Roma* (1976), 2-3.

[46] *Vide* Paul Koschaker, *Miszellen*, SZRom 49 (1929), 404-471 (457) e Gerhard Beseler, *Miszellen*, SZRom 55 (1934), 226-272 (269). *Vide* Max Kaser, *Das römische Privatrecht*, I – *Das altrömische, das vorklassische und klassische Recht* (1955), § 29 (98 ss.).

[47] Jean Christian Dumont, *Servus. Rome et l'esclavage sous la république* (1987), 1. Dumont refere, na bibliografia de Brockmeyer, de 1979, 1707 títulos; essa cifra está largamente ultrapassada, como se pode ver, no nosso texto.

títulos sobre o tema da escravatura na Antiguidade[48]. Torna-se muito complexo determinar o papel real da escravatura na economia antiga, particularmente na romana: todavia, tem-se entendido que não seria muito grande[49]: os escravos equivaleriam a de 5 a 30% da população, consoante os autores[50].

III. No Direito romano, dizem-nos as *Institutiones* de Gaio[51] (séc. II), retomadas pelas de Justiniano[52] (séc. VI), que todos os seres humanos (*homines*) ou são livres, ou são escravos. A liberdade é a possibilidade de se fazer o que se quiser, salvo o proibido pelo Direito[53]; a escravatura ou a servidão é a situação de Direito das gentes e contra a natureza pela qual alguém fica sob a propriedade de outrem[54]. Trata-se das conhecidas definições de Florentino: regista-se um dos poucos casos[55] em que os juristas romanos assumem um conflito entre o Direito positivo e o Direito natural[56].

As causas da escravatura eram reconduzidas:

[48] Joseph Vogt/Heinz Bellen, *Bibliographie zur antike Sklaverei*, com Elisabeth Herrmann e Norbert Brockmeyer, 2 volumes (1983), num total de 391 pp.

[49] Dumont, *Servus* cit., 41 ss.

[50] Diversos episódios históricos relacionados com a tomada de escravos e com revoltas servis podem ser vistos em Zvi Yavetz, *Slave and Slavery in ancient Rome* (1988).

[51] Gaio, I.1.9: *Et quidem summa diuisio de iure personarum haec est, quod omnes homines aut liberi sunt aut serui*. Usamos a ed. de M. David, *Gai institutiones secundum codicis veronensis apographum studemundianum et reliquias in Aegypto repertas*, Leiden, 1964; *vide*, aí, 4, bem como a de Ulrich Manthe, *Gaius institutiones/Die Institutionen des Gaius* (2004), 38-39.

[52] I. 1.3.pr.; = Okko Behrends e outros, *Corpus iuris civilis/Die Institutionen* (1993), 5.

[53] D.1.5.4: *Libertas est naturalis facultas eius quod cuique facere libet, nisi si quid vi aut iure prohibitur*. Usamos a ed. de Theodor Mommsen/Paul Krüger, *Corpus Iuris Civilis*, 6.ª ed., Berlim 1954; *vide*, aí, vol. I, *Digesta*, 35, bem como Okko Behrends e outros cit., II, 118.

[54] D.1.5.4, 2.ª parte: *Servitus est constitutio iuris gentium, qua quis dominio alieno contra naturam subicitur*.

[55] Referimos o clássico de William Warwick Buckland, *The Roman Law of Slavery/ /The condition of the slave in private law from Augustus to Justinian* (1908), 1, bem como Robleda, *Il diritto degli schiavi* cit., 5; *vide* António dos Santos Justo, *A escravatura em Roma*, RFD 73 (1997), 19-33.

[56] Quanto ao conceito de *homo*, *vide* Eduardo Vera-Cruz Pinto, Ius Commune Humanitatis *ou* Lex Mundi? (2001), n.º 57.

– ao cativeiro, em consequência da derrota na guerra[57];
– ao nascimento de mãe escrava[58];
– a várias causas civis[59], como a *deditio*, a venda para além do Tibre, por insolvência ou pelo pai;
– por entrega noxal ou como pena.

Tecnicamente, o escravo surgia como *res*, submetendo-se ao competente regime. O escravo era, desde logo, *res mancipi*[60]. Podia ser reivindicado e possuído[61]; podia ser deixado em legado[62]; podia ser comprado e vendido[63].

Não obstante, foram-lhe sendo reconhecidas algumas prerrogativas próprias dos seres humanos. Em certos casos, admitiu-se que pudesse depor em juízo; que pudesse ter um pecúlio; que pudesse praticar certos atos[64]. Em rigor, o *dominus* assumia, sobre o escravo, direito de vida ou de morte. Todavia, desde cedo os *mores* teriam moderado os excessos[65].

IV. A tutela da pessoa – hoje dir-se-ia: direitos do homem – surge, como ideia, já em Séneca (4 a.C-65)e nos filósofos estoicos[66]. O Cristianismo reforçou-a, dando-lhe novas bases[67].

[57] Olis Robleda, *Il diritto degli sciavi* cit., 7 ss. *Vide* Gaetano Sciascia, *Capacità giuridica (diritto romano)*, NssDI II (1958), 869-871 (870/II).

[58] Robleda, *Il diritto degli sciavi* cit., 22 ss.

[59] *Idem*, 27 ss.

[60] *Tratado* III, 3.ª ed., 21-22.

[61] Ulpianus, D.6.1.1. (= Mommsen/Krüger, 1, 120/I).

[62] W. W. Buckland, *The Roman Law of Slavery* cit., 15.

[63] Dando lugar a todo um regime especializado; *vide* W. W. Buckland, *The Roman Law* cit, 39 ss., Kaser, *Römisches Privatrecht* cit., I, 99 ss. e Alan Watson, *Roman slave law* (1987), 46 ss.

[64] Circunstanciadamente: W. W. Buckland, *The Roman Law of Slavery* cit., 73 e ss., e Watson, *Roman slave law* cit., 80 ss. O pecúlio do escravo destinava-se a permitir o desenvolvimento da (pequena) economia; *vide* Westrup, *Some notes on the roman slave* cit., 19.

[65] Armin Wagner, *Die soziale Entwicklung des Sklavenrechts in der römischen Kaiserzeit* (1968), 20.

[66] Com consequências na suavização legislativa da posição dos escravos; Dumont, *Servus* cit., 761-762 e 771.

[67] Também, Armin Wagner, *Die soziale Entwicklung des Sklavenrechts* cit., 28, com indicações.

Com Constantino (ano de 339), o senhor só poderia matar o escravo com razões bastantes e mediante prévio processo doméstico. Não poderia um judeu deter um cristão como escravo[68], numa medida alargada por Justiniano (ano de 533) a pagãos e a heréticos[69].

Apesar destes progressos faltou, no Direito romano, uma abolição total e solene da escravatura. Para isso, teria sido necessário mexer em institutos complexos, que exigiriam muitos séculos de progressos:

- no Direito da guerra;
- no Direito penal, designadamente no tocante à pena de morte e ao sentido das penas;
- no regime da responsabilidade por dívidas.

Com o tempo, a escravatura caiu em desuso, mercê do cristianismo e da evolução económica[70]: ela joga mal com economias de subsistência, uma vez que o escravo não produz mais do que o necessário para a sua própria conservação.

V. Também os povos germânicos, que invadiram o Ocidente romano e lançaram as bases da Europa moderna, conheciam e praticavam a escravatura[71]. As guerras subsequentes ao século V, que puseram definitivamente termo à *pax romana*, constituíram nova fonte de recrutamento de escravos.

A Hispânia não foi exceção[72]. A escravatura, particularmente no Ocidente da Península, conheceu uma evolução pendular: a grande fonte para o seu conhecimento é, ainda hoje, Gama Barros (1833-1925)[73]. Foi mantida a designação romana *servi*. Durante a Reconquista, a escravatura de

[68] C.1.10.1; foi usado o *Corpus Iuris Civilis*, II, 6.ª ed. Paul Krüger (1885); *vide*, aí, 62/II. O problema do *dominus* judeu era o de fazer circuncidar o escravo (cristão), o que era punido com a morte.

[69] C.1.3.54.8 = ed. Paul Krüger (1900), 38/I.

[70] Gaetano Sciascia, *Capacità giuridica (diritto romano)* cit., 871/I.

[71] *Vide* a investigação maciça de Hermann Nehlsen, *Sklavenrecht zwischen antike und Mittelalter/Germanisches und römisches Recht in der germanischen Rechtsaufzeichnung* I – *Ostgoten, Westgoten, Franken, Langobarden* (1972).

[72] Carlos Frederico Montenegro de Sousa Miguel, *Escravatura* DHP II (1979), 421-424 (421).

[73] Henrique da Gama Barros, *História da Administração Pública em Portugal nos séculos XII a XV*, tomo IV, 2.ª ed. (1947), 64 ss., com indicações.

mouros e de cristãos, consoante o lado da fronteira, foi uma realidade. De todo o modo e na Europa, a escravatura foi evoluindo para a servidão da gleba[74], passando, daí, à servidão voluntária de tipo doméstico. A escassez de população, durante os séculos XII e XIII, acelerou a libertação dos servos. Entre nós, podemos considerar que a servidão, mesmo de mouros, cessou, no século XIII[75].

Lentamente, a escravatura renasceu com os Descobrimentos. No século XIV, cativos das Canárias foram enviados para a Madeira. Após 1441[76], iniciou-se a escravatura africana. A Igreja condescendeu, sob a capa das conversões. Boa parte do Novo Mundo foi feita por pessoas reduzidas à escravidão. Os índios brasileiros[77], com diversas flutuações, ficaram em situação de semi-servidão, pelos abusos dos colonos[78]. Em paralelo, a escravatura manteve-se na zona mediterrânica: de cristãos, em cativeiro turco e de muçulmanos, em cativeiro italiano, a coberto de trabalhos forçados nas galés[79].

VI. Era evidente que a escravatura não resistia a um mínimo de reflexão civilizada. Todavia, um fundo cultural e retrógrado e interesses económicos poderosos levaram à sua manutenção: muito para além do que seria de esperar, perante o estado geral da Civilização Ocidental.

Coube ao liberalismo pôr cobro ao tráfego de escravos: primeiro ao Norte do Equador e, pelo Decreto de 10-dez.-1836 (Visconde Sá da Bandeira), a Sul. Leis sucessivas foram, depois, suprimindo a escravatura, nos domínios portugueses e na Metrópole[80]; 28-dez.-1854 (Visconde de Athoguia): toma diversas medidas de proteção e liberta os escravos perten-

[74] Franco Catalano, *Servi della gleba*, NssDI XVII (1970), 98-99; na Europa Oriental, este tipo de servidão perduraria até ao século XIX.

[75] Gama Barros, *História da Administração Pública* cit., IV, 2.ª ed. 162 ss.

[76] Sousa Miguel, *Escravatura* cit., 422/I.

[77] Juridicamente e desde 1572, os índios do Brasil eram livres; o cativeiro limitava-se aos africanos: António José Saraiva, *Vieira* DHP VI (1979), 298-302 (302/I).

[78] O Marquês de Pombal multiplicou as medidas de tutela dos índios. Os naturais do Estado da Índia receberam, desde então, igualdade de tratamento de direitos.

[79] Recordamos o romance do Nobel da Literatura de 2006, Orhan Pamuk, *A cidadela branca* (1979, trad. port. Manuela Vaz, 2000), centrado na vida de um jovem italiano capturado no Mediterrâneo e que viveu como escravo, no século XVI, na corte do Sultão, em Istambul.

[80] Sousa Miguel, *Escravatura* cit., 424/I.

centes à Coroa[81]; 30-jun.-1856 (Sá da Bandeira): libertos os escravos pertencentes às câmaras e às misericórdias[82]; 24-jul.-1856 (Sá da Bandeira): libertos os filhos das escravas[83]; 25-jul.-1856 (Sá da Bandeira): libertos os escravos das igrejas[84]; 18-ago.-1856 (Duque de Loulé): libertos todos os escravos que desembarcassem no Continente, nas Ilhas, na Índia ou em Macau[85]; 25-fev.-1869 (Sá da Bandeira): abolição da escravatura em todos os domínios portugueses[86].

VII. No Direito romano, o escravo era assimilado a uma coisa. A morte do escravo dava lugar, quando perpetrada por quem não fosse o dono, às regras próprias da responsabilidade civil, semelhantes às desencadeadas por danos causados a objetos inanimados ou a animais. Além disso, desenvolveu-se toda uma intrincada dogmática em torno dos mais diversos problemas[87]. Não obstante esta completa reificação da pessoa humana, a matéria da escravatura era sistematizada a propósito das pessoas: não das coisas[88].

As receções do Direito romano mantiveram em vida, até à abolição oitocentista da escravatura, as categorias romanas. Heinnecius[89], pretendendo conciliar os termos em presença, distingue pessoa (*persona*) em sentido lato, de modo a abranger todo o ser humano (*homo*) e pessoa em sentido estrito, que exclui os escravos (*servi*), *qui dominio alterius subsunt*[90].

[81] *Collecção Official* 1854, 836-842.

[82] *Collecção Official* 1856, 213.

[83] *Collecção Official* 1856, 251-252.

[84] *Collecção Official* 1856, 259.

[85] *Collecção Official* 1856, 334-335.

[86] *Collecção Official* 1869, 57-58; este diploma vem acompanhado por uma curta mas muito interessante e esclarecedora justificação de motivos.

[87] *Vide*, por exemplo, o cuidado estudo de Roberto Reggi, *Liber homo bona fide serviens* (1958).

[88] Recordemos Justiniano, I.1.,3, pr.: *Summa itaque divisio de iure personarum haec est, quod omnes homines aut liberi sunt aut servi* [A principal divisão relativa ao Direito das pessoas é aquela pela qual todos os homens ou são livres ou escravos].

[89] Johann Gottlieb Heinnecius (Heinecke) (1681-1741), professor em Halle, foi um dos mais influentes juristas alemães, no Sul da Europa, nos séculos XVIII e XIX; da sua obra, em latim, foram editados, em Coimbra, vários livros.

[90] Heinnecius, *Institutiones juris civilis*, por Jo. Waldeck (1814), ed. Coimbra, 1887, 23 e 24.

Esta doutrina foi recebida nos civilistas portugueses da pré-codificação. Borges Carneiro (1774-1833), apesar de ser um grande liberal, distinguia os livres dos escravos, explicando que segundo o Direito romano[91],

> Os escravos (...) não são pessoas, mas cousas, e se reputão mortos. São incapazes de todos os atos relativos ao Direito publico e particular.

Quanto à condição jurídica[92]:

> O Senhor tem sobre seu escravo a jurisdição e imperio domestico. (...) Pode castigallo moderadamente, não maltratallo, e é responsavel pelo castigo excessivo (...)

Na literatura civil subsequente, a escravatura, vai-se atenuando[93]: apenas queda referência às circunscrições ultramarinas, onde ainda era tolerada.

6. Alcance e limites de uma dogmática das pessoas

I. A dogmática das pessoas recomenda precisões prévias. Todo o Direito – particularmente o civil – visa as pessoas. Nessas condições, uma dogmática alargada acabaria por absorver a completa área civil, enriquecida, de resto, com a laboral e a comercial.

A delimitação deve ser feita: não é fácil. De acordo com as grandes fronteiras jurídico-privadas, a repartição das rubricas acaba por ser marcada por dados histórico-culturais, mais do que puramente lógicos. Por exemplo: o tema dos danos morais – artigo 496.º – surge nas obrigações, quando bem poderia ocorrer no livro sobre pessoas. Também a matéria da família melhor teria ficado num livro sobre as pessoas.

Mau grado essas contingências, a dogmática relativa às pessoas, fruto da "parte geral", apresenta uma consistência lógica mais vincada do que

[91] Manuel Borges Carneiro, *Direito civil de Portugal* I – *Das pessoas* (1826), 97.
[92] *Idem*, 98.
[93] Assim, J. H. Corrêa Telles, *Digesto Portuguez*, 2, 3.ª ed. (1845, reimp., 1909), artigos 1284 ss. (184 ss.) e M. A. Coelho da Rocha, *Instituições de Direito Civil Portuguez*, 1, 2.ª ed. (1843, reimp., 1917), §§ 55 (30-31). *Vide*, ainda, Margarida Seixas, *O escravo no Direito penal português moderno*, Est. Martim de Albuquerque II (2010), 277-299.

o Direito romano atual (obrigações e reais) ou do que o Direito comum medieval (família e sucessões): trata-se de uma dogmática elaborada pelo racionalismo.

II. O estudo das pessoas presta-se a desenvolvimentos linguísticos. Enfatizar o seu papel não pode desembocar num discurso dogmaticamente estéril, incapaz de solucionar com consistência os problemas que se lhe deparem. A defesa dos direitos das pessoas não pode operar contra interesses legítimos de outras pessoas. O necessário equilíbrio deve ser seguro, previsível e controlável: de outro modo não haverá Direito e todos ficarão a perder.

Em Direito, a verdadeira defesa das pessoas tem de conseguir-se através de uma análise cuidada dos problemas e de uma dogmática aperfeiçoada.

III. Um tanto paradoxalmente, perante a importância prática e teórica dos temas envolvidos, a dogmática das pessoas está pouco aprofundada. Proliferam definições histórica e cientificamente desinseridas e sem papel claro no plano de aplicação.

Toda esta área tem especiais potencialidades de crescimento, ao longo do presente século.

CAPÍTULO II

O DIREITO DE PERSONALIDADE

SECÇÃO I

DESENVOLVIMENTO E ÂMBITO

§ 2.º ORIGEM E EVOLUÇÃO

7. Ideia básica; condicionantes histórico-culturais

I. Os direitos de personalidade exprimem posições jurídicas protegidas pelo Direito objetivo. Tais posições têm uma particularidade: reportam-se, diretamente, à própria pessoa tutelada. Estão em causa, designadamente, realidades como a vida, a integridade física e moral, o bom nome, a honra e a privacidade do próprio sujeito. Os direitos de personalidade têm, assim e logo à partida, a estranha configuração de implicarem direitos virados para o titular que deles beneficia.

Os direitos de personalidade surgem no Direito civil. Como tal, eles traduzem a aplicação da técnica jurídica privada no domínio da tutela humana. Trata-se de uma emergência rica em consequências: permite, como adiante melhor se verificará, aproveitar todo um manancial de conceitos e de formulações para os pôr ao serviço da proteção procurada. Mas tem um preço: acarreta a transposição, para o campo dos direitos da personalidade, dos meandros e sortilégios do Direito privado.

II. O Direito privado, particularmente na área delicada das pessoas, não é fruto de nenhuma reforma civil esclarecida. A afirmação parece surpreendente, sobretudo quando reportada a uma zona sensível, onde ocorrem permanentes revisões de fundo. Na verdade, o Direito privado é o produto histórico de uma lenta elaboração científico-cultural que tem, nas codificações, expoentes que, embora visíveis, são diretamente derivados da civilística que os antecede e os suporta.

O Direito privado – mesmo quando submetido a codificações recentes e vitoriosas – apresenta-se, deste modo, como uma realidade existencial, nos limites da irracionalidade. Múltiplos esquemas privados são explicáveis, apenas, por frágeis contingências histórico-culturais. Esta asserção não é prejudicada pelo facto de, em sistemas diferentes, se documentar uma certa confluência de soluções: as vias para a sua obtenção e os esquemas do seu melhoramento mantêm-se diferenciados, com todo o enriquecimento científico-cultural que isso representa.

III. Numa introdução aos direitos de personalidade podemos, desde logo, assumir a natureza histórica, cultural e cientificamente condicionada da sua configuração[94]. A simples existência da figura "direitos de personalidade" levanta uma questão: para quê reconhecer direitos à pessoa sobre bens que, diretamente, lhe dizem respeito: não seria melhor e mais fácil estabelecer um esquema de tutela direta?

A resposta é de ordem histórica. A pessoa, em Direito, mormente por via da extensão feita às pessoas coletivas, assume uma dimensão artificial. E assim sendo, ela torna-se insuficiente para protagonizar a competente tutela. Paralelamente, o esquema historicamente mais conseguido para prosseguir tutelas normativas centra-se no direito subjetivo. Pessoa e direito subjetivo são, pois, conceitos exteriores ao dos direitos de personalidade mas que os condicionam fortemente no seu surgimento e na sua configuração.

Mau grado a dependência de conceitos exteriores, os direitos de personalidade conquistaram um espaço autónomo e encetaram o seu próprio caminho. Também aí se fez notar a influência existencial da História e da cultura jurídicas. E de modo acrescido: colocados, por vezes, em zonas sensíveis, num prisma político e social, os direitos de personalidade só com dificuldade se emancipam de ligações públicas e constitucionais que, de certa forma, tolhem o seu alcance total.

[94] *Vide* Roland Rixecker, *Das allgemeine Persönlichkeitsrecht*, em anexo ao § 12 do *BGB/Münchener Kommentar*, 5.ª ed. (2006), 261-398 (268 ss.) e Horst-Peter Götting, em Horst-Peter Götting/Christian Schertz/Walter Seitz, *Handbuch Persönlichkeitsrecht/ /Presse und Medienrecht*, 2.ª ed. (2019), LXXVIII + 1468 pp., § 2 (33-55). *Vide*, numa língua latina, as considerações históricas e metodológicas de Davide Messinetti, *Personalità (diritti della)*, ED XXXIII (1983), 355-405.

8. A *actio iniuriarum*

I. A tutela da pessoa tem, no Direito romano, o importante antecedente da *actio iniuriarum*. Este instituto conheceu, aliás, uma curiosa evolução que o viria justamente a aproximar de uma proteção mais geral do ser humano.

Na Lei das XII Tábuas, a *iniuria* traduzia ofensas corporais ligeiras[95-96]. Contrapunha-se, de certo modo, a ofensas mais pesadas, que mereceram uma tipificação precisa. Terá havido, depois, um movimento tendente a uma generalização e a uma abstração, provavelmente apoiada numa evolução semântica[97-98].

II. A *iniuria* surge na *lex Aquilia de damno* (entre 289 e 286 a. C.)[99], numa aceção mais ampla: equivalente à ideia de injustiça[100] ou de ilici-

[95] A natureza ligeira das ofensas abrangidas pela *iniuria* resulta de um simples confronto entre o conteúdo da t. 8, 4 – *iniuria* – com as t. 8, 2 e 3 – ofensas corporais mais graves – e as sanções previstas em cada um destes preceitos.

[96] Georges Cornil, *Droit romain/Aperçu historique sommaire* (1921), 358; Peter Birks, *The Early History of Iniuria*, TS 37 (1969), 163-208; Artur Völkl, *Die Verfolgung der Körperverletzung im frühen römischen Recht* (1984), 199 ss. e Reinhard Zimmermann, *The Law of Obligations: Roman Foundations of the Civilizan Tradition* (1999), 1050 ss..

[97] Dietrich von Simon, *Begriff und Tatbestand der "Iniuria" im altrömischen Recht*, SZRom 82 (1965), 132-187.

[98] Alguns elementos sobre a *actio iniuriarum* podem ser confrontados, entre nós, em Rabindranath V. A. Capelo de Sousa, *O direito geral de personalidade* (1995), 52 ss.

[99] Ulrich von Lübtow, *Untersuchung zur lex Aquilia de damno iniuria dato* (1971), 15, com indicações.

[100] Na reconstrução de Bernhard Schebitz, *Berechnung des Ersatzes nach der lex aquilia* (1988), 160:

> I – Si quis servum servamve alienum alienamve quadrupedemve pemdem iniuria occiderit, quanti is servus in eo anno plurimi fuit, tantum aes dare domino damnas esto.
>
> II – Eum adstipulatorem qui pecuniam in fraudem stipulatoris acceptam fecerit, quanti ea res est, tantum aes eo dare damnas esto.
>
> III – Praeter servum servamve alienum alienamve quadrupedemve pemdem occisos, si quis alteri damnum faxit, quod usserit fregerit ruperit iniuria, quanti ea res erit in diebus triginta proximis, tantum aes domino dare damnas esto.

Segundo o transcrito § I, se alguém, com injúria – com injustiça, na tradução de Alvaro d'Ors (org.), *El Digesto de Justiniano*, vol. I (1968), 379 – matar um escravo ou um animal doméstico quadrúpede deve pagar ao dono o valor máximo que eles atingiriam, esse ano, no mercado; *vide* Nunzio Natali, *La legge aquilia ossia il damnum iniuria datum*

tude. Esse alargamento não deixaria, depois, de se intensificar. Aquando das grandes compilações (séc. VI), havia consciência disso[101]. A *iniuria* podia implicar: um ato ilícito de qualquer tipo; um ato que envolva os hoje ditos dolo ou culpa; um ato insultuoso[102].

As compilações, justamente pela sua natureza, acabaram por, lado a lado, consignar sentidos diversos para a *iniuria*: delitos em geral[103], a ilicitude[104] e a própria "culpa"[105].

III. Coroando toda esta evolução, encontramos, nas *Institutiones* de Justiniano (séc. VI), uma ideia lata, mas mais precisa, de *iniuria*. No seu livro IV, título IV[106], *de iniuris*, traduzido modernamente por *das prevaricações contra as pessoas*[107], as *Institutiones* começam por apresentar a *iniuria* como, em geral, tudo o que não seja juridicamente regular (*quod non iure fit*). E explicitam: a afronta injuriosa a uma pessoa (*contumelia*), o desprezo, dito υβρις (*hibris*) pelos gregos, a culpa, dita αδικεμα (*adikema*) e a iniquidade e a injustiça, ditas αδικια (*adikia*), também pelos gregos. Segundo I. 4.4.1.,

> É cometida uma prevaricação contra a pessoa (*iniuria*) não só quando alguém seja atacado ou mesmo molestado, com o punho ou com o pau, mas também quando seja publicamente troçado, quando seja desapossado dos seus bens como um devedor por alguém que soubesse que ele nada

(1896, reimpr., 1970), 20. Por seu turno, o § III dispunha que se alguém, com injúria, provocar a um escravo, a uma escrava ou a um quadrúpede alheios outro dano que não o de morte, deve pagar ao dono o preço que a coisa em questão atingiria, nos trinta dias subsequentes; *vide* Natali, *La legge aquilia* cit., 27 e Max Kaser, *Das römische Privatrecht* I – *Das altrömische, das vorklassische und klassische Recht*, 2.ª ed. (1971), 161.

[101] *Vide*, *infra*, a referência a I. 4.1..

[102] Wolfgang Kunkel, *Exegetische Studien zur aquilischen Haftung*, SZRom 49 (1929), 158-187, Leage/A.M. Prichard, *Roman Private Law*, 3.ª ed. (1961), 416 e Roland Wittmann, *Die Entwicklung der klassischen Injurienklage*, SZRom 91 (1974), 285-359 (290 ss.).

[103] Biondo Biondi, *Istituzioni di diritto romano*, 5.ª ed. (1965), 533.

[104] Von Lübtow, *Untersuchung zur lex Aquilia* cit., 83.

[105] Elemer Pólay, *Iniuria types in roman law* (1986), 6.

[106] Relativo às obrigações *quae ex delicto nascuntur, quae quasi ex delicto nascuntur*, a diversas ações e a juízos; cf. na cit. edição bilingue de Okko Behrends/Rolf Knütel/ Berthold Kupisch/Hans Hermann Seiler, *Corpus Iuris Civilis/Die Institutionen – Text und Übersetzung* cit., 201 ss.

[107] Tal a tradução de Behrends/Knütel/Kupisch/Seiler, *Die Institutionen* cit., 214/II.

lhe devia, quando alguém, para difamar outrem, escreva uma carta ou um poema e dolosamente o faça para que isso suceda ou quando alguém assedie uma mulher casada, um jovem ou uma jovem, por forma a que a sua honra (*pudicitia*) seja atingida: e, assim, é evidente que de vários modos pode ser perpetrada uma violação contra as pessoas.

IV. A *iniuria* dava azo à *actio iniuriarum*: uma *actio ex delicto*, baseada na *lex aquilia* e situada na área do que poderemos chamar a responsabilidade civil.

Trata-se de uma decorrência da estruturação processual do Direito romano: apenas muito mais tarde surgiria a figura do direito subjetivo[108]. Os acasos históricos da *actio iniuriarum* levaram-na para a área dos *delicta*, assim se perdendo, logo no início, a hipótese de a sistematizar em torno da própria pessoa: noção essa que, de resto, também tardou em se impor.

Todavia, a tutela da personalidade estava já consignada, no Direito romano. O Direito – particularmente o civil – existe para defender as pessoas, sendo sintomático que, desde cedo, os hoje ditos bens de personalidade tivessem obtido proteção. A ideia de que a dignidade das pessoas data do liberalismo não é historicamente exata[109].

Finalmente: no pensamento romano tardio, em especial o que ficou consignado nas compilações, denota-se já uma influência que seria determinante em toda a subsequente evolução do Ocidente: a do humanismo cristão[110].

9. De Donellus aos direitos fundamentais

I. Na evolução subsequente, perduraram os esquemas da *actio iniuriarum*[111] e da *lex Aquilia*[112]: a Glosa e os comentadores manter-se-lhes-iam fiéis[113].

[108] *Tratado* I, 4.ª ed., 863 ss.

[109] Diogo Leite de Campos, *Lições de direitos de personalidade*, 2.ª ed. (1992), 11 ss. e *O Direito e os direitos de personalidade*, ROA 1993, 201-224 (202 ss.).

[110] Giuliano Crifò, *Diritti della personalità e diritto romano cristiano*, BIDR 64 (1961), 33-59: Crifò sublinha a paulatina formação dos direitos de personalidade, facultados pelo Direito romano cristão e o seu papel na igualdade da mulher – ob. cit., 35 e 53.

[111] Manfred Herrmann, *Der Schutz der Persönlichkeit in der Rechtslehre des 16. bis 18. Jahrhunderts* (1968), 9.

[112] *Idem*, 14.

[113] *Idem*, 17.

A transposição dessa temática, do campo das *actiones* para o dos *iura* – portanto: dos direitos subjetivos – foi obra da humanística tardia francesa, também dita jurisprudência elegante[114]. O nome-chave é o de Donellus (1527-1591)[115].

II. Parece-nos importante dar conta, na literatura jurídica de língua portuguesa, dos textos fundamentais de Hugo Donellus: marcam a certidão de nascimento dos modernos direitos de personalidade.

Considera Donellus que, quanto aos direitos que são nossos, parte recai sobre a própria pessoa e parte sobre as coisas externas:

> *nam, cum jus nostrum cujusque positum sit partim in persona ipsa cujusque, partim in rebus externi*[116].

Prossegue explicando que, quanto aos primeiros, que se ligam ao estado da pessoa, abrangem a vida, a integridade do corpo, a liberdade e a reputação:

> *Primum, cum de iure, et statu personae quaeritur, constat in persona ipsa pleraque esse cujusque, cujusmodi sunt vita, corporis incolumitas, libertas, existimatio*[117].

III. Donellus tipificava os *iura in persona ipsa* em quatro manifestações essenciais[118]: curiosamente próximas das que, ainda hoje, surgem no Código Civil. Referenciava: a vida que existe e é reconhecida; a integridade física que consiste em não se ser molestado ou atingido; a liberdade que se

[114] *Tratado* I, 4.ª ed., 126.

[115] Quanto ao papel de Donellus como figura nuclear no surgimento dos direitos de personalidade: Franz Matthias Mutzenbecher, *Zur Lehre vom Persönlichkeitsrecht* (1909), 15 e Helmut Coing, no *Staudingers Kommentar*, 11.ª ed. (1957), prenot. § 1, Nr. 19 ss. (57 ss.), 20 (58); na 12.ª ed. (1980), 134, Robert Scheyhing, *Zur Geschichte des Persönlichkeitsrechts im 19. Jahrhundert*, AcP 158 (1959/60), 503-525 (508), Herrmann, *Der Schutz der Persönlichkeit in der Rechtslehre des 16. bis 18. Jahrhunderts* cit., 19 e Horst-Peter Götting, em Horst-Peter Götting e outros, *Handbuch Persönlichkeitsrecht* cit., 2.ª ed., § 2, Nr. 10 (38-39). Referências históricas constam, ainda, de Jörg Neuner, *Privatrechtliche Schutz der Persönlichkeit*, JuS 2015, 961-969 (961 ss.).

[116] Hugonis Donelli, *Commentatorium de jure civile* (1840; o original é de 1590), Lib. I, Cap. I, § 2 (tomo I, 3).

[117] Donellus, *Commentatorium* cit., § 3 (I, 3/I-II).

[118] Donellus, *Commentatorium* cit., Lib. II, Cap. VIII, § II (238) e § III (239), onde se lê:

traduz em fazer o que se quiser; a reputação que corresponde a um estado de dignidade ilibada, comprovada pelas leis e pelos bons costumes[119].

Ressaltam alguns pontos, para além da técnica da subjetivação jurídica: o fundamento humanista *a se*, em que a pessoa vale laicamente, já por si; a análise, no terreno, de vetores humanos; a sua integração num quadro cultural humanístico, reforçado pela utilização do latim e pela inserção do tema em obra de Direito civil. Repare-se que estávamos, ainda, muito longe das cartilhas de direitos que surgiriam nos finais do século XVIII – portanto: dois séculos mais tarde – sendo elementar recordar que, também aqui, o Direito civil foi precursor.

IV. A referência aos direitos sobre a própria pessoa reapareceu, de modo sucessivo, nas obras do jusracionalismo[120]. Todavia, os inconvenientes da sistemática central, apriorística e dedutiva, bloquearam o imediato aproveitamento dogmático destes desenvolvimentos.

O esforço não se perdeu: ele está na origem do filão que conduziria aos direitos inatos ou essenciais, direitos preexistentes ao próprio Estado e que se imporiam a este[121]. Podemos, por aqui, remontar até aos *human rights* do pensamento jurídico anglo-saxónico[122] e aos direitos fundamentais das modernas constituições continentais[123].

A sua manifestação mais emblemática ficaria associada à Revolução Francesa[124].

Nesta evolução, podemos situar a cepa jusracionalista dos direitos de personalidade: figuras derivadas de postulados jusnaturalistas, assentes no desenvolvimento da ideia de pessoa e só *a posteriori* conectados com

In persona cujusque id nostrum est, quod tribuitur personae, id est quod cuique ita tribuitur, ut si id habeat in sese, etiamsi desint res caeterae externae. Haec a natura cuique tributa sunt quatuor: vita, incolumitas corporis, libertas, existimatio. (...)

119 Hugo Donellus, *Commentatorium* cit., Lib. II, Cap. VIII, § III (239).

120 Em Manfred Herrmann, *Der Schutz der Persönlichkeit in der Rechtslehre des 16. bis 18. Jahrhunderts* cit., 29 ss., são referenciados troços relevantes de Althussius, de Grotius, de Pufendorf, de Thomasius e de Wolf. *Vide*, ainda, Horst-Peter Götting, no *Handbuch Persönlichkeitsrecht* cit., 2.ª ed., § 2, Nr. 11 (39).

121 *Vide*, ainda que sem ordenação histórica, Adriano de Cupis, *Os direitos da personalidade*, trad. Adriano Vera Jardim/António Miguel Caeiro (1961), 18 ss..

122 Stefan Gosepath/Georg Lohmann, *Philosophie der Menschenrechte* (publ. e intr.) (1998), 8 e *passim*.

123 *Vide infra*, 145 ss..

124 Particularmente na Declaração de 20 e 26 de Agosto de 1789.

um determinado regime. A sua vocação de se opor ou de deter o Estado conduziu a que fossem objeto, sobretudo, de estudos de Direito público, acabando por derivar no Direito constitucional.

10. De Savigny aos direitos de personalidade

I. À tradição jusracionalista contrapôs-se, de certa forma, a pandectística. Não se trata de uma concepção oposta: apenas sistematicamente diferente. Enquanto os "direitos fundamentais" correspondem a uma derivação apriorística do ser humano (do "Homem"), os direitos de personalidade, retomando um tanto as origens de Donellus, arrumam-se, entre os seus pares, no Direito civil: são um dado historicamente existencial.

No início podemos situar Savigny (1779-1861). Curiosamente, Savigny é apontado como um negativista, em termos de direitos de personalidade[125], imputando-se-lhe mesmo o atraso no reconhecimento da figura[126]. Todavia e em rigor, Savigny apenas questionou a possibilidade dogmática de construir um direito decalcado do de propriedade, mas dirigido ao próprio "titular" e que poderia envolver diversos inconvenientes, entre os quais o reconhecimento de um direito ao suicídio[127]. A tutela da pessoa seria conseguida através de múltiplos "direitos": desde a proteção penal às acções possessórias. A inviolabilidade da pessoa seria o fundamento último de toda essa proteção, a qual só seria "obscurecida", na sua "verdadeira natureza", através da construção de "direitos sobre a própria pessoa"[128].

Savigny não era contrário à tutela da pessoa: bem pelo contrário. Ele apenas duvidou da viabilidade dogmática dos direitos de personalidade, numa dimensão a que, de resto, ainda hoje teremos de atender.

II. O pensamento de Savigny deve ser integrado nas suas preocupações sistematizadoras. Ora, na primeira metade do século XIX, particular-

[125] Helmut Coing, no Staudinger cit., 11.ª ed., Nr. 20 (59) e Manfred Herrmann, *Der Schutz der Persönlichkeit in der Rechtslehre des 16. bis 18. Jahrhunderts* cit., 79.

[126] Dieter Leuze, *Die Entwicklung des Persönlichkeitsrechts im 19. Jahrhundert* (1962), 48-51; Mutzenbecher, *Zur Lehre vom Persönlichkeitsrecht* cit., 22.

[127] Friedrich Carl von Savigny, *System des heutigen römischen Rechts* 1 (1840, reimp. 1981), § 53 (335-336).

[128] Savigny, *System* cit., 1, 337: entre aspas, as palavras do próprio Savigny. Na nota (a), Savigny cita Donellus e critica Puchta, abaixo referido.

mente nos espaços que, como o alemão, não dispunham de leis codificadas, era muito difícil arrumar conceitos como os de personalidade, de capacidade e de direito(s) de personalidade.

Em Puchta (1789-1846) leem-se troços como os dizeres seguintes: "O Direito torna o ser humano (*Mensch*) pessoa e determina a sua atuação enquanto tal". E: "Personalidade é a possibilidade de uma vontade jurídica (...); o mesmo conceito caracterizamos, também como capacidade jurídica"[129]. Quanto aos objetos dos direitos, prossegue Puchta explicando que, em primeiro lugar, eles podem reportar-se a coisas corpóreas; em segundo, a pessoas; e em terceiro[130], a direitos.

Há também um direito à própria pessoa, no qual a vontade se dirige imediatamente a si. Este poder jurídico de ser pessoa, o direito de personalidade, é um poder pleno sobre a total determinação da pessoa.

Neste e noutros troços subsequentes da obra de Puchta[131], tem-se procurado encontrar a origem de um "direito geral de personalidade"[132].

A esta luz, compreende-se bem a objeção de Savigny: uma construção de "direitos sobre si próprio" só viria obscurecer a tutela da pessoa humana.

III. A dogmatização dos direitos de personalidade foi sendo conquistada pela pandectística, ao longo do século XIX. Rudolf von Jhering (1818-1892), também aqui surgindo, pelo menos aparentemente, em oposição a Savigny, tem palavras importantes na defesa da conceitualidade dessa figura, em nome dos escopos em causa[133].

[129] Georg Friedrich Puchta, *Cursus der Institutionen*, 1, 2.ª ed. (1845), § XXVIII (78); na base temos o *Lehrbuch für Institutionenvorlesungen*, de 1829, e anterior ao *System*, de Savigny.

[130] Puchta, *Cursus der Institutionen* cit., 1, 2.ª ed. 84 ss. (87).

[131] Assim: Puchta/Rudorff, *Pandekten*, 8.ª ed. (1856), §§ 114 ss. (174 ss.).

[132] Scheyhing, *Zur Geschichte des Persönlichkeitsrechts im 19. Jahrhundert* cit., 513.

[133] Rudolf von Jhering, *Geist des römischen Rechts auf den verschiedenen Stufe seiner Entwicklung*, 3, 10.ª ed. (equivalente à 5.ª, de 1906, reimp., 1993), 340-341, nota 447a; a 2.ª ed. é de 1865, correspondendo a nota em causa a um acrescento feito na 4.ª ed., de 1888.

Jhering considera como uma das "piores confusões da moderna Ciência do Direito" "... a afirmação de que a vida e a liberdade não poderiam ser direitos em sentido subjetivo por apenas traduzirem pressupostos para isso". Um direito poderia ser pressuposto de outro, como sucede com o crédito para o penhor de direitos. E remata: "Todas as condições de existência protegidas através do Direito objetivo são direitos subjetivos, sendo indiferente o modo por que sejam protegidos"[134]. A construção "técnica" de direito subjetivo permite, a Jhering, uma afirmação de conceitos que transcende Savigny.

É importante ter presente que a defesa, por Jhering, dos direitos de personalidade, enquanto categoria autónoma, não corresponde a uma inspiração de tipo jusracionalista. Ela tem, subjacente, por um lado, um conhecimento aprofundado do "Direito romano atual", particularmente do sistema da *actio iniuriarum*[135] e, por outro, ideias claras sobre a pessoa humana e a necessidade da sua proteção. No tocante à primeira, Jhering sublinha que, ao papel indemnizatório e compensatório[136], ela soma uma função profilática, no sentido de prevenir a repetição futura de violações[137]. A matéria é ainda delimitadora dos direitos a bens imateriais.

IV. Na fase final do pandectismo, os direitos de personalidade foram potenciados e enriquecidos pelo tratamento dogmático alcançado pelos direitos sobre bens imateriais, recém-conquistados para a Ciência do Direito[138]. Trata-se de um aspeto que deve ser enfatizado: os direitos de personalidade desenvolveram-se apoiados na prática e nas necessidades de dar corpo aos vetores humanistas que, perante novas realidades animaram o Direito civil.

No tocante às manifestações "parcelares" que, na periferia, animaram os direitos de personalidade temos, em primeiro lugar, o tema das patentes. Mercê da rápida industrialização alemã surgiu, em 1877, a Lei Alemã das Patentes. Visando explicar a tutela aí dispensada aos seus titulares, Carl

[134] Jhering, *Geist* cit., 3, 340.

[135] Temos presente, em especial, Rudolf von Jhering, *Rechtsschutz gegen injuriöse Rechtsverletzung*, JhJb 23 (1885), 155-338 = *Gesammelte Aufsätze*, 3.º vol. (1886, reimp., 1981), 233-408; cita-se por este último local.

[136] Jhering, *Rechtsschutz gegen injuriöse Rechtsverletzung* cit., 337.

[137] Jhering, *Rechtsschutz gegen injuriöse Rechtsverletzung* cit., 383.

[138] Horst-Peter Götting, no *Handbuch Persönlichkeitsrecht* cit., 2.ª ed., § 2, Nr. 13 (40-41).

Gareis (1844-1923) introduz a ideia do "direito individual"[139]. Haveria, depois, um "direito individual geral"[140]:

> (...) a ordem jurídica reconhece a cada pessoa o direito de se realizar como indivíduo, de viver e de desenvolver e valorizar as suas forças.

Neste "direito individual geral"[141] tem-se visto o "direito geral de personalidade", depois referido por alguns pandectistas e que floresceria, mais tarde, na sequência da 2.ª Guerra Mundial.

Paralelamente, Josef Kohler (1849-1919) batia-se pelos direitos dos bens imateriais[142]. Eles não dariam lugar a uma "propriedade espiritual" e não se limitariam a possibilitar uma determinada defesa: pela positiva, facultariam a exploração económica de um bem imaterial[143]. Na base, todavia, Kohler acabaria por colocar o "direito individual", patente em ulterior escrito sobre o direito ao nome[144]. Segundo Kohler,

> O direito ao nome só pode ser bem apreendido como peça ou parte do direito individual. O nome como tal não é objeto do direito; o nome é caracterização tal como o monograma, como o pseudónimo; mas objeto do direito é a própria pessoa porquanto ela pode exigir que ninguém use alguma fórmula que provoque confusão, troca ou diminuição da pessoa, na exteriorização de atos[145].

Também a fotografia não poderia ser usada sem autorização do fotografado[146].

[139] Carl Gareis, *Das Deutsche Patentgesetz vom 25. Mai 1877 erläutert*, cit. através da rec. de Paul Laband, ZHR 23 (1878), 621-624.

[140] *Apud* Laband, *Das Deutsche Patentgesetz* cit., 621.

[141] Ao qual, de resto, Laband, *Das Deutsche Patentgesetz* cit., 622, não se mostra favorável.

[142] Josef Kohler, *Das Autorrecht, eine zivilistische Abhandlung, zugleich ein Beitrag zur Lehre vom Eigenthum, vom Miteigenthum, vom Rechtsgeschäft und vom Individualrecht* I, JhJb XVIII (1879), 129-138 e II, JhJb XVIII (1879), 329-442 (478, com os três anexos), 129 e *passim*.

[143] J. Kohler, *Das Autorrecht* cit., 130-131, 337 e 338.

[144] J. Kohler, *Das Individualrecht als Namensrecht*, AbürglR V (1891), 77-110.

[145] J. Kohler, *Das Individualrecht* cit., 77; quanto à possibilidade de o "eu" dispor da própria personalidade, Kohler remete para o seu *Autorrecht*.

[146] J. Kohler, *Das Individualrecht* cit., 89.

Kohler aprofundaria o seu pensamento a propósito dos direitos relativos a cartas-missivas[147]. Tratar-se-ia de um direito ao substrato geral[148], tendo o autor o direito exclusivo do seu aproveitamento económico e o de preservar a matéria em jogo.

O cultivo destes pontos dogmáticos era dobrado pela análise – sempre apoiada em institutos concretos – do papel dos princípios jurídicos na defesa das instituições e dos ideais[149]. O nome de Kohler deve, pois, ser retido entre os primeiros dogmáticos dos direitos de personalidade[150].

O progressivo domínio dogmático da "periferia" da personalidade permitiu o esforço de abstração necessário para se alcançar a ideia de "bem de personalidade", base de qualquer dogmática coerente de direitos de personalidade.

Estes vêm, assim, a ser afirmados, na pandectística tardia, já sem dúvidas ou indecisões. Autores como Regelsberger (1831-1911)[151] e Otto von Gierke (1841-1921)[152] reportam-se aos direitos de personalidade como direitos subjetivos privados e não patrimoniais[153]. Todavia, o desenvolvimento era ainda escasso, de tal modo que o tema não logrou uma consagração geral no BGB[154].

11. As experiências clássicas: francesa e alemã

I. As codificações clássicas – a saber: as da primeira geração, com exemplo no Código Napoleão, de 1804, e as da segunda, como o Alemão,

[147] J. Kohler, *Das Recht an Briefen*, AbürglR 7 (1893), 94-149.

[148] J. Kohler, *Das Recht an Briefen* cit., 94.

[149] J. Kohler, *Die Ideale im Recht* V (1891), 161-265 (250 e *passim*).

[150] Leo Burckas, *Eigentumsrecht. Urheberrecht und Persönlichkeitsrecht an Briefen* (1907), 69.

[151] Ferdinand Regelsberger, *Pandekten*, 1 (1893), § 50 (197-198); diz este Autor que as pessoas têm direitos ao próprio corpo e ao espírito, sem relação com coisas ou com outras pessoas.

[152] Otto von Gierke, *Deutsches Privatrecht* I (1895), § 81 (702 ss.); os direitos de personalidade são os que concedem ao seu sujeito o domínio sobre uma parcela da própria esfera de personalidade; tratar-se-ia de direitos subjetivos, reconhecidos por todos.

[153] Otto von Gierke, *Deutsches Privatrecht* cit., 1, 705-706.

[154] Bernhard Windscheid/Theodor Kipp, *Lehrbuch des Pandektenrechts* I (1906, reimp., 1984), 173 ss. Quanto à luta pelos direitos de personalidade antes de 1900: Jürgen Simon, *Das allgemeine Persönlichkeitsrecht und seine gewerblichen Erscheinungsformen/Ein Entwicklungsprozess* (1981), 169 ss.

de 1896 –, e salvo o que abaixo se dirá sobre o Código de Seabra, pouco ou nenhum espaço deixaram aos direitos de personalidade. O confronto das evoluções subsequentes constitui um útil campo de investigação dogmática, no domínio ora em estudo[155].

O Código Napoleão, no seu livro I relativo às pessoas, limita-se a dispor que todo o francês gozará dos direitos civis (artigo 8.º), outro tanto sucedendo aos estrangeiros em França, dentro de uma regra de reciprocidade (artigo 11.º). Em conformidade, a doutrina civil subsequente, por um longo período, não identificava, sequer, a figura; apenas expunha certos institutos hoje considerados de personalidade e que assentavam em regras especiais, com exemplos no Direito romano.

O desinteresse civil pelo tema é ainda explicado pelo facto de, na tradição jusracionalista, a tutela da pessoa ser prosseguida através do Direito público e dos direitos fundamentais.

II. Nos princípios do século XX, a categoria dos direitos de personalidade foi introduzida em França. Surgiu decisiva a pressão doutrinária alemã[156]. Atentou-se, então, em que o *Code Civil* apenas se preocupava com o património e com os aspetos patrimoniais, desleixando os direitos de personalidade, entendidos como todos os que não se reportem a bens[157]. Classificados em direitos relativos ao indivíduo enquanto tal[158], direitos do indivíduo como membro da família e direitos como membro da sociedade[159], os direitos de personalidade foram, *grosso modo*, apresentados com o regime que ainda hoje mantêm: são oponíveis *erga omnes* e não-avaliáveis em dinheiro, são incedíveis, imprescritíveis, intransmissíveis e não suscetíveis de representação[160]. A jurisprudência foi dispensando uma tutela de tipo "subterrâneo", sem referir, de modo expresso, os

[155] Com muitos elementos: Friederike Schubert, *Der Wert des Individuums im deutschen und französischen Privatrecht* (2006), 375 pp.

[156] E. H. Perreau, *Des droits de la personnalité*, RTDC VIII (1909), 501-536.

[157] Perreau, *Des droits de la personnalité* cit., 501 e 503.

[158] Onde se situaria, segundo Perreau, o "direito primordial de personalidade", base de todos os outros e englobando o direito da individualidade distinta, o direito à integridade física e os direitos morais à honra e à liberdade – *Des droits de la personnalité* cit., 504-507; este "direito primordial" equivale ao "direito geral de personalidade", dos alemães.

[159] Perreau, *Des droits de la personnalité* cit., 504-513.

[160] Perreau, *Des droits de la personnalité* cit., 514-537.

direitos de personalidade[161]. Deve notar-se que o sistema francês de responsabilidade civil, de funcionamento mais fácil do que o alemão, como abaixo será referido, tinha possibilidades de conceder tutela mesmo sem se identificarem concretas normas ou direitos violados[162].

Subsequentemente – e, de um modo geral, sob influência alemã – o Direito civil francês veio a acolher diversos direitos de personalidadade: o direito à imagem, o direito à honra e o direito à dignidade[163]. No tocante à sua defesa, a jurisprudência foi-se antecipando: assegurou uma tutela através da responsabilidade civil. Na base do lato artigo 1382.º do Código Napoleão, a prática de atos censuráveis contra a pessoa visada, dá azo a uma reparação[164].

III. A lei francesa só se reportou aos direitos de personalidade a partir dos anos setenta do século XX[165]. A Lei n.º 70-643, de 17 de Julho de 1970, integrada no artigo 9.º do Código Civil, proclama o princípio do respeito pela vida privada das pessoas[166]. Seguiram-se outras adendas importantes[167]:

- Lei n.º 78-17, de 6 de janeiro de 1978, relativa à proteção perante a informática;
- Lei n.º 93-2, de 4 de janeiro de 1993, com a presunção de inocência, inserida no artigo 9-1 do Código Civil;
- Lei n.º 94-653, de 29 de Julho de 1994, que colocou no artigo 16.º do Código Civil o direito ao respeito do ser humano e do seu corpo.

[161] Bernard Teyssié, *Droit civil/Les personnes*, 15.ª ed. (2012), 28. Como relata este autor, a Cassação Francesa só usou a expressão "direitos de personalidade" no seu relatório referente ao ano judiciário de 1968/1969.

[162] Carsten Heisig, *Persönlichkeitsschutz in Deutschland und Frankreich* (1999), 157.

[163] Jean Carbonnier, *Droit civil 1/Les personnes*, 21.ª ed. (2001), 148-150 e 165-167. Na ed. de 2004, I, 510 ss.

[164] Murad Ferid/Hans Jürgen Sonnenberger, *Das französische Zivilrecht*, I/1: *Einführung und Allgemeiner Teil*, 2.ª ed. (1994), 351.

[165] Hans Jürgen Sonnenberger/Christian Autexier, *Einführung in das französische Recht*, 3.ª ed. (2000), 120 e ss., Gilles Goubeaux, *Traité de Droit Civil/Les personnes* (1989), 249 e Muriel Parquet, *Droit des personnes* (2010), 85 ss.

[166] Teyssié, *Droit civil/Les personnes*, 15.ª ed. cit., 28 e Heisig, *Persönlichkeitsschutz* cit., 72.

[167] Elementos ulteriores: Marjorie Brussorio-Aillaud/Laëtitia Stasi, *Droit civil/Personnes, incapacités, famille* (2010/2011), 37 ss.

A matéria tem vindo a ser aprofundada na base das diversas figuras de direitos de personalidade[168].

IV. O Código Civil alemão, apesar de aprontado numa ocasião em que os direitos de personalidade já eram conhecidos, também não lhes deu consagração expressa. O § 12 refere-se ao direito ao nome: na base desse preceito, os comentaristas vieram a ocupar-se dos direitos de personalidade[169].

Apesar dessa carência legislativa, os direitos de personalidade conheceram um grande desenvolvimento: logo após a entrada em vigor do BGB[170-171] e, particularmente no segundo pós-guerra, isto é: após 1945 – e isso apesar de, no sector constitucional, outro tanto ter sucedido com os direitos fundamentais. Para esse desenvolvimento terá contribuído o alto nível da doutrina alemã; mas ele não pode ser desligado dos abusos legislativos cometidos no período nacional-socialista (1933-1945)[172] – e isso para não falar nos que se perpetraram à margem de quaisquer leis.

Ficaram célebres as leis rácicas de Nuremberga, mais precisamente a *Lei para a Protecção do Sangue Alemão e da Honra Alemã*, cujo teor, em tradução aproximada, é o seguinte[173]:

> Considerando o reconhecimento de que a pureza do sangue alemão constitui o pressuposto da manutenção do Povo alemão e possuídos pela vontade indomável de assegurar para sempre o futuro da Nação alemã, o *Reichtag* aprovou por unanimidade a seguinte lei agora promulgada:

[168] *Droits de la personnalité*, coordenação de Jean-Christophe Saint-Pau (2013), 1408 pp.

[169] Thomas Duve, HKK/BGB cit., I, §§ 1-14, Nr 50 (204).

[170] O BGB apenas teria dado um "torso" sobre o qual se construiu, depois, a doutrina dos direitos de personalidade: Reinhard Damm, *Personenrecht/Klassik und Moderne der Rechtsperson*, AcP 202 (2002), 841-879 (843).

[171] Recordamos os já citados Leo Burckas, *Eigentumsrecht. Urheberrecht und Persönlichkeitsrecht an Briefen* (1907), 62 ss. e Franz Matthias Mutzenbecher, *Zur Lehre vom Persönlichkeitsrecht* (1907), 34 ss.. Note-se, ainda neste período, a manutenção de críticas à categoria dos direitos de personalidade: Franz Ulsamer, *Zur Kritik der Lehre von Persönlichkeitsrecht* (1910), 24 ss.

[172] Bernd Rüthers/Astrid Stadler, *Allgemeiner Teil des BGB*, 19.ª ed. (2017), § 14, Nr. 6 (95-96).

[173] *Gesetz zum Schutze des deutschen Blutes und der deutschen Ehre*, de 15-set.-1935 (Nürnberg), no RGBl 1935, I, 1146-1147.

§ 1.º

(1) São proibidos os casamentos entre judeus e nacionais alemães ou de sangue equivalente. Os casamentos que, não obstante isso, sejam celebrados são nulos, mesmo quando concluídos no estrangeiro para defraudar esta lei.

(2) A acção de nulidade só pode ser proposta pelo Ministério Público.

§ 2.º

São proibidas as relações entre judeus e nacionais alemães ou de sangue equivalente.

§ 3.º

Os judeus não podem dar emprego, em suas casas, a mulheres nacionais alemãs ou de sangue equivalente.

§ 4.º

(1) Os judeus ficam proibidos de içar a bandeira nacional ou do *Reich* e de usar as cores do *Reich*.

(2) Em compensação, é-lhes facultado o uso da cores judaicas. O exercício deste poder está sob proteção do Estado.

§ 5.º

(1) Quem violar a proibição do § 1.º será punido com penitenciária.

(2) O homem que viole a proibição do § 2.º será punido com prisão ou com penitenciária.

(3) Quem violar as proibições dos §§ 3.º e 4.º será punido com prisão até um ano e com multa ou com uma destas penas.

O diploma, para além de uma discriminação civil em função do sangue – no fundo, em função da religião – tinha penas indeterminadas, o que agravava o arbítrio, aquando da sua aplicação[174].

Outras leis discriminatórias, numa quantidade e num pormenor hoje inimagináveis, vieram a surgir. Como meros exemplos: a lei de 11-nov.-1938, que proíbe aos judeus deter armas[175]; a lei de 12-nov.-1938, que impôs aos judeus de nacionalidade alemã, no seu conjunto, uma "reparação" de

[174] Vinha assinado: por Adolf Hitler, como *Führer* e Chanceler do *Reich*, por Frick, como Ministro do Interior, por Gürtner, como Ministro da Justiça e por R. Hess.

[175] *Verordnung gegen den Waffenbesitz der Juden*, RGBl 1938, I, 1573.

um trilião de marcos alemães[176]; essa lei foi, depois, executada obrigando os "judeus" a pagar 20% do seu património em 4 prestações[177]; a lei de 12-nov.-1938, relativa à exclusão dos "judeus" da vida económica alemã: não podiam exercer o comércio geral, não podiam ocupar lugares dirigentes em sociedades e não podiam ser cooperantes, sendo "dispensados", sem qualquer indemnização[178].

Estes abusos legislativos, surgidos num País de alto nível político, filosófico, religioso e jurídico, com – segundo parece – o conhecimento e a indiferença da generalidade das pessoas[179], recorda a fragilidade da cultura: apenas através da educação, cívica e pessoal e do Direito é possível precaver tais excessos. A discriminação rácica mantém-se como uma área sensível, perante o Direito da personalidade[180].

V. A dramática experiência do III *Reich* levou, na República Federal Alemã subsequente a 1949, a um surto de desenvolvimento de direitos fundamentais e de personalidade. Esse movimento intensificou-se com a multiplicação dos meios suscetíveis de agredir ou de pôr em causa a esfera mais pessoal de cada um: meios de comunicação e de vigilância, informática e biotecnologia, como exemplos.

Trata-se de uma experiência largamente liderante, na Europa Continental, com influência direta entre nós. O seu conhecimento é indispensável.

VI. Além dos Direitos francês e alemão, outras experiências europeias deram contributos significativos para o desenvolvimento desta matéria.

176 *Verordnung über eine Sühneleistung der Juden deutschen Staatsangehörigkeit*, *idem*, loc. cit..

177 *Durchführungsordnung* de 21-nov.-1938, RGBl 1938, I, 1638-1640.

178 *Verordnung zur Ausschaltung der Juden aus dem deutschen Wirtschaftsleben*, RGBl 1938, I, 1580 (Göhring).

179 Joseph Walk, *Das Sonderrecht für die Juden im NS-Staat/Eine Sammlung der gesetzlichen Massnahmen und Richtlinien – Inhalt und Bedeutung*, 2.ª ed. (1996), particularmente o posfácio de Adalbert Rückerl, 407 ss. (413). Sobre o tema, *vide*, ainda, Martin Tarrab-Maslaton, *Rechtliche Strukturen der Diskriminierung der Juden im Dritten Reich* (1993), 281 pp..

180 Angela Streibel, *Rassendiskriminierung als Eingriff in das allgemeine Persönlichkeitsrecht* (2010), 320 pp..

Assim o Código Civil austríaco ou ABGB, de 1811[181] e de pendor racionalista, veio dispor, no seu § 16:

> Cada ser humano tem direitos inatos, evidenciados pela razão, devendo, por isso, ser considerado como pessoa.

No projeto de E. Martini surgia, nesta sequência, uma lista de direitos: foram retirados da lei, por razões ditas políticas e sistemáticas[182]. Trata-se de matéria que tem sido derivada do Direito natural e para a qual se preconiza um papel não apenas programático[183], surgindo, depois, os diversos direitos de personalidade, hoje positivados[184]. Retenha-se, todavia e do Direito austríaco, a tradição racionalista dos "direitos inatos"[185].

O Código Civil suíço, de acordo com a orientação então difundida e que também prevalecera no BGB, não isolou os "direitos de personalidade". Segundo o seu artigo 27.º:

> Ninguém pode renunciar total ou parcialmente à sua capacidade jurídica.
>
> Ninguém pode alienar a sua liberdade ou limitá-la num grau que ofenda o direito ou os bons costumes.

Apesar de modesto, este preceito permite desenvolvimentos atinentes à matéria em estudo[186]. A tutela da personalidade perante terceiros é retirada do artigo 28.º. Os direitos de personalidade são apresentados como sendo "de defesa", absolutos e altamente pessoais[187], seguindo-se, depois, uma análise dos direitos de personalidade em especial[188].

[181] Quanto ao Código Civil austríaco e à sua elaboração: Franz Wieacker, *Privatrechtsgeschichte der Neuzeit*, 2.ª ed. (1967), 335 pp..

[182] Josef Aicher, em Peter Rummel, *Kommentar zum Allgemeinen bürgerlichen Gesetzbuch*, I, 2.ª ed. (1990), § 16, Nr. 1 (45).

[183] *Idem*, Nr. 2 e 3 (45 e 46).

[184] *Idem*, Nr. 16 ss. (49 ss.).

[185] Os direitos inatos não correspondem, conceitualmente, aos de personalidade: *Vide* Karl Wolff, em Heinrich Klang e Franz Gschnitzer, *Kommentar zum Allgemeinen bürgerlichen Gesetzbuch* I (1964), § 16 (130).

[186] A. Egger, *Kommentar zum Schweizerichen Zivilgesetzbuch*, 2.ª ed. (1930), Art. 27 (215 ss.). Em geral: Richard Frank, *Der Schutz der Persönlichkeit in der Zivilrechtsordnung der Schweiz*, AcP 172 (1972), 56-84.

[187] Christian Brückner, *Das Personenrecht des ZGB (ohne Beurkundung des Personenstands)* (2000), 111 ss..

[188] Christian Brückner, *Das Personenrecht* cit., 122-124.

12. Do "direito geral de personalidade" aos "âmbitos de proteção"

I. A experiência nacional-socialista e a colaboração que, ativa ou passivamente, quase todos os juristas da época acabaram por lhe prestar geraram sentimentos de culpa que explicarão – em conjunto com fatores jurídico-científicos – o incremento, no pós-guerra, dos direitos fundamentais, no Direito constitucional e dos direitos de personalidade, no Direito civil.

II. No tocante aos direitos de personalidade, veio retomar-se a ideia antiga de Regelsberger e de von Gierke[189], favorável a um direito (subjetivo) geral de personalidade[190]. Apesar de criticado – em 1910, Ulsamer considera-o "uma quimera"[191] – tal direito singraria, ao longo dos anos.

Na origem, devemos ter presentes algumas características próprias do Direito alemão e designadamente: o facto de o BGB não tratar os direitos de personalidade e a circunstância de a responsabilidade civil exigir a violação de um direito subjetivo de tipo absoluto – § 823/I, do BGB[192].

Confrontada com estas limitações, a jurisprudência, em duas célebres decisões do BGH, de 25-mai.-1954 e de 14-fev.-1958, veio admitir um direito (subjetivo) geral de personalidade, cuja violação obrigaria a indemnizar[193].

[189] *Supra*, 56.

[190] Dieter Leuze, *Die Entwicklung des Persönlichkeitsrechts im 19. Jahrhundert* cit., 111 ss., Staudinger/Coing, *BGB* cit., 11.ª ed., Nr. 19 (58) e Jürgen Simon, *Das allgemeine Persönlichkeitsrecht* cit., 155 ss..

[191] Ulsamer, *Zur Kritik der Lehre von Persönlichkeitsrecht* cit., 107.

[192] Marie-Theres Frick, *Persönlichkeitsrechte/Rechtsvergleichende Studie über den Stand des Persönlichkeitsschutzes in Österreich, Deutschland, der Schweiz und Liechtenstein* (1991), 24-25; esta Autora, justamente na base de uma comparação entre as experiências alemã, austríaca, suíça e do Liechtenstein, explica que o "direito geral" é uma particularidade alemã, requerida pelas explicadas especialidades. *Vide*, ainda: Haimo Schack, *BGB – Allgemeiner Teil*, 15.ª ed. (2016), Nr. 63 ss. (20 ss.); Christoph Hirsch, *BGB/Allgemeiner Teil*, 9.ª ed. (2016), Nr. 16-17 (40-41).

[193] O reconhecimento jurisprudencial do "*allgemeines subjektives Persönlichkeitsrecht*" deu os seus primeiros passos no incío do século XX: Roland Rixecker, *Das allgemeine Persönlichkeitsrecht*, em anexo ao § 12 do *BGB/Münchener*, 7.ª ed. (2015) § 12 Anh., Nr. 1.

Em BGH 25-mai.-1954, discutia-se o seguinte: uma publicação periódica deu à estampa uma carta de um advogado, sem autorização deste, na rubrica: cartas do leitor. O BGH, com base no artigo 2.º da Constituição alemã, relativo ao livre desenvolvimento da personalidade, afirmou um "direito de personalidade geral", que asseguraria a proteção das cartas-missivas[194].

Em BGH 14-fev.-1958, o caso fora este: o Réu, farmacêutico, a propósito de determinado produto com apregoadas faculdades afrodisíacas, aprontou um cartaz publicitário onde surgia uma imagem do Autor. Este não dera autorização para o uso publicitário da sua imagem. O BGH, retomando, entre outros aspetos, o direito geral de personalidade, confirmou uma condenação em indemnização[195].

III. A doutrina, igualmente sensibilizada pela necessidade de, também no campo civil, defender a pessoa humana, veio apresentar e defender esse "direito geral"[196]. Ele parece definido como "o direito subjetivo absoluto à manutenção, inviolabilidade, dignidade, reconhecimento e livre desenvolvimento da individualidade das pessoas"[197]. Permitindo uma responsabilização alargada, no caso da violação[198], o "direito geral" de personalidade seria um verdadeiro direito subjetivo[199]. Ele funcionaria como um complemento dos direitos fundamentais inseridos na Constituição[200], operando através de grandes grupos de direitos parcelares[201].

[194] BGH 25-mai.-1954, BGHZ 13 (1954), 334-341 (334, 335 e 338).

[195] BGH 14-fev.-1958, BGHZ 26 (1958), 349-359 (349 ss., 354). *Vide* Horst Kaufmann, *Allgemeines Persönlichkeitsrecht und Schmerzensgeld*, JuS 1963, 373-384.

[196] Em especial, Heinrich Hubmann, *Das Persönlichkeitsrecht*, 1.ª ed. (1953) e 2.ª ed. (1967), com rec. Rudolf Keinhard, *Das Problem des allgemeinen Persönlichkeitsrechts in der Zivilrechtsordnung/Offene Probleme einer juristischen Entdeckung* (1977), 79 ss. Uma breve síntese histórica consta de Heinz Georg Bamberger, em Bamberger/Roth, *Kommentar zum BGB* I, 2.ª ed. (2007), § 12, Nr. 96 ss. (54 ss.), Beck online! Para um maior desenvolvimento: Klaus Martin, *Das allgemeine Persönlichkeitsrecht in seiner historischen Entwicklung* (2007), 322 pp..

[197] Horst Neumann-Duesberg, *Abgrenzbarkeit des allgemeinen Persönlichkeitsrechts und sein Schutz nach § 823 Abs 1 BGB*, NJW 1957, 1341-1344 (1341/II).

[198] Karl Larenz, *Das "allgemeine Persönlichkeitsrecht" im Recht der unerlaubten Handlungen*, NJW 1955, 521-525.

[199] Jürgen Simon, *Das allgemeine Persönlichkeitsrecht* cit., 155 ss.

[200] Christoph Degenhart, *Das allgemeine Persönlichkeitsrecht*, JuS 1992, 361-368 (361).

[201] Hans Erich Brandner, *Das allgemeine Persönlichkeitsrecht in der Entwicklung durch die Rechtsprechung*, JZ 1983, 689-696.

O "direito geral" de personalidade seria, assim, um "direito-fonte"[202] ou um "direito-quadro"[203] de onde se poderiam retirar concretas manifestações jurídico-positivas protegidas[204].

IV. O "direito geral" de personalidade, como de resto já resultava das referências, acima recordadas, a "direito-fonte" e a "direito-quadro", perde terreno, enquanto "direito subjetivo". Um "direito-quadro" já não exprime uma permissão *específica* de aproveitamento de qualquer bem, sendo claro, nessa situação, que o regime aplicável, dominado por preocupações de concretização e de ponderação de valores, já não é o do direito subjetivo. Basta ver que assume uma feição de tal modo generalista que vai, de modo fatal, entrechocar-se com outros "direitos gerais" de personalidade[205]. A sua concretização redundará numa complexa ponderação de bens e de valores[206], que já pouco ou nada tem a ver com o regime do direito subjetivo.

A derivação do "direito geral", feita a partir dos direitos fundamentais, tende a ser questionada, acompanhando a recusa da eficácia imediata de tais direitos perante terceiros[207]. No ponto delicado de responsabilização pela sua violação, a doutrina, na esteira de Canaris, já em 1989[208] e,

[202] BGH 2-abr.-1957, BGHZ 24 (1957), 72-83 (78), falando em "direito-fonte" e em "direito de personalidade-mãe".

[203] Peter Schwerdtner, *Das Persönlichkeitsrecht in der deutschen Zivilrechtsordnung* (1977), 97, com prevenções, Wolfgang Fikentscher, *Schuldrecht*, 9.ª ed. (1997), 757 e Friederike Schubert, *Der Wert des Individuums* cit., 38 ss.

[204] Roland Rixecker, *Das allgemeine Persönlichkeitsrecht* cit., § 12 Anh., Nr. 10; *vide* Jörg Neuner, *Der privatrechtliche Schutz der Persönlichkeit* cit., 962 e, em geral, Jürgen von Gehlah, *Die neuere Entwicklung des Persönlichkeitsrechts*, VersR 2012, 278-284.

[205] Dieter Medicus/Jens Petersen, *Allgemeiner Teil des BGB*, 11.ª ed. (2016), Nr. 1079 (463-464).

[206] Karl Larenz/Manfred Wolf, *Allgemeiner Teil des Bürgerlichen Rechts*, 9.ª ed. (2004), § 8, Nr. 7 (128), Manfred Wolf/Jörg Neuner, *Allgemeiner Teil des Bürgerlichen Rechts*, 10.ª ed. (2012), § 20, Nr. 15 (217) e 11.ª ed. (2016), 233-234, Reinhard Borg, *Allgemeiner Teil des Bürgerlichen Gesetzbuchs*, 3.ª ed. (2011), § 4, Nr. 180 (77), Beand Rütthers/Astrid Stadler, *Allgemeiner Teil des BGB* cit., 19.ª ed., § 14, Nr. 23 (106) e Hans Brox/Wolf-Dietrich Walker, *Allgemeiner Teil des BGB*, 42.ª ed. (2018), § 33, Nr. 20 (317).

[207] Claus-Wilhelm Canaris, *Grundrechte und Privatrecht*, AcP 184 (1984), 201-246 (231 ss.) e Larenz/Canaris, *Lehrbuch des Schuldrechts*, II/2 *Besondere Teil*, 13.ª ed. (1994), 492 ss.

[208] Claus-Wilhelm Canaris, *Grundrechtswirkungen und Verhältnismässigkeitsprinzip in der richterlichen Anwendung und Fortbildung des Privatrechts*, JuS 1989, 161-172 (170).

depois, em 1994[209], vem antes optar pela definição de âmbitos de proteção do direito de personalidade[210]. Todos assentam na necessidade de concretização dessa figura[211].

O "direito geral" de personalidade, tendo cumprido o seu papel, está tecnicamente em regressão, na Alemanha: apenas desempenha uma função de sistematização no âmbito do Direito (objetivo) da personalidade. Essa função é útil, permitindo conquistar novos âmbitos e sedimentar áreas já conhecidas, como a da sua aplicação a pessoas coletivas[212] e a autonomização de novos direitos[213]. Ficam porém claras as suas limitações dogmáticas[214]. Adiante veremos a posição a adotar perante o Direito português, desde já se adiantando que, por maioria de razão, não há que proceder à sua receção tardia[215].

[209] Larenz/Canaris, *Lehrbuch des Schuldrechts* cit., II/2, 13.ª ed., 498 ss.

[210] Erman/Ehmann, *BGB*, 12.ª ed. I (2008), Anh., § 12, Nr. 4 (23), Rixecker, *Münchener Kommentar* cit., 7.ª ed., § 12 Anh., Nr. 11-13 e Horst Ehmann, *Zur Struktur des Allgemeinen Persönlichkeitsrechts*, JuS 1997, 193-203.

[211] Com indicações, Dieter Medicus/Jens Pertersen, *Allgemeiner Teil des BGB* cit., 11.ª ed., 463.

[212] Desde já referimos a monografia de Roland von Lilienfeld-Toal, *Das allgemeine Persönlichkeitsrecht juristischer Personen des Zivilrechts* (2003), 163 pp..

[213] Dieter Schwab/Martin Löhnig, *Einführung in das Zivilrecht*, 18.ª ed. (2010), 134 ss. e Hanns Prütting, no PWW/BGB, 13.ª ed. (2018), § 12, Nr. 32 (23).

[214] Friederike Schubert, *Der Wert des Individuums* cit., 36 ss. e Hans Brox/Wolf-Dietrich Walker, *Allgemeiner Teil* cit. 42.ª ed., § 33, Nr. 20-23 (317-318).

[215] *Infra*, 107.

§ 3.º A EXPERIÊNCIA LUSÓFONA

13. Do pensamento tradicional ao racionalismo de Seabra

I. A experiência portuguesa é marcada por um valor excecional dado aos direitos da pessoa. Trata-se de uma linha evolutiva que, de certo modo e lamentavelmente, foi quebrada pelo positivismo do século XX. Tem o maior interesse conhecê-la[216].

O pensamento tradicional, patente em Pascoal de Mello, reduzia os direitos dos cidadãos ao de "... pedirem aos governantes que os protejam e defendam ..." e ao de "... desempenhar cargos oficiais ..."[217].

A tutela então dispensada às pessoas – como sublinha o próprio Mello – assentava, primordialmente, nas penas impostas aos autores de infrações contra elas.

Assim, encontramos nas Ordenações:

– penas para os que *matão, ou ferem ou tirão com arcabuz ou besta*[218];
– penas para os autores e divulgadores de *cartas diffamatorias*[219];
– penas para os mexeriqueiros[220].

216 Ensaiámos uma primeira investigação sobre o tema em *Os direitos de personalidade na civilística portuguesa*, em *Estudos em Honra do Prof. Doutor Inocêncio Galvão Telles*, 1 (2002), 21-45.

217 Pascoal José de Mello Freire, *Instituições de Direito civil português*, Livro I, Título XII, § V = ed. port. de Pinto de Meneses, BMJ 162 (1967), 137; a 1.ª ed. data do séc. XVIII. *Vide*, também, o Livro II, § VIII, relativo aos direitos dos cidadãos = ed. port. BMJ 163 (1967), 28 ss.

218 *Ord. Fil.*, Liv. V, tít. XXV = ed. Gulbenkian, *Livros IV e V*, 1184-1187.

219 *Ord. Fil.*, Liv. V, tít. LXXXIV = ed. Gulbenkian cit., 1232-1233.

220 *Ord. Fil.*, Liv. V, tít. LXXXV = ed. Gulbenkian cit., 1233.

II. O liberalismo levou à receção, nas Constituições portuguesas, dos enunciados relativos aos direitos do homem, de inspiração francesa[221].

Nas bases da Constituição de 1821, os artigos 1.º a 15.º fixavam os *Direitos individuais do cidadão*, centrados na liberdade, na segurança e na propriedade[222]; o tema era retomado na *Constituição Politica da Monarchia Portugeza* de 1822, artigos 1.º a 19.º, sob o título *Dos direitos e deveres individuais dos portugueses*[223].

A Carta Constitucional de 29-abr.-1826 dá menos relevo sistemático aos direitos fundamentais: eles surgem no artigo 145.º, de todo o modo muito extenso (34 §§)[224].

Na *Constituição de 1838*, os *direitos e garantias dos portuguezes* recuperam em significado: era-lhes dedicado o título II, artigos 9.º a 32.º[225].

A *Constituição de 1911*, embora inserindo os *direitos e garantias individuais* no título II, apenas lhes consagrava os artigos 4.º e 5.º, sendo o 4.º de grande extensão – 38 números[226].

A *Constituição de 1933* continha uma Parte I sobre as garantias fundamentais. Aí surgia um artigo – o 8.º – onde se procedia a um enunciado extenso dos "direitos e garantias individuais dos cidadãos portugueses", com relevo para diversos direitos de personalidade: direito à vida e integridade pessoal (1.º), direito ao bom nome e reputação (2.º), inviolabilidade do domicílio e sigilo da correspondência (6.º) e reparação por danos morais (17.º). Cumpre notar que a Constituição de 1933 chegava a consignar o direito de resistência contra ordens que infringissem as garantias individuais (19.º)[227]: o autoritarismo do Estado Novo resultava da prática do regime e não da Constituição de 1933.

[221] Trata-se da raiz dos hoje ditos direitos fundamentais; *vide* Jorge Miranda, *Manual de Direito Constitucional*, tomo IV – *Direitos fundamentais*, 6.ª ed. (2015), 30.

[222] *Constituições portuguesas*, publ. Jorge Miranda – I – *Constituição de 1822*, BMJ 234 (1974), 5-100 (6-7).

[223] BMJ 234 (1974), 16-19.

[224] *Constituições portuguesas* – II – *Carta Constitucional*, BMJ 235 (1974), 5-47 (42-46).

[225] *Constituições portuguesas* – III – *Constituição de 1838*, BMJ 236 (1974), 5-51 (9-15).

[226] *Constituições portuguesas* – IV – *Constituição de 1911*, BMJ 237 (1974), 33-65 (34-38).

[227] *Constituições portuguesas* – V – *Constituição de 1933*, BMJ 240 (1974), 53-102 (56-59).

Esta linha floresceu, em especial, na *Constituição de 1976*: aí, a Parte I é dedicada aos direitos e deveres fundamentais, surgindo um Título II – artigos 24.º e seguintes – com os "direitos, liberdades e garantias pessoais": um tema a aflorar a propósito dos "direitos fundamentais".

Na lei civil, a progressão foi mais lenta. Borges Carneiro menciona os "direitos e obrigações dos naturaes do Reino"[228]: fá-lo, todavia, com referência ao artigo 145.º da Carta Constitucional, cujo elenco segue. Corrêa Telles adota um esquema semelhante[229]. Coelho da Rocha denota já a influência que triunfaria em Seabra: faz uma distinção entre leis naturais e positivas[230] e afirma, depois, a existência de "direitos naturais", "... que servem de base às leis civis"[231]. Refere: o de liberdade, o de defesa de si mesmo, o de propriedade e o de igualdade[232].

III. Um tanto surpreendentemente, perante elementos tão escassos, António Luiz de Seabra (o Visconde de Seabra) (1798-1895) inseriu, no projeto do que viria a ser o primeiro Código Civil português, um título relativo a direitos originários – artigos 359.º a 368.º[233]. Aí eram desenvolvidos os direitos de existência, de liberdade, de associação, de apropriação e de defesa, em termos que passariam ao Código Civil, finalmente promulgado. Trata-se de um desenvolvimento que não tem antecedentes nos códigos civis da 1.ª geração, que o precederam.

Esta opção acolheu, na lei civil portuguesa:

– as influências constitucionais dos "direitos do homem";
– o pensamento filosófico abstrato jusracionalista;
– a tradição escolástica naturalista.

As influências constitucionais dos "direitos do homem" são patentes: a própria enumeração surge próxima dos elencos das constituições oitocentistas. Por outro lado, a categoria dos "direitos originários" está necessariamente próxima da dos direitos do homem.

[228] Manuel Borges Carneiro, *Direito Civil de Portugal* I (1826), 74-76.

[229] J. H. Corrêa Telles, *Digesto Portuguez*, II (1845, ed. 1909), 5-8.

[230] M. A. Coelho da Rocha, *Instituições de Direito civil portuguez*, 2.ª ed. (1843, semelhante à 8.ª ed., 1917), § 4 (I, 2 ss.).

[231] Coelho da Rocha, *Instituições* cit., § 13 (I, 6).

[232] Coelho da Rocha, *Instituições* cit., §§ 13-18 (I, 6-8).

[233] *Projecto de Codigo Civil Portuguez* (1867), 58-59.

O pensamento filosófico abstrato jusracionalista obriga a um pequeno excurso sobre o panorama jurídico-filosófico, no século XIX. Na origem, encontramos a reforma pombalina da Universidade, que adotou uma disciplina de Direito natural (1772). Fatores de diversa ordem levaram a que, nessa disciplina, não fossem recebidos, de modo direto, os grandes nomes do jusracionalismo[234]: antes se acolheu von Martini (1726-1800), cujo compêndio, oficialmente aprovado, norteou, durante muitos anos, o ensino dessa disciplina[235]. O jusracionalismo daí resultante foi reaproximado da escolástica tradicional por Álvares Fortuna[236], enquanto o pensamento racional positivo teve influxos em Soares Barbosa[237], em Rodrigues de Brito[238] e em Pinheiro Ferreira[239]. Dada a dimensão da produção nacional, podemos entender que o primeiro oitocentos deu importância à reflexão jurídico-filosófica. Temos, de seguida, Vicente Ferrer Neto Paiva (1798-1886), grande dinamizador da Filosofia do Direito e presidente da Comissão de Revisão do projeto do que viria a ser o Código de Seabra. Este professor operou uma reaproximação tipicamente nacional entre o idealismo alemão e o jusnaturalismo tradicional com recurso a Krause[240] e à sua Filosofia[241],

[234] Portanto: Hugo Grotius (1583-1645), Samuel Pufendorf (1632-1694), Thomasius (1655-1728) e Christian Wolf (1679-1754).

[235] C.-A. von Martini, *Positiones de lege naturali in usum auditorii vindolonensis* (1782, ed. de Coimbra, 1794). Vide Paulo Merêa, *Lance de olhos sobre o ensino do direito (Cânones e leis) desde 1772 até 1804*, BFD XXII (1957), 187-214 (203 ss.) e Luís Cabral de Moncada, *Subsídios para uma História da Filosofia do Direito em Portugal*, BFD XIV (1937-38), 104-146, 259-342 e XV (1938-39), 25-117 (XIV, 114 ss.); outros elementos podem ser confrontados em Menezes Cordeiro, *Teoria geral do Direito civil/Relatório* cit., 86 ss.

[236] José Fernandes Álvares Fortuna, *De jure naturae positiones/ad usum auditorum in duos livros digestae* (1815).

[237] António Soares Barbosa, *Tratado elementar de filosofia moral* I e II (1792).

[238] Joaquim José Rodrigues de Brito, *Memórias políticas sobre as verdadeiras bases da grandeza das nações e principalmente de Portugal*, 3 tomos (1803-1805): o primeiro escrito português que refere Kant.

[239] Silvestre Pinheiro Ferreira, *Questões de Direito público e administrativo, Philosophia e Litteratura*, 3 vols. (1844-1845).

[240] Karl Friedrich Krause (1781-1832).

[241] A Filosofia de Krause foi divulgada através de Heinrich Ahrens (1808-1874), alemão que publicara a sua obra em francês; em 1844, Francisco de Mendonça e Mello procedeu à tradução do seu *Curso de Direito Natural ou de Philosophia do Direito segundo o estado actual da sciencia na Alemanha*; recordamos que a própria *Grundlegung zur Methaphysik der Sitten*, de Kant (1785) só nos meados do século XX conhecia uma versão em português, graças ao Prof. Paulo Quintela.

publicando sucessivas obras de exposição jurídico-filosófica[242]. Ferrer procedia por classificações e ilações lógicas derivadas dos temas de origem, somando-lhes certas preocupações sociais.

A tradição escolástica naturalística, com origem, neste período, nas aproximações de Fortuna, foi tida em conta por Ferrer Neto Paiva, com as suas preocupações sociais, numa tradição que se manteria[243].

IV. Com estes antecedentes, o Visconde de Seabra apresenta-se racionalista e pragmático[244]. Os direitos originários que ele consignou na lei civil portuguesa inserem-se numa sua capacidade analítica e sistematizadora, mais do que em qualquer dogmática operacional.

Todavia, o Código de Seabra ficará como o que, no século XIX, maior relevo deu aos hoje ditos "direitos de personalidade".

14. Os "direitos originários" de 1867

I. A evolução acima apontada deu frutos, no Código de Seabra. Cumpre citar o Título I, do Livro I, do Código Civil português de 1867, precisamente intitulado *Dos direitos originários*, numa construção particularmente conseguida[245]:

Artigo 359.º

Dizem-se direitos originários os que resultam da própria natureza do homem, e que a lei civil reconhece, e protege como fonte e origem de todos os outros. Estes direitos são:

1.º O direito de existência;
2.º O direito de liberdade;

[242] *Vide* indicações em Menezes Cordeiro, *Teoria geral do Direito civil/Relatório* cit., 90, nota 13.

[243] Sobre Neto Paiva, de AAVV, *Vicente Ferrer Neto Paiva/No segundo centenário do seu nascimento, a convocação do krausismo* (1999).

[244] Luiz da Cunha Gonçalves, *Tratado de Direito civil*, 1 (1929), 126, releva uma influência de Krause em Seabra. Parece-nos, todavia, que dominou antes uma versão racionalista e positivista do jusnaturalismo ideal. Do próprio António Luiz de Seabra, *vide A propriedade. Philosophia do Direito. Para servir de introdução ao commentario sobre a lei dos foraes* (1850), 2.

[245] Marcel Planiol, *Traité Élémentaire de Droit civil*, 1, 3.ª ed. (1904), 677, nota 1 e Jean Carbonnier, *Droit civil/Les personnes* cit., 21.ª ed., 163.

3.º O direito de associação;
4.º O direito de apropriação;
5.º O direito de defesa.

Artigo 360.º

O direito de existência não só compreende a vida e integridade pessoal do homem, mas também o seu bom nome e reputação, em que consiste a sua dignidade moral.

Artigo 361.º

O direito de liberdade consiste no livre exercício das faculdades físicas e inteletuais, e compreende o pensamento, a expressão e a ação.

Artigo 362.º

O pensamento do homem é inviolável.

Artigo 363.º

O direito de expressão é livre, como o pensamento; mas o que dele abusar, em prejuízo da sociedade ou de outrem, será responsável na conformidade das leis.

Artigo 364.º

O direito de acção consiste na faculdade de praticar livremente quaisquer atos; mas o que dele abusar, atentando contra os direitos de outrem ou da sociedade, será responsável, nos termos das leis.

Artigo 365.º

O direito de associação consiste na faculdade de pôr em comum os meios ou esforços individuais, para qualquer fim, que não prejudique os direitos de outrem ou da sociedade.

Artigo 366.º

O direito de apropriação consiste na faculdade de adquirir tudo o que for conducente à conservação da existência, e à manutenção e ao melhoramento da própria condição. Este direito, considerado objetivamente, é o que se chama propriedade.

§ único. O direito civil só reconhece a apropriação, quando é feita por título ou modo legítimo.

Artigo 367.º

O direito de defesa consiste na faculdade de obstar à violação dos direitos naturais ou adquiridos.

Artigo 368.º

Os direitos originários são inalienáveis, e só podem ser limitados por lei formal e expressa. A violação deles produz a obrigação de reparar a ofensa.

II. O elenco dos "direitos originários", de Seabra, prestou-se a uma série de críticas. Logo na fase da discussão do projeto, Alexandre Herculano votou pela supressão do título: entendia que se tratava de disposições inúteis, que apenas teriam cabimento nas constituições políticas, em épocas nas quais os direitos naturais do homem não eram devidamente reconhecidos e respeitados[246]. Apenas o empenho pessoal de Seabra levou a que os "direitos originários" aí se conservassem[247].

Na base da discussão do projeto de Seabra, houve outros elementos com interesse para o campo dos hoje ditos direitos de personalidade.

[246] José Dias Ferreira, *Codigo Civil Portuguez annotado*, 1, 2.ª ed. (1894), 254. As *Actas das sessões da Comissão Revisora do projecto de Codigo Civil Portuguez* (1869), 661, apenas configuraram o seguinte:

> Sessão de 26 de Novembro de 1860
>
> Presidência do Sr. Vicente Ferrer Neto Paiva. Ás seis horas da tarde, estando presentes os srs. Ferrer, Seabra, Simas, Marreca, Lima, Silva Ferrão, Herculano, José Júlio e Levy, abriu o sr. presidente a sessão, e lida a ata da antecedente, foi aprovada.
>
> O sr. Seabra apresentou, e depois de alguma controversia foi approvada por todos, á excepção do sr. Herculano, que declarou votava pela sua supressão, o titulo em discussão redigido conforme o que se havia vencido nas anteriores sessões, e que é o seguinte: (...)

De acordo com a tradição oral – *vide* Teixeira d'Abreu, abaixo citado –, o Visconde de Seabra terá ameaçado retirar-se da Comissão Revisora se o título fosse suprimido. Assim conseguiu a sua manutenção.

[247] Segundo Teixeira d'Abreu, *Curso de Direito civil*, Parte II (1904-1905), 7, depois retomado por outros autores:

> Á sua [de Seabra] tenacidade na defêsa do plano geral da sua obra, á consideração, que sempre mereceu aos vogaes da Comissão revisora, e por ventura ainda á terminante affirmação, que se lhe attribue, de abandonar os trabalhos da revisão, se esta materia fosse eliminada da lei, se deve, talvez, a existencia no Codigo Civil português d'um capitulo que não tem correspondente em codigos estrangeiros.

Ferrer Neto Paiva, ilustre presidente da comissão de revisão, falando do artigo 4.º que previa "direitos e obrigações que resultam imediatamente da sua própria natureza" isola os "direitos originários"[248], diz:

> Todos os direitos originarios ou adquiridos podem em ultima analyse reduzir-se ao direito primigenio da *personalidade*; todos os direitos são enumerações, ou manifestações d'aquelle direito. Poderiam até mesmo dizer, que qualquer pessoa não tinha senão um unico direito; porém, distinguem-se e dividem-se para podermos analysal-os, e explicar a sua natureza: (...)[249]

O próprio Visconde, respondendo a críticas feitas por Alberto de Moraes Carvalho, explica que vai fundar o seu sistema sobre o sujeito do direito[250]. Citando Thiercelin, vem contrapor os "direitos naturais" aos "adquiridos"[251]; os primeiros correspondem aos "direitos originários" de Seabra.

Esta linha de desconsideração, por inutilidade, dos "direitos originários" manteve-se: Dias Ferreira (1837-1909) acolhe-a, nos termos seguintes[252]:

> N'este titulo organisou o codigo uma especie de tutela de direitos, que constituem parte integrante da personalidade humana, e que são a origem primordial e o principio gerador de todas as obrigações juridicas, e de todas as responsabilidades; como no titulo I do livro 1.º da parte 1.ª fixára uma collecção de maximas juridicas e de principios philosophicos, perfeitamente dispensavel.

Também Abel de Andrade (1866-1958) se inclina para a inutilidade dos preceitos[253]; de resto, a jurisprudência pouco ou nenhum uso deles

[248] Vicente Ferrer Neto Paiva, *Reflexões sobre os sete primeiros titulos do livro unico da Parte I do Projecto do Codigo Civil Portuguez* (1859), 29 ss.

[249] Ferrer Neto Paiva, *Reflexões* cit., 31.

[250] Antonio Luiz de Seabra, *Apostilha à censura do Senhor Alberto de Moraes Carvalho sobre a primeira parte do Projecto de Codigo Civil* (1858), 13.

[251] *Idem*, nota (a).

[252] José Dias Ferreira, *Código Civil Portuguez Annotado* cit., 1, 2.ª ed., 253.

[253] Abel Pereira de Andrade, *Commentario ao Codigo Civil Portuguez (Artt. 359.º e segg.)/Moldado nas prelecções do exmo. sr. dr. Sanches da Gama, lente da sexta cadeira da Faculdade de Direito da Universidade de Coimbra*, I (1895), 5 ss.; Abel de Andrade afirma categoricamente que "... o procedimento do legislador nem se harmoniza com o plano do Codigo nem possui uma defeza razoavel ..."; dá razão a Alexandre Herculano.

fez. Cunha Gonçalves, que refere já a designação moderna "direitos de personalidade"[254], dá-lhes, todavia, algum papel, mormente no campo da responsabilidade civil.

15. O debate na primeira metade do século XX

I. A categoria jusracionalista dos "direitos originários" de Seabra poderia ter constituído um ponto de partida para uma receção reconstruída dos direitos de personalidade pandectísticos. Isso não sucedeu.

O século XX abriu com críticas, formuladas pelos civilistas, aos "direitos originários". Estes, além de inúteis, seriam inconvenientes: ficariam dependentes de oscilações constitucionais e confeririam força de lei a uma classificação puramente doutrinária[255].

Paralelamente, ocorreram os primeiros contactos com a categoria pandectística dos direitos de personalidade. A doutrina dividiu-se. Autores como Guilherme Moreira[256], José Tavares[257] e Cabral de Moncada[258] recusaram a figura dos direitos de personalidade, enquanto outros, como Cunha Gonçalves[259], Manuel de Andrade[260], Paulo Cunha[261] e Pires de Lima/Antunes Varela[262], vieram aceitá-la.

[254] Luiz da Cunha Gonçalves, *Tratado de Direito civil*, 3 (1930), 8 ss.

[255] A. J. Teixeira d'Abreu, *Curso de Direito civil*, vol. I - *Introdução* (1910), 36-37, retomando críticas anteriores.

[256] Guilherme Moreira, *Instituições de Direito civil português*, 1 – *Parte geral* (1907), 333 ss. Alguns elementos podem ser confrontados em Capelo de Sousa, *O direito geral de personalidade* cit., 137 ss.

[257] José Tavares, *Os princípios fundamentais do Direito civil*, 1, 2.ª ed. (1929), 278 ss. (282).

[258] Luís Cabral de Moncada, *Lições de Direito civil/Parte geral*, 3.ª ed. (1959, correspondente à 1.ª, de 1932), 74-75 = 4.ª ed. póstuma (1995), 73-74.

[259] Luiz da Cunha Gonçalves, *Tratado de Direito civil* cit., 3, 9-10.

[260] Manuel A. Domingues de Andrade, *Direito civil* (*Teoria geral da relação jurídica*), lições por Porfírio Augusto Junqueiro, 1 (1944), 199-201; na ed. publ. por A. Ferrer Correia e Rui de Alarcão, *Teoria geral da relação jurídica*, vol. I, *Sujeitos e objeto* (1960, reimp., 1972), 193-195.

[261] Paulo Cunha, *Teoria geral do Direito civil* (1971-72), 111 ss.; as posições favoráveis de Paulo Cunha quanto aos direitos de personalidade haviam já sido manifestadas nos anos 30 do séc. XX; *vide* nas *Lições* de 1965, que reproduzem as de 1961-1962, 46.

[262] João de Matos Antunes Varela, *Noções fundamentais de Direito civil*, *Lições* do Prof. dr. Pires de Lima ao Curso do 1.º ano jurídico de 1944-45, I (1945), 187 ss.; em

II. Segundo Guilherme Moreira (1861-1922), não poderia haver direitos sobre a própria pessoa: esta viria a ser, ao mesmo tempo, sujeito e objeto da relação jurídica, o que não poderia ser. Haveria, sim, situações ou potencialidades protegidas pelo Direito, mas não direitos subjetivos em sentido próprio[263]. José Tavares (1873-1938), analisando a doutrina disponível, esbarra na dificuldade de um direito sobre si próprio e na inconveniência de admitir uma disponibilidade sobre aspetos físicos e psíquicos da pessoa[264]. Também Cabral de Moncada vem dizer que os tais direitos sobre a própria pessoa obrigariam a[265]:

> (...) distinguir no homem duas pessoas, uma delas sujeito e a outra objeto dos seus direitos de personalidade; ou ainda: teríamos de admitir que *sujeito* de tais direitos seria a pessoa na sua totalidade psíquica, e *objeto* as suas diferentes partes consideradas em separado, as suas diferentes posições e atitudes, o seu corpo, a sua vida, as suas faculdades intelectuais e sabe-se lá o que mais. Seria levar longe de mais a abstração jurídica.

Cabral de Moncada (1888-1974) argumenta ainda que a admissão dos "direitos sobre a própria pessoa" conduziria a conclusões imorais e antissociais: haveria que admitir o direito ao suicídio, à escravidão e ao aborto[266].

Esta corrente de pensamento não tinha em conta toda uma evolução, já então e há muito em curso. Além disso, ela acabava por se enredar num excesso de abstrações, que pretendia combater. Todavia, ela deixa em aberto algumas questões de resposta complexa: é evidente que o "direito subjetivo" foi historicamente pensado para o controlo de bens exteriores. Apenas um conjunto de conveniências histórico-culturais levou a que ele pudesse reportar-se à própria pessoa.

III. Na viragem para os direitos de personalidade, foi decisivo o conhecimento da literatura estrangeira, designadamente a alemã, através

edições ulteriores, este desenvolvimento desapareceu.

[263] Guilherme Moreira, *Instituições* cit., 1, 334 e 335.

[264] José Tavares, *Os princípios fundamentais* cit., 1, 2.ª ed., 282 ss.

[265] Cabral de Moncada, *Lições de Direito civil* cit., 1, 3.ª ed., 75 = 4.ª ed., 74.

[266] Cabral de Moncada, *idem*, loc. cit..

de Windscheid[267] e de Enneccerus[268], a italiana, através de de Ruggiero[269] e de Coviello[270]. De todo o modo, não se tratou de uma transposição pura e simples do direito subjetivo para o campo da pessoa: antes procurou dar-se uma feição específica aos "direitos sobre a própria pessoa".

Os direitos de personalidade foram, assim, ganhando terreno, ao longo do período que marcou a vigência do Código de Seabra. A adesão de Manuel de Andrade foi muito significativa. É importante salientar que, durante este espaço de tempo, a figura dos direitos de personalidade foi prejudicada por insuficiências de tipo sistemático. A adoção da "relação jurídica", só por si, já permitia a demonstração negativista: ninguém pode ser sujeito e objeto de uma relação, em simultâneo. Além disso, a inclusão dos "direitos de personalidade" numa mera subcategoria, exposta a propósito das classificações de direito subjetivo, retira espaço dogmático à figura. Em suma: impunha-se todo um labor de reconstrução do Direito civil, de modo a restituir à pessoa o lugar que lhe compete no espaço privado.

IV. Cumpre ainda reter que, a partir de finais da década de cinquenta do século XX, os direitos de personalidade conheceram consagração jurisdicional[271]. As necessidades práticas juntaram-se à pressão doutrinária.

267 Windscheid/Kipp, *Pandekten* cit., 9.ª ed., § 40 (I, 173 ss.); trata-se de um Autor especialmente citado e transcrito, na tradução italiana, por José Tavares, que, todavia, segue caminho inverso.

268 Na tradução castelhana: Ludwig Enneccerus/Hans Carl Nipperdey, *Derecho civil* (*Parte general*), por Blas Pérez González e José Alguer, I (1943), § 71, I (306-307), presente em Pires de Lima/Antunes Varela e em Manuel de Andrade.

269 Roberto de Ruggiero, *Instituições de Direito civil*, trad. Ary dos Santos, I (1934), 221 ss.; de Ruggiero influenciou muito José Tavares, através da ed. italiana anterior; *vide*, quanto a esta influência, o nosso *Teoria geral do Direito civil/Relatório* cit., 149, nota 44.

270 Nicola Coviello, *Manuale di diritto civile italiano/Parte generale*, 3.ª ed. rev. por Leonardo Coviello (1924), 25-26; Coviello dá conta das prevenções que, aos direitos de personalidade, se podem levantar.

271 Temos em mente RLx 1-fev.-1957 (Sousa Monteiro), RT 75 (1959), 381-383 = BMJ 67 (1957), 307-310 e RLx 2-mar.-1960 (Cardoso de Figueiredo), JR 6 (1960) 1, 225-228, relativos aos direitos à vida e à saúde das pessoas, postos em causa pela construção do metropolitano de Lisboa, abaixo referidos.

16. O Código Civil brasileiro de 1916

I. O Código Civil brasileiro de 1916 não tratava diretamente dos direitos de personalidade. O Capítulo II, do Livro I, da Parte Geral do Código Civil atual, que tem como epígrafe: *Dos direitos da personalidade*, não encontra paralelo no Código Beviláqua.

O não reconhecimento expresso desta categoria jurídica não impediu a sua proteção, no campo da responsabilidade civil: o artigo 1537.º previa indemnizações, em caso de homicídio, que cobriam as despesas hospitalares e funerárias do *de cujus* e a prestação de alimentos "às pessoas a quem o defunto os devia" (direito à vida). O artigo 1538.º, com conteúdo análogo, cobria ferimentos e demais ofensas à saúde (direito à integridade física). O artigo 1547.º respeitava a injúrias e calúnias gerais e o artigo 1548.º a desonras cometidas especificamente contra as mulheres (direito à honra)[272].

Até à entrada em vigor do Código Civil de 2002, temos de procurar os direitos de personalidade no seio das Constituições brasileiras.

II. No extenso e transversal artigo 179.º da Constituição Política do Império do Brasil, de 1824, inserido no Título *Das disposições geraes, e garantias dos direitos civis, e políticos dos cidadãos brazileiros*, é possível vislumbrar um conjunto embrionário de direitos de personalidade, com destaque para o direito à integridade física[273] e para o direito à confidencialidade da correspondência[274].

O panorama mantém-se inalterado, tanto de um ponto de vista dogmático como substantivo, com a Constituição da República dos Estados Unidos do Brasil, de 1891: o artigo 72.º previa o direito à vida[275] e o direito à confidencialidade da correspondência[276]. Note-se, contudo, que o artigo 78.º abre a porta a outros direitos que não fossem aí tipificados[277].

[272] Também os artigos 1550.º e 1551.º, embora de forma indireta, fortalecem a proteção dispensada à personalidade física e moral.

[273] "XIX. Desde já ficam abolidos os açoites, a tortura, a marca de ferro quente, e todas as mais penas crueis".

[274] "XXVII. O Segredo das Cartas é inviolável".

[275] Artigo 72.º, §21: "Fica, igualmente, abolida a pena de morte".

[276] Artigo 72.º, §18: "É inviolável o sigilo da correspondência".

[277] "A especificação das garantias e direitos expressos na Constituição não exclui outras garantias e direitos não enumerados, mas resultantes da forma de governo que ela estabelece e dos princípios que consigna".

Na Constituições de 1934, ambos os direitos voltam a ser mencionados, no ora artigo 113.º[278], o mesmo se passando, na Constituição de 1937, no artigo 122.º[279] – ao declarar o estado de guerra em todo o território nacional, através do Decreto n.º 10.358, de 31 de agosto de 1942, o Presidente da República decreta a suspensão do direito à confidencialidade da correspondência –, na Constituição de 1946, no artigo 141.º[280], e na Constituição de 1967, no artigo 150.º[281], em termos sempre idênticos.

III. No campo doutrinário, as primeiras linhas sobre os direitos de personalidade foram escritas por Teixeira de Freitas (1816-1883). Na sua célebre *Consolidação das Leis Civis*, o ilustre jurista debruça-se sobre a natureza dos direitos de personalidade, a sua ligação estrutural ao direito de propriedade a no cabimento da sua inserção e tratamento no seio no Direito Comum. Ao contrário do que usualmente se costuma afirmar, Teixeira de Freitas não toma uma posição definitiva, antes prefere abrir a porta a duas possibilidades: ou os direitos de personalidade são aproximados do direito de propriedade e, assim, tem todo o cabimento incluí-los num Código Civil, ou não o são, e, nesse caso, a sua consagração será *meramente* penal e constitucional[282].

Pontes de Miranda (1892-1979), profundo conhecedor da dogmática germânica, dedica mais de 150 páginas ao tema, com uma minúcia e pormenor que apenas viriam a ser alcançados várias décadas volvidas[283].

Orlando Gomes (1909-1988), por sua vez, sublinha a necessidade de a matéria ser positivada e tratada de forma sistemática pela Ciência Jurídica[284].

[278] Artigo 113.º/8, direito à confidencialidade da correspondência: "É inviolável o sigilo da correspondência"; e artigo 113.º/29: "Não haverá pena de . . . morte".

[279] Artigo 122.º/6, direito à confidencialidade da correspondência; artigo 122.º/13, direito à vida.

[280] Artigo 141.º/§6.º, direito à confidencialidade da correspondência; artigo 141.º/ /§31.º, direito à vida.

[281] Artigo 150.º/§9.º, direito à confidencialidade da correspondência; artigo 150.º/ /11.º, direito à vida.

[282] Augusto Teixeira de Freitas, *Consolidação das leis civis*, 3.ª ed. (1876), cii ss.

[283] Francisco Pontes de Miranda, *Tratado de Direito privado*, Tomo VII, 3.ª ed. (1971), 5-155.

[284] Orlando Gomes, *Direitos de personalidade*, RF 216 (1966), 5-10.

17. O Código Civil de 1966

I. O Código Civil de 1966, no capítulo relativo a pessoas singulares, consagra uma secção – a II – a "direitos de personalidade".

Na origem, temos um anteprojeto de Manuel de Andrade, onde, com diferenças de forma, se vieram consignar as regras que, no final, transitariam para o Código[285-286].

Em traços muito largos, podemos considerar que o artigo introdutório – portanto: o 6.º do anteprojeto, correspondendo ao 70.º do Código – retoma o artigo 2383.º do Código de Seabra[287]. Fá-lo, porém, em termos bastante mais latos e com uma sistematização que transcende a (mera) responsabilidade civil. Nesse ponto, verifica-se que foi colhida inspiração nos trabalhos da Comissão de Reforma do Código Civil francês, que funcionou nos meados do século XX[288]. O artigo 71.º corresponde ao § 4.º do artigo 6.º do anteprojeto.

No tocante aos diversos direitos de personalidade depois consagrados no Código Civil – o direito ao nome (72.º a 74.º), o direito ao resguardo de

[285] Manuel Augusto Domingues de Andrade, *Esboço de um anteprojeto de código das pessoas e da família/Na parte relativa ao começo e termo da personalidade jurídica, aos direitos de personalidade, ao domicílio*, BMJ 102 (1961), 153-166 (155-161); infelizmente, esta publicação, feita postumamente e, ao que parece, contra a vontade do próprio Manuel de Andrade – BMJ 102, 141-142, em nota e 153, também em nota – não está datada; foi seguramente anterior a 1958, data do falecimento do seu Autor –, tendo sido, segundo o *Boletim* ... apresentada há já bastante tempo ..." – BMJ 102, 141.

[286] Quanto à evolução do preceito nas revisões ministeriais, Jacinto Rodrigues Bastos, *Das relações jurídicas/Segundo o Código Civil de 1966*, 1 (1967), 18-19.

[287] Dispunha este preceito:

> Os prejuízos que derivam da ofensa de direitos primitivos, podem dizer respeito à personalidade física ou à personalidade moral (...)

[288] Essa Comissão adotou um anteprojeto sobre direitos de personalidade: M. Houin, *Avant-projet de textes sur les droits de la personnalité, Livre premier – Des personnes physiques et de la famille* em *Travaux de la Commission de Réforme du Code Civil* (1950-1951), 31-346; segundo o artigo 19 desse anteprojeto – *Travaux* cit., 73:

> Todo o atentado ilícito à personalidade dá àquele que o sofra o direito de pedir que seja posto cobro a isso, sem prejuízo da responsabilidade que, daí, possa resultar para o seu autor.

Como antecedente, apontam-se os estudos publicados nos TAHC II (1947), que decorreram justamente sobre o signo dos direitos de personalidade.

Entre nós, esta matéria pode ainda ser acompanhada em Capelo de Sousa, *O direito geral de personalidade* cit., 113 ss. e, quanto ao anteprojeto francês, 88 ss.

certas cartas-missivas (75.º a 78.º), o direito à imagem (79.º) e o direito à intimidade da vida privada (80.º) –, todos diretamente derivados do anteprojeto de Andrade, a principal fonte dadora foi o Código Civil italiano de 1942.

II. Numa matéria delicada como a presente, torna-se muito difícil aprontar textos que correspondam às aspirações do tempo em que o problema se ponha e que não se desatualizem rapidamente.

O Código de Seabra surgiu como uma interessante singularidade ao consignar, com a maior largueza, os "direitos originários". De certo modo, o Código Civil de 1966 conservou a tradição portuguesa de leis avançadas, no que tange à tutela da pessoa. O seu artigo 70.º e os preceitos subsequentes consagram, com a maior latitude, regras amplas e gerais sobre a tutela da pessoa. Fazem-no pela particular técnica dos "direitos de personalidade". Com isso, vão bem para além do Código alemão, que apenas consagra o direito ao nome e do Código italiano, que tão-só especifica as diversas manifestações do direito ao nome e o direito à imagem[289].

III. A publicação do Código Civil não provocou, de imediato, uma especial concretização dos direitos de personalidade. Pelo contrário: o dispositivo dos artigos 70.º e seguintes foi mesmo recebido com frieza, pela primeira doutrina subsequente a 1967: seria menos desenvolvido do que os artigos 359.º e seguintes do Código de Seabra, enquanto a fórmula geral do artigo 70.º corresponderia a "... um princípio vago demais para ser muito útil ..."[290].

A doutrina inverteu, depois, a sua posição. Autores como Paulo Cunha, na Faculdade de Direito de Lisboa[291] e Carlos Mota Pinto, na de Coimbra[292], iniciaram uma divulgação universitária do tema.

A defesa da pessoa foi, todavia, assegurada mais eficazmente através do Direito constitucional e do instituto dos direitos fundamentais. Trata-se

[289] Rodrigues Bastos, *Das relações jurídicas* cit., 1, 20.

[290] João de Castro Mendes, *Direito civil* (*teoria geral*), vol. II (1968), 72-75.

[291] Paulo Cunha, *Teoria geral do Direito civil* (1971/72) cit., 110-202: uma das mais completas exposições hoje existentes sobre o tema dos direitos de personalidade, na nossa literatura; *vide*, ainda, *Teoria geral do Direito civil/Apontamentos inéditos das lições* (1971), aulas de 3-dez.-1971, de 9-dez.-1971 e de 10-dez.-1971, dedicadas à exposição desse tema.

[292] Carlos Alberto da Mota Pinto, *Teoria geral do Direito civil*, 3.ª ed. (1985), 206-213. Desta obra, *vide* a 4.ª ed. póstuma, atualizada por António Pinto Monteiro/Paulo Mota Pinto (2005), 207-220.

de um fenómeno compreensível, dado o surto de estudos constitucionais subsequentes a 1970[293] e, sobretudo, a 1976, com o epílogo feliz para a Revolução de 1974/75 e a Constituição em vigor que, pelo esforço de distintos constitucionalistas[294], ficou na vanguarda da defesa dos direitos fundamentais.

IV. O interesse justamente suscitado pelos direitos fundamentais[295] prejudicou o aprofundamento dos direitos de personalidade[296]. Todavia, as figuras devem ser complementarmente estudadas e aplicadas.

O desenvolvimento posterior da matéria foi assegurado pela jurisprudência portuguesa. Esta, primeiro com timidez e, depois, de modo decidido, veio concretizar o dispositivo dos artigos 70.º e seguintes do Código Civil, apoiando-se, ainda, na Constituição. Na frente doutrinária, sucederam-se os estudos no campo dos direitos fundamentais, com relevo para Jorge Miranda[297], para Vieira de Andrade[298], para Paulo Otero e para Reis Novais[299], assistindo-se, atualmente, a uma autêntica explosão, neste domínio[300]. Na área dos direitos de personalidade, o destaque vai para Capelo

[293] Ocorreu então a tentativa de revisão constitucional, num sentido liberalizante, promovida por Francisco Sá Carneiro e particularmente divulgada na Faculdade de Direito de Lisboa por Miguel Galvão Teles; ela foi desamparada por Marcello Caetano, num clamoroso erro histórico.

[294] Com relevo para Gomes Canotilho, em Coimbra, e Jorge Miranda, em Lisboa.

[295] Que, inclusive, constituem objeto de disciplinas autónomas, seja no curso geral, seja no mestrado.

[296] Acantonados, no seio de múltipla e fundamental matéria, na disciplina de Teoria Geral do Direito Civil, com pouco espaço letivo.

[297] Jorge Miranda, *Manual de Direito constitucional*, tomo IV – *Direitos fundamentais*, 6.ª ed. (2015) cit., 691 pp. e, numa obra mais acessível, *Direitos fundamentais/ /Introdução geral* (1999), 196 pp.

[298] Vieira de Andrade, *Os direitos fundamentais na Constituição Portuguesa de 1976* (1983), 263 pp.; 5.ª ed (2012), 396 pp..

[299] Paulo Otero, *Sumário de um curso de direitos fundamentais* (2000) e Jorge Reis Novais, *As restrições aos direitos fundamentais não expressamente autorizados pela Constituição*, 2.ª ed. (2010), 1018 pp..

[300] Em 2015, a biblioteca da Faculdade de Direito de Lisboa apresentava quase 2.500 entradas quanto a direitos fundamentais, praticamente relativas a obras em português; na Biblioteca (Central) do Estado da Baviera, com obras de todo o Mundo, a cifra correspondente era de 5.400.

de Sousa[301], para Diogo Leite de Campos[302], para Nuno Manuel Pinto de Oliveira[303], para Paulo Otero[304], para Pedro Pais de Vasconcelos[305], para Guilherme Dray[306] e para Ana Filipa Morais Antunes[307]. Estudos parcelares do maior relevo foram levados a cabo por Rita Amaral Cabral[308], por Paulo Mota Pinto[309], por David Oliveira Festas[310], por Tiago Soares da Fonseca[311], por Elsa Dias Oliveira[312], por Filipe Albuquerque Matos[313] e por Paulo Mota Pinto[314].

[301] Rabindranath Capelo de Sousa, *A Constituição e direitos de personalidade*, em *Estudos sobre a Constituição*, publ. Jorge Miranda, 2 (1978), 93-196 e *O direito geral de personalidade* (diss. de doutoramento, 1995) cit., 703 pp.

[302] Diogo Leite de Campos, *Lições de direitos de personalidade*, 2.ª ed. (1992), 115 pp.

[303] Nuno Manuel Pinto de Oliveira, *O direito geral de personalidade e a "solução do dissentimento": ensaio sobre um caso de "constitucionalização" do Direito civil* (2002), 255 pp.

[304] Paulo Otero, *Direito da vida/Relatório* (2004), 214 pp.

[305] Pedro Pais de Vasconcelos, *Direito da personalidade/Relatório* (2006), 189 pp.

[306] Guilherme Dray, *Direitos de personalidade/Anotações ao Código Civil e ao Código do Trabalho* (2006), 92 pp.

[307] Ana Filipa Morais Antunes, *Comentário aos artigos 70.º a 81.º do Código Civil: direitos de personalidade* (2012), 320 pp.

[308] Rita Amaral Cabral, *O direito à intimidade da vida privada* (*Breve reflexão àcerca do artigo 80.º do Código Civil*), em *Estudos em Memória do Professor Doutor Paulo Cunha* (1988), separata.

[309] Paulo Mota Pinto, *O direito à reserva sobre a intimidade da vida privada*, BFD LXIX (1993), 479-585 e *O direito ao livre desenvolvimento da personalidade*, Portugal-Brasil (2000), 149-246.

[310] David Oliveira Festas, *Do conteúdo patrimonial do direito à imagem: contributo para um estudo do seu aproveitamento consentido e inter vivos* (2006), 469 pp.

[311] Tiago Soares da Fonseca, *Da tutela judicial civil dos direitos de personalidade*, ROA (2006), 231-293.

[312] Elsa Dias Oliveira, *Da responsabilidade civil extracontratual por violação de direitos de personalidade em Direito internacional privado* (2011), 729 pp.

[313] Filipe Albuquerque Matos, *Responsabilidade civil por ofensa ao crédito ou ao bom nome* (2011), 744 pp.

[314] Paulo Mota Pinto, *Direitos de personalidade e direitos fundamentais / Estudos* (2018), 777 pp., reunindo dezasseis estudos sobre o tema.

18. O Código Civil brasileiro de 2002

I. Todos os Autores responsáveis pelos inúmeros projetos do atual Código Civil brasileiro foram unânimes em considerar que o diploma deveria regular os direitos de personalidade.

O Anteprojeto de Orlando Gomes (1963) dedicava 16 artigos à matéria, divididos em 2 capítulos: *Dos direitos de personalidade* (artigos 29.º a 37.º)[315] e *Do direito ao nome* (artigos 38.º a 44.º).

O Anteprojeto de Miguel Reale (1975), adotado, sem especiais alterações neste campo, pelo legislador brasileiro, condensou os direitos de personalidade num único capítulo, entre os artigos 11.º e 20.º.

II. A demora na aprovação do novo Código Civil e a queda da Ditadura Militar impeliram o legislador constitucional a trazer os direitos de personalidade para a Constituição de 1988. No extenso artigo 5.º, intitulado *Dos direitos e deveres individuais e coletivos*, para além do direito à vida, à integridade física e ao direito à confidencialidade da correspondência, formalmente reconhecidos nas Constituições anteriores, destacamos o disposto no inciso X:

> São invioláveis a intimidade, a vida privada, a honra e a imagem das pessoas, assegurado o direito a indemnização pelo dano material ou moral decorrente da sua violação.

III. Com a há muito aguardada aprovação do Anteprojeto Miguel Reale, os direitos de personalidade viriam a merecer um tratamento sistemático e dogmático mais aperfeiçoado. O Código Civil de 2002 dedica-lhe o capítulo II do título II (Das pessoas naturais), nos termos seguintes: 11.º (intransmissibilidade e irrenunciabilidade); 12.º (defesa e indemnização); 13.º (proibição de limitações à integridade física, permanentes ou contrárias aos bons costumes, salvo por exigência médica); 14.º (validade da disposição *post mortem*); 15.º (proibição de tratamentos não consentidos); 16.º (direito ao nome); 17.º (defesa do nome); 18.º (propaganda

[315] Direitos de personalidade previstos: direito à vida, direito à integridade física (implicitamente), direito à honra e direito à imagem. O legislador estende a proteção aos demais direitos de personalidade (atípicos).

comercial); 19.º (pseudónimo); 20.º (direito à imagem); 21.º (intimidade da vida privada).

As categorias germânicas são conhecidas, observando-se um desenvolvimento próprio, com uma bibliografia crescente[316].

[316] Referimos: Carlos Alberto Bittar, *Os direitos de personalidade*, 8.ª ed. (2015), 248 pp.; Sílvio Beltrão, *Direitos de personalidade de acordo com o novo Código Civil* (2005), 154 pp.; e 2.ª ed. (2014), 210 pp.; Elimar Szaniawski, *Direitos de personalidade e sua tutela*, 2.ª ed. (2005), 575 pp.; Roxana Cardoso Brasileiro Borges, *Direitos de personalidade e autonomia privada*, 2.ª ed. (2007), 208 pp..

§ 4.º A JURISPRUDÊNCIA PORTUGUESA

19. Papel e periodificação

I. A jurisprudência assume, no domínio do Direito da personalidade, um papel fundamental. Os textos legais relativos à tutela da pessoa têm, pela própria natureza da matéria em jogo, um grau acentuado de vaguidade. O artigo 70.º/1, ao referir proteção contra qualquer *ofensa* ilícita ou ameaça de *ofensa* à *personalidade física ou moral*, lida com conceitos indeterminados: "personalidade física" e "personalidade moral". Tentar uma concretização com base nas ideias de "integridade", de "vida", de "honra", de "reputação", de "sossego" ou similares apenas permite pequenos avanços.

No fundo, trata-se de esclarecer: a que situações da vida se aplicam os dispositivos relativos a direitos de personalidade e com que consequências. A recolha dos casos concretos é indispensável.

II. A jurisprudência portuguesa – de resto: tal como a doutrina – só despertou lentamente para os direitos da personalidade. E não obstante esse arranque tardio, ela assegurou – e, em diversos campos, assegura – a vanguarda do processo de concretização dos institutos aqui em causa.

III. Podemos tipificar a evolução da jurisprudência portuguesa, no tocante aos direitos de personalidade, em cinco fases:

– anterior ao Código Civil (1967);
– reconhecimento pontual (1967 a 1982);
– implantação dos direitos de personalidade (1983-1992);
– aplicação corrente dos direitos de personalidade (1993 em diante);
– alargamento ao universo da *internet* e, em especial, às redes sociais, isto é, ao mundo virtual (2012 em diante).

O critério da apontada periodificação tem a ver, em primeira linha, com o número das espécies judicialmente decididas: assim, nos últimos vinte anos, surgiu a grande maioria das decisões judiciais relativas a direitos de personalidade e publicadas desde sempre. Mas ele prende-se, igualmente, com a substancialidade do decidido, com a fundamentação, com a própria facilidade que os novos acórdãos já encontram em justificar-se, apelando para precedentes, e, por fim, com a sua extensão ao universo virtual da *internet*.

20. Situação anterior ao Código Civil (1967)

I. No âmbito do Código de Seabra, era frequente a afirmação de que os "direitos originários" quase nunca eram referidos pelos tribunais; e quando mencionados, a referência era dispensável ou despropositada[317]. Não obstante, é possível citar algumas decisões que se lhes reportaram, com interesse no plano da construção.

II. A aplicação dos artigos 359.º e seguintes do Código de Seabra, designadamente do artigo 360.º, reportado ao "direito à existência", ocorreu num ciclo causado pela construção do metropolitano de Lisboa.

Em *RLx 1-fev.-1957*, confirmou-se uma ordem judicial, dimanada no âmbito de um procedimento cautelar, de suspensão, entre as 0 h e as 7 h, dos trabalhos do metropolitano de Lisboa, na Av. Columbano Bordalo Pinheiro. Tais trabalhos, que se prolongavam de dia e de noite, impediam totalmente o descanso dos moradores, afetando o seu sono e a sua existência[318].

Em *RLx 2-mar.-1960*, o problema da construção dos túneis do metropolitano foi, de novo, discutido: desde 1956, particularmente em dado período, trabalharam máquinas de dia e de noite, impossibilitando o descanso dos moradores; o tribunal reconheceu o direito à existência dos implicados, referindo o artigo 368.º do Código Civil e o artigo 8.º, § 1.º da Constituição de 1933[319].

Estas decisões foram particularmente saudadas pelos constitucionalistas: embora a propósito de um ponto não-político, os tribunais faziam,

317 P. ex., Cunha Gonçalves, *Tratado de Direito civil* cit., 3, 8.

318 RLx 1-fev.-1957 (Sousa Monteiro), BMJ 67 (1957), 307-310 = RT 75 (1957), 381.

319 RLx 2-mar.-1960 (Cardoso de Figueiredo), JR 6 (1960) 1, 225-228 (227/II).

pela primeira vez, uma aplicação direta dos direitos fundamentais contidos na Constituição de 1933 e esquecidos pela prática autoritária do Estado Novo[320]. Mas devem sê-lo, também, pelos privatistas: marcam a concretização prática dos direitos de personalidade.

III. A jurisprudência civil estava, todavia, ainda longe de reconhecer a evidência dos direitos das pessoas.

Em STJ 6-mai.-1969 – uma decisão considerada, na época[321] como hoje[322], clamorosamente contrária à mais elementar sensibilidade jurídica –, decidiu-se perante o seguinte cenário: em Santarém, junto à clínica oftalmológica do Dr. Puga, existia uma capoeira com galináceos barulhentos, particularmente o galo Tenório; os ruídos das aves eram muito graves para os operados aos olhos, obrigados a longos períodos de total imobilidade; o Supremo Tribunal de Justiça, ponderando o assunto, fez apelo ao artigo 2170.° do Código de Seabra, aí aplicável, dizendo[323]:

> (...) o direito de propriedade e cada um dos direitos especiais que esse direito abrange não têm outros limites senão aqueles que lhes forem assinados pela natureza das coisas, por vontade do proprietário, ou por disposição expressa da lei.

O acórdão chega mesmo a explicitar:

> Cremos poder afirmar-se com toda a segurança que é anormal as pessoas não suportarem o cantar do galo, ainda que noturno ou matutino, ou o cacarejar das galinhas, por forma a causar-lhes perturbação na saúde[324].

[320] Assim, os acórdãos em causa circularam em fascículos policopiados, na Faculdade de Direito de Lisboa, numa publicação assegurada por Jorge Miranda, em 1971.

[321] Fernando Cunha de Sá, *Abuso do direito* (1973), 265 ss.; *vide Da boa fé no Direito civil*, 887, nota 865.

[322] STJ 19-fev.-1998 (Henrique de Matos), CJ/Supremo VI (1998) 1, 92-96 (95/II) = BMJ 474 (1998), 467-479 (477): desta feita, determina-se a cessação da atividade de uma clínica médica, por incómodos causados aos vizinhos: a comparação entre este acórdão e o de 6-mai.-1969 ilustra bem a evolução jurídico-científica processada nos últimos trinta anos.

[323] STJ 6-mai.-1969 (J. S. Carvalho Júnior; vencidos: Correia Guedes e Albuquerque Rocha), BMJ 187 (1969), 121-125 (124).

[324] STJ 6-mai.-1969 cit., BMJ 187, 125. Foi também afastada a hipótese de abuso do direito.

IV. Um caso interessante e pouco referido, decidido em 1973, mas pelo Código de Seabra, reconheceu o direito ao bom nome e reputação, reconduzido pelo artigo 360.º deste Código ao direito à vida.

STJ 20-mar.-1973: com o fito de conseguir para si a representação de certo fabricante industrial alemão, determinada pessoa recorre a difamações e a calúnias, algumas por escrito; o Supremo, invocando o direito à existência e à integridade moral, constante do artigo 360.º do Código de Seabra, entendeu haver ilícito, fonte de responsabilidade civil[325].

21. **Reconhecimento pontual (1967 a 1982)**

I. A aplicação prática dos direitos de personalidade, consagrados no Código Civil, foi lenta: houve que aguardar quase quinze anos, até se assistir a uma primeira e progressiva remodelação das escalas de valores.

STJ 5-mar.-1974: rejeitou-se uma providência cautelar não especificada destinada a fazer cessar bailes num clube recreativo situado num primeiro andar: seria, na opção do Supremo, pior para o clube, que vivia disso, do que para os vizinhos incomodados[326].

Deve sublinhar-se que não se registam propriamente decisões dos tribunais a rejeitar concretizações dos direitos de personalidade, com exceção da referida: as próprias partes não fazem valer, em tribunal, os seus direitos de personalidade, à míngua de uma cultura humanista e reivindicativa que a tanto conduza.

II. Um primeiro avanço foi novamente proporcionado pelo Metropolitano de Lisboa: fora construído um túnel sob um prédio quase à superfície, ofendendo o direito à saúde e ao repouso, garantidos pelo artigo 70.º; referem-se, ainda, os artigos 64.º e 66.º da Constituição[327]. Novas decisões foram tomadas a propósito de incómodos de vizinhos:

325 STJ 20-mar.-1973 (Eduardo Correia Guedes), BMJ 225 (1973), 222-226 (226).

326 STJ 5-mar.-1974 (Bruto da Costa), BMJ 235 (1974), 199-201 (201); trata-se do caso do Doutor Vasco Taborda Ferreira, em Estremoz.

327 STJ 28-abr.-1977 (Abel de Campos), BMJ 266 (1977), 165-169 (168).

RLx 29-jun.-1977: foi condenado a abster-se de barulhos o titular de um colégio, instalado num 1.º andar, perturbando o sossego dos moradores do rés-do-chão[328];

REv 21-jul.-1977: uma cervejaria instalada no rés-do-chão incomodava, com ruídos e cheiros, os moradores do 1.º andar; com invocação dos artigos 70.º do Código Civil e 66.º da Constituição, o proprietário do estabelecimento foi condenado a executar obras de isolamento[329].

III. O ano de 1977 foi ainda importante por se ter assistido às primeiras consagrações do direito à imagem, ainda que hesitante: RLx 19-out.-1977, relativo ao retrato de uma criança que, sem autorização, foi usado em cartazes políticos[330] e RLx 23-nov.-1977, referente à exposição da reprodução de um retrato a óleo e de um estudo, sem autorização do retratado ou de seus herdeiros[331].

IV. O período concluiu com uma decisão relativa à confidencialidade das cartas-missivas.

RLx 19-out.-1982, num caso extremo: o ofendido escrevera uma carta à Ré, reconhecendo uma determinada dívida, explicando as circunstâncias e afirmando que a pagaria logo que possível; a Ré optou por fazer cópias, afixando-as à porta; o tribunal entendeu que apenas se visava envergonhar o ofendido, condenando a Ré a abster-se de tais afixações[332].

22. Implantação (1983 a 1992)

I. Após as primeiras e apontadas consagrações, acima anotadas, surgem algumas dezenas de decisões que vêm, aos poucos, a delinear

[328] RLx 29-jun.-1977 (Bordalo Soares), CJ II (1977) 4, 918-921; foi, ainda, arbitrada uma indemnização de 150 c.; o acórdão foi confirmado por STJ 4-jul.-1978 (Oliveira Carvalho), BMJ 279 (1978), 124-132.

[329] REv 21-jul.-1977 (Dias da Fonseca), CJ II (1977) 5, 1225-1227 (1227/I).

[330] RLx 19-out.-1977 (Rocha Ferreira), CJ II (1977) 5, 1015-1019 (1018/II); surpreendentemente, este aresto admitiu a utilização assim feita da imagem de criança ... por a fotografia ter sido tirada em local público: um ponto a examinar ulteriormente.

[331] RLx 23-nov.-1977 (Alves Branco), CJ II (1977) 5, 1055-1056 (1056/II); desta feita, entendeu-se que a exibição era ilícita, por via do artigo 79.º/1, arbitrando-se 10 contos de indemnização (cerca de 50 euros).

[332] RLx 19-out.-1982 (Eliseu Figueira), CJ VII (1982) 4, 125-126 (126/I e II).

esquemas de defesa geral dos direitos de personalidade e dos bens a eles inerentes.

Uma análise mais pormenorizada da evolução dogmática ocorrida ficará para a rubrica relativa ao regime dos direitos de personalidade[333]. Vamos, todavia e para não perder a panorâmica geral da jurisprudência portuguesa dedicada a este sector, fundamental para o melhor conhecimento da matéria, adiantar alguns aspetos.

II. No tocante ao âmbito dos bens protegidos, foi-se dando um alargamento paulatino.

Assim, foram abrangidos:

- o direito à vida[334], ainda que com delimitações discutíveis[335];
- os direitos ao repouso e à saúde, prejudicados por um hidropressor[336], ou atingidos por fumos[337], por ruídos do andar de cima[338], por ensaios de orquestra[339], por compressores[340], motores[341] e insetos[342];
- o direito à qualidade de vida, posto em causa por uma pocilga com um cheiro pestilento e nauseabundo e com ruídos[343];
- o direito ao nome, ainda que delimitando casos em que não há proteção[344];

333 *Infra*, 118 ss..

334 STJ 13-mai.-1986 (Aurélio Fernandes), BMJ 357 (1986), 399-408 (407), a propósito de um acidente ferroviário e RPt 7-nov.-1991 (Lopes Furtado), CJ XVI (1991) 5, 182-184 (183/II).

335 Assim, STJ 23-mai.-1985 (Góis Pinheiro), BMJ 347 (1985), 398-402, onde se nega uma indemnização autónoma pela perda de uma criança, por acidente culposo causado à mãe, grávida de 9 meses; esta só foi indemnizada pelo desgosto.

336 RLx 3-nov.-1983 (José A. Gonçalves Pereira), CJ VIII (1983) 5, 103-104 (103//II).

337 Cantanhede 31-out.-1984 (Santos Cabral), CJ XIV (1989) 1, 277-280 (mal sumariado!).

338 STJ 13-mar.-1986 (Góis Pinheiro), BMJ 355 (1986), 356-360.

339 RLx 19-fev.-1987 (Carvalho Pinheiro), CJ XII (1987) 1, 141-143.

340 RPt 6-jul.-1989 (José Marques), CJ XIV (1989) 4, 192-194.

341 RCb 6-fev.-1990 (Castanheira da Costa), CJ XV (1990) 1, 92-95.

342 RCb 7-jan.-1992 (Cardoso de Albuquerque), CJ XVII (1992) 1, 83-85.

343 STJ 15-out.-1985 (Santos Carvalho), BMJ 350 (1985), 301-304.

344 Assim, RLx 22-nov.-1983 (José Saraiva), BMJ 338 (1984), 459 (o sumário) = CJ VIII (1983) 5, 121-123 e RLx 5-jul.-1984 (Prazeres Pais), BMJ 346 (1985), 301, onde

– o direito à imagem, seja defendendo-o[345], seja precisando os contornos em que não há proteção[346];
– o direito à honra e ao bom nome e reputação, atingidos por cartas difamatórias[347] ou pela comunicação social[348];
– os direitos pessoais derivados do casamento[349];
– o direito à proteção jurídica[350];
– o alargamento da proteção às pessoas coletivas, designadamente no que toca ao direito ao nome[351] e à honra[352];
– decisões quanto a transexuais, seja admitindo[353], seja recusando[354].

III. A generalização da defesa leva os tribunais a referir apenas uma tutela geral[355], a "plenitude dos direitos de personalidade"[356]. Porventura mais importante do que as possíveis construções conceptuais subjacentes é o facto de se transcender o quadro estreito do Código Civil. Continuamente surgem "direitos" não tipificados na lei, enquanto os direitos de personalidade são chamados a propiciar decisões em latitudes muito diversas.

se entendeu que a inclusão, nos boletins do "totobola", dos nomes dos clubes desportivos, sem a autorização destes, não violava o seu direito ao nome.

[345] STJ 24-mai.-1989 (João Solano Viana), BMJ 387 (1989), 531-537 (caso da fotografia em *topless* publicada sem autorização).

[346] TC n.º 6/84, de 18-jan. (Magalhães Godinho), BMJ 340 (1984), 177-181 = DR II Série, n.º 101, de 2-mai.-1984, onde se considerou que tal direito não era atingido pela obrigação regulamentar de o pessoal que presta serviço nos transportes coletivos se dever apresentar devidamente uniformizado e barbeado.

[347] STJ 16-abr.-1991 (Martins da Fonseca), BMJ 406 (1991), 623-628.

[348] RCb 3-jul.-1993 (Ferreira de Sousa), CJ XVIII (1993) 4, 71-73.

[349] STJ 26-jun.-1991 (Tato Marinho), BMJ 408 (1991), 538-543 (caso do homossexual que casa, escondendo esse facto à mulher e que depois se mostra incapaz de consumar o casamento).

[350] STJ 14-jul.-1984 (Alves Peixoto), BMJ 339 (1984), 356-358.

[351] RPt 28-mar.-1985 (Zeferino Faria), CJ X (1985) 2, 229-232.

[352] RLx 1-abr.-1987 (Costa Figueirinhas), CJ XII (1987) 2, 181-183, retomando um assento de 24-fev.-1960.

[353] RLx 5-abr.-1984 (Garcia da Fonseca), CJ IX (1984) 2, 124-127.

[354] Lx 8.º Juízo Cível 11-fev.-1985 (Costa Soares), CJ X (1985) 1, 351-355.

[355] STJ 13-mar.-1986 (Góis Pinheiro), BMJ 355 (1986), 356-360 (358).

[356] STJ 18-fev.-1986 (Rui Corte-Real), BMJ 354 (1986), 473-475 (474).

Também é importante, para documentar esta fase de implantação dos direitos de personalidade, sublinhar que se vão alargando os remédios encontrados pelos tribunais: ora são mandados parar estabelecimentos[357] ou atuações[358], ora são dados prazos para se fazerem obras de resguardo e de proteção[359], ora são arbitradas indemnizações[360].

23. Aplicação corrente (a partir de 1993)

I. A partir de 1993, podemos falar numa aplicação corrente, pelos nossos tribunais cíveis, da matéria atinente aos direitos de personalidade. Vão-se acumulando as decisões, já da ordem das várias dezenas, o que permite formar linhas de jurisprudência constante. Além disso, múltiplos problemas dogmáticos vêm sendo identificados e resolvidos, com relevo para a temática do conflito de direitos e para a apreciação, *in concreto*, dos valores e das sensibilidades em presença. As hipóteses de proteção vêm-se diversificando, outro tanto sucedendo com a paleta de soluções apuradas para dirimir os conflitos: matéria a aprofundar aquando do estudo do regime em jogo.

II. Procurando esquematizar o tipo de situações enfrentadas pelas partes interessadas e pelos nossos tribunais, temos o cenário que segue, não exaustivo:

– o reconhecimento do direito à vida, designadamente para efeito de indemnização por morte[361]: RCb 2-nov.-1993[362], STJ 28-

[357] P. ex., STJ 15-out.-1985 cit., BMJ 350, 302-303: fora pedida a destruição da pocilga e RCb 7-jan.-1992 cit., CJ XVII, 1, 85: a demolição do viteleiro.

[358] P. ex., RLx 3-nov.-1983 cit., CJ VIII, 5, 104/I: tirar o hidropressor ou RPt 6-jul.-1989 cit., CJ XIV, 4, 194: parar com o compressor.

[359] P. ex., Cantanhede 31-out.-1984 cit., CJ XIV, 1, 280/II.

[360] P. ex., STJ 16-abr.-1991: 400 c. por cartas difamatórias e STJ 26-jun.-1991, BMJ 408, 543: 750 c. à mulher cujo marido não cumpria os deveres conjugais.

[361] Há numerosa jurisprudência ilustrativa, em sede de responsabilidade civil, *vide Tratado* 2/3, 516 ss.

[362] RCb 2-nov.-1993 (Moreira Camilo), BMJ 431 (1993), 563 (o sumário), focando tratar-se do "... mais alto e mais valioso dos direitos de personalidade ...".

-fev.-2013[363], STJ 24-set.-2013[364], STJ 3-abr-2014[365] e STJ 16-mar.-2017[366];

– a consagração do direito à vida, à integridade física e ao bom ambiente: STJ 26-abr.-1995[367], RCb 9-mai.-1995[368], STJ 22-jun.-1995[369], RLx 21-mar.-1996[370], STJ 2-jul.-1996[371], RPt 22-fev.-1996[372], RPt 22-fev.-1998[373], RLx 15-jun.-1999[374], RLx 14-out.-1999[375], RLx 9-mai.-2002[376] e STJ 7-mai.-2014 (integridade física/acidente de viação)[377];

– a concretização, perante as mais variadas situações, do direito à saúde, ao repouso e ao descanso: RCb 13-jul.-1993 (cheiros)[378], STJ 21-set.-1993 (estabelecimento industrial)[379], RLx 24-nov.-1994 (tiro aos pratos)[380], RLx 30-mar.-1995 (bar)[381], RPt 27-abr.-1995 (ar condicionado)[382], STJ 24-out.-1995 (rixas, palavrões esca-

[363] STJ 28-fev.-2013 (Lopes do Rego), Proc. 4072/04.

[364] STJ 24-set.-2013 (Mário Mendes), Proc. 294/07.

[365] STJ 3-abr.-2014 (Álvaro Rodrigues), Proc. 436/07.6.

[366] STJ 16-mar.-2016 (Maria da Graça Trigo), Proc. 294/07.

[367] STJ 26-abr.-1995 (Cardona Ferreira), CJ/Supremo III (1995) 1, 155-160.

[368] RCb 9-mai.-1995 (Vasconcelos Cameira), CJ XX (1995) 3, 24-28.

[369] STJ 22-jun.-1995 (Mário Cancela; vencido: Sampaio da Nóvoa), BMJ 448 (1995), 334-344 (342).

[370] RLx 21-mar.-1996 (Noronha Nascimento), CJ XXI (1996) 2, 86-89 = BMJ 455 (1996), 559 (o sumário).

[371] STJ 2-jul.-1996 (Cardona Ferreira), BMJ 459 (1996), 444-456 = ROA 1996, 667-682, anot. Menezes Cordeiro, favorável.

[372] RPt 22-fev.-1996 (Gonçalves Ferreira), BMJ 484 (1999), 440 (o sumário).

[373] RPt 2-fev.-1998 (Simões Freire), CJ XXIII (1998) 1, 203-207.

[374] RLx 15-jun.-1999 (Bettencourt Faria), CJ XXIV (1999) 3, 115-117.

[375] RLx 14-out.-1999 (Catarina Manso), CJ XXIV (1999) 4, 125-127 (127/I).

[376] RLx 9-mai.-2002 (Maria do Rosário Oliveira), CJ XXVII (2002) 2, 69-70 (69/II).

[377] STJ 7-mai.-2014 (João Bernardo), Proc. 436/11.1.

[378] RCb 13-jul.-1993 (Cardoso Albuquerque), BMJ 429 (1993), 895.

[379] STJ 21-set.-1993 (Pais de Sousa), CJ/Supremo I (1993) 3, 26-29.

[380] RLx 24-nov.-1994 (Freitas de Carvalho), CJ XIX (1994) 5, 112-114, confirmado por STJ 22-out.-1998 (Noronha Nascimento), CJ/Supremo VI (1998) 3, 77-79 = BMJ 480 (1998), 413-418.

[381] RLx 30-mar.-1995 (Almeida Valadas), CJ XX (1995) 2, 98-100, numa decisão em que, para maior eficácia, a Relação condenou, também, o gerente da sociedade responsável, levantando a personalidade jurídica desta.

[382] RPt 27-abr.-1995 (Azevedo Ramos), CJ XX (1995) 2, 213-216.

brosos, bêbados e drogados, motivados por discoteca)[383], RLx 26-out.-1995 (galinheiro e pombal)[384], RPt 11-dez.-1995 (posto de combustível)[385], STJ 9-jan.-1996 (talho)[386], RPt 14-mar.-1996 (bar-sala de animação)[387], RPt 27-jun.-1996 (serralharia)[388], RLx 1-out.-1996 (peneira de areias)[389], RPt 19-nov.-1996 (discoteca)[390], RCb 26-nov.-1996 (república de estudantes)[391], RLx 5-dez.-1996 (tacões e arrastamento de móveis no soalho e latidos de cão)[392], RLx 27-fev.-1997 (fabrico de bolos e pão)[393], STJ 13-mar.-1997 (discoteca)[394], RCb 8-jul.-1997 (grua)[395], REv 2-out.-1997 (discoteca)[396], REv 16-out.-1997 (discoteca)[397], STJ 19-fev.-1998 (clínica médica)[398], STJ 6-mai.-1998 (discoteca)[399], STJ 2-jun.-1998 (estábulo)[400], RPt 22-fev.-1999 (câmara frigorífica)[401], RPt 8-mar.-1999 (reclamo luminoso incomodativo)[402], RCb

383 STJ 24-out.-1995 (Fernando Fabião; vencidos: Martins da Costa e César Marques), BMJ 450 (1995), 403-415 = CJ/Supremo III (1995), 74-78.

384 RLx 26-out.-1995 (Viriato Bernardo), BMJ 450 (1995), 559 (o sumário).

385 RPt 11-dez.-1995 (Azevedo Ramos), CJ XX (1995) 5, 22-225 = BMJ 452 (1996), 491-492 (o sumário).

386 STJ 9-jan.-1996 (Fernando Fabião), CJ/Supremo IV (1996) 1, 37-40.

387 RPt 14-mar.-1996 (Mário Cruz), CJ XXI (1996) 2, 193-196 = BMJ 455 (1996), 569-570 (o sumário).

388 RPt 27-jun.-1996 (Viriato Bernardo), BMJ 458 (1996), 396 (o sumário).

389 RLx 1-out.-1996 (Pereira da Silva), CJ XXI (1996) 4, 104-107.

390 RPt 19-nov.-1996 (Araújo Barros), CJ XXI (1996) 5, 188-192; aqui, ao contrário de STJ 24-out.-1995, entendeu não se condenar a entidade exploradora porque as perturbações vinham do exterior ... sendo a culpa, pois, do Estado!

391 RCb 26-nov.-1996 (Custódio Matos), CJ XXI (1996) 5, 29-31 (29/II), mais precisamente: sapateado e trepidações.

392 RLx 5-dez.-1996 (Moreira Camilo), CJ XXI (1996) 5, 127-130.

393 RLx 27-fev.-1997 (Silva Santos), CJ XXII (1997) 1, 145-149.

394 STJ 13-mar.-1997 (Miranda Gusmão), BMJ 465 (1997), 516-524.

395 RCb 8-jul.-1997 (Francisco Lourenço), CJ XXII (1997) 4, 23-26.

396 REv 2-out.-1997 (Mota Miranda), CJ XXII (1997) 4, 275-277.

397 REv 14-out.-1997 (Mota Miranda), CJ XXII (1997) 4, 278-279.

398 STJ 19-fev.-1998 (Henrique de Matos), CJ/Supremo VI (1998) 1, 92-96 = BMJ 474 (1998), 467-479.

399 STJ 6-mai.-1998 (Fernando Magalhães), CJ/Supremo VI (1998) 2, 76-78.

400 STJ 2-jun.-1998 (Fernando Fabião), CJ/Supremo VI (1998) 2, 106-108.

401 RPt 22-fev.-1999 (Gonçalves Ferreira), BMJ 484 (1999), 440 (o sumário).

402 RPt 8-mar.-1999 (Manuel Gonçalves Ferreira), CJ XXIV (1999) 2, 177-180 = BMJ 485 (1999), 485 (o sumário).

15-fev.-2000 (corte e polimento de granito)[403]; RCb 16-mai.-2000 (talho com ventoínhas)[404], RCb 15-jan.-2002 (bar)[405], RPt 18-mar.-2002 (café, com mesas e cadeiras em galeria comum)[406], RGm 20-nov.-2002 (gases e ruído)[407], RPt 12-dez.-2002 (currais de vacas e ovelhas)[408], STJ 15-mar.-2007 (máquina de afugentar pássaros)[409], RGm 2-jul.-2008 (trepidações de autoestrada)[410], STJ 30-set.-2010 (latidos de cães)[411], STJ 19-out.-2010 (obras de metropolitano)[412], STJ 17-abr.-2012 (música ao vivo)[413], STJ 17-abr.-2013 (parque eólico)[414], STJ 2-dez.-2013 (linhas elétricas de alta tensão)[415], RPt 8-jul.2015 (estabelecimento comercial)[416], RPt 12-out.-2015 (fabrico de pão)[417], STJ 29-jun.-2017 (estabelecimento de diversão noturna)[418], RGm 8-fev.-2018 (vibrações de fábrica têxtil)[419], STJ 22-mar.-2018 (ruído de poste de eletricidade)[420], STJ 18-set.-2018 (lavandaria)[421] e STJ 18-out.-2018 (fábrica em laboração contínua)[422];

– o reforço do direito à honra, ao bom nome e à reputação, mormente perante ofensas feitas através da comunicação social:

[403] RCb 15-fev.-2000 (Ferreira de Barros), CJ XXV (2000) 1, 22-27.

[404] RCb 16-mai.-2000 (Garcia Calejo), CJ XXV (2000) 3, 16-20.

[405] RCb 15-jan.-2002 (Silva Freitas), CJ XXVI (2002) 1, 5-11 (7/II).

[406] RPt 18-mar.-2002 (Marques Pereira), CJ XXVII (2002) 3, 201-203 (203/I).

[407] RGm 20-nov.-2002 (Leonel Serôdio), CJ XXVII (2002) 5, 273-277 (275).

[408] RPt 12-dez.-2002 (João Bernardo), CJ XXVII (2002) 5, 192-195 (192-193).

[409] STJ 15-mar.-2007 (Oliveira Rocha), CJ/Supremo XV (2007), 1, 130-132 (132) = Proc. 07B585 (improcedeu).

[410] RGm 2-jul.-2008 (Rosa Tching), CJ XXXIV (2009) 2, 297-299 = Proc. 2903/08 (considerou-se incompetente).

[411] STJ 30-set.-2010 (Álvaro Rodrigues), Proc. 1229/05 (improcedeu).

[412] STJ 19-out.-2010 (Alves Velho), Proc. 565/1999.

[413] STJ 17-abr.-2012 (Sousa Leite), Proc. 1529/04.

[414] STJ 30-mai.-2013 (Granja da Fonseca), Proc. 2209/08.

[415] STJ 2-dez.-2013 (Bettencourt Faria), Proc. 110/2000.

[416] RPt 8-jul.-2015 (Fernando Samões), Proc . 912/14.

[417] RPt 12-out.-2015 (Caimoto Jácome), Proc. 6/14.

[418] STJ 29-jun.-2017 (Lopes do Rego), Proc. 117/13.

[419] RGm 8-fev.-2018 (João Diogo Rodrigues), Proc. 3499/11.

[420] STJ 22-mar.-2018 (Maria da Graça Trigo), Proc. 184/13.

[421] STJ 18-set.-2018 (Pedro Lima Gonçalves), Proc. 4964/14.

[422] STJ 18-out.-2018 (Rosa Tching), Proc. 3499/11.

RCb 3-jul.-1993 (difamação pela comunicação social)[423], RLx 20-jan.-1994 (imputação de fatos falsos ou desprestigiantes pela imprensa)[424], RLx 20-out.-1994 (atentado ao bom nome, pela imprensa)[425], STJ 27-jun.-1995 (ofensa ao crédito e ao bom nome)[426], STJ 3-out.-1995 (falsos depoimentos contra advogado)[427], RLx 11-jan.-1996 (indevida inclusão em lista de "maus pagadores")[428], STJ 5-mar.-1996 (bom nome e reputação atingidos pela imprensa)[429], STJ 29-out.-1996 (*idem*)[430], STJ 3-fev.-1999 (*idem*)[431], STJ 24-fev.-1999 (*idem*)[432], STJ 27-mai.-1999 (imputação a um administrador, da degradação do imóvel)[433], RLx 15-mar.-2000 (inclusão do cliente do banqueiro em lista de risco)[434], STJ 17-out.-2000 (falsa e desprimorosa notícia na televisão)[435], RLx 5-abr.-2001 (*idem*)[436], STJ 27-nov.-2001 (queixa-crime insubsistente)[437], STJ 14-mai.-2002 (série de notícias incomodativas)[438], STJ 24-out.-2002 (inibição indevida do uso

423 RCb 3-jul.-1993 (Ferreira de Sousa), CJ XVIII (1993) 4, 71-73.

424 RLx 20-jan.-1994 (Moreira Camilo), CJ XIX (1994) 1, 106-111 e STJ 26-abr.-1994 (Carlos Caldas), BMJ 26-abr.-1994, BMJ 436 (1994), 370-384 (caso Cadilhe, envolvendo *O Independente* e o *Expresso*).

425 RLx 20-out.-1994 (Silva Salazar), CJ XIX (1994) 4, 117-123 (caso Fernando Nogueira e Marques Mendes).

426 STJ 27-jun.-1995 (Torres Paulo), BMJ 448 (1995), 378-389 (caso F. C. do Porto).

427 STJ 3-out.-1995 (Torres Paulo), BMJ 450 (1995), 424-431.

428 RLx 11-jan.-1996 (Adélio André), CJ XXI (1996) 1, 79-82.

429 STJ 5-mar.-1996 (Fernando Fabião), CJ/Supremo IV (1996) 1, 122-129 (caso Monjardino).

430 STJ 29-out.-1996 (Aragão Seia), BMJ 460 (1996), 684-698 (caso Lilaia).

431 STJ 3-fev.-1999 (Garcia Marques), BMJ 484 (1999), 339-351 (caso Prof. Vasconcelos Marques).

432 STJ 24-fev.-1999 (Torres Paulo), CJ/Supremo VII (1999) 1, 118-122 (caso Lilaia; em sentido diverso de STJ 29-out.-1996).

433 STJ 27-mai.-1999 (Ferreira de Almeida), CJ/Supremo VII (1999) 2, 122-123.

434 RLx 15-mar.-2000 (Marcolino de Jesus), CJ XXV (2000) 2, 90-92.

435 STJ 17-out.-2000 (Azevedo Ramos), CJ/Supremo VIII (2000) 3, 78-82 (caso Partex).

436 RLx 5-abr.-2001 (Salvador da Costa; vencido: Urbano Dias, mas num ponto processual), CJ XXI (2001) 2, 103-114 (106/I).

437 STJ 27-nov.-2001 (Ferreira Ramos), CJ/Supremo IX (2001) 3, 122-125 (124).

438 STJ 14-mai.-2002 (Ferreira Ramos), CJ/Supremo X (2002) 2, 63-70 (65/II): um excelente aresto!

de cheque)[439], RLx 22-jan.-2004 (imputação de que alguém dissera "cobras e lagartos" de outrem)[440], STJ 26-fev.-2004 (insinuação de que a mulher do visado era leviana e cometera adultério)[441], RLx 23-set.-2004 (efetivação de juízos de valor desonrosos)[442], RLx 18-nov.-2004 (imputação irresponsável de incúria profissional)[443], RLx 18-jan.-2005 (crítica mordaz e excessiva a uma atriz profissional)[444], STJ 20-jan.-2005 (publicação de fotografia que, erroneamente, mostrava determinada casa turística em estado de degradação)[445], RLx 10-mar.-2005 (publicidade que, contextualizada, associa certa pessoa à prisão)[446], STJ 18-out.-2005 (imputação, a uma atriz, de factos não verdadeiros)[447], STJ 19-set.-2006 (aparelho deficiente que aponta como contrafeita uma nota de banco autêntica, com grande escândalo para o seu portador)[448], STJ 12-mar.-2009 (suspeita infundada de crime imputado a ex-secretário de Estado)[449], STJ 20-jan.-2010 (presidente de clube desportivo faz afirmações impróprias sobre um jornalista)[450], STJ 25-mar.-2010 (ex-ministro indevidamente conexionado com questões de droga)[451], e STJ 9-set.-2010 (fotografia despropositada de uma casa, a propósito de notícias sobre o tráfego de droga)[452], STJ

[439] STJ 24-out.-2002 (Pinto Monteiro), CJ/Supremo X (2002) 3, 110-113 (112) = Proc. 02A2402/ITIJ.

[440] RLx 22-jan.-2004 (Maria José Mouro), CJ XXIX (2004) 1, 79-87 (83/I).

[441] STJ 26-fev.-2004 (Araújo Barros), CJ/Supremo XII (2004) 1, 74-80 = Proc. 03B3898.

[442] RLx 23-set.-2004 (Graça Amaral), CJ XXIX (2004) 4, 91-96 (92/93): caso Celeste Cardona.

[443] RLx 18-nov.-2004 (Pereira Rodrigues), CJ XXIX (2004) 5, 91-96 (95/II): caso da morte dos hemodialisados, imputada a incúria do Conselho Diretivo do Hospital.

[444] RLx 18-jan.-2005 (Pimentel Marcos), CJ XXIX (2005) 1, 72-78.

[445] STJ 20-jan.-2005 (Ferreira de Almeida), CJ/Supremo XIII (2005) 1, 45-49 (48/I) = Proc. 04B4244: caso "Casa da Agrela".

[446] RLx 10-mar.-2005 (Olindo Geraldes), CJ XXIX (2005) 2, 75-79 (76/I).

[447] STJ 18-out.-2005 (Moreira Alves), CJ/Supremo XIII (2005) 3, 77-80 (80/I).

[448] STJ 19-set.-2006 (Sebastião Póvoas), Proc. 06A2735.

[449] STJ 12-mar.-2009 (Serra Baptista), CJ/Supremo XVII (2009), 1 140-146 = Proc. 08B2972.

[450] STJ 20-jan.-2010 (Fonseca Ramos), Proc. 1839/06.

[451] STJ 25-mar.-2010 (Prazeres Beleza), Proc. 576/05.

[452] STJ 9-set.-2010 (Gonçalo Silvano), Proc. 77/05.

6-jul.-2011 (insinuações de corrupção)[453], STJ 8-mai.-2013 (divulgação de residência de figura pública)[454], STJ 21-out.-2014 (objetividade das peças jornalísticas)[455], STJ 29-jan.-2015 (considerações desprimorosas sobre decisões tomadas por um juiz)[456], STJ 13-jul.-2017 (divulgação de "histórias cor-de-rosa" e críticas políticas mordazes)[457] e RLx 31-out.-2017 (imputar a dois administradores o terem-se envolvido em pancadaria)[458].

– decisões relativas a diversos outros direitos: STA 6-out.-1993 (direito de audiência)[459], RCb 9-nov.-1993 (fornecimento de energia elétrica)[460], RLx 28-jan.-1999 (direito à imagem)[461], RLx 13-mar.-2001 (*idem*)[462], STJ 8-nov.-2001 (*idem*)[463], RLx 28-nov.-2001 (direito à intimidade)[464], STJ 27-nov.-2002 (direito à imagem)[465], RGm 28-jun.-2004 (carta-missiva confidencial)[466], RLx 20-jan.-2005 (respeito por gravações *audio* privadas)[467], STJ 17-dez.-2009 (direitos à intimidade e à imagem)[468], STJ 30-mar.-

[453] STJ 6-jul.-2011 (Gabriel Catarino), Proc. 216/05.4.

[454] STJ 8-mai.-2013 (Alves Velho), Proc. 1755/08.

[455] STJ 21-out.-2014 (Gregório Silva Jesus), Proc. 941/09.

[456] STJ 29-jan.-2015 (Távora Victor), Proc. 24412/02.

[457] STJ 13-jul.-2017 (Lopes do Rego), Proc. 1405/07 (caso Santana Lopes).

[458] RLx 31-out.-2017 (Rijo Ferreira), Proc. 159/13 (caso Tagus Park).

[459] STA 6-out.-1993 (Dimas de Lacerda), BMJ 430 (1993), 489-490.

[460] RCb 9-nov.-1993 (Francisco Lourenço), BMJ 431 (1993), 568 (o sumário): o acórdão recusou haver, aqui, um direito de personalidade.

[461] RLx 28-jan.-1999 (Proença Fouto), CJ XXIV (1999) 1, 93-95 (caso dos nomes de jogadores de futebol).

[462] RLx 13-mar.-2001 (Pais do Amaral), CJ XXVI (2001) 2, 73-75.

[463] STJ 8-nov.-2001 (Quirino Soares), CJ/Supremo IX (2001) 3, 113-115 (115), recusando, *in concreto*, a tutela, por não proteger o próprio e revogando o acórdão anterior.

[464] RLx 28-nov.-2001 (Rodrigues Simões; vencido: Cotrim Mendes), CJ XXVI (2001) 5, 138-143, entendendo não haver, *in caso*, tutela.

[465] STJ 27-nov.-2002 (Manuel Neto), CJ/Supremo X (2002) 3, 285-286 (285/II), reconhecendo a competência dos tribunais de trabalho para se ocuparem do problema da instalação de câmaras de *video* nos locais de trabalho.

[466] RGm 28-jun.-2004 (Heitor Gonçalves), CJ XXIX (2004) 3, 297-298.

[467] RLx 20-jan.-2005 (Sousa Grandão), CJ XXX (2005) 1, 97-100 (100/I): um caso em que se pediu uma providência cautelar relativa a gravações referentes ao *dossier* Casa Pia e que haviam sido furtadas.

[468] STJ 17-dez.-2009 (Oliveira Rocha), Proc. 4822/06.

-2017 (idoso vítima de burla sexual)[469], STJ 16-mar.-2017 (revelação de aspetos relativos a adoções)[470] e RLx 11-dez.-2018 (*idem*, com revelação das identidades das crianças)[471].

III. A consideração da jurisprudência é essencial para uma representação mais cabal do universo atinente aos direitos de personalidade. O seu reconhecimento deixa de ser notícia, nos meios jurídicos: opera como uma normal sequência do labor dos tribunais.

A experiência acumulada permite elucidar diversos aspetos delicados do funcionamento dos direitos de personalidade: um ponto a considerar, quando tratarmos do seu regime.

24. Aplicação ao mundo virtual

I. O advento do mundo virtual foi seguido com um certo receio, por parte da Ciência Jurídica: estaria o Direito preparado para as mudanças que se aproximavam?

Esta desconfiança mostrou-se, em grande medida, infundada: o novo paradigma exigiu uma certa adaptação, mas esteve longe de originar uma mudança drástica do método, estrutura e dogmatização do Direito[472].

Também no âmbito dos direitos de personalidade, os problemas suscitados residem mais na adaptação do ser humano do que na aplicação dos regimes vigentes: o respeito pelos direitos de personalidade não é uma prerrogativa do mundo real: impõem-se, com a mesma precisão e proteção, nos restantes mundos criados pelo Homem.

II. A jurisprudência portuguesa, confrontada com violações dos direitos de personalidade, em especial no campo das redes sociais, veio confirmar a adequação do Direito vigente às necessidades modernas da comunidade[473]:

[469] STJ 30-mar.-2017 (João Trindade), Proc. 1064/12.

[470] STJ 16-mar.-2017 (Silva Gonçalves), Proc. 2178/10.

[471] RLx 11-dez.-2018 (Cristina Neves), Proc. 2502/18 (caso TVI/IURD).

[472] Tratado, II, 4.ª ed cit., 345 ss.: impacto da *Internet* na formação dos negócios.

[473] Para além dos acórdãos sumariamente referidos no texto principal, *vide*, também: RLx 24-set.-2014 (Jerónimo Freitas), Proc. 431/13: explora o conceito de amigo no

RLx 16-nov.-2012[474]. **A** publicou, na página pessoal de **B**, o seguinte comentário: "Ontem numa reunião da Junta de Freguesia, com o objectivo de propor cidadãos para as mesmas de voto às próximas eleições, fui confrontado, com atitudes completamente anti-democráticas e intolerantes por parte do bombeiro A... (o senhor comandante!?): Publico este *post* apenas para repudiar publicamente as atitudes deste senhor e gostava de sublinhar que não servisse de exemplo para ninguém, sobretudo para os mais jovens, a política ainda é, a meu entender, uma actividade nobre e um dever de cidadania e não um joguinho de lóbis e ataques pessoais de terceira categoria".

B deu entrada com uma ação de difamação.

Confrontado com estes factos e contrariando a decisão da 1.ª Instância, a Relação de Lisboa não deu por preenchidos os requisitos do tipo criminal.

RPt 8-set.-2014[475]. Um trabalhador proferiu considerações pouco abonatórias sobre o seu empregador, num grupo fechado do *Facebook*. Os membros desse grupo (cerca de 140) eram trabalhadores e ex-trabalhadores da empresa visada. As opiniões então manifestadas motivaram, conjuntamente com outros elementos, uma ação de despedimento com justa causa. O trabalhador alega, em relação aos comentários proferidos no *Facebook*, que se tratando de um grupo restrito, o acesso a essa informação só poderá consubstanciar uma violação do seu direito à intimidade da vida privada.

O tribunal, atendendo à ligação dos membros do grupo à empresa, considerou não ser expectável que comentários dessa natureza permanecessem confidenciais.

RPt 5-jun.-2015[476]. **A** colocou, na sua conta pessoal do *Facebook*, fotografias de **B**, sem a sua autorização. O tribunal, no âmbito de um processo crime, deu como provado o preenchimento dos elementos do tipo penal previsto no artigo 199.º/2, *b)*, do CP: utilização de fotografias contra a vontade do fotografado, mesmo que licitamente obtidas, sendo esse o caso.

Facebook e a privacidade dos comentários proferidos nesta rede social.

474 RLx 16-nov.-2012 (Jorge Langweg), Proc. 54/11.

475 RPt 8-set.-2014 (Maria José Costa Pinto), Proc. 101/13.

476 RPt 5-jun.-2015 (José Carreto), Proc. 101/13.

SECÇÃO II

DOUTRINA GERAL

§ 5.º CONSTRUÇÃO DOGMÁTICA

25. Pré-entendimentos; a funcionalidade; papel pretoriano

I. Ao abordar a doutrina geral dos direitos de personalidade, é conveniente precisar conceitos. Na verdade, estamos perante um tema de fáceis desenvolvimentos linguísticos. Estes aliam, a uma projeção escassa, uma incapacidade clara para soluções dogmaticamente coerentes. Temos de saber precisamente do que falamos, com que intenções e com que hipóteses de efetivação prática.

Os elementos desde já adiantados são-no a benefício de ulterior indagação sobre o seu regime. Fica claro que o *iter* da investigação é inverso: o apuramento do regime dos direitos de personalidade antecedeu a construção apresentada.

II. Os direitos de personalidade foram contidos ou prejudicados por sucessivos pré-entendimentos desfavoráveis. Tais pré-entendimentos – que chegaram a ser assumidos – não estão totalmente suplantados: há que, deles, ter consciência.

Num primeiro tempo, os direitos de personalidade foram travados pela sua imprecisão e pela dificuldade de os arrumar entre as categorias tradicionais. De seguida, eles vieram defrontar a ação do Estado, subentendidamente ao serviço do interesse público. Posto isso, os direitos de personalidade constituíram um entrave ao direito de propriedade e à iniciativa privada: ainda hoje, na jurisprudência portuguesa, eles operam, em importante medida, como contraponto aos excessos dominiais e profissionais. Por fim, os direitos de personalidade aparecem como um desconforto para a comunicação social.

Numa palavra: os direitos de personalidade servem a pessoa singular que se apresente, apenas, como pessoa: opõem-se – ou podem opôr-se – a todos os interesses organizados e, particularmente: ao Estado, ao poder económico, ao poder político e ao poder da comunicação social. Por isso, contra os direitos de personalidade, vão ser brandidos: o interesse público (Estado), outros direitos privados reconhecidos (direito de propriedade e "direito" de iniciativa privada) ou mesmo certos direitos fundamentais, com relevo para a liberdade de opinião, a liberdade de expressão e a liberdade de expressão artística. Os direitos de personalidade dão corpo à individualidade única de cada pessoa: um valor do Ocidente[477].

III. Os direitos de personalidade beneficiam, todavia, também de um pré-entendimento favorável. Estão em jogo seres humanos, na sua esfera mais íntima. Toda a tradição greco-cristã ocidental vai no sentido da tutela da pessoa singular. Ninguém, mormente após as quedas de Berlim, em 1945 e do muro de Berlim, em 1989, iria defender a supressão dos direitos das pessoas, em nome de "interesses" superiores: não há interesses superiores aos das pessoas. As limitações aos direitos de personalidade têm de passar, sempre, sob a máscara de outros direitos respeitáveis.

Há uma predisposição favorável à figura. De natureza quase estética, ela tem de ser dogmatizada, para ser útil e para poder contrabalançar os pré-entendimentos desfavoráveis, de que demos conta, resistindo aos fortes interesses que se lhes opõem.

IV. A defesa da pessoa é uma noção vaga: afinal, todos os esquemas jurídicos vão pretender defender pessoas. Por isso, torna-se útil perguntar, concretamente, pela função dogmática dos direitos de personalidade ou, mais precisamente: de cada figura de personalidade isoladamente tomada.

[477] *Vide* Karl-Nikolaus Peifer, *Individualität im Zivilrecht/Der Schutz persönlicher, gegenständlicher und wettbewerblicher Individualität im Persönlichkeitsrecht. Immaterialgüterrecht und Recht der Unternehmen* (2001), em 617 pp. maciças: uma obra de referência que, do ponto de vista do indivíduo, faz uma larga bissetriz entre vários institutos. Quanto à ocidentalidade do pensamento subjacente *vide*, aí, 13 ss., sem esquecer – 25 ss. – as suas raízes religiosas.

A realização funcional do direito de personalidade deve ser assegurada. De outro modo, o Direito objetivo não se deteria com a figura. Esta dimensão funcional tem ainda uma vantagem: previne excessos ou desvios.

Em suma: no capítulo dos direitos de personalidade, é muito importante dispor dos instrumentos mais cuidados de realização do direito. Por isso devemos colocar a matéria no coração do Direito privado.

V. Entre as funções que o moderno Direito de personalidade assume, particularmente clara perante a jurisprudência portuguesa acima apontada, surge a de aperfeiçoar, *praeter legem*, determinados institutos de Direito estrito. Falamos, a tal propósito, em papel pretoriano: trata-se de facultar ao juiz, ainda que sempre na base da lei, o aperfeiçoamento do sistema.

Tomemos a situação das relações de vizinhança. O Código Civil, nos seus artigos 1346.° e seguintes, tratou o tema como uma composição de interesses entre prédios: a problemática das emissões releva ... quando envolva "prejuízo para o imóvel" – artigo 1346.°. De facto, o problema põe-se pelos incómodos que (más) relações de vizinhança possam causar aos envolvidos. O manejo dos direitos de personalidade vem permitindo solucionar o problema, através, justamente, de uma ponderação da posição efetiva dos intervenientes, na teia da vizinhança.

Também o conflito entre direitos fundamentais – liberdade de imprensa *versus* direito ao bom nome e à reputação – pode ser cinzelado através da ponderação do(s) direito(s) de personalidade subjacente(s).

Podemos adiantar que os direitos de personalidade estão em condições de prosseguir, no domínio não-contratual, o papel que, ao longo do passado século XX, a boa-fé desempenhou, no seio dos negócios.

26. Os bens de personalidade

I. Apresentámos o "bem" como uma realidade capaz de satisfazer necessidades (sentido objetivo) ou apetências (sentido subjetivo) da pessoa. Nesse sentido, a própria pessoa representa um "bem": para si ou para os outros.

Pode, pois, haver direitos que visem pessoas ainda que – naturalmente – se trate de direitos especialmente configurados, que não se confundem com os direitos relativos a coisas. Por vezes, este aspeto é linguisticamente dissimulado sob a ideia de "direito a uma prestação". Uma "prestação" não existe nem, muito menos, suporta "direitos": do que se trata é do direito de exigir, a alguém, uma certa atuação. A realidade humana está envolvida e é visada: é o drama do Direito do trabalho ... e do Direito das obrigações[478].

II. Se considerarmos o ser humano, veremos que ele implica sucessivas esferas de realidades objetivas e/ou subjetivamente necessárias ou úteis. A vida é sentida como uma vantagem, satisfazendo evidentes necessidades ligadas à sobrevivência do ser pensante. Daí podemos extrapolar outras vantagens ou "bens": a saúde, a integridade física, o repouso, o sono e o ambiente adequado.

O ser humano tem, ainda, uma vivência espiritual e social: implica estima pelos outros e autoestima. Tratando-se de si próprio, encontramos a honra, a consideração, a reputação e o bom nome.

Podemos, nesta base, distinguir diversas áreas de bens de personalidade. Assim:

- ao ser humano biológico: vida, integridade física, saúde, necessidades vitais (sono, repouso, alimentação, vestuário), etc.;
- ao ser humano moral: integridade moral, identidade, nome, imagem, intimidade, etc.;
- ao ser humano social: família, bom nome e reputação, respeito, etc..

III. A grande questão reside em saber como discernir "bens" de personalidade. Teoricamente, poderíamos ir até ao infinito: direito à vida, direito a respirar, direito a não tapar o nariz, direito a abrir a boca, etc., etc..

Apelar à realidade extrajurídica é pressupor o Direito como realidade *a se*, diversa do "exterior": o Direito não é mais do que um conjunto de condutas humanas as quais são, por seu turno, manifestações de pessoas, o que é dizer: a própria pessoa. Tudo joga em conjunto: "direitos de personalidade", "bens de personalidade" e a pessoa em si.

Não há, pois, qualquer obstáculo gnoseológico em associar o Direito à determinação dos bens de personalidade.

IV. Esclarecido este ponto, regressemos à determinação dos bens de personalidade. Ela pode operar mercê de diversos fatores: de ordem histórico-cultural, pragmática ou técnico-jurídica.

478 Recordemos o nosso *Da situação jurídica laboral: perspectivas dogmáticas do Direito do trabalho*, sep. ROA 1982, n.º 12 (50-52) e, por último, o nosso *Direito do trabalho*, I (2019), 417 ss..

Assim, certos bens de personalidade ocorrem por traduzirem aspetos que, historicamente, já foram questionados: é o caso típico do direito à vida. Outros impõem-se por implicarem domínios conceptualizáveis através de expressões sugestivas: direito ao sono. Finalmente, outros marcam presença por envolverem regras jurídicas especializadas no seu tratamento: direito ao nome.

V. Em suma: os bens de personalidade correspondem a aspetos específicos de uma pessoa, efetivamente presentes, e suscetíveis de serem disfrutados pelo próprio. Decompondo a noção:

- aspetos específicos: o bem será sempre algo de delimitado, para poder suportar um direito subjetivo; assim, a própria pessoa não opera como bem delimitado, sob pena de termos um único direito de personalidade, com prejuízo para níveis analíticos importantes do sistema;
- de uma pessoa: estão em causa bens de personalidade e não quaisquer outros, ainda que vitais: assim, o bem "vida" não abrange o bem "alimentos", embora estes sejam essenciais àquela;
- efetivamente presentes: a vantagem futura, mesmo quando tutelada pelo direito, não constitui algo *de* uma pessoa: uma carreira ou uma promoção podem, quando afetadas, dar azo a danos morais indemnizáveis: não são, todavia, bens de personalidade;
- suscetíveis de serem desfrutados pelo próprio: o bem de personalidade opera como algo de "egoísta" ou "introvertido": o dano provocado noutro, por relevantes sofrimentos que cause ao próprio, não atinge um direito de personalidade deste.

A ideia de "bem de personalidade" é tanto mais útil quanto mais preciso e delimitado for o seu universo.

27. Os direitos subjetivos

I. Para a categoria em estudo releva a ideia de direito subjetivo: permissão normativa específica de aproveitamento de um bem[479].

[479] *Tratado* I, 4.ª ed., 871 ss.

O direito de personalidade é um espaço de liberdade concedido ao sujeito: ou não seria direito. O "direito" de educar os filhos, embora eminentemente pessoal, não é um direito de personalidade: traduz um dever. Este aspeto já foi usado, ao longo da história, para combater a própria ideia de direito de personalidade. Por exemplo: o direito (de personalidade) à vida: a ser um verdadeiro direito, legitimar-se-ia o suicídio. Trata-se de um ponto de vista superado: não há permissões absolutas e totais. O direito à vida permite, ao beneficiário, múltiplas hipóteses de aproveitamento: não, fatalmente, todas as possíveis. Como adiante melhor veremos, os direitos de personalidade têm, como traço especial de regime, o não permitirem a sua própria supressão.

Tecnicamente – ou não teríamos um direito subjetivo – o direito de personalidade implica uma norma permissiva.

II. A permissão facultada pelo direito de personalidade é específica: não genérica. Assim, excluímos do âmbito aqui em estudo as liberdades, ainda que fundamentais: a liberdade de expressão não é um direito de personalidade, por envolver (mera) permissão genérica; já o direito a uma determinada carta – à sua confidencialidade – é um direito de personalidade: a permissão é específica.

III. Está em causa o aproveitamento de um bem de personalidade: intervêm as considerações acima feitas.

O direito (subjetivo) de personalidade parece determinado pela possibilidade de, com condicionamentos histórico-culturais, programáticos e técnicos, ser possível isolar bens de personalidade. Não é inteiramente assim: a distinção entre "bens" e "direitos a eles relativos" é um corte, feito com fins de análise, numa realidade manifestamente una. É evidente que, neste caso (como noutro) o "direito" antecedeu o "bem", desenvolvendo-se, feita a autonomização, ambos em conjunto.

IV. Enquanto produto de regras de Direito, o direito de personalidade comunga de valores básicos do sistema em que se integre. Toda a escala de valores, dentro da harmonia própria do sistema, intervém no domínio da concretização de cada direito de personalidade.

Trata-se de um aspeto importante: a reter, designadamente quando se vise solucionar questões de conflito entre direitos de personalidade ou entre um direito de personalidade e qualquer outro direito, também legítimo.

28. O "direito geral" de personalidade e os direitos especiais

I. O denominado "direito geral" de personalidade, como vimos, é uma criação alemã: destinava-se, no especial ambiente do segundo pós-guerra, a suprir as limitações da tutela aquiliana dos direitos, apertada entre as cláusulas restritivas dos §§ 823/I, 823/II e 826, do BGB[480]. A pressão doutrinária alemã levou a maioria da doutrina nacional a acolher o "direito geral": Vaz Serra[481], Antunes Varela[482], Carlos Mota Pinto[483], Leite de Campos[484], Pais de Vasconcelos[485], Hörster[486], Capelo de Sousa[487], Januário da Costa Gomes[488], Álvaro Dias[489], Paulo Mota Pinto[490] e Nuno Pinto Oliveira[491]; contra, opinam Oliveira Ascensão[492], Carvalho Fer-

[480] *Supra*, 61.

[481] Adriano Vaz Serra, *Anotação a STJ 5-mai.-1974*, RLJ 108 (1976), 315-319, 324-326 (318-319): embora reconhecendo a dificuldade em determinar o conteúdo exato deste direito geral de personalidade.

[482] João Antunes Varela, *Alterações legislativas ao direito ao nome*, 116 (1983), 140-146 (142).

[483] *Teoria geral*, 4.ª ed cit., 210.

[484] Diogo Leite de Campos, *Lições de direito de personalidade*, 2.ª ed. cit., 49 ss..

[485] *Teoria geral do Direito civil*, 8.ª ed. (2015), 40 e *Direito de personalidade* cit., 61 ss..

[486] *A parte geral* cit., 425-428 (259).

[487] R. Capelo de Sousa, *O direito geral de personalidade* cit., *maxime*, 605 ss..

[488] Januário da Costa Gomes, *O problema da salvaguarda da privacidade antes e depois do computador*, BMJ 319 (1982), 21-56.

[489] João António Álvaro Dias, *Dano corporal/Quadro epistemológico e aspetos ressarcitórios* (2000), 397 ss..

[490] Paulo Mota Pinto, *O direito à reserva sobre a intimidade da vida privada*, BFD 69 (1993), 479-586 (490 ss.) e *O direito ao livre desenvolvimento da personalidade, em Portugal Brasil Ano 2000* (2000), 149-246 (171 ss.), ambos já citados; este Autor procede, todavia, a uma interessante aproximação entre o direito geral de personalidade e o direito ao livre desenvolvimento da personalidade, em termos que traduzem uma via de superação.

[491] Nuno Manuel Pinto Oliveira, *O direito geral de personalidade e a "solução do dissentimento"/Ensaio sobre um caso de "constitucionalização" do Direito civil* (2002), 78 ss. e 93 ss. Outros elementos podem ser confrontados em Pais de Vasconcelos, *Direito de personalidade* cit., 61 ss..

[492] Oliveira Ascensão, *Direito civil/Teoria geral*, 1, 2.ª ed. (2002), 86 ss., ignorando todavia a superação do "direito geral", na Alemanha. Desse Autor, *vide*, ainda, *A dignidade da pessoa e o fundamento dos direitos humanos*, Est. Martim de Albuquerque II (2010), 37-58 (50).

nandes, que vê, nele, mais um princípio do que um direito[493], Guilherme Dray[494], Ana Filipa Morais Antunes[495] e Maria de Fátima Ribeiro[496]. Recordamos que, na própria Alemanha, o "direito geral" vem sendo suplantado a favor de esquemas mais operacionais, com relevo para a definição de âmbitos de proteção (Canaris)[497].

Cabe agora refletir perante a realidade portuguesa.

II. O artigo 70.º reconhece uma proteção geral à personalidade, isto é, ao conjunto dos bens de personalidade. Tecnicamente não podemos, daí, extrapolar um "direito geral": teria um objeto indefinido, não se enquadrando na natureza específica que sempre acompanha qualquer direito subjetivo. Além disso e, sobretudo: é evidente que, perante esse teor geral e indefinido, não há lugar para uma aplicação pura e simples e comum do regime próprio dos direitos subjetivos.

O artigo 70.º, enquanto regra geral de proteção, dá azo aos direitos de personalidade que correspondem aos bens necessariamente existentes. Temos, como exemplos, o direito à vida e o direito à honra: sempre presentes e capazes, pelo seu perfil, de abrangerem as mais diversas situações. Trata-se, porém, de figuras subsequentes ao artigo 70.º.

III. Os direitos "especiais" dependem da existência dos bens a que se reportem. Por exemplo, o direito à confidencialidade de cartas-missivas só surge quando uma carta missiva confidencial seja, efetivamente, escrita e remetida.

Não há qualquer razão para fechar a série dos direitos de personalidade: eles dependem da existência de bens de personalidade. Por exemplo, o direito à confidencialidade de "diários"[498]. Teríamos, então, o direito de personalidade "atípico", juridificado pelo artigo 70.º do Código Civil.

493 Luís A. Carvalho Fernandes, *Teoria geral do Direito civil I – Introdução; pressupostos da relação jurídica*, 6.ª ed. (2012), 232.

494 Guilherme Dray, *Direitos de personalidade/Anotações ao Código Civil e ao Código do Trabalho* (2006), 34-35.

495 Ana Filipa Morais Antunes, *Comentário aos artigos 70.º a 81.º* cit., 62-63.

496 Maria de Fátima Ribeiro, *Comentário ao artigo 70.º do CC* em *Comentário ao Código Civil/Parte geral* (2014), 172.

497 *Supra*, 65.

498 Recorde-se o caso Cosimo: a divulgação, sem assentimento da viúva, dos diários de Wagner.

Em suma: o artigo 70.º dispensa uma tutela geral, podendo dar azo a diversos direitos subjetivos de personalidade, em sentido próprio: não há, neste domínio, qualquer tipicidade. Além disso, poderá ainda haver uma proteção independente de quaisquer direitos subjetivos: antes através de norma de proteção, no sentido do artigo 483.º/1. Reduzir esse preceito a um simples direito subjetivo (ainda que "geral", admitindo que isso conduza a uma fórmula dogmaticamente aproveitável) seria retirar-lhe eficácia, no domínio da tutela da personalidade.

IV. É no campo da realização do Direito que a existência de um direito geral de personalidade mostra as suas maiores fragilidades. Dificilmente um tribunal irá deferir um pedido indemnizatório fundado na sua simples violação: ao intérprete interessa verificar que bem de personalidade foi efetivamente violado e em que termos. À determinação do direito de personalidade concretamente violado segue-se a aplicação do regime correspondente, independentemente da sua natureza típica ou atípica.

Do ponto de vista dos tribunais, o artigo 70.º assume dois propósitos: (i) permite uma contextualização e sistematização da matéria; e (ii) surge como fundamento jurídico-positivo do reconhecimento de direitos de personalidade atípicos.

§ 6.º CARACTERÍSTICAS DOS DIREITOS DE PERSONALIDADE

29. A absolutidade

I. Os direitos de personalidade são uniformemente apresentados como direitos absolutos[499]. A expressão não é unívoca, devendo ser precisada.

Numa primeira aceção, o direito absoluto seria o direito oponível a todos ou *erga omnes*; distinguir-se-ia do relativo, oponível apenas *inter partes*. "Opor-se" significaria aqui o facultar, ao titular, exigir algo seja de toda e qualquer pessoa (*erga omnes*), seja de um determinado sujeito (*inter partes*). O direito de personalidade, a ser absoluto, nesta aceção, permitiria ao seu titular exigir a qualquer pessoa o acatamento de condutas necessárias à sua efetivação.

Neste sentido, os direitos de personalidade não são sempre "absolutos". Em 1971, Kayser propôs uma distinção, nos direitos de personalidade, entre os comparáveis a direitos reais, como o direito ao corpo ou o direito ao nome, e os comparáveis a direitos de crédito, como o direito de respeito pela vida privada ou o direito de resposta[500]. Há, aqui, uma parcela de razão: os direitos de personalidade distinguem-se pela especificidade do seu objeto (o bem de personalidade) e não pela forma de efetivação (diretamente, como no direito de propriedade ou mediatamente, como no direito de crédito). O direito à confidencialidade de uma carta-missiva

[499] Assim: Andreas Bucher, *Natürliche Personen und Persönlichkeitsschutz*, 4.ª ed. (2009), 110; Christian Brückner, *Das Personenrecht des ZGB (ohne Beurkundung des Personenstandes)* (2000), 123; Karl-Nikolaus Peifer, *Individualität im Zivilrecht* cit., 133; R. Capelo de Sousa, *O direito geral de personalidade* cit., 401; Sílvio Romero Beltrão, *Direitos da personalidade*, 2.ª ed. (2014), 210 pp., 19-20.

[500] Pierre Kayser, *Les droits de la personnalité/Aspects théoriques et pratiques*, RTDCiv LXIX (1971), 445-509 (458 ss. e 466 ss., respetivamente).

confidencial é, antes de mais, uma pretensão dirigida ao destinatário da carta. Se o próprio autor da carta a lançar na comunidade, não lhe caberá, depois, queixar-se de quebras de confidencialidade. Do mesmo modo, o direito à confidencialidade das relações que se estabeleçam entre o médico e o seu paciente ou entre o advogado e o seu constituinte é, pelo menos, em primeira linha, invocável *inter partes*.

II. Numa segunda aceção, os direitos de personalidade seriam absolutos por não postularem relações jurídicas: é a aceção estrutural. Na verdade, o direito de personalidade típico analisa-se numa permissão de aproveitamento de um bem de personalidade: não há, aqui, nenhuma relação, configurável entre dois sujeitos. A ideia, hoje abandonada, de que o Direito, pela sua alteridade, teria de se efetivar sempre através de relações jurídicas conduziu mesmo a posições negativistas, no domínio dos direitos de personalidade[501]: a impossibilidade de configurar uma "relação" consigo próprio era manifesta.

Todavia, já vimos que certos direitos de personalidade são estruturalmente relativos: embora reportados a bens de personalidade, eles concretizam-se em situações pedido/cumprimento, com sujeitos ativo e passivo: basta pensar na confidencialidade.

III. Fica a terceira aceção: independentemente do modo de efetivação ou da estrutura que apresentem, os direitos de personalidade deveriam ser sempre respeitados por todos. Disfrutariam, em qualquer caso, de uma tutela aquiliana, caindo na alçada do artigo 483.º/1. do Código Civil[502], sendo absolutos, a este nível.

Todos os direitos subjetivos, por o serem, devem ser respeitados por cada um. Os próprios créditos disporiam, a este nível, de uma tutela aquiliana[503]. Simplesmente, nas situações socialmente típicas, o direito tem uma configuração tal que apenas o devedor o pode violar. Já os direitos de personalidade, mesmo quando consubstanciados apenas *inter partes*, apresentam um objeto estranho ao "devedor". Qualquer pessoa os pode violar, incorrendo no dever de não o fazer. A carta confidencial, por exemplo,

[501] *Supra*, 52, a posição de Savigny.

[502] Antunes Varela, *Das obrigações em geral*, 1, 10.ª ed. (2000), 533-534.

[503] *Direito das obrigações*, 1, 256 ss.; *Tratado* VI, 2.ª ed., 397 ss..

deve ser respeitada pelo destinatário e, ainda, por qualquer terceiro que dela tenha conhecimento.

Neste sentido de vocação para uma total cobertura aquiliana, os direitos de personalidade serão absolutos.

30. A natureza não-patrimonial

I. Os direitos de personalidade são normalmente apresentados como não-patrimoniais: não teriam alcance económico, de modo a serem avaliáveis em dinheiro[504].

A afirmação, feita sem mais, não é correta.

A própria lei, a propósito do direito à imagem – artigo 79.º/1 – admite que a mesma seja "lançada no mercado". Também o direito ao nome pode ter componentes comerciais: pense-se no nome comercial ou firma[505]. Em suma: há já toda uma disciplina jurídico-científica relativa à comercialização de bens de personalidade[506].

II. Haverá que, no domínio dos direitos de personalidade, operar diversas distinções. Assim, encontramos:

- direitos de personalidade não-patrimoniais em sentido forte: o Direito não admite que os correspondentes bens sejam permutados por dinheiro: o direito à vida, o direito à saúde e à integridade corporal;
- direitos de personalidade não-patrimoniais em sentido fraco: eles não podem ser abdicados por dinheiro embora, dentro de certas regras, se admita que surjam como objeto de negócios patrimoniais ou com algum alcance patrimonial; assim sucede com o direito à

[504] Quanto à "não-patrimonialidade", *Tratado*, I, 4.ª ed., 867.

[505] *Direito comercial*, 4.ª ed. (2016), 359 ss..

[506] Volker Beuthien/Anton S. Schmölz, *Persönlichkeitsschutz durch Persönlichkeitsgüterrechte/Erlösherausgabe statt nur billige Entschädigung in Geld* (1999), 1 e *passim*, Oliveira Festas, *Do conteúdo patrimonial do direito à imagem* cit., *passim*, e, com muitas indicações, Byung Ha Ahn, *Der Vermögensrechtliche Zuweisungsgehalt des Persönlichkeitsrechts/Eine grundlagenorientierte Studie* (2009), 209 pp..

saúde ou à integridade física, desde que não sejam irreversivelmente atingidos, nos termos que regem a experimentação humana[507];
– direitos de personalidade patrimoniais: representam um valor económico, são avaliáveis em dinheiro e podem ser negociados no mercado: nome, imagem e fruto da atividade intelectual.

III. Os direitos de personalidade patrimoniais continuam a reportar-se a bens muito especiais: os bens de personalidade. E assim, têm um regime específico, que não é apenas determinado pelas regras do mercado. Nesse sentido, algo atenuado, será possível manter e afirmar a sua natureza de personalidade.

31. A dupla inerência

I. A doutrina refere a inerência à pessoa como característica particular dos direitos de personalidade[508]. Efetivamente, o direito de personalidade respeita a uma pessoa: não pode, sem quebra de identidade, reportar-se a pessoa diversa.

Trata-se de uma noção claramente retirada de direitos reais: o direito real seria inerente a uma coisa no sentido de a atingir, diretamente, onde quer que ela esteja[509]. Nada impede, todavia, que o titular do direito real mude: basta que este seja transferido, nos termos gerais do artigo 406.º.

II. A ideia de inerência deverá ser adaptada ao sector específico aqui em causa. O direito de personalidade liga, inelutavelmente, uma pessoa a um bem que lhe diz exclusivamente respeito. As hipóteses de "comercialização" de bens de personalidade reportam-se a aspetos destacáveis do direito-mãe: este permanece sempre na esfera da pessoa titular. Assim, quando uma pessoa permita que a sua fotografia seja lançada no mercado –

[507] Regulados na Lei n.º 21/2014, de 16 de abril. Jeovanna Viana Alves, *Ensaios clínicos* (2003), 390 pp.; Guilherme de Oliveira, *Direito biomédico e investigação clínica*, em *Temas de Direito da Medicina* (1999), 185-201 (191 ss.); José de Oliveira Ascensão e Mafalda de Castro Ascensão Marques, *"Boas práticas" e ética nos ensaios clínicos* em *Estudos de Direito da Bioética*, IV, (2012) 193-229.

[508] Adriano de Cupis, *Diritti della personalità* cit., 2.ª ed., 32, falando num "nexo estreitíssimo" em relação à própria pessoa.

[509] *Direitos reais*, n.º 147.

artigo 79.º/1 –, não está a alienar, aos possíveis adquirentes de reproduções da mesma, o seu "direito à imagem"; apenas permite que, à custa desse direito, se destaquem determinadas parcelas figurativas.

Nos direitos de personalidade, uma primeira vertente de inerência é constituída pela intransmissibilidade da sua posição ativa. O direito de personalidade nasce na esfera de um titular e aí ficará até à sua extinção. Trata-se de uma noção muitas vezes expressa, na doutrina, através da ideia de uma "grande personalidade" deste direito[510].

III. O direito de personalidade está, ainda, indissociavelmente ligado ao seu objeto. Ele reporta-se a um bem de personalidade, atingindo-o onde quer que ele se encontre. Na hipótese de uma circulação indevida de escritos ou de imagens que se devam considerar tutelados pelo regime da personalidade, o titular poderá agir onde quer que eles se encontrem. O direito atinge o bem, sem intermediários. Além disso, não é possível alterar o objeto do direito, substituindo-o por outro. Temos, também por esta via, uma ligação do direito: mas ao seu objeto.

IV. A dupla e indissociável ligação do direito de personalidade ao seu titular e ao seu objeto pode ser transmitida com a locução, aqui proposta, de dupla inerência. Ela será útil para explicar, depois, diversos aspetos do regime em presença.

32. O problema da prevalência

I. A propósito das características – ou possíveis características – dos direitos de personalidade, podemos adiantar o tema da prevalência. Ele coloca-se em dois planos:

- os direitos de personalidade prevalecem, havendo conflito, sobre quaisquer outros de natureza diferente?
- quando concorram entre si, haverá uma hierarquia ou atender-se-á ao mais antigo?

[510] Sem prejuízo da tutela *post mortem*, em certas circunstâncias.

A discussão é lançada – e parcialmente facilitada – pelo problema paralelo que ocorre em direitos reais[511].

II. No tocante ao conflito de direitos de personalidade com quaisquer outros, há uma evidente apetência de princípio para reconhecer prevalência aos primeiros[512]. Todavia, nenhuma regra jurídica a tanto obriga. A jurisprudência, em termos a que haverá a oportunidade de regressar a propósito do regime, apela às regras gerais do artigo 335.º e do conflito de direitos, ponderando, perante o caso concreto, qual deva levar a melhor[513]. Podemos, quando muito, adiantar dois vetores:

- há direitos de personalidade que nunca podem ser postos em causa: prevalecem, ainda que em termos funcionais, sobre quaisquer outros; pense-se no direito à vida;
- a lei não admite certas limitações convencionais aos direitos de personalidade; os negócios que a tanto conduzam são nulos, assim se assegurando a prevalência da personalidade.

III. Estes postulados, na prática, não permitem avançar no sentido de uma apregoada prevalência: caso a caso haverá que examinar o regime concretamente aplicável[514].

A situação clássica do despejo: o senhorio invoca o seu direito de propriedade, enquanto o inquilino contrapõe o seu direito à habitação ou, quiçá, à vida. Não obstante, seguidos os trâmites legais, a propriedade prevalece: o direito à vida, embora irrenunciável e inatacável, não pode ser usado de modo a despojar os direitos patrimoniais de outrem; o inquilino deverá sempre atuar o seu direito de modo juridicamente aceitável: dentro da sua função.

O consenso entre direitos de personalidade e outros direitos absolutos será encarado à luz das regras do conflito de direitos; tratando-se de concurso entre esses mesmos direitos e situações negociais, apenas o regime

[511] *Direitos reais*, n.º 146.

[512] *Vide* supra a jurisprudência concretizadora dos direitos de personalidade.

[513] Em regra: o direito de personalidade; quanto à colisão de direitos: *Tratado* V, 3.ª ed. (2018), 432 ss..

[514] De resto, é essa mesma a saída que apontamos para a "prevalência" dos direitos reais: *vide Direitos reais*, n.º 146.

concreto do negócio celebrado, à luz das limitações porventura aplicáveis, poderá oferecer uma solução.

IV. Tudo visto: não podemos apresentar a "prevalência" como característica dos direitos de personalidade. Quando muito, ela poderia constituir o prelúdio a uma exposição sobre o regime do conflito de direitos e sobre o dos negócios jurídicos com conteúdos de personalidade.

Um e outro tema melhor ficam, precisamente, na rubrica dedicada ao regime.

§ 7.º MODALIDADES E REGIME GERAL

33. Direitos necessários e eventuais; o seu surgimento

I. A construção do regime geral dos direitos de personalidade só é possível num nível de grande abstração. No fundo, ela pouco mais permitiria apurar do que as características gerais desses direitos: matéria já acima tratada. Tal estado de coisas deve-se à diversidade das figuras que lhes podem ser reconduzidas. O direito à vida terá, seguramente, um regime diferente do das cartas-missivas confidenciais. É, pois, a propósito dos direitos de personalidade em especial que algo de mais concreto e eficaz poderá ser dito.

De todo o modo, há certos vetores que dependem de classificações e de ordenações gerais. Tanto justifica uma rubrica sobre as modalidades e o regime geral dos direitos de personalidade.

II. Os direitos de personalidade assistem aos seres humanos ou pessoas singulares. Mas nem sempre *todos* os direitos cabem a *cada* pessoa. Por isso, cumpre distinguir, desde logo, entre:

– direitos de personalidade necessários;
– direitos de personalidade eventuais.

Os direitos de personalidade necessários estão presentes, desde que exista uma pessoa singular: será o caso do direito à vida e à integridade física e do direito à integridade moral[515]. Os direitos de personalidade

[515] Não parece correto reconduzi-los ao nascimento: desde logo está em aberto a tutela pré-natal; de seguida, a causa eficiente da sua constituição não é o nascimento, suscetível de ser substituído por qualquer outro procedimento artificial: ela antes terá de ser procurada na existência de um ser humano ou, se se preferir, de um ser inteligente, capaz de se autodeterminar em função de uma ideia de dever-ser.

Com esta reserva, podemos considerar estes direitos "inatos", como foi visto.

eventuais dependem da existência dos respetivos bens de personalidade. Por exemplo, o direito ao nome deriva de, à pessoa considerada, (já) ter sido atribuído um nome; o direito à confidencialidade de certas cartas-missivas deriva de estas terem sido escritas e assim por diante.

Esta contraposição tem importância prática, a nível de ónus da prova: enquanto nos direitos de personalidade necessários, a sua mera invocação é bastante, quedando demonstrar a violação, nos eventuais há que alegar e provar a existência do bem protegido.

III. Em compensação, os diversos direitos de personalidade surgem, de modo automático, sempre que ocorram os pressupostos respetivos. Não há qualquer necessidade de invocação, nem se requer nenhuma atividade complementar para eles se consubstanciarem. Tão-pouco é necessário que o titular tenha consciência da sua presença: trata-se de posições jurídicas independentes da vontade.

34. Classificações

I. Os direitos de personalidade comportam, ainda, classificações diversas, em função de critérios variados[516].

As distinções mais fecundas dependem dos bens a que eles se reportam[517]. Assim, poderemos distinguir três círculos nos bens de personalidade:

- o círculo biológico, que abrange a vida e a integridade física da pessoa; aparecem, aí, os direitos à vida, à integridade física, à saúde, ao repouso ou ao sono;
- o círculo moral, que tem a ver com a intocabilidade espiritual das pessoas; poderíamos arrumar aí os direitos à integridade moral e ao bom nome e reputação;
- o círculo social, que se prende com as relações entre o sujeito considerado e os seus semelhantes: direitos à intimidade privada, ao nome e à imagem, como exemplos.

[516] Carvalho Fernandes, *Teoria geral* cit., 1, 6.ª ed., 234 ss.

[517] Hans Forkel, *Zur systematischen Erfassung und Abgrenzung des Persönlichkeitsrechts auf Individualität*, FS Hubmann (1985), 93-110 (110). O próprio Hubmann tem textos importantes, neste domínio.

Como se vê, à medida que se caminhe para o exterior, os direitos de personalidade são mais elaborados, complexos e diferenciados.

II. O regime permite distinguir direitos limitáveis dos não-limitáveis. Estes últimos traduzem situações que o titular considerado nunca poderá validamente restringir ou às quais não pode renunciar, com exemplo paradigmático no direito à vida. Os primeiros retratam direitos que, em certas condições, admitem limitação: pense-se no direito à imagem.

Cheia de atualidade é a contraposição entre direitos de personalidade patrimoniais e não-patrimoniais[518]: os patrimoniais facultam – ou podem facultar – ao seu titular, vantagens de tipo económico; os não-patrimoniais carecem dessa dimensão. De um modo geral, podemos dizer que os direitos de personalidade dos círculos biológico e moral não podem ter conteúdo patrimonial; pelo contrário, os do círculo social podem originar exclusivos de aproveitamento, com vantagens patrimoniais para o próprio: tal o paradigma do ator, que rendibiliza a sua imagem.

III. Outra distinção separa os direitos de personalidade em (legalmente) nominados e inominados, consoante sejam ou não referidos na lei. Eles serão, ainda, típicos, quando disponham de um regime consignado na lei e atípicos, na hipótese inversa. Normalmente, os direitos nominados são típicos: é o que sucede com os direitos ao nome, à confidencialidade de certas cartas-missivas, à imagem e à reserva e intimidade da vida privada, referidos e nomeados nos artigos 72.º e seguintes. O direito à vida e à integridade física é típico, mas surge inominado: o artigo 70.º/1 aponta um regime, mas não refere o direito pelo seu *nomen*.

35. O alargamento às pessoas coletivas

I. Os direitos de personalidade foram histórica e dogmaticamente pensados para servir o ser humano: a pessoa singular. Transpô-los para além desse campo equivaleria a uma distorção da figura[519]. A somar à ina-

[518] *Supra*, 113, as variantes implicadas pela não-patrimonialidade de princípio dos direitos de personalidade.

[519] Oliveira Ascensão, *Direito civil/Teoria geral* cit., 1, 2.ª ed., 259-261 e Pais de Vasconcelos, *Direito de personalidade* cit., 122.

dequação de base: tal transposição poderia prejudicar os próprios direitos de personalidade, amputando-os da sua conexão humanística ontologicamente decisiva e banalizando os argumentos basilares em que assenta.

Em suma: à partida, teríamos um conjunto de razões sérias que limitariam, às pessoas singulares, a titularidade de direitos de personalidade. Esta argumentação funcionaria também perante os direitos fundamentais. As Constituições políticas, por todo um conjunto de razões históricas, políticas e sociais, congeminaram-nos para cidadãos individuais. Um alargamento *praeter legem* às pessoas coletivas poderia provocar distorções e desvirtuamentos.

II. Todavia, a tutela dos direitos de personalidade – e, depois, os próprios direitos de personalidade – veio, pela jurisprudência alemã subsequente a 1945, a ser alargada às pessoas coletivas[520].

Na origem temos problemas práticos, a que os tribunais não podiam deixar de dar resposta. O descrédito de uma sociedade, provocado por afirmações falsas, provoca danos a diversos níveis: a atuação que a tanto houvesse conduzido não poderia deixar de ser sancionada. Não obstante a razoabilidade desta asserção, mantêm-se dificuldades estruturais[521], que cumpre superar.

Parte das dificuldades dogmáticas existentes no tocante à transposição dos direitos de personalidade para as pessoas coletivas radicam numa má dogmatização do conceito destas últimas. A doutrina do "realismo jurídico", até há pouco dominante, sem contradita, no nosso panorama doutrinário[522], é disso um bom exemplo: entender que a pessoa coletiva é uma

[520] Frank Quante, *Das allgemeine Persönlichkeitsrecht juristischer Personen/Eine zivilrechtliche Studie* (1999), 20 ss.; Roland von Lilienfeld-Toal. *Das allgemeine Persönlichkeitsrecht juristischer Personen des Zivilrechts* (2003), XIX, 163 pp.; Alexandra Loock, *Das allgemeine Persönlichkeitsrecht der öffentlichen Person in den Medien* (2005), 263 pp.; Markus Schulz, *Persönlichkeitsschutz juristischer Personen im europäischer Privatrecht* (2013), XXII + 407 pp.; Ekaterina Korneeva, *Das Persönlichkeitsrechts des Unternehmens* (2014), XIII + 231 pp.; Sílvio Romero Beltrão, *Direitos da personalidade* cit., 2.ª ed., 137 ss.; Oliver Brändel/Kerstin Schmitt, em Horst-Peter Götting e outros, *Handbuch Persönlichkeitsrecht*, 2.ª ed. (2019), § 31 (695-703).

[521] Roland Rixecker, no *Münchener Kommentar* cit., 1, 7.ª ed. anexo ao § 12, Nr. 30 ss.

[522] *Infra*, 647 ss..

"realidade", perante o Direito, não explica como lhe aplicar figuras pensadas para verdadeiras realidades humanas. O problema poderá superar-se se desistirmos de ver realidades substantivas onde apenas há jogos de normas. Como veremos, a personalidade coletiva apenas traduz um centro de imputação de normas jurídicas, diverso do implicado por uma pessoa singular. Mas as pessoas singulares são, sempre e em última análise, as destinatárias de quaisquer deveres. Podem sê-lo em *modo singular*, altura em que as regras se lhes aplicam diretamente, ou em *modo coletivo*, situação que implica novas normas jurídicas, antes de se chegar ao destinatário do comando.

A desonra de uma pessoa coletiva repercute-se sobre as pessoas que lhe sirvam de suporte ou que, para ela, trabalhem ou atuem. Reações individuais seriam impensáveis; assim, há que reagir em *modo coletivo*. A pessoa coletiva ficará encartada nos direitos competentes, sendo certo que os bens em jogo são, sempre, verdadeiros bens de personalidade, atingidos de modo mediato[523].

III. Como vimos, a transposição, para as pessoas coletivas, dos direitos de personalidade implica diversas especialidades. Alguns autores chegaram a sustentar que, às pessoas coletivas, apenas se aplicariam os "direitos especiais" de personalidade: não o "direito geral"[524]. Esta opção seria superada[525], numa saída que perde relevo com o abandono do próprio "direito geral", enquanto verdadeiro direito subjetivo. A jurisprudência do Tribunal Constitucional Alemão veio, de todo o modo, fazer adaptações: o direito geral de personalidade, nas sociedades comerciais, mais não seria do que a liberdade de iniciativa económica[526].

[523] Larenz/Canaris, *Lehrbuch des Schuldrechts* cit., II, 2, 13.ª ed., 520.

[524] Herbert Lessmann, *Persönlichkeitsschutz juristischer Personen*, AcP 170 (1970), 266-294 (268 e 271 ss.).

[525] Alfons Kraft, *Gedanken zum allgemeiner Persönlichkeitsrecht juristischer Personen* cit., 215 ss..

[526] BVerfG 3-mai.-1994, NJW 1994, 1784-1785.

Particularmente aptos para defender interesses das pessoas coletivas seriam o direito ao nome[527], o direito à honra[528] e o direito à privacidade[529] ou direito à proteção do sigilo[530].

IV. Entre nós, o reconhecimento, mesmo que circunscrito, da titularidade, pelas pessoas coletivas, de direitos de personalidade é contemporâneo da vigência do Código de Seabra[531]. Com a entrada em vigor do Código Vaz Serra, a posição consolidou-se, sendo hoje assumida pela maioria da doutrina nacionais[532]-[533].

A jurisprudência nacional assume idêntica posição. Desde logo havia uma tutela penal: o assento do STJ 24 fev. 1960 reconhecia que as sociedades comerciais podem ser sujeitos passivos de crimes contra a honra, numa posição que tem sido mantida[534] e que está hoje expressa no artigo 187.º, do Código Penal.

V. A determinação abstrata dos direitos de personalidade suscetíveis de assistir às pessoas coletivas coloca algumas dificuldades: mas não são insuperáveis. O legislador fornece-nos importantes pistas que cumpre atender: (i) o artigo 70.º, embora inserido num capítulo dedicado às pessoas

527 Lessmann, *Persönlichkeitsschutz juristischer Personen*, cit., 287 ss. e Von Lilienfeld-Toal, *Das allgemeine Persönlichkeitsrecht juristischer Personen des Zivilrechts* cit., 58 ss..

528 *Idem*, 288 e 69 ss., respetivamente.

529 Michael Meissner, *Persönlichkeitsschutz juristischer Personen im deutschen und US-amerikanischen Recht/Eine rechtsvergleichende Untersuchung des allgemeinen Persönlichkeitsrechts juristischer Personen* (1998), 13, referindo um *corporate right of privacy*.

530 Von Lilienfeld-Toal, *Das allgemeine Persönlichkeitsrecht juristischer Personen des Zivilrechts* cit., 75 ss..

531 Manuel de Andrade, *Teoria geral* cit., I, 122-123.

532 Luís Cabral de Moncada, *Lições de Direito civil*, 4.ª ed., cit., 362, nota 2; Mota Pinto, *Teoria geral* 4.ª ed, cit., 319; Carvalho Fernandes, *Teoria geral*, cit., 1, 6.ª ed., 222; Capelo de Sousa, *O direito geral* cit., 594 ss; Ana Morais Antunes, *Comentário* cit., 65-66; Maria Ana Azevedo, *A problemática da extensão dos direitos de personalidade às pessoas colectivas*, máxime, *às sociedades comerciais*, RDS 2 (2010), 123-144.

533 Oliveira Ascensão, *Direito civil/Teoria geral* cit., 1, 2.ª ed., 259-261 e Pais de Vasconcelos, *Direito de personalidade* cit., 122-124: assumindo uma posição oposta.

534 RLx 1-abr.-1987 (Costa Figueirinhas), CJ XII (1987) 2, 181-183.

singulares, não limita o seu alcance a essa modalidade de pessoa; (ii) o artigo 160.º atribui, às pessoas coletivas, uma capacidade jurídica genérica (n.º 1), excetuando, apenas, os direitos que sejam inseparáveis da personalidade singular; e (iii) o artigo 484.º reconhece, expressamente, o direito ao bom nome, às entidades coletivas.

Da conjugação destes preceitos haverá, desde logo, que excluir, do âmbito da tutela, os direitos relativos ao círculo biológico: vida e integridade física. Os problemas que surjam a esse nível reportar-se-ão às pessoas singulares subjacentes. No entanto, pode-se admitir que, *in concreto* e por exemplo, um atentado à saúde dos trabalhadores de uma empresa represente, para esta, uma violação do bom nome e da reputação: um mesmo ato pode violar vários direitos.

De seguida, temos os direitos que se prendem com a natureza da pessoa humana, tais como o direito à intimidade. A *privacy* dos entes coletivos, que vem sendo reconhecida, tem um sentido diverso.

Excluídos os direitos intrinsecamente associados às pessoas singulares, todos os demais deverão ser reconhecidos, com especial destaque para o direito ao nome[535], para o direito ao bom nome[536] e para a confidencialidade da correspondência[537] quer em sociedades[538], quer em associações[539].

[535] STJ 9-jul.-2014 (João Bernardo), Proc. 366/12; RPt 28-mar.-1985 (Zeferino Faria), CJ X (1985) 2, 229-232 (232).

[536] STJ 21-mai.-2009 (Alves Velho), Proc. 09A0643; STJ 17-out.-2000 (Azevedo Ramos), CJ/Supremo VIII (2000) 3, 78-82: o caso *Partex*; uma estação televisiva divulgou que a *Partex* providenciara a instalação de um telefone escondido no gabinete do Procurador-Geral da República, de modo a realizar escutas ilícitas, o que resultou ser falso: foram arbitrados 10.000 c. de indemnização (82/II). Curiosa e acertadamente, o Supremo fez apelo ao artigo 70.º/2, fonte da tutela geral. Na verdade, o direito à honra não tem consagração civil expressa; trata-se de um direito inominado cuja juridicidade decorre, genericamente, do preceito em causa.

[537] STJ 12-set.-2013 (Oliveira Vasconcelos), Proc. 372/08.

[538] STJ 20-jan.-2010 (Moreira Alves), Proc. 115/07; RLx 23-mar.-2010 (João Aveiro Pereira), Proc. 7527/04.

[539] RLx 21-abr.-2009 (Amélia Alves Ribeiro), Proc. 554/0. Desenvolvimentos recentes na doutrina e na jurisprudência alemãs podem ser confrontados em Oliver Brändel/Kerstin Schmitt, em Horst-Peter Götting e outros, *Handbuch Persönlichkeitsrecht* cit., 2.ª ed., § 31, Nr. 7-20 (697-702).

36. Negociabilidade limitada, imprescritibilidade, respeito pela ordem pública e demais requisitos

I. Já foi entendido que os direitos de personalidade seriam, por essência, *extra commercium*. Não é assim[540]. O artigo 81.º/1 admite, em termos genéricos, a limitação voluntária dos direitos de personalidade, desde que não se mostre atingida a ordem pública. Além disso, o artigo 79.º/1 refere, a propósito do direito à imagem, a hipótese de o retrato de uma pessoa ser "... lançado no comércio ...", termos esses que são repetidos no n.º 3 desse mesmo preceito.

II. Os direitos de personalidade representam, como quaisquer outros direitos subjetivos, posições de liberdade, reconhecidas ao seu beneficiário. Nessa qualidade, eles implicam disponibilidade.

As grandes restrições advêm da não-patrimonialidade de vários deles e da inerência de todos: o Direito poderá consentir em limitações graciosas e temporárias: mas não na sua troca por dinheiro ou numa alienação definitiva. Quanto à graciosidade, será o caso dos direitos do círculo biológico e do círculo moral. Todavia, apenas caso a caso será possível formular um juízo definitivo. No tocante à temporalidade: o artigo 81.º fixa uma regra de livre revogabilidade, "... ainda que com obrigação de indemnizar os prejuízos causados às legítimas expectativas da outra parte". Em rigor, trata-se de denúncia e não de revogação, já que a figura procede em situações duradouras e não tem eficácia retroativa[541]. A indemnização deve ser cabal, tendo em conta as circunstâncias do caso. Ela não poderá ser agravada por cláusula penal compulsória, sob pena de se pôr em causa a livre "revogabilidade" (ou denunciabilidade); já uma cláusula penal que se limite a prever os danos e a inverter o ónus da sua prova[542] parece possível e conciliável com a negociabilidade limitada: denunciado o contrato limitador dos direitos de personalidade do interessado, presumir-se-ia que os "... prejuízos causados às legítimas expectativas da outra parte" seriam os emergentes

540 Karl-Nikolaus Peifer, *Individualität im Zivilrecht* cit., 270 ss..

541 *Da compensação no Direito civil e comercial* (2003), 205 ss.; Pedro Romano Martinez, *Da cessação do contrato*, 3.ª ed (2015), 60 ss..

542 Quanto a estas categorias, António Pinto Monteiro, *Cláusula penal e indemnização* (1990), 282, 601 ss. e *passim*.

da cláusula penal. O interessado, querendo e podendo, provaria que seriam inferiores, abrindo às partes a redução da cláusula.

A negociabilidade limitada serve interesses sérios; não pode ser fonte de chicanas e de falta de seriedade nas contratações.

III. Disseminadas na lei, podemos localizar diversas disposições que, traduzindo a referida "negociabilidade limitada", podem visar situações de personalidade ou situações mescladas com elementos de personalidade. A saber:

- a cessão de créditos é possível, entre outros aspetos, "... quando o crédito não esteja, pela própria natureza da prestação, ligado à pessoa do credor" – artigo 577.º/1;
- o credor não pode ser constrangido a receber a prestação de terceiro "... quando a substituição o prejudique" – artigo 767.º/2;
- a sanção pecuniária compulsória não é possível nas prestações de facto "... que exigem especiais qualidades científicas ou artísticas do obrigado" – 829.º-A;
- a execução de um contrato é possível, designadamente "... sempre que a isso não se oponha a natureza da obrigação assumida" – artigo 830.º/1;
- são absolutamente impenhoráveis as coisas ou direitos inalienáveis – 736.º, *a*), do Código de Processo Civil;
- não podem extinguir-se por compensação os créditos impenhoráveis, exceto entre si – 853.º/1, *b*), a interpretar restritivamente, de modo a não abranger os créditos absolutamente impenhoráveis.

Podemos, daqui, retirar vetores de ordem geral. Assim, os direitos de personalidade que assumam natureza creditícia, mercê da negociabilidade limitada, não são cedíveis (sobretudo sem o consentimento do "devedor"), não podem ser efetivados por terceiros, não podem ser objeto de sanções pecuniárias compulsórias ou de execução específica, são impenhoráveis e não se extinguem por compensação. Outros vetores surgem em domínios especiais, com relevo para o Código de Trabalho.

IV. As partes não podem apor prazos ou condições em direitos de personalidade. Consequentemente, não se lhes pode aplicar qualquer regime de caducidade: além do que foi dito, também a lei não lhes coloca qualquer limite temporal.

Visto o artigo 298.º/1, os direitos de personalidade são, também imprescritíveis. Um exercício tardio nunca poderia obstar à sua eficácia. Quando muito – e verificados apertados requisitos – poderia haver uma indemnização pela confiança criada no seu não-exercício.

V. O artigo 81.º/1 consignou uma regra de não-contrariedade aos princípios da ordem pública, com alguma ênfase. Provavelmente impôs-se, aí, uma preocupação "ordeira" do Estado Novo, mais do que uma referência dogmática útil. De facto, os negócios que envolvam direitos de personalidade devem respeitar os vetores injuntivos do ordenamento, a que se chama "ordem pública"[543]. Admitimos que ela possa, aqui, ser particularmente exigente. Mas há que respeitar, ainda, os demais requisitos do artigo 280.º, com relevo para a determinabilidade e a não contrariedade aos bons costumes. Resulta do primeiro desses requisitos que qualquer limitação aos direitos de personalidade deve ser clara e percetível, sob pena de poder assumir proporções com que o sujeito não pudesse contar. Quanto aos bons costumes[544]: ficam sempre ressalvados os códigos éticos que, nesse domínio, são exigentes e as regras de conduta sexual e familiar próprias da nossa sociedade. O Direito não dá os seus instrumentos para sancionar condutas que se colocam à sua margem, por liberal que seja o modo de pensar dos civilistas.

37. A ressarcibilidade e a adoção de medidas adequadas de defesa

I. A violação dos direitos de personalidade dá azo a responsabilidade civil e à adoção das "... providências adequadas às circunstâncias do caso, com o fim de evitar a consumação da ameaça ou atenuar os efeitos da ofensa já cometida" – artigo 70.º/2, 2.ª parte. Trata-se de aspetos importantes e que devem ser ponderados em separado.

II. A ressarcibilidade da violação de direitos de personalidade já levantou muitas dúvidas: dúvidas que, de resto, deixaram rastos na lei vigente, que interessa expurgar.

[543] *Tratado* II, 4.ª ed., 603 ss..
[544] *Idem*, 584 ss..

De facto, os artigos 2384.º a 2387.º do Código de Seabra dispunham sobre prejuízos ressarcíveis no caso de homicídio ou de ferimentos: só especificavam danos patrimoniais, abstraindo dos restantes. Os danos morais não seriam ressarcíveis, por falta de base legal. Além disso, veio sustentar-se que as obrigações insuscetíveis de avaliação pecuniária não poderiam, quando violadas, dar lugar a uma sanção[545]. Finalmente e nas palavras de Manuel de Andrade,

> O dinheiro e os danos morais são entidades absolutamente hetero-gé-neas, não podendo, pois, existir qualquer equivalência entre elas. De resto, só numa concepção genericamente materialista da vida é que pode aceitar-se a ideia de saldar com dinheiro quaisquer valores morais sacrificados; de atribuir ao ofendido, no caso de danos morais, o direito de apresentar uma conta ao ofensor[546].

Estas asserções não são hoje admitidas[547]. Desde logo surpreende que se venha invocar a intangibilidade da esfera moral ... para a deixar sem proteção. A indemnização pode ter uma função ressarcitiva, apagando o dano: assim será, em princípio, nos danos patrimoniais. Mas pode, também, ter uma função compensatória: ainda que se saiba ser impossível suprimir determinado dano, é preferível arbitrar uma indemnização que, de certo modo, compense o mal feito, do que nada fazer.

Além disso, sabe-se, hoje, que a responsabilidade civil tem um papel punitivo: visa ressarcir o mal feito e desincentivar, quer junto do agente, quer junto de outros elementos da comunidade, a repetição das práticas prevaricadoras.

> Este último vetor fica claro através de jurisprudência tendente a moralizar o comportamento dos órgãos de informação sensacionalistas. Sucedera o seguinte: um jornal desse tipo publica, reportando-se à Princesa Carolina do Mónaco e em primeira página: *Carolina, ela luta corajosamente contra o cancro no seio*; todavia, a leitura da notícia, no interior, mostrava que, muito simplesmente, a Princesa fizera uma doação a uma associação de combate

[545] Luiz da Cunha Gonçalves, *Tratado de Direito civil*, 4 (1931), 343.

[546] Manuel de Andrade, *Teoria geral das obrigações*, com a col. de Rui de Alarcão, 3.ª ed. (1966), 165. O próprio Andrade acabava, depois, por admitir a indemnização por danos morais, quando correspondesse a uma cláusula penal.

[547] *Tratado* VIII, 514 ss..

ao cancro; o título da primeira página levava o leitor desprevenido a pensar que a própria Princesa teria adoecido, com cancro[548]. Num segundo caso, também relativo a Carolina do Mónaco: sem autorização e ignorando prévia injunção judicial, um jornal publica fotografias do filho da Princesa[549]. Em ambos os casos o Tribunal Federal Alemão condenou os jornais em jogo no pagamento de indemnizações à visada. Repare-se: não há danos patrimoniais e também não se vê que especial alegria a visada poderia obter com as indemnizações arbitradas.

Todavia, nada arbitrar equivaleria a deixar sem sanção uma conduta claramente condenável, que desrespeita os próprios direitos do público consumidor de jornais. As condenações proferidas pelo BGH tiveram, assim, o sentido de prevenir novas prevaricações[550].

III. Deu-se uma evolução doutrinária e jurisprudencial que, aos poucos, veio a consagrar a ressarcibilidade de danos morais. Esta foi admitida perante leis especiais que a consentissem[551] e, esporadicamente, sob a invocação de preceitos constitucionais retirados da Constituição de 1933[552]. Todavia, a prática anterior ao Código Civil vigente procurava, sempre, acolher-se a leis especiais[553]. Uma viragem favorável ao ressarcimento de danos morais, independentemente de tais constrangimentos, ocorreria já próxima da mudança de códigos[554].

548 Caso decidido em BGH 5-dez.-1995, NJW 1996, 984-985.

549 Caso decidido em BGH 12-dez.-1995, NJW 1996, 985-986. Estes casos foram relatados no nosso *Da responsabilidade civil dos administradores das sociedades comerciais* cit., 483, nota 54.

550 Mathias Prinz, *Der Schutz der Persönlichkeitsrechte vor Verletzung durch die Medien*, NJW 1995, 817-821 e *Geldentschädigung bei Persönlichkeitsrechtsverletzung durch Medien*, NJW 1996, 953-958.

551 Tal o caso do artigo 34.º do Código de Processo Penal de 1927; *vide* RCb 18-nov.-1947 (Carlos Saavedra), BMJ 6 (1948), 252-257 (256-257) e STJ 13-dez.-1947 (Tavares da Costa), BMJ 4 (1948), 110-113 (111-112).

552 STJ 20-jul.-1951 (Raúl Duque), BMJ 26 (1951), 235-238 (237); em concreto, não foi, aí, arbitrada uma indemnização por, segundo o Supremo, não se terem especificado os danos.

553 STJ 22-jul.-1952 (Campelo de Andrade), BMJ 32 (1952), 250-252, STJ 13-mar.-1962 (Amílcar Ribeiro), BMJ 115 (1962), 429-432 (431), STJ 24-abr.-1962 (Alfredo José da Fonseca), BMJ 116 (1962), 443-446 (444 e 445), STJ 22-dez.-1964 (Albuquerque Rocha), BMJ 142 (1965), 332-337 (337) e STJ 19-jan.-1965 (Gomes de Almeida), BMJ 143 (1965), 204-207 (207).

554 STJ 18-nov.-1966 (Gonçalves Pereira), BMJ 161 (1966), 389-392 (391).

Aquando da preparação do que viria a ser o Código Civil de 1966, o tema da ressarcibilidade dos danos morais foi aprofundado por Vaz Serra[555], que deu uma resposta positiva de princípio. Acabaria por, na parte agora em causa, formular a proposta seguinte[556]:

Artigo 759.º (Satisfação do dano não patrimonial)

1. O dano não patrimonial é objeto de satisfação pecuniária quando seja suficientemente grave e merecedor de proteção jurídica. Tal acontece, em especial, nos casos de lesão de direitos de personalidade (...)

Como se vê, era uma fórmula cautelar, que dava ainda conta do ambiente pouco favorável, existente neste domínio. A 1.ª revisão ministerial manteve a restritividade; preconizava[557]:

Artigo 476.º (Dano não patrimonial)

1. O dever de indemnizar compreende os danos de carácter não patrimonial que, pela sua gravidade, mereçam a tutela do direito.

É objeto de satisfação pecuniária quando seja suficientemente grave e merecedor de proteção jurídica. Tal acontece, em especial, nos casos de lesão de direitos de personalidade (...)

Perdeu-se, sem justificação conhecida, a referência expressa aos direitos de personalidade. A fórmula definitiva, hoje patente na lei, adveio do projeto final.

O que entender pela "gravidade" geradora da tutela do Direito? Como ponto de partida, a "gravidade" não deve ter a ver com o montante: apenas com a seriedade – ou melhor: a juridicidade – da situação. Na presença de um direito de personalidade, tal "gravidade" tem-se como consubstanciada: a indemnização deve ser arbitrada. E de facto, como melhor veremos a propósito dos direitos de personalidade em especial, as indemnizações têm vindo a ser incrementadas. Trata-se de uma peça-chave na concretização social dos direitos de personalidade.

[555] Adriano Vaz Serra, *Reparação do dano não patrimonial*, BMJ 83 (1958), 69-111 (106). Esta matéria pode ser comodamente confrontada em Jacinto Rodrigues Bastos, *Das obrigações em geral*, 2 (1972), 116 ss..

[556] Adriano Vaz Serra, *Direito das obrigações*, BMJ 101 (1960), 15-408 (137).

[557] Rodrigues Bastos, *Das obrigações em geral* cit., 2, 115.

IV. O artigo 70.º/2, além da responsabilidade civil a que haja lugar, dispõe:

(...) a pessoa ameaçada ou ofendida pode requerer as providências adequadas às circunstâncias do caso, com o fim de evitar a consumação da ameaça ou atenuar os efeitos da ofensa já cometida.

"Ameaça", aqui, não traduz o sentido comum do ato ou efeito de "ameaçar"; exprime, tão-só, a ofensa eminente ou em curso a um direito de personalidade, independentemente da intenção do agente. "Ofensa" exprime a violação consumada, mas independentemente, também, dos juízos em que incorra o agente: trata-se de uma providência de proteção, que deve funcionar mesmo em situações puramente objetivas, independentemente da culpa do agente: esta deve ser tida em conta apenas no momento da responsabilidade civil, nos moldes gerais.

V. O Código de Processo Civil prevê, para o efeito do artigo 70.º/2, 2.ª parte, um processo especial, regulado nos seus artigos 878.º a 880.º. Trata-se do processo de fundo; em situações de urgência, verificados os requisitos exigíveis, pode recorrer-se a um procedimento cautelar, regulado nos artigos 361.º e seguintes, do mesmo Código.

O que entender por "providências adequadas"? O critério de adequação não pode deixar de ser constituído pela bitola necessária para fazer cessar a ameaça ou o atentado ao direito de personalidade visado. Normalmente, tais providências irão traduzir-se em deveres de omitir a conduta prevaricadora. Mas poderão ser determinadas atuações positivas. Assim:

- demolições de instalações ruidosas ou insalubres;
- encerramento de estabelecimentos ou fixação de horários limitativos;
- cessação de determinadas atividades, incluindo neutralização de máquinas ou reduções de atividades;
- obras de proteção ou de isolamento;
- colocação de avisos de perigo ou de vedações;
- difusão de desmentidos ou de pedidos de desculpa;
- publicação de fotografias adequadas;
- destruição de documentos, de ficheiros ou de reproduções;
- apreensão de gravações com entrevistas privadas;
- prestação de caução;
- sanções pecuniárias compulsórias.

Caso a caso, o Tribunal deverá decidir: dá-lhe, a lei, os necessários poderes.

38. Deveres acessórios e posição do titular; conflitos de direitos

I. Os direitos de personalidade não são meras posições defensivas: quais castelos erguidos em torno dos bens de personalidade e destinados a torná-los inexpugnáveis. Trata-se, antes, de realidades dinâmicas, que correm lado a lado com os seus titulares em todas as vicissitudes que acompanham o ser humano, do nascimento e até à morte. Porventura, mais ainda: admite-se uma tutela pré-natal e uma proteção *post mortem*, como adiante melhor será verificado. Além disso e em certos casos, os direitos de personalidade estão no centro de setores sociais e económicos muito significativos – pense-se em todo o domínio das atividades médicas, paramédicas e hospitalares – ou embricam com áreas completas da nossa sociedade – assim o trabalho subordinado, o desporto, a publicidade, a comunicação social e o cinema.

Temos, aqui, continentes inteiros que irão sendo desbravados ao longo do século XXI.

II. Os direitos de personalidade rodeiam-se de deveres acessórios destinados a assegurar a sua integridade e a manter os seus bens dentro de um aproveitamento ético.

Como exemplo significativo temos a teia de deveres de informação que precedem o ato médico. Este, por definição, pode atingir bens de personalidade, com destaque para a integridade física e moral do paciente[558]. Outros exemplos impressivos vêm-nos da comunicação social e da publicidade[559].

[558] João Vaz Rodrigues, *O consentimento informado para o ato médico no ordenamento jurídico português (Elementos para o estudo da manifestação da vontade do paciente)* (2001) e André Gonçalves Dias Pereira, *O consentimento para intervenções médicas prestado em formulários: uma proposta para o seu controlo jurídico*, BFD 76 (2000), 433.

[559] Wolfgang Fikentscher e Thomas M. J. Müllers, *Die (negative) Informationsfreiheit als Grenze von Werbung und Kunstdarbietung*, NJW 1998, 1337-1344.

Além disso, o próprio titular depara com regras que devem nortear a sua atuação, mesmo no seio de direitos de personalidade: assim sucede com a proibição do *doping*, no campo desportivo[560].

III. Os direitos de personalidade e os deveres acessórios instrumentais que sempre os acompanham dispõem, depois, de múltiplas fórmulas de concretização, em função do sector onde operem.

Tomemos o caso do Direito do trabalho, que coloca uma das partes (o trabalhador) sob a direção da outra (o empregador). Resulta, daí, uma compressão de posições de ordem pessoal, que pode ocasionar limitações voluntárias aos direitos de personalidade e, no limite, autênticas violações. O Código do Trabalho esteve atento à matéria, consignando, nos seus artigos 14.º a 22.º[561], diversos direitos de personalidade, acompanhados de fórmulas de concretização[562].

Os direitos de personalidade atendem, na proteção dispensada, à concreta situação do seu titular[563-564]: também por aqui se distinguem dos

[560] João Leal Amado, *Vinculação versus Liberdade/O processo de constituição e extinção da relação laboral do praticante desportivo* (2001), 63-64 e *passim*.

[561] *Vide* as anotações de Guilherme Dray a esses artigos, em Pedro Romano Martinez, *Código do Trabalho Anotado*, 9.ª ed. (2013), 141 ss..

[562] Em especial, são referidos os seguintes direitos e posições: liberdade de expressão e de opinião (14.º), reserva da intimidade da vida privada (15.º), proteção de dados pessoais (16.º), integridade física e moral (17.º), testes e exames médicos (18.º), meios de vigilância à distância (19.º) e confidencialidade de mensagens (20.º).

[563] Christian von Bar, *Schmerzensgeld und gesellschaftliche Stellung des Opfers bei Verletzung des allgemeinen Persönlichkeitsrechts*, NJW 1980, 1724-1729 (1729/I): pode o juiz graduar a tutela de acordo com a posição do ofendido.

Trata-se de uma orientação acolhida na nossa jurisprudência; assim, segundo RLx19-fev.-1987 (Carvalho Pinheiro), CJ XII (1987) 1, 141-143 (143/I), num caso de atentado ao direito à saúde com ensaios de orquestra, "... o julgador, ao aplicar a lei, não atende ao cidadão normal comum, mas à especial sensibilidade do lesado"; idêntica opção consta de RCb 6-fev.-1990 (Castanheira da Costa), CJ XV (1990) 1, 92-95 (94/II). Na mesma linha valorativa, ainda que implícita, ponderou-se, num caso em que se discutia uma providência cautelar destinada a deter a construção de um posto de combustível, o facto de ele ficar ao pé de uma escola: RPt 11-dez.-1995 (Azevedo Ramos), CJ XX (1995) 5, 222-225 = BMJ 452 (1996), 491-492 (o sumário), confirmado por STJ 2-jul.-1996 (Cardona Ferreira), BMJ 459 (1996), 444-456 = ROA 1996, 667-682, anot. Menezes Cordeiro, loc. cit., 683-688, favorável.

[564] Alguma doutrina – assim, Antunes Varela, *Das obrigações em geral* cit., 1, 10.ª ed., 606 – insiste na tutela igualitária concedida pelos direitos de personalidade. Não é

outros direitos subjetivos, que dispensam um tipo de proteção mais marcadamente abstrata. Compõem-se, aqui, modelos complexos de decisão, em termos a aperfeiçoar no terreno, perante os direitos de personalidade concretos[565].

IV. Os direitos de personalidade reportam-se a bens que, muitas vezes, se interpenetram. Daí resultam, com frequência, conflitos de direitos: seja de direitos de personalidade entre si, seja de direitos de personalidade com direitos de diversa natureza. A jurisprudência tem resolvido tais conflitos com recurso ao dispositivo do artigo 335.º (colisão de direitos)[566], cujo teor cumpre ter presente:

> 1. Havendo colisão de direitos iguais ou da mesma espécie, devem os titulares ceder na medida do necessário para que todos produzam igualmente o seu efeito, sem maior detrimento para qualquer das partes.
> 2. Se os direitos forem desiguais ou de espécie diferente, prevalece o que deva considerar-se superior.

Situações típicas de conflitos dirimidos nos nossos tribunais são:

– conflito entre o direito à saúde e o direito ao trabalho[567];
– conflito entre o direito à saúde e os direitos patrimoniais a uma oficina[568] ou derivados de tiros aos pratos[569];
– conflito entre o direito à integridade física e os direitos de propriedade e de iniciativa privada[570];

assim: justamente um dos ganhos que permite essa figura é adequar a tutela à necessidade concreta de proteção. Só assim se atinge um nível personalista, no Direito.

[565] Wolfgang Zöllner, *Regelungsspielräume im Schuldvertragsrecht/Bemerkungen zur Grundrechtsanwendung im Privatrecht und zu den sogenannten Ungleichgewichtslagen*, AcP 196 (1996), 1-36, com várias reflexões aqui pertinentes.

[566] Sobre toda esta matéria: *Tratado* V, 3.ª ed, 423 ss.

[567] Cantanhede 31-Out.-1984 (Santos Cabral), CJ XIV (1989) 1, 277-280 (280/I); prevaleceu o primeiro.

[568] RLx 20-Fev.-1992 (Almeida Valadas), CJ XVI (1992) 1, 160-162 (162/I); *in casu*, optou-se por não mandar encerrar a oficina.

[569] RLx 24-Nov.-1994 (Freitas de Carvalho), CJ XIX (1994) 5, 112-114 (113/II); prevaleceu o primeiro.

[570] STJ 24-Out.-1995 (Fernando Fabião), BMJ 450 (1995), 403-415 = CJ/Supremo III (1995) 3, 74-78: um caso de discoteca, com rixas, palavrões escabrosos, ruídos estridentes, bêbados e drogados, STJ 9-Jan.-1996 (Fernando Fabião), CJ/Supremo IV (1996)

– conflito entre o direito à integridade física e o direito à iniciativa privada[571];
– conflito entre o direito à informação e o direito à intimidade privada[572], o direito à honra e ao bom nome[573] e o direito à imagem[574]

Tendencialmente, os direitos de personalidade, em especial quando assumam as vestes de direitos fundamentais, abaixo tratados[575], têm mais peso na hipótese de um conflito de direitos[576]. Mas a regra não é absoluta, sendo fundamental proceder-se a uma ponderação em concreto.

Relembre-se os argumentos utilizados[577]:

– a antiguidade relativa: o direito primeiro constituído tenderá a prevalecer sobre os demais;
– os danos pelos não exercício: será dada prevalência àquele cujo não-exercício acarrete maiores danos;
– os lucros do exercício: é dada àquele cujo o exercício acarrete maiores benefícios pessoais e sociais.

Mostrando-se estes critérios insuficientes para a resolução da colisão, podemos fazer uso de dois outros critérios[578]:

– a prevalência em abstrato: mesmo no seio dos direitos fundamentais há uma hierarquia abstrata que poderá ser invocada – o direito à vida, por exemplo, prevalece sobre todos os demais;

1, 37-40 (39/II): um caso de um talho e RGm 20-Nov.-2002 (Leonel Serôdio), CJ XXVII (2002) 5, 273-277 (276/I): um caso de instalação fabril com gases e ruídos: em todos estes casos, o direito à integridade física prevaleceu sobre os direitos de natureza económica.

571 STJ 2-dez.-2013 (Bettencourt de Faria), Proc. 110/2000: direito ao repouso; STJ 22-fev.-2000 (Fernandes de Magalhães), Proc. 99A1084: direito à qualidade de vida; STJ 24-out.-1995 (Fernando Fabião), BMJ 450 (1995), 403-415 = CJ/Supremo III (1995) 3, 74-78: direito ao repouso.

572 RPt 15-out.-2014 (Ernesto Nascimento), Proc. 6941/10.

573 REv 5-jul.-2016 (Ana Barata Brito), Proc. 3737/09.

574 RLx 25-nov.-2014 (Pedro Brighton), Proc. 1599/13.

575 *Infra*, 145 ss.

576 *Vide*, ainda, RLx 1-out.-1996 (Pereira da Silva), CJ XXI (1996) 4, 104-107 (106/I).

577 *Tratado* V, 3.ª ed, 432 ss..

578 A relevância de cada um dos argumentos está dependente dos exatos contornos da colisão.

– o igual sacrifício: a cedência mútua (335.º/1) poderá sempre ser aplicada se, em concreto, os direitos comportarem exercícios parcelares.

39. A tutela penal; reflexos civis

I. Os direitos de personalidade asseguram uma proteção civil aos bens a que se reportam. Tais bens constituem, todavia, o cerne mais delicado e mais profundo dos bens presentes em qualquer sociedade. Por isso, há que contar com uma significativa tutela penal. A lei tipifica como crimes as violações marcantes aos mais ponderosos direitos de personalidade.

II. A panorâmica da tutela penal dos direitos de personalidade – sem prejuízo de incriminações feitas em diplomas especiais – é a seguinte[579] (todos os preceitos que se seguem são do Código Penal):

- direito à vida: homicídio simples (131.º), homicídio qualificado (132.º), homicídio privilegiado (133.º), homicídio a pedido da vítima (134.º), incitamento ou ajuda ao suicídio (135.º), infanticídio (136.º), homicídio por negligência (137.º), exposição ou abandono (138.º) e propaganda do suicídio (139.º); em capítulo separado, o Código Penal protege a vida intrauterina: 140.º (aborto), 141.º (aborto agravado) e 142.º (interrupção da gravidez não punível);
- direito à integridade física: ofensa simples (143.º), ofensa grave (144.º), agravação pelo resultado (145.º), ofensa qualificada (146.º), ofensa privilegiada (147.º), ofensa por negligência (148.º), consentimento (149.º), intervenções e tratamentos médico-cirúrgicos (150.º), participação em rixa (151.º) e maus tratos e infrações de regras de segurança (152.º);
- direito à integridade física, na vertente da liberdade pessoal[580]: ameaças (153.º), coação (154.º), coação grave (155.º), intervenções e tratamentos médico-cirúrgicos arbitrários (156.º), dever de

[579] Para uma análise dos diversos crimes mencionados no texto, com indicações, a obra de referência é o *Comentário Conimbricense do Código Penal – Parte especial*, tomo I/*Artigos 131.º a 201.º*, 2.ª ed., dirigida por Jorge de Figueiredo Dias (2012), 1272 pp., com diversos colaboradores. Trata-se de uma obra com reflexos muito úteis para o Direito civil.

[580] Alguns dos crimes referidos envolvem também, de modo claro, a integridade moral.

esclarecimento (157.º), sequestro (158.º), escravidão (159.º), rapto (160.º), tomada de reféns (161.º) e privilegiamento (162.º);
- direito às integridades física e moral, na vertende sexual: coação sexual (163.º), violação (164.º), abuso sexual de pessoa incapaz de resistência (165.º), abuso sexual de pessoa internada (166.º), fraude sexual (167.º), procriação artificial não consentida (168.º), tráfico de pessoas (169.º), lenocínio (170.º), atos exibicionistas (171.º), abuso sexual de crianças (172.º), abuso sexual de menores dependentes (173.º), atos sexuais com adolescentes (174.º), atos homossexuais com adolescentes (175.º)[581] e lenocínio e tráfego de menores (176.º);
- direito à honra: difamação (180.º), injúria (181.º), equiparação (182.º), publicidade e calúnia (183.º), agravação (184.º), ofensa à memória de pessoa falecida (185.º), dispensa de pena (186.º) e ofensa a pessoa coletiva, organismo ou serviço (187.º);
- direito à intimidade privada: violação de domicílio (190.º), introdução em lugar vedado ao público (191.º), devassa da vida privada (192.º), devassa por meio de informática (193.º), violação de correspondência ou de telecomunicações (194.º), violação de segredo (195.º) e aproveitamento indevido do segredo (196.º);
- direito à imagem: gravações e fotografias ilícitas (199.º);
- outros bens: omissão de auxílio (200.º) e subtração às garantias do Estado de Direito Português (201.º).

No seu conjunto, a tutela poderá parecer duplamente insuficiente: prevê penas relativamente suaves[582], por confronto com os crimes contra o património e surge menos diferenciada. Mas na origem, o próprio Direito civil é responsável, pela pouca importância que vem dispensando aos direitos de personalidade: o catálogo penal é bem mais rico do que o civil.

III. De um modo geral e no domínio dos direitos de personalidade, podemos considerar que o Direito penal assegura a tutela dos bens mais significativos. Os bens tutelados penalmente são-no, também, no plano

[581] O Tribunal Constitucional decidiu, *in concreto*, pela inconstitucionalidade desta norma, por contundir com o princípio da igualdade: TC n.º 351/2005, de 5 de julho (Vítor Gomes; vencidos: Bravo Serra e Prazeres Beleza), no sítio do TC, na *net*.

[582] Rui Carlos Pereira, *Os crimes contra a integridade física na revisão do Código Penal*, em Maria Fernanda Palma e Teresa Pizarro Beleza, *Jornadas sobre a Revisão do Código Penal* (1998), 183-205 (191).

civil; já os tutelados civilmente poderão sê-lo, ou não, pelo Direito penal, de acordo com a política criminal que haja logrado consagração na lei.

Havendo tutela penal e em termos civis, uma de duas:

- ou o bem jurídico protegido é-o em termos suficientemente precisos, de tal modo que podemos falar num direito subjetivo: por exemplo, o artigo 131.º do Código Penal, que incrimina o homicídio simples, protege o direito à vida da vítima, reconhecendo-o;
- ou isso não sucede e a norma penal pode funcionar[583] como norma de proteção, para efeitos do artigo 483.º/1; por exemplo, o artigo 158.º do Código Penal, que incrimina o sequestro, protege o interesse legítimo à liberdade de deslocação, protegido pela norma em jogo[584].

[583] Pode funcionar: impõe-se, sempre, a interpretação da norma, de modo a apurar o sentido dos bens protegidos.

[584] Sem prejuízo de se mostrarem atingidos verdadeiros direitos de personalidade; o sequestro, se for significativo e se prolongar, vai atingir as integridade física e moral da vítima, pelo menos.

SECÇÃO III

AS FIGURAS AFINS

§ 8.º O PROBLEMA DAS FIGURAS AFINS; OS DIREITOS DO HOMEM

40. O problema geral

I. A defesa tecnicamente especializada da pessoa comporta toda uma evolução dogmática: desde a *actio iniuriarum* aos modernos direitos de personalidade, passando pelos direitos do homem, pelos direitos originários e pelos direitos fundamentais. Estas diversas realidades visaram, de um modo geral, objetivos idênticos. Fizeram-no, todavia, usando diversos ângulos de aproximação, cada vez mais aperfeiçoados. Nunca se deve perder de vista o grande objetivo em jogo: o de pôr ao serviço da tutela humana o instrumento técnico-jurídico mais elaborado, ao longo de milénios de estudos e de aperfeiçoamento: o direito subjetivo.

II. Nas humanísticas, o aparecimento de um novo e – subentenda-se: mais aperfeiçoado instituto não suprime, necessariamente, o anterior: antes se soma a ele, podendo, com o tempo, vir a substituí-lo. Sucede, por esta via, que coexistam, no mesmo espaço jurídico, institutos de datas diversas e afeiçoados por diversos pensamentos de fundo e que visem, todos eles, os mesmos objetivos.

E sucede ainda que, mercê de transposições culturais e científicas de diversa ordem, institutos já substituídos mas ainda em vida venham, subitamente, a ser reanimados, adquirindo novas projeções.

III. *Grosso modo*, as considerações anteriores documentam-se com a matéria dos direitos de personalidade. Ao longo da evolução que conduziu aos atuais direitos de personalidade, surgiram figuras como os direitos do homem e os direitos fundamentais. Com este enquadramento:

- os direitos do homem correspondem a uma categoria jusracionalista, tendo florescido nas declarações solenes do século XVIII; posteriormente, a categoria foi adotada pelos Direitos de tipo anglo-saxónico tendo, por essa via, penetrado no campo internacional;
- os direitos fundamentais equivalem a uma criação constitucionalista alemã da República de Weimar; acolhidos na Constituição Portuguesa de 1976, eles conhecem um forte influxo por influência alemã – que dita agora uma certa influência europeia – e pelo vigor do nosso constitucionalismo.

IV. Podemos, hoje e no nosso Direito contar, lado a lado, com estas categorias. Um estudo sobre os direitos de personalidade não deve ignorá-las. Tem, deste modo, a maior utilidade, antes de passar ao estudo dos direitos de personalidade em especial, considerar as figuras dos direitos do homem e dos direitos fundamentais. Estes últimos comportam um desenvolvimento nacional e uma dimensão europeia: a considerar separadamente.

Subentendido fica o seguinte: a multiplicação de figuras concorrentes pode ser benéfica para os fins em jogo. Deixará de o ser caso se traduza em confusões que prejudiquem a realização dogmática da defesa subjetiva das pessoas.

41. Os direitos do homem

I. Os direitos do homem traduzem prerrogativas próprias de cada ser humano e que o Direito não pode deixar de consignar. Eles prendem-se com a dignidade da pessoa, articulando-se com toda a evolução das ideias de que já demos conta[585].

[585] *Supra*, 45 ss.; *vide* Sebastian Müller-Franken, em Bruno Schmidt-Bleibtreu, *Kommentar zum Grundgesetz*, 14.ª ed. (2018), Vorb. Art. 1 (111-137), com muitas indicações e Jorge Reis Novais, *A dignidade da pessoa humana*, I – *Dignidade e direitos fundamentais* (2015), 200 pp..

Na tradição ocidental, encontramos um reconhecimento de tais posições nos gregos clássicos[586] e, depois, nos cristãos[587]. Ao longo da Idade Média, e embora com outras manifestações interessantes, dispersas pela Europa, eles foram sobretudo institucionalizados pela tradição britânica.

O publicista e professor de Münster Albert Bleckmann situa a origem moderna das fórmulas dos direitos do homem nas cortes medievais: reuniões de nobres, clero e burguesia onde, sob forma contratual, era imposta ao rei a necessidade de respeitar certas prerrogativas: o respeito pelo Direito consuetudinário, a correta aplicação da justiça, o reconhecimento da propriedade e a defesa da paz[588].

Pioneiras: as cortes de Leão, de 1188 e a *Magna Charta Libertatum* britânica, de 1215[589]. Exemplos semelhantes ocorreram nos diversos territórios europeus.

O desenvolvimento da moderna teoria do Estado, a partir do século XVII deu novas perspetivas aos hoje ditos "direitos fundamentais". John Milton, secretário de Cromwell, formulou os postulados seguintes[590]: direito à vida, propriedade e liberdade, liberdades de religião e de consciência, liberdade de expressão e de imprensa.

Seguiram-se os estudiosos do "contrato social": John Locke (1632-1704)[591], David Hume (1711-1776)[592] e Jean-Jacques Rousseau (1712-1778)[593]. Locke considerava a vida, a liberdade e a propriedade como direitos inatos, correspondentes ao estado natural, e que o contrato social visou assegurar. Hume explicava que, havendo um contrato social, os seus

[586] Konrad Löw, *Die Grundrechte* (1982), 51.

[587] *Idem*, 55.

[588] Albert Bleckmann, *Staatsrecht* II – *Die Grundrechte*, 4.ª ed. (1997), 2 ss..

[589] Quanto à Magna Carta e, em geral, no tocante a esta evolução: Jörg Ipsen, *Staatsrecht* II – *Grundrechte*, 18.ª ed. (2015), 3 ss., Gerrit Manssen, *Staatsrecht* II – *Grundrechte*, 12.ª ed. (2015), 1 ss. e Michael Sachs, *Verfassungsrecht* II – *Grundrechte*, 2.ª ed. (2003), 1 ss.; entre nós e com numerosas indicações, Jorge Miranda, *Manual de Direito Constitucional*, tomo IV – *Direitos fundamentais* cit., 6.ª ed., 17 ss..

[590] Bleckmann, *Die Grundrechte* cit., 4.ª ed., 3.

[591] John Locke, especialmente *Two Treatises on Civil Government* (1690), sendo relevante o segundo *An Essay Concerning the true Original, Extent and End of Civil Government* publicado em *Social Contract/Essays* by Locke, Hume and Rousseau, intr. Sir Ernest Barker, 1947, 1-206.

[592] David Hume, *Of the original contract*, publ. em *Moral and Political Essays* (1748) e incluído em Sir Ernest Barker, *Essays* cit., 209-236 (236).

[593] Jean-Jacques Rousseau, *Du contrat social* (1762), publ. *Du contrat social on principes du droit politique* (ed. 1962), 243-244; na trad. ingl. publ. Sir E. Barker, *vide* 256.

termos tinham de ser respeitados; o poder supremo não poderia retirar seja a quem for parte da sua propriedade sem o assentimento do próprio ou dos seus representantes[594]. Rousseau, por fim, entendia que, pelo pacto social, os homens (as sociedades) alienavam-se totalmente, com todos os seus direitos, à comunidade; e como todos fariam o mesmo, ninguém perderia: ganha-se o equivalente do que se perca e o que se tenha[595].

Estava lançada a base ideológica dos futuros direitos do homem[596].

II. Os direitos do homem desenvolveram-se como um esquema destinado a conter o Estado, evitando a intromissão deste na vida e nos interesses das pessoas.

Nos finais do século XVIII, eles obtiveram êxitos sucessivos importantes: ficaram consignados no *Bill of Rights* da Virgínia, de 12-jun.-1778 e na Declaração de Direitos francesa, de 1789.

Acompanharam, depois, os êxitos do liberalismo, nos diversos países, entre os quais o nosso[597].

III. Os direitos do homem foram-se alargando. Num primeiro momento, eles surgiam como defesas simples, dando azo aos chamados "direitos de liberdade negativa": o direito à vida, como exemplo. Alargaram-se, depois, à "participação ativa" (liberdade de imprensa) e à "participação social" (segurança social)[598]. Estes últimos passos adviriam, todavia, já na fase de "direitos fundamentais".

[594] Jerome J. Shestack, *The Philosophical Foundations of Human Rights*, em Janusz Symonides (ed.), *Human Rights: Concept and Standards* (2000), 31-66 (36 ss.).

[595] A imagem contratualista ocorre, ainda hoje, sob diversas fórmulas; assim Ronald Dworkin, *Freiheit, Selbstregierung und der Wille des Volkes/Ist Demokratie heite noch möglich?* em Gosepath/Lohmann, *Philosophie der Menschenrechte* (1998), 293-309.

[596] Thomas Buergenthal, *International Human Rights in an Historical Perspective*, em Symonides (ed.), *Human Rights* (2000), 3-30.

[597] *Supra*, 68 ss..

[598] Georg Lohmann, *Die unterschiedlichen Menschenrechte*, em K. Peter Fritzsche/ /Georg Lohmann, *Menschenrechte zwischen Anspruch und Wirklichkeit* (2000), 9-23 (12, 15 e 18, respetivamente). Esta tripartição corresponde à doutrina dos "três estados", de Jellinek, relativa aos "direitos públicos": o *status libertatis*, negativo, o *status civitatis*, positivo e o *status activae civitatis*; *vide* Georg Jellinek, *System der subjektiven öffentlichen Rechte*, 2.ª ed. (1905, reimp., 1963), 94 ss., 114 ss. e 136 ss., respetivamente.

42. A internacionalização; o fenómeno do retorno

I. Os direitos humanos conheceram ainda um fenómeno da maior importância: o da sua internacionalização. Passaram a constar de declarações universais[599], acordadas entre os Estados, atingindo uma universalização[600]. Os pontos altos residem na admissão de intervenções de tipo militar, para a sua defesa[601] e no reconhecimento de que os direitos humanos carecem de condições culturais e económicas para se efetivar[602].

Os gravíssimos ataques terroristas de 11 de setembro de 2001 e os acontecimentos subsequentes, com relevo para as intervenções militares ocidentais no Afeganistão e no Iraque, a derrapagem da chamada primavera árabe e a sangrenta guerra civil na Síria representaram, pelo que já se sabe, um retrocesso lamentável em toda esta evolução.

II. Com múltiplas dificuldades de ordem técnica, os direitos do homem têm vindo a obter uma tutela internacional.

Na origem encontramos tribunais especiais destinados, após as guerras, a sentenciar os responsáveis pelas potências vencidas. Tal o caso do Tribunal de Nurenberga, que julgou os dirigentes nazis e do Tribunal de Tóquio, que se ocupou dos governantes japoneses, após a II Guerra Mundial. Se é certo que os crimes cometidos pelo Eixo não deviam ficar impunes, é ainda indubitável que apenas a vitória militar dos aliados permitiu tais julgamentos. De todo o modo, o aspeto dos direitos humanos esteve presente, nas sentenças proferidas.

III. O estabelecimento de instituições internacionais permanentes dotadas de capacidade jurisdicional, especialmente no domínio dos direi-

[599] Com relevo para a Declaração Universal dos Direitos do Homem, de 10-dez.-1948; *vide Human Rights in International Law/Collected Texts*, 2.ª ed. (2000), 81 ss.. Numerosos outros instrumentos podem ser confrontados nesta recolha do Conselho da Europa.

[600] Dirk Berg-Schlosser, *Zur Universalität von Menschenrechten – Probleme und Grenze*, em Fritzsche/Lohmann, *Menschenrechte* (2000) cit., 25-37 e Bleckmann, *Die Grundrechte* cit., 4.ª ed., 31 ss..

[601] Erhart Forndran, *Intervention zur Sicherung der Menschenrechte*, em Fritzsche/Lohmann, *Menschenrechte* (2000) cit., 171-178.

[602] Para uma visão perspetiva Johan Galtung, *Die Zukunft der Menschenrechte* (2000), com diversas intervenções. *Vide*, ainda, Onorr O'Neill, *Transnationale Gerechtigkeit*, em Gosepath/Lohmann, *Philosophie der Menschenrechte* (1998), 188-232.

tos do homem é mais promissora quando feita previamente por tratado entre os Estados.

Temos, em primeiro lugar, o Tribunal Europeu dos Direitos do Homem, criado em 1959 pela Convenção para a Proteção dos Direitos do Homem e dos Direitos Fundamentais e hoje regulado por diversos protocolos subsequentes[603]. Uma referência particular deve ainda ser feita ao Tribunal Penal Internacional, regulado pelo Estatuto de Roma, aprovado para ratificação por Resolução da Assembleia da República de 20 de dezembro de 2001 e ratificado por Decreto do Presidente da República n.º 2/2002, de 18 de janeiro[604].

IV. A internacionalização dos direitos humanos acabou por gerar um interessante fenómeno de retorno: ela repercutir-se-ia na ordem interna dos diversos países, designadamente daqueles que estiveram na origem da própria conceção e divulgação dos direitos humanos. Regressando a casa, tais direitos vinham enriquecidos com o contributo de novas exigências e, designadamente, com o dos direitos fundamentais de origem germânica.

Sirva de exemplo o *Human Rights Act* (HRA), adotado na Inglaterra e no País de Gales, em vigor desde 2-out.-2000 e que correspondeu, perante a atual realidade europeia e mundial, a necessidades de formalizar uma matéria há muito reconhecida na Grã-Bretanha[605]. Apesar da óbvia continentalização, o HRA mantém a especial filosofia de apelar à concretização dos tribunais e, agora, também ao próprio THDH[606]. Tem, aqui, mais uma útil área de ponderação comparatística, que irá enriquecer a Ciência Jurídica da Europa, no século XXI.

[603] Trata-se de matéria facilmente localizável na *Internet*. Quanto a elementos subsequentes: Robert Rebhahn, *Zivilrecht und Europäische Menschenrechtskonvention*, AcP 210 (2010), 489-554, com indicações.

[604] Carlota Pizarro de Almeida/José Manuel Vilalonga/Rui Patrício, *Estatuto de Roma do Tribunal Penal Internacional e textos complementares* (2002) e Maria Fernanda Palma, *Tribunal Penal Internacional e constituição penal*, RPCC 11 (2001), 7-38.

[605] Em especial: Merris Amos, *Human Rights Law*, 2.ª ed. (2014), 3 ss..

[606] *Idem*, 17 ss..

§ 9.º OS DIREITOS FUNDAMENTAIS

43. Origem e feição geral

I. Os direitos fundamentais[607] correspondem à positivação, nas ordens internas do tipo continental, dos direitos do homem[608]. Embora com antecedentes, a expressão "direitos fundamentais" ficou consignada na Constituição do *Reich* alemão de 11 de agosto de 1919 – a Constituição de Weimar – que lhe dedicou os artigos 109.º a 165.º[609], sob o título "direitos fundamentais". Daí passariam à Lei Fundamental alemã de 1949[610], tendo conhecido, na segunda metade do século XX, um grande desenvolvimento doutrinário e jurisprudencial.

A Constituição portuguesa de 1976, aproveitando toda uma série de experiências anteriores e assente no nível elevado do constitucionalismo nacional, acolheu e desenvolveu a matéria da melhor forma.

II. Podemos apresentar os direitos fundamentais como as posições jurídicas ativas consagradas na Constituição[611]. Serão formais quando se considere a Constituição formal – portanto: o diploma, aprovado com

[607] Quanto à preferência por "direitos fundamentais", sobre o tema cabe referir ainda Jorge Reis Novais, *As restrições aos direitos fundamentais*, 2.ª ed. (2010), 47 ss.; *vide* Jorge Miranda, *Direitos fundamentais* cit., 6.ª ed., 71, em termos convincentes.

[608] Gerrit Manssen, *Grundrechte* cit., 5; entre nós, Jorge Bacelar Gouveia, *O estado de excepção no Direito constitucional* 2 (1998), 1463 ss..

[609] Fritz Poetzsch-Heffter, *Handausgabe der Reichsverfassung vom 11. August 1919*, 2.ª ed. (1921), 163 ss. e *Handkommentar der Reichsverfassung vom 11. August 1919*, 3.ª ed. (1928), 392-501.

[610] Designadamente: artigos 12.º (liberdade de emprego), 14.º (propriedade e sucessão por morte), 6.º (Família) e 9.º/1 e 3 (liberdade de associação); os artigos 1.º e 2.º constituem a base do denominado "direito" geral de personalidade; *vide* Larenz/Wolf, *Allgemeiner Teil* cit., 9.ª ed., § 4.º, Nr. 51 ss. (86 ss.).

[611] Carl Creifelds e outros, *Rechtswörterbuch*, 18.ª ed. (2004), 605 ss..

determinadas solenidades e a que se chame "Constituição" – e materiais quando resultem dos princípios e normas essenciais de determinado ordenamento. Os direitos fundamentais apresentam-se, basicamente, como produto de um discurso jurídico-constitucional. Todavia, a realidade a que se reportam suporta reflexões filosóficas e comporta um posicionamento internacional[612].

III. Em termos técnicos rigorosos, nem todos os "direitos fundamentais" são verdadeiros "direitos": eles acolhem posições ativas de tipo genérico, como as "liberdades"[613]. Trata-se, no entanto, de uma expressão consagrada, que teria projeções no Direito europeu.

A multiplicação de "direitos" fora de qualquer técnica jurídica pode provocar a sua desvalorização. Os próprios direitos fundamentais são exageradamente invocados. Assim, von Münch relata, na experiência alemã e até 1998, 117 528 queixas por pretensas violações da Constituição de 1949, das quais 114 512 por alegados atentados aos direitos fundamentais. Destas, apenas 3 000 (2,62%) obtiveram provimento, o que dá bem a ideia da empolada litigiosidade constitucional[614].

Feita a prevenção, nenhum obstáculo existe em que se continue a falar de "direitos".

44. Classificações e enunciado

I. Os direitos fundamentais são suscetíveis de classificações diversas. Todas elas têm interesse para o melhor conhecimento da figura.

Sachs distingue os direitos fundamentais em função da fonte, do titular, do obrigado e da matéria regulada[615]. No tocante à fonte, teríamos direitos com assento na constituição federal, na constituição dos estados federados, nos textos europeus ou no Direito internacional. Quanto ao titu-

[612] José Carlos Vieira de Andrade, *Os direitos fundamentais na Constituição portuguesa de 1976*, 5.ª ed. (2012), 15 ss..

[613] *Vide* a perspetiva de Gregorio Peces-Barba Martinez, *Diritti e doveri fundamentali*, DDPubl V (1990), 139-159.

[614] Ingo von Münch/Philip Kunig, *Grundgesetz-Kommentar*, 5.ª ed. (2000), prenot. art. 1-19 (21 ss.).

[615] Sachs, *Verfassungsecht* II – *Grundrechte* cit., 30-31.

lar teríamos direitos comuns e direitos próprios de certas categorias: mães, crianças, minorias, refugiados, etc.. A ideia do obrigado permitiria distinguir direitos oponíveis ao Estado ou *erga omnes*. Finalmente, a matéria regulada atenderia ao tema neles em jogo: religião, cultura, economia, vida privada ou opção política.

Outras ordenações são possíveis, com relevo para o desenvolvimento de Jorge Miranda, que distingue direitos (fundamentais) individuais e institucionais, comuns e particulares, do homem, do cidadão e do trabalhador, pessoais, sociais e políticos, gerais e especiais, materiais e procedimentais[616-617].

A prevalência – que seguramente se impõe, de um ponto de vista pragmático e, logo, científico – de critérios dogmáticos levará a circunscrever os direitos fundamentais aos que resultem, direta ou proximamente, da Constituição.

II. Para efeitos do estudo material do tema, interessa distinguir os direitos fundamentais de acordo com categorias comuns.

A contraposição básica distingue, nos direitos fundamentais, os direitos subjetivos *proprio sensu* dos restantes[618]. Apenas os primeiros são "direitos subjetivos": os demais traduzem posições favoráveis que, por falta de especificidade do bem a que se reportem, se traduzem, no essencial, em permissões genéricas ou liberdades. A esta luz, não são direitos (subjetivos) a liberdade de religião, a liberdade de educação, a liberdade de constituir família ou a liberdade de imprensa: implicam permissões genéricas e não específicas.

Segue-se a distinção entre direitos (fundamentais) privados e os públicos: os primeiros correspondem a regras materialmente civis ou privadas, isto é: a regras que, embora constitucionalizadas, se podem considerar como de Direito privado, através dos critérios histórico-sistemáticos

[616] Jorge Miranda, *Direitos fundamentais* cit., 6.ª ed., 87 ss..

[617] Quanto ao universo jurídico-positivo dos direitos fundamentais, tem interesse confrontar o índice da recolha de Jorge Bacelar Gouveia, *Legislação de direitos fundamentais* (1991), 517 ss.: a própria LDC está aí incluída.

[618] Trata-se de uma distinção que apresenta contactos com as contraposições publicísticas entre "direitos", "liberdades" e "garantias", embora não se confunda com elas; *vide* Jorge Miranda, *Direitos fundamentais* cit., 6.ª ed., 87 ss..

acima referenciados[619]. Os direitos fundamentais públicos têm a ver com regras administrativas, pessoais ou processuais. Serão direitos fundamentais públicos o direito à tutela jurisdicional efetiva (20.º), o direito de resistência[620] (21.º), o direito à contenção das medidas criminais (28.º a 33.º, todos da Constituição e como exemplos[621]).

III. Finalmente, os direitos fundamentais privados correspondem a direitos de personalidade quando se reportem a bens de personalidade. São eles[622]:

– o direito à vida – 24.º/1;
– o direito à integridade moral e física – 25.º/1;
– os "direitos pessoais" referidos no artigo 26.º/1:
– direito à identidade pessoal;
– direito ao desenvolvimento da personalidade;
– direito à capacidade civil;
– direito à cidadania;
– direito ao bom nome e reputação;
– direito à imagem;
– direito à palavra;
– direito à reserva da intimidade da vida privada e familiar;
– direito à proteção legal contra quaisquer formas de discriminação.

Este último direito pode assumir uma feição pública.

O artigo 26.º/3 permite ainda isolar um "direito à dignidade pessoal e à identidade genética": figura híbrida, mas cujos contornos devem ser precisados pelo Direito.

IV. A grande base constitucional dos direitos fundamentais (civis) de personalidade reside, pois, nos artigos 24.º/1, 25.º/1 e 26.º/1, todos da

[619] *Tratado*, I, 4.ª ed., 83 ss..

[620] Haveria aqui que distinguir entre "direito geral de resistência", mera liberdade e o direito (específico) de resistência, que se consubstanciaria caso a caso, depois de verificados os pressupostos respetivos.

[621] Ocorre aqui recordar a classificação das posições jurídicas públicas, apresentada por Jellinek, em *status libertatis*, *status civitatis* e *status activae civitatis* e que pode ser seguida em Jorge Miranda, *Direitos fundamentais*, 6.ª ed. cit., 87-89; *vide* Georg Jellinek, *System der subjektiven öffentlichen Rechte* cit., 2.ª ed. *supra* nota 598.

[622] Os artigos citados são, todos eles, da Constituição.

Constituição. As figuras aí consignadas mereceram, depois, diversas concretizações. Assim:

- o direito à inviolabilidade do domicílio – 34.º/1;
- o direito ao sigilo da correspondência e de outros meios de comunicação privada – *idem*;
- o direito de acesso aos dados informáticos que digam respeito ao sujeito – 35.º/1;
- o direito de resposta, de retificação e de indemnização por infrações cometidas ao "abrigo" da liberdade de expressão e de informação – 37.º/4[623];
- o direito moral de autor – 42.º/2.

Posições importantes como a liberdade de iniciativa económica privada ou liberdade de empresa – 61.º/1 – e o acesso à propriedade (ou apropriação) privada – 62.º/1 – não são direitos de personalidade nem, sequer, direitos subjetivos: apenas *in concreto* esta última figura poderá surgir.

V. A Constituição assegura, ainda, diversas prerrogativas que poderão, depois, infletir ou mesmo enformar direitos de personalidade. Vamos recordar os seguintes "direitos":

- à segurança social – 63.º/1;
- à proteção da saúde – 64.º/1;
- à habitação "... de dimensão adequada, com condições de higiene e conforto e que preserve a intimidade pessoal e a privacidade familiar ..." – 65.º/1;
- ao ambiente de vida humana, sadio e ecologicamente equilibrado – 66.º/1.

Também os "direitos" específicos de certas categorias, como os dos pais e mães – 68.º/1 –, das crianças – 69.º/1 –, dos jovens – 70.º/1 – dos deficientes – 71.º1 – e dos idosos – 72.º/1, não sendo verdadeiros direitos subjetivos, têm um papel na concretização dos verdadeiros direitos (fundamentais) de personalidade.

[623] As próprias liberdades de expressão e de informação não surgem como direitos subjetivos, dada a natureza genérica das permissões em que assentam.

Na mesma linha podemos referir os "direitos" culturais: à educação e cultura – 73.º/1 –, ao ensino – 74.º/1 – à fruição e criação cultural – 78.º/1 – e à cultura física e desporto – 79.º/1, todos da Constituição.

VI. Por fim, temos direitos fundamentais não previstos na Constituição[624]: seja derivados de merais leis ordinárias[625], seja totalmente atípicos[626]. Muitas vezes, a multiplicação de direitos assim conseguida, deriva da não-utilização de "direito" em termos técnicos[627]. Teremos sempre de nos interrogar quanto ao regime: poderemos estar perante posições ativas fundamentais, diferentes de direitos.

45. O regime

I. Os direitos fundamentais têm um regime específico, dotado de esquemas que visam assegurar a sua efetivação. Compreende-se a sua importância: sempre que um direito de personalidade possa acolher-se a um "direito fundamental", a sua tutela ficará reforçada.

Segundo o artigo 18.º/1 da Constituição:

> Os preceitos constitucionais respeitantes aos direitos, liberdades e garantias são diretamente aplicáveis e vinculam as entidades públicas e privadas.

Trata-se de um esquema retirado do artigo 1.º/3 da Lei Fundamental alemã[628], visando uma proteção alargada e efetiva[629]. No fundo, o preceito procura prevenir que, através de leis ordinárias, o Estado acabe por frustrar

[624] Jorge Miranda, *A abertura constitucional a novos direitos fundamentais*, em *Estudos em Homenagem ao Professor Doutor Manuel Gomes da Silva* (2001), 559-572.

[625] *Vide* a larga enumeração de Jorge Miranda, *A abertura constitucional* cit., 569 ss..

[626] Jorge Bacelar Gouveia, *Os direitos fundamentais atípicos* (1995), falando em *numerus apertus* – 67 ss.; o direito fundamental atípico não resulta, nos seus contornos e em rigor, de nenhuma lei, antes sendo confecionável pela vontade das partes ou do seu titular.

[627] *Vide* as modalidades constantes de Bacelar Gouveia, *Os direitos fundamentais atípicos* cit., 81 ss..

[628] Ipsen, *Grundrechte* cit., 18.ª ed., 21 e Jorge Miranda, *Direitos fundamentais* cit., 6.ª ed., 376 ss..

[629] Helmut Goerlich, *Grundrechte als Verfahrensgarantien* (1981), 137 ss..

a mensagem normativa ínsita nos direitos fundamentais[630]: um objetivo com consequências no plano da interpretação[631].

Na base deste preceito, os tribunais têm feito aplicações importantes: no campo do processo[632] e no domínio dos direitos substantivos[633].

II. Ainda a propósito do regime pôs-se a questão complexa da eficácia civil ou *erga omnes* dos direitos fundamentais. Recordamos que o problema ocorre[634] porque, em princípio, os direitos fundamentais deveriam dirigir-se contra o Estado: apenas reflexamente se situariam no campo privado, obrigando outros particulares.

Neste momento, temos disponíveis elementos que permitem ir mais longe. Quando o artigo 18.º/1 da Constituição, superando o próprio artigo 1.º/3 da Lei Fundamental Alemã, afirma que os direitos fundamentais "... vinculam as entidades (...) privadas ..."[635], fá-lo sob a lógica reserva de se tratar de direitos que, pela sua própria estrutura, possam atingir os outros particulares. Por exemplo, o "direito" fundamental à habitação não permite, ao arrendatário, bloquear a possibilidade de o senhorio despejar o prédio para obras: trata-se de um "direito" a ações ou prestações do Estado, de cariz programático[636], e não de um direito real que deva ser imposto ao senhorio, sob pena, aliás, de grave atentado ao princípio da igualdade.

Os direitos fundamentais que, estruturalmente, surgem oponíveis *erga omnes* são, precisamente, os direitos de personalidade.

III. A referência, em tal conjuntura, a "direitos fundamentais" teria um duplo papel: permitiria isolar o direito de personalidade concreto que,

[630] Vieira de Andrade, *Os direitos fundamentais* cit., 254 ss.

[631] Eduardo Correia Baptista, *Os direitos de reunião e de manifestação no Direito português* (2006), 159 ss.

[632] Assim, em RPt 20-dez.-2000 (Manso Rainho), CJ XX (2000) 5, 235-236, a propósito da consulta do inquérito, em processo penal.

[633] Assim, RLx 15-mar.-2000 (Marcolino de Jesus), CJ XXV (2000) 2, 90-92 (91/I), num caso relativo ao bom nome.

[634] *Tratado*, I, 4.ª ed., 933 ss.

[635] Quanto a esse preceito, Vieira de Andrade, *Os direitos fundamentais* cit., 270 ss., José João Abrantes, *A vinculação das entidades privadas aos direitos fundamentais* (1990), 87 ss. e Jorge Miranda, *Direitos fundamentais* cit., 4.ª ed., 376 ss.; *vide*, ainda, as considerações feitas neste *Tratado*, I, 4.ª ed., 933 ss.

[636] TC n.º 333/99, de 8 de junho (Vítor Nunes de Almeida; vencida: Fernanda Palma), BMJ 488 (1999), 94-102 (99, com indicações).

por ter sido constitucionalmente nominado, disporia de um suplemento de peso argumentativo e aplicativo; implicaria uma especial intensidade normativa, pondo-os ao abrigo de normas hierarquicamente inferiores.

Quanto ao resto, o regime dos direitos fundamentais de personalidade segue as regras civis, abaixo explicitadas.

§ 10.º DIREITOS E LIBERDADES FUNDAMENTAIS NO DIREITO EUROPEU

46. Base ocidental

I. A integração europeia assumiu, nos seus primórdios, uma preocupação essencialmente económica. Constituída entre seis Estados homogéneos, de feição democrática e nos quais, finda a Guerra de 1939-1945, os direitos das pessoas se mostravam garantidos, a Comunidade visava, no essencial, a supressão das barreiras alfandegárias e a liberdade de circulação dos fatores económicos[637]. Subjacente a esses objetivos limitados estava, todavia, todo um ideário de origem greco-cristã e a que, com algum pudor, se chama o pensamento ou a cultura ocidentais. Essas raízes vieram a assumir clareza quando, mercê de sucessivos alargamentos e da própria dinâmica da integração, a União Europeia produziu um Direito que se alargou para além das estritas margens económicas.

II. Damos como assente que o Direito europeu é um Direito de cariz Ocidental[638]. Compartilha os valores que se difundiram nos países do Ocidente, após as Revoluções inglesa e francesa. Assenta, designadamente, nos vetores da liberdade e da livre iniciativa individuais[639]: a ordem

[637] Quanto aos objetivos da União, *vide* o nosso *Direito europeu das sociedades* (2005), 39 ss..

[638] Referimos diversos textos fundamentais do Prof. Mestmäcker: Ernst-Joachim Mestmäcker, *Wirtschaft und Verfassung in der Europäischen Union/Beiträge zu Recht, Theorie und Politik der europäischen Integration*, 2.ª ed. (2006), 800 pp..

[639] O Direito europeu, particularmente depois de Maastricht (7-fev.-1992) veio a assumir um verdadeiro liberalismo de convicção – *vide* André Decocq/Georges Decocq, *Droit européen des affaires* cit., 12; diversos aspetos estruturantes do Direito europeu procuram eternizar essa opção; o futuro dirá se tal opção é viável e definitiva ou se se

económica é a economia do mercado[640]. E, às pessoas, reconhece direitos e outras prerrogativas, que elas podem opor aos Estados e à própria União. Acrescentamos ainda que, mau grado as incompreensíveis tibiezas dos atuais dirigentes europeus em consignar, no projeto da falhada Constituição Europeia, uma referência singela ao Cristianismo como elemento essencial do Ocidente, a natureza personalista do Direito comunitário mantém-se e é eficaz.

III. O Tratado da União consagra diversas posições individuais, oponíveis *erga omnes*. Outras têm vindo a afirmar-se através da jurisprudência e da doutrina.

Passos importantes no tocante, por exemplo, às liberdades económicas foram dados a propósito de questões que opuseram simples cidadãos aos respetivos Estados. Por vezes: com exagero. Pensamos, todavia, que se revela, aqui, um aspeto ponderoso. Em todas as construções teóricas ou práticas propiciadas pelo Direito europeu, dominará sempre o modo de pensar que determina os direitos das pessoas e que, a partir daí, procede para os realizar e concretizar.

47. Direitos fundamentais europeus

I. O Direito europeu desenvolve conceitos próprios. Em regra, utiliza o fundo comum dos diversos ordenamentos nacionais, com destaque para o Direito alemão: especialmente cativante pela precisão e pelo desenvolvimento dos seus conceitos. Estamos perante um fenómeno particularmente detetável nas áreas onde faltem expressos desenvolvimentos nos Tratados europeus, com relevo para os domínios do Direito civil e do Direito constitucional. Nesse cruzamento têm vindo a apresentar um especial vigor os

tratou de mero exacerbar liberal, subsequente à queda do muro de Berlim e à vitória na Guerra Fria.

[640] Ernst-Joachim Mestmäcker, *Marktversagen und Staatsversagen in der Europäische Union*, em Grundmann, *Systembildung* (2000) cit., 54-65 (57).

direitos fundamentais, agora ditos "europeus"[641]: uma matéria também em expansão, entre nós[642].

II. Os chamados direitos fundamentais europeus correspondem a uma transposição comunitária da evolução processada depois da II Guerra Mundial, nos vários países do Ocidente e, em especial, na Alemanha[643]. Traduzem, no essencial, posições reconhecidas às pessoas, que se prendem à sua própria existência, desenvolvimento e dignidade e que devem ser respeitadas, em primeira linha, pelo Estado[644] ou, aqui, pelos Estados-membros[645].

III. Apesar de ter disponíveis os diversos catálogos nacionais[646], o legislador comunitário não logrou, ainda, aprontar a competente enumeração[647]. O Parlamento Europeu deliberou, em 8-abr.-1997[648], a preparação, pela União Europeia, de uma Declaração Europeia dos Direitos Funda-

[641] Usamos, como obra de referência, a organizada por Sebastian M. Heselhaus/ /Carsten Nowak, *Handbuch der Europäischen Grundrechte* (2006): junta colaborações de 23 especialistas, em 1812 pp. maciças, com inúmeras indicações. Além disso e como escrito envolvente, cumpre referir Hans-Werner Rengeling/Peter Szczekalla, *Grundrechte in der Europäischen Union/Charta der Grundrechte und Allgemeinen Rechtsgrundsätze* (2004), 1271 pp..

[642] Com indicações, *vide* Maria Luísa Duarte, *União Europeia e Direitos Fundamentais/No espaço da internormatividade* (2006), 498 pp. *Vide supra* nota 300.

[643] Christian Walter, *Geschichte und Entwicklung der Europäischen Grundrechte und Grundfreiheiten*, em Dirk Ehlers (publ.), *Europäische Grundrechte und Grundfreiheiten*, 4.ª ed. (2014), 1-24 (1 ss.). Como referência, Andrew Clapham, *Human Rights and the European Community: A Critical Overview* (1991) e Antonio Cassese/Andrew Clapham/ /Joseph Weiler (ed.), *Human Rights and the European Community: Methods of Protection*, 2 volumes (1991).

[644] Dirk Ehlers, *Die Grundrechte des europäischen Gemeinschaftsrechts*, Jura 2002, 468-477 (468 ss.).

[645] Matthias Ruffert, *Die Mitgliedstaaten der Europäischen Gemeinschaft als Verpflichtete der Gemeinschaftsgrundrechte*, EuGRZ 1995, 518-530.

[646] Bernhard Nagel, *Wirtschaftsrecht der Europäischen Union*, 3.ª ed. (2003), 61.

[647] Lecheler, *Einführung in das Europarecht*, 2.ª ed. (2003), 116 e Gert Nicolaysen, *Historische Entwicklungslinien des Grundrechtsschutzes in der EU*, em Heselhaus/Nowak, *Handbuch der Europäischen Grundrechte* (2006), 1-28 (3).

[648] JOCE 1997 Nr. C-132, 31, de 28-abr.-1997.

mentais. Sem efeitos. Houve nova deliberação, em 17-fev.-1998[649]: com idênticos resultados.

O Conselho, na Cimeira de Nice, em 7-dez.-2000, proclamou a Carta dos Direitos Fundamentais da União Europeia[650]. Esta não se tornou, num texto efetivamente vinculativo[651], vindo a ser substituído pelo texto proclamado em 2010, no âmbito do Tratado de Lisboa[652].

Esperava-se que a matéria viesse a constar da Constituição Europeia[653]. Todavia, a sua rejeição em referendos sucessivos, em França e na Holanda, deixou tudo em aberto[654], numa situação ultrapassada com a entrada em vigor do Tratado de Lisboa, de 13-dez.-2007, em 1-dez.-2009.

48. A consagração jurisprudencial

I. Na falta de textos jurídico-positivos, a noção de direitos fundamentais, para efeitos de Direito europeu, põe uma série de questões[655]. Na prática, o problema pode ser resolvido construindo um conceito de direito fundamental material, inferido das figuras nacionais mais pacíficas e recondicionadas com recurso à ideia de sistema jurídico europeu. A sua funcionalização é significativa, tendo percorrido a gama clássica: direitos de defesa, direitos fonte de deveres de proteção e direitos de participação ou sociais[656]. Surgem na esfera das pessoas singulares e, em certos casos,

[649] JOCE 1998 Nr. C-80, 43, de 16-mar.-1998.

[650] JOCE 2000 Nr. C-364, 1-21, de 18-dez.-2000. De referir a obra coletiva publ. Jürgen Meyer, *Kommentar zur Charta der Grundrechte der Europäischen Union*, 4.ª ed. (2014), 859 pp., bem como a publ. Giuseppe Franco Ferrari, *I diritti fondamentali doppo la Carta di Nizza/Il costituzionalismo dei diritti* (2001), 275 pp.; *vide*, ainda, Nicolaysen, *Entwicklunglinien* cit., 25 ss.

[651] *Die Charta der Grundrechte der Europäischen Union – Fragen der Konzeption, Kompetenz und Verbindlichkeit*, EuZW 2001, 261-268 (267).

[652] JOCE 2010, Nr. C-83, 389-403.

[653] *Vide* o *Projecto de Tratado que estabelece uma Constituição para a Europa*, JOCE N.º C-169, 1-105, de 18-jul.-2003, Parte II, 22-29.

[654] Donde a importância decisiva da jurisprudência, abaixo referida.

[655] Eckart Pache, *Begriff, Geltungsgrund und Rang der Grundrechte der EU*, em Heselhaus/Nowak, *Handbuch der Europäischen Grundrechte* (2006), 142-186 (145 ss. e 149 ss.).

[656] Peter Szczekalla, *Funktionen der Grundrechte*, *idem*, 187-211 (191 ss., 195 ss. e 204 ss.).

das coletivas[657], dirigindo-se contra os Estados e, com cautelas e restrições, contra outros particulares[658].

II. Torna-se importante sublinhar que todas estas considerações se tornaram possíveis mercê de um reconhecimento periférico das diversas figuras de direitos fundamentais europeus. A jurisprudência teve, aí, um papel decisivo[659].

O Tribunal de Justiça Europeu deriva a sua competência, nesse domínio, simplesmente do artigo 220.º/I do Tratado da União[660]:

> No âmbito das respetivas competências, o Tribunal de Justiça e o Tribunal de Primeira Instância garantem o respeito do Direito na interpretação e aplicação do presente Tratado.

III. Na base das enumerações de direitos fundamentais europeus judicialmente reconhecidos, encontramos a garantia da dignidade da pessoa[661]. Há, em torno deste ponto, uma unidade apodítica ou – na tradição cartesiana – uma evidência assente na sua absoluta plausabilidade[662].

Bastará, em termos sistemáticos, esclarecer que a dignidade da pessoa fecha qualquer ordenamento coerente de tipo ocidental. Apenas essa consideração – e de modo pleno – justifica todos os esforços de aperfeiçoamento jurídico. *Summo rigore*, seria possível deduzir, dela, todos os demais direitos fundamentais.

49. Enumeração

I. De entre os direitos fundamentais reconhecidos pelo Tribunal de Justiça, passamos a enumerar:

[657] Carsten Nowak, *Grundrechtsberechtigte und Grundrechtsadressaten*, *idem*, 212-254 (215 ss. e 204 ss.).

[658] Carsten Nowak cit., 233 ss. e 246 ss..

[659] Hans-Werner Rengeling, *Grundrechtsschutz in der Europäischen Gemeinschaft/ /Bestandaufnahme und Analyse der Rechtsprechung des Europäischen Gerichtshofs zum Schutz der Grundrechte als allgemeine Rechtsgrundsätze* (1993), 11 ss. e *passim*.

[660] *Vide* a prenot. de Charlotte Gaitanides aos artigos 220.º a 245.º, no von der Groeben/Schwarze, *Kommentar*, 4.º vol. (2004), 298 ss..

[661] Hans D. Jarass, *EU-Grundrecht/Ein Studien- und Handbuch* (2005), 115 ss..

[662] Stephan Rixen, *Würde des Menschen als Fundament der Grundrechte*, em Heselhaus/Nowak, *Handbuch der Europäischen Grundrechte* (2006), 335-360 (337 ss.).

– a dignidade da pessoa[663];
– o direito de propriedade[664];
– a liberdade geral de comércio[665];
– a liberdade de emprego e de ocupação económica[666];
– a liberdade de associação[667];
– a inviolabilidade do domicílio[668];
– o respeito pela esfera privada[669];
– a proteção de dados pessoais[670];
– a liberdade religiosa[671];
– a tutela da família[672];
– a liberdade de opinião[673];
– o princípio geral da igualdade[674].

[663] TJE/I 30-abr.-1996 (P./S.), Proc. 13/94, EuGHE 1996, I, 2159-2167 (2165, n.º 22, com referências a uma discriminação atentatória da dignidade e da liberdade).

[664] TJE 13-dez.-1979 (Liselotte Hauer), Proc. 44/79, EuGHE 1979, 3727-3729 (3728, n.º 4). *Vide* Rengeling, *Grundrechtsschutz* cit., 30 ss., Christian Calliess, *Eigentumsgrundrecht*, em Dirk Ehlers, *Europäische Grundrechte* (2003) cit., 381-397.

[665] TJE 21-mai.-1987 (Walter Rau), Proc. n.º 133 a 136/85, EuGHE 1987, III, 2334-2344 (2339, n.º 19).

[666] TJE 13-dez.-1979 (Liselotte Hauer), Proc. 44/79 cit., 3729 (n.º 7). *Vide* Matthias Ruffert, *Grundrecht der Berufsfreiheit*, em Dirk Ehlers, *Europäische Grundrechte* (2003) cit., 364-380. *Vide* Rengeling, *Grundrechtsschutz* cit., 58 ss..

[667] TJE 15-dez.-1995 (Bosman), Proc. n.º 415/93, EuGHE 1995, I, 5040-5082 (5065, n.º 79).

[668] TJE 21-set.-1989 (Hoechst AG), Proc. 46/87, EuGHE 1989, 2919-2935 (2924, n.º 17, com a referência de que só se reconhece esse direito a pessoas singulares).

[669] TJE/I 8-abr.-1992 (R.F.A.), Proc. 62/90, EuGHE 1992, I, 2601-2611 (2609, n.º 23).

[670] TJE 7-nov.-1989 (Adams), Proc. 145/83, EuGHE 1985, 3557-3593 (3587, n.º 34), surgindo como um dever de sigilo.

[671] TJE 27-out.-1975 (Vivien Prais), Proc. 130/75, EuGHE 1975, 3, 1589-1600 (1599, n.º 12/19).

[672] TJE 18-mai.-1989 (R.F.A.), Proc. 249/86, EuGHE 1989, 1286-1294 (1290, n.º 11). *Vide* Rengeling, *Grundrechtsschutz* cit., 98 ss..

[673] TJE 17-jan.-1984 (VBVB e VBBB), Procs. n.ºs 43 e 63/82, EuGHE 1984, 19-71 (62, n.ºs 33 e 34: reconhece o direito, mas afasta a sua aplicação *in casu*). TJE/I 25-jul.-1991 (Holanda), Proc. n.º 353/89, EuGHE 1991/I, 4088-4103 (4097, n.º 30).

[674] TJE 25-nov.-1986 (Klensch), Procs. n.ºs 201 e 202/85, EuGHE 1986, 3503-3512 (3507, n.º 9: "a proibição de discriminação é apenas a manifestação específica do princípio geral da igualdade, que pertence aos princípios fundamentais do Direito comunitário") e TJE/I 13-abr.-2000 (Karlsson), Proc. n.º 292/97, EuGHE 2000-I, 2760-2785 (2775, n.º 39,

II. Os direitos fundamentais comunitários não apresentam uma feição puramente defensiva. Eles vêm infletir regras comunitárias básicas, dando corpo a desempenhos da União[675]. A preocupação de igualizar, também neste nível, os diversos Estados já permitiu que, aos direitos fundamentais europeus, se chamasse o "motor da União"[676].

Trata-se de um aspeto para o qual os estudiosos e os práticos devem estar sempre atentos: ele funciona como um excelente tópico argumentativo.

III. Nos desenvolvimentos recentes sobre direitos fundamentais europeus, é reservado um lugar especial à tutela da confiança[677]. Assente nos pressupostos clássicos[678], a tutela da confiança surge como uma decorrência da dignidade das pessoas e do princípio da igualdade. Temos, aqui, um campo útil de reflexões, cujo retorno, no nosso Direito, se poderá traduzir em melhores soluções, particularmente no Direito público.

50. As liberdades fundamentais

I. O Direito comunitário garante aos cidadãos e agentes comunitários espaços de liberdade especialmente delimitados pelas suas características. Desta feita, ao contrário do que sucede com os direitos fundamentais, não temos propriamente direitos subjetivos, isto é, aproveitamentos específicos de bens: antes permissões de tipo genérico[679].

Também, ao contrário do que sucedeu com os direitos fundamentais comunitários, que surgiram como criação da jurisprudência, as liber-

retomando a fórmula). *Vide* Rengeling, *Grundrechtsschutz* cit., 137 ss., Thorsten Kingreen, *Gleichheitsrechte*, em Dirk Ehlers, *Europäische Grundrechte* (2003) cit., 398-420.

675 Günther Hirsch, *Gemeinschaftsgrundrechte als Gestaltungsaufgabe*, em Karl F. Kreuzer/Dieter H. Scheuing/Ulrich Sieber, *Europäische Grundrechtsschutz* (1998), 7-24.

676 Günther Hirsch, *Die Grundrechte in der Europäischen Union*, RdA 1998, 194-200 (200/I).

677 Marc Bungenberg, *Vertrauenschutz*, em Heselhaus/Nowak, *Handbuch der Europäischen Grundrechte* (2006), 945-967 (947 ss.), com indicações.

678 Bungenberg, *Vertrauenschutz* cit., 950 ss..

679 Lecheler, *Einführung in das Europarecht* cit., 2.ª ed., 221.

dades fundamentais obtiveram uma consagração expressa no Tratado da União[680].

II. As liberdades fundamentais são, assim, cronologicamente anteriores aos direitos. Estes vieram a decorrer dos progressos da integração e – podemos adiantá-lo – pela pressão doutrinária e ideológica dos Direitos nacionais, com relevo para o alemão. Pelo contrário: as liberdades fundamentais foram consignadas pelos próprios pais do Tratado de Roma. Nelas verteram o essencial ideológico do projeto de Comunidade. A busca do mercado comum far-se-ia dentro de vetores de livre iniciativa e de liberdade[681].

III. O Tratado de Roma distinguiu cinco liberdades fundamentais[682]:

– a livre circulação de mercadorias (23.° e ss.);
– a livre circulação de trabalhadores (39.° e ss.);
– a liberdade de estabelecimento (43.° e ss.);
– a livre prestação de serviços (49.° e ss.);
– a livre circulação de capital e de pagamentos (56.°, todos do Tratado da União, na numeração atual).

Todas elas tiveram vias de concretização que levariam, primeiro, ao seu alargamento e ao seu aprofundamento e, depois, à sua confluência.

51. Âmbito de aplicação

I. Os direitos e liberdades fundamentais de base comunitária visam um objetivo muito concreto: a consecução de um mercado único – artigo

[680] Dirk Ehlers, *Die Grundfreiheiten der Europäischen Gemeinschaften*, § 7.° *Allgemeine Lehren* e *Die Grundrechten der Europäischen Gemeinschaften*, § 13.°, *Allgemeine Lehren*, ambos em Ehlers (publ.), *Europäische Grundrechte und Grundfreiheiten*, 3.ª ed (2009), 209-269 e 365-401, respetivamente. *Vide* Gregor Bachmann, *Nationales Privatrecht im spannungsfeld der Grundfreiheiten*, AcP 210 (2010), 424-488.

[681] Como escrito de referência: Walter Frenz, *Handbuch Europarecht*, Band I – *Europäischen Grundfreiheiten*, 2.ª (2012), 1432 pp..

[682] Peter M. Huber, *Recht der Europäischen Integration* cit., 2.ª ed., 266 ss. A matéria mantém-se no projeto de Constituição Europeia, embora com outra arrumação.

14.º/II, do Tratado da União[683]. Não se podem considerar, à partida, como visando a tutela humana – embora o façam: um fator que tem vindo a ganhar importância. Devemos, todavia, manter o discurso europeu no âmbito que lhe é próprio: o da harmoniosa integração económica. Este sentido económico é, naturalmente, mais vincado no tocante às liberdades fundamentais: intervêm em situações de natureza pecuniária[684].

II. As liberdades fundamentais – tal como os direitos – dirigem-se, em primeira linha, contra os Estados-membros: reforçam as correspondentes disposições dos Estados-membros em causa. Têm aplicação imediata, não dependendo de ulteriores desenvolvimentos legislativos, seja comunitários, seja de Estados-membros[685].

Nalguns casos, o Tribunal de Justiça Europeu tem aberto as portas a uma "eficácia perante terceiros", "eficácia direta" ou "eficácia horizontal"[686]. Trata-se de uma ocorrência mais fácil no domínio das liberdades de trabalho e de prestação de serviço[687]: numa economia essencialmente privatizada, parece claro que essas situações tendem a ser encabeçadas por particulares. Aos Estados cabe assegurar a observância das regras do jogo.

III. O âmbito de aplicação dos direitos e liberdades fundamentais tem vindo a sofrer um processo de aprofundamento também na vertical. Num movimento documentado, a propósito da liberdade de estabelecimento, especialmente vocacionada para intervir no domínio das sociedades, passou-se, sucessivamente, de uma proibição pura de discriminações, a um afastamento de discriminações mediatas e à proibição de limitações[688].

A leitura dos competentes textos doutrinários deixa, na mente do leitor interessado com experiência de Direito civil, pairar a seguinte ideia: o Direito europeu, com um atraso de três a quatro décadas, está a retomar os

[683] Jörn Pipkorn/Angela Bardenhewer-Rating/Hans Claudius, no von der Groeben//Schwartze, *Kommentar* cit., 1, 6.ª ed., 704 ss., com indicações.

[684] Peter M. Huber, *Recht der Europäischen Integration* cit., 2.ª ed., 266.

[685] Urban Scheffer, *Die Marktfreiheiten des EG-Vertrages als Ermessensgrenze des Gemeinschaftsgesetzgebers* (1998), 131 ss. e Peter M. Huber, *Recht der Europäischen Integration* cit., 2.ª ed., 268.

[686] Haratsch/Koenig/Pechstein, *Europarecht*, 9.ª ed. (2014), 171 ss..

[687] Peter M. Huber, *Recht der Europäischen Integration* cit., 2.ª ed., 267.

[688] Lecheler, *Einführung in das Europarecht* cit., 2.ª ed., 222.

avanços civis e constitucionais processados, nas ordens internas – particularmente na alemã – no domínio dos direitos e liberdades fundamentais.

IV. Finalmente, devemos ter em conta que os direitos e liberdades fundamentais comunitários se aplicam a situações "europeias", aqui no sentido de relevarem para mais de um dos Estados-membros[689]. Não funcionariam perante situações puramente internas.

Isso coloca, naturalmente, um problema constitucional interno: o artigo 13.º da Constituição portuguesa não poderia admitir, em nome da igualdade, pessoas mais ou menos protegidas, no nosso espaço jurídico, em função das relações económicas que entretecessem. Quando opere uma fonte europeia: a tutela interna não deverá ficar aquém da comunitária. Resta acrescentar que a nossa Constituição tem todas as condições para o conseguir, prosseguindo a igualdade de tutela. Aliás: defendida cabalmente a pessoa humana, esse aspeto não pode deixar de cair para segundo plano.

[689] Peter M. Huber, *Recht der Europäischen Integration* cit., 2.ª ed., 277-278.

SECÇÃO IV

OS DIREITOS DE PERSONALIDADE EM ESPECIAL

52. Enumeração

I. Segue-se o estudo dos direitos de personalidade em especial. Na fixação do seu elenco, iremos ter em conta o papel que assumem, no Direito positivo português vigente. Vamos, por isso e nesta rubrica eminentemente periférica, atender a elementos mais pragmáticos e menos teoréticos.

II. À luz destas considerações e tendo ainda em especial atenção a densidade jurisprudencial da matéria, vamos analisar de modo sucessivo:

– o direito à vida e à integridade física;
– o direito à integridade moral, ao bom nome e à reputação;
– o direito ao nome;
– as cartas-missivas confidenciais;
– o direito à imagem;
– o direito à intimidade.

Todos estes direitos conheceram uma elaboração periférica. Mercê dos valores neles corporizados, eles desenvolveram tutelas próprias, com técnicas diferenciadas: não foram, de modo algum, deduzidos de um direito geral de personalidade ou de quaisquer considerações centrais que, sobre o tema, se façam ou possam fazer.

III. Algumas destas figuras poderiam ser subsumidas em construções mais vastas. Por exemplo: o direito ao nome integrar-se-ia no universo mais amplo do direito à identificação, subtema de um outro ainda mais lato: o direito à individualização. Não é assim que se constrói o Direito civil: na origem, temos problemas concretos. O direito ao nome ergueu todo um edifício que, depois, poderá ser extrapolado para figuras gerais.

A natureza cultural desta matéria e os reflexos que os aspetos históricos têm em diversos institutos hoje vigente levam-nos, ainda, em excurso, a estudar o Direito nobiliárquico português: na sequência do Direito ao nome.

Recordamos ainda que um dos objetivos deste *Tratado* é a preservação, no presente momento muito delicado, do Direito civil lusófona.

§ 11.º O DIREITO À VIDA E À INTEGRIDADE FÍSICA

53. O direito à vida; a inviolabilidade

I. O direito à vida pertencia à melhor tradição do Visconde de Seabra[690]. Surpreendentemente, ele não obteve consagração expressa no Código Civil. Não haverá, todavia, dificuldade em derivá-lo do artigo 24.º da Constituição[691], sendo ainda de sublinhar a sua consagração penal[692] e a sua evidência comunitária[693] – artigo 2.º/1 da Convenção Europeia dos Direitos Humanos (1950)[694-695] e artigo 2.º/1 da Carta dos Direitos Fundamentais da União Europeia (2000)[696-697] – e internacional – artigo 3.º da Declaração Universal dos Direitos Humanos[698-699] e artigo 6.º do Pacto

[690] Recorde-se o artigo 359.º, 1.º, do Código Civil de 1865 e as considerações que, na época, sobre ele foram feitas; *vide supra*, 71.

[691] Cuja epígrafe é, justamente, "direito à vida"; *vide* Gomes Canotilho/Vital Moreira, *Constituição da República Portuguesa Anotada*, I, 4.ª ed. (2006), 445 ss. e Jorge Miranda/Rui Medeiros, *Constituição Portuguesa Anotada*, 1, 2.ª ed. (2010), 499 ss..

[692] Jorge de Figueiredo Dias, *Comentário Conimbricense* cit., anot. 131.º, §§ 4 e ss. (5 ss.)

[693] Wolfram Höfling/Stephan Rixen, *Recht und Leben und Verbot der Todesstrafe*, em Heselhaus/Nowak, *Handbuch der Europäischen Grundrechte* (2006), 361-389, com indicações. Alguns elementos comparatísticos: Maura Tampieri, *Immissioni intollerabili e danno alla persona* (2006), 8 ss..

[694] "O direito de qualquer pessoa à vida é protegido por pela Lei".

[695] Ireneu Cabral Barreto, *A Convenção Europeia dos Direitos do Homem*, 5.ª ed. (2015), 80 ss..

[696] "Todas as pessoas têm direito à vida".

[697] Alessandra Silveira/Mariana Canotilho, *Carta dos direitos fundamentais da União Europeia* (2013), 46 ss.

[698] "Todo o indivíduo tem direito à vida".

[699] Gudmundur Alfredsson/Asbjørn Eide, *The Universal Declaration of Human Rights: A Common Standard of Achievement* (1999), 89 ss..

Internacional dos Direitos Civis e Políticos[700-701]. E a própria lei civil, ao referir, no artigo 70.º/1, a proteção concedida por lei, aos indivíduos, "... contra qualquer ofensa ilícita ou ameaça de ofensa à sua personalidade física ..." garante, por certo e em termos civis, o direito à vida[702]. Este ponto surge nas diversas leis dos nossos dias, sendo de relevar a brasileira[703].

II. Para clareza das soluções normativas e para uma melhor realização do Direito, há que manter o direito à vida como uma figura delimitada e coerente. Assim, ele não se confunde:

- com o direito à integridade física;
- com o direito à integridade moral;
- com o direito à qualidade de vida;
- com quaisquer direitos de cidadania ou de realização política ou pessoal.

O direito à vida assegura a preservação das funções vitais do organismo biológico humano. Assim, um atentado à integridade desse organismo ou qualquer outro esquema que provoque sofrimento físico, mas que não ponha em causa imediata a sobrevivência, atingirá outros direitos de personalidade: não o direito à vida.

Também os círculos moral e social do ser humano ficam fora do concreto âmbito deste direito.

III. Tomado no seu "núcleo duro", o direito à vida tem um regime claro: não admite compressão. Em qualquer conflito de direitos ou deveres, a dirimir de acordo com o artigo 335.º, o direito à vida, quando direta e funcionalmente em causa, nunca pode ceder. O Direito civil não aceita a supressão de uma vida humana: nunca, definitivamente e em caso algum, salvo o conflito abaixo referido.

[700] "O direito à vida é inerente à pessoa humana. Este direito deve ser protegido pela lei: ninguém pode ser arbitrariamente privado da vida".

[701] Sarah Joseph/Melissa Castan, *The International Covenant on Civil and Political Rights: Cases, Materials and Commentary*, 3.ª ed. (2013), 166 ss..

[702] A proteção do direito à vida por intermédio do artigo 70.º/1 é reconhecida, unanimemente, pela nossa jurisprudência: STJ 2-dez.-2013 (Paulo Sá), Proc. n.º 1667/08; RPt 13-mar.-2014 (Soares de Oliveira), Proc. n.º 2140/10.

[703] Sílvio Romero Beltrão, *Direitos da personalidade* cit., 2.ª ed., 149 ss..

O problema coloca-se quando estejam em conflito "direitos à vida" de diversas pessoas. Por exemplo: num cenário de acidente grave, um médico depara-se com o dilema clássico: só pode acudir a um dos feridos em presença, tendo, para tanto, de deixar morrer o outro. O problema terá de ser resolvido *in concreto*, de acordo com as regras da arte (salvar os mais viáveis), com as regras sócio-culturais (salvar as crianças, os mais novos, as mães com crianças, os pais de família e assim por diante) e com as regras do cavalheirismo (salvar o adversário), sucessivamente. Verificados os pressupostos, o Direito civil considerará que, por conflito de deveres, não houve qualquer violação do direito à vida: faltou qualquer ação humana destinada a atentar contra tal direito.

Também não haverá violação do direito à vida perante uma causa de justificação adequada – *maxime*, a legítima defesa – em termos que abaixo consideraremos.

54. A ilicitude do suicídio, do duelo e de comportamentos de risco

I. O direito à vida é indisponível. Significa isso que o seu titular não pode aliená-lo ou, de modo direto, necessário ou eventual, proceder, ele próprio, à sua supressão, pedindo a morte ou praticando suicídio. Em termos civilísticos, qualquer ato que vise a morte a pedido ou que se relacione com prática de suicídio é nulo. Se for perpetrado por um terceiro, equivale a uma violação do direito à vida; para tal efeito, é indiferente o eventual consentimento do ofendido, nulo de pleno Direito. O auxílio ao suicídio é, assim, civilmente, ilícito, sendo nulos todos os atos que ele envolva. A seriedade do bem em jogo e a sua natureza nuclear levarão naturalmente, a que a tutela civil seja reforçada pela penal[704].

[704] O artigo 134.º do Código Penal incrimina o homicídio a pedido da vítima, embora com uma pena inferior à do homicídio simples, como é lógico, enquanto o artigo 135.º do mesmo Código pune o incitamento ou ajuda ao suicídio. *Vide*, respetivamente sobre esses dois crimes, Manuel da Costa Andrade, *Comentário Conimbricense* cit., §§ 29 e 30. A doutrina penal – assim Manuela Valadão e Silveira, *A participação no suicídio e a criminalização da propaganda do suicídio*, em Maria Fernanda Palma/Teresa Pizarro Beleza, *Jornadas sobre a Revisão do Código Penal* (1998), 157-182 (161 e 164) – inclina-se, por vezes, para a liberdade do suicídio: de facto, este não é incriminado. Daí não resulta que o suicídio seja valorativamente neutro: não faria então sentido incriminar

O Direito europeu surge, nestes domínios, um tanto frouxo. O problema reside na facilidade com que, nalguns países, se "legitimou" a eutanásia e o aborto por conveniência. As instâncias europeias refugiam-se na ideia de que estão em causa matérias "morais". Quanto a estas, não haveria uma conceção europeia uniforme, pelo que os temas em causa deveriam ser remetidos para o foro de cada Estado-membro[705].

A Europa tem, nas suas tradições, na sua cultura e na sua História, elementos sobejos para poder tomar uma posição clara e fácil sobre a vida e a sua proteção. O agnosticismo cómodo e a permanente preocupação do "politicamente correto" retiram todavia, aos diversos agentes públicos, coragem para afirmar valores.

II. Na hipótese de uma pessoa, sem qualquer auxílio, perpetrar suicídio: atuou ilicitamente já que, de facto, dispôs de um direito indisponível. O Direito civil nada poderá fazer: não teria sentido sancionar um falecido[706]. No caso de tentativa de suicídio: todos os danos colaterais, incluindo tratamentos médicos e outras despesas, caberão ao suicida tentado. A indemnização poderá, todavia, ser minorada ou suprimida: o suicida estará, em geral, num estado de tal perturbação, que não é possível formular o juízo de culpa.

III. Já não será qualificável como suicídio o comportamento do próprio que vise a salvaguarda de bens concretamente equivalentes ou superiores ao da sua vida e que não pretenda, diretamente, a morte, embora possa envolvê-la. Num exemplo de escola: não comete suicídio o soldado que se lança sobre uma granada para salvar os seus companheiros, evitando que eles sejam atingidos. A atuação verificada não se destinava a autodestruir: antes a salvar.

Em compensação: a prática de suicídio para, com ele, provocar novas vítimas é duplamente condenável: como suicídio e como atentado à vida de

o incitamento ao suicídio. O Direito civil, através dos seus princípios e valorações gerais pode perfeitamente condenar o suicídio ainda que não preveja sanções diretas.

[705] Entre nós, com indicações: Benedita Mac Crorie, *A eutanásia e o auxílio ao suicídio na Carta dos Direitos Fundamentais da União Europeia*, SI LII (2003), n.º 297, 447-473 (456).

[706] Noutras épocas históricas, o suicídio já foi sancionado com o confisco dos bens do falecido. Todavia, isso equivaleria a uma sanção aplicada aos sucessores e não, como é evidente, ao próprio suicida.

terceiros. Todos os atos de terceiros tendentes a facultar atuações desse tipo são civilmente ilícitos e nulos *ipso iure*: quem os perpetre deve indemnizar todos os graves danos patrimoniais e morais que provoque[707]. É importante que a nossa cultura tenha a coragem de o proclamar, sem reservas.

IV. A indisponibilidade do direito à vida leva a que o seu próprio titular não possa pô-la na dependência de factos futuros e incertos: seria como que condicioná-lo. Assim, o duelo é ilícito. E ilícitas são todas as denominadas práticas de risco, com exemplo clássico na "roleta russa"[708]. Prosseguindo: ficam em causa todas as atuações, ainda que a coberto de práticas desportivas, que ponham em risco a vida do praticante e de terceiros. Diversos ramos do Direito poderão ser chamados a depor em situações desse tipo. O Direito civil não será suficientemente dissuasivo. Mas não faltará, com as suas valorações e com uma orientação de princípios: é ilícito atentar contra a vida humana, ainda que própria, submetendo-a a riscos que, sem necessidade, ultrapassem o risco normal e razoável. A ilicitude mais se acentua quando tais práticas, direta, necessária ou eventualmente, ponham em causa a vida de terceiros ou quando incitem os jovens a imitá-las.

V. Qualquer dos descritos ilícitos acarretará os diversos níveis de consequências que a lei associa à defesa dos direitos de personalidade: a nulidade dos atos envolvidos, a possibilidade de obter do tribunal medidas adequadas para fazer cessar ilícitos em curso ou iminentes e a reparação de todos os danos e despesas provocados pelas atuações registadas.

A responsabilidade civil tem hoje, conforme já aludimos, uma gama de finalidades que incluem as prevenções, geral e especial, de todas estas práticas.

[707] Em termos penais, tais atos envolverão, em regra, e pelo menos, os crimes de incitamento ao suicídio e de homicídio. Perfila-se, ainda, a prática de terrorismo, sancionada pela Lei n.º 52/2003, de 22 de agosto.

[708] Prática que consiste em inserir uma (ou mais, mas menos de seis, ou haveria já suicídio) bala no tambor de um revólver, fazê-lo rodar em termos aleatórios e premir o gatilho com o cano dirigido à cabeça: haverá uma (ou mais) probabilidades em seis de ser disparada uma bala fatal.

55. Breve justificação; a ilicitude da eutanásia

I. A justificação da tutela absoluta do direito à vida é breve e incisiva. Mal estaremos se, no universo do Direito civil, fossem necessárias grandes justificações, num tema desta natureza[709]. Vamos distinguir quatro argumentos[710]:

– argumento ético;
– argumento social;
– argumento cultural;
– argumento técnico-jurídico.

O argumento ético recorda-nos que a inteligência é uma forma de vida, cumprindo-lhe incentivá-la e preservá-la. Não o fazer equivale à autonegação. Todas as religiões superiores depõem no mesmo sentido[711]. Dom de Deus, do Universo, da Terra-Mãe ou da Natureza, a vida não pertence a cada um.

II. O argumento social tem direta relevância jurídica. Todo o Direito existe pelo homem e para o homem. A ordenação normativa visa o funcionamento da sociedade, mas assente na salvaguarda e na contribuição de todos os seus membros. Com a morte de uma pessoa, a sociedade perde um apoio e parte dos seus objetivos. A supressão de uma pessoa traduz-se,

[709] Normalmente, as fundamentações do Direito à vida ocorrem no âmbito do debate sobre a interrupção da gravidez, tema que examinaremos a propósito do início da personalidade e dos nascituros. De todo o modo e quanto à fundamentação moral do direito à vida, *vide* Astrid Bernard, *Der Schwangerschaftsabbruch aus zivilrechtlicher Sicht unter besonderer Berücksichtigung der Rechtsstellung des nasciturus* (1994), 41 ss..

[710] Referimos, de entre a vasta literatura disponível, a recolha de Anton Leist, *Um Leben und Tot/Moralische Probleme bei Abtreibung, künstlicher Befruchtung, Euthanasie und Selbsmord* (1990); *vide*, aí, do próprio Leist, *Diskussionen um Leben und Tot*, 9-72; o Autor sublinha que enquanto nos Estados Unidos, estes temas são objeto de uma discussão filosófica, na Alemanha, predomina um debate jurídico – ob. cit., 13. *Vide*, ainda, Helga Kuhse, *Die Lehre von der "Heiligkeit" des Lebens*, ob. cit., 75-106 e, entre nós, Fernando Araújo, *A procriação assistida e o problema da santidade da vida* (1999), 175 pp..

[711] Assim: *Êxodo*, 20, 13: *Não matarás*; Alcorão, 6.ª Surata (*Al an'am*), 140: *São desventurados aqueles que, néscia e estupidamente, matam seus filhos* (...); 25.ª Surata (*Al Furcam*), 63: *E os servos de Clemente são aqueles que andam pacificamente pela terra e, quando os insipientes lhes falam dizem: Paz! idem*, 68: [igualmente o são aqueles que não] *matam nenhum ser que Deus proibiu matar*.

assim, num ato gravemente antissocial, pondo em crise os fundamentos ontológicos mais firmes de qualquer organização humana.

III. O argumento cultural coloca-nos, já, no núcleo da nossa civilização e da cultura lusófona. O pensamento cristão, na origem e na pureza dos seus textos e princípios, é um pensamento pacifista: proibia, em absoluto, qualquer ato tendente a tirar a vida. Portugal suprimiu a pena de morte em 1867[712-713]: foi dos primeiros países a fazê-lo.

Pertence à sensibilidade mais profunda do Direito português – particularmente o civil! – e ao sentir da Nossa Gente, a ideia da inviolabilidade da vida humana. De resto, esse sentimento ficou claro na aprovação, por unanimidade de todos os partidos políticos presentes na Constituinte, da regra absoluta, na sua elegância, do artigo 24.º da Constituição[714]:

1. A vida humana é inviolável.

IV. O argumento técnico-jurídico corresponde a uma exigência do sistema e da sua harmonia interna. O Direito – para o caso: o Direito civil – comporta subsistemas inteiros de soluções diferenciadas, tendentes a encontrar um equilíbrio justo, estável e consequente, entre os interesses humanos em presença. Nada disso faria sentido quando se admitisse a supressão de um ser humano e, logo: a eliminação de todos os valores conexos (e são, de facto, todos!). A escravatura é um *minus* em relação à morte: e assim por diante.

Qualquer norma que, porventura, dispusesse de outra forma, entraria em imediato conflito com o resto do sistema, devendo ser desconside-

712 Reforma Penal e das Prisões (Barjona de Freitas), DLx n.º 153, de 12-jul.-1867, 2218-2219, artigo 1.º (2218/I): *Fica abolida a pena de morte*.

713 A última mulher executada em Portugal foi Luiza de Jesus, condenada pela morte de 33 crianças abandonadas, que ia buscar à roda de Coimbra, para se apropriar do enxoval e do subsídio: foi a 1-jul.-1772; a última execução de um homem ocorreu em Lagos, em junho de 1846. Não se consideram "pena de morte" as práticas ocorridas durante as denominadas guerras liberais. A partir daí, os Reis passaram a comutar todas as condenações à morte, até à total abolição dessa pena, em 1867. Para uma referência circunstanciada a esta matéria, Guilherme Braga da Cruz, *O movimento abolicionista e a abolição da pena de morte em Portugal (Resenha historica)* (1967) = separata do BMJ 170, 171 e 172.

714 Gomes Canotilho/Vital Moreira, *Constitutição Anotada* cit., I, 4.ª ed., 445 ss. e Jorge Miranda/Rui Medeiros, *Constituição Portuguesa Anotada* cit., 1, 2.ª ed., 499 ss., com indicações.

rada. Tudo quanto exprima a ideia de Justiça – o Direito natural, a ideia de Direito, o espírito do sistema ou a Moral indisponível – transmitirá a mesma e indeclinável mensagem: a inviolabilidade da vida humana.

V. A eutanásia não é admissível, à partida, pelo Direito civil. Seja como auxílio ao suicídio[715], seja como produto exclusivo da atuação de terceiros, a eutanásia pretende justificar a eliminação da vida de uma pessoa como modo de suprimir o seu sofrimento.

A eutanásia terá sido usada, como conceito, por Francis Bacon (1214-1294), no século XIII. Ao longo da História, ela chegou a ser incentivada: sempre por formas totalitárias de pensamento[716].

Em rigor, a eutanásia reporta-se, apenas, ao encurtamento da vida de pessoas em estádio terminal e com sofrimento. Na hipótese central temos a *eutanásia ativa direta*: o agente – em regra médico ou paramédico – através de meios adequados, faz morrer o paciente, para abreviar o sofrimento ou para conseguir uma morte imediata ("digna"). Na *eutanásia ativa indireta*, o agente não pretende matar; simplesmente, ministra, ao paciente, medicamentos destinados a aliviar o sofrimento, medicamentos esses que, como efeito colateral, poderão ter o de abreviar a vida. Por fim, temos a *eutanásia passiva*: esta ocorre quando, em doentes em estado desesperado e comprovadamente irreversível, o médico se abstenha de medidas artificiais que possam prolongar a vida[717].

Em termos penais, a eutanásia ativa é um homicídio. Poderá ser punido com uma pena reduzida no caso do artigo 133.º do Código Penal ("Quem matar outra pessoa dominado por compreensível emoção violenta, compaixão, desespero ou motivo de relevante valor social ou moral, que diminuam sensivelmente a sua culpa, é punido com pena de prisão de 1 a 5 anos") ou do 134.º ("1. Quem matar outra pessoa determinado por pedido

[715] Ainda que a coberto de locuções como "morte programada" ou "assistida".

[716] Sobre toda esta matéria, Figueiredo Dias, no *Comentário Conimbricense* cit., 18 ss. *Vide* a recolha de estudos sobre eutanásia, org. pelo Conde de Listowel e traduzida em port. por Maria Albertina Lopes Monteiro, *A eutanásia* (*Estudos*) (1972). Para um apanhado transversal e histórico da problemática: Udo Benzenhöfer, *Der gute Tod? Geschichte der Euthanasie und Sterbehilfe* (2009), 224 pp..

O pensamento alemão é especialmente sensível à eutanásia justamente por ela ter sido posta em prática, em larga escala, pelo regime nazi; *vide* Anton Leist, *Diskussionen um Leben und Tot* cit., 42 ss..

[717] *Vide* Philippa Foot, *Euthanasie*, em Leist, *Um Leben und Tot* (1990), 289-317 e Bruce C. Reichenbach, *Euthanasie und die aktiv/passiv-Unterscheidung*, *idem*, 318-348.

sério, instante e expresso que ela lhe tenha feito é punido com pena de prisão até 3 anos"): mas não deixa de ser crime.

A eutanásia ativa indireta depende da intenção do agente e dos meios utilizados. Se o agente não tiver qualquer intenção de matar mas, apenas, a de minorar sofrimentos e se, para tanto, usar meios admissíveis, perante a arte médica, não há homicídio; apenas uma assunção justificada de riscos aceitáveis.

Por fim, a eutanásia passiva é admissível, desde que se verifique e comprove o estádio terminal e irreversível do paciente. Em rigor, não se trata de eutanásia.

Em moldes civilísticos[718], a eutanásia direta não se justifica por qualquer uma das seguintes cinco razões:

- a Ciência médica suprime, hoje em dia, o sofrimento físico e, no limite, psíquico;
- não é seguro que os meios usados para "abreviar" a vida não sejam, eles próprios, fontes de novos sofrimentos[719];
- não é possível calcular o *quantum* de sofrimento justificativo da morte, sendo questionável o modo de determinar o grau de consciência de quem pretenda sofrer eutanásia;
- a morte de uma pessoa é irreversível: qualquer erro de avaliação clínica ou psíquica não mais poderá ser corrigido;
- a vida, mesmo terminal e infeliz, continua a ser um bem a defender: preferível à morte.

Mas sobre tudo isto impera uma razão definitiva: admitir ou promover a supressão da vida implica valorações visceralmente contrárias a qualquer lógica civilística. Do mesmo modo fica excluída a supressão de deficientes mentais profundos, de criminosos irrecuperáveis ou de doentes incuráveis. Definitivamente. Sem este axioma, não há fronteiras e nenhum sistema civilístico será coerente.

718 Quanto à eutanásia perante o Direito constitucional, *vide* Jorge Miranda/Rui Medeiros, *Constituição Anotada* cit., 2.ª ed., 530 ss..

719 Nos finais de 2006, rebentou, na Florida, um escândalo: um condenado à morte por injeção letal demorou quase quarenta minutos a morrer, debatendo-se no meio do maior sofrimento. Descrições de execuções na cadeira elétrica e na câmara de gás dão conta de eventos similares. E todavia: as execuções capitais são supervisionadas por médicos "especialistas".

Havendo eutanásia, estaremos perante um ilícito civil[720]: os seus autores deverão suportar todos os danos, incluindo o da supressão da vida, nos termos legais.

VI. Não se confunde com eutanásia a cessação da assistência clínica ou o não-prolongamento artificial da vida, quando fique claro estar-se em face de um procedimento não-natural, que cause sofrimento injustificado ou que atente contra a dignidade do paciente e da própria morte. A deontologia médica dirá, em concreto, até onde ir.

Considera-se que cessa o direito à vida com a morte cerebral, como abaixo veremos. Nessa eventualidade, é lícita a colheita de órgãos (naturalmente: vivos), para salvar outras pessoas.

56. As tutelas pré-natal e *post mortem*; remissão

I. As considerações anteriores apontam, desde já, para a necessidade da tutela pré-natal. Nenhuma cultura humanista, que coloque o ser humano no centro de toda a lógica de proteção jurídica, poderá ficar indiferente perante a vida pré-natal. Protegem-se – e bem – monumentos, plantas e animais. Por maioria de razão haverá que dispensar meios jurídicos para defesa dos jovens seres humanos, ainda no ventre materno.

II. A tutela pré-natal depara com dois tipos de dificuldades: a dependência fisiológica em que o ser humano pré-parto se encontra, perante a mãe e o facto de, segundo o Direito tradicional, ainda patente no artigo 66.º/1 do Código Civil, a personalidade surgir, apenas, com o nascimento completo e com vida.

Exige-se, assim, um complemento de construção dogmática, razão porque o tema da tutela pré-natal será considerado, abaixo, a propósito do início da personalidade.

III. Também a memória das pessoas falecidas deve ser tutelada. A própria lei prevê-o, de resto e de modo explícito, no artigo 71.º. Desta

[720] Não parece dispensável a tutela penal, em casos de eutanásia. Suprimi-la seria tomado como sinal de licitude, mesmo no Direito civil. Admite-se, todavia, uma minoração nas penas, tal como, de resto, estatui o Código Penal, em preceitos acima referidos.

feita, põe-se uma questão dogmática diversa, mas com complexidade: uma vez que a personalidade jurídica se extingue com a morte, como proteger o falecido? Em rigor, este já não poderá ter quaisquer direitos.

O complemento de reflexões que o tema exige leva-nos a remeter o seu estudo para a rubrica relativa à morte e à extinção da personalidade jurídica.

57. O direito à integridade física

I. O direito à integridade física assegura a proteção do ser biológico e das suas diversas funções, nos casos em que não esteja em causa a sua imediata sobrevivência – hipótese em que cairíamos no direito à vida.

A integridade física pode ser diretamente atingida, através de atuações que visem a própria pessoa enquanto unidade biológica ou indiretamente, mediante atuações que venham bulir com aspetos circundantes ou ambientais.

II. Em termos práticos, podemos dizer que os atentados diretos à integridade física surgem, nos tribunais, em torno de crimes contra as pessoas[721] e, sobretudo, no campo dos acidentes de viação, domínio regido por regras gerais e, ainda, pelo Código da Estrada[722].

No tocante a atentados circundantes ou ambientais, os tribunais têm sancionado[723]:

– a ofensa ao direito à saúde e ao repouso[724], através de túneis do metropolitano demasiado à superfície[725], de barulhos de um colé-

[721] Artigos 143.º e seguintes do Código Penal; segundo o n.º 1 daquele preceito,

> Quem ofender o corpo ou a saúde de outra pessoa é punido com pena de prisão até 3 anos ou com pena de multa.

[722] Aprovado pelo Decreto-Lei n.º 114/94, de 3 de maio, com alterações subsequentes, designadamente as introduzidas pelo Decreto-Lei n.º 265-A/2001, de 28 de setembro e, por último (neste momento), pelo Decreto-Lei n.º 40/2016, de 29 de julho.

[723] *Vide* Maura Tampieri, *Immissioni intolerabili* cit., 75 ss. e 89 ss..

[724] Além do artigo 70.º, invocam-se, ainda e com frequência, os artigos 64.º (proteção à saúde) e 66.º (ambiente), da Constituição.

[725] STJ 28-abr.-1977 (Abel de Campos), BMJ 266 (1977), 165-169 (168).

gio instalado num primeiro andar[726], de uma cervejaria[727], de um hidropressor[728], de ruídos vários, esclarecendo-se que não é necessário que a ofensa seja deliberada[729], de ensaios de orquestra[730], de um motor[731], de tiro aos pratos[732], de um bar[733], de um aparelho de ar condicionado[734], de uma escola de música[735], de uma discoteca[736], de um talho[737], de peneiras de areia[738], de sapateado e trepidações[739], de fabrico de bolos e pão[740], de um talho, com motor elétrico, câmara frigorífica e machadadas[741], de um bar animado[742], de ruídos de um café[743], de falta de cuidado num hospital[744], de

[726] RLx 29-jun.-1977 (Bordalo Soares), CJ II (1977) 4, 918-921 e STJ 4-jul.-1978 (Oliveira Carvalho), BMJ 279 (1978), 124-132 (128).

[727] REv 21-jul.-1977 (Dias da Fonseca), CJ II (1977) 5, 1225-1227 (1227/I).

[728] RLx 3-nov.-1983 (José M. Gonçalves Pereira), CJ VIII (1983) 5, 103-104 (104/I): o seu barulho provocara uma crise depressiva.

[729] STJ 13-mar.-1986 (Góis Pinheiro), BMJ 355 (1986), 356-360 (359).

[730] RLx 19-fev.-1987 (Carvalho Pinheiro), CJ XII (1987) 1, 141-143 (142/II): este aresto alargou o âmbito de proteção; com efeito, *in casu*, a 1.ª instância recusara a tutela por não estar em jogo o direito ao sono; entendeu a Relação de Lisboa (e bem) que "o direito à saúde, em que se resolve o direito à vida, não se reduz ao direito ao sono e repouso noturno. A proteção daquele não se limita à proteção deste".

[731] RCb 6-fev.-1990 (Castanheira da Costa), CJ XV (1990) 1, 92-95 (94/I).

[732] RLx 24-nov.-1994 (Freitas de Carvalho), CJ XIX (1994) 5, 112-114 (113/II).

[733] RLx 30-mar.-1995 (Almeida Valadas), CJ XX (1995) 2, 98-100 e RPt 14-mar.-1996 (Mário Cruz), CJ XXI (1996) 2, 193-196 = BMJ 455 (1996), 569-570 (o sumário).

[734] RPt 27-abr.-1995 (Azevedo Ramos), CJ XX (1995) 2, 213-216 (215/II e 216/I).

[735] STJ 22-jun.-1995 (Mário Cancela), BMJ 448 (1995), 334-344 (341).

[736] STJ 24-out.-1995 (Fernando Fabião), BMJ 450 (1995), 403-405 = CJ/Supremo III (1995), 74-78.

[737] STJ 9-jan.-1996 (Fernando Fabião), CJ/Supremo IV (1996) 1, 37-40 (39/II).

[738] RLx 1-out.-1996 (Pereira da Silva), CJ XXI (1996) 4, 104-107.

[739] RCb 26-nov.-1996 (Custódio Matos), CJ XXI (1996) 5, 29-31 (29/II): o caso, já referido, da "República do Baco": uma "república de estudantes" instalada por cima da habitação da lesada; esta teve de ser assistida nos serviços de psiquiatria dos HUC.

[740] RLx 27-fev.-1997 (Silva Santos), CJ XXII (1997) 1, 145-149.

[741] RPt 22-fev.-1999 (Gonçalves Ferreira), BMJ 484 (1999), 440 (o sumário); outro caso de um talho foi decidido em RCb 16-mai.-2000 (Garcia Calejo), CJ XXV (2000) 3, 16-20 (19/I).

[742] RCb 15-jan.-2002 (Silva Freitas), CJ XVII (2002) 1, 5-11 (7/I e II).

[743] RPt 21-mar.-2002 (Marques Pereira), CJ XXVII (2002) 3, 201-203.

[744] RLx 9-mai.-2002 (Maria do Rosário Oliveira), CJ XXVII (2002) 2, 69-70.

maquinismos ruidosos num restaurante[745] ou de obras desagradáveis[746], de aparelhos de afugentar pássaros[747], de música ao vivo[748], de ruído do trânsito rodoviário numa auto-estrada[749], de ruídos de aparelhos típicos da atividade comercial[750] e do ruído e vibrações produzidos durante o fabrico de pão[751];

– as emissões, sancionadas pelo artigo 1346.º, mas em termos reforçados pelos direitos de personalidade[752]; temos exemplos de hidropressores[753], de viteleiros, com cheiros e insetos[754], de cheiros[755], de galinheiro e pombal[756], de discotecas[757], de clínicas[758], de lavandaria[759], de estabelecimentos industriais[760], de currais de vacas e ovelhas[761], de trepidações provenientes de uma auto-estrada[762], de latidos de cão[763] e de obras de metropolitano[764];

745 STJ 22-set.-2005 (Pereira da Silva), Proc. 04B4264.

746 STJ 28-nov.-2006 (Faria Antunes), Proc. 06A2210.

747 STJ 15-mar.-2007 (Oliveira Rocha), CJ/Supremo XV (2007) 1, 130-132 (132) = Proc. 07B585, sem aplicação concreta, nesse caso.

748 STJ 17-abr.-2013 (Sousa Leite), Proc. 1529/04.

749 RPt 6-jun.-2015 (Rodrigues Pires), Proc. 1491/06.

750 RPt 8-jul.-2015 (Fernando Samões), Proc. 912/14, sem aplicação concreta, nesse caso.

751 RPt 12-out.-2015 (Caimoto Jácome), Proc. 6/14.

752 RCb 25-out.-1983 (Ataíde das Neves), BMJ 331 (1983), 610 (o sumário).

753 RPt 6-jul.-1989 (José Marques), CJ XIV (1989) 4, 192-194 (194).

754 RCb 7-jan.-1992 (Cardoso de Albuquerque), CJ XVII (1992) 1, 83-85.

755 RCb 13-jul.-1993 (Cardoso de Albuquerque), BMJ 429 (1993), 895.

756 RLx 26-out.-1995 (Viriato Bernardo), BMJ 450 (1995), 559 (o sumário): o ofendido contraíra, neste caso, uma rinite alérgica.

757 REv 2-out.-1997 (Mota Miranda), CJ XXII (1997) 4, 275-277 (caso de Vila Viçosa), confirmado em STJ 6-mai.-1998 (Fernandes Magalhães), BMJ 477 (1998), 406-411 e REv 16-out.-1997 (Mota Miranda), CJ XXII (1997) 4, 278-279 (caso de Lagos).

758 STJ 19-fev.-1998 (Henrique de Matos), CJ/Supremo VI (1998) 1, 92-96 = BMJ 474 (1998), 467-479.

759 RLx 14-out.-1999 (Catarina Manso), CJ XXIV (1999) 4, 125-127 (127/I).

760 RGm 20-nov.-2002 (Leonel Serôdio), CJ XXVII (2002) 5, 273-277 (275/II).

761 RPt 12-dez.-2002 (João Bernardo), CJ XXVII (2002) 5, 192-195 (193/I).

762 RGm 2-jul.-2008 (Rosa Tching), CJ XXXIV (2009) 2, 297-299 = Proc. 2903/08, que se declarou incompetente.

763 STJ 30-set.-2010 (Álvaro Rodrigues), Proc. 1229/05, sem aplicação concreta, nesse caso.

764 STJ 19-out.-2010 (Alves Velho), Proc. 565/1999.

– à qualidade de vida, invocando-se, direta ou indiretamente, a temática ambiental; assim nos casos de uma pocilga[765], de uma obra que viole regras de planeamento e de construção[766], de um posto de combustível[767], de fábricas de madeira[768], de reclamos luminosos[769], de um laboratório de betão[770], de uma fábrica de corte e de polimento de granito[771], da atividade de cunicultura[772], de um parque de sucata[773] e da proximidade de linhas elétricas de alta tensão[774].

III. Trata-se de uma área particularmente interessante, onde é de esperar um crescimento e um afinamento constantes. Tal como já constatámos aquando da ponderação histórica acima realizada, o círculo de bens e valores a abranger pela proteção tem vindo a aumentar. Inicialmente, a integridade física era apenas posta em causa por agressões pessoais físicas; hoje, fica claro que ela é questionada pelo ruído, pela trepidação, pelos cheiros e pela degradação do ambiente.

58. O assédio (*mobbing* e *bullying*)

I. Em certas circunstâncias sociológicas, os atentados à integridade moral e, por vezes, física das pessoas assumem uma feição organizada, ainda que não-oficial. Os legisladores, particularmente no campo do Direito do trabalho, tiveram de intervir, para tentar controlar o fenómeno.

[765] STJ 15-out.-1995 (Santos Carvalho), BMJ 350 (1985), 301-304 (302-303), especificando-se ruídos e um cheiro pestilento e nauseabundo.

[766] RCb 9-mai.-1995 (Vasconcelos Cameira), CJ XX (1995) 3, 24-28.

[767] RPt 11-dez.-1995 (Azevedo Ramos), CJ XX (1995) 5, 225-225 = BMJ 452 (1996), 491-492 (o sumário), confirmado por STJ 2-jul.-1996 (Cardona Ferreira), BMJ 459 (1996), 444-456 = ROA 1996, 667-682, anot. Menezes Cordeiro, loc. cit., 683-688, favorável.

[768] RPt 2-fev.-1998 (Simões Freire), CJ XXIII (1998) 1, 203-207, esclarecendo-se que a fábrica foi instalada depois de a Autora viver no local e que a mesma produzia ruídos, serrim e poeira.

[769] RPt 8-mar.-1999 (Manuel Gonçalves Ferreira), CJ XXIV (1999) 2, 177-180 = BMJ 485 (1999), 485 (o sumário).

[770] RLx 15-jun.-1999 (Bettencourt Faria), CJ XXIV (1999) 3, 115-117.

[771] RCb 15-fev.-2000 (Ferreira de Barros), CJ XXV (2000) 1, 22-27.

[772] STJ 11-fev.-2003 (Reis Figueira), Proc. 02A730.

[773] STJ 9-mai.-2006 (Nuno Cameira), Proc. 06A636.

[774] STJ 2-dez.-2012 (Bettencourt Faria), Proc. 110/2000.

Num primeiro momento, ele foi sentido como uma forma de discriminação contra as mulheres, uma vez que estas eram as vítimas mais frequentes. Por isso, o tema surgiu na legislação comunitária, a propósito da não-discriminação das mulheres. A Diretriz 76/207, de 9 de fevereiro[775], veio vedar discriminações laborais em função do sexo. Seguiu-se a Diretriz 2002/73, de 23 de setembro[776], que, alterando a primeira, introduziu a noção de assédio, proibindo-o por o entender discriminatório. Apresenta as seguintes definições (novo artigo 2.º/2 da Diretriz 76/2007):

- assédio: sempre que ocorrer um comportamento indesejado, relacionado com o sexo de uma dada pessoa, com o objetivo ou o efeito de violar a dignidade da pessoa e de criar um ambiente intimidativo, hostil, degradante, humilhante ou ofensivo,
- assédio sexual: sempre que ocorrer um comportamento indesejado de carácter sexual, sob forma verbal, não-verbal ou física, com o objetivo ou o efeito de violar a dignidade da pessoa, em particular pela criação de um ambiente intimidativo, hostil, degradante, humilhante ou ofensivo.

II. Em transposição destes normativos comunitários, o Código do Trabalho define e proíbe o assédio, no seu artigo 29.º, ampliando-o para além dos aspetos sexuais[777]. A doutrina distingue[778]:

- o assédio sexual ou com conotação sexual (*sexual harassment*): há um comportamento indesejado e hostil com conotação sexual, de modo verbal, gestual ou físico;
- o assédio moral discriminatório: o comportamento indesejado assenta em fatores discriminatórios não-sexuais (*discriminatory harassment*);
- o assédio moral não-discriminatório: o comportamento indesejado não deriva de qualquer discriminação, mas visa, apenas, atingir certa pessoa; fala-se, então, em *mobbing*;

[775] JOCE N.º L 39, 40-42, de 14-fev.-1976.

[776] JOCE N.º L 269, 15-20, de 5-out.-2002.

[777] Guilherme Dray, em Pedro Romano Martinez e outros, *Código do Trabalho*, 10.ª ed. (2013), 184 ss.; *vide* o nosso *Direito do trabalho* I (2019), 551 ss..

[778] M. Regina Redinha, *Assédio moral ou* mobbing *no trabalho*, Est. Raúl Ventura 2 (2003), 833-847 e, em especial, Maria do Rosário Palma Ramalho, *Direito do trabalho*, Parte II, *Situações laborais individuais*, 5.ª ed. (2014), 184 ss..

Quantos aos propósitos subjacentes ao assédio (*animus*), é possível distinguir duas grandes modalidades: (i) assédio emocional; e (ii) assédio estratégico. O primeiro é motivado por simples animosidade ou maldade e o segundo por razões específicas, por exemplo, levar o trabalhador a despedir-se, contornando, assim, o regime do despedimento sem justa causa[779].

O problema tem sido amplamente discutido pelos nossos tribunais superiores[780].

III. De facto, o Direito despertou para o problema através de não-discriminação no Direito do trabalho[781] e nos serviços públicos[782]. Os sociólogos isolam o *mobbing* (de *to mob*, rodear, atacar)[783] como um conjunto de atos de comunicação negativa, contra uma pessoa isolada, frequentes (pelo menos, uma vez por semana), prolongados (pelo menos, seis meses), danosos para a saúde física e psíquica do atingido e visando o seu isolamento e o seu afastamento[784]. Os critérios apontados podem, todavia, variar.

O fator sexo foi determinante, para os estudos iniciais. Hoje, calcula-se que 55% dos casos registados atinjam mulheres, o que documenta

[779] STJ 3-dez.-2014 (Mário Belo Morgado), Proc. 712/12.

[780] RLx 13-dez.-2006 (Maria Paula Sá Fernandes), CJ XXXI (2006) 5, 160-164 (163/I), onde se considerou assédio moral a não-ocupação efetiva, do trabalhador, numa asserção muito duvidosa (*vide* o voto de vencido do Des. José Feteira); RPt 2-nov.-2009 (Paula Carvalho), CJ XXXIV (2009) 5, 206-214, aí num caso claro de assédio sexual, e onde é feita uma aproximação à violação da intimidade da vida privada; STJ 3-dez.-2014 (Mário Belo Morgado), Proc. 712/12; STJ 26-mai.-2015 (António Leones Dantas), Proc. 2056.12: dado como não provado.

[781] Nina Engler, *Strukturelle Diskriminierung und substantielle Chancengleichheit* (2005), XXIV + 272 pp.; Norbert Kollmer, *Mobbing im Arbeitsverhältnisse* (2003), XX + 295 pp..

[782] Hans-Jurgen Honsa, *Mobbing und sexuelle Belästigung im öffentlichen Dienst* (2008), 572 pp..

[783] Na gíria académica, o *mobbing* é expresso por "gozar" ou o "ato de gozar" um colega infeliz ou mais fraco. O *mobbing* foi estudado por Heinz Leymann (1932-1999), professor sueco de origem alemã, que, em análises de campo, identificou 45 comportamentos típicos dessa natureza; *vide* Noa Davenport/Ruth D. Schwarz/Gail Pursell Elliot, *Mobbing: Emotional Abuse in the American Workplace* (1999), 212 pp. (34).

[784] Peter Teuschel, *Mobbing/Dinamik, Verlauf, gesundheitliche und sozialen Folgen* (2010), 5.

um apagamento dessa dimensão[785]. Exige-se uma resposta multidisciplinar[786], sem esquecer o Direito[787].

IV. O tema torna-se perturbante pelo facto de se concretizar, também, entre jovens e nas escolas[788]. Toma, por vezes, formas de violência física, falando-se, então, em *bullying*.

Bullying (de *bully*, "valentão") é o termo anglo-saxónico consagrado para descrever atos de violência física ou psicológica, levados a cabo por uma pessoa ou várias pessoas, mais fortes, sobre a vítima, mais fraca ou, por qualquer outra razão, impossibilitada de se defender.

O problema do *bullying* foi espoletado pelo suicídio do jovem Curtis Taylor, em 1993 e nos Estados Unidos, vítima, durante anos, de agressões e vexames por parte dos seus colegas de turma. Os episódios de tiroteios nas escolas, com muitas vítimas e, a todos os títulos, lamentáveis, são por vezes reações descontroladas de vítimas dos *bullies*.

Em Portugal, ficou registado o caso de Leandro, de 12 anos, vítima constante de *bullying* em Mirandela e que, em março de 2010, se suicidou, lançando-se ao Tua. As autoridades do Ministério da Educação não foram capazes de esclarecer responsabilidades, tendo a competente associação de pais contribuído para o muro de silêncio.

Nas universidades, o *bullying* exerce-se a coberto das denominadas "praxes": em regra sem nível nem estética e que nada têm a ver com qualquer espírito académico.

V. As descrições de práticas de assédio, de *mobbing* e de *bullying* levam-nos a meditar sobre os abismos da alma humana e sobre a necessidade de permanente intervenção de regras de educação, de ética, de religião e, no limite, de Direito, para garantir a sociabilidade das pessoas e a defesa dos mais fracos.

Em termos civis, o problema não é de discriminação: antes de atentado à integridade física e moral das pessoas e, no mínimo, do direito à

[785] *Idem*, 56.

[786] *Idem*, 123 ss. Referimos Josef Schwickerath, *Mobbing am Arbeitsplatz/stationäre Verhaltenstherapie von Patienten mit Mobbingerfahrungen* (2009), XI + 277 pp..

[787] Martin Wolmerath, *Mobbing/Rechtshandbuch für die Praxis* (2007), 242 pp..

[788] Karl E. Dambach, *Mobbing in der Schulklasse* (2009), 118 pp.; Karl Gebauer, *Mobbing in der Schule* (2005), 159 ss..

honra[789]. O Direito civil não pode contemporizar com o sofrimento das pessoas: e, para mais, quando gratuito, sendo que a irracionalidade não pode ser tomada como atenuante. E muito menos será aceitável legitimar práticas agressivas, vexatórias ou intimidatórias com a sua "habitualidade" ou como uma "inevitabilidade". Pelo contrário: se assim for, mais uma razão para lhes pôr cobro.

VI. Como desenvolvimento recente surge o *cyber-bullying*: a prática de incomodar, vexar, intimidar ou prejudicar alguém através das redes sociais, de imagens ou ditos colocados na *Net* ou com recurso a telefones portáteis (celulares)[790]. Estudos mostram que, nos Estados Unidos, metade dos jovens já foi incomodada por esta via.

Também aqui o Direito civil não pode deixar de exercer o seu papel educativo e reparador. A *Net* é um bem da Humanidade; manchá-lo só poderá conduzir, no futuro, a limitações. Além disso, o sofrimento nunca é nem justificado, nem admissível.

59. As indemnizações (aspetos gerais)

I. A violação do direito à vida – portanto: a morte de uma pessoa – deveria ter as mais pesadas consequências indemnizatórias que o Direito pudesse prescrever[791]. Todavia, a responsabilidade civil tem sido mais sensível aos danos patrimoniais do que aos morais. Estes, mesmo quando reconhecidos com funções compensatórias, vêm obtendo, particularmente no nosso Direito, indemnizações modestas. Com dificuldade, doutrina e jurisprudência têm vindo, paulatinamente, a corrigir o panorama existente.

II. O aprofundamento desta matéria requer o domínio dos pressupostos da responsabilidade civil, devendo ser feito em Direito das obrigações.

[789] Roland Rixecker, no *Münchener Kommentar* cit., 1, 7.ª ed., § 12, anexo, Nr. 99-100.

[790] Nayla Fawzi, *Cyber-Mobbing/Ursachen und Auswirkungen von Mobbing im Internet* (2009), IV + 140 pp.; Susanne Clay, *Cybermob/Mobbing im Internet* (2010), 246 pp..

[791] A jurisprudência repete que o bem vida é o mais valioso dos que integram os direitos de personalidade – assim, STJ 13-mai.-1986 (Aurélio Fernandes), BMJ 357 (1986), 398-408 (407), RPt 7-nov.-1991 (Lopes Furtado), CJ XVI (1991) 5, 182-184 (183/ /II) e RCb 2-nov.-1993 (Moreira Camilo), BMJ 431 (1993), 563 (o sumário).

Todavia, o tratamento ficaria incompleto se não tivéssemos uma ideia quantitativa do problema do ressarcimento dos danos causados a pessoas, particularmente quando haja lesão do direito à vida ou da integridade física.

Assim, aquando da publicação do Código Civil, tínhamos o seguinte: STJ 30-jan.-1968: 150 c., a uma menina de 7 anos, pela morte dos pais[792]; STJ 9-fev.-1968: 176 c. a um homem que ficou com impossibilidade definitiva para o trabalho e incapaz de se deslocar sozinho[793]; STJ 5-jul.-1968: 74.872$40, acrescidos de 50 c. por danos morais, a um menor de 4 anos que perdeu massa encefálica, ficando com problemas para o resto da vida[794]; STJ 8-nov.-1968: um condutor próspero, por sua culpa exclusiva, mata um pai de família saudável, que deixa mulher e dois menores: 190 c.[795]; STJ 28-fev.-1969: além de outros, 60 c., para danos morais, pela amputação de uma perna a um jovem, de 24 anos[796]; STJ 27-mai.-1969: 107.360$00, a um homem de 40 anos, subchefe da polícia, que teve de se aposentar com 70% de incapacidade[797]; STJ 13-jan.-1970: 50 c., de danos morais, para o menor que ficou com uma incapacidade de 60% e sem o antebraço; este aresto recusou quaisquer indemnização, por danos morais, ao pai, por "a lei não lhos dar"[798]; STJ 16-jan.-1970: 100 c., de danos morais e patrimoniais, aos pais, por perda de um filho, de 16 anos[799]; STJ 19-mai.-1970: 200 c., por danos materiais e morais, devidos pela morte de um pai de família, que deixa viúva e três filhos menores, de que só receberiam metade, por a vítima ter 50% de culpa, no acidente[800]; STJ 9-jun.-1970: 200 c. para um jovem de 11 anos, que ficou, para sempre, privado de capacidade intelectiva, por culpa exclusiva dum condutor[801].

Trata-se de uma página negra, na nossa jurisprudência, página essa que, de resto, iria prosseguir, praticamente até hoje. Com uma agravante: ela

[792] STJ 30-jan.-1968 (Lopes Cardoso), BMJ 173 (1968), 275-277; a moeda tinha, então, outro valor; de todo o modo, a cifra é baixa, perante a enorme extensão dos danos.

[793] STJ 9-fev.-1968 (Oliveira Carvalho), BMJ 174 (1968), 193-196.

[794] STJ 5-jul.-1968 (Ludovico da Costa), BMJ 179 (1968), 159-164, em sessão conjunta das 3 secções.

[795] STJ 8-nov.-1968 (Oliveira Carvalho), BMJ 181 (1968), 259-261.

[796] STJ 28-fev.-1969 (Torres Paulo), BMJ 184 (1969), 267-270.

[797] STJ 27-mai.-1969 (Albuquerque Rocha), BMJ 187 (1969), 111-116; o Supremo, neste caso, insurgiu-se contra a exiguidade da indemnização e ainda condenou os responsáveis, em 3.000$00, como litigantes de má-fé, por terem conseguido, com uma série de procedimentos dilatórios, protelar, em mais de 6 anos, o seu pagamento.

[798] STJ 13-jan.-1970 (Joaquim de Melo), BMJ 193 (1970), 349-352.

[799] STJ 16-jan.-1970 (Oliveira Carvalho), BMJ 193 (1970), 359-362.

[800] STJ 19-mai.-1970 (Albuquerque Rocha), BMJ 197 (1970), 293-300.

[801] STJ 9-jun.-1970 (Albuquerque Rocha), BMJ 198 (1970), 112-118 (118).

é, virtualmente, desconhecida pela doutrina. A jurisprudência, porém, encetou algumas medidas corretoras, para tentar melhorar os níveis indemnizatórios. Uma delas – e, provavelmente, a mais significativa, consistiu em considerar indemnizável, no caso da morte duma pessoa, o próprio bem "vida", numa indemnização que, depois, se transmitiria *mortis causa*[802]. A doutrina tomou posições diversificadas sobre o assunto, embora, de um modo geral, favoráveis à solução. Porém, o argumento mais eloquente em sua defesa, tem a ver com a necessidade de corrigir a exiguidade das indemnizações.

III. Apesar da tentativa de correção, acima sublinhada, a jurisprudência persistiria na escassez indemnizatória. E fê-lo em termos, porventura, agravados, perante a desvalorização monetária dos anos setenta do século XX. Assim: STJ 8-mai.-1974: 120 c., por danos patrimoniais e 60 c., por danos morais, pela morte do marido, a uma viúva que, sendo de saúde delicada, teria dificuldades em empregar-se[803]; STJ 25-nov.-1975: 75 c., de danos morais, por morte dum filho[804]; STJ 5-dez.-1975: baixou de 300 para 160 c. a indemnização, por danos morais, devida à vítima de um acidente[805]; STJ 22-nov.-1977: 600 c., de danos morais e patrimoniais, por amputação da

[802] STJ 17-mar.-1971 (Bernardes de Miranda), BMJ 205 (1971), 150-163, com vários votos de vencido; no mesmo sentido, posteriormente, entre outros: STJ 22-dez.-1972 (Oliveira Carvalho), BMJ 222 (1973), 392-395, STJ 16-mar.-1973 (Oliveira Carvalho), BMJ 225 (1973), 216-220, com, 231, uma larga anotação sobre a evolução do tema, STJ 16-jan.-1974 (Vera Jardim), BMJ 233 (1974), 55-65, STJ 23-jan.-1974 (Ferreira Manso), BMJ 233 (1974), 82-89, STJ 16-abr.-1974 (Abel de Campos), BMJ 236 (1974), 138-142 (141), STJ 13-nov.-1974 (José Montenegro), BMJ 241 (1974), 204-215, STJ 7-mar.-1975 (João Moura), BMJ 245 (1975), 486-488 e STJ 15-jan.-1980 (Ferreira da Costa), BMJ 293 (1980), 285-290.

[803] STJ 8-mai.-1974 (Oliveira Carvalho), BMJ 237 (1974), 201-206; para termos uma ideia da grandeza relativa destes valores, assinale-se que, em STJ 4-jun.-1974 (Arala Chaves), BMJ 238 (1974), 240-243 (241), se aceitou a fixação, com o voto dos próprios e desde julho de 1972, de vencimentos de gerência, de 25 c. mensais.

[804] STJ 25-nov.-1975 (Oliveira Carvalho), BMJ 251 (1975), 167-171 (170).

[805] STJ 5-dez.-1975 (Correia Guedes), BMJ 252 (1976), 129-135; o Supremo ainda sentiu a necessidade de dar a seguinte justificação:

> É forçoso não esquecer que o autor sofreu as dores e sofrimentos dum grande traumatismo, aquelas provenientes de intervenções cirúrgicas que culminaram na ablação duma rótula e as angústias de quem se vê incapacitado de fazer a sua vida, durante 413 dias e da incerteza de que, ao fim e ao cabo, poderia ficar inválido.

perna, de uma menina de 9 anos[806]; STJ 7-mar.-1978: 145.060$00, de danos morais e patrimoniais, pela perda do marido[807].

Prosseguia, pois e com energia, a série negra[808]. O Supremo entendeu, então, introduzir um novo corretivo no cômputo das indemnizações: o de atender, na fixação das cifras, à inflação e à desvalorização monetárias[809]. Com poucos resultados: a depressão indemnizatória prosseguiria, porventura mesmo, de modo agudizado: STJ 19-jun.-1984: num caso de morte de uma criança de 2 anos, por falta de vigilância, o Supremo baixou, para 150 c., a indemnização devida pelo dano morte, fixada, em 250 c., na Relação; e acrescentou, mesmo, que já atendia, com os 150 c., "... à notória perda do poder de compra do dinheiro"[810]; STJ 23-mai.-1985: num acidente, causado por culpa exclusiva do Réu, foi ferida uma grávida de 9 meses, que perdeu, por isso, a criança; a RCb arbitrara uma indemnização de 400 c.; o Supremo considerou-a excessiva ... por entender que o feto não tinha personalidade jurídica; baixou-a, pois, para 280 c.[811]; STJ 5-mai.-1988: considerou que não era exagerada a cifra de 400 c., pela amputação de uma perna, com múltiplos sofrimentos e isso num acidente ocorrido em 1979[812].

Sempre como paliativo, o Supremo iria multiplicando as parcelas indemnizatórias, de modo a conseguir resultados finais mais justos[813]. Porém, apenas na década de 90 se chegaria a cifras mais animadoras, embora sempre insuficientes. Assim: STJ 16-abr.-1991: 3000 c., a um paraplégico[814]; STJ 28-out.-1991 – um extenso acórdão que fez a destrinça das múltiplas

[806] STJ 22-nov.-1977 (Oliveira Carvalho), BMJ 271 (1977), 212-214 (214).

[807] STJ 7-mar.-1978 (Rui Corte-Real), BMJ 275 (1978), 179-182.

[808] António Santos Abrantes Geraldes, *Temas da responsabilidade civil* – II *Indemnização dos danos reflexos* (2005), 23.

[809] STJ 25-jan.-1983 (Moreira da Silva), BMJ 323 (1983), 385-388 (387), STJ 18-jul.-1985 (Lima Cluny), BMJ 349 (1985), 499-506 e STJ 1-jul.-1986 (Joaquim Figueiredo), BMJ 359 (1985), 672-675.

[810] STJ 19-jun.-1984 (Rui Corte-Real), BMJ 338 (1984), 391-395 (394).

[811] STJ 23-mai.-1985 (Góis Pinheiro), BMJ 347 (1985), 398-402 (402).

[812] STJ 5-mai.-1988 (Eliseu Figueira), BMJ 377 (1988), 471-475 (474).

[813] Assim, em STJ 28-out.-1992 (Sá Nogueira), BMJ 420 (1992), 544-564 – um excelente acórdão – distinguiram-se, como consequência dum acidente de viação, os danos seguintes: danos emergentes, com prejuízos diretos e despesas imediatas, ganhos cessantes, lucros cessantes, custos de reconstituição ou de separação, danos futuros e prejuízos não patrimoniais.

[814] STJ 16-abr.-1991 (Cura Mariano), BMJ 406 (1991), 618-622; como termo comparativo, registe-se que, no mesmo dia, o Supremo estimou em 400 c., a indemnização devida pela ofensa ao bom nome: STJ 16-abr.-1991 (Martins da Fonseca), BMJ 406 (1991), 623-628.

cifras indemnizatórias: 9.400.100$00, por incapacitação, do lesado, para o trabalho, com amputação de um braço[815]; STJ 17-nov.-1992: 10.400 c., por amputação de uma perna[816]; STJ 4-fev.-1993: estimou, num caso de morte, o direito à vida em 1.000 c., danos morais em 1.800 c. e danos patrimoniais em 10.000 c.[817]; STJ 26-abr.-1994: 2.000 c., por atentado ao bom nome e reputação[818]; STJ 11-set.-1994: um caso de um velocipedista que embatera num rebanho e foi colhido por um automobilista, ficando com 41,78% de incapacidade: 8.000 c., com juros e a acrescer a ulteriores indemnizações, a fixar em execução de sentença[819]. A jurisprudência subsequente pouco tem melhorado. Em STJ 4-dez.-2003 entendeu-se que "a indemnização de 40.000 euros pela perda do direito à vida inscreve-se, perfeitamente, nos padrões de cálculo mais recentes deste Supremo Tribunal"[820]. E a situação é ainda agravada pela permanente aplicação de indemnizações atribuídas há já alguns anos[821].

60. A problemática dos seguros

I. Esta matéria é ainda complicada pelas correlações existentes com o Direito dos seguros[822]. Nos domínios dos acidentes de trabalho e dos acidentes de viação, existem situações de seguro obrigatório[823]. A sinistralidade é intensa. As companhias de seguros, tendo em vista limitar e prever as indemnizações, preparam tabelas de indemnizações, indexadas aos danos que se verifiquem. Embora tais tabelas não sejam, de modo algum,

[815] STJ 28-out.-1992 cit., BMJ 420, 561.

[816] STJ 17-nov.-1992 (Amâncio Ferreira), BMJ 421 (1992), 414-419.

[817] STJ 4-fev.-1993 (Costa Raposo), CJ/Supremo I (1993) 1, 128-132.

[818] STJ 26-abr.-1994 (Carlos Caldas), CJ/Supremo II (1994) 2, 54-59.

[819] STJ 11-out.-1994 (Cardona Ferreira), CJ/Supremo II (1994) 3, 89-93 (93). De notar que, neste caso, o Supremo já fixou, praticamente, as indemnizações na totalidade que havia sido pedida; processualmente, ele não poderia ir mais além. Cabe, agora, aos interessados uma defesa, mais enérgica e convicta, dos seus direitos.

[820] STJ 4-dez.-2003 (Quirino Soares), Proc. 03B3825/ITIJ, visitado a 15-jun.-2006.

[821] RCb 15-jan.-2004 (Fernandes da Silva), CJ XXIX (2004) 1, 54-55: 318 contos anuais, por 33,5% de incapacidade; RCb 15-abr.-2004 (Serra Leitão), CJ XXIX (2004) 2, 58-60: 164 contos anuais, em 1996, pela morte de uma filha; RCb 19-jan.-2006 (Fernandes da Silva), CJ XXXI (2006) 1, 59-60: uma pensão de 5.842$00 (cerca de 25 euros) fixada em 1969, por uma incapacidade de 70%.

[822] *Direito dos seguros*, 2.ª ed (2016), 789 ss..

[823] *Direito dos seguros* cit., 801 ss..

obrigatórias para os juízes cíveis, é evidente que originam uma certa prática redutora e niveladora.

II. A passagem ao euro, facultando comparações mais eficazes com a prática de outros países europeus, deveria ter permitido melhorar os níveis indemnizatórios. De um modo geral, isso não sucedeu, apesar de, contra as limitações indemnizatórias, se elevarem diversas vozes[824].

Como elemento de perturbação surgiu a Portaria n.º 377/2008, de 26 de maio, depois alterada pela Portaria n.º 679/2009, de 25 de junho, com tabelas relativas às indemnizações a arbitrar em caso de morte e por danos corporais[825]. O ensejo de tais diplomas é o seguinte: o artigo 38.º/3 do Decreto-Lei n.º 291/2007, de 21 de agosto, que aprovou o regime do seguro obrigatório de responsabilidade civil automóvel, penaliza, a nível de juros, as companhias seguradoras que, chamadas a cobrir os danos de um acidente, não apresentem uma "proposta razoável" ou indiquem um montante "manifestamente insuficiente". Perante isso, o Governo, visando respaldar as companhias de seguros, preparou e publicou, sob a forma de portaria, tabelas com os tais valores razoáveis. Teve o cuidado (1.º/2, da Portaria n.º 377/2008) de dizer que a tabela não impede a fixação de valores superiores: óbvio, pois, de outra forma, seria gravemente contrária à Constituição.

III. As tabelas hoje constantes da Portaria n.º 279/2009, de 25 de junho, não se aplicam aos tribunais nem limitam, minimamente, os direitos das pessoas. Mas são lamentáveis: conseguem fixar valores ainda aquém das já deprimidas cifras obtidas nos tribunais. Pior: cifras máximas, quando seria de esperar, ao menos, que as cifras fossem mínimas. Basta ver as cifras adotadas por danos morais, em caso de morte:

– ao cônjuge com 25 ou mais anos de casamento .... € 25.650;
– o cônjuge com menos de 25 anos de casamento .... € 20.520;
– a cada filho com idade menor ou igual a 25 anos .... € 15.390;
– a cada filho com maior de 25 anos .... € 10.260;
– a cada neto ou outros descendentes .... € 5.130.

[824] *Vide* António Santos Abrantes Geraldes, *Temas da responsabilidade civil* 2, 2.ª ed. (2007), 25 ss. e Diogo Leite de Campos, *Os danos causados pela morte e a sua indemnização*, em AAVV, *Comemorações dos 35 anos do Código Civil*, III (2007), 137.

[825] Usa-se o tão inestético quão inexplicável termo "danos biológicos".

Os danos morais por perda do feto valem de € 2.596 a € 12.825. O próprio direito à vida cifra-se em € 61.580 até aos 25 anos, € 51.300, dos 25 aos 49, € 41.040 dos 50 aos 75 e € 30.780, a partir dos 75. A portaria contém tabelas por danos corporais e outros: insignificantes. Tudo isto vale como valores máximos.

Esta iniciativa merece um juízo de censura absoluta. O Governo nunca deveria ter intervindo neste domínio, sem critério nem justiça e, aparentemente, sem conhecimento da evolução (penosa) do próprio Direito civil. Entretanto, a opinião pública, anestesiada pelas questiúnculas irrelevantes que têm dominado o País, deixa passar este grave atentado aos direitos mais sérios e profundos dos cidadãos.

IV. Como nota de otimismo, referimos o acórdão 7-fev.-2008, do Supremo, relatado pelo ilustre Conselheiro Dr. Moreira Camilo: a um jovem de 19 anos, que ficou com 45% de invalidade permanente, arbitrou € 14.773,75 pela tabela, acrescidos de € 94.570,57, a título de equidade[826].

As ofertas muito baixas, feitas pelas seguradoras, às vítimas de sinistros, agora apoiadas pelas infelizes portarias do Governo, têm ainda uma dimensão da maior injustiça. Elas são propostas a famílias de baixos recursos, desesperadas pelos danos morais e patrimoniais que inesperadamente as atingem e que logo aceitam como único paliativo. Apenas a classe média/ /alta pode enfrentar um processo de muitos anos contra uma seguradora para, então, conseguir arrancar um resultado menos deprimente.

Desde as XII Tábuas a lei existe para proteger os fracos.

Quanto à indústria seguradora: é evidente que, perante a elevada sinistralidade, ela também tem de ser tida em conta. Para isso, há que elevar os prémios: quem não os puder pagar não pode repercutir essa insuficiência nos direitos morais e patrimoniais de terceiros inocentes. Como alternativa (desaconselhável a todos os títulos): o Governo que subsidie os prémios.

61. Dados jurisprudenciais recentes

I. Vamos proceder a uma amostragem daquela que é, hoje, a mais recente jurisprudência do Supremo sobre o cálculo de indemnizações:

[826] Quanto ao facto de a Portaria n.º 377/2008, de 26 de maio, não vincular o Tribunal: STJ 7-mar.-2017 (Júlio Gomes), Proc. 4754/11, que ficou uma cifra de € 350.000.

STJ 20-jan.-2010: por um acidente de onde o lesado resultou gravemente incapacitado, foram pedidos € 409.538,02, por danos patrimoniais e morais; a 1.ª Instância condenou em € 93.266,03 por danos patrimoniais e € 25.000 por danos morais; a Relação elevou os danos morais para € 100.000; o Supremo baixou estes para € 85.000, alegando que:

> (...) a jurisprudência não pode dar saltos bruscos, sob pena de se colocar em causa o próprio critério de equidade (...)[827].

STJ 18-mar.-2010: confirma o acórdão da Relação que, relativamente a um acidente de viação causado por um segurado e do qual resultou a morte de um executivo de 45 anos, deixando viúva e filhos, condenou a companhia de seguros do responsável nas seguintes indemnizações: € 29.925 pela perda da vida; € 14.963 por danos não-patrimoniais próprios à viúva; € 9.975 por danos não-patrimoniais próprios a cada um dois dois filhos; € 184.684, à mãe e aos filhos pela perda de rendimentos[828]; num caso destes, não se foi mais longe pela limitação do capital seguro.

STJ 31-mai.-2012: sublinhando que a Portaria n.º 679/2009, de 25 de junho, tem mero papel extrajudicial, arbitra € 10.000 de indemnização a uma pessoa que, por dano biológico, ficou a carecer de apoio doméstico[829].

STJ 5-jun.-2012: embora não havendo culpa do condutor, pela morte de uma criança de seis anos em acidente, considerando o Direito europeu e os valores comunitários, atribuiu as seguintes indemnizações: € 50.000 pela perda do direito à vida; € 20.000 por danos morais da vítima, que agonizou durante seis dias penosos; € 40.000 a cada um dos pais por danos morais[830].

STJ 26-jun.-2012: confirmou uma indemnização de € 32.172,45, sendo € 24.939,89 de danos morais, a uma pessoa colhida numa paragem de autocarros (em 2-nov.-1994!), ficando com incapacidade definitiva (ainda que ligeira); ponderou o tempo decorrido e o facto de a atual crise económica aumentar a angústia das pessoas, justificando melhores indemnizações[831].

[827] STJ 20-jan.-2010 (Mário Cruz), Proc. 60/2002.

[828] STJ 18-mar.-2010 (Álvaro Rodrigues), Proc. 467/1999; o acidente ocorreu em 11-abr.-1991, vindo a ser definitivamente decidido pelo Supremo 19 anos depois!

[829] STJ 31-mai.-2012 (Maria dos Prazeres Beleza), Proc. 1145/07.

[830] STJ 5-jun.-2012 (Orlando Afonso), Proc. 100/10; como se vê, foram necessários dezoito anos para fixar, em definitivo, a indemnização.

[831] STJ 26-jun.-2012 (Salazar Casanova), Proc. 631/1999.

STJ 2-jul.-2012: elevou de € 11.000 para € 37.000 o montante de uma indemnização devida a um lesado que ficou praticamente incapaz para o trabalho[832].

STJ 5-jul.-2012: confirmou, além de outras condenações, indemnizações de € 20.250,00 por danos patrimoniais futuros e € 90.000,00 por danos não patrimoniais, à vítima de um acidente de viação a qual, de resto, se conformara com o decidido pela Relação *a quo*[833].

STJ 28-nov.-2013: considerou adequada as quantias de € 50.000, para indemnização da perda do direito à vida, e € 20.000, a título de danos não patrimoniais[834];

STJ 18-jul.-2015: considerou adequada as indemnizações de € 80.000, pela perda do direito à vida, e de € 20.000 para cada um dos pais da vítima[835].

STJ 9-jul.-2015: confirmou os valores compensatórios de € 30.000 para a viúva e € 20.000 para cada uma das filhas, relativamente aos danos próprios, e € 20.000 para a vítima, a título de danos não patrimoniais[836];

RLx 10-mai.-2016: arbitrou, por danos morais, € 45.000 à vítima de um acidente, que ficou com sequelas para o resto da sua vida[837];

RCb 6-jul.-2016: reduziu para € 16.000 a indemnização arbitrada à vítima de um acidente por danos morais[838];

RCb 13-jul.-2016: reduziu para € 14.000 e € 19.000 as indemnizações arbitradas a mãe e filha, vítimas de atropelamento simultâneo, com deficiência daí derivada: danos extrapatrimoniais[839];

STJ 19-abr.-2018: fixa em € 45.000 a compensação por danos não patrimoniais, num acidente incapacitante[840];

STJ 7-jun.-2018: € 50.000, por danos morais, a uma jovem cabeleireira que não mais poderá exercer a sua profissão[841];

[832] STJ 2-jul.-2012 (João Camilo), Proc. 5243/09.
[833] STJ 5-jul.-2012 (Álvaro Rodrigues), Proc. 1032/04.
[834] STJ 28-nov.-2013 (Serra Baptista), Proc. 117/11.
[835] STJ 18-jun.-2015 (Fernanda Isabel Pereira), Proc. 2567/09.
[836] STJ 9-jul.-2015 (João Bernardo), Proc. 1647/13.
[837] RLx 10-mai.-2016 (Maria Amélia Ribeiro), Proc. 110/13.
[838] RCb 6-jul.-2016 (Barateiro Martins), Proc. 232/13.
[839] RCb 13-jul.-2016 (Inácio Monteiro), Proc. 338/14.
[840] STJ 19-abr.-2018 (António Joaquim Piçarra), Proc. 196/11.
[841] STJ 7-jun.-2018 (Rosa Tching), Proc. 418/13.

RLx 21-jun.-2018: através de várias parcelas, chega a € 130.000 por danos morais: a respetiva compensação deve ser significativa e não apenas simbólica[842];

RGm 28-jun.-2018: reviu em baixa uma série de indemnizações por danos patrimoniais e morais, fixando estes últimos em € 75.000[843];

RGm 17-jan.-2019: atribuiu € 150.000 por danos não-patrimoniais, a uma pessoa que sofrera uma série de sequelas físicas e mentais[844].

II. É inegável a presença de um certo esforço, no sentido da dignificação das indemnizações. Importante é, ainda, a consciência do problema, por parte dos nossos tribunais. Há, agora, que perder a timidez quanto às cifras. A vida humana não tem preço. Mas quando haja que avaliá-la para efeitos de compensação, a cifra a reter será (atualmente), da ordem do milhão de euros, majorada ou minorada conforme as circunstâncias. Todos os outros danos são, depois, alinhados abaixo desse valor de topo.

III. Entretanto, há que manter, de modo operacional, as várias parcelas indemnizatórias: supressão do bem vida; danos morais da vítima; danos morais dos familiares referidos no artigo 496.º/2, devidamente alargado pela interpretação; danos patrimoniais da vítima; danos patrimoniais dos familiares; lucros cessantes.

Não vale a pena dispormos de uma Constituição generosa, de uma rica e cuidada jurisprudência constitucional e de largos desenvolvimentos sobre os direitos de personalidade quando, no terreno, direitos fundamentais como a vida valham menos de € 60.000.

62. A atribuição das indemnizações e o dano-morte

I. Sem prejuízo dos desenvolvimentos competentes, a efetivar em Direito das obrigações, antecipamos que a morte de uma pessoa causa

[842] RLx 21-jun.-2018 (Ilídio Martins), Proc. 13035/15.

[843] RGm 28-jun.-2018 (Maria João Matos), Proc. 2476/16; a sentença recorrida optara por € 200.000.

[844] RGm 17-jan.-2019 (Espinheira Baltar), Proc. 1341/16.

danos morais e patrimoniais[845]: quer na própria vítima, quer no círculo dos seus familiares, particularmente no do cônjuge sobrevivo e nos dos filhos menores, quando esse seja o caso. Poder-se-ia mesmo dizer, no limite, que a morte de uma pessoa vem prejudicar a Humanidade. De modo a tornar efetivas as indemnizações e praticáveis os seguros, o Direito vem normalizar o círculo de pessoas indemnizáveis, quando ocorra uma morte[846]: tal o papel dos artigos 495.º e 496.º. Esses preceitos, todavia, presos ainda a um ideário restritivo, em sede de danos morais e de indemnizações, ficaram pouco explícitos e não trataram cabalmente a matéria.

II. A morte de uma pessoa provoca, desde logo, danos patrimoniais: basta pensar em todas as despesas havidas para tentar salvar a vítima (transporte, internamento hospitalar, medicamentos, honorários do pessoal médico, etc.). Tudo isso deve ser indemnizado, numa lógica que se estende à hipótese de atentado à integridade física – artigo 495.º/1 e 2.

Além destes danos patrimoniais emergentes temos, ainda, lucros cessantes: o falecido não mais poderá trabalhar, outro tanto podendo suceder, total ou parcialmente, com o corporalmente ofendido. Nesta última hipótese, o próprio terá direito a ser indemnizado pela perdida faculdade de trabalho. Na primeira, a indemnização cabe a familiares dele dependentes. O artigo 495.º/3 delimita, nessa altura, o cálculo dos beneficiários da indemnização: os que podiam exigir alimentos ao lesado ou aqueles a quem o lesado os prestava, no cumprimento de uma obrigação natural.

III. A morte de uma pessoa provoca danos morais. O artigo 496.º versa essa matéria. No n.º 1, de modo deslocado, refere o princípio geral da ressarcibilidade dos danos não patrimoniais, numa linha restritiva já acima comentada[847]. Segue-se o n.º 2, que cumpre consignar para facilidade de análise:

> Por morte da vítima, o direito à indemnização por danos não patrimoniais cabe, em conjunto, ao cônjuge não separado de pessoas e bens e aos

[845] Quanto ao tipo de danos envolvidos: Tratado VIII, 516 ss. e António Abrantes Geraldes, *Temas de responsabilidade civil* cit., 2, 13 ss. e 22 ss..
[846] *Direito das obrigações*, 2, 289 ss.; *Tratado* VIII, 516 ss..
[847] *Supra*, 130.

filhos ou outros descendentes; na falta destes, aos pais ou outros ascendentes; e, por último, aos irmãos ou sobrinhos que os representem.

Trata-se de indemnizações *iure proprio*, isto é: recebidas pelos beneficiários por direito próprio e por o legislador, conquanto que abstratamente, partir do princípio que estas pessoas são as que, efetivamente, sofrem ou mais sofrem, com a morte da vítima. A norma do artigo 496.º/2 dá corpo a princípios e a valores básicos do nosso ordenamento. Não pode, de modo algum, considerar-se excecional. Pelo contrário: exceção é, sim, qualquer restrição ao princípio da compensabilidade dos danos morais.

O juiz tem toda a possibilidade de – agindo com prudência e no caso concreto – atuar em termos de interpretação extensiva ou, até, de aplicação analógica. Imaginemos o caso de escola clássico: um jovem, abandonado (com ou sem justificação) pelos pais, vem a ser acolhido e criado pelos avós. Por ato ilícito, injustificado e culposo de terceiros, vem a falecer. A quem caberá a indemnização prevista no artigo 496.º? Seguramente: aos avós. Para tanto, bastará atender ao espírito do artigo 496.º e à finalidade legal a ele subjacente.

A interpretação da norma em causa deve, ainda, sofrer um processo atualístico: a realidade sócio-familiar das primeiras décadas de 2000, diferente da de 1966, assim o exige. Deste modo, serão chamados à indemnização o cônjuge não separado e os filhos; na falta destes (filhos): o cônjuge *e* os ascendentes. Num casamento de circunstância e recente, sem filhos, não faz sentido esquecer a figura dos pais, tudo concentrando no cônjuge. Repare-se que, além das valorações subjacentes, a própria da lei é compatível com esta interpretação, apontando mesmo para ela.

A somar a estes danos, a boa doutrina entende que há outros, sentidos pela própria vítima, e que não podem deixar de ser compensados. Imagine-se que a vítima, gravemente ferida, agoniza, consciente, durante várias semanas: os (graves) danos morais que vai sofrendo devem ser indemnizados[848]. Por sua morte, os direitos às correspondentes indemnizações transmitem-se, *iure hereditario*, aos sucessores do falecido: estes

[848] STJ 9-jul.-2015 (João Bernardo), Proc. 1647/13: o Tribunal atendeu, no cálculo na indemnização, ao facto de a vítima, depois de um acidente de viação, ter ficado "estendida no solo em agonia e sofrimento, com várias convulsões, tendo falecido passada uma hora já no hospital".

poderão coincidir, ou não, com as pessoas enunciadas no artigo 495.º/2, acima transcrito.

Finalmente, queda o direito máximo: o próprio direito à vida, de que a vítima se vê privada. Também esse direito deve ser indemnizado, pela sua supressão; a indemnização acrescerá às demais, quando as haja, seguindo por via hereditária. Apesar da oposição de alguma doutrina, com relevo para Antunes Varela[849] e Oliveira Ascensão[850], esta orientação veio a ser acolhida pela jurisprudência[851].

Em termos valorativos e pragmáticos, há que sufragar esta última orientação. Na verdade, o direito à vida não pode deixar de ser tutelado pelo Direito civil; recorde-se que a responsabilidade civil tem, hoje, funções punitivas, retributivas e de prevenção, sendo impensável que desampare o direito máximo. Além disso, a indemnizabilidade do dano-morte contribui para majorar as indemnizações dos nossos tribunais, sendo elementarmente justas. Um aprofundamento dogmático desta matéria terá de ser feito no capítulo da responsabilidade civil.

63. A "querela" em torno do dano-morte

I. Como foi referido, esta matéria conhece divergências doutrinárias, por vezes surpreendentes[852]. Alguns autores, como Antunes Varela[853] e Oliveira Ascensão[854], contestam que o direito à vida possa ser indemnizável a favor do lesado. Não vale afirmar que a morte é computada no sofrimento dos terceiros, porque isso seria um dano próprio destes. Quais as razões? São três, a que podemos hoje acrescentar uma quarta:

[849] Antunes Varela, *Das obrigações em geral* cit., 1, 10.ª ed., 608 ss.; entende este autor que a indemnização por morte é a referida no artigo 496.º/2, na base dos preparatórios que ele próprio elaborou. Não é isso o que resulta da lei final: o artigo 496.º/2 trata dos danos sentidos pelos próprios beneficiários nele referidos; não os sentidos pela vítima, que, a existirem, deverão decorrer da lei geral.

[850] Oliveira Ascensão, *Direito civil/Sucessões*, 4.ª ed. (1989), 49 ss. e 5.ª ed. (2000), 243 ss..

[851] *Vide* a jurisprudência citada *supra*, 182.

[852] *Vide* a síntese do diferendo em Luís Menezes Leitão, *Direito das obrigações* 1, 15.ª ed., (2018), 336-337.

[853] João Antunes Varela, *Das obrigações em geral* cit., 1, 10.ª ed., 615 ss..

[854] José de Oliveira Ascensão, *Direito civil/Sucessões* cit., 5.ª ed., 243 ss..

1.ª Com a morte cessa a personalidade; logo, não se pode constituir um direito em algo que já não existe;
2.ª Os trabalhos preparatórios e o cuidado posto (por Antunes Varela) em contraditar as iniciativas originais de Vaz Serra, favoráveis ao dano-morte, mostrariam que a lei não consagraria tal solução;
3.ª O artigo 496.º esgota o universo dos danos indemnizáveis e dos seus beneficiários;
4.ª O Direito europeu não seria favorável ao dano-morte.

Nenhum argumento destes colhe, sendo mesmo surpreendente que tenham encontrado guarida nos ilustres autores que os subscrevem. Assim:

1.º Se a morte não é ressarcível, então a vida não é um direito subjetivo; ora isso representaria, por puras razões conceptuais, um enorme retrocesso na defesa da dignidade humana, alcançada nas últimas décadas;
2.º Os trabalhos preparatórios mostram apenas a intenção subjetiva de quem os fez: intenção que, de resto, nem logrou assento final no Código;
3.º O artigo 496.º não esgota o universo a que se aplica; a seu lado funcionam os artigos 70.º/1, 483.º/1 e 2024.º, todos do Código Civil;
4.º Não há nenhum Direito europeu cogente, nesta matéria; além disso, as indemnizações arbitradas entre nós ficam muito aquém das "europeias", pelo que só por ironia se podem invocar normas comunitárias, para reduzir as nossas já parcas indemnizações.

II. À orientação ora criticada contrapõe-se uma outra, subscrita por Galvão Telles[855], por Almeida Costa[856], por Leite de Campos[857], por nós próprios[858] e por Menezes Leitão[859], favorável a que, para além das indem-

[855] Inocêncio Galvão Telles, *Direito das sucessões/Noções fundamentais*, 6.ª ed. (1991), 96 ss..

[856] Mário Júlio de Almeida Costa, *Direito das obrigações*, 12.ª ed. (2009), 602, nota 1, embora sem tomar posição clara.

[857] Diogo Leite de Campos, *A indemnização do dano da morte*, BFD L (1974), 247-297 (292 ss.) e *Os danos causados pela morte e a sua indemnização* cit., 133-137.

[858] *Direito das obrigações* 2, 289 ss. e *Tratado* VIII, 516 ss..

[859] Luís Menezes Leitão, *Direito das obrigações* cit., 1, 13.ª ed., 303 ss..

nizações arbitradas por via do artigo 496.º, ainda haja outras, por danos morais e pela supressão do direito à vida, do próprio lesado e que seguem, depois, por via hereditária.

Na base, temos uma dogmática responsiva, funcionalizada, capaz de associar valores aos conceitos e de repensar as suas soluções em função dos resultados a que chegue. A essa luz, adiantamos os seguintes argumentos:

1.º Não faz sentido descobrir "direitos" e, depois, negar-lhes o regime; se existe um "direito à vida" (e a aposta atual é claramente afirmativa), então há que dotá-lo da competente tutela aquiliana, logicamente a favor do seu titular... ou será um direito de terceiros;

2.º A atual responsabilidade civil tem funções retributivas e preventivas; ora tais funções perder-se-ão quando se admitam direitos que desapareçam logo que violados;

3.º A mera aplicação do artigo 496.º/2, desarticulado do resto do ordenamento conduz a resultados inaceitáveis: se não houver nenhum dos familiares aí referidos, não há indemnização? Chega-se ao que segue: o agente responsável deve indemnizar o lesado ferido; mas se conseguir matá-lo, nada paga;

4.º As indemnizações arbitradas pelos nossos tribunais, mau grado algumas melhorias, são totalmente insatisfatórias: € 60.000/ /€80.000[860] pela vida de uma pessoa não é dinheiro, mesmo tendo em conta o atraso económico do País; assim, há que incentivar todos os mecanismos que possam ajudar a corrigir tão injusta situação.

Tudo visto: manifestamos a nossa franca surpresa por tal questão ainda estar em aberto.

Devemos ainda alertar para um fenómeno, em nome da verdade universitária. Todas estas questões se põem a propósito de acidentes de viação. Aí e em regra, familiares pobres de acidentados falecidos litigam contra companhias de seguros, bem apetrechadas e experientes. Deriva, daí, uma enorme pressão sobre os tribunais, no sentido de minorar as indemnizações

[860] STJ 19-jun.-2014 (Sérgio Poças), Proc. 1679/10: considerando ser esta a média atualmente aplicada pelos nossos tribunais.

e de, por todas as vias, cortar os caminhos para as incrementarem. Desde as XII Tábuas, o Direito civil existe para tutelar os desprotegidos.

III. A jurisprudência manteve-se largamente convicta de que a morte é um dano indemnizável. Todavia, o facto de as indemnizações terem vindo a aumentar, embora demasiado pouco, conduziu a novas pressões sobre os julgadores, no sentido da sua redução. Por isso, surgiram algumas brechas, ainda que, na sua maioria, ela se mantenha no bom caminho. Assim, referindo apenas arestos do último ano, são favoráveis a um dano-morte, com uma indemnização transmissível *iure hereditario*:

- *RPt 11-fev.-2015*: a Portaria n.º 377/2008, de 26 de maio, vincula os tribunais[861];
- *STJ 18-jun.-2015*: "está fora de dúvidas que o dano morte é indemnizável"[862];
- *STJ 9-jul.-2015*: o dano pela perda do direito à vida é distinto do dano sofrido pelos familiares da vítima, com essa morte[863];
- *STJ 26-nov.-2015*: o dano morte é indemnizável[864].

Tem ainda interesse atender aos montantes (neste momento) mais recentes, atribuídos à compensação pelo dano-morte:

RPt 14-mar.-2016: fixa o dano-morte em € 80.000, acrescido de € 60.000 por danos morais, arbitrados aos pais de uma vítima[865];

STJ 18-abr.-2018: num caso de homicídio com arma de fogo, estima o dano morte em € 50.000[866];

STJ 6-dez.-2018: calcula o dano-morte em € 65.000[867];

STJ 11-dez.-2018: considera adequada a cifra de € 70.000, pelo dano--morte[868].

861 RPt 11-fev.-2015 (Pedro Vaz Pinto), Proc. 672/11.

862 STJ 18-jun.-2015 (Fernanda Isabel Pereira), Proc. 2567/09.

863 STJ 9-jul.-2015 (João Bernardo), Proc. 1647/13.

864 STJ 26-nov.-2015 (Tomé Gomes), Proc. 598/04: um acórdão com muito relevo doutrinário e prático.

865 RPt 14-mar.-2016 (Manuel Domingos Fernandes), Proc. 424/13.

866 STJ 18-abr.-2018 (Gabriel Catarino), Proc. 1603/14.

867 STJ 6-dez.-2018 (Hélder Almeida), Proc. 1685/15.

868 STJ 11-dez.-2018 (Luís Gominho), Proc. 2016/14.

Fazemos votos para que a jurisprudência do futuro alinhe as indemnizações por estalões mais modernos e, daí, substancialmente mais elevados, abdicando de construtivismos para, à revelia da dogmática responsiva dos nossos dias, as reduzir.

64. As providências adequadas às circunstâncias; a irrelevância das autorizações administrativas e a (re)ponderação das leis ambientais

I. Além da indemnização, o artigo 72.º/2 permite, ao ofendido, requerer ao tribunal as providências adequadas às circunstâncias do caso, como vimos. Tratando-se de ofensas ou ameaças ao direito à vida ou ao direito à integridade física, tais providências adequadas terão, em regra, lugar: estão envolvidas posições irreparáveis; em caso algum o Direito se poderia contentar com meras indemnizações compensatórias.

A lei é, propositadamente, vaga. Cabe aos tribunais, quando devidamente instados, fazer prova de empenho e de prudência: os direitos de per-sonalidade tendem sempre a prevalecer; todavia, há outros direitos dignos, muitas vezes articulados com dados sociais relevantes e com vetores de progresso. Em nome do sossego, bom seria que fechassem as fábricas e as autoestradas. Os danos subsequentes, mesmo no plano da personalidade, mostrar-se-iam males maiores.

II. A primeira e mais adequada medida é, pura e simplesmente, uma injunção judicial destinada a fazer cessar a atividade atentatória. Na decisão pioneira da Relação de Lisboa de 2-mar.-1960, relativa aos trabalhos do metropolitano, o tribunal, em nome do direito à vida e ao sono, mandou parar as obras das 0 às 7 horas[869]. Trata-se de uma medida pragmática, a seguir sempre que não baste ou não se imponha nenhuma outra[870].

Mandar executar obras de isolamento: outra solução[871]. Naturalmente: num primeiro momento, a atividade gravosa deve ser pura e sim-

[869] RLx 2-mar.-1960 cit., JR 6, 1, 227.

[870] Assim, STJ 19-fev.-1998 cit., CJ/Supremo VI, 1, 96/II: mandou cessar a atividade de uma clínica, ou RCb 15-jan.-2002 cit., CJ XXVII, 1, 10/II: mandou encerrar um bar a partir das 22.00 horas.

[871] REv 21-jul.-1977 cit., CJ II, 5, 1227/I.

plesmente suspensa; apenas se retomará quando fique provado que as tais obras de isolamento foram levadas a cabo e se mostram eficazes[872].

Retirar o material atentatório (um hidropressor[873], um aparelho de ar condicionado[874], uma viteleira[875] ou currais de ovelhas e vacas[876], como exemplos): outra possível medida adequada[877].

De sublinhar, ainda, que quaisquer medidas tomadas pelos tribunais neste domínio (como noutros) podem ser reforçadas por sanções pecuniárias compulsórias, destinadas a assegurar o seu cumprimento[878].

Os tribunais têm o apoio da lei e servem os valores mais profundos da Humanidade: não podem hesitar em usar os seus poderes.

III. Cumpre ainda sublinhar que os tribunais comuns são competentes em quanto diga respeito a direitos de personalidade[879]. Além disso, o facto de a atividade danosa estar licenciada pela autoridade pública competente não legitima o atentado à vida ou à integridade física (ou moral) dos cidadãos, nem coíbe os tribunais comuns de se ocuparem do assunto, decretando as medidas que entendam adequadas[880].

Em caso algum se poderá dizer que, havendo licenciamento, a responsabilidade passa a ser do Estado ou da autarquia: a defesa dos direitos de personalidade exerce-se contra a fonte imediata da perturbação; o particu-

[872] RLx 27-fev.-1997 cit., CJ XXII, 1, 148/I: suspensão de uma padaria até à realização das benfeitorias necessárias; RLx 14-out.-1999 cit., CJ XXIV, 4, 127/I: suspensão de uma lavandaria até à efetivação das obras adequadas.

[873] RLx 3-nov.-1983 cit., CJ VIII, 5, 104/I e RPt 6-jul.-1989 cit., CJ XIV, 4, 194.

[874] RPt 27-abr.-1995 cit., CJ XX, 2, 216/II.

[875] RCb 7-jan.-1992 cit., CJ XVII, 1, 85.

[876] RPt 12-dez.-2002 cit., CJ XXVII, 5, 194.

[877] Em RLx 21-mar.-1996 cit., CJ XXI, 2, 89/I, discutiam-se duas máquinas refrigeradoras e uma câmara frigorífica, de um talho e de um supermercado; a 1.ª instância mandou isolar as paredes; a RLx entendeu que a sentença era nula, por condenar em facto alheio ao pedido: optou por mandar desligar os motores barulhentos.

[878] RGm 20-nov.-2002, CJ XXVII, 5, 276.

[879] STJ 21-set.-1993 (Pais de Sousa), CJ/Supremo I (1993) 3, 26-29, onde se pedia a cessação de determinada atividade industrial. Discordamos, pois, de RGm 2-jul.-2008 (Rosa Tching), Proc. 2903/08, que ao remeter o tema para os tribunais administrativos, enfraquece a tutela das pessoas.

[880] RPt 14-mar.-1996 cit., CJ XXI, 2, 195/II e RLx 1-out.-1996 cit., CJ XXI, 4, 106/II.

lar licenciado que, fiado nessa autorização, realizou investimentos depois inutilizados é que poderá pedir indemnizações à entidade licenciadora.

IV. Existe legislação de tipo ambiental que fixa, por exemplo, os limites máximos de ruído admissíveis[881]. Como já explicou o nosso Supremo[882], não é objetivo dessa legislação o regular conflitos entre o direito de propriedade e a integridade física das pessoas. O facto de certa fonte de perturbação se conter nos limites regulamentares poderá, apenas, constituir uma presunção de que os direitos de terceiros não são atingidos. Mas é possível a contradita: razões do caso, atinentes, inclusive, à pessoa do próprio cidadão visado, que tem proteção seja qual for o seu estado físico ou psíquico[883], podem justificar a tutela.

[881] Assim, o Regulamento Geral do Ruído, aprovado pelo Decreto-Lei n.º 9/2007, de 14 de março, com alterações introduzidas pelo Decreto-Lei n.º 278/2007, de 1 de agosto.

[882] STJ 29-nov.-2012 (Abrantes Geraldes), Proc. 1116/05: o respeito pelo Regulamento pode não ser suficiente para acautelar o direito à integridade física (direito ao repouso).

[883] Como dissemos, recusa-se, pois, em absoluto, a ideia, já defendida nalguma doutrina, de que as pessoas de sensibilidade exacerbada não teriam proteção (descontando, naturalmente, as ofensas imaginárias): justamente um dos pontos mais específicos dos direitos de personalidade, do qual muito se espera no futuro, é a sua adaptabilidade ao sujeito a defender; luta-se, aqui, contra a massificação e a favor de cada pessoa: para isso existe Direito civil!

§ 12.º O DIREITO À INTEGRIDADE MORAL, AO BOM NOME E À REPUTAÇÃO

65. O direito à honra

I. A honra constitui a consideração pela integridade moral de cada ser humano. Podemos distinguir a honra social ou exterior, que exprime o conjunto de apreciações valorativas ou de respeito e deferência de que cada um disfruta na sociedade e a honra pessoal ou interior, que corresponde à autoestima ou imagem que cada um faz das suas próprias qualidades[884]. A honra constitui uma base para juízos éticos dos seus semelhantes, juízos esses que se repercutem na autoestima de cada um. No seu conjunto, tudo isto dá corpo à integridade moral, formalmente referida no artigo 70.º/1.

A honra social comunica-se, necessária e automaticamente, às representações verbais de cada pessoa, isto é: ao seu nome. A consideração de que cada um disfrute, na sociedade, exprime o seu bom nome; este, na razão direta das valorações positivas que concite, dá azo à reputação do sujeito. A reputação pode, por seu turno, abranger os mais diversos sectores; teremos a reputação pessoal, quando envolva juízos valorativos positivos quanto à integridade, à seriedade e à moralidade do sujeito; a reputação familiar; a reputação profissional; a reputação cívica; a reputação política e assim por diante.

884 Quanto às distinções básicas no universo da honra, Roland Rixecker, *Münchener Kommentar* 1, 7.ª ed. (2015), anexo ao § 12, Nr. 94 ss. (274 ss.) e, em especial, Ernst Helle, *Der Schutz der persönlichen Ehre und des wirtschaftlichen Rufes im Privatrecht/ /Vornehmlich auf Grund der Rechtsprechung*, 2.ª ed. (1969), 6. Uma abordagem tradicional consta de Alberto Borciani, *Le offense all'onore* (1927). Entre nós, é de salientar o importante desenvolvimento de José de Faria Costa, *Comentário Conimbricense* cit., 904 ss., com diversas indicações, bem como a monografia de Maria Paula Gouveia Andrade, *Da ofensa do crédito e do bom nome/Contributo para o Estudo do art. 484.º do Código Civil* (1996), 107 pp..

II. Os clássicos referem uma honra puramente de consciência. Nas palavras de Séneca[885],

Recte facti fecisse merces est[886].

Tão longe não irá o Direito. As projeções sociais da honra interior e a sua interligação ao exterior são patentes. Mau grado um certo pessimismo, recordamos Schopenhauer[887],

> A honra, objetivamente, é a opinião dos outros sobre o nosso valor e, subjetivamente, o nosso medo dessa opinião.

A opinião dos outros sobre o nosso valor – a opinião pública – é, no fundo, o modo de uma integração na sociedade[888]. Compreende-se, por isso, que qualquer atentado à honra acabe por ser sentido no mais íntimo da pessoa. Noutros termos: o bem "honra" é um verdadeiro bem de personalidade, ainda quando o Direito atente, para poder proteger o próprio interior, às realidades sociais percetíveis.

III. A defesa da honra, no sentido amplo acima consignado, correspondeu a um valor tradicional do Ocidente. Todo o ideal da cavalaria, expresso em tradições e nas literaturas dos diversos países, apontava para a honra como o bem máximo, a defender em quaisquer circunstâncias e até às últimas consequências.

Os tempos mudaram. A honra, antes de mais, é defendida e promovida não como bem absoluto em si, mas como fonte de outras vantagens, particularmente de ordem social e patrimonial. O Direito civil, enquanto repositório mais profundo dos valores das pessoas, deve procurar um certo equilíbrio.

A honra vale por si: não – ou não apenas – pelas vantagens sociais e patrimoniais que acarrete. Nesses termos, pode haver atentados à honra

885 L. Annaeu Seneca, *Ad Lucilium epistulae morales*, Ep. 81, 19, *in fine* = ed. bilingue *Philosophische Schriften*, trad. Manfred Rosenbach, 4.º vol. (1984), 176.

886 Traduzida em Helle, *Der Schutz der persönlichen Ehre* cit., 2.ª ed., 6, como "a paga do bem é ter-se feito o bem" e em Rosenbach, ob. cit., 177, como "a retribuição do ato justo reside em tê-lo realizado".

887 Arthur Schopenhauer, *Aphorismen zur Lebensweisheit* em *Parerga und Paralipomena* (1850), 344 = *Sämtliche Werke*, 5.º vol., 2.ª ed. (1946), 385.

888 Helle, *Der Schutz der persönlichen Ehre* cit., 2.ª ed., 7.

mesmo que, daí, não decorram quaisquer prejuízos. Além disso, a honra deve ser protegida pela legitimidade das vantagens que porventura acarrete. Jogam, depois, as diversas regras relativas a conflitos de direitos – e quando conflitos surjam, o que tenderá a ser o caso.

IV. O Código Civil não refere – e é pena, pois seria um dado bem nacional! – a honra e a sua tutela. O já referido artigo 70.º/1 protege "... os indivíduos contra qualquer ofensa ilícita ou ameaça de ofensa, à sua personalidade (...) moral". Por seu turno e no campo da responsabilidade civil, o artigo 484.º[889], sob a epígrafe "ofensa do crédito ou do bom nome", dispõe:

> Quem afirmar ou difundir um facto capaz de prejudicar o crédito ou o bom nome de qualquer pessoa, singular ou coletiva, responde pelos danos causados.

Este último preceito deve ser aproximado dos direitos de personalidade. Efetivamente, a ofensa do crédito ou do bom nome exige, em regra, medidas de correção e de reposição da verdade, que não se esgotam na responsabilidade civil.

Finalmente, a Constituição, ao referir, no seu artigo 26.º, o direito ao bom nome e à reputação, entre os direitos fundamentais protegidos dá, à honra, mais uma base jurídico-positiva de tutela legal.

V. O Código Penal contém, nos seus artigos 180.º e seguintes, um capítulo com crimes contra a honra. Distingue:

- o crime de difamação: "... imputar a outra pessoa, mesmo sob a forma de suspeita, um facto, ou formular sobre ela um juízo, ofensivo da sua honra ou consideração, ou reproduzir uma tal imputação ou juízo ..." – artigo 180.º/1;
- o crime de injúria: "... injuriar outra pessoa, imputando-lhe factos, mesmo sob a forma de suspeita, ou dirigindo-lhe palavras, ofensivos da sua honra ou consideração ..." – artigo 181.º/1, ambos do Código Penal.

[889] Quanto a esse preceito e à sua origem: *Tratado* VIII, 552 ss..

No caso de difamação, é possível a *exceptio veritatis*: esta, a proceder, torna a conduta não-punível – artigo 180.º/2, *b*), do mesmo Código[890]. Como veremos, no Direito civil, tal *exceptio* não obsta à ilicitude do ato.

66. Atentados à honra; *exceptio veritatis*?

I. Os atentados à honra – portanto: violações da integridade moral das pessoas – podem concretizar-se do modo mais diverso. Normalmente, eles ocorrerão pela palavra – escrita ou oral, com ou sem difusão na comunicação social – traduzindo asserções desprimorosas para o visado. Podem, contudo, concretizar-se de modo indireto, com exemplo numa pública exigência do pagamento de dívidas[891]. A nossa jurisprudência documenta:

- difamações e calúnias feitas por carta dirigida a uma multinacional, para tentar retirar uma representação comercial ao ofendido[892];
- cartas difamatórias dirigidas a várias pessoas, ainda que não tenham provocado prejuízos concretos[893];
- difamação feita pela comunicação social[894], através de factos falsos ou incorretamente relatados[895];
- divulgação pela comunicação social de factos verdadeiros, mas sem utilidade social, revelados apenas para apoucar o visado[896];

[890] *Vide* Faria Costa, *Comentário Conimbricense* cit., 926 ss.. Trata-se de um preceito julgado constitucional pelo acórdão do TC n.º 201/2004, de 24-mar.-2004 (Artur Maurício), DR II Série n.º 129, de 2-jun.-2004, 8551-8554 (8554).

[891] Roland Rixecker, *Münchener Kommentar* cit., 1, 7.ª ed., Anhan zu §12, Nr. 95; um exemplo que se concretizou em RLx 19-out.-1982 (Eliseu Figueira), CJ VII (1982) 4, 125-126 (126/I): afixara-se, à porta, uma carta em que o ofendido reconhecia uma dívida e isso só para o envergonhar; o Tribunal condenou a Ré a abster-se de tal atitude.

[892] STJ 20-mar.-1973 (Eduardo Correia Guedes), BMJ 225 (1973), 222-226 (225-226): uma questão (bem) resolvida ainda perante o Código de Seabra.

[893] STJ 16-abr.-1991 (Martins da Fonseca), BMJ 406 (1991), 623-628 (626).

[894] RCb 3-jul.-1993 (Ferreira de Sousa), CJ XVIII (1993) 4, 71-73 (72/II).

[895] RLx 20-jan.-1994 (Moreira Camilo), CJ XIX (1994) 1, 106-111 e STJ 26-abr.-1994 (Carlos Caldas), BMJ 436 (1994), 370-384 (caso Cadilhe).

[896] RLx 20-out.-1994 (Silva Salazar), CJ XIX (1994) 4, 117-123 (122/I) (caso Fernando Nogueira e Marques Mendes).

– afirmações ou imputações que *in concreto*, sejam desprimorosas (exemplo: ex-vice-presidente do FC Porto acusado de ter provocado a interdição do estádio das Antas)[897];
– falsos depoimentos deduzidos em juízo contra um advogado[898];
– inclusão em base de dados de "maus pagadores"[899];
– atentado à competência profissional[900] ou funcional[901];
– insinuações de negócios menos claros[902];
– insinuações de conduta adúltera da mulher[903];
– acusações concretas infundadas[904];
– notícias constantes incomodativas, independentemente da questão da veracidade[905];
– publicidade contextualizada de modo a associar determinada pessoa a uma prisão[906];
– funcionamento inadequado de um aparelho de deteção de notas falsificadas, de onde resultou grande enxovalho para uma pessoa inocente[907];

[897] STJ 27-jun.-1995 (Torres Paulo), BMJ 448 (1995), 378-389.

[898] STJ 3-out.-1995 (Torres Paulo), BMJ 450 (1995), 424-431 (426).

[899] RLx 11-jan.-1996 (Adélio André), CJ XXI (1996) 1, 79-82 (81).

[900] STJ 3-fev.-1999 (Garcia Marques), BMJ 484 (1999), 339-351 (341): caso Prof. Eduardo Correia, médico assistente do Prof. Oliveira Salazar.

[901] STJ 27-mai.-1999 (Ferreira de Almeida), CJ/Supremo VII (1999) 2, 122-123: imputar, a um administrador, a degradação de um imóvel.

[902] STJ 24-fev.-1999 (Torres Paulo), CJ/Supremo VII (1999) 1, 118-122 (122/I): caso Lilaia e do *stand*.

[903] STJ 26-fev.-2004 (Araújo Barros), CJ/Supremo XII (2004) 1, 74-80 = Proc. 03B3989/ITIJ.

[904] STJ 17-out.-2000 (Azevedo Ramos), CJ/Supremo VIII (2000) 3, 78-82 (79/I); no caso: a *Partex* teria feito colocar um microfone na PGR; também RLx 23-set.-2004 (Graça Amaral), CJ XXIX (2004) 1, 91-96 (95/II): a então Ministra Dra. Celeste Cardona teria envolvimentos no caso da Universidade Moderna e RLx 18-nov.-2004 (Pereira Rodrigues), CJ XXIX (2004) 5, 91-96 /94/II): acusações à Direção do Hospital no caso da morte dos hemodialisados.

[905] STJ 14-mai.-2002 (Ferreira Ramos), CJ/Supremo X (2002) 2, 63-70 (66/I): caso Margarida Marante.

[906] RLx 10-mar.-2005 (Olindo Geraldes), CJ XXIX (2005) 2, 75-79 (76/I).

[907] STJ 19-set.-2006 (Sebastião Póvoas), Proc. 06A2735, onde se lê, designadamente: "É inadmissível que o utente de um estabelecimento comercial seja vexado, humilhado em público e veja a sua autoestima ser degradada por uma conduta menos diligente e inadequada ...".

– afirmação de que uma pessoa, aos 19 anos, já cometera 100 crimes[908];
– notícia (falsa) de que o lesado e ex-membro do Governo estava a ser investigado por burla[909];
– afirmações desconsiderantes para um jornalista[910];
– ex-ministro indevidamente conexionado com a droga[911];
– fotografia de uma casa, relacionando-a com a droga[912];
– notícia (falsa) de que o lesado estava envolvido num esquema de corrupção[913];
– denúncias falsas e calumiosas[914];
– descontextualização de afirmações proferidas no âmbito de um processo, pelo Juiz[915];
– imputação, a um candidato à Presidência da República, de traição à Pátria[916];
– imputar, a uma pessoa, o envolvimento numa cena de pancadaria[917];
– usar, em peças processuais, uma série de adjetivos desprimorosos para o lesado[918];
– difundir um comportamento alegadamente desonroso, com uma fotografia do ofendido[919].

II. Uma das primeiras questões que se coloca é a da admissibilidade da denominada *exceptio veritatis*: tem-se por justificado o atentado à honra quando o agente logre provar a verdade do que afirmou ou, até e porventura: provar que pôs, na averiguação do facto, todo o cuidado necessário e exigível?

[908] STJ 30-set.-2008 (Fonseca Ramos), Proc. 08A2425, sem aplicação, nesse caso.
[909] STJ 12-mar.-2009 (Serra Baptista), Proc. 08B2972.
[910] STJ 20-jan.-2010 (Fonseca Ramos), Proc. 1839/06.
[911] STJ 25-mar.-2010 (M. Prazeres Beleza), Proc. 576/05.
[912] STJ 9-set.-2010 (Gonçalo Silvano), Proc. 77/05.
[913] STJ 21-out.-2014 (Gregório Silva Jesus), Proc. 941/09, sem aplicação, nesse caso.
[914] RPt 21-jan.-2015 (Fátima Furtado), Proc. 7309/10.
[915] RPt 26-mar.-2015 (José Amaral), Proc. 589/11.
[916] RLx 12-mai.-2016 (Antero Luís), Proc. 2544/10 (caso Manuel Alegre).
[917] RLx 31-out.-2017 (Rijo Ferreira), Proc. 159/13.
[918] STJ 3-mai.-2018 (Cabral Tavares), Proc. 428/12.
[919] RPt 11-out.-2018 (Leonel Serôdio), Proc. 10038/16.

A questão já foi discutida, entre nós, a propósito da responsabilidade civil prevista no artigo 484.º: alguma doutrina exigia, para a responsabilidade, a natureza não-verídica dos factos imputados[920] enquanto outra tomava, de modo explícito, a posição inversa[921]. Esta última orientação, que teve acolhimento jurisprudencial[922], é de sufragar[923]: a lei não exige, como pressuposto do funcionamento do artigo 484.º, a falsidade de quaisquer afirmações; limita-se a remeter, ainda que implicitamente, para os direitos de personalidade[924].

III. Antes de ponderar o tema à luz do direito à honra, cumpre fazer algumas distinções. O que entender por afirmação "verdadeira"? Temos, como possíveis:

- afirmações falsas só por si: contêm uma asserção que não corresponde à verdade; a falsidade poderá ser imputável ao agente ou ter sido perpetrada de boa-fé;
- afirmações dubitativas: será que fulano é honesto?
- afirmações verdadeiras, mas que inculcam o contrário do que digam ou que insinuem coisa diversa: fulano não pagou ainda os seus impostos (podendo pressupor-se que já passou o prazo para o fazer);
- afirmações verdadeiras, mas sem contexto: por exemplo, publicar a lista de pacientes falecidos ou dos casos perdidos, sem mais, dando a crer que o médico ou o advogado visados são incompetentes;

[920] Fernando Pessoa Jorge, *Ensaio sobre os pressupostos da responsabilidade civil* (1968), 310.

[921] Antunes Varela, *Das obrigações em geral* cit., 1, 10.ª ed., 548-549.

[922] RLx 21-mai.-1987 (Carvalho Pinheiro), CJ XII (1987) 3, 88-89, RLx 20-out.-1994 cit., CJ XIX, 4, 122/I e STJ 14-mai.-2002 cit., CJ/Supremo X, 2, 66/I.

[923] Já o fizéramos em *Direito das obrigações*, 2, 349, com base nos pressupostos da responsabilidade civil. Trata-se, ainda, da opção de Antunes Varela, cit. *supra*, nota 740, de Paula Gouveia de Andrade, *Da ofensa do crédito e do bom nome* cit., 86 ss e de Albuquerque Matos, *Responsabilidade civil* cit., 432 ss..

[924] Diferentemente se passam as coisas no Direito penal: a punibilidade do crime de difamação cessa, como vimos, quando o agente faça prova da verdade dos factos – artigo 180.º/2, *b*), do Código Penal – ou quando demonstre ter fundamento sério para, em boa-fé, os reputar verdadeiros – *idem*.

– afirmações verdadeiras, mas desinseridas de um contexto: revelar o sentido de determinada votação em provas de doutoramento[925];
– afirmações verdadeiras mas protegidas: publicitar o sentido de voto alheio em votações secretas[926];
– afirmações totalmente verdadeiras.

Tudo o que seja amputar a verdade, transmiti-la a sugerir algo diverso do que dela resulte, redigi-la de modo a provocar valorações tendenciosas, levantar dúvidas ou reticências ou fabricar notícias por qualquer modo, não pode reivindicar a *veritas*. Assim sendo, será ilícito desde que atinja a honra de alguém. Aliás, é sabido que os atentados mais eficazes seguem, justamente, a via ínvia da insinuação: não são frontais.

IV. A afirmação totalmente verdadeira pode atentar contra a honra das pessoas. Nem tudo o que suceda, exista ou se faça tem de ser revelado. Mesmo não estando em causa a intimidade privada, protegida por um direito específico, há um juízo de oportunidade a fazer. Divulgar as contas da mercearia de um cidadão, os seus insucessos escolares passados (mesmo públicos) ou quaisquer opções pessoais legítimas pode, no contexto, ser minimizante da sua consideração ou do amor próprio do visado.

O Direito civil procura a felicidade das pessoas; nunca poderá contemporizar com a maldade gratuita.

Temos, por nós, que a afirmação falsa, tendenciosa ou incompleta é particularmente indicada para atingir a honra. Todavia, a afirmação verdadeira também poderá sê-lo: a *exceptio veritatis*, só por si, não é justificativa.

67. O conflito com a liberdade de informação; outras liberdades

I. A tutela da honra – tal como a proteção da intimidade da vida privada, abaixo analisada – pode entrar em colisão com a liberdade de infor-

[925] A votação é pública; todavia, revelada fora do contexto em que ocorra, pode ser tomada como atuação política, como *vendetta* pessoal ou como arbitrariedade; normalmente, só será "notícia" se algum destes fatores ocorrer ou puder ser insinuado.

[926] O secretismo pode ser estabelecido pela lei para proteger o votante, para tutelar a sua liberdade ou para precaver o votado contra o deslustre que sempre traduz um voto contra.

mação, também constitucionalmente garantida[927]. A questão ganha contornos acrescidos perante o uso das chamadas redes sociais, na Internet[928]. Autores consideram mesmo que, perante a pujança demonstrada pela liberdade de informação, a tutela da honra tem-se encontrado, de modo permanente, na defensiva[929]. Inversamente: uma proteção muito alargada da honra prejudicaria a liberdade de opinião e a liberdade de a exprimir: só se admitiriam panegíricos[930]. Embora ambos os vetores sejam considerados necessários para as democracias modernas, autores criticam a tendência atual para dar mais relevo à liberdade de informação[931], enquanto outros discordam dessa asserção[932].

À partida, temos de ter presente que o direito à honra é um direito de personalidade. Marca um círculo em que o interesse da pessoa beneficiária prevalece sobre quaisquer pretensos valores superiores: de outro modo, nem a figura dos direitos de personalidade faria sentido. Propugnado este pano de fundo humanista, que deve ser o do Direito civil, queda prevenir contra soluções apriorísticas. O Direito e a jurisprudência vêm diversificando as soluções[933]: elas são especialmente úteis quando a honra fique ameaçada[934].

[927] Anna Gosche, *Das Spannungsverhältnis zwischen Meinungsfreiheit und Ehrenschutz in der fragmentierten Öffentlichkeit* (2008), 255 pp.; Jorge de Figueiredo Dias, *Direito de informação e tutela da honra no Direito penal da imprensa portuguesa*, RLJ 115 (1982), 100-106, 133-137 e 170-173; Manuel da Costa Andrade, *Liberdade de imprensa e inviolabilidade pessoal/Uma perspectiva jurídico-penal* (1996), 88 ss..

[928] Mirko Andreas Wieczorek, Persönlichkeitsrecht und *Meinungsfreiheit im Internet/Kollision und Abwägung bei Internetangeboten – eine verfassungsrechtliche Analyse* (2013), XXVI + 317 pp..

[929] Gerhard Erdsiek, *Der Ehrenschutz in der Defensive*, FS Rudolf Reinhardt (1972), 69-82. *Vide* Reinhold Zippelius, *Meinungsfreiheit und Persönlichkeitsrecht*, FS Hubmann (1985), 511-521.

[930] Walter Schmidt Glaeser, *Meinungsfreiheit, Ehrenschutz und Toleranzgebot*, NJW 1996, 873-879 (879/I).

[931] Martin Kriele, *Ehrenschutz und Meinungsfreiheit*, NJW 1994, 1897-1905.

[932] Jörg Soehring, *Ehrenschutz und Meinungsfreiheit*, NJW 1994, 2926-2929.

[933] Dieter Grimm, *Die Meinungsfreiheit in der Rechtsprechung des Bundesverfassungsgerichts*, NJW 1995, 1697-1705.

[934] De entre a inesgotável literatura alemã, citamos, ainda, Peter Raue, *Persönlichkeitsrecht/Die Verteidigung der persönlichen Ehre* (1997), 57 ss..

II. Quando se refira a liberdade de informação, há que reportá-la a algo de socialmente útil ou relevante[935]. Deste modo, faremos a distinção entre a liberdade de informação e a livre iniciativa económica: um órgão de informação que divulgue determinado facto ou desenvolva uma campanha, pretende informar o seu público ou aumentar tiragens ou audiências? Esta última finalidade pode ser prosseguida com notícias socialmente insignificantes, mas que, pela forma por que sejam dadas ou pelo ambiente superficial que se venha criando, granjeiem o interesse do público. A livre iniciativa económica, mesmo aplicada no campo da comunicação social, é digna e merece proteção; todavia, é evidente que ela nunca poderá prevalecer sobre o direito à honra, seja de quem for. Já a verdadeira liberdade de informação poderá ir mais longe: mas sempre com limites.

III. Na determinação das fronteiras entre o direito à honra e a liberdade de expressão, há que trabalhar com dois critérios:

– o da absoluta veracidade;
– o do interesse político-social.

Nenhuma liberdade de comunicação justifica notícias inverídicas, em qualquer uma das concretizações que a ampla noção, acima desenvolvida, possa comportar. Pelo contrário: a liberdade de informar e de comunicar exige uma verdade pura, sem equívocos e sem sombras.

Mas além disso, a asserção questionada tem de corresponder a um interesse político-social e não meramente a um *interesse do público*.

As dívidas de um político para com uma empresa candidata a um concurso, que ele vai decidir, são facto relevante, que pode ser relatado; as suas dívidas domésticas, mesmo quando não estejam a coberto do segredo bancário, não relevam: a serem reveladas, poderão apoucá-lo, sem vantagem para ninguém. Há atentado à honra.

IV. O interesse político-social permitirá ainda a reposição da verdade em face de "honras imerecidas". Pense-se na clientela angariada pelo falso médico: este não poderá invocar a ofensa ao bom nome e à reputação,

[935] "Razoável", nas palavras de Figueiredo Dias, *Direito de informação e tutela da honra* cit., 137. Quanto à liberdade de opinião, constitucionalmente garantida, temos, como obra de referência: Martin Hochhuth, *Die Meinungsfreiheit im System des Grundgesetzes* (2008), XXIV + 401 pp..

perante a reposição da verdade. Também são legítimas as prevenções contra métodos não-científicos (astrologias, medicinas paralelas, curandeiros, etc.): o público deve ser informado.

Em compensação, não é possível separar uma pessoa da sua atuação. Desconsiderar uma iniciativa concreta é, necessária e evidentemente, desconsiderar a pessoa que a tenha desenvolvido.

V. O direito à honra pode ainda defrontar outras liberdades fundamentais garantidas na Constituição. Assim sucede com a liberdade de criação artística[936]. Esta não pode ser usada para atingir a integridade moral seja de quem for. Também a liberdade de imprensa se pode colocar numa situação de tensão com os direitos de personalidade, com relevo, justamente, para o direito à honra. A tal propósito, cumpre reter o artigo 3.º da Lei de Imprensa, aprovada pela Lei n.º 2/99, de 13 de janeiro[937]:

Artigo 3.º
Limites

> A liberdade de imprensa tem como únicos limites os que decorrem da Constituição e da lei, de forma a salvaguardar o rigor e a objetividade da informação, a garantir os direitos ao bom nome, à reserva da intimidade da vida privada, à imagem e à palavra dos cidadãos e a defender o interesse público e a ordem democrática.

Perante notícias que surjam, o artigo 24.º/1 confere o direito de resposta a qualquer pessoa ou entidade "... que tiver sido objeto de referências, ainda que indiretas, que possam afetar a sua reputação e boa fama". O exercício dos direitos de resposta e de retificação e a sua publicação são regulamentados nos artigos 25.º, 26.º e 27.º da Lei de Imprensa: aspeto importante para assegurar a sua efetividade.

A responsabilidade civil emergente de factos cometidos através da imprensa segue o regime geral (29.º/1), havendo solidariedade entre a empresa jornalística e o autor dos danos, salvo desconhecimento ou oposi-

[936] Georgios Gounalakis, *Freiräume und Grenzen politischer Karikatur und Satire*, NJW 1995, 809-816.

[937] Com a Retificação n.º 9/99, de 4 de março. Última alteração: Lei n.º 78/2015, de 29 de julho.

ção (29.º/2, ambos da Lei de Imprensa)[938]. Aos crimes cometidos através da imprensa aplica-se o regime geral, com agravamento das penas (30.º).

68. Situações de dúvida; o sentimento de honra geral

I. Numa situação potencialmente atentatória à honra de uma pessoa, podem gerar-se dúvidas. Como decidir perante atuações que tenham vários sentidos, dos quais apenas um contrário à honra[939]?

Em termos penais, haverá que validar o sentido não punível, desde que razoavelmente resultante da interpretação do sucedido. No campo civil, deve ser o inverso: caso um dos sentidos da intervenção contunda com a honra, a atuação é ilícita, no seu conjunto. Os valores em causa não se compadecem com jogos de palavras ou com trocadilhos: o Direito civil protege a honra das pessoas: e com efetividade.

II. Outra questão discutida é a de atentados a uma honra de ordem geral. Poderá alguém reagir perante, por hipótese, um artigo de opinião que desconsidere a espécie humana? E os europeus? E os portugueses? E os lisboetas? E os naturais de S. Jorge de Arroios? E os moradores ao Jardim Constantino?

O direito à honra é um direito subjetivo: encabeçado, necessariamente, por um titular individual. Não há direitos com titulares indeterminados. O sentimento de honra geral, para obter tutela no plano, em que nos colocamos, do Direito civil e dos direitos subjetivos, deve concretizar-se, de tal modo que os queixosos possam, com verosimilhança, apresentar-se como ofendidos.

Mau grado esta posição de certa reserva, o Direito civil deve proteger, se necessário pelo prisma dos direitos subjetivos de personalidade, a autoestima da própria sociedade. Tratando-se, porém, de indemnizações, há que ser estrito. Assim, não procede vir pedir uma indemnização em

[938] Quanto ao paralelo regime alemão: Raue, *Persönlichkeitsrecht* cit., 165 ss..

[939] O problema pôs-se a propósito de um autocolante surgido aquando da Guerra do Golfo de 1991: *Soldaten sind Mörder* (os soldados são assassinos); o Tribunal Federal, quanto à punibilidade, firmou a regra que figura no texto – BVerfG 25-ago.-1994, NJW 1994, 2943-2944. *Vide* Georgios Gounalakis, *"Soldaten sind Mörder"*, NJW 1994, 481-487 e Gerhard Herdegen, *"Soldaten sind Mörder"*, NJW 1994, 2933-2934.

nome e por conta de todos os habitantes de uma cidade ou vila, pretensamente atingidos na sua "honra" por artigos de opinião. Tal banalização só prejudica a implantação efetiva dos direitos de personalidade.

69. As pretensões decorrentes da ofensa à honra

I. A honra é tutelada pelo artigo 70.º; é, ainda, de referenciar o dispositivo, porventura dispensável, do artigo 484.º.

Em termos indemnizatórios, a ofensa à honra pode determinar danos patrimoniais e não-patrimoniais[940]. Os primeiros devem ser ressarcidos, até ao montante do prejuízo, sendo ainda computáveis danos emergentes e lucros cessantes: pense-se no profissional que, mercê da ofensa à sua honra profissional, veja diminuir a clientela. Os segundos colocam um problema de danos morais, a arbitrar de acordo com o artigo 496.º/3, 1.ª parte. A indemnização deve ser suficientemente pesada, para exprimir a reprovação do Direito e ter efeitos no futuro: repare-se que o artigo 484.º não faz quaisquer restrições e reporta-se a pessoas singulares e coletivas.

A panorâmica jurisprudencial é a seguinte (um conto equivale, aproximadamente, a cinco euros):

- 400 c. por cartas difamatórias[941];
- 1.500 c. por um crime de difamação na comunicação social[942];
- 2.000 c. ao jornal e 1.500 c. ao autor por atentado ao bom nome[943];
- 1.500 c. por cada pessoa, por atentado ao bom nome, na imprensa[944];
- 3.000 c. por ofensa ao crédito e ao bom nome[945];
- 500 c. por falsos depoimentos[946];
- 750 c. por ofensa ao bom nome, na imprensa[947];

[940] Jens Frömming e Butz Peters, *Die Einwilligung im Medienrecht*, NJW 1996, 958-962 (962/I e 962/II).

[941] STJ 16-abr.-1991 cit., BMJ 406, 626.

[942] RCb 3-jul.-1993 cit., CJ XVIII, 4, 72/II.

[943] RLx 20-jan.-1994 cit., CJ XIX, 1, 106-111 e STJ 26-abr.-1994 cit., BMJ 436, 370-384 (o caso Cadilhe).

[944] RLx 20-out.-1994 cit., CJ XIX, 4, 122/I.

[945] STJ 27-jun.-1995 cit., BMJ 448, 389.

[946] STJ 3-out.-1995 cit., BMJ 450, 429.

[947] STJ 5-mar.-1996 cit., CJ/Supremo IV, 1, 126-127 (o caso Monjardino).

– 300 c. por ofensa à reputação profissional[948];
– 3.000 c. por notícias tendenciosas nos jornais[949];
– 800 c. por colocação do cliente do banqueiro em lista de clientes de risco[950];
– 10.000 c. por notícia falsa na televisão[951];
– 7.000 c. por uma sucessão de notícias incomodativas do sossego pessoal e familiar[952];
– 1.500 c. por inibição indevida do uso de cheque[953];
– 5.000 c. por insinuar que a mulher do autor era leviana e cometia adultério[954];
– € 25.000 por afirmações de que a Direção do Hospital tivera culpa na morte dos hemodialisados[955];
– 1.700 c. por imputação, a uma atriz, de factos profissionais não verdadeiros[956];
– € 7.000 pelo funcionamento inadequado da máquina de detetar notas contrafeitas[957];
– € 15.000 por uma manchete desprimorosa para uma governante[958];
– € 1 por informações desprimorosas para um jornalista[959];
– € 30.000 pelo conexionar indevido de um ex-ministro com questões de droga[960];
– € 20.000 por publicação de uma fotografia relacionando, injustificadamente, uma casa com questões de droga[961];

[948] STJ 3-fev.-1999 cit., BMJ 484, 341 (o caso Prof. Eduardo Correia).

[949] STJ 24-fev.-1999 cit., CJ/Supremo VII, 1, 122/II (o caso Lilaia).

[950] RLx 15-mar.-2000 cit., CJ XXV, 2, 92/II.

[951] STJ 17-out.-2000 cit., CJ/Supremo VIII, 3, 82/II.

[952] STJ 14-mai.-2002 cit., CJ/Supremo X, 2, 70/I (o caso Margarida Marante); nesta mesma situação, o acórdão recorrido da Relação de Lisboa arbitrara 10.000 c..

[953] STJ 24-out.-2002 cit., CJ/Supremo X, 3, 112; o acórdão recorrido ficara-se pelos 800 c..

[954] STJ 26-fev.-2004 cit., CJ/Supremo XII, 1, 80.

[955] RLx 18-nov.-2004 cit., CJ XXIX, 5, 95/II.

[956] STJ 18-out.-2005 cit., CJ/Supremo XIII, 3, 80/I.

[957] STJ 19-set.-2006 cit., Proc. 06A2735.

[958] STJ 12-mar.-2009 cit., Proc. 08B2972.

[959] STJ 20-jan.-2010 cit., Proc. 1839/06.

[960] STJ 25-mar.-2010 cit., Proc. 576/05.

[961] STJ 9-set.-2010 cit., Proc. 77/05.

– € 10.000 por publicação, na primeira página, de uma notícia em que lesada surge retratada e caricaturada como um polvo – uma conhecida referência à máfia[962];
– € 10.000 por divulgar afirmações proferidas no âmbito de um processo pelo Juiz da ação, de forma descontextualizada[963];
– € 15.000 por notícias inventadas, infundadas e descontextualizadas[964].

II. Na verdade, os quantitativos são sensíveis ao facto de ser condenada uma pessoa singular, uma empresa ou uma grande empresa. Também releva o tipo de órgão de informação usado para a ofensa: quanto mais eficaz, maior terá de ser a reparação.

De um modo geral, os quantitativos arbitrados mantêm-se demasiado tímidos. Muitas vezes chega-se à indemnização após vários anos de combate judicial, para mais com organismos que há muito estão apetrechados para tanto. Impor-se-ia, perante a seriedade dos deveres em jogo, um acréscimo indemnizatório.

III. A tutela indemnizatória, prevista no artigo 484.º, é insuficiente[965]. Em regra, mais importante do que a compensação monetária é a reposição da verdade ou a reparação da ofensa feita.

O artigo 70.º/2 prevê providências adequadas às circunstâncias. A Lei de Imprensa remete a responsabilidade civil para as regras gerais; dispõe, ainda, a medida especial do direito de resposta e de retificação – artigos 24.º a 27.º, acima referidos.

A jurisprudência documenta:

– a condenação em abstenção quanto ao ato prevaricador[966];

962 STJ 6-jul.-2011 (Gabriel Catarino), Proc. 2619/05.4.

963 RPt 26-mar.-2015 (José Amaral), Proc. 589/11.9.

964 RLx 21-mai.-2015 (Jorge Leal), Proc. 142/09.7.

965 Um raciocínio paralelo pode ser feito com a recondução da tutela da honra ao § 823, I, do BGB; *vide* Johannes Hager, *Der Schutz der Ehre im Zivilrecht*, AcP 196 (1996), 168-218. Cf. Erich Steffen, *Schmerzensgeld bei Persönlichkeitsveletzung durch Medien*, NJW 1997, 10-14.

966 RLx 19-out.-1982 cit., CJ VII, 4, 126/II.

– a intimação a apagar certo nome de uma base de dados[967];

– a obrigação de publicar a fotografia de uma casa, em boas condições[968].

A publicação de sentenças condenatórias é, ainda, de regra, no domínio da liberdade de imprensa.

[967] RLx 11-jan.-1996 cit., CJ XXI, 1, 82/I.

[968] STJ 20-jan.-2005 cit., CJ/Supremo XIII, 1, 48/I.

§ 13.º O DIREITO AO NOME

70. Generalidades; períodos antigo e intermédio

I. Cada ser humano é uma individualidade autónoma. Apesar de gregário, o homem não perde nunca a sua autonomia como ente biológico, moral e social. Essa autonomia dá azo a uma designação também individual: cada pessoa dispõe de uma figuração vocabular, primeiro oral e, depois, também escrita, que permite identificá-la com facilidade e segurança: o nome. O nome poderá ser definido sinteticamente como a representação linguística de um ser humano[969]. Tem uma função dupla: vocativa e distintiva. Vocativa, porquanto permite designar a pessoa que o use; distintiva por facultar destrinçá-lo dos demais[970].

Em sociedades muito simples, o nome de cada membro seria elementar: uma única palavra, porventura tomada ao acaso, bastaria. Em sociedades mais avançadas, o nome passou a ser escolhido socialmente, em princípio pelo pai com ou sem a intervenção da mãe. À medida que as comunidades se tornaram numerosas e complexas, um nome simples era insuficiente: houve que acrescentar vocábulos, indicando a origem, a filiação ou outras características diferenciadoras. Apareceram regras, embora ténues: a disponibilidade do nome pelas pessoas surgia natural[971].

[969] *Vide* a apresentação do clássico estudo de Theodor Mommsen, *Die römischen Eigennamen der republikanischen und augusteischen Zeit* (1860) = *Römische Forschungen*, 1.º vol. (1864, reimp., 1962), 1-68 (1 ss.). Quanto ao conceito e funções do nome: Konstanze Seutter, *Eigennamen und Recht* (1996), 24 ss..

[970] Rachele Mariconda, *Dei cambiamenti e delle modificazioni del nome e del cognome*, em Pasquale Stanzione, *Il nuovo ordinamento dello stato civile* (2001), 317-363 (320), Karl-Nikolaus Peifer, *Individualität im Zivilrecht* cit., 167 ss. e Michael Grünberger, *Von Bernhard Markus Antoinette zu Anderson Bernd Peter/Von der Ordnungsfunktion und der Identitätsfunktion des Vornamens*, AcP 207 (2007), 314-339.

[971] Hildegard Krüger, *Der Name der Frau nach bürgerlichen Recht*, AcP 156 (1957), 232-264 (232), logo recorda que Deus deu a Adão o poder de dar nomes aos bichos. *Vide Génesis*, 2, 19.

II. Na Grécia Antiga, a imposição do nome tinha lugar no sétimo ou décimo dia após o nascimento[972]. Havia regras usuais: não obrigatórias. Por exemplo: a de dar ao primeiro filho o nome do avô paterno. Na origem, todos os nomes tinham um significado, sendo acolhidas designações aprazíveis ou promissoras. Assim: nomes derivados de deuses, como Apolónios ou Dionísios; nomes de cidades, como Achaios ou Delfos; nomes ligados a qualidades físicas: Pyrrhias, de Πύρρος, russo, Xanthias, de Ξάνθος, louro, Melas, de Μέλας, negro ou Calisto, de Κάλλιστος, belo; nomes relacionados com circunstâncias que acompanharam o nascimento, como Noumenios, de Νουμηνιος, nascido na Lua Nova; nomes que exprimem virtudes: Elpis, de 'Έλπις, esperança, Areta, de 'Αρέτα, virtude, Eirene, de Ειρήνη, paz. Surgem, ainda, nomes derivados de profissões, militares, de cavalos, de funções administrativas e de animais: muitos deles ocorrem, ainda hoje, nos diversos países.

A repetição de nomes levou a que se indicasse, além do próprio, o nome do pai, em genitivo. Os nomes das mulheres seguiam regras similares, mas no feminino. Havia ainda sobrenomes derivados de alcunhas, sendo permitida a mudança de nome, designadamente por decisão do pai.

III. No Direito romano, o nome foi-se desenvolvendo, acabando por obedecer a regras de certa complexidade[973], conquanto que usuais.

Também nas origens os romanos disporiam de um único nome por pessoa. Acrescentava-se-lhe, por vezes, o nome do *pater*, em genitivo. Mais tarde, somou-se-lhe, ainda, o nome gentílico (da *gens*, estirpe ou família)[974]. Surge, depois, um sobrenome ou cognome (alcunha), que veio, na prática, a substituir o nome próprio. A isso haveria ainda que acrescentar o nome da tribo[975]. Chegou-se, assim, a um alargamento, que levou ao uso de abreviaturas.

[972] Sobre o tema e com indicações, *vide* Ph. Fabia, *Nomen (όνομα), Dictionnaire des Antiquités Grecques et Romaines*, dir. Edmund Saglio, tomo IV (s/d), 88-97 (88 ss.).

[973] Quanto ao nome no Direito romano, cumpre citar os dois grandes estudos clássicos na matéria: o já referido trabalho de Theodor Mommsen, *Die römischen Eigennamen* cit., e a monografia de Bruno Duer, *Die römischen Namengebung/Ein historischer Versuch* (1937), 230 pp..

[974] Mommsen, *Die römischen Eigennamen* cit., 7 ss.. Tem um especial interesse o também clássico Wolfgang Kunkel, *Herkunft und soziale Stellung der römische Juristen*, 2.ª ed. (1967), 83 ss..

[975] Para maiores desenvolvimentos. Ph. Fabia, *Nomen* cit., 92/I ss..

Tomemos como exemplo o nome completo de Cícero, apresentado como *M. Tullius M. f. Cor. Cicero* ou, por extenso, *Marcus Tullius Marci filius, Cornelia tribu, Cicero*; significa *Marcus* (nome próprio), da estirpe *Tullius* (nome gentílico), filho de *Marcus*, da tribo *Cornelia*, cognominado *Cicero*. Ao longo da evolução romana, foram surgindo designações para mulheres, para libertos, para escravos e para estrangeiros, numa teia complexa que é possível reconstituir graças às inscrições tumulares.

Tal como na Grécia, os nomes próprios começaram por se retirar de termos com significado; assim, quanto à ordem de nascimento[976]: *Quintus*, *Sextus* ou *Postumus*; quanto às circunstâncias do nascimento, *Manius* (nasceu de manhã) ou *Lucius* (nasceu de dia ou à luz); de deuses: *Marcus* (de Marte); geográficos: *Tiberius* (de Tibre); de características físicas: *Paullus* (pequeno), etc.. Ao longo da História, os nomes romanos sofreram a influência das demais culturas mediterrânicas.

No Império, as regras tradicionais sobre a formação dos nomes foram abandonadas[977]. Assistiu-se a uma acentuada liberdade na atribuição de nomes, numa situação que se prolongaria.

IV. Numa visão de conjunto, podemos afirmar que o nome das pessoas não foi objeto do *ius civile*: antes ficou a cargo dos *mores*[978]. Consequência direta era a sua mutabilidade.

Assim, segundo uma Lei de Diocleciano[979]:

> Mutare itaque nomen sive praenomen sine aliqua fraude licito iure, si liber es (...)[980]

[976] Theodor Mommsen, *Die römischen Eigennamen* cit., 4. No tocante à origem dos nomes romanos, a obra de referência é a de Wilhelm Schulze, *Zur Geschichte lateinischer Eigennamen*, 2.ª ed. (1966), 647 pp..

[977] Ph. Fabia, *Nomen* cit., 95 ss..

[978] Max Kaser, *Das römische Privatrecht*, I – *Das altrömische, das vorklasssiche und klassische Recht*, 2.ª ed. (1971), 274.

[979] C 25.1.2 = *Corpus Iuris Civilis/Codex Iustinianus*, ed. Paul Krveger (1877), 384/I. *Vide* Vittorio Scialoja, *Sul diritto al nome e allo stemma*, em *Studi giuridici*, vol. III – *Diritto privato* (1932), 49-89 (56).

[980] Portanto: "É lícito mudar, sem qualquer fraude, quer o nome próprio, quer o apelido, desde que se seja um homem livre (...)".

Todavia, a utilização de um nome de pessoa afamada poderia dar lugar a uma *actio iniuriarum*[981].

Também o cristianismo nascente admitia a liberdade de mudar o próprio nome[982]: desde logo S. Pedro chamava-se, inicialmente, Simão. Esta situação perduraria ao longo dos séculos subsequentes, até vir a contundir com as pretensões policiais e fiscalizadoras dos Estados modernos.

De todo o modo e ao longo do denominado período intermédio, a matéria relativa ao nome não parou de se enriquecer[983]. Os germanos davam uma certa estabilidade ao nome; já a Glosa mantinha a liberdade romana, salvo fraude[984]. Como nova tendência: enquanto em Roma a iniciativa da mudança partia do próprio, na Idade Média ela podia vir do exterior: da comunidade, através de alcunhas[985]. O Humanismo manteve a orientação da mutabilidade do nome[986]; além disso, provocou, em toda a Europa, o aparecimento de novos nomes, normalmente latinizados[987].

V. Na evolução subsequente[988], o interesse público determinou a estabilização do nome[989]. Como marcos significativos refere-se, em

[981] *Vide* Jhering, *Rechtsschutz gegen iniuriöse Rechtsverletzungen* cit., 321-322 (= 392 dos *Gesammelte Aufsätze*, 3.º vol.); explica este Autor que o decisivo não é o nome: antes a fama que, a ele, esteja ligada.

[982] Krüger, *Der Name der Frau nach bürgerlichen Recht* cit., 237.

[983] Com indicações, Dieter Geuerlich, *Zur Entstehung und Entwicklung der Familiennamen in hohen Mittelalter*, em Dieter Kremer, *Onomastik* VI – *Namenforschung und Geschichtswissenschaft/Literarische Onomastik/Namensrecht* (2002), 41-46.

[984] Richard Brexel, *Die Entwicklung des Namensgebrauchs zu einem Persönlichkeitsrecht* (1962), 10 e 15; eram frequentes, diz este autor, as latinizações de nomes alemães.

[985] Rainhard Härtel, *Selbstbenennung und Fremdbenennung im hohen Mittelalter*, *Onomastik* VI cit., 91-113.

[986] Brexel, *Die Entwicklung des Namensgebrauchs* cit., 17.

[987] Rob Rentenaar, *Humanismus und Familiennamen. Zur Entstehung und Verbreitung der humanistischen Familiennamen in Nordwesteuropa*, *Onomastik* VI cit., 161-167.

[988] No tocante à evolução histórica e dogmática do nome, cumpre citar a monografia maciça de Diethelm Klippel, *Der zivilrechtliche Schutz des Namens/Eine histo-rische und systematische Untersuchung* (1985), 631 pp. Referimos, ainda, Bernhard Raschauer, *Namensrecht. Eine systematische Darstellung des geltenden österreichischen und des geltenden deutschen Rechts* (1978), 4 ss., Norbert Habermann, *Staudingers Kommentar*, 1, §§ 1-14 (2013), § 12, Nr. 212 ss. (354 ss.) e Wilfried Seibicke, *Die Personennamen im Deutschen/Eine Einführung*, 2.ª ed. (2008), VIII + 235 pp..

[989] Adriano de Cupis, *Nome e cognome*, NssDI XI (1968), 299-307 (299/II) e Klip-

França, cujo papel foi liderante, durante muito tempo, neste domínio, a Ordenança de Amboise, de 26-mar.-1555, sob Henrique II, que proibiu a mudança de nome sem carta de dispensa[990] e o Decreto da Convenção de 23-ago.-1794, que revogando um decreto anterior que autorizava cada um a usar o nome que entendesse[991], proibiu o uso de nomes diversos dos resultantes do ato de nascimento[992]. Anteriormente, um Decreto de 20-set.-1792 veio fixar "o modo de constatar o estado civil dos cidadãos", no que pode ser considerado como um primeiro embrião de registo civil[993]. O Decreto do 6 Fructidor II obrigou a que se usasse sempre e apenas o nome e o apelido constantes do ato de nascimento. A cúpula ficou completa com o Decreto de 11 Germinal XI: admitia-se a mudança de nome, mas só com autorização do Governo. Estava consumado o controlo do Estado sobre o nome[994].

71. As codificações e seus antecedentes

I. A matéria jurídica atinente ao nome chegou à pré-codificação numa situação de fraqueza acentuada. Na origem temos o Direito romano que, como vimos, remetia, no período clássico, o nome para os *mores*, admitindo, na fase tardia, mudanças livres.

Seguiu-se um período de tradições díspares, onde preocupações fiscais e militares – portanto: de Direito público – acabaram por ditar alguma consistência. Na Alemanha, ainda leis públicas proibiram, aos judeus, a

pel, *Der zivilrechtliche Schutz des Namens* cit., 40-41, referindo razões fiscais e militares, para proibir mudanças arbitrárias do nome.

990 Josef Kohler, *Das Individualrecht als Namensrecht* cit., 97 ss..

991 A Lei 19-23-jun.-1790 abolira os títulos e proibira que se tomassem os nomes de terras.

992 Ou Decreto de 6 Fructidor II; *vide* De Cupis, *Nome e cognome* cit., 300/I. Sobre a evolução francesa, *vide* Marcel Planiol, *Traité Élémentaire de Droit civil*, tomo I, 3.ª ed. (1904), 147 ss..

993 Pierre-Henri Billy, *Le titre III du décret du 20 Septembre 1792, ses modifications et leur application en France jusqu'au Directoire: Des Naissances*, em *Onomastik* VI cit., 341-352.

994 Anne Lefebvre-Teillard, *La Loi du 11 Germinal An XI*, em *Onomastik* VI cit., 381-387. Quanto ao Direito francês vigente: Muriel Parquet, *Droit des personnes*, 3.ª ed. (2010), 51 ss..

adoção de nomes de famílias conhecidas, enquanto os nomes de famílias nobres eram dotados de proteção penal[995].

II. A pandectística teve grandes dificuldades de ordenação da matéria. Recorde-se que Savigny não reconhecia os direitos de personalidade, limitando-se Jhering à tutela propiciada pela *actio iniuriarum*. Curiosamente, o nome comercial ou firma, pelos interesses práticos que suscitava, veio, primeiro, a obter a atenção dos grandes códigos. O problema era especialmente candente quando estivesse em jogo a designação das sociedades comerciais: esta obteve regras no ALD prussiano de 1794[996] e no Código de Comércio francês, de 1807[997-998]. No Código Geral de Comércio Alemão, de 1864, surgem já regras relativas ao nome comercial dos próprios comerciantes singulares[999]. Nas codificações comerciais dos finais do século XIX, a firma ou nome comercial atingiu a maturidade: antes de isso suceder com o nome civil.

Podemos entender que o nome, na era moderna e no início da pré-codificação, começou por constituir, à romana, mera matéria particular[1000], disciplinada apenas por leis públicas e de polícia, que impediam mudanças arbitrárias[1001].

III. Na pandectística surge a afirmação de que os assuntos atinentes ao nome pertenciam aos serviços administrativos[1002]; seriam, assim,

[995] Klippel, *Der zivilrechtliche Schutz des Namens* cit., 45. Quanto a essa proteção, no século XIX, *vide* 61 ss..

[996] ALR II, 8, §§ 621-622; na reimp. intr. por Hans Hattenhauer (1970), 472/II.

[997] Artigos 21, 23/II e 29 e 30 quanto às sociedades em nome coletivo, em comandita e anónimas, respetivamente.

[998] *Vide* o nosso *Direito comercial*, 4.ª ed. (2016), 359 ss. A matéria pode, ainda, ser seguida em Klippel, *Der zivilrechtliche Schutz des Namens* cit., 66 ss..

[999] Artigo 15.

[1000] Robert Hermann, *Ueber das Recht der Namensführung und der Namensänderung*, AcP 45 (1862), 153-169 e 315-341 (315 ss.).

[1001] Hermann, ob. cit., 325..

[1002] Carl Friedrich von Gerber/Konrad Cosack, *System des Deutschen Privatrechts*, 17.ª ed. (1895), 43, nota 1 a).

dominados por vetores de Direito público[1003]. Enquanto isso, grassava, em França, a ideia de um direito de propriedade ao nome[1004].

Apenas na pandectística mais tardia se impôs a ideia do nome como uma parcela da personalidade ou como uma realidade sobre a qual poderiam recair direitos de personalidade. Tal o grande mérito de Kohler[1005], em texto já transcrito[1006], retomado por von Gierke e pela jurisprudência[1007]. A definitiva consagração, na doutrina[1008], do direito de personalidade não foi suficiente para a consagração desta figura geral no BGB, como vimos. Levaria, contudo, à inserção do direito ao nome: o único direito de personalidade presente no BGB.

Segundo o seu § 12, hoje epigrafado "direito ao nome":

> Quando o direito ao uso de um nome seja, perante o seu titular, questionado por outra pessoa ou quando o interesse do seu titular seja violado por alguém, indevidamente, usar o mesmo nome, pode o interessado exigir do outro a cessação da interferência. Quando seja de recear outras interferências, pode o interessado exigir, judicialmente a abstenção[1009].

O direito ao nome tende, a partir daí e nos diversos países[1010], a ser

[1003] Klippel, *Der zivilrechtliche Schutz des Namens* cit., 161. Também Planiol, *Traité Élementaire* cit., 1, 3.ª ed., 154, se inclina para uma saída deste tipo.

[1004] Ch. Beudant, *Cours de droit civil français*, tomo II, *L'état et la capacité des personnes*, col. Henri Batiffol (1936), 290.

[1005] J. Kohler, *Das Individualrecht als Namensrecht* cit., 77.

[1006] *Supra*, 55.

[1007] Otto von Gierke, *Besprechung reichsgerichtlicher Entscheidungen*, JhJb 35 (1896), 137-284 (164).

[1008] Com relevo para Regelsberger e von Gierke, referidos *supra*, 56, com diversas indicações.

[1009] A bibliografia referente a esse preceito é infindável; assim: Franz Jürgen Säcker, *Münchener Kommentar* cit., 1, 7.ª ed., § 12; Norbert Habermann, *Staudingers Kommentar* cit., 1, § 12 (259 ss.); Stefan Koos, no *NomosKommentar zum BGB* 1, 3.ª ed. (2016), § 12 (51 ss.). No plano da divulgação: Helmut Köhler, *BGB/Allgemeiner Teil*, 42.ª ed. (2018), § 20, Nr. 13-23 (274-276). Quanto à origem desse preceito, Klippel, *Der zivilrechtliche Schutz des Namens* cit., 238 e Thomas Duve, HKK/BGB cit., 1, §§ 1-14, Nr. 51 ss. (204 ss.); Brox/Walker, *Allgemeiner Teil* cit., 40.ª ed., Nr. 716 ss..

[1010] Como apontamento curioso de Direito comparado, referimos ainda três trabalhos, todos incluídos na *Onomastik* VI (2002) cit.: José Luis Lizundia Askondo, *Los cambios legislativos sobre los nombres de persona, familia y lugar en el Estado Español en general y en el Pais Vasco en particular*, 389-397, onde dá conta das leis franquistas

considerado um direito de personalidade[1011]: um direito subjetivo absoluto e privado[1012], com a proteção civil daí decorrente[1013].

IV. A tutela do nome obteve um desenvolvimento bastante acentuado no Código Civil italiano, em preceitos que influenciaram diretamente a preparação do nosso Código. Tem interesse consigná-los:

6. Direito ao nome

Toda a pessoa tem direito ao nome que lhe é atribuído por lei.

No nome compreendem-se o nome próprio e o apelido.

Não são admitidas modificações, acrescentos ou retificações ao nome a não ser nos casos e com as formalidades indicadas na lei.

7. Tutela do direito ao nome

A pessoa à qual seja posto em causa o direito ao uso do próprio nome ou que possa ressentir prejuízo pelo uso que outros façam indevidamente dele, pode requerer judicialmente a cessação do facto lesivo, salvo o ressarcimento do danos.

A autoridade judiciária pode ordenar que a sentença seja publicada num ou em mais jornais.

8. Tutela do nome por razões familiares

No caso previsto no artigo precedente, a ação pode ser ainda proposta por quem, embora não usando o nome contestado ou indevidamente usado, tenha, quanto à tutela do nome, um interesse baseado em razões familiares dignas de ser protegidas.

que obrigaram a castelhanizar os nomes expressos noutros idiomas e no subsequente estabelecimento da feição original, tudo com interessantes problemas, Walter Pintens, *Entwicklungen im belgischen und niederländischen Namensrecht*, 399-406, quanto à Bélgica e à Holanda e Walter Zeyringer, *Entwicklungen des österreichischen Namensrecht*, 421-430, quanto à Áustria.

[1011] Ludwig Enneccerus/Hans-Carl Nipperdey, *Allgemeiner Teil des bürgerlichen Rechts*, 15.ª ed. (1959), § 100 (564 ss.), Thomas Duve, HKK/BGB cit., 1, §§ 1-14, Nr. 64 (214), levantando outros problemas e Krüger, *Der Name der Frau* cit., 242. Em França, essa orientação foi primeiro tomada por Saleilles e Gény, sob influência alemã; *vide* Ferid/Sonnenberger, *Das französische Zivilrecht* cit., 1/1, 2.ª ed., 338 ss..

[1012] Klippel, *Der zivilrechtliche Schutz des Namens* cit., 438.

[1013] Hans G. Ficker, *Das Recht des bürgerlichen Namens* (1950), 175 ss..

9. Tutela do pseudónimo

O pseudónimo usado por uma pessoa de modo a adquirir a importância do nome, pode ser tutelado nos termos do artigo 7.

V. Também o novo Código Civil brasileiro (de 2002) contém preceitos importantes, que cumpre divulgar:

Artigo 16.º Toda a pessoa tem direito ao nome, nele compreendidos o prenome e o sobrenome.

Artigo 17.º O nome da pessoa não pode ser empregado por outrem em publicações ou representações que a exponham ao desprezo público, ainda quando não haja intenção difamatória.

Artigo 18.º Sem autorização, não se pode usar o nome alheio em propaganda comercial.

Artigo 19.º O pseudónimo adotado para atividades lícitas goza da proteção que se dá ao nome.

VI. Ao longo do século XX, as regras sobre o nome estabilizaram: isso ao ponto de a doutrina reclamar contra a escassez de estudos nesse domínio[1014]. De facto, o nome comercial ou firma, pelo interesse económico mais direto que suscita, tem provocado um maior interesse[1015]. A interdependência entre o nome comercial e o civil[1016] propicia, aliás, elementos interessantes para o estudo deste último.

As modificações legislativas que se têm vindo a verificar resultam de sucessivas reformas no Direito da família[1017].

[1014] Raschauer, *Namensrecht* cit., 30.

[1015] *Vide*, por exemplo, o desenvolvimento dado às matérias por Hans-Heinrich Schmieder, *Name-Firma-Titel-Marke: Grundzüge des Rechts an der Bezeichnung*, JuS 1995, 119-123.

[1016] Helmut Köhler, *Namensrecht und Firmarecht*, FS Fikentscher (1998), 494-515 (514).

[1017] Como exemplo de alguma instabilidade nesse domínio, temos o Direito francês; *vide* Teyssié, *Droit civil/Les personnes* cit., 15.ª ed., 179 ss..

72. A experiência portuguesa e a sua evolução

I. De acordo com a tradição romanística, o nome não constituiu uma preocupação do Direito civil pátrio, durante muito tempo.

Tal como noutros países, no início da nacionalidade, cada pessoa tinha um nome simples, que a distinguia das restantes, no seu meio social. A nobreza e as classes letradas começaram a adotar nomes duplos, normalmente patronímicos. Afonso Sanches (filho de Sancho), Mem Ramires (filho de Ramiro) ou Diogo Fernandes (filho de Fernando). Mais tarde, as famílias nobres adotaram nomes de família (apelidos) provenientes de sobrenomes (escolhidos pelo próprio) ou de alcunhas (escolhidas por terceiros). Foram eleitos nomes de árvores (Pinheiro, Carvalho ou Pereira), de animais (Carneiro, Lobo, Coelho), de terras (Almeida, Palmela, Lobão), de profissões (Moleiro, Ferreiro, Pastor) ou simples adjetivos (Branco, Preto, Marreco). Seguiu-se uma certa hereditariedade, perturbada pelo facto de não ser obrigatória e de, ao longo da História, as classes populares terem vindo, repetidamente, a adotar os nomes dos senhores a quem prestavam serviço ou das terras onde trabalhavam. Nos séculos XV e XVI, os judeus convertidos à força (ditos cristãos-novos, até que o Marquês de Pombal aboliu essa categoria) adotaram nomes de famílias tradicionais.

Nomes próprios tornaram-se apelidos, seja na forma direta, seja na versão patronímica. Os nomes portugueses, enriquecidos com aportações bíblicas, canónicas e estrangeiras e com corruptelas nacionais, surgem hoje num turbilhão rico e díspare, imagem curiosa da mistura de gentes e de costumes que dá a nossa identidade[1018].

II. Não encontramos, nos clássicos da pré-codificação, referências ao nome ou à problemática jurídica a ele ligada[1019]. O registo das pessoas, na sequência do Concílio de Trento, seguia as constituições dos bispados, sem uniformidade entre si.

[1018] Luiz da Cunha Gonçalves, *Tratado de Direito civil*, 1 (1929), 190 ss. e Manuel Vilhena de Carvalho, *Do direito ao nome/Protecção jurídica e regulamentação legal* (1972), 17 ss.. Quanto à origem de diversos nomes *vide* Manuel de Sousa, *A origem dos apelidos das famílias portuguesas* (2001).

[1019] Temos em mente Borges Carneiro, Corrêa Telles e Coelho da Rocha; apenas ocorrem, nas obras respetivas, referências aos títulos nobiliárquicos e a outras prerrogativas similares.

O nome acabou por surgir na legislação do registo civil. Mas lentamente: o Decreto de 16 de maio de 1832[1020], que proclama o registo civil, nada diz quanto ao nome, outro tanto sucedendo com o Decreto de 18 de julho de 1835[1021]. O mesmo sucedeu com os Códigos Administrativos de 1836[1022], de 1842[1023] e de 1878[1024], que se limitam a referir o registo.

O Decreto de 19 de agosto de 1859[1025], que visou o registo paroquial, regulando, entre nós e pela primeira vez, os atos de registo civil, estabeleceu[1026]:

- que em cada assento do registo paroquial se declare o nome e apelido da pessoa ou pessoas por cuja causa tiver lugar o assento e os nomes e apelidos de quaisquer pessoas que nele hajam de figurar;
- que os assentos de batismo contenham o nome que foi posto ao indivíduo batizado.

Segue-se o Decreto de 2 de abril de 1862[1027], cujo artigo 13.º, com referência ao assento de batismo determinava que o mesmo devesse conter:

(...)

4.º o sexo do individuo baptisado e o nome que lhe foi posto;

(...)

8.º o nome e appelidos dos paes, sua profissão, naturalidade (...)

9.º o nome e appelidos dos avós paternos e maternos do individuo baptisado;

1020 Decreto de 16-mai.-1832, em *Collecção de Decretos e Regulamentos publicados durante o Governo da Regência do Reino estabelecida na Ilha Terceira*, 1829-1832, 2.ª ed. (1836), 87-101, relativo à organização administrativa; cf., aí, os artigos 69.º e 70.º.

1021 Decreto de 18-jul.-1835, em *Collecção de Leis e outros Documentos Officiaes*, 1834-1835 (1837), 194-211; cf., aí, os artigos 65.º, 72.º e 73.º.

1022 Código Administrativo de 31-dez.-1836 (Passos Manuel), DG n.º 6, de 1837.

1023 Código Administrativo de 18-mar.-1842 (Costa Cabral), *Collecção de Leis*, 1841/1843, 108-149.

1024 Código Administrativo de 6-mai.-1878 (Rodrigues Sampaio), *Collecção Official 1878*, 73-103 (90).

1025 Decreto de 19-ago.-1859, DG n.º 212, de 9-set.-1859, 1173-1175.

1026 *Vide* Vilhena de Carvalho, *Do direito ao nome* cit., 23.

1027 Decreto de 2-abr.-1862, em *Collecção Official Anno de 1862* (1863), 69-75. Esse diploma é antecedido por um relatório que explica as circunstâncias da sua preparação. Cf., ainda, o Decreto de 9-set.-1863, relativo ao Ultramar, em *Collecção Official Anno de 1863* (1864), 458-463, também com largo e interessante relatório histórico.

> 10.º o nome, appelido e profissão do padrinho e o nome e appelido da madrinha.
>
> (...)

III. Como se vê, as regras do registo apenas consagravam procedimentos muito elementares e que seriam retomados no final do Código de Seabra: este diploma, na parte IV – *Da offensa dos direitos, e da sua reparação*, contém um livro II – *Da prova dos direitos e da restituição d'elles*, onde se insere um Título I – *Das provas*, com um Capítulo IV – *Da prova documental*, Secção III – *Da prova de nascimentos, casamentos e óbitos*, Sub-secção I – *Do registo civil*. Cabe reter[1028]:

> artigo 2448.º Em todos os assentos do registo civil deve mencionar-se:
>
> 1.º O logar onde são feitos, e a hora, dia, mez e anno em que são escriptos;
>
> 2.º Os nomes, appelidos, estado, profissão, naturalidade e residência das partes, e das testemunhas que n'elles interveem;
>
> (...)
>
> artigo 2464.º Nos assentos de nascimento, além das declarações mencionadas no artigo 2448.º, deverão especificar-se:
>
> (...)
>
> 3.º O nome que lhe foi, ou ha de ser posto;
>
> 4.º Os nomes, appelidos, profissão, naturalidade e domicílio dos paes, mães e avós, quando os nomes dos dictos paes, mães e avós houverem de ser declarados, e os das testemunhas;
>
> (...)

Seguiu-se o regime do registo civil para os não-católicos, de 1878[1029], que manteve regras semelhantes às do Código de Seabra.

Guilherme Moreira dedicou páginas importantes ao registo civil[1030], aproximando-o, pela primeira vez, do Direito das pessoas. Todavia, apenas

[1028] Estes preceitos eram objeto de ligeiras anotações, sem aprofundamento da matéria ligada ao nome; assim, José Dias Ferreira, *Codigo Civil Portuguez Annotado*, 4, 2.ª ed. (1905), 346.

[1029] Decreto de 28-nov.-1878 (Tomás Ribeiro), *Collecção Official 1866*, 296.

[1030] Guilherme Moreira, *Instituições de Direito civil português*, 1 (1907), § 23 (235 ss.).

fez breves e descritivas referências ao nome, a propósito dos artigos 2448.º e 2464.º do Código de Seabra e de diversos regulamentos, particularmente o de 1878.

IV. No plano legislativo, o nome passou a ser regulado em lei pelo Código de Registo Civil de 1911[1031], em termos retomados, com alterações, pelos Códigos de 1932[1032], de 1958[1033], de 1967[1034], de 1978[1035] e de 1995[1036].

V. No plano doutrinário, deve-se a Cunha Gonçalves o primeiro tratamento aprofundado sobre o nome, o direito ao nome, a sua tutela e a sua natureza[1037]. O tema foi, depois, levemente retomado por José Tavares: o primeiro autor a referi-lo como direito de personalidade[1038] e por Manuel de Andrade, no âmbito da preparação do Código Civil[1039].

Depois do Código Civil, cabe referir as monografias de Vilhena de Carvalho[1040] e o estudo de Antunes Varela[1041]; além, naturalmente, de referências feitas nas obras de teoria geral do Direito civil[1042]. No Direito

[1031] Aprovado pelo Decreto de 18 de fevereiro de 1911, CL 1911, 113-142, alterado pela Lei de 10 de julho de 1912, CL 1912, 175-179.

[1032] Aprovado pelo Decreto n.º 22:018, de 22 de dezembro de 1932.

[1033] Aprovado pelo Decreto-Lei n.º 41.967, de 22 de novembro de 1958.

[1034] Aprovado pelo Decreto-Lei n.º 47.678, de 5 de maio de 1967.

[1035] Aprovado pelo Decreto-Lei n.º 51/78, de 30 de março.

[1036] Aprovado pelo Decreto-Lei n.º 131/95, de 6 de junho, por último alterado pela Lei n.º 49/2018, de 14 de agosto.

[1037] Luiz da Cunha Gonçalves, *Tratado*, cit., especialmente 1, 206 ss.. Cunha Gonçalves estava sob manifesta influência da doutrina francesa.

[1038] José Tavares, *Os princípios fundamentais do Direito civil*, 1, 2.ª ed. (1929), 277, num texto muito aderente a Nicola Coviello, *Manuale di diritto civile italiano/ Parte Generale*, 3.ª ed. (1924), 25-26, obra, de resto, citada por José Tavares.

[1039] Manuel de Andrade, *Esboço de um anteprojecto de código das pessoas e da família/Na parte relativa ao começo e termo da personalidade jurídica, aos direitos de personalidade, ao domicílio*, BMJ 103 (1961), 153-166 (157-158).

[1040] Vilhena de Carvalho, *Do direito ao nome* (1972), 254 pp., já referido e *O nome das pessoas e o Direito* (1989), 179 pp..

[1041] João Antunes Varela, *Alterações legislativas ao direito ao nome*, RLJ 114 (1981), 207-212 e 229-233, 114 (1982), 260-261, 293-297, 323 e 357-359, 115 (1982), 7-9, 37-40, 68-72 e 196-201, 116 (1983), 140-146, 116 (1984), 257-258 e 289-293, 117 (1984), 97-100, 133-136, 161-165 e 196-200, 117 (1985), 275-262 e 354-357, 118 (1986), 262-267, 293-298 e 321-324 e 119 (1986), 197-200; o estudo em causa ficou incompleto.

[1042] Assim, Carvalho Fernandes, *Teoria geral* cit., 1, 6.ª ed., 238.

civil brasileiro, a matéria tem assento no artigo 16.º do Código Civil de 2002, merecendo a atenção dos estudiosos[1043].

73. A formação do nome

I. De acordo com a tradição portuguesa e no termo da evolução acima relatada, vertida nas leis, os nomes das pessoas compõem-se do nome próprio e dos apelidos.

Podemos fazer as seguintes distinções:

– nome: o conjunto de vocábulos que designem individualmente uma pessoa singular;
– nome próprio: os vocábulos que se reportam apenas à pessoa considerada (p. ex., Abel ou Bento);
– apelido: os vocábulos que situam essa pessoa no âmbito da família de origem (p. ex., Costa ou Silva).

Anote-se que as pessoas coletivas não têm nome: antes firma, quando se trate de sociedades comerciais ou civis sob forma comercial, e denominação, quando estejam em causa associações ou fundações, ou sociedades civis puras[1044]. O comerciante individual adotará uma firma que, em prin-cípio, corresponderá ao seu nome civil; o empresário individual não comerciante usará uma denominação[1045].

II. A formação do nome segue, depois, regras próprias do Direito da família. O nome pode advir de parentesco (filiação), de adoção ou de casamento, observando-se, ainda, certas regras, quando ocorra divórcio. Segundo o artigo 1875.º/1, o filho usará os apelidos do pai e da mãe ou só de um deles. O n.º 2 desse preceito determina que a escolha do nome próprio e dos apelidos do filho menor pertença aos pais ou, na falta de acordo entre eles, ao juiz, de harmonia com o interesse do filho. Trata-se

[1043] Sílvio Romero Beltrão, *Direitos de personalidade* cit., 2.ª ed., 177 ss., onde podem ser confrontadas indicações úteis.

[1044] Trata-se do regime mais claro, derivado do Registo Nacional das Pessoas Coletivas (RNPC), aprovado pelo Decreto-Lei n.º 128/98, de 13 de maio. Todavia, as noções "firma" e "denominação" encontram-se baralhadas nas diversas leis comerciais, em termos difíceis de seguir; *vide* o nosso *Direito comercial*, 4.ª ed., 368 ss..

[1045] Artigo 39.º/1 do RNPC.

de uma solução introduzida pelo Decreto-Lei n.º 496/77, de 25 de novembro, com o fim de fixar a igualdade entre os cônjuges; na versão original do Código, os nomes do filho eram escolhidos pelo pai, ouvida a mãe. Quando a maternidade ou a paternidade sejam estabelecidas posteriormente ao registo do nascimento, os apelidos do filho poderão ser alterados nos termos dos números anteriores.

Quando a paternidade não se encontre estabelecida, podem ser atribuídos ao filho menor apelidos do marido da mãe se esta e o marido declararem ser essa a sua vontade, perante o funcionário do registo civil – 1876.º/1. Tais apelidos poderão ser eliminados a requerimento do próprio filho, nos dois anos posteriores à sua maioridade ou emancipação – *idem*, n.º 2. Trata-se de um regime também introduzido pelo Decreto-Lei n.º 496/77, de 25 de novembro, e que visa facilitar a integração do menor no núcleo familiar onde viva, apesar de ser filho, apenas, da mãe. Julgamos que esta solução pode ser bilateralizada pela interpretação ou pela integração, na hipótese (pouco frequente), de não estar estabelecida (apenas) a maternidade: poderiam, então, ser atribuídos ao menor apelidos da mulher do pai, em termos análogos aos acima prescritos.

III. Na hipótese de adoção plena – forma de adoção que, em síntese, quebra as relações familiares com a família biológica do adotando, substituindo-as por novas –, o adotado perde os seus apelidos de origem, sendo o seu novo nome constituído nos termos do artigo 1875.º, com as necessárias adaptações – 1988.º/1. A pedido do adotante, pode o tribunal, excecionalmente, modificar o nome próprio do menor, se a modificação salvaguardar o seu interesse e favorecer a integração na família.

Já na adoção restrita, que preserva os vínculos com a família de origem, dispõe o artigo 1995.º:

> O juiz pode atribuir ao adotado, a requerimento do adotante, apelidos deste, compondo um novo nome em que figurem um ou mais apelidos da família natural.

Trata-se de uma solução algo complexa, filha, também, da reforma de 1977.

IV. Havendo casamento, cada um dos cônjuges conserva os seus próprios apelidos, mas pode acrescentar-lhes apelidos do outro até ao máximo de dois – 1677.º/1: solução igualitarista introduzida pelo Decreto-Lei n.º 496/77, de 25 de novembro: anteriormente, a mulher adotava apelidos do marido. Essa faculdade não pode, todavia, ser exercida por aquele que conserve apelidos do cônjuge de anterior casamento – 1677.º/2.

Quanto à dissolução do casamento: ocorrendo ela por morte, o cônjuge que tenha acrescentado, ao seu, apelidos do outro, conserva-os, na viuvez e mesmo depois de segundas núpcias, se o declarar até à celebração de novo casamento – 1677.º-A; tratando-se de divórcio, o regime é diverso, como veremos.

Decretada a separação judicial de pessoas e bens, cada um dos cônjuges conserva os apelidos do outro, que tenha adotado; no caso de divórcio, pode conservá-los se o ex-cônjuge der o seu assentimento[1046] ou se o tribunal, tendo em atenção os motivos invocados, o autorizar[1047] – 1677.º-B/1. É evidente que, nestas situações, o nome vale pela vertente profissional e patrimonial, mais do que de personalidade[1048]. Havendo conflitos entre essas vertentes, o artigo 1677.º-C prevê a privação judicial do uso do nome, em termos que mais claros ficam pela transcrição:

> 1. Falecido um dos cônjuges ou decretada a separação judicial de pessoas e bens ou o divórcio, o cônjuge que conserve apelidos do outro, pode ser privado pelo tribunal do direito de os usar quando esse uso lese gravemente os interesses morais do outro cônjuge ou da sua família.

O n.º 2 desse preceito fixa as regras de legitimidade para o pedido de privação do uso do nome: no caso da separação judicial de pessoas e bens ou divórcio, o outro cônjuge ou ex-cônjuge; no caso de viuvez, os descendentes, ascendentes e irmãos do cônjuge falecido.

[1046] O artigo 1677.º-B especifica que o consentimento do ex-cônjuge pode ser prestado por documento autêntico ou autenticado, termo lavrado em juízo ou declaração perante o funcionário do registo civil.

[1047] O pedido de autorização judicial do uso dos apelidos do ex-cônjuge pode ser deduzido no processo de divórcio ou em processo próprio, mesmo depois de o divórcio ter sido decretado – 1677.º-B/3.

[1048] STJ 10-dez.-1998 (Quirino Soares), Proc. 98B920: o Tribunal defende que a conservação do apelido do cônjunge apenas se justifica em razão da notoriedade ou reconhecimento, o que não se verifica, embora reconheça o incómodo, no caso de o requerente ser um *simples* funcionário público.

74. A composição do nome

I. O nome da pessoa é formalmente fixado no registo de nascimento. A partir daí, qualquer alteração exige requisitos muito especiais, previstos na lei.

Segundo o artigo 103.º do Código de Registo Civil de 1995, na redação dada pelo Decreto-Lei n.º 36/97, de 31 de janeiro, o nome do registando é indicado pelo declarante[1049] ou, quando este o não faça, pelo funcionário perante quem foi apresentada a declaração – n.º 1.

II. Posto isto, determina o n.º 2 do referido artigo 103.º, que o nome completo deva compor-se, no máximo, de seis vocábulos gramaticais, simples ou compostos, dos quais só dois podem corresponder ao nome próprio e quatro apelidos, observando-se ainda, na sua composição, as regras seguintes:

– quanto a nomes próprios:

– devem ser portugueses, de entre os constantes da onomástica nacional[1050] ou adaptados, gráfica e foneticamente, à língua portuguesa, não devendo suscitar dúvidas sobre o sexo do registando – *a*);

[1049] Segundo o artigo 97.º/1 CRC, na redação dada pelo Decreto-Lei n.º 324/2007, de 28 de setembro, a declaração de nascimento compete, obrigatória e sucessivamente, às seguintes pessoas:

a) Aos pais ou a outros representantes legais do menor ou a quem por eles seja, mandatado por escrito particular;
b) *(revogada)*;
c) Ao parente capaz mais próximo que tenha conhecimento do nascimento;
d) Ao diretor ou administrador ou outro funcionário por eles designado da unidade de saúde onde ocorreu o parto ou na qual foi participado o nascimento;
e) *(revogada)*.

[1050] Em Vilhena de Carvalho, *Do direito ao nome* cit., 213 ss., podem ver-se nomes inabituais que se entendeu fazerem parte da onomástica nacional (Aires, Alcides, Alzira, etc., até Zelinda) e, 227 ss., nomes não admitidos na mesma onomástica (Açucena, Adário, Adilson, Agostília, etc., até Wilson); a tendência subsequente foi no sentido de ampliar os nomes admissíveis.

– são admitidos nomes próprios estrangeiros sob a forma originária se o registando for estrangeiro, houver nascido no estrangeiro ou tiver outra nacionalidade, além da portuguesa – *b*);
– são ainda admitidos os nomes próprios estrangeiros sob a forma originária se algum dos progenitores do registando for estrangeiro ou tiver outra nacionalidade além da portuguesa – *c*);
– em qualquer caso não pode, a irmãos, ser dado o mesmo nome próprio, salvo se um deles for falecido – *d*);

– quanto a apelidos:

– eles são escolhidos entre os que pertençam a ambos ou a só um dos pais do registando ou a cujo uso qualquer deles tenha direito, podendo, na sua falta, escolher-se um dos nomes por que sejam conhecidos – *e*);
– não sendo conhecida a filiação, pode o declarante escolher os apelidos a atribuir ao registando; se não o fizer, reverte esse poder ao próprio conservador – *f*), por remissão para o artigo 108.°.

A jurisprudência tem insistido – e bem – no sentido de ser respeitada a onomástica nacional. Assim, o Supremo rejeitou, em 27-jan.-2004, o nome "Fitz", explicando não haver, na recusa, qualquer atentado ao direito à identidade. O nome será também um[1051]:

> (...) conjunto de relações, traduzidas em intersubjetividade de direitos e deveres entre cidadãos entre si e entre cada um deles e o Estado que impõem que se reconheça a esse mesmo Estado o direito de intervir por via legislativa, impedindo a escolha de nomes sem qualquer ligação ao onomástico nacional ou que se mantenham estranhos, por inadaptáveis, à língua portuguesa, prevenindo possíveis deturpações e confusões decorrentes dessa falta de correspondência gráfica e fonética.

Também o nome "Petiz" não é aceitável, por razões paralelas, numa asserção que não contunde com o princípio da igualdade[1052].

[1051] STJ 27-jan.-2004 (Alves Velho), CJ/Supremo XII (2004) 1, 4-44 (43/II-44/I). "Fitz" provém de *filius*, não pertencendo claramente à onomástica nacional.

[1052] RCb 23-mar.-2004 (Garcia Calejo), CJ XXIX (2004) 2, 20-22. "Petiz" advém do francês *petit*, latim *petitius*: é termo português, mas não como nome de pessoa.

III. No caso de abandonados[1053], compete ao conservador atribuir ao registando um nome completo, dentro dos parâmetros do artigo 103.º/2,

> (...) devendo escolhê-lo de preferência entre os nomes de uso vulgar ou derivá-los de alguma característica particular ou do lugar em que foi encontrado, mas sempre de modo a evitar denominações equívocas ou capazes de recordarem a sua condição de abandonado (...) – 108.º/1 do CRC.

O n.º 2 desse preceito determina ainda que, na escolha do nome, se deva respeitar qualquer indicação escrita encontrada em poder do abandonado ou junto dele, ou por ele próprio fornecida.

75. Modificações do nome

I. Uma vez constituído, o nome submete-se ao princípio da estabilidade[1054]. Assim, qualquer modificação só é possível dentro de estrito condicionalismo legal[1055]. Podemos distinguir:

– retificações e alterações de pormenor[1056];
– alterações resultantes de regras de Direito da família;

[1053] Na definição do artigo 105.º do CRC: "... os recém-nascidos de pais desconhecidos que forem encontrados ao abandono em qualquer lugar e, bem assim, os indivíduos de idade aparente inferior a 14 anos, ou dementes, cujos pais, conhecidos ou não, se hajam ausentado para lugar não sabido, deixando-os ao desamparo". Os casos mais frequentes reportam-se, todavia, a recém-nascidos.

[1054] Assim, STJ 14-out.-1997 (Torres Paulo), CJ/Supremo V (1997) 3, 82-83 (82/II); todavia, nesse caso concreto, admitiu-se a mudança de nome de um cidadão, por alteração da ordem por que surgia: de *Mário Coelho Branco* passou a *Mário Branco Coelho*, para coincidir com o nome da mulher.

[1055] Ao abrigo de CRC anteriores – mas não muito diferentes – *vide* Vilhena de Carvalho, *Direito ao nome* cit., 149 ss. e *O nome das pessoas e o Direito* (1989), 119 ss..

Nos restantes países, o procedimento de alteração do nome não diverge, fundamentalmente, do nosso. Por exemplo, Schwerdtner, *Münchener Kommentar* cit., 1, 4.ª ed., 139 ss., quanto à experiência alemã e Norbert Habermann, *Staudingers Kommentar* 1, *§§ 1-14* cit., § 12, Nr. 215 (366 ss., aí podendo ser confrontado o texto da lei alemã sobre a mudança de nome), Teyssié, *Droit civil/Les personnes* cit., 15.ª ed., 191 ss., quanto à francesa e Rachele Mariconda, *Dei cambiamenti e delle modificazioni del nome e del cognome* cit., 337 ss.

[1056] STJ 29-jan.-2004 (Santos Bernardino), Proc. 03B3153: Assunção para Assumpção.

– alteração por autorização do conservador dos Registos Centrais[1057];
– alteração por naturalização.

A retificação, referida no artigo 104.º/2, *b*), pode operar quando se verifiquem os requisitos prescritos no artigo 92.º, ambos do CRC. A alteração de pormenor vem referida no artigo 104.º/2, *c*), com a "... simples intercalação ou supressão de partículas de ligação entre os vocábulos que compõem o nome, ou no adicionamento de apelidos, se do assento constar apenas o nome próprio do registado".

II. As regras do Direito de família implicam a alteração do nome quando, depois do assento de nascimento, sobrevenham o estabelecimento da filiação, a adoção, sua revisão ou revogação ou o casamento – 104.º/2, *a*). Ainda neste domínio, pode haver alterações por renúncia aos apelidos adotados por virtude do casamento ou por perda do direito ao nome, por parte do interessado – 104.º/2, *d*). Os casos resultantes do artigo 1876.º – portanto: a atribuição dos apelidos do marido da mãe ou a sua eliminação, nos termos aí previstos – 104.º/2, *e*).

III. A alteração por autorização do conservador dos Registos Centrais pode ser concedida nos termos do processo especial previsto nos artigos 278.º e seguintes, do Código de Registo Civil. Em termos sintéticos, a tramitação é a seguinte:

– o interessado em mudar o nome deve, dirigir um requerimento, justificado e com as provas oferecidas, ao conservador dos Registos Centrais;
– é imediata e oficiosamente a base de dados de registo civil, sendo integrados os elementos necessários, de modo a comprovar o assento de nascimento do interessado;
– após exame do processo o conservador pode ordenar as diligências que considere necessárias;
– da decisão cabe impugnação judicial.

[1057] De acordo com as alterações introduzidas nos artigos 278.º e seguintes, do Código do Registo Civil, pelo Decreto-Lei n.º 324/2007, de 28 de setembro. Anteriormente, exigia-se autorização do Ministro da Justiça.

IV. Como se vê, trata-se de um processo que assenta, em última análise, numa decisão discricionária. A lei não especifica os motivos que devem presidir à alteração, nem o critério da mesma. Do espírito do sistema deduz-se, porém e com facilidade, que se deve tratar de razões muito ponderosas. Designadamente: o nome a alterar é ridículo, podendo afetar (designadamente) crianças; o nome a alterar tem conotações que, para o interessado, podem ser especialmente chocantes[1058]; o nome em jogo presta-se a confusões gravosas; pretende-se preservar um nome ilustre, de família, que não tenha sido levado à inscrição de nascimento[1059].

Por outro lado, o nome a escolher, estando em causa os apelidos, deverá ter uma qualquer conotação com a família do interessado, quando seja conhecida.

V. O nome de uma pessoa pode ainda ser alterado, para além das regras constantes do Código de Registo Civil, na hipótese de aquisição da nacionalidade portuguesa por força do prescrito na Lei da Nacionalidade[1060] e do Regulamento da Nacionalidade Portuguesa[1061].

Como ponto de partida, temos de atentar no artigo 38.º do RNP: os nomes dos indivíduos a quem seja atribuída a nacionalidade portuguesa ou que a adquiram, quando escritos em carateres não latinos, devem ser transliterados de acordo com o alfabeto latino – 38.º/1[1062]. Isto posto:

– aquele que pretenda adquirir a nacionalidade portuguesa pode requerer, no ato de declaração respetivo[1063] ou no requerimento de

[1058] STJ 20-jun.-2002 (Eduardo Baptista), CJ/Supremo X (2002) 2, 123-126: uma jovem de 19 anos, filha de pais divorciados, pretendeu retirar do seu nome o apelido do pai, do qual tinha más recordações, substituindo-o pelo do avô materno; o Supremo aceitou a supressão, mas não a adição do novo apelido: este já faria parte do nome da interessada, através da mãe, não devendo ser repetido.

[1059] *Vide* as motivações paralelas admitidas no Direito francês, em Bernard Teyssié, *Droit civil/Les personnes* cit., 15.ª ed., 220.

[1060] Aprovada pela Lei n.º 37/81, de 3 de outubro, alterado, por último, pela Lei Orgânica n.º 2/2018, de 5 de julho, que o republicou em anexo.

[1061] Aprovado pelo Decreto-Lei n.º 237-A/2006, de 14 de dezembro, alterado, por último, pelo Decreto-Lei n.º 71/2017, de 21 de junho.

[1062] O n.º 2 desse preceito explicita que, na falta de disposição legal ou convenção sobre a matéria, a transliteração a que se refere o número anterior respeitará as regras geralmente observadas nas relações internacionais, designadamente as recomendações da Organização Internacional de Normalização (ISO).

[1063] Portanto: quando se trate de aquisição por efeito da vontade.

naturalização[1064], o aportuguesamento dos elementos constitutivos do nome próprio, a conformação do nome completo às regras legais portuguesas sobre a sua composição ou, se já tiver assento de nascimento lavrado no registo civil português com nome diverso do que usa, a adoção desse nome – 39.º/1;

– o aportuguesamento, por tradução ou adaptação, gráfica e fonética, à língua portuguesa, dos nomes próprios de origem estrangeira obedecerá às disposições legais aplicáveis aos nascidos em território português – 39.º/2;

– se o aportuguesamento não for possível por tradução, ou a adaptação se mostrar inadequada, o interessado pode optar por um nome próprio português – 39.º/3, todos do RNP.

Pode ainda suceder que aquele que pretenda adquirir a nacionalidade portuguesa não tenha nome próprio ou apelido, ou use vários nomes completos; nessa altura e no auto de declaração respetivo ou no requerimento de naturalização, deverá indicar um nome completo ou apelido, ou optar por um nome completo, respetivamente – 39.º/4. O novo nome é registado – 39.º/6.

Encontramos, ainda, as regras seguintes:

– no caso de aquisição originária por efeito de vontade, aplicam-se as regras legais em vigor acerca da composição do nome – 11.º/1 do RNP; é admitida a composição originária do nome – 11.º/2 do RNP;

– havendo aquisição de nacionalidade por declaração, deve o interessado indicar no respetivo auto a composição que pretende adotar para o nome – 11.º/3, 1.ª parte, do RNP; na inscrição de nascimento atributiva de nacionalidade ou de registo de nacionalidade, menciona-se no texto o novo nome e averba-se a forma originária, quando demonstrada – 11.º/4 do RNP.

76. **Conteúdo do direito ao nome**

I. O direito ao nome tem um conteúdo que podemos analisar nos seguintes poderes ou pretensões:

[1064] Ou seja: quando a aquisição opere por concessão do Governo, a pedido do interessado.

– o poder de usar o nome completo;
– o poder de abreviar o nome;
– o poder de usar o nome abreviado;
– o poder de opor-se a que outrem o use ilicitamente, para sua identificação ou outros fins;
– o poder de, perante nomes total ou parcialmente idênticos, requerer ao tribunal providências conciliatórias.

Trata-se de matéria que podemos decompor do artigo 72.º, do Código Civil.

II. O artigo 72.º/1 refere o "direito" a usar o nome, completo ou abreviado. Fica implícito o poder de abreviar o nome, podendo fazê-lo como entender – dentro, naturalmente, das possibilidades conferidas pelo nome completo. Este aspeto é importante: de acordo com as regras do registo civil já examinadas, o cidadão português terá, à nascença, um nome composto por seis palavras, além das partículas. Pelo casamento – tratando-se, habitualmente, de uma mulher – acrescentará, ao de origem, mais dois apelidos do cônjuge. Um nome de oito palavras é incomportável: não caberá, de resto, na generalidade dos impressos, causando a maior surpresa no estrangeiro[1065]. Na prática, a lei portuguesa confere aos cidadãos a importante possibilidade de, nos limites do nascimento, escolher o seu próprio nome corrente, pela abreviação do inicial.

Normalmente, a abreviatura resulta do primeiro nome próprio e dos dois últimos apelidos – ou do último apelido. Mas o interessado pode optar por qualquer outra solução. A lei não impede, designadamente, que a abreviatura escolhida implique uma alteração na ordem dos apelidos. Por exemplo, o *Abel Bento da Costa Damião Emiliano da França* poderia abreviar o nome para *Abel França Damião*: não há, aqui, qualquer mudança de nome, sendo certo que o nome, tudo visto, se mantém intocado.

III. Tem o titular do nome o direito a impedir que outrem o use. A lei refere "ilicitamente"; o uso de nome alheio será, todavia, sempre ilícito salvo situações marginais: de facto, nem a autorização dada pelo pró-

[1065] Todavia, a tradição portuguesa dos nomes longos deve manter-se na lei; o sistema torna-se funcional justamente graças à possibilidade de abreviar o nome, nos termos abaixo exarados.

prio habilita outrem a usar nome alheio. A hipótese de assim não suceder reside na eventualidade de nomes total ou parcialmente idênticos, altura em que opera o artigo 72.º/2, do Código Civil. Havendo conflito de interesses, o tribunal decretará as providências que melhor os conciliem.

As ações de defesa do nome podem ser exercidas pelo próprio titular ou, depois da sua morte, pelo cônjuge sobrevivo ou por qualquer descendente, ascendente, irmão, sobrinho ou herdeiro do falecido – 71.º/2, *ex vi* 73.º.

IV. Coloca-se o problema dos hipocorísticos ou diminuitivos familiares. No âmbito da família, as pessoas podem ser designadas, em termos de afeto, por diminutivos mais ou menos próximos do nome próprio: por exemplo, José dará lugar a Zé, a Zezinho, a Zeca ou a Zequinha, Francisco, a Chico, Chiquinho, Quico ou Quicas e Maria a Mariazinha, Marinha, Marquinhas, Mariquinhas, Mimi ou Mia.

O hipocorístico não equivale à abreviatura. Antes a uma alcunha, podendo ser tutelado, como esta, quando alcance especial notoriedade. Assim, não há propriamente um direito a substituir o nome pelo diminutivo familiar, invocando o poder de abreviar.

Noutra perspetiva, o diminutivo opera no círculo da família: apenas o próprio pode autorizar o seu uso. Desta forma, o particular visado tem o direito de, na sua vida pessoal, pública ou privada, ser tratado pelo nome civil e não por um hipocorístico que, fora do círculo que lhe caiba, poderá ser desconsiderante: quiçá, mesmo, injurioso, com consequências civis e penais.

77. Figuras semelhantes ao nome

I. O nome ou *nome civil* serve a individualização das pessoas. Mas além dele, a sociedade reconhece fórmulas complementares de designação, que completam essa individualização. Pergunta-se quais são e em que medida têm proteção do Direito.

Uma primeira figura semelhante ao nome consta do artigo 74.º do próprio Código Civil: o pseudónimo[1066]. Segundo esse preceito,

[1066] Stefan Koos, no *Anwaltkommentar BGB* 1 (2005), § 12, Nr. 124 (47). Mais avançado, o artigo 18.º do Código brasileiro limita-se um "pseudónimo adotado para atividades lícitas".

O pseudónimo, quando tenha notoriedade, goza da proteção conferida ao próprio nome.

"Pseudónimo" é, etimologicamente, um nome não exato. Todavia, ele pode estar de tal modo ligado a uma pessoa, que passe a designá-la, em termos sociais. O formalismo jurídico não pode ir tão longe que o ignore.

II. O pseudónimo pode resultar de escolha do próprio ou de designação posta por terceiros, mas aceite pelo próprio; diz-se, então, alcunha, protegida igualmente por via do artigo 74.º[1067].

Uma proteção especial é dada, ainda, ao nome artístico, nos termos dos artigos 28.º e 29.º do CDA. Recordamos, para facilidade de análise, o teor desses preceitos:

Artigo 28.º
(Identificação do autor)

O autor pode identificar-se pelo nome próprio, completo ou abreviado, as iniciais deste, um pseudónimo ou qualquer sinal convencional.

Artigo 29.º
(Proteção ao nome)

1. Não é permitida a utilização de nome literário, artístico ou científico susceptível de ser confundido com outro anteriormente usado em obra divulgada ou publicada, ainda que de género diverso, bem com nome de personagem célebre da história das letras, das artes ou das ciências.

2. Se o autor for parente ou afim de outro anteriormente conhecido por nome idêntico poderá a distinção fazer-se juntando ao nome civil aditamento indicativo do parentesco ou afinidade.

3. Ninguém pode usar em obra sua o nome de outro autor, ainda que com autorização deste.

4. O lesado pelo uso de nome em contravenção do disposto nos números anteriores pode requerer as providências judiciais adequadas a evitar a confusão do público sobre o verdadeiro autor, incluindo a cessação de tal uso.

[1067] Nesse sentido, Pires de Lima/Antunes Varela, *Código Civil Anotado*, 1, 4.ª ed. (1987), 106.

III. No campo comercial, a lei desenvolve o tema das figuras semelhantes ao nome e dotadas de um regime do mesmo tipo.

Assim, segundo o regime do Registo Nacional das Pessoas Coletivas ou RNPC, aprovado pelo Decreto-Lei n.º 129/98, de 13 de maio[1068], no seu artigo 38.º/1, o comerciante pode aditar, para efeitos de firma[1069] e ao seu nome, *uma alcunha* ou expressão alusiva à atividade exercida.

O comerciante pode ainda, nos termos do artigo 38.º/3 do mesmo RNPC, fazer anteceder o seu nome por expressões ou siglas correspon-dentes a títulos académicos, profissionais ou nobiliárquicos a que tenha direito: trata-se de complementos do nome, que facilitam a identificação da pessoa[1070].

Como títulos académicos, surgem os de *licenciado*, de *mestre* e de *doutor*[1071]; como profissionais, avulta o de *professor*. Quanto aos títulos nobiliárquicos[1072], temos os de *barão*, *conde*, *marquês* e *duque*, a que podemos acrescentar o tratamento por *dom*.

Não oferece dúvidas a proteção civil dos referidos títulos, no plano do nome e tal como sucede, de resto, com o pseudónimo, mero *minus*: ao contrário deles, o pseudónimo pode ser totalmente arbitrário[1073]. Exige-se, porém, que sejam títulos legítimos – veja-se o citado artigo 38.º/3 do RNPC[1074], aplicável no campo civil e artigo 72.º do Código Civil. A prova da legitimidade faz-se, no tocante a títulos académicos, mediante certidões emitidas pelas universidades que os hajam atribuído; quanto a títulos profissionais, por certidão ou atestado produzido pela câmara, pela ordem pro-

[1068] Quanto ao RNPC, *vide* o nosso *Direito comercial* cit., 4.ª ed., 374 ss..

[1069] No tocante à firma, *idem*, 357 ss..

[1070] Günther Höhn, *Akademische Grade-, Dienst- und Berufbezeichnungen Sowie Titel (Namensattribute) in der Firma in firmen- und wettbewerbsrechtlicher Sicht*, ZHR 153 (1989), 386-422 (418 ss.).

[1071] A prática portuguesa dá, aos licenciados, o tratamento de *doutor*, ainda que de forma abreviada: *dr*.

[1072] *Infra*, §§ 17.º a 19.º.

[1073] Particularmente no tocante à tutela civil de títulos nobiliárquicos, sufragando-a: Hans G. Ficker, *Das Recht des bürgerlichen Namens* cit., 178-179, Enneccerus/Nipperdey, *Allgemeiner Teil* cit., I, 15.ª ed., 575, Staudinger/Coing/Habermann, *BGB*, 12.ª ed. (1980), § 12, Nr. 111 (232), Gerda Krüger-Nieland, no *RGRK*, 12.ª ed. (1982), § 12, Nr. 38 (54), Säcker, no *Münchener Kommentar* cit., 1, 7.ª ed., § 12, Nr. 17 e Jürgen Ellenberger, no Palandt, 78.ª ed. (2019), § 12, Nr. 6 (16).

[1074] A legitimidade, para haver proteção comercial, deve ser provada pelos requerentes, nos termos do artigo 49.º/1 e 2 do RNPC.

fissional ou pela entidade a quem caibam as carteiras profissionais; quanto a títulos nobiliárquicos, por carta passada e autenticada pelo Instituto da Nobreza.

No tocante a títulos nobiliárquicos legítimos, a sua referência em atos oficiais era ainda reconhecida pelo artigo 40.º/2 e 3 do CRC, incompreensivelmente revogados pelo Decreto-Lei 324/2007, de 28 de setembro.

IV. Além dos títulos referidos no artigo 38.º/3 do RNPC, encontramos designações honoríficas: o tratamento de excelência, reservado ao Presidente da República, a membros do Governo ou equiparados e a embaixadores; o de eminência, aos prelados; o de magnífico, aos reitores; o de meritíssimo, aos juízes; o de venerando, aos juízes dos tribunais superiores, como exemplos. Além disso, cabe ter em conta as diversas patentes militares.

Tudo isto comporta designações que contribuem para a individualização das pessoas, dando corpo ao *eu social* de quem legitimamente as use. A tutela legal do nome é-lhes extensiva, ainda que não tenham acesso ao registo civil.

V. Finalmente: a tutela dispensada ao nome é, ainda extensiva aos chamados endereços eletrónicos, que permitem identificar uma pessoa dentro da Internet[1075]. Tais endereços são, em regra, derivações do nome do próprio tendo, logo aí, tutela direta. Além disso, eles implicam – ou podem implicar – uma parcela da intimidade pessoal privada. Finalmente podem, pela sua notoriedade, desfrutar de uma situação em tudo paralela ao pseudónimo.

78. **Outros sinais distintivos das pessoas**

I. As pessoas podem, ainda, individualizar-se entre si e ser representadas por sinais distintivos diferentes do do nome ou designações equiparadas.

Na enumeração de Paulo Cunha temos ainda[1076]:

[1075] Othmar Jauernig, *Bürgerliches Gesetzbuch/Kommentar*, 11.ª ed. (2004), § 12, Nr. 3 (4); *vide* BGH 26-jun.-2003, NJW 2003, 2978-1980.

[1076] Paulo Cunha, *Teoria geral* cit., 165 ss..

– sinais figurativos, como as insígnias e o anel de brasão[1077];
– sinais verbais, como as divisas e os lemas;
– títulos honoríficos, como condecorações ou títulos académicos, científicos ou eclesiásticos que traduzam meras honras e não graus efetivos.

Seria, ainda, possível acrescentar monogramas e *ex libris*.

II. No tocante a insígnias e brasões nobiliárquicos, cabe observar as regras respetivas, abaixo aludidas.

Quanto aos diversos sinais distintivos, haverá que, no plano civil, recorrer ao regime geral do artigo 74.º: terão a proteção própria do direito ao nome, quando gozem de notoriedade. Além disso, eles poderão obter a proteção própria do Direito comercial, quando sejam, por hipótese e a título de exemplo, registados como marcas.

79. A natureza do direito ao nome

I. O direito ao nome começou por ser tomado como um verdadeiro direito de propriedade. Tal a orientação da doutrina francesa tradicional[1078], acolhida entre nós por Cunha Gonçalves[1079] e por Pedro Chaves[1080]. A teoria do direito de propriedade tem sido prontamente rejeitada, perante a vitória da conceção pandectística que só admite direitos reais sobre coisas corpóreas. Todavia, importaria verificar se esta conceção não pode ser adaptada aos novos dados do sistema: o nome seria, assim, reconduzido para a área dos direitos sobre bens intelectuais[1081], obtendo um regime

[1077] A matéria apoia-se, ainda, na Alemanha, em Direito consuetudinário; *vide* Koos, *Anwaltkommentar BGB* cit., 1, § 12, Nr. 119 (46).

[1078] E.-H. Perreau, *Le droit au nom en matière civile (Patronymique, titre, prénom, pseudonyme, surnom, armoiries)* (1910), 36 ss., o qual, de resto, acaba por se inclinar para a sua natureza de direito *sui generis*; Perreau sublinha, ainda, a situação *extra commercium* do nome.

[1079] Cunha Gonçalves, *Tratado de Direito civil* cit., 1, 206-207.

[1080] Pedro Chaves, *Comentário do Código de Registo Civil*, 3.ª ed. (1937), 145 e 165.

[1081] Klippel, *Der zivilrechtliche Schutz des Namens* cit., 487 ss., referindo o direito ao nome como um direito a um bem imaterial e um direito de personalidade; *vide* Peter

paralelo ao dos direitos de autor. Esta variante teria manifestas vantagens, na área de aproveitamento material do nome.

Seria uma solução possível. No entanto, o Direito positivo português dota o nome de um regime próprio, diverso do dos direitos sobre bens intelectuais. A aproximação não será, por isso, jurídico-positivamente viável.

II. O direito ao nome foi tomado como uma instituição de Direito público, de tipo policial[1082]. Também esta orientação tem sido rejeitada em moldes apressados e algo afetivos: direito por excelência, de cada um, o nome não poderia descer ao nível das regras policiais e fiscais.

Simplesmente, não podemos esquecer que foi devido às pretensões de controlo do Estado moderno que o nome se estabilizou e ganhou regras. Ainda hoje e no Direito português, boa parte do regime do nome surge no Registo Civil e acaba por comportar um procedimento de tipo administrativo. Seja qual for a explicação que se encontre para o direito ao nome, relevará de um total irrealismo esquecer a massa de regras de Direito público, aqui aplicáveis.

III. Finalmente[1083], o direito ao nome é apresentado como um direito de personalidade: trata-se do movimento pandectístico acima assinalado[1084] e que se tornaria dominante[1085]. Cunha Gonçalves criticava esta (na altura) "nova teoria", por duas razões[1086]:

- o nome não distingue só a pessoa, mas também a respetiva família: não seria, pois, um direito puramente pessoal;
- o nome sobrevive à pessoa, não se extinguindo com ela, como sucede com os direitos de personalidade.

Schwerdtner, *Münchener Kommentar zum BGB* 1, 4.ª ed. (2001), 147, considerando secundária a dicotomia direito de personalidade/direito sobre um bem intelectual, aqui aplicada. Na 5.ª ed., o § 12 coube a Bayreuther.

1082 Planiol, *Traité Élémentaire de Droit Civil* cit., 1, 3.ª ed., 154.

1083 Aparecem ainda outras ordenações explicativas; por exemplo, Philippe Malaurie, *Droit civil/Les personnes/Les incapacités*, 3.ª ed. (1995), 59-60, aponta cinco teorias para o nome: 1) direito de propriedade; 2) instituição de polícia civil; 3) elemento do estado familiar; 4) direito de personalidade; 5) realidade diversa em função da natureza civil ou comercial. Tudo isto pode, porém, ser reconduzido aos três apontados termos.

1084 *Supra*, 223.

1085 Koos, *Anwaltkommentar BGB* cit., 1, § 12, Nr. 18 e 19 (25).

1086 Cunha Gonçalves, *Tratado de Direito civil* cit., 1, 207.

O primeiro argumento atingiria, se bem se vir, qualquer conceção de nome como direito subjetivo. Não é possível, no entanto, construir um direito "familiar". Além disso e atentando-se no regime, a família releva para a composição inicial do nome; a partir daí, ele passa a constituir uma posição jurídico-subjetiva individual. A família só volta a assumir um papel *post mortem*, como é da natureza das coisas.

O segundo não é exato: hoje, diversos direitos de personalidade têm uma pós-eficácia, como adiante melhor veremos[1087].

IV. O direito ao nome submete-se, em primeira linha, ao regime dos direitos de personalidade, particularmente no tocante à defesa. Justifica-se, deste modo e sistematicamente, o seu estudo neste capítulo. No entanto, é evidente que ele implica regras que transcendem largamente as dos bens de personalidade. Bastará recordar todo o processo relativo à composição e à alteração do nome, de cariz administrativo[1088].

Teremos, assim, de apresentar o nome como um instituto autónomo, dotado de regras próprias, talhadas pela História, e envolvendo aspetos privados e públicos. A complexidade apontada não obsta a que, no cerne, surja um bem de personalidade, de tipo civil. Trata-se de um ponto importante e que permite captar as figuras semelhantes ao nome e que são, também, protegidas.

[1087] *Infra*, 596 ss..

[1088] Ainda que sujeito, no topo, à jurisdição do Supremo Tribunal de Justiça, numa clara prevalência de elementos civis.

§ 14.º AS CARTAS-MISSIVAS CONFIDENCIAIS

80. Cartas-missivas confidenciais

I. O Código Civil dedica nada menos do que quatro artigos à tutela das denominadas cartas-missivas confidenciais. Na realidade, as cartas confidenciais integram-se no âmbito dos bens protegidos pelo direito à intimidade da vida privada ou aos segredos das pessoas[1089]. O facto de constarem de documento dirigido a terceiros levou o legislador a uma regulamentação de certa minúcia. Além disso, a carta tem um manifesto relevo ético e social[1090].

II. Uma carta traduz-se num texto, exarado em papel e com um destinatário. Será confidencial quando contenha matéria que, por razões adiante tratadas, não possa ser comunicada fora do círculo entre o remetente e o destinatário. Podemos sujeitar às mesmas regras outras comunicações, que tenham um suporte diverso do do papel e, designadamente, o denominado correio eletrónico e as mensagens telefónicas (*SMS*[1091], *Whatsapp* e sucedâneos).

Em termos puramente jurídicos, temos o seguinte[1092]:

[1089] Roland Rixecker, no *Münchener Kommentar* cit., 1, 7.ª ed., anexo ao § 12, Nr. 118.

[1090] Recordemos J. Kohler, *Das Recht an Briefen* cit., 94 (portanto: em texto de 1893), segundo o qual:

"A carta é um meio de comunicação confidencial das ideias e sentimentos, indispensável para o tráfego do Mundo e da vida (...) o direito às cartas é um dos lados mais importantes do direito das pessoas, ainda que se saiba muito pouco sobre ele (...)

[1091] RPt 3-dez.-2013 (José Igreja Matos), Proc. 37/12; RPt 22-mai.-2013 (Melo Lima), Proc. 74/07.

[1092] *Vide* as já centenárias distinções de Burckas, *Eigentumsrecht. Urheberrecht und Persönlichkeitsrecht an Briefen* cit., 6 ss., 32 ss. e 62 ss..

– o direito real de propriedade sobre a carta, que se transmite para o destinatário por doação, assim que a carta seja fechada e endereçada ou quando, independentemente do endereço, seja entregue em mão ao destinatário[1093];

– os direitos de autor, patrimonial e moral, sobre o texto da carta: pertencem ao autor, se da própria carta outra solução não resultar; seguem o regime do Direito de autor;

– os direitos de personalidade que tutelam bens íntimos eventualmente patentes na carta: são do autor e seguem o regime do Direito de personalidade[1094].

III. Estes diversos direitos têm regimes diferentes: podem, pois, conflituar. Nessa altura aplica-se o artigo 335.º, sendo evidente, em princípio, que os direitos de personalidade envolvidos, mais ponderosos, levam a melhor.

81. A confidencialidade

I. O que faz, de uma carta, um "documento confidencial"? À partida, qualquer carta dirigida por uma pessoa a outra, dentro das regras da cortesia e da educação, não se confunde com uma carta aberta ou com uma notícia em jornal de parede. Quando a lei fala em "carta-missiva confidencial" vai, todavia, mais longe – artigo 75.º/1:

– o destinatário deve guardar reserva sobre o seu conteúdo;

– o destinatário não pode aproveitar os elementos de informação que ela tenha levado ao seu conhecimento.

[1093] Fazemos aplicação do artigo 947.º; todavia, por interpretação da vontade do remetente-doador, temperada pelo artigo 237.º, que valida o sentido menos gravoso para o disponente, admitimos que, do contexto, resulte que apenas com a expedição se completou a decisão de enviar a carta: o próprio poderá, até esse momento, optar pelo não-envio. Já se alguém encontrar uma carta fechada, deverá fazer segui-la para o destinatário e não para o remetente: as pessoas são responsáveis pelo que escrevam!

[1094] Distinguindo entre uma proteção de Direito de autor e uma tutela de personalidade: Georgios Koumantos, *Rechte an Briefen/Eine rechtsvergleichende Skizze*, FS Hubmann (1985), 193-200 (194 ss. e 196 ss., respetivamente).

Em suma: o destinatário de uma carta-missiva confidencial fica na contingência de receber, tomar conhecimento, eventualmente responder e, depois, esquecer. Este regime deverá constituir a chave para a determinação da confidencialidade.

II. Para uma teoria subjetivista, a natureza confidencial de uma carta resultará da vontade do seu autor, devidamente declarada[1095]. Para uma teoria objetivista, a confidencialidade teria de resultar do próprio teor da carta, independentemente da vontade do remetente. Finalmente, encontramos uma terceira orientação, dita teoria do direito de personalidade: a confidencialidade resultará do teor da carta, embora o seu autor, dentro das regras do Direito de personalidade, possa "interferir", em certos limites. Vamos ver.

III. A pessoa que remeta uma carta, a outra, vai, na esfera e no espírito desta, criar determinadas adstrições. Essas adstrições maiores serão quando se trate de carta confidencial. No limite, o destinatário poderá ser colocado na posse de um segredo desagradável ou que o fará sofrer, ficando paralisado pelo regime da confidencialidade. Tudo isto terá de ser objetivo, assente em valores: não depende da vontade do remetente que, sozinho, não pode criar vinculações em terceiros.

Acontece ainda que uma carta pode veicular as mais diversas comunicações. Imagine-se que o remetente envia uma carta injuriosa ao destinatário, considerando-a confidencial: o destinatário não pode defender-se, inclusive fazendo as competentes participações criminais? E se a carta injuriar ou difamar terceiros: por ser autoproclamada confidencial, fica impune? Outro caso: uma carta dita confidencial comunica ao destinatário que o mesmo vai ser vítima de um crime, especificando o dia, a hora e as circunstâncias: não pode o destinatário aproveitar essa informação, sob pena de violar o artigo 75.º/1 do Código Civil? Finalmente: admita-se uma carta insignificante, mas taxada "confidencial". Fica o destinatário obrigado a proteger o seu conteúdo?

Estamos entendidos: a proteção da personalidade aplica-se a bens de personalidade que o sejam, efetivamente; não está na disponibilidade das

[1095] Assim, Pires de Lima/Antunes Varela, *Código Civil Anotado* cit., 1, 4.ª ed., 107; estes Autores admitem que a declaração possa não ser expressa, através da aplicação analógica do artigo 217.º.

partes o criar bens de personalidade onde, por lei ou pela natureza das coisas, eles não existam. O facto de alguém carimbar uma carta com "confidencial" poderá, quando muito:

– ser um elemento objetivo para, em conjunto com outros, fixar a efetiva confidencialidade;
– exprimir uma intenção de não renunciar à tutela de personalidade que, mercê de uma confidencialidade colhida noutras latitudes, a lei lhe confira.

Tanto basta para rejeitar a teoria subjetivista.

IV. A teoria objetivista entenderá que a confidencialidade resulta do teor da própria carta. Assim será:

– por se tratar de carta sobre matéria coberta por segredo profissional – p. ex., cartas entre advogado e constituinte ou entre médico e paciente, sobre assuntos das respetivas relações profissionais;
– por se tratar de carta sobre assuntos de intimidade privada – p. ex., "cartas de amor" ou de questões de família muito íntimas;
– por se tratar de carta relativa a assunto que, já anteriormente, emitente e destinatário tivessem acordado – expressa ou tacitamente – manter apenas entre si e desde que o assunto tenha dignidade.

Além disso, a confidencialidade cessa – ou nem chega a surgir – quando colida com outros direitos de personalidade que, em concreto, prevaleçam, segundo o regime do artigo 335.º: a carta que explique onde está uma bomba prestes a explodir, provocando vítimas, deve de imediato ser levada ao conhecimento das autoridades competentes ainda que, eventualmente, calando os elementos não necessários para evitar o pior ou para dar credibilidade à informação.

A confidencialidade natural ou objetiva é tão marcante que, no campo das relações da advocacia, por exemplo, não pode ser levantada nem mesmo com o acordo do remetente e do destinatário: apenas com autorização da Ordem dos Advogados[1096].

[1096] *Vide* o artigo 92.º/4 dos Estatutos da Ordem dos Advogados, aprovados pela Lei n.º 145/2015, de 9 de setembro; *vide* o Regulamento n.º 94/2006, de 25 de maio, DR II Série n.º 113, de 12-jun.-2006, 8588-8589, relativo à dispensa de segredo. Quanto ao

V. Finalmente, a teoria dos direitos de personalidade propenderá para o seguinte:

- a confidencialidade é objetiva, resultando de lei especial (*v.g.* a que imponha segredo profissional), da boa-fé (obrigação de segredo como dever acessório) ou de estar, em causa, um bem de personalidade;
- apenas neste último caso estaremos perante o regime dos artigos 75.º e seguintes, regime esse que, todavia, se poderá aplicar, por analogia, a outras situações;
- a vontade do remetente releva na decisão de incluir, em carta, matéria de personalidade (*maxime*: intimidade privada) que só a ele próprio diga respeito e no não abdicar da tutela de personalidade.

O facto de especificar que a carta é confidencial pode ser útil, ainda, em dois pontos:

- por acentuar o carácter de intimidade de algo que poderia ser inóquo;
- por facilitar a correta apreensão do conteúdo pelo destinatário, colocando-o num nível de confidencialidade.

Fora dos apontados casos, um pedido de confidencialidade é uma proposta, que o destinatário aceitará ou não. O cavalheirismo manda que aceite: mas a um nível não-jurídico.

82. O regime e o âmbito de proteção

I. As cartas-missivas suscitam a aplicabilidade de vários complexos normativos[1097]: o direito de propriedade sobre os documentos em que este-

segredo profissional dos advogados: Fernando Sousa Magalhães, *Estatuto da Ordem dos Advogados – anotado e comentado*, 10.ª ed (2015), 582 pp; Luís Menezes Leitão, *Estatuto da Ordem dos Advogados anotado* (2015), 460 pp. e Augusto Lopes Cardoso, *Do segredo profissional na advocacia* (1998), 92 pp.: à luz dos Estatutos de 1984.

O STJ, em 16-jul.-1985 (Rui Corte-Real; vencido: Joaquim Figueiredo, mas não no ponto aqui em causa), BMJ 349 (1985), 409-412 (411), entendeu que as partes podiam articular matéria contida em cartas sob sigilo profissional; a autorização da Ordem seria necessária, apenas, para a junção, aos autos, das cartas em causa.

[1097] *Vide* Koummantos, *Rechte an Briefen* cit., 199.

jam exarados, o direito de autor ao seu texto e o direito de personalidade que se prenda com a confidencialidade. No domínio do direito de autor, ainda será possível distinguir os aspetos morais dos patrimoniais[1098]. De todo o modo, tratando-se de carta confidencial, a dimensão "direito de personalidade" prevalece[1099]. Nessa dimensão, a tutela dispensada às cartas-missivas confidenciais resulta das regras gerais do artigo 70.º/2, conjugadas com o regime específico dos artigos 75.º e seguintes.

Verificados os pressupostos da confidencialidade, o destinatário deve guardar segredo e não pode pautar a sua atuação pelo que tenha passado a saber. Caso viole estes deveres:

– incorre em responsabilidade civil por todos os danos patrimoniais que cause;
– *idem*, quanto aos danos morais;
– podendo ainda ser empreendidas diligências para fazer cessar o ilícito.

Neste último caso, serão de encarar: a apreensão da carta e a sua destruição ou a sua entrega ao remetente; a publicação de complementos de informação que permitam situar a carta num contexto que minore o seu significado; a divulgação da ilicitude cometida e da infidelidade do destinatário.

II. A confidencialidade une o remetente e o destinatário num vínculo de personalidade. Os inerentes deveres não se transmitem (em princípio) aos sucessores do destinatário – *vide* os artigos 2024.º e 2025.º: há, pois, que providenciar quanto à carta. Tal a preocupação do artigo 75.º/2, que prevê: a restituição da carta, a requerimento do autor dela ou, tendo este falecido, das pessoas indicadas no artigo 71.º/2; a sua destruição; o seu depósito em mão de pessoa idónea; qualquer outra medida adequada.

III. A publicação de uma carta-missiva confidencial configura uma forma agravada de violação da confidencialidade. O artigo 76.º/1 prevê que a carta só possa ser publicada com o consentimento do seu autor ou

[1098] Artigo 9.º do CDA.
[1099] Teyssié, *Droit civil/Les personnes* cit., 15.ª ed., 95-96.

com suprimento judicial. Trata-se de um preceito a interpretar em termos restritivos.

Na verdade, o consentimento para publicação de uma carta-missiva confidencial equivale a um negócio pelo qual o autor se despoja, para todo o sempre, de um bem da sua personalidade. Ele não mais poderá revogar a sua decisão ou, pelo menos, não o poderá fazer com eficácia; uma vez publicada, a carta passará a ser do conhecimento geral, ainda que, teoricamente, fosse possível destruir todos os exemplares dados ao público. Caso a caso haverá que ponderar a admissibilidade da autorização, à luz do artigo 81.º/1 do Código Civil. Julgamos que, perante uma certa tendência mórbida atual para a revelação pública da intimidade de cada um, o Direito civil deve agir com prudência. Matéria muito íntima – e que, em regra, envolverá terceiras pessoas – nunca pode ser publicada, mesmo com autorização do próprio. Desconta-se, naturalmente, a informação com valor científico ou literário, publicada de modo a preservar a autoria, não a revelando[1100].

A doutrina exposta aplica-se, *a fortiori*, ao suprimento judicial do consentimento – artigo 76.º/1, 1.ª parte, *in fine* – e à autorização dada por sucessores, depois da morte do autor da carta – 76.º/2.

IV. As considerações anteriores são aplicáveis, por maioria de razão, "... às memórias familiares e pessoais e a outros escritos que tenham carácter confidencial ou se refiram à intimidade da vida privada", nas palavras do artigo 77.º[1101].

Dizemos por maioria de razão: nas cartas confidenciais, ainda encontramos uma decisão de compartilhar, com o destinatário da carta, determinado "segredo"; nas memórias, diários e outros escritos que se refiram à intimidade da vida privada, isso nem sucede: o autor esteve (e quis estar), aí, perante si próprio[1102].

[1100] Será o sentido útil do artigo 76.º/1, 2.ª parte; mas sempre com ponderações; um documento biográfico não justifica, por si, a devassa da intimidade, através da publicação de cartas confidenciais! Tudo isto deve ser interpretado de modo restritivo, fazendo-se apelo, se necessário, a uma interpretação conforme com a Constituição.

[1101] Roland Rixecker no *Münchener Kommentar* cit., 1, 7.ª ed., Nr. 94; Volker Beuthien/Anton S. Schmölz, *Persönlichkeitsschutz durch Persönlichkeitsgüterrechte/ /Erläsherausgabe statt nur billige Entschädigung in Geld* (1999), 13.

[1102] Ficou célebre o caso decidido pelo BGH 26-nov.-1954, BGHZ 15 (1955), 249-262 (257 ss.): o caso Cosimo. O grande compositor Richard Wagner falecera em

V. O bem em jogo nas cartas-missivas confidenciais desfruta, ainda, de tutela penal.

O artigo 194.º do Código Penal incrimina a violação de correspondência ou de telecomunicações, nos seguintes termos:

> 1. Quem, sem consentimento, abrir encomenda, carta ou qualquer outro escrito que se encontre fechado e lhe não seja dirigido, ou tomar conhecimento, por processos técnicos, do seu conteúdo, ou impedir, por qualquer modo, que seja recebido pelo destinatário, é punido com pena de prisão até um ano ou com pena de multa até 240 dias.

O bem em jogo é a privacidade: mas a privacidade formal, sendo indiferente o conteúdo da correspondência violada[1103]. Para os fins da lei penal, não faria sentido, depois de perpetrado o ilícito, vir discutir o conteúdo da carta.

São ainda úteis – embora ultrapassem o direito de personalidade em jogo –, as incriminações da violação de segredo e de aproveitamento indevido de segredo, feitas nos artigos 195.º e 196.º do Código Penal[1104]. Trata-se de crimes que poderão acompanhar a quebra de confidencialidade

13-fev.-1883, sem testamento. Sucedeu-lhe a viúva, Cosimo, e o filho, Siegfried. Cosimo Wagner faleceu em 1-abr.-1930, deixando o filho como único herdeiro, o qual morreu em 4-ago.-1930. Com base em testamento comum (figura não admitida em Portugal) com sua mulher, sucederam esta e seus filhos. Entre estes uma filha, Eva Freisen von Bülow, nascida Chamberlain, falecida em 26-mai.-1946 e cuja testamenteira foi a agora autora. Isto posto: Cosimo Wagner, durante a vida em comum com Wagner, manteve um diário. Este e uma coleção de cartas de Cosimo Wagner encontravam-se, à sua morte, nas mãos de Eva Chamberlain. Eva entregou tudo ao burgomestre de Bayreuth, em 20-jan.-1935, com o pedido expresso de serem mantidos confidenciais, enquanto ela fosse viva; conservou-se, todavia e no mesmo escrito, proprietária, dizendo que deles iria dispor por testamento. Tudo isto foi aceite. Por testamento, foi contemplada a Cidade de Bayreuth, mas com a cláusula de, no tocante às cartas e ao diário, os mesmos serem depositados, selados, durante trinta anos, num banco em Munique. A Cidade aceitou, em 16-jul.-1942. A herdeira entende, todavia, que os direitos de autor relativos ao Diário e às cartas lhe pertencem, sendo-lhe inoponível a cláusula dos trinta anos. O Tribunal, para além de outros aspetos, entendeu estar aqui em causa também o direito geral de personalidade de Cosimo Wagner, sendo de respeitar, mesmo para além da morte, o seu desejo de confidencialidade (BGHZ, 15, 259).

[1103] Costa Andrade, *Comentário Conimbricense* cit., 1084 ss. Em RGm 28-jun.-2004 (Heitor Gonçalves), CJ XXIX (2004) 3, 297-298, veio discutir-se a situação criada pela junção, a autos de divórcio, de uma carta particular da ofendida; o arguido foi condenado, na vertente cível, a 750 euros de indemnização.

[1104] Costa Andrade, *Comentário Conimbricense* cit., 1116 ss. e 1166 ss., respectivamente.

de cartas-missivas que dela desfrutem, assim resultando reforçada a proteção do bem jurídico em jogo.

83. Cartas-missivas não-confidenciais; a confiança

I. Segundo o artigo 78.º, o destinatário de carta-missiva não confidencial só pode usar dela em termos que não contrariem a expectativa do autor[1105].

Tecnicamente, deve entender-se que surge, aqui, uma relação de confiança. Embora a matéria não esteja coberta pelos direitos de personalidade ou por regras de sigilo profissional, a remessa de uma carta a uma pessoa é acompanhada pela ideia, socialmente consistente e que o Direito não pode ignorar, de que se trata de assunto a não usar contra o próprio. É a relação de confiança, de base legal, que o Direito, em nome da paz social, tutela de certa forma.

II. Mas justamente o apelo à doutrina da confiança permite fixar os termos e os limites de proteção. Em primeiro lugar, há que verificar os pressupostos da confiança e, designadamente e para usar o termo da lei, se as "expectativas" do autor da carta eram fundadas e qual o seu sentido. Se alguém remete uma carta a um jornalista, com uma notícia, sem qualquer foro de intimidade e sem nota de confidencialidade é evidente: que a ter qualquer expectativa, é, precisamente, a de ver a notícia publicada.

Já uma proposta entre empresas não poderá surgir na empresa concorrente: a confiança, assente, de certo, na boa-fé, foi violada.

III. O tema das cartas de negócios encontra, em regra, uma redução dogmática à luz da boa-fé *in contrahendo*. Não se tratando de negócios, é relevante a deontologia do sector que esteja em causa, juridificada através da denominada cláusula dos bons costumes.

1105 Para a aplicação deste preceito *vide* RLx 19-out.-1982 (Eliseu Figueira), CJ VII (1982) 4, 125-126: o caso já referido em que a destinatária de uma carta cujo autor se confessa devedor de determinada garantia resolveu afixá-la; diz o Tribunal (CJ VII, 4, 126/II): "É evidente que, na vontade presumível da pessoa que se confessa devedor em carta que envia ao credor, está a expectativa de que o credor não publique a carta em moldes de ferir os seus sentimentos". A destinatária da carta foi condenada a abster-se de lhe dar publicidade.

O bom senso e o bom gosto devem imperar, em todos os outros casos, só intervindo o Direito em situações-limite. Quem escreva e assine (e deve-se assinar o que se escreva) assume um certo risco, que nenhuma lei pode isentar.

84. Alargamento a sms e a comunicações eletrónicas

As normas e a doutrina acima expostas, relativamente a "cartas" são aplicáveis aos atuais meios de comunicação, designadamente a *sms* (*short message service*)[1106] e a mensagens eletrónicas (*email*). Todavia, cabe aos remetentes de tais comunicações, designadamente quando jovens, ter consciência da facilidade de divulgação de tais elementos. Os segredos não devem ser confiados à Net.

[1106] RPt 3-dez.-2013 (José Igreja Matos), Proc. 37/12; no plano penal: RPt 22-mai.-2013 (Melo Lima), Proc. 74/07; RCb 18-jun.-2014 (Orlando Gonçalves), Proc. 718/11; RPt 20-jan.-2016 (Artur Oliveira), Proc. 1145/08; RPt 17-fev.-2016 (Nuno Ribeiro Coelho), Proc. 458/14.

§ 15.º O DIREITO À IMAGEM

85. O bem protegido

I. Cada ser humano tem uma aparência física distinta da dos restantes. Ao contrário do que sucede com outros animais, mesmo superiores, onde se torna possível encontrar indivíduos praticamente idênticos, entre os humanos, onde a consanguinidade das relações é evitada desde os tempos mais recuados, prevalecendo sempre uma especial diversidade de genes, a variação de unicidade está assegurada. A diversidade é flagrante no tocante à face. Resulta, daqui, que a simples reprodução da pessoa, pela pintura, pela fotografia ou pelo filme, é suficiente para a sua cabal identificação.

Aqui ocorre a ideia de imagem: a representação de uma pessoa na sua configuração exterior[1107].

II. Durante o percurso histórico, a imagem podia ser reproduzida pela pintura. Operação cara, demorada e só acessível a especialistas que tivessem sofrido um complicado processo de aprendizagem. Nessa fase, compreende-se que ocorressem problemas relacionados com a propriedade da reprodução[1108]: não, propriamente, com o que hoje chamamos "bens de personalidade".

O problema veio a colocar-se perante a fotografia. O aparecimento desta, nos finais do século XIX, permitiu que qualquer pessoa, munida de uma câmara fotográfica – instrumento, de resto, fácil de usar – pudesse captar e reproduzir a imagem alheia. Esta possibilidade, aliada à tipogra-

[1107] Roland Rixecker, *Münchener Kommentar* cit., 1, 7.ª ed., anexo ao § 12, Nr. 61.

[1108] Ou seja: com a questão de determinar quem seria o proprietário do produto final: o pintor, o dono das tintas ou o dono da tela, por hipótese; esta questão, já resolvida no Direito romano, encontra projeção no artigo 1338.º, do Código Civil.

fia, deu uma dimensão pessoal – de personalidade – à imagem humana. A situação tornou-se mais aguda com o cinema, o *vídeo*, a gravação por telefones portáteis e a televisão internacional, a divulgação por Internet e as redes sociais[1109].

Como início da problemática do direito à imagem e da sua proteção é, muitas vezes, apontado o caso Bismark[1110]. Sucedera o seguinte: após a morte do célebre chanceler, os réus, sem o consentimento dos filhos do falecido, penetraram no quarto onde se encontravam os restos mortais deste e, com luz de magnésio (na origem do hoje chamado *flash*), fizeram uma fotografia do corpo e de parte da divisão. Seguiu-se uma ação, no termo da qual o Tribunal Superior do *Reich*, em 28-dez.-1899, condenou os responsáveis a restituir a fotografia e a destruir os negativos. Tal conduta, disse o Tribunal, atentaria contra os sentimentos jurídicos dominantes[1111].

III. A imagem materializada de uma pessoa é um bem de personalidade fortemente objetivado[1112]. Nela recaem direitos reais, normalmente, o direito de propriedade: sobre a tela, a película ou o suporte magnético onde a imagem esteja reproduzida. No que tange ao "direito à imagem", não é, todavia, esse o nível em causa. A imagem permite a imediata identificação da pessoa de que se trate. O destino que se dê à imagem é, de certo modo, um tratamento dado à própria pessoa. A imagem faz, assim, a sua aparição no palco dos bens de personalidade.

Como veremos, sob a tutela da imagem podem encobrir-se valores diversos, todos eles respeitáveis e merecedores de tutela. Isso não impedirá que se refira, em termos unitários, a imagem, como bem de personalidade.

[1109] Veja-se a monografia de Jean-Luc Chenaux, *Le droit de la personalité face aux médias internationaux* (1990), 19 ss. e *passim*.

[1110] Daniela Oslander, *Das Recht am eigenen Bild im allgemeinen Persönlichkeitsrecht/Aspekte für Medienschaffende* (1993), 15 e Marie-Theres Frick, *Persönlichkeitsrechte* cit., 105 ss..

[1111] RG 28-dez.-1899, RGZ 45 (1900), 170-174 (170 e 173).

[1112] Como explicam Volker Beuthien e Anton S. Schmölz, *Persönlichkeitsschutz durch Persönlichkeitsgüterrecht in Geld* (1999), 24, "a personalidade não é nenhum objeto existente fora da pessoa, mas antes uma parte essencial da própria pessoa viva. A liberdade da pessoa é um bem da vida. Pelo contrário, o nome, a figura humana, a filmagem, a gravação, assim como os dados relativos à personalidade e as figuras com isso formadas, são objetos no sentido que a isso dá o Direito civil".

86. Os valores em jogo; alargamento ao direito sobre a palavra

I. A imagem humana, estritamente conectada com a pessoa de que se trate, permite, caso circule ou seja, de qualquer modo, reproduzida, a visualização do retratado. Temos, assim, um primeiro valor em causa: o do resguardo ou da intimidade privada.

Proteger a imagem, a este nível, equivale a tutelar a intimidade e a tranquilidade de cada um. Independentemente de quaisquer conotações, bem se compreende que as pessoas não queiram – ou possam não querer – ser reconhecidas na rua ou em qualquer local público, mercê da divulgação não autorizada da própria imagem.

II. A imagem de uma pessoa, quando divulgada, raramente o será de modo abstrato: em regra, tratar-se-á de a associar a qualquer notícia ou mensagem que se pretenda transmitir. Ora tal mensagem poderá não ser aprazível para o próprio. Daqui emerge outro valor: o do bom nome e reputação.

O problema pode ser ilustrado com base num caso relativamente recente. A propósito de uma notícia relativa a práticas sexuais com menores, um jornal publica a fotografia de um padre, que nada tinha a ver com o assunto relatado.

Foi reposta a verdade e arbitrada uma indemnização de 2.000 DM[1113].

O problema não se porá se o retratado der, previamente, o seu assentimento esclarecido, isto é: com conhecimento cabal da notícia que a sua imagem vem ilustrar.

III. Um terceiro e possível valor em jogo tem a ver com a capacidade lucrativa que determinada imagem possa assumir. Atores famosos, desportistas de nomeada, apresentadores de êxito e, até, homens públicos podem dar lugar a imagens que, de modo direto (venda) ou indireto (publicidade ou aumento de tiragens) proporcionem lucros.

Tais lucros deveriam reverter para o próprio retratado: seja para evitar o enriquecimento alheio, seja porque o Direito positivo em jogo reconhece tal faculdade lucrativa ao "dono" originário da imagem.

[1113] OLG Koblenz 20-dez.-1996, VersR 1997, 1500.

Como dissemos, esta variedade de valores não põe em crise a unidade do direito à imagem.

IV. Os valores apontados em relação ao direito à imagem permitem autonomizar, em bases semelhantes, o direito sobre a palavra. A palavra humana também pode ser gravada e reproduzida. Ela tem características que permitem reportá-la a uma determinada pessoa e, apenas, a ela.

A utilização de gravações pode afrontar a privacidade, o bom nome ou direitos patrimoniais legítimos: tudo depende das circunstâncias. Dada a inexistência de uma tipicidade dos direitos de personalidade, nenhuma dificuldade existe em extrapolar, com base no artigo 70.º ou, se necessário, do artigo 79.º, por analogia, um direito à palavra.

V. Indo, na diferenciação, mais longe do que a lei civil, o Código Penal protege a palavra e a imagem das pessoas[1114]. Assim sucede com o seu artigo 199.º, que incrimina as gravações e as fotografias ilícitas, nos termos que passamos a transcrever:

> 1. Quem sem consentimento:
> *a)* Gravar palavras proferidas por outra pessoa e não destinadas ao público, mesmo que lhe sejam dirigidas; ou
> *b)* Utilizar ou permitir que se utilizem as gravações referidas na alínea anterior, mesmo que licitamente produzidas;
>
> é punido com pena de prisão até 1 ano ou com pena de multa até 240 dias.
>
> 2. Na mesma pena incorre quem, contra vontade:
> *a)* Fotografar ou filmar outra pessoa, mesmo em eventos em que tenha legitimamente participado; ou
> *b)* Utilizar ou permitir que se utilizem fotografias ou filmes referidos na alínea anterior, mesmo que licitamente obtidos.
>
> (...)

O artigo 79.º/2 do Código Civil é bastante mais lato, dispensando a autorização numa gama elevada de casos. Teria, desde logo, a virtualidade de restringir a ilicitude penal. Trata-se de um preceito a interpretar de modo restritivo, como veremos.

[1114] *Vide* Costa Andrade, *Comentário Conimbricense* cit., 1196 ss..

87. O regime civil vigente; a autorização

I. Os Códigos Civis das primeira e segunda gerações não autonomizam o direito à imagem. Este aparece no Código italiano de 1942, mas em termos puramente protecionistas. Dispõe o artigo 10 desse diploma, precisa e sugestivamente epigrafado "abuso da imagem alheia":

> Sempre que a imagem de uma pessoa ou dos pais, do cônjuge ou dos filhos seja exposta ou publicada fora dos casos nos quais a exposição ou a publicação seja consentida por lei, ou com prejuízo para o decoro ou a reputação da própria pessoa ou dos referidos familiares, pode a autoridade judicial, a pedido do interessado, determinar que cesse o abuso, salvo o ressarcimento dos danos.

O Código Civil entendeu ir mais longe consignando, no artigo 79.º, um regime complexo[1115], diretamente retirado do artigo 14.º do anteprojeto de Manuel de Andrade[1116]. A matéria consta do artigo 20.º do Código Civil brasileiro de 2002[1117].

II. O artigo 79.º/1 consagra a regra básica: o retrato de uma pessoa não pode ser exposto, reproduzido ou lançado no comércio sem o consentimento dela. O direito é pós-eficaz: depois da morte da pessoa retratada, a autorização compete e pela ordem nele indicada, às pessoas referidas no artigo 71.º/2.

A lei refere "exposto", "reproduzido" e "lançado no comércio"; todavia, parece-nos claro que o primeiro comando, claramente subjacente, é o de que ninguém pode ser retratado sem o seu consentimento. O consentimento poderá ser tácito: a pessoa que se apresenta num palco para um desfile está a revelar, com toda a probabilidade, uma concordância – 217.º/1, *in fine*.

Não oferecerá dúvidas uma graduação: a pessoa que autorize o retrato pode não estar a autorizar a "exposição", a "reprodução" ou o "lan-

[1115] Evita-se, assim, o ter de deduzir o direito à imagem de um "direito" geral de personalidade; *vide* Ulrich Müller, *Die Verletzung des Persönlichkeitsrechts durch Bildnisveröffentlichung* (1985), 17 ss..

[1116] Manuel de Andrade, *Esboço de um anteprojecto* cit., 160-161.

[1117] Sílvio Romero Beltrão, *Direitos de personalidade* cit., 2.ª ed., 183 ss..

çamento no mercado"; inversamente, quem autorize esta última hipótese está, necessariamente, a permitir todas as outras operações antes referidas.

III. A autorização que temos vindo a referir pode tomar corpo num contrato ou pode, simplesmente, surgir como um ato unilateral.

Tratando-se de um contrato, haverá que observar o que resulte das suas cláusulas, com certas particularidades[1118]. A lei portuguesa é muito clara ao incluir o direito à imagem entre os direitos de personalidade. Por outro lado, qualquer disposição relativa ao retrato de uma pessoa surge, efetivamente, como uma limitação ao direito à imagem. O artigo 81.º será, assim, aplicável[1119]:

- sindicando a limitação voluntária, perante os princípios da ordem pública;
- permitindo a livre revogação da limitação, ainda que com o dever de indemnizar.

IV. A lei referiu os "princípios da ordem pública"; todavia, não oferece dúvidas a aplicabilidade dos demais requisitos prescritos no artigo 280.º do Código Civil. De entre eles salientamos a determinabilidade e a não-contrariedade aos bons costumes.

Quanto à determinabilidade: ao contratar sobre o próprio retrato, o sujeito deve fazê-lo precisando em que termos, por quanto tempo e para que efeito. No que o contrato seja omisso, teremos de optar pela solução mais restritiva, seguindo-se a nulidade quando, de todo, nada se consiga apurar pela interpretação. Os bons costumes fazem apelo, como vimos, a códigos de ética e a regras de moral sexual e familiar, particularmente pertinentes em questões de imagem.

Entra neste campo o debate sobre a juridicidade de contratos relativos a filmes pornográficos (a não confundir com a exibição artística do corpo humano) ou – não indo tão longe – a cenas que deveriam relevar da intimidade pessoal, familiar ou sexual. Os tribunais alemães já discutiram se tais

[1118] Quanto à fotografia encomendada, *vide* o artigo 168.º do CDA.

[1119] Quanto a esse preceito e em geral, *vide supra*, 127.

contratos são nulos por contrariedade aos bons costumes, tendo-se fixado na negativa[1120].

Efetivamente, não havendo proibições penais[1121] ou outras, o Direito civil é permissivo. A recente evolução dos costumes, no Ocidente, tem levado a que, por exemplo, filmes extremamente chocantes e criticados ainda há poucos anos sejam, hoje, clássicos patentes nos canais oficiais de televisão, com a aceitação geral. Todavia, teremos de admitir uma fronteira, por lata que seja. A bitola última terá de ser constituída pela dignidade humana, sem esquecer que, com regulamentação ou sem ela, todos os filmes acabam por ser acessíveis a menores. Serão, assim, contrários aos bons costumes retratos, filmes ou gravações, bem como a sua reprodução ou exibição, relativos a atos que envolvam crianças, que degradem a mulher, que associem sexo e violência ou que surjam *contra naturam*.

A autorização relativa a filmes pornográficos é – por maioria de razão – sempre revogável e isso mesmo quando lícita.

V. Tratando-se de mera autorização unilateral, deve entender-se que ela não vai além do resultante nas estritas condições em que seja dada.

Assim, a fotografia permitida numa escola não pode, depois e sem mais, ser usada numa campanha publicitária. Além dos bens em jogo, cumpre ter presente que tais autorizações são, em regra, gratuitas. Devem, na dúvida, ser interpretadas no sentido menos gravoso para o disponente (artigo 237.º), o que é dizer: na aceção que menos limite o direito à imagem em jogo.

1120 OLG Hamburg 10-mai.-1984, GRUR 1984, 663-664, considerando ilícita a cópia de filmes pornográficos por falta de autorização da protagonista e não por contrariedade aos bons costumes (664/I) e OLG Stuttgart 30-jun.-1987, NJW-RR 1987, 1434-1435. Anteriormente, o BGH, a 23-jan.-1981, NJW 1981, 1439-1440, entendera que um contrato relativo a um filme pornográfico poderia atentar contra os bons costumes mas que a invocação, *in casu*, da nulidade atentaria contra a boa-fé. Tratava-se, aqui, da distribuição de um filme feito nos Estados Unidos e não de uma cedência de imagem.

1121 O Código Penal, na versão de 1982, ainda incriminava a figura do ultraje público ao pudor. Hoje, o artigo 170.º desse Código, apenas incrimina os atos exibicionistas, entendidos pela doutrina especializada como atos ou gestos relacionados com o sexo, perante a vítima – *vide* Anabela Miranda Rodrigues/Sónia Figalgo, *Comentário Conimbricense* cit., 816 ss..

88. A delimitação em função das circunstâncias; teoria das esferas e concretização

I. O artigo 79.°, depois de, no seu n.° 1, ter referido o direito à imagem em termos muito amplos veio, no n.° 2, introduzir limitações severas. Segundo elas, o consentimento do retratado não é necessário nalguma das circunstâncias seguintes:

– quando assim o justifiquem a sua notoriedade, o cargo que desempenhe, exigências de polícia ou de justiça, finalidades científicas, didáticas ou culturais; ou
– quando a reprodução da imagem vier enquadrada na de lugares públicos, ou na de factos de interesse público ou que hajam decorrido publicamente.

O n.° 3 corrige, um tanto, esta limitação severa, dispondo que, não obstante a verificação dalguma dessas circunstâncias, o retrato não pode:

> (...) ser reproduzido, exposto ou lançado no comércio, se do facto resultar prejuízo para a honra, reputação ou simples decoro da pessoa retratada.

Esta precisão aplica-se aos dois termos acima isolados.

II. Procurando isolar até onde pode ir a intervenção na imagem da pessoa – num raciocínio de resto aplicável à vida privada e à reserva que, aí, deva ser guardada – a doutrina tem desenvolvido a teoria das esferas. Assim, teríamos, sucessivamente[1122]:

– uma esfera pública: própria de políticos, atores, desportistas ou outras celebridades, ela implicaria uma área de condutas propositadamente acessível ao público, independentemente de concretas autorizações;

[1122] Aproveitamos o esquema de Daniela Oslander, *Das Recht am eigenen Bild* cit., 78 ss., que opera com cinco esferas. A teoria das esferas remonta, sabidamente, a Heinrich Hubmann; na 1.ª ed. do seu *Persönlichkeitsrecht* (1953), *vide* 216 ss. (esferas individual, privada e secreta). *Vide* a sua aplicação em Kerstin Gronau, *Das Persönlichkeitsrecht von Personen der Zeitgeschichte und die Medienfreiheit* (2000), 73 ss. e em Bork, *Allgemeine Teil* cit., § 4, Nr. 181-183 (77-78).

- uma esfera individual-social: reporta-se ao relacionamento social normal que as diversas pessoas estabelecem com amigos, colegas e conhecidos; a reprodução de imagens seria aí possível, salvo proibição, mas apenas para circular nesse mesmo meio;
- uma esfera privada: tem a ver com a vida privada comum da pessoa: apenas acessível ao círculo da família ou dos amigos mais estreitos, equiparáveis a familiares;
- uma esfera secreta: abrange o âmbito que o próprio tenha decidido não revelar a ninguém; desde o momento em que ele observe a discrição compatível com tal decisão, esta esfera tem absoluta tutela;
- uma esfera íntima: reporta-se à vida sentimental ou familiar no sentido mais estrito (cônjuge e filhos); tem uma tutela absoluta, independentemente de quaisquer prévias decisões, nesse sentido, do titular considerado; elas são dispensáveis.

III Temos, agora, elementos para delimitar a tutela do direito à imagem. As esferas privada, secreta e íntima nunca são acessíveis sem autorização. Nenhuma notoriedade, cargo, exigências de polícia ou de justiça ou finalidades científicas, didáticas ou culturais permitiriam tal invasão. Além disso, só são admissíveis autorizações na esfera privada: as esferas secreta e íntima deixariam de o ser se surgirem autorizações de ingerência, o que nunca pode ser presumido.

As esferas pública e individual-social permitem retratar sem autorização, consoante as circunstâncias e os objetivos, mas apenas para documentar o que lá se passa: não, por exemplo, para obter imagens para uma campanha publicitária. Aí podem operar os fatores referidos da notoriedade, cargo, polícia ou justiça, ciência, ensino ou cultura, sempre em termos de adequação social. Mas mesmo nestas duas esferas, os retratos – em sentido amplo – não serão permitidos se puderem prejudicar a honra, a reputação ou o decoro do retratado. Pense-se no político surpreendido a mudar de gravata ou a alimentar-se, com a boca aberta: a lei não autoriza tomadas de imagens. Este troço deve ser interpretado extensivamente, de modo a abranger todas as situações que possam prejudicar o visado[1123].

IV. A lei exceciona, à autorização, os retratos tirados em lugares públicos, de factos de interesse geral ou que hajam decorrido publica-

1123 *Vide*, *infra*, o caso de RLx 19-out.-1977: a criança incluída num cartaz político.

mente. Trata-se de um aspeto que temos de aproximar da doutrina das esferas. Nas condições "públicas" elencadas pelo legislador, a lei presume que o interessado está a agir no âmbito das esferas pública ou individual-social ou está a autorizar retratos. Tudo depende, todavia, das circunstâncias e do destino das imagens captadas: elas só podem visar documentar o sucedido: não, por exemplo, animar campanhas publicitárias, sem autorização do próprio. E também aqui sempre sob a sindicância do artigo 79.º/3.

V. A problemática do alcance do artigo 79.º pode ser esclarecida com recurso à aplicação concreta do preceito. Assim:

RLx 19-out.-1977: um partido político elaborou cartazes de propaganda eleitoral que exibiam crianças a brincar, algumas das quais perfeitamente reconhecíveis; uma delas, através dos pais, invocou a violação do direito à imagem; o tribunal, todavia, entendeu que tendo a fotografia sido tirada em local público, não havia necessidade de consentimento do menor[1124]; mas não: desde logo, é duvidoso que o recreio de uma escola pública seja um "local público", para efeitos do artigo 79.º/2: basta ver que só lá poderão ir pessoas autorizadas, sendo, pelo menos, desejável que assim seja; de seguida, a permissão do final do artigo 79.º/2 só opera com finalidades adequadas, designadamente noticiosas e não para fins publicitários, em absoluto estranhos à *ratio* do diploma; por fim, o retrato não poderia ser usado de modo a prejudicar o retratado: ora associar uma criança a um partido político, ainda que legítimo, pode, efetivamente, causar-lhe dissabores ou, até, condicionar o seu desenvolvimento futuro; esta decisão não foi feliz, sendo certo que a jurisprudência ulterior foi mais sensível quanto à necessidade de proteger a personalidade.

RLx 23-nov.-1977: entendeu que não se podia exibir em público uma fotografia de um quadro a óleo sem autorização do interessado ou de seus herdeiros; foi ainda arbitrada uma indemnização de 10 contos[1125]; como se vê, não se pôs, aqui, a hipótese de um interesse "cultural", que sempre teria de ser invocado e provado pelo prevaricador.

TC n.º 6/84, de 18-jan.: não se pronunciou pela inconstitucionalidade do Regulamento de Transportes aprovado pelo Decreto n.º 37.372, de 31 de dezembro de 1948, que impunha que o pessoal que prestasse ser-

[1124] RLx 19-out.-1977 (Rocha Ferreira), CJ II (1977) 5, 1015-1019 (1018/II).
[1125] RLx 23-nov.-1977 (Alves Branco), CJ II (1977) 5, 1055-1056 (1056/II).

viço nos transportes coletivos o dever de "se apresentar devidamente uniformizado e barbeado"; o Tribunal reconheceu o direito à imagem e o próprio direito geral de personalidade, a compaginar, todavia, com o "direito de ser atendido por quem se apresente com uma aparência higiénica, não repulsiva, pelo seu aspeto de desmazelo, desleixo, falta de limpeza e de decoro"[1126]; trata-se de um caso curioso em que o direito à imagem surge como "direito de liberdade de imagem"; a assim ser, ele teria de se articular com os direitos de terceiros.

STJ 24-mai.-1989: a propósito da votação, no Parlamento, de uma lei sobre zonas de nudismo, um jornal diário de distribuição nacional fotografou, na praia do Meco, sem autorização, uma senhora em *topless*, divulgando a fotografia na primeira página; acionado, o jornal vem afirmar que a fotografia fora tirada em local público; o Supremo entendeu, e bem, que a situação caía sob a alçada do artigo 79.º/3, sendo sempre ilícita[1127]; assim é; podemos, todavia, ir mais longe; desde logo, todas as praias pertencem ao domínio público[1128]: daí não se infere que as pessoas percam, aí, a sua privacidade, podendo ser molestadas ou fotografadas, sem o seu consentimento; de seguida, mesmo numa praia, o *topless* mantém-se na esfera privada, não se presumindo que a visada pretenda ser vista por todos; finalmente, o tipo de publicidade dada ao retrato não tem nada a ver com o interesse da concreta situação relatada; a tudo isso acresce que a publicidade feita atingiu, necessariamente, a visada e que o abuso da situação é manifesto.

RLx 28-jan.-1999: uma publicação divulga cromos de jogadores de futebol com fins de publicidade e sem autorização; não pode ser: há, aqui, uma finalidade lucrativa que teria de passar sempre pela autorização dos próprios[1129].

STJ 8-nov.-2001: o direito à imagem é de exercício pessoal; consequentemente, só pode ser invocado e defendido pelo próprio[1130].

[1126] TC n.º 6/84, de 18 de janeiro (Magalhães Godinho), BMJ 340 (1984), 177-181 = DR II Série n.º 101, de 2 de maio de 1984.

[1127] STJ 24-mai.-1989 (João Solano Vieira), BMJ 387 (1989), 531-537 (534 e 535).

[1128] *Tratado* III, 3.ª ed. (2013), 97-98.

[1129] RLx 28-jan.-1999 (Proença Fouto), CJ XXIV (1999) 1, 93-95 (94/I e 95/I).

[1130] STJ 8-nov.-2001 (Quirino Soares), CJ/Supremo IX (2001) 3, 113-115 (115), decidindo contra RLx 13-mar.-2001 (Pais do Amaral), CJ XXVI (2001) 2, 73-75.

RLx 28-nov.-2001: entendeu não haver lugar a proteção caso o interessado se exibisse em público, com um cachecol de determinado clube de futebol[1131]; assim parece: a menos que a fotografia pretendesse ilustrar uma notícia desonrosa, nada há, aqui, contra a intimidade do visado.

RCb 17-abr.-2002: a propósito de um anúncio de programa sobre criminalidade, uma cadeia televisiva transmite fotografias de um conhecido recluso, condenado por homicídio e que protagonizou uma sangrenta tentativa de fuga; a via aí seguida para a tutela do direito à imagem foi a penal, tendo sido feita queixa-crime por fotografia ilícita, nos termos do artigo 199.º/1 e 2, *a*), do Código Penal; o Tribunal entendeu que não havia crime, por se tratar de episódios integrados na história do seu tempo[1132]; em termos civilísticos, temos dúvidas: uma pessoa é condenada por crimes graves: cumpre a sua pena, assim pagando a dívida à sociedade; não tem, para além disso, de ser incomodada com a divulgação da sua imagem, associada a factos menos dignos: cair-se-ia, por certo, no artigo 79.º/3, do Código Civil.

RLx 12-abr.-2007: a Câmara Municipal de Almada organizou um *atelier* de artes plásticas visitado por um menor, autorizado pelos pais; foram tiradas fotografias usadas, pela Câmara, em *outdoors*; intentada uma ação pelo menor, representado por seus pais, entendeu o Tribunal que se tratava de um evento público, decorrido em local público[1133]; não sufragamos tal doutrina, que recai no erro de 1977: os locais frequentados por crianças não são "públicos", para efeitos do artigo 79.º/2; há que resguardar as crianças de publicidades, não autorizadas, que as possam incomodar.

RPt 5-jun.-2015: o Tribunal considerou, bem, que o consentimento em ser fotografado não inclui uma autorização para essa mesma imagem ser divulgada no *Facebook* e nas demais redes sociais[1134].

Temos outros casos judicialmente solucionados[1135].

[1131] RLx 28-nov.-2001 (Rorigues Simões; vencido: Cotrim Mendes), CJ XXVI (2001) 5, 138-43.

[1132] RCb 17-abr.-2002 (Oliveira Mendes), CJ XXVII (2002) 2, 40-41 (41/I).

[1133] RLx 12-abr.-2007 (Teresa Prazeres Pais), CJ XXXII (2007) 2, 98-99 (98/II).

[1134] RPt 5-jun.-2015 (José Carreto), Proc. 101/13.5.

[1135] Exemplos desde 2014: RLx 16-out.-2014 (Fátima Galante), Proc. 1922/12; RLx 16-out.-2014 (Isoleta Costa), Proc. 7896/09; RLx 25-nov.-2014 (Pedro Brighton), Proc. 1599/13; RPt 14-out.-2015 (Vítor Morgado), Proc. 78/15; RCb 20-set.-2017 (Brizida Martins), Proc. 2/16.5.

VI. A propósito dos casos Casa Pia – um escândalo relacionado com abusos sexuais cometidos sobre menores confiados à tutela do Estado – verificou-se uma presença permanente, ao longo das muitas sessões, de numerosos jornalistas, à porta do Tribunal, que fotografavam e filmavam continuamente todas as pessoas que entravam e saíam[1136]. Os magistrados do Ministério Público em serviço pediram medidas para que tal recolha de imagens não fosse permitida. Consultada, a Procuradoria-Geral da República elaborou um parecer (longo) em que acaba por concluir pela licitude dessa prática: as forças policiais apenas poderiam intervir para garantir a livre entrada e saída das pessoas e para salvaguardar a vida, a integridade física, a liberdade e a segurança dos intervenientes processuais[1137]. Evidentemente.

A questão é todavia outra: até onde pode ir o encarniçamento jornalístico? Pode uma pessoa que preste serviço no âmbito de um processo mediatizado ser fotografada *ad nauseam*, sempre que entre e saia do Tribunal? A resposta é claramente negativa. Embora em local público, a imagem da pessoa não pode ser objeto de abuso, seja qual for o pretexto. Na situação descrita, o direito à imagem dos intervenientes estava, claramente, a ser violado, fora do que qualquer interpretação razoável da lei poderia permitir. Além do direito à imagem, acabam ainda por ficar em causa os direitos ao sossego e tranquilidade pessoais, a integridade moral e até a integridade física: os visados acabaram por ser reconhecidos, em todo o País, como pessoas ligadas ao caso "Casa Pia". Faria assim todo o sentido deter a prática registada, ainda que se admita, havendo dúvidas sérias, a necessidade de passar por uma decisão jurisdicional.

1136 Esta prática encontra-se hoje bem consolidade entre os *media* nacionais.

1137 Parecer 95/2003, de 6-nov.-2003 (Manuel Pinto Hespanhol), DR II Série, n.º 54, de 4-mar.-2004, 3699-3711.

§ 16.º O DIREITO À RESERVA SOBRE A INTIMIDADE DA VIDA PRIVADA

89. O bem protegido; remissão para a teoria das esferas

I. O Código Civil, a coroar o tratamento dispensado aos direitos de personalidade, refere, no artigo 80.º, o direito à reserva sobre a intimidade da vida privada.

Este direito postula uma liberdade fundamental: a que cada um tem de, sem prejudicar terceiros, orientar a sua vida privada como entender[1138]. Posto isto, queda um bem: a concreta vida privada do sujeito. E este bem – claramente de personalidade – torna-se o suporte do inerente direito. A vida privada compreende as mais diversas realidades[1139]: a origem e a identidade da pessoa; a sua situação de saúde; a sua situação patrimonial; a sua imagem; os seus escritos pessoais; as suas amizades e relacionamentos sentimentais; as suas preferências estéticas; as suas opções políticas e religiosas. Em rigor, a vida privada abrangerá tudo o que não seja público e profissional ou social.

II. O direito à reserva sobre a intimidade da vida privada é, antes de mais, um direito contra o Estado[1140]. Este só pode investigar nesse campo com cobertura de leis constitucionais e na estrita medida do necessário:

[1138] Trata-se de um aspeto que tem a ver com a liberdade pessoal, mas que também se associa às liberdades cívicas; *vide* Peter Schmitz, *Persönlichkeitsschutz als Bürgerliche Freiheit im englischen Recht unter besonderer Berücksichtigung der Kollision mit der Pressefreiheit* (1996), 73 ss.. Quanto à liberdade da vida privada, Pierre Kayser, *La protection de la vie privée* (1990), 4.

[1139] Para uma enumeração, Jean-Claude Roux, *La protection de la vie privée dans les rapports entre l'Etat et les particuliers* (1983), 10 ss..

[1140] *Vide* o artigo 26.º/1, *in fine*, da Constituição, bem como Jean-Claude Roux, *La protection de la vie privée* cit., 27 ss..

pense-se na devassa fiscal. Mas além disso, temos, aqui, um direito de personalidade, oponível a todos os particulares. Nos possíveis conflitos com outros direitos, haverá que proceder a uma ponderação valorativa[1141].

O direito à reserva sobre a intimidade da vida privada pode decompor-se em direitos parcelares: assim sucede, como exemplo, com o direito à imagem, no que esta tenha a ver com as esferas privada, secreta e íntima. De todo o modo, a referência global a um direito à intimidade tem o maior interesse argumentativo, mau grado as dificuldades dogmáticas que não poderá deixar de provocar.

Os diversos direitos do Ocidente tendem para a preservação da vida privada. Todavia, seguem esquemas técnicos não coincidentes, o que torna a privacidade um tema caro aos estudos de Direito comparado[1142]. Em traços largos, podemos dizer que o Direito alemão reconhece um direito de personalidade; o Direito francês, conquanto que fazendo hoje o mesmo, progride por via delitual e com base no artigo 1382.º do Código Napoleão, enquanto os ingleses e os norte-americanos situam o tema nos *torts*.

III. Na precisa definição da privacidade, soi fazer-se apelo à teoria das esferas[1143], acima adiantada a propósito do direito à imagem[1144]. De facto, faz todo o sentido contrapor aqui as esferas pública, individual-social, privada, secreta e íntima.

[1141] Peter Howe, *Zivilrechtlicher Eingriff und Interessenabwägung beim Persönlichkeitsrechts auf Wahrung der Privaten Geheimsphäre* (1990), 1 ss. e *passim*.

[1142] Assim: Christiane Herth, *Persönlichkeitsschutz im englischen Zivilrecht/Ein Rechtsvergleichenden Beitrag zur Haftung der Massenmedien bei Eingriffen in den geschützten Privatbereich* (1989), Peter Schmitz, *Persönlichkeitsschutz als Bürgerliches Freiheit im englischen Recht* cit., 82 ss., Carsten Heisig, *Persönlichkeitsschutz in Deutschland und Frankreich* (1997), 7 ss. (48) e 69 ss., Axel Halfmeier, *Die Veröffentli-chung privater Tatsachen als unerlaubte Handlung/Eine rechtsvergleichende Untersuchung* (2000), com referência às experiências alemã (35 ss.), francesa (100 ss.), suíça (126 ss.), austríaca (139 ss.), inglesa (162 ss.) e norte-americana (178 ss.) e Georgios Gounalakis, *Privacy and the Media/A Comparative Perspective* (2000): Inglaterra (33 ss.), Alemanha (50 ss.) e França (63 ss.).

[1143] P. ex., Axel Halfmeier, *Die Veröffentlichung privater Tatsachen* cit., 56 ss..

[1144] *Supra*, 264 ss.. Distinguindo também as cinco esferas aí propostas, *vide* Harald Andreas Guha, *Der Schutz der absoluten Person der Zeitgeschichte vor indiskreter Wort- und Bildberichterstattung* (1999): esfera íntima (49 ss.), esfera secreta (51 ss.), esfera privada (53), esfera social (54) e esfera pública (55).

Na concretização do direito haverá que lidar com estas esferas: elas concitam uma tutela diversificada.

90. O valor "privacidade"

I. Independentemente do concreto bem "vida privada", é importante salientar que o moderno Direito civil reconhece, na privacidade, a existência de um valor autónomo. Tem interesse, a tal propósito, consignar a tradição inglesa de resguardo, ainda que sem reconhecer propriamente um direito geral de *privacy*[1145] e a sua evolução norte-americana: eles permitem entender melhor os valores em jogo[1146].

De facto, o *right of privacy* não é reconhecido, em termos técnicos, no Direito inglês[1147]. Todavia, existe uma proteção cujas raízes remontam a uma decisão britânica, tomada no século XIX, no caso do Príncipe Alberto v. Strange. A família real britânica tinha mandado fazer, para seu uso, estampas nas quais membros da família real haviam sido retratados. As estampas e os respetivos moldes foram guardadas nos aposentos reais, em Windsor. O réu Strange, por meios não esclarecidos, veio à posse das estampas, pretendeu usá-las comercialmente e ofereceu reproduções delas num catálogo para venda. O Príncipe Alberto acionou-o, com êxito, para a restituição das estampas e dos moldes, assim como para a abstenção de publicação do catálogo ou outras publicações ou exposições. O tribunal condenou na base do que chamamos "direito de autor"; mas admitiu ainda uma pretensão por *breach of trust, confidence or contrat*. Apenas como afirmação lateral, o Tribunal referiu que (...) *privacy is the right invaded*[1148].

[1145] Christiane Herth, *Persönlichkeitsschutz im englischen Zivilrecht* cit., 148.

[1146] Entre nós, a análise da *privacy* inglesa foi levada a cabo por Rita Amaral Cabral, *O direito à intimidade da vida privada* cit., 383 ss., por Paulo Mota Pinto, *O direito à reserva sobre a intimidade da vida privada* cit., 504 ss. e Alexandre Sousa Pinheiro, *Privacy e protecção de dados pessoais: a construção dogmática do direito à identidade pessoal* (2015). *Vide*, ainda, Maurizio Paganelli, em Nicolò Lipari, *Trattato di diritto privato europeo*, 1, 2.ª ed. (2003), 384 ss..

[1147] A sua inexistência foi, mais recentemente, reafirmada pela *House of Lords*, no caso *Wainwright v Home Office* [2004] 2 AC 406-429.

[1148] *Prince Albert v Strange* (1849) 1 Hall & Twells 1-28; 47 ER 1302-1312.

Foi na base desta afirmação que Warren/Brandeis[1149] introduziram, nos Estados Unidos, o *right of privacy*, direito esse não conhecido – e mesmo recusado – no Direito inglês[1150].

II. O caso *Prince Albert v. Strange* não originou, como se disse, um precedente relativo a qualquer *right of privacy*, em Inglaterra. Todavia, numa transposição cultural em que o Direito é pródigo, ele acabaria por ter efeitos nos Estados Unidos.

Decisiva foi a "descoberta"[1151] de Warren/Brandeis.

Samuel D. Warren e Louis D. Brandeis, advogados nova-iorquinos[1152], publicaram um escrito precisamente intitulado "o direito à privacidade"[1153]. A ideia era a seguinte: numa primeira fase, o *Common Law* asseguraria uma defesa contra agressões físicas evoluindo, depois, para uma defesa contra barulhos, pós, fumos e vibrações[1154]. Seguidamente teria ido mais longe, aí intervindo a decisão inglesa. Refere-se, ainda, o juiz Cooley, que a propósito de fotografias e de jornais refere *the right to be let alone*[1155]. Também os manuscritos não publicados teriam de ser resguardados[1156].

A proteção seria alcançada através de indemnizações e de injunções, que assegurassem o respeito pelo direito em jogo[1157].

No imediato, a novidade de Warren e Brandeis não teve repercussões. Em 1902, no caso *Roberson v. Rochester Folding Box Co.*, o *Court of Appeals* de Nova Iorque desatendeu o pedido de indemnização da Senhora Roberson, cuja imagem fora usada, sem a sua autorização, em anúncios de uma marca de farinha[1158]: solução injusta, que levou o Estado de Nova Ior-

[1149] *Infra*, nota 1153.

[1150] A propósito de um caso em que foi publicada a fotografia de um conhecido ator, sinistrado, no hospital e com o boletim de saúde, o *Court of Appeal* afirmou mesmo – *apud* Halfmeier, *Die Veröffentlichung* cit., 165 – *it is well known that in English law there is no right to privacy*, acabando por dar razão ao autor por, da publicação feita, poder resultar a falsa impressão de que ele estivera de acordo com ela: *malicious falsehood*.

[1151] Halfmeier, *Die Veröffentlichung privater Tatsachen* cit., 181.

[1152] Outros pormenores podem ser confrontados em Rita Amaral Cabral, *O direito à intimidade da vida privada* cit., 384 e Sousa Pinheiro, *Privacy* cit., 269 ss..

[1153] Samuel D. Warren/Louis D. Brandeis, *The Right to Privacy*, 4 Harv. L. Rev. 193-220 (1890).

[1154] Warren/Brandeis, *The Right to Privacy* cit., 193 e 194.

[1155] Warren/Brandeis, *The Right to Privacy* cit., 195.

[1156] Warren/Brandeis, *The Right to Privacy* cit., 203.

[1157] Warren/Brandeis, *The Right to Privacy* cit., 219.

[1158] *Vide* o comentário do 12 Y.L.J. 35-38 (1902-1903) e as notas da 15 Harv. L. Rev. 227-228 (1901-1902).

que a adotar uma lei que proibia a utilização da imagem de uma pessoa, sem autorização da própria[1159].

Entretanto, em 1905, no caso *Pavesich v. New England Life Insurance Co.*, o Supremo Tribunal da Georgia condenou a *New England Insurance* a indemnizar o Senhor Pavesich, por ter publicado, sem a sua autorização, a sua imagem com fitos publicitários[1160].

A partir daí, multiplicaram-se os casos[1161]. A tutela da *privacy* consta do segundo *Restatement*[1162].

III. A multiplicação de casos em que tribunais norte-americanos tutelaram a *privacy* – da ordem das centenas[1163] – não satisfazia as exigências doutrinárias: o levantamento dos interesses subjacentes e dos grupos de situações encontrava-se por realizar.

Coube a Prosser[1164] proceder a uma destrinça de diversas situações; mais precisamente, quatro[1165]:

– a intromissão nos negócios privados;
– a revelação de factos embaraçosos;
– a publicidade falsa com aproveitamento da pessoa;
– a apropriação do seu nome ou imagem ou fatores semelhantes.

Na primeira situação, estaria em causa a liberdade negocial do próprio; na segunda e na terceira, a sua reputação; na quarta, a apropriação da propriedade alheia. A tudo isso contrapõe Bloustein que se jogaria apenas um único *tort*: a

[1159] Entre nós, a matéria pode ser seguida em Rita Amaral Cabral, *O direito à intimidade da vida privada* cit., 384-385.

[1160] *Pavesich v. New England Life Insurance Co.*, sumariado em 18 Harv. L. Rev. 625 (1904-1905).

[1161] *Vide* Halfmeier, *Die Veröffentlichung privater Tatsachen* cit., 181 ss..

[1162] *Restatement of the Law (Second)/Torts*, §§ 588-707 A (1989), Ch. 28 A – *Invasion of Privacy* (276-283) e §§ 652-A/652-I (283-393), com imenso material.

[1163] Segundo informa Edward J. Bloustein, *Privacy as an Aspect of Human Dignity: An Answer do Dean Prosser*, N.Y.U.L.Rev. 36, 962-1007 (1964), 962 e como se infere do *Restatement (Second)*.

[1164] L. Prosser, *Privacy/A legal analysis*, California Law Review, 40, 338 ss. (1960); trata-se de um escrito não localizado em tempo útil; citamo-lo *apud* Bloustein, *Privacy* cit., 965 ss..

[1165] *Vide*, ainda, Halfmeier, *Die Veröffentlichung privater Tatsachen* cit., 183.

afronta à dignidade humana[1166]. De todo o modo, no Direito norte-americano, o tema da *privacy* abrange um leque alargado de situações e de problemas[1167].

IV. A reflexão comparatística possibilitada pelas experiências anglo-saxónicas[1168] e a evolução da jurisprudência continental[1169], apontam para a necessidade de valorar a própria privacidade, enquanto tal: isso independentemente de estar em causa a imagem ou a palavra do sujeito, bens esses que constituem, de resto, a base de direitos autónomos.

A privacidade traduz um círculo de liberdade independente do Estado e de terceiros e que o sujeito interessado poderá tratar como entender. A reafirmação do princípio, no coração do Direito civil, é muito importante: não só estão disponíveis meios cada vez mais invasivos, que permitem vigiar tudo e todos nas diversas circunstâncias, como se assiste a uma divulgação de valometrias que tudo justificam, com invocação de "direitos" do Estado ou sociais: tributação, fiscalização de fundos, liberdade de informação ou liberdade de crítica política e social.

Todos esses valores são respeitáveis: até ao limite da esfera privada – e, por maioria, das esferas secreta e íntima – onde, de todo, não pode haver invasões.

91. O regime vigente

I. O direito à reserva sobre a intimidade da vida privada obteve uma referência sucinta, no artigo 80.º do Código Civil. Cumpre tê-lo bem presente, para efeitos de análise:

[1166] Bloustein, *Privacy* cit., 1000.

[1167] Veja-se o conteúdo de obras como Ellen Alderman/Caroline Kennedy, *The Right to Privacy* (1997) e Amitai Etzioni, *The Limits of Privacy* (1999).

[1168] *Vide*, ainda, David J. Garrow, *Liberty and Sexuality/The Right to Privacy* (1994).

[1169] Assim: BGH 16-fev.-1973, JZ 1947 105-106, Anot. Rainer Walz, loc. cit., 106-107: proteção contra remessas de publicidade, BGH 19-dez.-1978, NJW 1979, 647-649 (648): proteção de uma conversa telefónica, perante a sua publicação na imprensa, e BGH 20-jan.-1981, NJW 1981, 1366-1369 (1367): a esfera privada prevalece sobre a liberdade de imprensa e de informação. Quanto a este último ponto, sempre candente, Astrid Stadler, *Persönlichkeitsrecht contra Medienfreiheit/Zivilrechtliche Aspekte der Kontroverse in dem U.S.A.*, JZ 1989, 1084-1095. O número de espécies judiciais é, hoje, incontável.

1. Todos devem guardar reserva quanto à intimidade da vida privada de outrem.

2. A extensão da reserva é definida conforme a natureza do caso e a condição das pessoas.

A referência a uma "vida privada" inculca uma outra, a "vida pública", em relação à qual não haverá reserva – ou, pelo menos, o mesmo tipo de reserva. Fazemos, aqui, apelo à teoria das esferas: mau grado as críticas que já têm surgido[1170], ela mantém um potencial descritivo e ordenador das diversas situações. Assim sendo, o artigo 80.º/1 protege as esferas privada, secreta e íntima; não já – ou não diretamente – as pública e social-individual.

II. O n.º 2 do preceito delimita a proteção em função de dois elementos[1171]:

– um dado objetivo: a natureza do caso;
– um dado subjetivo: a condição das pessoas.

O dado objetivo tem a ver com os especiais valores que, *in concreto*, possam conduzir à intromissão na esfera privada. Terão de ter uma cobertura legal e constitucional e deverão revelar-se, no caso a decidir, mais ponderosos do que os valores subjacentes à privacidade. Será o caso de exigências de polícia ou de justiça que – sempre sob sigilo e no estrito limite do necessário – poderão conduzir a escutas telefónicas, a microfones ou câmaras ocultas ou à análise de documentos particulares. Imperiosa será sempre a decisão do juiz e o controlo por este.

[1170] Assim, Walter Schmidt, *Die bedrohte Entscheidungsfreiheit*, JZ 1974, 241-250; *vide* Guha, *Der Schutz der absoluten Person* cit., 42. O problema reside nos bancos de dados; aí, a acumulação de informações sobre a vida pública das pessoas, sem significado isolado, pode levar à efetiva devassa total, permitindo conclusões sobre a vida íntima, por exemplo. A teoria das esferas é apenas "declarativa": as bases de dados são aptas a atingir todas as esferas, devendo ser reguladas nessa perspetiva.

[1171] *Vide* a sempre excelente análise de Paulo Mota Pinto, *O direito à reserva sobre a intimidade da vida privada* cit., 564 ss..

III. O dado subjetivo reporta-se à notoriedade ou ao cargo da pessoa considerada ou à própria postura que a mesma adote[1172]. Perante um político ou uma celebridade, passarão a ser notícia factos que, noutras condições, se tornariam irrelevantes. Os visados sabem-no de antemão e tiram partido disso: vigiando o que fazem e o que dizem e aproveitando a inerente publicidade.

A esfera privada de tais políticos ou celebridades não desaparece: e, sobretudo, nunca ao ponto de atingir as esferas secreta e íntima[1173]. Mas pode ser fortemente suprimida, sem que se possa falar de atentado à privacidade. O mesmo raciocínio opera quando o visado tome a iniciativa de revelar a sua vida privada: o caso típico da celebridade que abre as portas da sua casa aos jornalistas ou que lhes relata factos da sua vida privada (que não podem envolver terceiros). É evidente que as notícias daí resultantes são, em princípio, legítimas.

Em qualquer dos casos, tem aplicação a delimitação negativa prevista no artigo 79.º/3: embora dirigida ao direito à imagem, não levantará dúvidas a sua aplicação extensiva a situações similares.

IV. Infere-se, daqui, que, mercê da presença dos aludidos elementos subjetivos, na delimitação do âmbito protegido, um mesmo ato poderá ser lícito perante uma pessoa e ilícito, perante outra. Por exemplo, será lícito relatar as férias do primeiro-ministro: este tomará as medidas para atuar, em face dos acompanhantes, de modo politicamente correto, aceitando livremente essa sua "condição". Já relatar, sem mais, as férias de um cidadão, digno mas anónimo, será atentatório da sua privacidade: não sendo "profissional" em imagem e estando desprevenido, certamente será apanhado em situações caricatas ou menos publicitáveis. De resto, o simples facto de ser notícia incomoda, em regra, qualquer pessoa normal.

V. A privacidade tutela, ainda, diversas informações que apenas ao próprio dizem respeito. Estão, nessas condições, o segredo bancário[1174],

1172 *Vide* a já citada monografia de Kerstin Gronau, *Das Persönlichkeitsrecht von Personen der Zeitgeschichte und die Medienfreiheit* (2002), 259 pp..

1173 Paulo Mota Pinto, *O direito à reserva sobre a intimidade da vida privada* cit., 571, embora com terminologia diversa.

1174 Em especial, e com indicações, Rabindranath Capelo de Sousa, *O segredo bancário/Em especial face às alterações fiscais da Lei n.º 30-G/2000, de 29 de Dezembro*,

o segredo dos seguros[1175], os diversos segredos profissionais, com relevo para o médico[1176] e o dos advogados[1177] e a reserva sobre os elementos constantes de bases de dados[1178]. Quanto a estas últimas, foi adotada a Diretriz n.º 95/46/CE, do Parlamento e do Conselho, de 24 de outubro de 1995, transposta pela Lei n.º 67/98, de 26 de outubro, alterada pela Lei n.º 103/2015, de 24 de agosto: a Lei de Proteção de Dados Pessoais[1179]. No plano europeu, após prolongada preparação, foi adotado o Regulamento (UE) 2016/679, de 27 de abril, relativo à proteção de pessoas singulares, no que diz respeito ao tratamento de dados pessoais[1180].

Caem na privacidade elementos atinentes à identidade genética do visado[1181], ao seu estado de saúde e a fatores de hereditariedade que envolvam. O direito que as pessoas tenham de conhecer os seus antepassados e os seus parentes atuais colide com o direito que todas essas pessoas tenham à reserva sobre os mapas genéticos respetivos e sobre a sua vida íntima. A necessária conciliação é feita pelas leis da família, designadamente quando estabeleçam prazos e condições para as ações de investigação de paternidade. O tema será retomado a propósito da identidade das pessoas[1182].

em *Estudos em Homenagem ao Prof. Doutor Inocêncio Galvão Telles*, II volume – *Direito bancário* (2002), 157-223 (176 ss.) e *Direito Bancário*, 6.ª ed. (2016), 354 ss..

[1175] *Direito dos seguros*, 2.ª ed (2016), 344 e 736.

[1176] Maria do Céu Rueff, *O segredo médico como garantia de não-discriminação/ /Estudo de Caso: HIV/SIDA* (2010), 696 pp..

[1177] *Vide* o ar 92.º do Estatuto da Ordem dos Advogados, aprovado pela Lei n.º 145/2015, de 9 de setembro, e o Regulamento da Ordem dos Advogados n.º 94/2006, de 25 de maio, DR II Série, n.º 113, de 12-jun.-2006, 8588-8589.

[1178] Roland Rixecker, *Münchener Kommentar* cit., 1, 7.ª ed., Anhang zu §12, Nr. 131 ss..

[1179] Com a Retificação n.º 22/98, de 28 de novembro. Refira-se, ainda, o Decreto-Lei n.º 122/2000, de 4 de julho, que transpôs a Diretriz n.º 96/9/CE, do Parlamento e do Conselho, de 11 de março, também relativa à proteção de bases de dados. Quanto à situação anterior: Marie-Theles Tinnenfeld, *Persönlichkeitsrecht und Modalitäten der Datenerhebung im Bundesdatenschutzgesetz*, NJW 1993, 1117-1119.

[1180] JOUE N. 119, 1-88, de 4-mai.-2016; para a evolução do Direito europeu, *vide*: *Reforming European Data Protection Law*, coordenação de Serge Gutwirth, Ronald Leenes e Paul de Hert (2015): conjunto de artigos transversais.

[1181] *Vide* o estudo de Helena Moniz, *Os problemas jurídico-penais da criação de uma base de dados genéticos para fins criminais*, RPCC 12 (2002), 237-264 (246 ss.).

[1182] *Infra*, 410 ss..

VI. I. A 13 de maio de 2014, o Tribunal de Justiça da União Europeia, no célebre caso *Google Spain v AEPD e Mario Costeja González*[1183], reconheceu a existência de um direito ao esquecimento (*right to be forgoten/ /Recht auf Vergessenwerden*), sustentado nos artigos 12.º, *b)*, e 14.º, *a)*, da Diretriz 95/46 e nos artigos 7.º e 8.º da Carta dos Direitos Fundamentais da União Europeia[1184].

O direito ao apagamento[1185] surge encontra-se previsto no artigo 17.º do Regulamento (UE) 2016/679, sobre a proteção de dados:

> O titular dos dados tem o direito de obter do responsável pelo tratamento o apagamento de dados pessoais que lhe digam respeito e a cessação da comunicação ulterior desses dados e de obter de terceiros o apagamento de quaisquer ligações para esses dados pessoais, cópias ou reproduções dos mesmos

Não se trata, contudo, de um efetivo direito subjetivo, mas apenas de um novo mecanismo de defesa que os titulares de direitos de personalidade tem à sua disposição e que lhes permite requerer a exclusão de informação privilegiada ou de imagens dos resultados decorrentes de uma pesquisa realizada nos motores de busca da *Internet*[1186].

92. Concretização e sanções

I. As hipóteses concretas de violação do direito à reserva sobre a intimidade da vida privada são inúmeras. As mais graves têm tutela penal. Assim, e para nos atermos ao Código Penal, encontramos um capítulo VII

[1183] TJE 13-mai.-2014 (*Google Spain v AEPD e Mario Costeja González*), Proc. C-131/12.

[1184] Veja-se, a título introdutório: Gerald Spindler, *Durchbruch für ein Recht auf Vergessen(werden)? – Die Entscheidung des EuGH in Sachen Google Spain und ihre Auswirkungen auf das Datenschutz- und Zivilrecht*, JZ 2014, 981-991; Giovanni Sartor, *The Right to be Forgotten: Dynamics of Privacy and Publicity* em *Protection of Information and the Right of Privacy – A New Equilibirum?*, coordenação Luciano Floridi (2014), 1-16; Luis Martius Holanda Bezerra Júnior, *O tempo e o direito na sociedade de informação: o limite temporal para a manutenção de informações pessoais como corolário de um direito de personalidade* (2015), 220 pp..

[1185] No projeto original, surgia intitulado de *direito a ser esquecido e ao apagamento*.

[1186] Em especial, § 99.

na Parte especial, com previsões de crimes contra a reserva da vida privada. São eles[1187]:

Artigo 190.º (Violação de domicílio)

1. Quem, sem consentimento, se introduzir na habitação de outra pessoa ou nela permanecer depois de intimado a retirar-se é punido com pena de prisão até 1 ano ou com pena de multa até 240 dias.

2. Na mesma pena incorre quem, com intenção de perturbar a vida privada, a paz e o sossego de outra pessoa, telefonar para a sua habitação.

(...)

Artigo 192.º (Devassa da vida privada)

1. Quem, sem consentimento e com intenção de devassar a vida privada das pessoas, designadamente a intimidade da vida familiar ou sexual:

a) Intercetar, gravar, registar, utilizar, transmitir ou divulgar conversa ou comunicação telefónica;
b) Captar, fotografar, filmar, registar ou divulgar imagens das pessoas ou de objetos ou espaços íntimos;
c) Observar ou escutar às ocultas pessoas que se encontrem em lugar privado; ou
d) Divulgar factos relativos à vida privada ou a doença grave de outra pessoa;

é punido com pena de prisão até um ano ou com pena de multa até 240 dias.

Artigo 193.º (Devassa por meio de informática)

1. Quem criar, mantiver ou utilizar ficheiro automatizado de dados individualmente identificáveis e referentes a convicções políticas, religiosas ou filosóficas, à filiação partidária ou sindical, à vida privada, ou à origem étnica, é punido com pena de prisão até 2 anos ou com pena de multa até 240 dias.

(...)

Quer no crime de violação de domicílio[1188], quer no de devassa da vida privada[1189] e quer no de devassa por meio de informática[1190], o bem

[1187] *Vide* Costa Andrade, *Comentário Conimbricense* cit., 1000 ss..
[1188] Costa Andrade, *Comentário Conimbricense* cit., 1008.
[1189] Costa Andrade, *Comentário Conimbricense* cit., 1043.
[1190] J. M. Damião da Cunha, *Comentário Conimbricense* cit., 1073.

jurídico protegido é a intimidade. Os crimes de introdução em lugar vedado ao público (191.º), de violação de correspondência ou de telecomunicações (192.º), de violação de segredo (195.º) e de aproveitamento indevido de segredo (196.º, todos do Código Penal), também podem tutelar a vida privada, embora se dirijam, em primeira linha, a outros tipos de bens.

II. *Grosso modo*, podemos dizer que a lei penal intervém quando a violação da privacidade atinja os círculos interiores da vida secreta e da vida íntima[1191]. A lei civil vai, naturalmente, mais longe:

- protegendo, também, o círculo privado (não íntimo ou não secreto);
- tutelando hipóteses de ingerência que não constem dos tipos incriminadores[1192];
- reagindo perante puras violações objetivas, isto é, independentemente da intenção do agente.

Resta acrescentar que a lei penal pecará, porventura, pela benevolência das penas. Aqui, como, em geral, no tocante a crimes contra pessoas, impor-se-ia o seu agravamento.

III. Importa ter presente que as duas consequências civis da violação de direitos de personalidade são, sempre, a responsabilidade civil e as medidas adequadas a fazer cessar a intromissão – 70.º/2. A responsabilidade civil exige dolo ou negligência – 483.º/1; já as "medidas adequadas" dispensam tal requisito.

Por isso, perante qualquer atitude atentatória à privacidade, o Tribunal poderá adotar as medidas que ponham, de imediato e com eficácia, termo

[1191] Em STJ 6-nov.-1996 (Lopes Rocha), CJ/Supremo IV (1996) 3, 187-195, onde, ainda que na base de lei penal anterior, menos aperfeiçoada, houve que julgar um caso em que uma empregada doméstica furtou uma gravação com cenas íntimas de um casal, divulgando-a com fins comerciais. Trata-se de um caso que apela claramente ao agravamento das penas.

[1192] Será o caso das câmaras de vigilância; estas só podem ser instaladas em espaços públicos; ainda então, deve haver avisos prevenindo as pessoas de que estão a ser filmadas; finalmente: na hipótese de, não obstante, serem captadas imagens que devam ser resguardadas (p. ex., cenas de namorados), a entidade que as detenha não pode fazer qualquer uso delas, cabendo-lhe destruí-las quando não tenham relevo para a segurança do local. Quanto à licitude da vídeo-vigilância em estabelecimentos comerciais, RGm 30-set.-2002 (Heitor Gonçalves), CJ XXVII (2002) 4, 285-286 (285/II).

ao desacato, ainda que, *in casu* e por falta de outros requisitos, não possa haver responsabilidade civil. O ónus da prova cabe ao lesado, nos termos gerais. Assim, ele deverá demonstrar o ato prevaricador e, ainda, a especial sensibilidade que determinou o atingimento da sua honra[1193]. Neste último ponto, a prova será dispensada quando, pela natureza da agressão, seja público e notório que qualquer "honra" se sentiria atingida[1194].

IV. E quanto à responsabilidade civil: quando ocorra, as competentes indemnizações devem assumir claramente uma feição desincentivadora e punitiva[1195].

Torna-se fundamental que o agente nunca possa retirar benefícios da sua atuação prevaricadora: nem imediatos, vendendo, por hipótese e com lucros, o produto da devassa, nem mediatos, através da notoriedade que obtenha. Desta forma, no cálculo da indemnização, o Tribunal, além dos demais aspetos do caso, deverá suprimir o lucro e, ainda, retribuindo o mal feito, prevenir, em geral e no particular, a repetição das afrontas.

Na atual civilização tecnológica, apenas o Direito, apoiado na cultura que o suporte, poderá prevenir a total devassa da privacidade do ser humano.

[1193] Sobre o tema, Dieter Leipold, *Zur Beweislast beim Schutz der Ehre und des Persönlichkeitsrechts*, FS Hubmann (1985), 271-284.

[1194] Em situações desta natureza poderá haver uma margem de apreciação pelo juiz, intérprete do sentir da comunidade (ou do "povo", em nome do qual a justiça é aplicada). *Vide* Max Vollkommer, *Richterpersönlichkeit und Persönlichkeitsrecht*, FS Hubmann (1985), 445-468.

[1195] *Supra*, 128.

SECÇÃO V

DIREITO AO NOME (EXCURSO): DIREITO NOBILIÁRQUICO PORTUGUÊS (BREVE EXPOSIÇÃO)

93. Justificação

I. O Direito nobiliárquico é a área do Direito civil que rege a atribuição, a transmissão e a defesa de determinados sinais identificadores das pessoas: os títulos de nobreza. É uma zona normativa bem portuguesa, regida pela tradição e pelo costume, pelas leis dos antigos Reis de Portugal, por leis da República e pela prática do atual Instituto da Nobreza Portuguesa. Trata-se, ainda, de uma vertente civilística que tem acompanhado o Direito pátrio desde os inícios da nacionalidade e até hoje: como veremos, as leis da República suprimiram os títulos enquanto fontes de privilégios – que, de resto, já haviam sido suprimidos, na prática, em 1835 – mas mantiveram-nos como forma de designação de quem, deles, desfrute.

II. O Direito vigente reconhece os títulos de nobreza legítimos, seja como modo de designação, em moldes similares aos do nome, como vimos, seja nas leis comerciais[1196]. Conhecer as suas normas é uma exigência para qualquer jurista prático. Além disso, as regras nobiliárquicas constituem um núcleo tradicional profundo, que explica diversos institutos: é útil seja para os entender seja, eventualmente, para os reformar. Estamos perante um *minimum* que distingue seguramente os Direitos do Ocidente europeu de quaisquer outros, mal sendo que se perca por falta de divulgação universitária. Qualquer tratadista de Direito civil, em regime monárquico[1197] ou em regime republicano[1198], tem o encargo de preservar esse acervo.

[1196] *Supra*, 242-243.

[1197] P. ex., Manuel Borges Carneiro, *Direito civil de Portugal*, I (1826), 121 ss..

[1198] P. ex., Luiz da Cunha Gonçalves, *Tratado de Direito civil*, 1 (1929), 198 ss..

III. Finalmente, quanto à inserção sistemática, em termos pandectísticos: o Direito nobiliárquico pertence à Parte geral do Direito civil, capítulo das pessoas e área do direito ao nome[1199]. Vamos assumir essa sistematização. Mesmo breve, uma exposição sobre Direito nobiliárquico ganha um desenvolvimento que explica a sua consignação em secção própria, subsequente à dos direitos de personalidade em especial[1200].

[1199] P. ex., Dieter Medicus/Jens Petersen, *Allgemeiner Teil des BGB*, 11.ª ed. (2016), 457, Hanns Prütting, no PWW/BGB, 13.ª ed. (2018), § 12, Nr. 6 (19) e Jürgen Ellenberger, no Palandt, 78.ª ed. (2019), § 12, Nr. 6 (16).

[1200] Para uma exposição mais circunstanciada e com outras indicações atuais, *vide* o nosso *Títulos nobiliárquicos e registo civil: a inconstitucionalidade da reforma de 2007*, ROA 2007, 19-57.

§ 17.º O REGIME TRADICIONAL PORTUGUÊS DOS TÍTULOS NOBILIÁRQUICOS

94. Os títulos nobiliárquicos

I. Os títulos nobiliárquicos contam-se entre os sinais distintivos exteriores da nobreza[1201]. De um modo geral, pode dizer-se que eles foram comuns às diversas nobrezas ocidentais. No entanto, algumas flutuações justificam que se considere em especial a experiência portuguesa.

Geralmente, são referidos os seguintes títulos nobiliárquicos em Portugal[1202]: rico-homem, infanção, cavaleiro, fidalgo, duque, marquês, conde, visconde, barão e dom.

Rico-homem[1203] foi um título antigo da Reconquista[1204]. As suas insígnias eram o pendão e a caldeira: *pendão* pela autoridade que tinham de levantar soldados em suas terras e *caldeira* em sinal do dever de sustentar os soldados que lhes cabia pôr à disposição do soberano. O título de rico-homem podia ser concedido pelo Rei mesmo a vilãos. Em Portugal ele assumiu um sentido próximo do dos condes leoneses, andando associado à administração civil e militar de grandes áreas[1205]. O primeiro rico-homem português terá sido Egas Moniz.

A evolução subsequente veio a retirar ao rico-homem as funções públicas que primeiro o caracterizaram; em meados do século XIV, essa

1201 A distinção entre a qualidade "nobre" e a de "titular" pode ser confrontada em Enrico Genta, *Titoli nobiliari (storia)*, ED XLIV (1992), 674-680 (674).

1202 José Ribeiro do Amaral, *Títulos nobiliárquicos em Portugal* (1931), 11 ss.

1203 *Rico* advém, aqui, do germânico *Reik*, poderoso. *Vide* Maria Teresa Campos Rodrigues, *Rico-homem*, DHP 5 (1979), 545.

1204 Sobre todo o período: José Mattoso, *Ricos-homens, infanções e cavaleiros/A nobreza medieval portuguesa nos séculos XI e XII* (1985).

1205 Gama Barros, *História da Administração Pública em Portugal*, cit., 2, 2.ª ed., 349 ss..

designação apenas traduzia o grau mais elevado da nobreza, não implicando funções definidas. Viria, depois, a cair em desuso, substituído pelo título de conde[1206]. O título foi concedido pela última vez em 1 de julho de 1461, por D. Afonso V, a D. Nuno Martins da Silveira, escrivão da puridade.

II. *Infanção* era, na hierarquia nobiliárquica da 1.ª Dinastia, o título que se seguia a rico-homem. Trata-se dum diminutivo de infante, de modo a traduzir qualidade próxima mas inferior à de neto do Rei[1207]. O *infanção* não tinha funções específicas; a sua nobreza assentava exclusivamente no sangue, o que terá levado os reis a procurar restringi-la[1208]. Em meados do século XIV, o termo entra em desuso, sendo substituído pelo de *fidalgo*.

III. A dignidade de *cavaleiro* teve, ao longo da Idade Média, uma grande relevância, nos domínios militar, social e cultural[1209]. No início, exigia-se dos cavaleiros *uma boa linhagem*[1210]. Mais tarde, esse requisito passou a ser dispensado. Em Portugal, a instituição foi centralizada: salvo determinadas exceções, apenas o Rei tinha o poder de armar cavaleiro. A qualidade de cavaleiro podia ser tirada quando o beneficiário a desmerecesse. No século XIV, ela apenas representava uma distinção de tipo honorífico, conservando, depois, o peso de um ideal tradicional[1211].

IV. A qualidade de *fidalgo* substitui, a partir do século XIV, como se referiu, o vernáculo tradicional *infanção*[1212]: traduzia o nobre sem especiais funções civis ou militares. Mais tarde, fidalgo identifica-se com pessoa nobre[1213].

[1206] Gama Barros, *História da Administração Pública em Portugal*, cit., 2, 2.ª ed., 356-357.

[1207] Oliveira Marques, *Infanção*, DHP 3 (1979), 315-316.

[1208] Segundo uma lei de março de 1261, de D. Afonso III, ficou prescrito: *E nom seia o iffançom senom aquel que for filho do infançom e de ssa molher liidema*; *vide* Gama Barros, *História da Administração Pública em Portugal*, cit., 2, 2.ª ed., 360.

[1209] Gama Barros, *História da Administração Pública em Portugal*, cit., 2, 2.ª ed., 361-372.

[1210] Oliveira Marques, *Cavalaria*, DHP 2 (1979), 26-28.

[1211] Oliveira Marques, *Cavalaria* cit., 27.

[1212] Joel Serrão, *Fidalgo*, DHP 3 (1979), 8.

[1213] Os fidalgos foram sendo objeto de diversas classificações, ao longo dos tempos. Em Ribeiro do Amaral, *Títulos nobiliárquicos em Portugal* cit., 15, distinguem-se duas categorias, cada uma delas com três graus. Na primeira categoria – a menos elevada –

V. *Duque* é, na escala nobiliárquica, o título de maior mérito[1214]. Etimologicamente, ele provém do latim *dux* através do francês *duc*. O *dux* era um chefe militar, subordinado ao *comites*[1215]. Na terminologia feudal subsequente, o duque era o soberano duma circunscrição territorial extensa – o ducado – ficando imediatamente subordinado ao Rei.

Em Portugal, o *título de duque* foi introduzido apenas no século XV: como é sabido, mercê das necessidades da Reconquista, o feudalismo nunca aí foi muito intenso, enquanto a grande categoria territorial antiga era a do condado – *vide* o Condado Portucalense, base do próprio Reino. Após a tomada de Ceuta (1415), D. João I concedeu o primeiro título de duque ao seu filho D. Pedro – Duque de Coimbra –, cabendo a D. Henrique o título de Duque de Viseu[1216]. Os títulos de duque foram sempre

incluíam-se o moço fidalgo, o fidalgo escudeiro e o fidalgo cavaleiro; na segunda cabiam, sucessivamente, o escudeiro fidalgo, o moço de câmara e o cavaleiro fidalgo.

[1214] Ribeiro do Amaral, *Títulos nobiliárquicos em Portugal* cit., 16.

[1215] Joel Serrão, *Duque* DHP 2 (1979), 344. Como se vê, a evolução posterior conduziria a uma curiosa inversão entre os títulos.

[1216] A D. Pedro sucedeu, no Ducado de Coimbra, o seu filho D. João; o título foi extinto com a morte deste. D. João II renovou o título na pessoa do seu bastardo D. Jorge, mas só por sua vida. Por seu turno, o Ducado de Viseu extinguiu-se com a morte de D. Henrique, sem sucessores. O título contemplou, depois, o infante D. Fernando; D. João, filho primogénito deste, foi o 3.º duque, seguindo-se no título o seu irmão D. Diogo. Este foi mandado matar, em circunstâncias menos claras, por D. João II, no ano de 1484, extinguindo-se o título. O terceiro ducado foi o de Bragança, referido no texto. D. Afonso V criou o título de Duque de Beja, para seu irmão D. Fernando, título esse depois concedido por D. João II a D. Manuel, mais tarde Rei de Portugal. Também D. Afonso V criou o Ducado de Guimarães, que caiu, depois, na Casa de Bragança. D. João III criou os Ducados de Trancoso e da Guarda a favor de D. Fernando, seu irmão; ambos os títulos se extinguiram com a morte deste. Também D. João III criou o Ducado de Aveiro, em 1547, a favor de D. João de Lencastre, filho de D. Jorge; este Ducado extinguiu-se em 1759 com o suplício dramático do 8.º duque, D. José de Mascarenhas, implicado pelo Marquês de Pombal na questão tecida em torno do atentado a D. José. Por seu turno, D. Sebastião criou o Ducado de Barcelos (1562) a favor de D. João, filho primogénito do Duque de Bragança (D. Teodósio I). Filipe I instituiu o Ducado de Vila Real a favor de D. Manuel de Menezes (1585), enquanto Filipe III elevou a Duque de Torres Novas o primogénito do Duque de Aveiro, D. Jorge de Lencastre (1619). Sucedeu-lhe D. Raimundo no título, depois extinto por este não ter aderido à Restauração. Filipe III concedeu ainda o título de Duque de Caminha a D. Manuel de Menezes, filho do 1.º Duque de Vila Real, título esse concedido por D. João IV ao sobrinho daquele, D. Miguel Luís de Menezes; o título foi extinto com a execução deste último, por conspiração contra o Rei. D. João IV deu o título de Duque de Cadaval a D. Nuno Álvares Pereira, 4.º Marquês de Ferreira e 6.º Conde de Tentúgal. O Ducado de

muito pouco numerosos surgindo, sobretudo, para premiar familiares do Rei. O mais relevante ducado foi o de Bragança, criado em 1442 a favor de D. Afonso, bastardo de D. João I. A Casa Ducal de Bragança ascenderia ao Trono em 1640, através do 8.º Duque, D. João, III no Ducado e IV, no Trono de Portugal.

VI. A duque segue-se o *marquês*, na hierarquia nobiliárquica moderna. Na origem, surge a figura romana *marchensis*, ou comandante das marcas (fronteiras). Recuperada na Alemanha (*Markgraf*) com um alcance paralelo, ela veio, entre nós, a surgir já como simples distinção.

O primeiro marquesato foi concedido por D. Afonso V a D. Afonso, primogénito do Duque de Bragança, D. Afonso I, em 14 de outubro de 1451: Marquês de Valença[1217]. Até 1826 havia, apenas, 14 títulos de marquês. No período liberal, o seu total não ultrapassava, em 1851, 21[1218].

VII. Surge, depois, o título de *conde*. De origem romana – *comes* – o conde chegou a ser a designação máxima, após a de Rei. Assim, os primeiros reis, descendentes de D. Henrique de Borgonha, Conde de Portugal, não concederam títulos de conde. Apenas D. Dinis, em 8 de maio de 1298, concedeu esse título, pela primeira vez, a D. João Afonso Telles de Menezes, Conde de Barcelos[1219].

Visconde corresponde à corruptela de vice-conde. O título foi concedido, pela primeira vez, por D. Afonso V, em 4 de março de 1476, a D. Leonel de Lima, Visconde de Vila Nova de Cerveira[1220]. Apenas após

Lafões data de 1718. No período do liberalismo foram concedidos os títulos de Duque da Terceira (1832), Duque de Palmela (1834), Duque de Saldanha (1846), Duque de Loulé (1862) e Duque de Ávila e Bolama (1878). Sobre os elementos relativos à dignidade ducal, *vide* Joel Serrão, *Duque* cit., 344, e o termo *Ducado*, na GEPB 9 s/d, 327-329.

[1217] Joel Serrão, *Marquês*, DHP 4 (1979), 202, termo *Marquês*, GEPB 16, 390-391 e José Ribeiro do Amaral, *Títulos nobiliárquicos em Portugal* cit., 17.

[1218] Os números podem ser confrontados em Joel Serrão, *Nobreza* cit., 396.

[1219] António de Villas Boas e Sampayo, *Nobiliarquia Portugueza/Tratado da Nobreza Hereditaria e Política* (1728), 77 e Ribeiro do Amaral, *Títulos nobiliárquicos* cit., 18. Em Joel Serrão, *Conde*, DHP 2 (1979), 148, pode ver-se uma versão diversa. Sobre a situação anterior à nacionalidade *vide* o termo Conde, na GEPB 8 (s/d), 378.

[1220] Joel Serrão, *Visconde*, DHP 5 (1979), 332-333 e Ribeiro do Amaral, *Títulos nobiliárquicos*, 19.

a Restauração veio o título a ser novamente concedido, com parcimónia, numa situação que se aceleraria no período liberal.

VIII. *Barão*, por fim, advém do francês *baron*, frâncico *baro*, homem livre[1221]. Como título, a baronia foi concedida por D. Afonso V, pela primeira vez, ao Doutor João Fernandes da Silveira, escrivão da puridade. O título manteve-se muito limitado – 4 concessões de 1800 a 1834 – conhecendo, depois, expansão marcada.

95. Regime geral

I. Não há uma codificação das regras aplicáveis a títulos nobiliárquicos. Ao longo dos tempos, porém, foram surgindo normas e princípios que ganharam uma certa estabilidade, evoluindo, depois, nos períodos subsequentes[1222].

A renovação da nobreza, operada sob a dinastia de Avis, levou D. João I a instituir a figura do *Rei d'Armas*; cabia-lhe a função de registar as famílias nobres e os seus brasões[1223]. As suas atribuições foram reformuladas por D. Manuel. O cargo foi desempenhado pelo bacharel António Rodrigues, a quem se deve o primeiro tratado conhecido de heráldica portuguesa[1224-1225].

[1221] Joel Serrão, *Barão*, DHP 1 (1979), 296-297. Na língua alemã barão diz-se, precisamente, *Freiherr*: homem livre.

[1222] Como obras gerais: António de Villas Boas e Sampayo, *Nobiliarquia Portugueza/Tratado da Nobreza Hereditaria e Política* (1728), 350 pp., já citada, e Luis da Silva Pereira Oliveira, *Privilegios da Nobreza, e Fidalguia de Portugal* (1806), 345 pp. Tivemos ainda acesso a um importante inédito de Ruy de Albuquerque, *O direito de representação na sucessão nobiliária (Séc. XVIII-XIX)/Primeiras linhas* (2002), 114 pp.; ao Prof. Doutor Ruy de Albuquerque agradecemos o ter-nos facultado a sua leitura.

[1223] Jorge Borges de Macedo, *Nobreza – Na época moderna*, DHP 4 (1979), 388-394 (390).

[1224] Deste tratado resta um manuscrito, sem título, conservado na Biblioteca Municipal do Porto. *Vide* D. António, Conde de São Payo, *Do Direito Heráldico Português/Ensaio Histórico-Jurídico*, (1927), 5. Podem, aí, ser conferidos os reis d'armas subsequentes e os seus feitos: Gaspar Velho, António Coelho, Manuel Teixeira, Francisco Coelho Mendes e Pedro de Sousa. O texto do manuscrito foi publicado por Afonso de Dornelas: António Rodrigues, *Tratado Geral da Nobreza* (1931), com uma interessante introdução.

[1225] Em anexo a Conde de São Payo, *Do Direito Heráldico* cit., 42 ss., pode ser confrontado o *Regimento de Nobreza dos Reis d'Armas que mandou fazer o Senhor Rei*

As leis existentes têm a ver, sobretudo, com abusos de insígnias nobiliárquicas. Assim, segundo uma Ordenação de D. Manuel I, de 31 de março de 1520,

> (...) Ordenamos, e Mandamos, que qualquer pessoa de qualquer qualidade e condiçam que seja, que novamente tomar armas, que de Direito lhe nom pertençam, perca sua fazenda, ametade pera quem o acusar, e a outra metade para os cativos, e mais perderá toda sua honra, e privilégios de fidalguia, e linhagem, e pessoa que teuer, e seja auivo por plebeu (...)
>
> E quem quer que tever armas suas, e as leixar em todo, tomando assi novamente outras que lhe nom pertençam, averá as mesmas penas, na maneira que dito he; e pelo mesmo caso perca as suas armas próprias, sem as mais poder teer, nem dellas vsar.
>
> E qualquer que acrescentar nas suas armas alguma cousa, que por Dereito nellas nom possa acrescentar, ou dellas tirar alguma cousa, que por Dereito nom podia tirar, encorrerá em pena de dous annos de degredo pera cada hum dos lugares d'Alem, e mais pagará cincoenta cruzados d'ouro (...)

II. Estas regras surgiriam, também, nas Ordenações Filipinas e mais precisamente no seu Livro V, Título XCII, intitulado:

> *Dos que tomão insignias de armas, e dom, ou appelidos, que lhes não pertencem*[1226].

A simples repetição de medidas legislativas num mesmo sentido parece indicar que devia haver prevaricações frequentes e isso mau grado a prevenção geral e especial traduzida pelas fortes sanções previstas.

III. Tem interesse a Lei de 29 de janeiro de 1739, normalmente citada como versando sobre o regime dos títulos nobiliárquicos, embora, de facto, apenas se reporte a fórmulas de tratamento.

Manda designadamente essa Lei:

D. Manuel, que Deus tem, ou antes: o que dele resta, após o incêndio do cartório da nobreza, ocorrido na sequência do terramoto de 1755.

[1226] Ord. Fil., Livro V, Título XCII, em *Ordenações e Leis do Reino de Portugal*, na *Collecção da Legislação antiga e moderna do Reino de Portugal* (1833), 373 ss..

> 1. Que aos Grandes Ecclesiasticos e Senhores deste Reino se falle e escreva por Excellência (...)[1227].
>
> 2. Que aos Viscondes e Barões, aos Officiaes da minha Casa, e aos das Casas das Rainhas e Princezas destes Reinos, aos Gentis-homens da Camara dos Infantes, aos filhos e filhas legítimos dos Grandes, dos Viscondes, dos Barões, dos Officiaes da minha Casa, (...) se dê o tratamento de Senhoria[1228].

IV. A matéria dos títulos de nobreza foi objeto do alvará "*Dado no Palacio de Queluz em vinte e sete de Abril de mil oitocentos e dous*". Nele, com fins marcadamente fiscais,

> ("... o da satisfação e fixação das Dividas flutuantes, produzidas pela desastrosa Guerra que acaba de terminar-se ..."),

o Principe Regente vem, designadamente, determinar:

> XII. As Mercês de Títulos com Grandeza serão escritas em papel, ou pergaminho com o Sello de vinte e quatro mil réis; as Mercês de Títulos sem Grandeza, Cartas de Conselho, Senhorios de Terras, e Alcaidarias Mores em Sello de dezasseis mil réis.

V. Para tanto se quedam, pois, as regras estabelecidas por lei expressa sobre títulos nobiliárquicos. Quanto ao resto, havia que lidar com normas dispersas[1229] e com a prática seguida pelos Reis de Portugal.

96. A aquisição de títulos nobiliárquicos

I. A aquisição de títulos nobiliárquicos levanta interessantes problemas às Ciências da História e do Direito. De facto, ela traduz a junção da

[1227] Recorde-se que eram *Grandes* os Duques, os Marqueses e os Condes, havendo ainda a considerar Viscondes e Barões *com Grandeza*.

[1228] Lei Escrypta em Lisboa Occidental a 29 de janeiro de 1739, na *Collecção Chronologica de Leis Extravagantes, posteriores à nova compilação das Ordenações do Reino, publicadas em 1603, tom. II. de LL. Alvv., etc. Que comprende os Reinados dos Senhores D. Affonso VI, D. Pedro II, e D. João V*, Na Real Imprensa da Universidade, Coimbra, 1819.

[1229] Pode ver-se um apanhado de fontes dispersas em Borges Carneiro, *Direito civil de Portugal*, cit., 1, 121 ss..

lógica do Direito privado, tal como era entendido na fase do *Ius commune*, com o prisma aristocrático de consideração dos problemas e, ainda, com o interesse público em jogo nesta matéria.

A regra básica é a da concessão dos títulos nobiliárquicos pelo Rei: trata-se de regra antiga sucessivamente vertida nas Constituições monárquicas. Assim:

Constituição de 1821[1230]

Artigo 123.º

Especialmente competem ao Rei as attribuições seguintes:

(...)

X – Conceder titulos, honras, e distinções, em recompensa de serviços, na conformidade das leis.

Carta Constitucional de 1826[1231]

Artigo 75.º

O Rei he o Chefe do Poder Executivo, e o exercita pelos seus Ministros d'Estado. São suas principaes Attribuições:

(...)

§ 11.º – Conceder Títulos, Honras, Ordens Militares, e Distinções em recompensa de Serviços feitos ao Estado, dependendo as Mercês pecuniarias da approvação da Assembléa, quando não estiverem já designadas, e taxadas por Lei.

De notar que o artigo 145.º da Carta, relativo à "inviolabilidade dos Direitos Civis, e Políticos dos Cidadãos Portuguezes ...", e que vinha enumerar diversos direitos, dispunha, no seu § 31.º:

Garante a Nobreza Hereditaria, e suas regalias.

[1230] E cujo texto pode comodamente ser confrontado no BMJ 234 (1974), 15-108 (57); recorde-se que esta Constituição foi publicada em 5 de outubro de 1822.

[1231] BMJ 235 (1974), 5-47 (26 e 46); a *Carta* foi publicada em 20 de julho de 1826. Os preceitos citados da Carta mantiveram-se inalterados através dos atos adicionais, a saber: o Ato Adicional de 5-jul.-1852 (Duque de Saldanha), o Ato Adicional de 24-jul.-1885 (Fontes Pereira de Mello), o Decreto ditatorial de 25-set.-1895 (Hintze Ribeiro), a Carta de Lei de 3-abr.-1896 (Hintze Ribeiro) e o Ato Adicional de 23-dez.-1907 (João Franco Castelo Branco).

Constituição de 1838[1232]

Artigo 82.º

Compete também ao Rei:

(...)

IX – Conceder titulos, honras e distinções em recompensa de serviços feitos ao Estado, e propôr às Cortes as mercês pecuniarias que não estiverem determinadas por Lei;

II. Para além da regra básica, há que distinguir entre a nobreza herdada e a nobreza concedida por El-Rei[1233], ao qual era de reconduzir sempre, em última análise, toda a honra.

No tocante aos títulos nobiliárquicos, havia que distinguir entre *títulos de juro e herdade* e *títulos em vidas*[1234]. *O título em vidas* vigorava por certo número de vidas, findo o qual, para continuar no sucessor do último beneficiário, era necessária nova mercê do Rei. O *título de juro e herdade* era – não havendo óbice – sempre renovado na linhagem do primeiro titular.

Há, no entanto, que ter em conta a aplicação, a uns e outros, do sistema da Lei Mental.

III. As raízes da problemática agora em causa remontam aos esquemas feudais das concessões régias de terras. Estas podiam ser feitas em regime de *mera tenência*, sendo, como tais, intransmissíveis por morte e permanentemente revogáveis por decisão real. Podiam, porém, ser feitas *jure hereditario*: entravam, então, na titularidade plena do beneficiário seguindo, depois, por via sucessória[1235]. *Jure hereditario* ou *de iure hereditario* está na base de "de juro e herdade".

As necessidades de combater a benevolência real e de manter a nobreza dependente do poder régio levaram a que, já na 1.ª Dinastia, as

1232 BMJ 236 (1974), 5-51 (30).

1233 Manuel Borges Carneiro, *Direito Civil de Portugal*, cit., 1, 130 ss..

1234 Rui Dique Travassos Valdez, *Títulos nobiliárquicos* em *Nobreza de Portugal e do Brasil*, 2.º vol. (1960), 191-199 (195); Travassos Valdez deverá ainda ser, com toda a probabilidade, o Autor do artigo *Títulos nobiliárquicos* na GEPB, 31 (s/d), 789-793 (791).

1235 *Vide* a aplicação desta contraposição ao próprio caso do Condado Portucalense; *vide* Nuno Espinosa Gomes da Silva, *História do Direito Português*, (1969, polic.), 131 ss. Como abaixo se referirá, os próprios títulos *de juro e herdade*, mercê da aplicação da Lei Mental, deviam ser sempre confirmados pelo Soberano. *Vide*, ainda, Ruy de Albuquerque, *O direito de representação na sucessão nobiliária* cit., 33.

doações do Rei fossem feitas com cláusulas de reversão[1236]. O esquema foi sistematizado sob D. Duarte I, nas Cortes de Santarém, onde, em 8 de abril de 1434, se aprovou a lei:

> que se diz Mental, por ser primeiro feita segundo a vontade e tenção d'el rei D. João o primeiro (...) que em seu tempo se praticou, ainda que não fosse escrita.

Os seis artigos da Lei Mental dispunham, sucessivamente:

1.º Súmula: Todas as terras, bens e herdamentos doados pela Coroa transmitiam-se, por inteiro, ao filho legítimo varão maior;
2.º As transmissões eram indivisíveis;
3.º As transmissões eram masculinas, excepto especial doação ou mercê do Rei;
4.º Os artigos anteriores aplicam-se a padroados de Igrejas da Coroa;
5.º Bem como a foros, rendas e direitos reais;
6.º Mas não a contratos de emprazamento.

A Lei Mental foi completada por Lei de 10 de setembro de 1434.

IV. Sob a Lei Mental, sucessivamente incluída nas Ordenações Manuelinas e Filipinas, ancorou-se toda uma dogmática que tinha a ver com o regime aplicável aos bens e mercês conferidos pelo Rei. E designadamente, desenvolveram-se os seguintes dois princípios[1237]:

- qualquer doação entendia-se sempre feita por vida do donatário, se o contrário não for expressamente estabelecido;
- a doação perpétua, "... que dizemos *de juro e herdade* ..." também não confere o direito perpétuo, pois há sempre necessidade ou de nova graça ou de carta de confirmação; no entanto, surgiriam doações *de juro e herdade* com expressa dispensa de confirmação.

[1236] Paulo Merêa, *Génese da "Lei Mental" (Breves notas)*, BFD X (1929), 1-15, Gama Barros, *História da Administração Pública* cit., 3, 2.ª ed., 647 ss. e Oliveira Marques, *Lei Mental*, DHP, 4 (1979), 265-266.

[1237] José Pascoal de Mello Freire, *Instituições de Direito Civil Português tanto público como particular*, 4, 3.ª ed., reimpr. de 1842, tradução em português do original latino de Miguel Pinto de Meneses, BMJ 163 (1967), 5-123 (51) = Livro II – Do Direito das Pessoas, Título III – Dos patrícios, cavaleiros e plebeus, § XXI.

A Lei Mental tinha lugar em diversos bens da Coroa, entre os quais, nas palavras de Mello, nos "... títulos honorificentíssimos de Duque, Marquês, Conde, Visconde e Barão"[1238]. Nesse sentido dispôs o Alvará de 11 de julho de 1789, na interpretação de Mello[1239].

A Lei Mental foi revogada pelo Decreto de 13 de agosto de 1832 e, de novo, pela Lei de 22 de junho de 1846.

Daqui resultou uma maior flexibilidade na sucessão dos títulos, abaixo indicada.

97. A transmissão por morte

I. A transmissão por morte dos títulos nobiliárquicos, só possível quando se tratasse de títulos de juro e herdade, exigia, de todo o modo, confirmação.

A transmissão obedecia a regras sucessórias tradicionais.

II. O modelo do Direito sucessório antigo era situado nas próprias regras que regulavam a sucessão na Coroa. A Lei fundamental nesse domínio era reportada às discutíveis Cortes de Lamego. Dispunha, no essencial[1240]:

> Dominus Rex Alphonsus, et habeat Regnum. Si habuerit filios Varones vivant, et habeant Regnum, ita ut non sit necesse facere illos de nono Reges: ibunt de isto modo. Pater si habuerit Regnum, cum fuerit mortuus, filius habeat, postea nepos, postea filius nepotis, et postea filii filiorum in saecula saeculorum per semper. Si fuerit mortuus primus filius vivente Patre Rege, secundus erit Rex; si secundus, tertius; si tertius, quartus: Et deinde omnes per istum modum. Si mortuus fuerit Rex sine filiis, si habeat fratem, sit Rex in vita ejus. Et cum fuerit mortuus, non erit Rex filius ejus, si non fecerint eum Episcopi, et Procuratores, et Nobiles Curiae Regis: Si facerent Regem, erit Rex; si non facerent, non erit Rex.

1238 Pascoal de Mello, *Instituições* cit., Livro III, § XXII (51).

1239 Alvará, por que Voffa Mageftade ha por bem declarar que nas Mercês genericamente concebidas de vida, ou vidas nos bens da Coroa, fe não devem entender comprehendidas as de Barão, Vifconde, Conde, Marquez, ou Duque: E que fómente fe entendão feitas, quando diftinctamente affins de differ, e declarar; tudo na fórma affima mencionda, na *Collecç de Leys*, tomo IV, s/ind. de página.

1240 Lobão, *Tratado pratico de morgados*, 2.ª ed. (1841), § 9 (10).

Depois de discussão foi ainda acrescentado o seguinte:

> Si Rex Portugaliae non habuerit masculum et habuerit filiam, ista erit Regina postquam Rex fuerit mortuus, de isto modo: Non accipiet virum nisi de Portugal (...)

III. É curioso assinalar o rasto das Cortes de Lamego no constitucionalismo monárquico. Segundo o artigo 141.º da Constituição de 1822,

> A successão á Coroa do Reino-Unido seguirá a ordem regular da primogenitura, e representação, entre os legitimos descendentes do Rei atual o senhor D. João VI, preferindo sempre a linha anterior ás posteriores; na mesma linha o gráo mais proximo ao mais remoto; no mesmo gráo o sexo masculino ao feminino; no mesmo sexo a pessoa mais velha á mais moça. Portanto:
>
> I – Sómente sucedem os filhos nascidos de legitimo matrimonio;
>
> II – Se o herdeiro presumptivo da Coroa fallecer antes de haver nella succedido, seu filho prefere por direito de representação ao tio com quem concorrer;
>
> III – Uma vez radicada a successão em uma linha, em quanto esta durar não entra a immediata.

O artigo 145.º da mesma Constituição de 1822, por seu turno, dispunha:

> Se a successão da Coroa cahir em femea, não poderá esta casar senão com Portuguez, precedendo approvação das Cortes. O marido não terá parte no Governo, e sómente se chamará Rei depois que tiver da Rainha filho ou filha.

IV. Um relevo especial assiste aos correspondentes textos da *Carta*, que vigorou até 5 de outubro de 1910 e que, no domínio nobiliárquico, mantém eficácia interpretativa. Aí, no Título V – *Do Rei* surgia um Capítulo IV – *Da successão do Reino*, que dispunha, no essencial:

> Artigo 86.º
>
> A SENHORA DONA MARIA II, POR GRAÇA DE DEUS, e formal Abdicação, e Cessão do SENHOR DOM PEDRO I, IMPERADOR DO BRAZIL, reinará para sempre em Portugal.
>
> Artigo 87.º
>
> Sua Descendencia legitima succederá ao Throno, segundo a ordem regular da Primogenitura, e Representação, preferindo sempre a linha

anterior ás posteriores; na mesma linha o gráo mais proximo ao mais remoto; no mesmo gráo o sexo masculino ao feminino; no mesmo sexo a pessoa mais velha á mais moça.

Artigo 88.º

Extintas as linhas dos Descendentes legitimos da SENHORA DONA MARIA II, passará a Corôa á collateral.

Artigo 89.º

Nenhum Estrangeiro poderá succeder na Corôa no Reino de Portugal.

Artigo 90.º

O casamento da Princeza Herdeira presumptiva da Corôa será feito a aprazimento do Rei, e nunca com Estrangeiro; não existindo o Rei ao tempo em que se tratar este Consorcio, não poderá elle effeituar-se sem aprovação das Côrtes Geraes. Seu Marido não terá parte no Governo, e sómente se chamará Rei, depois que tiver da Rainha filho ou filha.

V. No tocante à *sucessão dos morgados*, ainda pelo Direito antigo, havia, segundo Lobão, que observar os seguintes preceitos:

1.º Sucedia o primogénito,
2.º Filho de legítimo matrimónio,
3.º Verdadeiro filho deste matrimónio,
4.º Desde que capaz e hábil[1241].

Como foi dito, a revogação da Lei Mental, em 1832 e 1846, bem como a própria abolição dos morgados, veio flexibilizar o sistema da sucessão dos

[1241] Lobão, *Tratado pratico de morgados* cit., 2.ª ed., 160. Também pelo Direito antigo, a *transmissão e communicação da nobreza* operava nos termos seguintes – Borges Carneiro, *Direito Civil de Portugal*, cit., 1, 130-131:

33 – *Entre pais e filhos*. O pai transmitte a nobreza a seus filhos legitimos (...)

34 – Os filhos illegitimos, mesmo espurios, sendo reconhecidos ou perfilhados no testamento ou em escritura publica ou particular, gosão da nobreza e dos privilegios do pai, e usão das armas delle; porem com a quebra da bastardia: e este é costume do Reino. (...)

35 – A mãi tãobem transmitte a sua nobreza aos filhos, contra o que dispunha o D. Canonico (...)

36 – e ainda aos espurios, pois não sendo meretriz, não perdeo a nobreza (...)

títulos[1242]. Designadamente, admitiu-se o direito de representação, ainda que limitado ao filho do irmão do falecido, e a passagem, por linha feminina, de avô ao neto. Também se admitiu *iure uxoris*, a passagem do título da mulher ao marido.

Os regimes de transmissão por morte dos títulos de nobreza vieram a ordenar-se de acordo com três tipos de títulos:

– *de juro e herdade*, que se transmitiam automaticamente para os sucessores; a prática levou, porém, sempre à necessidade de confirmação real;
– *de sucessão*, que requeriam encarte ou autorização, para serem usados pelo sucessor;
– *em vida ou vidas*, que exigiam renovação da vida, na pessoa do sucessor.

[1242] Travassos Valdez, *Títulos nobiliárquicos* cit., 196.

§ 18.º OS TÍTULOS NOBILIÁRQUICOS NOS REGIMES REPUBLICANOS

98. A experiência francesa

I. Os títulos nobiliárquicos foram abolidos por revoluções republicanas ocorridas nalguns países ocidentais, nos séculos XVIII, XIX e XX. Tais abolições teriam – como adiante melhor se focará – uma eficácia limitada. Na verdade, enquanto designações honoríficas, os títulos nobiliárquicos são inóquos para os regimes republicanos. Em compensação, eles comportam uma dimensão histórico-cultural que as próprias repúblicas, passada a fase mais contundente da sua afirmação revolucionária, têm interesse em salvaguardar.

A primeira experiência a considerar neste domínio é a da Revolução Francesa. Trata-se de um evento que ficaria consagrado como o grande paradigma de todas as revoluções.

II. As medidas abolicionistas primeiro tomadas surgiram em França, na sequência da Revolução de 1789. Na noite de 4 de agosto de 1789, a nobreza francesa renunciou a todos os seus direitos efetivos, numa posição legalizada por Lei de 3 de novembro do mesmo ano. No período revolucionário mais radical, os próprios títulos nobiliárquicos foram proscritos. Assim, segundo a Lei de 17-23 de junho de 1790, ainda promulgada por Luís XVI,

> La noblesse héréditaire est pour toujours abolie. Les titres de prince, duc, comte, marquis, vicomte, vidame, baron, chevalier, messire, écuyer, noble et tous autres semblables ne seront ni pris par qui que ce soit ni donnés à qui que soit.

A Constituição de 3 de setembro de 1791, jurada por Luís XVI a 14 desse mês, dispunha no preâmbulo:

> Il n'y a plus de noblesse, ni pairie, ni distinations héréditaires, ni régime féodal (...)

III. Esta orientação seria revista. A partir de 1806, Napoleão I daria início à criação de uma nova aristocracia, embora sem reconhecer a antiga.

A Carta Constitucional de 1814, outorgada por Luís XVIII, colocaria o problema da nobreza em termos atuais. Segundo o seu artigo 71.°,

> La noblesse ancienne reprend ses titres, la nouvelle conserve les siens, le roi fait des nobles à volonté, mais il ne leur accorde que des rangs et des honneurs, sans aucune exemption des charges et devoirs de la société.

Este preceito foi reproduzido no artigo 62 da Carta de 1830[1243]. Na altura como posteriormente, tratou-se apenas de reconstituir o seu sentido honorífico e a tradição histórica. Nos termos da jurisprudência da época[1244],

> (...) les titres de noblesse n'ont été rétablis qu'à l'état de propriété honorifique: ils servent non à designer, mais à honorer ceux qui les possèdent.

IV. Os tribunais franceses no período do II Império foram chamados a pronunciar-se diversas vezes sobre questões nobiliárquicas.

No já citado caso da Cour Impériale de Rennes de 13-jun.-1864, suscitado por Jean Gabriel, Comte de Lambilly, considerou-se não ser proibido introduzir, junto ao nome, títulos honoríficos.

Prosseguiu porém o Tribunal,

> (...) la filiation dûment constatée suffit pour assurer la transmission de titres héréditaires dans les familles auxquelles ils appartiennent, sans qu'il soit nécessaire qu'il en soit fait mention dans les actes de l'état civil[1245].

Também em CImp Paris 8-ago.-1865, a propósito do título Duc de Montmorency, foi explicado e decidido que as designações nobiliárqui-

1243 Sobre toda esta evolução, *vide* com indicações, Marcel Planiol, *Traité Élémentaire de Droit Civil*, 1, 3.ª ed. (1904), 157 (n.° 411) e o Duque Giovanni Maresca di Serracapriola, *Nobiltà*, NssDI XI (1965), 277-288 (284 ss.).

1244 CImp Rennes 13-jun.-1864, D 1865, 2, 137-138 (137) = S 1864, 2, 195.

1245 D 1865, 2, 137 = S 1864, 2, 195.

cas seguiam vias próprias, não se confundindo com o regime próprio do nome[1246]. Tal orientação foi, aliás, confirmada pela *Cour de Cassation*[1247].

Ficou adquirida, deste modo, uma ideia hoje comum: os títulos nobiliárquicos regem-se pela sua ordem própria, diferente da civil, mas que a jurisidição estadual pode, em casos particulares, ter em conta.

V. Na opinião dominante, os títulos de nobreza, em França, transmitem-se de acordo com as regras antigas, diversas das do Direito moderno das sucessões: por linha masculina e de acordo com a regra da primogenitura[1248].

A regularidade do uso dos títulos – que não são mais conferidos, *ex novo*, a partir da III República – era sancionada pelo *Conseil du sceau des titres*, estabelecido pelo Decreto de 8 de janeiro de 1859. Suprimido pelo Decreto de 10 de janeiro de 1872, as suas atribuições são exercidas por um Conselho de Administração estabelecido no Ministério da Justiça, sob proposta dum Colégio do Selo de França[1249]. Em 1892, este colégio foi suprimido, passando as suas funções para a Câmara dos Advogados do Conselho de Estado e do Tribunal da Cassação. Os títulos são, assim, publicamente reconhecidos, podendo os interessados, em caso de necessidade, fazer valer os seus direitos em Tribunal[1250].

VI. O esquema francês é apontado pelos especialistas como um dos mais liberais, em relação aos títulos nobiliárquicos, nos regimes republicanos[1251]. O que surpreende: afinal, na tradição de 1789, não seria a França o País mais estruturalmente contrário a distinções ditas aristocráticas?

A questão já tem sido posta através de novas leituras da Revolução Francesa e do papel nela desempenhado pela nobreza: nem toda a nobreza teria sido contra-revolucionária[1252]. Outra perspetiva curiosa: a própria Revolução teria sido facilitada por bloqueios surgidos na nobilitação da burguesia. Antes do século XVIII, o burguês de êxito acedia à nobreza, se necessário providenciando uma genealogia adequada na qual – palavras do

[1246] CImp Paris 8-ago.-1865, D 1865, 2, 121-126, com larga anotação.

[1247] CssFr 30-dez.-1867, D 1868, 1, 49-51, com anot. Alfred Levesque, 49-50 = S 1868, 1, 111-113.

[1248] Planiol, *Traité Élémentaire de Droit Civil* cit., 1, 3.ª ed., n.º 413 (157).

[1249] Ferid/Sonnenberger, *Das Französische Zivilrecht* cit., I, 2.ª ed., ID 219 (345-346).

[1250] Teyssié, *Droit civil/Les personnes*, 15.ª ed. cit., 177.

[1251] Mistruzzi di Frisinga, *Trattato di diritto nobiliare* cit., 323.

[1252] O Comte Charles de Calan, *La noblesse française au XVIII siècle*, na Revue des Sciences Politiques, 37 (1922), 130-136 (133).

Conde Charles de Calan – todos fingiam acreditar. Porém, a partir do século XVIII, os progressos realizados na pesquisa histórica e genealógica e a própria divulgação impressa das notícias tornavam esse procedimento difícil, arriscado e, no limite, impossível. Fizesse o que fizesse, o burguês sabia que nunca poderia percorrer a última etapa da promoção social, o que era injusto[1253]. A Revolução surge (também) como resposta a um bloqueio que não era da essência da nobreza a qual, dentro de vetores de estabilidade, era um estado aberto: recompensava qualquer cidadão pelos serviços prestados à comunidade e ao seu País.

A História o confirmaria: sob o Império e na evolução subsequente, a burguesia do topo acedeu rapidamente às fileiras da nobreza, em termos que seriam, depois, reconhecidos e respeitados.

99. A experiência italiana

I. Em Itália, a nobreza tradicional articulava-se em função dos antigos Estados pré-unitários ou de suas regiões[1254]. Há, ainda, que ter em conta os títulos canónicos e eclesiásticos[1255].

Já num ambiente de unificação, o artigo 79.º do Estatuto Albertino, claramente inspirado no artigo 71.º da Carta Constitucional francesa de 1830, dispunha:

> I titoli di nobiltà sono mantenuti per coloro che vi hanno diritto. Il Re può conferirne dei nuovi.

A jurisprudência não teve dificuldades em conciliar este dispositivo com o princípio da igualdade, consagrado no art. 24.º do Statuto[1256]. Assim, segundo a Cassação de Roma, em 22 de dezembro de 1879,

[1253] Comte Charles de Calan, *La noblesse française au XVIII siècle* cit., 132.

[1254] Mistruzzi di Frisinga, *Trattato di diritto nobiliare italiano* cit., 1.º vol., 219 ss. (Piemonte), 271 ss. (Liguria), 367 ss. (Venezia Tridentina), 403 ss. (Veneto), 447 ss. (Venezia Giúlia), 475 ss. (Emilia), 2.º vol., 1 ss. (Toscana), 29 ss. (Estados Ponti-fícios), 159 ss. (São Marino), 167 ss. (Córsega), 179 ss. (Sardenha), 221 ss. (Nápoles), 285 ss, (Sicília) e 393 ss. (Malta). *Vide* em geral, Enrico Genta, *Titoli nobiliari (storia)* cit., 674 ss..

[1255] Neri Capponi, *Titoli nobiliari (diritto canonico e ecclesiastico)*, ED XLIV (1992), 681-685.

[1256] Mistruzzi di Frisinga, *Trattato di diritto nobiliare* cit., 3, 92.

O Estatuto que proclamara no artigo 24 a igualdade dos cidadãos perante a lei não deixa de providenciar para que este altíssimo princípio de razão natural não seja, com danos público e privado, usado e exagerado ao ponto de justificar uma absurda paridade de riqueza e de bens e uma inútil abolição da nobreza pessoal ou da nobreza hereditária. E assim, no mesmo Estatuto se inscreveram outras declarações pelas quais se consignava que se os novos tempos não contemporizavam nem com a casta da antiguidade, nem com a escravatura do mundo pagão e nem tão-pouco com o feudalismo da Idade Média, a igualdade civil não podia existir senão proporcional e que, se bem que lhe repugnassem distinções pessoais, derivadas de privilégios e de isenções, isso não conduzia à abolição daqueles títulos e daqueles graus sem funções e sem prerrogativas, os quais, em substância, apenas implicavam um valor, como soi dizer-se, de simples opinião[1257].

De resto, a mesma Cassação remetia a concessão dos títulos simplesmente para o poder do Rei[1258].

O *Statuto* viu o seu âmbito de aplicação alargar-se progressivamente, à medida que avançava a unificação italiana.

II. O Decreto Real n.º 5318, de 10 de outubro de 1869, veio instituir a Consulta Heráldica surgindo, depois, o seu Regulamento[1259]. A Consulta Heráldica, com competência na definição e confirmação dos títulos nobiliárquicos, logrou normalizar a situação nobiliárquica em Itália.

É muito interessante notar que os tribunais italianos, no princípio do século, distinguiram o âmbito da competência do poder real de atribuir títulos, essencialmente discricionário, do das questões ligadas à sua transmissão, reguladas por lei e passíveis de controlo jurisdicional.

As secções reunidas da Cassação de Roma, em 12 de junho de 1903, decidiram:

> Sem razão se invoca o perigo da intrusão do poder judiciário num domínio reservado à prerrogativa real, porquanto apenas a concessão do

[1257] CssRoma 22-dez.-1879, FI V (1880) 1, 591-593, cit., também, na obra referida na nota anterior.

[1258] CssRoma 25-fev.-1880, FI 1880 1, 593-604, com anot. Sansonnet.

[1259] Esta e outra legislação nobiliárquica da época pode ser confrontada em Mistruzzi di Frisinga, *Trattato di diritto nobiliare* cit., 3.º vol., 106 ss. *Vide* o Duque de Serracapriola, *Nobiltà* cit., 286, bem como Giorgio Cansacchi, *Consulta araldica*, NssDI vol. IV (1959), 354-356 e Carmelo Arnone, *Diritto nobiliare italiano/Storia ed ordinamento* (1935), 123 ss..

título é objeto de tal prerrogativa, enquanto a transmissão do mesmo é regulada por normas jurídicas que são determinadas pela lei e não pelo arbítrio do Príncipe[1260].

III. A evolução processada em Itália foi paulatina. E assim, quando, no segundo pós-guerra, foi proclamada a República, a existência de títulos nobiliárquicos estava desdramatizada.

A Constituição da República Italiana de 1948 não veio abolir propriamente os títulos de nobreza nem, muito menos, proibi-los[1261]. Limitou-se, tão-só, a afirmar que os mesmos não eram reconhecidos, nos seguintes termos[1262]:

> I titoli nobilari non sono riconoscinti.
>
> I predicati di quelli existenti prima del 28 ottobre 1922 valgono come parte del nome.
>
> L'Ordine mauriziano è conservato come ente ospedaliero e funziona nei modi stabiliti dalla legge.
>
> La legge regola la soppressione della Consulta araldica.

Note-se que a monarquia sobreviveu em Itália até ao final da Guerra de 1939-1945. Todavia, após a "marcha sobre Roma" de 1922, estabeleceu-se o regime fascista. Houve a preocupação de não reconhecer os títulos então atribuídos: apenas se admitiriam, com o sentido onomástico referido, os anteriores a essa data.

IV. A disciplina e o reconhecimento dos títulos nobiliárquicos, em Itália, depois da Constituição de 1948, é assegurada por uma associação privada: o *Corpo della Nobiltà italiana*, que, nas palavras de Enrico Genta, reivindica uma continuidade ideal com a Consulta Heráldica[1263].

Os Autores italianos afirmam que o fenómeno do "abusivismo" quanto a títulos de nobreza é, em Itália, muito reduzido. A nobreza manteria, aí, um particular prestígio, em termos reforçados por estatísticas por eles apresentadas: em 1972, numa população de 50 milhões de pessoas, haveria 6.000

[1260] *Apud* Mistruzzi di Frisinga, *Trattato di diritto nobiliare* cit., 3.° vol., 101, podendo, nas pp. seguintes, confrontar-se outro material no mesmo sentido: itálico nosso.

[1261] Mistruzzi di Frisinga, *Trattato di diritto nobiliare* cit., 3, 322.

[1262] Trata-se duma norma inserida no artigo XIV das *Disposições transitórias e finais*; *vide* Giorgio Cansacchi, *Predicati e titoli nobiliari*, NssDI XIII (1966), 588-591 (588 ss.).

[1263] Enrico Genta, *Titoli nobiliari* cit., 680.

a 7.000 nobres; em França, antes da Revolução, em 22 milhões de pessoas, haveria 100.000 nobres[1264].

Admite-se, finalmente, o registo civil de títulos nobiliárquicos, tomados como parte do nome. Exige-se, todavia, a demonstração da existência do título, no próprio ou no seu antecessor, antes de 1922[1265].

100. A experiência alemã

I. Na Alemanha, a nobreza tinha largas tradições militares e culturais assumindo um papel muito importante até, praticamente, 1918.

A derrota na Grande Guerra de 1914-1918 – na qual pereceria, aliás, a mais fina flor da tradicional nobreza militar alemã – a queda do Império e os eventos revolucionários que se lhe seguiram pareceriam conduzir a posturas radicalmente anti-aristocráticas.

Na realidade, isso não sucedeu. O Direito republicano alemão, perante os títulos de nobreza, em vez de os abolir, os proibir ou, simplesmente, de não os reconhecer, optou antes por proceder à sua generalização. E fazendo-o, paradoxalmente conseguiu, mais do que nas outras Repúblicas do Ocidente, reformular os fundamentos de uma ordem aristocrática coerente e atualizada.

II. O texto-base no estado atual da nobreza alemã é o artigo 109/3 da Constituição de Weimar:

> São revogados os privilégios ou as desvantagens de Direito público ligadas ao nascimento ou ao estado. As designações nobiliárquicas valem apenas como parte do nome e não mais podem ser concedidas[1266].

[1264] Trata-se de elementos fornecidos por Enrico Genta, *Titoli nobiliari* cit., nota 60, em termos que revelam alguma reserva. Em 1931, os nobres italianos ascenderiam a 35.000, sendo titulares: 202 príncipes, 185 duques, 791 marqueses, 1791 condes e 598 barões. Proporcionalmente, os números são bem superiores aos dos titulares portugueses, mesmo no final da Monarquia Liberal. De todo o modo, é evidente que, cessando as nobilitações, os títulos nobiliárquicos tendem para a extinção, à medida que desapareçam famílias titulares.

[1265] Rachele Mariconda, *Dei cabimenti e delle modificazioni del nome e del cognome* cit., 345.

[1266] No original:

> *Öffentlichrechtliche Vorrechte oder Nachteile der Geburt oder des Standes sind aufzuheben. Adelsbezeichnungen gelten nur als Teil des Namens und dürfen nicht mehr verliehen werden.*

A Constituição de Weimar, enquanto Constituição, está hoje substituída pela Lei Fundamental de 1949. Não obstante, e visto o art. 123 desta Constituição, o referido artigo 109/3 vale enquanto lei ordinária[1267].

Os títulos nobiliárquicos foram, assim, transformados: de designações honoríficas, eles passaram a fazer parte do nome civil dos cidadãos.

III. Na sequência indicada, as designações nobiliárquicas desempenham, hoje, as funções de apelido ou de parte do apelido das pessoas[1268].

Esta orientação – aliás decorrente diretamente da lei – foi um pouco amenizada pela jurisprudência do *Reichsgericht*. Assim, numa decisão tomada em 10-mar.-1926, admitiu-se que a mulher de Balthasar Graf von Matuschka, Freiherrn von Toppolazan und Spaetzen (portanto: Balthasar, conde de Matuschka e barão de Toppolazan e Spaetzen) usasse, no feminino Thekla, Gräfin von Matuschka, Freifrau von Toppolazan und Spaetzen (portanto: Thekla, condessa de Matuschka e baronesa de Toppolazan e Spaetzen)[1269].

IV. Considerada como uma matéria ligada ao nome, a temática nobiliárquica publiciza-se, surgindo, em especial, na jurisprudência administrativa. Alguns princípios são, aí, fáceis de seguir.

Na composição do nome, há que observar as regras aplicáveis ao tempo, como decidiu o *Bundesverwaltungsgericht* (portanto: o Supremo Tribunal Administrativo) em 13-nov.-1959[1270]; porém, nesse mesmo dia, outra decisão entendeu que não se podia recorrer a tais regras para conceder títulos[1271]. O Tribunal Administrativo de Apelação de Lüneburg, em 5-jan.-1965, entendeu que, de todo o modo, devia-se ter em conta a boa-fé de quem, durante largos anos, usasse títulos de nobreza[1272], insistindo a doutrina, na dúvida, na necessidade de ouvir o *Deutsches Adelsarchiv*[1273].

[1267] Staudinger/Coing/Habermann, *Bürgerliches Gesetzbuch/Kommentar*, 12.ª ed., § 12 cit., 5 (201). *Vide* Norbert Habermann, *Staudingers Kommentar* 1, *§§ 1-14* cit., § 12, Nr. 53 ss. (256 ss.).

[1268] Diethelm Klippel, *Der zivilrechtliche Schutz des Names* cit., 447 ss. (448).

[1269] RG 10-mai.-1926, RGZ 113 (1926), 107-115. Na mesma linha admitia-se que a (antiga) designação nobiliárquica mantivesse a flexão (declinação) autónoma própria.

[1270] BVerwG 13-nov.-1959, BVerwGE 9 (1960), 320-323; tratava-se do título de Freiherr von C., concedido de acordo com o Direito aplicável, para o caso o antigo Direito da Letónia.

[1271] BVerwG 13-nov.-1959, BVerwGE 9 (1960), 323-336.

[1272] ObVerwG Lüneburg 5-jan.-1965, Das Standamt 5/67, 130-133.

[1273] Ernst Peters, *Erlöschen bevorrechtigenden Adelsbezeichnung*, Das Standesamt 8/66, 239.

Aos predicados nobiliárquicos estrangeiros haverá que aplicar as regras próprias[1274].

V. O divórcio entre os velhos títulos nobiliárquicos e as suas regras próprias vai-se cavando. O *Bundesverwaltungsgericht* não admitiu, assim, que o *Freiherr* (barão) von S. von der J. mudasse, por morte de seu pai, para *Graf* (conde) von S. von der J.: apenas poderia conservar o título de nascença[1275]. O Tribunal Superior da Baviera, por seu turno, perante Hermann Friedrich Graf zu C.R., então com 3 anos, decidiu que o mesmo não podia prevalecer-se de um título concedido em 5 de abril de 1901 pelo Príncipe Regente Luitpold da Baviera para passar a ser Fürst (Príncipe) C.-R.: atualmente, os títulos só se transmitem de acordo com as regras comuns do Direito civil[1276].

A transmissão do título, agora transformado em nome, segue a via do Direito de família, beneficiando, inclusive, os filhos nascidos fora do casamento[1277].

VI. Já se tem afirmado que a Constituição de Weimar respeitou os títulos nobiliárquicos pela sua particular reverência pela monarquia[1278].

Certo, porém, é que ao democratizar – neste sentido de sujeitar às leis comuns do nome – os títulos nobiliárquicos, a Constituição de Weimar conseguiu, em pouco mais de meio século e na Imperial Alemanha um alargamento que, na Republicana França, não foi possível em dois séculos.

Deve no entanto dizer-se que a técnica de reconduzir os títulos nobiliárquicos ao nome permite dispensar-lhes uma importante e promissora via de proteção: a dos direitos de personalidade.

1274 É interessante percorrer a discussão sobre o predicado nobiliárquico holandês *Jonkheer*, vagamente paralelo a *Lord* ou a *Dom*; assim, para ser corretamente aplicado, ele deve anteceder o primeiro nome e não o apelido: dir-se-á, por exemplo, o Dr. Karel, graaf van Y, mas o Jonkheer Albert van Z; além disso, e sendo esse o caso, ele deve ser vertido para o feminino *Jonkvrouwe*: será pois incorreto dizer Barbara Jonkheer St van's G; deveria ser Jonkvrouwe Barbara St van's G; *vide*, sobre o tema, Gerard-René de Groot, *Einige Bemerkungen über das niederländische Adelsprädikat "Jonkheer"*, Das Standesamt 4/74, 103-104.

1275 BVerwG 11-mai.-1966, BVerwGE 23 (1966), 344-347.

1276 BayObLG 18-jan.-1966, BayObLGZ 1966, 23-28.

1277 Heinrich Irmgard, no Comentário de Th. Soergel, *Bürgerliches Gezetzbuch*, I, 12.ª ed. (1987), § 12, N. 12 (64).

1278 Kohl, *Alternativ Kommentar BGB* (1987), § 12, N. 9 (83).

§ 19.º OS TÍTULOS NOBILIÁRQUICOS NO DIREITO CIVIL PORTUGUÊS

101. O ordenamento republicano

I. A República foi proclamada em 5 de outubro de 1910. Segundo a declaração inserida no Diário do Governo de 6 de outubro de 1910[1279],

> Hoje, 5 de Outubro de 1910, às onze horas da manhã, foi proclamada a Republica de Portugal na sala nobre dos Paços do Município de Lisboa, depois de terminado o movimento da Revolução Nacional.
>
> Constituiu-se imediatamente o Governo Provisório:
>
> Presidência, Dr. Joaquim Theophilo Braga
> Interior, Dr. Antonio José de Almeida
> Justiça, Dr. Affonso Costa
> Fazenda, Basilio Telles
> Guerra, Antonio Xavier Correia Barreto
> Marinha, Amaro Justiniano de Azevedo Gomes
> Estrangeiros, Dr. Bernardino Luís Machado Guimarães
> Obras Públicas, Dr. Antonio Luís Gomes

II. Nos dias subsequentes ao levantamento republicano, o Governo Provisório tomou diversas medidas contra símbolos e valores da Monarquia Portuguesa[1280]. Assim:

[1279] *Vide* CLP 1910, 188.

[1280] Além de outras que retomavam medidas anteriores aprazíveis para a República; assim o Decreto de 8 de outubro de 1910, que mantém em vigor como lei da República a de 3 de setembro de 1759 "... pela qual os jesuitas foram havidos pos desnaturalizados e proscritos ..." bem como o Decreto de 28 de maio de 1834 que extinguiu todas as congregações religiosas.

– um Decreto de 8 de outubro de 1910 extingue a casa militar do Rei[1281];

– um Decreto de 12 de outubro de 1910 extingue as guardas municipais de Lisboa e Porto e cria provisoriamente em Lisboa a Guarda Republicana[1282].

Nessa linha há que computar os dois Decretos de 15 de outubro de 1910 que, respetivamente, declararam "proscripta a família de Bragança que constituia a dynastia deposta pela revolução e mantem a proscrição do ramo da mesma familia banido pelo extinto regime" e "... abolidos os titulos nobiliarchicos, distincções honorificas ou direitos de nobreza, e as antigas ordens nobiliarchicas, com excepção da Ordem Militar da Torre e Espada".

Quanto à Casa de Bragança, o texto é o seguinte:

Artigo 1.º É declarada proscrita para sempre a familia de Bragança, que constitue a dynastia deposta pela Revolução de 5 de outubro de 1910.

Art. 2.º Ficam incluidos expressamente na proscrição os ascendentes, descendentes e collateraes até o quarto grau do ex-chefe do Estado.

Art. 3.º É expressamente mantida a proscrição do ramo da mesma familia banido pelo mesmo regime constitucional representativo.

Art. 4.º No caso de contravenção do artigo 1.º, incorrerão os membros da família proscripta na pena de expulsão do território da Republica e, na hypothese de reincidencia, serão detidos e relegados nos[1283] tribunaes ordinarios.

Art. 5.º O Governo da Republica regulará opportunamente a situação material da familia real exilada, respeitando os seus direitos legitimos[1284].

Por seu turno, o Decreto relativo aos títulos nobiliárquicos articulava:

Artigo 1.º A Republica Portuguesa tem por abolidos e não reconhece quaesquer titulos nobliarchicos, distincções honorificas ou direitos de nobreza.

1281 DG n.º 12 de 19-out.-1910 = CLP 1910, 192.

1282 DG n.º 7 de 13-out.-1910 = CLP 1910, 193.

1283 Como assinala a Redação da *Revista de Legislação e de Jurisprudência*, deve haver gralha: será "... relegados aos tribunais ...".

1284 DG n.º 11 de 18-out.-1910 = CLP 1910, 197.

Art. 2.º As antigas ordens nobliarchicas são declaradas extintas para todos os efeitos.

Art. 3.º É mantida a Ordem Militar da Torre e Espada cujo quadro será revisto para a radiação pura e simples de todos os seus dignitarios que não houverem sido agraciados por atos de valor militar em defesa da patria.

Art. 4.º Os individuos que atualmente usam titulos que lhe foram conferidos, e de que pagaram os respetivos direitos, podem continuar a usá-los, mas nos atos e contratos que tenham de produzir direitos ou obrigações será necessario o emprego do nome civil para que tenham validade[1285].

III. Estas medidas justificam algumas apreciações. Parece claro que o Regime Republicano, ao proscrever a Casa Real, procurou amparar-se no precedente constituído pela proscrição decidida pelo próprio Regime Monárquico Constitucional contra um ramo da Casa de Bragança: o de D. Miguel. Por outro lado – e também com um certo sentido de compensação ou de equilíbrio – a abolição dos títulos de nobreza foi lassa e muito parcial.

Com efeito:

– logo no artigo 1.º, a Republica "... tem por abolidos ..." e não – como fez em relação à Casa de Bragança, com maior veemência – "... declara abolidos ..."; ou seja: a Republica, *para ela*, tem por abolidos, não impedindo que, *para outras entidades*, eles se mantivessem;
– o mesmo artigo 1.º, depois de "... abolidos ...", exarou "... e não reconhece ..."; não faz sentido não reconhecer algo de totalmente inexistente; logo, a República só se preocupou em decretar uma *abolição relativa* isto é, uma abolição eficaz (apenas) perante o regime republicano e para os efeitos exarados;
– por tudo isso, o artigo 4.º do Decreto de 15 de outubro de 1910 reconheceu aos "indivíduos que atualmente usam títulos ..." o direito de continuarem a usá-los, ainda que, nos atos jurídicos, devessem empregar o nome civil. Ponto, porém *era que os títulos em causa fossem legitimamente usados*, o que o Governo Republicano exprimiu pela via oblíqua de referir:
– títulos *que lhe foram conferidos*;
– e de *que pagaram os respetivos direitos*.

[1285] DG n.º 11 de 18-out.-1910 = CLP 1910, 197.

Perante este preceito, os comentadores logo entenderam que, pelo menos nos títulos *de juro e herdade*, era facultada a sua transmissão: esse era o seu conteúdo[1286]. Tal interpretação veio, aliás, a ser facilitada por um Decreto de 2 de dezembro de 1910 que deu nova redacção ao citado artigo 4.º do Decreto de 15 de outubro, deixando-o nos seguintes termos:

> Os individuos que atualmente usam titulos nobliarchicos, distincções honorificas ou direitos de nobreza, que lhe foram conferidos, e dos quaes tenham quitação ou direito a ella, ou sejam devedores dos respetivos impostos ou as estejam pagando, quer por terem prestado caução, quer por auferirem vencimentos do Estado, podem continuar a usá-los; mas nos atos que tenham de produzir direitos ou obrigações, será necessario o emprego do nome civil para que esses atos tenham validade.

IV. A Constituição de 21 de agosto de 1911[1287] foi, na letra, mais longe do que o Decreto de 15 de outubro de 1910. O artigo 3.º, ao elencar direitos e garantias individuais, precisava no seu n.º 3[1288]:

> A República Portuguesa não admite privilégio de nascimento, nem foros de nobreza e bem assim as ordens honoríficas, com todas as suas prerrogativas e regalias.

A República parecia inclinar-se para uma solução mais radical. Na verdade, a Assembleia Constituinte operou numa ocasião de exacerbar de sentimentos republicanos, como é frequente no rescaldo de revoluções. Além disso, jogou a influência do artigo 72.º, § 2.º, da Constituição Brasileira de 1891[1289].

[1286] Assim: Luiz da Cunha Gonçalves, *Tratado* cit., 1, 199.

[1287] Cujo texto pode ser comodamente confrontado no BMJ 237 (1974), 33-65 (34).

[1288] Este preceito foi alterado pela revisão constitucional aprovada pela Lei n.º 635, de 28 de setembro de 1916 – BMJ 237 (1974), 66-67, mas não no ponto aqui em causa.

[1289] Marnoco e Souza, *Constituição Politica da Republica Portugueza, Commentario* (1913), 56 ss. O *Commentario* de Marnoco e Souza à Constituição de 1911 contém ainda diversos outros elementos interessantes. Desde logo, ele observa que a nobreza tradicional estava em decadência desde Pombal, que lhe teria vibrado decisivos golpes; as Constituições permitiriam documentar a evolução. Por fim, na Constituição, teria prevalecido uma orientação radical que, inclusive, aboliu a própria Torre e Espada – *idem*, 57 e 58. Todos estes elementos têm interesse quer para a reconstituição da *occasio legis*, quer para facultar uma interpretação atualista dos diversos comandos.

Tudo isto conduziria a que o Código de Registo Civil, aprovado pelo Decreto de 18 de fevereiro de 1911, viesse dispor, no seu artigo 144.º[1290]:

> Nos assentos de nascimento não poderão figurar, em caso algum, os sobrenomes e quaesquer referencias honorificas ou nobiliarchicas do registado, nem os titulos ou honras que porventura, ao lado dos nomes civis, ainda possam usar seus paes ou avós.

O artigo 224.º do mesmo Código mandava observar, nos assentos de casamento, quanto ao nome dos nubentes, o disposto no artigo 144.º citado.

Porém, esta orientação depressa foi invertida. A Lei de 10 de julho de 1912, que visou alterar várias disposições do Código do Registo Civil, veio pura e simplesmente revogar, no seu artigo 51.º, os artigos 144.º e 224.º daquele diploma[1291].

Chegou-se, assim, a uma situação bastante permissiva, que ditaria as medidas legislativas subsequentes: não só se mantinham os títulos antigos, como se assistia a um proliferar de situações abusivas, à margem do ordenamento nobiliárquico.

V. Paradoxalmente, a própria República acabaria por intervir, de modo a disciplinar a situação, prevenindo excessos.

Deste modo, o Decreto n.º 10.537, de 12 de fevereiro de 1925[1292], veio dizer no seu preâmbulo, entre outros aspetos[1293]:

> Considerando que, se uma disposição transitória dos decretos de 15 de Outubro e 2 de Dezembro de 1910 manteve a alguns indivíduos o direito de usarem de títulos nobiliárquicos com determinadas limitações, é justo defender esse direito contra abusos, que são até puníveis nos termos do artigo 237.º do Código Penal;

Posto o que, segundo este diploma, nunca poderia ser dado andamento a nenhum ato, contrato ou documento onde, além do nome do interessado, figurasse uma referência honorífica ou nobiliárquica, sem que fosse feita prova do direito ao uso do título ou distinção correspondente.

[1290] CLP 1911, 113-142 (123).

[1291] CLP 1912, 175-179 (179).

[1292] CLP 1924, 59-60 (59/I).

[1293] Por exemplo: "Considerando que esses foros ou títulos, anteriormente concedidos por quem de direito, representaram por vezes o reconhecimento de relevantes serviços prestados à Nação, e alguns deles correspondem a gloriosas tradições de família, recordando altos feitos de portugueses, que souberam honrar a pátria; ...".

VI. O Código de Registo Civil de 1932, aprovado pelo Decreto n.º 22.018, de 22 de dezembro, no seu Título II relativo aos *atos do registo do estado civil*, Capítulo I – *Dos atos do registo em geral* continha uma secção IV expressamente intitulada *Das referências honoríficas ou nobiliárquicas*. Dispunha o seu único artigo – o 211.º[1294]:

> São permitidas as referências honoríficas ou nobiliárquicas, devendo o título ser sempre precedido do nome civil do registado ou dos intervenientes nos registos.
>
> § único. Os funcionários exigirão aos interessados certidões, que ficarão arquivadas, extraídas de documentos ou registos das secretarias do Estado, do antigo Ministério do Reino, do Arquivo Nacional, de outros arquivos ou cartórios públicos, para prova do direito de usar o título, e de que foram pagas as taxas devidas, ou a apresentação da portaria a que se refere o decreto n.º 10.537, de 12 de fevereiro de 1925, da cédula pessoal ou bilhete de identidade, desde que neles esteja averbada a referência honorífica ou nobiliárquica.

Este preceito visava justamente evitar usos abusivos de títulos nobiliárquicos[1295].

VII. O citado artigo 211.º do Código de Registo Civil de 1932 terá levantado diversas dúvidas que estiveram na origem de vários pareceres do Conselho Técnico da Direcção-Geral dos Registos e Notariado e da Procuradoria-Geral da República[1296].

[1294] *Vide* Pedro Chaves, *Comentário ao Código de Registo Civil de 22 de Dezembro de 1932 (Decreto n.º 22.018)*, 3.ª ed. cit., 103.

[1295] A esse propósito diz Pedro Chaves, transcrevendo uma sua anotação a uma edição anterior do *Comentário*:

[1296] O Ministério da Justiça francês em circular de 11 de junho de 1858 para execução da lei de 28 de maio desse ano, recomenda aos funcionários do registo civil que só mencionem os títulos e nomes que os interessados justifiquem possuir. Explica-se nessa circular que a referida lei tem por fim reprimir as usurpações duma vaidade culposa, manter o respeito e a inviolabilidade dos títulos legalmente conferidos ou gloriosamente adquiridos, proteger a integridade do registo civil e pôr termo à modificação arbitrária e ilícita dos nomes de família.

Vide Pedro Chaves, *Comentário ao Código de Registo Civil*, 3.ª ed. cit., 104.

Cândida Rodrigues Dias, *Código do Registo Civil (Decreto-Lei n.º 41.967)*, comentado por, com a colaboração dos assessores: Maria Carolina Reis Paulino de Jesus, Maria Helena Nunes e Maria Zulmira Pereira e Sousa (1960), 165, que refere, por fim, um parecer da PGR, de 30-jul.-1958, que teria estado na base do preceito de 1958.

Visando solucionar tais dúvidas, o Código de Registo Civil aprovado pelo Decreto-Lei n.º 41.967, de 22 de novembro de 1958, veio, no seu artigo 111.º[1297], inserir um preceito que transitaria, sob o artigo 51.º, para o Código de 1967[1298], sob o artigo 50.º, para o Código de 1978[1299], com a seguinte redação:

> 2 – São permitidas referências honoríficas ou nobiliárquicas, antecedidas do nome civil dos intervenientes nos atos de registo, desde que estes provem, por documento bastante, que ficará arquivado, o direito ao seu uso.
>
> 3 – A referência a títulos nobiliárquicos portugueses só será permitida quando os intervenientes provem que estavam na posse e uso do título anteriormente a 5 de Outubro de 1910 e que as taxas devidas foram pagas.

VIII. Aparentemente e com a passagem do tempo, extinguir-se-iam, na ordem civil, todos os títulos nobiliárquicos portugueses – exceto, eventualmente, os de origem estrangeira: todas as pessoas habilitadas, em 1910, a usá-los acabariam por falecer.

Assim, o artigo 40.º do Código de Registo Civil de 1995[1300], equivalente ao artigo 50.º acima transcrito, introduziu uma pequena mas significativa alteração. Dispôs, o n.º 3 do preceito em causa:

> A referência a títulos nobiliárquicos portugueses só é permitida quando os interessados provem que têm direito à posse e uso de título existente antes de 5 de Outubro de 1910 e que as taxas devidas foram pagas.

Admite a lei a referência oficial a títulos adquiridos legitimamente após 1910, desde que tais títulos já existissem em 1910. A "posse e uso" atual de título anterior a 1910 só poderá ter sido adquirida na base das regras

[1297] Manuel Flamínio dos Santos Martins, *Código do Registo Civil (Decreto-Lei n.º 41.967, de 22-11-1958), Revista com notas na parte final e índice alfabético* (s/d), 63; nas *notas* nada se acrescenta sobre o artigo 111.º.

[1298] Aprovado pelo Decreto-Lei n.º 47.678, de 5 de maio de 1967, com o fito de adequar a legislação do registo civil ao novo Código Civil.

[1299] Aprovado pelo Decreto-Lei n.º 51/78, de 30 de março, desta feita para adequar o registo civil à reforma do Código Civil, aprovada pelo Decreto-Lei n.º 496/77, de 25 de novembro.

[1300] Aprovado pelo Decreto-Lei n.º 131/95, de 6 de junho, com alterações subsequentes, abaixo referenciadas.

nobiliárquicas aplicáveis. Estas foram, assim, genericamente acolhidas na lei civil portuguesa, em termos que passamos a examinar.

102. O Direito civil e os títulos nobiliárquicos

I. O Código Civil não refere expressamente os títulos nobiliárquicos. No Direito civil vigente, o título nobiliárquico tem vindo a ser considerado como *um meio verbal de individualização da pessoa*: tal a posição de José Tavares[1301], retomada em Paulo Cunha[1302].

O direito a títulos nobiliárquicos reconhecido por Paulo Cunha surgia apenas perante os títulos anteriores a 1910, ressalvados pela legislação da República[1303].

II. O artigo 50.º do Código de Registo Civil de 1967, então vigente, semelhante ao artigo 111.º do Código de 1958 e ao artigo 51.º do de 1967, e acima transcrito, só permitia a referência "... a títulos nobiliárquicos portugueses ...", "... quando os interessados provem que estavam na posse e uso do título anteriormente a 5 de Outubro de 1910 ..."[1304].

Este preceito não era adequado. Desde logo, ele parecia discriminar os títulos portugueses dos restantes. Situação injusta e desigual: afinal, parece que o próprio português que obtenha um título estrangeiro, poderia fazê-lo valer no registo civil, enquanto os mais notáveis títulos portugueses seriam vedados, em nome de um purismo republicano hoje incompreensível.

De seguida, ele apenas tinha a ver com referências feitas no registo civil. Não visa impedir que, noutras áreas normativas, os títulos nobiliárquicos legítimos sejam reconhecidos e tutelados.

De todo o modo, a situação foi alterada, como se disse, pelo Código de Registo Civil de 1995: segundo o artigo 40.º/3 desse Código, já examinado, exige-se que *os títulos* existissem antes de 1910 e que o interessado a eles

[1301] José Tavares, *Os princípios fundamentais do Direito civil*, cit., 2, 59.

[1302] Paulo Cunha, *Teoria Geral* cit., 165 ss..

[1303] Diz Paulo Cunha, *Teoria Geral* cit., 173:

> Sublinhe-se que à face da legislação em vigor – portanto na ordem jurídica portuguesa – não têm valor, e não são objecto de direito subjectivo, os títulos nobiliárquicos atribuídos (ou arbitrariamente avocados, e, mais, inventados), depois de 5/10/1910.

[1304] J. Robalo Pombo, *Código do Registo Civil Anotado e Comentado* (1991), 129, bem como Manuel Vilhena de Carvalho, *O nome das pessoas e o Direito* cit., 51-53.

tenha direito: não que o interessado os usasse antes dessa data. A transmissão dos títulos passou, assim, a ser pressuposta e admitida[1305].

III. Na verdade, não existe hoje, em Portugal, qualquer questão social ou política minimamente ligada a questões nobiliárquicas e que pudesse perturbar os juízos que caiba formular neste domínio.

O Código Civil reconhece o direito ao nome no seu artigo 72.º/1, conferindo-lhe logo, como vimos, uma dupla dimensão:

– o direito a usar o próprio nome;
– o direito a opor-se a que outrem o use ilicitamente.

O nome conhece *figuras afins*, entre as quais se poderá incluir o título nobiliárquico legítimo[1306].

Tomando implicitamente a via do reconhecimento das figuras afins, o Código Civil dispõe que o pseudónimo, quando tenha notoriedade, goza da proteção conferida ao próprio nome – artigo 74.º. Ora não é de todo pensável que Portugal, País europeu antigo e que respeita as suas tradições, reconheça proteção ao pseudónimo e não ao título nobiliárquico legítimo.

Preconiza-se, pois, que por interpretação extensiva do artigo 72.º, o titular legítimo detenha:

– o direito a usar o próprio título nobiliárquico;
– o direito a opor-se a que outrem o use ilicitamente.

IV. Problema interessante é, porém, o facto de os títulos nobiliárquicos não se transmitirem de acordo com as regras do direito ao nome mas, sim, segundo o Direito antigo e, designadamente, por linha masculina e de acordo com a primogenitura.

Desde logo se poderia obstar com o artigo 13.º da Constituição vigente, que firma o princípio da igualdade e proscreve discriminações em virtude da ascendência ou da condição social. O título nobiliárquico, porém, é hoje uma mera designação honorífica, que não atribui quaisquer direitos ou privilégios; paralelamente, a falta de título nobiliárquico não prejudica ninguém. Em suma: no atual momento, a existência de títulos nobiliárquicos não é sentida, socialmente, como qualquer desigualdade. Seria irreal ver, a seu propósito, uma discriminação.

[1305] Também, J. P. Remédio Marques, *Alteração de nome – referências nobiliárquicas*, Lusíada, 2001, 155-173 (156).

[1306] *Vide* Carvalho Fernandes, *Teoria Geral do Direito Civil* (1983), vol. I, tomo I, 188-189.

Os sucessores dos antigos titulares poderão assim obter tutela civil, mediante a aproximação preconizada com o Direito ao nome.

V. A tutela civil do título nobiliárquico pode ser concretizada por várias vias:

- o titular legítimo usa o título com notoriedade: é tutelado por via do artigo 74.º do Código Civil, *a fortiori*: o título legítimo notório é, por certo, mais do que um pseudónimo;
- o titular legítimo não é conhecido como tal: pode adotar o título e impedir que outrem o usurpe, *maxime* por a usurpação traduzir uma ofensa ao titular falecido;
- por fim: a pessoa que, de acordo com as regras tradicionais, devesse ser considerada titular e, arbitrariamente, o não seja é, por certo, vítima de confusão na sua identidade pessoal e de um atentado ao seu bom nome e reputação: ficará, de imediato, pairando a suspeita da indignidade: nessa altura, ela terá direito a tutela e a reparação, em nome dos direitos à identidade pessoal e ao bom nome e reputação – artigo 26.º/1 da Constituição de 1976.

Ou seja: o titular legítimo pode exigir do Registo Civil o tratamento inerente, nas condições do artigo 40.º do Código de Registo Civil: o título anterior a 5 de outubro de 1910; além disso, é livre de adotar o título beneficiando então, no mínimo, da proteção civil dada ao pseudónimo; finalmente, pode obstar à usurpação.

VI. Assinale-se, porém, que, para além disso, o Estado tem, oficialmente, reconhecido muitas vezes, em atos públicos, títulos nobiliárquicos, aos seus detentores legítimos. A sua tutela como figura semelhante ao nome foi reconhecida pelo Supremo Tribunal de Justiça[1307].

103. A jurisdição do Duque de Bragança e do Instituto da Nobreza

I. O Rei D. Manuel II faleceu no exílio, em Inglaterra, no dia 2 de junho de 1932, sem descendência.

De acordo com as regras da sucessão no Trono de Portugal, recaíram os direitos dinásticos sobre D. Duarte Nuno, neto do Rei D. Miguel I e já

[1307] STJ 15-mai.-2014 (Salazar Casanova), Proc. 150/13 (Conde de Oeiras).

anteriormente, aliás, considerado como pretendente pela linha legitimista. D. Duarte Nuno foi assim, no decurso do ano de 1933, reconhecido como Rei legítimo de Portugal pelas diversas correntes monárquicas, sob o título de El-Rei D. Duarte II[1308].

Em 1950 foram revogadas, pelo Parlamento, as Leis de 1834 e de 1910 que proscreviam a Casa de Bragança.

A D. Duarte Nuno sucedeu, nos direitos dinásticos ao Trono de Portugal, seu filho D. Duarte Pio, Duque de Bragança.

II. Enquanto titular dos direitos dinásticos ao Trono de Portugal, D. Duarte Pio, detém a prerrogativa real da concessão de títulos e mercês. Entende-se, contudo, que tal prerrogativa se encontra suspensa, no tocante a novas concessões, até que opere a restauração monárquica; o próprio Duque de Bragança agiu, quase sem exceção, de acordo com tal postulado.

No tocante, porém, à confirmação, ao reconhecimento e à renovação dos títulos nobiliárquicos anteriores a 1910, a autoridade do Duque de Bragança é reconhecida pelos monárquicos. D. Duarte Nuno instituiu, primeiro a Comissão de Verificação e Registo das Mercês e, depois, o Conselho da Nobreza – hoje: Instituto –, com poderes para proceder às competentes verificações. Toda esta orientação é prosseguida por D. Duarte Pio, atual Duque de Bragança e indigitado sucessor da Coroa Portuguesa.

O CRCiv, no artigo 40.º/4, apelava, quanto ao reconhecimento dos títulos, para as certidões extraídas de documentos ou registos das Secretarias de Estado, do antigo Ministério do Reino, do Arquivo Nacional, de outros arquivos ou cartórios públicos ou a portarias a que se refere o Decreto n.º 10:537, de 12 de fevereiro de 1925. Todavia, para averiguar a idoneidade de transmissões subsequentes, então admitidas pelo artigo 40.º/3 do mesmo diploma, havia que fazer uma indagação especializada. O Conselho de Nobreza, devidamente assessorado por especialistas, está em condições de elaborar as competentes justificações, a que o Registo Civil poderá atender.

Além disso, impõe-se a tutela civil, acima apontada.

III. Dada a situação de suspensão da prerrogativa real de conceder títulos e mercês, o Conselho de Nobreza e o Duque de Bragança têm atuado, no tocante à confirmação, ao reconhecimento e à renovação dos títulos de acordo com o Direito anterior a 1910. O Código de Seabra é, assim, aplicável. Por esta via, o casamento civil é meio justo para a transmissão de títulos nobiliárquicos, quando não conflitue com casamento canónico anterior não

[1308] *Vide Nobreza de Portugal e do Brasil*, II (1960, reimpressão 1989), 36 ss., onde pode ser confrontada numerosa bibliografia.

dissolvido. E também por ela, a representação sucessória é admitida, mas apenas na linha reta descendente ou, na colateral, a favor de filho do irmão do falecido – artigo 1982.º do Código de Seabra, diferente do artigo 2042.º do Código vigente, que não comporta esse limite. Na sucessão de títulos, havendo que recorrer a colaterais para além de sobrinhos do falecido, preferirá, assim, o parente mais próximo.

Algumas regras constam dos estatutos do Instituto da Nobreza Portuguesa, criado como associação em 2004[1309].

IV. Com as cautelas que a natureza tradicional dos títulos sempre impõe, assiste-se a uma paulatina renovação de alguns aspetos do Direito nobiliárquico. Uma instituição viva, ainda que meramente honorífica, evolui sempre, adaptando-se às circunstâncias.

Pergunta-se, todavia, se será legítimo fazer valer, perante os tribunais do Estado, regras anteriores a 1910, particularmente no que toca à transmissão. A resposta é positiva. Os títulos só fazem sentido se corresponderem às regras histórico-culturais que os suportam. Não aplicar essas regras, em detrimento de quaisquer outras, equivaleria a atentar contra os direitos de personalidade dos atingidos, em especial contra o seu direito ao nome. Movimentamo-nos numa área histórico-cultural, a que os Direitos civis europeus são sensíveis. O atentado à personalidade surge, aqui e precisamente, mercê da desconsideração desses aspetos valorativos, suscetíveis de serem encabeçados por determinadas pessoas, apenas no plano honorífico.

1309 Anteriormente, funcionava o Conselho da Nobreza, designado pelo Duque de Bragança.

§ 20.º OS TÍTULOS NOBILIÁRQUICOS E A QUESTÃO CONSTITUCIONAL DE 2007

104. A reforma do registo civil de 2007

I. Como acima foi verificado, o artigo 40.º/2, 3 e 4, do Código do Registo Civil, na sequência de uma sábia e prudente evolução ocorrida nas Leis da República, desde 1910, veio admitir a inscrição de títulos nobiliárquicos legítimos, criados em regime monárquico.

Todavia, a reforma levada a cabo pelo Decreto-Lei n.º 324/2007, de 28 de setembro, *ad nutum* e sem que nada o deixasse esperar, veio revogar aqueles preceitos. A estranheza causada por tal medida, acentua-se pelo facto de ela não corresponder a nenhum programa e por não encontrar, no preâmbulo do diploma, qualquer justificação ou, sequer, referência.

Procurámos saber, junto do Governo da época, o porquê de tal medida. Apurámos que a revogação fora decidida pelos funcionários que prepararam a reforma: os governantes que deram o seu nome ao diploma não foram alertados para esse ponto nem se aperceberam dele.

II. Temos, por nós, que esta revogação é claramente inconstitucional: quer orgânica, quer materialmente. Não pode, nos termos gerais, ser aplicada pelos tribunais. De todo o modo, até pelo exercício jurídico-civil que isso representa, vamos (re)ponderar os possíveis e atuais óbices à manutenção dos títulos e os fundamentos da sua tutela. Consideraremos, depois, o tema constitucional[1310].

105. O princípio da igualdade

I. Como questão prévia, devemos ponderar a sua admissibilidade, perante o artigo 13.º da Constituição vigente, que consagra o princípio

[1310] Mais elementos no nosso *Títulos nobiliárquicos e registo civil* cit., 19 ss..

da igualdade. Trata-se de um postulado básico do constitucionalismo: ele remonta aos artigos 9.º, 12.º e 15.º da Constituição de 1822, reaparecendo, sucessivamente, nos artigos 14.º, § 12.º e 145.º, §§ 12.º, 13.º e 16.º da Carta Constitucional de 1826, nos artigos 10.º, 20.º, § único e 30.º da Constituição de 1838, no artigo 3.º/2 e 3 da Constituição de 1911 e no artigo 5.º da Constituição de 1933.

De facto, segundo o preceito em causa, particularmente no seu n.º 2, "ninguém pode ser privilegiado, beneficiado, privado de qualquer direito ou isento de qualquer dever em razão, designadamente, da ascendência ou do sexo". Precisamente: os títulos nobiliárquicos, em razão da sua hereditariedade e da regra de transmissão preferencial por via masculina, não preencherão a proibição constitucional?

II. A grande projeção material da regra da igualdade é a proibição do arbítrio[1311]: Há que tratar o igual de modo igual e o diferente de forma diferente, de acordo com a medida da diferença. Os títulos nobiliárquicos são distinções tradicionais que têm, na origem, funções militares. A sua presença primacial no elemento masculino da família advém daí. Quanto à hereditariedade: ela é reconhecida constitucionalmente: pense-se na garantia da propriedade (62.º/1, da Constituição), que envolve a sua transmissibilidade, em vida ou por morte. Nada tem, em si, de inconstitucional.

Perante estas considerações, o problema desloca-se para as consequências: os títulos nobiliárquicos provocam ou originam "privilégios", "benefícios", "privações de direitos" ou "isenções de deveres"? A resposta é claramente negativa. Já no período do constitucionalismo monárquico, os títulos nobiliárquicos apenas traduziam distinções e honrarias. Após a proclamação da República, assim é, por maioria de razão. Pela sua natureza puramente honorífica e tradicional, não há, aqui, qualquer quebra de igualdade. O cidadão titular tem, perante o sistema jurídico vigente, precisamente os mesmos direitos e os mesmos deveres de qualquer cidadão que o não seja.

III. Em matérias como a que aqui nos ocupa, há que ter o sentido das proporções. Temos, na União Europeia, regimes monárquicos, em cujo quadro continuam a ser atribuídos títulos nobiliárquicos: Bélgica, Dinamarca, Espanha, Holanda, Luxemburgo, Noruega, Reino Unido e Suécia, além dos casos especiais do Lichtenstein, do Mónaco e do Vaticano. Seria totalmente absurdo questionar, nesses Estados, a igualdade, a democracia ou os direitos humanos,

[1311] *Vide* Gomes Canotilho/Vital Moreira, *Constituição da República Portuguesa Anotada*, I, 4.ª ed. (2007), 339 ss. e Jorge Miranda/Rui Medeiros, *Constituição Portuguesa Anotada* I, 2.ª ed. (2010), Art. 13.º, IX (225).

por essa via. Além disso, os títulos são preservados, conforme vimos, em sólidos regimes republicanos, como a Alemanha, a França ou a Itália.

IV. De resto, a questão já foi discutida, por exemplo, no Tribunal Constitucional Espanhol e no Tribunal Europeu dos Direitos do Homem. O primeiro, questionado por causa do problema da transmissibilidade dos títulos por linha preferencial masculina, explicou que se tratava de uma pura regra tradicional, que remonta às *Siete Partidas* (século XIII) e que não implica direitos ou deveres suplementares: o título é puramente honorífico, traduzindo a memória histórica da sua atribuição.

A questão foi levada ao Tribunal Europeu dos Direitos do Homem, precisamente por mulheres que se entendiam discriminadas por terem sido preteridas na transmissão hereditária dos títulos[1312]. Numa decisão conjunta, o Tribunal Europeu dos Direitos do Homem entendeu que não havia discriminação, uma vez que os títulos em jogo, sendo meras distinções honoríficas tradicionais, não dão nem representam direitos ou deveres, nem implicam, por si, vantagens económicas suscetíveis de proteção jurídica.

V. Curiosamente, o Tribunal Europeu dos Direitos do Homem teve, sim, de acudir para evitar a discriminação de titulares: os casos do Príncipe de Nápoles, proibido (então) por um preceito constitucional italiano de regressar ao seu País e do ex-rei da Grécia, despojado de direitos patrimoniais próprios.

Em suma: pela sua natureza, não podemos ver, na presença ou na ausência de um título nobiliárquico português atual, nada que contradiga a igualdade, substancialmente tomada.

106. Os fundamentos da tutela

I. Do nosso ponto de vista, a tutela atual dos títulos nobiliárquicos justifica-se por três vias: a defesa do direito à honra, a proteção dada às figuras afins do nome e a tutela do património cultural.

No tocante à honra, recordamos que os títulos nobiliárquicos traduzem sinais distintivos de famílias e das pessoas que as componham. Tais sinais são aprazíveis e traduzem, em regra, episódios históricos vividos, mais intensamente, pelos seus beneficiários. Pela natureza das coisas, eles

[1312] Processos: 41127/98 (títulos Marquês de Mairena; Conde de Arzacóyar; Conde de Cardona); 41503/98 (títulos Marquês de Mintalvo e Marquês de Zugarti); 41717/98 (título Marquês de Torre Múzquiz); 45726/99 (título Marquês de Villaverde de San Isidro).

vão integrar o acervo de apreciações valorativas de que eles disfrutem, na sociedade, refletindo-se na sua própria auto-estima.

Pois bem: permitir que um título legítimo seja postergado, vilipendiado ou indevidamente apropriado atentaria, efetivamente, contra a honra do titular legítimo e da sua família. Trata-se de um dado de fácil apreensão e que dispensa, ao nome, a tutela do artigo 26.º/1, da Constituição (bom nome).

II. Quanto ao nome: o título nobiliárquico é, sem dificuldades, considerado em toda a doutrina europeia como uma figura afim ao nome. Essa aproximação ao nome permite-nos determinar a atual natureza jurídica dos títulos nobiliárquicos ou do direito a usá-los. De acordo com a posição hoje pacífica, o direito ao nome é apresentado como um direito de personalidade. Deste modo,o título nobiliárquico deve, tal como o nome, ser considerado um bem de personalidade. E o direito a ele relativo será um direito de personalidade, dotado do competente regime.

O direito ao título nobiliárquico submete-se, assim e em primeira linha, ao regime dos direitos de personalidade, particularmente no tocante à defesa.

Para além disso, ele opera como um instituto autónomo, dotado de regras próprias, talhadas pela História, e envolvendo aspetos privados e públicos. A complexidade apontada não obsta a que, no cerne, surja um bem de personalidade, de tipo civil.

III. Quanto à dimensão cultural, recordamos que, segundo o artigo 9.º, *e*), 1.ª parte, da Constituição, é tarefa fundamental do Estado, proteger e valorizar o património cultural do povo português. Em seu seguimento, o artigo 78.º/2, da mesma Constituição, dispõe:

> Incumbe ao Estado, em colaboração com todos os agentes culturais:
>
> (...)
>
> c) Promover a salvaguarda e a valorização do património cultural, tornando-o elemento vivificador da identidade cultural comum;
>
> (...)

Pois bem: os títulos nobiliárquicos legítimos não surgem como meros objetos de direitos, por parte dos beneficiários; eles representam um acervo histórico-cultural que pertence, coletivamente, a todos os portugueses. O título é, hoje, uma simples distinção histórica, que recorda os feitos que estão na origem da sua atribuição. Para mais no atual momento, cabe aos poderes públicos defender todos os bens que exprimam a identidade nacional, incluindo os bens imateriais.

A mais-valia coletiva correspondente aos títulos nobiliárquicos é reconhecida e aproveitada pelas monarquias e pelas repúblicas da União Europeia.

Seria impensável que o Estado Português, assente numa Nação quase milenária, viesse agora, num completo contraciclo, malbaratar esse elemento cultural que lhe compete defender.

107. A inconstitucionalidade orgânica da revogação

I. Chegados a este ponto, fácil se torna verificar a inconstitucionalidade, perpetrada pelo artigo 1.º do Decreto-Lei n.º 324/2007, de 28 de setembro, ao revogar os números 2 a 4 do artigo 40.º do Código do Registo Civil de 1995.

Na verdade, os títulos nobiliárquicos dão corpo à designação das famílias e dos seus membros e corporizam um elemento dos respetivos nomes. Têm a ver com a honra e a identidade pessoal dos cidadãos, integrando, além de um direito de personalidade, um direito fundamental. Inserem-se, deste modo, no acervo de valores tutelados pelo artigo 26.º/1, da Constituição.

II. Nos termos do artigo 165.º/1, *b*), da Constituição, o Governo só poderia legislar sobre essa matéria se tivesse obtido a competente autorização da Assembleia da República, o que não sucedeu.

Temos, pois, uma inconstitucionalidade orgânica, por via do artigo 277.º/1, da Constituição, com todas as legais consequências[1313].

108. A inconstitucionalidade material da revogação

I. Portugal é uma velha Nação europeia. Embora, neste momento, seja uma República, o nosso País já conheceu outras formas de organização, as quais deixaram marcas históricas e culturais. Encontramo-las na nossa linguagem, nos nossos monumentos, na nossa literatura e nos nossos sistemas de denominação das pessoas. Ninguém se lembraria, em nome de um republicanismo serôdio, vir hoje destruir monumentos ou outros acervos culturais, por serem anteriores à República. Tudo isso pertence ao nosso Povo.

II. Neste momento existem, na Europa do século XXI, regimes monárquicos e regimes republicanos. Pois bem: uns e outros tutelam os res-

[1313] Nesse sentido: RLx 28-jan.-2014 (Isabel Fonseca), Proc. 150/13.

petivos títulos nobiliárquicos e asseguram a sua persistência. É uma fonte de cultura, de identidade nacional e, até, de proventos patrimoniais para a comunidade. Os títulos não pertencem aos beneficiários: representam um acervo de todos.

Como tal, os títulos incluem-se no artigo 78.º/2, *c*), da Constituição: fazem parte do património cultural do povo português, cabendo ao Estado promover a sua salvaguarda e a sua valorização.

III. A revogação de 2007, sem qualquer sentido de adequação, de proporcionalidade e de Estado, suprimiu a tutela pública mais direta sobre a matéria. Com isso, facilita o abusivismo e a desconsideração dos títulos, quando ao Estado cabia protegê-los. Há uma clara inconstitucionalidade material.

109. **Conclusão**

I. A revogação dos números 2 a 4 do artigo 40.º do Código do Registo Civil surge como uma medida duplamente inconstitucional: em termos orgânicos, por ter tocado, sem autorização parlamentar, numa área que integra direitos fundamentais e em termos materiais, por desconsiderar a função do Estado, na defesa do património cultural do Povo português.

II. Porventura mais grave: estamos perante uma medida repentista e quadrada, estranha à reforma (meritória) em que se insere e que esquece as subtilezas e a riqueza da realidade material em que se aventura. A facilidade com que se veio quebrar a tradição, quase secular, da República, sem assunções, sem projeto e, ao que consta, à revelia substancial dos próprios governantes, bem o demonstra.

III. Legislou-se sem conhecer o Direito comparado, o Direito europeu e a natureza dos institutos atingidos, assim se perpetrando inconstitucionalidades: é pena. Agiu-se sem sensibilidade à nossa cultura, postergando valores que cumpria defender: é triste.

Haja coragem para emendar a mão. Até lá, cabe considerar que o artigo 40.º/2 a 4 do Código do Registo Civil conservam as suas potencialidades aplicativas.

CAPÍTULO III

PESSOAS SINGULARES

SECÇÃO I

O INÍCIO DA PERSONALIDADE

§ 21.º O PROBLEMA DA TUTELA PRÉ-NATAL

110. **A génese da pessoa**

I. Cumpre alinhar breves noções de embriologia, úteis para a definição jurídica da tutela pré-natal[1314].

A fecundação do óvulo pelo espermatozóide ocorre nas trompas. Resulta, daí, um novo ser, composto por genes cedidos pela mãe e pelo pai. Inicialmente formado por uma única célula, diz-se um zigoto. Ficam imediatamente definidos o sexo e as múltiplas características genéticas do novo indivíduo. Nessa mesma semana, o zigoto divide-se em várias células, vindo a constituir um agregado denominado mórula. A mórula desenvolve uma cavidade interior, constituindo um blastocisto. A massa celular interior, que se transforma no embrião, diz-se embrioblasto; a exterior, que se torna parte da placenta, o trofoblasto. No sexto dia após a fecundação, verifica-se a nidificação ou implantação do embrião: ele adere à parede do útero materno.

[1314] Socorremo-nos de Keith L. Moore/T. V. N. Persaud, *Before we are born*, 5.ª ed. (1998), 2 ss., e de Ronald W. Dudek, *Hight-Yield Embriology* (2001), 6 ss.; tem ainda um especial interesse, entre muita outra literatura, Ronald M. Green, *The Human Embryo Research Delater/Bioethics in the Vortex of Controversy* (2001).

II. Nas duas semanas seguintes, o embrioblasto evolui com rapidez, diferenciando-se internamente. Segue-se o período embriónico, até à oitava semana. Na terceira semana, a interferência hormonal do embrião interrompe o ciclo ovulatório da mãe. O cérebro desenvolve-se no final da terceira semana. O coração inicia os batimentos no início da quarta semana; no termo desta, o embrião alcança os 4 mm. Ao longo da quinta semana, tornam-se percetíveis os membros e a cabeça: 8 mm no total. Na sexta semana, tomam forma os olhos, os ouvidos, as mãos e os pés, sendo alcançados os 13 mm. Na sétima, surge a boca e diferenciam-se os sexos: 18 mm. Na oitava, temos os lábios, uma larga testa, os joelhos e os cotovelos, tendo o embrião 30 mm. Na nona semana inicia-se o período fetal: o embrião apresenta-se como um pequeno ser humano de 50 mm, com o sexo diferenciado, sendo de anotar um desenvolvimento considerável da placenta. Com a semana décima, o feto tem uma face humana; a partir daí e até ao termo da gestação, o feto apresenta uma diferenciação orgânica praticamente completa.

111. O nascituro ao longo da História

I. Apesar de os conhecimentos aprofundados de embriologia serem recentes, a presença e o desenvolvimento do nascituro no ventre materno são de total apreensão para os diversos povos da Terra, provavelmente desde o início da hominização. Documentam-no as numerosas composições pré-históricas onde se apresentam cenas da conceção, da gravidez e do parto.

O tema da proteção da gravidez e da tutela pré-natal levantam, um tanto surpreendentemente, dúvidas políticas que têm dividido a nossa sociedade, e às quais não se poderá fugir. Para manter o discurso num plano de objetiva neutralidade e de acordo com a moderna literatura especializada, usaremos a expressão *nascituro* – o que vai nascer – para designar a realidade humana subsequente à conceção e anterior ao nascimento. Como veremos, o Direito empresta, por vezes, a essa noção, um alcance ainda mais vasto: nascituro abrange, em sentido amplo, quer o ser já concebido e ainda não nascido – o nascituro em sentido estrito – quer o próprio "ser" ainda não concebido: o conceturo. De momento, usaremos "nascituro" em sentido estrito ou próprio.

Evitamos, assim, outras expressões que possam reconduzir o nascituro a uma coisa (p. ex., o feto) ou a uma pessoa (p. ex., a criança por nascer), antes de, no Direito civil, se colher uma orientação.

E desde cedo a gravidez, com a consequente preexistência do nascituro no ventre materno, mereceu a atenção do Direito[1315].

II. O Código de Hammurabi (1700 a. C.) previa, nos seus artigos 209 a 214, regras penais contra o aborto: uma pessoa dentro de uma pessoa. O Antigo Testamento também fixava sanções contra a morte do nascituro[1316]. O juramento de Hipócrates (IV a. C.), na versão original, proibia a administração, a uma mulher, de uma úvula abortiva.

Todavia, Aristóteles admitia a prática do aborto, em certos casos[1317], outro tanto sucedendo com Platão[1318]. Parece claro que em sociedades esclavagistas, marcadas ainda pela inferioridade social da mulher e recetivas à pena de morte, a supressão do nascituro ou, até, da criança já nascida, não contundiria com a lógica do sistema.

III. No Direito romano, o nascituro, embora parte da mãe[1319], era considerado uma realidade jurídica dotada de autonomia, com regras civis próprias.

Segundo Marciano, se a mulher fosse livre aquando da conceção e, depois, perdesse a liberdade ou se, durante a gravidez, em qualquer momento ela não fosse escrava, o filho não nascia escravo[1320].

1315 No desenvolvimento subsequente, apoiamo-nos na pesquisa histórica de Hans Hofmann, *Das Lebensrecht des Nasciturus/Zivilrechtliche Aspekte der Abtreibung* (1992), 24 ss., de onde são retirados os diversos elementos, quando outra fonte não seja indicada. Elementos interessantes podem, ainda, ser confrontados em Francesca Brinetta d'Usseaux, *Esistere per il diritto/La tutela giuridica del non nato* (2001), 5 ss., 45 ss. e *passim*.

1316 *Êxodo*, 21, 22: *Se alguns homens renhirem e um deles ferir uma mulher grávida, e for causa de que aborte, mas ficando ela com vida, será obrigado a ressarcir o dano segundo o que pedir o marido da mulher, e os árbitros julgarem.*

1317 Aristóteles, *Politika* 1335 b 19-26 = ed. bilingue *Aristotle in twenty--three volumes*, XXI *Politics*, trad. ingl. H. Rackham (1944, reimp., 1990), 623, manifestando-se, ainda, a favor da morte das crianças defeituosas e da determinação do número exato de filhos, com recurso ao aborto, segundo as circunstâncias.

1318 Platão, *Politeia/O Estado* V, 460 c e 461 c = ed. bilingue *Werke in acht Bänden*, trad. al. Friedrich Schleiermacher, vol. 4 (1971), 401-402 e 405, facultando a supressão de recém-nascidos e de nascituros, quando não houvesse condições.

1319 Ulpianus, D. 25.4.1.1.: *partus enim antequam edatur, mulieris portio est vel viscerum*; na ed. bilingue de Knütel/Kupisch/Seiler/Behrends, IV (2005), 332.

1320 D. 1.5.5.3; na 16.ª ed. de Theodor Mommsen/Paul Krüger (1954), 35/II. *Vide* Max Kaser, *Partus ancillae*, SZRom 75 (1958), 156-200 (197-198): o filho da escrava não era, em regra, considerado fruto.

Modestino admitia que o magistrado pudesse designar um *ventri curator*: portanto, um curador do ventre ou da criança não nascida[1321]. Ulpiano complementa explicitando o poder do *curator* em causa, no domínio patrimonial e processual[1322].

Ulpiano recorda que, segundo a Lei das XII Tábuas, o filho concebido e não nascido era admitido à herança, nascendo[1323].

Juliano proclamava que quem estiver no útero, está na natureza das coisas[1324], para efeitos civis; Paulo formula, nessa linha, o princípio geral ainda hoje vigente: quem estiver no útero é considerado nascido quando se trate do seu próprio benefício[1325].

O brocardo derivado desta evolução *infans conceptus pro nato habetur, quoties e commodis ejus agitur* (a criança concebida tem-se como nascida sempre que seja vantajoso para ela) teria natureza pós-clássica[1326]. Todavia, não havia tutela penal. O aborto era praticado como procedimento corrente de controlo da natalidade, ao ponto de, no período imperial, se terem previsto sanções pecuniárias, como modo de combater as desvantagens sociais e demográficas daí derivadas. Datam também desse período as primeiras tomadas de posição do então jovem Cristianismo, fixando o aparecimento da alma no momento da conceção[1327], com claras projeções nos juristas cristãos subsequentes[1328].

[1321] D. 26.5.20 = Mommsen/Krüger cit., 376/I.

[1322] D. 27.10.8 = Mommsen/Krüger cit., 408/I.

[1323] D. 38.16.3.9 = Mommsen/Krüger cit., 631/I. *Vide* Marianne Meinhart, *D. 50.16.231/Ein Beitrag zur Lehre vom Intestaterbrecht des ungeborenen Kindes*, SZRom 82 (1965), 188-210.

[1324] D. 1.5.26 = Mommsen/Krüger cit., 36/I.

[1325] D. 1.5.7 = Mommsen/Krüger cit., 35/I.

[1326] *Vide* Emilio Albertario, *Conceptus pro iam nato habetur (Linee di una ricerca storico-dommatica)*, em *Studi do diritto romano* I (1933), 3-60 (59).

[1327] Tertulianus, *De anima*, 37,3: *Porro vitam a conceptu agnoscimus quia animam a conceptu vindicamus* (uma vez que admitimos a vida desde a conceção, defendemos a alma desde a conceção).

Era patente a preocupação em combater o pensamento platónico (nesse ponto).

[1328] S. Tomás, *Summa Theologica*, Pars I, Questio XXIX, I, na ed. de Leão XIII, *Sancti Thomae Aquinatis doctoris angelici opera omnia*, IV (1888), 328/II; na qu. LXXXIII, I-II (= *Opera* cit., VII (1892), 100-101, a tónica humana, apontada através da ideia de pecado original, é reconduzida à carne (por oposição à alma, obra divina): nada tem a ver, especificamente, com o nascimento.

IV. No Direito germânico, a morte do nascituro era punida com penas pecuniárias. Ao longo da Idade Média, sucederam-se leis que, na tradição romana, consideravam o nascituro hábil, em certas circunstâncias e dependendo do nascimento. O aborto em si era vedado pela Lei Canónica, que reconhecia uma personalidade pré-natal. O *Codex iuris canonici* de 1918 ainda admitia, em certas circunstâncias, o batismo do nascituro no ventre materno, bem como o batismo de prematuros[1329]. O *Codex* de 1983, subsequente ao Concílio do Vaticano II, revogou esses preceitos, mantendo, todavia e em vários cânones, a ilicitude do aborto[1330].

O próprio Concílio afirmou a ilegitimidade do aborto, apresentando-a em coerência com uma visão completa do Mundo. Veio proclamar[1331-1332]:

> Tudo o que esteja em oposição à vida, como qualquer ato de homicídio, genocídio, aborto, eutanásia e também o suicídio voluntário; tudo o que viole a integridade da pessoa humana, como a mutilação, a tortura ou a coação físicas ou psíquicas; tudo o que ofenda a dignidade humana, como condições de vida desumanas, prisão arbitrária, raptos, escravatura, prostituição, tráfego de pessoas e comércio de jovens, assim como condições de trabalho ignominiosas, pelas quais os trabalhadores sejam meros instrumentos e não pessoas livres e responsáveis: tudo isso e outros factos semelhantes são afrontosos [*probra*] e ofendem a civilização humana e inquinam quer os que os perpetram quer os que os admitem. Igualmente atentam, no mais alto grau, contra a honra do Criador.

[1329] Cânone 746 §§ 1-3 e Cânones 747 e 748.

[1330] Cânones 1041/4, 1046, 1049, § 2 e 1398, em pesquisa por Hartmut Zapp, *Codex iuris canonici* (1986), 13 e confronto no *Münstnischer Kommentar zum Codex Iuris Canonici*, publ. Klaus Lüdicke, vol. 4 (1986).

[1331] *Gaudiam et Spes*, 25, nome por que é conhecida a *Constitutio pastoralis de ecclesia in mundo huius temporis* cit. pela edição bilingue latim/alemão, publ. Josef Wohlmuth, *Dekrete der Ökumenischen Konzilien*, 3 vol. (2002), 1069 ss. (1085-1086).

[1332] Quanto à aprovação do *Gaudium et spes*, no final do Concílio do Vaticano II, Giuseppe Alberico (publ.), *Geschichte der Konzilien* (1993), 467.

As codificações vieram tomar posições protetoras: quer aprofundando a tradição romana, que implicava uma personalidade limitada do nascituro[1333], quer secularizando as proibições canónicas[1334].

V. A evolução subsequente, particularmente por via da construção racional e conceitualizante do Direito civil, acabaria por deixar o tema da tutela do nascituro, sem uma reflexão *a se*, ao domínio do Direito penal[1335].

O Direito francês, pioneiro na codificação, é sintomático. O Código Civil nem referia o nascimento, como fonte da personalidade. A jurisprudência estabeleceu a regra *infans conceptus pro nato habetur quoties de commodis ejus agitur*; exigia-se, porém, que a criança nascesse viva e viável[1336]. Em compensação, na hipótese de morte do marido deixando mulher grávida, previa-se a nomeação de um curador ao ventre, pelo conselho de família – artigo 393.°, versão original. Explicava a doutrina antiga que tal curador devia tratar de aspetos patrimoniais e, ainda, de fiscalizar a gravidez e o nascimento ... para evitar que a própria mãe provocasse o aborto ou substituísse, por outro, o recém-nascido. Estas construções caricatas explicarão muito da evolução subsequente[1337].

[1333] Com especial exemplo no ALR prussiano (1794), na Parte I, Título I, §§ 10, 11 e 12 (na ed. H. Rehbein/O. Reincke, vol. (1894), 118 = ed. Hans Hattenhauer (1970), 55/I), de que abaixo citamos o § 10 – *infra* nota 1369 – e no ABGB austríaco, de 1811, cujo § 22 dispunha:

> Mesmo as crianças não nascidas têm, desde o momento da sua conceção, uma pretensão à proteção das leis. Desde o momento em que isso não atinja o direito de terceiros, são consideradas nascidas.

Vide Josef Aicher, no *Kommentar zum Allgemeinen Bürgerlichen Gesetzbuch*, org. Peter Rummel, 1 (1983), § 22, 71 ss..

[1334] O ALR, Tit. XX, 2.ª parte, § 719, incriminava o aborto doloso (= ed. H. Hattenhauer cit., 695/II).

[1335] Todavia, temos alguma reflexão de tipo filosófico e ético, designadamente por influência norte-americana. Da recolha de Leist, *Um Leben und Tot* (1990), já referida, citamos: Richard M. Hare, *Abtreibung und die Goldene Regel*, 132-156, Michael Tooley, *Abtreibung und Kindestötung*, 157-195 e Philippa Foot, *Das Abtreibungsproblem und die Doktrin der Doppelwirkung*, 196-211. *Vide*, ainda, Fernando Araújo, *A procriação assistida* cit., 7 ss..

[1336] A "viabilidade" da criança era requerida pelos artigos 725.°, para as sucessões e 906.°, para as liberalidades, sendo alargada pela jurisprudência; *vide* Teyssié, *Droit civil/ /Les personnes* cit., 4.ª ed., 21.

[1337] Goubeaux, *Droit civil/Les personnes* cit., 55-56.

Em compensação, o Código Penal de 1810 punia o crime de aborto, no seu artigo 317.º. A pena visava o autor do aborto, a mãe, quando consentisse ou praticasse, ela própria, as manobras abortivas e os médicos, cirurgiões, outros oficiais de saúde ou farmacêuticos, que tivessem colaborado[1338].

Um Decreto-Lei de 29-jul.-1939 veio admitir o aborto terapêutico, necessário para salvaguardar a vida da mãe. A situação legal-penal só mudaria nos anos setenta do século XX: perante a não-aplicação do Código Penal, uma Lei de 17-jan.-1975 veio admitir o aborto terapêutico, por razões de saúde da mãe ou de malformação do feto e o aborto a pedido da mãe, precedendo aconselhamento, antes da 10.ª semana de gravidez. A Lei foi aprovada como provisória, por 5 anos, tendo sido confirmada por Lei de 31-dez.-1979[1339]. Os civilistas estão, todavia, de acordo em admitir que o nascituro, ainda que dependendo da livre vontade da mãe, durante 10 semanas, não é uma coisa; mas também não o tomam por pessoa. Com dificuldade, vai-se reconstruindo a noção[1340].

VI. Os códigos civis[1341] mais recentes mantém uma ambiguidade sobre o nascituro. Por exemplo, o § 1 do BGB (Início da capacidade jurídica) dispõe simplesmente:

> A capacidade jurídica da pessoa começa com o nascimento completo.

Antes do nascimento, outros preceitos civis reconhecem alguma capacidade: entre outros aspetos, o nascituro tem pretensão indemnizatória no caso de morte da pessoa que lhe deva alimentos e pode ser herdeiro ou

1338 Na ed. *Les cinq codes*, T. D. (1811), 605-606.

1339 Existe imensa literatura; para algumas indicações, *vide* Goubeaux, *Droit civil/ /Les personnes* cit., 57. Posteriormente, o prazo das 10 semanas foi alargado para 12, quando a gravidez coloque a mulher *en situation de détresse*.

1340 P. ex., Xavier Labrée, *Esquisse d'une définition civiliste de l'espèce humaine*, D 1999, 437-442 e Bertrand Mathieu, *Le recherche sur l'embryon au regard des droits fondamentaux constitutionnels*, D 1999, 451-456. *Vide* Maudy Piot (org.), *Le fœctus, une personne?* (2010), 91 pp..

1341 Uma análise comparatística: Karl August Deynet, *Die Rechtsstellung des nasciturus und der noch nicht erzeugten Person im deutschen, französischen, englischen und schottischen bürgerlichen Recht* (1960), 198 pp..

Anote-se o artigo 2.º do novo Código Civil Brasileiro, de 2002:

> A personalidade civil da pessoa começa do nascimento com vida; mas a lei põe a salvo, desde a concepção, os direitos do nascituro.

legatário[1342]. O Tribunal Constitucional alemão, em célebre decisão sobre a (in)constitucionalidade do aborto, reconheceu ao nascituro uma aplicação parcial do direito à dignidade humana[1343]. A doutrina civil tem vindo a reconhecer ao nascituro uma capacidade jurídica limitada[1344], apontando a existência de uma certa proteção[1345] ou invocando uma "gradualização" no conceito de pessoa[1346].

O Código Civil italiano, de 1942, comporta uma solução semelhante à do nosso: abaixo referido[1347].

112. A proteção penal; a discussão em torno dos referendos

I. A tutela direta do nascituro tem sido, entre nós, assegurada pela Lei Penal.

O Código Penal de 1886 incriminava a prática de aborto – artigo 358.º. Apenas admitia uma especial atenuante – no fundo, estabelecendo um tipo diverso de crime – na hipótese de aborto *honoris causa*: o aborto destinado a esconder a desonra da mulher – artigo 358.º, § 3.º.

Essa solução transitaria, sem mais, para o Código Penal de 1982. Foi, na altura, bastante criticada: fundamentalmente, chamava-se a atenção para a prática de um número elevado de abortos[1348] e para o facto de não haver casos de aplicação da lei. Esta teria, aparentemente, caído em desuso ou seria ineficaz. De todo o modo, deve salientar-se que, com alguma frequência, procedia-se à interrupção da gravidez, nos hospitais públicos, em casos absolutamente necessários para salvar a vida da mãe, sem que isso levantasse objeções médicas de consciência – ao contrário do que, curiosamente,

[1342] §§ 844/2,2, 1923/2 e 2108 e 2178, todos do BGB.

[1343] *Infra*, 341-342.

[1344] Assim, Wolf/Neuner, *Allgemeiner Teil* cit., § 11, Nr. 11-19 (119 ss.); Martina Roller, *Die Rechtsfähigkeit des Nasciturus* (2013), em especial 202 ss..

[1345] Jochem Schmitt, *Münchener Kommentar* cit., 1, 7.ª ed., § 1, Nr. 25 ss. e Hofmann, *Das Lebensrecht des Nasciturus* cit., 62 ss. e 158 ss., com inúmeras indicações.

[1346] Reinhard Damm, *Personenrecht* cit., 866 ss..

[1347] *Infra*, 374 ss..

[1348] Chegou a falar-se em mais de 100.000 por ano, numa cifra que foi contestada; contudo, não há números fiáveis.

sucederia após 1984. Os princípios gerais do Direito penal bastariam para – caso se pretendesse aplicar a lei – legitimar a operação[1349].

A situação alterou-se por força da Lei n.º 6/84, de 11 de maio, que deu nova redação aos artigos 139.º a 141.º do Código Penal então vigente, de modo a excluir a ilicitude do aborto perante certas indicações: terapêutica, embriopática, fetopática ou por lesão do nascituro e criminal, criminológica, ética, jurídica ou humanitária. A necessidade social ou de conveniência não foi reconhecida.

A Reforma de 1995 não alterou substancialmente a solução da Lei n.º 6/84[1350].

O problema do aborto tornou-se num fácil chamariz de conflitualidade política[1351]. Na legislatura de 1996/97, foram apresentados vários projetos despenalizadores. Acabou por ser aprovada a Lei n.º 90/97, de 30 de julho, que, recusando a exclusão da ilicitude da interrupção voluntária da gravidez, quando realizada nas primeiras 12 semanas e a pedido da mulher, exclusão essa que fora solicitada por diversas forças políticas, apenas alongou os prazos, para as hipóteses já permitidas.

Na sessão legislativa seguinte, sucederam-se de novo as iniciativas despenalizadoras, acabando por ser aprovado um projeto que legitimaria o aborto feito, nas primeiras 10 semanas, a pedido da mãe. A alteração foi submetida a referendo[1352], sendo rejeitada pelos eleitores, em 28-jun.-1998, embora em termos não-vinculativos: a abstenção foi superior a 50%. Toda-

[1349] Figueiredo Dias, *Comentário Conimbricense* cit., 2.ª ed., 243 ss., com indicações: este Autor dá conta de elementos doutrinários divergentes, mas acaba por responder negativamente, quanto à possibilidade de interrupção lícita da gravidez, com base nos princípios gerais: parece que perante a recusa dos médicos em admitir a necessidade de abortos terapêuticos.

[1350] Para pormenores sobre a preparação da reforma *vide* Figueiredo Dias, *Comentário Conimbricense* cit., 2.ª ed., 244 ss., com indicações.

[1351] Como exemplos das argumentações dispendidas *vide*, contra o aborto, Álvaro Jorge, *A verdade sobre o crime do aborto/Subsídios para a história da defesa do direito à vida em Portugal* (1982) e António Bagão Felix e outros, *Em defesa da vida/contra o aborto* (1998) e, a favor, Almerinda Bento e outras, *Aborto/decisão da mulher* (1998) e Teresa Beleza/José Magalhães, *Penalizar ou despenalizar o aborto* (1998): esta última obra tem um plano de argumentação jurídica e comporta diversos textos básicos para o estudo do tema. Na literatura nacional, tem ainda interesse confrontar Álvaro Cunhal, *O aborto/Causas e soluções/Tese apresentada em 1940 para exame no 5.º ano jurídico da Faculdade de Direito de Lisboa*, 2.ª ed., 1997.

[1352] Com prévia fiscalização de constitucionalidade; surgiu, então, o TC n.º 340/98, de 17-abr.-1998 (Luís Nunes de Almeida), em Teresa Beleza/José Magalhães, ob. cit., 143-219, com vários votos de vencido (*idem*, 222-251).

via, perante o significado político da votação, a Assembleia deteve-se, não alterando a lei em vigor.

II. De acordo com a lei então subsistente, o crime de aborto era punível nos termos do artigo 140.º, do Código Penal: quem, sem consentimento da mulher grávida, a fizer abortar, é punido com uma pena de 2 a 8 anos de prisão; se o fizer com consentimento da mulher, a pena vai até 3 anos; e em igual pena incorre a mulher grávida que se fizer abortar ou que der o seu consentimento para que terceiros o façam.

O bem jurídico tutelado é – em linguagem penalista – a vida humana intrauterina[1353]; embora não unânime, a doutrina defende que a proteção penal só ocorre com a nidação (no 13.º dia) e não com a fecundação em si; além disso, ela não abrangeria a gravidez extrauterina e a anencefalia do feto[1354].

O artigo 141.º do Código Penal prevê o crime de aborto em forma agravada: quando os meios utilizados provoquem a morte ou uma ofensa à integridade física da mulher grávida, as penas são aumentadas de um terço; outro tanto ocorre quando o agente se dedicar habitualmente à prática de aborto ou quando o realize com intenção lucrativa.

Finalmente, o artigo 142.º do Código Penal, despenalizava a prática de aborto nas seguintes circunstâncias – n.º 1:

a) Constituir o único meio de remover perigo de morte ou de grave e irreversível lesão para o corpo ou para a saúde física ou psíquica da mulher grávida;
b) Se mostrar indicada para evitar perigo de morte ou de grave e duradoura lesão para o corpo ou para a saúde física ou psíquica da mulher grávida e for realizada nas primeiras 12 semanas de gravidez;
c) Houver seguros motivos para prever que o nascituro virá a sofrer, de forma incurável, de doença grave ou malformação congénita, e for realizada nas primeiras 24 semanas de gravidez, comprovadas ecograficamente ou por outro meio adequado de acordo com as leges artis, excecionando-se as situações de fetos inviáveis, caso em que a interrupção poderá ser praticada a todo o tempo;

Quanto ao referendo: Jorge Bacelar Gouveia/Henrique Mota, *Vida e direito: reflexões sobre um referendo* (1998), com pref. António de Sousa Franco, reunindo diversos depoimentos.

[1353] *Vide* J. M. Damião da Cunha, *Comentário Conimbricense* cit., 2 ed., 223-227.

[1354] *Idem*, 227.

d) A gravidez tenha resultado de crime contra a liberdade e autodeterminação sexual e a interrupção for realizada nas primeiras 16 semanas.

Os n.os 2, 3 e 4 do mesmo artigo 142.º regulam a verificação das circunstâncias apontadas e o modo de prestação do consentimento.

Em síntese, podemos afirmar que a lei penal portuguesa vigente incriminava moderadamente[1355] o aborto. Não o considerava criminalmente ilícito, em certas situações que enunciava e que apresentam justificações objetivas: perigo para a vida da mulher, malformação ou violação, ainda então impondo certos prazos. Ficava excluído o aborto por conveniência ou a mero pedido da mulher.

III. Após a rejeição, pelos eleitores portugueses, da iniciativa despenalizadora do aborto, referendada em 1998, prosseguiram as iniciativas tendentes à sua liberalização. Em 2005 foi adotada, no Parlamento, a mesma questão de 1998, com fins referendários. Ela foi rejeitada pelo Tribunal Constitucional: sem entrar no fundo do problema, entendeu-se que não estavam cumpridas as exigências constitucionais, perante o artigo 115.º/10, da Constituição[1356].

Nova iniciativa no mesmo sentido foi adotada pela RAR n.º 54-A/2006, de 20 de outubro[1357], preconizando-se a questão seguinte:

> Concorda com a despenalização da interrupção voluntária da gravidez, se realizada, por opção da mulher, nas primeiras 10 semanas, em estabelecimento de saúde legalmente autorizado?

Chamado a pronunciar-se, o Tribunal Constitucional, em acórdão votado por 7 conselheiros e com 6 votos de vencido, aceitou a constitucionalidade do tema[1358]. Trata-se de um acórdão que deixou pura e simplesmente na sombra o único aspeto que poderia jamais justificar o aborto

[1355] Como, de resto, faz em geral com os crimes contra as pessoas.

[1356] TC n.º 578/2005, de 28 de outubro (Maria dos Prazeres Pizarro Beleza), DR I Série-A, de 16-nov.-2005, 6529-6541. Houve vários votos de vencido.

[1357] DR I Série, n.º 203, 2.º suplemento, de 30-out.-2006, 7348-(6).

[1358] TC n.º 617/2006, de 15 de novembro (Maria Fernanda Palma), DR I Série, n.º 223, de 20-nov.-2006, 7970-(2)-7970-(29). Votaram vencidos, com declarações de voto circunstanciadas: Rui Manuel Moura Ramos, Maria dos Prazeres Pizarro Beleza, Paulo Mota Pinto, Benjamim Rodrigues, Mário José de Araújo Torres e Carlos Pamplona de Oliveira.

de conveniência, agora proposto: o da primazia da vontade da mãe sobre o direito à vida do nascituro. Com efeito, o acórdão recorda a diversidade comparatística existente; sublinha que nem sempre o crime requer punição; afasta a perspetiva segundo a qual o direito à vida do "feto" impediria o legislador de subtrair ao Direito penal as condutas de interrupção voluntária da gravidez. Quanto às consequências do hipotético "sim", diz o acórdão: que a tutela do "feto" não significa que seja idêntica à reconhecida após o nascimento; que "os dados resultantes da observação dos processos naturais relativos a funções vitais não determinam, como condição necessária e suficiente, as valorações próprias do Direito"[1359]; e que da inviolabilidade da vida e a intervenção penal não vai uma linha reta. Não são tratados os problemas postos pelo confronto entre o valor da vida pré-natal e o valor do livre-arbítrio da mãe.

Com isso, ficou a nossa jurisprudência dotada de uma fraca espécie, em matéria tão elaborada, por exemplo, pelo Tribunal Constitucional alemão.

IV. O referendo assim proposto foi aceite pelo Presidente da República, que designou a data de 12-fev.-2007 para a sua efetivação. A questão da despenalização pertence à política criminal: não vemos que caiba ser referendada, antes devendo ser estudada por especialistas competentes. O referendo encobre, porém, uma segunda questão: a da efetivação de abortos em estabelecimentos de saúde legalmente autorizados, já se sabendo, que antemão, que o Estado iria disponibilizar, para isso, o nosso exangue Serviço Nacional de Saúde. Pode o cidadão eleitor entender que o aborto de conveniência não deve ser incriminado mas que, todavia, não se lhe devem afetar os recursos públicos. Como votar?

A campanha a favor do sim foi quase oficial. Além do aparelho do Estado, ela foi amparada por uma comunicação social maioritária, que chegou a ridicularizar os (legítimos) defensores do "não". Foi a terceira tentativa em oito anos: o referendo acabou por ser aprovado, embora, com uma maioria de abstenções[1360]. Perante isso o Parlamento avançou.

[1359] Chegando a acrescentar [DR I Série, n.º 223, de 20-nov.-2006, 7970-(11)/I]:

> Por exemplo, os critérios sobre o início das funções cerebrais ou da atividade cerebral superior (cuja determinação não é, aliás, indiscutível) não dão, em si mesmos, solução aos conflitos de valores.

[1360] Perante 8.814.016 eleitores inscritos, votaram validamente 3.766.198 (42,73%): 2.231.529 (59,25%) a favor e 1.534.669 (40,75%) contra; vide DR 1.ª Série, n.º 43, 1-mar.-2007, 1429.

Pela nossa parte defendemos que, enquanto não for revisto o artigo 24.º/1 da Constituição, o aborto de conveniência é claramente inconstitucional: suprime o direito à vida sem que, do outro lado, surja qualquer direito de valor comparável, que justifique semelhante ablação.

De qualquer modo: independentemente do epílogo desse referendo e das suas consequências, a discussão civil mantém-se intocada. O Direito civil não pretende aplicar penas a ninguém.

V. Na sequência do referendo de 2007, surgiu a Lei n.º 16/2007, de 17 de abril. Aí, alterou-se, de novo, o artigo 142.º/1, do Código Penal: a alínea *c*), no sentido de retirar a exigência de comprovação adequada da malformação; e a alínea *e*), facultando o aborto por opção da mulher, nas primeiras 10 semanas de gravidez.

Põe-se o problema do aconselhamento: o artigo 142.º/4, *b*), do Código Penal prevê, para o aborto por mera decisão da mãe, um:

> (...) documento assinado pela mulher grávida ou a seu rogo, o qual deve ser entregue no estabelecimento de saúde até ao momento da intervenção e sempre após um período de reflexão não inferior a três dias a contar da data da realização da primeira consulta destinada a facultar à mulher grávida o acesso à informação relevante para a formação da sua decisão livre, consciente e responsável.

O "acesso à informação relevante para a formação da sua decisão livre, consciente e responsável", em matéria tão delicada e que envolve a supressão da vida humana intrauterina, pressupõe um acompanhamento e um apoio psicológico e social. Mesmo admitindo, por força do artigo 142.º/1, *e*), do Código Penal, que a decisão possa ser arbitrária, não vemos como defender a neutralidade do Estado, vinculado à Constituição. O princípio da inviolabilidade da vida humana sempre recomendaria, como *minimum*, que 'à interessada' fossem abertas todas as portas do apoio social e explicados os mecanismos da adoção, se, porventura, optasse por levar a bom termo a gravidez.

Acrescentaríamos, ainda, que em matéria desta natureza, só por estultícia poderá haver certezas. O País está dividido, parecendo razoável que os órgãos de soberania procurem, quanto possível, saídas consensuais. Prever um aconselhamento razoável, que abrisse as portas à defesa da vida intrauterina, poderia ser uma forma de sarar feridas e de procurar um entendimento nacional.

Mas não foi esse o entendimento do Governo. Por simples Portaria – a Portaria n.º 741-A/2007, de 21 de junho – foi previsto um acompanhamento e um apoio psicológico e social da mãe apenas se esta o solicitar (6.º/1). Trata-se de uma saída duplamente inconstitucional[1361]: não é viável, em matéria que restringe o direito à vida, tomar tão delicada opção por Portaria; não é aceitável que a dignidade da vida humana, sacrificada pelo aborto, nem mereça um acompanhamento razoável e adequado[1362].

Chamado a pronunciar-se, o Tribunal Constitucional, por maioria e repisando, no essencial, os argumentos do acórdão n.º 617/2006, de 15 de novembro, nada veio objetar[1363]. Numa matéria desta natureza, há uma óbvia prevalência dos pré-entendimentos político-partidários dos julgadores, com prejuízo para a coerência do Estado de Direito[1364]. Uma (tímida) revisão do problema foi encetada pela Lei n.º 136/2015, de 7 de setembro, que facultava, à mulher interessada em interromper a gravidez, alguma informação prévia sobre o valor da vida. Essa Lei foi prontamente revogada pela Lei n.º 3/2016, de 29 de fevereiro. Também foram revogados os preceitos que permitiam taxas moderadoras para a prática de abortos. A interrupção da gravidez é inteiramente gratuita, passando à frente das emergências clínicas.

VI. Em termos – agora sim, políticos – deixamos em aberto uma última questão. O aborto de conveniência permite que mulheres saudáveis ponham termo à vida de nascituros, também saudáveis: as hipóteses de doença da mãe ou de malformação do nascituro já permitiam o aborto, segundo a lei. Neste momento há uma intensa crise demográfica, com o colapso da segurança social e do esquema das reformas. Falta uma política de natalidade e faltam medidas de apoio aos casais jovens e às mães que decidam ter filhos.

Os clássicos argumentos favoráveis ao aborto de conveniência assentavam na libertação da mulher. Um ponto que, hoje, ninguém discute: é uma causa (vencedora) de meados do século passado. Ao abrigo da nova Lei, terão sido interrompidas cem mil gravidezes. Assiste-se a uma ligeira baixa na taxa de abortos por cada mil mulheres: uma consequência (vantajosa) da divulgação de métodos anticoncecionais eficazes.

[1361] Nesse sentido, apesar de múltiplas cautelas de linguagem, Jorge Miranda/Rui Medeiros, *Constituição anotada* cit., 1, 2.ª ed., 513.

[1362] Nesse sentido, o § 219/1, do Código Penal Alemão:

> O aconselhamento serve a proteção da vida que está por nascer. Deve orientar-se pelo esforço de encorajar a mulher a prosseguir a gravidez e de lhe abrir perspetivas para uma vida com a criança; deve ajudá-la a tomar uma decisão livre e responsável.

[1363] TC n.º 75/2010, de 23-fev.-2010 (Joaquim de Sousa Ribeiro), DR 2.ª série, n.º 60, de 26-mar.-2010, 15.566-15.596, com cinco votos de vencido (15.596-15.605).

[1364] Também críticos, Jorge Miranda/Rui Medeiros, *Constituição anotada* cit., 1, 2.ª ed., 513.

Ficam várias questões em aberto. Fez sentido, em 2007 e num País de demografia descendente, apontar o aborto *ad nutum* como fator de progresso e de modernidade? E justifica-se manter essa opção circunstancial como um tabu irreversível? Veremos, nas próximas gerações, qual o julgamento da História.

113. A necessidade de uma ponderação de valores

I. O tema do aborto está partidarizado. Ele não constitui, entre nós e neste momento, seguramente, uma questão social: ao contrário do que ocorre com a crise demográfica. Mas dá azo a um afrontamento, sendo difícil, por vezes, surpreender raciocínios serenos. Situações similares já ocorreram noutros países, havendo uma patente dificuldade, por parte das instâncias constitucionais, em reconduzir o tema a um sistema coerente de valores. O Direito civil, que não ameaça ninguém com sanções pessoais, poderá dar um contributo.

II. Merece ser conhecido, mesmo entre os cultores do Direito civil, a solução encontrada na matéria pelo Tribunal Constitucional alemão. Na origem, colocou-se um problema intrincado: na República Federal Alemã anterior à reunificação, o aborto era permitido, após a nidificação, apenas dentro de um sistema de indicações[1365]; pelo contrário, na República Democrática Alemã, ele era livre nas primeiras 12 semanas[1366]; no Tratado da reunificação de 31-ago.-1990, foi fixado o prazo de 31-dez.-1992 para se encontrar uma regulação unitária para toda a Alemanha[1367].

Depois de delicadas e vivas discussões, foi elaborado um projeto que, entre outros aspetos, liberalizava o aborto realizado nas primeiras 12 semanas, desde que houvesse prévio aconselhamento.

Invocada a questão constitucional, veio o Tribunal a pronunciar-se, em longo acórdão de 162 pp.[1368]. No essencial, considerou-se o seguinte:

[1365] *Vide*, quanto à RFA, Winfried Kluth, *Zur Rechtsnatur der indizierten Abtreibung/ /Analyse und Auslegung des § 218 a StGB*, FamRZ 1985, 440-444 e Willi Geiger, *Die Rechtswidrigkeit des Schwangerschaftsabbruchs*, FamRZ 1986, 1-6.

[1366] *Vide*, quanto à RDA, Karl-Heinz Lehmann, *Abtreibung und legaler Schwangerschaftsabbruchs in der DDR*, FamRZ 1968, 413-423.

[1367] Astrid Bernard, *Der Schwangerschaftsabbruch aus zivilrechtlicher Sicht unter besonder Berücksichtigung der Rechtsstellung des nasciturus* (1994), 51 ss..

[1368] BVerfG 28-mai.-1993, BVerfGE 88 (1993), 204-366; votaram vencidos os juízes Mahrehholz e Sommer, para os quais a proteção do Estado ao nascituro deveria ser efetiva.

A lei obriga o Estado a proteger a vida humana. À vida humana pertence também o nascituro. Também ele é tutelado pela proteção do Estado. A Constituição não proíbe apenas agressões diretamente estaduais à vida não nascida; ela determina, ainda, ao Estado, que proteja a vida perante agressões ilícitas. Este dever de proteção resulta do Artigo 1.º/1 da Lei Fundamental que obriga expressamente o Estado à consideração e à proteção da dignidade humana[1369].

Ponderando os direitos fundamentais da mulher, o Tribunal Constitucional alemão entendeu que eles não poderiam obstar à proibição da interrupção da gravidez[1370]. Após múltiplas considerações, acabou por se fixar o seguinte: o aborto é ilícito; todavia, quando praticado por indicação médica, não há pena; e quando levado a cabo por vontade da grávida, dentro de 12 semanas e precedendo aconselhamento adequado, também não há pena.

Mantém-se, assim, uma ilicitude de princípio que, mesmo sem reflexos penais, poderá ter resultados noutros campos do Direito[1371-1372].

[1369] BVerfG 28-mai.-1993 cit., BVerfGE 88, 251; o Tribunal Constitucional prossegue citando o § 10 I, 1 do velho ALR:

> Os direitos gerais da pessoa assistem também às crianças ainda não nascidas desde o momento da conceção.

[1370] BVerfG 28-mai.-1993 cit., BVerfGE 88, 255.

[1371] Astrid Bernard, *Der Schwangerschaftsabbruch aus zivilrechtlicher Sicht* cit., 55 ss.

[1372] Tem ainda interesse relevar o seguinte: uma Lei de 18-jun.-1974 previa a possibilidade do aborto nos três primeiros meses da gravidez, sem indicações; foi declarada inconstitucional pelo BVerfG 25-fev.-1975, BVerfGE 39 (1975), 1-95 (48) = NJW 1975, 573-589 = JZ 1975, 205-222, anot. Martin Kriele, 222-225.

O Tribunal Constitucional alemão, na base dos preparatórios e do alcance dogmático dos preceitos, entendeu que o nascituro era protegido pelo artigo 2.º/2, 1, da Constituição – BVerfGE 39, 36 ss. Saber como se efetiva essa proteção é tarefa do legislador ordinário – *idem*, 44 – não se sabendo, à partida, se a tutela deve ser penal – *idem*, 45; poderia ser civil – *idem*, 47. Mas teria de ser alguma tutela, mesmo que, com isso, se restrinjam certos direitos da mãe – 47 e 48.

Esta decisão abriu ao legislador a hipótese do sistema da interrupção da gravidez com indicações, o que veio a ser efetivamente aprovado pela Lei de 18-mai.-1976. Defendendo não haver razões para conferir direitos ao nascituro e criticando a orientação do Tribunal Constitucional, Norbert Hoerster, *Ein Lebensrecht für die menschliche Leibesfrucht?*, JuS 1989, 172-178 (178); contra: Dietmar v. D. Pfordten, *Gibt es Argumente für ein Lebensrecht des Nasciturus?*, ARSP 1990, 69-82 (82); este Autor entende que há razões não teológicas para defender o direito à vida do nascituro, ainda que, segundo ele, daí não decorram, necessariamente, consequências penais. Quanto ao problema no Direito anterior

Dentro de uma opção pró-aborto constitucionalmente coerente, esta postura deve ser ponderada: pena foi que o Tribunal Constitucional português, no acórdão, já referido, de 15-nov.-2006, a tivesse passado em claro; e pena é que, no acórdão de 23-fev.-2010, o mesmo Tribunal, agora já mais esclarecido, não lhe tenha sido sensível.

III. A temática do aborto tem sido deixada aos penalistas. Particularmente entre nós, é nessa área – dotada, aliás, da maior nobreza jurídico-científica – que têm surgido as diversas reflexões dogmáticas sobre o tema. Todavia, não cabe ao Direito penal fixar os valores e os bens protegidos: esse papel compete ao Direito civil, como repositório da cultura histórico-popular – o espírito do povo, na linguagem de Savigny – e ao Direito constitucional, como pacto sócio-político, mínimo e racional de determinada vivência de uma nação. Fixados os valores, então sim: caberá ao Direito penal apurar um sistema coerente, que melhor permita a sua salvaguarda, sem questionar outros valores que porventura se vejam envolvidos no processo.

No caso do aborto, a "inversão penalística" é flagrante: principia-se um debate de extrema delicadeza pela incriminação e pela aplicação de penas. Resulta, daí, um ambiente emocional, terreno fértil para os protagonismos do momento.

Vamos assumir a responsabilidade da colocação civil do tema. Mas sem alijar a reflexão penal: a mais avançada de que, mau grado o apontado óbice de raiz, hoje dispomos, entre nós.

114. Os vetores em presença; o caso do violinista

I. Uma análise civilística da posição jurídica do nascituro envolve o discernir cuidadoso dos diversos vetores em presença.

Em termos biológicos, o nascituro é um ser humano. Antes de nascer e após a conformação dos diversos órgãos, ele tem movimentos, ouve, vê, sente, dorme e sonha: apenas os pulmões não funcionam, sendo a oxige-

às reformas, *vide* Hans Engelhardt, *Das Lebensrecht des Nasciturus und das Verbot der Schwangerschaftsunterbrechung*, FamRZ 1958, 266-270.

Sobre a decisão do Tribunal Constitucional alemão, Ingo Mittenzwei, *Die Rechtsstellung des Vaters zum ungeborenen Kind*, AcP 187 (1987), 247-284 (262).

nação do sangue assegurada por um órgão cuja confeção laboratorial tem levantado problemas, até hoje insolúveis: a placenta, que retira os necessários elementos do útero materno[1373]. Em estádios anteriores de desenvolvimento, todas as funções humanas estão preparadas para operar, de acordo com uma programação genética adequada.

Sociologicamente, o nascituro não se vê, de modo direto[1374]: é perceptível pela deformação característica do ventre materno. Resulta, daí, uma evidente diferenciação em relação à criança nascida. Qualquer sociedade sabe, porém, que se trata de uma criança em gestação.

Culturalmente, o nascituro é, na generalidade dos casos, tratado e sentido com carinho: um filho ou irmão, no ventre da mãe.

II. O grande óbice do nascituro, mercê da Providência ou da natureza que fez, do homem, um mamífero placentário, é a sua dependência do organismo da mãe, durante os nove meses de uma gestação normal. A sua presença, o seu desenvolvimento e – se não houver perturbações, o seu nascimento – representam um fardo para a mulher grávida e mãe – e para o pai que, em regra, acompanha o processo. O fardo pode implicar problemas de saúde porventura graves, perante certas doenças da mãe; pode ainda acarretar danos patrimoniais e morais, em diversas circunstâncias; pode resultar de uma imposição à mulher, por violação ou inseminação não consentida; pode advir de desconhecimento quanto a práticas anticoncecionais; pode, finalmente, tratar-se de um nascituro deficiente, daí resultando uma criança limitada, com todos os óbices psicológicos, sociais e patrimoniais que isso representa.

Poderá impor-se, à mulher, que suporte uma gravidez e, depois, um filho, não desejados?

III. O nascituro, para além da mãe, terá, na ordem natural das coisas, uma família. Desde logo, um pai, que poderá acompanhar a gestação, em cada momento. Essa família poderá querer, ou não, o nascituro. A sua opinião coincidirá, ou não, com a da mãe. E se é justo e razoável que a mãe, diretamente implicada, tenha uma palavra mais ponderosa, parece estranho

[1373] A placenta é produzida pelo próprio nascituro, com genes provenientes do pai; já a cabeça e o essencial do cérebro são organizados pelos genes da mãe, numa descoberta genética notável; *vide* Matt Ridley, *Genome* cit., 209.

[1374] Embora hoje esteja totalmente popularizada a sua visão ecográfica.

esquecer totalmente o pai: deu os seus genes, em partes iguais com a mãe, para o nascituro e será, com ela, corresponsável pela criança, em todos os domínios e pela vida fora.

IV. O Estado, defensor do Direito e da cultura, terá também interesses a propugnar. Desde logo a natalidade: se todos os casais optassem por não ter filhos, a comunidade extinguir-se-ia em poucas décadas. Os serviços de saúde são caros; ressentem-se com a presença de deficientes e com abortos clandestinos. A segurança social está em colapso, mercê da quebra demográfica. Todavia, numa tradição de meados do século XX, o tema mantém-se político, sendo ponto importante em programas partidários. Finalmente, há um problema de coerência de leis.

V. Temos, assim, quatro vetores autónomos, com inclinações diversas. Mais: dentro de cada um dos vetores surgem tensões que apontam soluções opostas. Será necessário isolar os argumentos e graduá-los, de modo a conseguir um modelo coerente de decisão.

Procurando esclarecer os diversos parâmetros capazes de compor um modelo de decisão relativo à proteção do nascituro, poderemos introduzir, com alguns complementos de nossa autoria e em língua portuguesa, o célebre caso do violinista. Trata-se de um caso fictício, elaborado pela filósofa norte-americana Judith Jarvis Thomson[1375] e que permite, seja por semelhança, seja por diferença, apurar os diversos vetores presentes nesta problemática.

Eis o caso:

A acorda, de manhã, numa cama do hospital, lado a lado com um violinista: um conhecido violinista, inconsciente, que *A* reconhece imediatamente. Ao violinista fora diagnosticada uma grave deficiência renal: perante isso, a sociedade dos amigos do músico pesquisara todos os ficheiros e descobrira que apenas *A* tinha o grupo sanguíneo necessário para o ajudar. Mandou, assim, proceder ao rapto de *A* o qual, durante a noite e estando inconsciente, foi ligado ao violinista, de tal modo que a circulação

[1375] Judith Jarvis Thomson, *Eine Verteidigung der Abtreibung*, em Anton Leist (org.), *Um Leben und Tot* (1990), 107-131 (108-109). O caso foi retomado por Klaus Bernsmann, *Forum: Schwangerschaftsabbruch zwischen "Töten" und "Sterbenlassen" – Überlegungen zum "Geiger-Fall"*, JuS 1994, 9-14.

sanguínea de ambos passasse pelos rins de *A*: uma diálise através de um ser humano.

O diretor do hospital acerca-se, então, da cama de *A* e diz-lhe:

– Lamentamos muito o que os amigos do músico lhe fizeram; nunca o teríamos permitido se soubéssemos do que se tratava; porém, fizeram-no; desligá-lo, a si, daí, representaria matar o violinista, o que não podemos fazer; mas não se aflija: não vai ficar aí para sempre; o mais tardar dentro de 9 meses, o violinista vai ficar recuperado e poderá ser desligado, de si, sem perigo para nenhum dos dois.

Eis alguns dos problemas que esta situação suscita:

– *A* poderia oferecer-se voluntariamente como "dador" temporário do seu corpo, para salvar o violinista: meritória conduta;

– *A* poderia estar obrigado, pelo Direito, a ajudar o violinista: nessa altura, a sua aquiescência até poderia ser dispensada;

– *A* só ficou obrigado a salvar o violinista porque, contra a sua própria vontade e à força, foi ligado à pessoa em causa: um tanto bizarro;

– *A*, finalmente, não estando obrigado a ajudar, decide retirar as ligações ao violinista: este morre, sem apelo nem agravo.

Em termos estritamente penais, se *A* retira as ligações, mata o violinista: trata-se de uma conduta causa necessária da morte, com plena consciência de *A*. O homicídio não é justificado: o violinista não está a agredir *A*, nem a vida deste está em perigo. Prosseguindo: se é homicídio, há que evitá-lo: o pessoal do hospital tem o direito (e o dever!) de amarrar *A* à sua cama e de o guardar à vista, durante 9 meses, para que ele não mate o violinista, tirando a ligação. Já o juízo seria outro se estivessemos perante uma mera omissão: *A* não tem o dever de pôr os seus órgãos à disposição do violinista; não o fazendo, deixa-o morrer, o que, neste caso, é jurídica e valorativamente diferente de matar. A verdade, porém, é que *A* foi colocado numa situação em que apenas por ação poderá libertar-se – e isso matando necessária e voluntariamente o violinista. A qualificação da sua conduta como homicídio parece inevitável.

VI. A transposição do caso apontado para a denominada "interrupção da gravidez" suscita alguns problemas e põe outros a nú.

Desde logo, o violinista é um ser humano: uma pessoa. A sua morte, causada por outrem, é ilícita. Já o nascituro é, biologicamente, um ser humano; socialmente parece (ainda) não sê-lo: caberá discutir se assim é e até onde vai a sua proteção.

Por seu turno, *A* não é uma mulher grávida. A gravidez é um processo natural, enquanto as ligações sanguíneas a que *A* foi sujeito são *contra natu-*

ram. Por outro lado, *A* foi conectado à força, enquanto a mulher grávida consentiu, mais ou menos conscientemente, no ato de que proveio a gravidez, conhecendo o seu significado. O paralelo com a situação de *A* seria mais evidente se se tratasse de gravidez proveniente de violação – artigo 164.º do Código Penal – ou de inseminação artificial contra a vontade da própria – artigo 168.º do Código Penal. Dizem as estatísticas que a violação raramente dá azo a gravidez, enquanto a inseminação involuntária não se documenta, entre nós.

Parece também evidente que o sacrifício exigido a *A*, preso num hospital e com o sistema circulatório artificialmente ligado a um estranho, é mais grave do que o esforço requerido à mulher "sujeita" a um processo normal de gravidez. A diferença ganharia um sinal contrário passados os 9 meses: *A* ficaria inteiramente livre, enquanto a mulher grávida tem o dever moral e jurídico de criar o seu filho, com o contrapeso de que o filho, uma vez ocorrido o parto, passa a dispor da proteção jurídica absoluta dispensada ao ser humano nascido.

Os amigos do violinista também não equivalem à família do nascituro. Uns e outra pretendem, por hipótese, que o ser dependente sobreviva. Mas essa pretensão, por legítima que se apresente, poderá ir ao ponto de impor nove meses de sacrifício a outrem? Quanto às diferenças: os amigos do violinista foram o grande motor da operação; já os familiares do nascituro, particularmente o pai, embora colaborando na gravidez, não a impuseram (em regra), *contra voluntatem*. Além disso, os amigos do violinista atuaram por interesse pessoal, ainda que estético; a família do nascituro poderá (em regra) querê-lo vivo por interesses de outra natureza: mais abenegados.

Finalmente, temos o paralelo entre o diretor do hospital e o Estado. Ambos poderão dizer que não pretenderam a situação e que, se soubessem do que se preparava, tê-lo-iam impedido, caso pudessem, naturalmente. E ambos sustentariam que, consumados os fatos, mais não lhes resta do que, dos valores em presença, sacrificar o menor: a liberdade do "hospedeiro".

VII. Como balanço deste exercício académico, temos o seguinte: se se admitir que a proteção do nascituro é equivalente à do violinista, a posição daquele é francamente mais favorável; *A* foi coagido, o que em regra não sucede com a mulher grávida; a posição de *A* é desumana, enquanto a da mulher grávida é natural, saudável e tendencialmente aprazível; os amigos de *A* excederam-se no seu entusiasmo, enquanto a família do nascituro revelará apreço e afeição normais; o diretor do hospital iria exigir um sacrifício *contra naturam* a *A*, enquanto o Estado salvaguardaria um processo natural de gestação humana.

A própria Judith Thomson, autora do caso do violinista, acaba por optar pela não-proteção do nascituro[1376]. Assunto a ver. O caso permite concluir que as consequências da hipotética proteção do nascituro são comportáveis pelas valorações do ordenamento e pela sensibilidade social.

O direito (hipotético) à vida do nascituro deve ser objeto de valorações próprias.

VIII. Procurando, agora, sintetizar as proposições, temos o seguinte:

- quanto ao nascituro: nenhum juízo de censura impende sobre ele e o seu interesse será de ver o processo chegar ao termo, pelo nascimento[1377]; além disso, ele não pode expor uma opinião nem defender-se, ficando totalmente dependente da mãe, das leis e do Direito;
- quanto à mãe: ela pode querer ou não querer a gravidez; não a querendo, poderá apresentar ou não justificação; apresentando-a: ela poderá radicar na sobrevivência própria, na (a)normalidade do nascituro, em razões psicológicas sérias (vg., gravidez imposta) ou em razões psicológicas diversas, incluindo problemáticas sociais e económicas;
- quanto à família: valem todas as hipóteses apontadas para a mãe, embora com um menor peso, pela natureza das coisas;
- quanto ao Estado: ele pode valorar diferentemente a vida, ora admitindo ou não a pena de morte, a experimentação humana ou a eutanásia; de todo o modo, o sistema que estabeleça deve ser coerente.

Tudo dependerá, desde logo, de se reconhecer, ou não, ao nascituro, um direito à vida. Se a resposta for positiva, ficam excluídos os abortos *ad nutum*[1378] ou os abortos com justificações "fracas"; em rigor: só a ameaça segura da morte da mãe poderia justificar o aborto – e, ainda aí: explicando um direito à vida, por parte da mãe, mais forte do que o do filho.

[1376] Judith Thomson, *Eine Verteidigung der Abtreibung* cit., 107 ss., 116 ss. e *passim*. Esta autora pondera, em especial, o facto de não se poder coagir alguém, sob invocação de direitos próprios, incluindo o direito à vida. No caso do violinista: e se *A* tivesse de ficar ligado durante 9 anos? E para o resto da vida?

[1377] Abaixo consideraremos a possível pretensão do nascituro ao não-nascimento.

[1378] Portanto: não acompanhados em qualquer justificação e apenas por vontade unilateral da mãe.

Se o nascituro for considerado "coisa", ficará na disponibilidade da mãe – e parece que do pai. Além disso, serão justas a experimentação laboratorial ou quaisquer manipulações.

Importa ainda considerar, a nível de intensidade das soluções, a tutela que, em geral, o Estado dispense à vida.

§ 22.º A TUTELA CIVIL DO NASCITURO

115. O direito à vida do nascituro

I. Uma pesquisa civilística sobre um hipotético direito à vida do nascituro deve ser feita em termos absolutos: procuramos uma eventual posição do próprio e não um compromisso apriorístico com quaisquer outros valores. Apenas depois de (eventualmente) apurado um direito à vida do nascituro, poderemos indagar em que medida ele deverá ceder perante outros direitos incompatíveis.

Feita esta precisão, vamos apurar argumentos que, em rigor, não vêm bulir com o tema que ora nos preocupa[1379].

II. Temos, assim:

- o direito à autodeterminação da mulher: é total e indiscutível; todavia, mesmo sem entrar na discussão da responsabilidade da mulher no ato da conceção, não se pode retirar, desse direito, que o próprio nascituro não tenha direito à vida; se a autodeterminação fizesse cessar os direitos à vida que a restrinjam, a mulher-mãe poderia matar ou abandonar o recém-nascido: é mais limitador do que o nascituro;
- a legítima defesa da mulher: justificaria atos que, de outro modo, seriam ilícitos – artigo 337.º; todavia, mesmo a conseguir-se configurar, na presença do nascituro, uma "agressão ilícita", a verificação dos pressupostos da legítima defesa não conduz a que o "agressor" não tenha direito à vida: apenas que esse direito deva, em concreto, ceder; ver-se-á, depois, como e em que medida;

[1379] Para alguns aspetos abaixo expostos, Johannes Richter, *Das moralische Lebensrecht des Nasciturus* (1998), 2 ss..

– o não-direito ao uso do corpo da mãe: dir-se-ia que, em qualquer caso, o nascituro não tem o direito de usar o corpo da mãe; todavia, isso será um segundo momento da discussão; para já, pergunta-se, apenas, se o nascituro tem ou não direito à vida;
– a múltipla ocorrência de abortos sem condições: dada a proliferação de abortos clandestinos fora dos hospitais, com danos para a saúde da mãe, melhor seria legalizar o fenómeno, como modo de o controlar: de novo temos aqui uma questão de política criminal, que nada tem a ver com o direito à vida do nascituro, caso este o tenha.

O facto de, eventualmente, se concluir pelo direito à vida do nascituro não deve ser tomado como uma *capitis deminutio* de ninguém. Particularmente: tal direito, a existir, visa a tutela do nascituro; não a agressão ou o prejuízo de terceiros e, em especial, da mãe.

III. Como ponto de partida para a reflexão, assentamos em que o recém-nascido é um ser humano e tem direito à vida[1380]. Antes de iniciado o parto, a realidade biológica é a mesma; o parto até poderia ser precipitado: a criança viveria. Não há, aqui, alterações fácticas que justifiquem valorações civis diversas.

A questão que se põe é, todavia, a seguinte: o nascituro, ao longo do processo embriológico, sofre uma série de alterações, passando, em 9 meses, de um zigoto microscópico a uma criança. O "direito à vida" desse ser não se irá modificando, ao ritmo biológico, de tal modo que apenas se consolidaria nas últimas fases da gestação? Um raciocínio deste tipo permitiu, no fundo, ao escrupuloso Tribunal constitucional alemão, optar pela ilicitude do aborto (há sempre um *certo* direito à vida) e, também, pela sua não-penalização, em determinadas circunstâncias (seria um direito à vida "diferente" do direito à vida propriamente dito). Não visamos, agora, o problema criminal: podemos admitir que o desvalor penal que recaia sobre quem mate um recém-nascido seja muito maior do que o merecido por quem mate um núcleo indiferenciado de células, que nem pode ver: mas daí não resulta que este não seja humano e não tenha direito à vida.

1380 Em termos penais, a sua morte, pelos pais, constitui homicídio qualificado [artigo 132.º/2, *a*), do Código Penal], punido com prisão de 12 a 25 anos, contra 8 a 16 para o homicídio simples. *Vide* Nuno Gonçalves da Costa, *Infanticídio privilegiado: contributo para o estudo dos crimes contra a pessoa no Código Penal* (1987), sep. da RFDUL.

Em termos civis, não é possível, hoje, fazer variar o direito à vida em função do perfil do beneficiário. "Tanto" direito têm o maior filantropo ou o mais distinto cientista como o mais depravado criminoso; os deficientes profundos, os inimputáveis, os idosos: todos têm o mesmo direito. Trata-se de um axioma liberal que enforma todo o Direito civil: ou teríamos de diferenciar institutos, o que só por exceção ocorre. Discriminações: apenas positivas, traduzidas num suplemento de proteção para os mais fracos.

O direito à vida do nascituro, uma vez admitido, surge com a vida: não é qualitativamente diferente na 10.ª semana, na 20.ª ou no termo da gravidez[1381].

IV. Se admitirmos – e admitimos – o Direito como uma Ciência coerente, harmónica e adequada, temos de encontrar uma articulação equilibrada entre os seus valores e as suas regras.

As afirmações de dignidade humana e do supremo valor representado pela pessoa, em Direito[1382], têm de se repercutir nos direitos subjetivos daí resultantes. Uma defesa *à outrance* do recém-nascido não joga com uma desproteção do pré-nascido. Não há, na realidade biológica, na sensibilidade humana, no mundo dos valores ou na simples lógica formal, realidades tão diferentes que justifiquem soluções radicalmente distintas.

V. Tudo se inclina para o reconhecimento do direito à vida do nascituro, reconhecimento esse que, de resto e por vias diversas, é praticamente pacífico. Importa, todavia e para prevenir novas erupções de dúvidas, ponderar cinco outros argumentos:

– o direito à vida do nascituro depende de uma opção confessional;
– trata-se de matéria que apenas pode ser decidida pelas mulheres;
– é hipócrita e farisaico admitir um direito à vida do nascituro, quando se multiplicam os abortos;
– uma menor proteção seria eficaz no combate aos abortos clandestinos, fazendo baixar, globalmente, o número de abortos;
– o direito à vida do nascituro depende do facto incerto do nascimento e o visado não tem quem o defenda.

[1381] Voltamos a frisar: este raciocínio não impede uma tutela penal diferenciada; esta, por seu turno, não induz um direito à vida "diferenciado".

[1382] *Vide supra*, 32 ss..

O primeiro ponto, conquanto presente em bons autores[1383], é um completo equívoco. O homem é um mamífero plancentário inteligente, que vive em sociedade e que rege a sua conduta por regras científicas e muito extensas: o Direito. Não é pensável que não tenha regras civis, laicas e independentes de ordens extrajurídicas, para reger algo de tão elementar e evidentemente decisivo como são as suas próprias conceção, gestação e nascimento!

O segundo ponto, a ser aprofundado, levaria a que nem todas as mulheres pudessem decidir; apenas as grávidas; melhor: apenas as grávidas dispostas a abortar voluntariamente, já que as outras não poderiam impor opções às demais. Levando o raciocínio às últimas consequências: qualquer problema só poderia ser solucionado pelo(s) interessado(s) direto(s), numa negação da própria ideia de Direito. Em suma: é evidente, sobretudo em sede penal, que qualquer solução deve ponderar os problemas que uma gravidez indesejada possa pôr às mulheres concretas que a sofram; isso assente: o Direito, com todos os seus operadores, deve decidir.

O terceiro ponto, despindo-o de cargas argumentativas, apresenta a ineficácia da lei como razão de revogação da mesma. O aborto – particularmente no campo penal, de que queremos, agora, abdicar – põe um problema de política criminal semelhante ao de numerosos crimes íntimos. É sabido que a grande maioria dos crimes contra as pessoas – pequenas e médias agressões, violência doméstica, crimes sexuais – e mesmo contra o património – pequenos e médios furtos, roubos e burlas – não chegam aos tribunais nem são participados. A existência de uma cúpula de tutela penal poderá, todavia, ter utilidade. No plano civil, as dificuldades de aplicação de tais leis são irrelevantes. De resto, há soluções civis de mais fácil funcionamento do que as penais.

O quarto ponto – o dos abortos clandestinos – é uma pura questão de política criminal, a discutir no terreno, perante estudos de campo. Civilmente, é irrelevante. O Direito privado não trabalha com penas, nem as exige.

Finalmente, o quinto ponto: o nascimento é incerto tal como incerta é a sobrevivência do recém-nascido no seu primeiro ano de vida – e pela

[1383] Incluindo nacionais; outras vezes refere-se uma opção "ética" que facilita, depois, a legitimação do aborto; *vide* Anton Leist, *Eine Frage des Lebens/Ethik der Abtreibung und künstlichen Befruchtung* (1990), 12 ss. e 57 ss. e Bonnie Steinbock, *Life before birth/The Moral and Legal Status of Embryos and Fetuses* (1992), 4, 9 e *passim*.

vida fora; a mortalidade não constitui argumento para uma menor defesa ou para o não reconhecimento de direitos das pessoas; quanto à natureza indefesa do nascituro: ocorrem outros casos similares – o próprio menor! – há muito enquadrados pelo Direito.

VI. As razões últimas que justificam o direito à vida do nascituro são precisamente as que depõem a favor do direito à vida das pessoas, em geral[1384]. Poder-se-ia acrescentar que os nascituros são a Humanidade do amanhã. Daí deriva o próprio Direito.

A base jurídico-positiva residirá no artigo 24.º da Constituição[1385].

Finalmente: a sensibilidade geral do povo onde o problema se ponha assume, por certo, um papel nesta temática. Já se tem contraposto a facilidade com que, nos Estados Unidos, o Supremo Tribunal Federal admitiu a constitucionalidade do aborto, às dificuldades que o Tribunal Constitucional alemão tem apontado, no mesmo domínio[1386]. Nos Estados Unidos há uma tradição de pena de morte, enquanto a Alemanha, após 1949, é pacifista e não admite tal tipo de pena.

Portugal, com a sua tradição pioneira de abolição da pena de morte e com uma postura assumida de brandos costumes, estará, assim, numa posição privilegiada para reconhecer o direito à vida do nascituro.

Mais recentemente, o direito à vida dos nascituros foi reconhecido pelo nosso Supremo Tribunal de Justiça[1387].

116. Tutela penal?

I. À partida, os direitos civis não requerem qualquer dobragem pelo Direito penal. Há direitos basilares, sem cujo funcionamento nenhuma sociedade humana é possível – por exemplo: os direitos de crédito e, em

[1384] *Supra*, 165 ss.

[1385] Karl Lenzen, *Hat das ungeborene Kind nur einen moralischen Status?*, MDR 1990, 969-971.

[1386] Assim, Winfried Brugger, *Abtreibung – ein Grundrecht oder ein Verbrechen?/ /Ein Vergleich der Urteile der United States Supreme Court und des BVerfG*, NJW 1986, 896-901.

[1387] STJ 3-abr.-2014 (Álvaro Rodrigues), Proc. 436/07.6.

especial, o direito ao cumprimento dos contratos – e que não têm qualquer tutela penal, nem dela necessitam.

Podemos perfeitamente admitir, num plano civil, o direito à vida do nascituro, sem uma incriminação do aborto. A prática deste poderia, por exemplo, envolver apenas indemnizações por danos morais, invalidades de contratos destinados a esse fim e, eventualmente, medidas preventivas.

II. Quer isto dizer que o legislador penal se pode dedicar ao seu múnus de coerência e de eficácia, sem a preocupação de atribuir ou retirar direitos: estes não lhe competem.

A Constituição declara, no seu artigo 24.º, sem restrições, que a vida humana é inviolável. Com isso dá uma base jurídico-positiva ao direito à vida, já resultante do sistema privado. Advirá, daí, uma diretriz para o legislador penal: este deveria incriminar qualquer violação à vida? Não necessariamente: o Estado deve proteger a vida; se porém se concluir que a lei penal é ineficaz e que os meios civis são mais adequados, a lei fundamental ficará satisfeita com estes últimos.

Todavia, parece razoável admitir que, tratando-se do direito à vida, a lei penal deva dispensar tutela. A hipótese de haver "vidas" tuteladas e outras não tuteladas seria estranha. Exige-se, todavia, um concreto trabalho de política legislativa penal, sereno e desprendido de partidarismos ocasionais.

III. Ao direito à vida apenas é oponível o próprio direito à vida. A licitude do aborto só se poderia, assim, amparar na necessidade de salvar a mãe e perante a alternativa concreta, real e comprovada, de a sobrevida do nascituro envolver a morte da mãe. Poder-se-ia alargar este raciocínio à gravidez de tal modo afrontosa que ponha em causa a vida psíquica da mãe, em perigo de suicídio: os casos extremos de gravidez imposta por violação e que o acompanhamento psicológico não logre ultrapassar.

Já um aborto *ad nutum*, por opção de conveniência ou por razões económico-sociais, não parece razoável: o sacrifício pedido ao direito à vida não tem equivalente nas vantagens dos beneficiários: artigo 335.º. O Estado terá, sim, a obrigação de acudir aos problemas económico-sociais suscitados pelo nascituro ou agravados por ele. Nos países Ocidentais, é um mero problema de organização.

A malformação do nascituro questionará o direito à vida na hipótese de anencefalia (ausência de cérebro) ou de inviabilidade total. Nessa ocasião, com base no critério da morte cerebral, não haverá ser humano. As restantes deficiências, particularmente a síndrome de Down, levantam problemas que equacionaremos mais abaixo.

Em conclusão: a existência civil do direito à vida do nascituro, sob reserva de convenientes estudos de política legislativa criminal, recomendaria uma tutela penal desse direito; a despenalização ocorreria na base de um cauteloso método de indicações, que ponderasse os bens em presença, optando pelo sacrifício do que, em concreto e razoavelmente, fosse menos intenso.

IV. Pergunta-se, como problema autónomo e complexo, pela licitude do aborto perante deficiências não letais do nascituro. A tendência para admitir, nessa altura, o aborto com limites de tempo muito latos é incongruente com a tutela pós-nascimento: porque não admitir a morte do recém-nascido deficiente?

Quais são os valores em presença? Na base da reflexão: o nascituro deficiente tem direito à vida; não parece compaginável, para além de considerações éticas elementares, reconhecer o direito à vida e fixar uma especial proteção ao deficiente nascido e tomar posição diametralmente oposta perante o mesmo, como nascituro.

Os incómodos sociais e pessoais que a deficiência do nascituro venha a causar aos pais são insuficientes para contrabalançar, em termos valorativos, o direito à vida.

Veja-se o caso da síndrome de Down[1388]. Trata-se de uma deficiência que provoca atraso mental e patologias várias. O doente de Down vive, em regra, poucos anos; é uma pessoa afável, tranquila, socializável e feliz[1389].

As probabilidades de síndrome de Down aumentam com a idade da mãe. Nos casos de gravidez após os 40 anos, têm sido feitos rastreios sistemáticos pré-natais; nessa base, foram eliminadas dezenas de milhares de nascituros, pretensos portadores da síndrome. Será justo? A cultura, que a tanto dê azo, é humanista? Há que refletir com humildade, procurando sempre escalonar os diversos valores.

[1388] Antigamente dita "mongolismo" ou "trissomia 21", a síndrome ou doença de Down caracteriza-se pela presença, na pessoa atingida, de um terceiro cromossoma 21; ao contrário do que sucede na eventualidade da existência de outros cromossomas "extra", que provocam em regra a inviabilidade da pessoa atingida, a trissomia 21 não afeta a sobrevivência da pessoa: esta não é, todavia, "normal" ou, talvez mais corretamente: não é igual a quem tenha, apenas, um par de cromossomas 21.

[1389] Sobre o tema, Matt Ridley, *Genome* cit., 286 ss..

117. **Danos causados ao nascituro; o próprio nascimento como dano?**

I. Reconhecido que, civilmente, o nascituro tem direito à vida, não oferecerá dúvidas extrapolar o direito à integridade física e moral. Pergunta-se se os danos causados ao próprio nascituro são indemnizáveis[1390].

Quando o problema se pôs, em meados do século XX, começou por se encontrar uma resposta negativa. Entendeu-se que ela dependeria de uma capacidade pré-natal; ora esta só parcelarmente é reconhecida pelos códigos civis, pelo que a indemnização ao nascituro não poderia ser admitida. Hoje, os progressos denotados na responsabilidade civil e uma maior sensibilidade aos dramas humanos levam a uma resposta diametralmente oposta, como veremos[1391].

II. Vamos, para já, colocar um problema inverso. Ainda que tendo um direito à vida, o nascituro representa um fardo, particularmente quando seja deficiente. O próprio nascimento poderá, assim, ser considerado um dano?

O problema foi primeiro discutido a propósito de erros médicos, no tocante ao aconselhamento e à prática de planeamento familiar. Um caso de escola foi discutido pelo *Tribunal de Apelação de Bamberg*, em 6-fev.-1978: fora solicitado e acordado um ato médico de esterilização; este foi mal realizado, vindo a interessada a dar à luz gémeos; o Tribunal entendeu, aqui, que não havia qualquer dano[1392]. O Tribunal Federal (Supremo), em 18-mar.-1980, tomou posição inversa: uma mulher, já com 6 filhos, solicitou a esterilização; esta foi mal realizada, vindo a nascer mais uma criança; o Tribunal entendeu que fora atingido o corpo da mulher, condenando o médico responsável em indemnização e alimentos à criança[1393].

1390 Para além da bibliografia abaixo referida, e em língua latina: Francesca Brinetta d'Usseaux, *Esistere per il diritto* cit., 85 ss. e Pietro Rescigno, *Danno da procreazione* (2006), 49 ss. e *passim*.

1391 *Infra*, 382 ss.

1392 OLG Bamberg 6-fev.-1978, JZ 1978, 529-532, anot. Erwin Deutsch, loc. cit., 532-534, profetizando (532/II) o aparecimento, também na Europa, dos casos de *wrongful life*, o que se viria a concretizar.

1393 BGH 18-mar.-1980, NJW 1980, 1452-1456. As dificuldades que este sector da responsabilidade teria, ainda, para se desenvolver vêm prenunciadas em Harald Franzki, *Neue Dimensionen in der Artzhaftung: Schäden bei der Geburtshilfe und wrongful life als Exponenten einer Entwicklung?*, VersR 1990, 1181-1185 (1185).

De facto, na hipótese de erro médico de que resulte uma gravidez não programada, há lugar a uma indemnização reparatória. Não deixa de haver dano pelo facto de, em consequência do erro, ter surgido um nascituro com direito à vida e, por maioria de razão, uma criança com a plenitude das posições reconhecidas ao ser humano.

Foi celebrado um contrato de prestação de serviço médico. Por força desse contrato, a interessada adquiriu o direito a um aconselhamento capaz e competente e, sendo esse o caso, a tratamentos adequados. Quando o contrato seja deficientemente cumprido, ela tem direito a todas as demais despesas assim ocasionadas, despesas essas que não são compensáveis com o gosto que, afinal, até possa ter por acolher mais um filho. Noutro prisma: admitir que certos contratos de prestação de serviço médico pudessem ser desleixadamente cumpridos a pretexto de que, daí, "apenas" resultaria uma criança, é inadmissível: seria premiar a irresponsabilidade e o enriquecimento ilícito, uma vez que o médico é pago pelos seus serviços[1394]. Tratando-se de um estabelecimento público, seria possível, perante o Direito português, construir um direito à indemnização similar, contra o Estado.

Evidentemente: nestes casos de falhas de planeamento familiar, quem não terá razão de queixa será o próprio nascituro. A questão poderá pôr-se de modo diverso se este for um deficiente e se a falha médica tiver consistido na má realização do diagnóstico pré-natal[1395]. Tal diagnóstico permitiria, designadamente e por hipótese, pôr cobro à gravidez, integrando uma situação na qual o aborto se encontre despenalizado.

III. O problema de uma indemnização pela própria vida, porque indesejada (*wrongful life*), pôs-se em tribunais alemães e norte-americanos, aí encontrando, num primeiro tempo, soluções próximas[1396].

[1394] Estas justificações são, em regra, expendidas a propósito do problema da *wrongful life*, abaixo referido; todavia, elas têm, aqui, plena aplicação. Quanto à responsabilização do médico, sob pena de dispensar *genetic counseling* remunerado e sem risco, *vide* Maximilian Fuchs, *Diz zivilrechtliche Haftung des Arztes aus der Aufklärung über Genschäden*, NJW 1981, 610-613 (613/II); este autor critica Selb, abaixo referido por, mercê de enquadramentos civis de responsabilidade inadequados, vir lograr certas indemnizações.

[1395] *Vide* Guilherme de Oliveira, *O direito do diagnóstico pré-natal*, em *Temas de Direito da medicina* (1999), 203-223.

[1396] Sobre o tema, a obra de referência é Edward Picker, *Schadensersatz für das unerwünschte eigene Leben/"Wrongful Life"* (1995), 154 pp., com indicações completas

Discutiu-se e decidiu-se, na Alemanha, o caso seguinte. Uma mulher, durante as primeiras semanas de gravidez, adoeceu com rubéola. Por negligência do médico que a acompanhava, a doença não foi diagnosticada. Como consequência, não foi praticado o aborto, permitido pela lei alemã, nessas circunstâncias, aborto esse que os pais teriam planeado, se têm sido informados da doença. A criança – uma menina –, que veio a nascer, sofria de graves deficiências físicas e mentais, que obrigaram a uma série de intervenções cirúrgicas[1397].

Tanto os pais como a criança demandaram o médico ginecologista, pretendendo o ressarcimento dos danos, atuais e futuros, provocados pela falha no diagnóstico.

A 1.ª instância admitiu a pretensão dos pais, mas recusou a da filha. Ambas as partes recorreram: o Tribunal de Apelação de Munique[1398] decidiu que os pais não tinham qualquer pretensão pela omissão do aborto: este

da literatura até então existente. Há trad. italiana, de Damiano Canale: Eduard Picker, *Il dano della vita/Risarcimento pera una vita non desiderata* (2004), XIII + 198 pp.

Têm sido publicadas monografias mais recentes; p. ex., Lydia Pahmeier, *Die Geburt eines Kindes als Quelle eines Schadens* (1997), que tipifica em quatro grupos as situações de responsabilidade: *wrongful conception*, *wrongful birth*, *wrongful life* e violação do processo de nascimento; o uso do inglês *wrongful* explica-se pelo poder descritivo da expressão, sem implicações técnico-jurídicas, Stefan Ostheide, *Die Schadensersatzrechtliche Problematik des unerwünschten Kindes im deutschen Zivilrecht* (2000) onde pode, em especial, ser confrontado o desenvolvimento do tema por períodos: o da Constituição de Weimar (23 ss.), os primeiros passos – 1969-1978 (25 ss.), o período da consolidação – 1980-1993 (65 ss.), a "censura" do BVerfG, em 1993 (150 ss.) e a "nova consolidação" (152 ss.), Hermann Ulrich Dreihaupt, *Schadensersatz für das unerwünschte Kind* (2001), que analisa circunstanciadamente a problemática relativa a BVerfG 28-mai.-1993, abaixo referido (17 ss.), estudando diversos grupos de casos (52 ss.) e fazendo, ainda, um desenvolvimento comparatístico (142 ss.), Claudia Junker, *Pflichtverletzung, Kindesexistenz und Schadensersatz/Wrongful Life, Wrongful Birth, Wrongful Pregnancy, Wrongful Adoption & Wrongful Parenthood* (2002), com 767 pp.: uma obra que analisa detidamente a experiência norte-americana (45 ss.) e alemã (187 ss.), desfibrando, depois, as várias violações de deveres (241 ss.), Thomas Winter, *"Bébé prejudice" und "Kind als Schaden"/Eine rechtsvergleichende Untersuchung zur Haftung für neues Leben in Deutschland und Frankreich* (2002), 194 pp., confrontando as experiências alemã e francesa e Michael Stathopoulos, *Schadensersatz und Persönlichkeitsschutz des behinderten Kindes*, FS Canaris 1 (2008), 1213-1230.

[1397] OLG München, 27-fev.-1981, JZ 1981, 586-589 = VersR 1981, 757-759 = NJW 1981, 2012-2015 (2012); mais concretamente: a criança teve de ser operada ao coração e a uma catarata; além disso, verificou-se ser deficiente auditiva, o que poderia provocar dificuldades na aprendizagem da fala e atraso mental.

[1398] Na decisão de 27-fev.-1981 cit. na nota anterior.

não seria justificado pelas maiores despesas da alimentação de uma criança deficiente; tais maiores despesas cairiam ainda fora do contrato de prestação de serviço médico concluído com o clínico visado[1399].

O Tribunal Federal da União (Supremo), pelo contrário, optou pela existência de uma pretensão contratual dos pais[1400]: não da própria criança, seja por via delitual, seja pela contratual, designadamente recorrendo a um contrato com eficácia protetora de terceiros[1401].

Esta decisão provocou múltiplas tomadas de posição. Tanto quanto apurámos, ninguém se manifestou no sentido de não dever ser arbitrada qualquer indemnização. A favor de uma indemnização aos pais – e não à criança – depôs Schünemann, logo perante a decisão do OLG München, numa opção que acabaria, como vimos, por prevalecer no BGH[1402]. Concordando, em princípio, com esta última: Fahrenhorst[1403], Fischer, que faz notar que apenas o próprio poderia proclamar que a (sua) vida é tão má que preferiria não a ter[1404] e Giesen[1405]. Contra, manifestou-se Deutsch, que sublinha a natureza compromissória da decisão; segundo este Autor, não caberia iniciar, aqui, uma discussão transcendental: a criança vai ter despesas originadas pelo erro médico pelo que, também ela, deveria ser indemnizada[1406].

Um novo caso pôs-se em BGH 22-nov.-1983. Desta feita, uma mulher, grávida e já com dois filhos normais, colocava-se num escalão etário de risco; o médico, ponderando a normalidade dessas duas crianças e a ausên-

[1399] *Vide*, quanto à decisão, Gerfried Fischer, *Schadensersatz wegen unterbliebener Abtreibung*, NJW 1981, 1991-1992, recordando a origem norte-americana da figura da *wrongful life* e fazendo precisões dogmáticas importantes.

[1400] BGH 18-jan.-1983, BGHZ 86 (1983), 240-255 (247 ss. e 249-250, quanto às pretensões da mãe e do marido e 250 ss., quanto às pretensões da filha, negadas. O Tribunal transcreve a conhecida citação de L. J. Stephenson: *Man, who knows nothing of death or nothingness, cannot possibly know, wether that is so*, isto é: se a não-vida é preferível à vida. Esta importante decisão foi ainda publicada na generalidade das revistas jurídicas de maior expansão; assim, além do cit. BGHZ: FamRZ 1983, 373-377; JR 1983, 320-324; JuS 1983, 632-633; JZ 1983, 447-451; MDR 1983, 477-478; NJW 1983, 1371-1374; VersR 1983, 396-399.

[1401] BGH 18-jan.-1983 cit., BGHZ 86, 253-254.

[1402] Hermann Schünemann, *Schadensersatz für missgebildede Kinder bei fehlerschaften genetischer Beratung Schwangerer?*, JZ 1981, 574-577 (577/II).

[1403] J. Fahrenhorst, anot. a BGH 22-nov.-1983, JR 1984, 417-418, abaixo referida.

[1404] Gerfried Fischer, *"Wrongful life": Haftung für die Geburt eines behinderten Kindes – BGHZ 86, 240*, JuS 1984, 434-439 (438/II).

[1405] Dieter Giesen, *Recht und medizinischer Fortschritt*, JR 1984, 221-224 (224).

[1406] Erwin Deutsch, anot. BGH 18-jan.-1983, JZ 1983, 451-452.

cia, na família considerada, de perturbações cromossomáticas, não recomendou o diagnóstico pré-natal; veio, daí, a nascer Hubertus, doente de Down. O Tribunal arbitrou uma indemnização à mãe, contra o médico[1407]. Trata-se de uma orientação sufragada, de um modo geral, pela doutrina ulterior[1408].

Subsequentemente, surgiram outros casos de esterilização ineficaz[1409], de interrupção frustrada da gravidez[1410], de acompanhamento genético falacioso[1411] e de não reconhecimento de deficiência durante a gravidez[1412]: em todos estes casos, os alimentos devidos à criança eram tidos como danos, para efeito de indemnização.

Não obstante, o 2.º Senado do Tribunal Constitucional, no acórdão de 28-mai.-1993, relativo à (i)licitude do aborto, levantara dificuldades severas a esse entendimento; a Constituição confere uma dignidade às pessoas: assim, não pode considerar-se como dano a existência de uma criança[1413]. Esta afirmação, apesar de se encontrar fora da matéria que o Tribunal Constitucional aí tinha para resolver (i. é: a da constitucionalidade da lei do aborto), levantou um importante debate doutrinário[1414]. Todavia, enquanto

1407 BGH 22-nov.-1983, JR 1984, 414-417.

1408 Assim, Hans Engelhardt, *Kind als Schaden?*, VersR 1988, 540-544, explicando que os tribunais se refugiam na violação contratual perpetrada pelo médico (544/II) e Gerhard Dannemann, *Arzhaftung für die unerwünschte Geburt eines Kindes*, VersR 1989, 676-683, insistindo (682-683) em que parece difícil poder-se afirmar que melhor seria, para a criança, não ter nascido.

1409 BGH 27-jun.-1995, NJW 1995, 2407-2410 e OLG Düsseldorf 15-dez.-1994, NJW 1995, 788-789.

1410 BGH 28-mar.-1995, BGHZ 129 (1996), 178-185 = NJW 1995, 1609-1611.

1411 BGH 16-nov.-1993, BGHZ 124 (1994), 128-146 = NJW 1994, 788-793.

1412 BGH 4-dez.-2001, BGHZ 149 (2003), 236-246 = NJW 2002. 2946: a autora era portadora de gémeos, vindo um deles (uma menina) a nascer com deficiências físicas; foi demandada a médica por não ter feito o diagnóstico pré-natal, o que permitiria a interrupção da gravidez.

1413 BVerfG 28-mai.-1993, BVerfGE 88 (1993), 203-366 (295-296): *Eine rechtliche Qualifikation des Daseins eines Kindes als Schadensquelle kommt hingegen von Verfassungs wegen (Art. 1 Abs 1 GG) nicht in Betracht.* Concordante, Reinhold Weber, *Schadenersatzrechtliche Folgen der Geburt eines unerwünschten Kindes?/Zur Rechtsentwicklung und zur Rechtsprechung des BVerfG*, VersR 1999, 389-401 (391 ss.).

1414 Assim, Erwin Deutsch, *Neues Verfassungszivilrecht: Rechtswidrigen Abtreibungsvertrag gültig – Unterhaltenspflicht aber kein Schaden*, NJW 1993, 2361-2363 e *Schadensrecht und Verfassungsrecht: Akt II*, NJW 1994, 776-778, Dieter Giesen, *Schadensbegriff und Menschenwürde/Zur schadensrechtliche Qualifikation der Unterhaltspflicht für ein ungewolltes Kind*, JZ 1994, 286-292, Burkhard Schöbener, *Menschliche Existenz als Schadensquelle? Verfassungsrechtliche Aspekte der Rechtsprechung des BGH*

obiter dictum, não era vinculativo[1415]. E assim o BGH, em decisões já citadas, manteve a sua posição, reforçada pela doutrina maioritária. O Tribunal Constitucional, desta feita pelo seu 1.º Senado, veio a aproximar-se de tal orientação[1416], provocando novo afluxo doutrinário[1417].

Podemos considerar que a doutrina mais recente aceita esta construção: indemnização aos pais, equiparada aos alimentos devidos ao filho[1418].

IV. A orientação acima descrita foi adotada, pelo nosso Supremo Tribunal de Justiça, num interessante acórdão de 19-jun.-2001 e isso independentemente da evolução de que acima demos conta.

Sucedera o seguinte: no dia 29-out.-1996, nasceu em Ovar uma criança deficiente: André Filipe. No início da gravidez, os seus pais haviam-se deslocado ao consultório de determinado médico, tendo sido feita uma ecografia em estabelecimento adequado. Tratava-se de uma gravidez de risco, o que era do conhecimento do médico, por malformação do útero da mãe. O médico prescreveu nova radiografia, verificando um volume uterino inferior ao normal; todavia, nada empreendeu. Designadamente: não recomendou exames complementares mais cuidados. André Filipe nasceu com graves e irreversíveis malformações nas pernas e na mão direita.

Os pais de André Filipe, em representação deste, intentaram uma ação de indemnização contra o médico e contra a clínica de ecografias; invo-

zur Geburt eines unerwünschten Kindes, JR 1996, 89-94 e Dreihaupt, *Schadensersatz für das unerwünschte Kind* cit., 25.

[1415] O *obiter dictum* é uma afirmação judicial jurídico-científica feita à margem da questão a decidir. *Vide* Wilfried Schlüter, *Das obiter dictum/Die Grenzen höchsrichterlicher Entscheidungsbegründung dargestellt an Beispielen aus der Rechtsprechung des Bundesarbeitsgerichts* (1973), 77 ss. e 105 ss.

[1416] BVerfG 12-nov.-1997, BVerfGE 96 (1998), 375-407 (400-401) = NJW 1998, 519-523, confirmando o citado BGH 16-nov.-1993; como se dissera nesta decisão (BGHZ 124, 142), o reconhecimento da indemnização não denega a existência ou a dignidade da criança.

[1417] Assim, desde logo, Erwin Deutsch, *Berufshaftung und Menschenwürde: Akt III*, NJW 1998, 510; ainda e entre outros: Adolf Laufs, *Schädliche Geburten – und kein Ende*, NJW 1998, 796-798, Hans-Wolfgang Arndt, *Kinder, Kinder ... oder: Die unterschiedliche Leistungsfähigkeit der Senate des Bundesverfassungsgerichts*, NJW 1999, 745-750 e Bernhard Losch/Wiltrud Christine Radau, *Die "Kind als Schaden"-Diskussion*, NJW 1999, 821-827 (826), chamando a atenção para a necessidade de um estudo sociológico sobre a família.

[1418] Em especial: Gottfried Schiemann, no *Staudingers Kommentar*, §§ 249-254, 13.ª ed. (1998), § 249, Nr. 204 ss. (150 ss.) e Hartmut Oetker, *Münchener Kommentar*, 2, 7.ª ed. (2016), § 249 Nr. 30 ss., ambos concordando com esta orientação.

caram, designadamente, que se a mãe do autor tivesse sido devidamente informada, poderia ter abortado. A ação improcedeu nas instâncias, subindo ao Supremo. Em excelente acórdão[1419], o Supremo sublinhou claramente que o pedido de indemnização deveria ter sido formulado pelos pais, já que na órbita destes se encontra a faculdade violada. No tocante aos deveres de informação: também em relação aos pais se deu a sua violação. Quanto ao autor, estaria em causa um direito à não-existência: ora semelhante direito não tem consagração legal e, mesmo a admitir-se, nunca poderia ser exercido pelos pais em nome do filho. Confirmou-se, por isso, o decidido nas instâncias.

Com flutuações, a doutrina portuguesa que tem considerado este tema, sufraga a orientação acima apontada. Tais as escolhas de Fernando Araújo[1420], de Guilherme de Oliveira[1421], de Álvaro Dias[1422], de Paulo Mota Pinto[1423] e de Carneiro da Frada[1424]. É de esperar que ela venha a ser mantida pela futura jurisprudência.

V. Atribuir uma indemnização à criança ... por esta ter nascido equivaleria a considerar a sua vida (atual e, porventura, deficiente) como dano, sendo que a alternativa apontaria não para uma vida "normal", mas para a não-vida. Pedir-se-ia ao Direito que considerasse a morte preferível à vida deficiente, o que é de todo impossível, por contrariedade a qualquer sistema jurídico civilizado[1425]. Já a pretensão dos pais por deficiente diag-

[1419] STJ 19-jun.-2001 (Fernando Pinto Monteiro), Proc. 1008/01-1, inédito, durante vários anos; trata-se de um aresto a que primeiro tivemos acesso por gentileza do Prof. Doutor António Pinto Monteiro e depois publicado em RLJ 134 (2002), 371-377, distribuído em 2005. O acórdão em causa mereceu uma importante anotação de António Pinto Monteiro, *Direito a não nascer*, RLJ 134 (2002), 377-384, com relevantes indicações e que não deixa de sublinhar as clivagens axiológicas subjacentes a todo este problema. Hoje, o acórdão está publicado como Proc. 01A1008.

[1420] Fernando Araújo, *A procrição assistida e o problema da santidade da vida* cit., 84-113, com vastas indicações norte-americanas.

[1421] Guilherme de Oliveira, *O direito do diagnóstico pré-natal*, em *Temas de Direito da medicina* (1999), 203-223 (214 ss.), admitindo todavia que a ação possa ser intentada pelos pais ou pelos filhos.

[1422] João Álvaro Dias, *Dano corporal/Quadro epistemológico e aspectos ressarcitórios* (2001), n.º 85 (500-508), com indicações espanholas.

[1423] Paulo Mota Pinto, *Indemnização em caso de "nascimento indevido" e de "vida indevida"* ("wrongful birth" *e* "wrongful life"), Lex Medicinae 2007, 5-25 (12)

[1424] Manuel A. Carneiro da Frada, *A própria vida como dano?*, ROA 68 (2008), 215-253 (233).

[1425] Edward Picker, *Schadensersatz für das unerwünschte eigene Leben* cit., 11.

nóstico – e, portanto, por mau cumprimento do contrato de prestação de serviço médico – parece razoável[1426], independentemente de, daí, poder resultar o aborto: as pretensões da criança e as dos pais não são, claramente, homogéneas[1427].

VI. Os casos da "vida indesejada" já haviam sido discutidos nos Estados Unidos, tendo, aí, soluções semelhantes às encontradas pelo BGH alemão[1428-1429] e pelo nosso Supremo Tribunal de Justiça.

Parece patente que a dificuldade por eles colocada resulta de uma contradição absoluta de valorações: a de se considerar eliminável a vida do nascituro deficiente, e intocável a vida do recém-nascido que se encontre nessas mesmas condições. Daí que se revele tecnicamente impossível considerar a vida (extrauterina) como um dano, para efeito de penalizar a

[1426] *Idem*, 16; STJ 12-mar.-2015 (Hélder Roque), Proc. 1212/08; RLx 30-abr.-2015 (Catarina Manso), Proc. 2101/11.

[1427] *Idem*, 18 ss..

[1428] *Vide* o anexo comparativo de Picker, *Schadensersatz* cit., 130 ss., onde podem ser confrontadas as diversas decisões; de notar que a primeira decisão do Supremo Tribunal de New Jersey, em 1967, teve justamente a ver com um contágio da mãe por rubéola, considerada inofensiva pelos médicos: a pretensão da criança foi rejeitada com o argumento de que esta não invocava que, sem a negligência, teria nascido "normal" mas antes que, de todo, não teria nascido; esta orientação, mau grado decisões discrepantes, tem sido mantida. Também em Inglaterra, o *London Court of Appel* (*apud* Picker, ob. cit., 132) recusou a pretensão de uma criança cuja mãe fora, também, contagiada com rubéola, por entender que não se pode invocar um direito ao próprio não-nascimento; de certo, isso implicaria que a vida do deficiente não seria valorada nem deveria ser preservada. Uma análise comparativa do problema pode ainda ser confrontada em Erwin Deutsch, *Unerwünschte Empfängnis, unerwünschte Geburt und unerwünschtes Leben verglichen mit wrongful conception, wrongful birth und wrongful life des anglo-amerikanischen Rechts*, MDR 1984, 793-795.

[1429] O problema fora, de facto, discutido pela primeira vez nos Estados Unidos, em 1934: um homem casado pedira uma esterilização; o médico explicara que a mulher não poderia engravidar novamente, sob pena de perigo de vida; todavia, a intervenção foi mal executada, vindo a mulher a engravidar; sobreviveu, de resto, à gravidez; pedida uma indemnização, o tribunal negou-a, atendo-se estritamente ao contrato: a operação não visava poupar os custos provocados por mais um filho mas, antes, salvaguardar a saúde da mulher; ora, como a esse nível não ocorreram danos, nada mais haveria a acrescentar; *vide* Dreihaupt, *Schadensartz* cit., 142-143 e Claudia Junker, *Pflichverletzung, Kinder-existenz und Schadensersatz* cit., 41-42.

não-"interrupção" da vida intrauterina[1430]. A não-incriminação do denominado aborto eugénico não permite progredir, uma vez que, ela própria, entra em contradita com a forte incriminação do infanticídio, mesmo quando se trate de uma vítima deficiente[1431].

A intocabilidade da vida do recém-nascido conduzirá, assim, a que este não possa demandar o médico ... por estar vivo. Simplesmente este raciocínio, a ser coerentemente mantido, vai vitimar, também, as pretensões dos pais. Sendo a vida do filho inviolável, como podem ser indemnizados por ele estar vivo? Todavia, é evidente que o médico que, por negligência (ou, até, dolo!), falseie um diagnóstico pré-natal, vedando a alternativa, efetivamente existente na generalidade dos Direitos do Ocidente, de um aborto eugénico, não cumpre o seu contrato, devendo ser civilmente sancionado.

Temos de reconhecer, com humildade, que as contradições de valores pré e pós-natais tornam impossível uma solução científica e sistematicamente conforme[1432]. Procurar uma saída na relativização do próprio ser humano não é dogmaticamente possível nem eticamente imaginável[1433]. A solução está noutra latitude: o alargamento dos escopos de responsabilidade civil e a tutela da confiança na execução dos contratos levam-nos a propender para um direito dos pais a uma indemnização, por violação do contrato e do dever de informar. Em termos de valoração material, poderemos considerar que o médico se torna corresponsável pelo produto da (in)execução do contrato.

118. **O estatuto dos embriões**

I. Pergunta-se, finalmente, pela tutela jurídica dos embriões. O problema põe-se por via das diversas técnicas tendentes a suprir problemas

[1430] Quanto à contradição *vide* Picker, *Schadensersatz für das unerwünschte eigene Leben* cit., 26 ss. e 62 ss. Quanto à ambivalência desta conjuntura *vide*, ainda, Eduard Picker, *Schadensersatz für das unerwünschte Kind ("wrongful birth")/Medizinischer Fortschritt als zivilisatorischer Rückschritt?*, AcP 195 (1995), 483-547 (546).

[1431] *Idem*, 47 ss., conquanto que nem sempre acompanhando as suas formulações.

[1432] Apontando os perigos de uma ausência de Direito neste campo, Picker, ob. cit., 122 ss..

[1433] Como elemento de investigação: Eduard Picker, *Menschenwürde und Menschenleben – Zum Auseinarderdriften zweier fundamentaler Werte als Ausdruck moderner Tendenzen zur Relativierung der Menschen*, FG Flume 90. (1998), 155-263.

de fertilidade e, designadamente, a fecundação *in vitro*. Essa fecundação envolve a imediata produção de múltiplos embriões; destes, só alguns são utilizados, sabendo-se que os restantes ficarão por implantar. Além disso, dos implantados, apenas (em regra) um se irá desenvolver[1434].

II. Civilmente, os embriões são nascituros, embora (ainda) sem cérebro: têm direito à vida[1435]. Todavia, a técnica humana não pode viabilizá-los a todos. Proibir a investigação genética e a fecundação *in vitro*, em nome dos embriões que não se poderão desenvolver, será excessivo: a fecundação *in vitro* é uma ação humana, destinada a incrementar a vida; não a morte. Desde que se proceda a manipulações dentro de uma deontologia cuidada, sem quebras de dignidade, poderemos inverter o problema: os médicos especialistas não podem ser responsabilizados por, tecnicamente, não ser (ainda) possível assegurar a sobrevida de todos os embriões.

Neste como noutros temas, há que prevenir fundamentalismos: eles jogam, em regra, contra as causas que procuram servir.

III. A delicadeza do problema e o seu relevo patrimonial justificam que se recorra a intervenções legislativas[1436]: elas têm vindo a surgir em diversos países[1437]. Seria ainda conveniente um debate mundial sobre o tema: com a maior facilidade e invocando-se, inclusive, a liberdade religiosa, torna-se possível deslocar os centros de experimentação humana para locais mais permissivos fazendo-se, aí, experiências cruéis e desumanas.

[1434] Com o maior interesse, Sílvio Romero Beltrão, *Direitos de personalidade* cit., 2.ª ed., 107 ss..

[1435] De resto, é a conclusão a que, inevitavelmente, chegam, entre nós, os civilistas que estudam o tema: Mário Bigotte Chorão, *O problema da natureza e tutela jurídica do embrião humano à luz de uma concepção realista e personalista do Direito*, O Direito 123 (1991), 571-578; Diogo Leite de Campos, *O estatuto jurídico do nascituro*, ROA 1996, 877-886 (882).

[1436] *Vide* Ekaterini Iliadou, *Forschungsfreiheit und Embryonenschutz/Eine verfassungs- und europarechtliche Untersuchung der Forschung an Embryonen* (1999). Quanto à lei alemã, Rolf Keller, Hans-Ludwig Günther e Peter Kaiser, *Kommentar zum Embryonenschutzgesetz* (1992).

[1437] Quanto à lei Suíça sobre pesquisa genética (2006): Heike Rieder, *Genetische Untersuchungen und Persönlichkeitsrecht/Eine Auseinandersetzung mit dem Bundesgesetz über genetische Untersuchungen beim Menschen im medizinischen Bereich* (2006), 341 pp..

IV. Depois de alguma controvérsia, a Assembleia da República adotou a Lei n.º 32/2006, de 26 de julho[1438], relativa à procriação medicamente assistida (PMA). Foi alterada pela Lei n.º 59/2007, de 4 de setembro, que aditou o artigo 33.º-A (responsabilidade de pessoas coletivas), pela Lei n.º 17/2016, de 20 de junho, que liberalizou a PMA, pela Lei n.º 25/2016, de 22 de agosto, que permitiu a gestação de substituição, pela Lei n.º 58/2017, de 25 de julho, relativa ao destino dos elementos genéticos, republicando a Lei n.º 32/2006, em anexo e pela Lei n.º 49/2018, de 14 de agosto, que modificou o seu artigo 6.º. Retemos alguns tópicos:

- a PMA deve respeitar a dignidade humana e a não-discriminação (3.º), era unicamente admissível a título subsidiário: depois de diagnosticada a infertilidade (4.º, redação inicial); a Lei n.º 17/2016 suprimiu essa exigência;
- as suas técnicas, bem como a "gestação de substituição", apenas podem ser ministradas em centros públicos ou privados autorizados e por pessoas qualificadas (5.º, na redação da Lei n.º 25/2016);
- só as pessoas casadas, não separadas ou as de sexo diferente que vivam em condições análogas às dos cônjuges podiam recorrer à PMA (6.º, versão original); essa exigência caiu com a Lei n.º 17/2016;
- é proibida a clonagem que vise seres humanos geneticamente idênticos, as técnicas de manipulação genética e a criação de quimeras ou híbridos (7.º);
- eram nulos os negócios jurídicos, gratuitos ou onerosos, de "maternidade de substituição" (8.º, na versão original); a redação dada pela Lei n.º 25/2016 permite tais negócios, quando gratuitos[1439];
- a investigação em embriões é possível, dentro de margens estritas (9.º);
- é permitida a doação de espermatozóides, de ovócitos e de embriões (10.º);

[1438] Alterada pela Lei n.º 59/2007, de 4 de setembro, que aprovou uma revisão do Código Penal.

[1439] Torna-se muito difícil assegurar a inexistência de contrapartidas para a "gestante de substituição". A "gestante de substituição" que celebre contratos onerosos é criminalmente punida (artigo 39.º/2); naturalmente: deixa de haver crime se ela abortar voluntariamente.

– são assegurados a objeção de consciência (11.º), os direitos e os deveres dos beneficiários (12.º e 13.º), o seu consentimento (14.º) e a confidencialidade (15.º);
– é permitida a inseminação artificial com sémen de dador (19.º), o qual nunca poderá ser havido como pai (21.º): tal qualidade é do marido da mãe ou de quem com ela viva em união de facto, desde que tenha havido consentimento quanto à inseminação (20.º);
– é proibida a inseminação *post mortem* (após a morte do marido) mas, se ocorrer, a criança é havida como filha do falecido (22.º e 23.º);
– é regulada a fertilização *in vitro* (24.º a 27.º).

A lei surge cuidadosa, em face dos atuais conhecimentos. A sua regulamentação foi aprovada pelo Decreto Regulamentar n.º 5/2008, de 11 de fevereiro, alterado pelo Decreto Regulamentar n.º 1/2010, de 26 de abril, que o republicou em anexo. Registe-se, ainda, que o Tribunal Constitucional optou pela sua constitucionalidade[1440]. O seu artigo 5.º foi alterado pelo Decreto Regulamentar n.º 4/2013, de 11 de junho. Finalmente (neste momento), toda essa matéria foi visada pelo Decreto Regulamentar n.º 6/2016, de 29 de dezembro, que revogou o anterior 5/2008.

A gravidez de substituição levanta problemas jurídicos delicados, ainda por estudar[1441]. Foi desenvolvida pelo Decreto Regulamentar n.º 6/ /2017, de 31 de julho.

119. Consequências civis

I. O Direito civil tem limites na eficácia das suas normas. Não pode nem deve atuar coativamente em áreas ligadas à intimidade das pessoas: pense-se, por exemplo, no que seria uma execução específica do dever de coabitação dos cônjuges.

O direito à vida do nascituro implica uma série de deveres muito pessoais a cargo, designadamente, da mãe. Esta deverá, por exemplo, respei-

[1440] TC n.º 101/2009, de 3 de março (Carlos Fernandes Cadilha), DR 2.ª Série, n.º 64, de 1-abr.-2009, 12452-12469.

[1441] *Vide* o TC n.º 225/2018, de 24 de abril (Pedro Machete), DR 1.ª série, n.º 87, de 7-mai.-2018, 1885-1979, muito documentado e com votos de vencido.

tar algumas regras, normalmente elementares, de cuidado consigo própria, para não prejudicar o nascituro. Mas não é desejável que se dotem tais regras de dispositivos de coação[1442].

II. O atentado à integridade do nascituro é um ato civilmente ilícito[1443]. Saber se o próprio nascituro tem o direito a ser indemnizado depende de regras jurídicas de capacidade, abaixo referidas: apenas adiantamos as conclusões. A ideia básica é a seguinte: se, do atentado, resultar lesão não-letal, o próprio nascituro tem o direito, após o nascimento, de ser indemnizado. Se da lesão resultar uma deficiência permanente, tal direito abrangerá os alimentos necessários, devidamente reforçados, ao longo de uma vida[1444]. Veja-se, acima, o debate sobre o próprio nascimento, como "dano".

Antes do nascimento, o nascituro tem uma capacidade de gozo limitada ao direito à vida[1445]. A morte do nascituro dará lugar a direitos à indemnização por danos morais, funcionando o artigo 496.º. Além disso, todos os danos patrimoniais provocados aos pais do nascituro deverão ser ressarcidos. Quanto ao nascituro em si: não tendo havido nascimento, o direito à indemnização do próprio não se constitui. Trata-se de uma consequência do artigo 66.º/1, justificada por razões sociais e dogmáticas abaixo referidas.

III. O Direito civil não pode sancionar contratos que visem atentar contra a vida do nascituro. Caso ocorram, serão nulos. A nulidade do dever de prestar principal não impede, *in concreto* e quando se justifique,

1442 Nos Estados Unidos foi discutido um caso-limite: um Tribunal do Estado da Geórgia deu ordem para se fazer uma cesariana "à força": Jessie Jefferson, grávida, não queria, por razões religiosas, submeter-se a essa intervenção; todavia, ela sofria de bloqueio da placenta, o que, a não se intervir, provocaria seguramente a morte da criança e, com uma probabilidade de 50%, a da própria mãe; a decisão foi confirmada pelo Supremo – Wolfgang van den Daele, *Der Fötus als Subjekt und die Autonomie der Frau/Wissenschaftlichtechnische Optionen und soziale Kontrollen in der Schwangerschaft*, KJ 1988, 16-31.

1443 Günter Stumpf, *Die Verletzungsfähigkeit des Nasciturus* (1966), 6 ss., 59 e *passim*.

1444 Deynet, *Die Rechtsstellung des Nasciturus* cit., 142 ss.

1445 *Vide* a pesquisa, já antiga, de Walter Selb, *Schädigung der Menschen vor Geburt – ein Problem der Rechtsfähigkeit?*, AcP 166 (1966), 76-128 (126), que depara com a dificuldade de a personalidade só se adquirir com o nascimento. Este escrito, hoje já com quase quarenta anos, não é minimamente representativo nem do pensamento jurídico alemão, nem do estádio atual da Ciência do Direito.

a manutenção dos deveres acessórios. Estes abrangem toda a informação e os cuidados necessários para preservar a vida e a saúde da mãe e, ainda, para minorar quaisquer outros danos.

IV. Finalmente, pergunta-se quem age pelo nascituro. Conquanto dependendo do nascimento, cabe recorrer aos mecanismos próprios do poder parental[1446]. Já se discutiu se, dada a sua presença no ventre materno, não deveria caber à mulher (apenas) a sua defesa. Nos casos em que se admita o aborto, seria chocante que este pudesse ser imposto contra a vontade da mãe e por decisão do pai. O inverso seria possível: já se entendeu dar provimento a um procedimento urgente intentado pelo pai de um nascituro, para impedir que a mãe procedesse à interrupção voluntária da gravidez[1447]. Quando tal interrupção esteja fora dos pressupostos legais, parece possível.

[1446] Segundo o artigo 1878.º/1, cabe aos pais (...) no interesse dos filhos (...) representá-los, ainda que nascituros (...).

[1447] AG Köln 15-mar.-1984, NJW 1985, 2201: o Tribunal começou por exarar que o nascituro tinha proteção, tudo dependendo de como articulá-la com valores concretamente conflituantes; posto isso entendeu que, dada a urgência, havia que proibir imediatamente o aborto, sob pena de não se poder discutir. Sobre esta decisão, Dagmar Coester-Waltjen, *Der Schwangerschaftsabbruch und die Rolle des künftigen Vaters*, NJW 1985, 2175-2177, teceu interessantes considerações: será que o poder paternal se estende ao nascituro? Além disso, os pressupostos da interrupção da gravidez exigem, apenas, a iniciativa da mulher, omitindo o pai: nesse âmbito, este ficaria excluído; todavia, a ocorrência dos pressupostos do aborto legal podem ser verificados pelo Tribunal; e, a esse nível, pode admitir-se a iniciativa processual do pai. Sobre este caso, também Ingo Mittenzwei, *Die Rechtsstellung des Vaters zum ungeborenen Kind* cit., 247 ss., concordando com a orientação.

§ 23.º AQUISIÇÃO DE PERSONALIDADE E DE CAPACIDADE

120. As noções básicas

I. A personalidade ou personalidade singular corresponde à qualidade que assume o *homo sapiens* quando age no palco do Direito. Formalmente, ela exprime a potencialidade que o *homo* tem de ser destinatário de normas jurídicas ou, se se quiser: de ser titular de direitos e adstrito a obrigações. Esta prerrogativa é hoje reconhecida, em princípio, a cada ser humano, salvo a problemática específica do nascituro.

Todavia, os seres humanos não se apresentam, todos, em circunstâncias idênticas, para agir em Direito. O recém-nascido ou o deficiente mental profundo não podem dispor de certos direitos – casar ou testar, por exemplo – assim como não podem exercer pessoal e livremente direitos de que disponham – vender a casa onde morem, por exemplo.

Este aspeto, ainda hoje imposto pela natureza das coisas, foi historicamente enriquecido por situações nas quais, a determinadas categorias de pessoas, não era reconhecida uma plena possibilidade de atuação jurídica. Desde a antiga escravatura ao liberalismo, assistiu-se a uma lenta progressão até, a todos, ser reconhecida posição igual perante a lei[1448].

II. O Direito civil é, assim, levado a distinguir entre a personalidade jurídica ou qualidade de destinatário de normas jurídicas e a capacidade jurídica ou medida concreta de direitos e de deveres de que se possa, respetivamente, ser titular e destinatário[1449].

[1448] Helmut Coing, *Europäisches Privatrecht 1500 bis 1800*, I – *Älteres Gemeines Recht* (1985), § 36 (294 ss.), com interessantes indicações para o período moderno.

[1449] A capacidade era reconduzida à suscetibilidade de vontade própria, enquanto a personalidade advinha da natureza de "pessoa"; *vide* Bernhard Windscheid/Theodor Kipp, *Lehrbuch des Pandektenrechts*, 1, 9.ª ed. (1906, reimp., 1984), 220. A doutrina alemã, perante o silêncio do BGB, define a capacidade jurídica com a suscetibilidade de ser titular

Ainda na capacidade jurídica, cumpre distinguir a capacidade de gozo e a de exercício[1450]. A primeira traduz a medida das posições jurídicas que se possam encabeçar; a segunda exprime a medida das posições jurídicas a exercer pessoal e livremente.

O recém-nascido tem personalidade jurídica – artigo 66.º/1 – e pode ser titular de posições jurídicas: tem capacidade de gozo, ainda que não total [não pode casar – artigo 1601.º, *a*) – ou testar – artigo 2189.º, *a*)]; em compensação, não tem capacidade de exercício, devendo ser representado – artigos 123.º e 124.º.

III. A atual doutrina portuguesa distingue, em termos muito incisivos, a personalidade jurídica da capacidade jurídica: a primeira seria um dado qualitativo – a possibilidade de encabeçar direitos e obrigações – quedando, à segunda, uma dimensão quantitativa – a medida abstrata de tais direitos ou obrigações[1451]. Essa contraposição corresponde a um esforço de análise e de aperfeiçoamento linguístico particularmente devido a Paulo Cunha[1452].

De facto, o Código de Seabra identificava personalidade e capacidade. Segundo o seu artigo 1.º,

> Só o homem é susceptivel de direitos e obrigações. N'isto consiste a sua capacidade jurídica, ou a sua personalidade.

Tratava-se de uma proclamação quase ideológica e que permitia, desde logo: delimitar o homem em relação aos animais e fazer uma categórica afirmação antiesclavagista[1453]. Recordamos que os escravos do Ultra-

de direitos e de deveres – Jochem Schmitt, no *Münchener Kommentar* cit., 1, 7.ª ed., § 1, Nr. 6 ou de ser sujeito em relações jurídicas – Matthias Lehmann, *Der Begriff der Rechtsfähigkeit*, AcP 207 (2007), 225-255 (226).

[1450] Desta feita, a doutrina alemã distingue a capacidade negocial (*Geschäftsfä-higkeit*), equivalente à capacidade de exercício, a capacidade de atuação (*Handlungsfähigkeit*), que permite agir perante os organismos de Direito Público e a capacidade judiciária (*Prozessfähigkeit*), equivalente à nossa.

[1451] Luís A. Carvalho Fernandes, *Teoria geral do Direito civil* cit., 1, 6.ª ed., 131-132.

[1452] Paulo Cunha, *Teoria geral de Direito civil* (1971/72), 14-15, retomando posições anteriores.

[1453] José Dias Ferreira, *Codigo Civil Portuguez Annotado*, 1, 2.ª ed., (1894), 5 ss.. O Decreto de 18 de novembro de 1869, que mandou aplicar o Código às províncias

mar português foram declarados livres pelo Decreto de 25 de fevereiro de 1869[1454].

IV. Na doutrina da pré-codificação, os conceitos de "personalidade" e de "capacidade", enquanto categorias gerais, são ignorados. A sua radicação deve-se, pois, ao grande esforço de conceitualização representado pelo Código de Seabra.

O próprio teor do artigo 1.º do Código em causa, ao equiparar a personalidade à capacidade, conduziu os autores a um uso indistinto das noções[1455]. Guilherme Moreira iniciou a separação: explica que a capacidade "tem sido usada para distinguir a medida do poder jurídico que deriva do estado [civil]"[1456]. Parece claro que, na origem da distinção entre personalidade e capacidade, estiveram as "incapacidades", isto é: as situações nas quais, por específicas razões concretas, alguém não pode desfrutar de certos direitos ... sem, por isso, deixar de ser pessoa[1457]. Não obstante, a doutrina subsequente conservou uma certa confusão entre as duas noções[1458].

Coube a Paulo Cunha formular, em definitivo, a contraposição entre a personalidade e a capacidade jurídicas, subdistinguindo, nesta última, a

ultramarinas, ainda ressalvou, no seu artigo 3.º, a legislação transitória sobre escravos. Dispunha esse preceito:

Fica em vigor a legislação transitoria sobre as pessoas dos escravos declarados livres pelo Decreto de 25 de fevereiro último.

1454 *Vide supra*, 40-41.

1455 Dias Ferreira, *Codigo Annotado* cit., 1, 2.ª ed., 5-6.

1456 Guilherme Alves Moreira, *Instituições do Direito Civil Português*, vol. I – *Parte geral* (1907), 169.

1457 *Idem*, 170 ss..

1458 Assim José Tavares, *Os princípios fundamentais do Direito civil* cit., 2, 25 ("A capacidade jurídica, isto é, a idoneidade para ser sujeito de direitos, pertence portanto a toda a gente; ..."), Cunha Gonçalves, *Tratado de Direito civil* cit., 1, 176 ("A personalidade ou capacidade jurídica dos indivíduos ...") e Manuel de Andrade, *Teoria geral da relação jurídica*, vol. I – *Sujeitos e objecto* por A. Ferrer Correia e Rui de Alarcão (1960, reimp., 1972), 30-31 = ed. Porfírio Augusto Junqueiro, vol. I (1944), 33 ("A capacidade jurídica, enquanto capacidade de gozo de direitos (...) é inerente à personalidade jurídica. São mesmo conceitos idênticos"). Todavia, logo de seguida Andrade reconhece que usa falar-se antes de capacidade do que de personalidade, quando se trate de circunscrever o campo de atuação de uma pessoa.

capacidade de gozo da de exercício[1459]. Uma reponderação crítica desta matéria deve-se, hoje, a Costa Gonçalves[1460].

121. O sistema do Código Civil

I. A terminologia usada pelo Código Civil manteve-se, no entanto, à margem da dogmatização acima apontada e hoje corrente.

Com efeito, o artigo 66.º/1 começa por proclamar que a personalidade se adquire com o nascimento: parece, assim, uma noção qualitativa. Todavia, logo de seguida, o artigo 67.º vem apresentar a capacidade jurídica como a possibilidade de se ser titular de "quaisquer relações jurídicas ...". Como conciliar?

O Código Civil ressentiu-se do modo menos cuidadoso por que foi revisto e que veio afligir todo este seu sector. Assentou em projetos incompletos (assumidamente), apresentados por Manuel de Andrade, prematuramente falecido e nos quais foram, depois, introduzidas alterações sem critério.

O artigo 67.º corresponde ao artigo 2.º do anteprojeto de Manuel de Andrade[1461], assim concebido, sob a epígrafe "capacidade de direitos":

> As pessoas podem ser sujeitos de quaisquer relações jurídicas, em igualdade de condições, sempre que a lei não determine outra coisa.

Seguia-se um artigo 3.º, intitulado "capacidade para atos jurídicos" e que dispunha[1462],

> Podem ser partes em contrato ou noutro ato jurídico, agindo só por si ou por meio de procurador, todas as pessoas não excetuadas por lei.

[1459] Paulo Cunha, *Teoria geral* cit., 14-15; *vide* João de Castro Mendes, *Direito civil (Teoria geral)*, vol. I (1967), 72-73 e Carlos Alberto da Mota Pinto, *Teoria geral do Direito civil*, 3.ª ed. (1985), 192.

[1460] Diogo Costa Gonçalves, *Pessoa coletiva e sociedades comerciais/Dimensão problemática e coordenadas sistemáticas da personificação jurídico-privada* (2015), 1063 pp., 533 ss..

[1461] Manuel de Andrade, *Esboço de um anteprojecto de Código das pessoas e da família*, BMJ 102 (1961), 153-166 (154).

[1462] *Idem*, loc. cit..

A "capacidade de direitos" era a capacidade de gozo ou *Rechtsfähigkeit* e a "capacidade para atos jurídicos", a capacidade de exercício ou *Handlungsfähigkeit*, nas categorias de Manuel de Andrade[1463].

Na 1.ª revisão ministerial, os preceitos mantiveram-se, passando, respetivamente, a artigos 45.º e 46.º. Na 2.ª revisão, sem qualquer justificação de motivos, a capacidade de exercício desaparece e surge um preceito quase semelhante ao hoje inserido no Código Civil[1464].

II. Os trabalhos preparatórios e os antecedentes doutrinários dos artigos 66.º e 67.º apontariam para a manutenção da confusão entre personalidade e capacidade. Tendo disposto sobre o início da personalidade/capacidade (66.º), o Código vem definir a respetiva noção (67.º). Essa solução teria ainda a vantagem de explicar o traço quantitativo que o artigo 66.º/2 assume ao falar nos "... direitos que a lei reconhece aos nascituros ...". Além disso, o artigo 68.º depõe sobre o termo da personalidade, atingindo claramente a capacidade, enquanto o 69.º, ao proibir a renúncia à capacidade, veda, de facto, a renúncia à personalidade.

III. Todavia, o Direito progride diversificando os seus conceitos. Compete, assim, aproveitar os sortilégios da legislação, para uma afinação de noções.

A solução atualista passa por acentuar e, mesmo, enfatizar o termo *quaisquer*, do artigo 67.º. A tónica da capacidade de gozo não reside no facto de poderem ser sujeitos de "relações jurídicas": isso adviria, já, da personalidade. Ela deriva, antes, de poderem encabeçar *quaisquer* situações, de modo indiferenciado. Embora se esteja perante uma qualidade, ela é apresentada pelo modo quantitativo do elevado número de situações disponíveis, de tal forma que apenas genericamente elas podem ser referidas.

A esta luz, o artigo 66.º refere a personalidade e o 67.º, a capacidade de gozo. A capacidade de exercício, banida destes preceitos pelas revisões ministeriais, terá de ser construída com base nas denominadas incapacidades – artigos 122.º e seguintes.

[1463] Manuel de Andrade, *Teoria geral* cit. (ed. Porfírio Augusto Junqueiro), 33-34. Trata-se de conceitos que Andrade retirou de Enneccerus/Nipperdey e que correspondem, hoje, à terminologia habitual.

[1464] Jacinto Rodrigues Bastos, *Das relações jurídicas*, I (1967), 12.

IV. Este afinamento atualista de conceitos e definições legais tem os seus limites. Ele é válido, apenas, para a concreta contraposição pretendida: noutros lugares normativos, haverá que verificar se se trata de "personalidade" ou de "capacidade". Além disso, ele enfraquece comandos hipoteticamente subjacentes às definições legais.

122. O começo da personalidade

I. O Código Civil não refere a regra básica de que todo o ser humano é pessoa. Trata-se de uma pressuposição constitucional hoje pacífica. Todavia, fixou o seu início – 66.º/1[1465]:

> (...) no momento do nascimento completo e com vida.

Fundamentalmente, este preceito pretendeu pôr termo a querelas anteriores, que aventavam, ainda, como possíveis requisitos da personalidade, a viabilidade do recém-nascido e o ter ele figura humana. Fica claro que os nados-vivos portadores de deficiências a breve termo letais e os monstros[1466] são pessoas. Não podem ser destruídos e devem ser tratados com dignidade.

> O artigo 6.º do Código de Seabra determinava que a "capacidade" se adquiria pelo nascimento[1467]; o seu artigo 110.º dispunha "só é tido por filho, para os effeitos legaes, aquelle de quem se prove, que nasceu com vida e com figura humana"; o seu artigo 1479.º previa "os nascituros podem adquirir por doação, com tanto que estejam concebidos ao tempo da mesma doação, e nasçam com vida"; finalmente, o seu artigo 1776.º, a propósito da capacidade para adquirir por via testamentária, explicava, em § único:

[1465] O BGB alemão principia, justamente, com um preceito deste tipo; segundo o seu já citado § 1, a capacidade do ser humano inicia-se com a conclusão do nascimento; *vide* Jürgen Ellenberger, no Palandt, 78.ª ed. (2019), 11 e Wolf/Neuner, *Allgemeiner Teil* cit., 11.ª ed., § 11, Nr. 5 (119).

[1466] Entre os monstros incluíam-se, tradicionalmente, os irmãos siameses ligados. Hoje a separação é, por vezes, possível. A hipótese de sacrificar um deles para salvar o outro é civilmente admissível: aplica-se o artigo 335.º, sendo a ponderação feita à luz da Ciência Médica.

[1467] Acrescentando "... mas o indivíduo, logo que procriado, fica debaixo da proteção da lei e tem-se por nascido para os efeitos declarados no presente Código". O liberal Seabra surgia, assim, mais humanista do que os ministros do Estado Novo.

"Reputa-se existente o embrião, que nasce com vida e figura humana dentro de trezentos dias, contados desde a morte do testador".

Tudo isto, doutrinariamente, era uniformizado a propósito do artigo 6.º, dizendo-se que a capacidade jurídica só surgia com o nascimento com vida e figura humana[1468]. A doutrina do âmbito do Código de Seabra pouco mais avançava. Manuel de Andrade, cujo peso nos correspondentes preceitos do Código de 1966 foi decisivo, limitava-se a referir, quanto aos nascituros, uma hipótese de direitos sem sujeito, acabando por referir "estados de vinculação de certos bens", em vista do eventual nascimento[1469]; Cabral de Moncada, fica-se por uma mera expectativa[1470]; Paulo Cunha, recorria à teoria da obnubilação do sujeito[1471]. Apenas José Tavares admitia explicitamente a personalidade, conquanto que restrita, do nascituro[1472].

A viabilidade era exigida no Direito francês[1473], num requisito que levava a excluir a personalidade a recém-nascidos vivos mas que, por malformação ou falta de órgãos vitais, manifestamente não poderiam sobreviver.

II. Pergunta-se, depois, qual o sentido de "nascimento completo". Em termos rigorosos, o nascimento (parto, separação, *Entbindung*) fica completo com o corte do cordão umbilical. Ora, muitas vezes, o cordão é laqueado, só se procedendo ao corte depois da expulsão da placenta. Além disso, é frequente a criança bem formada começar a respirar (e a chorar) logo que a cabeça se liberta do corpo da mãe.

O legislador de 1966 devia-se ter coibido de referir "nascimento completo", sem ter estudado o problema, com alguma atenção. A referência é tão inadequada que o Direito penal, reclamando a libertação do pensamento civilístico, considera que, para efeitos de homicídio, há pessoa desde que se dê o *início do ato de nascimento*[1474], sob pena de incoerência

1468 Dias Ferreira, *Código Civil Annotado* cit., 1, 2.ª ed., 11 e Cunha Gonçalves, *Tratado* cit., 1, 176. Dias Ferreira explica como, na Comissão de Revisão do Anteprojeto do Código de Seabra, se deu pela disfunção entre os quatro citados preceitos, tendo-se assentado na necessidade de proceder à harmonização. Tal não foi, todavia, feito.

1469 Manuel de Andrade, *Teoria geral* cit., 1, 35.

1470 Cabral de Moncada, *Lições de Direito civil* cit., 1, 3.ª ed., 301.

1471 Paulo Cunha, *Teoria geral* cit., 11 e 12 e aulas teóricas.

1472 José Tavares, *Os princípios fundamentais*, vol. II cit., 21-25. Quanto ao estado da doutrina no âmbito do Código de Seabra, *vide* Mário Bigotte Chorão, *O problema da natureza e tutela jurídica do embrião humano* cit., 573 ss..

1473 Gilles Goubeaux, *Traité de Droit Civil/Les Personnes* cit., 48.

1474 Figueiredo Dias, *Comentário Conimbricense* cit., 2.ª ed., 8, com indicações.

nas incriminações. Seria por demais bizarro que a morte de um ser não considerado pessoa desse azo a um crime ... de homicídio.

III. O artigo 66.º padece de demasiadas anomalias para dele se retirar, em definitivo, um comando sobre o início da personalidade. Prudente será deixar a questão em aberto, bastando-nos o artigo 24.º da Constituição sobre a inviolabilidade da vida humana. De todo o modo, multiplicam-se as intervenções que pretendem reportar o início da personalidade ao momento da conceção[1475]. Em termos dogmáticos, poderemos dizer: se

Também no Direito penal alemão se considera haver pessoa *durante* o nascimento: Wolf/ /Neuner, *Allgemeiner Teil* cit., 11.ª ed., 119.

[1475] Assim, Mário Bigotte Chorão, *O problema da natureza e tutela jurídica do embrião humano* cit., 584 ss., com múltiplas indicações, Diogo Leite de Campos, *O estatuto jurídico do nascituro* cit., 877 ss., Gabriel António Órfão Gonçalves, *Da personalidade jurídica do nascituro*, RFDUL 2000, 525-539 (533), defendendo que o artigo 66.º/1 foi revogado pelo artigo 24.º/1, da Constituição e Diogo Leite de Campos/Stela Barbas, *O início da pessoa humana e da pessoa jurídica*, ROA 2001, 1257-1268, com indicações.

Quanto aos casos de contágio do nascituro com sífilis: uma primeira espécie muito citada (para ser criticada) foi a do BGH 14-jun.-1951, referida em BGH 20-dez.-1952; aí, decidindo contra o OLG Schleswig 18-out.-1949, NJW 1950, 388, o tribunal federal alemão entendeu não indemnizar uma criança contagiada pela mãe a qual fora, por seu turno, contagiada pelo marido; mas logo em 20-dez.-1952, BGHZ 8 (1953), 243-249 = NJW 1953, 417-418, a propósito do contágio, com sífilis, de uma mãe, através de uma transfusão de sangue hospitalar, o BGH mandou arbitrar uma indemnização à criança que, enquanto nascituro, fora contagiada: há causalidade. *Vide* Karl-Joseph Hermanns-Engel, *Die rechtliche Berücksichtigung der Menschen vor der Zeugung/Eine Untersuchung zum Deutschen, Französischen und Englischen Zivilrecht* (1997), 208-211.

Oliveira Ascensão, mau grado algumas hesitações, também acaba por admitir a personalidade jurídica do nascituro. A pessoa seria uma realidade pré-legal (*Teoria geral* cit., 1, 2.ª ed., 44); todavia, a personalidade jurídica é uma categoria formal (*idem*, 52); o feto não teria quase vida de relação, sendo dispensável a personalidade para assegurar os direitos a "bens" (*idem*, 52); o feto, mesmo a ser prejudicado (Ascensão dá o exemplo de ser contaminado com sífilis, através do contágio da mãe), não teria direito a nenhuma indemnização: a violação do direito pressuporia uma personalidade contemporânea da lesão, a qual não existiria (*idem*, 53). Todavia, após esta apontada demonstração de não-personalidade do nascituro, da qual retira consequências práticas, o Autor em causa afirma que, eticamente, o embrião é uma pessoa (*idem*, 54). Parece, depois, admitir uma certa relação do nascituro com o exterior, o que implicaria o "meio técnico da personalidade jurídica" (*idem*, 54-55). A personalidade jurídica seria confirmada pelo artigo 1878.º/2, que atribui aos pais a função de representar os filhos, mesmo nascituros: só uma pessoa pode ser representada (*idem*, 55). Ficam dúvidas sobre o pensamento deste Autor. De todo o modo, duas explicações. Primeira: o artigo 1878.º/2 diz respeito às posições

a personalidade jurídica se contenta com a titularidade de um único direito, o nascituro é uma pessoa desde a conceção: tem, como vimos, o direito à vida. Em relação à capacidade para deter outros direitos, ela depende do nascimento: adiante veremos o que entender por esta expressão e se ela reforça, ou não, a personalidade do nascituro.

IV. Nesta última afirmação reside a dimensão normativa do artigo 66.º. Segundo o seu n.º 2, os direitos que a lei reconhece aos nascituros dependem do seu nascimento. Os nascituros têm direitos: os que a lei lhes reconheça. Todavia, estão sujeitos à condição (legal) do seu nascimento: facto *incertus an, incertus quando*.

O Código Civil não menciona o direito à vida do nascituro. Desde logo porque não refere, de todo, o direito à vida, entre os direitos de personalidade. De seguida porque, como veremos, o nascituro envolve, aqui, também o conceturo. Este, por definição, não dispõe do direito à vida, embora possa, para certos efeitos, funcionar como um centro autónomo de imputações jurídicas.

123. **Direitos específicos dos nascituros**

I. O Código Civil trata a matéria dos nascituros de forma predominantemente técnica. O termo tem uma aceção ampla, de modo a abranger:

- o nascituro em sentido próprio ou estrito: ser humano concebido e ainda não nascido;
- o conceturo: entidade abstrata ainda não concebida.

jurídicas atribuídas, alhures, ao nascituro, explicando que elas são exercidas pelos pais: uma regra que, de resto, não pode deixar de se aplicar aos conceturos, sendo insuficiente a citação em contrário de Pires de Lima/Antunes Varela: o próprio artigo 1878.º/2 não é atributivo de personalidade. Segunda: pode ser desencadeado um processo causal *antes* da personalização e que, todavia, tenha efeitos *depois* desta; mesmo uma responsabilidade civil de tipo mais "tradicional" ficaria, então, satisfeita nos seus pressupostos. Vejam-se os casos da sífilis, acima citados.

Para uma apreciação da tese de Oliveira Ascensão, *vide* Órfão Gonçalves, *Da personalidade jurídica do nascituro* cit., 527 ss.. Acrescente-se, apenas, que, hoje, está confirmada a capacidade de relacionamento do nascituro, bem como a possibilidade de ser indemnizado, depois do nascimento, pelos danos pré-natais que lhe tenham sido infligidos: pelas doutrina e jurisprudência, estrangeiras e nacionais.

O artigo 66.º/2 admite direitos reconhecidos, por lei, aos nascituros; trata-se de nascituros em sentido amplo. No próprio Código Civil, encontramos as seguintes referências expressas[1476]:

- *artigo 952.º (Doação a nascituros)*: 1. Nascituros ou conceturos podem adquirir por doação, desde que sejam filhos de pessoa determinada, viva ao tempo da declaração de vontade do doador. 2. Na doação em causa, presume-se que o doador reserva para si o usufruto dos bens doados até ao nascimento do donatário.

Repare-se que tal doação, por via do artigo 951.º/2, produz efeitos independentemente de aceitação, nos termos aí dispostos;

- *artigo 1855.º (Perfilhação de nascituro)*: é admitida desde que se trate de nascituro *proprio sensu*, isto é, já concebido, e desde que o perfilhante identifique a mãe;
- *artigo 1878.º (Conteúdo do poder paternal)*: 1. Compete aos pais representar os filhos, ainda que nascituros;
- *artigo 2033.º (Princípios gerais da capacidade sucessória)*: 1. Têm capacidade sucessória, também, os nascituros em sentido próprio. 2. Têm-na, também, os conceturos filhos de pessoa determinada, viva ao tempo da abertura da sucessão;
- *artigo 2240.º (Administração da herança ou legado a favor de nascituro)*: 1. Manda aplicar, à administração em causa e perante conceturos, o regime da herança ou legado sob condição. 2. Tratando-se de nascituro em sentido próprio, a administração compete a quem administraria os seus bens, se ele já tivesse nascido.

Além disso, encontramos, fora do Código Civil:

- o *artigo 132.º do CRCiv*: regula o assento de perfilhação do nascituro, o qual deve conter a época da conceção e a data provável do parto;
- o *artigo 209.º do CRCiv*, que prevê o depósito do certificado médico de morte fetal com tempo de gestação de 22 semanas ou superior, bem como a elaboração de um auto com diversos elementos, a for-

1476 Surgem regras semelhantes nos diversos sistemas romanísticos; *vide* Wolf/ /Neuner, *Allgemeiner Teil* cit., 11.ª ed., § 11, Nr. 11-18 (121-123), que, nessa base, como já referimos, admitem uma capacidade jurídica parcelar do nascituro, Dieter Medicus/ /Jens Petersen, *Allgemeiner Teil* cit., 11.ª ed., 451-452, e Hermanns-Engel, *Die rechtliche Berücksichtigung der Menschen* cit., 28 ss., com referência aos Direitos alemão, francês e inglês.

necer à conservatória do registo civil; o certificado médico de morte fetal é dispensado no âmbito do artigo 209.º-A, do mesmo Código, introduzido pelo Decreto-Lei n.º 113/2002, de 20 de abril;

- *artigo 4.º/1 da Lei n.º 4/84, de 5 de abril*[1477], relativa à proteção da maternidade e da paternidade: "incumbe ao Estado o dever de informar e divulgar conhecimentos úteis referentes aos direitos das mulheres grávidas, dos nascituros, das crianças e dos pais ...";
- *artigo 8.º da mesma Lei*, na redação dada pela Lei n.º 142/99, de 31 de agosto: "incumbe especialmente ao Estado, para proteção da maternidade, da paternidade, do nascituro e da criança, no domínio dos cuidados de saúde: (..)";
- o *artigo 57.º/1, c), do Regime de Reparação de Acidentes de Trabalho, aprovado pela Lei n.º 98/2009, de 4 de setembro*, atribui as prestações na eventualidade de morte dos beneficiários do regime geral da segurança social, aos "filhos, ainda que nascituros ..."; um preceito que vinha já do artigo 7.º/1, *b*) do Decreto-Lei n.º 322/90, de 18 de outubro, muito recordado pela jurisprudência[1478];
- o *artigo 15.º-A do Regime de Proteção na Eventalidade de Encargos Familiares*, aprovado pelo Decreto-Lei n.º 176/2003, de 2 de agosto[1479], com as alterações introduzidas pelos Decretos-Leis n.º 41/2006, de 21 de fevereiro e n.º 41/2010, de 21 de fevereiro e pela Lei n.º 71/10§8, de 31 de dezembro, veio prever certos abonos de família em função dos nasciturnos medicamente comprovados; veja-se, também, o artigo 12.º-A deste diploma;
- *artigo 37.º/1 do CT de 2009*: atribui determinada licença "em situação de risco clínico para a trabalhadora grávida ou para o nascituro"; *vide*, também, os seus artigos 60.º/1, *b*) e 62.º/5;
- *artigo 9.º do Regime de Proteção na Parentalidade*, adotada pelo Decreto-Lei n.º 91/2009, de 9 de abril, por último alterado pelo Decreto-Lei n.º 53/2018, de 2 de julho: prevê um determinado subsídio quando exista risco clínico, para a grávida ou para o nascituro;
- *artigo 56.º/2 da Lei n.º 98/2009, de 4 de setembro*, sobre a reparação de acidentes de trabalho e doenças profissionais; atribui uma pensão por morte, também, ao nascituro; *vide*, também, o seu artigo 57.º/1, *c*).

[1477] Republicada pelo Decreto-Lei n.º 70/2000, de 4 de maio.

[1478] STJ 27-mai.-2005 (Moreira Alves), Proc. 03A927 e STJ 9-nov.-2006 (Salvador da Costa), Proc. 06B3836.

[1479] Republicado pelo Decreto-Lei n.º 133/2012, de 27 de junho.

II. Temos um elenco significativo, ainda que não exaustivo, de referências a nascituros. Pergunta-se, agora, se a "lei" mencionada no artigo 66.º/2 tem de ser lei expressa ou se pode ser, em geral, qualquer regra jurídica.

Se bem repararmos, as diversas hipóteses de "direitos dos nascituros", constantes do Código Civil, resultam de atos jurídicos; elas têm, ainda, em comum o facto de exigirem adaptações ao regime normal dos atos em jogo. Ao abrigo da autonomia privada, nada obsta a que se celebrem os diversos contratos de conteúdo patrimonial em nome e por conta de nascituros[1480]. Tais contratos ficaram sujeitos à condição suspensiva do nascimento do visado, sendo celebrados pelos pais, nos termos do artigo 1878.º/1.

Por outro lado, as diversas situações que atinjam o nascituro desencadearão os efeitos legais respetivos – salvo os que, por sua natureza, aqui não possam ocorrer. Estão, nessas condições, as diversas situações pertinentes de responsabilidade civil. Imaginemos que o objeto doado ou deixado *mortis causa* ao nascituro é danificado: é evidente que o nascituro tem direito à indemnização. O mesmo raciocínio se impõe se for prejudicado o direito a alimentos do nascituro (o qual, como todos os outros, produzirá efeitos à nascença): nesse sentido, veja-se o afloramento representado pelo artigo 57.º/1, *c*), da Lei n.º 98/2009, de 4 de setembro, que reconhece ao nascituro o direito a uma pensão, por morte do pai em acidente de trabalho.

O nascituro terá, também, direito à indemnização por todos os danos que, diretamente, lhe sejam provocados, como vimos.

Resta concluir que a "lei" referida no artigo 66.º/2 é, na realidade, o Direito.

III. O problema do direito do nascituro a indemnizações que lhe sejam causadas já tem sido ponderado na nossa jurisprudência. Verificou-se, mesmo, uma evolução, que cumpre sublinhar. Como ponto de partida, a resposta foi positiva:

RLx 28-jan.-1977: entendeu-se que o jovem Fernando, nascido seis dias depois da morte de seu pai, num acidente de viação, teria direito a uma indemnização por danos morais; explica o Tribunal: "O menor ficou privado do amparo moral e proteção, orientação e carinho que o pai

[1480] Ou mesmo de conceturos, desde que filhos de pessoas vivas, sob pena de indeterminabilidade de um aspeto essencial do contrato.

lhe prodigalizaria até à maioridade e muito especialmente enquanto criança e jovem"[1481].

Todavia, por razões puramente conceituais, tomou-se, depois, uma posição inversa:

RCb 27-set.-1988: Alexandra, nascida três meses após a morte do pai, em consequência de facto ilícito, não teria, na altura, capacidade jurídica; além disso, nenhuma lei lhe reconheceria qualquer indemnização: esta, foi-lhe, pois, recusada[1482];

RPt 13-abr.-1989: o jovem Mário Filipe, nascido depois da morte do pai ilicitamente causada num acidente de viação, não tem qualquer direito a uma indemnização por danos próprios; apenas poderia receber algo por via sucessória[1483];

REv 12-mai.-1992: o jovem Victor Manuel, igualmente nascido depois da morte ilícita de seu pai, não teve qualquer indemnização por danos morais; o Tribunal chegou mesmo a explicar o seguinte: "O problema da dor ou do desgosto de menores de tenra idade não é equiponderável ao de quem ainda não tinha nascido: quem não chegou a conhecer o pai, não pode sofrer por o ter perdido"[1484].

A jurisprudência regressaria à solução positiva:

RPt 30-mar.-2000: O artigo 496.º/2, do Código Civil, ao atribuir aos filhos direito a indemnização por danos não patrimoniais pela morte da vítima, não exclui os nascituros; estes têm, assim, direito à indemnização desde que se verifique o condicionalismo do artigo 66.º/2[1485].

A posição veio, mais recentemente, a ser assumida pelo Supremo, depois de ter negado essa possibilidade[1486].

[1481] RLx 28-jan.-1977 (Santos Silveira), CJ II (1977) 1, 191-193 (192/I).

[1482] RCb 27-set.-1988 (Pereira da Silva), CJ XIII (1988) 4, 58-63 (60).

[1483] RPt 13-abr.-1989 (Aragão Seia), CJ XIV (1989) 2, 221-223 (222/I).

[1484] REv 12-mai.-1992 (Manuel Fernandes), CJ XVII (1992) 3, 350-353 (352/II).

[1485] RPt 30-mar.-2000 (Custódio Montes), BMJ 495 (2000), 360/II = CJ XXIII (2000) 2, 209-215 (212/II).

[1486] STJ 17-fev.-2009 (Helder Roque), CJ/Supremo XVII (2009) 1, 96-100 (99/I) = Proc. 08A2144; vencidos: Mário Cruz e Ernesto Calejo. Salvo o devido respeito, afigura-se-nos patente que, além do conceptualismo formal que enferma este acórdão, há um permanente recurso a doutrinas e a citações desatualizadas.

STJ 3-abr.-2014: A faleceu em decorrência de um acidente rodoviário. A era casado com B e tinham um filho de 16 meses, C. À data do acidente, B estava grávida de D, filha de A. D nasceu 18 dias depois do falecimento de seu pai, A.

O tribunal, confrontado com um pedido de indemnização por danos não patrimoniais próprios, em benefício de C e D, reconhece a personalidade jurídica do filho ainda não nascido à data do acidente. Atente-se às ponderosas palavras do Juiz Conselheiro Relator:

> Repugna ao mais elementar sentido de justiça que – como neste caso paradigmático – dois irmãos que sofrem a perda do mesmo progenitor, tenham tratamento jurídico tão gritantemente diferenciado, pela circunstância de um deles já ter nascido à data do falecimento do pai (tinha 16 meses de idade) e outro ter nascido apenas 18 (dezoito) dias depois de tal acontecimento fatídico[1487].

A decisão merece a nossa total concordância. O nascituro é, seguramente, "filho": seja biológica, seja ética, seja socialmente. Quando o artigo 496.º/2 contempla os "filhos", nenhuma razão há para excluir os nascituros. Além disso, temos o artigo 57.º/1, *c*), da Lei n.º 98/2009, de 4 de setembro, já citado, que atribui ao nascituro o direito a uma pensão, por morte do pai em acidente de trabalho, num claro lugar paralelo. Finalmente: parece-nos evidente que a criança nascida sem pai sofre pesados danos morais, mau grado não o ter conhecido[1488]: será uma falta que a acompanhará por toda a vida.

O direito à indemnização do nascituro, por morte do pai, nem dependerá da questão da sua personalidade pré-natal[1489]: consubstanciando-se,

[1487] STJ 3-abr.-2014 (Álvaro Rodrigues), Proc. 436/07.6. Também no sentido de incluir o nascituro entre os filhos com direito à indemnização por morte do pai (496.º/2): STA 30-jun.-2016 (Maria do Céu Neves), Proc. 01485/14.

[1488] Aliás, por essa ordem de ideias, o recém-nascido também não teria direito a uma indemnização por danos morais causados pela morte do pai (e da mãe!): não se lembrará deles nem se poderá dizer que os tenha conhecido; poderá, mesmo, nunca ter estado ao pé do pai, se este se encontrar ausente.

[1489] Nesse mesmo sentido, Dieter Medicus/Jens Petersen, *Allgemeiner Teil* cit., 11.ª ed., Nr. 1049 (452) e Hermanns-Engel, *Die rechtliche Berücksichtigung der Menschen* cit., 200 ss., com referência à Alemanha – *vide* 223 ss., a problemática da *wrongful life* e de BGH 18-jan.-1983 – à França, onde é pacífica a indemnização por danos pré-natais – 239 ss. – e à Inglaterra – 250 ss. –, onde, na sequência do escândalo da Talidomina, foi adotada uma lei específica: o *Congenital Disabilities (Civil Liability) Act 1976*.

apenas, com o nascimento. Todavia, é patente que, nestas situações, o sentir social considera o nascituro como um centro autónomo de sofrimento injusto, em mais uma achega para a personalização.

124. A condição legal do nascimento

I. O artigo 66.º/2 dispõe que os direitos que a lei reconhece aos nascituros dependem do seu nascimento. O nascimento é um facto *incertus an* e *incertus quando*[1490]. Estamos, assim, perante uma condição legal.

Suspensiva ou resolutiva? Os direitos do nascituro dependem do nascimento: quer isto dizer que, a não haver nascimento, tais direitos têm-se por não havidos; nascendo a criança, eles consolidam-se, com efeitos retroativos, nos termos gerais. Trata-se de uma condição suspensiva.

As condições legais são condições impróprias. Caso a caso e ponto por ponto haverá que indagar em que medida as regras da condição são aplicáveis[1491].

II. A condição legal do nascimento acaba por corresponder à ideia fundamental subjacente ao artigo 66.º. Não se trata de associar a personalidade ao nascimento: matéria complexa, em mutação, e para a qual o legislador de 1966, que nem refere o direito à vida, não estava preparado para regular; antes se visa, nesse preceito, a capacidade.

A capacidade (de gozo) relativa aos diversos direitos patrimoniais está sujeita à condição suspensiva do nascimento.

III. E a razão é simples, sendo conhecida pelo Direito civil há dois mil anos. A ideia de contratar em nome de nascituros ou de os contemplar em doações ou em deixas testamentárias pode ser tentadora: dá, ao sujeito, a ideia de se prolongar para além de própria morte. Todavia, ela introduz um fator de incerteza nas relações patrimoniais. Admitir, *ad nutum*, uma capacidade plena aos nascituros daria azo, na hipótese do não-nascimento, a retransmissões complexas. Haveria desvantagens sociais, sem qualquer

[1490] O nascimento tem uma data previsível, com uma margem de erro variável; além disso, ele pode ser provocado, seja por via natural, seja por cesariana. Em qualquer caso, o momento exato do nascimento é incerto.

[1491] *Tratado*, II, 4.ª ed., 619.

aportação para os próprios nascituros. Mais: o próprio nascituro passaria a ser considerado como um centro de imputações patrimoniais, perturbando-se a quietude requerida pela gestação.

O nascituro tem, assim, direito à vida e, por essa via, personalidade jurídica. A sua capacidade geral de gozo também ocorre: mas sujeita à condição suspensiva do nascimento.

SECÇÃO II

ELEMENTOS DOS ESTADOS DAS PESSOAS

§ 24.º ESTADOS E REGISTO

125. Os estados

I. As pessoas singulares podem estar investidas nas mais diversas posições jurídicas. Pode tratar-se de posições terminais – p. ex., a posição que derive da qualidade de comprador – ou de posições com apetência para gerar novos efeitos jurídicos – p. ex., a que emerja da qualidade de comerciante.

A nível de linguagem, seria inviável transmitir, a propósito de cada pessoa, todas as posições jurídicas que ela encabece ou possa encabeçar. Por isso, o Direito recorre à noção de estados das pessoas, a entender como qualidades ou prerrogativas que impliquem ou que condicionem uma massa predeterminada de situações jurídicas.

A ideia de estado ou *status* era já usada, no Direito romano, com um alcance próximo do atual. A concreta posição de cada um advinha da conjunção de três estados[1492]: o *status libertatis*, o *status civitatis* e o *status familiae*. O primeiro distinguia a pessoa livre do escravo; o segundo contrapunha o cidadão ao *peregrinus*; o terceiro definia a posição do sujeito no seio da família[1493].

A técnica dos estados foi acolhida pelos direitos de base românica. Na pré-codificação portuguesa, por exemplo, dizia Coelho da Rocha[1494]:

[1492] Max Kaser, *Das römische Privatrecht* cit., I, 2.ª ed., 271, explica que esses três estados não têm base nas fontes, sendo uma formulação pós-romana.

[1493] *Idem*, 283 ss., 279 ss. e 277, respetivamente.

[1494] Coelho da Rocha, *Instituições de Direito Civil Portuguez* cit., 1, 8.ª ed., 30-31.

> (...) nos homens os direitos variam conforme as differentes qualidades, posição ou circunstâncias, em que elles se acham; ou, para nos servirmos da phrase dos JCtos Romanos, conforme seu differente *estado*.

II. O estado das pessoas pode ser entendido com um alcance triplo[1495]:

- o estado-qualidade correspondente a uma determinada posição da pessoa;
- o estado como complexo de situações jurídicas correspondentes a essa qualidade ou por ela potenciadas ou condicionadas;
- o estado enquanto complexo de normas jurídicas reguladoras dessa massa de situações.

Não há incompatibilidade entre estas noções. De facto, o ponto de partida é constituído pelo estado-qualidade, sendo as outras aceções facetas dele decorrentes.

III. Os estados das pessoas podem ser globais ou parcelares. Globais, quando condicionem uma generalidade de posições de uma pessoa – p. ex., o estado civil; parcelares, se se reportarem a determinada faceta da pessoa em causa – p. ex., o estado profissional ou profissão. Quando se fala em estados das pessoas ou, simplesmente, em estados, têm-se em vista estados globais. A ideia de estado pode ser bastante fecunda, uma vez que permite transmitir, em termos sintéticos e precisos, toda uma série de informações sobre vetores jurídicos importantes. Em compensação, é difícil fixar os diversos estados eventualmente relevantes. Torna-se útil proceder a classificações.

Na tradição de Paulo Cunha, que remonta ao Código de Registo Civil de 1932, podemos distinguir entre estado das pessoas e estado civil[1496]: estados civis são os estados publicitados pelo registo civil; estados das

[1495] Paulo Cunha, *Teoria geral* (1972), 17; este Autor fixava-se na primeira aceção, que considerava a correta; a segunda e a terceira teriam respetivamente a ver com o estatuído e com o estatuto.

[1496] Paulo Cunha, *Teoria geral/Apontamentos inéditos* 1971/72 cit., 7.ª lição teórica de 16-nov.-1971. A contraposição foi retomada, p. ex., por Castro Mendes, *Direito civil (Teoria geral)* cit., 1, 86 ss. e por J. de Seabra Lopes, *Direito dos Registos e do Notariado*, 7.ª ed. (2015), 29 ss..

pessoas equivalem aos estados civis e, ainda, aos estados apurados por via doutrinária.

Os estados das pessoas podem subdividir-se em estados relacionados com a nacionalidade ou cidadania, com a família, com a posição sucessória, com o sexo, com a idade, com deficiências ou com a situação patrimonial. Teremos, assim, os estados seguintes:

- quanto à nacionalidade: nacional, estrangeiro, apátrida e plurinacional; o nacional, por seu turno, poderá ser originário, superveniente ou por reaquisição;
- quanto à família: parente ou estranho; solteiro, casado, viúvo ou divorciado; pai, mãe, filho ou adotado;
- quanto à posição sucessória: herdeiro ou legatário; o herdeiro poderá ser legitimário, legítimo ou testamentário;
- quanto ao sexo: masculino ou feminino;
- quanto à idade: nascido ou nascituro e menor ou maior;
- quanto à deficiência: comum, interdito ou inabilitado;
- quanto à situação patrimonial: comum ou insolvente.

Os diversos estados são tratados pelas disciplinas privadas de acordo com critérios legislativos e histórico-culturais. A matéria da nacionalidade era, tradicionalmente, vista na parte geral, o mesmo sucedendo com o sexo, a idade e as deficiências; a nacionalidade passaria, porém, para o Direito internacional privado. A família e a posição sucessória correspondem às respetivas disciplinas civis: Direito da família e Direito das sucessões. A falência compete ao Direito comercial. De todo o modo, cumpre dar uma panorâmica da matéria, tanto mais que ela pode relevar para o registo civil.

IV. Os estados parcelares correspondem a diversas áreas jurídico-normativas. Significativos são determinados estados profissionais, com relevo para o de comerciante e o de trabalhador, a estudar em Direito comercial e em Direito do trabalho. No domínio funcional regido pelo Direito público, encontramos os estados de funcionário público, com múltiplas subdivisões (militar, magistrado, diplomata ou docente do ensino público), de político, de profissional liberal ou de reformado.

Ao utilizar-se qualquer uma dessas designações, estamos a enunciar um pressuposto de aplicação das mais diversas normas jurídicas. Uma enumeração mais precisa seria puramente impensável.

126. Os registos paroquiais e a busca do registo civil

I. Os estados das pessoas, particularmente os globais, têm um especial interesse. Compreende-se, desta forma, a vantagem de dispor de um serviço público que contenha os elementos relativos à identidade das pessoas e que, a propósito de cada uma delas, permita conhecer e comprovar os estados em que se encontrem. Esse é o papel do registo civil.

Todavia – e como sempre sucede no Direito privado – o caminho que a ele conduziu foi longo e complexo. Cumpre, dele, dar uma ideia geral.

II. A necessidade de manter um esquema suscetível de reter e de comunicar a identidade das pessoas e o seu estado foi primeiro sentida pela Igreja[1497]. Tal necessidade decorria das incompatibilidades matrimoniais: só podiam casar os não-casados e isso desde que, entre eles, não houvesse determinadas relações de parentesco. Assim surgiram os registos paroquiais.

As regras atinentes aos registos paroquiais não foram, durante muitos séculos, unitárias[1498]. A matéria variava de bispado para bispado, mesmo dentro do nosso País: era regida pelas Constituições Diocesanas, da competência de cada bispo[1499].

Uma menção especial deve ser feita à Constituição Diocesana de Lisboa, de 25-ago.-1536[1500], promulgada pelo Infante D. Affonso, cardeal-arcebispo de Lisboa[1501] e que obrigava ao registo dos batismos, na área da Diocese[1502].

[1497] Há registos anteriores, designadamente de comerciantes e de contribuintes. Além disso, desde os tempos antigos se relata a prática de recenseamentos: recorde-se o ordenado por Tibério e que coincidiu com o nascimento de Cristo. Não se tratava, porém, de serviços permanentes, dirigidos simplesmente às pessoas, enquanto pessoas.

[1498] Quanto à evolução em França – de resto, bastante paralela à nossa – *vide* Gilles Goubeaux, *Droit civil/Les personnes* cit., 198.

[1499] Sobre a matéria cf. Manoel Luiz Coelho da Silva, *Manual de Direito parochial*, 3.ª ed. (1904), 205 ss.; as edições anteriores são de 1897 e de 1898. Elementos históricos importantes podem, ainda, ser confrontados no preâmbulo do Decreto de 19-ago.-1859, DG n.º 212, de 9-set.-1859, 1173/I e II.

[1500] Quanto a outras constituições de bispados *vide* diversas indicações em RLJ 20 (1888), 567-568 (567, nota 1).

[1501] D. Affonso era filho de D. Manuel I, tendo sido cardeal-arcebispo de Lisboa desde 1523.

[1502] Segundo notícia de João Bautista de Castro, *Mappa de Portugal Antigo e Moderno*, tomo 3.º, 2.ª ed. (1763), 137, com referência às medidas de D. Affonso:

O Concílio de Trento (1545-1563), na sua XXIV sessão, de 11-nov.-1563, veio determinar[1503]:

Habeat parochus librum, in quo coniugum et testium nomina, diemque et locum contracti matrimonii describat, quem diligenter apud se custodiat[1504].

O *Ritual romano* de Paulo V, de 17-jun.-1614, veio desenvolver o registo dos batismos e dos casamentos e estabelecer, ainda, o registo dos óbitos[1505]. Os registos paroquiais iam, assim, ampliando o seu objeto.

III. Com o liberalismo, o Estado assumiu a preocupação de organizar e de pôr em funcionamento um serviço de registo civil[1506]. Não era fácil: isso pressuporia, para além de adequada cobertura normativa, todo um corpo especializado de funcionários e agentes, com âmbito nacional. E assim, durante cerca de 80 anos, multiplicaram-se as declarações de intenção.

Um Decreto de 16 de maio de 1832[1507], relativo à organização administrativa, previa a figura do *provedor do concelho*. Segundo o seu artigo 68.º, 2.º, incumbe ao provedor *a redacção e a conservação do Registo Civil*. Passamos a transcrever os artigos 69.º e 70.º do referido Decreto: marcam o surgimento do registo civil, em Portugal[1508]:

(...) e impondo aos Parocos, aos quaes em Synodo, que fez celebrar na Sé em o anno de 1536 a 25 de agosto, tambem ordenou tivessem livros para assentar os nomes das pessoas bautizadas, e dos Padrinhos, cousa que antes do seu governo se não praticava, e a cujo exemplo o fez estabelecer em toda a Igreja Catholica o sagrado Concilio Tridentino.

[1503] *Conciliorum Oecumenicorum Decreta*, org. Giuseppe Alberico, ed. bilingue latim/alemão trad. al. Josef Wohlmuth, 3 (2002), *sessio xxiv canones super reformatione circa matrimonium*, I, 756, 35.

[1504] Ou seja: *O pároco tem um livro especial no qual inscreve os nomes dos nubentes e as testemunhas, assim como o dia e o local do casamento, guardando-o diligentemente consigo.*

[1505] *Vide* uma súmula em R. D. Maurus de Schenkl, *Theologiae pastoralis systema* (1815), ed. org. e ampl. Joa. Georgius Wesselak (ed. Porto, 1861), quanto às inscrições de batismos (311), de casamentos (377-378) e de óbitos (389), respetivamente.

[1506] Além da necessidade de emancipar o sistema das estruturas eclesiásticas pesou, naturalmente, o modelo francês.

[1507] Citado *supra*, 227; trata-se de um diploma elaborado por Mouzinho da Silveira, no âmbito da legislação liberal promulgada na Ilha Terceira.

[1508] *Collecção de Decretos e Regulamentos 1829/1832* cit., 98.

Art. 69.º O Registo Civil é a Matrícula geral de todos os Cidadãos, pela qual a Authoridade Publica attesta, e legitima as épocas principaes da vida civil dos individuos: a saber, os Nascimentos, Casamentos, e Obitos:

§ 1.º A redacção deste Registo pertence ao Provedor, a qual será feita em Livro especial por elle rubricado.

§ 2.º Qualquer rasura, ou entrelinha na escripturação do Registo Civil é da responsabilidade do Escrivão. Mas todos os atos lançados nelle, e todas as Certidões delle extrahidas, serão assignadas pelo Provedor; sem o que não terão fé.

§ 3.º Em todos os Atos Publicos, em que de futuro se requeiram Certidões de Casamentos, Nascimentos, ou Obitos, só terão fé as extrahidas do Registo Civil.

§ 4.º Todos os Assentos lançados neste Livro terão, além da Assignatura do Provedor, a das Partes, que fazem a Declaração, a do Escrivão d'ante elle, e de duas testemunhas.

§ 5.º Em todas as difficuldades e questões, que possam suscitar-se sobre o Registo Civil, o Procurador Regio fará decidir o negocio contenciosamente.

Art. 70.º Nos Concelhos, cujos Termos forem mui dilatados, e comprehenderem parochias ruraes a grande distancia da Cabeça do Concelho, se poderão instituir um ou mais Delegados do Provedor, cujo principal officio será o de terem um Livro subsidiario do Registo Civil, e aos quaes, além disso, o Provedor poderá, segundo as circunstancias o exigirem, incumbir as diligencias, que julgar convenientes.

(...)

Seguiu-se um Decreto de 18 de julho de 1835 (Rodrigo da Fonseca), relativo à Divisão Administrativa do Reino[1509]; este diploma, nos seus artigos 65.º, 72.º e 73.º[1510], retomava as regras enunciadas em 1832. É de notar o artigo 65.º, § 5.º:

Um Regimento Especial estabelecerá as solemnidades, que tem de se observar na redacção do Registo Civil, e subministrará as regras práticas, e os modellos, segundo os quaes nelle serão uniformemente lançados os diversos assentos.

[1509] *Vide supra*, 227.

[1510] *Collecção de Leis* 1834/1835 cit., 194-222 (208-209).

O tema do registo civil passaria, depois, a ser referido nos sucessivos códigos administrativos. No de 31 de dezembro de 1836 (Passos Manuel), artigos 131.º e 132.º[1511], no de 18 de março de 1842 (Costa Cabral), artigo 255.º[1512], segundo o qual *o administrador do Concelho é também Official do Registo Civil*[1513] e no de 6 de maio de 1878 (Rodrigues Sampaio), artigo 206.º, n.º 4[1514], que dispõe competir ao administrador do Concelho *Fazer o registo civil*[1515].

IV. Enquanto se multiplicavam as referências programáticas ao registo civil, o Estado foi aproveitando as estruturas existentes. Os registos paroquiais passaram a ser usados pelo Estado sendo, para o efeito, os párocos assimilados a funcionários públicos.

Alguns exemplos: a Portaria de 16-out.-1835 determinou que os livros existentes nas freguesias nelas se conservassem *até que se estabeleça o Regulamento geral sobre o Registo Civil*[1516], numa posição reiterada pela Portaria de 10-jan.-1837[1517]; a Portaria de 12-nov.-1838 determinou que os párocos passassem gratuitamente certidões de óbito a pessoas pobres[1518]; o Decreto de 8-jun.-1844 fixava os emolumentos paroquiais em todas as freguesias de Lisboa[1519].

A solução finalmente encontrada foi a de, por diploma do Estado, aprovar um regime geral de registo paroquial. Tal o papel do Decreto de 19 de agosto de 1859[1520].

1511 DG n.º 6, de 1837.

1512 *Collecção de Leis* 1841/1843, 1842, 108-143 (131).

1513 José Máximo de Castro Melo Leite de Vasconcelos, *O Código Administrativo de 18 de Março de 1842 annotado* (1849), 141, dando conta das regras então vigentes.

1514 *Collecção Official 1878* (1879), 73-103 (90).

1515 António Ribeiro da Costa e Almeida, *Codigo Administrativo aprovado por Decreto de 17 de Julho de 1886* (1887); cf., aí, 59 e 75, quanto a despesas relacionadas com o registo civil e o registo paroquial.

1516 *Collecção de Leis e Outros Documentos Officiais*, 4.ª série (1837), 365.

1517 *Collecção* cit., 7.ª série, I parte (1837), 37-38.

1518 João M. Pacheco Teixeira Rebello, *Collecção completa de Legislação Ecclesiastico-Civil desde 1832 até ao presente*, 1 (1896), 106.

1519 *Idem*, 157.

1520 Referendado por Martens Ferrão; DG n.º 212, de 9-set.-1859, 1173-1175 = *Collecção Official de Legislação Portugueza/1859* (1860), 465-468; *vide* Teixeira Rebello, *Collecção* cit., 1, 366-371.

Não se tratava, ainda, de um registo civil: como resulta da sua própria designação, este diploma assentava na organização eclesiástica e nos deveres civis que incumbiam aos párocos.

O regulamento em causa era um diploma simples, em 27 artigos. O registo continuaria a ser feito "... pelo respetivo parocho ou pelo ecclesiastico que para este fim legitimamente o substituir" – artigo 1.º. O registo compreendia – 4.º – os nascimentos, os casamentos, os óbitos e o reconhecimento ou legitimação dos filhos. Havia, depois, várias regras tendentes à normalização das inscrições. Previa-se uma fiscalização pelos vigários de vara ou arciprestes, a aprovação e o arquivamento dos registos e documentos anexos[1521]. Para efeitos de registo, como se disse, os párocos eram considerados funcionários públicos.

Veio, depois, o Decreto de 2-abr.-1862 prescrever "... *a forma de escripturar o registo parochial*", regulando de novo a matéria, em moldes não muito diversos[1522]. Pela Portaria de 16-jul.-1866, o "... bom ou mau serviço dos parochos com relação ao registo parochial ..." passaria a ser tomado em conta nos concursos[1523].

V. O Código de Seabra, no seu artigo 2441.º, voltava a referir um registo público destinado a provar os factos do nascimento, do casamento e do óbito[1524]. Manteve-se, todavia, a situação anterior.

Por fim, o Decreto de 28-nov.-1878 (Tomás Ribeiro) veio regular o registo civil para os não-católicos[1525]. Era, todavia, ainda um diploma muito elementar.

A partir desse momento passou a existir, no País, uma dualidade de registos relativos ao estado das pessoas: registo paroquial para os católicos

Anteriormente, os diversos assentos faziam-se de acordo com as constituições dos bispados e as regras canónicas em vigor; cf. RLJ 20 cit., 568/I.

[1521] O Regulamento foi complementado pela Portaria de 8-out.-1859, que mandou distribuir aos párocos modelos dos assentos de batismo, casamento e óbito – DG n.º 239, de 11-out.-1859, 1285-1296.

[1522] DG 79, de 8-abr.-1862 = *Collecção Official* 1862, 69-75 = Teixeira Rebello, *Collecção*, 2 (1897), 39-50.

[1523] DLx 158 de 17-jul.-1866 = *Collecção Official* 1866, 296 = Teixeira Rebello, *Collecção* cit., 2, 79-80, assinado por Barjona de Freitas.

[1524] José Dias Ferreira, *Codigo Civil Annotado* cit., 4, 2.ª ed., 341 ss..

[1525] *Collecção Official de Legislação Portugueza*, Anno de 1878, 394-400; este diploma é antecedido por um preâmbulo com relevo histórico, retomando elementos inseridos no preâmbulo do Decreto de 19-ago.-1859.

e registo civil para os não-católicos. Tratava-se, evidentemente, de uma situação transitória, destinada a cessar assim que se mostrassem reunidas as condições para um verdadeiro e próprio registo civil. Seriam necessários, para tanto, mais de trinta anos.

127. Os códigos de registo civil

I. O primeiro Código de Registo Civil foi obra da República, sendo aprovado pelo Decreto de 18 de fevereiro de 1911[1526-1527]. A ideia básica do novo diploma resultava logo dos seus primeiros dois artigos:

> Artigo 1.º O registo civil, que o Estado institui por este Decreto com força de lei, destina-se a fixar autenticamente a individualidade jurídica de cada cidadão e a servir de base aos seus direitos civis.

> Artigo 2.º É obrigatória a inscrição no registo civil dos fatos essenciais relativos ao indivíduo e à família, e à composição da sociedade, nomeadamente dos nascimentos, casamentos e óbitos.

A plenitude da prova feita pelo registo resultava do artigo 4.º. O Código de Registo Civil veio pôr termo à dualidade entre católicos e não-católicos. Segundo o seu artigo 8.º, no dia da entrada em vigor do Código, os livros de registo paroquial em poder dos párocos seriam por estes encerrados no estado em que se encontrassem. Todos os livros transitariam para as repartições do Estado.

O Código de Registo Civil de 1911 era um diploma extenso, com 365 artigos, repartidos por doze capítulos:

I – Dos fins do registo civil, sua obrigatoriedade e fixação;
II – Dos funcionários e repartições do registo civil;
III – Da competência, atribuição e remuneração dos funcionários do registo civil;
IV – Dos livros do registo civil e sua reforma;
V – Dos serviços do registo civil em geral;

[1526] Pedro Chaves, *Comentário ao Código de Registo Civil*, 2.ª ed. (1923).

[1527] Na feitura deste Código, teve ainda influência o código de registo civil brasileiro, aprovado pelo Decreto n.º 9.886, de 7-mar.-1888; *vide* José Tavares Bastos, *O registo civil na República* (1909).

VI – Dos registos de nascimento;
VII – Dos registos de casamento;
VIII – Dos registos de óbito;
IX – Dos registos de reconhecimento e de legitimação;
X – Das certidões e boletins e das estatísticas;
XI – Da inspeção dos serviços de registo civil e dos recursos;
XII – Disposições gerais, finais e transitórias.

O Código de Registo Civil de 1911 ficou marcado pela introdução do princípio da obrigatoriedade, pela entrega do registo a funcionários civis do Estado e pelo esforço de substituir aspetos religiosos por esquemas jurídicos.

II. Após diversas alterações, seguiu-se o novo Código de Registo Civil: o aprovado pelo Decreto n.º 22.018, de 22 de dezembro de 1932[1528]. É um diploma de 462 artigos, extenso e bastante regulamentar. Veio melhorar a orientação do Código de 1911, correspondendo já a um período de maturação do registo civil.

Ao seu abrigo desenvolveram-se práticas registais e alguma doutrina.

III. Volvidos 26 anos, surge o terceiro Código de Registo Civil português: aprovado pelo Decreto-Lei n.º 41.967, de 22 de novembro de 1958[1529]. A matéria passou a apresentar uma melhor arrumação, ficando formalmente reduzida a 378 artigos. Teve em conta o regime concordatário de 1940. A sistematização foi mais eficaz e o tema do registo obteve um alargamento. A prova adquiriu contornos mais claros.

IV. O Código de 1958 não chegou a vigorar dez anos: foi substituído por um novo Código, aprovado pelo Decreto-Lei n.º 47.678, de 5 de maio de 1967. O grande escopo deste novo diploma foi o de adequar o registo civil ao Código Civil de 1966.

Todavia, as vicissitudes civis levaram, pouco depois, ao aparecimento do quinto Código de Registo Civil: o Decreto-Lei n.º 51/78, de 30 de março, aprovou novo diploma[1530], procurando uma certa simplificação da matéria.

1528 Pedro Chaves, *Comentário ao Código do Registo Civil de 22 de Dezembro de 1932*, 3.ª ed. (1937).

1529 Manuel Flamínio dos Santos Martins, *Código de Registo Civil (Decreto-Lei n.º 41.967, de 22-11-1958)* (s/d).

1530 José António de França Pitão/Manuel António Macedo dos Santos/Rui Crisóstomo dos Santos, *Código do Registo Civil Anotado* (1978) e, com menção a legislação

Tratou-se de adaptar a matéria à reforma do Código Civil de 1977, essencialmente destinada a adequá-lo à Constituição.

O registo civil passou a assumir uma feição algo instável, multiplicando-se as intervenções legislativas.

subsequente, que alterou o Decreto-Lei n.º 51/78, J. Robalo Pombo, *Código do Registo Civil/Anotado e Comentado* (1991).

§ 25.º O REGISTO CIVIL

128. O Código de 1995 e o seu conteúdo

I. O Código de Registo Civil vigente – o sexto em 85 anos – foi aprovado pelo Decreto-Lei n.º 131/95, de 6 de junho[1531]. Trata-se de um diploma de 305 artigos, ordenados em quatro títulos.

O Título I – *Disposições gerais*, abrange quatro capítulos:

Capítulo I – Objeto e valor do registo civil (1.º a 7.º)
Capítulo II – Órgãos do registo civil (8.º e 9.º)
Capítulo III – Regras de competência (10.º a 13.º)
Capítulo IV – Livros e arquivos (14.º a 38.º)

Encontramos, aqui, as regras básicas sobre a função do registo e os princípios gerais que o enformam, os órgãos privativos do registo – as conservatórias do registo civil e a Conservatória dos Registos Centrais – e os órgãos especiais – agentes diplomáticos e consulares, comandantes de navios e aeronaves e outras pessoas previstas na lei –, a distribuição da competência pelos vários órgãos e as regras sobre livros e arquivos.

II. O Título II – *Atos de registo* distribui-se por dois capítulos:

Capítulo I – Atos de registo em geral (39.º a 95.º)
Capítulo II – Atos de registo em especial (96.º a 210.º-R)

No tocante aos atos de registo em geral, o Código regula as partes e outros intervenientes, os documentos necessários, as modalidades de

[1531] Sendo Ministro da Justiça, Álvaro Laborinho Lúcio. O Código do Registo Civil conheceu múltiplas alterações, sendo a última (em fevereiro de 2019) resultante da Lei n.º 49/2018, de 14 de agosto.

registo (assentos e averbamentos), a omissão de registo e os vícios do registo. Entre estes, a lei distingue:

- a inexistência, a invocar a todo o tempo por qualquer interessado (85.º e 86.º);
- a nulidade, a invocar depois de declarada por decisão do conservador (87.º a 90.º);
- a irregularidade, a retificar (93.º).

No tocante a atos de registo em especial, ficaram previstos:

- o nascimento (96.º a 111.º);
- a filiação (112.º a 133.º);
- o casamento (134.º a 191.º);
- o óbito (192.º a 210.º);
- a sucessão (210.º-A a 210.º-R)[1532];

III. O Título III – *Publicidade, meios de prova e processos* ocupa-se de:

Capítulo I – Publicidade e prova dos factos sujeitos a registo (211.º a 220.º-F)
Capítulo II – Processos privativos do registo civil (221.º e 285.º)

Os factos sujeitos a registo e o estado civil das pessoas provam-se por certidão, boletim ou bilhete de identidade, conforme os casos (211.º). Os processos privativos do registo civil englobam o processo comum de justificação, administrativa e judicial e os processos especiais previstos no próprio Código (221.º).

Finalmente, o Título IV – *Disposições diversas*, tem a ver com:

Capítulo I – Recursos do conservador (286.º a 293.º)
Capítulo II – Responsabilidade civil, penal e disciplinar (294.º e 297.º)
Capítulo III – Estatística (298.º)
Capítulo IV – Emolumentos e demais encargos (299.º a 301.º)

1532 Subsecção introduzida com a reforma de 2007 (Decreto-Lei n.º 324/2007, de 28 de setembro).

Capítulo V – Disposições transitórias (302.º e 303.º)
Capítulo VI – Disposições finais (304.º e 305.º)

IV. O Código de Registo Civil apresenta-se como um diploma claro e acessível, mau grado a sua extensão. Os conceitos gerais com que labora são de natureza civil, pertencendo, em especial, no domíno do Direito da família. Por isso e na presente parte geral, curaremos, apenas, de alguns princípios.

129. Objetivos gerais e alterações

I. O Código de Registo Civil de 1995 assumiu determinados objetivos de ordem geral, de resto patentes no preâmbulo do Decreto-Lei n.º 131/95, de 6 de junho[1533]. Vamos salientar:

- a transferência, para os conservadores, de competências antes pertencentes a outras entidades, designadamente aos tribunais;
- a normalização de serviços, tendo em vista a informática;
- a harmonização com princípios constitucionais, em particular no tocante à igualdade e ao respeito pela intimidade da vida privada;
- o cinzelamento de alguns conceitos, com relevo para o de naturalidade.

II. O Código de Registo Civil de 1995 mereceu já inúmeras alterações. São elas as aprovadas, respetivamente:

- pelo Decreto-Lei n.º 36/97, de 31 de janeiro[1534], que transferiu para as conservatórias mais competências, que preparou os atos para a informatização dos serviços e que facilitou diversos atos[1535];
- pelo Decreto-Lei n.º 120/98, de 8 de maio, que alterou o regime jurídico da adoção, regulado no Código Civil e, nessa consonância, deu nova redação ao artigo 143.º do CRCiv;

[1533] O Código entrou em vigor a 15-set.-1995, de acordo com o artigo 3.º do diploma preambular.

[1534] Com a Retificação n.º 6-C/97, de 31 de março.

[1535] Alterou este diploma 70 artigos do CRCiv.

– pelo Decreto-Lei n.º 375-A/99, de 20 de setembro, essencialmente destinado a alterar o Código de Processo Civil, aproveitando para modificar três preceitos do CRCiv[1536];
– pelo Decreto-Lei n.º 228/2001, de 20 de agosto, que deu nova redação a 16 artigos do Código visando a desburocratização dos serviços[1537];
– pelo Decreto-Lei n.º 273/2001, de 13 de outubro[1538], que transfere para o conservador novas competências judiciais[1539];
– pelo Decreto-Lei n.º 323/2001, de 17 de dezembro, que converteu, em vários diplomas, valores expressos em escudos para euros, atingido o artigo 295.º/1, do CRCiv;
– pelo Decreto-Lei n.º 113/2002, de 20 de abril, que aditou o artigo 209.º-A do Código: dispensa de certificado médico de morte fetal;
– pelo Decreto-Lei n.º 194/2003, de 23 de agosto, que revogou – 2.º/1, *e*) – os seus artigos 300.º e 301.º, relativos a isenções de emolumentos.
– Decreto-Lei n.º 53/2004, de 18 de março: aprovou o Código da Insolvência e alterou os artigos 1.º e 69.º, relativos, respetivamente, ao objeto e obrigatoriedade do registo e a averbamentos ao assento de nascimento;
– Lei n.º 29/2007, de 2 de agosto: alterou diversos preceitos e aditou uns quantos, facilitando o registo de nascimentos e absorvendo o regime relativo às declarações de nascimento em unidades de saúde;
– Decreto-Lei n.º 324/2007, de 28 de setembro: alterou cerca de uma centena de artigos e aditou algumas dezenas, republicando o Código em anexo; visou medidas de simplificação e de desformalização, abaixo referidas;
– Lei n.º 62/2008, de 31 de outubro: alterou o regime do divórcio e modificou o artigo 272.º do Código;

1536 Artigos 240.º, 251.º e 291.º, que têm a ver com recursos para os tribunais.

1537 Artigos 20.º, 28.º, 34.º, 37.º, 38.º, 71.º, 74.º, 82.º, 91.º, 132.º, 137.º, 146.º, 154.º, 200.º, 210.º e 212.º.

1538 Com a Retificação n.º 20-AS/2001, de 8 de janeiro.

1539 São atingidos 29 artigos: 47.º, 53.º, 69.º, 83.º, 84.º, 86.º, 89.º a 94.º, 98.º, 116.º, 119.º, 121.º, 197.º, 199.º, 224.º, 225.º, 233.º, 235.º, 239.º, 241.º a 243.º, 274.º, 286.º e 292.º.

– Decreto-Lei n.º 247-B/2008, de 30 de dezembro: instituiu o cartão de empresa e alterou os artigos 69.º, 95.º, 163.º, 210.º-A, 210.º-C, 210.º-G, 210.º-H, 215.º, 272.º-A e 272.º-C;
– Decreto-Lei n.º 100/2009, de 11 de maio, relativo a decisões eclesiásticas sobre casamentos canónicos: alterou o artigo 7.º[1540];
– Lei n.º 29/2009, de 29 de junho: aprova o regime do processo de inventário[1541]; alterou os artigos 202.º-A, 202.º-B e 210.º;
– Lei n.º 103/2009, de 11 de setembro: aprova o regime do apadrinhamento civil; altera os artigos 1.º, 69.º e 78.º[1542];
– Lei n.º 7/2011, de 15 de março: cria o procedimento de mudança de sexo e de nome próprio no registo civil; alterou os artigos 69.º, 70.º, 104.º, 123.º, 214.º e 217.º;
– Decreto-Lei n.º 209/2012, de 19 de setembro, altera o Regulamento Emolumentar dos Registos e do Notariado[1543];
– Lei n.º 23/2013, de 5 de março, aprova o regime jurídico do processo de inventário; alterou os artigos 202.º-A, 202.º-B e 210.º;
– Lei n.º 90/2015, de 12 de agosto: justificação judicial de óbito em caso de naufrágio ou desaparecimento de embarcação; alterou os artigos 207.º e 208.º;
– Lei n.º 143/2015, de 8 de setembro, aprova o regime jurídico do processo de adoção; alterou o artigo 69.º;
– Lei n.º 201/2015, de 17 de setembro, aprova o modelo de contabilidade dos serviços de registo do Instituto dos Registos e do Notariado, I.P., regulando os respetivos fluxos financeiros; revogou o artigo 299.º;
– Lei n.º 2/2016, de 29 de fevereiro, que veio permitir adoções por pessoas do mesmo sexo, alterando o artigo 1.º do CRC;
– Lei n.º 5/2017, de 2 de março: regulação das responsabilidades parentais por mútuo acordo; adita uma nova secção, com os artigos 274.º-A a 274.º-C;

[1540] Com a Retificação n.º 34/2009, de 19 de maio.

[1541] De notar que a entrada em vigor deste diploma foi adiada (aliás: pela segunda vez) pela Lei n.º 44/2010, de 3 de setembro: 90 dias após a publicação de uma portaria regulamentadora.

[1542] Também dependente de um diploma regulamentar.

[1543] Com a Retificação n.º 65/2012, de 16 de novembro.

– Decreto-Lei n.º 51/2018, de 25 de junho: altera os artigos 49.º, 112.º, 118.º e 126.º, permitindo a apresentação de documentos em inglês, francês ou espanhol, sem tradução;
– Lei n.º 49/2018, de 14 de agosto, sobre o maior acompanhado: altera os artigos 1.º, 69.º, 70.º e 174.º.

III. No seu conjunto, as alterações ocorridas no domínio do Código de Registo Civil são significativas. Foi atingida uma percentagem considerável dos seus preceitos.

Como pano de fundo denotam-se linhas evolutivas que já haviam presidido à feitura do próprio Código de 1995, com relevo para a assunção, pelos conservadores, de novas funções, particularmente judiciais e para a informatização dos serviços.

O primeiro dos dois referidos aspetos deve ser seguido com atenção: o meritório desagravamento dos tribunais não pode ser feito à custa dos direitos e das garantias das pessoas.

IV. Uma referência especial deve ser feita à reforma adotada pelo Decreto-Lei n.º 324/2007, de 28 de setembro. Segundo o seu preâmbulo, ele visou:

1.º permitir que os atos e formalidades relacionados com a sucessão hereditária se possam efetuar num único balcão de atendimento, nas conservatórias do registo civil;
2.º simplificar as formalidades associadas ao processo de separação de pessoas e bens e de divórcio por mútuo consentimento, os quais passam a decorrer nas conservatórias;
3.º simplificar o processo de casamento;
4.º facultar a escolha de um regime de bens que não esteja tipificado na lei;
5.º simplificar o regime de casamento de estrangeiros;
6.º dispensar os cidadãos de apresentar certidões, quando os respetivos documentos já constem da base de dados da conservatória;
7.º eliminar a competência territorial das conservatórias do registo civil;
8.º permitir que os oficiais dos registos também possam praticar atos de registo civil;
9.º concretizar uma utilização alargada dos meios informáticos;
10.º simplificar "numerosos atos";
11.º regulamentar os casamentos civis sob forma religiosa, em termos de liberdade religiosa.

V. Devemos, ainda, lidar com diplomas complementares. Retemos: a Portaria n.º 1109/2009, de 25 de setembro, que determina o suporte informático para os atos e processos do registo civil e que regulamenta a reconstituição de atos e processos de registo; a Portaria n.º 145/2010, de 10 de março, relativa à certidão permanente de registo civil, revogada e substituída pela Portaria n.º 181/2017, de 31 de maio.

Finalmente, cumpre sublinhar a importância do Regulamento Consular, aprovado pelo Decreto-Lei n.º 71/2009, de 31 de março, por último alterado pelo Decreto-Lei n.º 14/2018, de 28 de fevereiro. Com efeito, segundo o artigo 51.º desse diploma, os cônsules titulares de postos de carreira e os encarregados das secções consulares são órgãos especiais de registo civil relativamente aos portugueses residentes habitualmente no estrangeiro ou que aí se encontrem acidentalmente.

130. Os princípios do registo civil

I. O registo civil dá a conhecer os estados das pessoas que dele resultem: no seu conjunto, podemos falar no "estado civil" das pessoas. Fá-lo, porém, através da peculiar técnica dos registos do Estado: inscreve factos jurídicos e, mais particularmente: os factos de que decorrem os estados em causa.

A inscrição dos factos contemplados pelo registo obedece a múltiplas normas agrupáveis em princípios. Deles passamos a dar conta, em número de sete: tipicidade, obrigatoriedade, completude, oficiosidade supletiva, autenticidade, legalidade e responsabilidade.

II. Segundo o princípio da tipicidade, apenas estão sujeitos ao registo civil os atos legalmente referenciados com esse fito. São eles, segundo a enumeração do artigo 1.º/1: o nascimento, a filiação, a adoção, o casamento, as convenções antenupciais e as alterações do regime de bens, a regulação do poder paternal, sua alteração ou cessação, bem como a sua inibição ou suspensão e as providências limitativas, o acompanhamento, a tutela de menores ou acompanhados, a administração de bens de menores, o apadrinhamento civil e a sua revogação, a curadoria provisória ou definitiva de ausentes, a morte presumida, a declaração da insolvência e outros atos a ela relativos e o óbito[1544]. Estão ainda sujeitos a registo os

[1544] Outros factos sujeitos por lei a registo obrigatório constam de Seabra Lopes,

factos que determinem a modificação ou extinção de qualquer dos factos indicados e os que decorram de imposição legal. Quanto a estrangeiros: só estão sujeitos a registo os factos a eles relativos que ocorram em território português – 1.º/2.

III. Pelo princípio da obrigatoriedade, o registo dos factos a ele sujeitos constitui um dever de certas pessoas – 1.º/1. Ao longo do Código, vai-se especificando a quem cabem as competentes declarações; assim os artigos 97.º (nascimento), 169.º (casamento católico) e 193.º (óbito). A violação desses deveres dá azo às sanções referidas nos artigos 295.º e 296.º, todos do CRCiv.

IV. O princípio da completude determina que os diversos assentos ou averbamentos reportados à mesma pessoa disponham de quotas de referência que permitam conhecer, em permanência, os efectivos estados civis do visado – cf. artigo 63.º. Este mesmo princípio determina que os atos praticados por órgãos especiais sejam obrigatoriamente integrados nos livros de registo da conservatória competente – 5.º/1 do CRCiv.

V. O princípio da oficiosidade supletiva implica que, havendo omissão ou incorreção do registo, as mesmas sejam supridas pelo próprio conservador – artigos 83.º/2, 84.º e 93.º, como exemplos. O registo civil é de interesse público. Assim, embora a sua efetivação repouse sobre iniciativas obrigatórias dos cidadãos, o Estado não abdica de a levar a cabo, quando falhem os meios normais.

VI. O princípio da autenticidade conduz a que do registo apenas devam resultar factos efetivamente ocorridos. Consequências deste princípio são determinados vícios do registo, quando não se verifique a necessária correspondência com essa realidade. Podemos distinguir, com base na lei[1545]:

Direito dos Registos e do Notariado cit., 31, entre os quais as declarações para atribuição, aquisição ou perda de nacionalidade e a naturalização de estrangeiros – artigo 18.º/1 da Lei n.º 37/81, de 3 de outubro.

1545 RLx 30-jun.-2006 (Rosa Maria Ribeiro Coelho), Proc. 5927/2006-7: sublinhando a natureza taxativa dos preceitos.

– a inexistência do registo quando respeite a facto juridicamente inexistente e isso resulte do próprio contexto – 85.º/1, *a*)[1546];

– a nulidade do registo sempre que o mesmo seja falso ou resulte de transcrição de facto falso – 87.º, *a*), ambos do CRCiv[1547]; essas duas noções são cuidadosamente definidas nos artigos 88.º e 89.º.

VII. O princípio da legalidade decorre da inclusão dos órgãos do registo – particularmente as conservatórias do registo civil e a Conservatória dos Registos Centrais –, na Administração Pública. Tem aplicação direta o artigo 266.º da Constituição[1548], além, naturalmente, dos artigos 3.º a 19.º do CPA. Consequência direta deste princípio é, aqui, a ausência de discricionariedade: a lei do registo civil deve ser aplicada como resulta da sua interpretação. A recusa da prática de atos deve ser fundamentada – 287.º – podendo o particular interessado recorrer da decisão – 288.º, ambos do CRCiv.

O incumprimento, pelos agentes do registo – a lei especifica: funcionários do registo civil, párocos e agentes diplomáticos e consulares – dos deveres resultantes do Código obriga-os a responder pelos danos a que derem causa – 294.º do CRCiv. Trata-se do princípio da responsabilidade, estreitamente ligado ao da legalidade.

Entre os danos a ressarcir ou a compensar estarão em primeira linha, dada a natureza das situações sujeitas a registo, os danos morais.

131. **Os efeitos do registo civil**

I. O registo civil visa, como foi visto, dar a conhecer os estados civis das pessoas, através da inscrição dos factos que estejam na sua origem.

[1546] Seabra Lopes, *Direito dos Registos e do Notariado* cit., 38 ss..

[1547] Eis alguns exemplos judiciais de nulidade, conquanto que na base de legislação anterior: RLx 9-jan.-1984 (Ianquel Milhano), BMJ 340 (1984), 437: é falso o registo em que figure como mãe de certa pessoa não quem a deu à luz, mas uma irmã desta, que nem esteve presente na declaração; RLx 13-dez.-1984 (Prazeres Pais; vencido: Moreira Mateus), CJ IX (1984) 5, 172-174: é nulo o assento de nascimento tardio, baseado em declarações da interessada, quando o nome do marido da mãe não tenha sido comprovado por documento idóneo.

[1548] Gomes Canotilho/Vital Moreira, *Constituição anotada* cit., 3.ª ed., 920 ss.; recorde-se que o artigo 266.º/2, da Constituição, submete a Administração Pública aos princípios da igualdade, da proporcionalidade, da justiça, da imparcialidade e da boa-fé.

Não se trata, todavia, de um mero esquema dispensador de informações: antes corresponde ao labor de um serviço público, especialmente montado pelo Estado e desenvolvido através de diplomas cuidadosos, com relevo para o Código de Registo Civil.

Para além do papel informativo geral, o registo civil assume uma eficácia relevante sobre os atos a ele sujeitos.

II. O primeiro efeito do registo é o seu papel condicionante absoluto de eficácia. Segundo o artigo 2.º do CRCiv, precisamente epigrafado "atendibilidade dos factos sujeitos a registo",

> Salvo disposição legal em contrário, os factos cujo registo é obrigatório só podem ser invocados depois de registados.

Poder-se-ia perguntar se, nessas condições, o registo civil não teria, antes, um eficácia constitutiva: antes da sua efetivação, o ato não estaria completo. Não fazemos tal opção. O nascimento, a filiação, o casamento e o óbito produzem múltiplos efeitos e existem *a se*[1549]. Quem os pretender invocar em juízo terá de usar os meios de prova facultados pelo registo civil, o que pressupõe que tenham sido registados. Se não estiverem, cabe lançar mãos dos esquemas previstos para suprir a omissão.

Os factos sujeitos a registo obrigatório existem por si, independentemente do registo. Mas carecem de inscrição para serem invocados – salvo, naturalmente, disposição em contrário[1550].

[1549] De resto e da enumeração feita, que não é exaustiva, apenas o casamento se traduz num ato jurídico; os restantes são simples factos *stricto sensu*, completos com a sua decorrência natural.

[1550] Como "disposições em contrário", cumpre assinalar: artigo 1601.º: constitui impedimento dirimente absoluto de casamento: *c*) O casamento anterior não dissolvido, católico ou civil, ainda que o respetivo assento não tenha sido lavrado no registo do estado civil; artigo 1711.º: as convenções antenupciais só produzem efeitos, perante terceiros, depois de registadas, não sendo para o efeito considerados terceiros os herdeiros dos cônjuges e demais outorgantes na escritura; 147.º, 1920.º-B e 1920.º-C *a contrario*: as sentenças relativas a interdições e ao poder paternal, antes do registo, já produzem efeitos perante terceiros de má-fé. J. de Seabra Lopes, *Direito dos Registos e do Notariado* cit., 37, acrescenta ainda os casos da presunção de paternidade contra o marido da mãe e a cessação dessa presunção quando o nascimento ocorra decorridos 300 dias após o termo da coabitação – artigos 1826.º e 1829.º.

III. O segundo efeito do registo é a sua eficácia probatória plena. Vamos recordar o artigo 3.º do CRCiv (valor probatório do registo):

> 1. A prova resultante do registo civil quanto aos factos que a ele estão obrigatoriamente sujeitos e ao estado civil correspondente não pode ser ilidida por qualquer outra, a não ser nas ações de estado e nas ações de registo.

O sistema é rematado pela segunda parte desse mesmo artigo:

> 2. Os factos registados não podem ser impugnados em juízo, sem que seja pedido o cancelamento ou a retificação dos registos correspondentes.

Ou seja: o registo civil faz prova plena dos factos a ele sujeitos e que dele resultem[1551]. Não pode ser ilidido a não ser através de ações específicas, que visem o estado da pessoa[1552] ou o próprio registo[1553].

IV. O terceiro efeito é a eficácia probatória exclusiva dos meios do registo. Segundo o artigo 4.º do CRCiv (prova dos factos sujeitos a registo):

> A prova dos factos sujeitos a registo só pode ser feita pelos meios previstos neste Código.

Tais meios de prova são, segundo o artigo 211.º e conforme os casos, a certidão, o boletim ou o bilhete de identidade.

V. Os três apontados efeitos estão, naturalmente, associados dando, ao registo civil, uma especial consistência. Resta acrescentar que o registo

[1551] RPt 26-jan.-1998 (Simões Freire), CJ XXIII (1998) 1, 193-195: constando de certidão de casamento que autor e ré casaram em França sem convenção antenupcial, não pode ser invocado pelo autor que o casamento teve lugar no regime de separação, enquanto não for lavrado registo nesse sentido.

[1552] Assim, RCb 12-dez.-1989 (Bento do Couto), CJ XIV (1989) 5, 63-64: apenas por meio de ação de estado é possível alterar o estado (paternidade) que o registo de nascimento reflete, se ele está bem feito, correspondendo à verdade do tempo da sua feitura.

[1553] STJ 7-jun.-1994 (Cardona Ferreira), CJ/Supremo II (1994) 2, 132-134: na ação de registo discute-se o acerto ou o desacerto de um ato de registo e não o conteúdo da controversa e alegada situação familiar a quem esse ato registal se reportaria; STJ 19-abr.-2001 (Miranda Gusmão), CJ/Supremo VII (2001) 2, 29-32: o registo nulo tem-se como válido enquanto a nulidade não for reconhecida por sentença, produzindo os efeitos desse registo.

civil entrou na cultura geral, de tal forma que todos conhecem, ainda que sem precisões técnicas, o seu papel e a sua importância.

Para o estudo do Direito do registo civil, para além dos diversos comentários ao respetivo código que temos vindo a citar, é ainda importante o manuseio de revistas especializadas. Entre nós, cumpre referir a *Regesta* (*Boletim da Associação Portuguesa de Conservadores de Registos*), desde 1980 e que teve uma secção dedicada ao registo civil, e os *Cadernos do Centro de Estudos Notariais e Registais* (CENoR)

Um interesse prático especial assumem, ainda, as instruções da Direção-Geral dos Registos e do Notariado. A consulta do *Boletim dos Registos e Notariado*, onde podem ser confrontados os pareceres do Conselho Técnico está muito facilitada: através do sítio www.irn.mj.pt/.

§ 26.º A IDENTIDADE

132. Noção e evolução geral

I. A identidade de uma pessoa singular é o conjunto dos elementos que permitem diferenciá-la dos seus semelhantes.

Em sociedades agrícolas marcadas pela escassa movimentação dos seus elementos, todos se conheciam: era assim dispensável, mesmo para fins fiscais ou de recrutamento, generalizar esquemas de identidade, para lá do que já resultava dos registos paroquiais.

O próprio registo civil, uma vez instituído e generalizado, facultava o conhecimento da identidade da pessoa, a quem a ele acedesse ou pedisse certidões. Com a industrialização e a subsequente massificação das sociedades e, ainda, perante as necessidades maciças de recrutamento militar, ocasionadas pela Grande Guerra de 1914-1918, houve que ir mais longe, apurando esquemas de identificação imediata.

Entre nós, essas necessidades deram corpo, em 1918, ao aparecimento do bilhete de identidade[1554].

II. O Decreto n.º 4.837, de 20 de setembro de 1918, veio criar, no seu artigo 1.º, o Arquivo de Identificação, a partir do antigo Arquivo Central de Identificação e Estatística Criminal. O artigo 17.º, desse diploma, dispunha[1555]:

É autorizado o diretor do Arquivo de Identificação a passar bilhetes de identidade moldados nos processos mais seguros, mais práticos, mais simples e mais modernos da sinalética antropométrica.

[1554] Sobre toda esta matéria, Alexandre Sousa Pinheiro/Jorge Menezes de Oliveira, *O bilhete de identidade e os controlos de identidade*, RMP 60 (1994), 11-100 (11 ss.).

[1555] *Collecção Oficial 1918* (1919), 1918-1919 (1919/I).

Seguiu-se o Decreto n.º 5:266, de 16 de março[1556], cujo artigo 1.º dispunha:

> Em cumprimento do artigo 17.º do decreto-lei n.º 4:837, de 20 de setembro de 1918, é criado um bilhete de identidade, facultativo para os indivíduos dos dois sexos, e obrigatório, a partir do dia 15 de abril próximo, para todas as pessoas que, desde essa data, forem nomeadas para algum cargo público civil em Lisboa.

O Decreto n.º 5:653, de 10 de maio[1557], veio alargar o papel do bilhete de identidade, permitindo que, para efeitos de passaporte, ele fizesse prova plena dos elementos de identificação do interessado.

O Decreto n.º 12.202 dava ainda conta de já se ter sedimentado o papel do bilhete de identidade. Por isso, ele passou a ser exigido numa série de circunstâncias nele enumeradas[1558], numa lista aumentada pelo Decreto n.º 13.254, de 9 de março de 1927[1559], que reformulou os serviços.

O Código de Registo Civil de 1932, aprovado pelo Decreto n.º 22.018, de 22 de dezembro desse ano, ampliou o papel do bilhete de identidade[1560].

O Decreto-Lei n.º 41.077, de 19 de abril de 1957, reformulou novamente a administração competente, criando os serviços de identificação civil[1561]; o seu artigo 7.º multiplicou os casos em que a "posse do bilhete de identidade" era obrigatória[1562]. Este diploma previa um número elevado de elementos de identificação, vindo a ser simplificado pelo Decreto n.º 45 754, de 5 de junho de 1964, numa orientação mantida pelo Decreto n.º 251/71, de 12 de junho.

Nova regulação surgiu através do Decreto-Lei n.º 64/76, de 24 de janeiro. Este diploma excluiu a filiação como elemento identificador, numa orientação revogada pelo Decreto-Lei n.º 787/76, de 2 de novembro, que a

[1556] DG I Série, n.º 56, de 19-mar.-1919 (426/II); em anexo, era aprovado o modelo do bilhete de identidade.

[1557] DG I Série n.º 98, de 10-mai.-1919, 1068.

[1558] Artigo 3.º; DG I Série n.º 188, de 26-ago.-1926, 1142-1145 (1142/II).

[1559] Artigo 40.º; DG I Série n.º 48, de 9-mar.-1927, 324-331 (330/I); este diploma é antecedido por um interessante preâmbulo.

[1560] Artigo 425.º.

[1561] DG I Série n.º 90, de 19-abr.-1957, 423-429.

[1562] *Idem*, 427.

reintroduziu. O Decreto-Lei n.º 357/86, de 25 de outubro, passou a exigir fotografias a cores.

Seguiu-se um novo regime de identificação, adotado pela Lei n.º 12/91, de 21 de maio; porém, falho de regulamentação, não chegou a entrar em vigor[1563].

A Lei n.º 5/95, de 21 de fevereiro, alterada pela Lei n.º 49/98, de 11 de agosto, estabeleceu a obrigatoriedade de porte de documento de identificação para os cidadãos maiores de 16 anos sempre que se encontrem em lugares públicos, abertos ao público ou sujeitos à vigilância policial[1564].

Inúmeros diplomas preveem formas de identificação especial, com relevo para o sector militar.

III. Atualmente, os elementos básicos da identidade do indivíduo resultam do registo civil obrigatório. São eles – artigo 102.º/1 do CRCiv:

a) O nome próprio e os apelidos;
b) O sexo;
c) A data de nascimento, incluíndo, se possível, a hora exata;
d) A freguesia e o concelho de naturalidade;
e) O nome completo, a idade, o estado, a naturalidade e a residência habitual dos pais;
f) O nome completo dos avós;
g) As menções exigidas por lei em casos especiais.

A esses elementos podemos acrescentar a nacionalidade.

Tratando-se de um nascimento, compreende-se porque se refere a "residência habitual dos pais" e não a do próprio registrando. Na mesma linha se entende o suplemento de identidade requerido em relação aos pais. No futuro da identificação do registrando, os requisitos das alíneas *e*) e *f*) do citado artigo 102.º esbater-se-ão, em face da indicação da residência habitual do próprio visado.

[1563] Alexandre Sousa Pinheiro/Jorge Menezes de Oliveira, *O bilhete de identidade* cit., 32.

[1564] *Vide* o parecer PGR, n.º 1/2008, de 3 de janeiro (Alberto Esteves Remédio), DR 2.ª Série, n.º 8, de 11-jan.-2008, 1524-1531.

133. Identificação civil e bilhete de identidade

I. A identificação civil e a emissão do bilhete de identidade são hoje reguladas pela Lei n.º 33/99, de 18 de maio[1565].

A identificação civil é assegurada pelo Estado, através de serviços competentes integrados na Direção-Geral dos Registos e do Notariado, do Ministério da Justiça – 2.º/1 da Lei em causa. O n.º 2 explicita os serviços competentes, os quais emitem o bilhete de identidade de cidadãos portugueses. Além disso, temos:

– bilhetes de identidade requeridos por portugueses no estrangeiro: cabem ao Centro Emissor para a Rede Consular da Direção-Geral dos Assuntos Consulares e das Comunidades Portuguesas, do Ministério dos Negócios Estrangeiros, nos termos previstos do Decreto-Lei n.º 1/95, de 12 de janeiro – 2.º/4;
– bilhetes de identidade requeridos por cidadãos brasileiros, aos quais, nos termos da Convenção Luso-Brasileira aprovada em 29 de dezembro de 1971, completado pelo Tratado de 22 de abril de 2000, tenha sido concedido o estatuto geral de igualdade de direitos e deveres: são-lhes atribuídos de acordo com as disposições do Decreto-Lei n.º 154/2003, de 15 de julho – 2.º/5;
– bilhetes de identidade requeridos por estrangeiros ou apátridas residentes no País.

O bilhete de identidade visa comprovar a identidade civil do seu titular – 3.º/1. A identidade é estabelecida pela identificação civil, a qual tem por objeto a recolha, tratamento e conservação dos dados pessoais individualizadores de cada cidadão – 1.º/1, ambos da Lei n.º 33/99.

II. A Lei n.º 7/2007, de 5 de fevereiro, veio criar o cartão de cidadão e regular a sua emissão e a sua utilização. Ele vem reunir os elementos atinentes às identificações civil e fiscal e os números de utente dos serviços de saúde e de segurança social. Comporta regulamentos de execução. Foi alterado pela Lei n.º 91/2015, de 12 de agosto e pela Lei n.º 32/2017, em numerosos artigos, republicando em anexo.

[1565] Alterada pelo Decreto-Lei n.º 323/2001, de 17 de dezembro (49.º e 50.º), pelo Decreto-Lei n.º 194/2003, de 23 de agosto (revogou o artigo 45.º) e pela Lei n.º 32/2017, de 1 de junho (revogou o artigo 20.º).

III. O artigo 1.º/2 da Lei n.º 33/99 fixa os princípios da identificação civil: legalidade, autenticidade, veracidade, univocidade e segurança dos dados, estes últimos quatro reportados aos dados identificadores dos cidadãos. Trata-se de princípios bastante claros e que a própria Lei n.º 33/99 se sentiu, em geral, dispensada de desenvolver. De todo o modo, podemos explicitá-los um pouco:

– princípio da legalidade: a identificação está sujeita a normas legais, cabendo aos funcionários assegurar-se da licitude das operações que pratiquem e dos dados que lhes sejam reportados;
– princípio da autenticidade: os dados a coligir devem ser exatos; havendo dúvidas, cabe aos serviços exigir prova complementar – 17.º; os dados são atualizados, de acordo com o prescrito no artigo 23.º, cabendo correção de eventuais inexatidões – artigo 30.º;
– princípio da veracidade: quando dêem informações – o que só é possível nos termos da lei – os serviços devem prestá-las de modo fidedigno;
– princípio da univocidade: os dados retidos e as informações prestadas não devem ser ambíguos;
– princípio da segurança dos dados: estes só podem ser comunicados às entidades policiais e judiciárias, nos termos do artigo 24.º; as entidades autorizadas não podem fazer outro uso delas – 26.º; as informações para fins de investigação ou estatística não devem identificar as pessoas a que respeitem – 28.º; os documentos são conservados, nos termos do artigo 32.º; a base de dados dispõe de garantias de segurança – 33.º; existe um dever de sigilo, por parte dos funcionários – 35.º, todos da Lei n.º 33/99.

IV. O artigo 5.º da Lei n.º 33/99 comete ao bilhete de identidade, além dos elementos identificadores do seu titular, exarar o seu número[1566], a data da emissão, o serviço emissor e o prazo de validade. Elenca, como se disse, dos elementos identificadores do seu titular, os que têm o maior interesse: nome completo, filiação, naturalidade, data de nascimento, sexo, residência, fotografia e assinatura[1567]. Com as seguintes especificações:

[1566] Trata-se de um número sequencial, atribuído ao bilhete de identidade emitido pela primeira vez, seguido de um dígito de controlo, que se mantém nas renovações.

[1567] Perante o sistema da Lei n.º 12/91, de 21 de maio, Sousa Pinheiro/Menezes de Oliveira, *O bilhete de identidade* cit., 33-34.

a) Nome do titular: de harmonia com o que consta do assento de nascimento, com respeito pela ortografia oficial – 7.º/1[1568];

b) Filiação: de acordo com o assento de nascimento – 8.º/1[1569];

c) Nacionalidade: através da inscrição, sempre que possível, da designação atual da freguesia e da sede do concelho constantesdo assento de nascimento[1570]; quanto aos naturais de território sob administração portuguesa ou de países estrangeiros, inscreve-se, apenas, a designação atual do território ou do país de naturalidade – 9.º[1571];

d) Data do nascimento: naturalmente, a que conste do assento de nascimento;

e) Sexo: indicado pelas iniciais "M" e "F" – 10.º;

f) Residência: mediante inscrição da freguesia e do concelho em que se situe, por indicação do requerente – 11.º;

g) Fotografia: uma fotografia tipo passe, com menos de um ano, a cores e fundo liso, com boas condições de identificação e medidas adequadas ao modelo do bilhete de identidade – artigo 15.º/1, *a*);

h) Assinatura: "... o nome civil, escrito pelo respetivo titular, completa ou abreviadamente, de modo habitual e característico e com liberdade de ortografia" – 12.º/1[1572].

Do bilhete de identidade constava, ainda, a impressão digital; hoje, ela é aposta apenas no verbete onomástico[1573].

Há uma clara aproximação aos elementos identificadores colhidos no registo civil[1574].

1568 O Diretor-Geral dos Registos e do Notariado pode autorizar ortografia diversa se constar do assento de nascimento e lhe for solicitado pelo requerente; tratando-se de erro ortográfico notório, deve ser promovida a retificação oficiosa do assento de nascimento – 7.º/2 e 3.

1569 Não podendo, todavia, ser inscritos mais de quatro apelidos dos progenitores, a começar do último apelido, a não ser que o requerente escolha outra ordem ou declare aceitar o uso de iniciais – 8.º/2; esta preocupação de normalização compromete a eficácia identificadora e põe em crise o princípio da veracidade.

1570 *Vide*, no artigo 101.º/2 do CRC, o que entender por "naturalidade".

1571 Onde se preveem, ainda, outras hipóteses.

1572 A assinatura é sempre feita perante funcionário dos serviços de identificação civil.

1573 Artigo 15.º/1, *c*) e 16.º da Lei n.º 33/99.

1574 *Supra*, 412.

V. O bilhete de identidade é válido por 5 ou 10 anos, consoante tenha sido emitido antes ou depois de o titular atingir 35 anos; é vitalício quando emitido depois dos 55 anos – 13.º. Passado o prazo, ele já não comprova a residência – 3.º/2: *a contrario*, o bilhete de identidade, mesmo caducado, faz prova dos demais elementos.

Quanto à eficácia: ela é plena, no tocante à prova da identidade civil do seu titular, perante quaisquer entidades, públicas ou privadas; é válido em todo o território nacional[1575], além da eficácia reconhecida por normas comunitárias e por tratados e acordos internacionais – 3.º/1. Dada esta eficácia plena, o bilhete de identidade é autenticado pela entidade emitente, mediante aposição do selo branco e de outros elementos de segurança – 18.º.

A lei regula o pedido de segundas vias – 19.º – e prevê, em casos de urgência, a emissão de um bilhete de identidade provisório.

134. Outras formas de identificação

I. A lei prevê outras formas de identificação, com relevo para os passaportes, cuja emissão é regulada pelo Decreto-Lei n.º 83/2000, de 11 de maio, com diversas alterações subsequentes, sendo a última alteração: Decreto-Lei n.º 54/2015, de 16 de abril.

II. O Decreto-Lei n.º 83/2000, de 11 de março, foi muito alterado pelo Decreto-Lei n.º 138/2006, de 26 de julho, que o republicou em anexo. Este diploma introduziu o passaporte eletrónico. Foi ainda alterado pelo Decreto-Lei n.º 91/2011, de 20 de setembro, pelo Decreto-Lei n.º 54/2015, de 16 de abril, pela Lei n.º 32/2017, de 1 de junho, pelo Decreto-Lei n.º 19/2018, de 14 de março, que o republicou em anexo e pela Lei n.º 49/2018, de 14 de agosto.

[1575] A conferência de identidade é feita no momento da exibição do bilhete de identidade, o qual é de imediato restituído ao seu titular – 42.º/1. A retenção ilegítima é punida com coima, nos termos do artigo 49.º/1, ambos da Lei n.º 33/99.

§ 27.º O SEXO

135. Distinções básicas

I. O ser humano é uma espécie sexuada. Os indivíduos de cada um dos sexos distinguem-se, fácil e imediatamente, pelo aspeto geral, pela postura e por cada um dos gestos. Desde a infância, o modo de agir específico, em função do sexo, constitui um facto fácil de referenciar. A diferenciação dos sexos constitui um dos grandes sortilégios da Humanidade, estando permanentemente presente em todas as situações.

II. O sexo fica determinado no momento da conceção. Todo o ser humano recebe um cromossoma X, da mãe. Quem herde um cromossoma X do pai, é mulher (XX); quem herde um Y, é homem (XY)[1576]. Trata-se de uma situação irreversível[1577], a que também se chama o sexo cromossomático.

Podemos, depois, apontar outros "sexos", derivados do primeiro: o sexo anatómico, que se assume na sétima semana da gravidez; o sexo hormonal, que floresce na puberdade; o sexo social, que ocorre com a socialização da criança; o sexo psicológico, que equivale à interiorização da fenomenologia sexual, levando a que cada um se saiba e sinta "homem" ou "mulher".

III. O Direito não pode ser alheio à diferenciação dos sexos. Seria uma completa disfunção perante uma realidade insofismável. As questões

[1576] Matt Ridley, *Genome* cit., 108.

[1577] Estão em curso pesquisas tendentes a determinar eventuais fundamentos genéticos para a homossexualidade; não têm, todavia, a ver com a determinação do sexo em si.

são muito numerosas, em diversos domínios[1578]. Vamos curar, de seguida, do tema da igualdade.

136. A discriminação histórica da mulher

I. Ao longo da História, a mulher foi vítima de uma discriminação característica, que teve diversas consequências no Direito[1579].

Nas sociedades sedentárias que permitiram a acumulação de riqueza, os homens, pela sua força física em regra superior, ocuparam-se do gado e das tarefas agrícolas, vindo a controlá-las. A guerra era feita tendencialmente por homens, permitindo o seu adestramento e o seu acesso a funções públicas de índole militar. Porventura mais grave, num círculo que se quebraria apenas no século XX: a cultura era disponibilizada, em primeira linha, aos homens, com um relevo particular para o ensino e o estudo do Direito. Ficava a mulher remetida para lides domésticas e para a educação dos filhos de mais tenra idade: ocorrência, de resto, prejudicada justamente pelo problema cultural. A inferioridade física, económica e, depois, cultural, da mulher, teve reflexos jurídicos até, praticamente, aos nossos dias. Ela mantém-se, de resto, noutras culturas, vindo mesmo a agravar-se, nos últimos anos.

II. No Direito romano, a mulher estava submetida ao *pater familias*. Trata-se de uma situação que penalizava homens e mulheres, apenas com a particularidade de o *pater* ser, naturalmente, um homem. As funções públicas e o exercício militar estavam reservados aos homens. Casando, a mulher passava para o poder do marido, nos casamentos iniciais, ditos *cum manu*. A partir dos finais da República, os casamentos vieram a ser celebrados *sine manu*, o que redundou na concessão de maior autonomia às mulheres. Mantendo-se a incapacidade de Direito público, foi-se assistindo a uma progressiva equiparação no tocante aos direitos privados: fala-se, a tal propósito numa conceção mais humanitária das sociedades

[1578] *Vide* a obra envolvente de Francis Caballero, *Droit du sexe* (2010), 747 pp.

[1579] Sobre toda a matéria, Teresa Pizarro Beleza, *Mulheres, direito, crime ou a perplexidade de Cassandra* (1990), onde podem ser confrontadas inúmeras indicações; com elementos atualizados: Stephan Meder, no HKK/BGB, IV, *Familienrecht* (2018), 5-26 e Sebastian A. E. Martens, *Kurze Geschichte der Frau im Recht*, Jura 2018, 1194-1199.

civilizadas, que produziu os seus frutos[1580], embora ainda muito longe de princípios de não-discriminação, difíceis de entender em sociedades esclavagistas. Surgiram mesmo, nessa altura, institutos de privilégio para as mulheres, com relevo para o *senatus-consultum vellaeanum*, que permitia à mulher fiadora, por meio de uma *exceptio*, evitar responder por uma fiança que tivesse outorgado[1581]. A doutrina da *exceptio vellaeana* seria ampliada, sob o Direito comum, deixando ainda rastos no nosso Código de Seabra – artigo 819.º. No período justinianeu, a discriminação civil, agora sob influência cristã, manteve a linha do abrandamento e da superação[1582].

III. A situação veio a piorar, no Ocidente, após as invasões. O Direito germânico não era, *in abstracto*, discriminador da mulher; tinha, todavia, um forte sentido de família, que conduzia a entregar ao pai a generalidade dos poderes. As mulheres transitavam do poder do pai para o do marido, numa situação algo semelhante ao do primitivo Direito romano.

Mau grado o retrocesso, particularmente sensível no Direito público, o Direito privado manteve o teor mais equilibrado das compilações. De notar um papel importante da Igreja que, durante séculos, se bateu pela liberdade formal do casamento[1583]. No entanto, ficou por resolver o problema da inferioridade cultural da mulher, causada pelas deficiências da educação feminina. Localizamos, aí, o cerne da discriminação.

IV. Em termos puramente civis, pelos antecedentes apontados, a posição da mulher estava já próxima da do homem, aquando da pré-codificação.

Explicava Borges Carneiro: "A exclusão das mulheres de algumas faculdades políticas se funda em leis do pudor ou em costume meramente civil; não na incapacidade ou inhabilidade do sexo: antes nelle se desinvolve mais cedo o juizo e a puberdade"[1584]. A regra geral era, assim, a da igualdade

[1580] Max Kaser, *Das römische Privatrecht* cit., I, 2.ª ed., 277.

[1581] *Idem*, 667.

[1582] Max Kaser, *Das römische Privatrecht* cit., II, 2.ª ed., 119; *Tratado*, X, 191 ss..

[1583] A liberdade formal do casamento levou ao reforço da liberdade contratual, em geral e não a liberdade de estipulação; não tem a ver com o negócio jurídico, que é uma criação pandectística dos finais do século XVIII, princípios do século XIX (*Tratado* II, 4.ª ed., 25 ss.): antes de invocar a História, há que estudá-la.

[1584] Manuel Borges Carneiro, *Direito civil de Portugal*, 3 (1828), 3-4.

com os homens, perante o Direito[1585]; designadamente: as mulheres sucediam no Reino, em bens da Coroa, morgado e prazo; não estão em tutoria ou curadoria; podem, sem diferença dos homens, fazer testamento, contratos ou obrigar-se a receber depósito[1586]. A mulher apenas não poderia ser fiadora, estando-lhe ao alcance invocar o benefício do Senatusconsulto Veleiano[1587]. Seguiam-se, depois, diferenças no campo público e no das penas.

Contra a igualdade das mulheres jogaram, depois, as codificações: na ânsia sistematizadora, foram acolhidos e ampliados traços de diferenciação, particularmente no Código Napoleão[1588].

Deste diploma seriam retiradas, ainda no tempo da pré-codificação, novas desigualdades: a mulher casada "não pode fazer contracto algum sem authoridade do marido"[1589], nem contrair dívidas, salvo em casos muito peculiares[1590], nem comparecer em juízo[1591].

V. O Código de Seabra partia de uma aparente posição de igualdade entre os sexos, consagrada no seu artigo 7.º. A mulher apenas padecia de algumas limitações tradicionais.

Mais precisamente: as mulheres não podiam ser testemunhas em testamento – artigo 1966.º[1592] – e em atos entre vivos tanto autênticos como particulares – artigo 2492.º[1593]; não podiam prestar fiança, salvo sendo comerciantes – 819.º –, bem como em certos casos especiais – 820.º[1594];

1585 *Idem*, 5.

1586 *Idem*, 6-7.

1587 *Idem*, 7 ss.

1588 Assim, o seu clássico artigo 213.º (versão original): *Le mari doit protection à sa femme, la femme obéissance à son mari*; seguiam-se várias "incapacidades" relativas à mulher casada.

1589 Corrêa Telles, *Digesto Portuguez* cit., 1, 3.ª ed., artigo 232 (33).

1590 *Idem*, artigo 240 (36).

1591 *Idem*, artigo 383 (56); nos artigos 420 e seguintes (60), retomam-se, ainda, diversos atos.

1592 Tal como não podiam os estrangeiros, os que não estiverem em seu juízo, os menores não emancipados, os surdos, os mudos e os cegos, bem como os que não entenderem a língua do testamento, os filhos e os amanuenses do tabelião e os declarados incapazes de serem testemunhas, por sentença; *vide* Dias Ferreira, *Codigo Annotado*, 3, 2.ª ed. (1898), 477.

1593 Preceito que remetia para o artigo 1966.º.

1594 José Dias Ferreira, *Codigo Annotado*, 2, 2.ª ed. (1895), 113.

não podiam ser tutores, protutores nem vogais do conselho de família, salvo quando ascendentes – artigo 234.º[1595].

Com o casamento, porém, a situação da mulher piorava decisivamente. Desde logo, ficava sob o poder marital por força do artigo 1185.º, correspondente ao artigo 213.º do Código Napoleão:

> Ao marido incumbe, especialmente, a obrigação de proteger e defender a pessoa e os bens da mulher; e a esta a de prestar obediência ao marido[1596].

Além disso, não podia estar em juízo sem autorização do marido, salvo circunstâncias especiais – 1192.º[1597] –, tal como não podia "... adquirir, ou alienar bens, nem contrahir obrigações ..." – artigo 1193.º[1598] – ou publicar "... os seus escriptos ..." – 1187.º[1599].

Deve notar-se que a doutrina civilística não aprovava estas incapacidades[1600], apressando-se todavia a explicá-las apenas pela conveniência em manter a unidade da família[1601]. Guilherme Moreira rematava a matéria com uma afirmação que demoraria 70 anos a colher frutos:

> A desigualdade juridica entre os sexos não representa, na sua evolução histórica e na maioria dos casos, a idêa de proteger a mulher em razão de uma supposta inexperiencia ou fraqueza, ou uma satisfação ás exigencias da unidade da familia, e, reduzida, como está no nosso codigo, algumas

[1595] José Dias Ferreira, *Codigo Annotado*, 1, 2.ª ed. (1894), 184, referindo a falta de autoridade que as mulheres teriam, quando o jovem alcançasse certa idade.

[1596] José Dias Ferreira, *Codigo Annotado* cit., 2, 2.ª ed., 417, amenizava deste modo o preceito: "Pela sua parte a mulher deve obediencia ao marido, mas só no que for licito, e conforme á moral e aos bons costumes, como desnecessariamente declarava o projecto primitivo".

[1597] *Idem*, 422.

[1598] *Idem*, 424.

[1599] *Idem*, 418, onde, com algum distanciamento, se refere que "... a ordem e a moralidade domestica poderiam n'alguns casos correr grave perigo, se a mulher tivesse completa liberdade de dedicar-se á vida litteraria, scientifica ou artistica, com prejuizo dos deveres que lhe impõem as suas qualidades de esposa e de mãe".

[1600] Guilherme Moreira, *Instituições* cit., 1, 187: "A palavra *obediencia*, de que o legislador, com tanta infelicidade, se serviu ...".

[1601] *Idem*, loc. cit..

disposições ha todavia que se nos afiguram de difficil justificação, designadamente no que respeita ás segundas nupcias[1602].

O grande óbice à igualdade dos sexos residia na falta de cultura e de instrução da mulher. Desde que se foi estabelecendo a escolaridade obrigatória para homens e mulheres e que se consumou, ao longo da primeira metade do século XX, o acesso das mulheres ao ensino secundário e ao superior, a igualdade impôs-se, pela base.

A desigualdade da mulher foi sendo minorada por diversas reformas legislativas[1603].

VI. A discriminação da mulher manteve, no Direito português, algumas manifestações tardias; estas coincidiam com uma referência de princípio à igualdade dos sexos[1604].

No Direito público, estavam vedados, à mulher, algumas profissões jurídicas, como o acesso à magistratura judicial e ao ministério público[1605],

[1602] *Idem*, 194. Em compensação, Cunha Gonçalves, *Tratado* cit., 1, 227-228, verberava os progressos igualitaristas do século XX, congratulando-se com os costumes, o bom senso e a prática da vida que corrigiriam os "desatinos legislativos".

[1603] Com relevo para o Decreto n.º 1, de 25 de dezembro de 1910, ou Lei do Casamento e pela reforma do Código Civil, aprovada pelo Decreto n.º 19 126, de 16 de dezembro de 1930; *vide* Paulo Cunha, *Teoria geral* cit., 39.

[1604] Paulo Cunha, *Teoria geral* cit., 40.

[1605] Artigo 365.º do Estatuto Judiciário, aprovado pelo Decreto-Lei n.º 44 278, de 14 de abril de 1962:

> 1. Os requerimentos, escritos e assinados por cada concorrente, além de conterem a declaração da naturalidade e do domicílio, serão acompanhados de documentos comprovativos dos seguintes requisitos:
> *a)* Ser cidadão português do sexo masculino com idade não inferior a 21 nem superior a 35 anos;
> *b)* Possuir as habilitações literárias exigidas por lei;
> *c)* Não estar pronunciado nem ter sido condenado por crimes infamantes e estar no gozo pleno dos direitos civis e políticos;
> *d)* Ter cumprido os preceitos legais relativos ao recrutamento militar;
> *e)* Ter feito as declarações a que se referem o artigo 3.º da Lei n.º 1901, de 21 de maio de 1935, e o artigo 1.º do Decreto-Lei n.º 27 003, de 14 de setembro de 1936;
> *f)* Ter efectuado o depósito a que se refere o artigo seguinte.
>
> 2. Os concorrentes podem juntar ainda quaisquer outros documentos comprovativos de habilitações que possuam e de serviços públicos que tenham prestado e aproveitar

o acesso a certas carreiras e desempenhos, como a carreira diplomática e consular[1606] e outros papéis que envolvessem "funções de autoridade"[1607].

Mas também no Direito privado, particularmente no Código Civil, surgiam discriminações. Quanto à mulher em geral, eram escassas: artigos 1601.º, *a*) (idade núbil, de 16 anos para homens e de 14, para mulheres), 1720.º/1, *b*) (regime imperativo de separação de bens, de 60 anos para homens e de 50, para mulheres) e 1828.º (idade mínima para perfilhar, de 16 anos para homens e de 14, para mulheres). O panorama era diverso em relação à mulher casada: isso ao ponto de haver toda uma dogmática quanto às "incapacidades da mulher casada".

Anotem-se alguns aspetos relativos ao estatuto da mulher casada, segundo a versão original do Código Civil de 1966:

– 1672.º/1: a mulher deve adotar a residência do marido;

para o concurso os documentos que anteriormente tenham dado entrada no Ministério da Justiça, desde que sejam expressamente designados no requerimento de admissão, com a declaração do ano e do fim para que tenham sido apresentados.

1606 Artigo 25.º do Decreto-Lei n.º 47 331, de 23 de novembro de 1966:

> A admissão no serviço diplomático depende da aprovação em provas públicas, a que só poderão ser candidatos os cidadãos portugueses originários, de sexo masculino, licenciados em Direito, História, Filosofia, Economia, Finanças ou pelo Instituto Superior de Ciências Sociais e Política Ultramarina, ou ainda diplomados em cursos de escolas superiores estrangeiras que sejam declarados pelo Ministério da Educação Nacional equivalentes a qualquer das referidas licenciaturas.

1607 Por exemplo, o artigo 488.º do Código Administrativo, aprovado pelo Decreto-Lei n.º 31 095, de 31 de dezembro de 1940:

> Os requerimentos, escritos e assinados por cada concorrente [a cargos judiciários], além de conterem a declaração da naturalidade e do domicílio, serão acompanhados de documentos comprovativos dos seguintes requisitos:
>
> *a*) Ser cidadão português do sexo masculino com idade não inferior a 21 anos nem superior a 35 anos;

A Constituição de 1933, no seu artigo 5.º, § único, ressalvava, à igualdade de direitos, o seguinte: "salvas, quanto à mulher, as diferenças resultantes da sua natureza, e do bem da família"; na revisão de 1971, esse preceito foi substituído por um § 2.º, assim concebido: "salvas, quanto ao sexo, as diferenças de tratamento justificadas pela natureza". A pressão igualitarista parece evidente; todavia, a doutrina entendia que essa modificação "não afecta as diferenças de condição jurídica entre marido e mulher ..."; cf. Paulo Cunha, *Teoria geral* cit., 37.

– 1674.º: o marido é o chefe da família, competindo-lhe representá-la e decidir em todos os casos da vida conjugal comum;
– 1675.º/1: a mulher tem o direito de usar o nome do marido, não se referindo o inverso;
– 1676.º/2: o marido pode denunciar, a todo o tempo, os contratos lucrativos que a mulher celebre com terceiros; ficava incluído o contrato de trabalho;
– 1677.º/1: pertence à mulher o governo doméstico;
– 1678.º/1: a administração dos bens do casal, incluindo os próprios da mulher, pertence ao marido;
– 1686.º/1: a mulher não pode exercer o comércio sem o consentimento do marido, salvo certas circunstâncias.

Particularmente gravosa era a possibilidade de o marido, que já tinha a administração dos bens, poder denunciar o contrato de trabalho da mulher, deixando-a em total dependência económica.

Tais discriminações não tinham justificação. Além disso, não correspondiam ao estado cultural do País, no momento em que se pretendeu a sua imposição: eram, mesmo, caricatas, manchando, sem glória, o Código Civil de 1966.

137. O predomínio da igualdade

I. Foi necessário aguardar a queda do Estado Novo, em 25-abr.-1974, para se corrigir a discriminação apontada. Algumas medidas foram tomadas de imediato: assim, o Decreto-Lei n.º 251/74, de 12 de junho, veio facultar a todos os cidadãos portugueses, independentemente do seu sexo, o acesso aos cargos judiciários ou do Ministério Público e aos quadros dos funcionários de justiça, enquanto o Decreto-Lei n.º 492/74, de 27 de setembro, veio revogar o artigo 488.º, § 4.º, do Código Administrativo.

II. A discriminação civil teve termo através da reforma do Código Civil, levada a cabo pelo Decreto-Lei n.º 496/77, de 25 de novembro[1608].

[1608] *Vide* o preâmbulo desse diploma, particularmente os seus números 11 e seguintes; uma crítica genérica à reforma de 1977 foi a de Antunes Varela, no prefácio à 2.ª ed. do

No campo do trabalho, a revogação geral de disposições discriminatórias foi levada a cabo pelo Decreto-Lei n.º 392/79, de 20 de setembro.

Seguiram-se outros diplomas que pretenderam pôr cobro a discriminações em função do sexo, ainda dispersas. A Lei n.º 23/80, de 26 de julho, veio ratificar a Convenção sobre a Eliminação de Todas as Formas de Discriminação contra as Mulheres. O Decreto n.º 66/84, de 11 de outubro, aprovou para ratificação a Convenção n.º 156 da O.I.T.: relativa à Igualdade de Oportunidades e de Tratamento para os Trabalhadores dos Dois Sexos.

Na busca e eliminação de concretas discriminações, é importante a atuação das associações de mulheres; a Lei n.º 95/88, de 17 de agosto, veio estabelecer especiais direitos de atuação e de participação a favor dessas entidades[1609]. Os direitos das associações de mulheres foram reforçados pela Lei n.º 10/97, de 12 de maio[1610], regulamentada pelo Decreto-Lei n.º 246/98, de 11 de agosto[1611].

No próprio campo militar, foram tomadas diversas medidas para o acesso de "cidadãos do sexo feminino"[1612] [1613].

No domínio do trabalho, onde certas discriminações podem subsistir, cabe referir a Diretriz n.º 75/117/CE[1614]. A Portaria n.º 1212/2000, de 26 de dezembro, veio majorar apoios a profissões significativamente marcadas por discriminação de género[1615]. A Lei n.º 9/2001, de 21 de maio, veio reforçar os mecanismos de fiscalização e punição de práticas laborais discriminatórias em função do sexo, enquanto a RAR n.º 17/2002, de 8 de março, aprovou, para ratificação, o Protocolo Opcional à Convenção sobre a Elimi-

Código Civil Anotado, 1 (1979). Todavia, a reforma nada teve de uma "sanha destruidora": apenas adequou a lei civil fundamental à cultura portuguesa do nosso tempo.

1609 Alterada pela Lei n.º 33/91, de 27 de julho.

1610 Alterada pela Lei n.º 128/99, de 20 de agosto.

1611 Alterado, por apreciação parlamentar, pela Lei n.º 37/99, de 26 de maio.

1612 Assim: Portaria n.º 60/90, de 25 de janeiro (força aérea); Portaria n.º 1156/91, de 11 de novembro, alterada pela Portaria n.º 238/96, de 4 de julho (exército); Portaria n.º 163/92, de 13 de março, depois substituída pela Portaria n.º 1232/93, de 30 de novembro, alterada pela Portaria n.º 656/94, de 19 de julho (marinha).

1613 A referência a "cidadãos do sexo feminino" – em vez do vernáculo "cidadãs" – parece querer combater a discriminação nas próprias fórmulas vocabulares.

1614 Maria do Rosário Palma Ramalho, *Igualdade de tratamento entre trabalhadores e trabalhadoras em matéria remuneratória: a aplicação da Directiva n.º 75/117/CE em Portugal*, ROA 1997, 159-181.

1615 Esse diploma adota, ainda "a lista nacional de profissões significativamente marcadas por discriminação de género".

nação de Todas as Formas de Discriminação contra as Mulheres, adoptado em Nova Iorque, em 6 de outubro de 1999.

O Código do Trabalho de 2009, nos seus artigos 23.º e seguintes, desenvolve o tema da não discriminação. Há diversa produção legislativa, neste domínio e no campo laboral[1616].

138. Um Direito especial das mulheres?

I. A igualdade entre o homem e a mulher está assegurado por lei. Pergunta-se, todavia, se por razões histórico-culturais ou de diversa natureza, não se manterá uma desigualdade mais ou menos aparente. O Direito seria chamado a intervir mas, agora, pela positiva: assegurando, às mulheres, um suplemento de proteção que permitiria uma igualização final. Em suma: passar-se-ia de uma regra de igualdade a um Direito das mulheres[1617].

II. As regras que contêm uma especial proteção para as mulheres, conquanto que importantes, não surgem como um corpo concatenado suscetível de se articular como ramo jurídico-normativo. Por outro lado, as situações de desigualdade recorrente manifestam-se no campo laboral e social: aí fará sentido, precedendo um trabalho de campo, estabelecer "discriminações positivas".

O Direito civil deve manter-se como um Direito de *cives*, onde cidadãos e cidadãs, com a riqueza própria da diversidade sexual, se encontram, definitivamente, como parceiros iguais.

III. Para além disso, existem realidades naturais irrecusáveis e, designadamente, a temática da maternidade e da especial dependência em que, mercê da aleitação e de fenómenos psico-sociais conexos, o recém-nascido se encontra perante a sua mãe. Reconhecê-lo, no campo da família, do divórcio ou da regulação do poder paternal, não envolve discriminação. E tão-pouco será discriminatória a dispensa de reforçada tutela penal à mulher, perante crimes que atinjam, em especial, essa sua condição. As sociedades do Ocidente têm caminhado, de modo eficaz, para a igualdade,

[1616] *Vide* o nosso *Direito do trabalho*, II (2019), 275, ss..

[1617] Teresa Beleza, *Género e Direito: da igualdade ao "Direito das mulheres"*, Themis I (2000) 2, 35-66.

sem necessidade de fundamentalismos. Cabe-lhes, agora, assumir a coragem de defender, em todo o Mundo, a condição feminina: no horizonte desenham-se conhecidas nuvens negras de preocupação.

Resta acrescentar o seguinte: na atual sociedade portuguesa (como na Ocidental), particularmente no plano universitário, verifica-se um claríssimo predomínio das mulheres. No espaço de uma geração, elas irão conquistar a generalidade dos cargos jurídicos ou, mais latamente, das posições que exigem formação universitária e que sejam de acesso concorrencial. As consequências sociológicas, demográficas e políticas dessa evolução deveriam ser estudadas, ponderando-se as suas causas. A Ciência do Direito deve conhecer o passado; mas não pode alienar-se das tendências mais claras da atualidade, que prenunciam já um futuro. Há que prestar a maior atenção à grave crise demográfica em curso.

139. O transexualismo; problemática geral e Direito comparado

I. No tocante ao sexo e à partida, o Direito limita-se a acolher os dados da natureza. O ser humano é homem ou mulher, num facto constatado anatomicamente aquando do parto[1618] e exarado na declaração de nascimento. A partir daí, a definição do sexo acompanhará, para sempre, o interessado, refletindo-se, antes de mais, no seu nome. Problemas de má conformação dos órgãos sexuais externos eram resolvidos empiricamente, através da aproximação mais verosímil[1619]-[1620]. Os conhecimentos atuais apresentam-nos, todavia, uma panorâmica mais complexa[1621].

[1618] O artigo 55.º do Código Napoleão, versão original, requeria que o recém-nascido, nos três dias subsequentes ao nascimento, fosse apresentado ao oficial do registo civil: pretendia-se, com isso, que o sexo fosse efectivamente confirmado, para evitar a dissimulação de rapazes em raparigas, como forma pré-programada de iludir o serviço militar.

[1619] No Direito romano, vigorava a regra pela qual os hermafroditas deviam ser ordenados pelo sexo mais próximo; assim Ulpiano, D.1.5.10.: *quaeritur: hermaphroditum cui comparamus? et magis puto ejus sexus aestimandum, qui in eo praevalet.*

[1620] Curiosamente, o antigo Direito civil português admitia que o *androgyno*, entendido como indivíduo com os dois sexos, gozasse dos direitos do que escolheu como prevalente – Borges Carneiro, *Direito civil de Portugal* cit., 3, n.º 15 (5).

[1621] Veja-se a jurisprudência nacional abaixo citada.

Falam os especialistas em diversas componentes do sexo: cromossomático ou biogenético, correspondente ao cromossoma 23[1622]: XX nas mulheres e XY, nos homens; morfológico ou anatómico, reportando-se aos órgãos sexuais; hormonal, consoante predominem hormonas femininas (particularmente o estrogénio) ou masculinas (particularmente a testosterona); psicológico, em função das autorrepresentações do próprio; social, derivado do papel assumido, na sociedade, pelo sujeito considerado.

Normalmente, esses diversos "sexos" coincidem: o sexo cromossomático condiciona o anatómico; este produz as hormonas correspondentes as quais condicionam o psiquismo e o comportamento, num todo rematado pela educação[1623]. Surgem disfunções. Assim, o sujeito considerado poderá assumir, particularmente no relacionamento sexual, condutas próprias do outro sexo: é a homossexualidade. O homossexual, particularmente o assumido, não se considera do sexo oposto: apenas adota preferências sexuais inversas. Também podem ocorrer distúrbios anatómicos ou hormonais: a medicina, determinando o sexo cromossomático do indivíduo, corrigiria, quanto possível, a natureza: seja afeiçoando, pela cirurgia, os órgãos sexuais, seja ajustando as hormonas[1624]. O Direito nada teria a dizer: verificado o erro do assento de nascimento [artigo 102.º/1, *b*), do CRCiv], este é falso por apresentar um facto que não existiu [artigo 88.º, *c*), do CRCiv]; todavia, porque o facto em causa diz respeito à identidade da pessoa, há que recorrer à retificação (artigos 94.º e 233.º e seguintes do CRCiv). Se, porém, não tiver havido qualquer erro, antes sucedendo que o interessado pretenda "mudar de sexo", havia que recorrer a uma verdadeira ação de estado[1625].

[1622] Trata-se, naturalmente, de uma explicação elementar: o mínimo requerido pela exposição subsequente; alguns geneticistas colocam o cromossoma XX/XY entre o sétimo e o oitavo. A numeração e a seriação não têm, aqui, qualquer significado.

[1623] Na recente literatura desenvolvida em torno das pesquisas sobre o genoma humano, predomina a ideia do primado genético sobre o cultural.

[1624] Não haveria, aí, qualquer alteração de sexo. Em rigor, foi essa a situação decidida em RLx 9-nov.-1993 (Afonso de Melo), CJ XVIII (1993) 5, 118-120, onde não houve mudança de sexo mas, tão-só, uma correção médica de diversas anomalias, de modo a ajustar o sexo morfológico ao sexo cromossomático.

[1625] REv 25-out.-1979 (Dias da Fonseca), BMJ 293 (1980), 448 (o sumário) e REv 31-jan.-1980 (Dias da Fonseca), BMJ 295 (1980), 476 (o sumário).

II. O problema do transexualismo põe-se quando o sujeito considerado tenha um determinado sexo cromossomático (em regra: masculino), acompanhado (também em regra), pelos inerentes "sexos" anatómico, hormonal e, até, social[1626], mas assuma um sexo psicológico oposto. Nessa altura, procederá a um tratamento hormonal que lhe alterará a aparência e a voz; poderá, depois, recorrer à cirurgia, para ablação dos órgãos sexuais, substituindo-os por uma plástica (até à data: incompleta), intensificando as hormonas. O transexual conserva o sexo cromossomático de origem e não pode procriar.

Concluído esse processo, pede-se ao Direito que o sancione, alterando o estado civil do sujeito. O pedido apresenta uma dupla motivação, de acordo com os casos discutidos em França[1627]:

- surge como um remate no "tratamento" do transexual; completando os atos médicos a que foi sujeito, a mudança oficial de sexo acalmaria as pulsões profundas dos visados;
- abre as portas a novos atos civis e, designadamente: permitirá o "casamento" "hetero" do transexual com uma pessoa do seu sexo cromossomático, salvo a hipótese teórica de se tratar, também, de um transexual, mas de sentido inverso.

A Ciência Jurídica adotou uma postura particularmente cética: como permitir uma alteração que contrarie a orientação do sexo cromossomático? Esta posição, cientificamente fundada, foi, paulatinamente, perdendo terreno, mesmo junto dos tribunais superiores. Vamos reter três experiências: a francesa, de base jurisprudencial e as alemã e italiana, legislativas.

[1626] A jurisprudência, particularmente a francesa – Jean Carbonnier, *Droit civil/Les personnes* cit., 21.ª ed., 142-143 – documenta situações nas quais o transexual, homem, teve uma vida normal nessa condição, casando e tendo um filho; depois, assumiu o sexo psicológico de mulher. Também entre nós já se registaram casos desse tipo.

[1627] *Vide*, em especial, Gilles Goubeaux, *Traité de Droit Civil/Les personnes* cit., 228 ss. (233-234): como se o Direito pudesse cumular o que a medicina (ainda) não logra satisfazer, François Terré/Dominique Fenouillet, *Droit civil/Les personnes*, 6.ª ed. (1996), 124 ss.: o Direito não terá outras funções do que a de operar como suplemento de tratamento e Carbonnier, *Droit civil/Les personnes* cit., 21.ª ed., 141. *Vide*, ainda, Michele Gobert, *Le transsexualisme ou de la difficulté d'exister*, DS 1990 I, 3475 (26 col.).

III. Em França, mau grado algumas flutuações a nível da primeira instância[1628], a Cassação (Tribunal Supremo) propendeu para a negativa, quanto à mudança de sexo[1629], invocando a indisponibilidade dos estados civis.

Um interessado dirigiu-se, então, ao TEDH (Tribunal Europeu dos Direitos do Homem); este Tribunal, em 25-mar.-1992, entendeu que a recusa dos tribunais franceses violava a intimidade da vida privada, em virtude dos efeitos psicológicos que ela produz, pela disparidade entre o sexo oficial e o sexo vivido, submetendo o visado a incómodos e a humilhações[1630].

Um tanto surpreendentemente, a nacionalista França não usou os esquemas que ainda lhe restavam, para "resistir" a essa orientação: a CssFr 11-dez.-1992 mudou a jurisprudência, passando a aceitar a mudança de sexo[1631]. Ulteriormente, a Cassação, em duas decisões datadas de 6-jun.-2012, esclareceu que requisitos se exige para proceder à alteração: (i) fundamentar, medicamente, a efetiva transexualidade do requerente, afastando qualquer tipo de distúrbio mental; e (ii) demonstrar a irreversibilidade da operação de mudança de sexo. O Tribunal basta-se com a apresentação de elementos (documentais) que comprovem ambos os requisitos. Deixou-se cair, assim, a confirmação judicial, através de peritos, da veracidade médica dos elementos apresentados[1632].

[1628] Por exemplo: não (à mudança de sexo): Cour d'Appel de Paris 18-jan.-1974, DS 1974, 196-198, referindo a manutenção do sexo cromossomático; sim: Paris 9-jul.-1985, D 1986, IR 69/II: a lei não define o sexo, havendo que ter em conta os seus diversos elementos.

[1629] CssFr 16-dez.-1975, DS 1976, 397-398, Anot. Raymond Lindon, ob. cit., 398-399, que conclui pela proibição de modificação morfológica, CssFr 3 e 31-mar.-1987, D 1987, 445 (duas decisões) sublinhando que as alterações se deviam a mera opção do sujeito e CssFr 21-mai.-1990, JCP 90, 2, 21588 (quatro decisões): quatro mulheres que pretendiam tornar-se homens, numa hipótese menos frequente; *vide* o relatório do Conselho Massip, *idem*, 21588, 8 colunas e as conclusões da advogada geral Françoise Flipo, *idem*, 21588, 9 colunas, onde se faz o historial do problema, em França.

[1630] TEDH 25-mar.-1992, proc. n.º 13343/87, B. c. France, consultável na *Internet*. Esta decisão teve diversos votos de vencido, entre os quais o do juiz português, Pinheiro Farinha.

[1631] CssFr 11-dez.-1992, JCP 1993, 2, 21991 (duas decisões); *vide*, aí, as conclusões do advogado geral, Michel Jéol; a Cassação Francesa apoiou-se no princípio do respeito pela vida privada, o qual prevaleceria sobre a regra da imutabilidade do estado civil.

[1632] CssFr 7-jun.-2012, Proc. 11-22.490; CssFr 7-jun.-2012, Proc. 10-26.947.

IV. Também na Alemanha os tribunais mostraram séries reticências em sancionar mudanças de sexo, baseadas em pretenso predomínio do sexo psicológico sobre o cromossomático, o anatómico e o hormonal[1633]. Todavia, o legislador, em execução a uma decisão do Tribunal Constitucional[1634], acabou por aprovar uma lei "relativa à modificação do nome e da pertença em determinados casos", datada de 10-set.-1980[1635], que permite duas soluções:

- a "pequena solução": a pessoa que há três anos, em consequência da sua tendência transexual, esteja sob a pressão (*Zwang*) de viver de acordo com as suas representações e não seja de contar com uma mudança nessa orientação, pode mudar o nome;
- a "grande solução": quando a pessoa, em função da sua tendência transexual, viva há três anos de acordo com as suas aspirações, seja infértil e se tenha submetido a operação cirúrgica relativa aos órgãos sexuais exteriores, pode mudar o seu estado civil ou sexo.

A 11 de janeiro de 2011, o tribunal Constitucional alemão considerou que as exigências de infertilidade e de submissão a uma operação cirúrgica violavam o princípio da dignidade da pessoa humana, previsto do artigo 1.º/1 da Constituição alemã[1636].

Trata-se de um tema que motiva pouco os estudiosos da Parte geral: ora o omitem[1637], ora lhe dedicam escassas referências[1638].

Anote-se que também a Itália recorreu a uma solução legal: a Lei n.º 164, de 14 de abril de 1982, admite a mudança de sexo desde que haja uma prévia autorização judicial para a intervenção mutilante e para a sub-

[1633] BGH 21-set.-1971, BGHZ 57 (1972), 63-72 (72): sem uma lei, o juiz nada pode fazer.

[1634] BVerfG 11-out.-1978, NJW 1979, 595-596, com uma anotação que dá conta de iniciativas havidas, na época, para resolver o problema; esta decisão afirma (596/II) que diversos problemas daqui resultantes só poderiam ser resolvidos pelo legislador: donde a iniciativa legislativa.

[1635] Ou *Transsexuellengesetz* (TSG), BGBl 1980 I (2.º vol.), n.º 56, 1654-1658.

[1636] BVerfG 11-jan.-2011, Proc. 3295/07.

[1637] Os casos de Larenz/Wolf e de Medicus.

[1638] Jürgen Ellenberger, no Palandt, 78.ª ed. (2019), § 1.º, Nr. 11-12 (12), Günter Weick, *Staudingers Kommentar* I, *§§ 1-14* cit., § 1.º, prenot, Nr. 13 (167-168) e Jochem Schmitt, *Münchener Kommentar*, cit., 1, 7.ª ed., § 1.º, Nr. 57-60 . Na 3.ª ed. (1993) do mesmo comentário, Wolfgang Gitter, § 1.º, Nr. 64-65 (pp. 81/82).

sequente mudança do estado civil. A doutrina lamenta que essa lei não seja clara nos seus pressupostos e aponta o facto de ela correr contra os esquemas gerais de limitação à integridade física do próprio[1639].

140. Segue; a experiência portuguesa e os princípios civis

I. A 3 de junho de 1995, o Plenário dos Conselhos Regionais da Ordem dos Médicos deliberou, sob proposta do Conselho Nacional Executivo, proceder a uma revisão do artigo 55.º/1 do Código Deontológico. A até então redação:

> É proibida a mudança de sexo em pessoas morfologicamente normais.

Foi substituída por:

> É proibida a cirurgia para reatribuição de sexo em pessoas morfologicamente normais, salvo nos casos clínicos adequadamente diagnosticados como transexualismo ou disforia de género.

A proposta do Conselho Nacional Executivo surge acompanhada da seguinte recomendação[1640]:

> a) que a viabilização da cirurgia supra mencionada seja precedida para além do diagnóstico subscrito, pelo menos, por dois especialistas em psiquiatria, do parecer obrigatório de uma comissão "ad hoc" nomeada pela Ordem que inclua as valências que integram o actual Grupo de Trabalho, constituída por profissionais com reconhecida experiência na matéria e que definirá os requisitos mínimos;
>
> b) que o candidato à cirugia seja maior, civilmente capaz e não casado.

A partir desta data, passou a ser possível realizar operações de mudança de sexo em território português. Não pode deixar de ser notado que esta profunda alteração se passou sem que a comunidade jurídica e o próprio legislador tivessem de se pronunciar.

[1639] Cosimo M. D'Arrigo, *Autonomia privata e integrità fisica* (1999), 412.
[1640] http://www.ilga-portugal.pt/noticias/157.php.

II. Os pressupostos médicos para a realização da operação constam hoje dos artigos 69.º a 72.º do atual Código Deontológico, datado de 2009. O princípio geral, anteriormente previsto no artigo 55.º/1, mantém a mesma redação (69.º); apenas os maiores e capazes se podem submeter à cirurgia (70.º); o médico deve esclarecer o doente das consequências da operação (72.º/1); e o doente deve dar o seu consentimento por escrito e testemunhado (72.º/2). O acompanhamento e a avaliação do doente srugem regulados no nuclear artigo 71.º:

> 1. A avaliação pré-cirúrgica dos casos de transexualismo ou disforia de género e seu acompanhamento deve ter carácter multidisciplinar, sendo realizada por três médicos especialistas, um em Cirurgia Plástica, Reconstrutiva e Estética, um em Endocrinologia e um em Psiquiatria, com reconhecida experiência na matéria.
>
> 2. O médico deve:
> a) Acompanhar o doente antes da intervenção cirúrgica, num período não inferior a dois anos;
> b) Estudar o doente com a finalidade de lhe poder ser diagnosticado transexualismo ou disforia de género;
> c) Assegurar-se de que o doente está isento de distúrbios mentais permanentes.

III. Durante este período, que compreende os anos anteriores à alteração do Código Deontológico da Ordem dos Médicos, a jurisprudência nacional mostra-se dividida, ora sublinhando que o Direito não poderia contrariar a Natureza ora assumindo a inexistência de uma lei que impeça a mudança do sexo:

RLx 17-jan.-1984: José propõe ação declarativa contra o Estado e incertos alegando que nasceu em 1947, sendo registado como indivíduo do sexo masculino; casou em 1964 com Margarida, abandonando o lar conjugal um ano mais tarde e divorciando-se, em 1972; fixou-se em Bruxelas onde foi tratado por pseudo-hermafroditismo, sendo operado, a seu pedido, em 1971: pretende ser reconhecido do sexo feminino, mudando o nome para Maria. O cariotipo é masculino (XY); o fenotipo, após a cirurgia, feminino; a 1.ª Instância recusou; a RLx tomou posição contrária, fundamentalmente por entender que "não sendo proibida a mudança voluntária de sexo, entendido este no conceito morfo-psico-social, *a contrario sensu* impõe-se a ilação da admissibilidade legal daquela mudança, até por força da máxima segundo a qual é permitido fazer tudo quanto não é proibido"[1641].

RLx 5-abr.-1984: Elsa, nascida a 21-dez.-1946, tinha o sexo feminino; tinha um comportamento arrapazado, fazendo-se chamar Miguel; em maio de 1975 iniciou injeções de testosterona; fez a ablação cirúrgica dos seios, dos ovários e do útero; dois psiquiatras deram parecer favorável à mudança do sexo; o Tribunal entendeu que a interessada, depois de tudo isto, não podia enfrentar, "... sem perturbações graves, o estatuto social correspondente ao sexo declarado aquando do seu nascimento". Mandou alterar o assento de nascimento, passando a constar que é do sexo masculino e se chama Miguel[1642]; tecnicamente, o Tribunal entendeu estar a integrar uma lacuna ao abrigo da "norma que o intérprete criaria".

8.º Juízo Cível Lx-11-fev.-1985: João, nascido homem, casado com Maria, de quem teve um filho, depois divorciado, sofreu um processo psicológico de mutação de sexo; recebeu tratamento hormonal; foi operado, na Alemanha, tendo sido extirpados os órgãos sexuais masculinos; fez uma mamoplastia e uma vaginoplastia, sendo que ambas essas operações dão resultados limitados; trabalha como bailarina. O Tribunal conclui que não há órgãos sexuais externos nenhuns. Desta feita, entendeu o Tribunal não seguir a orientação anteriormente traçada pela RLx; apoiando-se num parecer da Ordem dos Médicos, onde se diz, designadamente: "... em vez de se tratar um psiquismo doente que não reconhece um corpo são, deforma-se este à doença psíquica, adiciona-se uma deformidade somática iatrogénica". Acrescenta, mais adiante: "não compete aos tribunais fazer terapêutica médica, alterando identidades para equilibrar psiquismos".

Recusou, pois, a mudança legal de sexo[1643].

RLx 6-fev.-1986: manteve essa mesma posição, reforçando-a com uma série de argumentos; considerou ainda contrária aos bons costumes a mutilação genital[1644].

[1641] RLx 17-jan.-1984 (Ribeiro de Oliveira), CJ IX (1984) 1, 109-112 (111/II).

[1642] RLx 5-abr.-1984 (Garcia da Fonseca), CJ IX (1984) 2, 124-127 (127/I); o acórdão cita toda uma série de direitos fundamentais e de personalidade.

[1643] 8.º Juízo Cível Lx 11-fev.-1985 (Fernando da Costa Soares), CJ X (1985) 1, 351-355 (354/II).

[1644] RLx 6-fev.-1986 (Varela Pinto), CJ XI (1986) 4, 123-126; o desembargador Pires Machado votou vencido, mas apenas na questão dos bons costumes.

RLx 18-dez.-1986: afirma que o conceito jurídico de sexo é integrado por quatro vetores: o biológico (elementos cromossómicos), o morfológico (elementos externos), o psicológico (comportamento da pessoa para consigo mesma) e o social (juízo da sociedade); posto o que entende dever ser havida do sexo feminino determinada pessoa se os três últimos dos pressupostos referidos, ao contrário do primeiro, para aí apontarem[1645].

STJ 16-nov.-1988: reportando-se à matéria já decidida, em 11-fev.-1985 e em 6-fev.-1986, pelo 8.º Juízo Cível de Lx e pela RLx, respetivamente, optou pela inadmissibilidade da mudança voluntária de sexo, confirmando o acórdão da Relação[1646].

RLx 22-jun.-2004: um cidadão xy, usando as modernas técnicas médicas, adquire uma aparência de mulher; o Tribunal explica que nenhuma lei proíbe a mudança de sexo; posto isso, decide que nenhuma razão existe para manter um registo em desconformidade com o que considera a realidade; determina a mudança de sexo no registo, ainda que com um voto de vencido[1647].

IV. Mais de 15 anos volvidos sobre a prática regular de cirurgias nos Hospitais Públicos, entrou em vigor a Lei n.º 7/2011, de 15 de março, vetada, num primeito momento, pelo então Presidente Cavaco Silva. O diploma revolucionou o paradigma jurídico nacional: a alteração do sexo, até então dependente de decisão jurisdicional favorável, passou a estar debaixo da alçada das conservatórias de registo civil. Dispunha o seu artigo 3.º:

> 1. O pedido pode ser apresentado em qualquer conservatória de registo civil e deve ser instruído com os seguintes elementos:
>
> a) Requerimento de alteração de sexo com indicação do número e identificação civil e do nome próprio pelo qual o requerente pre-

[1645] RLx 18-dez.-1986 (Mora do Vale), BMJ 365 (1987), 689 (apenas o sumário).

[1646] STJ 16-nov.-1988 (Pinheiro Farinha), BMJ 381 (1988), 579-590; trata-se de um acórdão tirado com as secções reunidas, tendo sido vencido o relator inicial (Abel Delgado); surgem outros votos de vencido; cf. a anotação do BMJ 381 (1988), 590-591 e, ainda, o parecer n.º 223/79, de 4-jun.-1980, da PGR (Tavares da Costa), BMJ 310 (1981), 132-140, quanto à proibição da esterilização não justificada com fins terapêuticos.

[1647] RLx 22-jun.-2004 (Folque de Magalhães; vencido: Bogalhão do Casal), Proc. 2518/2004-1.

tende vir a ser identificado, podendo, desde logo, ser solicitada a realização de novo assento de nascimento;

b) Relatório que comprove o diagnóstico de perturbação de identidade do género, também designada como transexualidade, elaborada por equipa clínica multidisciplinar de sexologia clínica em estabelecimento de saúde público ou privado, nacional ou estrangeiro[1648].

2. O relatório referido na alínea b) do número anterior deve ser subscrito pelo menos por um médico e um psicólogo[1649].

Exigia-se, ainda, que o requerente seja maior e capaz.

V. As tendências recentes demonstram uma inclinação natural da Comunidade Jurídica para aceitar alterações registrais céleres e desburocratizadas. À luz da realidade fáctica, parece ser uma solução acertada: o Direito não pode abstrair-se por completo do que se passa nos nossos hospitais públicos e, posteriormente, colocar entraves à sua formalização jurídica. Haveria uma clara violação da confiança legitimamente suscitada.

O Direito deveria intervir num momento anterior, antes de a alteração ser irreversível[1650]. Curiosamente, a função preventiva, social e individual, que está na génese do nosso sistema jurídico, foi assumida, não pelos juristas, mas pela Comunidade Médica. O *supra* citado artigo 71.º do Código Deontológico da Ordem dos Médicos apresenta-se equilibrado, respondendo, em grande medida, aos receios sociais e individuais que envolvem o tema, mas por quanto tempo? Embora não seja previsível, nada impede que o preceito deontológico não venha a ser alterado.

VI. A Lei n.º 7/2011, de 15 de março, foi substituída pela Lei n.º 38/2018, de 7 de agosto. O paradigma subjacente é, agora, totalmente distinto, uma vez que a nova Lei permite alterar o sexo referido no registo civil (e o nome) por simples opção do interessado (8.º e 9.º). Não se trata, agora, de fazer corresponder o "sexo oficial" a mutações ocorridas no espírito ou no corpo do interessado, mas, tão-só, de satisfazer a sua "autodeterminação da identidade de género". Salvo no caso de menores, não se exige qualquer diligência médica ou psicológica, as quais são mesmo proibidas

[1648] Quanto aos relatórios estrangeiros, veja-se a deliberação, do IRN, P.º C.C. 69/2011 SJC.

[1649] Artigo 3.º.

[1650] A operação não é, do ponto de vista médico, totalmente irreversível.

(9.º/2). Com isso, a transexualidade torna-se um simples exercício jurídico, alheio a quaisquer considerações médicas ou sociais. Se, por esta via (paradoxalmente inóqua) alguém for (mais) feliz, nada há a objetar.

§ 28.º DOMICÍLIO

141. Aspetos gerais: origem e evolução

I. O Código Civil não define domicílio. Limita-se, nos seus artigos 82.º e seguintes, a indicar diversos domicílios: voluntário, geral, profissional, eletivo, dos menores e interditos, dos empregados públicos e dos agentes diplomáticos portugueses. Podemos, todavia, inferir dessas indicações que o domicílio é um lugar no qual, juridicamente e para diversos efeitos, é suposto encontrar-se determinada pessoa.

O Código de Seabra era mais explícito. O seu artigo 40.º começava por estabelecer que "o exercício dos direitos e o cumprimento das obrigações civis são determinados, em diversos casos previstos na lei, pelo domicílio do cidadão". Posto isto, fixava o corpo do artigo 41.º:

> Domicílio é o lugar, onde o cidadão tem a sua residência permanente.

A doutrina apenas criticava a presença da palavra "cidadão": o estrangeiro também podia ter o seu domicílio no País[1651].

Antes de recordar as classificações e as distinções do Direito civil português vigente, cumpre conhecer a origem e a evolução do instituto: trata-se de elementos que explicam a situação atual.

II. A ideia de *domicilium*[1652] adveio do Direito romano. Traduzia, aí, um local onde a pessoa era reportada encontrar-se, sendo definido por dois fatores[1653]:

[1651] Cunha Gonçalves, *Tratado de Direito Civil*, 2 (1930), 8.

[1652] Etimologicamente, *domicilium* provém de *domus* (casa ou a própria casa) e de *colere* (habitar, morar). *Vide* Michele Battista, *Del domicilio e della residenza (Dell'assenza/Dell'influenza delle condanne penali sulla capacità civile)*, 2.ª ed. (1923), 51.

[1653] Friedrich Carl von Savigny, *System des heutigen römischen Rechts*, 8 (1849, reimp., 1981), § 353 (61).

– um fator objetivo: o facto concreto da habitação, por parte da pessoa em causa;
– um fator subjetivo: o *animus* de, aí, fazer a sua casa.

Apesar desta subtileza, o *domicilium* romano era uma noção efetiva e unitária, ligada à residência habitual[1654]. Distinguia-se da *origo*, de natureza mais honorífica e ligada a conceções greco-orientais[1655].

Particularmente relevante, na fase tardia, para efeitos fiscais e para determinar o tribunal competente em diversas causas[1656], o *domicilium* veio a merecer a atenção de Dioclecianus: foi, aproximado do local onde o visado tinha a sua mais significativa fortuna[1657]. Mas mesmo então a doutrina insistia num elemento mais psicológico: o facto de, aí, se ter o seu lar.

A mudança do domicílio não dependia, no Direito romano, de uma mera declaração: antes se exigia uma mudança real[1658].

III. No período intermédio, o domicílio conheceu alguma evolução. Desde logo, procedeu-se a uma separação mais estrita entre os seus elementos. O mero fator material de residência dava azo à *habitatio*; o *domicilium* exigia o *animus perpetue habitandi*[1659]. Fazem, ainda, a sua aparição diversos domicílios[1660], enquanto o Direito canónico introduziu novas categorias, como a de quase-domicílio[1661].

1654 R. Leonhard, *Domicilium*, PWRE 5, 1 (1903), 1299-1301 (1299) e Alberto Burdese, *Domicilio (diritto romano)*, ED XIII (1964), 837-838.

1655 Dieter Nörr, *Origo/Studien zur Orst-, Stadt- und Reichszugehörigkeit in der Antike*, TS 31 (1963), 524-600 (527, 537 e 539).

1656 Leonhard, *Domicilium* cit., 1300.

1657 C. 10.40.7.1. = 13.ª ed. Paul Krüger (1958), 418/II; *vide*, também, Vittorio Tedeschi, *Del domicilio* (1936), 1 e *Domicilio, residenza e dimora*, NsDI VI (1975, reimp.), 189-203 (192).

1658 Tedeschi, *Del domicilio* cit., 6.

1659 Paolo Grossi, *Domicilio (diritto intermedio)*, ED XIII (1964), 838-842 (841/II) e Tedeschi, *Del domicilio* cit., 13 ss. (27-28).

1660 Bártolo, em troço muito citado – vg. Battista, *Del domicilio* cit., 11 e Tedeschi, *Del domicilio* cit., 10 e *Domicilio, residenza e dimora* cit., 193/I – distingue o domicílio *pro habitatione* e o domicílio para o exercício de atividades patrimoniais.

1661 Ou local onde se habitasse, lá ficando a maior parte do ano; cf. Giuseppe Olivero, *Domicilio (diritto canonico)*, ED XIII (1964), 856-859 (857/I).

A referência intermédia a um domicílio reportado não já à habitação, mas ao principal centro de atuação jurídica, pesou na Codificação Napoleónica[1662]. Assim, na versão de 1804:

> 102. O domicílio de todo o francês, quanto ao exercício dos seus direitos civis, é o local onde ele tenha o seu principal estabelecimento.
>
> 103. A mudança de domicílio operar-se-á pelo facto de uma habitação real noutro lugar, em conjunto com a intenção de, aí, fixar o seu principal estabelecimento.
>
> 104. A prova da intenção resultará de uma declaração expressa, feita tanto à municipalidade do lugar que se vai deixar, como à do lugar para onde irá transferir o domicílio.

O domicílio era dominado pela ideia da unicidade: cada pessoa poderia ter, num determinado momento, um único domicílio[1663].

IV. Na evolução subsequente, o domicílio veio adquirir uma natureza mais personalista. No Código Civil alemão, o domicílio é considerado o local da residência permanente da pessoa – § 7.º/1[1664] – dependente de um ato de vontade nesse sentido[1665]. Ao contrário do que sucede no Direito francês, segundo o Direito alemão são possíveis, para a mesma pessoa, vários domicílios[1666].

Procurando acolher estas tradições, o Código italiano de 1942 veio distinguir, no seu artigo 43.º[1667]:

– o domicílio, ou lugar onde a pessoa tenha estabelecido a sede principal dos seus negócios e interesses;
– a residência ou lugar onde a pessoa tenha a sua morada habitual.

[1662] O tema do domicílio tivera muita importância no antigo Direito francês; designadamente, dele dependia o Direito aplicável ao interessado, uma vez que, na França antiga, vigoravam vários ordenamentos territoriais. Isso explicará o desenvolvimento dado pelo Código Napoleão e, depois, pelos Códigos mais antigos.

[1663] Jean Carbonnier, *Droit civil/Les personnes* cit., 21.ª ed., 97.

[1664] Jürgen Ellenberger, no Palandt, 78.ª ed., (2019), § 7, Nr. 1 (13).

[1665] Wolf/Neuner, *Allgemeiner Teil* cit., 10.ª ed., 138 ss.

[1666] Ferid/Sonnenberger, *Das französische Zivilrecht* cit., 1/1, 2.ª ed., 333.

[1667] Guido Landi, *Domicilio, residenza e dimora (diritto privato)*, ED XIII (1964), 842-856.

O domicílio mantém-se reportado à vontade do interessado, numa postura que o princípio de liberdade de domicílio veio reforçar[1668].

142. A evolução no Direito português

I. O antigo Direito português acolheu a noção comum de domicílio, assente nos dois elementos: objetivo e subjetivo. Borges Carneiro apresentava a seguinte noção[1669]:

> Consiste pois o domicilio no facto de residir e na intenção de continuar a residir, sem attenção a determinado tempo.

No âmbito das Ordenações distinguia-se entre a vizinhança e o domicílio. O ser-se vizinho implicava ser natural de determinada cidade, vila ou lugar e aí morar: isso permitia disfrutar de certos privilégios e honrarias[1670]. A vizinhança podia ser adquirida: pelo casamento, pela mudança para o local, com intenção permanente e após o decurso de quatro anos. Já o domicílio apenas requeria que alguém se estabelecesse no local com ânimo de permanecer[1671].

II. A doutrina de vizinhança foi, em geral, abolida pelo Código de Seabra[1672]. Este diploma dedicou, ao domicílio, os artigos 40.º a 54.º, repartidos por três capítulos: disposições gerais (40.º a 42.º), domicílio voluntário (43.º a 46.º) e domicílio necessário (47.º a 54.º).

A noção geral, já transcrita, do domicílio como o lugar de residência permanente (artigo 41.º) permitiu um aprofundamento dogmático do tema. De notar que o Visconde de Seabra já se havia emancipado do modelo

[1668] Paolo Basile/Enzo Cheli, *Domicilio (libertà di)*, ED XIII (1964), 859-870.

[1669] Manuel Borges Carneiro, *Direito civil de Portugal*, tomo III (1828), § 275, 2 (III, 201).

[1670] *Ord. Fil.*, Liv. 2, tit. LVI, pr. = ed. Gulbenkian II/III, 490/I.

[1671] *Ord. Fil.*, Liv. 2, tit. LVI, §§ 1.º e 2.º = ed. Gulbenkian II/III, 490/II, Corrêa Telles, *Digesto Portuguez* cit., II, 9 (25) e Coelho da Rocha, *Instituições* cit., § 67 (1, 37).

[1672] José Dias Ferreira, *Codigo Civil Annotado*, 1, 2.ª ed. (1894), 56; os direitos dos vizinhos passaram a ser, apenas, os ressalvados em diplomas especiais.

napoleónico. Todavia, a ideia da unidade do domicílio ainda aflorava no artigo 43.º abaixo referido.

Guilherme Moreira explicava que a residência era uma mera relação de facto, enquanto o domicílio surgia como relação de direito. Daí o poder haver dissociação entre essas duas realidades[1673].

III. O Código de Seabra considerava a existência de um domicílio voluntário. Surgia ele em diversas situações:

- a pessoa com várias residências é havida como domiciliada naquela em que se encontrar, salvo se tiver declarado perante a respetiva câmara municipal que prefere alguma delas (43.º);
- a pessoa pode mudar, quando lhe aprouver, de domicílio, manifestando a sua vontade às câmaras dos concelhos de onde e para onde se mude (44.º);
- a pessoa que não tiver residência permanente será tida como domiciliada no lugar onde se achar (45.º);
- as pessoas podem estipular domicílio particular para certos atos (46.º).

Quanto a domicílios necessários, tínhamos:

- os menores não emancipados: têm o domicílio do pai, da mãe ou do tutor, consoante os casos (47.º);
- os maiores sujeitos a tutela: o do tutor (48.º);
- a mulher casada: o do marido (49.º);
- os que trabalham em casa de outrem: o da pessoa a quem sirvam (50.º);
- os empregados públicos com lugar certo: nesse lugar (51.º);
- os militares: no lugar da guarnição (52.º);
- os condenados a prisão: no lugar do cumprimento da pena (53.º).

[1673] Guilherme Moreira, *Instituições do Direito civil*, cit., 1, 201; também José Tavares, *Os princípios fundamentais do Direito civil* cit., 2, 93.

143. O Direito vigente; paradeiro e residência

I. O Código Civil simplificou a matéria do domicílio[1674]. Usou, para tanto, conceitos que não explicita. Cabe, pois, avançar por via doutrinária[1675].

No domicílio está em causa a determinação de um local a que se associa, em termos jurídicos, determinada pessoa singular. As pessoas coletivas não têm "domicílio": antes sede, conceito equivalente, com determinadas adaptações, abaixo consideradas[1676]. O domicílio releva, pelo menos, em quatro áreas:

- na individualização da própria pessoa: a indicação do seu domicílio é, sempre, um complemento decisivo de identificação;
- na determinação de regras aplicáveis, havendo conflitos espaciais de leis: artigos 31.º/2 e 32.º, por exemplo;
- na explicitação do lugar do cumprimento das obrigações: artigos 772.º e seguintes, 885.º/2 e 1039.º[1677];
- na fixação do tribunal competente, para a propositura de ações e para a prática de diversos atos[1678].

Trata-se, por isso, de um instituto que procura, quanto possível, corresponder à realidade, sob pena de frustrar os seus próprios objetivos.

II. Na regulação que veio introduzir, o Código Civil trabalha com as noções de paradeiro, de residência e de domicílio[1679]. O paradeiro

[1674] O Código de Seabra dedicava 15 artigos ao domicílio, contra os 6 atuais (7 na versão inicial do Código, de 1966). Mesmo assim, o Direito português mantém uma apetência pela noção: o Código italiano dedica 5 artigos ao tema e o alemão, 3. Anote-se, ainda, que o Código de Seabra, já havia simplificado o Direito anterior.

[1675] O anteprojeto relativo ao domicílio foi elaborado por Manuel de Andrade; cf., deste Autor, o *Esboço de um anteprojeto de Código das pessoas e da família*, BMJ 102 (1961), 153-166 (162-166).

[1676] RPt 2-dez.-1998 (Couto Pereira), CJ XXIII (1998) 5, 206-207 (206/II).

[1677] *Vide*, ainda, os artigos 2031.º, 2213.º/1, 2218.º/1 e 2225.º, no campo sucessório.

[1678] *Vide infra*, 447.

[1679] RCb 2-jun.-1987 (Castanheira da Costa), CJ XII (1987) 3, 33-34 (33/II), onde são definidas essas noções.

traduz o lugar onde a pessoa concretamente se encontre, no momento considerado[1680].

O conceito de paradeiro é puramente fáctico. Dependerá da vontade da pessoa que tenha optado por se encontrar em determinado sítio: mas de modo indireto. Relevante é, aqui, a ligação exterior e aparente, de uma pessoa ao local onde esteja. Estamos, em suma, perante um facto jurídico *stricto sensu*.

O Código Civil não define o paradeiro: tem-no, todavia, em conta, no seu artigo 82.º/2, como o último critério utilizável, para definir o domicílio.

Ao longo da História, a temática do domicílio tem sido comparada à da posse[1681]. O paradeiro surgiria, assim, como uma mera detenção, caracterizada apenas no plano dos factos e, não obstante, apta para produzir determinados efeitos.

Em França desenvolveu-se uma doutrina do domicílio aparente, que pode ter a ver com o (nosso) paradeiro. Segundo essa doutrina, de base jurisprudencial[1682], seria considerado justo o domicílio aparente, isto é: o local que a pessoa, pela sua conduta, designadamente pela sua presença, teria publicitado como o domicílio ou, pelo menos: como "mais domicílio" do que qualquer outro.

Cunha Gonçalves rejeitou, entre nós, a ideia do domicílio aparente[1683]. Todavia, ela veio a impor-se através da solução do paradeiro: na falta de outras indicações, vale como domicílio o local onde o sujeito, pura e simplesmente, seja encontrado[1684].

III. Segue-se o conceito de residência: exprime o lugar onde determinada pessoa habitualmente viva, aí organizando a sua vida[1685].

[1680] O paradeiro vem referido no artigo 225.º, a propósito do anúncio público de declaração.

[1681] Jean Carbonnier, *Droit civil/Les personnes* cit., 21.ª ed., 106.

[1682] *Vide* as indicações de Jean Carbonnier, *Droit civil/Les personnes* cit., 21.ª ed., 108.

[1683] Cunha Gonçalves, *Tratado de Direito civil* cit., 219.

[1684] O antigo Direito português considerava a Corte e a Casa da Suplicação como o domicílio comum de todos os portugueses: todos os que aí fossem achados, poderiam ser citados, salvo determinadas exceções. *Vide* Cunha Gonçalves, *Tratado*, cit., 2, 20.

[1685] Carvalho Fernandes, *Teoria geral do Direito civil* cit., 1, 6.ª ed., 393. Segundo as palavras de REv 23-jun.-1988 (Matos Canas), BMJ 378 (1988), 809. "O local de residência de uma pessoa singular é aquele onde tem o centro da sua vida e onde, normalmente,

Tal como o paradeiro, também a residência é uma noção de facto; assim se opõe ao domicílio, noção jurídica[1686]. Esta característica leva a que, regra geral, se peça às pessoas, *a indicação da residência*; retirar, daí, o domicílio será, depois, uma tarefa de aplicação do Direito.

Seguindo a noção de residência acima referida, logo se vê que ela não é fatal: pode haver pessoas que, pelos seus hábitos de vida – vagabundagem ou nomadismo, por exemplo – não tenham, de todo, residência.

O artigo 82.º/2 obriga a distinguir entre "residência habitual" e "residência ocasional". Com isso tira clareza à noção: uma pessoa não pode, habitualmente, viver em determinado local ... ocasional. Temos, assim, de fazer um apelo temperado ao alcance comum das noções. A "residência habitual" não levanta dúvidas; quanto à "residência ocasional": será um lugar onde, apesar de tudo e com alguma habitualidade, o visado se encontre. De outro modo, teremos um simples paradeiro[1687].

144. Domicílios civis; o domicílio geral voluntário

I. O Código Civil fixa, depois, diversos domicílios, a que poderemos chamar civis. A matéria pode ser previamente esclarecida com algumas distinções. Quanto aos efeitos, temos:

- o domicílio geral: releva para uma generalidade de situações jurídicas;
- o domicílio especial, também dito particular: opera para situações jurídicas específicas; p. ex., o domicílio profissional.

Quanto à escolha, ocorrem:

- domicílio voluntário, dependente da opção do sujeito;
- domicílio legal, correspondente a uma estatuição da lei.

vive e permanece, a ele regressando após uma eventual ausência breve ou mesmo mais prolongada"; RPt 18-mar.-2004 (Pinto de Almeida), Proc. 0430361.

1686 Cunha Gonçalves, *Tratado de Direito civil* cit., 2, 28-29.

1687 A jurisprudência tenta resolver o problema aproximando as ideias de "habitualidade" e de estabilidade" – RPt 3-abr.-1974 (s/indicação do relator), BMJ 238 (1974), 283 e RPt 27-fev.-1976 (António Augusto Afonso Liberal), CJ I (1976) 1, 113-114.

Estas distinções podem entrecruzar-se: teremos domicílios gerais voluntários e legais e domicílios especiais também voluntários e legais.

II. A figura nuclear é a do domicílio geral voluntário. Ele depende de uma escolha do sujeito: tal escolha não é, porém, diretamente dirigida ao domicílio, mas antes à residência ou ao paradeiro, em termos acima explicitados[1688].

Complementando os critérios do artigo 82.º/1 e 2, podemos avançar que o domicílio vai, sucessivamente, corresponder aos seguintes fatores:

- à residência permanente, quando o sujeito se encontre, sem interrupção, num determinado local;
- à residência habitual, quando, circulando por vários locais, ele tenha, todavia, um de presença claramente predominante[1689];
- a alguma das residências alternativas[1690], na hipótese de ser esse o figurino habitacional do sujeito;
- à residência ocasional, quando não seja possível apontar ao sujeito uma residência mais estável (portanto: permanente, habitual ou alternativa)[1691];
- ao paradeiro, na falta de outro critério.

O artigo 82.º já suscitou algumas dúvidas[1692]: no seu n.º 1, não refere a figura da residência permanente que, assim, tem de ser construída pela doutrina; no seu n.º 2, apela para a residência ocasional na falta da habitual

[1688] Por isso, a escolha em causa não dá azo a um negócio jurídico: não há liberdade de estipulação. Segundo Wolf/Neuner, *Allgemeiner Teil*, 9.ª ed. cit., 139, a vontade aqui requerida pela lei não se dirige a efeitos jurídicos mas, antes, à criação de uma mera situação de facto.

[1689] Inocêncio Galvão Telles, *Resolução do contrato de arrendamento/Residência permanente, residências alternadas e residência ocasional*, CJ XIV (1989) 2, 31-35, já defendeu que residências permanente e habitual são a mesma coisa; parece, todavia, possível distinguir, com vantagens para o aperfeiçoamento dos conceitos: a pessoa que tenha uma residência permanente não terá quaisquer outras; já a que tenha (mera) residência habitual, poderá apresentar residências alternativas ou, ainda, ocasionais.

[1690] STJ 17-dez.-1971 (João Moura), BMJ 212 (1972), 219-221 (221).

[1691] STJ 8-jan.-1991 (Marques Cordeiro), BMJ 403 (1991), 331-333 (332).

[1692] *Vide*, em Carvalho Fernandes, *Teoria geral* cit., 1, 6.ª ed., 394 ss, uma referência a diversas posições. Outros troços relevantes são os de Castro Mendes, *Direito civil (teoria geral)* cit., 1, 217 ss., Pires de Lima/Antunes Varela, *Código Anotado* cit., 1, 4.ª ed., 111 e Oliveira Ascensão, *Teoria geral* cit., 1, 2.ª ed., 157-158.

o que, para ser obedecido à letra, obrigaria a considerar habitual a residência alternativa. Será forçar as palavras: o sujeito poderá ter *habitualmente*, residências alternativas, o que não faz, delas, residências habituais; de outro modo, o sujeito que tivesse *habitualmente* residências ocasionais faria, destas, residências ... habituais, assim se colapsando o artigo 82.º/2.

O argumento sistemático logo revela que só se apela à residência ocasional na falta quer da habitual, quer da alternativa a qual, pelo próprio n.º 1, deve ser mantida distinta da primeira.

III. A determinação do domicílio geral (em regra: voluntário) tem grande importância prática para inúmeros efeitos. Por exemplo:

- a competência internacional dos tribunais portugueses ocorre quando o réu tenha domicílio em território português – artigo 65.º/1, *a*), do CPC;
- a ação para o cumprimento de uma obrigação pode ser proposta, à escolha do credor, no tribunal do local do cumprimento ou no tribunal do domicílio do réu – artigo 74.º/1, do CPC;
- nas ações de divórcio e de separação, é competente o tribunal do domicílio ou da residência do autor – artigo 75.º do CPC;
- as ações de honorários por causas instauradas na Relação ou no Supremo, correrão no tribunal da comarca do domicílio do devedor – 76.º/2, do CPC;
- para o inventário e para a habilitação de uma pessoa como sucessora, por morte, de outra, seguem-se vários critérios de competência e, por fim, o de domicílio do habilitando – 77.º/2, *b*), do CPC;
- para notificações avulsas, é competente o tribunal em cuja área resida a pessoa a notificar – 84.º do CPC;
- em todos os casos não previstos de outro modo, é competente, para a ação, o tribunal do domicílio do réu – 85.º do CPC.

145. **O domicílio eletivo**

I. Segundo o artigo 84.º, "é permitido estipular domicílio particular para determinados negócios, contanto que a estipulação seja reduzida a escrito".

Este preceito veio alargar o dispositivo do artigo 46.º do Código de Seabra, que passamos a transcrever:

> Os cidadãos podem estipular domicílio particular, para o cumprimento de atos determinados, que a lei não haja sujeito a certo domicílio, fazendo-o por documento autêntico ou autenticado; não podem, porém, deixar essa escolha ao arbítrio de outrem.
>
> § único. Falecendo algum dos estipulantes, a convenção conserva os seus efeitos, em relação aos herdeiros, não tendo havido declaração em contrário.

O alargamento cifra-se, essencialmente, em dois pontos: a lei velha referia o domicílio eletivo "para o cumprimento de atos determinados"; a lei nova fala, apenas, em "determinados negócios"; a lei velha exigia "documento autêntico ou autenticado"; a lei nova contenta-se com a redução a escrito. Quanto ao § único, que não tem correspondente na lei atual: entende-se que o domicílio eletivo é eficaz para os herdeiros dos contraentes[1693].

Quando as partes façam uso desta possibilidade teremos um domicílio voluntário e especial: deriva da livre escolha dos interessados e vale, apenas, para determinados atos.

II. Pergunta-se se o domicílio eletivo deriva de contrato ou se pode provir de negócios unilaterais.

Depende. O domicílio eletivo opera, em regra, como uma cláusula em negócio mais vasto. Quando este tenha natureza contratual, outro tanto sucederá com a *electio domicilii*; quando seja um negócio unilateral, a *electio* seguirá idêntico destino.

Poderá haver uma eleição de domicílio sem dependência de um concreto negócio? O artigo 84.º é claro: "... para determinados negócios". Na falta dessa especificação, estaríamos perante um domicílio geral, que tem regras: as do artigo 82.º. Além disso, um negócio que fixasse determinado domicílio para "negócios", sem especificar minimamente quais, sempre seria nulo por indeterminabilidade do conteúdo – artigo 280.º/1.

Admitimos, todavia, que se possam estipular domicílios para negócios futuros eventuais, desde que se reportem a relações entre as pessoas que tenham intervindo na estipulação.

[1693] STJ 7-abr.-1970 (Rui Guimarães), BMJ 196 (1970), 226-230 (228).

III. O artigo 84.º tem em vista "negócios" disponíveis. Quer isso dizer que não é viável a estipulação de domicílios eletivos como forma de desaforar causas, quando a lei não o permita[1694].

IV. O recurso a domicílios tem relevância prática no domínio de negócios de grande porte e no campo de relações duradouras. Em qualquer dessas situações poderá haver notificações a fazer e pagamentos repetidos a realizar. Prevenindo dúvidas, as partes esclarecem, desde logo e em cláusula adequada, quais, para efeitos do negócio, os domicílios a reter.

Nessas eventualidades são, muitas vezes, consignados, a título eletivo, os domicílios profissionais dos advogados que representem as partes.

146. O domicílio profissional

I. O artigo 83.º/1 fixa o denominado domicílio profissional: a pessoa que exerça uma profissão tem, quanto às relações que a ela se refiram, domicílio profissional no lugar onde a profissão seja exercida. O n.º 2 complementa que, se a profissão for exercida em lugares diversos, cada um deles constitui domicílio para as relações que lhe correspondam.

II. O domicílio profissional poderá coincidir com os escritórios ou os consultórios de advogados ou médicos, com os *ateliers* dos arquitetos ou com os diversos estabelecimentos dos comerciantes.

Os trabalhadores por conta de outrem terão domicílio profissional no local onde prestem o seu serviço.

O papel do domicílio profissional é reportado às relações referidas à profissão em jogo. Trata-se, pois, de um domicílio especial.

III. O domicílio profissional é voluntário ou necessário? O exercício de qualquer profissão é voluntário. A escolha do local do exercício cabe, também e formalmente, ao interessado. Mesmo perante um trabalhador por conta de outrem: ele poderá, no momento da celebração do contrato de trabalho, estipular onde o mesmo deverá ser produzido.

[1694] REv 8-mai.-1997 (Conceição Bento), BMJ 467 (1997), 647.

Entendemos, pois, que o domicílio profissional é voluntário, numa qualificação reforçada pelo confronto com o domicílio legal dos "empregados públicos", referido no artigo 87.º.

147. Os domicílios legais

I. Nalgumas situações, a lei fixa os domicílios das pessoas: são domicílios legais. Trata-se, em regra, de domicílios gerais.

A primeira hipótese é a do domicílio dos menores e dos interditos.

Segundo o artigo 85.º/1, o menor tem domicílio no lugar da residência da família ou, na falta desta, do progenitor a cuja guarda estiver. O domicílio do menor confiado a terceira pessoa ou a estabelecimento de educação ou assistência é o do progenitor que exerça o poder paternal – n.º 2; estando sujeito a tutela, vale o domicílio do tutor, numa regra que se aplica, também, ao interdito – n.º 3.

Instituído o regime de administração de bens, o domicílio do menor ou do interdito, nas relações a que essa administração se refira, é o do administrador – n.º 4.

As regras do artigo 85.º não são aplicáveis, nos termos do seu n.º 5, quando delas resulte que o menor ou o interdito não tenham domicílio em território nacional. Nessa altura cessa, pois, o "domicílio legal" dos menores ou interditos, passando a aplicar-se as regras gerais do artigo 82.º.

II. Estas soluções foram introduzidas pela reforma do Decreto-Lei n.º 496/77, de 25 de novembro. Anteriormente, segundo o artigo 85.º/1, "O domicílio dos menores e interditos é o do respetivo representante legal, salvo quanto aos atos em que possam intervir pessoalmente".

Este último aspeto foi suprimido. Todavia, era justo e útil.

Quanto ao primeiro: o legislador quis introduzir a "residência" da família, para suprimir a residência do marido ou do pai, que não era, aliás, aí referida; todavia, abriu lacunas: *quid iuris* se não houver residência da família e o menor não estiver à guarda de nenhum dos progenitores? Nessa altura, teríamos de fazer apelo ao critério do poder paternal, considerando o menor domiciliado na residência de qualquer dos pais[1695].

[1695] Valerá a pena recordar o elegante artigo 47.º do Código de Seabra:

> Os menores, não emancipados, têm por domicílio o do pai ou da mãe, a cuja autoridade se acham sujeitos, e, na falta ou impedimento legal destes, o do tutor.

III. A reforma de 1977 revogou o artigo 86.º, relativo ao domicílio legal da mulher casada: em princípio, seria o domicílio do marido, numa solução correspondente à do artigo 49.º do Código de Seabra.

Tratava-se de uma solução não-igualitária: não poderia subsistir.

IV. Segue-se o domicílio legal dos "funcionários públicos" – hoje funcionários e agentes do Estado ou de entidades a ele equiparadas. Segundo o artigo 87.º/1, "... quando haja lugar certo para o exercício dos seus empregos, têm nele domicílio necessário, sem prejuízo do seu domicílio voluntário no lugar da residência habitual". O n.º 2 especifica que esse domicílio necessário é determinado pela "posse do cargo ou pelo exercício das respetivas funções".

Trata-se de uma regra tradicional – artigo 51.º do Código de Seabra – com grande relevo prático. O domicílio legal aqui em jogo é "geral". Quer isso dizer que o funcionário público pode ser citado ou notificado no local do seu emprego. Em todas as circunstâncias, esse seu domicílio é sempre local adequado para contactar com ele. Paralelamente, outro tanto sucede com o domicílio voluntário geral.

O domicílio legal dos funcionários públicos pode coincidir com o seu domicílio profissional – 83.º. Nessa altura, ele será o único relevante para as relações derivadas da profissão do interessado.

O domicílio legal dos funcionários públicos cessa quando sejam desligados do serviço ativo: limite de idade, licença ilimitada ou reforma[1696]. Havendo deslocação – p. ex., comissão de serviço – o domicílio necessário passará a ser o do local do exercício efetivo de funções.

V. Finalmente, segundo o artigo 88.º, os agentes diplomáticos portugueses, quando invoquem a extraterritorialidade, têm-se como domiciliados em Lisboa. Mais precisamente, e porque se trata de funcionários públicos: terão domicílio legal no Ministério dos Negócios Estrangeiros, Palácio das Necessidades.

[1696] Pires de Lima/Antunes Varela, *Código Civil Anotado* cit., 1, 4.ª ed., 115.

§ 29.º AUSÊNCIA E MORTE PRESUMIDA

148. Problemática geral e evolução

I. Tradicionalmente ligado ao tema do domicílio, surge-nos o instituto da ausência.

Em termos correntes, uma pessoa diz-se ausente quando não esteja onde seria de esperar vê-la. Em termos técnico-jurídicos, a "ausência" tem, todavia, um sentido mais preciso, implicando um desaparecimento prolongado e sem notícias.

Sociologicamente denotam-se, todos os anos e nos diversos países da União, inúmeros desaparecimentos[1697]. Temos várias situações típicas: jovens perdidos ou raptados; adolescentes em fuga; casais desavindos; pessoas procuradas por dívidas ou por contas a prestar à justiça; pessoas envolvidas em acidentes ou catástrofes naturais, que aí terão perecido, mas sem que se encontre o seu cadáver; pessoas que tenham emigrado sem deixar rasto ou que tenham partido para remotas paragens ou para zonas de conflito, sem que delas se saiba.

Desses "desaparecidos", as autoridades localizam cerca de metade, no período de um ano. Outros vão surgindo, embora, muitas vezes, recusem regressar ou recusem, sequer, que se dê notícia do seu paradeiro à família de origem.

O instituto civil da ausência visa providenciar, no essencial, quanto aos bens do desaparecido. Acontece, porém, que, em regra, "desaparecem" as pessoas que não têm bens. Além disso, as hipóteses de acidente ou calamidade graves, sem que seja possível encontrar ou identificar o cadáver, têm solução através do processo de justificação judicial de óbito, abaixo referido.

[1697] *Vide* alguns dados sociológicos em Jean Carbonnier, *Droit civil/Les personnes* cit., 21.ª ed., 55 e em Ferid/Sonnenberger, *Das französische Zivilrecht* cit., Band 1/1, 2.ª ed., 316.

Resulta, daqui, que mau grado os 33 artigos que o Código Civil dedica à ausência e à morte presumida – artigos esses que consumiam muito espaço letivo nos programas clássicos dedicados ao ensino da parte geral – os tribunais fazem escassa aplicação dos inerentes institutos.

II. O Direito romano, apesar de seguramente confrontado com o desaparecimento de cidadãos, não desenvolveu um instituto da ausência[1698]. A pessoa que desaparecesse era reputada viva, até que houvesse notícia da sua morte. Apenas se designava um *curator bonorum absentis*, para gerir os bens do ausente[1699]. A presunção de vida só seria afastada quando o desaparecido completasse 100 anos[1700].

O desenvolvimento do instituto da ausência foi levado a cabo pela prática francesa dos parlamentos, particularmente nos séculos XVII e XVIII. Daí resultou uma consagração do instituto do Código Napoleão de 1804.

O Código Napoleão tratava a ausência nos seus artigos 112.º a 143.º, versão original[1701]. Em síntese, o sistema era o seguinte: desaparecendo uma pessoa, podia haver ausência presumida: o tribunal, a pedido do interessado mais diligente, cometeria a um notário a representação, em certos atos, do ausente. Quando o desaparecimento durasse quatro anos, o tribunal poderia emitir uma declaração de ausência (artigo 115.º). Declarada a ausência, os herdeiros presumíveis, no dia do desaparecimento, entrariam na posse provisória dos bens do ausente, mediante caução (artigo 120.º). Procede-se à abertura de quaisquer eventuais testamentos (artigo 123.º). Dispunha o artigo 129.º:

> Se a ausência continuar durante trinta anos depois da entrega provisória ou depois da época na qual o esposo comum tenha tomado a admi-

[1698] Andrea Guarneri Citate, *Assenza (diritto romano)*, NssDI I, 2 (1957), 1119-1120 e Antonio Marongiu, *Assenza (storia)*, ED III (1958), 406-409 (406/I).

[1699] Michele Battista, *Del domicilio e della residenza/Dell'assenza* cit., 348.

[1700] D. 33.2.8. onde, a propósito do usufruto, se apontava a marca dos 100 anos como o limite máximo da vida humana. *Vide* Alvaro d'Ors (org.), *El Digesto de Justiniano*, 2 (1972) 527/I.

[1701] A doutrina chama a atenção para o elevado número de desaparecidos em França, nessa altura (estava-se no rescaldo da Revolução Francesa), particularmente de entre as classes possidentes; o legislador debateu-se com a falta de antecedentes e com uma preocupação de permitir, ao máximo, a recuperação dos "desaparecidos".

nistração dos bens do ausente, as cauções serão dispensadas; todos os interessados legitimados poderão pedir a partilha definitiva dos bens do ausente e fazer pronunciar a investidura na posse definitiva pelo tribunal de primeira instância.

Se o ausente reaparecesse, os bens seriam restituídos no estado em que se encontrassem – 132.º. O cônjuge do desaparecido, após a declaração de ausência, podia renunciar à comunidade conjugal, contratando outra união; regressando, o ausente podia atacar o novo casamento – 139.º.

O Código Napoleão consignava um sistema que perpetuava a existência do ausente: mantinha, até ao infinito, a dúvida quanto ao seu regresso, com prejuízo para o destino dos bens e para o cônjuge do desaparecido[1702]. Além disso, a contraposição entre a ausência presumida e a ausência declarada estava pouco clara, numa situação ultrapassada pela Lei n.º 1447, de 28-dez.-1977[1703]. A ausência declarada foi aproximada de uma presunção de morte, reduzindo-se os prazos.

III. O Direito alemão adotou um esquema mais enérgico do que o francês. Logo na sua versão inicial – §§ 14-17 – o BGB admitia a declaração judicial de morte do desaparecido[1704], pondo cobro à dúvida eterna dos franceses. Esses preceitos foram revogados pela Lei de 4-jul.-1939[1705], ela própria, depois, substituída pela Lei de 15-jan.-1951[1706].

A matéria da ausência era inicialmente regulada nos §§ 13 a 19 do BGB[1707]. O § 14 facultava a "declaração de morte" quando o ausente não tivesse dado quaisquer notícias durante 10 anos, desde que, a ser vivo, tivesse completado 31 anos de idade; todavia, bastaria uma ausência de 5 anos quando, a ser vivo, tivesse 17 anos. O § 15 permitia essa declaração

[1702] Ferid/Sonnenberger, *Das französische Zivilrecht* cit., 1/1, 2.ª ed., 316.

[1703] Mazeaud/Chabas/Laroche-Gisserot, *Leçons de Droit civil*, tomo I/2.º vol., 8.ª ed. (1997), 15 (n.º 447). Quanto ao Direito anterior e com elementos de Direito comparado, Michele Battista, *Del domicilio e della residenza/Dell'assenza* cit., 365 ss.

[1704] Solução que, em 1907, já merecia o aplauso, *de iure condendo*, do nosso Guilherme Moreira, *Instituições de Direito civil* cit., 1, 211-212, em nota.

[1705] Emilio Romagnoli, *Assenza (diritto civile)*, ED III (1958), 409-417 (410).

[1706] *Verschollenheitsgesetz* de 15-jan.-1951.

[1707] Eduard Hölder, *Kommentar zum Allgemeiner Theil des Bürgerlichen Gesetzbuchs* (1900), 107-116.

quando se tratasse de pessoa desaparecida em combate e, depois da paz, dela não houvesse notícias durante três anos. O § 16 permitia dar por morto o desaparecido em naufrágio, sem notícias, durante um ano. Como se vê, era um esquema expedito, fruto das guerras permanentes na Alemanha e que pretendia a segurança dos sucessores ou familiares do desaparecido.

Os §§ 13 a 20 do BGB foram substituídos pela "lei sobre a ausência, a declaração de morte e a determinação do momento da morte", de 4-jul.-1939[1708]. A estrutura básica do BGB era mantida, com algumas alterações e desenvolvimentos. Foi previsto o acidente aéreo e estabelecida a categoria da pessoa em perigo de vida. Depois da Guerra, a lei foi alterada, considerando-se, por exemplo, em perigo de vida a pessoa internada em campo de concentração; o prazo (de um ano) para a declaração subsequente de morte começar-se-ia a contar depois do termo da Guerra (8-mai.-1945)[1709].

A rubrica da declaração de morte foi novamente reformulada: uma Lei de 15-jan.-1951 procedeu à reordenação da matéria, em termos tornados necessários pela multiplicação das intervenções legislativas do pós-guerra[1710]. Hoje a matéria vem tratada em anexo ao regime geral das pessoas singulares no BGB[1711], merecendo pequenas referências em obras gerais[1712].

Quanto ao Direito italiano: o Código Civil de 1865 seguiu o modelo francês, não admitindo a figura da morte presumida, com base na ausência. Particularmente desconfortável ficava a posição do cônjuge do desaparecido. Multiplicaram-se, assim, as críticas ao diploma, tanto mais que estava disponível o sistema alemão[1713].

[1708] E. Kummerow, *Gesetz über die Verschollenheit, die Todeserklärung und die Feststellung der Todeszeit* (1949), com o texto da lei anotada.

[1709] E. Kummerow cit., 18-19. Na sequência da Guerra Mundial de 1939-45, foram apontadas regulações específicas sobre a declaração de morte nas diversas zonas de ocupação; podem ser confrontadas, em conjunto com outros elementos, em Hermann Vogel, *Verschollenheitsrecht* (1949).

[1710] Egon Arnold, *Verschollenheitsrecht/Kommentar zum Verschollenheitsgesetz in der Fassung vom 15.1.1951* (1951), 324 pp.. A lei foi por último alterada por um diploma de 31-ago.-2015.

[1711] Norbert Habermann, *Verscholenheitsgesetz*, em *Staudingers Kommentar* 1, *§§ 1-14* cit., 520-564.

[1712] P. ex.: Hans Brox/Wolf-Dieter Walker, *Allgemeiner Teil des BGB* cit., 39.º ed., § 33, Nr. 709 (304) e Helmut Köhler, *Allgemeiner Teil* cit., 42.ª ed., § 20, Nr. 4 (271).

[1713] Romagnoli, *Assenza* cit., 410/II e 411/II e Dante Callegari, *Assenza (diritto*

O Código Civil de 1942 – antecedido, de resto, por uma lei de calamidades públicas, que introduziu a figura da morte presumida – aperfeiçoou o sistema, cinzelando a ausência e prevendo a morte presumida.

Toda esta evolução é capital para se entender o sistema português[1714].

149. Sistema português e sua evolução

I. Portugal, terra de emigração e de deslocações populacionais, particularmente visado pela expansão ultramarina, foi desde cedo, confrontado com a ausência ou o desaparecimento dos seus naturais e, depois, com o seu regresso inesperado[1715]. Deparamos, por isso, no antigo Direito português, com diversas soluções destinadas a enquadrar problemas assim originados.

Em Borges Carneiro encontramos uma referência a múltiplas situações de ausência, com as suas regras. Por exemplo: quem desse dinheiro para remir o ausente em cativeiro tem hipoteca tácita sobre os bens dele, para se pagar; reputa-se ausente em lugar incerto o que está em Lisboa, quando se ignora em que bairro ou em certa província ultramarina, se se desconhecer o lugar[1716].

A curadoria, com base no Direito comum, era conhecida:

> Se algum ausente se não sabe onde está, nem se é vivo ou morto, o Juiz dos Orfãos officiosamente ou a requerimento de qualquer pessoa nomeia curador aos seus bens, e os faz administrar como os dos órfãos[1717].

intermedio), NssDI I, 2 (1957), 1120-1121 e *Assenza (diritto civile)*, *idem*, 1121-1130 (1122/I).

[1714] Um estudo comparativo interessante sobre a ausência, embora já antigo, é o de Helmut Strebel, *Die Verschollenheit als Rechtsproblem/Eine rechtsanalytische und vergleichende Studie* (1954), onde, para além do instituto, se referenciam as experiências alemã, latinas (algumas) e anglo-saxónicas. Referimos, também, o trabalho de Konstantin Sabatakakis, *Todes- und Verschollenheitserklärung und die Wiederheiratung bei Verschollenheit eines Ehegattes im Deutschen Recht, verglichen mit dem französischen, schweizerischen, griechischen und englischen Recht* (1970).

[1715] Lembre-se a tragédia clássica *Frei Luís de Sousa*, de Almeida Garrett.

[1716] Manuel Borges Carneiro, *Direito civil de Portugal* cit., 3, 212 (§ 279).

[1717] *Idem*, 218 (§ 281); este esquema não se aplicava se tivesse ficado pai, mulher ou filho, ainda que no ventre. *Vide Ord. Fil.*, Liv. I, tit. XC, pr. = ed. Gulbenkian, 1, 222/II.

Passados 10 anos sem haver notícias do ausente, o seu parente mais próximo sucessor *ab intestato* pode pedir a entrega dos bens do ausente, dando fiança[1718].

Além disso, funcionavam presunções de morte, segundo alguma doutrina: no caso do ausente em parte incerta que excedesse os setenta anos; no do ferido em batalha se dele não houvesse notícias até um ano depois de feita a paz; no de quem tenha embarcado em navio que naufragasse, se dele não houvesse notícias até três anos depois do naufrágio[1719].

II. Nestas condições, o Código de Seabra não teve dificuldades em estabelecer um esquema próximo do do Código Civil francês.

No fundamental, esse Código veio aperfeiçoar o sistema antes disperso nas Ordenações[1720]. Fixou uma ausência em duas fases – a curadoria provisória e a curadoria definitiva, respetivamente – dependente do decurso do tempo; não organizou um esquema de morte presumida, antes deixando pairar, para sempre, a dúvida sobre a vida do desaparecido.

O Código de Seabra dedicou à ausência nada menos do que 51 artigos, repartidos por capítulos e secções, nos termos seguintes[1721]:

Capítulo I – Da curadoria provisória dos bens do ausente (55.º a 63.º).

Capítulo II – Da curadoria definitiva do ausente solteiro:

Secção I – Da installação da curadoria definitiva e dos seus efeitos (64.º a 68.º);

Secção II – Do inventário e da caução dos bens do ausente (69.º e 70.º);

Secção III – Dos direitos e obrigações dos curadores definitivos e demais interesses (71.º a 77.º);

Secção IV – Do termo da curadoria definitiva (78.º a 81.º).

Capítulo III – Da administração dos bens do ausente casado:

Secção I – Da administração dos bens do ausente casado não havendo filhos (82.º a 89.º);

Secção II – Da administração dos bens do ausente casado havendo filhos (90.º a 94.º);

Secção III – Da ausência simultânea ou successiva (95.º e 96.º).

[1718] *Idem*, 222 (§ 282).

[1719] Coelho da Rocha, *Instituições* cit., § 70 (1, 39).

[1720] Dias Ferreira, *Código Civil Annotado* cit., 1, 2.ª ed., 63.

[1721] Guilherme Moreira, *Instituições de Direito civil* cit., 1, 209 ss. e Cunha Gonçalves, *Tratado de Direito civil* cit., 2, 54 ss..

A curadoria provisória tinha lugar quando "... qualquer pessoa desaparecer do logar do seu domicílio ou residencia, sem que d'ella se saiba parte ...", não havendo quem a represente ou legalmente lhe administre os bens e seja necessário prover a esse respeito: o juiz competente nomeará um curador – artigo 55.º. O curador seria escolhido de entre os herdeiros presumidos ou, na falta destes, de entre os que mais interesse tivessem na conservação dos bens do ausente (57.º). Os poderes do curador provisório limitam-se aos atos de mera administração (59.º).

III. Decorridos quatro anos sobre o desaparecimento do ausente, os presumíveis herdeiros poderiam pedir a entrega dos bens do herdeiro (64.º). Seriam publicados éditos (65.º) e proceder-se-ia à abertura de testamentos eventualmente existentes (66.º). Os bens só seriam entregues após inventário e contra caução suficiente (69.º).

Os herdeiros assim contemplados são curadores definitivos, podendo exercer todos os direitos pertencentes ao ausente (71.º).

A curadoria definitiva terminaria com o regresso do ausente, com notícias suas, com a informação de que estaria morto, com o decurso de 20 anos ou contando o ausente 95 anos de idade (78.º). Nestes últimos casos, os herdeiros ficam dispensados da caução, podendo dispor dos bens como seus.

Não se previa uma solução para a situação pessoal do cônjuge do ausente: apenas regras de administração.

IV. O Código de Seabra estabelecia, no fundo, dois esquemas distintos:

– o da curadoria provisória;
– o da curadoria definitiva.

Na curadoria provisória dominavam os interesses do ausente. Providenciava-se quanto à administração dos seus bens, mas tudo era deixado intacto, na expectativa do seu regresso. Na curadoria definitiva, dominavam já os interesses dos herdeiros do ausente. Estes vinham, assim, a ser contemplados com os bens do ausente, embora prestando caução.

No termo do processo, embora a lei evitasse referi-lo, tínhamos já uma situação próxima da morte presumida: os herdeiros ficavam libertos da caução e podiam fazer o que bem entendessem, com os bens. Regressando o ausente, os bens ser-lhe-iam restituídos, nas condições em que se encontrassem.

V. Na preparação do que seria o Código Civil de 1966, os temas da ausência e da morte presumida não obtiveram especiais desenvolvimentos doutrinários. Pelo falecimento de Manuel de Andrade, o anteprojeto respetivo foi pedido a Manuel Gonçalves Pereira. Daí resultou um texto articulado, precedido de um estudo doutrinário do maior interesse para o conhecimento das opções do legislador[1722]. Aí, manifestamente por influência do Código Civil italiano, fez o seu aparecimento a morte presumida. O texto proposto era pormenorizado e não ofereceu grandes diferenças em relação ao projeto final[1723].

150. **Sistema dos Códigos Civis português e brasileiro**

I. O Código Civil português acolheu a evolução jurídico-científica registada no Continente e de que, acima, se deu conta.

Previu um instituto da "ausência" que engloba diversos subinstitutos: curadorias provisória e definitiva e morte presumida. E a esse instituto dedicou a secção IV, com 32 artigos, assim ordenados[1724]:

Subsecção I – Curadoria provisória (89.º a 98.º);
Subsecção II – Curadoria definitiva (99.º a 113.º);
Subsecção III – Morte presumida (114.º a 119.º);
Subsecção IV – Direitos eventuais do ausente (120.º e 121.º).

Apesar de se ter completado o instituto com a figura da morte presumida, desconhecido, como vimos, no Código de Seabra, mas presente no

[1722] Manuel Gonçalves Pereira, *Ausência (Anteprojecto para o novo Código Civil)*, BMJ 105 (1961), 281-372: provavelmente o mais extenso estudo existente sobre o tema. Este Autor era, então, ajudante do Procurador-Geral da República.

[1723] Manuel Gonçalves Pereira, *Da ausência*, BMJ 105 (1961), 373-391.

[1724] No anteprojecto de Gonçalves Pereira, *Da ausência* cit., 373, 378, 384 e 388 ss., a matéria era arrumada em 6 capítulos: I – Da curadoria provisória e das providências conservatórias sobre os bens do ausente; II – Da declaração de ausência e seus efeitos; III – Da declaração de morte presumida; IV – Dos efeitos da ausência quanto aos direitos eventuais do ausente; IV – Outros efeitos da ausência quanto aos direitos de família; VI – Disposições gerais e transitórias.

Código italiano de 1942, que aqui valeu como fonte inspiradora, a matéria foi condensada.

II. Na base do sistema temos a ideia de que, desaparecendo uma pessoa, há que começar por providenciar quanto aos seus bens. Mantendo-se a ausência, atende-se ao interesse dos sucessores: procede-se à justificação da ausência e os bens são entregues aos herdeiros presumidos. Passando ainda mais algum tempo sem notícias do ausente, surge a morte presumida, equivalente à morte: os bens são definitivamente entregues aos herdeiros e o cônjuge deste pode contrair, em certas condições, novo casamento.

Em qualquer dos casos, regressando o ausente, os bens são-lhe entregues no estado em que se encontrarem.

Este sistema geral, bastante lógico e fácil de entender, obteve depois, do legislador, uma regulação pautada por alguma minúcia.

III. O Código Civil brasileiro conservou os elementos da tradição anterior, sem referência à morte presumida[1725]. Distingue, sucessivamente, os seguintes graus de ausência:

I – Da curadoria dos bens do ausente (22.° a 25.°);
II – Da sucessão provisória (26.° a 36.°);
III – Da sucessão definitiva (37.° a 39.°).

O simples desaparecimento do domicílio, sem notícia nem representante ou procurador, habilita o juiz, a requerimento de qualquer interessado ou do Ministério Público a declarar a ausência e a nomear um curador (22.°). Decorrido um ano da arrecadação dos bens, se ele deixou representante ou procurador podem os interessados requerer a sucessão provisória (26.°). Dez anos depois, podem requerer a sucessão definitiva (37.°).

151. Curadoria provisória

I. Seguindo pelo Código Civil português: este manteve as ideias de curadoria provisória e de curadoria definitiva, que recebeu do Código de Seabra e da tradição anterior.

[1725] "Morte presumida" surge, no Código brasileiro (7.°), com o sentido de morte judicialmente justificada.

A curadoria provisória inicia-se, simplesmente, com a necessidade de prover acerca da administração dos bens de quem tenha desaparecido sem que dele se saiba e sem ter deixado representante, legal ou voluntário – 89.º/1. O mesmo sucede quando, havendo representante, este não possa ou não queira exercer as suas funções – 89.º/2: a hipótese mais natural será a de o representante, mercê do desaparecimento, não ter instruções bastantes, sentindo-se sem legitimidade para improvisar.

Certos negócios podem exigir habilitações particulares ou, ainda, uma disponibilidade ou uma localização geográfica mais vincadas. A lei prevê a nomeação, nesses casos, de um curador especial – 89.º/3.

II. Além da nomeação do curador provisório, a lei admite que possam ser adotadas as providências cautelares indispensáveis à preservação de quaisquer bens do ausente. Tais providências podem incluir:

– a entrega de certos bens a um depositário;
– a alienação de bens deterioráveis, que não constitui disposição;
– pagamentos urgentes, por conta dos bens do ausente;
– procedimentos cautelares relativos a ações de fundo a propor em nome e por conta do ausente.

III. A curadoria provisória e as providências cautelares podem ser requeridas pelo Ministério Público ou por qualquer interessado – 91.º.

O curador provisório é escolhido de entre: o cônjuge do ausente, algum ou alguns dos herdeiros presumidos ou algum ou alguns dos interessados na conservação dos bens – 92.º/1. Havendo conflito de interesses, deve recorrer-se ao curador especial do artigo 89.º/3 – 92.º/2.

Pergunta-se se a sequência por que são indicadas estas pessoas tem algum significado: o juiz começaria por examinar a hipótese do cônjuge; depois a de algum herdeiro presumido; depois a de *alguns* desses herdeiros; depois a dos interessados na conservação dos bens; finalmente, *alguns* desses interessados.

O modo por que a lei está redigida aponta para uma grande liberdade do juiz, nesse domínio: não há indicação sequencial. Todavia, temos de ter presente que a ausência é um instituto dinâmico, preparado para percorrer as suas diversas fases, até à morte presumida. Por isso e para evitar sobressaltos na administração dos bens, com entregas sucessivas, o juiz deve procurar, logo na curadoria provisória, escolher o curador que, presumivelmente, funcionará como principal herdeiro ou como cabeça-de-casal.

Aliás, é bom ter presente que muitas situações de ausência terminarão com a notícia da morte efetiva do ausente. A prévia entrega aos herdeiros será, pois, a melhor saída.

IV. De todo o modo, na curadoria provisória, há ainda uma grande expectativa em torno do reaparecimento do ausente. O interesse dominante é o deste. Por isso, o artigo 93.º/1 impõe que, antes de entregues ao curador provisório:

- os bens sejam relacionados;
- o curador provisório preste caução, sob pena de ser nomeado outro curador – 93.º/3.

Em casos de urgência, estas diligências podem ser dispensadas pelo juiz – 93.º/2.

O curador provisório pode ser substituído, a requerimento do Ministério Público ou de qualquer interessado, logo que se mostre inconveniente a sua permanência no cargo.

V. O curador fica na situação de um mandatário geral com poderes de representação – artigo 94.º/1 e 2, *in fine*. Deste modo:

- ele tem poderes gerais de administração; o paralelo será assim com o mandato geral referido no artigo 1159.º/1;
- ele pode intentar as ações que não possam ser retardadas e contestar as intentadas contra o ausente – 94.º/2;
- ele pode alienar ou onerar imóveis, objetos preciosos, títulos de crédito, estabelecimentos comerciais e quaisquer outros bens cuja alienação ou oneração não seja ato de administração – 94.º/3 – desde que com autorização do Ministério Público, a conceder no quadro do artigo 94.º/4 e visto o artigo 2.º/1, *c*), do Decreto-Lei n.º 272/2001, de 13 de outubro.

O curador provisório deve prestar contas do seu mandato ao tribunal (95.º/1) ou aos curadores definitivos, quando seja deferida a curadoria definitiva (95.º/2). Ele tem direito a uma remuneração equivalente a 10% da receita líquida que realizar (96.º): um preceito a complementar em sede de integração de lacuna, já que determinada curadoria pode ser essencial para defesa dos interesses do ausente e, todavia, não originar quaisquer receitas líquidas. Aplicar-se-á, então, o regime da remuneração do mandatário, previsto no artigo 1158.º/2.

Com base neste regime, podemos considerar que o curador provisório é um representante legal do ausente; ele insere-se num estatuto próprio, decalcado do do mandato.

VI. A curadoria provisória termina, segundo as cinco alíneas do artigo 98.º:

- pelo regresso do ausente;
- quando o ausente providencie acerca da administração dos bens;
- quando compareça a pessoa que legalmente represente o ausente ou um procurador bastante;
- pela entrega dos bens aos curadores definitivos ou ao cabeça-de-casal, nos termos do artigo 103.º;
- pela certeza da morte do ausente.

A curadoria provisória terminará, ainda, quando perca qualquer interesse prático: designadamente, pelo desaparecimento do património do ausente.

152. **Curadoria definitiva**

I. A curadoria definitiva segue-se à fase da provisória. Ela é constituída por decisão do tribunal, denominada "justificação da ausência"[1726]. Depende – artigo 99.º:

- de terem decorrido dois anos sem se saber do ausente ou cinco, quando tenha deixado representante legal ou voluntário bastante;
- de o Ministério Público ou algum interessado o terem requerido.

"Interessados" são, aqui, segundo o artigo 100.º:

- o cônjuge não separado judicialmente de pessoas e bens;
- os herdeiros do ausente;

[1726] A justificação da ausência dá azo a um processo especial – 1103.º a 1114.º do Código de Processo Civil.

– todos os que, sobre os bens do ausente, tiverem direito dependente da condição da sua morte.

II. Justificada a ausência, o tribunal requisita certidões dos testamentos públicos e manda proceder à abertura dos testamentos cerrados que existam: serão tomados em conta na partilha e no deferimento da curadoria definitiva – 101.°.

Os legatários e outras pessoas que, por morte do ausente, teriam direito a bens determinados podem requerer, logo que a ausência seja justificada, independentemente da partilha, a entrega dos bens – 102.°.

Posto isso:

– a administração dos bens cabe ao cabeça-de-casal, designado nos termos do artigo 2080.° e seguintes – 103.°/2;
– segue-se a partilha – 103.°/1;
– com a entrega dos bens aos herdeiros do ausente, à data das últimas notícias[1727] – *idem*.

III. Os herdeiros e demais interessados, a quem tenham sido entregues bens do ausente, são havidos como curadores definitivos – 104.°. Caso apareçam outros interessados com legitimidade bastante, procede-se às competentes correções – 105.°. Suspende-se a exigibilidade das obrigações que se extinguiriam com a morte do ausente – 106.°.

Apesar de todas as medidas apontadas, que nos aproximam já da sucessão por morte, a situação ainda não é, por lei, considerada definitiva. Assim:

– tendo em conta a espécie e valor dos bens e, eventualmente, dos rendimentos a restituir, o tribunal pode exigir caução aos curadores definitivos ou a algum ou alguns deles – 107.°/1;
– enquanto não prestar a caução fixada, o curador está impedido de receber os bens – 107.°/2, 1.ª parte;
– esses bens serão entregues, até ao termo da curadoria ou à prestação da caução, a outro herdeiro ou interessado que ocupará, em relação a eles, a posição do curador definitivo – 107.°/2, 2.ª parte.

[1727] A data é importante, uma vez que, antes ou depois dela, outras pessoas poderiam ter a qualidade de herdeiro.

Na hipótese de ninguém prestar a caução determinada pelo tribunal, a lei não esclarece. Três hipóteses ficam à disposição do tribunal:

- ou dispensa a caução;
- ou recusa a justificação da ausência quanto aos bens em jogo, mantendo-se a curadoria provisória;
- ou procura um depositário fora do círculo dos herdeiros ou interessados: desta feita, com invocação do artigo 10.º/3, do Código Civil.

IV. O cônjuge do ausente, não separado judicialmente de pessoas e bens, pode, no âmbito do processo de justificação da ausência, requerer inventário e partilha, exigindo ainda os alimentos a que tiver direito – 108.º.

Quanto aos designados curadores definitivos: podem aceitar ou repudiar a "sucessão" do ausente ou dispor dos direitos sucessórios respetivos – 109.º/1. A eficácia de todos esses atos fica sujeita à condição resolutiva da sobrevivência do ausente – 109.º/2: uma condição legal.

Aos curadores definitivos é aplicável o artigo 94.º: direitos e obrigações dos curadores provisórios; cessam os poderes antes conferidos pelo ausente em relação a esses bens – 110.º[1728]. Inferimos, daqui, que tal como os provisórios, os curadores definitivos são representantes legais do ausente, agindo na base de um mandato geral. Apurando-se que, afinal, o ausente já tinha falecido, eles serão, *ipso iure*, representantes dos herdeiros do mesmo ausente o que, em regra, implicará a extinção da representação por confusão.

V. Na curadoria definitiva, sofre alteração o esquema de remuneração dos curadores. Tratando-se de ascendentes, descendentes ou cônjuges, eles fazem sua a totalidade dos frutos; estando em causa curadores que não tenham nenhuma dessas qualidades, eles deverão reservar, para o ausente, 1/3 dos rendimentos líquidos dos bens que administrem – 111.º/1 e 2.

VI. A curadoria definitiva cessa por qualquer uma das quatro razões elencadas no artigo 112.º:

- pelo regresso do ausente;
- pela notícia da sua existência e do lugar onde resida;
- pela certeza da sua morte;
- pela declaração de morte presumida.

[1728] Assim: RPt 21-mar.-1985 (Pinto Ferreira), CJ X (1985) 2, 220-223 (221).

Nas duas primeiras hipóteses, os bens ser-lhe-ão entregues logo que ele o requeira – 113.º/1; a curadoria mantém-se enquanto não se verificar tal requerimento – *idem*, n.º 2.

153. Morte presumida

I. Como última fase do processo de ausência, surge a morte presumida. De todo o modo, ela não depende da prévia instalação das curadorias provisória ou definitiva, podendo ser requerida diretamente, desde que se verifiquem os requisitos legais[1729]. São eles – artigo 114.º:

– 10 anos sobre a data das últimas notícias ou 5 se, entretanto o ausente tiver completado 80 anos de idade – n.º 1, 1.ª parte;
– 5 anos sobre a data da maioridade do ausente, se fosse vivo – n.º 2;
– requerimento dos interessados referidos no artigo 100.º (portanto: cônjuge não separado judicialmente de pessoas e bens, herdeiros do ausente ou todos os que, sobre bens do ausente, tenham direito dependente da condição da sua morte[1730]) – n.º 1, 2.ª parte.

II. A declaração de morte presumida produz os mesmos efeitos do que a morte, salvo quanto ao casamento – 115.º. Todavia, sendo este civil, pode o cônjuge do ausente contrair novo casamento; na hipótese de o ausente regressar ou de haver notícia de o mesmo estar vivo, quando foram celebradas as novas núpcias, considera-se o primeiro casamento dissolvido por divórcio, à data da declaração de morte presumida – 116.º[1731].

Os bens são entregues aos sucessores do ausente, nos termos dos artigos 101.º e seguintes, acima examinados; não há, porém e agora, lugar a caução, podendo a mesma ser levantada, se tiver sido prestada – 117.º.

Explicita ainda o Supremo que a morte presumida produz efeitos da morte certa a partir do dia do desaparecimento das últimas notícias do

[1729] Nos termos do artigo 1110.º do Código de Processo Civil segue-se, então, o regime da ação de justificação de ausência.

[1730] STJ 7-jun.-2001 (Barata Figueira), Proc. 01B3324, recusou legitimidade à requerente alegadamente convivente em união de facto com o cônjuge da requerida, com o declarado propósito de haver alimentos da respetiva herança.

[1731] Rev 17-abr.-2008 (Acácio Neves), Proc. 2670/7-3.

ausente; porém, o contrato de mandato só caduca quando ela seja conhecida pelo mandatário[1732].

III. Pode acontecer que se prove ter o ausente falecido em data diversa da fixada na sentença de declaração de morte presumida: nessa altura, há que recompor o mapa dos sucessores, cabendo o direito à herança aos que, na data da morte efetiva, lhe deveriam suceder, sem prejuízo das regras da usucapião – 118.º/1. Os sucessores assim designados de novo gozam apenas, em relação aos antigos, dos direitos atribuídos ao ausente, no artigo 118.º/2.

IV. Apesar de a declaração de morte presumida e dos cuidados que a rodeiam, pode sempre suceder que, afinal, o ausente regresse ou que, dele, haja notícias. Nessa altura, o património é-lhe devolvido no estado em que se encontrava, com as seguintes especificações – 119.º/1:

– é devolvido o preço dos bens alienados ou os bens diretamente sub-rogados;
– são devolvidos os bens adquiridos mediante o preço dos alienados, quando no título de aquisição se declare expressamente a proveniência do dinheiro.

Havendo má-fé dos sucessores, o ausente tem o direito de ser indemnizado do prejuízo sofrido – 119.º/2. O n.º 3 desse preceito define a má-fé como o (119.º/3)

> (...) conhecimento de que o ausente sobreviveu à data da morte presumida.

Por razões elementares de harmonia sistemática, deve considerar-se igualmente de má-fé o sucessor que, *com culpa*, não conheça a sobrevivência do ausente[1733].

V. O Código Civil regula, a terminar esta rubrica, os denominados direitos eventuais do ausente, isto é, aqueles que sobrevierem ao ausente depois do desaparecimento sem notícias e que sejam dependentes da con-

[1732] STJ 18-mar.-1986 (Luís Fanqueira), Proc. 073394.
[1733] *Tratado*, I, 4.ª ed., 964 ss.

dição da sua existência: eles passam às pessoas que seriam chamadas à titularidade deles se o ausente fosse falecido – 120.º. Desta feita, não opera a presunção de que o ausente está vivo.

A lei tempera esta regra mandando aplicar o regime da curadoria provisória e da definitiva – 121.º/1. Os que seriam chamados à titularidade dos "direitos eventuais" em causa são havidos, perante eles, como curadores definitivos.

Entendemos que também tem aplicação o artigo 119.º: demonstrando-se a sobrevida do ausente, os "direitos eventuais" revertem para ele, com observância do disposto nesse preceito.

SECÇÃO III

OS MENORES

§ 30.º A SITUAÇÃO DOS MENORES

154. Aspetos gerais e evolução

I. Desde o momento do nascimento, o ser humano inicia um processo de desenvolvimento físico e mental, até atingir um estádio de autossuficiência de princípio. O recém-nascido está totalmente dependente. Ao longo de vários anos, ele irá adquirir a possibilidade de andar, a fala e todo um conjunto de esquemas de higiene e de apresentação. Sofrerá, ainda, um processo de socialização, de modo a integrar-se no grupo em que surgiu, submetendo-se, além disso, a prolongados procedimentos de aprendizagem cultural e profissional. Tudo isto decorre com a maior naturalidade, no seio das famílias. Só por exceção se torna necessária a intervenção do Estado e do Direito.

II. Pelo nascimento, a pessoa adquire uma capacidade de gozo tendencialmente plena – e isso sem prejuízo da acima exposta tutela pré-natal. Não pode, porém, agir pessoal e livremente: trata-se de uma incapacidade de exercício, ditada pela natureza das coisas.

O Direito romano regulava com pormenor a situação jurídica dos menores; desconhecia, em compensação, o conceito geral de incapacidade[1734].

[1734] Recorde-se Alberto Burdese, *Capacità (diritto romano)*, ED VI (1960), 1-3 (1). O grande estudioso do tema, no Direito romano, é Siro Solazzi, a que se devem vários escritos, entre os quais, a título de exemplo, *La minore età nel diritto romano* (1912), 319 pp., *Istituti tutelari* (1929), 290 pp., e a primeira parte do estudo (re)publicado, postu-

A graduação que nos chega das fontes[1735] diz-nos que, até aos 7 anos, tínhamos o *infans*, totalmente incapaz. Após os 7 anos, os *impuberes*, já imputáveis. A *pubertas* verificava-se aos 14 anos para os homens e aos 12, para as mulheres[1736]: conduzia, inicialmente, à capacidade plena.

Os *infantes* e os *impuberes* estavam sujeitos à tutela[1737]. Depois da *pubertas*, o jovem podia dispor da curatela, se a pedisse: isso na Idade Clássica[1738].

A tutela, já referida nas XII Tábuas, começou por ter natureza privada. Assumiria, mais tarde, a feição de um ofício público, fonte de honra para o tutor e de proteção para o pupilo[1739].

A "maioridade" prevista, no Direito romano, para os 14 anos[1740] tornava-se pouco relevante, na prática: o jovem cidadão continuava sujeito ao poder do *pater familias*.

No final do Império, houve que intervir: a maioridade foi fixada aos 25 anos, numa solução que passaria ao Direito comum, assim se mantendo até às codificações.

No período intermédio, os esquemas da maioridade e da tutela perderam clareza, multiplicando-se as regras especiais e as determinações excecionais, com elementos de Direito público[1741]. Todavia, o esquema romano, agora com a elevação da idade da capacidade plena, viria a ser recuperado, aquando da receção do Direito romano[1742].

mamente, com Francesco Sitzia, *Tutela e curatela (diritto romano)*, NssDI XIX (1973), 912-919; chama-se a atenção para as centenas de títulos indicados como bibliografia: ob. cit., 912-915.

[1735] Assim, Kaser, *Das römische Privatrecht* cit., I, 2.ª ed., 275 ss..

[1736] Ocorria, neste ponto, uma querela clássica entre os sabinianos e os proculianos: as duas grandes escolas de Direito que animaram o período clássico; os primeiros faziam depender a *pubertas* de cada caso concreto; os segundos propugnavam a fixação de uma cifra certa e igual para todos. A solução hoje vigente é, como se vê, proculiana.

[1737] Gaius 1, 144 = M. David, 25; *vide* Lucio Bove, *Minore età (diritto romano)*, NssDI X (1964), 759-761 (760/I), Solazzi, *La minore età* cit., 5 ss. e Solazzi/Sitzia, *Tutela e curatela* cit., 915/II.

[1738] Solazzi, *La minore età* cit., 13; estava em causa, no fundamental, a proteção do património.

[1739] Solazzi/Sitzia, *Tutela e curatela* cit., 915/II.

[1740] Fala-se, ainda, em "presunção dos 14 anos": Sebastiano Tafaro, *Pubes et Viripotens nella esperienza giuridica romana* (1988), 133.

[1741] Domenico Maffei, *Capacità (diritto romano)*, ED VI (1960), 3-7.

[1742] Mario E. Viola, *Tutela e curatela (diritto intermedio)*, NssDI XIX (1973), 919-924.

III. Aquando das codificações, a menoridade foi uniformizada, aproximando-se as suas regras da matéria atinente ao poder paternal.

O Código Napoleão, na sua versão original, veio considerar menor toda a pessoa, de um ou de outro sexo, que não tivesse atingido os 21 anos – artigo 388.º. A Assembleia Legislativa hesitou entre os 21 e os 25 anos do Direito comum; optou pela primeira hipótese visando, naturalmente, captar o apoio dos mais jovens[1743]. A menoridade seguia-se, imediatamente, às regras sobre poder paternal[1744] – artigos 371.º a 387.º – e antecedia os temas da tutela e da emancipação – 388.º a 487.º.

O Código alemão, também na sua versão original, veio quebrar este tipo de unidade: incluiu a menoridade no campo da capacidade jurídica – § 104 – enquanto o poder paternal e a tutela deslizaram para o Livro de Direito da família.

Já o Código italiano de 1942 trata, em conjunto, destas rubricas, no livro I relativo às pessoas e à família.

IV. A evolução geral das regras atinentes à menoridade segue alguns parâmetros, detetáveis nos diversos países. A idade da maioridade tem vindo a recuar: dos 25 anos do Direito comum passou-se para os 21 das codificações clássicas[1745], estando hoje generalizados os 18. Trata-se de um movimento destinado a acelerar a integração dos jovens na vida política, procurando captar o seu voto. Tal movimento funciona, no plano civil – pessoal e patrimonial – em sentido contrário ao das realidades: mercê do alongamento dos estudos, a idade da plena autonomia pessoal e patrimonial tende a avançar: não a recuar.

A sujeição ao poder paternal tem vindo a dulcificar-se. Além disso, as leis modernas inclinam-se para aproximar a menoridade e o poder paternal do espírito próprio do Direito da família, em detrimento de uma simples questão de (in)capacidade. Todavia, a instabilidade da família e a mul-

1743 Jean Carbonnier, *Droit civil/Les personnes* cit., 21.ª ed., 197.

1744 O poder paternal incluía a possibilidade de o pai, mediante simples pedido ao juiz, que este devia deferir, poder ordenar a prisão do filho menor de 16 anos até ao máximo de um mês e do maior de 16, até 6 meses – artigos 376.º e 377.º; os motivos de tais medidas não tinham (nem podiam) sequer, ser indicados, embora, na hipótese do maior de 16, o juiz já tivesse uma margem de apreciação.

1745 Também no Direito canónico: cân. 88, § 1; *vide* Antonio Vitale, *Minore età (diritto canonico)*, NssDI X (1964), 763-765.

tiplicação das filiações extramatrimoniais vêm colocar novos desafios à distribuição e à concretização do poder paternal[1746].

155. A experiência portuguesa, até 1966; a alternativa de Gomes da Silva

I. No âmbito das Ordenações[1747], a maioridade alcançava-se aos 25 anos, de acordo com o Direito comum[1748].

Procedia-se, ainda e ao estilo romântico da receção, a uma série de distinções dentro dos menores: púberes e impúberes, consoante houvessem ou não completado os 14 (homens) ou os 12 (mulheres) anos; infantes, até aos 7 anos; dos 7 aos 10 e meio (homens) ou 9 e meio (mulheres), próximos à infância; desses limites e até à puberdade, próximos à puberdade; os púberes até aos 18 anos (homens) ou aos 14 (mulheres) dizem-se na puberdade menos plena; daí em diante, na puberdade plena[1749].

Os menores são assistidos pelo pai ou, na sua falta, por tutor. Não se falava, então, em "incapacidades" as quais, de resto, não eram totais. O menor de 7 anos não podia contratar; a partir daí, porém, poderia fazê-lo, nos contratos que lhe fossem vantajosos[1750].

II. O Código de Seabra, de acordo com as leis do seu tempo, fixou a maioridade aos 21 anos. A matéria vinha integrada no livro das pessoas e era seguida pela filiação e pelo poder paternal.

O projeto primitivo ainda mantinha a maioridade aos 25 anos[1751], num ponto alterado pela comissão revisora. Foram suprimidas as antigas

[1746] Hans-Peter Baume/Peter Heincke, *Gemeinsame elterliche Sorge und Verantwortung für minderjährige Kinder bei Trennung und nach der Scheidung und bei nichtehelichen Lebensgemeinschaften* (s/d, mas 2000).

[1747] P. ex., *Ord. Fil.*, Liv. III, tít. XLI, pr. = ed. Gulbenkian, II/III, 623/I.

[1748] Borges Carneiro, *Direito civil de Portugal* cit., 3, 35. *Vide*, ainda, Sónia Moreira, *A autonomia do menor no exercício dos seus direitos*, SI 2001, 159-194 (162 ss.).

[1749] Borges Carneiro, *Direito civil de Portugal* cit., 3, 39. Coelho da Rocha, *Instituições* cit., § 58 (1.° vol., 33), também refere a matéria embora já a considerasse, então, com pouco alcance prático.

[1750] Corrêa Telles, *Digesto Portuguez* cit., 1, 33 (art. 228).

[1751] José Dias Ferreira, *Código Civil Anotado* cit., 1, 2.ª ed., 88.

subdistinções entre os menores. Todavia, a puberdade, aos 14 e 12 anos para homens e mulheres, ainda se manteve como idade núbil – artigo 1073.º, n.º 4[1752] – tendo para mais em conta o facto de corresponder aos limites canónicos. O Decreto n.º 1, de 25-dez.-1910, elevou aqueles limites para 18 e 16 anos, respetivamente, havendo ainda regras especiais para o Ultramar[1753].

O abaixamento da maioridade para os 21 anos era justificada com a maior maturidade propiciada aos jovens pelas liberdades de reunião, de associação e de imprensa.

O Código de Seabra fixava, no seu artigo 98.º, um princípio de incapacidade dos menores; ressalvava, todavia, os casos expressamente excetuados por lei, designadamente: os atos relativos a "... cousas de arte ou profissão em que seja perito ..." – artigo 299.º, n.º 1 – e a contração de dívidas relativas a bens de que o menor tivesse livre administração – 1536.º, n.º 2 e n.º 3. Atingida a idade núbil, o menor podia casar, com o consentimento dos pais.

Além disso, as antigas diferenciações, dentro da menoridade, reapareciam. Com 14 anos, o menor podia: assistir ao conselho de família, opinando – 212.º; exercer o mandato, salvo o judicial – 1334.º e 1335.º; fazer testamento – 1764.º, n.º 3; servir de testemunha – 2510.º, n.º 3[1754].

III. Na preparação do que seria o Código Civil de 1966, a matéria começou por ser tratada por Manuel Gomes da Silva, no âmbito do Direito da família[1755]. A capacidade dos menores foi, aí, prevista em termos positivos. Os menores, dentro dos limites do dever de obediência e da sua capacidade natural – artigo 5.º, § 2.º:

> (...) gozam de liberdade pessoal e podem, no exercício dos seus direitos civis, agir ou abster-se de agir livremente, contanto que o não façam por meio de atos jurídicos que lhes sejam vedados por lei.

[1752] *Idem* cit., 2, 2.ª ed., 312-313.

[1753] Cunha Gonçalves, *Tratado de Direito Civil* cit., 2, 119.

[1754] Para outros atos ao alcance do menor, cf. Cunha Gonçalves, *Tratado* cit., 2, 120-121. Para uma exposição da matéria à luz do Código de Seabra cumpre referir Manuel Anselmo, *Da capacidade e da responsabilidade civil dos menores*, RDES VIII (1955), 219-240.

[1755] Manuel Duarte Gomes da Silva, *O direito da família no futuro Código Civil*, BMJ 123 (1963), 285-320. O tema surgia, aí, no capítulo relativo à filiação, designadamente em secção intitulada *da condição jurídica dos filhos-famílias*.

Seguia-se uma incapacidade de princípio para atividades jurídicas – artigo 6.° – temperada por latas exceções – artigo 7.° – que previam, designadamente:

– a prática de atos jurídicos próprios da vida corrente dos menores;
– o exercício de profissão autorizada e, depois, a livre prática de todos os atos jurídicos a ela inerentes.

No fundo, pretendia-se substituir uma ideia de incapacidade do menor pela conceção de uma capacidade gradativa, adaptada à sua real condição. Também chamamos a atenção para a evolução linguística propugnada por Gomes da Silva: a substituição de "incapacidade", termo grave e até pejorativo, pela tradicional "condição dos menores".

IV. Na preparação do Código Civil, a matéria foi, todavia, deslocada para o Livro I – a "Parte geral" –, sendo inserida numa rubrica sobre incapacidades", desligada da família e lado a lado com as interdições.

Trata-se de mais um tributo pago pela civilística nacional à existência da "Parte geral": o Direito dos menores, nas cerca de quatro décadas de vigência do Código, não lograria um desenvolvimento mínimo.

156. O Direito dos menores

I. A matéria relativa aos menores não pode, de modo algum, ser reduzida, pelo moderno Direito civil, a um tema de "incapacidades". Os menores constituem uma percentagem significativa[1756] da população dos diversos países: justamente a parcela mais delicada e que maiores cuidados justifica e requer[1757].

[1756] Embora com uma lamentável tendência para a quebra, tendência essa a que não é estranho o desinteresse que o tema tem merecido às sociedades do Ocidente.

[1757] Monika Roell, *Die Geltung der Grundrechte für Minderjährigenrecht* (1984), 15 ss. e Annamaria dell'Antonio, *La partecipazione del minore alla sua tutela/Un diritto miconosciuto* (2001), 1 ss..

Existem múltiplas regras atinentes a menores, dispersas em várias fontes[1758] e, designadamente[1759]:

- a matéria das "incapacidades";
- as regras da filiação, com os direitos e deveres que daí emergem;
- as regras do registo civil atinentes a menores;
- regras de proteção, para a hipótese de não operarem os esquemas de Direito da família;
- Direito da educação[1760];
- regras dispersas que contemplam a situação dos menores.

Toda esta matéria poderia ser sistematizada e ordenada em função de pontos de vista unitários: teríamos, assim, um Direito de menores, ponto de partida para melhoramentos científicos e legislativos.

II. Não é comportável proceder, aqui, a esse tipo de desenvolvimento. Todavia, importa chamar a atenção para alguns aspetos significativos, tanto mais que o Direito português tinha toda uma tradição, nesse domínio[1761].

Na origem temos uma linhagem que remonta às instituições da Igreja e, mais recentemente, à iniciativa de Pina Manique (1733-1805)[1762] e da Casa Pia[1763].

A legislação moderna ocorreu com a República, sendo de enfatizar a Lei de Proteção à Infância, aprovada pelo Decreto de 27-mai.-1911[1764]. Seguiu-se toda uma série de diplomas que culminaria na Organização Tutelar de Menores, aprovada pelo Decreto-Lei n.º 44.288, de 24-abr.-1962, acompanhada pela reforma dos Serviços Tutelares – Decreto-Lei n.º 44.287 – e pelo regulamento da Direção-Geral dos Serviços Tutelares de Menores – Decreto n.º 44.289, ambos, também, de 24-abr.-1962.

1758 Trata-se de uma situação comum a vários ordenamentos; quanto a esse fenómeno e apenas dentro do BGB, Gerhard Köbler, *Das Minderjährigenrecht*, JuS 1979, 789-794 (790/I).

1759 *Vide* a coletânea de Rui Epifânio, *Direito de menores*, 2.ª ed. (2002), 659 pp..

1760 *Vide* a coletânea de Pedro Barbas-Homem, Luís Guimarães de Carvalho e João Anastásio, *Legislação de educação* (2001), 430 pp.

1761 Paulo Cunha, *Teoria geral/Sumários* cit., 42 ss.

1762 António Cristóvão Santos, *Diogo Inácio de Pina Manique*, DHP IV (1979), 153-154.

1763 M. Ângela Montenegro Miguel, *Casa Pia*, DHP I (1979), 513-515.

1764 CLP 1911, 989 ss., antecedida por um esclarecedor relatório – ob. cit., 989-992.

De acordo com a tradição legislativa portuguesa, esta matéria vem sofrendo muitas dezenas de alterações, sucedendo-se as reformas a um ritmo muito superior ao do seu estudo.

III. Em 1978 foi aprovada a Organização Tutelar de Menores (Decreto-Lei n.º 314/78, de 27 de outubro)[1765]. No fundamental, este diploma procurou corresponder à reorganização dos tribunais judiciais levada a cabo pela Lei n.º 82/77, de 6 de dezembro.

Apesar das inúmeras alterações a que foi sujeito, o diploma permaneceu em vigor durante quase 40 anos, tendo sido revogado pela Lei n.º 141/2015, de 8 de setembro, que aprovou o Regime Geral do Processo Tutelar Cível[1766]:

Capítulo I – *Disposições gerais* (1.º a 11.º)
Capítulo II – *Disposições processuais comuns* (12.º a 33.º)
Capítulo III – *Processos especiais* (34.º a 67.º)
Sec. I – Regulação do exercício das responsabilidades parentais e resolução de questões conexas (34.º a 44.º);
Sec. II – Alimentos devidos a criança (45.º a 47.º);
Sec. III – Da efetivação da prestação de alimentos (48.º);
Sec. IV – Entrega judicial da criança (49.º a 51.º);
Sec. V – Inibição e limitações ao exercício das responsabilidades parentais (52.º a 59.º);
Sec. VI – Averiguação oficiosa da maternidade ou da paternidade (60.º a 64.º);
Sec. VII – Processos regulados no Código de Processo Civil (65.º);
Sec. VIII – Apadrinhamento civil (66.º);
Sec. IX – Ação tutelar comum.

IV. No domínio do Direito dos menores, tem ainda especial relevo a Lei n.º 147/99, de 1 de setembro, que aprovou a *Lei de proteção de crianças e jovens em perigo*, alterada pela Lei n.º 142/2015, de 8 de setembro, que a republicou em anexo e pelas Leis n.º 23/2017, de 23 de maio e n.º 26/2018, de 5 de julho.

[1765] Ret. DR I Série, n.º 32, de 7-fev.-1979, 182.

[1766] Alterada pela Lei n.º 24/2017, de 24 de maio, relativa à violência doméstica e que aditou os artigos 24.º-A e 44.º-A.

Trata-se de um diploma complexo e extenso – 126 artigos – cujo conteúdo passamos a sumariar:

Capítulo I – Disposições gerais (1.º a 5.º);
Capítulo II – Intervenção para promoção dos direitos e de proteção da criança e do jovem em perigo;
Secção I – Modalidades de intervenção (6.º a 11.º);
Secção II – Comissões de proteção de crianças e jovens (12.º a 29.º);
Capítulo III – Medidas de promoção dos direitos e de proteção;
Secção I – Das medidas (34.º a 38.º-A);
Secção II – Medidas no meio natural da vida (39.º a 45.º);
Secção III – Medidas de colocação (46.º a 51.º);
Secção IV – Das instituições de acolhimento (52.º a 54.º);
Secção V – Acordo de promoção e proteção e execução das medidas (55.º a 59.º);
Secção VI – Duração, revisão e cessação das medidas (60.º a 63.º).
Capítulo IV – Comunicações (64.º a 71.º);
Capítulo V – Intervenção do Ministério Público (72.º a 76.º);
Capítulo VI – Disposições processuais gerais (77.º a 90.º);
Capítulo VII – Procedimentos de urgência (91.º e 92.º);
Capítulo VIII – Do processo nas comissões de proteção de crianças e jovens (93.º a 99.º);
Capítulo IX – Do processo judicial de promoção e proteção (100.º a 126.º).

Corresponde à tendência moderna para substituir a tutela tradicional por medidas de acompanhamento social. As comissões de proteção são fundamentais; todavia, a composição heterogénea que lhes é conferida pelos artigos 17.º e 20.º, da Lei de Proteção, deixa recear falta de profissionalismo e de experiência, num domínio em que esses fatores são essenciais[1767]. Seguiu-se-lhe a Lei Tutelar Educativa, aprovada pela Lei n.º 166/99, de 14 de setembro, alterada pela Lei n.º 4/2015, de 15 de janeiro, que a republicou em anexo[1768].

[1767] O Decreto-Lei n.º 98/98, de 18 de abril, estabelece, todavia, uma Comissão Nacional de Proteção das Crianças e Jovens em Risco.

[1768] *Vide* Maria João Leote de Carvalho, *A intervenção institucional na área da justiça tutelar de menores em Portugal*, RMP 25, 98 (2004), 37-76.

V. O Direito dos menores, para além dos meandros regulativos acima exemplificados, desenvolve alguns princípios e conceitos próprios úteis, depois, para a interpretação do próprio Código Civil. Assim:

– os tribunais de menores têm por fim a proteção dos menores e a defesa dos seus direitos e interesses: trata-se de uma perspetiva que enforma todos os dispositivos em presença[1769];
– a intervenção para a proteção da criança e do jovem em perigo (4.º da Lei de Proteção) obedece, entre outros, aos princípios do interesse superior da criança, à privacidade, abrangendo a imagem e a intimidade da vida privada, à intervenção precoce e mínima e à proporcionalidade.

Proliferam, no Direito dos menores, as posições funcionais e os poderes-deveres.

VI. Finalmente, o Direito dos menores é coroado por instrumentos internacionais[1770]. Recorde-se a Declaração dos Direitos da Criança, aprovada pela Resolução n.º 1386 (XIV) da Assembleia Geral das Nações Unidas, de 20 de novembro de 1955, que influenciou legislações de vários países.

Em 20 de novembro de 1989, a Assembleia Geral das Nações Unidas aprovou a Convenção sobre os Direitos da Criança, ratificada por Portugal em 12 de setembro de 1990[1771]. Com fins de proteção, o Decreto-Lei n.º 67/2004, de 25 de março, criou um registo nacional de menores estrangeiros que se encontrem em situação irregular no território nacional[1772].

[1769] REv 12-jan.-1985 (Matos Canas), BMJ 443 (1995), 470 (o sumário).

[1770] *Vide* Sónia Moreira, *A autonomia do menor* cit., 170 ss. e Annamaria dell'Antonio, *La partecipazione del minore* cit., 91 ss. e, para cómoda consulta dos textos, Rui Epifâneo, *Direito de menores*, 2.ª ed. cit., 251 ss.

[1771] Resolução n.º 20/90, da AR, DR I Série, n.º 211, de 12-set.-1990, 3738-(2)-3738-(20).

[1772] O competente regulamento foi adotado pela Portaria n.º 995/2004, de 9 de agosto.

157. A condição civil dos menores; o âmbito das "incapacidades"

I. Segundo o artigo 128.º, "... os menores carecem de capacidade para o exercício de direitos". Tratar-se-ia de uma incapacidade geral de exercício, a suprir pelo poder paternal ou pela tutela – 124.º.

Todavia, o espírito do projeto de Manuel Gomes da Silva passaria, em parte, para o Código Civil, de tal modo que a "incapacidade" não é, em rigor, geral. Com efeito, o artigo 127.º, apesar de epigrafado "exceções à incapacidade dos menores", estabelece termos tão amplos que inverte, de certo modo, o dispositivo legal, acabando por admitir uma lata capacidade.

II. Alterando a ordem das alíneas do artigo 127.º/1[1773], verifica-se que o menor pode celebrar[1774]:

- os negócios jurídicos próprios da sua vida corrente, ao alcance da sua capacidade natural e que impliquem despesas ou disposições de bens de pequena importância – 127.º/1, *b*);
- os negócios jurídicos relativos à profissão, arte ou ofício que tenha sido autorizado a exercer e os praticados no exercício dessa profissão, arte ou ofício – 127.º/1, *c*);
- os negócios relativos à administração ou disposição de bens que o menor de dezasseis anos tenha adquirido pelo seu trabalho – 127.º/1, *a*).

[1773] Este preceito apresenta diversas modificações em relação ao anteprojecto Gomes da Silva: todas gizadas no sentido de diminuir a posição dos menores, postergando, para mais, a boa técnica jurídica. Assim, os diversos pontos perderam o alinhamento que tinham inicialmente, por ordem decrescente de importância: é evidente que a prática dos negócios da vida corrente interessa a todos os menores e constitui o aspeto basilar, enquanto os rendimentos do trabalho próprio são marginais. Além disso, tudo foi arquitetado pela negativa, como uma "exceção" a uma regra geral de invalidade, quando opera precisamente o inverso.

[1774] Quanto à posição do menor no Direito comercial, *vide* o nosso *Direito comercial*, 4.ª ed. (2016), 272 ss.; quanto ao Direito bancário, *vide* o nosso *Direito bancário*, 6.ª ed. (2016), 336 ss.. *Vide* ainda, respetivamente, Karsten Schmidt, *Grenzen des Minderjährigenschutzes im Handels- und Gesellschaftsrecht*, JuS 1990, 517-522, retendo o papel do registo comercial e Hans-Peter Scheerer, *Bankgeschäfte der Minderjährigen*, BB 1971, 981-987.

A "pequena importância" deve ser prudentemente ponderada pelo julgador, de acordo com o caso concreto e, particularmente, com a condição económica do menor em jogo[1775].

A celebração de contratos de trabalho por menores está, hoje, muito restringida: ela é possível desde que o menor tenha completado os 16 anos de idade, tenha concluído a escolaridade obrigatória e disponha de capacidades físicas e psíquicas adequadas ao posto de trabalho – artigo 68.º/1 do CT; se tiver menos de 16 anos o trabalho é possível se concluída a escolaridade obrigatória – *idem*, n.º 3, podendo, porém, prestar apenas tarefas leves ou que, pelas condições específicas em que sejam realizadas, "... não sejam suscetíveis de o prejudicar no que respeita à integridade física, segurança e saúde, assiduidade escolar, a sua participação em programas de orientação ou de formação, capacidade para beneficiar da instrução ministrada, ou ainda ao seu desenvolvimento físico, psíquico, moral, intelectual e cultural" – 68.º/3[1776]. As grandes restrições que impendem sobre o trabalho de menores são essenciais para uma sociedade pós-liberal e humanista, mas surgem altamente responsabilizantes, caso não sejam acompanhadas por um sistema educativo capaz: equivalem a condenar os supostos protegidos à ociosidade e à mendicidade.

Em compensação, a grande maioria dos negócios que todos (maiores e menores) celebram são os "próprios da vida corrente" que implicam "despesas ou disposições de bens de pequena importância". A sua acessibilidade aos menores põe, só por si, em crise a ideia da incapacidade geral de exercício.

III. Pergunta-se, pela positiva, quais são as situações perante as quais os menores têm capacidade de exercício[1777]. Para além dos aspetos já referidos e atinentes aos negócios correntes, ao trabalho e ao produto do trabalho, encontramos:

[1775] António Pais de Sousa/Carlos Frias de Oliveira Matias, *Da incapacidade jurídica dos menores, interditos e inabilitados*, 2.ª ed. (1983), 61.

[1776] *Vide*, anteriormente, o 122.º/2 da LCT, com a configuração dada pela Lei n.º 58/99, de 30 de junho.

[1777] Sónia Moreira, *A autonomia do menor* cit., 181 ss. Para aspetos psicológicos e sociológicos, Annamaria dell'Antonio, *La partecipazione del minore* cit., 38 ss.

– capacidade para ser representante, desde que possa entender e querer o negócio concretamente em causa – artigo 263.º[1778];
– capacidade[1779] para efeitos de responsabilidade civil, a partir dos sete anos[1780] – artigo 488.º/2, *a contrario*[1781];
– capacidade para adquirir a posse, desde que tenha o uso da razão ou, mesmo quando a não tenha, no tocante a coisas suscetíveis de ocupação – 1266.º;
– capacidade para adquirir por usucapião, sem limites – 1281.º;
– capacidade para contrair casamento a partir dos dezasseis anos – 1601.º, a), *a contrario*;
– capacidade para perfilhar, a partir dos dezasseis anos – 1850.º/1;
– capacidade para decidir quanto à sua educação religiosa, a partir dos dezasseis anos – 1886.º, *a contrario*;
– capacidade para ser testemunha: desde que tenha aptidão física e mental para tanto, segundo o artigo 495.º/1, do Código de Processo Civil[1782];
– capacidade para aderir a associações juvenis de partidos políticos, a partir dos dezasseis anos – artigo 15.º/2 do Decreto-Lei n.º 595/74, de 7 de novembro, com alterações subsequentes;

[1778] Rolf Ostheim, *Probleme bei Vertretung durch Geschäftsunfähige*, AcP 169 (1969), 193-231.

[1779] Em termos de responsabilidade civil, fala-se em "imputabilidade"; esta traduz, contudo, o relevo de uma atuação pessoal e livre, pelo que pode ser convolada para a "capacidade", em linguagem negocial.

[1780] Trata-se, em rigor, de uma presunção; esta, a ser ilidida, permitiria descobrir situações de capacidade em menores de sete anos.

[1781] A responsabilização de menores pelos danos que provoquem já levantou dúvidas de política legislativa: documentam-se situações nas quais menores provocam danos muito avultados, perguntando-se até onde deveria ir a sua responsabilização por eles. Sobre o tema, Barbara Dauner-Lieb, *Der Entwurf zur Beschränkung der Minderjährigenhaftung – ein Fremdkörper im Haftungssystem des Unternehmensrechts?*, ZIP 1996, 1818-1824, Manfred Löwisch, *Beschränkung der Minderjährigenhaftung und gegenseitiger Vertrag*, NJW 1999, 1002-1003 e Klaus Goecke, *Unbegrenzte Haftung Minderjähriger?*, NJW 1999, 2305-2310; este último Autor – ob. cit., 2310/I – acaba por concluir que apenas com recurso à boa-fé e ao § 242 do BGB seria possível estabelecer limites.

[1782] *Vide*, sobre o tema dos menores como testemunhas, em processo civil, Andreas Findeisen, *Der minderjährige Zeuge im Zivilprozess* (1992) explicando (175) que os menores não têm limitações como testemunhas e Gesine Brunkow, *Der Minderjährige als Beweisperson im Straf- und Sorgerechtsverfahren* (2000).

– capacidade para aderir a associações de menores, com idade inferior a 14 anos, desde que previamente autorizados por quem detenha o poder paternal – artigo 2.º/1, da Lei n.º 124/99, de 30 de agosto;
– capacidade para, tendo completado os 14 anos, aderir a tais associações, constituir novas associações e ser titular dos respetivos órgãos, sem qualquer autorização – *idem*, artigo 2.º/2.

Diversos preceitos prevêem, ainda, a intervenção de menores; como exemplos:

– o maior de catorze anos deve ser ouvido em questões de poder paternal, salvo quando circunstâncias ponderosas o desaconselhem – 1901.º/2; deve, ainda, ser ouvido quanto à nomeação de tutor – 1931.º;
– a intervenção de entidades com competência em matéria de infância e de juventude e de comissões de proteção de crianças e jovens depende da não oposição do visado, desde que tenha idade igual ou superior a doze anos – artigo 10.º da Lei de proteção de crianças e jovens em perigo;
– a criança ou jovem com mais de 12 anos – ou com idade inferior quando a sua capacidade para compreender o sentido da intervenção o aconselhe –, é ouvida quanto às medidas de promoção e de proteção – 84.º/1, da referida Lei.

Além disso, verifica-se que os próprios maiores não têm capacidade para a prática de certos atos: assim, no tocante à adoção, exigem-se vinte e cinco anos de idade (ou mesmo trinta): artigos 1979.º/1 e 1992.º.

Leis especiais colocam outras exigências de idade; por exemplo: 18 anos para a obtenção de licença de uso e porte de arma[1783] e 35 anos para a elegibilidade como Presidente da República[1784].

IV. De facto, não se trata de verdadeiros desvios às regras "gerais" de capacidade. Antes se verifica que o dispositivo dos artigos 122.º e seguintes, aparentemente relativo a incapacidades de âmbito genérico, só tem

[1783] Artigo 18.º/1 da Lei n.º 5/2006, de 23 de fevereiro, para detenção de arma no domicílio.

[1784] Artigo 122.º da Constituição.

aplicação no domínio do Direito das obrigações e, mesmo aí, no campo dos negócios mais significativos[1785].

A matéria das provas – particularmente a prova testemunhal – tem regras próprias; os direitos reais[1786] e o Direito de família têm regimes específicos[1787], o mesmo sucedendo com o testamento[1788] – artigos 2188.º e 2189.º.

Uma regra geral de incapacidade é, ainda, inaplicável ao exercício de muitos outros direitos, com relevo para os direitos de personalidade e os direitos fundamentais[1789]. O menor tem, seguramente, o direito à intimidade da vida privada, pelo menos a partir da adolescência. Além disso, ninguém pode dispor dos seus direitos à vida ou integridade pessoal, invocando representação legal, salvo nos casos em que isso se imponha no interesse estrito do próprio menor – vg., uma intervenção cirúrgica necessária.

Em caso algum convicções religiosas dos pais poderiam facultar ritos mutilantes[1790].

Curiosamente, o início do terceiro milénio vem tornar atuais problemas que pareciam superados. A Ciência do Direito terá de, num futuro próximo, verter, sobre eles, a maior atenção.

V. Resta esclarecer que a existência de regras de capacidade mais exigentes, no domínio do Direito das obrigações, tem justificação material.

1785 *Vide* o nosso *Teoria geral/Relatório* cit., 78-79.

1786 A lei trata expressamente da posse e da usucapião; nenhuma dificuldade existe, todavia, quanto a alargar os inerentes comandos à acessão, à união e confusão, à ocupação, ao achamento e ao tesouro e aos mútiplos meandros possessórios; do mesmo modo, o conteúdo dos direitos reais, salvo a sua alienação é, tendencialmente, acessível a menores.

1787 No Direito de família acontece ainda que os diversos atos devem ser praticados pelo próprio, pessoal e livremente; na hipótese de representação, o representante terá de ser totalmente instruído; as "incapacidades" assumem, assim, a feição de incapacidades de gozo.

1788 Embora, por via do artigo 2189.º, *a*), se dê uma aproximação ao regime da Parte geral.

1789 Monika Roell, *Die Geltung der Grundrechte für Minderjährige* (1984); esta Autora (24 e 66) explica que a posição dominante vai no sentido de que o exercício dos direitos fundamentais só é possível com a maioridade; logo aponta, porém, exceções, com exemplo na liberdade religiosa (25). Todavia, parece-nos que é possível superar várias destas posições, como se explica no texto.

1790 Lorenzo Scillitani, *Mutilazioni e cultura: aspetti antropologici*, em *Il corpo deformato*, org. Francesco d'Agostino (2002), 149-162.

A capacidade para entender e querer e, daí, para praticar atos de tipo imediato ou cujo alcance não levante dúvidas no futuro não é precisamente a mesma que se exige para a assunção de obrigações. Estas últimas vão traçar os limites da ação futura, obrigando a um planeamento. Para serem devidamente assumidas, requerem experiência, amadurecimento e um mínimo de estabilidade[1791].

[1791] Baptista Machado, *"Venire contra factum proprium" e tutela da confiança*, n.º 3, RLJ 117 (1985), 266/I.

§ 31.º A PROTEÇÃO DOS MENORES

158. As responsabilidades parentais

I. Segundo o artigo 124.º, a incapacidade dos menores é suprida pelo poder paternal e, subsidiariamente, pela tutela. Trata-se de dois institutos próprios do Direito da família, de cujos princípios e teleologia comungam. A sua inclusão, ainda que simplificada, na Parte geral deve, por isso, ser feita com cautelas.

II. O "poder paternal" corresponde, na realidade, a um conjunto multifacetado de direitos e poderes funcionais[1792], todos a exercer no interesse dos filhos e que engloba – artigo 1878.º/1:

- velar pela sua segurança;
- velar pela sua saúde;
- prover ao seu sustento;
- dirigir a sua educação;
- exercer a sua representação;
- administrar os seus bens.

A reforma introduzida pela Lei n.º 61/2008, de 31 de outubro, substituiu, na epígrafe da secção II, do capítulo II, do título III, do livro IV, do Código Civil, "poder paternal" por "responsabilidades parentais", alterando, nesse mesmo sentido, os artigos 1877.º e seguintes. Como não se tocou nem no artigo 124.º nem nos artigos 1921.º e seguintes, poder paternal mantém-se correto, não deixando de o ser por pertencer também à mãe ou, até, apenas a ela. Este tipo de remodelação linguística, conquanto que bem intencionado, não é própria do Direito civil. Acresce que "parental" não é bom português: o conjunto pai/mãe diz-se pais e não "parentes":

[1792] Pais de Sousa/Oliveira Matias, *Da incapacidade jurídica* cit., 2.ª ed., 118 ss..

puro galicismo. Preferível será a expressão "poder familiar", do Código brasileiro (artigos 1630.° e seguintes).

III. Quanto ao "poder de representação" – artigo 1881.°/1 – ele compreende o "... exercício de todos os direitos e o cumprimento de todas as obrigações[1793] do filho, excetuados ...":

– os atos puramente pessoais, com relevo para os de natureza familiar;
– os que o menor possa praticar pessoal e livremente, como sejam os das "exceções" do artigo 127.° e toda a restante massa de atos que escape ao Direito contratual;
– os que se reportem a bens cuja administração não caiba aos pais.

De facto, o grosso da representação legal tem a ver com a administração dos bens dos filhos. Além disso, ela inclui-se na lógica global do poder paternal, como um todo.

IV. Na constância do casamento, o poder paternal ("exercício das responsabilidades parentais") pertence a ambos os pais – 1901.°/1. Se um dos pais praticar um ato que integre o exercício desse poder, presume-se que age com o acordo do outro, salvo se a lei exigir o consentimento de ambos ou se se tratar de um ato de especial importância – 1902.°/1. Estando um dos pais impedido, o exercício cabe unicamente ao outro progenitor – 1903.° – o mesmo se observando na hipótese de viuvez – 1904.°.

Nos casos de divórcio, separação judicial de pessoas e bens, declaração de nulidade ou anulação de casamento, o poder paternal é regulado por acordo dos progenitores, a homologar pelo tribunal, em função dos interesses do menor; não havendo acordo, o tribunal decide, em função dos mesmos interesses – 1905.°. Quando o filho seja confiado a uma terceira entidade[1794], cabem a esta os poderes e deveres dos pais que forem exigi-

[1793] A fórmula legal deve ser alargada: a representação legal permite contratar em nome e por conta dos filhos, o que não se coaduna com o exercício de um direito *proprio sensu* nem com o cumprimento de uma obrigação.

[1794] Os tribunais bastam-se com situações de facto, não fazendo depender a aplicação deste regime de uma decisão judicial ou negócio jurídico: RCb 21-mai.-2014 (José Eduardo Martins), Proc. 1707/10.

dos pelo adequado desempenho das suas funções – 1907.º/1[1795]. Outros aspetos são tratados nos artigos 1908.º e seguintes havendo, sobre o tema, vasta casuística[1796]. A regulação do poder paternal deve ser feita tendo em conta os interesses do menor[1797].

V. O poder paternal pode ser inibido ou limitado, nos termos dos artigos 1913.º e seguintes.

A inibição opera de pleno direito – portanto: automaticamente – nas hipóteses do artigo 1913.º/1: condenação por crime a que a lei atribua esse efeito e interdição ou inabilitação por anomalia psíquica[1798]. Além disso, ela pode ocorrer por ação específica a tanto destinada, quando os pais infrinjam culposamente os deveres para com os filhos, com grave prejuízo para estes – 1915.º/1[1799].

As decisões relativas ao poder paternal estão sujeitas a registo obrigatório, devendo ser oficiosamente comunicadas à repartição do registo civil competente – 1920.º-B.

Cumpre, ainda, anotar o Regulamento (CE) n.º 2201/20003, do Conselho, de 27 de novembro de 2003, relativo à competência, ao reconhecimento e à execução de decisões em matéria matrimonial e de regulação do poder paternal, em relação a filhos comuns do casal.

VI. A adoção, criando vínculos semelhantes aos da filiação, dá azo, igualmente, a poder paternal. Os mecanismos em presença funcionam sempre – e só – em benefício do menor[1800]. Todos estes institutos obedecem

1795 O processo relativo à regulação do poder paternal consta dos artigos 34.º e seguintes do Regime Geral do Processo Tutela Cível.

1796 P. ex.: RPt 16-set.-2004 (Teles de Menezes), CJ XXIX (2004) 4, 165-166: a deslocação para Portugal de menores contra a vontade da mãe e contra o acordado por ambos os pais é ilícita.

1797 RLx 9-dez.-2004 (Aguiar Pereira), CJ XXIX (2004) 5, 108-110.

1798 Neste caso apenas se a sentença o especificar, nos termos do artigo 153.º/1; pode haver pessoas inabilitadas por alguma anomalia psíquica e que, todavia, sejam excelentes pais.

1799 Segue-se o processo especial regulado nos artigos 52.º e seguintes do Regime Geral do Processo Tutela Cível.

1800 Assim: STJ 2-abr.-2005 (Pinto Monteiro), CJ/Supremo XIII (2005) 2, 25-28 e RLx 14-abr.-2005 (Manuel Gonçalves), CJ XXX (2005) 2, 102-106, quanto à confiança judicial de menor, *vide* Maria Clara Sottomayor, *Adopção ou o direito ao afecto*, SI LIV, n.º 301 (2005), 115-137.

a princípios comuns, os quais se articulam ganhando especial consistência dogmática.

159. A tutela

I. A tutela é subsidiária, em relação ao poder paternal – 124.°. Segundo o artigo 1921.°/1, o menor está obrigatoriamente sujeito a tutela[1801]:
– se os pais houverem falecido;
– se estiverem inibidos do poder paternal quanto à regência da pessoa do filho;
– se estiverem há mais de 6 meses impedidos de facto de exercer o poder paternal;
– se forem incógnitos.

Como meio destinado a suprir o poder paternal, a lei prevê ainda o regime de administração de bens, quando os pais estejam excluídos de o fazer ou quando a entidade que designar tutor indique outra pessoa para o fazer – 1922.°.

II. A tutela pode ser oficiosamente promovida – 1923.°: sempre no interesse do menor.

Ela é exercida pelo tutor e pelo conselho de família – 1924.°/1. O tutor será designado pelos pais ou pelo tribunal de menores – 1927.°. Pelos pais, para o caso de virem a falecer ou de se tornarem incapazes – 1928.°/1; pelo tribunal, nos restantes casos – 1931.°/1. Posto isso, prevê a lei:

– inibições: pessoas que não podem ser nomeadas tutoras, segundo a lista do artigo 1933.°/1;
– escusas: pessoas que podem escusar-se da tutela – 1934.°/1.

O tutor tem os direitos e as obrigações dos pais, com determinadas modificações e restrições – 1935.°/1; deve exercer o encargo com a diligência do bom pai de família.

[1801] Quanto à tutela, neste âmbito, Pais de Sousa/Oliveira Matias, *Da incapacidade jurídica* cit., 2.ª ed., 152 ss.

III. A lei regula, depois, diversos aspetos patrimoniais atinentes à atuação do tutor. Assim:

- o tutor só pode usar os rendimentos dos bens do filho no sustento e educação deste e na administração dos seus bens – 1936.º;
- são-lhe proibidos atos gravosos para o menor, elencados no artigo 1937.º, sob pena de nulidade – 1939.º; outros ficam dependentes de autorização do MP – 1938.º – sob as cominações do artigo 1940.º e salvo confirmação pelo MP – 1941.º visto o disposto no artigo 2.º/1, *b*) e *d*), do Decreto-Lei n.º 272/2001, de 13 de outubro;
- é-lhe atribuível uma remuneração que não exceda a décima parte dos rendimentos dos bens do menor – 1942.º;
- o tutor é obrigado a relacionar os bens do menor – 1943.º – e a prestar contas – 1944.º[1802]; ele pode ainda ser responsabilizado – 1945.º – tendo direito a certas indemnizações – 1946.º.

IV. Pode ser removido da tutela o tutor que falte ao cumprimento dos deveres próprios do cargo ou que revele inaptidão para o seu exercício – 1948.º, *a*) – bem como o que, supervenientemente, incorra numa das causas de inibição – *idem*, *b*). Pode, ainda, pedir a exoneração, nas hipóteses do artigo 1950.º.

V. Além do tutor, prevê a lei o conselho de família – 1951.º: um órgão composto pelo agente do Ministério Público, que preside e por dois vogais, escolhidos nos termos do artigo 1952.º.

O conselho de família tem funções de vigilância sobre o modo por que são exercidas as funções do tutor, além das que a lei lhe atribua – 1954.º. Permanentemente, a fiscalização é feita por um dos vogais do conselho de família: o protutor – 1955.º. A este cabem ainda outras funções, especificadas no artigo 1956.º: de cooperação e de administração, de substituição e de representação.

A convocação e o funcionamento do conselho de família constam dos artigos 1955.º e seguintes, sendo ainda de observar o disposto nos artigos 1017.º e seguintes, do Código de Processo Civil.

[1802] A aprovação destas não impede o pupilo de, nos dois anos subsequentes à maioridade ou à emancipação, contestar as contas em causa – 1947.º.

VI. A tutela termina por alguma das causas enunciadas no artigo 1961.º: maioridade, salvo o artigo 131.º, emancipação, salvo o artigo 1649.º, adoção, termo da inibição do poder paternal, cessação de impedimento dos pais ou estabelecimento de maternidade ou de paternidade.

Finalmente: não havendo condições para exercer a tutela, o menor é confiado à assistência pública, sendo as funções de tutor exercidas pelo diretor do estabelecimento público ou particular onde tenha tido lugar o internamento; não há, então, lugar ao conselho de família, nem é nomeado protutor – 1962.º.

VII. A tutela de menores pode colocar problemas de Direito internacional privado. Portugal é membro da *Convenção para Regular a Tutela de Menores*, assinada na Haia, em 12 de junho de 1902[1803].

160. **Os atos dos menores**

I. Os atos jurídicos praticados pelos menores[1804] são anuláveis[1805]. Os artigos 125.º e 126.º estabelecem um regime especial de anulabilidade: donde a necessidade de ressalvar, logo no artigo 125.º/1, o dispositivo do artigo 287.º/2, que permite invocar a anulabilidade a todo o tempo, enquanto o negócio não estiver cumprido.

A anulabilidade em causa é estabelecida no interesse do menor[1806]. Por isso, ela só pode ser invocada pelo próprio menor ou pelo representante – cf. o artigo 287.º/1: nunca pela contraparte.

Assim, a anulabilidade pode ser alegada pelo progenitor que exerça o poder paternal, pelo tutor ou pelo administrador de bens, nas seguintes circunstâncias – 125.º/1, *a*):

[1803] *Vide* o texto da Convenção em António Marques dos Santos, *Direito internacional privado/Colectânea de textos legislativos de fonte interna e internacional*, 2.ª ed. (2000), 1053-1055.

[1804] E não, naturalmente, os praticados pelo pai em seu nome: RLx 10-mai.-1974 (s. ind. relator), BMJ 237 (1974), 295.

[1805] RPt 22-nov.-1984 (Simões Ventura), BMJ 341 (1984), 474.

[1806] Raúl Guichard Alves, *Observações a respeito da incapacidade de exercício dos menores e sua justificação*, RDE 15 (1989), 359-365 (361 ss.), acentua a necessidade de ponderar também os interesses dos outros intervenientes.

– dentro do prazo de um ano a contar do conhecimento que o requerente haja tido do negócio;
– nunca depois de o menor atingir a maioridade ou ser emancipado, altura, naturalmente, em que ao próprio caberá agir, salvo se estiver pendente ação de interdição.

II. A anulabilidade pode, ainda, ser invocada pelo próprio menor, no prazo de um ano a contar da maioridade ou da emancipação – 125.º/1, *b*). Pode, também, sê-lo por qualquer herdeiro do menor, no prazo de um ano a contar da morte deste, desde que ocorrida antes de expirado o prazo para o próprio menor a poder invocar – 125.º/1, *c*).

O menor não pode, porém, invocar a anulabilidade quando tenha usado de dolo para se fazer passar por maior ou emancipado – 126.º. O dolo aqui referido corresponde a "... qualquer sugestão ou artifício que alguém empregue com a intenção ou consciência de induzir ou manter em erro o autor da declaração" – 253.º/1. Exige-se, naturalmente, que tais "sugestão ou artifício" sejam eficazes e, em abstrato, idóneas para produzir o engano quanto à idade do menor. Na prática, deverá tratar-se de falsificação de um documento de onde conste a idade: qualquer pessoa que contrate com um jovem terá, como precaução mínima, a de lhe pedir o bilhete de identidade. O artigo 126.º corresponde a um afloramento da regra expressa pela locução *tu quoque*[1807].

O artigo 125.º/1, *c*), permite, como vimos, aos herdeiros do menor invocar, em certos prazos, a anulabilidade. Pensamos que não poderão fazê-lo quando o próprio menor esteja incurso no artigo 126.º: dolo quanto à idade ou emancipação. Na verdade, não podem os sucessores receber algo que nunca tivesse pertencido ao *de cuius*.

Já nenhuma razão existe para que o representante legal do menor doloso não possa invocar a anulabilidade, nos prazos que lhe competem: estamos fora do *tu quoque*.

III. A anulabilidade em causa é sanável, nos termos gerais, mediante confirmação – 288.º/1. O artigo 125.º/2 procede à adaptação da regra:

[1807] *Tratado*, V, 3.ª ed., 365 ss.

– a confirmação pode ser feita pelo menor, depois de atingir a maioridade ou ser emancipado[1808];
– pode, ainda, ser levada a cabo pelo seu representante legal que tivesse podido praticar o próprio ato em jogo.

IV. A solução da (mera) anulabilidade dos atos dos menores, vício que, além disso, apenas o próprio menor ou o seu representante podem invocar, traduz uma solução sábia, já patente no artigo 99.º do Código de Seabra[1809]. Evitam-se, assim, discussões surgidas nos ordenamentos que se refugiam na nulidade de tais atos[1810].

No fundo os atos praticados pelos menores tendem para a validade. Apenas, em virtude da preocupação que o Direito, como produto das sociedades humanas, revela pelos jovens, se permite um esquema de certa "impunidade": se o negócio se revelar desfavorável, o menor (ou o seu representante) pode alijá-lo. Quem contrate com um menor assume, pois, o risco do negócio.

161. A maioridade e a emancipação

I. A denominada "incapacidade" dos menores cessa quando atinjam a maioridade ou sejam emancipados, salvas as restrições da lei.

A maioridade atinge-se aos 18 anos – artigos 122.º e 130.º.

[1808] RLx 24-out.-1978 (Santos Silveira), CJ III (1978) 4, 1361-1364 (1363/I) e STJ 19-jun.-1979 (Hernâni de Lencastre), BMJ 288 (1979), 364-368 (366).

[1809] Que dispunha:

> Os contratos celebrados illegitimamente pelos menores não podem, todavia, ser impugnados pelos outros estipulantes, com o fundamento da incapacidade do menor.

Tratava-se de uma "nulidade relativa", segundo a linguagem da época. *Vide* Dias Ferreira, *Codigo Civil Annotado* cit., 1, 2.ª ed., 90. Num aforismo que traduz a ideia de que quem contrata com um menor fica obrigado, não sendo o inverso verdadeiro: *qui cum his contrahunt, obligantur: ac invicem pupilli non obligantur*.

[1810] Claus-Wilhelm Canaris, *Verstösse gegen das Verfassungsrechtliche Übermassverbot im Recht der Geschäftsfähigkeit und im Schadensersatzrecht*, JZ 1987, 993-1004, com resposta de Eberhard Wieser, *Verstösst § 105 BGB gegen das verfassungsrechtliche Übermassverbot?*, JZ 1988, 493-494 e réplica de Canaris, *Zur Problematik von Privatrecht und Verfassungsrechtlichen Übermassverbot*, JZ 1988, 494-499.

Na contagem do prazo há que seguir as regras do artigo 279.º, *b*) e *c*)[1811]: não se conta o dia em que ocorreu o evento a partir do qual o prazo começa a correr; além disso, o prazo fixado em anos termina às 24 horas do dia que corresponda, dentro do último ano, a essa data.

Assim, o cidadão nascido no dia 28-mai.-1985 atingiu a maioridade às 24 horas do dia 28-mai.-2003 ou, se se preferir: às 0 horas do dia 29-mai.-2003.

A versão inicial do artigo 122.º do Código Civil fixava os 21 anos. A reforma do Decreto-Lei n.º 496/77, de 25 de novembro, reportou a maioridade aos 18 anos: trata-se da tendência, acima referida[1812], de antecipar a maioridade e que, justamente nos anos de 1974 e 1975, foi acolhida nos diversos países europeus[1813], solução que pesou no legislador de 1977, em conjunto com elementos constitucionais[1814]. O abaixamento da idade da maioridade é considerado regra de aplicação imediata[1815].

Estando pendente, contra o menor, ação de interdição ou de inabilitação, o poder paternal ou a tutela mantêm-se até ao trânsito em julgado da sentença – artigo 131.º.

1811 *Tratado*, V, 3.ª ed, 161 ss.; quanto à sua aplicação à maioridade, Pires de Lima/ /Antunes Varela, *Código Civil Anotado* cit., 1, 4.ª ed., 256.

1812 *Supra*, 471. A alteração da maioridade para os 18 anos foi precedida por um estudo de política legislativa, coordenado por Rui de Alarcão. *Vide* Rui de Alarcão, *Maioridade e emancipação na revisão do Código Civil*, RFD LII (1976), 363-369 e os anexos de José Carlos Brandão Proença, *A maioridade e a emancipação*, *idem*, 371-382 e de J. Sousa Ribeiro, *A maioridade e a emancipação nos países socialistas*, *idem*, 383-388.

1813 França: Lei n.º 631, de 5-jul.-1974; Alemanha: Lei de 31-jul.-1974; Itália: Lei n.º 39, de 8-mar.-1975; quanto à discussão sobre o tema, em termos emblemáticos, *vide* Günther Beitzke, *Mündigkeit und Minderjährigenschutz*, AcP 172 (1972), 240-265 e Dieter Schwab, artigo com o mesmo título, *idem*, 266-290.

1814 *Vide* o n.º 6 do preâmbulo do Decreto-Lei n.º 496/77, de 25 de novembro.

1815 STJ (P), Assento n.º 4/80, 8-jul.-1980 (Octávio Dias Garcia), DR I Série n.º 244, de 21-out.-1980, 3535-3536 (3536I/) = BMJ 299 (1980), 116-119 (119), lavrou assento assim concebido:

> O artigo 130.º do Código Civil, na sua atual redação, é aplicável aos processos pendentes em 1 de abril de 1978 quanto às ações de regulação do poder paternal a que alude a alínea *d*) do artigo 146.º do Decreto-Lei n.º 314/78, de 27 de outubro.

Na mesma linha *vide* PGR (José Branquinho), BMJ 299 (1980), 101-105 (105).

II. A incapacidade do menor cessa, também, pela emancipação. A pessoa emancipada conserva-se menor: "menor emancipado", conquanto que, em princípio, com capacidade de exercício de direitos.

A matéria da emancipação tinha importância prática no domínio da versão original do Código Civil. Tratava-se de um ato a praticar pelo pai, pela mãe ou pelo conselho de família, que requeria o consentimento do menor e só possível depois de este ter cumprido os 18 anos – artigos 132.º, *b*) e *c*) e 134.º, versões originais. Havia, ainda, emancipação pelo casamento e por decisão do tribunal de menores – 132.º, *a*) e *d*); cf. o artigo 135.º, quanto a esta última.

A emancipação podia ser plena, quando habilitasse o menor à prática da generalidade dos atos ou restrita, quando se reportasse, apenas, a certos atos ou categorias de atos – 136.º, versão original.

A emancipação por concessão ou por decisão do tribunal de menores podia ser revogada "... se o emancipado vier a mostrar inaptidão para reger a sua pessoa ou administrar os seus bens" – artigo 137.º/1, versão original.

Ao baixar a maioridade para os 18 anos, a reforma de 1977 tirou significado à emancipação. Esta apenas se manteve naquela margem estreita em que era possível com idades inferiores a 18 anos: com o casamento – artigo 132.º, versão vigente. A idade núbil é fixada em 16 anos, pelo artigo 1601.º, *a*).

III. O casamento de menores requer a autorização dos pais que exerçam o poder paternal ou do tutor – 1612.º/1 – podendo a falta de autorização ser suprida pelo conservador do registo civil, perante razões ponderosas – *idem*, n.º 2. Casando, dá-se a emancipação *ex* artigo 132.º.

Se, porém, o menor casar sem autorização ou sem o seu suprimento, o casamento é válido: simplesmente – artigo 1649.º/1:

> (...) continua a ser considerado menor quanto à administração de bens que leve para o casal ou que posteriormente lhe advenham por título gratuito até à maioridade (...)

Este dispositivo é ressalvado pelo artigo 133.º, que atribui ao menor emancipado "plena capacidade de exercício de direitos".

SECÇÃO IV

OS MAIORES COM NECESSIDADES ESPECIAIS; DIREITO COMPARADO

§ 32.º NECESSIDADES ESPECIAIS: NOTA HISTÓRICO-COMPARATÍSTICA

162. *Venia debilium*

I. A defesa dos filhos corresponde a um instinto próprio dos mamíferos e de outros animais, incluindo as aves e alguns répteis. Mas a cultura humana vai mais longe: desde as comunidades pré-históricas, documenta-se a sobrevivência de grandes deficientes, numa ocorrência só possível através da assistência dispensada pela tribo ou pelo clã.

Com o desenvolvimento do Direito e da sua Ciência, houve que enquadrar juridicamente as deficiências. Elas colocavam implicações mais complexas – porquanto não apenas práticas – quando a deficiência atingisse o cérebro do visado ou os seus meios de comunicação com o exterior: deficientes mentais, cegos e surdos-mudos. O Direito, desde o início, previu esquemas destinados a proteger os deficientes e a suprir as suas necessidades. Podemos falar num princípio de tutela dos débeis ou *venia debilium*, fortemente ancorado no coração do Direito civil[1816].

II. A proteção de deficientes, particularmente cegos, surdos-mudos e paralíticos, está documentada na Antiguidade bíblica. Nos terceiro e quinto livros de Moisés figuram, por exemplo e respetivamente, as seguintes regras:

[1816] *Vide*, com especial insistência nos cegos e nos surdos-mudos: Axel Küster, *Blinde und Taubstumme im römischen Recht* (1991), 66 ss.

Não amaldiçoarás o surdo, nem porás tropeço diante do cego (...)[1817]

e

Maldito o que faz um cego errar no caminho (...)[1818].

Também os Evangelhos referem diversas curas que traduzem o apreço de Jesus Cristo por deficientes, particularmente surdos-mudos e cegos[1819]: uma situação então mais aflitiva do que nos nossos dias.

O Direito romano dava, ao tema, uma importância superior à do Direito atual. Tinha sensibilidades: os cegos eram aproximados das pessoas ditas normais, mais do que os surdos-mudos: as dificuldades de comunicação surgiam, na altura, como limitativas em maior grau[1820].

Segundo os *Digesta*, em texto atribuído a Gaio[1821],

Mutum nihil pertinere ad obligationem verborum natura manifestum est. Sed de surdo idem dicitur[1822].

Aos surdos-mudos era ainda vedado testar. Todavia, não surgia nenhum princípio que excluísse, em absoluto, a capacidade dessas pessoas[1823].

No decurso da História, à medida que se tornou possível a comunicação com surdos-mudos, foi desaparecendo qualquer resquício de incapacidade[1824].

III. As deficiências mentais colocaram problemas mais acentuados. O Direito romano – ao contrário de outras tradições que viam, num doente mental, fenómenos de possessão, a resolver por coordenadas religiosas – desde cedo procurou lidar com o problema.

[1817] *Levítico*, 19, 14.

[1818] *Deuteronómio*, 27, 18.

[1819] P. ex., S. Marcos, 7, 31-37 (cura de surdo-mudo), 8, 22-26 (cura de cego), 10, 46-52 (*idem*).

[1820] Axel Küster, *Blinde und Taubstumme* cit., 30 ss.

[1821] D. 44.7.1.14/15 = 16.ª ed. Paul Kruger (1954), 764/II.

[1822] Em língua portuguesa: *Pela natureza, é manifesto que não compete ao mudo a conclusão de uma obrigação verbal. O mesmo se diga do surdo.*

[1823] Axel Küster, *Blinde und Taubstumme* cit., 33 ss. (51).

[1824] *Vide* o artigo 66.º do Código do Notariado.

Distinguiam-se, nos textos romanos, o *furiosus*, o *insanus*, o *demens* e o *mente captus*, consoante o tipo de deficiência. O *furiosus* ou louco furioso, pela espetacularidade da deficiência, era paradigmático[1825].

A Tábua 5.7a já determinava a colocação do *furiosus* sob a *potestas*[1826]: tipo de poder paternal mais amplo, como modo de suprir a incapacidade.

A ideia de uma incapacidade ampla de *furiosus* surge em Gaio[1827]:

> *Furiosus nullum negotium gerere potest, quia non intellegit quid agit*[1828].

IV. No período clássico, o problema podia ser resolvido através da designação, pelo pretor, de um tutor ou de um curador[1829]. A distinção entre o *tutor* e o *curator* assentaria no seguinte: o *tutor* tem um papel mais alargado, incluindo no campo pessoal, podendo também contemplar o *infans*; a tutela poderia ser testamentária, legítima ou dativa, consoante o modo de designação do tutor; pelo contrário a *cura* visava um conjunto de situações para efeitos de proteção patrimonial, sendo de designação pretoriana: uma instituição vocacionada para o *furiosus*[1830].

1825 Ulrich Manthe, *Bemerkungen zur "cura furiosi"*, TS LVII (1989), 157-167 – trata-se de uma recensão a Diliberto, abaixo citado e Carlo Lanza, *Ricerche su "furiosus" in diritto romano* (1990), 105 ss.

1826 Literalmente e em trecho de tradução precisa discutida: *Si furiosus escit, adgnatum gentiliumque in eo pecuniaque eius potestas esto*; *vide* Carlo Lanza, *Ricerche su "furiosus"* cit., 5, bem como Dieter Flach/Andreas Flach, *Das Zwölftafelgesetz/Leges XII Tabularum*, ed. bilingue latim/alemão (2004), 86-87.

1827 Gaio, *Institutiones*, 3.106 = ed. bilingue Ulrich Manthe, *Gaius Institutiones/ /Herausgegeben, übersetzt und kommentiert* (2004), 262.

1828 Portanto: *O* furiosus *não pode produzir nenhum negócio por não entender o que faz*.

1829 Ulpianus D. 26.5.8.3. = Paul Kruger, 16.ª ed. cit., 375/II: *Furioso et furiosae et muto et surdo tutor vel curator a praetore vel praeside dari potest* [Um tutor ou um curador podem ser dados pelo pretor ao *furiosus* ou à *furiosa*, ao mudo e ao surdo].

1830 Siro Solazzi/Francesca Sitzia, *Tutela e curatela (diritto romano)*, NssDI XIX (1973), 912-919, 915/I e 918/I; *vide* Oliviero Diliberto, *Studi sulle origini della 'cura furiosi'* (1984), 138 pp. e Max Kaser, *Das römische Privatrecht*, I – *Das altrömische, das vorklassische und klassische Recht*, 2.ª ed. (1971), § 21 (85 ss.), quanto ao tutor e § 90 (369), quanto à *cura*.

Na evolução subsequente, tutela e curatela foram, muitas vezes, confundidas[1831], até novas destrinças feitas pelo Direito atual.

As coordenadas romanas, ao longo das sucessivas receções, acabariam por reaparecer nas configurações atuais destes institutos[1832].

163. O Direito francês

I. O Código Civil francês de 1804 ou Código Napoleão comportava, no Livro I (Das Pessoas), um título XI epigrafado *Da maioridade, da interdição e do conselho judiciário* (artigos 489.° a 515.°). Vamos recordar o teor dos artigos 489.°, 491.° e 493.°[1833]:

489.° O maior que esteja num estado habitual de imbecilidade, de demência ou de furor, deve ser interdito, mesmo quando esse estado apresente intervalos lúcidos.

491.° No caso de furor, se a interdição não for provocada nem pelo esposo nem pelos pais, ela deve sê-lo pelo procurador imperial que, nos casos de imbecilidade e de demência, pode também promovê-la contra um indivíduo que não tenha nem esposo, nem esposa nem pais conhecidos.

493.° Os factos de imbecilidade, de demência ou de furor serão articulados por escrito. Aqueles que prosseguirem a interdição apresentarão as testemunhas e as peças.

Segundo o esquema original do Código Napoleão, o procedimento a seguir era o seguinte:

[1831] Helmut Coing, *Europäisches Privatrecht*, I – *Älteres Gemeines Recht* cit., 255 ss. (256).

[1832] A literatura ao longo da História, sobre estes temas, e particularmente a tutela, é infindável; como referência ilustrativa *vide* Adolf August Friedrich Rudorff, *Das Recht der Vormundschaft/aus den gemeinen in Deutschland geltenden Rechten entwickelt*, em 3 volumes (1832, 1833 e 1834, respetivamente), num total superior a 1200 pp.

[1833] Na ed. *fac simile*: *Code civil des français* (1804), 120-121; *vide* na ed. *Les cinq codes, napoléon, de procédure civile, de commerce, d'instruction criminelle, et pénal* (1811), 57 e, em Joseph-André Rogron, *Code Civil expliqué* (1845), art. 489-512 (134-139).

– formava-se o conselho de família, segundo o esquema previsto para os menores, o qual dava o seu parecer sobre o estado da pessoa cuja interdição fosse pedida (494.º); quem tivesse requerido a interdição não podia fazer parte do conselho de família, exceto o esposo ou esposa e os filhos, que nele poderiam ser admitidos sem voto (495.º);
– recebido o parecer do conselho de família, o tribunal devia interrogar o visado, se necessário em casa deste (496.º); após esse primeiro interrogatório, o tribunal podia designar, se fosse o caso, um administrador provisório, para tomar conta da pessoa e dos bens do visado (497.º);
– a audiência sobre a interdição era pública (498.º).

II. A medida da interdição surgia radical: o interdito era equiparado ao menor (509.º). A situação cessava com as causas que lhe tivessem dado azo, com observância das formalidades requeridas para a interdição (512.º). No caso de rejeição do pedido de interdição, o Tribunal poderia, todavia (499.º):

> (...) se as circunstâncias o exigirem, determinar que o visado não mais possa pleitear, transigir, pedir emprestado, receber um capital mobiliário, dar quitação dele, alienar ou onerar os seus bens com hipotecas, sem a assistência de um conselho que lhe será nomeado nessa mesma decisão.

O artigo 503.º admitia que os atos anteriores à pronúncia da interdição pudessem ser anulados, se a causa de interdição existisse notoriamente na época em que eles tivessem sido praticados.

O marido seria, de pleno direito, o tutor da mulher interdita (506.º). A mulher poderia ser nomeada tutora do seu marido, ainda que cabendo ao conselho de família regular a forma e as condições da sua administração, com recurso para os tribunais (507.º). Salvo os esposos, os ascendentes e os descendentes, ninguém é obrigado a conservar a tutela do interdito por mais de dez anos (508.º). Transcrevemos o artigo 510.º:

> Os rendimentos de um interdito devem ser essencialmente usados para dulcificar o seu destino e a acelerar a sua cura. De acordo com as características da sua doença e o estado da sua fortuna, o conselho de família poderá decidir que ele seja tratado no seu domicílio ou que ele seja colocado numa casa de saúde ou, mesmo, num hospício.

O conselho judiciário era um esquema previsto para os pródigos. Segundo o artigo 513.º, poderiam ser proibidos aos pródigos diversos atos, sem a assistência desse conselho, que lhes era nomeado pelo tribunal.

O esquema inicial do Código Napoleão afigura-se, hoje, muito brusco. Todavia, ele foi comentado ao longo de mais de cento e cinquenta anos[1834], dando conta de si. Se bem se atentar, ele tomava cautelas para defesa do visado, procurando pô-lo ao abrigo de eventuais manobras de familiares interessados[1835]. A administração dos bens do interdito estava, em primeira linha, ao serviço do próprio interdito.

III. Uma Lei de 30 de junho de 1838 – a Lei Esquirol, de 30 de junho de 1838 – veio dispor sobre o regime de internamento dos alienados. Ela visava proteger a pessoa do doente e, de certa forma, a sua liberdade pessoal. Acrescentava, ainda, disposições sobre a proteção dos seus bens. Discutida[1836], esta lei manteve-se até 1968.

Apenas uma Lei de 3 de janeiro de 1968 veio substituir o esquema inicial do Código Napoleão. Estabeleceu um esquema de tutela, em substituição da interdição, uma curatela que tem algo do conselho judiciário e um Código de Saúde Pública, que comporta regras sobre o internamento[1837]. A doutrina especializada explica, não obstante, a presença de conceções novas. Desde logo, a administração provisória tinha vindo, na prática, a substituir a interdição formal. A tutela formal da lei nova, com o conselho de família, não teria mais aplicação do que a pretérita interdição. De facto, a dissolução física e moral das famílias acabou por concentrar na tutela do

[1834] Como exemplos "antigos": Claude-Étienne Delvincourt, *Cours de Code Civil* I (1824), 134-138; Alexandre Duranton, *Cours de Droit civil suivant le Code français* 2, 4.ª ed. (1841), 225-246; Marcel Planiol, *Traité Élémentaire de Droit civil* 1, 3.ª ed. (1904), n. 2038-2146 (643-673).

[1835] Quanto à evolução do tema sob o *Code Civil* e o ALR prussiano: Gertrud Weinriefer, *Die Entmündigung wegen Geisteskrankheit und Geistesschwäche* (1987), 20 ss..

[1836] Marie-Pierre Champenois-Marmier/Jean Sansot, *Droit, folie et liberté/La protection de la personne des malades mentaux (Loi du 30 juin 1838)* (1983), 323 pp..

[1837] Com elementos: Henri Mazeaud/Léon Mazeaud/Jean Mazeaud/François Chabas, *Leçons de Droit Civil*, I/§ 2, *Les personnes*, 8.ª ed. por Florence Laroche-Gisserot (1997), 268 ss.; Jean Carbonnier, *Droit civil/Les personnes*, ed. quadrige (2004), n.º 334 (651 ss.).

Estado o acudir aos doentes mentais. Fala-se num "poder dos psiquiatras", que suplantou o dos juízes.

O regime de 1968 procurava estabelecer um equilíbrio entre o médico psiquiatra e o juiz: o concurso de ambos era necessário para a adoção de medidas. Subjacentes estariam as seguintes finalidades, por ordem de prevalência: (1) a proteção do visado; (2) a tutela do seu património; (3) a defesa da família, seja protegendo-a do próprio doente, seja permitindo a integração deste.

IV. O tema das antigas interdições foi reformado pela Lei n.º 2007-308, de 5 de março de 2007, em vigor desde o dia 1 de janeiro de 2009[1838]. O título XI do Livro I do Código Napoleão tem, hoje, a designação *Da maioridade e dos maiores protegidos pela lei*. O seu capítulo II comporta as *medidas de proteção jurídica dos maiores* (425.º a 495.º). Surge, depois, um título XII, relativo à gestão do património dos menores e dos maiores sob tutela (496.º a 515.º).

Quanto à proteção jurídica, a ordenação é a seguinte:

Secção I – Disposições gerais (425.º a 427.º);
Secção II – Disposições comuns às medidas judiciárias (428.º a 432.º);
Secção III – Da salvaguarda em justiça (433.º a 439.º);
Secção IV – Da curatela e da tutela (440.º a 476.º):
  Subsecção 1 – Da duração da medida (441.º a 443.º);
  Subsecção 2 – Da publicidade da medida (444.º e 445.º);
  Subsecção 3 – Dos órgãos de proteção (446.º a 457.º):
    § 1.º – Do curador e do tutor (447.º a 453.º;
    § 2.º – Do sub-rogado curador e do sub-rogado tutor (454.º);
    § 3.º – Do curador *ad hoc* e do tutor *ad hoc* (455.º a 457.º);
  Subsecção 4 – Dos efeitos da curatela e da tutela quanto à proteção da pessoa (457.º-1 a 463.º);
  Subsecção 5 – Da regularidade dos atos (464.º a 466.º);
  Subsecção 6 – Dos atos feitos na curatela (467.º a 472.º);
  Subsecção 7 – Dos atos feitos na tutela (473.º a 476.º);
Secção V – Do mandato de proteção futura (477.º a 494.º):
  Subsecção 1 – Disposições comuns (477.º a 488.º);
  Subsecção 2 – Do mandato por notário (489.º a 491.º);

[1838] Usamos o *Code Civil annoté*, org. Pascal Ancel e outros, da Dalloz, 116.ª ed. (2017), 646 ss., com numerosas indicações.

Subsecção 3 – Do mandato sob assinatura privada (492.º a 494.º):
Secção VI – Da habilitação familiar[1839] (494.º-1 a 494.º-12).

O título XI do livro I do Código comporta, ainda, um capítulo III sobre a medida de acompanhamento judiciário (artigos 495.º a 495.º-9). Esta medida pode ser decidida pelo juiz quando, não tendo sido determinadas medidas de proteção, se verifique a necessidade de "restabelecer" o interessado na gestão dos seus recursos.

V. A lei francesa surge muito minuciosa e regulamentar, particularmente no confronto com a alemã. Vamos, apenas, dar conta de alguns pontos mais significativos. Na base, temos o dispositivo do artigo 425.º:

> Toda a pessoa na impossibilidade de prover sozinha aos seus interesses, em razão de uma alteração, medicamente constatada, seja das suas faculdades mentais, seja das suas faculdades físicas de natureza a impedir a expressão da sua vontade pode beneficiar de uma medida de proteção jurídica prevista neste capítulo.

O artigo 428.º fixa os princípios da necessidade, da subsidiariedade e da proporcionalidade. Vamos retê-lo:

> A medida de proteção não pode ser determinada pelo juiz a não ser no caso de necessidade e quando não se possa providenciar aos interesses da pessoa pela aplicação das regras de Direito comum de representação, das relativas aos direitos e deveres respetivos dos esposos e das regras dos regimes matrimoniais (...) por outra medida de proteção judiciária menos constringente ou pelo mandato de proteção futura concluído pelo interessado.
>
> A medida é proporcionada e individualizada em função do grau da alteração das faculdades pessoais do interessado.

VI. De entre as demais regras, salientamos:

– o pedido é acompanhado por um certificado circunstanciado redigido por um médico constante de uma lista fixada pelo Procurador da República (431.º):

[1839] Matéria aditada pelo artigo 10.º da Ordenança n.º 2015-1288, de 15 de outubro de 2015, em vigor no dia 1 de janeiro de 2016.

– o juiz ouve a pessoa requerida, o que pode ser dispensado em certos casos, no interesse do visado (432.º);
– a salvaguarda em justiça é decidida quando, por alguma das causas previstas no artigo 425.º, o interessado careça de uma proteção temporária (433.º);
– a duração da medida não pode exceder cinco anos ou, em casos devidamente motivados, os dez (441.º); a medida pode ser renovada (442.º);
– as decisões, neste âmbito, só são oponíveis a terceiros dois meses após a sua aportação ao registo civil (444.º).

A salvaguarda em justiça, a curatela e a tutela surgem em obras de Direito civil dedicadas às pessoas[1840], por vezes logo associadas à família[1841]. Como se sabe, a sistemática francesa é diversa da alemã. Mau grado a maior proximidade linguística e a recente aproximação ditada pela reforma das obrigações de 2016, o Direito civil francês mantém-se, em geral, mais distante do lusófono do que o alemão. A experiência francesa não deve, todavia, ser menosprezada.

164. O Direito alemão

I. O Direito alemão tem profundas raízes romanísticas. Essa vertente mais se acentuou ao longo do século XIX: na ausência de um Código Civil, havia que aplicar o *Corpus Iuris Civilis*, dando corpo ao "Direito romano atual".

A matéria, sob a pandectística daí resultante, era, em geral, tratada a propósito da tutela. Thibaut (1772-1840) usava mesmo o plural (*Ueber Vormundschaften*), de modo a alcançar as diversas hipóteses[1842]. Savigny (1779-1861) optava, todavia, por falar na *Interdiction*, segundo o ale-

[1840] François Terré/Dominique Fenouillet, *Droit civil/Les personnes/Personalité – – Incapacité – Protection*, 8.ª ed. (2012), X + 934 pp. (627-902).

[1841] Patrick Courbe/Fabienne Jault-Seseke, *Droit civil/Les personnes, la famille, les incapacités*, 9.ª ed. (2015), 302 pp. (256-290).

[1842] Anton Friederich Justus Thibaut, *System des Pandekten-Rechts* 1, 5.ª ed. (1818), § 498 (369 ss.).

mão da época[1843]. Os grandes estudiosos na matéria foram Adolf Rudorff (1803-1873)[1844] e Wilhelm Kraut (1800-1873)[1845].

O relevo público atribuído a essa matéria levou a que diversas leis de polícia obrigassem, quando necessário, à designação judicial de tutores[1846]. Os autores referem a tutela dos doentes de espírito[1847], introduzindo, em certos casos, diversas precisões[1848].

II. O BGB, na redação original, previa o instituto da interdição ou *Entmündigung*[1849]. A matéria surgia logo no primeiro título do livro I desse Código, relativo às "pessoas naturais". O § 1 fixava o início da "capacidade jurídica" (com o nascimento completo); o § 2, referia o início da maioridade[1850]; os §§ 3 a 5, hoje revogados[1851], ocupavam-se da emancipação. Nessa sequência, surgia o § 6, assim redigido[1852]:

[1843] Friedrich Carl von Savigny, *System des heutigen römischen Rechts* 3 (1840), § 112, C (87-89).

[1844] Adolf August Friedrich Rudorff, *Das Recht der Vormundschaft aus den gemeinen in Deutschland geltenden Rechten entwickelt* 1 (1832), § 16 (118 ss.).

[1845] Wilhelm Theodor Kraut, *Die Vormundschaft nach den Grundsätzen des deutschen Rechtes* (1835), três volumes, especialmente 2 (1847), § 60 (191 ss.)

[1846] Heinrich Dernburg, *Pandekten* 3 (1887), § 40 (76)

[1847] Assim, Otto Wendt, *Lehrbuch der Pandekten* (1888), § 313 (790) e Julius Baron, *Pandekten*, 9.ª ed. (1896), § 370 (650).

[1848] Ferdinand Regelsberger, *Pandekten* 1 (1893), § 64 (259-260); Bernhard Windscheid/Theodor Kipp, *Lehrbuch des Pandenktenrechts*, 9.ª ed. (1906), § 71,5 (1, 329--333).

[1849] Na raiz do termo temos *der Mund* (a boca); *Münding* significava maior e *Mündigkeit*, maioridade; *entmündingen* será "tirar a maioridade" ou, tecnicamente, colocar sob tutela. *Entmündigung*, à letra, equivaleria, assim, ao ato e ao efeito de retirar a maioridade.

[1850] Inicialmente, aos 21 anos; uma Lei de 31-jul.-1974 veio fixar os 18 anos para a maioridade.

[1851] Precisamente pela referida Lei de 31-jul.-1974.

[1852] *Vide*, nos códigos anotados "antigos": B. Wolf, *Das Bürgerliche Gesetzbuch/ /Hand-Kommentar* (1908), § 6 (1-2); Paul Oertmann, *Bürgerliches Gesetzbuch/Allgemeiner Teil*, 3.ª ed. (1927), § 6 (16-28).

Entre a literatura da época, referimos: Georg Eiβer, *Die Entmündingungsgründe nach deutschem Recht*, AcP 146 (1941), 219-299 e o incontornável Ludwig Enneccerus/ /Hans Carl Nipperdey, *Allgemeiner Teil des Bürgerlichen Rechts/Ein Lehrbuch*, 15.ª ed. (1959), §§ 92 e 93 (529-537).

I. Pode ser interdito:

1. Aquele que, em consequência de uma doença mental ou de uma fraqueza de espírito não possa providenciar para os seus assuntos;
2. Aquele que, por prodigalidade (*Verschwendung*) se coloque, a si ou à sua família, em perigo de necessidade;
3. Aquele que, em consequência de alcoolismo não possa providenciar para os seus assuntos ou que se coloque, a si ou à sua família, em perigo de necessidade ou ponha em risco a segurança dos outros.

II. A interdição deve ser retirada quando cesse o fundamento para ela.

No § 6, I, 3, a Lei de 31 de julho de 1974 acrescentou, depois de "alcoolismo", "dependência de drogas" ou "tóxicodependente" (*Rauschgiftsucht*)[1853].

O Código de Processo Civil alemão (*Zivilprozessordnung* ou ZPO) regulava o processo de interdição nos seus §§ 645 a 686[1854]. Hoje, a matéria consta da Lei sobre o Processo em Matéria de Família e em Assuntos de Jurisdição Voluntária, de 2008 (Famfg)[1855].

III. O sistema do BGB poderia, em rigor, ser adaptado às novas necessidades. E isso não obstante ele ter sido pensado para uma sociedade em industrialização, ainda com muitos traços rurais, conhecida pelos seus redatores, no último quartel do século XIX. Todavia, a pressão das realidades com relevo para as alterações demográficas[1856] e o envelhecimento da população[1857], o incremento do Estado Social de Direito e uma memória histórica negativa, ditada pelo (mau) uso dado, pelo nacional-socialismo,

[1853] Helmut Heinrichs, no *Palandt Kommentar zum BGB*, 42.ª ed. (1983),§ 6, Nr. 4 (10).

[1854] Friedrich Stein/Martin Jonas, *Die Zivilprozessordnung für das Deutsche Reich* 2, 12.ª/13.ª ed. (1926), §§ 645-686 (306-349). Na literatura processual antiga: Adolf Friedländer, *Das Entmündigungsverfahren*, AcP 86 (1896), 437-476.

[1855] Foi especialmente confrontado o comentário org. por Dirk Bahrenfuss, *Gesetz über das Verfahren in Familiensachen und in den Anlegenheiten der freiwilligen Gerichtsbarkeit*, 3.ª ed. (2017), XLVII + 3045 pp.; *vide*, aí, Dagmar Brosey, §§ 271-311 (1925-2055); *vide*, ainda, Tobias Fröschle (org.), *Betreuungs- und Unterbringungsverfahren*, 3.ª ed. (2014), XXVIII + 847 pp..

[1856] Marjkus Ruyh, *Die Rechtsgeschäftslehre im demographischen Wandel*, AcP 208 (2008), 451-489.

[1857] Andreas Spickhoff, *Autonomie und Heteronomie im Alter*, AcP 208 (2008), 345-415.

à *Entmündigung*, impuseram uma reforma mais vincada. Essa reforma foi levada a cabo pela Lei de 12 de setembro de 1990[1858], conhecida como *Betreuungsgesetz* (sigla: BtG), entrada em vigor no dia 1 de janeiro de 1992[1859].

A Lei de 1990/1992 foi cuidadosamente preparada[1860]. Surgiu um primeiro projeto parcial, posto à discussão em novembro de 1987 pelo Ministério da Justiça alemão[1861], sobre os regimes material e processual civil. Seguiu-se, em maio de 1988, um segundo projeto, sobre matéria organizatória e financeira[1862]. Em novembro de 1988, surge o projeto global[1863], discutido no Conselho Federal, que formulou questões, respondidas pelo Governo, que apresentou um projeto formal de lei, em 11 de maio de 1989. O *Bundestag* aprovou a Lei em 25 de Abril de 1990 e o *Bundesrat*

[1858] BGBl 1990, I 2002, denominando-se, mais precisamente, *Gesetz zur Reform des Rechts der Vormundschaft und Pflegschaft für Volljährige* [Lei para a Reforma do Direito da tutela e da curatela para maiores]. O *Betreuungsgesetz* [à letra: Lei do acompanhamento] foi várias vezes alterado, como abaixo será referido; usamos a versão atualizada incluída na publicação da Beck, *Betreuungsrecht*, 13.ª ed. (2016), XXII + 147 pp., com introdução de Lutz Budde, bem como a publicação da Walhalle, *Das gesammte Betreuungsrecht* (2016), 691 pp..

[1859] Dieter Schwab, *Das neue Betreuungsrecht/Berich über die verabschiedete Fassung des Betreuungsgesetzes (BtG)*, FamRZ 1990, 681-693; *idem*, *Probleme des materiellen Betreuungsrechts*, FamRZ 1992, 493-507; Jochen Taupitz, *Von der entrechtenden Bevormundung zur hellfenden Betreuung: das neue Betreuungesetz*, JuS 1992, 9-13 (9/II).

[1860] Quanto à preparação em causa: Werner Bienwald, no *Staudingers Kommentar zum BGB* IV, §§ 1896-1921 (*Rechtliche Betreuung und Pflegschaft*) (2006), 1072 pp., Vorbem zu §§ 1896 ff., Nr. 34 ss. (24 ss.); Dieter Schwab, no *Münchener Kommentar zum BGB* 8, 6.ª ed. (2012), Prenot §§ 1896/1908 i., Nr. 1 (1735) e 9, 7.ª ed. (2017), Vor § 1896, Nr. 1 (1963).

O *Staudingers Kommentar*, com anotações ao presente tema que ultrapassam as 1000 páginas densas, pode ser tomado como referência, em conjunto com as obras específicas assinaladas abaixo. Pela atualização, cabe sublinhar, entre os comentários: Andreas Bauer, no Hanns Prütting/Gerhard Wegen/Gerd Weinreich, *BGB/Kommentar*, 13.ª ed. (2018), § 1896 (2643-2649); Isabell Götz, no Palandt/BGB, 78.ª ed. (2019), § 1896 (2290-2296); Dieter Schwab, no já citado e incontornável *Münchener Kommentar* 9, 7.ª ed. (2017), §§ 1896 ss. (1960 ss.).

[1861] *Diskussions-Teilentwurf* I.

[1862] *Diskussions-Teilentwurf* II; *vide* Werner Bienwald, *Zum "Diskussions-Teilentwurf eines Gesetzes über die Betreuung Volljähriger*, FamRZ 1988, 902-909 e 1012-1017.

[1863] *Gesetzentwurf der Bundesregierung*, de 11-mai.-1989, confrontável na Net.

em 1 de junho de 1990. Houve um máximo de cautelas para uma reforma cuidadosa e consensual.

A reforma de 1990/1992 teve um âmbito alargado[1864]. Ela modificou cerca de 300 parágrafos, distribuídos por mais de 50 leis e diplomas legislativos. Todavia, o ponto alto residiu nas alterações ao BGB e à Lei de Processo da Família[1865], na versão então existente[1866]. Decisivo como motor de reforma foi o inquérito psiquiátrico publicado em 1975, que recomendou, com urgência, uma reforma ao Direito das interdições e da tutela. O próprio Ministério da Justiça qualificou, na altura, o novo regime do acompanhamento como a "reforma do século".

Em síntese, podemos apontar como objetivos da reforma[1867]:

(1) realização e consideração do direito de autodeterminação do visado;
(2) acompanhamento personalizado em vez de administração anónima;
(3) integração das pessoas deficientes físicas ou mentais na sociedade;
(4) limitação da assistência estadual ao cuidado requerido no caso concreto;
(5) princípio da prevalência da assistência privada relativamente à pública;
(6) reforço da assistência pessoal através de regras sobre tratamentos curatórios, de alojamentos, de medidas similares a alojamento e habitacionais.

1864 Quanto à evolução: Torsten Schmidt, *Die Entmündigung von der Anfängen des BGB bis zu ihrer Ablösung durch das Institut der Betreuung* (1998), 31 ss.; Helge Oberloskamp (org.), *Vormundschaft, Pflegschaft und Beistandschaft für Minderjährige*, 2.ª ed. (1998), 1 ss..

1865 Mais precisamente, o já referido *Gesetz über das Verfahren in Familiensachen und in den Angelegenheiten der freiwilligen Gerichtsbarkeit* [Lei sobre o processo em questões de família e em causas de jurisdição voluntária], conhecida por *Familien Freiwilliger Gerichtsbarkeit* ou FamFG.

1866 *Vide infra*, quanto à versão em vigor.

1867 Sybille M. Meier/Horst Deinert, *Handbuch Betreuungsrecht*, 2.ª ed. (2016), XXVIII + 480 pp., 1 e *passim*; *vide*, também, a introd. de Lutz Budde a *Betreuungsrecht* cit., 13.ª ed., VII ss..

Os aspetos processuais foram alinhados por estas proposições.

IV. O *Betreuungsgesetz* foi alterado por quatro vezes: por Leis de 1998, de 2005, de 2009 e de 2011. Em síntese, a Lei de 1998, em vigor desde 1 de janeiro de 1999, veio[1868]:

(1) melhorar a proteção do visado quanto à emissão de uma procuração de assistência, reforçando este instituto como alternativa à *Betreuung*;
(2) acentuar o princípio da representação do visado nos domínios da autorização judicial para alienações;
(3) dar primazia ao acompanhamento gratuito (por honra, *ehrenamtliche*) perante o profissional;
(4) explicitar os preceitos relativos à retribuição;
(5) assegurar a participação do visado nos custos do acompanhamento, no caso de falta de meios através das possibilidades de regresso das caixas estaduais;
(6) estabelecer o recurso ao direito a alimentos sobre os membros da família para o pagamento dos custos do acompanhamento.

A segunda Lei de alteração do BtG, em vigor após o dia 1 de julho de 2005, veio reforçar a "procuração para assistência". Entre outros aspetos, cometeu aos departamentos de acompanhamento tarefas de aconselhamento quanto às procurações assistenciais, podendo ainda autenticá-las, sem custos. Além disso, foram aprovadas regras processuais, sempre sob o ponto de vista da facilitação.

A terceira Lei de alteração do BtG, de 17 de dezembro de 2008, em vigor após o dia 1 de setembro de 2009, veio introduzir no BGB os §§ relativos à disposição do paciente (§§ 1901a e seguintes). Além disso, essa lei adotou uma reforma alargada no campo processual: aprovou a Lei sobre o processo em questões de família e em causas de jurisdição voluntária – a FamFG, já referida. Sobressaem os §§ 271 a 311, sobre o acompanhamento de maior. Uma especial relevância assumem os §§ 276 (curador processual). 278 (audição do visado), 279 (audição de outros implicados) e 280 (obtenção de um parecer). Adiante veremos o sentido destes preceitos.

[1868] Recorremos, tal como a propósito das duas alterações subsequentes, a Sybille M. Meier/Horst Deinert, *Handbuch Betreuungsrecht* cit., 2.ª ed., 2-9. *Vide*, ainda e com alguns elementos, Frauke Wedemann, *Die Rechtsfolgen der Geschäftsunfähigkeit*, AcP 209 (2009), 668-705.

V. Uma Lei de Alteração do Direito da Tutela foi adotada em 29 de junho de 2011, para entrar em vigor no mês seguinte. Na origem estiveram alguns escândalos relativos à tutela e vindos a público, com relevo para o caso Kevin, em Bremen.

O jovem Kevin nasceu em janeiro de 2004, filho de toxicodependentes. Prematuro, teve de, com a mãe, fazer uma cura de desintoxicação. Em agosto de 2004, surgiram evidências de maus-tratos, em casa. Com dez meses, foi internado, com falta de peso e diversas fraturas. Todavia, foi restituído aos pais. Novos indícios de maus-tratos foram ignorados. A polícia alarmou os serviços competentes que, em julho de 2005, disseram não detetar anomalias. Em agosto de 2005, a mãe teve de fazer nova cura de desintoxicação, desta feita também com o pai. A criança foi acolhida. Mas em 12-nov.-2005, morre a mãe, subitamente. O Tribunal de Menores de Bremen assumiu a tutela sobre Kevin. Mas perante prognoses favoráveis dos serviços sociais, foi entregue ao pai, apesar de este ter cadastro por maus-tratos e prosseguir um tratamento com metadona. A clínica elaborou novo relatório, circunstanciado, sobre os maus-tratos de novo infligidos à criança; mas os serviços sociais mantiveram que tudo estava *in Ordnung*. O assunto foi discutido, tendo uma "minoria" prevenido haver perigo para o jovem. A partir de julho de 2006, a criança não mais foi vista. Todavia, apenas em setembro se tomou a decisão de retirar a criança ao pai. O Tribunal (só) tomou medidas em 10-out.-2006; forçando a entrada na residência, descobriu-se o cadáver de Kevin no frigorífico, com sinais de graves maus-tratos. Seguiram-se processos contra o pai e contra os responsáveis dos serviços sociais competentes: mau grado a abundância de indícios, nada fizeram.

Casos semelhantes têm ocorrido noutras paragens e mesmo entre nós.

Para prevenir situações deste tipo, o § 1793 do BGB recebeu nova redação: o tutor deve ter contactos pessoais com o pupilo e, pelo menos, uma vez por mês[1869].

Assinale-se, por fim, uma Lei de 5 de dezembro de 2012, em vigor no dia 1 de janeiro de 2013, que alterou algumas regras da ZPO. Em especial estiveram em causa normas sobre a representação processual e sobre os meios jurídicos.

[1869] Isabell Götz, no Palandt cit., 78.ª ed., § 1793 (2229-2231).

VI. Na sequência das alterações adotadas, o "acompanhamento" (*rechtliche Betreuung*), introduzido pela reforma de 1990/1992, para substituir a anterior interdição, veio assumir a feição resultante dos §§ 1896 a 1908i do BGB. Vamos dar uma ideia do seu teor:

§ 1896 – pressupostos: o tribunal nomeia um *Betreuer* quando um maior, por doença psíquica e física não possa providenciar, total ou parcialmente, quanto aos seus assuntos; a nomeação pode operar a pedido do visado ou oficiosamente, sendo que, no caso de deficiência física, apenas estatui a pedido do visado; não pode haver nomeações contra a vontade do visado, fixando-se ainda outras regras limitativas.

§ 1897 – nomeação de uma pessoa singular; o tribunal designa pessoas singulares como *Betreuer*; podem ser indicados *Betreuer* que pertençam a uma associação de acompanhantes, com a concordância destes; não pode ser designada uma pessoa que, numa residência, num asilo ou similares desempenhe funções que coloquem o visado sob a sua dependência.

§ 1898 – Dever de aceitação do designado.

§ 1899 – Vários *Betreuer*;

§ 1900 – Acompanhamento através de associações ou de departamentos oficiais.

§ 1901 – Âmbito do acompanhamento, deveres do acompanhante.

§ 1901a – Disposições do paciente.

§ 1901b – Contacto para a determinação da vontade do paciente.

§ 1901c – Desejos escritos sobre acompanhamento e procuração de assistência.

§ 1902 – Representação do acompanhado.

§ 1903 – Reserva de consentimento.

§ 1904 – Autorização do tribunal para medidas médicas.

§ 1905 – Esterilização.

§ 1906 – Autorização do tribunal para o internamento do acompanhado.

§ 1907 – Autorização do tribunal para a cessação da locação habitacional.

§ 1908 – Autorização do tribunal para alienações.

§ 1908a – Designação de acompanhante para menores.

§ 1908b – Exoneração do *Betreuer*.

§ 1908c – Nomeação de um novo *Betreuer*.

§ 1908d – Cessação ou modificação da *Betreuung* e reserva de consentimento.

§ 1908e – [revogado]

§ 1908f – Reconhecimento como associação de acompanhamento (*Betreuungsverein*).

§ 1908g – Departamentos de acompanhamento.

§ 1908h – [revogado]

§ 1908i – Regras aplicáveis.

O regime é completado pelos §§ 1773 a 1895 sobre a tutela (*Vormundschaft*), cujos preceitos devem estar presentes. Muito relevante é, ainda, o FamFG, já mencionado.

VII. A temática da *Entmündigung* ou interdição constava, inicialmente e como vimos, do § 6 do BGB: no Livro I – Parte geral, Título I – Pessoas singulares. Consequentemente, vamos encontrar o seu tratamento nas obras relativas à Parte geral anteriores a 1990[1870]. A partir da reforma de 1990/1992, a *Entmündigung* foi substituída pela *Betreuung*, colocada no Livro IV – Direito da família, numa secção 3, epigrafada tutela, acompanhamento e curatela (*Pflegschaft*)[1871]. O acompanhamento ou *Betreuung* apresenta-se, na secção 3 em causa, como título 2 (§§ 1896-1908i), com o conteúdo acima indicado. A partir daí, para além de breves referências nas obras relativas à parte geral[1872], a *Betreuung* surge tratada nas obras de Direito da família[1873].

Temos, no plano científico e da divulgação, monografias[1874] e manuais[1875] especializados, bem como comentários aos §§ do BGB ati-

[1870] Com exemplo emblemático no já citado Tratado de Enneccerus/Nipperdey, *Allgemeiner Teil*, 15.ª ed., §§ 92-93 (529-537).

[1871] Esta última destina-se a complementar o poder paternal ou a tutela, quando elas se mostrem insuficientes; p. ex., nos casos em que haja um património complexo para gerir.

[1872] Manfred Wolf/Jörg Neuner, *Allgemeiner Teil des Bürgerlichen Rechts*, 11.ª ed. (2016), § 34, IV, Nr. 68-70 (400-401); Dieter Medicus/Jens Petersen, *Allgemeiner Teil des BGB*, 11.ª ed. (2016), Nr. 548-550 (243).

[1873] Como exemplos: Joachim Gernhuber/Dagmar Coester-Waltjen, *Familienrecht*, 6.ª ed. (2010), LXVI + 1057 pp, § 76 (979-1004) e Nina Dethloff, *Familienrecht*, 31.ª ed. (2015), XXI + 570 pp, § 17 (513-531).

[1874] P. ex., de Gabriele Müller, *Betreuung und Geschäftsfähigkeit* (1998), XXX + + 260 pp.; tem ainda um especial interesse de ordem geral a obra de Roman Lehner, *Zivilrechtlicher Diskriminierungsschutz und Grundrecht* (2013), XXIV + 451 pp..

[1875] Assim: Jürgen Seichter, *Einführung in das Betreuungsrecht*, 4.ª ed. (2010), XVIII + + 309 pp.; Karl-Dieter Pardy/Peter Kieß, *Betreuungs- und Unterbringungsrecht*, 5.ª ed. (2014), 242 pp.; Gabriele Müller/Thomas Renner, *Betreuungsrecht und Vorsorgeverfügungen in der Praxis*, 4.ª ed. (2015), XXXIV + 387 pp.; Andreas Jürgens, *Betreuungsrecht Kompakt: systematische Darstellung des Betreuungsrechts* (2016), XXII + 271 pp.; Sybille M. Meier/ /Horst Deinert, *Handbuch Betreuungsrecht*, 2.ª ed. (2016), XXVIII + 480 pp..

nentes à *Betreuung*[1876] e aos preceitos processuais a ela relativos[1877]. De acordo com a ética universitária, neste ponto como em todos os outros, apenas se referem obras efetivamente compulsadas; muitas outras foram vistas e estão disponíveis, particularmente em várias revistas especializadas[1878]. A experiência alemã é emblemática. A sua divulgação fora já iniciada, entre nós, por Geraldo Rocha Ribeiro[1879]. No seu conjunto, devemos sublinhar a precisão, a minúcia e o pioneirismo, quanto à consagração, no terreno, dos grandes princípios[1880]. A temática da *Betreuung* não dá, por si, azo a grandes questões de construção dogmática. Estas estão enquadradas nos institutos civis. Temos, sim, um problema de articulação que concilie a flexibilidade, a tutela dos direitos e a previsibilidade das soluções.

165. O Direito brasileiro

I. O Direito brasileiro adotou, no domínio das "incapacidades dos maiores", uma ordenação similar à do atual Direito alemão: elas surgem no Direito da família, na sequência da tutela.

[1876] Quanto a comentários especificamente dirigidos aos §§ sobre a *Betreuung*: Werner Bienwald, *Betreuungsrecht: Kommentar* (2011), XXVIII + 1523 pp.; Andreas Jurgeleit (org.), *Betreuungsrecht/Handkommentar* (2013), 1182 pp.; Georg Dodegge/ /Andreas Roth, *Systematischer Praxiskommentar Betreuungsrecht*, 4.ª ed. (2014), LIX + + 852 pp.; além disso, a matéria é largamente tratada nos comentários gerais ao BGB, com relevo para os dois mais significativos, extensos e atualizados, já referidos: Werner Bienwald, no *Staudingers Kommentar zum BGB*, 4 – *Familienrecht*, §§ 1896-1921 (*Rechtliche Betreuung und Pflegschaft*) (2006), 1-867; Dieter Schwab, no *Münchener Kommentar zum BGB*, 9 (*Familienrecht* II), 7.ª ed. (2017), §§ 1589-1921, §§ 1896-1908i (1960-2232).

[1877] Assim, o monumental e já referido comentário coordenado por Dirk Bahrenfuss, *FamFG/Kommentar*, 3.ª ed. (2017), XLVII + 3045 pp..

[1878] Uma bibliografia atualizada pode ser confrontada em Dieter Schwab, no *Münchener Kommentar* cit., 9, 7.ª ed., Vor § 1896 (1960-1962): algumas centenas de títulos; muitas indicações constam, ainda, de Dirk Bahrenfuss, *FamFG/Kommentar* cit., 3.ª ed., XXXIX + XLVII. Abaixo faremos alusão às revistas.

[1879] Geraldo Rocha Ribeiro, *A protecção do incapaz adulto no Direito português* (2010), 487 pp., 296-314.

[1880] Apesar de a reforma austríaca, abaixo referida, ter antecedido a alemã, não parece justo dizer que a segunda derivou da primeira: a extensão, a densidade e a ligação ao terreno da segunda é muito superior relativamente ao que ocorre na primeira.

O Código Civil de 1916 previa, no seu artigo 446.º[1881]:

> Estão sujeitos à curatela:
> I – os loucos de todo o genero;
> II – os surdos-mudos, sem educação que os habilite a enunciar precisamente a sua vontade;
> III – os pródigos.

Retemos, igualmente, os artigos subsequentes:

> Artigo 447.º A interdição deve ser promovida:
> I – pelo pai, mãe ou tutor;
> II – pelo cônjuge ou algum parente proximo;
> III – pelo Ministério Publico.
>
> Artigo 448.º O Ministério Publico só promoverá a interdição:
> I – no caso de loucura furiosa;
> II – se não existir ou não promover a interdição alguma das pessoas designadas no artigo antecedente, números I e II;
> III – se existindo foram menores ou incapazes.

O juiz, antes de decidir, devia examinar pessoalmente o arguido, ouvindo profissionais (450.º). Decretada a interdição, o interdito fica sujeito à curatela (453.º).

II. Num capítulo II – *Da curatela*, secção I, *Dos interditos*, o Código Civil de 2002 modernizou a linguagem e as soluções. O seu artigo 1767.º dispõe:

> I – aqueles que, por enfermidade ou deficiência mental, não tiverem o necessário discernimento para os atos da vida civil;
> II – aqueles que, por outra causa duradoura, não puderem exprimir a sua vontade;
> III – os deficientes mentais, os ébrios habituais e os viciados em tóxicos;
> IV – os excepcionais sem completo desenvolvimento mental;
> V – os pródigos.

[1881] Paulo Merêa, *Codigo civil brasileiro anotado* (1917), 178.

A figura de base mantém-se a interdição. Esta pode ser requerida (1768.º) pelos pais ou tutores, pelo cônjuge ou qualquer parente ou pelo Ministério Público, com certas restrições (1769.º). O juiz, assistido por especialistas, deve examinar pessoalmente o arguido de incapacidade (1771.º). O significativo artigo 1772.º determina:

> Pronunciada a interdição das pessoas a que se referem os incisos III e IV do artigo 1767.º, o juiz assinará, segundo o estado ou o desenvolvimento mental do interdito, os limites da curatela, que poderão circunscrever-se às restrições constantes do artigo 1782.º.

III. Por Decreto n.º 6.949, de 25 de agosto de 2009, o Brasil promulgou a Convenção Internacional sobre os Direitos das Pessoas com Deficiência e o seu Protocolo Facultativo, assinados em Nova Iorque, no dia 30 de março de 2007. Os textos respetivos foram devidamente publicados: abaixo veremos o seu teor[1882]. No seguimento dessa Convenção, a Lei n.º 13.146, de 6 de julho de 2015, veio instituir a "Lei Brasileira de Inclusão da Pessoa com Deficiência (Estatuto da Pessoa com Deficiência)". Trata-se de um diploma extenso, em 125 artigos, assim ordenados:

Livro I – Parte geral

Título I – Disposições preliminares (1.º a 9.º):
- Capítulo I – Disposições gerais (1.º a 3.º);
- Capítulo II – Da igualdade e da não discriminação (4.º a 9.º);
  - Secção Única – Do atendimento prioritário (9.º).

Título II – Dos direitos fundamentais (10.º a 52.º):
- Capítulo I – Do direito à vida (10.º a 13.º);
- Capítulo II – Do direito à habilitação e à reabilitação (14.º a 17.º);
- Capítulo III – Do direito à saúde (18.º a 26.º);
- Capítulo IV – Do direito à educação (27.º a 30.º);
- Capítulo V – Do direito à moradia (31.º a 33.º);
- Capítulo VI – Do direito ao trabalho (34.º a 38.º);
- Capítulo VII – Do direito à assistência social (39.º e 40.º);
- Capítulo VIII – Do direito à previdência social (41.º);
- Capítulo IX – Do direito à cultura, ao esporte, ao turismo e ao lazer (42.º a 45.º);

[1882] *Infra*, 522 ss..

Capítulo X – Do direito ao transporte e à mobilidade (46.º a 52.º).

Título III – Da acessibilidade (53.º a 76.º):
Capítulo I – Disposições gerais (53.º a 62.º);
Capítulo II – Do acesso à informação e à comunicação (63.º a 73.º);
Capítulo III – Da tecnologia assistiva (74.º e 75.º);
Capítulo IV – Do direito à participação na vida pública e política (76.º).

Título IV – Da Ciência e Tecnologia (77.º e 78.º).

Livro II – Parte especial

Título I – Do acesso à justiça (79.º a 87.º):
Capítulo I – Disposições gerais (79.º a 83.º);
Capítulo II – Do reconhecimento igual perante a lei (84.º a 87.º).

Título II – Dos crimes e infrações administrativas (88.º a 91.º).

Título III – Disposições finais e transitórias (92.º a 125.º).

IV. A Lei n.º 13.146, de 6 de julho de 2015, alterou diversos preceitos do Código Civil. Foram atingidos os artigos 3.º, 4.º, 1518.º, 1550.º, 1557 e 1767.º, no sentido de minorar as limitações jurídicas dos "maiores incapazes". Designadamente, é-lhes permitido o casamento, desde que transmitam a sua vontade diretamente ou por meio do seu responsável ou curador (1550.º, § 2.º).

No campo da curatela, temos algumas novidades, das quais destacamos:

1768.º, IV: o processo que define os termos da curatela pode ser promovido pela própria pessoa;

1772.º O juiz determinará, segundo as potencialidades da pessoa, os limites da curatela, circunscritos às restrições constantes do artigo 1782.º, e indicará curador.

§ único – Para a escolha do curador, o juiz levará em conta a vontade e as preferências do interditando, a ausência de conflito de interesses e de influência indevida, a proporcionalidade e a adequação às circunstâncias da pessoa.

O título IV passou a denominar-se "Da tutela, da curatela e da tomada de decisão apoiada". Foi-lhe acrescentado um novo capítulo – o III – que passamos, pela sua importância, a transcrever:

CAPÍTULO III

Da Tomada de Decisão Apoiada

Artigo 1783.º-A. A tomada de decisão apoiada é o processo pelo qual a pessoa com deficiência elege pelo menos 2 (duas) pessoas idôneas, com as quais mantenha vínculos e que gozem de sua confiança, para prestar-lhe apoio na tomada de decisão sobre atos da vida civil, fornecendo-lhes os elementos e informações necessários para que possa exercer sua capacidade.

§ 1.º Para formular pedido de tomada de decisão apoiada, a pessoa com deficiência e os apoiadores devem apresentar termo em que constem os limites do apoio a ser oferecido e os compromissos dos apoiadores, inclusive o prazo de vigência do acordo e o respeito à vontade, aos direitos e aos interesses da pessoa que devem apoiar.

§ 2.º O pedido de tomada de decisão apoiada será requerido pela pessoa a ser apoiada, com indicação expressa das pessoas aptas a prestarem o apoio previsto no *caput* deste artigo.

§ 3.º Antes de se pronunciar sobre o pedido de tomada de decisão apoiada, o juiz, assistido por equipe multidisciplinar, após oitiva do Ministério Público, ouvirá pessoalmente o requerente e as pessoas que lhe prestarão apoio.

§ 4.º A decisão tomada por pessoa apoiada terá validade e efeitos sobre terceiros, sem restrições, desde que esteja inserida nos limites do apoio acordado.

§ 5.º Terceiro com quem a pessoa apoiada mantenha relação negocial pode solicitar que os apoiadores contra-assinem o contrato ou acordo, especificando, por escrito, sua função em relação ao apoiado.

§ 6.º Em caso de negócio jurídico que possa trazer risco ou prejuízo relevante, havendo divergência de opiniões entre a pessoa apoiada e um dos apoiadores, deverá o juiz, ouvido o Ministério Público, decidir sobre a questão.

§ 7.º Se o apoiador agir com negligência, exercer pressão indevida ou não adimplir as obrigações assumidas, poderá a pessoa apoiada ou qualquer pessoa apresentar denúncia ao Ministério Público ou ao juiz.

§ 8.º Se procedente a denúncia, o juiz destituirá o apoiador e nomeará, ouvida a pessoa apoiada e se for de seu interesse, outra pessoa para prestação de apoio.

§ 9.º A pessoa apoiada pode, a qualquer tempo, solicitar o término de acordo firmado em processo de tomada de decisão apoiada.

§ 10.º O apoiador pode solicitar ao juiz a exclusão de sua participação do processo de tomada de decisão apoiada, sendo seu desligamento condicionado à manifestação do juiz sobre a matéria.

§ 11.º Aplicam-se à tomada de decisão apoiada, no que couber, as disposições referentes à prestação de contas na curatela.

166. Outros Direitos

I. No Código Civil Austríaco de 1811, conhecido pela sigla ABGB (*Allgemeines bürgerliches Gesetzbuch*), a matéria relativa às pessoas consta da parte I. Temos, aí, uma secção III, sobre os direitos entre pais e filhos (§§ 137-203), uma secção IV, sobre a tutela (*Obsorge*) de outra pessoa (§§ 204-230), uma secção V relativa ao sustento das crianças (§§ 231-235) e uma secção VI intitulada "da administração, da demais representação legal e da procuração para assistência". A secção VI referida foi objeto de reforma por leis de 2006 e de 2013[1883]. Retemos o § 268 (1):

> Quando um maior, que sofra de uma doença física ou seja deficiente mental (pessoa deficiente) não possa cuidar de todos ou de alguns dos seus assuntos sem perigo ou sem desvantagem para si próprio, deve-se nomear, a seu pedido ou oficiosamente, um administrador (Sachwalter).

O § 268 (2) prossegue:

> A nomeação de um administrador não tem lugar enquanto os assuntos da pessoa deficiente possam ser cuidados através de outro representante legal ou no âmbito de outra ajuda, em especial na família, em instituições de cuidados, em instituições de ajuda a deficientes ou no campo de serviços sociais ou psicossociais. Também não deve ser designado um administrador quando o deficiente tenha providenciado uma procuração, em especial uma procuração de assistência ou uma disposição vinculativa de paciente, para cuidar dos seus assuntos. (...)

[1883] Gerhard Hopf, em Helmut Koziol/Peter Bydlinski/Raimond Bollenberger, *Kurzkommentar zum ABGB*, 4.ª ed. (2014), § 268 (246 ss.), com indicações. Referimos, ainda: Wilhelm Tschuggerel, em Andreas Kletečka/Martin Schauer, *Kommentar zum Allgemeinen Bürgerlichen Gesetzbuch* (2010), vor §§ 187 ff. (419-420) e § 268 (448-452); Bettina Pfurtscheller, em Michael Schwimann, *ABGB Taschenkommentar* (2015), § 268 (327-331). Todas estas obras contêm numerosas indicações.

E o § 268 (3):

> O administrador é incumbido do seu exercício em função da medida da deficiência e de acordo com o tipo e o âmbito dos assuntos a providenciar.

O ABGB deixa claros os princípios da subsidiariedade e da proporcionalidade. O administrador (*Sachwalter*) é também dito curador (*Kurator*) enquanto a administração (*Sachwalterschaft*) se diz curatela (*Kuratel*): *vide* o § 275. Ficam abrangidas as atuações necessárias para providenciar os assuntos do assistido[1884]. O Tribunal pode modificar ou fazer cessar a administração ou curatela de acordo com a evolução da situação (§ 278.º)[1885]. A escolha do administrador ou curador segue vetores cuidados (§ 279)[1886]. A pessoa deficiente, no círculo de efeitos da administração não pode, sem o seu consentimento expresso ou tácito, nem dispor nem obrigar-se (§ 280/I)[1887]. Não obstante, o administrador deve ter em conta a vontade e as necessidades do deficiente (§ 281)[1888]. Para além de diversos outros preceitos habituais, salientamos ainda o § 284f, relativo à "procuração de assistência" ou *Vorsorgevollmacht*[1889].

II. Passamos ao Direito espanhol. As Sete Partidas já referiam que os *locos o desmemoriados* eram submetidos a curatela, sendo, por ordem do juiz, nomeado um representante. A *Ley de Enjuiciamiento Civil* de 1881 e o Código Civil de 1889, versão inicial, previam um processo de incapacitação, que visava acautelar a posição do visado. Fixava-se um esquema bastante rígido, à imagem do Código Napoleão. Coube à *Ley* 13/1983, de 24 de outubro[1890], proceder a uma modernização do Código Civil. A matéria ficou incluída no Livro I do Código Civil, relativo às pessoas. Surge, aí, um Título IX, sobre a incapacitação (199.º a 214.º, dos quais apenas os três primeiros estão em vigor). Transcrevemo-los:

[1884] Gerhard Hopf, *Kurzkommentar* cit., 4.ª ed., § 275 (258 ss.).
[1885] *Idem*, 4.ª ed., § 278 (263 ss.).
[1886] *Idem*, § 279 (264 ss.).
[1887] *Idem*, § 280 (266 ss.)
[1888] *Idem*, § 281 (268 ss.).
[1889] *Idem*, § 284f (283 ss.).
[1890] BOE 256, de 26-out.-1983, 28 932-28 935.

199.º Ninguém pode ser incapacitado a não ser por sentença judicial em virtude das causas estabelecidas na Lei.

200.º São causas de incapacitação as enfermidades ou deficiências persistentes de natureza física ou psíquica que impeçam a pessoa de governar-se a si própria.

201.º Os menores poderão ser incapacitados quando ocorra neles uma causa de incapacitação e se preveja razoavelmente que a mesma persistirá depois da maioridade.

Segue-se um Título X sobre a tutela, a curatela e a guarda de menores ou de incapacitados (215.º a 306.º). Salientamos alguns pontos. Ficam sujeitos a tutela (222.º):

1.º os menores não emancipados que não estejam sob o poder paternal;
2.º os incapacitados, quando a sentença o tenha estabelecido;
3.º os sujeitos a poder paternal prorrogado, quando este cesse, salvo se proceder a curatela;
4.º os menores que se encontrem em situação de desamparo.

A curatela cabe (286.º):

1.º aos emancipados cujos pais hajam falecido ou fiquem impedidos de exercer a assistência prevista pela lei;
2.º os que obtenham o benefício da maioridade;
3.º os declarados pródigos.

O artigo 303.º refere as situações de guarda de facto: o guardador deve prestar todas as informações às autoridades.

Na tradição jurídica espanhola, a tramitação da "incapacitação" e as cautelas a respeitar nesse domínio cabiam às leis de processo. A Convenção das Nações Unidas de 30 de março de 2007 conduziu, no entendimento do legislador espanhol, a uma nova terminologia, que abandona o emprego de "incapaz" ou de "incapacitação" e se substituem pela referência a pessoa cuja capacidade está modificada judicialmente[1891].

[1891] Ponto IV do preâmbulo da Lei 15/2015, de 2 de julho, abaixo referida.

Neste seguimento, a Lei 15/2015, de 2 de julho, sobre jurisdição voluntária[1892], comporta um capítulo IV[1893] (artigos 43.° a 52.°), relativo à tutela, à curatela e à guarda de facto. Esses institutos são, aí, objeto de tratamento.

III. O Código Civil italiano de 1865, seguindo a linha dos Códigos Civis pré-unitários[1894], fixava um esquema de interdição próximo do napoleónico – artigos 324.° a 338.°. Previa, ainda, a inabilitação (339.° a 342.°) para os casos menos graves e para o pródigo[1895]. O tema era analisado pela doutrina da época pelo prisma da incapacidade[1896], ainda que com total domínio dos aspetos institucionais[1897]. Ideia nova foi a da autonomização da inabilitação, com raízes na interdição limitada do Código Napoleão[1898]. O seu regime diferenciava-se, em termos que influenciariam a evolução subsequente.

O projeto do então futuro Código Civil de 1942 manteve a diferenciação entre a interdição e a inabilitação, inserindo-as no Livro I sobre "pessoas e família" (artigos 409.° a 426.°)[1899]. A matéria passou ao Código num título XII – *da enfermidade de mente, da interdição e da inabilitação* (414.° a 432.°). Os regimes respetivos foram precisados, em torno de ambos os institutos[1900].

Desenvolveu-se, entretanto, um movimento especialmente preocupado com a situação dos deficientes. Por exemplo, em 1985, Massimo Bianca propôs a substituição da interdição e da inabilitação pela curatela,

[1892] BOA n.° 158, de 3-jul.-2015, 54 068 e ss..

[1893] *Idem*, 54 097-54 101.

[1894] Código Sardo, artigos 368.° a 396.°; *vide* Angelo Boron, *Codice civile per gli Stati di S. M. il Re di Sardegna* (1842), 58-62.

[1895] Ferrarotti Teonesto, *Commentario teorico pratico comparato al Codice Civile italiano* 1 (1872), 877-937, quanto à interdição e 937-948, quanto à inabilitação.

[1896] Giorgio Giorgi, *Teoria delle obbligazioni nel diritto moderno italiano* III (1895), 50-117.

[1897] Carlo Rebuttati, *Interdizione*, NDI VII (1938), 8-35.

[1898] Carlo Rebuttati, *Inabilitazione*, NDI VI (1938), 913-921.

[1899] Massimo Ferrara-Santamaria, em Mariano d'Amelio e outros, *Codice Civile, Libro Primo (Persone e Famiglia)/Commentario* (1940), 738-759.

[1900] Com indicações: Raffaele Poggeschi, *Interdizione e inabilitazione*, NssDI VIII (1962), 809-836; Francesco Scardulla, *Inabilitazione*, ED XX (1970), 841-857; *idem*, *Interdizione (diritto civile)*, ED XXI (1971), 932-952; Silvio Sorace, *Interdizione (diritto processuale civile)*, ED XXI (1971), 953-996.

mais flexível[1901]. Com antecedentes na Lei 180/1978, de 15 de março de 1978, relativa a tratamentos sanitários voluntários e obrigatórios, foi adotada a Lei 6/2004, de 9 de maio de 2004, que instituiu a *amministrazione di sostegno* ou administração de apoio[1902]. Na base temos críticas ao Código Civil:

– a interdição seria uma resposta excessiva, fruto de conceções psiquiátricas superadas, e que visava em primeira linha os interesses familiares, pondo em causa os direitos das pessoas;
– a inabilitação representava um instituto punitivo de escassa aplicação prática.

Após diversas iniciativas, tudo isso tomou corpo na referida Lei 6/2004.

O Título XII do Livro I do Código Civil, foi redenominado "Das medidas de proteção das pessoas privadas de autonomia no todo ou em parte" (404.º a 432.º)[1903]. Tem a arrumação seguinte:

Capítulo I – Da administração de apoio (404.º a 413.º);
Capítulo II – Da interdição, da inabilitação e da incapacidade natural (414.º a 432.º).

A administração de apoio constitui a especial novidade da reforma. O administrador é designado pelo juiz, quando o visado esteja, por afetação física ou psíquica, impossibilitado de providenciar para os seus próprios interesses (404.º). A medida pode ser requerida pelo interessado (406.º). Quanto aos efeitos, o beneficiário conserva a capacidade de agir relativamente a todos os atos que não requeiram a representação exclusiva ou a assistência necessária do administrador de apoio.

[1901] C. Massimo Bianca, *La protezione giuridica del sofferente psichico*, RivDC XXXI (1985) 1, 25-37 (*maxime* 36).

[1902] Por último, todos com indicações: Guendalina Scozzafava, *Amministratore di sostegno: principi enunciati e risvolti applicativi* (2015), 52 pp.; Katia Mascio, *L'amministrazione di sostegno/nella dottrina e nella giurisprudenza* (2016), 113 pp.; Francesca Sassano, *Manuale pratico dell'amministrazione di sostegno/Aggiornato con la c.d. Legge sul "Dopo di noi" (L. 112/2016)* (2016), 202 pp..

[1903] *Vide* Guido Alpa/Giovanni Iudica, *Codice civile annotato con la giurisprudenza* (2014), 346-347.

§ 33.º DIREITO INTERNACIONAL E DIREITO EUROPEU

167. A Convenção de Nova Iorque de 2007; o preâmbulo

Após demorada preparação, as Nações Unidas adotaram, em Nova Iorque, no dia 30 de março de 2007, uma Convenção sobre os Direitos das Pessoas com Deficiência. No competente preâmbulo, foram feitas diversas considerações, das quais retemos as seguintes:

(...)

c) Reafirmando a universalidade, indivisibilidade, interdependência e correlação de todos os direitos humanos e liberdades fundamentais e a necessidade de garantir às pessoas com deficiências o seu pleno gozo sem serem alvo de discriminação;

(...)

e) Reconhecendo que a deficiência é um conceito em evolução e que a deficiência resulta da interacção entre pessoas com incapacidades e barreiras comportamentais e ambientais que impedem a sua participação plena e efectiva na sociedade em condições de igualdade com as outras pessoas;

(...)

g) Acentuando a importância da integração das questões de deficiência como parte integrante das estratégias relevantes do desenvolvimento sustentável;

h) Reconhecendo também que a discriminação contra qualquer pessoa com base na deficiência é uma violação da dignidade e valor inerente à pessoa humana;

i) Reconhecendo ainda a diversidade de pessoas com deficiência;

j) Reconhecendo a necessidade de promover e proteger os direitos humanos de todas as pessoas com deficiência, incluindo aquelas que desejam um apoio mais intenso;

(...)

u) Tendo em mente que as condições de paz e segurança baseadas no pleno respeito pelos objectivos e princípios constantes na Carta das Nações Unidas e a observância dos instrumentos de direitos humanos aplicáveis são indispensáveis para a total protecção das pessoas com deficiência, em particular durante conflitos armados e ocupação estrangeira;

(...)

x) Convictos que a família é a unidade de grupo natural e fundamental da sociedade e que tem direito à protecção pela sociedade e pelo Estado e que as pessoas com deficiência e os membros da sua família devem receber a protecção e assistência necessárias para permitir às famílias contribuírem para o pleno e igual gozo dos direitos das pessoas com deficiência;

II. A Convenção de Nova Iorque sobre os Direitos das Pessoas com Deficiência comporta 50 artigos. No plano dos princípios, registamos os artigos 3.º (Princípios gerais), 4.º (Obrigações gerais) e 5.º (Igualdade e não discriminação):

Artigo 3.º
Princípios gerais

Os princípios da presente Convenção são:

a) O respeito pela dignidade inerente, autonomia individual, incluindo a liberdade de fazerem as suas próprias escolhas, e independência das pessoas;
b) Não discriminação;
c) Participação e inclusão plena e efectiva na sociedade;
d) O respeito pela diferença e aceitação das pessoas com deficiência como parte da diversidade humana e humanidade;
e) Igualdade de oportunidade;
f) Acessibilidade;
g) Igualdade entre homens e mulheres;
h) Respeito pelas capacidades de desenvolvimento das crianças com deficiência e respeito pelo direito das crianças com deficiência a preservarem as suas identidades.

Artigo 4.º
Obrigações gerais

1. Os Estados Partes comprometem-se a assegurar e promover o pleno exercício de todos os direitos humanos e liberdades fundamentais para todas as pessoas com deficiência sem qualquer discriminação com base na deficiência. Para este fim, os Estados Partes comprometem-se a:

a) Adoptar todas as medidas legislativas, administrativas e de outra natureza apropriadas com vista à implementação dos direitos reconhecidos na presente Convenção;

b) Tomar todas as medidas apropriadas, incluindo legislação, para modificar ou revogar as leis, normas, costumes e práticas existentes que constituam discriminação contra pessoas com deficiência;
c) Ter em consideração a protecção e a promoção dos direitos humanos das pessoas com deficiência em todas as políticas e programas;
d) Abster-se de qualquer acto ou prática que seja incompatível com a presente Convenção e garantir que as autoridades e instituições públicas agem em conformidade com a presente Convenção;
e) Tomar todas as medidas apropriadas para eliminar a discriminação com base na deficiência por qualquer pessoa, organização ou empresa privada;
f) Realizar ou promover a investigação e o desenvolvimento dos bens, serviços, equipamento e instalações desenhadas universalmente, conforme definido no artigo 2.° da presente Convenção o que deverá exigir a adaptação mínima possível e o menor custo para satisfazer as necessidades específicas de uma pessoa com deficiência, para promover a sua disponibilidade e uso e promover o desenho universal no desenvolvimento de normas e directrizes;
g) Realizar ou promover a investigação e o desenvolvimento e promover a disponibilização e uso das novas tecnologias, incluindo as tecnologias de informação e comunicação, meios auxiliares de mobilidade, dispositivos e tecnologias de apoio, adequados para pessoas com deficiência, dando prioridade às tecnologias de preço acessível;
h) Disponibilizar informação acessível às pessoas com deficiência sobre os meios auxiliares de mobilidade, dispositivos e tecnologias de apoio, incluindo as novas tecnologias assim como outras formas de assistência, serviços e instalações de apoio;
i) Promover a formação de profissionais e técnicos que trabalham com pessoas com deficiências nos direitos reconhecidos na presente Convenção para melhor prestar a assistência e serviços consagrados por esses direitos.

2. No que respeita aos direitos económicos, sociais e culturais, cada Estado Parte compromete-se em tomar medidas para maximizar os seus recursos disponíveis e sempre que necessário, dentro do quadro da cooperação internacional, com vista a alcançar progressivamente o pleno exercício desses direitos, sem prejuízo das obrigações previstas na presente Convenção que são imediatamente aplicáveis de acordo com o direito internacional.

3. No desenvolvimento e implementação da legislação e políticas para aplicar a presente Convenção e em outros processos de tomada de decisão no que respeita a questões relacionadas com pessoas com deficiência, os

Estados Parte devem consultar-se estreitamente e envolver activamente as pessoas com deficiências, incluindo as crianças com deficiência, através das suas organizações representativas.

4. Nenhuma disposição da presente Convenção afecta quaisquer disposições que sejam mais favoráveis à realização dos direitos das pessoas com deficiência e que possam figurar na legislação de um Estado Parte ou direito internacional em vigor para esse Estado. Não existirá qualquer restrição ou derrogação de qualquer um dos direitos humanos e liberdades fundamentais reconhecidos ou em vigor em qualquer Estado Parte na presente Convenção de acordo com a lei, convenções, regulamentos ou costumes com o pretexto de que a presente Convenção não reconhece tais direitos ou liberdades ou que os reconhece em menor grau.

5. As disposições da presente Convenção aplicam-se a todas as partes dos Estados Federais sem quaisquer limitações ou excepções.

Artigo 5.º
Igualdade e não discriminação

1. Os Estados Partes reconhecem que todas as pessoas são iguais perante e nos termos da lei e que têm direito, sem qualquer discriminação, a igual protecção e benefício da lei.

2. Os Estados Partes proíbem toda a discriminação com base na deficiência e garantem às pessoas com deficiência protecção jurídica igual e efectiva contra a discriminação de qualquer natureza.

3. De modo a promover a igualdade e eliminar a discriminação, os Estados Partes tomam todas as medidas apropriadas para garantir a disponibilização de adaptações razoáveis.

4. As medidas específicas que são necessárias para acelerar ou alcançar a igualdade de facto das pessoas com deficiência não serão consideradas discriminação nos termos da presente Convenção.

III. O reconhecimento da igualdade perante a lei resulta do artigo 12.º:

Artigo 12.º
Reconhecimento igual perante a lei

1. Os Estados Partes reafirmam que as pessoas com deficiência têm o direito ao reconhecimento perante a lei da sua personalidade jurídica em qualquer lugar.

2. Os Estados Partes reconhecem que as pessoas com deficiências têm capacidade jurídica, em condições de igualdade com as outras, em todos os aspectos da vida.

3. Os Estados Partes tomam medidas apropriadas para providenciar acesso às pessoas com deficiência ao apoio que possam necessitar no exercício da sua capacidade jurídica.

4. Os Estados Partes asseguram que todas as medidas que se relacionem com o exercício da capacidade jurídica fornecem as garantias apropriadas e efectivas para prevenir o abuso de acordo com o direito internacional dos direitos humanos. Tais garantias asseguram que as medidas relacionadas com o exercício da capacidade jurídica em relação aos direitos, vontade e preferências da pessoa estão isentas de conflitos de interesse e influências indevidas, são proporcionais e adaptadas às circunstâncias da pessoa, aplicam-se no período de tempo mais curto possível e estão sujeitas a um controlo periódico por uma autoridade ou órgão judicial competente, independente e imparcial. As garantias são proporcionais ao grau em que tais medidas afectam os direitos e interesses da pessoa.

5. Sem prejuízo das disposições do presente artigo, os Estados Partes tomam todas as medidas apropriadas e efectivas para assegurar a igualdade de direitos das pessoas com deficiência em serem proprietárias e herdarem património, a controlarem os seus próprios assuntos financeiros e a terem igual acesso a empréstimos bancários, hipotecas e outras formas de crédito financeiro, e asseguram que as pessoas com deficiência não são, arbitrariamente, privadas do seu património.

O artigo 13.°, epigrafado "respeito pelo domicílio e pela família", articula:

1. Os Estados Partes tomam todas as medidas apropriadas e efectivas para eliminar a discriminação contra pessoas com deficiência em todas as questões relacionadas com o casamento, família, paternidade e relações pessoais, em condições de igualdade com as demais, de modo a assegurar:

a) O reconhecimento do direito de todas as pessoas com deficiência, que estão em idade núbil, em contraírem matrimónio e a constituírem família com base no livre e total consentimento dos futuros cônjuges;

b) O reconhecimento dos direitos das pessoas com deficiência a decidirem livre e responsavelmente sobre o número de filhos e o espaçamento dos seus nascimentos, bem como o acesso a informação apropriada à idade, educação em matéria de procriação e planeamento familiar e a disponibilização dos meios necessários para lhes permitirem exercer estes direitos;

c) As pessoas com deficiência, incluindo crianças, mantêm a sua fertilidade em condições de igualdade com os outros.

2. Os Estados Partes asseguram os direitos e responsabilidade das pessoas com deficiência, no que respeita à tutela, curatela, guarda, adopção de crianças ou institutos similares, sempre que estes conceitos estejam consignados no direito interno; em todos os casos, o superior interesse da criança será primordial. Os Estados Partes prestam a assistência apropriada às pessoas com deficiência no exercício das suas responsabilidades parentais.

3. Os Estados Partes asseguram que as crianças com deficiência têm direitos iguais no que respeita à vida familiar. Com vista ao exercício desses direitos e de modo a prevenir o isolamento, abandono, negligência e segregação das crianças com deficiência, os Estados Partes comprometem-se em fornecer às crianças com deficiência e às suas famílias, um vasto leque de informação, serviços e apoios de forma atempada.

4. Os Estados Partes asseguram que a criança não é separada dos seus pais contra a vontade destes, excepto quando as autoridades competentes determinarem que tal separação é necessária para o superior interesse da criança, decisão esta sujeita a recurso contencioso, em conformidade com a lei e procedimentos aplicáveis. Em caso algum deve uma criança ser separada dos pais com base numa deficiência quer da criança quer de um ou de ambos os seus pais.

5. Os Estados Partes, sempre que a família directa seja incapaz de cuidar da criança com deficiência, envidam todos os esforços para prestar cuidados alternativos dentro da família mais alargada e, quando tal não for possível, num contexto familiar no seio da comunidade.

IV. Ainda no dia 30 de março de 2007, foi aprovado um Protocolo Opcional à Convenção sobre os Direitos das Pessoas com Deficiência. No fundamental, esse Protocolo leva a que os Estados que a ele adiram reconheçam a competência da Comissão sobre os Direitos das Pessoas com Deficiência para receber e apreciar as comunicações de e em nome de indivíduos ou grupos de indivíduos sujeitos à sua jurisdição que reivindiquem vítimas por parte desse Estado Parte, da Convenção.

V. Pela Resolução da Assembleia da República n.º 56/2009, de 7 de maio[1904], a Convenção sobre os Direitos das Pessoas com Deficiência de 2007, foi aprovada. A Convenção foi ratificada pelo Decreto do Presidente da República n.º 71/2009, de 30 de julho. O Protocolo Opcional foi,

[1904] DR 1.ª série n.º 146, de 30 de julho de 2009, 4906, com o texto em anexo, em inglês e em português (*idem*, 4907-4929).

por seu turno, aprovado pela Resolução da Assembleia da República n.º 57/2009, também de 7 de maio[1905]. A ratificação sobreveio pelo Decreto do Presidente da República n.º 72/2009, de 30 de julho.

168. Os instrumentos europeus

I. No plano europeu, queda assinalar a Decisão do Conselho de 26 de novembro de 2009, relativa à Convenção das Nações Unidas sobre os Direitos das Pessoas com Deficiência. Cabe tomar nota dos quatro primeiros considerandos dessa Decisão:

(1) Em Maio de 2004, o Conselho autorizou a Comissão a negociar, em nome da Comunidade Europeia, a Convenção das Nações Unidas sobre a Protecção e a Promoção dos Direitos e da Dignidade das Pessoas com Deficiência (a seguir designada por «Convenção da ONU»).

(2) A Convenção da ONU foi adoptada pela Assembleia Geral das Nações Unidas em 13 de Dezembro de 2006 e entrou em vigor em 3 de Maio de 2008.

(3) A Convenção da ONU foi assinada, em nome da Comunidade, em 30 de Março de 2007, sob reserva da sua eventual celebração em data ulterior.

(4) A Convenção da ONU constitui uma base pertinente e eficaz para a promoção e protecção dos direitos das pessoas com deficiência na União Europeia, a que tanto a Comunidade como os seus Estados-Membros atribuem a maior importância.

Posto isso, a Decisão aprovou a Convenção da ONU. Foi publicada no Jornal Oficial da União Europeia[1906]. Em apêndice, vêm referidos os atos comunitários que se referem a matérias regidas pela Convenção.

II. O Conselho da Europa é uma organização internacional constituída em 5-mai.-1949, com sede em Estrasburgo. Inicialmente, comportava 10 membros, chegando, hoje aos 47, incluindo alguns Estados não-europeus. O Conselho da Europa visa, essencialmente, a defesa dos direitos humanos, o desenvolvimento da democracia e o progresso político-social.

[1905] DR 1.ª série n.º 146, de 30 de julho de 2009, 4929, com o texto em anexo, em inglês e em português (*idem*, 4930-4933).

[1906] JOUE N 23/35-54, de 27-jan.-2010.

Como realizações mais visíveis, temos a Convenção Europeia dos Direitos Humanos e o Tribunal Europeu dos Direitos do Homem. Portugal aderiu ao Conselho da Europa em 22-set.-1976, tendo o competente instrumento de adesão sido aprovado pela Lei n.º 9/76, de 31 de dezembro. O Estatuto do Conselho da Europa foi (discretamente) publicado, "por ordem superior", por aviso da Direção-Geral dos Negócios Políticos do Ministério dos Negócios Estrangeiros, de 13-set.-1978, a 27-nov. desse mesmo ano. O Conselho não tem qualquer competência legislativa.

O Estatuto do Conselho da Europa prevê, no seu artigo 15.º, *b*), que o Comité de Ministros possa fazer recomendações aos Governos. Em parte alguma essa Organização tem competência para aprovar diretrizes, sendo estranhíssimo que o venha fazer nas áreas civis, que escapam à própria intervenção direta da União Europeia.

III. Apesar de não dar azo a fontes do Direito, o Conselho da Europa tem um papel importante, designadamente através das suas recomendações. Nos últimos vinte anos, ele teve intervenções significativas no domínio da não-discriminação e do apoio a deficientes, incluindo adultos deficientes. Assim e entre outras, salientamos as recomendações seguintes:

- R (98) 9, de 18 de setembro de 1998, relativa à dependência;
- R (99) 4, de 23 de fevereiro de 1999, acerca da proteção legal de adultos incapazes[1907];
- R (2006) 5, de 5 de abril de 2006, sobre a promoção dos direitos e da plena participação das pessoas deficientes na sociedade;
- R (2009) 6, de 8 de julho de 2009, atinente ao envelhecimento e a deficiência, na Europa do século XXI.

IV. Todas elas devem ser tidas em conta numa boa reforma legislativa. Chamamos todavia a atenção para o facto de as medidas nelas preconizadas constarem da Convenção de Nova Iorque de 2007.

1907 A Recomendação do Conselho da Europa (99) 4 é objeto da especial atenção de Geraldo Rocha Ribeiro, *A proteção do incapaz adulto* cit., 285-291.

§ 34.º ORIGEM E EVOLUÇÃO DO DIREITO PORTUGUÊS

169. Ordenações e Código de Seabra

I. No antigo Direito português, estavam presentes os esquemas do Direito comum. Além disso, algumas regras dispersas constavam das Ordenações.

No Livro IV das Ordenações, surgiam regras sobre os curadores "... *dados assi aos Desasisados, como aos Prodigos*"[1908]. Sistematizando a matéria, Borges Carneiro ocupava-se dos dementes, irados, ébrios e dormentes[1909]. Explica[1910]:

> Os dementes pela falta de deliberação e vontade são incapazes de todo o ato civil extrajudicial ou judicial, como, contrato, testamento, officio, litigio, etc.

Os dementes eram equiparados "... ao estadio da infancia ..." ficando sujeitos a curadoria[1911].

II. As Ordenações não previam um processo do tipo do da interdição[1912]. A doutrina da pré-codificação, inspirando-se direta e assumidamente nos Códigos Civil e de Processo franceses, passou a defender um

[1908] *Ord. Fil.*, Liv. IV, tit. CIII, § 8 = ed. Gulbenkian, IV/V, 1008/II. O esquema das Ordenações previa, quanto aos menores órfãos, tutores até à idade de 14 ou 12 anos, consoante fossem "varões" ou "femeas"; a partir daí e até aos 25 anos, curadores: Liv. IV, tit. CIV, § 6 = ed. cit., 1011/I.

[1909] Manuel Borges Carneiro, *Direito civil de Portugal* (1828), III, 164 ss.

[1910] *Idem*, 167.

[1911] *Idem*, 171.

[1912] Fixava-se, no Liv. IV, tit. CIII, § 6 = ed. cit., 1007-1008, uma inquirição do juiz a respeito dos pródigos: apenas.

procedimento de tipo equivalente[1913]. Ficavam abrangidos os furiosos ou mentecaptos e os pródigos.

O cônjuge, qualquer parente ou o Ministério Público, no caso de furor, podiam, nas palavras de Coelho da Rocha, requerer ao juiz a interdição. Exporiam os factos indicativos "... *da falta de siso ou prodigalidade do arguido* ...". O juiz mandaria ouvir um conselho de família e interrogava o arguido. A sentença de interdição era publicitada. Seria, depois, nomeado tutor, de acordo com o esquema das Ordenações[1914].

Sempre apoiado na lei francesa[1915], Corrêa Telles defendia ainda que a sentença, "... *em logar de tolher ao mentecapto e ao prodigo a administração dos seus bens* ...", apenas o inibisse da prática de certos atos, sem a assistência de um conselho. O interdito, por seu turno, teria de ser assistido por um "tutor curador"; mas os atos que praticasse sozinho ainda poderiam ser aproveitados se lhe fossem favoráveis[1916].

Torna-se importante sublinhar que o pensamento subjacente ao Direito veio a adquirir uma feição favorável ao próprio deficiente. Daí a preocupação com cautelas jurisdicionais e de defesa, mesmo *praeter legem*, bem como o princípio do *favor negotii*, aplicado aos atos do interdito. O Direito português sempre foi favorável aos incapazes, numa dimensão que cumpre recordar.

III. O Código Civil de 1867 ou Código de Seabra deu corpo às aspirações da doutrina que o precedera. No fundamental, firmou os seguintes princípios[1917]:

- a interdição dos "mentecaptos" e outros em "estado anormal das suas faculdades mentaes" depende de sentença judicial – artigo 317.º;

[1913] José Homem Corrêa Telles, *Digesto Portuguez* (1842), 2, artigos 733 e ss. (103 ss.) e Manuel António Coelho da Rocha, *Instituições de Direito civil portuguez*, 2.ª ed. (1843), §§ 379 ss. (1, 226 ss.).

[1914] Coelho da Rocha, *Instituições* cit., 227-228.

[1915] Corrêa Telles, *Digesto Portuguez* cit., 2, 104, nota 6, afirma, a propósito do Código Napoleão, neste ponto: "Optima Lei, porque nem todos os atingidos o são no mesmo grau, nem todos os prodigos com o mesmo excesso".

[1916] *Idem*, arts. 738 e 739.

[1917] José Dias Ferreira, *Codigo Civil Portuguez Annotado* 1, 2.ª ed. (1894), 219 ss..

- o interdito é equiparado ao menor – 321.° – ficando sujeito a tutela – 322.° e seguintes;
- os rendimentos e os bens do interdito "... serão com preferencia, applicados ao melhoramento do seu estado" – 332.°;
- a liberdade do interdito deve, quanto possível, ser respeitada – 333.°[1918];
- todos os atos subsequentes à publicitação da sentença, praticados pelo interdito, "... serão nullos de direito..."; os anteriores podem ser anulados, caso se provasse que, a esse tempo, já existia e era notória, a causa da interdição ou que ela era conhecida do outro estipulante – artigos 334.° e 335.°;
- os surdos-mudos sem capacidade para reger os seus bens seriam postos em tutela – 337.° – cabendo à sentença que a conferisse fixar os seus limites e extensão – 338.°[1919];
- os pródigos ficam sujeitos a interdição, por um processo semelhante ao dos dementes – 340.° e seguintes; todavia, ficavam sob o cuidado de um curador, dependendo da sentença a extensão da inabilidade – 344.°; além disso, conservavam a livre disposição da sua pessoa e todos os outros direitos civis – 345.°.

O sistema era complementado pelo Código de Processo Civil, que estabelecia um processo especial[1920].

[1918] O internamento do interdito exigia prévia autorização judicial, determinando o § único do referido artigo 333.°:

> O disposto n'este artigo deve entender-se de modo que não obste a recorrer-se à força, quando seja necessario empregal-a para conter o demente furioso; mas esse recurso restringir-se-ha ao tempo absolutamente indispensável para se requerer à competente autoridade.

Dias Ferreira, *Codigo Civil Annotado* cit., 1, 2.ª ed., 234, congratula-se com a alteração introduzida pela comissão revisora e que retirou o "poder de internamento" ao tutor: "o interdito deve gosar a sua liberdade tanto quanto o permittam os cuidados da sua saude, e a segurança dos outros".

[1919] Não se tratava, em rigor, de interdição, como bem explicava Dias Ferreira, *Codigo Civil Annotado* cit., 1, 2.ª ed., 237.

[1920] Artigos 419.° e seguintes do Código de Processo Civil de 1878; *vide* Dias Ferreira, *Codigo de Processo Civil Annotado*, 1 (1887), 524 ss. Deve notar-se que, ao tempo da aprovação do Código de Seabra, vigorava a Nova Reforma Judiciária, que era bastante omissa na matéria. Daí que Seabra tenha sentido a necessidade de incluir, no seu articulado, matéria puramente processual, como sucede com o seu artigo 317.°.

IV. Na vigência do Código de Seabra, a interdição fazia sentido perante pessoas dotadas de patrimónios significativos: basta ver que pressupunha toda uma mobilização de meios humanos. Podia, por isso, considerar-se que ela visava uma dupla proteção: para o doente e para os presuntivos sucessores[1921]. Esta última preocupação emergia na determinação das pessoas com legitimidade para iniciar o processo e na escolha do tutor.

No domínio do Código de Seabra, era ainda enfatizada a importância do interrogatório conduzido pelo juiz[1922]. De facto, a interdição tinha graves consequências para os direitos do atingido, sendo de afastar quaisquer hipóteses de recurso abusivo ou indevido a esse instituto. A doutrina protestava, todavia, contra a rigidez da lei. Explicava Guilherme Moreira que existem diversas doenças mentais, "... *não derivando de todas ellas completa incapacidade para os atos da vida civil*"[1923]. Exigia-se, pois, uma adequada reforma. Significativo ainda foi o contributo de Ferrer Correia/Eduardo Correia, sobre a relatividade da ideia de psicopatia e os seus reflexos no Direito[1924].

170. **A preparação do Código Civil de 1966**

I. Na preparação do Código Civil de 1966, as aspirações já presentes em Guilherme Moreira foram ponderadas e tidas em conta. Foi ainda determinante, na reforma e na sua configuração, a aprovação do Código Civil italiano de 1942 que, nos seus artigos 414.º a 432.º, tratou a matéria distinguindo a interdição, radical e a inabilitação, mais flexível[1925].

II. Na sequência do prematuro desaparecimento de Manuel de Andrade, a elaboração do competente anteprojeto foi pedida, pelo então Ministro da Justiça João Antunes Varela, a Américo de Campos Costa. Este

[1921] Luiz da Cunha Gonçalves, *Tratado de Direito civil em comentário ao Código Civil Português* 2 (1930), n.º 263 (645) 645.

[1922] Cunha Gonçalves, *Tratado de Direito civil* cit., 2, n.º 265 (659).

[1923] Guilherme Moreira, *Instituições de Direito civil* 1 (1907), 198.

[1924] António Ferrer Correia/Eduardo Correia, *Fundamento de interdição por demência*, RLJ 86 (1954), 289-296, 305-311, 321-325. 337-342 e 353-355.

[1925] Como obra de referência sobre o Código italiano, neste ponto: Emilio Vito Napoli, *L'infermità di mente, l'interdizione, l'inabilitazione*, 2.ª ed. (1995).

elaborou um documento em 21 artigos, acompanhados de "observações" explicativas[1926].

No fundamental, podemos dizer que o articulado proposto se apoia no Direito comparado, com relevo para o Código italiano e outros códigos, então recentes. Surpreende, em matéria desta natureza, a total ausência de referências a estudos de campo. Qual o número de interdições judiciariamente decretadas e quais as cifras de internamentos por anomalias mentais? Qual a geografia do País quanto a esse tipo de doenças, qual a sua origem e qual o prognóstico? E ainda: qual o papel da assistência pública e que hipóteses teriam as instituições existentes de apoiar os necessitados e as famílias?

O excesso de "civilismo" do legislador, mais preocupado com o Direito comparado do que com o País real, manteve a interdição como um instituto de "ricos". É de recear que a legislação sem prévios estudos de campo se mantenha até hoje.

III. A grande proposta do anteprojeto de Campos Costa foi a seguinte: a interdição, própria das deficiências que eliminem a vontade e o entendimento, exigiria a representação por um tutor; distinta seria a inabilitação, específica de situações que não aniquilem a vontade, suscetíveis de suprimento através de mera assistência[1927].

O anteprojeto incluía, porém, entre os fundamentos da interdição, a "habitual surdez, mudez ou cegueira": isso quando a doutrina mais antiga do tempo do Código de Seabra já sublinhava a capacidade das pessoas portadoras dessa deficiência, quando devidamente preparadas[1928].

IV. O anteprojeto de 1961 teve ainda de se preocupar com a terminologia, visto criar novos institutos. Optou, fundamentalmente, pela italiana, aproximando interdição e tutor e inabilitação e curador. A reforma não foi sensível à problemática social já então discutida em França e que

[1926] Américo de Campos Costa, *Incapacidades e formas do seu suprimento/Anteprojecto do Código Civil*, BMJ 111 (1961), 195-231. Este mesmo Autor publicou, ainda, um escrito intitulado *Breves notas sobre a menoridade e as incapacidades no anteprojecto do Código Civil (1.ª Revisão Ministerial)*, BMJ 133 (1964), 5-53.

[1927] Campos Costa, *Incapacidades e formas do seu suprimento* cit., 197 e 221 ss.

[1928] José Dias Ferreira, *Codigo Civil Annotado* cit., 1, 2.ª ed., 237.

levou, nesse País, à reforma de 1968: seis meses após a entrada em vigor do Código de 1966.

171. A revogada interdição

I. Na sequência da evolução apontada, o Código Civil, na versão original, veio ocupar-se das "interdições" – artigos 138.º a 151.º – e das inabilitações – 152.º a 156.º – em duas distintas subsecções, uniformizadas, com a menoridade, sob a genérica designação de "incapacidades"[1929]. O Código não define a interdição; todavia, dos seus artigos 138.º e 139.º[1930], pode extrair-se a ideia de que se trata do instituto aplicável a maiores que, por anomalia psíquica, surdez-mudez ou cegueira, se mostrem incapazes de governar suas pessoas e bens, equiparando-o, com as necessárias adaptações, ao menor.

II. A lei referia, como deficiências conducentes à interdição, a anomalia psíquica, a surdez-mudez ou a cegueira. Tratava-se de uma enumeração exemplificativa e que aqui surgia por razões de tradição histórica, remontando aos romanos. Decisivo era o facto de os visados se mostrarem "incapazes de governar suas pessoas e bens" – 138.º/1, *in fine*[1931]. Comparando esse preceito com o artigo 152.º, referente à inabilitação, verifica-se que este último considerava as mesmas "anomalia psíquica, surdez-mudez ou cegueira", permanentes mas não tão graves que justificassem a interdição: a pedra de toque estava, pois, na gravidade da deficiência e nas suas consequências. Em compensação – e deixando de lado a prodigalidade – o artigo 152.º referia o (ab)uso de bebidas alcoólicas ou de estupefacientes que deixasse o visado incapaz de reger convenientemente o seu património. Não poderiam essas circunstâncias conduzir à interdição? A resposta é positiva,

[1929] Sobre a matéria: António Pais de Sousa/Carlos Frias de Oliveira Matias, *Da incapacidade jurídica dos menores, interditos e inabilitados*, 2.ª ed. (1983), 224 ss..

[1930] Recordamos que pertencem ao Código Civil todos os artigos citados sem indicação de fonte.

[1931] Com referência à anomalia psíquica, a jurisprudência adota a fórmula de que estão em jogo não apenas deficiências do intelecto, mas também da vontade e da afetividade – RCb 11-nov.-2014 (Maria João Areias), Proc. 63/2000, que explica ainda dever tratar-se de uma anomalia duradoura e habitual (e não meramente acidental ou transitória) e, ainda, incapacitante. Este último ponto é, de facto, decisivo. O pressuposto da durabilidade temporal da anomalia é reconhecida pelo Supremo: STJ 22-jan.-2013 (Gregório Silva Jesus), Proc. 2382/09.

dependendo apenas de concreta gravidade registada. De resto, o alcoolismo crónico e a toxicomania incurável podem ser convolados para "anomalias psíquicas". De notar que, em regra, a surdez-mudez e a cegueira não conduziam, já então, à interdição, uma vez que não implicavam, não havendo outras patologias, uma incapacidade para reger a sua pessoa e bens. O artigo 66.º do Código do Notariado regulava a realização de atos com intervenção de surdos e mudos; outro tanto fazia o artigo 135.º, do Código de Processo Civil, correspondente ao artigo 141.º do Código de 1961.

III. Para a interdição eram competentes os tribunais comuns – 140.º[1932]. Tratava-se de uma importante garantia dos visados, que remontava à doutrina da pré-codificação. Como o artigo 139.º remetia para as regras próprias do poder paternal, houve que convolar para os tribunais comuns as competências que as leis sobre menores cometiam aos tribunais de menores. Mas já se questionava se hoje melhor não seria atribuir essa matéria aos tribunais de família: davam plenas garantias de defesa e estavam, por sua natureza, sensibilizados e apetrechados para problemas deste tipo.

Perante os tribunais comuns, havia que seguir o processo especial regulado nos artigos 891.º a 905.º, do Código de Processo Civil (944.º a 958.º do Código de 1961)[1933]. Desse processo, cumpria destacar:

(1) o interrogatório conduzido pelo juiz, com o "... fim de averiguar da existência e do grau de incapacidade do requerido ..." – 897.º, do CPC[1934];
(2) o exame pericial do requerido – 898.º, do CPC; quando opte pela interdição (ou pela inabilitação), o relatório dos peritos[1935] deve precisar, sempre que possível, a espécie de afeção de que sofre o requerido, a extensão da sua incapacidade, a data provável do começo desta[1936] e os meios de tratamento propostos.

[1932] RCb 20-out.-2015 (Maria João Areias), Proc. 989/13.

[1933] José Alberto dos Reis, *Processos especiais*, 1 (1982, reimpr.), 112-154; embora esta obra esteja elaborada ainda no âmbito do Código de Seabra, ela mantém um vivo interesse processual. Quanto a aspetos de processo: RGm 22-mar.-2007 (Proença Costa), Proc. 2631/06-1.

[1934] Quanto ao âmbito desse interrogatório, RPt 20-mai.-2013 (Ana Paula Amorim), Proc. 1206/11.

[1935] Nesse relatório, os peritos não são obrigados a fazer a apreciação de pareceres ou atestados subscritos por outros médicos – RPt 27-out.-1992 cit., CJ XVII, 4, 261.

[1936] Pronunciando-se os peritos a favor de certa data e nada havendo que a contrarie, deve o juiz fixá-la de acordo com o parecer emitido – RCb 31-mai.-1988 (Ferreira

A jurisprudência entendia que a opinião dos peritos médicos, sobretudo se fossem peritos em psiquiatria, tem muito mais valor do que os resultados do interrogatório do arguido, que apenas daria azo a uma impressão do juiz[1937]; não parecia, todavia, possível estabelecer uma graduação em abstrato. O contacto direto com o juiz é fundamental para prevenir qualquer maquinação ou – o que tem enorme importância – para deixar claro, na comunidade jurídica, que não houve tal maquinação[1938]. De resto, na larga maioria dos casos, uma anomalia que justificasse a interdição era imediatamente percetível por qualquer cidadão culto – como é o caso paradigmático do juiz. Do auto do interrogatório deve constar o registo das perguntas (que serão pertinentes) e das respostas, sob pena de anulação[1939].

IV. A interdição podia ser requerida pelo cônjuge do interditando, pelo tutor ou curador deste, por qualquer parente sucessível ou pelo Ministério Público – 141.º/1. A legitimidade para tanto deveria ser alargada, pelo menos, ao próprio visado. Na petição inicial, deviam ser mencionados os factos reveladores dos fundamentos invocados, o grau de incapacidade e as pessoas que, segundo os critérios legais, deveriam compor o conselho de família[1940] e exercer a tutela (ou a curatela, tratando-se de inabilitação) – 891.º do CPC. Era admissível a intervenção espontânea de interessados[1941]. A lei admitia que a interdição pudesse ser requerida dentro do ano anterior à maioridade, para produzir efeitos quando o menor se tornasse maior – 138.º/2. Nessa altura, apenas os progenitores que exerçam o poder paternal ou o Ministério Público têm legitimidade para requerer a interdição – 141.º/2.

da Rocha), CJ XIII (1988) 3, 85-86 (86/I): os peritos médicos são as pessoas melhor colocadas, para tal efeito. Quanto à fixação da data: RCb 15-out.-2013 (Carlos Moreira), Proc. 444/09.

1937 STJ 19-nov.-2015 (Silva Gonçalves), Proc. 63/2000; RLx 30-jun.-1994 (Abranches Martins), CJ XIX (1994) 3, 142-144 (144/II); em RCb 23-fev.-1994 (Costa Marques), CJ XIX (1994) 1, 46-49, entendeu-se relevar a ausência, do processo, dos termos do interrogatório, dado o sentido concludente da restante prova.

1938 Esse contacto é também exigido pelo artigo 1771.º do Código Civil brasileiro.

1939 RPt 7-mar.-1996 (Alves Velho), CJ XXI (1996) 2, 182-183 (183/II).

1940 O autor não tem de juntar, com a p. i., prova documental do parentesco do visado com os vogais indicados para o conselho de família – RLx 14-jan.-1999 (Proença Fouto), BMJ 483 (1999), 264/I. Também já se decidiu que o falecimento da pessoa que exerce a função de protutor em ação de interdição não conduz à suspensão da instância – RLx 22-mai.-1997 (Moreira Camilo), BMJ 467 (1997), 621.

1941 RLx 5-mai.-2009 (Dina Monteiro), Proc. 5198/07.

V. O artigo 143.º/1 indicava a ordem por que a tutela era deferida:

(1) ao cônjuge do interdito, salvo se estiver separado judicialmente de pessoas e bens ou separado de facto por culpa sua ou se for, por outra causa, legalmente incapaz;
(2) à pessoa designada, em testamento ou em documento autêntico ou autenticado, pelos pais ou pelo progenitor que exerça o poder paternal;
(3) a qualquer dos progenitores do interdito, que o tribunal escolha de acordo com o interesse do mesmo;
(4) aos filhos maiores, preferindo o mais velho, salvo se o tribunal, ouvido o conselho de família, entender que algum dos outros dá maiores garantias de bom desempenho do cargo.

Aparentemente e dado o corpo do artigo 143.º/1, esta ordenação seria vinculativa para o tribunal: situação estranha, que entrava em conflito valorativo com as regras sobre a designação da tutela dos menores – artigo 1931.º/1. Parece haver uma certa descoordenação na revisão final do Código. De todo o modo, o artigo 143.º/2, ao permitir, ao juiz, por "razões ponderosas", afastar-se da ordenação anterior, retira-lhe o cunho vinculativo.

Quando a tutela recaísse no pai ou na mãe, estes exerceriam o poder paternal (depois: responsabilidades parentais), nos termos dos artigos 1878.º e seguintes – 144.º. Não oferece dúvidas a hipótese de esse poder ser exercido conjuntamente pelos dois, nos termos gerais do artigo 1901.º. O facto de a tutela recair sobre uma pessoa não excluía que – especialmente havendo conflito de interesses – a representação, para certos atos pudesse incumbir a outra, particularmente ao protutor[1942].

O artigo 146.º regia a escusa da tutela e a exoneração do tutor: o cônjuge do interdito bem como os seus descendentes ou ascendentes não podiam escusar-se da tutela nem dela ser exonerados, salvo violação do artigo 143.º – 146.º. Os seus descendentes podiam ser exonerados, a seu pedido e ao fim de cinco anos, se existissem outros descendentes igualmente idóneos – 146.º/2. Efetivamente, parecia justo, nessas circunstâncias, estabelecer um certo rotativismo, em especial entre irmãos.

VI. Em sede de interdição, era substancialmente importante o conteúdo da sentença que a decretasse. Cabe transcrever o artigo 901.º/1, do Código de Processo Civil (artigo 954.º):

[1942] STJ 22-set.-2005 (Lucas Coelho), Proc. 03B4280.

A sentença que decretar, definitiva ou provisoriamente, a interdição ou a inabilitação, consoante o grau de incapacidade do arguido e independentemente de se ter pedido uma ou outra, fixará, sempre que seja possível, a data do começo da incapacidade e confirmará ou designará o tutor e o protutor ou o curador e, se for necessário, o subcurador, convocando o conselho de família, quando deva ser ouvido.

O juiz não ficava, pois, vinculado, à medida pedida pelo requerente: este pode pedir a interdição e o juiz, feita a prova, concluir pela inabilitação e inversamente. Quanto à data do início da incapacidade: ela constituía uma presunção de facto da existência dessa incapacidade, num útil elemento para os efeitos da anulação de um ato jurídico praticado em data posterior; poderá haver intervalos de lucidez: caberia aos interessados na manutenção do ato provar essa eventualidade e demonstrar que a realização do ato ocorreu num desses intervalos[1943].

VII. A lei ocupava-se, com pormenor, do valor dos atos do interdito. Trata-se de um ponto importante, uma vez que vinha bulir com os direitos de terceiros. A lei, apesar da sua aparente minúcia, deixava espaços de sombra. A sua integração recomendava que se apurem os objetivos do instituto, de modo a podermos tirar partido do fator teleológico da interpretação. Tradicionalmente, entendia-se que a interdição jogava em defesa dos interesses do próprio interdito e dos seus sucessores. O artigo 145.º cometia ao tutor o cuidar especialmente da saúde do interdito, podendo, para o efeito, alienar os bens deste, obtida a necessária autorização do tribunal. Este preceito parecia decisivo: embora pensada, também, no interesse dos sucessores e da família, a interdição era, antes de mais, um instituto assistencial do próprio visado. Todas as dúvidas e conflitos de interesses devem ser solucionados no sentido que, *in concreto*, a este se mostrem mais favoráveis.

VIII. Qual era o âmbito preciso da incapacidade do interdito? Segundo o artigo 148.º, são anuláveis os negócios jurídicos celebrados pelo interdito depois do registo da sentença de interdição definitiva[1944]. Simplesmente: o artigo 139.º remetera para a incapacidade dos menores. Pergunta-se se as "exceções" que a lei contempla para os menores (portanto: as do artigo 127.º) são aplicáveis aos interditos. Atento o interesse

[1943] STJ 5-jul.-2001 (Garcia Marques), CJ/Supremo IX (2001) 2, 151-164 (159).

[1944] REv 12-jul.-1984 (Sanches Afonso), CJ IX (1984) 4, 292-293 (293/I); o direito de pedir a anulação caduca no prazo de um ano a contar do conhecimento do negócio (293/ /II).

destes, a resposta parece-nos positiva. Dependendo do concreto estado do interdito, não havia razão para não o admitir a celebrar negócios da vida corrente, que estejam ao seu alcance[1945]. Esclareça-se, ainda, que as "exceções" do artigo 127.º são de tal monta que o menor, dependendo naturalmente do seu desenvolvimento, pode praticar quase todos os atos próprios do dia-a-dia. Na tradição do Prof. Gomes da Silva, questiona-se que os menores sejam "incapazes".

Pela mesma ordem de ideias, devia entender-se que a anulabilidade dos atos do interdito equivale à "anulabilidade especial" dos menores – artigo 125.º. Ela só pode ser invocada pelo representante legal do interdito ou, teoricamente, pelo próprio interdito, no prazo de um ano contado do levantamento da interdição.

IX. Antes da interdição definitiva e do seu registo, podia justificar-se a tomada de providências provisórias – 142.º. Tais medidas, também referidas no artigo 953.º do CPC, podiam incluir:

(1) a nomeação de um tutor provisório, que pratique em nome do interditando os atos necessários, com a autorização do tribunal;
(2) o decretamento da interdição provisória, quando haja que providenciar quanto à pessoa do interditando ou dos seus bens.

Isto dito, cabia apreciar o seguinte[1946]:

(1) os atos praticados pelo interditando no decurso da ação, depois de anunciada a sua propositura, são anuláveis, desde que a interdição venha a ser efetivamente decretada e se mostre que o negócio causou prejuízo ao interdito – 149.º/1; o prazo para a anulação só começa a correr a partir do registo da sentença – 149.º/2[1947];

[1945] No Direito alemão, uma reforma de 31-jul.-2002 introduziu, no BGB, um § 105 que permite considerar eficazes os negócios jurídicos próprios da vida corrente, celebrados por maiores incapazes. Crítico: Matthias Casper, *Geschäfte des täglichen Lebens – kritische Anmerkungen zum neuen § 105a BGB*, NJW 2002, 3425-3430.

[1946] Quanto à validade dos atos praticados pelo interdito, *vide* STJ 2-dez.-1993 (Ramiro Vidigal), BMJ 432 (1994), 319-331 (329); num caso concreto relacionado com um testamento, *vide* STJ 9-out.-1973 (Adriano de Campos Carvalho), BMJ 230 (1973), 119-124 (122).

[1947] *Vide* STJ 22-jan.-2009 (Santos Bernardino), Proc. 08B3333.

(2) aos atos celebrados pelo interdito antes de anunciada a proposição da ação é aplicável o disposto acerca da incapacidade acidental[1948] – 150.º.

X. A interdição pode ter influência em atos praticados antes da sentença. Justificava-se, deste modo, que morrendo o arguido no decurso do processo, mas depois de realizados o interrogatório e o exame, possa o requerente pedir que a ação prossiga, para o efeito de se verificar se a incapacidade alegada existia e desde quando – artigo 904.º/1, do CPC. Não há, então, lugar a habilitação dos herdeiros do falecido, prosseguindo a causa contra quem nela o representava – *idem*, n.º 2[1949]. Trata-se de um caso interessante de pós-eficácia da personalidade jurídica. Todavia, tudo isto deve ser repensado, à luz de uma reforma modernizadora. Falecendo o interditando e visando o instituto a sua proteção, o processo cessa. Quanto ao valor dos atos: funcionava o regime geral.

172. **A revogada inabilitação**

I. A inabilitação constituía, como foi referido, uma inovação do Código Civil de 1966, pedida, há então já 50 anos, por Guilherme Moreira. Ela visava pessoas cuja anomalia psíquica, surdez-mudez ou cegueira, embora permanentes, não fossem de tal modo graves que justificassem a sua interdição – 152.º/1.ª parte. A inabilitação aplicava-se ainda àqueles que, pela sua habitual prodigalidade ou pelo (ab)uso de bebidas alcoólicas ou de estupefacientes, se mostrem incapazes de reger convenientemente o seu património – 152.º/2.ª parte[1950].

Ao pedido de inabilitação e ao decurso do processo aplicavam-se, subsidiariamente, as regras da interdição – 156.º. O Código de Processo Civil trata, de resto, ambas as figuras em conjunto – 891.º e seguintes –, cabendo recordar que o juiz pode optar pela interdição ou pela inabilitação, independentemente de lhe ser pedida uma ou outra – artigo 901.º/1 do CPC.

1948 STJ 31-out.-2006 (Alves Velho), Proc. 06A2907. Um caso de incapacidade acidental: STJ 13-jan.-2009 (Helder Roque), CJ/Supremo XVII (2009) 1, 43-47; RLx 12-dez.-2013 (Fátima Galante), Proc. 282/13.

1949 *Vide* a aplicação destas regras em REv 27-mai.-1999 (Manuel Mário Pereira), BMJ 487 (1999), 373/I e em RLx 17-fev.-2000 (Nunes da Costa), BMJ 494 (2000), 387 = = CJ XXV (2000) 1, 117-119.

1950 Sobre a matéria, Pais de Sousa/Oliveira Matias, *Da incapacidade jurídica* cit., 2.ª ed., 267 ss.

II. A inabilitação não conduzia a uma incapacidade geral: antes se reportava a determinados atos ou categorias de atos. Por isso, a sentença que a decretasse devia especificar os negócios que devam ser autorizados ou praticados pelo curador – 901.º/2, do CPC.

Surgia, assim, o curador. De origem romana, o curador acompanhava os jovens, dos 14 aos 25 anos; era, ainda, a figura atuante a propósito do *furiosus*. No Direito comum, ele surgia muitas vezes como equivalente ao tutor, sem uma precisa delimitação jurídica. A figura foi recuperada, no Direito italiano, aquando da preparação do Código Civil de 1942, para designar a entidade encarregada de velar pelo inabilitado[1951]. O legislador português, na sequência da proposta de Américo Campos Costa, adotou-a, no âmbito da inabilitação[1952].

No domínio da inabilitação, cabia ao curador assistir ao visado. O seu papel era, fundamentalmente, autorizar "... os atos de disposição entre vivos e todos os que, em atenção às circunstâncias de cada caso, forem especificados na sentença" – artigo 153.º/1. Na falta de autorização, os atos praticados pelo inabilitado eram anuláveis: tal resultava do artigo 148.º, aplicável *ex vi* artigo 156.º.

A autorização do curador podia ser judicialmente suprida – artigo 153.º/2; haverá, então, que seguir o disposto nos artigos 1000.º e seguintes, do Código de Processo Civil.

III. O sistema da inabilitação era especialmente flexível: ele permitia que o juiz coloque a administração do património do inabilitado, no todo ou em parte, sob o curador – 154.º/1. Seguia-se, então, um princípio de representação pelo curador, num esquema semelhante ao da tutela: constituição do conselho de família, designação de um dos vogais como subcurador e obrigação de prestação de contas, pelo curador – 154.º/2 e 3.

A especial diferença entre a interdição e a inabilitação mantinha-se, nessa altura, no domínio das situações de natureza pessoal; o curador – ao contrário do tutor – não podia tomar quaisquer medidas no tocante ao inabilitado, o qual se conservava livre, na esfera pessoal.

A inabilitação era levantada quando cessasse a causa que a determinara: artigos 151.º e 156.º. Todavia, quando adviesse de prodigalidade ou do abuso de bebidas alcoólicas ou de estupefacientes, o seu levantamento só seria deferido quando decorressem cinco anos sobre o trânsito em julgado

[1951] Ulderico Bisegna, *Tutela e curatela (diritto civile)*, XIX (1973), 924-956 (949 ss. e 954) e Emilio Vito Napoli, *L'infermità* cit., 55 ss.

[1952] Recorde-se Campos Costa, *Incapacidades* cit., 197.

da sentença que a houvesse decretado ou da decisão que tivesse desatendido um pedido anterior de levantamento – 155.º.

IV. Subtipo importante, no campo da inabilitação, era o que podia impender sobre os pródigos. Houve uma evolução, que cumpre sublinhar. Segundo o artigo 340.º do Código de Seabra[1953],

> As pessoas maiores ou emancipadas que, por sua habitual prodigalidade, se mostrem incapazes de administrar os seus bens, poderão ser interditas da administração dos ditos bens, sendo casadas ou existindo herdeiros legitimários.

O instituto funcionava, assim, em defesa do cônjuge ou dos herdeiros do pródigo. Esse aspeto desapareceu com o artigo 152.º do Código atual: a inabilitação por prodigalidade passou a operar, em primeira linha, em defesa do próprio; reflexamente: no dos herdeiros e familiares do pródigo[1954].

A lei não definia prodigalidade: apenas se referia a incapacidade de "... reger convenientemente o seu património". Com recurso a essa fórmula e à jurisprudência, podemos avançar que a prodigalidade resultava não – ou não apenas – de despesas elevadas em relação aos rendimentos, mas de despesas injustificadas e reprováveis, que pusessem em causa o capital ou os seus bens de que provinham os rendimentos[1955]. Devia, em suma, ser feita uma avaliação fortemente negativa quanto à gestão do pródigo, num juízo de Direito. Tal juízo formar-se-ia em função de factos que ao autor cabia levar ao processo, demonstrando-os[1956]. A regra básica do sistema era a da liberdade económica. Por isso, a inabilitação dos pródigos devia operar perante efetivas anomalias de comportamento; não, apenas, em face de maus negócios.

[1953] Na versão original, José Dias Ferreira, *Código Annotado* cit., 1, 2.ª ed., 239. Trata-se de matéria que foi aprofundada já pelos jurisprudentes romanos; *vide* Francesca Pulitanò, *Studi sulla prodigalità nel diritto romano* (2002).

[1954] RCb 12-jan.-1993 (José Barata Figueira), CJ XVIII (1993) 1, 11-13 /12/II); STJ 25-jan.-2005 (Nuno Cameira), Proc. 04A4480; *vide* Pires de Lima/Antunes Varela, *Código Civil Anotado* cit., 1, 4.ª ed., 158.

[1955] STJ 23-jan.-1970 (J. Santos Carvalho Júnior), BMJ 198 (1970), 106-110 (109); RCb 19-fev.-2013 (Carvalho Martins), Proc. 1685/10.

[1956] RPt 1-mar.-1994 (Cândido Lemos), CJ XIX (1994) 2, 177-179 e RLx 18-jan.-2000 (Rui Dias), CJ XXV (2000) 1, 81-82 (82/I).

§ 35.º A REFORMA DE 2018

173. A necessidade da reforma

I. Desde o início da vigência do Código Civil, registou-se uma elevação muito considerável do nível de vida da população[1957]. Foi atingido o patamar das nações desenvolvidas, com tudo o que isso implica, no verso e no reverso. Num fenómeno interligado, verificou-se um aumento expressivo da esperança de vida. Todavia, assistiu-se a uma quebra da natalidade. Como consequência, a pirâmide etária tende para a inversão. Há um envelhecimento da população. Isso explica o aumento percentual do cancro e das doenças vasculares cerebrais como causa de morte: à semelhança do que ocorre em outros países desenvolvidos, essas patologias tendem a surgir como a primeira causa dos falecimentos. E explica, ainda, um aumento de patologias neurológicas.

O Direito civil, tradicionalmente virado para a atividade do cidadão adulto, *sui iuris*, na plena posse de todas as faculdades e com um aceno aos menores, futuros agentes económicos, tem de adaptar-se. Cumpria preparar o terreno para um tratamento condigno das pessoas idosas ou, em qualquer idade e dada a menor mortalidade, das pessoas carecidas de proteção acrescida. Além disso, cabia acolher as opções da Convenção de Nova Iorque sobre as pessoas com deficiência.

II. Verifica-se, igualmente, que a evolução dos costumes permite, hoje, considerar o deficiente como uma pessoa igual às outras: apenas com necessidades especiais, que devem ser satisfeitas. Valha o exemplo para-

[1957] *Vide* os elementos coligidos no nosso estudo *Da situação jurídica do maior acompanhado/Estudo de política legislativa relativo a um novo regime das denominadas incapacidades dos maiores*, RDC 2018, 473-554 (492 ss.), estudo esse que serviu de base à reforma.

digmático de Stephan Hawking (1942-2018): um dos maiores sábios dos nossos dias. Atingido por uma esclerose lateral amiotrófica, Hawking não podia agir a não ser poderosamente assistido, falando através de um sintetizador de voz. Todavia, a sua genealidade é pacífica, sendo um dos grandes credores da Humanidade.

III. Nos últimos cinquenta anos, assistiu-se a um aumento das limitações naturais, no seio da população portuguesa. Será exagero hiperbolizar o fenómeno, falando em "profundas alterações" ou em "modificações radicais". Mas houve, de facto, um acréscimo de patologias limitativas, fruto do aumento da esperança de vida, de um melhor diagnóstico, de uma diminuição da capacidade agregadora das famílias e, em certos casos, das próprias condições de vida prevalecentes.

Referimos as doenças de Alzheimer e de Parkinson.

Descrita pelo psiquiatra alemão Aloysius Alzheimer (1864-1915), em 1906, a doença de Alzheimer é um transtorno neurodegenerativo associado à formação de placas neurofibrilares. Não tem cura (neste momento), prevendo-se que, em 2050, afete 1 em cada 85 pessoas. Por agora, atinge 1% das pessoas com menos de 70 anos, 6% das de 70 a 80, 30% de 80 a 90 e 60% depois dos 90. Na primeira fase, provoca distúrbios na memória a curto prazo; depois confusão, perda da linguagem e da memória a longo prazo e, no termo, total dependência.

Identificada pelo médico inglês James Parkinson (1755-1824), em 1817, a doença de Parkinson é uma degenerescência do sistema nervoso central provocada pela destruição dos neurónios produtores de dopamina. Atinge 80 a 160 indivíduos em 100.000, abrangendo 1% das pessoas com mais de 65 anos. A doença manifesta-se, inicialmente, por tremores numa das mãos; atinge progressivamente os membros (rigidez) alastrando à fala; pode haver distúrbios psíquicos e, no limite, demência. Há tratamentos retardadores.

Em Portugal haverá 150.000 pessoas com demência, incluindo 90.000 doentes de Alzheimer. Além disso, temos situações de degenerescência por alcoolismo (síndrome de Korsakoff e outros)[1958], bem como pessoas com sequências de acidentes vasculares cerebrais.

[1958] Portugal ocupa um lugar "honroso" no domínio do consumo de bebidas alcoólicas: uma capitação de 13 litros de álcool por pessoa/ano (11.º lugar mundial). O *record* cabe à Bielorrússia, com 17,5 litros.

Independentemente de patologias, o simples fenómeno natural do envelhecimento torna as pessoas mais sensíveis, mais sugestionáveis e mais procuradas por quem, delas, se queira aproveitar.

IV. Às limitações naturais causadas pela idade, há ainda que somar limitações que atingem as crianças. Apenas alguns dados meramente exemplificativos:

(1) nascem, no País e por ano, cerca de 180 crianças com doença de Down: essa afetação reporta-se, assim, a alguns milhares de jovens: estima-se que cerca de 15.000;
(2) não existem dados seguros quanto ao autismo, que provoca, de resto, limitações muito variáveis; há 2.300 casos diagnosticados, sabendo-se, contudo, que os números reais são muito superiores; nos países desenvolvidos, o autismo afeta 1 em cada 70 nascidos;
(3) a paralisia cerebral – que abrange situações diversas – atinge, por seu turno, milhares de jovens.

O levantamento geral da saúde mental no País[1959] revela que 22,9% da população sofre de alguma afetação: desde depressão, a bipolarismo e até às várias demências[1960]. O Direito intervém nas situações mais delicadas. Impõe-se, todavia, uma reflexão aprofundada sobre tudo isto.

V. De acordo com os números disponíveis, os nossos tribunais, ao abrigo do antigo regime das incapacidades, haviam decretado alguns milhares de interdições[1961]. Os números revelam uma dimensão que justifica amplamente uma maior atenção por parte das Universidades e dos institutos especializados. Devemos porém ter consciência de que a larga maioria das situações de insuficiência ou de deficiência físicas ou psíquicas ficam à margem de quaisquer medidas de proteção jurídica.

Tomemos o caso alemão. Em 1994, havia 542.000 pessoas sob acompanhamento (*Betreuung*): uma cifra que, em 2012, subiu para 1.325.013.

[1959] *Vide* a publicação da Direção-Geral de Saúde, *Portugal/Saúde Mental em números – 2015* (2016), 72 pp..

[1960] Outras indicações estatísticas constam do nosso *Da situação jurídica do maior acompanhado* cit., 499 ss..

[1961] *Idem*, 499-501.

Em termos percentuais, os números variam, conforme os *Länder*. Temos um mínimo de 7 pessoas por mil, em Baden-Württemberg e um máximo de 14,6 pessoal por mil, em Berlim[1962]. Números mais recentes, constantes da *Justizstatistik*, revelam um ligeiro decréscimo[1963]:

2013 .... 1.310.619
2014 .... 1.306.589
2015 .... 1.276.538

Feitas as contas à diferença de população entre a Alemanha e Portugal, o número de pessoas que, entre nós, poderiam beneficiar de proteção jurídica ultrapassaria as 160.000. Essa cifra, muito considerável, está em linha de conta com as demências diagnosticadas. Mas as medidas decretadas no terreno cobrem uma pequena percentagem desse número.

Qual a explicação para o "défice" de medidas jurídicas de apoio aos física ou psiquicamente necessitados? Temos várias explicações:

(1) a desadequação do sistema em vigor, assente na interdição/ /inabilitação;
(2) o papel das famílias que ora dá, ao necessitado, todo o apoio no seu seio, ora o desconhece;
(3) a falta de bens que suscitem o interesse dos familiares;
(4) o facto de os familiares terem, por uma via ou outra, acedido a todos os bens relevantes, com destaque para móveis de valor e saldos bancários;
(5) o tipo de publicidade previsto na lei, com anúncios prévios nos tribunais, nas juntas de freguesia e nos jornais e que perturba o recato pessoal e familiar que sempre deveria acompanhar situações deste tipo.

Em qualquer dos casos, reforçada ficou a necessidade de uma reforma ambiciosa. Foram colhidos dados por amostragem, no terreno[1964] e proce-

1962 Dados colhidos em Georg Dodegge/Andreas Roth, *Systematischer Praxiskommentar/Betreuungsrecht*, 4.ª ed. (2014), LIX + 852 pp., 3 (Nr. 2).

1963 *Betreuungszahlen 2015*, 31 pp., 1.

1964 *Da situação jurídica do maior acompanhado* cit., 502 ss..

deu-se ao estudo de alguns anteprojetos entretanto surgidos[1965]. Daí resultou um anteprojeto, validado por nós próprios, pelo Prof. António Pinto Monteiro e pelo Prof. Miguel Teixeira de Sousa, no plano processual[1966].

174. Os objetivos

I. Verificou-se uma unanimidade clara no sentido da necessidade de renovar o regime das "incapacidades", tal como fixado no Código Civil. A renovação das "incapacidades" tinha escopos também consensualizados:

(1) a primazia da autonomia do visado, cuja vontade deve ser respeitada e aproveitada até aos limites do possível;
(2) a subsidiariedade de quaisquer limitações judiciais à capacidade do visado: só encaráveis quando o problema não possa ser ultrapassado com recurso aos deveres de proteção e de acompanhamento comuns, próprios de qualquer situação familiar;
(3) a flexibilização da interdição/inabilitação, dentro da ideia de que cada caso é um caso;
(4) a manutenção de um controlo jurisdicional eficaz sobre qualquer constrangimento imposto ao visado;
(5) o primado dos interesses pessoais e patrimoniais do visado;
(6) a agilização dos procedimentos, no respeito pelos pontos anteriores;
(7) a intervenção do Ministério Público em defesa e, quando necessário, em representação do visado.

II. Uma reforma legislativa, para mais atinente aos direitos das pessoas e a alojar num Código Civil não é – não pode ser – uma obra de inspiração pontual, ao sabor dos acasos do momento. Ela deve ter, na base, conceções jurídico-científicas consistentes, que correspondam à cultura do Povo em que o tema se coloque. O Direito civil português integra, inquestionavelmente, o sistema romano-germânico. Num fenómeno também

[1965] *Idem*, 536 ss..

[1966] *Da situação jurídica do maior acompanhado/Anteprojeto de reforma*, RDC 2018, 687-740.

ocorrido no Brasil, a partir de meados do século XIX, o civilismo nacional deslocou-se da área de influência napoleónica para a área da Ciência alemã. Trata-se de uma caminhada irreversível, feita pela mão da Escola de Coimbra: Guilherme Moreira, Vaz Serra, Manuel de Andrade e Antunes Varela. Mais tarde, ela foi acompanhada pela Faculdade de Direito de Lisboa. Tudo isso prossegue até hoje. O fruto mais visível da atual natureza da Ciência nacional reside, precisamente, no Código Civil de 1966. Sublinhe-se ainda que a natureza romano-germânica desse Código é, hoje, património do sistema lusófono, tanto mais que recebeu apoio decisivo dos Códigos Civis brasileiros de 1916 e de 2002. Ele aplica-se, por todo o Mundo, nos Países que falam português e que mantêm, na essência, o Código de 1966[1967].

No domínio das "incapacidades" de maiores, não é possível encarar estudos de ponta, mormente de política legislativa, sem considerar a experiência alemã. Desde logo e a grande distância, é a que apresenta mais e melhores estudos monográficos[1968]. Sempre com total dianteira, é na Alemanha que encontramos obras gerais, particularmente no campo da família, bem como grandes e atualizados comentários ao BGB. A jurisprudência publicada e anotada é incontornável. Temos revistas especializadas – recorde-se a *Betreuungsrechtliche Praxis*, com vinte e três volumes publicados – sem esquecer as grandes publicações de Direito da família, com exemplo na FamRZ (*Zeitschrift für das gesamte Familienrecht*), na FPR (*Familie Partnerschaft, Recht*), FuR (*Familie und Recht*) e na NZFam (*Neue Zeitschrift für Familienrecht*). Em suma: uma vida humana seria insuficiente para acompanhar todo este material. Não há servilismos. Embora de tipo romano-germânico, a Ciência Jurídica lusófona tem, há muito, caminhos próprios. Além disso, existe uma barreira linguística que, só por si, não permite transposições. Todavia, a realidade apontada recomenda que se tenha presente, seja para acompanhar, seja para adaptar, seja para contrariar, a experiência alemã. Chamamos ainda a atenção para um ponto, por vezes esquecido. O chamado Direito europeu é, em grande parte, de inspiração alemã, ainda que simplificada e falada em inglês. A própria Convenção de

[1967] Quanto ao sistema lusófono de Direito, próximo do romano-germânico, *vide* os nossos *O sistema lusófono de Direito*, ROA 2010, 1-105 e *Tratado de Direito civil* I, 4.ª ed. (2012), 181 ss..

[1968] *Vide* indicações no nosso *Da situação jurídica do maior acompanhado* cit., 512-513.

Nova Iorque de 2007 foi negociada pela União Europeia, com o inevitável peso jurídico-científico dos especialistas de Além-Reno.

II. Em nome de um realismo elementar, há que sublinhar os inevitáveis limites da reforma, particularmente sensíveis, nesta área. Desde logo, a defesa dos deficientes, seja qual for a gravidade do problema, faz-se no terreno. Perante a progressiva decadência dos laços familiares, documentada em todo o Ocidente, há que renovar, motivar e fortalecer os serviços de segurança social. Impõe-se, ainda, promover e apoiar as associações privadas, às quais deve ser dado um papel de primeiro plano, na defesa dos maiores "incapacitados". Nenhuma reforma legislativa, por boa e adequada que se apresente, poderá, por si, mudar seja o que for.

III. Uma reforma das "incapacidades", mesmo profunda e cuidadosa, representa um ponto mínimo no que hoje surge como o grande oceano do Direito. O juiz aplica sempre o sistema, no seu todo. A reforma tem de se integrar com naturalidade no Direito civil: as quebras sistemáticas dificultam a aplicação e põem em causa os objetivos que julgam servir. Tocar no Código Civil implica cuidados dogmáticos, formais e linguísticos acrescidos. Está em causa a Lei fundamental da Cidadania. O seu papel conformativo do pensamento jurídico lusófono é incontornável. O potencial pedagógico envolvido surge decisivo. Tudo isto condiciona a reforma, potenciando-a no melhor sentido. Recorde-se, a encerrar esta rubrica, que a reforma alemã do Direito das obrigações foi preparada e discutida durante mais de vinte anos, enquanto a francesa foi ponderada durante, pelo menos, setenta anos.

175. As opções da reforma

I. A análise comparatística, enriquecida com as ideias já surgidas para a reforma portuguesa, permitem ilustrar a existência de vários modelos ou vias para prosseguir os objetivos apontados. Para facilidade de exposição, vamos distinguir:

- modelos monistas, dualistas ou múltiplos;
- modelos assentes na situação a corrigir (materiais) ou nos meios destinados a fazê-lo (instrumentais);

– modelos de substituição e de acompanhamento;
– modelos estritos e regulamentares.

No terreno, estes modelos não são consagrados em termos "puros": há sempre algumas cedências. Todavia, a sua consideração permite escolhas claras e justificadas.

II. Os modelos monistas consagram um único instituto de "incapacitação" de maiores; os dualistas trabalham com dois; os múltiplos admitem mais de dois. Historicamente, o Código de Seabra era monista: assentava na interdição, na linha do Código Napoleão, versão inicial. Esta orientação mantém-se, flexibilizada, no Código Civil brasileiro de 1916 e no de 2002, versão inicial. Na atualidade, exemplo de monismo é a solução alemã da *Betreuung* ou acompanhamento; o *Betreuer* ou acompanhante recebe os poderes que cada caso recomende. Na mesma linha vai o Direito austríaco, após a reforma de 2006: temos um administrador ou curador, com poderes variáveis, que permite suprir as insuficiências do visado. O Direito espanhol, ao trabalhar com a figura da "incapacitação" era, também, monista. Todavia, a reforma de 2015, com regimes sobre a tutela, a curatela e a guarda de facto, parece ter quebrado essa lógica. A Convenção de Nova Iorque de 2007, por seu turno, tem subjacente um claro monismo: recorde-se que, num fenómeno menos conhecido, ela é de inspiração alemã.

Modelo dualista é o do Código Civil de 1966, que trabalhava com dois institutos: o da interdição e o da inabilitação. Era ainda o esquema do Código italiano de 1942, antes da reforma de 2004; de resto, este Código serviu de inspiração ao anteprojeto Campos Costa, na base do Código Civil[1969].

Modelo múltiplo é, hoje, o do Código Civil francês, mormente após a reforma de 2007. Ele admite a salvaguarda em justiça, a tutela, a curatela e o mandato para proteção futura. O Código italiano, após a reforma de 2004, consigna a administração apoiada, a interdição e a inabilitação.

O objetivo mais marcante da reforma é o da flexibilização. A consagração de vários institutos dificulta esse escopo. Prevendo-os, há que tipificá-los, fixando-lhes um conteúdo próprio. A aplicação prática vai concentrar-se em temáticas conceituais, descurando – ou podendo descu-

[1969] *Supra*, 533 ss..

rar – a realidade. Tudo isso aponta para o monismo: a escolha certa, que deve prevalecer.

III. Temos, depois, a opção pelos modelos materiais ou pelos instrumentais. Os modelos materiais partem da situação do visado. Assim, um sistema construído a partir da interdição é material: integrado o instituto, há, depois, que ver as consequências. Pelo contrário, os modelos instrumentais arrancam dos remédios a aplicar: tal será o caso do esquema assente na tutela. O Direito comparado apresenta exemplos esclarecedores. O modelo alemão da *Betreuung* é material; verificando-se a situação, cabe, por hipótese, a tutela. Materiais eram, ainda, os códigos clássicos: Napoleão e Seabra (interdição), BGB inicial (*Entmündigung*), italiano e português de 1966 (interdição e inabilitação). Mais tarde, pretendendo evitar os termos, passou-se a modelos instrumentais: francês pós-2007 (tutela, curatela e mandato). Também instrumentais foram o Projeto de Lei n.º 61/ /XIII[1970] (salvaguarda, tutela, curatela e tutela e curatela provisórias) e a Proposta do Centro de Direito da Família (curatela), surgidos entre nós. A lógica de um Código Civil dá prevalência a modelos materiais. As medidas a adotar são subsequentes à situação de fundo verificada. Embora não seja pensável cindir os aspetos materiais dos instrumentais, há que ter uma base de redação: logicamente material. Fica-nos, como preferível, um modelo material, cabendo depois ultrapassar o problema da sua denominação.

IV. Contrapõem-se os modelos de substituição e os de acompanhamento. No modelo de substituição, o maior "incapaz" é representado. A sua vontade é, de facto, a do representante, em regra o tutor. No de acompanhamento, o visado é simplesmente apoiado. Pretende-se que a sua vontade, embora genuína, se vá formando e manifestando com a ajuda de um figurante que apenas pretenda, objetiva e subjetivamente, defender a autonomia e o interesse do deficiente. A Convenção de Nova Iorque aponta para a primazia do acompanhamento, seguramente o mais aprazível. Mas não é possível um modelo de acompanhamento "puro". O deficiente profundo, o doente de *Alzheimer* em estado avançado ou o paciente em coma *dépassé* não têm nem manifestam qualquer vontade: terão, mesmo, de ser representados; no limite, pelo Ministério Público. Noutros casos, com variações até ao infinito, o acompanhamento é possível. Com a limitação

[1970] Apresentado no Parlamento por um grupo parlamentar, ele não teve seguimento.

apontada, há que eleger, como preferível, o modelo do acompanhamento. É o que melhor corresponde à profunda intenção normativa e cultural e tratar o visado como ser humano em parte inteira, com direito à solidariedade e ao apoio que se mostrem necessários. O acompanhamento é o ponto de partida e é a base do sistema a estabelecer. Apenas no limite, haverá representação.

V. Segue-se a análise dos modelos estritos ou regulamentares. Num modelo estrito, a lei fixa as bases do regime: em termos claros, simples e de fácil apreensão. Já no modelo regulamentar, a lei faz distinções, fixa procedimentos e desce a minúcias. Tendencialmente, podemos dizer que a Lei alemã é estrita, enquanto a francesa surge regulamentar. Também os anteprojetos antes apresentados entre nós são, tendencialmente, regulamentares: basta ler o Projeto de Lei n.º 61/XIII ou a Proposta do Centro de Direito da Família[1971]. Em termos estilísticos, um Código Civil não é regulamentar. O legislador deve ser sóbrio e preciso. As minudências, se necessárias, constam de diplomas complementares. Todavia mais importante é o fundo do problema. Com efeito, se se pretende – como é o caso – um regime flexível e adaptável às circunstâncias, não se vê como fixar a substância e os procedimentos dentro das baias de regras extensas e densas. As leis nacionais – pense-se nas sociedades, na banca, nos seguros e nos valores mobiliários – são as mais extensas e complexas da Europa. A erudição dos seus autores materiais fica comprovada: mas é má técnica para os agentes visados e para uma gestão eficaz do bem-comum. A reforma deve eleger um modelo estrito e sóbrio: seja por razões de estilo, seja (ponto determinante!) pelas sublinhadas razões de fundo. Não se compreenderia que um regime simplificador e "libertador" viesse duplicar o número de preceitos atualmente dedicados à interdição e à inabilitação.

VI. A reforma almejada deve obedecer às coordenadas seguintes: fixa um modelo monista, material, de acompanhamento e estrito. Como denominá-lo? É evidente: em teoria, qualquer *nomen* é bom, desde que se diga o que significa. Todavia, sabemos que o Direito, como Ciência

[1971] Entidade ligada à Universidade de Coimbra, ela elaborara um circunstanciado documento sobre as incapacidades dos maiores.

Humana, é linguisticamente condicionado[1972]. Os conceitos surgem porque há locuções vocabulares que os sustentam. O primeiro contacto com o jurídico faz-se por palavras. A denominação de um instituto gera, no intérprete-aplicador, uma primeira impressão, base de um pré-entendimento que pode ser subsequentemente decisivo, na interpretação e na aplicação. O instituto destinado a enquadrar as "incapacidades" dos maiores deve ter uma denominação correta, apelativa, sugestiva quanto às opções a realizar e de bom tom, dentro da musicalidade da língua portuguesa. Deve, ainda, ser dogmaticamente adequada.

A paleta disponível é extensa. Todavia, as opções já feitas reduzem-na. Assim:

- "interdição" ou "inabilitação": devem ser abandonadas, pela rigidez que traduzem e pela adesão a um regime que se pretende reformar;
- "tutela" ou "curatela": são ambas locuções instrumentais; a tutela, ainda que surja mais à frente, é limitativa enquanto "curador" tem, no Código Civil, outras aplicações (p. ex., artigos 94.° e 104.°, no campo da ausência); quanto a "tutelado" ou "curatelado": pior;
- "incapacitado": locução espanhola, inadequada pelo seu sentido e contrária à reforma;
- "apoiado" ou "protegido": locuções italianas, elas implicam uma ideia de paternalismo menos adequada ao sentido profundo da reforma;
- "assistido": traduz uma sensação de infeliz ou de indigente.

Fica-nos, assim, o termo "maior acompanhado". Acompanhar[1973] uma pessoa é digno, prestigiante para todos, socialmente adequado e, neste sentido, juridicamente virgem. Podemos "criar" um conceito civil sistematicamente correto, convidativo e com potencialidades para transmitir a essência do novo regime. Há algum aceno à *Betreuung*. Mas a correspondência é distante, totalmente diferenciada em termos linguísticos e não põe em mínima crise a especificidade da lusofonia jurídica.

[1972] Quanto ao papel da linguagem no Direito, p. ex., o nosso *Tratado de Direito civil* cit., I, 4.ª ed., 189 ss. e 265 ss., com indicações.

[1973] Acompanhar advém do latim *companio*, de *cum panis*: aquele com quem se reparte o pão. Implica, na base, uma ideia de igualdade solidária.

176. O perímetro da reforma

I. Uma boa reforma é uma reforma contida. Recorde-se que uma das mais importantes leis do Ocidente – a *Lex Aquilia de damno* – tem três artigos sintéticos. Ao fim de vinte e dois séculos, mantém-se em vigor, com toda uma vitalidade. À luz das opções já anunciadas, a reforma deve cingir-se aos artigos 138.º a 156.º do Código Civil, dando sempre provas de sobriedade. As fórmulas legais enganam: quanto mais sintéticas, mais trabalho representam. Ela deve, também, modificar algumas regras processuais: o *minimum*. Pergunta-se se há que "corrigir", nas centenas de leis em vigor, tudo quanto se reporte a "interdições", "inabilitações", "demências notórias" e assim por diante.

Uma reforma prudente pode ultrapassar o problema com uma remissão de ordem geral. Todas as "interdições" ou similares referidas nas leis são reportadas, com as necessárias adaptações, ao maior acompanhado. Isso não impede que, em pontos emblemáticos ou sensíveis com exemplo nos preceitos inseridos no próprio Código Civil, as alterações sejam feitas, de modo expresso, nos locais próprios.

II. Pergunta-se se a reforma devia abranger a gestão de negócios e o mandato. Algumas sugestões nacionais apontavam nessa direção. Todavia, quanto à gestão de negócios, afigura-se que o regime geral dos artigos 464.º e seguintes do Código Civil, experimentado ao longo de séculos, está sempre disponível. Fixar uma "gestão especial", com regras burocráticas e com uma ordenação de potenciais "gestores" só complica, ao arrepio do espírito geral da reforma. Tal "gestão" deve ser evitada.

Quanto a um "mandato em previsão de incapacidade": ele correspondia a uma "exigência" do Conselho da Europa, não vinculativa mas impressiva, sendo acolhida em diversos ordenamentos. Esta figura suscita dúvidas, devendo ser pensada. Em abstrato, a ideia é boa: a pessoa a quem seja diagnosticada uma doença progressiva incapacitante (*maxime*, *Alzheimer*) sabe que irá, inevitavelmente, perder as suas faculdades. Pode, nessa eventualidade, celebrar um mandato com pessoa da sua confiança, para que cuide de si e dos seus bens. No terreno, já há mandatos desse tipo, na base da lei geral. Mas são duvidosas quer a sua admissibilidade quer as suas vantagens. Na verdade, a pessoa atingida por *Alzheimer* ou por outro tipo de demência progressiva vai perdendo, aos poucos, as suas faculdades e a sua vontade. Passado o primeiro choque, ela acomoda-se e, com facilidade, vai cair sob a influência de parentes quiçá não-desinteressados. Estes não terão dificuldade em subtrair-lhe o mandato com poderes alargados, que usarão, depois, a seu bel-prazer. Um mandato em previsão de incapacidade teria de passar sempre por um severo crivo do Tribunal. Ao Ministério Público caberá o papel fundamental e imprescindível de representar o visado e de defender o interesse geral. Noutra vertente, o mandato em causa poderia ser valorado como um elemento significativo para a escolha do acompanhante.

III. Nos países onde, neste momento, mais longe é levado o acompanhamento de pessoas necessitadas de cuidados especiais temos, como peça-chave, as associações de apoio. Elas têm um papel marcante no seguimento dos casos, podendo indicar o acompanhante ou tutor, sempre uma pessoa singular sindicada pelo Tribunal. Este caminho deve ser trilhado, tanto mais que existem, entre nós, associações excelentes, com boas provas dadas. Cabe dar-lhes mais meios e mais poderes, conferindo-lhes um lugar na dinâmica do acompanhamento. Todavia, essa deveria ser uma reforma autónoma, bem pensada e não, propriamente, um tema a inserir no Código Civil. O domínio último do apoio a adultos reside na segurança social e nos departamentos vocacionados de assistência pública. Também aqui se impõe uma reflexão e uma eventual reforma adaptativa, a estudar e a concretizar em sede própria.

IV. Pôs-se, ainda, o problema das principiologias e das definições. As deficiências em adultos e os esquemas destinados a superá-las estão claramente apontados na Convenção de Nova Iorque, sendo pacíficos na doutrina. O acompanhamento visa a dignidade e a liberdade das pessoas; ele procura salvaguardar e ampliar a sua autonomia e o âmbito da sua vida privada. Acautela, ainda, o seu património e a sua concretização profissional. Além disso, ele deve ser reduzido ao mínimo necessário, devendo-o mostrar sempre devidamente justificado e adaptado a cada situação. Pergunta-se, todavia, se estas proposições devem ser levadas ao Código Civil. As convenções internacionais devidamente aprovadas e ratificadas vigoram na Ordem Jurídica interna. Não carecem de transposições. Por seu turno, o Código Civil é sempre interpretado e aplicado à luz da Constituição e das fontes superiores, entre as quais o Direito internacional. O Código Civil não é uma Carta de Direitos. Em suma: nem pertence à tradição civil exarar preceitos principiológicos no Código nem isso é minimamente necessário.

Compete, sim, ao regime, dar corpo a esses princípios. A doutrina elabora, depois, a matéria.

Quanto às definições: é sabido que os instrumentos europeus e, por vezes, as convenções internacionais dedicam largos espaços a definições. Fazem-no porque estão em causa países distintos, todos com os seus ordenamentos, com a sua Ciência e com a sua semântica jurídica própria. As traduções não são possíveis, com graus máximos de precisão. A única solução é definir. No campo interno, o problema não se põe. O Código Civil contém definições, mas noutro plano: elas preparam o regime subsequente. Isto dito, é clara hoje a tendência para evitar definições: a lei manda, mas não teoriza. Tanto basta para que elas sejam poupadas.

§ 36.º O ACOMPANHAMENTO

177. Sistema geral

I. O regime do acompanhamento consta dos artigos 138.º a 156.º do Código Civil, introduzidos pela Lei n.º 49/2018, de 14 de agosto[1974]. Além disso, os aspetos processuais – que têm relevo substantivo – resultam dos artigos 891.º a 904.º do Código de Processo Civil, na redação derivada, também, dessa mesma Lei. Diversos outros diplomas comportam referências ao acompanhamento, de acordo com a referida Lei n.º 49/2018[1975].

II. O dispositivo civil relativo ao acompanhamento tem o teor seguinte, como se alcança das diversas epígrafes: 138.º (acompanhamento), 139.º (decisão judicial), 140.º (supletividade), 141.º (legitimidade), 142.º (menores), 143.º (acompanhante), 144.º (escusa e exoneração), 145.º (âmbito e conteúdo do acompanhamento), 146.º (cuidado e diligência), 147.º direitos pessoais e negócios da vida corrente), 148.º (internamento), 149.º (cessação e modificação do acompanhamento), 150.º (conflitos de interesses), 151.º (retribuição do acompanhante e prestação de contas), 152.º (remoção e exoneração do acompanhante), 153.º (publicidade), 154.º (atos

[1974] Este diploma alterou os artigos 32.º, 85.º, 131.º, 138.º a 156.º, 320.º, 488.º, 705.º, 706.º, 1003.º, 1174.º, 1175.º, 1176.º, 1601.º, 1604.º, 1621.º, 1633.º, 1639.º, 1643.º, 1708.º, 1769.º, 1785.º, 1821.º, 1850.º, 1857.º, 1860.º, 1861.º, 1913.º, 1914.º, 1933.º, 1970.º, 2082.º, 2189.º, 2192.º, 2195.º e 2298.º do Código Civil: fundamentalmente no sentido de substituir as referências à interdição e à inabilitação pelo acompanhamento.

[1975] O comentário a cada um dos preceitos relativos ao acompanhamento consta do citado *Da situação jurídica do maior acompanhado/Anteprojeto de reforma*; as alterações depois introduzidas no texto final foram escassas. Sobre o novo regime, *vide* ainda Mafalda Miranda Barbosa, *Maiores acompanhados/Primeiras notas depois da aprovação da Lei n.º 49/2018, de 14 de agosto* (2018), 153 pp., incluindo anexos (77-151), bem como António Pinto Monteiro, *Das incapacidades ao maior acompanhado/Breve apresentação da Lei n.º 49/2018*, RLJ 2018, 72-84.

do acompanhado), 155.º (revisão periódica) e 156.º (mandato com vista a acompanhamento).

III. Podemos fazer uma aproximação ao sistema geral do acompanhamento com recurso a seis princípios básicos: (a) judicialidade; (b) primazia do acompanhado; (c) supletividade; (d) necessidade; (e) minimalismo; (f) flexibilidade. Assim:

(a) judicialidade: o acompanhamento pode ser limitativo da autodeterminação livre do beneficiário; assim, apenas o juiz do Estado, com todas as garantias do moderno processo civil e ouvindo os visados, os interessados e quem possa ajudar, pode tomar as devidas decisões; vejam-se os artigos 139.º e 148.º e o dispositivo dos artigos 901.º e seguintes do Código de Processo Civil;
(b) primazia do acompanhado: nas decisões a tomar (140.º/1) e no modo de as executar (146.º/1), prevalecem sempre o interesse do acompanhado e os valores a eles associados;
(c) supletividade: no âmbito da família e, ainda, por via de certos contratos, como o de internamento solicitado pelo próprio, surgem deveres gerais de cooperação e de assistência que podem proteger eficazmente o beneficiário; nessa eventualidade, não há que recorrer ao acompanhamento, que fica reservado para os casos em que não haja outra saída (140.º/2);
(d) necessidade: independentemente da existência de outros esquemas de tutela, o acompanhamento só opera perante a impossibilidade de o próprio poder agir plena, pessoal e conscientemente (138.º); deve entender-se que essa impossibilidade se manifesta de modo poderoso e continuado; uma falha secundária e/ou pontual não justifica a proteção legal;
(e) minimalismo: o acompanhamento deve limitar-se ao mínimo necessário (145.º/1), sendo periodicamente revisto; os direitos pessoais e os negócios da vida corrente mantêm-se livres, salvo decisão judicial em contrário (147.º/1);
(f) flexibilidade: o acompanhamento é personalizado, devendo moldar-se a cada situação, em termos a apreciar pelo juiz e independentemente do que haja sido pedido (145.º/2), devendo cessar ou ser modificado, em função do evoluir das causas que o justificaram (149.º/1); o juiz tem poderes instrutórios latos (897.º do Código de Processo Civil).

IV. O acompanhamento é dispensado ao maior impossibilitado, por razões de saúde, deficiência, ou pelo seu comportamento, de exercer plena, pessoal e conscientemente os seus direitos ou de cumprir os seus deveres (138.º). Ficam abrangidas, sem qualquer tipicidade, todas as hipóteses de limitações de tipo pessoal que possam verificar-se. O acompanhamento não cabe – como parece evidente – às pessoas juridicamente inibidas: titulares de certos cargos ou insolventes. Operam, aí, normas jurídicas que se sobrepõem às do acompanhamento.

178. A decisão de acompanhamento

I. O acompanhamento é requerido pelo próprio ou, mediante autorização deste, pelo cônjuge, pelo unido de facto, por qualquer parente sucessível ou, independentemente de autorização, pelo Ministério Público (141.º/1). A autorização do beneficiário pode ser suprida pelo tribunal, quando ele não a possa dar livre e conscientemente (141.º/2). Por razões de eficiência processual, o pedido de suprimento pode ser cumulado com o de acompanhamento (141.º/3). O acompanhamento pode ser requerido dentro do ano anterior à maioridade, para produzir efeitos a partir dela (142.º).

II. No requerimento inicial do acompanhamento, o requerente deve (892.º/1, do CPC): (a) alegar os factos que fundamentem a sua legitimidade e que justificam a medida; (b) explicitar as medidas de acompanhamento que considere adequadas; (c) indicar quem deva ser o acompanhante e, sendo o caso, a composição do conselho de família; (d) explicitar a publicidade a dar à decisão final; (e) juntar elementos clínicos relativos ao beneficiário. Sendo pedido o suprimento da autorização, deve o requerente indicar os factos pertinentes (892.º/2, do CPC).

III. Quando o pedido não seja formulado pelo próprio beneficiário, deve este ser citado, nos termos do artigo 895.º do CPC. Cabe resposta em 10 dias. O juiz analisa os factos invocados, pondera a prova e ordena as diligências convenientes, designadamente a nomeação de peritos (897.º/1, do CPC). A audição pessoal do beneficiário é indispensável (897.º/1 e 898.º, do CPC, com observância das regras aí referidas). A reforma de 2018 revogou o anterior artigo 896.º do CPC que, em certos casos, dispensava a audição pessoal do beneficiário. Esta audição é fundamental: se o beneficiário estiver internado, o juiz deve deslocar-se ao local[1976]. Com efeito, só assim haverá a certeza: (a) de que o beneficiário não está constrangido; (b) de que as medidas requeridas são *prima facie* adequadas, sem prejuízo de, depois, ouvir os peritos.

IV. O juiz pode determinar que o perito ou peritos elaborem um relatório que precise, sempre que possível, a afeção do beneficiário, as suas consequências, a data do seu início e os meios de apoio e de tratamento aconselháveis (899.º/1). Havendo dúvidas, pode o juiz autorizar o exame numa clínica da especialidade, com internamento até um mês e sob a responsabilidade do seu diretor; pode, ainda, ordenar quaisquer outras diligências (899.º/2, ambos do CPC).

V. O conteúdo concreto do acompanhamento é decidido pelo juiz. O artigo 145.º/2 refere, a título exemplificativo, a possibilidade de a decisão de acompanhamento incluir alguma ou algumas das medidas seguintes:

a) Exercício das responsabilidades parentais ou dos meios de as suprir, conforme as circunstâncias;
b) Representação geral ou representação especial com indicação expressa, neste caso, das categorias de atos para que seja necessária;
c) Administração total ou parcial de bens;
d) Autorização prévia para a prática de determinados atos ou categorias de atos;
e) Intervenções de outro tipo, devidamente explicitadas.

A própria lei prevê outras medidas e, designadamente, as que delimitem os direitos pessoais e os negócios da vida corrente acessíveis ao acompanhado. Dispõe o artigo 147.º:

[1976] A prática, mesmo ao abrigo da lei anterior, documenta situações em que o magistrado, procurando ouvir pessoalmente o beneficiário (à época, o interditando), foi, por este, agredido. Em situações de perigosidade (de "fúria", no Direito antigo), cabe às instituições responsáveis tomar as medidas necessárias para a segurança de todos os intervenientes. Mas mesmo então, o juiz deve verificar pessoalmente o que se passa, cabendo-lhe interrogar o pessoal clínico responsável e observar a situação do beneficiário.

1. O exercício pelo acompanhado de direitos pessoais e a celebração de negócios da vida corrente são livres, salvo disposição da lei ou decisão judicial em contrário.

2. São pessoais, entre outros, os direitos de casar ou de constituir situações de união, de procriar, de perfilhar ou de adotar, de cuidar e de educar os filhos ou os adotados, de escolher profissão, de se deslocar no país ou no estrangeiro, de fixar domicílio e residência, de estabelecer relações com quem entender e de testar.

VI. Um dos aspetos prejudiciais do anterior regime das interdições e das inabilitações era o da publicidade. O ex-artigo 892.º do CPC, ora revogado, determinava que, apresentada a petição e estando a ação em condições de prosseguir, o juiz determinasse a afixação de editais, no tribunal e na sede da junta de freguesia da residência do requerido, com menção do nome e do objeto da ação, procedendo-se, ainda, à publicação da matéria num dos jornais mais lidos na circunscrição judicial respetiva. Semelhante esquema era aviltante para o visado e para a sua família. O atual regime do acompanhamento revogou esse normativo. Segundo o atual artigo 893.º do CPC, o juiz decide, em cada caso, o tipo de publicidade a dar (n.º 1). O artigo 153.º/1 do Código Civil limita a publicidade em causa ao estritamente necessário para defender os interesses do beneficiário e de terceiros, em termos dependentes de cada caso. O juiz evitará, naturalmente, situações que, desnecessariamente, atentem contra a privacidade e a integridade moral. O acompanhado deve ser resguardado, sendo perfeitamente admissível, mormente nos requerimentos efetuados pelo próprio ou nos casos de doenças degenerativos normais para a idade, que seja dispensável qualquer publicidade. O artigo 893.º/2 prevê a criação de um sítio oficial a regulamentar pelo Governo onde, com compostura, os anúncios adequados poderão ser publicados. Dispensar-se-á, então, qualquer outro esquema de publicidade. O artigo 894.º do CPC, oriundo da reforma, permite que o juiz dirija comunicações e ordens a instituições de crédito, a intermediários financeiros, a conservatórias de registo civil, predial ou comercial, a administrações de sociedades ou a quaisquer outras entidades. Tais medidas, a decidir em cada caso, poderão dispensar qualquer específica publicidade.

VII. A sentença de acompanhamento fixa, ainda, a periodicidade com que as medidas de acompanhamento devem ser revistas (155.º). Tudo isso pressupõe uma especial habilitação do tribunal.

179. O acompanhante

I. A figura do acompanhante é uma peça chave do novo regime. Dependendo do conteúdo da decisão judicial, ele poderá representar total ou sectorialmente o beneficiário, administrar total ou parcialmente os seus bens, autorizá-lo a praticar determinados atos ou intervir de outra forma, dando conselhos, acompanhando-o em conservatórias, em cartórios, em tribunais ou nas diversas repartições públicas, em agências bancárias ou em assembleias de sociedades.

II. A escolha do acompanhante deve ser criteriosa. Deve ser maior e no pleno exercício de direitos, sendo escolhido pelo próprio acompanhado ou pelo seu representante legal: mas sempre sob o crivo do juiz, a quem cabe a designação (143.º/1). Na falta de designação, a escolha é feita pelo tribunal, de modo a melhor acautelar o interesse do beneficiário. O artigo 143.º/2 enumera, exemplificativamente, algumas pessoas às quais possa caber o encargo do acompanhamento. Assim, este pode ser deferido:

a) Ao cônjuge não separado, judicialmente ou de facto;
b) Ao unido de facto;
c) A qualquer dos pais;
d) À pessoa designada pelos pais ou pela pessoa que exerça as responsabilidades parentais, em testamento ou em documento autêntico ou autenticado;
e) Aos filhos maiores;
f) A qualquer dos avós;
g) À pessoa indicada pela instituição em que o acompanhado esteja integrado;
h) Ao mandatário a quem o acompanhado tenha conferido poderes de representação;
i) A outra pessoa idónea.

A Lei permite a maior flexibilidade. A lista do transcrito artigo 143.º/2 é ponderosa e merece ser considerada. Mas o tribunal pode desviar-se quer da ordenação nele estabelecida, quer da sua própria seriação, elegendo "outra pessoa idónea": vizinho, empregado, amigo da família ou padrinho, sempre como exemplos.

III. O problema prático reside, por vezes, em ninguém querer aceitar o encargo do acompanhamento. A função pode ser ingrata: envolve esforços e preocupações e, pela natureza do instituto, não é lucrativa. O artigo 151.º fixa mesmo a sua gratuitidade, sem prejuízo da alocação de despesas, consoante as circunstâncias (n.º 1). Além disso, o acompanhante deve prestar contas: ou no termo da sua função ou quando assim seja judicialmente determinado (n.º 2).

Assim, o artigo 144.º faz impender, sobre o cônjuge, os descendentes e os ascendentes, um dever de aceitar ser acompanhante: eles não podem escusar-se ou ser exonerados (n.º 1). Os descendentes podem ser exonerados, a seu pedido, ao fim de cinco anos, se existirem outros descendentes igualmente idóneos (n.º 2). Os demais acompanhantes podem escusar-se nos termos do artigo 1934.º, relativo à escusa da tutela ou ser substituídos, a seu pedido, ao fim de cinco anos (n.º 3). Em princípio, as escusas e as exonerações não são benéficas para o acompanhado: equivalem, contudo, a uma ponderação razoável dos interesses em presença.

IV. O acompanhante não deve agir em conflito de interesses com o acompanhado (150.º/1), sem o que se cai no regime do negócio consigo mesmo, que prevê a anulabilidade (261.º/1, *ex vi* 150.º/2). Pode, todavia, o negócio ser vantajoso para o acompanhado, altura em que o acompanhante pode pedir, ao tribunal, a autorização ou, em qualquer caso, as medidas concretamente convenientes (150.º/3).

V. O acompanhante pode ser removido e exonerado quando falte ao cumprimento dos seus deveres, quando revele inaptidão para o cargo ou quando, supervenientemente, se constitua nalguma situação que impediria a sua nomeação. Tal resulta do artigo 152.º, que manda aplicar os artigos 1948.º a 1950.º, relativos à remoção e exoneração do tutor. Fica ressalvado o esquema de rotação referido no artigo 144.º.

180. Os atos do acompanhado; o mandato *ad conservandum*

I. Os atos praticados pelo acompanhado suscitam uma delicada ponderação de interesses. Como pano de fundo, surge a ideia de que o acompanhado, pelo circunstancialismo em que se encontra, é presa fácil para oportunismos e explorações. Logo, haverá que invalidar tais atos, a menos que tenha sido observado o formalismo para eles prescrito. Todavia, tais atos podem ser favoráveis ao beneficiário ou, simplesmente, podem ter sido necessários. Temos, ainda, de jogar com a proteção de terceiros que, de boa-fé, tenham contratado. Finalmente: a desvalorização de atos do acompanhado implica que, em termos de mercado, os seus bens percam valor. Ninguém dará o "justo preço" por um bem quando saiba que, por razões atinentes à contraparte, o negócio pode não subsistir.

II. Nesta trama de contraposições de valores, a lei fixou um esquema, no artigo 154.º, que dá primazia ao interesse (imediato) do acompanhado. Distingue as três situações possíveis (n.º 1):

a) Atos posteriores ao registo do acompanhamento: são anuláveis, caso não observem o que a sentença determine; a esta anulabilidade aplica-se por analogia e com as necessárias adaptações o regime dos artigos 125.º e 126.º, relativos aos atos dos menores[1977];
b) Atos praticados depois de anunciado o início do processo de acompanhamento: são anuláveis nos mesmos termos, mas apenas após a decisão final, quando (naturalmente) contrariem que ela venha a dispor e caso sejam prejudiciais ao acompanhado;
c) Atos anteriores ao anúncio do início do processo: aplica-se o regime da incapacidade acidental[1978] (n.º 3).

III. Nos dois primeiros casos, o prazo dentro do qual a ação de anulação deve ser proposta só começa a contar-se a partir do registo da sentença (154.º/2). Consegue-se, assim, um suplemento de tutela do acompanhado.

IV. O esquema constante do atual artigo 154.º do Código Civil equivale, no essencial, ao dos anteriores artigos 148.º a 150.º, relativos à interdição. Isso significa que as anteriores jurisprudência e doutrina podem ser aproveitadas, ainda que sob sindicância do nosso sistema de valorações, resultante da Lei n.º 49/2018, de 14 de agosto.

V. Ocorre a figura do mandato com vista a acompanhamento, ou mandato *ad conservandum*, previsto no artigo 156.º. Um interessado, com alguma patologia já em curso ou, até, independentemente dela, pode cele-

[1977] *Supra*, 490 ss..
[1978] *Tratado* II, 4.ª ed., 798 ss..

brar com alguém da sua confiança, um contrato de mandato para a gestão dos seus interesse, com ou sem poderes de representação (156.º/1). Essa eventualidade pode colocar-se em linha:

– com o denominado testamento vital, previsto na Lei n.º 25/2012, de 16 de julho, pelo qual uma pessoa manifesta antecipadamente a sua vontade relativamente aos cuidados de saúde que pretenda receber ou não receber, na hipótese de se encontrar incapaz de expressar a sua vontade, pessoal e autonomamente;
– com o próprio direito que assiste ao interessado de escolher o seu acompanhante (143.º/1).

Todavia, como foi ponderado aquando dos estudos que conduziram à Lei n.º 49/2018, o mandato pode ser concluído numa fase em que o acompanhado já não tenha uma autodeterminação plena ou, pelo menos, possa ser influenciado pelo mandatário ou por terceiros. Tal influência pode ser benéfica para o beneficiário: perante alguma patologia que se avizinhe, natural é que os próximos do visado o aconselhem a tomar medidas adequadas. Mas pode não o ser, assim como se podem suscitar dúvidas na comunidade, quanto à lisura do ocorrido. Por isso, a lei fixa o regime seguinte:

(1) o mandato com vista ao acompanhamento é válido: segue o regime geral e especifica os direitos envolvidos, o âmbito da eventual representação e quaisquer outros elementos ou condições de exercício (156.º/2);
(2) é livremente revogável pelo mandante (156.º/2, *in fine*), mesmo quando, pelo regime geral, assim não devesse suceder[1979];
(3) havendo acompanhamento, ele é aproveitável pelo tribunal, no todo ou em parte, sendo tido em conta na definição do âmbito da proteção e na designação do acompanhante (156.º/3); o mandato vem, por esta via, a ser confirmado (ou não) pelo tribunal, fazendo cessar as dúvidas;
(4) o tribunal pode fazer cessar o mandato, quando seja razoável presumir que a vontade do mandante seria de o revogar (156.º/4); essa vontade hipotética é construída objetivamente, tendo em conta o perfil do caso e os interesses do acompanhado.

[1979] *Tratado* XII, 669 ss..

181. A revisão e a cessação

I. O acompanhamento é um processo dinâmico. Pela sua natureza, ele deve adaptar-se à evolução do acompanhado, sempre pelo prisma de melhor tutelar os seus interesses. O artigo 155.º prevê a revisão periódica das medidas de acompanhamento em vigor, com a periodicidade resultante da sentença e, no mínimo, de cinco em cinco anos.

II. O acompanhamento cessa ou é modificado por decisão judicial que reconheça a cessação ou a modificação das causas que o justificaram (149.º/1). A decisão pode retroagir à data em que se verificou a cessação ou a modificação das causas em jogo (149.º/2). Têm habilitação para pedir a modificação ou a cessação o acompanhante ou qualquer das pessoas com legitimidade para requerer a instauração da medida de acompanhamento (149.º/3).

182. Aplicação no tempo

I. A Lei n.º 49/2018, de 14 de agosto, fixou o prazo de *vacatio*: ela entrou em vigor 180 dias após a sua publicação, ou seja, em 12 de fevereiro de 2019 (25.º/1).

II. Uma vez em vigor, ela tem aplicação imediata aos processos pendentes (26.º/1), cabendo ao juiz fazer a necessárias adaptações (26.º/2). Aos atos requeridos aplica-se a lei vigente aquando da sua prática (26.º/3). O novo regime aplica-se à interdição e às inabilitações de pretérito (26.º/4 e 6), passando os antigos tutores e curadores a acompanhantes (26.º/7). A prática de atos pessoais, antes vedada aos interditos, pode agora ser autorizada pelo juiz (26.º/5). Finalmente, as "incapacidades" convertidas em acompanhamento são suscetíveis de revisão a pedido do próprio, do acompanhante e do Ministério Público (26.º/8). Concretiza-se, em todos estes preceitos, uma regra geral de *favor personae*, em linha com o sentido profundo da reforma.

SECÇÃO V

O TERMO DA PERSONALIDADE

§ 37.º A MORTE

183. A morte natural

I. Todos os seres vivos têm uma duração limitada. Ao longo de mais de três biliões de anos de evolução, nunca a vida terrestre produziu seres com períodos ilimitados de vida ou, sequer, muito alongados: o prolongamento da vida iria prejudicar os seres mais jovens, impedindo ou dificultando a sobrevivência da espécie. Noutros termos: as espécies mais capazes são as que têm um ciclo reprodutivo eficaz, o que logo põe em crise aquelas cujos indivíduos perduram, no tempo.

Os seres vivos podem morrer por acidente, por agressão exterior ou por doença. A hipótese biologicamente normal é, porém, a do envelhecimento: as diversas espécies têm como que um relógio biológico que, com algumas flutuações, marca o termo das funções que sustentam a vida[1980]. Em termos biológicos e evolutivos, a seleção natural cessa desde o momento em que o indivíduo tenha deixado descendência, em condições de sobrevida autónoma. Mais: a partir desse momento, a presença do progenitor só vai embaraçar os descendentes e o ciclo reprodutivo destes. Eis o drama da vida: selecionam-se espécies e não indivíduos.

II. O ser humano tem, igualmente, uma vida limitada. Mas ao contrário dos seres de outras espécies, ele tem consciência dessa limitação,

[1980] Quanto à explicação genética do envelhecimento: Matt Ridley, *Genome* cit., 195 ss..

sofrendo-a: quer perante a morte dos que lhe são queridos, quer perante a certeza da própria morte[1981].

Desde sempre o homem tentou ultrapassar a morte[1982]. As diversas religiões procuram justificar e explicar a vida para além da morte e, em especial: situando, aí, a Justiça que não se consegue alcançar na Terra. Colocam-se questões para as quais não há respostas demonstráveis: apenas Fé. Ao longo da História, o Direito associou-se, por vezes, às religiões, preparando ou apoiando a vida no Além. O aperfeiçoamento jurídico-científico acabaria por separar as matérias: o Direito, embora respeitando a memória dos falecidos, acata a morte como um dado definitivo, regulando, todavia, as situações patrimoniais, de modo a subsistirem sem sobressalto. Além disso, diversos efeitos derivam da morte de uma pessoa: a morte opera, assim, como um facto jurídico em sentido estrito.

III. Que morte? Trata-se da morte natural, isto é, da cessação das diversas funções vitais, seguindo-se a decomposição do organismo.

Diz-se "morte natural", por oposição à "morte civil". A "morte civil" era uma pesada sanção que recaía sobre as pessoas condenadas à privação dos direitos civis[1983]: os seus bens passavam aos sucessores, o seu casamento era havido como dissolvido e tudo se passava como se o sujeito tivesse deixado de existir. Trata-se de uma figura prevista na versão inicial do Código Napoleão[1984], tendo sido suprimida por uma Lei de 31-mai.-1854[1985].

Os brandos costumes portugueses não se compaginavam com a ideia de morte civil. As *Ordenações*, no livro IV, título LXXXI, § 6, dispunham que o condenado à morte natural "... he privado de todos os atos civis ..."

[1981] Na figuração bíblica, o homem ficou sensível à morte depois de provar o fruto proibido: *Genesis*, 3,19: *Comerás o pão com o suor do teu rosto, até que voltes à terra de que foste tomado; porque tu és pó e em pó te hás-de tornar*. O fruto proibido é a inteligência; alcançando-a, o homem tornou-se mortal, porque se apercebeu de que o era.

[1982] A própria expressão morte provém do latim *mors*, designação da deusa que, em representações cénicas, negociava com os intervenientes a sua passagem para o Além – *vide* Ernst Marbach, *Mors*, PWRE 16,1 (1933), 314-316.

[1983] A condenação à morte (natural) envolvia, também, a morte civil – artigo 23.º do Código Napoleão.

[1984] Artigos 22.º e seguintes, vindo os efeitos da "morte civil" alinhados no artigo 25.º do mesmo Código.

[1985] Mazeaud/Chabas, *Leçons de Droit civil* cit., I/2.º, 8.ª ed. (Laroche-Gisserot), n.º 441 (8).

embora, de seguida, abrissem exceções[1986]. Pascoal de Mello entendia essa medida como antiquada e inexequível[1987]. Todavia, o Código Comercial de 1833 (Ferreira Borges), no seu artigo 818.º sobre o termo do mandato, indicava que o mesmo ocorria "... pela morte natural ou civil ..." do comitente ou do comissário, por influência napoleónica. E essa mesma influência explicava também uma certa permeabilidade ao instituto, por parte de Coelho da Rocha[1988]. Este Autor apressava-se, porém, a dulcificar a matéria[1989], o que permite concluir que a verdadeira morte civil não vigorou, entre nós.

IV. A efetiva determinação da morte de uma pessoa pode levantar dúvidas. O Direito apela à Medicina[1990], embora tenha de valorar as respostas desta[1991]. Tradicionalmente, a morte natural era associada à paragem do coração. Podia, contudo, suceder que a paragem cardíaca não fosse definitiva ou que se mantivessem batimentos impercetíveis. A morte passou, assim, a ser determinada pela cessação da função respiratória ou pelo desaparecimento dos reflexos oculares.

Com a técnica dos transplantes, porém, a problemática voltou a pôr-se. Efetivamente, as diversas funções vitais não cessam em simultâneo. Após a "morte" confirmada, os vários tecidos vão-se necrosando, sobrevivendo alguns durante várias horas[1992]. Justamente: a colheita pressupõe que tais tecidos ainda estejam vivos. O órgão mais sensível é, precisamente, o cérebro, sede da consciência e das funções intelectivas: perdido o cérebro, perdido fica, como pessoa, o ser humano. Com uma vantagem:

[1986] *Ord. Fil.*, Liv. IV, tit. LXXXI, § 6 = Ed. Gulbenkian IV e V cit., 910-911.

[1987] Pascoal de Mello, *Instituições* cit., Liv. II, tit. I, § XI = trad. port. BMJ 163 (1967), 17.

[1988] Coelho da Rocha, *Instituições de Direito civil portuguez* cit., 2.ª ed., nota C ao § 70 (1 vol., 247).

[1989] *Idem*, 248.

[1990] Em geral, Roger Nerson, *L'influence de la biologie et de la médecine modernes sur le droit civil*, RTDC LXVIII (1970), 661-683 (669).

[1991] Gerd Geilen, *Das Leben der Menschen in dem Grenzen des Rechts/Zu den Wandlungen des Todesbegriffs und zu neuen Schutzproblemen des werdenden Lebens*, FamRZ 1968, 121-130, Anselm Ruscher, *Die Bestimmung des Todeszeitpunktes aus erbrechtlicher Sicht* (1989), 9 e 14 e Stephan Rixen, *Lebensschutz am Lebensende/Das Grundrecht auf Leben und die Hirntodkonzeption/Zugleich ein Beitrag zur Autonomie rechtlicher Begriffsbildung* (1999) 13, 20 ss. e *passim*.

[1992] Daí o falar-se na morte como um processo, sendo possível distinguir uma morte relativa, uma intermédia e uma absoluta; *vide* Fernando Mantovani, *Morte (generalità)*, ED XXVIII (1977), 83-102 (83/II).

o restante organismo pode, por vezes, manter-se em vida, o que permite a colheita de órgãos vitais, como o coração, o fígado e os pulmões.

A Lei n.º 141/99, de 28 de agosto, veio estabelecer os princípios em que se baseia a verificação da morte: estão em causa direitos fundamentais, numa situação que importava definir, mercê da temática das transplantações[1993]. O artigo 2.º da referida lei define a morte:

> A morte corresponde à cessação irreversível das funções do tronco cerebral.

A verificação da morte, assim entendida, é da competência dos médicos – artigo 3.º/1 – cabendo à Ordem dos Médicos definir, manter atualizados e divulgar os critérios médicos, técnicos e científicos de verificação da morte – n.º 2[1994]. Quanto ao processo de verificação – artigo 4.º:

– ela compete ao médico a quem, no momento, esteja cometida a responsabilidade pelo doente ou que em primeiro lugar compareça, cabendo-lhe lavrar um registo sumário de que conste – n.º 1:

a) A identificação possível da pessoa falecida, indicando se foi feita por conferência de documento de identificação ou informação verbal;
b) A identificação do médico pelo nome e pelo número da cédula da Ordem dos Médicos;
c) O local, a data e a hora da verificação;
d) Informação clínica ou observações eventualmente úteis.

– nos casos de sustentação artificial das funções cárdio-circulatória e respiratória, a verificação da morte deve ser efetuada por dois médicos, de acordo com o regulamento elaborado pela Ordem dos Médicos – n.º 4.

V. As unidades de colheita e transplantação de órgãos estão regulamentadas pela Portaria n.º 76/2014, de 21 de março, com as alterações introduzidas pela Portaria n.º 16/2015, de 23 de janeiro. O regime básico

[1993] *Vide* Luís Carvalho Fernandes, *A definição de morte/transplantes e outras utilizações do cadáver*, DJ XVI (2002) 2, 29-59 e João de Oliveira Geraldes, Finis vitae *ou* ficta mortis*?*, ROA 2010, 625-673.

[1994] Os critérios da morte cerebral constam de uma declaração da Ordem dos Médicos, efetuada ao abrigo do artigo 12.º da Lei n.º 12/93, de 22 de abril e publicada no DR I-B, n.º 235, de 11-out.-1994, 6160.

advém da Lei n.º 36/2013, de 12 de junho, alterada pela Lei n.º 2/2015, de 8 de janeiro, que o republicou em anexo.

184. A comoriência

I. A morte de uma pessoa é constatada perante o seu cadáver. E o momento da morte deriva da precisa ocasião em que tenham cessado as funções vitais e, *maxime*, a atividade do tronco cerebral. Repare-se que a determinação desse momento pode ser importante para o desencadear de diversos efeitos jurídicos e, designadamente: o mapa de sucessores é o que exista no momento da morte. Pode acontecer que várias pessoas morram em idênticas circunstâncias – desastre rodoviário ou ferroviário, naufrágio ou queda de aeronave, por exemplo – sem que, concretamente, se possa apurar por que ordem. Esse fator poderia ser relevante, em especial tratando-se de pessoas sucessíveis entre si: o jogo das transmissões por morte depende de quem sobreviva a quem.

Não sendo possível fazer a prova concreta da ordem dos falecimentos, o Direito, numa técnica que remonta ao Direito romano, ajuda através de presunções.

II. O Direito tradicional estabelecia presunções de premoriência: presumia que os mais robustos (ou, como tais, havidos) sobreviviam aos demais. Tal a solução do Código Napoleão[1995], presente no antigo Direito português.

Assim, segundo Corrêa Telles[1996]:

> 631. Se no mesmo perigo morrem pae, mãe e filhos, e não ha evidencia de quem sobreviveu, presume-se que o pae e mãe sobreviveram aos filhos impuberes e que os filhos puberes sobreviveram ao pae e mãe.

[1995] Artigos 721.º e 722.º: tendo os falecidos menos de 15 anos, presume-se que sobreviveu o mais velho; tendo mais de 60 anos, presume-se a sobrevida do mais novo; tendo uns menos de 15 e outros mais de 60, presume-se a dos primeiros; tendo todos mais de 15 e menos de 60, presume-se, havendo igualdade de idade ou uma diferença inferior a um ano, a sobrevida do varão; sendo do mesmo sexo, presume-se a do mais novo.

[1996] Corrêa Telles, *Digesto Portuguez* cit., 2, 89 ss.. Este Autor inspira-se, essencialmente, no Código francês.

632. Se as pessoas que morreram no mesmo desastre eram maiores de sessenta annos, presume-se que os mais idosos morreram primeiro; se menores de quinze annos, presume-se que os mais velhos sobreviveram aos mais novos.

633. Em concurso de menores de quinze annos, e de menores [aliás: maiores] de sessenta, os primeiros se presume terem sobrevivido.

634. Se as pessoas que pereceram eram maiores de quinze annos e menores de sessenta, e todas do mesmo sexo, a de menor idade presume-se ter sobrevivido aos mais velhos. Se eram de diverso sexo, o varão presume-se ter sobrevivido á femea em paridade de idade, ou ainda que o varão excedesse um anno á femea.

As regras de premoriência eram, porém, manifestamente irreais: introduziam um fator de aleatoriedade que não servia interesses detetáveis. Os códigos civis mais recentes vieram, por isso, a abandoná-las. Tal a orientação do Código de Seabra, que optou pela comoriência, no seu artigo 1738.º[1997]:

Se o auctor da herança, e os seus herdeiros, ou legatarios, perecerem no mesmo desastre, ou no mesmo dia, sem que se possa averiguar quaes foram os que se finaram primeiro, reputar-se-hão fallecidos todos ao mesmo tempo, e não se verificará entre elles a transmissão da herança, ou do legado.

III. Efetivamente, a solução da comoriência veio a conhecer o sufrágio dos códigos mais recentes, com relevo para o alemão[1998].

O Código Civil deu-lhe corpo, no seu artigo 68.º/2[1999]:

Quando certo efeito jurídico depender da sobrevivência de uma a outra pessoa, presume-se, em caso de dúvida, que uma e outra faleceram ao mesmo tempo.

[1997] José Dias Ferreira, *Codigo Civil Annotado* cit., 3, 2.ª ed., 282, dá conta de que esta solução foi recolhida no Código holandês. Congratulando-se com a consignação da comoriência, Guilherme Moreira, *Instituições do Direito civil português* cit., 1, 234.

[1998] No § 20 da sua versão original; *vide* Hölder, *Kommentar* cit., 119; o preceito passaria, depois, para as leis atinentes à morte presumida.

[1999] STJ 5-mai.-1987 (Meneres Pimentel), Proc. 074603.

Idêntica opção é feita pelo artigo 8.º do Código brasileiro.

Trata-se de uma mera presunção. Qualquer interessado poderá fazer prova da pré-morte de algum dos envolvidos[2000]. A comoriência tem como efeito prático o impedir quaisquer transmissões entre os falecidos que ela envolva.

185. A morte declarada e a morte presumida

I. Em regra, a morte é atestada, como vimos, pelo médico, perante o cadáver do visado. Todavia, circunstâncias de ordem diversa podem levar a que não haja cadáver ou a que este não possa ser encontrado. No Direito antigo[2001] referiam-se, a tal propósito, as hipóteses do ferido e desaparecido em batalha, sem notícias até um ano depois da paz ou do embarcado em navio naufragado, sem notícias até três anos depois do naufrágio[2002].

O Código Civil simplificou e generalizou a matéria. Segundo o seu artigo 68.º/3, tem-se por falecida a pessoa cujo cadáver não foi encontrado ou reconhecido, quando o desaparecimento se tiver dado em circunstâncias que não permitam duvidar da morte dela.

II. Nessa eventualidade, a lei prevê um processo especial: para que não haja dúvidas, a morte terá de ser declarada por uma entidade judicial, depois de recolhidos todos os elementos. Falamos, por isso, em morte declarada.

O meio legal para se proceder à declaração de morte é o processo de justificação judicial, regulado nos artigos 233.º e seguintes, do CRCiv.

Como ponto de partida, temos uma morte provável, verificada em termos de não ser possível identificar o cadáver; a lei prevê o falecimento com queda à água ou no espaço (em viagem pelo mar ou pelo ar), sem que o cadáver seja encontrado – 204.º/2 –, o acidente sem que os cadáveres tenham sido encontrados ou hajam sido destruídos ou só apareçam despojos insuscetíveis de ser individualizados ou sendo impossível chegar até aos

[2000] Para tanto, pode usar todos os meios possíveis: STJ 6-out.-1994 (Miranda Gusmão), BMJ 440 (1994), 408-421 (415).

[2001] *Supra*, 452 ss..

[2002] Quanto ao Direito vigente *vide infra*, II.

corpos – 207.º/1 – e o naufrágio em termos equivalentes – 208.º/1, todos do CRCiv; outras situações são imagináveis.

O processo inicia-se por auto de notícia do conservador ou a requerimento do interessado ou do MP, dirigido ao juíz da comarca (234.º/1). No requerimento, são expostos os fundamentos da pretensão e indicadas as providências pretendidas – 234.º/3. O conservador determina a citação de eventuais interessados e a afixação de editais – 235.º/1 – procedendo-se, findo o prazo da oposição eventual, à inquirição das testemunhas – 236.º. Concluída a instrução, o conservador lança uma informação final e remete os autos a juízo, para julgamento – 237.º/1. O juiz pode determinar novos atos de instrução, proferindo sentença em 10 dias a contar da conclusão – 239.º. Da sentença cabe recurso, com efeito suspensivo, para a Relação, o qual é processado e julgado, como agravo cível; do acórdão da Relação não há, em princípio, recurso para o Supremo – artigo 240.º, todos do CRCiv.

III. Finalmente, temos a hipótese da morte presumida, já examinada[2003] e prevista nos artigos 114.º e seguintes, do Código Civil. Desta feita, o indício da morte advém apenas de uma ausência prolongada e sem notícias, do visado.

[2003] *Supra*, 574 ss..

§ 38.º AS CONSEQUÊNCIAS DA MORTE

186. Conspecto geral; o termo da personalidade

I. A morte de um ser humano equivale à supressão de uma pessoa singular, isto é: de um centro autónomo de imputação de normas jurídicas. A perda daí resultante não tem compensação possível, designadamente para os familiares do falecido. Todavia, a vida continua.

Perante a morte, o Direito toma uma posição geral ditada por essa realidade humana inevitável: por um lado, encerra definitivamente a generalidade dos aspetos pessoais atinentes ao finado e que nenhuma força humana pode fazer regressar; por outro, assegura que a generalidade das situações patrimoniais se mantenha intocada, passando aos sucessores.

II. A primeira consequência da morte é o termo da personalidade: artigo 68.º/1. Adiante veremos que essa regra é compatível com uma tutela *post mortem* de certos direitos de personalidade; todavia, ela é nuclear e decisiva.

Efetivamente, o morto não pode ser destinatário de normas jurídicas nem, daí, titular de direitos ou sujeito de obrigações. A manutenção da personalidade do falecido equivaleria a dirigir comandos, de modo indireto, a outras pessoas: originar-se-ia como que uma pessoa coletiva, contrária à tradição românica e à natureza e que iria complicar, sem vantagens, a inevitável passagem de testemunho. A morte envolve a cessação de quaisquer titularidades ou adstrições do falecido: *mors omnia solvit*.

III. Precisado o efeito nuclear, podemos considerar a morte como um facto jurídico *stricto sensu*: um evento não humano – ou no qual a vontade humana, a nível de eficácia, não é tratada como tal pelo Direito – a que o ordenamento associa resultados jurídicos[2004].

[2004] Vittorio Sgroi, *Morte (diritto civile)*, ED XXVII (1977), 103-110 (104/II e 105/I).

O facto morte produz efeitos alargados[2005]. Poderemos sistematizá-los, por razões de estudo. Assim temos, desde logo:

– efeitos de Direito público;
– efeitos de Direito privado.

No tocante aos efeitos de Direito público encontramos:

– a constatação, a certificação e o registo do óbito;
– a aplicação das regras relativas à inumação e à cremação;
– efeitos administrativos e fiscais.

Quanto ao Direito privado, cumpre referir:

– a cessação da personalidade, já aludida;
– a extinção dos direitos de personalidade, dos direitos pessoais e de certos direitos patrimoniais;
– a abertura da sucessão.

187. A constatação, a certificação e o registo do óbito

I. A morte de uma pessoa é, em geral, constatada pelos acompanhantes do falecido: pessoal médico ou auxiliar, quando ocorra em hospital, familiares, quando tudo se passe em casa ou testemunhas circunstanciais, particularmente nas hipóteses de acidente.

Em termos civilísticos, a morte é verificada por um médico a quem compete, gratuitamente, passar um certificado de óbito – artigo 194.º/1 – com o conteúdo previsto no artigo 196.º, ambos do CRCiv.

II. A morte de uma pessoa está sujeita a inscrição obrigatória no registo civil – artigo 1.º/1, *p*), do CRCiv. Quando ocorra em território português, qualquer falecimento deve ser declarado, no prazo de 48 horas, na conservatória competente – 192.º/1, do CRCiv. Conta-se tal prazo, conforme os casos, do momento – *idem*, n.º 2:

– em que ocorrer falecimento;
– em que for encontrado ou autopsiado o cadáver;

[2005] Robert Kehl, *Die Rechte der Toten* (1991), 16 ss., sonda a hipótese de sistematizar a matéria em torno de uma disciplina "direitos dos mortos".

- da dispensa da autópsia;
- em que for recebida a cópia ou o duplicado da guia de enterramento, emitida pela autoridade policial.

A declaração de óbito compete, obrigatória e sucessivamente, às pessoas elencadas no artigo 193.º/1, do CRCiv:

a) Ao parente capaz mais próximo do falecido, que estiver presente na ocasião do óbito;
b) A outros familiares do falecido, que estiverem presentes;
c) Aos donos da casa onde o óbito ocorrer;
d) Ao diretor ou administrador do estabelecimento, público ou particular, onde o óbito tiver ocorrido, tiver sido verificado ou no qual o cadáver tenha sido autopsiado;
e) Ao ministro de qualquer culto, presente no momento do falecimento;
f) A pessoa ou entidade encarregada do funeral;
g) Às autoridades administrativas ou policiais, no caso de abandono do cadáver.

O cumprimento da obrigação de declaração de óbito por alguma das pessoas ou entidades mencionadas desonera os demais – 193.º/2, do CRCiv.

III. A declaração deve ser confirmada pela apresentação do acima referido certificado médico – 194.º/1, do CRCiv. Não sendo apresentado, compete ao funcionário do registo civil que receber a declaração requi-sitar à autoridade sanitária local a verificação do óbito e a passagem do certificado – *idem*, n.º 2.

O artigo 195.º do CRCiv prevê o suprimento do certificado de óbito: na impossibilidade absoluta de comparência do médico, o certificado pode ser substituído por um auto, lavrado pela autoridade administrativa competente com a intervenção de duas testemunhas e no qual o autuante declare ter verificado o óbito e a existência ou inexistência de sinais de morte violenta ou de qualquer suspeita de crime – n.º 1. Tal auto segue em duas vias: uma para instruir a declaração de óbito e outra para o médico assistente do falecido, se o houver, ou à respetiva autoridade sanitária para, em face dos elementos que for possível coligir, se classificar a doença – ou outra causa, por interpretação extensiva – que deu causa à morte e passar o certificado de óbito – n.º 2 – o qual é remetido à conservatória – n.º 3.

Pode ainda acontecer – artigo 197.º do CRCiv – que haja indícios de morte violenta ou suspeitas de crime, que o médico declare ignorar a causa da morte ou que o óbito tenha ocorrido há mais de um ano – n.º 1: nessa altura, o funcionário abstém-se de lavrar o assento ou o auto de declaração e comunica de imediato o facto às autoridades judiciais ou policiais, "... a fim de estas promoverem a autópsia do cadáver e as demais diligências necessárias à averiguação de causa da morte e das circunstâncias em que esta tenha ocorrido". Por seu turno, a autoridade que investigar a causa da morte deve comunicar à conservatória competente todos os elementos úteis que obtiver, designadamente a hora, o dia e o local do falecimento, para serem levados ao assento de óbito – n.º 2.

Na falta da declaração de óbito, o artigo 198.º remete para o artigo 98.º, ambos do Código de Registo Civil: as autoridades administrativas ou policiais devem participar o facto ao conservador ou ao Ministério Público, a fim de ser suprida a omissão do registo, podendo ainda a participação ser também feita por qualquer outra pessoa. Segue-se um processo de suprimento e, ainda, um processo contraordenacional, previsto no artigo 295.º, do mesmo Código.

Em qualquer caso, só pode ser lavrado registo de óbito não comprovado por certificado médico ou por auto de verificação mediante decisão resultante de processo de justificação administrativa: artigos 199.º e 241.º e seguintes, do CRCiv.

IV. A conservatória competente para lavrar o registo do óbito é definida pelo artigo 200.º do CRCiv; esse preceito fixa, ainda, diversas outras regras relevantes. Assim:

- é competente a conservatória em cuja área tiver ocorrido o óbito ou, se ela não for conhecida, aquela em cuja área estiver o cadáver;
- ocorrendo o óbito em estabelecimento hospitalar da sede de concelho em que haja mais de uma conservatória, é competente a da área da última residência habitual do falecido, quando situada no mesmo concelho;
- tratando-se de pessoas cujo cadáver esteja depositado em delegação do Instituto Nacional de Medicina Legal, é competente a conservatória da área desta, independentemente do lugar do óbito;
- verificando-se o óbito no estrangeiro, o assento consular deve seguir para a conservatória detentora do assento de nascimento do

falecido, procedendo-se à transcrição direta, por parte dessa mesma conservatória;
- o artigo 186.º/6 aplica-se sempre que o assento de nascimento tenha sido transferido para arquivo central ou remetido a arquivo nacional.

V. Quanto aos requisitos específicos do assento de óbito, há que atentar no artigo 201.º/1, do CRCiv, que fixa três ordens de elementos[2006]:

- a identificação do falecido: nome completo, sexo, idade, estado, naturalidade, última residência habitual, nome completo dos pais e nome completo do último cônjuge;
- hora, data e lugar do falecimento ou do aparecimento do cadáver;
- cemitério onde vai ser ou foi sepultado.

Destes elementos, apenas a identificação é indispensável, para a realização do assento. O conservador poderá averbar os que, mais tarde, cheguem ao seu conhecimento - 201.º/4[2007].

Pode acontecer que não seja possível determinar a identidade do morto. Rege, então, o artigo 202.º/1: no assento competente, deve ser especialmente mencionado o lugar, a data e o estado em que o cadáver haja sido encontrado, o sexo, cor e idade aparente do falecido, o vestuário, os papéis e os objetos achados junto do cadáver, bem como qualquer outra circunstância capaz de concorrer para a sua identificação; quando possível - n.º 2 - o conservador deve ainda mandar arquivar fotografias do cadáver.

VI. O Código de Registo Civil prevê, ainda, situações especiais e, designadamente: as dos óbitos consumados em hospitais, cadeias e estabelecimentos equivalentes e as dos verificados em viagem ou por acidente.

[2006] Carvalho Fernandes, *Teoria geral* cit., 1, 6.ª ed., 212.

[2007] Carvalho Fernandes, *Teoria geral* cit., 1, 3.ª ed., 206-207, nota 3, chama a atenção para o seguinte: o artigo 241.º/1, *b*), do CRCiv, correspondente ao atual 201.º/1, foi eliminado na revisão levada a cabo pelo Decreto-Lei n.º 379/82, de 14 de setembro; essa alínea previa a inclusão, no assento de óbito, de referência à existência de bens, de herdeiros e de testamento e à necessidade de se proceder a inventário ou a providência cautelar. Todavia, o conservador mantém-se obrigado, pelo artigo 210.º/1, *a*), a fazer mensalmente comunicação, ao MP, dos indivíduos que faleçam com descendentes sujeitos a inventário ou com herdeiros menores, incapazes ou ausentes. Há, pois, uma incongruência. Perante a redação atual, *vide* a 6.ª ed., 213, nota 1.

Ocorrendo ou verificado o óbito em estabelecimento hospitalar, prisional ou outro equivalente do Estado, deve o respetivo diretor ou administrador comunicar a ocorrência, em 48 horas, à conservatória do lugar do estabelecimento – 203.º/1 – outro tanto devendo ser feito pelo diretor ou administrador do estabelecimento onde o cadáver tenha sido autopsiado.

Quanto a óbitos em viagem:

– ocorrendo falecimento em navio ou aeronave portuguesa, segue-se o previsto, com adaptações, para o nascimento nessas circunstâncias – artigo 204.º/1, do CRCiv;
– quando o mesmo suceda com queda à água ou no espaço, sem que o cadáver seja encontrado, a competente autoridade de bordo deve lavrar, na presença de duas testemunhas, um auto da ocorrência, remetendo-se à Conservatória dos Registos Centrais: caberá a esta proceder à competente justificação judicial – *idem*, n.º 2; tratando-se de uma pequena embarcação, o auto da ocorrência é substituído por um auto de averiguações, lavrado na capitania competente – *idem*, n.º 3;
– verificando-se o óbito em viagem por terra, o assento é lavrado na conservatória correspondente ao lugar onde o cadáver for encontrado ou vier a ser desembarcado – 205.º; o mesmo esquema deve aplicar-se quando ocorra falecimento a bordo de navio ou de aeronave estrangeiros e o cadáver vier a ser desembarcado ou encontrado em território português – 204.º/5.

Tratando-se de acidente:

– ocorrendo a morte de uma ou mais pessoas em incêndio, desmoronamento ou em consequência de explosão, inundação, terramoto, naufrágio ou de outro acidente análogo, será lavrado assento de óbito para cada uma das vítimas cujo corpo tenha sido identificado – 206.º;
– se os cadáveres não forem encontrados ou tiverem sido destruídos ou se só aparecerem despojos não individualizáveis ou se for impossível chegar ao local dos corpos, cabe ao agente do Ministério Público da comarca da área do acidente promover, por intermédio da conservatória competente, a justificação judicial do óbito – 207.º/1, do CRCiv; se o acidente ocorrer no mar e não for naufrágio, cabe ao agente do Ministério Público da comarca da sede da

capitania que deva proceder às averiguações o desempenho acima apontado;
– havendo naufrágio em que pereça toda ou parte da tripulação ou dos passageiros da embarcação, não sendo encontrados os cadáveres ou não tendo sido possível individualizá-los, compete ao agente do Ministério Público da comarca a cuja área pertencer a praça da matrícula da embarcação promover a justificação judicial do óbito – 208.º/1; esta mesma regra opera, com as necessárias adaptações, aquando da queda ou desaparecimento de aeronave.

Em todos estes casos, julgada a justificação, deve o conservador lavrar o assento de óbito com base nos elementos fornecidos pela sentença e servindo-se das informações complementares recolhidas – 207.º/3 e 208.º/1, *in fine*, ambos do CRCiv.

188. Efeitos administrativos e fiscais

I. A morte de uma pessoa determina a cessação de todas as relações de Direito público de que ela seja titular. Ficam envolvidos os cargos públicos que ocupe, desde o de Presidente da República ao mais modesto e todas as relações funcionais, com relevo para a de funcionário ou agente do Estado. Além disso, são imediatamente desencadeados os diversos mecanismos previstos na lei para a sua substituição.

A morte de uma pessoa pode ainda obrigar a reabrir processos em curso. Assim, no âmbito do processo eleitoral conducente à eleição do Presidente da República, a morte de qualquer candidato obriga a reiniciar o processo eleitoral – artigo 124.º/3, da Constituição.

II. Em termos fiscais, a morte de uma pessoa deve ser levada ao conhecimento da Repartição de Finanças competente – artigo 26.º/1 do Código do Imposto de Selo. Dá-se início à abertura do processo competente, com vista à eventual liquidação do imposto.

189. Efeitos de Direito privado

I. O termo da personalidade – artigo 68.º/1 – envolve a extinção dos direitos de personalidade do falecido. Desde logo cessam os direitos à vida e à integridade física, por falta de objeto. Também os restantes deixam de se poder reportar a uma pessoa e à especial dignidade que ela envolve. Todavia, a lei prevê uma tutela *post mortem*, à qual teremos a oportunidade de regressar.

II. A morte faz cessar os direitos pessoais do falecido, com especial relevância no âmbito do Direito da família. Assim, o casamento dissolve-se por morte – cf. artigo 1788.º – o que conduz à cessação das relações patrimoniais e pessoais entre os cônjuges – 1688.º.

III. No campo civil, a morte surge no domínio dos conflitos de normas no espaço – artigos 17.º/3, 25.º, 62.º, 63.º/1 e 65.º/1. Ocorre, ainda e como vimos, no campo da personalidade e dos direitos de personalidade – artigos 68.º/1 e 3, 31.º/1, 73.º, 76.º/2 e 79.º/1 – e no da ausência e morte presumida – artigos 98.º, 100.º, 102.º, 106.º, 112.º, 114.º/1, 2 e 3, 115.º, 116.º/1, 118.º/1 e 119.º/3.

A morte do menor permite aos herdeiros deste o exercício do direito de anulação dos atos por ele praticados – 125.º, *c*).

Quanto a negócios jurídicos e a contratos, a regra geral é, naturalmente, a da sua passagem aos herdeiros. Todavia, encontramos as referências seguintes, que ora confirmam a regra geral, ora a afastam; além de outras de natureza diversa:

artigo 226.º/1: a morte do declarante não afeta a eficácia da declaração, salvo se o contrário dela resultar;
artigo 231.º/1: *idem*, quanto à morte do proponente, salvo havendo fundamento para presumir que outra teria sido a sua vontade;
artigo 231.º/2: a morte do destinatário determina a ineficácia da proposta;
artigo 306.º/3: nas obrigações *cum voluerit* ou *cum potuerit*, a prescrição só se inicia com a morte do devedor;
artigo 420.º: as posições derivadas dos pactos de preferência não são transmissíveis em vida nem por morte, salvo estipulação em contrato;
artigo 448.º/1: no contrato a favor de terceiro, a promessa a cumprir depois da morte do promissário é revogável, enquanto este for vivo, salvo cláusula em contrário; presume-se que o terceiro apenas depois da morte do promissário adquire direito à promessa – 451.º/1;
artigo 495.º: prevê as indemnizações por morte;
artigo 496.º: *idem*, no tocante a danos não patrimoniais;
artigos 508.º/1 e 510.º/1: *idem*, no domínio da responsabilidade pelo risco;

artigo 737.º/1, a): privilégio mobiliário que assiste ao crédito pelas despesas do funeral do devedor;

artigo 737.º/2: o prazo de 6 meses relativo a créditos dotados de privilégio mobiliário conta-se da morte do devedor;

artigo 943.º: a doação que tenha por objeto prestações periódicas extingue-se por morte do devedor;

artigo 946.º: regula a doação por morte: é, em princípio, proibida, salvo quando possa ser havida como disposição testamentária;

artigo 959.º: o doador pode reservar para si o direito de dispor, por morte ou por ato entre vivos, de alguma ou de algumas das coisas compreendidas na doação;

artigo 968.º: o herdeiro do doador que confirme a doação depois da morte deste não pode prevalecer-se da nulidade da doação;

artigo 976.º: a ação de revogação da doação por ingratidão não pode ser proposta nem depois da morte do donatário, nem pelos herdeiros do doador, salvo determinadas exceções;

artigo 1001.º/1: falecendo um sócio, deve a sociedade liquidar a sua quota em benefício dos herdeiros, salvo cláusula em contrário; o valor obedece ao artigo 1021.º/1;

artigo 1051.º/1, d): a locação caduca por morte do locatário, salvo – 1059.º/1 – se se tiver convencionado, por escrito, a sua transmissão por morte[2008];

artigo 1123.º: a parceria pecuária caduca por morte do parceiro pensador;

artigo 1141.º: o comodato caduca por morte do comodatário;

artigo 1174.º, a): o mandato caduca por morte do mandatário e, em certos casos – 1175.º – pela do mandante;

artigo 1176.º: os herdeiros do mandatário devem, então, tomar as providências adequadas;

artigo 1230.º: a empreitada extingue-se por morte do empreiteiro se, na celebração do competente contrato, tiverem sido tomadas em conta as qualidades pessoais deste;

artigo 1255.º: por morte do possuidor, a posse continua nos sucessores, independentemente da apreensão material da coisa;

artigo 1316.º: a propriedade adquire-se por sucessão por morte, no momento da abertura da sucessão – 1317.º, *b*);

artigo 1442.º: direito de acrescer, no usufruto: na contitularidade deste, a propriedade só se consolida por morte do último usufrutuário;

[2008] Esta regra sofre importantes desvios no tocante ao arrendamento urbano e hoje constantes do Código Civil, após a reforma de 2006; *vide* os artigos 1106.º e 1113.º.

artigo 1476.º/1, a*)*: o usufruto extingue-se por morte do usufrutuário, numa regra aplicável ao uso e habitação – 1485.º;
artigo 1534.º: a superfície transmite-se por morte;
artigo 1593.º: regula as restituições no caso de não realização de promessa de casamento, por morte de algum dos promitentes;
artigo 1595.º: o direito de exigir os donativos ou a indemnização por quebra de promessa de casamento caduca no prazo de um ano contado da quebra da promessa ou da morte do promitente;
artigo 1621.º/1: a procuração para casamento caduca pela morte do constituinte ou do procurador[2009];
artigo 1622.º/1: o receio de morte próxima permite casamentos urgentes;
artigo 1657.º/2: a morte de um ou ambos os cônjuges não obsta à transcrição do casamento católico, anteriormente celebrado;
artigo 1685.º: cada um dos cônjuges tem a faculdade de transmitir os bens próprios, por morte, salvo o regime geral dos herdeiros legitimários;
artigo 1700.º: disposições por morte em convenções antenupciais;
artigo 1703.º: caducidade de pactos sucessórios;
artigo 1705.º: disposição por morte a favor de terceiro;
artigo 1706.º: correspetividade das disposições por morte a favor de terceiros;
artigo 1719.º/1: partilha segundo regimes não convencionados, no caso de dissolução do casamento por morte;
artigo 1755.º/2: doações para casamento que produzam efeitos por morte do doador: equiparação a pactos sucessórios; quanto à forma: 1756.º;
artigo 1766.º/1, a*)*: a doação entre casados caduca falecendo o donatário antes do doador;
artigo 1788.º: o divórcio tem os efeitos da dissolução por morte;
artigo 1818.º: prossecução da ação de reconhecimento de maternidade, ocorrendo falecimento do filho;
artigo 1825.º: legitimidade em caso de falecimento do autor ou réus em ações de estabelecimento de maternidade;
artigo 1844.º: legitimidade nas ações de impugnação de paternidade, ocorrendo falecimentos;
artigo 1859.º: a perfilhação que não corresponda à verdade é impugnável em juízo, mesmo depois da morte do perfilhado;
artigo 1904.º: poder paternal, falecendo um dos cônjuges;

2009 Trata-se de uma regra aplicável à procuração em geral, mesmo no silêncio do artigo 265.º: aplicam-se as regras do mandato.

artigo 1937.º, d*)*: o tutor não pode receber, do pupilo, liberalidades, por ato entre vivos ou por morte;
artigo 2013.º/1, a*)*: a obrigação de prestar alimentos cessa com a morte do obrigado ou do alimentado.

Os artigos 2024.º a 2334.º tratam, por fim, da sucessão por morte[2010].

[2010] A matéria será objeto do volume XVI do presente *Tratado*.

§ 39.º A TUTELA *POST MORTEM*

190. Generalidades; o cadáver

I. A regra da cessação da personalidade com a morte é, em princípio e por natureza, absoluta. Todavia, o Direito reconhece uma tutela *post mortem*, em termos de dogmatização difícil. Adiante procuraremos fazer o ponto da situação, nesse domínio. Para já, vamos proceder a um levantamento dessas situações de tutela.

II. Morta uma pessoa, ficam os seus despojos mortais ou cadáver. Desde o antigo Direito romano, o cadáver era objeto de uma especial consideração jurídica e religiosa[2011]: previam-se rituais próprios e regras específicas a observar[2012]. Do regime jurídico, ressaltam quatro vetores[2013]: a incomerciabilidade do cadáver; a existência de uma polícia mortuária; o respeito pelo cadáver; a admissibilidade de uma ação executiva para a sua recuperação.

O respeito pelo cadáver, agora como *pietas*, foi recuperado pelo Cristianismo. Este emprestou-lhe uma dimensão religiosa, particularmente tratando-se de sepultura eclesiástica ou de despojos de santos[2014]. A veneração fundamentalista pelos cadáveres levou a um bloqueio histórico da medicina ocidental, impedida de estudar o corpo humano em teatros anatómicos, numa situação que mantém sequelas.

[2011] *Vide* a bibliografia referida no *Tratado* III, 3.ª ed., 113.

[2012] Cícero, *De legibus*, 2, 22 ss. = ed. bil. latim/castelhano, de Alvaro D'Ors, *Las Leyes* (1953), 174-175 ss..

[2013] Na exposição de Alberto Burdese, *Cadavere (diritto romano)*, ED V (1959), 763-764 (763/I e II); Max Kaser, *Das römische Privatrecht* cit., I, 2.ª ed., 378 ss..

[2014] Fulvio Corsara, *Cadavere (diritto intermedio)*, ED V (1959), 764-768.

III. Os códigos modernos têm evitado regular, de modo expresso, o cadáver: a matéria dos funerais é remetida para o Direito público e os costumes[2015].

O cadáver não pode ser considerado uma pessoa: a personalidade extinguiu-se com a morte, num dado ontológico que não pode ser revisto, sob pena de total contrariedade ao sistema. Qualificá-lo como coisa poderia, porém, ser entendido como opção materialista, contrária à dignidade da situação[2016]. Esta é assegurada pelas leis vigentes, acima examinadas.

Em boa verdade, haveria que operar aqui múltiplas distinções, dentro do universo "cadáveres". Os cadáveres antigos, de tipo arqueológico, serão "bens arqueológicos", seguindo o regime dos artigos 74.º e seguintes da Lei n.º 107/2001, de 8 de setembro[2017]. Quando integrados em monumentos ou equivalentes, teremos "bens culturais".

Tratados isoladamente, certos cadáveres devidamente acondicionados – múmias, esqueletos – são coisas, podendo mesmo ser comercializados[2018]. Existe, de resto, um comércio de cadáveres, com rumo aos países desenvolvidos, para guarnecer teatros anatómicos de faculdades de Medicina. O estudo universitário, desde que realizado com respeito e dignidade, legitima algo que, de outro modo, seria inadmissível.

O cadáver comum – de modo a excluir as situações arqueológicas, históricas, antropológicas e similares –, não sendo pessoa, terá de ser reconduzido ao universo das coisas: sê-lo-á, mesmo, forçosamente se, por coisa, se entender simplesmente tudo o que não é pessoa[2019].

Acontece, todavia, que "coisa", em Direito, não é o produto de uma mera definição formal: antes de uma estruturação histórico-cultural. Coisa é, efetivamente, uma realidade delimitada à qual o Direito dispensa um estatuto determinado, pela História, para os seres inanimados[2020]. A essa

[2015] Wilhelm von Blume, *Fragen des Totenrechts*, AcP 112 (1914), 367-427 (369); cf. Reinhard Zimmermann, *Gesellschaft, Tod und medizinische Erkenntnis*, NJW 1979, 569-576 (571/I).

[2016] *Vide* Hans Schreuer, *Der menschliche Körper und die Persönlichkeitsrechte* (1919), 5; este Autor acaba por considerar o cadáver como parte da personalidade do falecido – *idem*, 25 – numa postura que obteve múltiplas críticas, ao longo do século XX.

[2017] Sobre o património cultural, o presente *Tratado* III, 3.ª ed., § 10.º.

[2018] Zimmermann, *Gesellschaft, Tod und medizinische Erkenntnis* cit., 570/I.

[2019] *Vide* von Blume, *Fragen des Totenrechts* cit., 375.

[2020] *Tratado* III, 3.ª ed., 57.

luz e desde o Direito romano: o cadáver desfruta de um tratamento especial, mais moldado sobre a pessoa do que sobre o objeto inanimado[2021]. Seria, assim, coisa quando, desta, se usasse um sentido formal e muito amplo[2022]. Materialmente, será uma realidade *a se*: objeto de direitos diversos do de propriedade[2023] e cujo conteúdo se encontra fortemente funcionalizado[2024]. A redução dogmática desta matéria poderá fazer-se com recurso à ideia de tutela *post mortem* ou pós-eficácia da personalidade.

191. **A tutela do cadáver; natureza**

I. Conhecida a panorâmica histórico-cultural do problema, cumpre ponderar o regime português vigente de tutela do cadáver.

As regras relativas aos cadáveres constam hoje, essencialmente, de três diplomas:

– o Decreto-Lei n.º 411/98, de 30 de dezembro, alterado pelo Decreto-Lei n.º 5/2000, de 29 de janeiro[2025], pelo Decreto-Lei n.º 138/2000, de 13 de julho, pela Lei n.º 30/2006, de 11 de julho, pelo Decreto-Lei n.º 109/2010, de 14 de outubro e pela Lei n.º 14/2016, de 9 de junho[2026], e que veio estabelecer o regime jurídico da remoção, transporte, inumação, exumação, trasladação e cremação de cadáveres, bem como alguns desses atos relativos a ossadas, cinzas, fetos mortos e peças anatómicas, e ainda da mudança de localização de um cemitério;

[2021] Conquanto que com outra linguagem e por via diversa, *vide* Gomes da Silva, *Esboço de uma concepção personalista do Direito*, RFDUL XVII (1964), 139-255 e XVIII (1964), 51-185.

[2022] *Vide* Soergel/Jochen Marty, *BGB*, 13.ª ed. (2000), § 90, Nr. 9 ss. (538 ss.) e Christina Stresemann, *Münchener Kommentar*, 1, 7.ª ed. (2015), § 90, Nr. 29-31 (1051-1052).

[2023] Zimmermann, ob. cit., 570/II e Jochen Taupitz, *Privatrechtliche Rechtspositionen und die Genomanalyse: Eigentum, Persönlichkeit, Leistung*, JZ 1992, 1089-1099 (1093/II).

[2024] Já von Blume, *Fragen des Totenrechts* cit., 381 ss., suscitando a questão de saber se o herdeiro pode ser considerado o guardião do cadáver.

[2025] Que modificou os artigos 2.º, 4.º, 5.º, 6.º, 8.º, 9.º e 25.º do Decreto-Lei n.º 411/98, de 30 de dezembro.

[2026] Relativa às Honras de Panteão Nacional.

– o Decreto-Lei n.º 274/99, de 22 de julho, relativo a dissecação de cadáveres e extração de peças, tecidos ou órgãos para fins de ensino e de investigação científica;
– a Lei n.º 12/93, de 23 de abril, referente a transplantações, alterada e republicada pela Lei n.º 22/2007, de 29 de junho e por último (neste momento) alterada pelo Decreto-Lei n.º 168/2015, de 21 de agosto.

II. O destino do cadáver, nos termos da lei, é a inumação, definida pelo artigo 2.º, *e*), do Decreto-Lei n.º 411/98, de 30 de dezembro, como a sua colocação em sepultura, jazigo ou local de consumpção aeróbia ou a cremação, equivalente à sua redução a cinzas – *idem*, *h*). A prática de algum desses atos pode ser requerida, sucessivamente – 3.º/1, do Decreto-Lei n.º 411/98:

a) Pelo testamenteiro, em cumprimento de disposição testamentária;
b) Pelo cônjuge sobrevivo;
c) Pela pessoa que vivia com o falecido em condições análogas às dos cônjuges;
d) Por qualquer herdeiro;
e) Por qualquer familiar;
f) Por qualquer pessoa ou entidade.

Esta enumeração é insuficientemente clara, sendo que ela é duplamente crucial: porque determina a pessoa com poderes para decidir do destino do cadáver e porque a inumação e a cremação são requeridas à entidade responsável pela administração do cemitério – 4.º/1 do Decreto-Lei n.º 411/98, na redação dada pelo Decreto-Lei n.º 5/2000, de 29 de janeiro: ora tal administração não tem competências que lhe permitam resolver dúvidas. O problema é agravado pela existência de prazos curtos para a inumação ou cremação – 8.º/2, do Decreto-Lei n.º 411/98.

Na base dos princípios gerais e das regras que afloram nos artigos 71.º/2 e 496.º/2 e, no remanescente, com apelo ao artigo 10.º/3, do Código Civil, propomos o seguinte quadro:

– quando a legitimidade para praticar atos relativamente ao cadáver seja deferida a uma pluralidade de herdeiros, a decisão prevalecente será a maioritária, com recurso ao tribunal na hipótese do artigo 1407.º/1;
– cabendo ela a qualquer familiar e não havendo acordo, prevalece, sucessivamente: a opção dos filhos ou outros descendentes; a dos pais ou outros ascendentes; a dos irmãos; a dos filhos que os

representem; dentro de cada categoria, a regra será a da vontade maioritária.

Dada a existência de prazos curtos e a natural delonga no recurso a Tribunal[2027], havendo divergências entre os interessados, deverá a entidade administradora do cemitério, onde o problema se ponha, optar por uma solução provisória, evitando passos irreversíveis, como, por exemplo, o da cremação. Depois de dirimidos os problemas, passar-se-á a uma decisão definitiva. Também se pode assentar no princípio do respeito pela vontade do falecido, mesmo quando expressa em termos puramente verbais: particularmente quando haja divergência entre pessoas com igual legitimidade para decidir[2028].

Em todo este regime, é importante a atuação das agências funerárias cujo regime vem hoje previsto nos artigos 108.º e seguinte do Decreto-Lei n.º 10/2015, de 15 de janeiro.

III. O transporte de cadáver por estrada deve ser feito em viatura apropriada e exclusivamente destinada a esse fim, nos termos regulados no artigo 6.º do Decreto-Lei n.º 411/98. Segundo o artigo 8.º/1 desse preceito, na redação dada pelo artigo 8.º/1 do Decreto-Lei n.º 138/2000, nenhum cadáver pode ser inumado, cremado ou encerrado em caixão de zinco antes de decorridas vinte e quatro horas sobre o óbito: precaução tradicional destinada a prevenir mortes aparentes. O n.º 2 desse preceito, na redação do Decreto-Lei n.º 5/2000, determina que nenhum cadáver possa ser encerrado em câmaras frigoríficas antes de decorridas seis horas após a constatação de sinais de certeza da morte. Tudo isso requer, ainda, prévio boletim de óbito, a emitir pela conservatória do registo civil ou pela autoridade policial, quando aquela não funcione – 9.º/1 e 2.

A inumação não pode ter lugar fora do cemitério, salvo determinadas exceções – 11.º/1 e 2. A cremação é objeto de certas regras – 15.º e seguintes, sempre do Decreto-Lei n.º 411/98. Tratando-se de cadáver objeto de autópsia médico-legal, a cremação exige prévia autorização judiciária – 17.º.

2027 Para dirimir o conflito entre os pais da pessoa falecida quanto ao local onde deve ser sepultado o seu cadáver é competente o tribunal comum: RCb 27-jun.-2000 (Gil Roque), CJ XXV (2000) 3, 34-35.

2028 RCb 28-jan.-2003 (Alexandre Reis), CJ XXVIII (2003) 1, 13-18 (17/II): um caso em que pai e mãe se disputavam quanto ao cemitério onde deveria ficar inumado o filho; o Tribunal optou pela solução que o próprio filho, em vida, indicara como a sua, ainda que verbalmente. O Supremo confirmou a decisão: STJ 11-dez.-2003 (Pires Rosa), Proc. 03B2523.

A exumação só é possível após três anos, salvo em cumprimento de mandado da autoridade judiciária – 21.º/1.

Finalmente: a trasladação sujeita-se ao normativo dos artigos 22.º e 23.º, do Decreto-Lei n.º 411/98.

IV. A dissecação de cadáveres para fins de ensino e de investigação científica vinha regulado pela Portaria n.º 40, de 22 de agosto de 1913. A regra fundamental era a seguinte: ficavam à disposição das faculdades de Medicina os cadáveres dos falecidos nos hospitais, asilos e casas de assistência pública, os quais, dentro do prazo de doze horas após o falecimento, não sejam reclamados pelas famílias, para inumação. Resultou, daí, grande carência de espécies para os teatros anatómicos do País, com graves consequências na formação de jovens médicos.

Finalmente, a Lei n.º 12/99, de 15 de março, veio autorizar o Governo a legislar "... sobre a dissecação lícita de cadáveres e extração de peças, tecidos ou órgãos para fins de ensino e de investigação científica". O Governo desempenhou-se adotando o Decreto-Lei n.º 274/99, de 22 de julho, que rege, hoje, a matéria. A "dissecação lícita" e demais atos são permitidos desde que – 3.º:

- o falecido tenha declarado em vida que o seu cadáver poderia ser utilizado para fins de ensino e de investigação científica; o ato é revogável;
- o falecido não tenha manifestado em vida, junto do Ministério da Saúde, a sua oposição e o cadáver não tenha sido reclamado, no prazo de vinte e quatro horas, por qualquer das seguintes pessoas – 4.º/1:

  a) O testamenteiro, em cumprimento de disposição testamentária;
  b) O cônjuge sobrevivo ou pessoa que vivia com o falecido em condições análogas às dos cônjuges;
  c) Os ascendentes, descendentes, adotantes ou adotados;
  d) Os parentes até ao 2.º grau da linha colateral.

- quando o corpo seja reclamado por pessoas com legitimidade para o fazer após o referido prazo de vinte e quatro horas ou por pessoa diversa das referidas, a reclamação só é atendida após a utilização do cadáver para fins de ensino e de investigação, devendo prevenir-se a persistência, no cadáver, de sinais decorrentes dessa prática.

A comercialização de cadáveres ou de peças, mesmo para os fins de ensino e de investigação, é proibida – 6.º. Os cadáveres devem ser conservados com respeito – 7.º –, sendo mantido o sigilo sobre a identidade da pessoa cujo cadáver tenha sido utilizado – 6.º/2.

V. A utilização do cadáver para transplantes foi regulada, entre nós e em termos pioneiros, pelo Decreto-Lei n.º 45 683, de 25 de abril de 1964. Trata-se de um diploma cuidadoso, que teve na base um parecer da Câmara Corporativa brilhantemente relatado pelo Prof. Gomes da Silva[2029]-[2030]. A norteá-lo temos três princípios, referenciados aliás no próprio preâmbulo do diploma: qualquer pessoa pode livremente dispor do seu corpo, autorizando ou proibindo que nele se façam colheitas depois de falecer; na falta de autorização, é permitida a colheita desde que a família do falecido se não oponha, em vida do doente ou até duas horas depois do óbito; ainda que autorizadas, as colheitas não poderão efetuar-se quando forem contrárias à moral ou aos bons costumes ou quando se verifique o caso de morte sem assistência médica, de morte violenta não provocada por acidente ou qualquer outro em que, por lei, deva proceder-se a autópsia forense. O diploma tinha, depois, um certo pendor regulamentar, rodeando-se de cautelas. A colheita era rigorosamente gratuita, salvo o eventual encargo de pagamento do funeral do dador[2031]. O "rigoroso respeito pelo decoro do cadáver" devia ser observado – 13.º – mantendo-se sigilo quanto à identidade do beneficiário – 17.º.

O incremento das transplantações fez surgir o Decreto-Lei n.º 45 683, de 25 de abril de 1964 como demasiado restritivo. Assim, foi produzido o Decreto-Lei n.º 553/76, de 13 de julho: veio sufragar a opinião jurídica que "... confere prioridade ao uso dos órgãos e tecidos para fins terapêuticos, sobre os direitos que em relação ao corpo detêm os familiares e amigos, os quais não vão além daquele que lhes assiste de prestarem aos despojos humanos honras e homenagens em condições estritamente definidas". Nesta base, o Decreto-Lei n.º 553/76, de 13 de julho, veio permitir, em termos latos, a colheita, no corpo de pessoa falecida, de tecidos ou órgãos que sejam necessários para a transplantação ou outros fins terapêuticos. A colheita só não seria possível quando, aos médicos, fosse, por qualquer forma, dado conhecimento da oposição do falecido – artigo 5.º.

[2029] Câmara Corporativa, Parecer n.º 14/VIII, de 1963 (Manuel Gomes da Silva), *Colheita de órgãos e tecidos em cadáveres*, ACC n.º 51, de 16-dez.-1963, 421-493.

[2030] Este parecer está na origem do escrito de Manuel Gomes da Silva, *Esboço de uma concepção personalista do Direito*, cit. *supra*, nota 2021.

[2031] Artigo 8.º, § único, do Decreto-Lei n.º 45 683.

Esta solução foi, nalguns meios, considerada demasiado avançada. O Provedor de Justiça levantou, assim e junto do Tribunal Constitucional, o problema da sua inconstitucionalidade: poderia estar em causa o próprio direito à integridade pessoal ou a liberdade religiosa. Ponderando o problema, o Tribunal Constitucional[2032] admitiu que o direito do próprio de se opor, por razões éticas, filosóficas ou religiosas, à colheita *post mortem* dos seus órgãos tenha dignidade constitucional[2033]. Tal direito não exigiria que os médicos diligenciassem no sentido de indagar de alguma proibição? Entendeu-se que não, sendo o diploma constitucional[2034].

O problema ficou, porém, em aberto. E assim surgiu novo regime: o aprovado pela Lei n.º 2/93, de 22 de abril, alterado e republicado pela Lei n.º 22/2007, de 29 de junho. Aquele diploma veio regular a colheita e o transplante de órgãos e tecidos de origem humana, seja em vida[2035], seja em cadáveres. Quanto a esta última situação, a ideia geral do diploma é a seguinte: potencialmente, todos são dadores *post mortem*, salvo se tiverem manifestado, junto do Ministério da Saúde, a sua qualidade de não-dadores – 10.º/1. Para tornar efetiva essa opção de não-dador, a Lei n.º 12/93, por último e neste momento alterada pelo Decreto-Lei n.º 168/2015, de 21 de agosto, previu a criação de um Registo Nacional de Não Dadores (RENDA). A colheita, quando tivesse lugar, deveria observar determinados cuidados – 14.º.

VI. O cadáver deve ser tratado, sempre, com todo o respeito. Num conflito com pessoas (vivas), o cadáver tenderá a ceder. Mas ele representa um valor que dispõe de proteção, incluindo a tutela penal.

O Código Penal dispensa uma tutela específica ao respeito devido aos mortos. Numa secção III, intitulada *Dos crimes contra o respeito devido aos mortos*, inserida no título IV – *Dos crimes contra a vida em sociedade*, capítulo I – *Dos crimes contra a família, os sentimentos religiosos e o respeito devido aos mortos*, encontramos dois artigos que cumpre consignar:

[2032] TC n.º 130/88, de 8 de junho (José Martins da Fonseca com diversos votos de vencido), BMJ 378 (1988), 141-167.

[2033] TC n.º 130/88 cit., BMJ 378, 156.

[2034] No sentido da inconstitucionalidade: Carlos Soares de Brito, *Colheita de tecidos ou órgãos humanos*, ROA 48 (1986), 239-266 (261 ss.).

[2035] *Supra*, 590.

Artigo 253.º
(Impedimento ou participação de cerimónia fúnebre)

Quem, por meio de violência ou de ameaça com mal importante, impedir ou perturbar a realização de cortejo ou cerimónia fúnebre, é punido com pena de prisão até 1 ano ou com pena de multa até 120 dias.

Artigo 254.º
(Profanação de cadáver ou de lugar fúnebre)

1. Quem:

a) Sem autorização de quem de direito, subtrair, destruir ou ocultar cadáver ou parte dele, ou cinzas de pessoa falecida;

b) Profanar cadáver ou parte dele, ou cinzas de pessoa falecida, praticando atos ofensivos do respeito devido aos mortos; ou

c) Profanar lugar onde repousa pessoa falecida ou monumento aí erigido em sua memória, praticando atos ofensivos do respeito devido aos mortos;

é punido com pena de prisão até 2 anos ou com pena de multa até 240 dias.

O bem jurídico protegido, em ambos os preceitos é o sentimento de piedade e de respeito para com os mortos, por parte da comunidade[2036]. Não se exige que a cerimónia ou o local tenham natureza religiosa: pode ser totalmente laico. Também não se requer a presença de um cadáver ou a efetiva profanação deste: os crimes podem dar-se sem esse elemento, quer na hipótese do 253.º, quer na do 254.º.

Por outro lado, a moldura penal é bem diferente da dos crimes contra as pessoas.

[2036] J. M. Damião da Cunha, *Comentário Conimbricense*, tomo II (1999), 651 e 653. Quanto à concretização da matéria, perante a lei anterior, cf. RCb 25-jun.-1986 (António Ferreira da Cunha), CJ XI (1986) 3, 96-99 (98/II) e, perante a atual, STJ 12-nov.-1998 (Nunes da Cruz), BMJ 481 (1998), 325-348 (346-347): o caso da cadáver decapitado. A situação não deve ser aferida pelos sentimentos do criminoso mas pelos da sociedade em que está inserido: RLx 5-nov.-1986 (Dias Alves), CJ XI (1986) 5, 161-163 (163/I).

Em compensação, é considerado um ato normal e respeitador, em sentido ético, a postura da pessoa que, com o propósito de preparar um jazigo para nele sepultar seus pais, sem o consentimento de todos os parentes dos aí sepultados, se limitou a pedir ao coveiro para remover os ossos para o ossário do mesmo jazigo: RPt 9-jun.-1993 (Castro Ribeiro), CJ XVIII (1993) 3, 253-255 (254-255). Também a exumação de um cadáver para realização de autópsia não põe em causa o respeito devido aos mortos: RLx 25-out.-2000 (Manuela Gomes), CJ XXV (2000) 4, 170-171.

Em suma: também o Direito penal confirma a existência de um bem imaterial equivalente à piedade e respeito pelos mortos. O cadáver é protegido nessa categoria e não enquanto pessoa.

VII. Finalmente, cumpre determinar a natureza do cadáver. O respeito que deve rodeá-lo, inspirado por claras razões religiosas, éticas e deontológicas, não deve perturbar a qualificação jurídica[2037]. O cadáver não é uma pessoa: não lhe é reconhecido qualquer direito ou dever; como vimos, *mors omnia solvit*. Além disso, pode-lhe ser dado um destino variado: inumação, destruição através de cremação, dissecação ou extração de peças anatómicas ou de órgãos. As competentes decisões, dentro dos limites acima examinados, são tomadas pelo próprio, naturalmente enquanto vivo ou por determinados familiares, em termos discricionários ou se se preferir: de acordo com as respetivas convicções íntimas. Podem, ainda, ser assumidas por médicos ou por autoridades públicas.

O cadáver não pode entrar na área dos bens patrimoniais: é, claramente, *res extra commercium*. Dispõe de um regime especial, marcado pela prevalência das opções familiares e pelo respeito, dotado mesmo de tutela criminal. Tecnicamente, surge como uma coisa[2038].

Todavia, a sua proximidade em relação à pessoa a que deu forma justifica que, civilmente, seja tratado no capítulo das pessoas: não no das coisas[2039].

192. A pós-eficácia dos direitos de personalidade

I. A tutela do cadáver, independentemente da sua leitura dogmática, pertence ao acervo milenário do Direito civil. No último século, todavia, desenhou-se um problema novo, mercê da autonomização dos direitos de personalidade: a hipótese de estes manterem uma proteção mesmo depois da morte do seu titular. Seria um fenómeno de eficácia póstuma ou pós-efi-

[2037] A doutrina nacional, na base do aludido respeito, tende a aproximar o cadáver da pessoa, negando-lhe a natureza de coisa; *vide* o *Tratado* III, 3.ª ed., 56, numa posição que aqui revemos, com a ressalva que consta do final do texto.

[2038] RCb 28-jan.-2003 cit., CJ XXVIII, 1, 16.

[2039] *Vide* a conclusão de Gomes da Silva, *Esboço de uma concepção personalista do Direito* cit., RFDUL XVIII, 184-185. Uma referência especial a Hélène Popu, *La dépouille mortelle, chose sacrée/À la redécouverte d'une catégorie juridique oubliée* (2009), 467 pp..

cácia[2040]: extintos pela morte do seu titular, os direitos de personalidade (ou alguns deles) ainda produziriam efeitos.

II. A questão da pós-eficácia dos direitos fundamentais pôs-se mercê de diversos problemas concretos. Vamos recordar:

- a tutela da imagem do corpo do falecido: no caso Bismarck, já referido, fotógrafos reproduziram, sem autorização, o cadáver do chanceler, no seu leito de morte; o tribunal entendeu que eram violados sentimentos jurídicos naturais[2041];
- a tutela da dignidade da pessoa: no caso Mephisto, em que um romance desacreditava um falecido ator[2042];
- a tutela dos escritos particulares e da intimidade da vida privada: o também já referido caso de Cosimo Wagner, em que se entendeu dever preservar o diário e a correspondência íntima da mulher do grande compositor[2043];
- a tutela da imagem da falecida a qual não pode, sem mais, ser usada para fins publicitários: o caso da imagem de Marlene Dietrich, que surgiu a propósito de uma campanha de fotocopiadoras[2044].

A partir destes desenvolvimentos jurisprudenciais e das reflexões que, em seu torno, têm sido erguidas, a doutrina veio construir uma ideia genérica de pós-eficácia dos direitos fundamentais; na base: do direito geral de personalidade[2045]; de um fenómeno que, a bem dizer, nem seria um direito

[2040] *Nachwirkung*. *Vide*, para questões terminológicas, o nosso *Da pós-eficácia das obrigações* (1981), em *Estudos de Direito civil*, 1 (2.ª reimp., 1994), 143-197 (174 ss.).

[2041] RG 28-dez.-1899, RGZ 45 (1900), 170-174, analisado *supra*, 258; *vide* Norbert J. Gross, *Der Tote in der Badewanne oder Fürst Bismarck auf dem Totenbette*, MDR 1987, 991.

[2042] BGH 20-mar.-1968, BGHZ 50 (1969), 133-147 (136 ss.): trata-se do livro *Mephisto – Roman einer Karriere*, de Klaus Mann, que atingia Gustaf Gründgens, implicado com o nacional-socialismo.

[2043] BGH 26-nov.-1954, BGHZ 15 (1955), 249-262; *vide* a descrição do caso *supra*, 253-254, nota 1102.

[2044] A condenação em indemnização ocasionada por este caso foi julgada constitucional: BVerfG 22-ago.-2006, NJW 2006, 3409-3411, anot. Endress Wanckel, *idem*, 3411, concordante.

[2045] Hans Peter Westermann, *Das allgemeine Persönlichkeitsrecht nach dem Tode seines Trägers*, FamRZ 1969, 561-572 (561).

geral *post mortem* ou uma continuação do direito preexistente[2046]; da própria dignidade humana[2047]; dos direitos de personalidade dos herdeiros[2048]. Veremos que posição adotar, perante o Direito português.

De todo o modo, a existência da pós-eficácia aqui em causa parece hoje assente[2049], apenas se discutindo os seus exatos efeitos[2050].

III. As construções jurídicas da tutela *post mortem* multiplicaram-se, particularmente na doutrina dos anos 70 e 80 do século XX. Efetivamente, ela coloca, em termos técnicos, um problema de solução menos clara. Como ponto de partida, os diversos ordenamentos dão por assente que a personalidade jurídica cessa com a morte. Perante isso, têm-se defendido[2051]:

1. *A teoria do direito sem sujeito*: pela morte do titular, alguns direitos, particularmente de personalidade, nem se extinguiriam, nem se transmitiriam *mortis causa*; manter-se-iam, ainda que sem sujeito[2052];
2. *A teoria da capacidade parcial*: depois da morte, ficcionar-se-ia a manutenção de uma certa capacidade, capaz de comportar deveres de atuação para a tutela da memória do falecido[2053];

[2046] Arno Buschmann, *Zur Fortwirkung des Persönlichkeitsrechts nach dem Tode*, NJW 1970, 2081-2088 (2088/I).

[2047] Haimo Schack, *Das Persönlichkeitsrecht der Urheber und ausübenden Künstler nach dem Tode*, GRUR 1985, 352-361.

[2048] Axel Stein, *Der Schutz von Ansehen und Geheimsphäre Verstorbener/ /Zugleich eine Stellungsnahme zu jüngeren höchstrichterlichen Entscheidungen*, FamRZ 1986, 7-18 (18).

[2049] Jürgen Gleichauf, *Das postmortale Persönlichkeitsrecht im internationalen Privatrecht/Unter besonderer Berücksichtigung des französischen Rechts* (1999), 93 ss. e Rixecker, *Münchener Kommentar* cit., 1, 7.ª ed., § 12 anexo, Nr. 30 ss..

[2050] Peter Schwertner, *Postmortaler Persönlichkeitsschutz*, Jura 1985, 105-106 (106), quanto ao tema das indemnizações.

[2051] A seriação das diversas teorias, com indicações bibliográficas significativas pode ser seguida em Jürgen Gleichauf, *Das postmortale Persönlichkeitsrecht* cit., 95 ss. e Rixecker, *Münchener Kommentar* cit., 1, 7.ª ed., Nr. 45 ss..

[2052] Britta Lehmann, *Postmortaler Persönlichkeitsschutz* (1973), 107 ss., Panajiotis Nikoletopoulos, *Die zeitliche Begrenzung des Persönlichkeitsschutzes nach dem Tode* (1984), 64 e Arno Buschmann, *Zur Fortwirkung des Persönlichkeitsrechts nach dem Tode*, NJW 1970, 2081-2088 (2087/II), defendendo estar-se perante um sujeito sem capacidade. Trata-se da orientação adotada pelo BGH 26-nov.-1954, no caso Cosimo.

[2053] Andreas Heldrich, *Der Persönlichkeitsschutz Verstorbener*, FS Heindrich Lange (1970), 163-178 (169), apelando a um dever geral de respeito; foi a orientação for-

3. *A teoria da subjetividade complementadora ou sublimada*: sob estes qualificativos, a dignidade da pessoa projetar-se-ia para além da morte, com a inerente tutela da personalidade[2054];
4. *A teoria do dever geral de conduta*: o respeito pelo falecido adviria de um dever geral de conduta e de respeito, não subjetivado em nenhuma concreta pessoa: uma violação contra tal dever protetor da honra seria de reconduzir à norma de proteção do § 823/2, do BGB – 483.º/1, *in fine*, do Código Civil português[2055];
5. *Teorias processuais*: a tutela *post mortem* adviria de específicas regras processuais que admitiriam o prosseguimento de ações na base de transferências de posições de processo[2056];
6. *Teorias do alargamento de preceitos paralelos*: consiste em recolher, ao longo da lei, todos os preceitos em que a vontade do falecido produza efeitos *post mortem* (descontando, naturalmente, o testamento) e procedendo, nessa base, a uma generalização[2057];
7. *Teorias negativistas*: a defesa da tutela *post mortem* seria, na realidade, uma tutela de interesses dos vivos, prejudicados ou chocados com os ataques à memória do falecido[2058].

Estas posições são ilustrativas da complexidade do problema. Qualquer opção deve, todavia, partir de tradições jurídicas concretas e dos regimes positivos aplicáveis.

mal de BGH 20-mar.-1968, BGHZ 50 (1969), 133-147 (137 ss.): o caso Mephisto = NJW 1968, 1773; o caso foi ainda objeto de discussão constitucional, que confirmou a orientação do BGH: BVerfG 24-fev.-1971, BVerfGE 30 (1971), 173-227 = NJW 1971, 1645-1655, entendendo que, num conflito entre a liberdade de criação artística e de defesa da dignidade humana, prevaleceria esta última.

[2054] Buschmann, *Zur Fortwirkung des Persönlichkeitsrechts nach dem Tode* cit., 2081 ss. e 2087.

[2055] Andreas Heldrich, *Der Deliktsschutz der Ungeborenen*, JZ 1965, 593-599 e Peter Schwerdtner, *Das Persönlichkeitsrecht in der deutschen Zivilrechtsordnung* cit., 109-110.

[2056] Haimo Schack, *Das Persönlichkeitsrecht der Urheber und ausübendenkünstler nach dem Tode* cit., 352-361 (361): a tutela pós-mortal é imposta pela Constituição e não se trata de defender os interesses dos herdeiros: joga-se o próprio falecido – *idem*, 361/I.

[2057] É a saída que encontra o próprio Gleichauf, *Das postmortale Persönlichkeitsrecht* cit., 104-105.

[2058] Peter Schwerdtner, *Die zivilrechtliche Persönlichkeitsschutz*, JuS 1978, 289-299 (292).

193. A experiência portuguesa

I. O Código Civil, numa disposição sem paralelo, dispõe, no seu artigo 71.º:

> 1. Os direitos de personalidade gozam igualmente de proteção depois da morte do respetivo titular.
>
> 2. Tem legitimidade, neste caso, para requerer as providências previstas no n.º 2 do artigo anterior o cônjuge sobrevivo ou qualquer descendente, ascendente, irmão, sobrinho ou herdeiro do falecido.
>
> (...)

Este preceito obriga a diversas distinções e delimitações.

Desde logo, cabe discernir as ofensas perpetradas antes da morte do visado e depois dela. Quando a ofensa ocorra antes da morte, as consequências da violação tomam corpo na esfera jurídica do ofendido, então vivo: a este compete agir. Quando este o faça e a morte ocorra na pendência do processo, seguem-se as regras gerais: cabe proceder à habilitação dos herdeiros. Quando o não faça, uma de duas: ou o ofendido renunciou, com eficácia, à atuação ou nada fez. Na primeira hipótese, fica precludida qualquer atuação subsequente; na segunda, observa-se o artigo 71.º, por razões de harmonia sistemática e valorativa[2059]: os valores em jogo (a memória do falecido) e a necessidade de prevenir conflitos de legitimidade, na hipótese de uma violação continuada *pre* e *post mortem*, a tanto conduzem. O artigo 73.º, relativo ao direito ao nome, di-lo, de resto, de modo expresso, em termos que podem ser generalizados.

II. Vamos centrar-nos nas ofensas *post mortem*. Importa, então, distinguir os direitos de personalidade que, por definição, não possam ser pós-eficazes (*maxime*, o próprio direito à vida) daqueles que representem

[2059] A alternativa consistiria em fazer seguir, por via sucessória, as pretensões ocasionadas pela violação pré-mortal registada. Os beneficiários poderiam não coincidir com os previstos no artigo 71.º/2, o que causaria grande confusão. Além disso, a bitola de violação não seria a mesma. Finalmente: estaríamos perante um construtivismo conceitual que, perante as realidades da vida, poderia pôr em causa a tutela dos valores que se pretendem propugnar.

bens perenes: direitos ao nome, às cartas-missivas confidenciais, à imagem e à reserva sobre a intimidade da vida privada.

Quanto a estes últimos direitos, temos duas sub-hipóteses:

- ou se trata de direitos de proteção absoluta – p. ex., o bom nome – altura em que qualquer violação desencadeia a legitimidade prevista no n.º 2;
- ou se trata de direitos que admitem restrição, se for dada determinada autorização – p. ex., publicação de cartas: aplica-se, então, a regra do n.º 3: só as pessoas que, conjunta ou separadamente, tenham legitimidade para dar a autorização em causa, podem reagir, perante a violação.

III. O artigo 71.º/2 dá legitimidade, para requerer a tutela da personalidade, ao cônjuge sobrevivo ou qualquer descendente, ascendente, irmão, sobrinho ou herdeiro da falecido. Já se pretendeu[2060] que a legitimidade não assistiria a todas estas pessoas, mas apenas sucessivamente e pela ordem indicada. De facto, tal como está, o preceito parece inconveniente e mesmo impraticável[2061]; todavia, fazer dele uma ordenação sucessiva equivaleria, por exemplo, a paralisar os filhos (possivelmente de um primeiro e mais sólido casamento), quando o cônjuge sobrevivo nada fizesse. Além disso, a legitimidade do cônjuge teria de cessar perante a separação judicial de pessoas e bens.

Propomos, pois, que o artigo 71.º/2 seja complementado com o artigo 496.º/2, por patente analogia valorativa de situações, acrescentando-se os herdeiros. A legitimidade prevista no primeiro daqueles preceitos assistirá, assim:

[2060] Tal a opção de Pires de Lima/Antunes Varela, *Código Civil Anotado* cit., 1, 4.ª ed., 105.

[2061] A opção de permitir a defesa judicial concreta da memória de determinado falecido a todas as pessoas enumeradas no artigo 71.º/2 é delicada: dá azo a uma publicidade contrária ao repouso dos mortos e pode conduzir a novos desacatos. Assim, seria incompreensível que, por hipótese, tendo o cônjuge sobrevivo e os filhos, ocorrendo determinada atuação controversa perante um falecido, preferido remeter-se ao silêncio, aparecesse um sobrinho ignoto com uma acção retumbante. Todavia, contra: Oliveira Ascensão, *Teoria geral* cit., 1, 2.ª ed., 102-103, alegadamente para aumentar a defesa do falecido. Pode ser contraproducente.

– ao cônjuge não separado judicialmente de pessoas e bens e aos filhos ou outros descendentes;
– na falta destes, ao cônjuge não separado judicialmente de pessoas e bens e aos pais e outros ascendentes;
– na falta destes, aos irmãos ou sobrinhos que os representem;
– na falta destes, aos herdeiros do falecido; no limite: ao Estado.

No caso de o prevaricador pertencer a uma destas classes e a não haver ninguém disposto a agir, nem na classe superior, nem na do agente, a legitimidade deferir-se-ia à classe seguinte.

Pergunta-se, depois, se a legitimidade conferida para a tutela *post mortem* diz respeito, apenas, às "providências adequadas" ou, também, ao pedido de indemnização. Uma interpretação literal do artigo 71.º/2, 1.ª parte, apontaria para a exclusão da indemnização. Trata-se de uma opção que assenta em dois equívocos, mais ou menos assumidos:

– o de que está em jogo a personalidade do falecido, que já nada pode compensar;
– o de que o dinheiro é inadequado para resolver a situação.

De facto, já nada pode incomodar o falecido, por muito que se macule a sua memória; a tutela *post mortem* é, necessariamente, uma defesa de vivos. Não se trata de evitar atribuir indemnizações ao falecido[2062]: antes, *iure proprio*, aos familiares legitimados para agir. Quanto à responsabilidade civil: ela tem fins retributivos e de prevenção geral e especial. Por muito que custe, a nossa sociedade é sensível, antes de mais, a condenações em dinheiro. Além disso, os autores de ações suportam custos e incómodos, mal parecendo contemplá-los com meros consolos morais. Nos países que mais longe têm levado a tutela *post mortem*, são arbitradas indemnizações: a única sanção séria quando estejam em causa, por exemplo, empresas jornalísticas que cultivem o escândalo.

Propendemos, pois, para uma remissão, em bloco, do artigo 71.º/2 para o artigo 70.º/2: as "providências adequadas" são sempre possíveis "independentemente da responsabilidade civil a que haja lugar".

[2062] Como pareceria entender Carvalho Fernandes, *Teoria geral* cit., 1, 6.ª ed., 211.

IV. Finalmente: qual a bitola da violação e como ponderar as suas consequências? Seria uma inversão conceitual fazer depender a resposta a estas questões daquilo que fosse achado no tocante à natureza da tutela *post mortem*. Tal natureza deverá resultar do regime: não o inverso.

Deparamos com quatro teorias:

– a teoria da sensibilidade do falecido;
– a teoria da sensibilidade dos familiares vivos;
– a teoria da ofensa da memória *in abstracto*;
– a teoria da ofensa da memória *in concreto*.

Segundo a teoria da sensibilidade do falecido, a determinação da violação dos seus direitos de personalidade deveria procurar reconstituir o que o próprio falecido sentiria, se fosse vivo. E essa mesma reconstituição serviria para apurar a extensão da violação e as suas consequências. Mesmo a admitir que tais construções não descambassem em puros artificialismos, parece seguro que elas não são úteis. O falecido já não pode ser incomodado por atuações terrenas. Apelar para o que ele sentiria se fosse vivo não serve, assim, valores reais.

A teoria da sensibilidade dos familiares vivos apela para o atentado aos sentimentos destes, mercê da ofensa feita ao ente querido desaparecido. Devemos reconhecer que a ofensa feita a um parente próximo é, muitas vezes, mais sentida pelos seus familiares do que pelo próprio, mesmo quando vivo. Todavia, a lei procura, aqui, defender os "direitos de personalidade do falecido" e não os dos sobreviventes, por legítimos que estes sejam. O centro de gravidade da violação não pode ser procurado na sensibilidade dos parentes, indagando-se, afinal, o que sentiram. Podem não ter sentido nada e justificar-se plenamente a tutela, *post mortem*. Ou podem ter sofrido muitíssimo, por algo de objetivamente insignificante, altura em que não há lugar à ação.

A teoria da ofensa da memória *in abstracto* explica que não estão propriamente em causa os direitos de personalidade do falecido mas, antes, o respeito devido à sua memória, respeito esse que é quebrado com atentados formais àquilo que seriam (se fosse vivo) os seus bens de personalidade. A nossa sociedade respeita os seus mortos, o que permite uma bitola geral e abstrata de "tutela da memória". A inobservância dessa fasquia de respeito, dependente, apenas, do perfil do falecido e das projeções da sua atuação na sociedade, ditariam a medida da violação e das suas consequências.

Finalmente, a teoria da memória *in concreto* aceita a ideia do respeito devido à memória dos mortos, como valor em jogo. Todavia, as quebras a esse respeito são sentidas pelos familiares sobrevivos mais chegados. Apenas eles podem inteligir e sentir a inveracidade ou a injustiça das violações, sofrendo a inerente mágoa. A bitola da violação não residirá, assim: nem na sensibilidade do falecido; nem na sensibilidade dos familiares vivos, como se fossem eles os ofendidos; nem num respeito abstrato pela memória dos mortos: antes no respeito concreto pela memória daquele morto, tal como ele é sentido e sofrido pelos seus familiares sobrevivos.

Os direitos de personalidade adaptam as suas soluções a cada caso concreto: um ponto decisivo e no qual não deve haver recuos. A base da construção da tutela *post mortem* será sempre constituída pela defesa *in abstracto*, da memória do falecido. Mas ela terá de ser complementada com a ponderação *in concreto* da situação efetivamente registada. Preconizamos, nos termos desenvolvidos, uma síntese das terceira e quarta teorias, acima apontadas.

194. A natureza da tutela *post mortem*

I. O artigo 71.º/1 surge sistematicamente contraditório, quando tomado à letra: se os direitos de personalidade gozam de proteção depois da morte do respetivo titular, como afirmar que a personalidade deste cessou com a morte – 68.º/1? Perante isto, têm sido defendidas, entre nós, três posições possíveis. Assim:

– teoria do prolongamento da personalidade: a personalidade não se extinguiria (totalmente) com a morte: haveria um desvio ao artigo 68.º/1[2063], sendo a personalidade do defunto "empurrada" para depois da morte[2064];

– teoria da memória do falecido como bem autónomo: a personalidade cessa com a morte; o dispositivo não visa, portanto, a tutela

[2063] Pires de Lima/Antunes Varela, *Código Civil Anotado* cit., 1, 4.ª ed., 105 (anot. 1 ao artigo 71.º).

[2064] Diogo Leite de Campos, *Lições de direitos de personalidade* cit., 2.ª ed., 44-45.

dos direitos de personalidade do falecido mas, antes, um bem diferente: a sua memória[2065];

- teoria do direito dos vivos: a tutela em jogo visaria a proteção das pessoas enumeradas no artigo 71.º/2, afetadas por atos ofensivos à memória do falecido[2066]; elas teriam direito à indemnização por danos morais e patrimoniais sofridos[2067].

À semelhança do que vimos ocorrer noutras doutrinas, seriam possíveis ainda teorias diversas[2068]. Elas não têm encontrado defensores, numa situação que se entende por haver lei expressa.

II. A manutenção da personalidade do falecido não pode ser admitida. A pessoa é sempre destinatária ou beneficiária de regras, numa prerrogativa que o falecido não pode, infelizmente, ter. A alternativa seria construir uma pessoa coletiva: nada, na lei, aponta para tal derivação. Tanto basta para rejeitar a teoria do prolongamento da personalidade[2069].

A teoria da memória do falecido como bem autónomo é insuficiente. Quem encabeça as potencialidades relativas a tal bem? Como aferir se tal memória é, de facto, ofendida, uma vez que não se pode recorrer às opções do falecido? Poder-se-ia tentar construir um dever geral de respeito pelos mortos, com uma subsequente atribuição de legitimidade para agir, em termos aquilianos, a certas pessoas. A lei fala, porém, em "direitos" concretos. Além disso, essa construção deixaria ainda por explicar o que vem a ser uma ação sem direito.

2065 Oliveira Ascensão, *Teoria geral* cit., 1, 2.ª ed., 101 e Heinrich Ewald Hörster, *A parte geral do Código Civil Português/Teoria geral do Direito civil* (1992), 261-262 e 302, referindo que os familiares legitimados atuam um direito próprio, mas no interesse de outrem.

2066 Mota Pinto, *Teoria geral*, 4.ª ed. cit., 205 e Carvalho Fernandes, *Teoria geral* cit., 1, 6.ª ed., 212.

2067 Castro Mendes, *Teoria geral* cit., 1, 67.

2068 *Supra*, 603 ss..

2069 Em REv 18-dez.-2008 (Eduardo Canas Mendes), CJ XXXIII (2008) 5, 260-262 (262/I), veio dizer-se que se trata de um direito nem do morto, nem dos vivos; antes haveria uma extensão da legitimidade para a ação, de modo que alguns dos direitos do falecido ainda seriam protegidos; todavia, não vemos como construir direitos sem sujeito, nem posições processuais sem suporte substantivo; se há ação, há direito, e se há direito, há titulares; de outro modo, não logramos uma dogmática sólida.

Fica-nos a terceira teoria: a tutela *post mortem* é, na realidade, a proteção concedida ao direito que os familiares têm de exigir o respeito pelo descanso e pela memória dos seus mortos.

III. O direito de cada um ao respeito pela memória dos entes queridos desaparecidos pode acolher situações da mais diversa natureza: usurpação do nome, atentado ao bom nome e reputação, deturpação de obras intelectuais, uso ou abuso de imagem, quebra de confidencialidade e devassa da vida privada[2070], todas com particularidades de regime.

O legislador encontrou uma fórmula cómoda para exprimir essa complexa riqueza: referiu os direitos de personalidade do próprio falecido, procurando regular o direito ao respeito da sua memória. Esse respeito traduz-se na tutela dos bens de personalidade que este teve e teria, se fosse vivo.

[2070] Quanto a esta última: o artigo 80.°, ao contrário dos artigos 73.°, 75.°/2, 76.°/2 e 79.°/1, não remete para o artigo 71.°/2, o que permitiria, *a contrario sensu*, concluir pela inexistência de tutela *post mortem* da vida privada. De modo algum. Desde logo: as remissões dos artigos 76.°/2 e 79.°/1 têm a ver com consentimentos para publicação ou reprodução e não com a tutela *in totum*, enquanto o artigo 75.°/2 se relaciona com a restituição das cartas e o 73.° com a continuação de ações: tudo situações específicas, cuja generalização não é viável. De seguida, pela contemplação dos valores em jogo: a devassa da vida privada, seja qual for a bitola eleita, pode ser um gravíssimo atentado à memória do falecido: não vemos que positivismo exegético, insuficientemente assente numa omissão explicável, poderia conduzir à solução inversa, afastando, sem base expressa, o artigo 71.°/1.

CAPÍTULO IV

PESSOAS COLETIVAS EM GERAL

SECÇÃO I

A PERSONALIDADE COLETIVA

§ 40.º TERMINOLOGIA E ORIGENS

195. Pessoas singulares e pessoas coletivas

I. Na terminologia jurídica, abaixo examinada, faz-se uma contraposição fundamental entre pessoas singulares e pessoas coletivas. Na pureza dos princípios, apenas o ser humano pode ser destinatário de normas jurídicas e, portanto: apenas ela pode encabeçar direitos e obrigações. Todavia, ao longo da História, diversos vetores levaram a que direitos e obrigações fossem encimados por entidades diferentes do ser humano. Pois bem: a pessoa singular é o ser humano; a pessoa coletiva é toda a que não possa ser reconduzida a um ser humano. Trata-se, quanto a esta última, de uma noção obtida pela negativa e, como tal: puramente residual, com tudo o que isso implica, a nível de heterogeneidade.

II. A contraposição entre pessoas singulares e pessoas coletivas veio a ser sistematizada pelos jusracionalistas[2071]. Tornou-se, depois, habitual nas exposições de Direito civil que admitam uma "Parte geral": é o que sucede

[2071] Particularmente Samuel Pufendorf, *De iure naturae et gentium libri octo* (1672), § 12 (9), sendo divulgada por Arnold Heise, *Grundriss eines Systems des Gemeinen Civilrechts zum Behuf von Pandekten – Vorlesung*, 3.ª ed. (1822) – mas 1.ª ed., 1807 –, § 75 e §§ 98 e ss. (25 ss.) e, depois, por Savigny.

com o Código Civil, nos seus artigos 66.° e seguintes e 157.° e seguintes, respetivamente e com o Código brasileiro, nos artigos 1.° e seguintes e 40.° e seguintes, também respetivamente.

Impor-se-ia uma sistemática mais humanista, que não nivelasse, numa classificação, o ser humano e todas as "outras pessoas". Enquanto ela faltar, a falha será colmatada por via doutrinária.

III. Apesar da dicotomia racionalista em que assenta, a pessoa coletiva surge hoje, no palco dos Direitos continentais, como uma categoria existencial, marcada por toda uma evolução histórico-cultural, herdeira de séculos de reflexões dos maiores pensadores. Estudar a personalidade coletiva implica um conhecimento, ainda que elementar, dessa realidade. A pretensão de fazer doutrina na base, apenas, de um esforço classificatório abstrato, alijando a evolução dogmática e filosófica subjacente não permite, sequer, interpretar os textos em vigor. Há que suplantá-la, divulgando, nos meios universitários, todo o rico historial disponível[2072].

196. A expressão "pessoa coletiva"; a questão terminológica

I. A expressão "pessoa coletiva" foi introduzida, na literatura jurídica portuguesa, apenas nos princípios do século XX: deve-se a Guilherme Moreira.

Na obra de Guilherme Moreira, a terminologia sofreu uma evolução digna de registo. Na pré-edição das suas *Instituições de Direito Civil*, publicadas e impressas em 1902 ou 1903, sem frontespício nem o nome do Autor, Guilherme Moreira falava, ainda, em *pessoas juridicas ou moraes*, contrapondo-as às *pessoas physicas*[2073]. Já na 1.ª ed. das *Instituições*, de 1907, a matéria ganha um muito maior desenvolvimento, vindo o Autor a contrapor *pessoas singulares*, a *pessoas coletivas*[2074]. Aí, debatendo o problema terminológico, Moreira afasta outras designações, como as de *pessoas juridicas,*

[2072] Trata-se de uma pesquisa que realizámos no nosso *Da responsabilidade civil dos administradores das sociedades comerciais* (1997), 265 ss. e cujo percurso mantemos no texto subsequente, com algumas atualizações.

[2073] Guilherme Moreira, *Instituições de Direito Civil Português* – I (1903), § 14, 84-85.

[2074] Guilherme Moreira, *Instituições de Direito Civil Português* – I – *Parte Geral* (1907), § 14, 153-163.

moraes, sociaes, ficticias e abstractas[2075], sempre com indicação das suas razões. Entre estas duas edições, há a registar a publicação de um importante escrito, de José Caeiro da Matta, então *alumno do quarto anno juridico*[2076], onde o que chama pessoas *sociaes* é cuidadosamente examinado à luz das teorias então existentes. Estas foram, nessa ocasião, apresentadas em termos pioneiros, na nossa doutrina[2077].

II. Guilherme Moreira estudou o problema da personalidade coletiva no seu escrito clássico *Da personalidade collectiva*, publicado na RLJ entre 1907 e 1909[2078].

A expressão *personalidade collectiva* foi preconizada, nas colunas da *Revista de Legislação e de Jurisprudência*, em 1908[2079], formalmente um pouco depois da 1.ª edição oficial das *Instituições*[2080]. Terá sido, pois, na preparação do estudo Da *personalidade collectiva* que Guilherme Moreira fixou essa expressão.

2075 *Idem*, 157-158.

2076 José Caeiro da Matta, *Pessoas sociaes administrativas (Principios e theorias)* (1903), 109 pp. densas.

2077 A obra de Caeiro da Matta, acima citada, foi dedicada a Guimarães Pedrosa, o que ilustra o papel do Direito público na formação da doutrina portuguesa da personalidade coletiva. Também se regista a publicação do livro de A. Cruz da Rocha Peixoto, *A noção de personalidade jurídica* (1906), 126 pp., correspondente a um escrito, antes publicado, em *O Instituto*, e onde se utiliza a expressão "pessoa social" – *vide*, aí, 73 ss.. Numa atitude que tanto prejudica o desenvolvimento universitário português, há que notar que este Autor não cita uma única obra portuguesa, embora refira, e com citações, escritos de Bekker, Bierling, Bolze, Dernburg, Giorgi, Hauriou, Jellinek, Jhering, Laband, Michoud, Windscheid e Zitelmann, muitos deles através do original alemão. A História ditou a sua justiça e Rocha Peixoto foi totalmente esquecido pela doutrina subsequente e isso apesar de ter sido o primeiro a referir, em língua portuguesa, muitos dos grandes estudiosos da personalidade coletiva.

2078 N.os 1732 a 1804, e mais precisamente: RLJ 40 (1907), 385-388, 401-403 e 433-436, RLJ 41 (1908), 449-451, 465-467, 481-483, 513-515, 545-547, 577-579, 593-595, 609-611 e 641-644, RLJ 41 (1908), 2-4, 15-19, 33-35, 49-51, 81-83, 97-99, 129-131, 145-147, 177-179, 193-195, 225-227, 241-243, 257-260, 289-291, 305-307, 321-323, 337-339, 353-355, 368-371, 385-387 e 401-404, RLJ 41 (1909), 433-435, 449-451, 465-467, 497-500, 513-515, 529-532, 545-547, 561-563, 577-579, 593-595 e 609-611 e RLJ 42 (1909), 2-4, 17-19, 33-35, 49-51, 65-68, 81-84, 97-99, 113-115, 129-131, 145-147, 161-163, 193-195, 225-227 e 257-259.

2079 Mais precisamente: RLJ 40 (1908), 335-336.

2080 Estas, contudo, só vêm noticiadas por Manuel de Oliveira Chaves e Castro na RLJ 41 (1908), 335-336: praticamente, são obras simultâneas.

III. Nas Ordenações, faltava um tratamento geral para as pessoas coletivas[2081]. Aos juristas liberais coube desenvolver a matéria das pessoas singulares – apenas pessoas[2082] – e introduzir um tratamento sistemático das pessoas coletivas, sob a designação de "corporações" ou "pessoas morais"[2083]. Este termo, de inspiração jusracionalista, foi acolhido por Coelho da Rocha[2084] e passou ao Código de Seabra – artigos 32.º e seguintes – radicando-se, a partir daí, na doutrina[2085]. O próprio Código de Seabra parecia, contudo, reservar a expressão para as "corporações de utilidade pública e privada, conjuntamente". Por isso, alguns autores vieram propor a "pessoa jurídica", como modo de referir o fenómeno da personalização de entidades, não correspondentes a pessoas humanas[2086]. Estava aberta uma querela terminológica, que Guilherme Moreira resolveu, com êxito definitivo, ao fixar a locução "pessoa coletiva".

IV. Os aspetos terminológicos envolvidos seguem, de perto, a história do conceito. O Direito romano não elaborou uma designação global e abstrata para o fenómeno da personalidade coletiva. Os canonistas e os jurisprudentes comentadores, que foram isolando a noção, referiam-se-lhe como *universitas*, no que não pode deixar de se entender como um esforçar dessa locução. A "pessoa moral" deve-se à segunda sistemática, saindo da pena do próprio Pufendorf[2087]. Teve, então, uma certa carreira, dada a sua consagração no ABGB austríaco[2088].

[2081] As referências que ocorrem nas Ordenações e na legislação extravagante são escassas e dispersas, podendo ser confrontadas em Pascoal José de Mello Freire, *Instituições de Direito Civil Português/tanto público como particular*, trad. de Miguel Pinto de Meneses, p. ex., BMJ 161 (1966), 89-200 (132 ss.), quanto à coroa, e BMJ 162 (1967), 31-139 (82), quanto a "sociedades", como exemplos.

[2082] Assim, Manuel Borges Carneiro, *Direito Civil de Portugal contendo três livros I. Das pessoas: II. Das cousas: III. Das obrigações e acções*, tomo I (1826), 65.

[2083] Borges Carneiro, *Direito Civil* cit., I, § 21 (69-70) e II, §§ 297 ss. (261 ss.), com páginas de muito interesse e rigor analítico.

[2084] M. A. Coelho da Rocha, *Instituições de Direito Civil Portuguez*, 8.ª ed. (1917, póstuma; recorde-se que a 1.ª ed. é de 1844 e a 2.ª, aqui retomada, de 1848), §§ 55 ss. e 73 ss. (30 ss. e 42 ss.), contrapõe "pessoas physicas" a "pessoas moraes" ou "juridicas".

[2085] Assim, Brunsky, *Manual de Direito Civil Portuguez*, 2.ª ed. (1868), 1, 44 (§ 49).

[2086] Dias Ferreira, *Codigo Civil Portuguez Annotado*, I, 1.ª ed. (1870), 60-61.

[2087] Samuel Pufendorf, *De iure naturae et gentium libri octo* cit., § 12 (9). Sobre Pufendorf, cumpre assinalar Klaus-Peter Schroeder, *Der Dreissigjährige Krieg, das Alte Reich und Samuel von Pufendorf (1632-1694)*, JuS 1995, 959-965.

[2088] Helmut Schnizer, *Die juristische Person in der Kodifikationsgeschichte des ABGB*, FS Wilburg (1965), 143-155 (151), Wilhelm Brauneder, *Von der Moralischen*

Na literatura jurídica francesa, a expressão só seria consagrada, praticamente, nos finais do século XIX, sendo impulsionada sobretudo por publicistas[2089]. A fraqueza estrutural do Código Civil francês, no tocante às pessoas coletivas, contribuirá para explicar a multiplicação das construções negativistas, que floresceram no hexágono gaulês, com relevo para Planiol e Duguit, abaixo referidas e que deixaram rastos até aos nossos dias.

V. Savigny, arrastando toda a terceira sistemática, manifesta-se contra essa expressão: *pessoa moral* poderia implicar a imoralidade da pessoa singular, o que não faria sentido[2090]. Savigny lançou, então, o termo "pessoa jurídica", adotado por Heise[2091] e presente, até hoje, em muitas literaturas, designadamente na alemã e na italiana[2092].

"Pessoa moral" não justifica as censuras: em Pufendorf, o termo é retirado de *mores*, no sentido clássico de comportamento humano. A pessoa

Person des ABGB zur Juristischen Person der Privatrechtswissenschaft, QF n.º 11/12 (1982/83), 263-317 (270) e Massimo Basile/Angelo Falzea, *Persona giuridica (diritto privato)*, ED XXXIII (1983), 234-275 (235, nota 2). Também no ABGB austríaco, a "pessoa moral" traduzia, apenas, uma espécie de pessoa coletiva: a de base associativa; *vide* Brauneder, *Von der Moralischen Person* cit., 271-272.

A referência a "pessoa moral", no ABGB austríaco, surge na nota marginal ao § 26; a doutrina austríaca viria a abandonar essa expressão, a favor de "pessoa jurídica"; *vide* Klang/Wolff, *ABGB*, §§ 1-352 (1933), 266 e 272.

2089 O *Code Napoléon*, surpreendentemente, não dispensa nenhum tratamento específico às "pessoas morais", fazendo-lhes, apenas, referências indiretas. Trata-se de uma herança do período revolucionário, fortemente contrário a entidades coletivas que pudessem concorrer com o Estado ou entravar a liberdade individual. Esta situação manter-se-ia, nas leis posteriores, que evitariam sempre referir, em geral, "pessoas morais": a própria lei de 1-jul.-1901, sobre associações, ignoraria a expressão. *Vide* Marcel Planiol, *Traité Élementaire de Droit Civil*, 3.ª ed., 1 (1904), n.º 5, 3007 ss. (978 ss.), que fala, aliás, em "ficção de personalidade".

2090 Friedrich Carl von Savigny, *System des heutigen römischen Rechts*, 2 (1840), 240. Outros autores como, já no final do século xix, Dernburg/Biermann, *Pandekten* 1, 7.ª ed. (1902) = 1.ª ed. (1884), 4.ª ed. (1894) e 5.ª ed. (1896), 134 (§ 59), tomam moral no sentido de transcendente, o que permitiria a crítica. Como adiante se verá, os atuais estudos sobre a matéria não dão razão, nem a um, nem ao outro.

2091 Arnold Heise, *Grundriss eines Systems des Gemeinen Civilrechts zum Behuf von Pandecten – Vorslegung*, 3.ª ed. (1822) – mas 1.ª ed. (1807) e 2.ª ed. (1816), § 75 e §§ 98 e ss. (25 ss.). Heise, por seu turno, terá bebido a ideia em Hugo (1798) o qual, por sua vez, colheu inspiração em Domat.

2092 Como referência pioneira, Orestano cita uma Lei de 17 de maio de 1863, relativa a uma Caixa de Depósitos; desse Autor, *Il "problema delle persona giuridica" in diritto romano*, 1 (1968), 15, nota 26.

"moral" resultava, pois, do engenho humano, por oposição à natureza. E em contrapartida, a "pessoa jurídica" não vai sem reparo: afinal, em Direito, todas as pessoas o são.

"Pessoa coletiva", por seu turno, tão-pouco é designação perfeita: inculca haver, subjacente, uma "coletividade", no sentido direto de pluralidade de pessoas, o que nem sempre sucede. Mas feita a ressalva, ela pode ser conservada: está consagrada. De resto, como veremos, o seu teor pode ser renovado com a ideia da imputação de normas jurídicas *em modo coletivo* – por oposição ao *modo singular* de que abaixo daremos conta.

197. O Direito romano

I. Os antecedentes romanos da personalidade coletiva são de reconstituição difícil[2093]. O *Ius Romanum* não procedeu à elaboração do conceito: a própria personalidade jurídica, como ideia geral, lhe terá sido estranha[2094-2095]. Perguntar pela personalidade coletiva, em Roma, implica a utilização, num estudo de tipo histórico, de elementos dogmáticos atuais. Essa operação é útil como forma de comunicar os resultados obtidos, cote-

[2093] Nesse sentido, o testemunho convincente de Theodor Mommsen, *Zur Lehre von der römischen Korporation*, SZRom 25 (1904), 33-51 (33), póstumo; recorde-se que Mommsen, cuja vida decorreu entre 1817 e 1903, principiou a sua carreira ímpar com uma dissertação sobre o tema: *De collegiis et sodaliciis romanorum* (1843). Durante uma intensa vida científica de mais de meio século, Mommsen teve o problema da personalidade sempre presente, tendo escrito, sobre ele, durante sessenta anos!

[2094] Para um apanhado histórico muito completo, *vide* Diogo Costa Gonçalves, *Pessoa coletiva e sociedades comerciais: dimensão problemática e coordenadas sistemáticas da personificação jurídico-privada* (2015), 91 ss. e Pedro de Albuquerque, *A vinculação das sociedades comerciais anónimas e por quotas* 1 (2018), 455 ss..

[2095] Assim: Otto von Gierke, ob. cit. *infra*, nota 2098, 3, § 4.º (34 ss., 41), Ludwig Mitteis, *Römisches Privatrecht bis auf die Zeit Diokletians – I – Grundbegriffe und Lehre von den juristischen Personen* (1908), § 18 (339-340); Ludwig Schnorr von Carolsfeld, *Geschichte der juristischen Person – I – Universitas, corpus, collegium im klassischen römischen Recht* (1933), 402 (conclusões), com rec. de Bruck, SZRom 54 (1934), 421-429, um tanto crítica, embora não nesse ponto; Basile Eliachevitch, *La personalité juridique en droit privé romain* (1942), 1, rec. Kaden, SZRom 46 (1944), 437-448; R. Feenstra, *L'histoire des fondations/A propos de quelques études récentes*, TJ 24 (1956), 381-448 (385); Biondo Biondi, *Il diritto romano* (1957), 294; Helmut Coing, *Zur Geschichte des Privatrechtssystems* (1962), 62; Alberto Burdese, *Manuale di diritto privato romano* (1964), 188; Riccardo Orestano, *Il "problema delle persone giuridiche" in diritto romano*, 1 (1968), 7; Roberto Bonini, *Corso di diritto romano/Il diritto delle persone nelle Istituzioni di Giustiniano* (1984), onde só surgem pessoas singulares.

jando-os com a realidade de hoje. Mas além das dificuldades próprias, o tema é agravado pelo panorama reinante na literatura da especialidade. Binder[2096], numa afirmação retomada[2097], chamou-lhe *um* problema do século XIX, que ocupou – por vezes em termos esgotantes[2098] – todos os civilistas da época. A possibilidade de, graças à Ciência do Direito, tratar como pessoas realidades de natureza não-humana é fascinante. Ocorreu, deste modo, uma multiplicação de estudos onde se enlaçam considerações históricas, dogmáticas e filosóficas, com as subsequentes dificuldades de apreensão e de síntese[2099].

[2096] Julius Binder, *Das problem der juristischen Persönlichkeit* (1907), 1, rec. Hugo Krüger, SZRom 29 (1907), 518-526.

[2097] Joseph Lammeyer, *Die juristischen Personen der katholischen Kirsche* (1929), 15 e Orestano, *Il "problema"* cit., 19.

[2098] A tal propósito cabe citar as obras de Gierke, de Waltzing e de Giorgi; a Otto von Gierke deve-se *Das deutsche Genossenschaftsrecht*, em 4 volumes maciços: I – *Rechtsgeschichte der deutschen Genossenschaft* (1868), XXXIV + 1111 pp., II – *Geschichte des deutschen Körperschaftsbegriffs* (1873), LVI + 976 pp., III – *Die Staats- und Korporationslehre des Alterthums und des Mittelalters und ihre Aufnahme in Deutschland* (1881), LII + 826 pp. e IV – *Die Staats- und Korporationslehre der Neuzeit* (1913), LIV + 567 pp.; com quase 4.000 pp., *Das deutsche Genossenschaftsrecht* representa uma vida dedicada ao tema – *vide* o prefácio do 4.º vol.; do seu 3.º vol., diz Feenstra, *L'histoire des fondations* cit., 408, transcrevendo Ruffini, que ele é *molto più lodato che non adeguatamente e conjuntamente sfruttato*; J.-P. Waltzing, ainda que em termos menos abrangentes, deixou também 4 grossos volumes: *Étude historique sur les corporations professionnelles chez les romains depuis les origines jusqu'à la chute de l'Empire d'Occident*, 1.º (1895), 528 pp., 2.º (1896), 533 pp., 3.º (1899), 704 pp. e 4.º (1900), 721 pp., num total de quase 2.500 pp., incluindo recolhas imensas de fontes e inscrições; Giorgio Giorgi, por fim, chegou aos 6 volumes: *La dottrina delle persone giuridiche o corpi morali/esposta con speciale considerazione del diritto moderno italiano*, 1.º, 3.ª ed. (1913), 618 pp., 2.º (1899), 598 pp., 3.º (1900), 561 pp., 4.º (1900), 618 pp., 5.º (1901), 612 pp., e 6.º (1902), 592, estes 5 todos em 2.ª ed., num total de 3600 pp..

O facto de, no século XIX, o problema ter sido tão largamente tratado – pense-se nas querelas tecidas em torno das conceções de Savigny, de Jhering, de Brinz e de von Gierke e nas quais todos os pandetistas intervieram – não impediu que, na primeira parte do século XX, surgisse uma série de monografias extensas, de natureza histórica ou com largos desenvolvimentos históricos e dedicadas ao tema; assim sucedeu com os trabalhos de Vareilles-Sommières (1902), de Eduard Hölder (1905), de Michoud (1907), de Francesco Ferrara (1908), de Saleilles (1910, a 1.ª ed.), de Karl Haff (1915), de Rhode (1932), de Schnorr von Carolsfeld (1933) e de Eliachevitch (1942), citados ou a citar.

[2099] Alguns autores – como Raymond Saleilles, *De la personalité juridique/Histoire et théories*, 2.ª ed. (1922), 308 – ironizam, mesmo, quanto a saber se as subtilezas das teorias existentes são compensatórias, em relação às luzes que facultam. *Vide*, também, P.W. Duff, *Personality in Roman Private Law* (1938), 206 ss.

Torna-se importante esclarecer que, ainda hoje, o problema não está totalmente resolvido, havendo mesmo patentes recuos. O último quartel do século XX viu renascer a investigação especializada sobre a personalidade coletiva[2100]. A investigação ditou novas necessidades de bem conhecer os condicionamentos histórico-culturais e científicos do problema e de suas opções. As novas propostas dogmáticas implicam, muitas vezes, o reler das antigas construções: o recente debate em torno da interpretação dos textos de Savigny sobre a teoria da ficção é, disso, colorido exemplo.

II. A elaboração conceitual anda a par com a linguística. Significativamente e como foi dito, faltava, em latim clássico, o equivalente a "personalidade jurídica". Queda procurar, no Direito romano, figuras afins das que, hoje, preencham o universo das pessoas coletivas[2101].

Nessas condições, apresenta-se como a mais antiga o *Populus Romanus*[2102] no que, com todas as distâncias e salvaguardas, se pode considerar uma antecipação da ideia de Estado. O *Populus* surgiria, na verdade, como

[2100] A nível histórico, além de Orestano, sup. cit., convém referir Albanese, *Le persone nel diritto privato romano* (1979); num plano dogmático, mas sempre alicerçados na evolução do instituto, para além de trabalhos, menos extensos – ainda que alguns, como os de Wieacker (1973), de Flume (1978) e de Raiser (1994), fundamentais – há que citar as monografias de Fritz Rittner (1973), de Uwe John (1977), de Claus Ott (1977), de Karsten Schmidt (1984 e 1987), de Eichler (1986) e de Barmann (1986). De menção e estudo obrigatórios são, ainda, os *Quaderni Fiorentini* que, em 1982/83, surgiram num número duplo, com dezenas de estudos aprofundados, sobre a personalidade coletiva e os *Archives de Philosophie du Droit*, cujo tomo 34, de 1989, se intitula *Le sujet de droit*, aflorando, também em numerosos trabalhos, o tema da personalidade embora pelo ângulo do "sujeito". Adiante-se desde já que, num retorno histórico em que as humanidades são ricas, se assiste a um rediscutir das mais diversas posições, suscitadas no século XIX, por Savigny, por Brinz e por Gierke.

[2101] Bernardo Albanese, *Le persone nel diritto privato romano* (1979), 551 e *Persona (diritto romano)* cit., 180.

[2102] Alfred Pernice, *Marcus Antistius Labeo/Das römische Privatrecht im ersten Jahrhundert der Kaiserzeit* (1873), 263 ss., Mommsen, *Korporation* cit., 35, Mitteis, *Römisches Privatrecht* cit., 347, Karl Ritter von Czyhlarz, *Lehrbuch der Institutionen des römischen Rechtes* 13-14 ed. (1914), 71 ss., Giovanni Pacchioni, *Corso di diritto romano*, II, 2.ª ed. (1920), 134, Biagio Brugi, *Istituzioni di diritto romano (diritto privato giustiniano)*, 3.ª ed. (1926), 79, Édouard Cuq, *Manuel des Institutions Juridiques des Romains*, 2.ª ed. (1928), 115, Eliachevitch, *La personalité juridique* cit., 5 ss., Biondi, *Il diritto romano* cit., 295, Edoardo Volterra, *Istituzioni di diritto privato romano* (1961), 119, ainda que com considerações dubitativas, Alberto Burdese, *Manuale di diritto privato romano* (1964), 188, Max Kaser, *Das römische Privatrecht*, 1, 2.ª ed. (1971), 304, Albanese, *Le persone* cit., 554 e *Persona* cit., 180, 2.ª col., Giovanni Pugliese, *Istituzioni di diritto*

sujeito de direitos e de obrigações. No período do Império, ele surge referido como *fiscus*[2103]. Essa potencialidade estendeu-se a outras figurações de base territorial, como os municípios e as colónias[2104].

Além destas figuras, que hoje se diriam de Direito público, outras surgiram, de base pessoal. Assim, aparecem as *universitates* de pessoas, com relevo para os *collegia* profissionais, para as *soladitates* de base religiosa e para diversos tipos de *societates*[2105]. A História de Roma parece, aliás, documentar uma certa marcha para a liberdade de associação[2106], ainda que com recuos, motivados por razões de ordem pública e política: a *Lex Julia*

romano, col. Francesco Sitzia/Letizia Vacca (1986), 122 e Franco Pastori, *Gli istituti romanistici come storia e vita del diritto*, 2.ª ed. (1988), 230.

2103 Pernice, *Labeo* cit., 277 ss., Mitteis, *Römisches Privatrecht* cit., I, 349 ss., explicando, 363, que ao *fiscus* se aplicava, em princípio, o Direito privado, Czyhlarz, *Lehrbuch* 13-14 ed. cit., § 37 (71 ss.), e Brugi, *Istituzioni* cit., 79. Na linha de Mitteis, refira-se Sibylle Bolla, *Die Entwicklung des Fiskus zum Privatrechtssubjekt mit Beitragen zur Lehre vom aerarium/Eine rechtsgeschichte Untersuchung* (1938), em especial, 32. Cf., ainda, Alberto Burdese, *Fisco (diritto romano)*, ED XVII (1968), 673-676, Ennio Cortese, *Fisco (diritto intermedio)*, ED XVII (1968), 676-684 e Bernardo Santalucia, *Fondazione (diritto romano)*, ED XVII (1968), 774-784 (783).

2104 Cuq, *Manuel*, 2.ª ed. cit., 115, Antonio Guarino, *Diritto privato romano/Lezioni istituzionali di diritto romano* 2.ª ed. (1963), 207, Giambattista Impallomeni, *Persona giuridica (diritto romano)*, NssDI XII (1965), 1028-1032 (1029), Kaser, *RömPrR*, 1.º vol., 2.ª ed. cit., 306; *vide*, ainda, Mitteis, *RömPrR* cit., I, 376 ss. e Albanese, *Le persone* cit., 560 ss.. Uma enumeração, mais completa, pode ser confrontada em Max Cohn, *Zum römischen Vereinsrecht/Abhandlungen aus der Rechtsgeschichte* (1873), 2.

2105 J. Baron, *Die Gesammtrechtsverhältnisse im römischen Recht* (1864), 1 ss., Mommsen, *De collegiis et sodaliciis romanorum* cit., 1 ss., 27 ss. e 32 ss., Ferdinand Kniepp, *Societas Publicanorum* (1896), 11 ss., Mitteis, *RömPrR* I, 390 ss. e 403 ss., Brugi, *Istituzioni vide*, 81 ss., Schnorr von Carolsfeld, *Geschichte der juristischen Person* cit., I, 59 ss., 207 ss. e 217 ss., Betti, *Diritto romano* (1935), 164 ss., Biondi, *Il diritto romano* cit., 296 s., Guarino, *Diritto privato romano* cit., 207-208, Burdese, *Manuale* cit., 190 e Kaser, *Römisches Privatrecht*, 1, 2.ª ed. cit, 307. O tema das corporações profissionais suscitou um interesse muito especial em Itália sendo de acentuar a vasta obra de Francesco Maria de Robertis: *Contributi alla storia delle corporazioni a Roma* (1934), *Il diritto associativo romano* (1943), *Il fenomeno associativo nel mondo romano/dai collegi della Repubblica alle corporazioni del Basso Imperio* (1955) e *Storia delle corporazioni e del regime associativo nel mondo romano*, 2 volumes (1971). Sobre o tema, refiram-se, ainda, W. Liebenam, *Zur Geschichte und Organisation des römischen Vereinswesens* (1890), Hugo Coli, *Collegia e sodalitates/contributo allo studio dei collegi nel diritto romano* (1913), Gennaro Maria Monti, *Lineamenti di storia delle corporazioni* I (1931), com extensa literatura, 13 e Vincenzo Bandini, *Appunti sulle corporazioni romane* (1939).

2106 *Vide* de Robertis, *Contributi* cit., 43 e *Il diritto associativo romano* cit., 35.

de collegiis veio, por exemplo, reconhecer apenas *collegia* antigos, sujeitando os que viessem a ser constituídos a uma autorização prévia[2107].

A consagração romana das fundações parece, contudo, ser duvidosa. A opinião dominante entende que, embora com raízes em iniciativas cristãs do Baixo Império[2108], elas apenas seriam reconhecidas na Idade Média[2109].

III. Para além dos aspetos descritivos, acima relatados, tem o maior interesse ponderar, a nível das fontes, se os *jurisprudentes* admitiam que, de um ente ideal, pudesse resultar um centro de relações jurídicas diferente das diversas pessoas singulares que, porventura, lhe estivessem subjacentes.

Vários textos, de Ulpiano, depõem, com muita clareza, nesse sentido. Assim:

> Si municipes vel aliqua universitas ad agende um det actorem, non erit dicende um quasi a pluribus datum sic haberi: hic enim, pro re publica vel universitate intervenit, non pro singulis[2110].
>
> Si quid universitati debetur, singulis non debetur: nec quod debet universitas singuli debent[2111].
>
> Municipibus plenum ius in bonis libertorum libertarum defertur, hoc est id ius quod etiam patrono[2112].

Muito citado é, ainda, o seguinte fragmento de Florentinus:

> Mortuo reo promittendi et ante aditam hereditatem fideissor accipi potest, quia hereditas personae vice fungitur, sicuti municipium et decuria et societas[2113].

Por seu turno, o *Edictum Perpetuum* admitia que os municípios pudessem agir e ser demandados[2114], outro tanto sucedendo com as *uni-*

[2107] Volterra, *Istituzioni* cit., 121 e Pacchioni, *Corso* cit., 139.

[2108] Pernice, *Labeo* cit., 254 ss., Mitteis, *Römisches Privatrecht* cit., I, 414 ss., Czyhlarz, *Lehrbuch*, 13-14.ª ed. cit., 73 e Cuq, *Manuel* cit., 2.ª ed., 116. Sobre a história das fundações, cumpre citar, em especial, Helmut Coing, em Werner Selfart, *Handbuch des Stiftungsrechts* (1987), § 5.º.

[2109] *Vide* Feenstra, *L'histoire des fondations* cit., 392.

[2110] D. 3.4.2; foi utilizada a 6.ª ed. dos *Digesta*, de Mommsen/Krüger (1954).

[2111] D. 3.4.7.1.

[2112] D. 38.3.1.

[2113] D. 46.1.22.

[2114] Reconstrução de Otto Lenel, *Das Edictum Perpetuum/Ein Versuch zu seiner Wiederherstellung*, 3.ª ed. (1927), tit. VIII, §§ 31 (97) e 33 (99).

versitates[2115]. A capacidade patrimonial própria desses entes era, por fim, reconhecida[2116].

Em termos atualistas, estes textos não podem deixar de ser considerados como postulando a personalidade coletiva. No entanto, as *Institutiones* de Gaio[2117], como as de Justiniano[2118], ao iniciarem a parte *de iure personarum*, consideravam apenas as pessoas singulares e as suas espécies.

Impõe-se concluir: os *jurisprudentes* conseguiam, na prática, trabalhar com as pessoas coletivas. Mas não isolaram a correspondente noção abstrata. O que não admira: a personalidade coletiva, como a História viria a demonstrar, só pode ser alcançada através do pensamento sistemático. Ora as primeiras aplicações efetivas da ideia de sistema, em Direito, tiveram de aguardar a ordenação periférica dos humanistas, do século XVI.

198. Canonistas e glosadores

I. Como ideia, a personalidade coletiva foi desenvolvida a partir de textos romanos. Mas para tanto, era necessária a incidência de um pensamento científico formalmente ordenado, isto é: daquilo que temos vindo a designar "pensamento sistemático"[2119].

Os canonistas, até pelas necessidades práticas que tiveram de enfrentar, foram precursores. Visando enquadrar os diversos institutos de natureza eclesiástica, os canonistas recuperaram e alargaram a instrumentação deixada pelos jurisprudentes romanos[2120]. Na base das *universitates*[2121], eles vieram a alcançar um conceito de ordem geral[2122]. Procurando justamente

[2115] Lenel, *Das Edictum Perpetuum* cit., tit. VIII, § 34 (100).

[2116] Franco Pastori, *Gli istituti romanistici come storia e vita del diritto* cit., 2.ª ed., 233.

[2117] Gaius, I. 1,3,9; utilizou-se a ed. de M. David, s/d: *Gai institutiones secunde um codiciis veronensis apographum studemundianum et reliquias in aegypto repertas*.

[2118] I. 1,3; utilizou-se a 6.ª ed. de P. Krüger (1954).

[2119] *Vide* a nossa introdução à versão portuguesa de Claus-Wilhelm Canaris, *Pensamento sistemático e conceito de sistema na Ciência do Direito* (1989).

[2120] Lammeyer, *Die juristischen Personen* cit., 80 ss..

[2121] Helmut Coing, *Europäisches Privatrecht/1500 bis 1800 – Band I – Älteres Gemeines Recht* cit., 262.

[2122] H. Coing, *Zur Geschichte des Privatrechtsystems* cit., 63, Orestano, *Il "problema delle persone giuridiche"* cit., 11 e, com ricas indicações bibliográficas, Ruy de Albuquerque, *As represálias/Estudo de História do Direito Português (sécs. XV e XVI)*, I (1972), 403-404, nota 2.

passar do somatório de pessoas singulares para a pessoa coletiva, Sinibaldo dei Fieschi (Inocêncio IV) vem apontar que o sujeito de direitos não é a pessoa natural, mas sim a fictícia: *cum collegium in causa universitatis fingatur una persona*[2123].

II. A ideia de ficção não visava apenas transpor, para o Direito, a "metáfora literária" de que fala Ruffini; dei Fieschi – porventura para retirar, dela, efeitos necessários às realidades do seu tempo[2124] – veio, com base na sua natureza, retirar conclusões: *Universitas autem non potest excommunicari: quia impossibile est quod universitas deliquat: qui universitas, siant et capitulum, populus, gens, et huiusmodi, nomina sunt iuris, et non personarum*[2125].

III. Os glosadores moveram-se sobre textos romanos onde a personalidade coletiva era patente. No entanto, seja por falta de meios científicos, seja pelo influxo da realidade medieval ou seja, por fim, pela impossibilidade de levar demasiado longe a capacidade de abstração, eles não avançaram[2126]. Nas palavras de Ruffini, os glosadores não souberam conceber a personali-

[2123] *Apud* Francesco Ruffini, *Scritti giuridici minori*, II (1936), 12-14 (14); *vide*, ainda, Feenstra, *L'histoire des fondations* cit., 414, Gaetano Catalano, *Persona giuridica (diritto intermedio)*, NssDI XII (1965), 1032-1035 (1034), Pio Fedele, *Fondazione (diritto intermedio)*, ED XVII (1968), 785-790 (787) e Franco Todescan, *Dalla "persona ficta" alla "persona moralis" – Individualismo e matematismo nelle teorie della persona giuridica del secolo XVII*, QF n.º 11/12 (1982/83), 1, 59-93 (62 ss.).

[2124] Sinibaldus Fliscus ou de Flisco, de família nobre genovesa, estudou em Bolonha Direito canónico e Direito romano, tendo sido aluno de Acúrsio; a sua importante obra, de jurista, foi escrita antes de ele aceder ao pontificado, onde permaneceu de 25-jun.-1243 a 7-dez.-1254, data da sua morte. *Vide* a nota biográfica de Ruffini, *Scritti* cit., II, 5 nota 1.

[2125] *Apud* Ruffini, *Scritti* cit., II, 15. Sob a influência de Sinibaldus dei Fieschi, elevado ao pontificado máximo, o concílio de Lião veio proibir as excomunhões de *universitates*, por não constituírem senão uma *persona representata*, sem alma e não baptizada; *vide* Ruy de Albuquerque, *As represálias* cit., 1, 405-406, com indicações. De todo o modo, leituras recentes sublinham que dei Fieschi admitia ainda, nas *universitates*, uma certa ligação à realidade, pelo que a ficção não seria total; *vide* Pedro de Albuquerque, *A vinculação das sociedades comerciais por garantia de dívidas de terceiros*, ROA 1995, 689-711 (689-690, nota 2), com indicações.

[2126] Von Gierke, *Das deutsche Genossenschaftsrecht*, III – *Die Staats- und Korporationslehre des Alterthums und des Mittelalters* cit. (1881), 186 ss., Francesco Ruffini, *La classificazione delle persone giuridiche in Sinibaldo dei Fieschi (Innocenzo IV) ed in Federico Carlo di Savigny*, Sc. Francesco Schupfer, II (1898), 313-393 = *Scritti giuridici minori*, II (1936), 5-90 (10; vem-se citando por este último local), Gaetano Catalano, *Persona giuridica* cit., 1034 e Pio Fedele, *Fondazione* cit., 787.

dade jurídica sem o substrato de uma coletividade de pessoas; a corporação seria então, simplesmente, a soma dos seus membros[2127].

Não se deve menosprezar a obra dos glosadores[2128]: ela foi decisiva na evolução subsequente. A sua ligação estreita ao canonismo permitiu recuperar a ideia de ficção para o Direito romano[2129].

IV. Esta linha foi recebida pelos comentadores. Bártolo reporta-se ao que hoje chamamos pessoa coletiva, como ficção jurídica: *secunde um fictionem juris universitas aliud quam homines universitatis* e acrescentando *quia propria non est persona; tamen hoc est fictum positum pro vero, sicut ponimus nos juristae*[2130].

199. Humanismo e jurisprudência elegante

I. A evolução técnico-jurídica da personalidade coletiva requeria uma maior capacidade de abstração. Apenas esta permitiria transcender comparações muito simplistas com *corpora* ou aproximações elementares à ideia de ficção.

Em princípio, os juristas do humanismo estariam habilitados a dar o passo subsequente. Houve um certo esforço nesse sentido. Em Donellus, a pessoa continua, essencialmente, a ser a singular[2131]. Althusius, todavia, procede já a uma contraposição bastante expressiva:

> Persona est homo, iuris commercium habens. Homines considerantur singulatim, vel collective.
>
> (...)

[2127] Daqui resultou a impossibilidade, para os glosadores, de distinguirem entre corporações, por um lado e sociedades, por outro e isso apesar das bases romanas disponíveis; além disso, eles foram levados a reconduzir todas as entidades coletivas, incluindo o Estado e a Igreja, ao comum conceito de corporação ou à ideia de *corpus*; *vide* Ruffini, *La classificazione delle persone* cit., 11; bem como Ruy de Albuquerque, *As represálias* cit., 398 ss., com múltiplas indicações; finalmente, os glosadores não conseguiram apresentar classificações substanciais de pessoas coletivas.

[2128] *Vide*, por último, a exposição magistral de Hermann Lange, *Römisches Recht im Mittelalter* – Band I – *Die Glossatoren* (1997).

[2129] Quanto a Inocêncio IV, H. Lange, *Die Glossatoren* cit., 385.

[2130] Bártolo, l 16 § 10 D. 48,19 n.º 3 e n.º 4 respetivamente, *apud* von Gierke, *Das deutsche Genossenschaftsrecht*, cit., 3, 362-363.

[2131] *Hugoni Donelli jurisconsulti et antecessoris opera omnia*, tomo I (1840; a primeira edição é de finais do século XVI), 242.

Collective homines considerati faciunt, vel collegium, familiam, universitatem, Rempub vel coetum[2132].

A contraposição clara entre a pessoa singular e a coletiva terá tido, aqui, a sua origem.

II. Os humanistas prolongaram a sua influência no *mos gallicum* e nos jurisprudentes elegantes que o enformaram. Eles ocuparam-se dos entes coletivos, dando azo a uma tradição própria que tomaria corpo na pré-codificação francesa.

III. A afirmação pode ser ilustrada com Domat, que escreve, designadamente:

(...) as comunidades legitimamente constituídas, funcionam como pessoas, e a sua união, que torna comuns, a todos os que as compõem, os seus interesses, os seus direitos e os seus privilégios, faz que elas sejam consideradas como um só todo[2133].

Pouco antes, explicara:

(...) as comunidades que são corpos compostos de várias pessoas, para um fim público, e que, num Estado, são consideradas como se fossem pessoas[2134].

IV. As ideias de Domat foram, diretamente, retomadas por Pothier, cuja influência, no *Code Civil*, é conhecida. Diz ele:

Os corpos e comunidades, estabelecidos segundo as leis do reino, são consideradas, no Estado, como se fossem pessoas: *veluti personam sustinet*; pois esses corpos podem, tal como as pessoas, alienar, adquirir,

[2132] Iohannes Althusius, *Ivrisprvdentia romana, vel potius, ivris romani ars; dvobvs libris comprehensa, et ad leges methodi Rameae conformata, Studio Iohannei Althusii* (1586), Cap. III, 9 e 11, respetivamente.

[2133] Jean Domat, *Le droit public, suite des lois civiles dans leur ordre naturel*, Liv. I, Tit. XV, Sec. II, n.º 2 = *Oeuvres Complètes de J. Domat*, par J. Remy, tomo 3 (1835), 248; *vide*, em parte, Baudry-Lacantinerie/Houques Fourcade, *Traité théorique et pratique de Droit civil, Des Personnes*, tomo 1, 3.ª ed. (1907), 363.

[2134] Jean Domat, *Le droit public* cit., 244. Tenha-se presente que Domat viveu entre 1625 e 1696, tendo o original de *Les loix civiles* sido publicado em 1689-1694. Trata-se de uma obra que pode ser comodamente confrontada na Biblioteca Nacional de Lisboa.

possuir bens, litigar, contratar, obrigar-se e obrigar os outros para com eles.

Esses corpos são seres intelectuais, diferentes e distintos de todas as pessoas que os compõem: *universitas distat a singulis*[2135].

V. Aparentemente, a pré-codificação francesa abrira o caminho, sendo de esperar que as pessoas coletivas obtivessem um lugar condigno, no então futuro Código Napoleão. Isso não sucederia: como se referiu, o período revolucionário foi fortemente contrário a entes que pudessem reduzir o papel nuclear do cidadão individual[2136]. Além disso e sobretudo: os jurisprudentes elegantes franceses, embora conhecendo a ideia de personalidade coletiva, não lhe deram a focagem sistemática necessária para, dela, fazer um dado nuclear do sistema. Exigia-se um nível de pensamento abstrato que surgiria, entretanto, além-Reno.

200. **Racionalismo**

I. A personalidade coletiva, entendida no sentido mais abstrato e como categoria geral, inserida no topo das introduções jurídicas, foi obra do racionalismo ou da segunda sistemática[2137]. Em Pufendorf, podem confrontar-se páginas claras, sobre o tema; assim:

> Entia moralia, quae ad analogia substantiarum concipiuntur, dicuntur *personae* morales, quae sunt homines singuli, aut per vinculum morale in unum systema connexi, considerati cum statu suo aut munere, in quo in vita communi versantur[2138].

[2135] R.-J. Pothier, *Traité des Personnes et des Choses*, em *Oeuvres de R.-J. Pothier contenant les Traités du Droit Français*, par Dupin Ainé, tomo 5.º (1831), 195. *Vide*, também em parte, Baudry-Lacantinerie/Fourcade, *Traité* cit., *Des personnes*, 1.º, 3.ª ed. cit., 364. Pothier viveu entre 1699-1772, datando os *Tratados* da segunda metade do século XVIII.

[2136] Refira-se, ainda, Paul Durand, *L'evolution de la condition juridique des personnes morales de droit privé*, em *Le Droit Privé Français au Milieu du XX Siècle – Etudes offertes à Georges Ripert* – tomo I (1950), 138-159 (138-139).

[2137] Helmut Coing, *Europäisches Privatrecht* – Band II – *19. Jahrhundert* cit., 336 ss. que, todavia, não refere Pufendorf.

[2138] Samuel Pufendorf, *De jure naturae et gentium* cit., 9. Pufendorf procedia, depois, a várias distinções:

> Sunt autem personae morales vel *simplices* vel *compositae*.

Estava aberta a classificação que, até hoje, ocupa as primeiras páginas dos tratados de Direito civil: a que contrapõe pessoas singulares às coletivas.

II. Parece-nos importante sublinhar que se o pensamento jusracionalista atingiu a apontada abstração[2139], ele não a absolutizou. Nunca a ideia de *homo*[2140] foi substituída pela de *persona*[2141]: esta, na sua aceção "coletiva", surgia, tão-só, quando tecnicamente necessária[2142]. Kant fechou o ciclo, com chave de ouro:

> Pessoa é todo o sujeito de cujas ações seja capaz de uma imputação. A personalidade ética nada mais é, portanto, do que a liberdade de uma natureza racional sob leis morais (...) donde resulta que uma pessoa não está submetida (...) a nenhumas outras leis senão àquelas que ela própria se dá[2143].

Entre as simples, distinguia as públicas das privadas, sendo as primeiras políticas ou eclesiásticas e, as políticas, principais ou secundárias; as privadas incluíam, entre outras realidades, as "sociedades privadas" – *idem*, 9-12; os itálicos são do original. Sobre o tema, *vide*, ainda, Martin Lipp, *"Persona moralis", "Juristische Person" und "Personenrecht" – Eine Studie zur Dogmengeschichte der "Juristischen Person" in Naturrecht und frühen 19. Jahrhundert*, QF 11/12 (1982/83), 1, 217-262 (222 ss.) e Todescan, *Dalla "persona ficta" alla "persona moralis"* cit., 85.

2139 Helmut Coing, *Zur Geschichte* cit., 65. Sob o jusracionalismo, a ideia de sujeito tinha um duplo papel: o de sujeito de direitos e o de sujeito submetido ao soberano; cf. Franck Tinland, *La notion de sujet de droit dans la philosophie politique de Th. Hobbes, J. Locke e J.-J. Rousseau*, APD 34 (1989), 51-66.

2140 Christian Wolf, *Jus naturae methodo scientifica pertractum* (1741), I, § 1:

> In sensu morali Homines dicuntum *aequales*, quorum eadem sunt jura & obligationes eaede um.

Sobre Wolf refira-se, ainda, Antonio Mantello, *Individuo, fenomeni associativi e strutture socio-economiche nel razionalismo wolffiano/Qualche spunto critico*, QF 11/12 (1982/83), 179-216 (183 ss.) e Lipp, *"Persona moralis"* cit., 237 ss..

2141 Os autores jusracionalistas, na maioria alemães, eram, aliás, auxiliados pela sua língua mental: pessoa humana é *Mensch*, mais do que *Person*.

2142 Exemplo, Daries, *Institutiones Iurisprudentiae privatae romano-germanicae* (1748), § 211 (101):

> "Quum ergo ius naturae ad pactum requirat
> 1) Ut pomittens atque consentiens habeat facultatem promittendi atque consentiendi tam physicam quam moralem; (...)".

2143 Kant, *Einleitung in die Metaphysik der Sitten*, 6.° vol. da ed. Acad. Prussiana das Ciências (1907), 223, lin. 24-31. Note-se que Kant utiliza a clássica *Person* (e não

A ideia de pessoa recebia uma implicação muito nítida. Ela perduraria, mau grado alguns períodos de apagamento, até aos nossos dias[2144]. Afigura-se-nos um dado basilar, na reconstrução do conceito de personalidade coletiva.

Mensch), de modo a retirar a qualidade abstrata *Persönlichkeit* (*"Person ist darjenige Subject ..."*).

2144 Heinrich Henkel, *Einführung in die Rechtsphilosophie* cit., 2.ª ed., 263 ss.. Quanto ao papel de Kant na eticização da ideia de sujeito, cumpre mencionar Monique Castillo, *Le choix du juste en tant que sujet de droit*, APD 34 (1989), 67-75 e Jean Strangas, *Les implications philosophiques de la notion de sujet de droit*, APD 34 (1989), 122-157 (125 ss.). Sobre o tema, tem ainda interesse Olivier Abel, *Les racines protestantes de la notion de sujet de droit*, APD 34 (1989), 33-49.

§ 41.º O PENSAMENTO DE SAVIGNY

201. Os antecedentes de Glück e Heise

I. O pensamento jurídico atual, no tocante à personalidade coletiva, deve-se a Savigny: em Portugal como na generalidade dos países continentais de base jurídica romano-germânica.

A literatura que o antecedeu manteve o tema nas estreitas fronteiras que lhe advinham do jusracionalismo. Tratava-se de uma noção conhecida, mas com um papel sistemático reduzido. A propósito de pessoas, fala-se, apenas, em homens[2145], quedando-se as pessoas coletivas por breves referências esparsas[2146]. O relevo regulativo da figura era escasso.

A mudança radical ocorreria com Glück o qual, retomado por Heise e consagrado por Savigny, tornaria irreconhecível todo o desenvolvimento subsequente[2147].

II. Glück reatou a tradição de Pufendorf, abrindo a matéria das pessoas com a distinção entre a "pessoa física" e a "pessoa moral"[2148].

[2145] J. F. Runde, *Grundsätze des allgemeinen deutschen Privatrechts* (1791), § 286 (189) = 8.ª ed. publ. C. L. Runde (1829), 272; foi, ainda, confrontada a 4.ª ed., de 1806, Wilhelm A. F. Danz, *Handbuch des heutigen deutschen Privatrechts*, 3, 2.ª ed. (1800), 1 ss., Thibaut, *System des Pandekten-Rechts*, 1 (1805), § 188 (140) e Hugo, *Lehrbuch des Naturrechts* (1819), § 159 (206).

[2146] J. F. Runde, *Grundsätze* cit., 1.ª ed., § 423 (286, a propósito de cidades) = 8.ª ed. cit., 390, W. Danz, *Handbuch* cit., 4, 2.ª ed. (1801), 413 ss. (a propósito do comércio, muito incipiente) e Thibaut, *Pandekten* cit., § 203 (205, a propósito de comunas).

[2147] Glück é, efetivamente, anterior a Heise; *vide* as obras citadas *infra*, nota 2148 e *supra*, nota 2071.

[2148] Glück, *Pandecten*, 2, 2.ª ed. (1800), § 113 (62); a 1.ª ed. é de 1791. Diz Glück, ob. e loc. cit.: "Quando vários homens (*Menschen*) se associem, com a aprovação do Estado, para a obtenção de um fim comum, de tal modo que eles, no entendimento jurídico,

O passo decisivo pertenceu, contudo, a Heise: no seu escrito sobre a sistemática privada, que fixou definitivamente a denominada classificação germânica do Direito civil, presente no BGB e no Código Civil[2149], Heise[2150] contrapôs, na parte geral, após o conceito de pessoa, as pessoas físicas às pessoas jurídicas[2151], propondo, para estas, uma noção e várias classificações.

Diz Heise:

> Os diversos tipos de pessoas jurídicas não são, na minha opinião, quase nunca indicados. Pessoa jurídica é tudo o que, para além da pessoa singular, seja reconhecido, pelo Estado, como um sujeito de direitos. Cada uma delas deve contudo ter um substrato qualquer, que forme ou represente a pessoa jurídica. Esse substrato pode consistir: 1) em pessoas singulares e isso a) numa única em cada momento (por funcionários públicos), ou b) num conjunto simultâneo de várias pessoas (*universitates*); 2) em coisas, designadamente a) em prédios (por servidões e pelos nossos direitos subjetivos reais) ou b) pelo património de uma pessoa (*fiscus*, *hereditas*) ou c) por qualquer massa de bens, destinados a um escopo comum e colocados sob uma administração especial (...)[2152].

III. As referências a Glück e a Heise são importantes: elas ilustram o relevo, na Ciência do Direito, do pensamento jurídico sistemático. De facto, antes daqueles autores, a ideia de "pessoa coletiva" já era conhecida, tendo sido cabalmente defendida. Mas apenas com uma verdadeira inserção sistemática, ela se veio a tornar juridicamente relevante, condicionando regimes concretos. É ainda claro que o êxito da pessoa coletiva,

possam ser considerados como apenas uma pessoa, chama-se a tal sociedade uma pessoa moral".

[2149] *Vide* os elementos de Menezes Cordeiro, *Teoria Geral do Direito Civil/Relatório*, cit., 71 ss.. Recorde-se que a obra básica de Heise, abaixo citada, limita-se a proceder a um enunciado da sua sistematização, sem desenvolver as rubricas.

[2150] Arnold Heise, *Grundriss* cit., 25 ss..

[2151] A expressão "pessoa jurídica" ocorria já em Gustav Hugo, *Lehrbuch des Naturrechts, als einer Philosophie des positiven Rechts* (1798), 445, *apud* Coing, *Europäisches Privatrecht* cit., II, 338, nota 11.

[2152] Heise, *Grundriss* cit., nota 15 ao § 98 (25); esta nota foi, ainda, especialmente posta em relevo por Dieter Pleimes, *Irrwegen zur Dogmatik im Stiftungsrecht* (1954), 73, justamente pelo seu papel, na dogmática das fundações.

enquanto instrumento dogmático, depende das necessidades que ela permita satisfazer. A industrialização teve, assim e também aqui, o seu papel.

202. Savigny

I. Como hoje sabemos, Savigny adotou, nas suas lições orais, a sistematização de Heise[2153]. E fê-lo dando corpo ao "Direito romano atual", de tal modo que alcançou um sistema integrado: um núcleo central de princípios, racionalmente decantado, mas recetivo às soluções propugnadas na periferia, através da receção de um corpo cultural de representações jurídicas pré-dadas[2154]. Compreende-se, por isso, que Savigny tenha revolucionado tantos institutos privados, dando-lhes a feição que, ainda hoje, lhes conhecemos.

II. A personalidade coletiva incluiu-se precisamente entre os institutos privados definitivamente marcados por Savigny. Dela, Savigny deixou-nos uma definição geral, uma construção técnica, uma explicação teórica e uma cobertura ideológica.

Assim, em termos gerais, pessoa é todo o sujeito de relações jurídicas[2155], que, tecnicamente, não corresponda a uma "pessoa natural"[2156], mas que seja tratado, como pessoa, através de uma ficção teórica[2157], numa situação que se justifica, para permitir determinado escopo humano[2158].

III. Está por estudar a evolução processada entre Heise (1807, a 1.ª ed. do *Grundriss*) e Savigny (1840, a publ. do 2.º vol. do *System*, aqui em causa); e é pena: há um período de trinta anos, de permeio, que permitiria melhor entender Savigny e, daí, toda a evolução subsequente. Uma pesquisa

2153 Di-lo Savigny, nas cartas que, em 13-abr.-1810 e em 2-jan.-1814, escreveu ao próprio Heise; *vide* Otto Lenel, *Briefe Savignys an Georg Arnold Heise*, SZRom 36 (1915), 96-156 (116 e 134).

2154 *Vide* a introdução cit. à versão portuguesa de Claus-Wilhelm Canaris, *Pensamento sistemático e conceito de sistema na Ciência do Direito*.

2155 Friedrich Carl von Savigny, *System des heutigen Römischen Rechts*, 2 (1840), 1 ss..

2156 Savigny, *System* cit., 2, 235-236.

2157 Savigny, *System* cit., 2, 236.

2158 Savigny, *System* cit., 2, 240.

preliminar parece revelar duas linhas de força: a expressão "pessoa jurídica", como categoria genérica da Parte geral do Direito civil, generalizou-se, operando pois, diretamente, com base em Heise – tais os casos de Ortloff[2159] (1828) e de Maurenbrecher[2160] (1832) – enquanto se multiplicam as referências à natureza ficciosa da personalidade coletiva – assim, Kierulff[2161] (1839) e, de novo, Maurenbrecher[2162]. Heise não se pronunciou, quanto a esse ponto, o que leva a pensar na manutenção subjacente de uma tradição canonística que, assim, se prolongaria pelo século XIX, até hoje.

203. As leituras de Savigny

I. O pensamento de Savigny, tal como se depreenderia do *System*, passou a constituir ponto de partida obrigatório para os diversos estudos sobre a dogmática da personalidade coletiva, até aos nossos dias[2163]. Com base nos textos savignyanos, têm-se vindo a desenvolver leituras diversas.

[2159] Friedrich Ortloff, *Grundzüge eines Systems des Teutschen Privatrechts mit Einschluss des Lehrrechts* (1828), § 95 (214); em 214, nota 58, Ortloff cita Heise.

[2160] Romeo Maurenbrecher, *Lehrbuch des heutigen gemeinen deutschen Rechts* (1832), § 109 (126); lê-se aí, designadamente: "Por outro lado, o conceito da personalidade foi transposto para outra realidade que não é humana, assim se formando a repartição entre pessoas físicas (homens) e pessoas morais ou jurídicas".

[2161] J. F. Kierulff, *Theorie des Gemeinen Civilrechts*, 1 (1839), § 8, 129 ss., que trata as pessoas coletivas sob o título sugestivo "O sujeito de direito fitício" – *Das fingirte Rechtssubject*, na ortografia da época; note-se que *fingiert* se deve traduzir por fitício e não por fingido: não tem, por si, qualquer sentido pejorativo. Kierulff define a "pessoa fictícia" como a que o seja, apenas, por força da lei; entre parênteses, faz acompanhar o "fictícia" por "jurídica", na linha de Heise.

[2162] Maurenbrecher, *Lehrbuch* cit., § 139 (167). Diz esse Autor: "Como se viu, surge como pessoa jurídica (moral) tudo o que, no Estado, é reconhecido como sujeito de direitos e não seja uma pessoa singular. Esta transposição do conceito de personalidade (personificação), para algo de ideal, pressupõe, claramente, uma abstração científica significativa, que era totalmente estranha ao Direito alemão, antes da introdução do Direito romano".

[2163] Como meros exemplos: E. Hölder, *Das Problem der juristischen Persönlichkeit*, JhJb 53 (1908), 40-107 (43-44), Karl Haff, *Grundlagen einer Körperschaftslehre I – Gesetze der Willensbildung bei Genossenschaft und Staat* (1915), 131, Saleilles, *De la personnalité juridique* cit., 310, Heinz Rhode, *Juristische Person und Treuhand/Grundzüge einer Lehre vom zweckgebundenen Recht* (1932), 29 – este Autor faz remontar a ficção savignyana a Inocêncio IV –, Nass, *Person. Persönlichkeit und juristische Person* cit., 34, Fritz Rittner, *Die werdende juristische Person/Untersuchungen zum Gesellschaft*

Um entendimento tradicional traçava um quadro bastante plausível: Savigny estaria imbuído de ideias libero-individualistas, pelo que, como pessoa, só podia entender o ser humano individual (*Mensch*)[2164]; levado por razões de ordem técnica, Savigny acabaria por admitir pessoas coletivas, mas apenas a título de *ficção jurídica*.

II. Essa leitura de Savigny, verdadeira opinião comum durante quase século e meio, foi posta em causa por Flume[2165]. Segundo este Autor, Savigny conhecia bem a existência de um substrato real, subjacente às pessoas coletivas[2166]. A referência a uma ficção, em sentido próprio, teria resultado de um mal-entendido na leitura de Savigny; haveria, na verdade, apenas, uma transposição.

III. O problema suscitado por Flume não tem resposta clara. Uma leitura atenta das páginas dedicadas, por Savigny, ao problema da personalidade coletiva, parece indicar que, na verdade, quando ele falava em *ficção*, não lhe dava o sentido de "fingimento", que o termo adquiriria na literatura posterior. Nesse sentido, Flume tem razão: a verdadeira teoria da ficção surgiria mais tarde, podendo ainda acrescentar-se que, além disso, ela tem raízes bem anteriores a Savigny.

Não pode, contudo, ignorar-se que a qualificação "ficção", feita pela pena de Savigny, tinha um imediato alcance dogmático. Ao efetuá-la, Savigny não pretendia lucubrar sobre teorias mas, pelo contrário, apontar um regime. Ora há dois pontos do regime das pessoas coletivas que – mau grado o silêncio da doutrina – derivam da natureza, essencialmente ficciosa, do fenómeno da responsabilidade coletiva: a impossibilidade de

und Unternehmensrecht (1973), 156 e Fred G. Bär, no HKK/BGB cit., 1, §§ 21-79, Nr 11 (239-240).

[2164] A esse propósito, Coing, *Zur Geschichte des Privatrechtsystems* cit., 67-68, procede à aproximação entre Savigny e Kant.

[2165] Werner Flume, *Savigny und die Lehre von der juristischen Person*, FS Wieacker (1978), 340-360 e *Allgemeiner Teil des bürgerlichen Rechts*/I, 2 – *Die juristische Person* (1983), 3. Também Larenz, *Allgemeiner Teil des deutschen bürgerlichen Rechts*, 7.ª ed. (1989; trata-se de anterior edição), 133, nota 2, considera que a imputação, a Savigny, da teoria da ficção resulta de um mal-entendido; não chega, porém, a dar as suas razões.

[2166] Flume, *Savigny* cit., 342, 343, 345 e 352.

aplicação analógica das normas "ficciosas" e a irresponsabilidade, penal e civil aquiliana, das próprias pessoas coletivas[2167].

A evolução da Ciência do Direito ultrapassaria, nas décadas ulteriores, a construção de Savigny. O fenómeno é natural e em nada retira o valor do *System*. E num ponto ainda ele é exemplar: em Savigny, os diversos aspetos em jogo, desde a formulação técnica às consequências dogmáticas, passando pelo circunstancialismo político-ideológico[2168], estão sempre interligados. Esta interligação veio, depois, a perder-se. A sua reconstituição é, todavia, fundamental para a apresentação de uma noção moderna operacional de pessoa coletiva.

204. **A influência em Portugal**

I. Tem o maior interesse referir que o Direito civil português recebeu, de modo direto e logo em meados do século XIX, o pensamento sistemático de Heise, quanto a pessoas coletivas. Essa afirmação comprova-se, desde logo, pela generalidade com que o Código de Seabra, de 1867, trata as "*pessoas moraes*" – artigos 32.º e 33.º. O Código Napoleão era, como se viu, mudo na matéria. O Código italiano de 1865 apenas aflorava o tema no artigo 2.º[2169], referindo-se, por vezes, na doutrina estrangeira, o Código

[2167] Savigny, *System* cit., 2, § 94 (310-318). Em abono da posição assumida, no Direito penal, Savigny cita Feuerbach.

[2168] Flume acrescentaria, ainda, a fenomenologia sociológica subjacente.

[2169] Assim concebido:

> As comunas, as províncias, os institutos públicos, civis e eclesiásticos, e, em geral, todos os corpos morais legalmente reconhecidos, são considerados pessoas e gozam dos direitos civis, segundo as leis e os usos observados como direito público.

Th. Huc, *Le Code Civil Italien et le Code Napoleón* (1868), 116, considerava o tímido dispositivo italiano, como um progresso, em relação ao Código francês. De notar que o preceito transcrito do Código italiano de 1865 tem um claro antecedente, no artigo 10.º, do Código Civil do Reino das Duas Sicílias; *vide* Giuseppe D'Ettore, *Codice per lo Regno delle due Sicilie* (1859), 4. Quanto ao primeiro Código italiano, *vide* Francesco Ferrara, *Le persone giuridiche*, vol. II, tomo II, do *Trattato di diritto civile italiano*, dir. por Filippo Vassali (1938), 229. Seria, com efeito, necessário aguardar o Código Civil de 1942 para ver um tratamento legal italiano mais completo das pessoas coletivas; *vide* Ernesto Eula, *Delle persone giuridiche*, no *Codice civile – Libro primo (Persone e Famiglia)*, dir. Mariano D'Amelio (1940; recorde-se que o livro I foi publicado, previamente, para entrar em vigor, em 1939), 105 ss..

Civil espanhol, de 1889, como o que, primeiro, veio tratar as pessoas coletivas, em moldes gerais e contrapostos às pessoas singulares[2170]. Não é justo: o Código de Seabra antecipou-se-lhe, em mais de vinte anos. Há que esclarecer esta precocidade.

II. Os antecedentes de um tratamento abstrato das pessoas coletivas remontam, entre nós e como foi referido, a Borges Carneiro[2171]. Porém, cumpre recordar o peso da literatura francesa, pouco permeável à ideia de pessoa coletiva, mercê da também aludida herança da Revolução: o *Digesto Portuguez*, de Corrêa Telles, não refere, sequer, "pessoas moraes", "jurídicas" ou "corporações"[2172].

III. As "pessoas moraes" do Código de Seabra devem-se, tudo visto, a Coelho da Rocha que, por seu turno, as retirou de Mackeldey, autor de um *Manual de Direito Romano*, ordenado pelo método de Heise[2173]. Coelho da Rocha apenas veio chamar "pessoas moraes" ao que Mackeldey chamava "pessoas jurídicas". A divulgação das *Instituições* foi de tal ordem que o Visconde de Seabra não encontrou qualquer dificuldade em consignar, no Código, em moldes abstratos, as *pessoas moraes*. A matéria surgia, já, no projeto de Código[2174], não tendo merecido críticas, entre os diversos autores de *observações* ao trabalho do Visconde[2175]. O debate,

[2170] Artigos 29.º e seguintes (*de las personas naturales*) e 35.º e seguintes (*de las personas juridicas*).

[2171] *Vide supra*, 554, nota 1974.

[2172] José Homem Corrêa Telles, *Digesto Portuguez ou tratado dos direitos e obrigações civis accomodado ás leis e costumes da nação portuguesa para servir de subsidio ao "novo codigo civil"*, em três tomos; existem edições de 1835, 1840 e 1845 e reimpressões de 1853, 1860 e 1909.

[2173] Quanto a esta importante fonte de Coelho da Rocha, que abriria as portas à futura receção da Ciência Jurídica alemã em Portugal, com a subsequente passagem, do ordenamento português, da esfera napoleónica para a germânica, remete-se para Menezes Cordeiro, *Teoria Geral do Direito Civil/Relatório* cit., 110 ss. Com elementos relativos, também, a Seabra, *vide* Paulo Mota Pinto, *Declaração tácita e comportamento concludente no negócio jurídico* (1995), 10 ss..

[2174] *Vide Projeto de Codigo Civil Portuguez* (1867).

[2175] Assim: Bandeira de Neiva, *Observações sôbre o projeto do Codigo Civil* (1860) cujas críticas, 20 ss., não tocam no conceito; Vicente Ferrer Neto Paiva, *Reflexões sôbre os sete primeiros titulos do livro unico da parte I do Projecto do Codigo Civil Portuguez*

então havido, limitou-se à questão da titularidade de imóveis, por parte de certas entidades coletivas[2176].

O pandectismo de Guilherme Moreira caiu, deste modo, em terreno fértil.

(1859), 16 ss., e 88 ss., concorda com a orientação de Seabra, aditando interessantes considerações.

[2176] *Vide* um apanhado em A. F. Carneiro Pacheco, *Código Civil Português Atualizado*, vol. I (1920), 69 ss..

§ 42.º DOUTRINAS TRADICIONAIS

205. A teoria da ficção e a sua descaracterização oitocentista

I. Na fórmula de Savigny, a teoria da ficção tinha pressupostos de fundo e implicava consequências de relevo. Como sujeito da relação jurídica, a pessoa dispunha de vontade própria; era, pois, eminentemente, o ser humano, dotado da especial dignidade, daí adveniente. Nessas condições, falar em ficção, na presença da personalidade coletiva, era colocar tudo no seu lugar. A não-aplicação analógica das normas implicadas e a irresponsabilidade criminal e civil delitual das pessoas coletivas eram corolários sérios dos pressupostos assumidos.

Ao longo do século XIX, a construção de Savigny foi-se descaracterizando. Os pressupostos técnicos e ideológicos, de que ele partia, caíram na sombra e as próprias consequências dogmáticas, derivadas da noção, mais do que contraditadas, foram esquecidas. Esta evolução conduziu a uma verdadeira teoria da ficção, em termos que, embora não estudados na doutrina, se impõem à reflexão.

II. O pensamento de Savigny abriu a via a três tipos de desenvolvimentos: construções que, tomando como base o *System*, dele tentaram retirar, na íntegra, o pensamento savignyano, construções que acentuaram os elementos político-ideológicos, subjacentes a Savigny, e construções que sobrevalorizaram a dimensão técnica do seu pensamento.

O pensamento de Savigny foi retomado, logo de seguida, por autores que, como R. Pfeiffer, procediam a estudos mais alargados sobre o tema[2177]. Ainda muito próximo de Savigny, surge Puchta, que coloca o problema em termos diretos:

[2177] R. Pfeiffer, *Die Lehre von den juristischen Personen nach gemeinem und würtembergischem Rechte* (1847), 1 ss.. Também Arndts, cujas *Pandekten* são, aliás, dedicadas

Um direito, porque é um poder, existe apenas na medida em que uma pessoa seja reconhecida como o seu sujeito[2178].

III. Os elementos político-ideológicos subjacentes foram acentuados por outra corrente doutrinária, que se manifestou pouco depois da divulgação do *System*. Hillebrand, colocando a pessoa coletiva num plano de comparação com o homem, chama a atenção para a sua natureza artificial[2179]. Von Keller, indo mais longe, é perentório: "Todos os direitos se reportam ao homem. Quando nós no-lo representamos como titular efetivo ou possível de direitos, então chamamos-lhe *pessoa* ou *sujeito de direitos*"[2180]. Nessas condições, não admira que von Keller, confrontado com o fenómeno das pessoas coletivas, que imputava à existência de escopos conjuntos, de meios conjuntos e de uma vontade conjunta, as qualificasse como "pessoas artificiais"[2181].

IV. Mas a grande devastação, ocorrida no pensamento de Savigny, ficou a dever-se ao exacerbar dos seus elementos técnicos. Beseler – que haveria de ser considerado como precursor do denominado "realismo jurídico"[2182]– vem definir: "pessoa, em sentido jurídico, caracteriza, em

a Savigny, lhe anda bem próximo, embora fazendo questão de afirmar que todo o Direito existe por causa dos homens – *vide* Ludwig Arndts Ritter von Arnesberg, *Lehrbuch der Pandekten*, 9.ª ed. (1877; a 1.ª ed. é de 1849 e a 13.ª, de 1886), 41.

2178 G. F. Puchta/Paul Krüger, *System und Geschichte des römischen Privatrechts*, 8.ª ed. (1875, póstuma) = 10.ª ed. (1893), § 190 (5). Já no seu *Cursus der Insti-tutionen*, 2.ª ed., (1842), Puchta tinha estabelecido a ligação, entre a personalidade e a pessoa humana – § 210 (400) = 2, 6.ª ed. (1866, revista por Adolf Friedrich Rudorff), 362; a natureza ficciosa das pessoas coletivas pode ser confrontada nas *Vorlesungen über das heutige römische Recht* 1, 4.ª ed. (1854, publ. A. F. Rudorff), § 25 (59-60). Quanto ao papel de Puchta, *vide*, ainda, Karlowa, *Zur Lehre von den juristischen Personen*, GrünhutZ 15 (1888), 381-432 (381).

2179 Julius Hubert Hillebrand, *Lehrbuch des heutigen gemeinen deutschen Privatrechts mit Einschluss des Handels- und Lehnrechts* (1849), § 44 (133).

2180 D. Fried. Ludwig von Keller, *Pandekten* (publ. Emil Friedberg, 1861), § 18 (31).

2181 Von Keller, *Pandekten* cit., § 34 (62).

2182 Essa afirmação, um tanto duvidosa, pode, contudo, ser confrontada, p. ex., em Orestano, *Il "problema delle persone giuridiche"* cit., 26; Beseler, na verdade, tomou posições que mais o aproximam do realismo "organicista". De todo o modo, *vide* Jan Schröder, *Zur älteren Genossenschaftstheorie. Die Begründung des modernen Körperschaftsbegriffs durch Georg Beseler*, QF 11/12 (1982/83), 399-459 (399 e 403 ss.).

geral, tudo o que é sujeito de direitos"[2183]. Há, aqui, uma inversão e da maior importância: reportar a personalidade às relações jurídicas, claramente aproximadas da vontade dos homens, dá-lhe, ainda, um substrato humano; mas fazer derivar a personalidade dos direitos subjetivos, já conduz a um circuito fechado, uma vez que o direito subjetivo é, ele próprio, o produto de poderosa abstração jurídica. A História o demonstraria. Independentemente dos novos desenvolvimentos que, de imediato, se anunciaram, deve dizer-se que a dedução da personalidade, a partir do direito subjetivo, teve, logo, êxito; assim, ela aparece em Autores como Bekker[2184], como Baron[2185], como Wendt[2186], como Sohm[2187] e como Wächter[2188].

206. De Jhering aos negativismos

I. A recondução da personalidade coletiva à mera categoria de ficção punha em jogo a sua própria subsistência. A questão tinha de ser formalizada, com frontalidade: em que medida não seria a personalidade coletiva mais do que um expediente técnico, para prosseguir determinados objetivos?

[2183] Georg Beseler, *System des gemeinen deutschen Rechts* (1847), § 56 (297). Trata-se de uma derivação com raízes, que teria o maior interesse investigar. Janet Coleman, *Guillaume d'Occam et la notion de sujet*, APD 34 (1989), 25-32, refere Occam como fazendo já essa derivação, que, aliás, não conecta com desenvolvimentos pandectistas. Quanto à posição de Beseler cabe, agora, referir ainda Fred G. Bär, no HKK/BGB cit., 1, §§ 21-79, Nr 12 (240).

[2184] Ernst Immanuel Bekker, *System des heutigen Pandektenrechts*, 1 (1886), 154: a essência da pessoa reside em saber "quem e o quê podem ser sujeito de direitos" (*Wer und Was Subjekt von Rechten sein kann*).

[2185] J. Baron, *Pandekten*, 6.ª ed. (1887), § 18 (35), sob uma fórmula mais elaborada: "... entende-se por pessoa uma realidade com capacidade jurídica, um sujeito de direitos, um titular de relações jurídicas".

[2186] Otto Wendt, *Lehrbuch der Pandekten* (1888), § 24 (50).

[2187] Rudolph Sohm, *Institutionen des Römischen Rechts*, 4.ª ed. (1889), § 20 (90): "Pessoa, para efeitos do Direito privado, é um sujeito com capacidade patrimonial".

[2188] Carl Georg von Wächter, *Pandekten – I – Allgemeiner Theil* (1880), 234, explicando que pessoas jurídicas são aquelas que têm capacidade jurídica, tal como as naturais.

Jhering responde afirmativamente a essa questão. E fá-lo com argumentos ponderosos[2189]. Desde logo, coloca o tema da personalidade depois do do direito subjetivo que, sabidamente, define como o "interesse juridicamente protegido"[2190]. O primeiro elemento do direito subjetivo seria o interesse. Como segundo elemento surge a proteção, *maxime* pela ação judicial, e que corresponde a um critério de Direito privado[2191]. Na sociedade ocorrem certos interesses, indeterminados ou gerais, cuja defesa exige uma particular colocação de modo a poderem comportar a ação judicial. Aí acodem as pessoas coletivas: são modos de posicionar os referidos interesses indeterminados ou gerais, como forma de os tornar operacionais, perante a ação judicial[2192]. Mas os interesses são-no, sempre, dos homens; por isso, Jhering passa a descobrir quem se abriga por detrás das diversas pessoas coletivas: nessas condições estariam os verdadeiros titulares do direito[2193].

A resposta foi categórica: a personalidade coletiva era uma meio jurídico ao serviço do Direito. Nesta base, o espaço para novas lucubrações subiu até ao infinito.

II. A tecnicização da personalidade coletiva acaba por envolver a da personalidade jurídica em geral. Por isso, quando ao longo do século XIX ainda se manteve, na doutrina, uma referência à "ficção", isso sucedia não já por vénia, perante o homem, mas por assunção dos (meros) valores técnicos em jogo.

A progressiva perda das referências éticas contidas na versão savignyana da teoria da ficção tem sido mencionada em estudos da especiali-

[2189] Rudolf von Jhering, *Geist des römischen Rechts auf den verschiendenen Stufen seiner Entwicklung*, 3 (1877), 338 ss..

[2190] O sentido da conceção de Jhering, quanto ao direito subjetivo e o alcance da contraposição entre essa conceção e a de Savigny, podem ser confrontados, com diversas indicações, em *Tratado* I, 4.ª ed. 873 ss..

[2191] Jhering, *Geist* cit., 3, 340.

[2192] Jhering, *Geist* cit., 3, 341.

[2193] No tocante às pessoas coletivas, de tipo corporacional, Jhering não tem, segundo diz, dificuldades especiais: "Não! Não é a pessoa jurídica, como tal, mas sim os seus membros, que são os verdadeiros titulares dos direitos ..." – *Geist* cit., 3, 342 e 343. Nas fundações, Jhering reconhece maiores dificuldades; *vide Geist* cit., 3, 344 ss.; *vide* Pleimes, *Irrwegen* cit., 83.

dade[2194]; ela acompanhou, aliás, a fórmula de Jhering, precedendo-a[2195] e seguindo-a. Alguns exemplos ilustrativos permitem documentá-lo.

Para von Roth, "a pessoa jurídica é um sujeito de direito apenas pensado (fictício) cuja capacidade jurídica é obtida artificialmente e cujo conceito, nas relações patrimoniais, é tratado como se fosse uma pessoa física"[2196].

Heusler, claramente influenciado por Jhering, faz derivar a existência das pessoas coletivas de escopos coletivos e ideais[2197], numa linha presente, ainda, em Baron[2198].

III. Esta evolução tinha um termo lógico. Se as pessoas coletivas – e, daí, as pessoas em geral – mais não eram do que um expediente técnico para assegurar a tutela jurídica de certos escopos, então elas podiam ser dispensadas. As realidades deveriam ser chamadas pelos seus nomes: os escopos com determinada afetação. Esta posição negativista foi defendida, com inegável brilho, por Brinz, muito citado mas menos entendido[2199]. Num prisma puramente técnico, Brinz marca pontos irrespondíveis[2200]. O Direito não vive – não pode viver – de expedientes linguísticos. Por isso, se a pessoa (coletiva) mais não fosse do que um expediente, destinado a permitir a ação judicial, em relação a escopos coletivos ou indeterminados

[2194] Helmut Coing, *Zum Geschichte des Privatrechtssystems* cit., 73.

[2195] Vem citando, por vezes, Vangerow o qual, na verdade, não desenvolve tais referências; *vide* Karl Adolph von Vangerow, *Leitfaden für Pandekten-Vorlesungen* 1 – *Allgemeine Lehren*, 3.ª ed. (1843), § 53 (78 ss.) = 7.ª ed. (1863), § 53 (92 ss., 94).

[2196] Paul von Roth, *System des Deutschen Privatrechts* (1880), § 71 (44).

[2197] Andreas Heusler, *Institutionen des Deutschen Privatrechts* (1885), § 54 (253-254); Heusler cit., 256-257, vai ao ponto de afirmar que, por essa via, se iria mais longe do que a mera ficção; trata-se, já, de um prenúncio da evolução posterior.

[2198] J. Baron, *Pandekten* cit., 6.ª ed., § 29 (55).

[2199] Alois Brinz, *Lehrbuch der Pandekten*, 1, 2.ª ed. (1873), § 61 (201 ss.). A 1.ª ed. de Brinz, sucede já à 1.ª, do *Geist*, de Jhering, o que lhe permite entrar em diálogo com este; e, por outro lado, na cit. 2.ª ed., das *Pandekten* de Brinz, responde-se já à tempestade de críticas que a ousada negação de personalidade coletiva havia feito desabar sobre ela.

[2200] Brinz, *Pandekten* cit., 1, 2.ª ed., 197 ss., explica, designadamente, que a afirmação da impossibilidade de existência de um património sem pessoa é um autêntico axioma – proposição indemonstrada de pretensão absoluta –, acabando por desabar na magia de transformar coisas em pessoas, efetivada, em Puchta, com uma dimensão quase religiosa. Tal orientação que, segundo Brinz, nem teria apoio nas fontes, não deveria subsistir.

– ou quaisquer outros – poderia ser dispensada, como complicação suplementar inútil.

Numa palavra: a crítica a Brinz não pode ser positiva. Mas para tanto, haveria que aguardar, ainda, uma longa caminhada científica.

IV. Embora partindo de premissas diferentes, também Duguit – muito conhecido e citado, em Portugal, na literatura da primeira metade do século XX[2201] – vem negar a personalidade coletiva[2202]. Partindo da supressão do direito subjetivo, reduzido a um simples poder da vontade reconhecido pelo Direito, Duguit explica que a "pessoa moral" é um conjunto de bens, orientado pela vontade dos seus representantes em virtude das regras de direito que lhe dão tal alcance.

Duguit procede – como no essencial das suas reconstruções – a reformulações linguísticas de grande amplitude, doseadas por um jusracionalismo positivista. Discutível no Direito público, tal procedimento é irreal, no Direito privado, onde o jurista, antes de criar, deve conhecer os elementos pré-dados, pela História e pela Cultura.

Parece mais apoiado o negativismo de Planiol. Este, com recurso à História, procura demonstrar que o problema da personalidade coletiva tem, subjacente, o da propriedade coletiva: apenas se recorreria a ficções de personalidade para exprimir esta[2203]. A supressão das dimensões significativo-ideológicas é patente.

O negativismo francês, aqui expresso com Duguit e com Planiol, não pode deixar de ser conectado à parcimónia do *Code Napoléon* e, daí, a uma síntese imperfeita das primeira e segunda sistemáticas[2204]. Ele acaba por, mesmo hoje, ter consequências curiosas: por exemplo, o *Vocabulaire*

2201 P. ex., Cunha Gonçalves, *Tratado de Direito Civil* cit., 1, 748 ss..

2202 Léon Duguit, *L'État, le Droit objectif et la Loi positive* (1901), 1 ss. (a pretensa personalidade do Estado) e *Traité de Droit Constitutionnel*, 1 – *La règle de droit – Le problème de l'État*, 2.ª ed. (1921), 318 ss., 324 ss. e 321 (a personalidade é uma pura criação do espírito) e 2 – *La Théorie Générale de l'État* (1923), 31 ss. (não há vontades coletivas).

2203 Marcel Planiol, *Traité Élémentaire* cit., 1, 3.ª ed., n.º 3009 ss. (979 ss.).

2204 *Vide*, aliás, o desenvolvimento de Baudry-Lacantinerie/Hougues-Fourcade, *Traité Théorique et Pratique de Droit Civil/Des personnes* cit., 1, 3.ª ed., 343 ss., os quais (341) não deixam, contudo, de protestar contra o que consideram o excessivo materialismo de Planiol.

Fondamental de Droit, integrado nos prestigiosos *Archives de Philosophie du Droit*, não inclui, entre os seus termos, a locução "pessoa"[2205].

V. A evolução da personalidade coletiva, designadamente no troço em que ela, perdendo as suas projeções – ou raízes – significativo-ideológicas acabou por se tecnicizar, com graves perdas para o seu papel e, até, para a sua subsistência, tem inegáveis traços em comum com o ocorrido, paralelamente, no direito subjetivo. O facto de, em ambos os casos, os pólos mais sugestivos da evolução se situarem em Savigny e em Jhering reforçam essa projeção.

Mas ela não pode ser seguida, até ao fim.

A evolução do Direito e dos seus conceitos não é uniforme. Por isso, há frequentes desencontros, dentro dos mesmos autores e, até, das mesmas obras.

No caso em apreço – personalidade jurídica/direito subjetivo – verifica-se uma diferença de natureza entre os estudos que contemplam ambas as noções. A personalidade, mormente a coletiva, presta-se a ponderações mais abrangentes, com longas digressões históricas; o direito subjetivo, pelo contrário, faculta antes penetrações mais imediatas. Em suma: as duas noções orbitam em torno uma da outra, filhas que são das mesmas conceções gerais; mas não o fazem em termos regulares, antes se assistindo a um oscilar desencontrado entre elas. Resta acrescentar que os ciclos da personalidade coletiva são mais longos do que os do direito subjetivo, operando, por vezes, apenas no termo de análises muito alargadas.

Segundo se julga, tudo isto, que resultava já da evolução doutrinária ocorrida no século XIX, veio confirmar-se na doutrina do século XX.

207. O organicismo

I. O vazio deixado pela tecnicização da personalidade coletiva levou a doutrina do século XIX a, vivamente, procurar um conteúdo para preencher essa noção. As múltiplas tentativas desde então verificadas podem

[2205] Terré/Sève (apresent.), APD 35 (1990), que incluem e tratam: convenção, costume, Direito, Direito natural, direito subjetivo, equidade, Estado, facto, interpretação, jurisprudência, lei, obrigação, propriedade, regra, república, responsabilidade, sanção e soberania.

agrupar-se em sistematizações que, não sendo inóquas, variam com os autores. Pela facilidade de reconstrução histórica que possibilita, vai recorrer-se à ordenação cronológica dos esforços efetuados.

Em rigor, a busca de um conteúdo para a personalidade coletiva antecede a própria formulação da teoria da ficção, feita por Savigny. Já Glück tinha sublinhado a existência de escopos comuns[2206]. Por outro lado, os autores que mantiveram a ligação às fontes históricas sempre emprestaram, às pessoas coletivas, os diversos substratos que, de facto, elas apresentavam[2207]. Mas foi depois da tecnicização da figura e do vácuo, a que ela conduziu, que o problema se repôs, agora com autonomia assumida.

II. Nos primórdios deste movimento de reconstrução, pode apontar-se Gerber, designadamente numa passagem em que ele corta as hipóteses de haver mero arbítrio no reconhecimento da personalidade. Diz esse Autor:

> A transposição da capacidade jurídica para um sujeito de direito ideal, como a necessidade do tráfego romano já tinha efetivado, é uma pretensão tão natural, da vida jurídica, que nenhum povo civilizado, com tráfego jurídico, pode alijar esse apoio[2208].

Keller, num troço já citado, menciona a necessidade – e logo a presença –, com referência às pessoas coletivas, de escopos conjuntos, de meios conjuntos e de uma vontade conjunta[2209]. Dernburg aborda as pessoas coletivas, apontando a necessidade, dentro da sociedade, de organizações não redutíveis ao homem individual[2210]. Outros autores intervieram apontando, nas pessoas coletivas, seja a necessidade de um substrato, seja o facto de o Direito positivo não as criar *ex nihilo*, antes se limitando a

[2206] Glück, *Pandekten* cit., 2, 2.ª ed., 62.

[2207] Thibaut, *Pandekten* cit., 205, Heise, *Grundriss* cit., §§ 98 ss. (25 s.), Ortloff, *Grundzüge* cit., § 96 (o Estado), Maurenbrecher, *Lehrbuch* cit., 168 (o *fiscus*), Kierulff, *Civilrecht* cit., § 8 (*universitas*) e Beseler, *System* cit., 1, 351.

[2208] Carl Friedrich Gerber, *System des Deutschen Privatrechts*, 2.ª ed. (1850), § 49 (103).

[2209] Keller, *Pandekten* cit., § 34 (62).

[2210] Heinrich Dernburg, *Lehrbuch des Preussischen Privatrechts* (1875), § 49 (83).

reconhecê-las ou seja, por fim, o facto de elas serem, sempre, mais do que meras ficções[2211].

Mas a reação mais característica e cabal, ao ficcionismo técnico, viria de von Gierke e da sua conceção, que ficaria conhecida como "teoria orgânica" ou do "realismo orgânico" e que daria azo, mais tarde, a uma generalizada busca de substratos, para a pessoa coletiva.

III. Von Gierke desenvolve a sua construção sobre a personalidade coletiva, na base de uma crítica, à denominada "teoria da ficção"[2212]. Após aturados estudos históricos, von Gierke é levado a concluir pela efetiva existência, na sociedade, de entidades coletivas que não se podem reduzir à soma dos indivíduos que as componham.

A realidade social não permitiria, portanto, concluir pela existência, apenas, de pessoas singulares: junto a estas operariam as pessoas coletivas[2213]. Explica este Autor:

> A pessoa coletiva é uma pessoa composta. A sua unidade não se exprime numa essência humana singular, mas, antes, num organismo social que, na sua estrutura orgânica surge, tradicionalmente, com um "corpo", com "cabeça" e "membros" e com "órgãos funcionais", mas apenas como imagem social (...)[2214].

Resultaria, daí, que

> A pessoa coletiva é uma pessoa efetiva e plena, semelhante à pessoa singular; porém, ao contrário desta, é uma pessoa composta[2215].

[2211] *Vide*, quanto a estes pontos, respetivamente, Roth, *System* cit., § 71 (404), Otto Stobbe, *Handbuch des Deutschen Privatrechts*, 1, 2.ª ed. (1882), § 49 (377-378) e Heusler, *Institutionen* cit., 1, 256-257; *vide* Felix Dahn, *Deutsches Privatrecht*, I – *Privatrecht und Lehenrecht* (1878), 37 ss. e Wilhelm Theodor Kraut, *Grundriss zu Vorlesungen über das Deutsche Privatrecht*, 6.ª ed. (1886), § 55 (143 ss.).

[2212] Otto von Gierke, *Die Genossenschaftstheorie und die deutsche Rechtsprechung* (1887), 603 e *passim*; por último, desse mesmo Autor, *Das Wesen der menschlichen Verbände* (1902), 4.

[2213] John, *Die organisierte Rechtsperson* cit., 34 ss., exprime esta faceta, do pensamento de von Gierke, sublinhando o seu "monismo": admitiria a ideia unitária de "pessoa", em vez de contrapor, logo à partida, as pessoas singulares e as pessoas coletivas.

[2214] Otto von Gierke, *Deutsches Privatrecht*, vol. I – *Allgemeiner Teil und Personenrecht* (1895), 472.

[2215] Otto von Gierke, *Deutsches Privatrecht* cit., 470.

IV. Para além do já indicado, a doutrina de von Gierke teve antecedentes diretos e, designadamente, o de Beseler[2216], como, aliás, ele próprio não deixa de reconhecer[2217].

Baseado em estudos e considerações de ordem histórica, Beseler veio explicar as corporações e comunidades como algo de sedimentado, nas sociedades. Apresenta, por exemplo, a corporação como a junção duradoura de várias pessoas, para a prossecução de um fim comum[2218]. Beseler vem, deste modo, combater a teoria da ficção: as pessoas coletivas corresponderiam a realidades antecedentes; o Estado, por seu turno, não poderia proceder a reconhecimentos arbitrários que não tivessem a realidade em conta[2219].

A construção de von Gierke tem sido criticada pelo insólito que implica a referência a "órgãos", especificadamente "cabeça" e "membros", nas pessoas coletivas. A crítica não é justa: von Gierke explica que, por um lado, também a pessoa singular só age através dos seus órgãos[2220]; por outro, tais referências são meramente explicativas[2221].

Imputa-se ainda, a von Gierke, uma certa indefinição quanto à natureza última dos "organismos", que servem de substrato às pessoas coletivas. Na verdade, tais "organismos" ora assumiriam natureza histórico-cultural, ora seriam apresentados como realidades sociológicas, ora seriam remetidos para o elemento humano subjacente. Responde von Gierke:

> Não sabemos, verdadeiramente, o que é a vida. Mas não a podemos, por isso, excluir da Ciência. Sabemos, de facto, que a vida existe (...). Assim, construímos um conceito de vida com o qual operamos nas ciências da natureza e nas do espírito[2222].

Finalmente, considera-se que o Direito positivo, por vezes, personifica realidades pura e simplesmente carecidas de substrato, enquanto outras, dele guarnecidas, não são contempladas. Também esta crítica deve

[2216] Jan Schröder, *Zur älteren Genossenschaftstheorie. Die Begründung der modernen Körperschaftsbegriffs durch Georg Beseler* cit., 399 ss..

[2217] Otto von Gierke, *Deutsches Privatrecht* cit., 466 ss..

[2218] Georg Beseler, *Volksrecht und Juristenrecht* (1843), 158 ss. (161).

[2219] Georg Beseler, *System des gemeinen deutschen Privatrechts* cit., § 66, 256 ss. (259 e 259-260).

[2220] Otto von Gierke, *Die Genossenschaftstheorie* cit., 614-615.

[2221] Otto von Gierke, *Das Wesen der menschlichen Verbände* cit., 13 ss..

[2222] Otto von Gierke, *Das Wesen der menschlichen Verbände* cit., 19.

ser redimensionada. Com efeito, von Gierke escreveu o essencial da sua obra antes da codificação: nessa altura, a atribuição da personalidade coletiva era, antes de mais, doutrinária. Porém, quando surgiu o projeto do então futuro BGB, von Gierke apercebeu-se perfeitamente da orientação assumida: a personificação, então como hoje, depende, no essencial, de critérios formais, que podem dispensar a presença do "organismo" subjacente. Por isso, ele não deixou de criticar o projeto, acusando-o de ter dado acolhimento, à teoria da ficção[2223].

V. A orientação orgânica de von Gierke tem o mérito de recordar que a personalidade coletiva corresponde a uma realidade histórica e sociológica, que ultrapassa o arbítrio do Direito. Este pode não reconhecer todos os "organismos" que o mereceriam, como von Gierke não deixa de notar. Mas quando isso ocorra, o legislador esquece a realidade, atentando contra a ideia de Direito[2224]. Por outro lado, atribuir personalidade a algo que não corresponda a qualquer substrato, estará, por certo, próximo da ficção.

O grande óbice da construção de von Gierke reside na dimensão técnica que a personalidade coletiva veio a assumir. Embora essa dimensão não a esgote, ela existe e não deve ser esquecida. Ora, desde o momento que o Direito positivo personifique entidades que ainda não têm substrato orgânico e que – porventura – nunca o virão a ter, há que procurar, alhures, a sua essência. Com esta ressalva, Otto von Gierke ficará como o cientista do Direito que mais profundamente estudou a personalidade coletiva.

208. Substratos ideais

I. Embora a linguagem metafórica de von Gierke tenha sido desamparada, a ideia básica por ele defendida permaneceria em largos sectores da

[2223] Otto von Gierke, *Personengemeinschaften und Vermögensinbegriffe im dem Entwurfe eines Bürgerlichen Gesetzbuches für das Deutsche Reich* (1889), 5 e 39.

[2224] Otto von Gierke, *Deutsches Privatrecht* cit., 1, 471. Assim, Karsten Schmidt, *Einhundert Jahre Verbandstheorie im Privatrecht/Aktuelle Betrachtung zur Wirkungsgeschichte von Otto v. Gierkes Genossenschafttheorie* (1987), 15, sublinha, entre os méritos de von Gierke, precisamente o de, pela sua construção, ter limitado o espaço de manobra do legislador no reconhecimento da personalidade. Uma consideração apreciativa das conceções de von Gierke consta, também, de H. Henkel, *Einführung in die Rechtsphilosophie* cit., 2.ª ed., 275. Entre nós, *vide* as indicações críticas dadas por Pedro de Albuquerque, *Direito de preferência dos sócios* (1993), 307 ss., nota 25.

doutrina. Tal ideia traduz-se na asserção de que, na personalidade coletiva, não há uma pura criação jurídica ou um simples expediente normativo: o Direito limitar-se-ia a reconhecer algo de preexistente, ou seja, um determinado substrato, cuja natureza, depois, se poderia discutir. Além disso, da pessoa coletiva emanaria uma dimensão supraindividual.

II. A ideia de que o Direito apenas reconhece, na personalidade coletiva, uma realidade preexistente surge-nos clara em Stobbe[2225]. Preuss apoia von Gierke[2226], enquanto Dernburg explica que a pessoa coletiva, embora não sendo corpórea, não é irreal: ela assentaria em representações e não em ficções[2227].

Krückmann insiste, a propósito das pessoas coletivas, no mero reconhecimento de uma realidade que ele imputa – já com algum distanciamento em relação a von Gierke –, a uma organização[2228]. Von Schwind, sublinhando a realidade das pessoas coletivas, agradece o contributo de von Gierke[2229].

Até aos nossos dias, tem sido reconhecida pelo menos uma parcela de razão a von Gierke: de Boor sublinha a procedência de algumas das suas asserções, no tocante às associações, embora explicando que apenas o Direito poderá reconhecer ou não determinada pessoa coletiva[2230], enquanto Coing refere o retomar de algumas das suas ideias[2231].

III. O "organicismo" de von Gierke veio ceder o lugar a substratos mais subtis. Assim, é possível apontar três tradições que procuram o substrato das pessoas coletivas, respetivamente, em acervos de bens, em manifestações institucionalizadas da vontade ou em organizações não específicas.

[2225] Otto Stobbe, *Handbuch des Deutschen Privatrechts* cit., 1, 2.ª ed., § 49 (377-378).

[2226] Hugo Preuss, *Stellvertretung oder Organschaft?*, JhJb 44 (1902), 429-479 (435).

[2227] Dernburg/Biermann, *Pandekten* cit., 1, 7.ª ed., (1902), § 59 (136); a 1.ª ed. é de 1884, a 4.ª, de 1894 e a 5.ª, de 1896.

[2228] Paul Krückmann, *Institutionen des Bürgerlichen Gesetzbuches* (1912), 49.

[2229] Ernst Freih. Von Schwind, *Deutsches Privatrecht*, 1 (1919), 105 ss. (107).

[2230] Hans Otto de Boor, *Bürgerliches Recht*, 1, 2.ª ed. (1954), 78.

[2231] Helmut Coing, *Zur Geschichte des Privatrechtsystems* cit., 74.

O *acervo de bens* ou património de afetação remonta à corajosa construção de Brinz, acima sumariada e, mais longe, a uma das leituras de Jhering. Perante a prática jurídica corrente, habituada a lidar com as pessoas coletivas, esta orientação foi perdendo as suas vestes negativistas. Em Windscheid, ainda se mantêm alguns aspetos: admitem-se os próprios patrimónios como sujeitos de direitos[2232]. Schwarz, por fim, reconstitui a unidade das pessoas, asseverando que, em todos os casos, a personalidade resulta do escopo dos patrimónios afetos[2233], numa posição que aflora igualmente em Rhode[2234].

IV. A *vontade*, com raízes em Savigny, surge, de modo repetido e na literatura da época, como um excelente substrato para as pessoas coletivas. Num importante trabalho, retomando Unger, Zitelmann vem concluir que a personalidade é a capacidade de ter uma vontade jurídica[2235]. Karlowa retoma esta orientação, conectando-a, aliás, com o pensamento hegeliano[2236], enquanto Regelsberger fala em centros de atuação e de vontade[2237]. Levando esta orientação até às suas fronteiras lógicas, Hölder defende o representante como o efetivo substrato da pessoa coletiva[2238]. Posteriormente, autores como Haff são levados a abordar o tema da perso-

[2232] Windscheid/Kipp, *Lehrbuch des Pandekten*, 1, 9.ª ed. (1906), § 57,3 (260). De resto, Windscheid acabaria por ficar próximo do realismo jurídico, abaixo examinado.

[2233] Gustav Schwarz, *Rechtssubjekt und Rechtszweck/Eine Revision der Lehre von der Personen*, AbürglR 32 (1908), 12-139 (15).

[2234] Heinz Rhode, *Juristische Person und Treuhand/Grundzüge einer Lehre vom zweckgebundenen Recht* (1932), 63.

[2235] Ernst Zitelmann, *Begriff und Wesen der sogenannten juristischen Personen* (1873), 67-68. Zitelmann é anterior a von Gierke; no entanto, só depois deste a referência à vontade pode ser tomada no sentido aqui adotado, de substrato da personalidade coletiva.

[2236] Karlowa, *Zur Lehre von den juristischen Personen*, GrünhutZ 15 (1888), 381-432 (381).

[2237] Ferdinand Regelsberger, *Pandekten*, 1 (1893), 297.

[2238] Eduard Hölder, *Natürliche und juristische Personen* (1905), 301 ss. (337 ss.) e *Das Problem der juristischen Persönlichkeit*, JhJb 53 (1908), 40-107 (61, 78 ss. e *passim*); este artigo constitui uma resposta às observações dirigidas, por Binder e Preuss, ao seu livro, acima citado.

nalidade coletiva através da vontade, como modo de aprofundar as construções de von Gierke[2239].

V. Os apelos a uma organização de tipo jurídico – e, portanto, a não confundir com o organismo, de von Gierke – vão surgir, com exemplo em Enneccerus[2240]: as pessoas coletivas são organizações, reconhecidas como sujeitos, de direito e de vontade.

VI. Todas essas orientações, cada vez de leitura mais complexa e subtil, defrontavam-se com uma dificuldade de raiz: a multiplicação das pessoas coletivas permitia, em contínuo, apresentar casos nos quais faltasse, ora o património, ora a vontade, ora a organização. Noutros termos: não há *um* substrato que possa, com razoabilidade, amparar todas as pessoas coletivas que a prática jurídica permita documentar.

Os estudiosos recorreram, então, a abstrações crescentes. O pensamento neo-hegeliano, particularmente apto para a superação do personalismo kantiano através da concretização das ideias, forneceu, num primeiro tempo, quadros mentais e linguísticos importantes para a abstração dos substratos.

Cabe recordar a aproximação de Hegel à ideia de pessoa. Diz este Autor:

> A generalidade desta vontade, para si livre, é a simples relação formal e autoconsciente – quando não sem conteúdo – consigo mesmo, na sua singularidade: o sujeito é, com isso, pessoa. A personalidade implica que eu seja, para mim, como essa relação, completa, determinada e final para todos os lados e que eu me saiba geral e livre, na limitação como no ilimitado.
>
> A personalidade só começa quando o sujeito não tenha apenas uma autoconsciência, como concreto determinado de qualquer modo, mas, antes, uma autoconsciência de si como eu plenamente abstrato, na qual sejam inoperantes toda a limitação e validade concretas. Na personalidade surge, pois, o saber-se como objeto alcançado através do pensar numa ilimitação simples

2239 Karl Haff, *Grundlagen einer Körperschaftslehre* I – *Gesetze der Willensbildung bei Gemeinschaft und Staat* (1915), 2 ss. Em *Die juristischen Personen des bürgerlichen und Handelsrechts in ihren Umbildung*, FS RG, 2.º vol. (1929), 178-190 (185 e *passim*), Haff evolui, no sentido de dar relevância à empresa.

2240 L. Enneccerus, *Das Bürgerliche Recht/Eine Einführung in das Recht des Bürgerlichen Gesetzbuchs* (1900), 73.

> e, com isso, puramente idêntica em si. Indivíduos e povos não têm personalidade enquanto não alcançarem esse seu pensar e saber puros[2241].

Apenas a autoconsciência daria, pois, azo à pessoa.

Na base deste pensamento, transposto para juristas, a busca de um substrato interioriza-se e objetiva-se. Comporta uma projeção do global: o sujeito não tem apenas deveres, mas direitos[2242]. Binder, numa fórmula que pode, já, ilustrar o "realismo jurídico" vem considerar:

> Ser sujeito de direito é estar numa relação dada pela ordem jurídica, a que nós chamamos direito subjetivo[2243].

Schönfeld faz assentar o sujeito de direito não numa substância ajurídica nem numa postulação mitológica, mas num ponto de conexão importante entre ser e dever-ser[2244]; a pessoa coletiva seria, em última análise, "... a condição necessária de relações de Direito objetivas"[2245].

Husserl apela à pessoa como espaço de valoração, ponto de encontro entre uma realidade pré-jurídica e o desenvolvimento do Direito[2246].

[2241] Georg Wilhelm Friedrich Hegel, *Grundlinien der Philosophie des Rechts oder Naturrecht und Staatswissenschaft im Grundrisse*, 7, 3.ª ed., na *Stämtliche Werke*, publ. Hermann Glockner (1952), § 35 (89-90).

[2242] Bernard Bourgeois, *Le sujet de droit selon Hegel*, APD 34 (1989), 77-88.

[2243] Julius Binder, *Das Problem der juristischen Persönlichkeit* (1907), 49. Temos, assim, uma confluência com anteriores orientações tecnicistas, numa aparente coincidência em que as humanísticas são férteis.

[2244] Walter Schönfeld, *Zur Konstruktion der offenen Handelgesellschaft/ /Versuch einer juristischen Theorie der Rechtsperson*, JhJb 75 (1925), 333-374 (344); *vide*, desse Autor, *Rechtsperson und Rechtsgut im Lichte des Reichsgerichts als Vorarbeit zu einer künftigen Wirtlichkeitslehre des deutschen Rechts*, FS RG (1929), 2, 191-272 (223), onde, designadamente, afirma: "A pessoa de direito é absoluto, o sujeito de direito, relativo, porquanto aquela traduz uma substância e, este, um conceito de relação".

[2245] Walter Schönfeld, *Zur Konstruktion* cit., 373.

[2246] Gerhart Husserl, *Rechtssubjekt und Rechtsperson*, AcP 127 (1927), 129-209 (179 ss., 207 ss. e *passim*). Em Serick, no livro *Rechtsform und Realität juristischer Personen* (1955), abaixo examinado, a propósito da doutrina do levantamento da personalidade coletiva, aparecem ideias semelhantes: a pessoa coletiva seria um valor autónomo e absoluto.

209. O "realismo" jurídico

I. Os esforços acima anotados no sentido de, para as pessoas coletivas, encontrar um substrato foram, claramente, esmorecendo. A variedade de situações a que o Direito vinha reconhecendo a personalidade coletiva inviabilizava qualquer hipótese razoável de construir substratos unitários ou sequer classificáveis.

Os juristas vieram a refugiar-se em construções cada vez mais teóricas ou técnico-jurídicas. A teoria da ficção, reportada sem grande critério a Savigny, era recusada perante a presença efetiva de pessoas coletivas. Porém, também o organicismo e os diversos substratos eram desamparados, dada a presença irrefutável dos mais diversos tipos de pessoas coletivas. A pessoa coletiva veio, então, a ser definida com recurso a pura terminologia jurídica e por oposição à pessoa singular – p. ex., pessoa coletiva é aquilo que, não sendo pessoa singular, traduza a suscetibilidade de ser titular de direitos ou adstrito a obrigações. Em contrapartida à teoria da ficção, esta orientação é dita "realismo"; e por contraposição aos diversos substratos, ela considera-se "jurídica".

II. O "realismo" "jurídico" remonta aos aspetos técnicos da noção de Savigny. Tais aspetos foram sobrevalorizados por alguma pandectística tardia – recordem-se Bekker, Baron, Wendt, Sohm e Wächter, acima citados – ao ponto de se tornarem nos únicos fatores a ter em conta, na definição. Em troços já referidos, de Windscheid e Enneccerus, nota-se uma referência muito tímida a substratos; o essencial das respetivas noções é, já, técnico-jurídico.

A partir daqui, autores das mais diversas formações vêm apresentar noções que pretendem combater o "ficcionismo" com recurso a categorias jurídicas. Para Binder, "ser sujeito de direito é estar numa relação, dada pela Ordem Jurídica, e que nós chamamos direito subjetivo"[2247]. Saleilles, embora considerando "analítica" a fórmula de Binder, adere também ao "realismo"[2248]. Wolff apela a um conceito técnico-jurídico de pessoa[2249],

[2247] Julius Binder, *Das Problem der juristischen Persönlichkeit* cit., 49, acima citado.

[2248] Raymond Saleilles, *De la personnalité juridique* cit., 521 ss..

[2249] Hans J. Wolff, *Organschaft und Juristische Person*, 1 (1933), 207 ss..

enquanto Brecher sublinha que o sujeito de direito só o é por força da lei[2250].

III. O realismo jurídico tem sido doutrina quase oficial em França, em Itália e em Portugal.

Em França, perdidas as tradições do início do século, a doutrina comum tem vindo a contraditar a "ficção" através de uma apontada "realidade", em sede jurídica, das pessoas coletivas[2251]. Autores mais recentes apontam já, todavia, para uma relativização da noção.

Foi muito significativo o influxo, do "realismo" jurídico, em Itália, determinante, aliás, na doutrina portuguesa. Na base estão as construções de Francesco Ferrara[2252] que, após cuidadosa investigação histórica, acaba por sublinhar o papel do Direito no reconhecimento da personalidade: as pessoas coletivas existem, efetivamente, mas por via jurídica[2253]. Coviello, embora defendendo a pessoa coletiva como "realidade abstrata", criada pelo Direito, move-se na mesma onda[2254]. O "realismo" mantém-se bem representado, até hoje[2255], mau grado a influência crescente das conceções normativistas e analíticas.

[2250] Fritz Brecher, *Subjekt und Verband/Prolegomena zu einer Lehre von der Personenzusammenschlüssen*, FS A. Hueck 1959, 233-259 (256).

[2251] P. ex.: Alex Weill, *Droit Civil/Introduction générale*, 2.ª ed. (1970), 42, Henri e Léon Mazeaud/Jean Mazeaud, *Leçons de Droit Civil*, tomo I, 5.ª ed., por Michel de Juglart, 2.º vol., *Les personnes/La personnalité* (1972), 606, Gabriel Marty/Pierre Raynaud, *Droit Civil/Les Personnes*, 3.ª ed. (1976), 911 ss. (917-918) e Pierre Voirin, *Manuel de Droit Civil*, 21.ª ed. (1984), 69, Bernard Teyssié, *Droit civil/ /Les personnes* cit., 15.ª ed., 465 ss. e Jean Carbonnier, *Droit civil/*1 – *Les personnes* cit., 21.ª ed., 414 ss..

[2252] Francesco Ferrara, *Teoria delle persone giuridiche*, em *Il diritto civile italiano*, dir. Pasquale Fiore/Biagio Brugi (1915), 22 ss. (Direito romano), 135 ss. (teoria da ficção) e 331 ss. e *Le persone giuridiche* cit., 29 ss..

[2253] F. Ferrara, *Teoria* cit., 349 (personalidade como produto da ordem jurídica) e *Le persone giuridiche* cit., 31.

[2254] Nicola Coviello, *Manuale di diritto civile italiano/Parte generale*, 3.ª ed. rev. por Leonardo Coviello (1924), 194 ss. (200).

[2255] Domenico Barbero, *Sistema istituzionale del diritto privato italiano*, 1, 2.ª ed., (1949), 171 ss. (175), Giuseppe Menotti de Francesco, *Persona giuridica (diritto privatto e pubblico)*, NssDI XII (1965), 1035-1053 (1039), F. Santoro-Passarelli, *Teoria Geral do Direito Civil*, trad. Manuel de Alarcão (1967), 20 e Francesca Loffredo, *Le persone giuridiche e le organizzazioni sensa personalità giuridica* (2001), 9. C. Massimo Bianca, *Diritto civile*/I – *La norma giuridica – I soggetti* (1978), 295, embora partindo de típicas posturas

IV. O "realismo" jurídico teve, por fim, um influxo muito marcado em Portugal, ao ponto de poder considerar-se, também aí, como uma verdadeira doutrina oficial. Logo no início, essa orientação, bem documentada em José Tavares[2256] e Cunha Gonçalves[2257], partia de uma série de classificações de doutrinas – nem sempre muito ajustadas ao correto pensamento dos autores classificados – rebatendo os diversos termos. No fim, a pessoa coletiva, mais ou menos amparada em referências político-filosóficas, era apresentada como uma realidade jurídica[2258] ou técnica[2259]. Manuel de Andrade, aliás com uma referência a Ferrara, constrói a pessoa coletiva como um produto da ordem jurídica[2260] ou uma realidade do mundo jurídico, na qual o essencial é o elemento jurídico[2261]. A fórmula de Andrade reaparece, em Mota Pinto[2262]; simplesmente – e retomando uma posição já percetível naquele Autor –, dá-se uma caminhada no sentido da sua formalização, em termos que, a ter havido evolução, poderiam ter levado a opções de tipo analítico ou normativista, mais modernas. Perto dessa evolução esteve José Dias Marques que, após percorrer as tradicio-

de "realismo jurídico", acaba por defender a ideia da pessoa coletiva como "realidade social". Com isso, faz uma aproximação aos neo-realismos, representados na Alemanha.

2256 José Tavares, *Os princípios fundamentais do Direito civil* – vol. II – *Pessoas, cousas, fatos jurídicos* (1928), 105 ss. O Autor antecipou alguns elementos, nos artigos seguintes: *Teorias sobre o conceito e fundamento da personalidade coletiva*, GRLx 38 (1924), 161-164 e 193-195, *Elementos constitutivos da pessoa coletiva*, GRLx 38 (1924), 241-245 e *Pessoas coletivas nacionais e estrangeiras*, GRLx 38 (1925), 337-339.

2257 Luiz da Cunha Gonçalves, *Tratado de Direito Civil* cit., 1, 742 ss.. Deste Autor, cumpre, ainda, citar o escrito *Breve estudo sobre a personalidade das sociedades commerciaes*, GRLx 25 (1911), 305-307, 313-315, 353-354, 409-411, 425-426, 449-450, 481-482, 521-522, 545-546, 593-594 e 617-619, destinado ao Brasil, com apreciáveis indicações bibliográficas (619).

2258 José Tavares, *Os princípios fundamentais* cit., II, 125-126, que, depois de proclamar que considera preferível a teoria da instituição, declara aceitar a definição de Ferrara.

2259 Cunha Gonçalves, *Tratado* cit., 1, 752, afirmando que "... a doutrina mais exata, e que tende a preponderar, é a que considera as pessoas jurídicas ou coletivas como uma realidade técnica ...".

2260 Manuel A. Domingues de Andrade, *Direito Civil (Teoria Geral da Relação Jurídica)*, por Porfírio Augusto de Andrade, 1 (1944), 49 ss..

2261 Manuel A. Domingues de Andrade, *Teoria Geral da Relação Jurídica*, 1 – *Sujeitos e objetos*, 2.ª ed., publ. Ferrer Correia/Rui de Alarcão (1960, 3.ª reimpr. 1972), 50 e 51.

2262 Mota Pinto, *Teoria Geral* cit., 269.

nais classificações das doutrinas, acaba por fixar-se numa orientação jurídica e realista, definindo a pessoa como "mera suscetibilidade de direitos e obrigações"[2263]. Já Paulo Cunha[2264] e Castro Mendes[2265] ficaram mais próximos de um "realismo" jurídico tradicional, à semelhança de diversa doutrina que os antecedeu e lhes sucedeu[2266].

Apenas em Heinrich Ewald Hörster, de modo muito sintético[2267] e em Oliveira Ascensão[2268], se tentaria superar, entre nós, o invocado "realismo" jurídico.

[2263] José Dias Marques, *Teoria Geral do Direito Civil*, 1 (1958), 157 ss. (176).

[2264] Paulo Cunha, *Direito Civil (Teoria Geral)/Apontamentos manuscritos das Lições dadas ao 2.º ano jurídico de 1971/72*, 22.ª aula teórica, de 7-jan.-1972, onde se defendeu a doutrina da realidade jurídica.

[2265] João de Castro Mendes, *Direito Civil (Teoria Geral)*, 1 (1967), 253 ss. (263), transcrevendo Manuel de Andrade = *Direito Civil/Teoria Geral*, 1, col. Armindo Ribeiro Mendes (1978), 227.

[2266] Assim: José Gabriel Pinto Coelho, *Direito Civil (Noções Fundamentais)*, por João Luís P. Mendes de Almeida/José Agostinho de Oliveira, 1936-37, 281 ss. (286), Jaime de Gouveia, *Direito Civil*, por F. C. Andrade de Gouveia/Mário Rodrigues Nunes (1939), 664 ss., Luís Cabral de Moncada, *Lições de Direito Civil/ /Parte Geral*, 3.ª ed., 1 (1959), 374 ss. (379) e 4.ª ed. póstuma, revista (1995), 320 ss. (324-325), Marcello Caetano, *Das fundações/Subsídios para a interpretação e reforma da legislação portuguesa* (s/d, mas 1962), 53-54 e *Manual de Direito Administrativo*, 10.ª ed. rev. e at. por Diogo Freitas do Amaral, 1 (1973), n.º 82 (176 ss.), Inocêncio Galvão Telles, *Teoria Geral do Direito Civil/ Sumários* (s/d, policopiados), 42, A. da Penha Gonçalves, *Teoria Geral do Direito Civil*, 1 (1981, policopiado), 176 ss. (177-178), Luís A. Carvalho Fernandes, *Teoria Geral do Direito Civil*, 1, 6.ª ed. (2012), 523-526, Brito Correia, *Os administradores das sociedades anónimas* (1991), 176 ss. (188-189) e Coutinho de Abreu, *Da empresarialidade (as empresas no Direito)* (1994), 198, referindo embora, mais adiante, a necessidade de não absolutizar a noção.

Esta orientação, fortemente radicada em Portugal, terá pesado na elaboração do Código Civil. De todo o modo, a justificação dos motivos relativos ao anteprojeto do capítulo dedicado às pessoas coletivas – *vide* Ferrer Correia, *Pessoas coletivas/Anteprojeto de um capítulo do novo Código Civil*, BMJ 67 (1957), 247-281 (247) – nunca chegaria a ser publicado.

[2267] Heinrich Ewald Hörster, *A parte geral do Código Civil Português/Teoria Geral do Direito Civil* (1992), 362-363, onde, apesar de se remeter para Manuel de Andrade, se abre a porta para a normatividade do conceito.

[2268] José de Oliveira Ascensão, em *Teoria Geral do Direito Civil*, vol. I e II (1991, reimpr, da ed. de 1984/85), n.º 15-16 (50-57), considerava a pessoa coletiva como uma realidade jurídica; porém, exigências valorativas e programáticas orientariam o legislador. Subsequentemente, Oliveira Ascensão viria a reconhecer a desnecessidade da presença de um substrato – *Direito civil/Teoria geral*, I, 2.ª ed. (2000), 218-219 – acabando, todavia, por

210. Refutação do "realismo" jurídico

I. Cumpre apreciar. O "realismo" jurídico é hoje considerado uma fórmula vazia: ela só significa algo pelo que cala: a inviabilidade das construções que a antecederam. Na verdade, a personalidade coletiva é, seguramente, personalidade jurídica e, daí, uma "realidade jurídica". Mas com semelhante tautologia, pouco teremos avançado, no sentido de determinar a sua natureza. Wieacker procura apresentar toda esta situação sob cores mais amenas: as diversas teorias não seriam concorrentes, mas complementares[2269]. Contudo, isso não parece possível: de um modo geral, as diversas teorias apresentam-se globais; além disso, elas assentam em lógicas internas próprias, que não facultam miscigenações.

II. Chegados a este ponto, restaria concluir pelo esvaziamento do conteúdo da pessoa coletiva[2270]: esta teria, hoje, um puro conteúdo técnico-jurídico[2271], não tendo qualquer significado discutir teorias[2272]. E de facto, multiplicam-se os manuais que, de pessoa coletiva, dão breves definições técnicas[2273], ou abandonam, pura e simplesmente, a tarefa da sua definição[2274].

apurar na pessoa coletiva uma instituição-coisa – *idem*, 233 – ainda que dubitativamente. Pois bem: se se reconhece, como parece ser o caso, que o Direito positivo, com todos os limites que lhe queiram apontar, define, artificialmente, o que é a pessoa coletiva, não vemos como evitar o "normativismo": trata-se de uma evidência à qual, perante o BGB, acabaria por ser render o próprio Otto von Gierke. Com esta precisão, a "instituição-coisa" poderia ser o produto de normas jurídicas, acolhendo, formalmente, o "normativismo" que pretende negar. Só nos parece estarmos já muito longe do sentido historicamente consagrado da teoria da instituição.

2269 Franz Wieacker, *Zur Theorie der juristischen Person des Privatrechts*, FS E. R. Huber (1973), 339-383 (372).

2270 Claus Ott, *Recht und Realität der Unternehmenskorporation/Ein Beitrag zur Theorie der juristischen Person* (1977), 39, p. ex..

2271 Claus Ott, *Recht und Realität* cit., 45 ss. e AK/BGB (1987), Pré-not. § 21, 8 (98); *vide* Staudinger/Coing, BGB 11.ª ed. (1957), §§ 1-240 (190).

2272 Ott/AK/BGB cit., Pré-not. § 21, 27 (103).

2273 Wolf/Neuner, *Allgemeiner Teil* cit., 10.ª ed., 149; Dieter Medicus/Jens Petersen, *Allgemeiner Teil vide*, 11.ª ed., 472 (Nr. 1104).

2274 Assim, Christoph Hirsch, *Der Allgemeiner Teil des BGB*, 2.ª ed. (1992), Nr. 30 ss. (14 ss.), Hans-Martin Pawlowski, *Allgemeiner Teil des BGB/Grundlehren des bürgerlichen Rechts*, 6.ª ed. (2000), 46 ss., Hans Brox/Wolf-Dietrich Walker, *Allgemeiner Teil des Bürgerlichen Gesetzbuchs*, 39.ª ed. (2015), 310 ss., Karl Otto Scherner, *BGB – Allgemeiner*

Trata-se de uma situação cientificamente insustentável: ela surge como um pragmatismo agnóstico que, como suporte, apresenta as dificuldades em descobrir a verdade. Ora se parece admissível – e mesmo razoável – proclamar que, de momento, a Ciência do Direito não conseguiu explicar a essência da personalidade coletiva, já não é aceitável uma pura e simples demissão, quanto a essa tarefa.

Por isso, a mais recente doutrina tem vindo a abandonar o "realismo" jurídico, o tecnicismo e o agnosticismo, procurando novos rumos para aquele que, tendo sido considerado "o problema do século XIX", conseguiu atravessar, sem solução, todo o século XX, prosseguindo no século XXI.

Teil (1995), 14, Helmut Köhler, *BGB/Allgemeiner Teil*, 42.ª ed. (2018), § 21 (277-278) e Günter Weick, em Staudinger/Weick, *BGB*, 13.ª ed., reformulação 1995, Einl §§ 21 ss., Nr. 6 (6), ainda que explicando não ser, um comentário, o local apropriado para tomar posição. Este Autor deixa, porém, cair uma certa simpatia pela ideia estrutural de John, abaixo referida.

§ 43.º TENDÊNCIAS RECENTES E POSIÇÃO ADOTADA

211. Tendências recentes

I. O panorama atual relativo à determinação da natureza da personalidade coletiva mantém-se pouco animador. Em termos quantitativos, ele é claramente dominado pelas orientações "realistas", tecnicistas, pragmáticas ou agnósticas. No entanto, alguns Autores, mantendo acesa a chama da Ciência do Direito, têm procurado ir mais longe, aprofundando o problema[2275].

Torna-se interessante notar que, muitas vezes, essas tentativas redundam em retornos, às posições clássicas, do século XIX. Surgem, assim, posições negativistas, apelos de regresso a Savigny e defesas de diversos substratos, com relevo para os patrimónios de afetação ou para as realidades sociais subjacentes[2276].

II. Uma *posição negativista*, que proclama a pura e simples inutilidade do conceito de pessoa coletiva, é a de Ernst Wolf[2277]. Na verdade, é possível fazer uma exposição de Direito civil onde, pura e simplesmente, seja suprimida a referência a pessoas coletivas; apenas haverá, depois, que repetir, a propósito de cada figura singular, as consequências próprias do que, normalmente, se vem chamando "personalização". O negativismo de

[2275] Claus Ott, *Begriff und Bedeutung der juristischen Person in der neueren Entwicklung des Unternehmensrechts in der Bundesrepublik Deutschland*, QF 11/12, 2.º vol. (1982/83), 915-946 (915), fala num novo interesse pela problemática das pessoas coletivas. Tal interesse existe, mas é marginal.

[2276] *Vide* a síntese de Günter Weick, *Staudinger Kommentar §§ 21-79 – Allgemeiner Teil* 2 (2005), Intr. §§ 21 ss., Nr. 5 (6-7).

[2277] Ernst Wolf, *Allgemeiner Teil des bürgerlichen Rechts/Lehrbuch*, 3.ª ed. (1982), 650 ss. e, também, em *Grundlagen des Gemeinschaftsrechts*, AcP 173 (1973), 97-123 (108).

Ernst Wolf tem vindo a ser criticado[2278]; no entanto, há que mantê-lo como hipótese, última válvula de segurança contra a eventual incapacidade dos juristas, quanto à manutenção em vida da personalidade coletiva.

O *regresso a Savigny*[2279] não deve ser tomado como uma pura e simples afirmação da teoria da ficção, nas leituras, um tanto abusivas, que, do *System*, a ela conduziram. Ele constata, mais simplesmente, que a ideia de personalidade foi construída na base da pessoa singular tendo, daí, sido extrapolada para a coletiva.

Cumpre, depois, referir posições como as de Herbert Wiedemann, ou de Massimo Bianca. Para Wiedemann, nas pessoas coletivas, um *património especial* é sujeito de direitos[2280]. Há um retomar de Brinz, numa área em que as construções deste, como focaria Schwarz, são particularmente verosímeis. Para Massimo Bianca, as pessoas coletivas têm, subjacente, uma *realidade social*[2281]. Desta feita, projeta-se a sombra de von Gierke, numa opção do claro agrado de von Lilienfeld-Toal[2282].

Finalmente, refira-se John: na base, a pessoa coletiva assenta *numa estrutura*, com três elementos: organização de atuação, centro de responsabilidade e ponto de referência designado[2283]; teríamos, assim, uma morfologia das personificações, num organicismo técnico[2284].

III. Mais interessante parece ser a consideração de que a personalidade coletiva – ou, se se preferir, a personalidade jurídica, no seu todo – não pode mais ser considerada como uma categoria absoluta: antes haverá que relativizá-la[2285].

[2278] P. ex., Dieter Medicus, *Allgemeiner Teil* cit., 10.ª ed., 451; a referência desapareceu na 11.ª edição da obra.

[2279] Werner Flume, *Savigny und die Lehre von der juristischen Person* cit., 356.

[2280] Herbert Wiedemann, *Juristische Person und Gesamthand als Sondervermögen*, WM SBL Nr. 4/75 (1975), 8.

[2281] C. Massimo Bianca, *Diritto civile* I – *La norma giuridica – I soggetti* cit. (1978), 295-296.

[2282] Roland von Lilienfeld-Toal, *Das allgemeine Persönlichkeitsrecht juristischer Personen des Zivilrechts* cit., 112.

[2283] Uwe John, *Die organisierte Rechtsperson* cit., *passim*.

[2284] Borg, *Allgemeine Teil* cit., 3.ª ed., 80-81 (Nr. 186) fala, simplesmente, em "organização".

[2285] Veja-se, entre nós, o estudo de Costa Gonçalves, com profundos desenvolvimentos: *Pessoa coletiva*, cit., 533 ss..

A doutrina tradicional contrapunha "personalidade", a "capacidade": a primeira daria um teor qualitativo do ente, enquanto a segunda se ligaria a aspetos quantitativos. Noutros termos: as diversas "pessoas" podem ter maiores ou menores capacidades de direitos ou de adstrições; mas ou são pessoas, ou não o são.

Esta absolutização da personalidade, que obriga a reduzir, num mesmo conceito, realidades profundamente diversas, constitui um dos óbices que têm travado uma doutrina, cabal e coerente, das pessoas coletivas. Justamente: áreas crescentes do moderno privatismo, tentam pôr cobro a essa anómala absolutidade.

Na origem, encontramos alguns estudiosos clássicos do início do século XX, como Chironi, que, estudando a natureza da personalidade coletiva, logo sublinham a multiplicidade das suas concretizações[2286]: no fundo, como bem explicou de Ruggiero, a pessoa coletiva define-se, apenas, pela negativa: não ser singular[2287].

Modernamente, temos Fabricius, que, estudando a relatividade da capacidade jurídica, não deixa de focar os reflexos que essa relatividade tem nas próprias pessoas, enquanto tais[2288].

Porém, só mais recentemente, a ideia de "personalidades" parcelares tem vindo a ser divulgada, sobretudo em torno do estudo das sociedades do BGB. Tais os casos de Breuninger[2289], de Göckeler[2290] e, finalmente, do clássico Thomas Raiser[2291]. Trata-se de uma posição com inúmeros efeitos práticos, uma vez que permite, entre outros aspetos, equacionar novos direi-

2286 G. P. Chironi/L. Abello, *Trattato di Diritto Civile Italiano*, vol. I – *Parte Generale* (1904), 135 ss. (137).

2287 Roberto de Ruggiero, *Instituições de Direito Civil* – vol. I – *Introdução e Parte Geral*, trad. port. Ary dos Santos (1934), 429.

2288 Fabricius, *Relativität der Rechtsfähigkeit/Ein Beitrag zur Theorie und Praxis des privaten Personenrechts* (1963), 49 ss., 67, 92, 111 e *passim*.

2289 Gottfried E. Breuninger, *Die BGB – Gesellschaft als Rechtssubjekt im Wirtschaftsverkehr/Voraussetzungen und Grenzen* (1991), 23 ss. (30). *Vide*, 221, a conclusão.

2290 Stephen Göckeler, *Die Stellung der Gesellschaft des bürgerlichen Rechts in Erkenntnis-, Vollstreckungs- und Konkursverfahren* (1992), 36 ss., com diversas indicações, embora sem dar uma clara adesão à nova orientação.

2291 Thomas Raiser, *Gesamthand und juristische Person im Licht des neuen Umwandlungsrechts*, AcP 194 (1994), 495-512 (501, 505 e *passim*), bem como *Die Haftung der Gesellschafter einer Gründungs-GmbH*, BB 1996, 1344-1349.

tos reconhecidos às sociedades civis puras[2292] – que, no *BGB*, não seriam personalizadas –, encarar a "personalização" parcelar das sociedades profissionais[2293], explicar a incidência de deveres legais, sobre sociedades em formação[2294], bem como o seu específico regime de responsabilidade[2295].

212. **Posição adotada**

I. Afigura-se útil aproveitar algumas conclusões propiciadas pela ponderação das inúmeras teorias, historicamente surgidas, para explicar a essência da personalidade jurídica. Nenhuma delas é inútil, sendo um grave erro metodológico rejeitá-las – ou rejeitar alguma delas – sem uma análise atualista e atualizada. Melhor será, então, calá-las. Temos ainda por assente que, pelo menos no campo da personalidade coletiva, o tempo das descobertas intuitivas geniais acabou com Savigny. Não é pensável assumir posições inovadoras sem um esforço de cultura e sem todo um paciente trabalho de estudo e de meditação. As doutrinas não se criticam com "rotulagens", sob pena de pôr em crise a própria natureza científica do Direito. Além disso, também não é intelectualmente correto ponderar quaisquer fórmulas sem as integrar no contexto que lhes deu alma.

[2292] Além das referidas obras de Göckeler e de Raiser, refiram-se Volker Beuthien, *Die Haftung von Personengesellschaftern*, DB 1975, 725-730 e 773-776 (725 e 774), Gerhard Walter, *Der Gesellschafter als Gläubiger seiner Gesellschaft*, JuS 1982, 81-87 e Wolfram Timm, *Die Rechtsfähigkeit der Gesellschaft bürgerlichen Rechts und ihre Haftungsverfassung*, NJW 1995, 3209-3218. Também em Itália, a questão está em aberto: Franco Disabato, *Sentenze d'un anno/Le società*, RTDPC 1995, 1471-1478 (1471).

[2293] Temos em vista a figura criada pelo *Gesetz zur Schaffung von Partnerschafts-gesellschaften und zur Anderung andere Gesetze*, de 25-jul.-1994, em vigor a partir de 1-jul.-1995, o qual veio dar corpo às sociedades de profissões livres, antes acolhidas às sociedades civis do BGB; *vide* Michael Arnold, *Die Tragweite des § 8 Abs. 2 PartGG von dem Hintergrund der Haftungsverfassung der Gesselschaft bürgerlichen Rechts*, BB 1996, 597-605.

[2294] Volker Beuthien, *Haftung bei gesetzlichen Schuldverhältnissen einer Vorgesellschaft*, BB 1996, 1337-1344. Cf. o anterior estado das questões em Karsten Schmidt, *Der Funktionswandel der Handelndenhaftung im Recht der Vorgesellschaft – Ein Beitrag zur Abgrenzung des "Handelnden"-Begriffs*, GmbHR 1973, 146-152, Robert Weimar, *Haftungsrisiken für die Beteiligten einer GmbH "im Aufbau"*, GmbHR 1991, 507-515 (510 ss.) e *Die Haftungsverhältnisse bei der Vor-AG in neuerer Sicht*, AG 1992, 69-79.

[2295] Por último: Raiser, *Die Haftung der Gesellschafter* cit., 1349.

II. Isto posto e recuperando um tanto a formulação seriada de Uwe John[2296], temos o seguinte: a pessoa de Direito deve surgir como uma realidade independente; ela é sistemática[2297]; ela deve abranger pessoas singulares e coletivas; ela deve dar azo a conceitos dogmaticamente operacionais; ela pode aproveitar as diversas teorias historicamente surgidas. Há que entroncar, aqui, um dos mais estimulantes filões da atualidade e que tem sido designado "corrente analítica" ou "corrente normativa", sem com isso, se pretender uma unificação desses termos.

III. Quando, em Direito, se fala na personalidade coletiva, pretende-se, quando não se teorize, exprimir um regime jurídico-positivo[2298]. Por isso, toda uma tradição, com exemplo já clássico em Rittner, procede a uma abordagem dogmática do tema. Em Itália e na sequência de genial intuição de Ascarelli[2299], notavelmente prosseguida por D'Alessandro[2300],

[2296] Uwe John, *Die organisierte Rechtsperson* cit., 65-70. Este Autor faz, aliás, questão em sublinhar que se trata, aqui, de um problema ainda sem solução definitiva; *vide* a rec. a Rittner cit., RTh 5, 245.

[2297] A este propósito, parece útil recordar a fórmula de Kelsen, o qual, apesar de recusar verdadeira existência física às pessoas, vinha definir a pessoa jurídica, dizendo: "Tal como a física, também a chamada pessoa jurídica mais não é do que a expressão unitária para um complexo de normas, isto é, para uma ordem jurídica que regulará o comportamento de uma multiplicidade de homens" – Hans Kelsen, *Reine Rechtslehre/Einleitung in die Rechtswissenschaftliche Problematik* (1934), 54.

[2298] Constitui, pois, um lapso clamoroso qualificar tais doutrinas como "formais"; pelo contrário: elas são as que mais claramente lidam com condutas humanas.

[2299] Tullio Ascarelli, *Considerazioni in tema di società e personalità giuridica*, RDComm LII (1954), 1, 247-270, 333-349 e 421-443 (333 ss.).

[2300] Floriano D'Alessandro, *Persone giuridiche e analisi del linguaggio* (1989), 2 ss.. D'Alessandro já vinha defendendo e aprofundando as suas posições desde os anos sessenta do século XX. Quanto à orientação subjacente, cf., em especial, Francesco Galgano, *Struttura logica e contenuto normativo del concetto di persona giuridica*, RDCiv 1965, 553-633 (553 ss., 564, 565 e 567 ss.), *Delle persone giuridiche*, no *Commentario del Codice Civile* de Antonio Scialoja/Giuseppe Branca (1969), 54 ss., e *Diritto civile e commerciale* vol. I – *Le categorie generali – Le persone – La proprietà* (1990), 171 ss. (175) e Massimo Basile/Angelo Falzea, *Persona giuridica (diritto priv.)*, ED XXXIII (1983), 234-275 (257 ss.).

Em França, e por via autónoma, aparecem reflexões deste tipo; assim, Jean Pierre Gastaud, *Personnalité morale et droit subjectif/Essai sur l'influence du Principe de la Personnalité Morale sur la nature et le contenu des droits des membres des groupements personnifiés* (1977) que – n.º 290, 395 –, designadamente, conclui que, na "pessoa moral", operou a transformação e a adaptação, dos direitos individuais tradicionais, às exigências

a ideia conheceu um desenvolvimento autónomo. A pessoa coletiva é, antes de mais, um determinado regime, a aplicar aos seres humanos implicados[2301]. Estes podem ser destinatários diretos de normas; mas podem-no ser, também, indiretamente, assim como podem receber normas transformadas pela presença de novas normas, agrupadas em torno da ideia de "pessoa coletiva". No caso de uma pessoa de tipo corporacional, os direitos da corporação são direitos dos seus membros. Simplesmente, trata-se de direitos que eles detêm de modo diferente do dos seus direitos individuais.

IV. Tudo isto é indubitável. Mas há que ir mais longe: a ideia de pessoa – singular ou coletiva – é, só por si, uma comunicação normativa[2302]. Dentro das realidades terrenas, o termo "pessoa" tem a maior dignidade e concita representações de toda a ordem, que asseguram e justificam uma elevada tutela jurídica. Não é um conceito neutro, suscetível de livre manuseio em função de fatores técnicos. Tem uma dimensão que previne banalizações e que lhe tem assegurado, mau grado as incertezas doutrinárias, uma vitalidade tranquila, até aos nossos dias.

V. Como vimos, referir em Direito uma "pessoa" é considerar a presença de uma entidade destinatária de normas jurídicas e portanto: capaz de ser titular de direitos subjetivos ou de se encontrar adstrita a obrigações. A afirmação da personalidade será, pois, a consideração de que o ente visado pode autodeterminar-se, no espaço de legitimidade conferido pelos direitos de que seja titular, e deve agir, no campo das suas adstrições.

O modo por que vão ser exercidos os direitos e cumpridas as obrigações já não é esclarecido pela afirmação sumária da personalidade: isso dependerá de múltiplas outras normas jurídicas, cuja aplicabilidade, no entanto, postula a personalidade e deriva dela.

Qualquer norma de conduta – permissiva ou de imposição – será sempre, em última análise, acatada por seres humanos conscientes, o que

das realidades, económicas e sociais, novas. Também François Terré/Dominique Fenouillet, *Droit civil/Les personnes* cit., 6.ª ed., 200 – ao acentuar a vertente técnica da personalização, chegam, por vias próprias, à conclusão em causa.

[2301] *Vide* Diogo Costa Gonçalves, *Pessoa coletiva e sociedades comerciais* cit., 38 ss. e 895 ss., bem como Pedro de Albuquerque, *A vinculação das sociedades* cit., 1, 746 ss..

[2302] Tal a mensagem básica de Gustav Nass, *Person, Persönlichkeit und juristische Person* cit., 89: o conceito de personalidade é um *Sollenbegriff*, a retirar da Moral.

é dizer, por pessoas singulares capazes. Qualquer fruição de bens será, também, sempre sentida, em última instância, por pessoas singulares e isso não obstante, muitas vezes (quase sempre?) a verdadeira fruição exigir um compartilhar das vantagens. Por razões históricas, culturais, económicas, práticas, linguísticas ou casuais, as normas assumem, com frequência, fórmulas indiretas para atingir os seus destinatários. Assim, dizer que uma sociedade deve pagar os seus impostos é significar que os seus administradores o devem fazer, com fundos societários; aplicar-lhe uma multa pelo não-pagamento equivale a retirar, dos fundos societários e em detrimento dos sócios e dos credores da sociedade, a importância correspondente à sanção.

VI. Em Direito, pessoa é, pois, sempre, um centro de imputação de normas jurídicas. A pessoa é singular, quando esse centro corresponda a um ser humano; é coletiva – na terminologia portuguesa – em todos os outros casos. Na hipótese da pessoa coletiva, já se sabe que entrarão, depois, novas normas em ação de modo a concretizar a "imputação" final dos direitos e dos deveres. Digamos que tudo se passa, então, em *modo coletivo*: as regras, de resto infletidas pela referência a uma "pessoa", ainda que coletiva, vão seguir canais múltiplos e específicos, até atingirem o ser pensante, necessariamente humano, que as irá executar ou violar.

VII. A definição apresentada é sistemática, técnica e funcional: permite, numa fórmula sintética, a articulação da personalidade com o direito subjetivo e os demais níveis da ordem jurídica. É, ainda, unitária.

Pergunta-se, porém, se não apresentará um excessivo plano de abstração, reduzindo a personalidade a um expediente técnico, próximo das correntes normativistas e analíticas. Na verdade, os diversos ordenamentos dos nossos dias, guiados por necessidades materiais e de normalização, concedem a personalidade às mais variadas entidades, independentemente do seu substrato. Por isso, não é viável induzir uma definição plausível da pessoa coletiva que mantenha uma referência a um qualquer substrato. Além disso, o mapa das diversas pessoas coletivas possíveis, desde o Estado até às discutíveis sociedades civis puras, é tão vasto e diversificado que só à custa da abstração se tornaria possível encontrar um esquema que tudo abranja.

Porém – e como já foi adiantado – este formalismo abstrato, fatalmente necessário, não vai ao ponto de esquecer a referência a "pessoa".

O Direito poderia ter encontrado qualquer outra expressão para designar os "centros coletivos de imputação de normas jurídicas", que não a de "pessoa". Não o fez. Numa receção cultural, cujo mérito remonta a Savigny e seus antecessores, aos jusracionalistas e, mais longe, aos canonistas, procedeu-se à transposição da própria figuração humana: pessoa. Houve transposição: é bom lembrá-lo e, aqui, o retorno a Savigny surge inevitável e é saudável. Mas transposição, tanto quanto possível, efetiva.

Tanto basta – e seria possível mais? – para que a referência a uma *pessoa* coletiva, para além da imediata eficácia técnica, no plano da aplicação de normas jurídicas, envolva representações ético-normativas, determinantes na aplicação de normas e princípios.

SECÇÃO II

PESSOAS RUDIMENTARES E FIGURAS AFINS

§ 44.º AS PESSOAS COLETIVAS RUDIMENTARES

213. A tradição de Paulo Cunha e a doutrina de ponta

I. A ideia de personalidade coletiva era classicamente apresentada como de cariz qualitativo: bastaria a suscetibilidade de ser titular de um único direito ou adstrito a uma única obrigação, para se falar de pessoa coletiva. Todavia, a formulação era forçada: a suscetibilidade de deter um direito ou de incorrer numa obrigação logo envolveria uma gama completa de hipóteses, de tal modo que tudo se multiplicaria. A natureza qualitativa da personalidade tenderia sempre a ser acompanhada por uma grande quantidade de posições potenciais. O afirmado qualitativismo era, no fundo, um ângulo especial de abordagem de uma determinada realidade.

II. A doutrina foi, por vezes, confrontada com situações legisladas nas quais, a certas entidades, era reconhecida, apenas, uma escassa medida de titularidade potencial. A manter-se uma lógica estritamente formal, uma de duas: ou se reconhecia uma personalidade jurídica em entidades muito elementares e cuja personalização repugnaria ao senso jurídico comum ou se revia a natureza meramente qualitativa da personalidade coletiva, acrescentando-lhe determinados traços quantitativos. Qualquer das duas soluções iria quebrar a cristalografia conceitual. Por isso, embora o problema estivesse identificado há muito tempo, tardaram, para ele, as soluções.

III. No seu ensino universitário da Teoria geral do Direito civil[2303], o Prof. Paulo Cunha abordou o problema, analisou-o e propôs, para ele, uma

[2303] Que decorreu entre 1958 e 1974; os elementos subsequentes datam de 1971/1972.

solução[2304]: ao lado das pessoas coletivas propriamente ditas, haveria que apontar a categoria das pessoas rudimentares. Tratar-se-ia de realidades a quem a lei recusaria a titularidade de direitos civis, admitindo-lhes, todavia, direitos processuais[2305]. Esta figura, que Paulo Cunha aprontava por força da controversa "personalidade judiciária", pode ser generalizada a outras situações parcelares de personalidade jurídica.

IV. A tradição de Paulo Cunha vai ao encontro das modernas construções da "capacidade jurídica parcial"[2306]. Tal "capacidade parcial" – cujo significado último é considerado, cautelosamente, em aberto – ocorreria, entre outros casos, nas sociedades civis reguladas no Código Civil alemão e às quais não é reconhecida a personalidade coletiva; não obstante, diversos preceitos atribuir-lhes-iam "direitos". Essa atribuição mais se veio a agravar com os recentes diplomas de tutela do consumidor, de inspiração comunitária e que atribuem "deveres" às empresas, independentemente de estas se encontrarem personalizadas[2307]. Duas soluções seriam possíveis[2308]:

- a teoria tradicional: os "direitos" e demais posições jurídicas deveriam ser imputados às pessoas singulares que constituíssem o ente questionado;
- a teoria da "capacidade parcial": o ente questionado seria "pessoa", para certos efeitos.

[2304] Sem prejuízo de criticar vivamente a técnica legislativa que, reconhecendo "direitos" a quem não os teria, obrigava a isolar as referidas pessoas rudimentares ou, na linguagem de Paulo Cunha, "rudimentais".

[2305] Paulo Cunha, *Teoria geral 1971/1972* cit., 236 ss. (241); o Autor sonda ainda as expressões "pessoa de extensão limitada", "pessoa embrionária" e "pessoa judiciária", rejeitando-as.

[2306] Ou *Teilrechtsfähigkeit*, já acima referida, a propósito das tendências recentes para a relativização da personalidade jurídica; *vide supra*, 654 ss.

[2307] Hans-W. Micklitz/Kai Purnhagen, *Münchener Kommentar* cit., 1, 7.ª ed., § 14, Nr. 9.

[2308] *Vide*, além da literatura já citada, Siegfried H. Elsing, *Alles entschieden bei der Gesellschaft bürgerlichen Rechts?*, BB 2003, 909-915 (909-910). Uma terceira possibilidade, presente em Itália, de vir distinguir entre "subjetividade" e "personalidade" – p. ex., Francesca Loffredo, *Le persone giuridiche* cit., 148 ss. – acaba, afinal, por equivaler, *grosso modo*, à ideia de personalidade rudimentar.

Esta última construção tem vindo a colher os sufrágios, aproximando-se da doutrina Paulo Cunha das pessoas rudimentares.

V. O problema relatado tem de encontrar uma solução dogmática. Designadamente, devemos ter presente o tratar-se de uma questão de personalidade coletiva: ela não vai bulir com a dignidade do homem.

Em situações de "capacidade parcial", o Direito trabalha em *modo coletivo* ou em *modo individual*? Na primeira hipótese, as normas são dirigidas à "pessoa rudimentar", obrigando depois à intervenção de outras regras para desencadear, na base, as competentes condutas (necessariamente) humanas; na segunda, as mesmas normas seriam diretamente exequíveis pelas pessoas singulares subjacentes.

Impõe-se uma pesquisa *in concreto*. Todavia, nas hipóteses mais marcantes e que abaixo referiremos, os "direitos" e "deveres" dirigidos ao ente questionado surgem mesmo em *modo coletivo*: nenhuma pessoa singular de base poderia encabeçá-los e exercê-los diretamente. Temos, pois, de admitir, ao lado da personalidade coletiva, tendencialmente plena – isto é: boa para todos os efeitos, dentro do princípio da especialidade, que abaixo examinaremos – uma personalidade coletiva rudimentar: operacional, apenas, para os concretos âmbitos que a lei lhe atribuir.

VI. Às pessoas rudimentares podem aplicar-se regras próprias da personalidade coletiva. Mas apenas aquelas que surjam, expressamente[2309], com essa dimensão. Fora do que a lei preveja, a pessoa rudimentar é substituída pelos titulares efetivos dos bens em presença.

O *modo coletivo* deve ser apurado caso a caso.

214. A personalidade judiciária

I. O artigo 11.º/1, do Código de Processo Civil, define a personalidade judiciária como a suscetibilidade de ser parte. O n.º 2 explicita que quem tiver capacidade jurídica tem, igualmente, personalidade judiciária.

2309 Todavia, a personalidade, mesmo "rudimentar" não pode, ao contrário do que pretendia Savigny para a própria personalidade coletiva "comum", considerar-se excecional. Nenhum obstáculo existe em proceder à aplicação analógica das suas normas, sempre que se verifiquem os necessários pressupostos.

A contrario, poderá haver entidades com personalidade judiciária mas sem personalidade jurídica[2310]. Confirmando-o, o artigo 12.º do mesmo Código enumera entidades às quais não é, normalmente, reconhecida personalidade jurídica, mas a que atribui a personalidade judiciária.

A ideia de personalidade judiciária foi introduzida na reforma processual de 1939, levada a cabo por José Alberto dos Reis[2311]. Fundamentalmente, ela foi animada pela necessidade pragmática de qualificar a possibilidade de se ser parte em juízo, demandando e sendo demandado. A alternativa de levar a juízo todas as pessoas que se poderiam acolher ao ente com "personalidade judiciária" é impraticável: bastará compulsar a lista de entidades com personalidade judiciária abaixo seriadas.

Paulo Cunha dá conta de ter logrado convencer José Alberto dos Reis da "impossibilidade lógica" de manter uma ideia de personalidade sectorial. Todavia, o "temperamento pragmático" de Alberto dos Reis tê-lo-ia levado a não suprimir a ideia de "personalidade judiciária" na reforma de 1961, também da sua lavra[2312].

II. A atribuição de personalidade judiciária tem o maior significado prático. A qualidade de parte, em processo, permite praticar os diversos atos processuais: deles depende a efetivação dos direitos civis. A personalidade judiciária não se confunde com a capacidade judiciária: esta traduz a capacidade de estar, por si, em juízo, nos termos do artigo 15.º do Código de Processo Civil[2313]. A capacidade judiciária corresponde à civil – *idem*, n.º 2; na sua falta, há que recorrer à representação – artigo 10.º do mesmo Código.

Em quanto diga respeito ao processo, a entidade com personalidade judiciária funciona em *modo coletivo*. Tudo aponta para uma verdadeira pessoa coletiva ... só que limitada ao processo. O problema de construção daí resultante, de outro modo insolúvel, ultrapassa-se com a ideia de personalidade rudimentar.

2310 STJ 10-jul.-1990 (Baltasar Coelho), BMJ 399 (1990), 456-459 (458).

2311 José Alberto dos Reis, *Comentário ao Código de Processo Civil*, 1 (1944), 24 e *Código de Processo Civil Anotado*, 3.ª ed., 1 (1948), 26 ss..

2312 Paulo Cunha, *Teoria geral 1971/1972* cit., 239, nota 1.

2313 José Lebre de Freitas/Isabel Alexandre, *Código de Processo Civil Anotado*, 1, 3.ª ed. (2014), 47 ss..

III. Passando em revista as "pessoas judiciárias" enumeradas no artigo 12.º do Código de Processo Civil, encontramos[2314]:

a) *A herança jacente e os patrimónios autónomos semelhantes cujo titular não estiver determinado*: a herança diz-se jacente desde o momento da sua abertura – portanto: da morte do *de cuius* – e até à sua aceitação ou até que seja declarada vaga para o Estado – artigo 2046.º; a herança, nesse período intermédio, que poderá ser alargado até por se desconhecerem os herdeiros, é uma pessoa judiciária – e, consequentemente, uma pessoa coletiva rudimentar – podendo demandar e ser demandada[2315]; quanto a "patrimónios autónomos semelhantes", poderíamos referir o património do ausente; a jurisprudência aponta, ainda, as hipóteses da Comissão de Melhoramentos da Freguesia de Pombeiro da Beira, por se afirmar titular de um património autónomo[2316] e a de um estabelecimento individual de responsabilidade limitada, constituído ao abrigo do artigo 2.º do Decreto-Lei n.º 248/86, de 25 de agosto[2317];

b) *As associações sem personalidade jurídica e as comissões especiais*; trata-se da figura prevista e regulada nos artigos 195.º e seguintes; quando dotadas de património autónomo, estas entidades já teriam personalidade judiciária pela alínea *a*) do preceito em referência;

c) *As sociedades civis*; o Código regula, nos seus artigos 980.º e seguintes, as chamadas sociedades civis sob forma civil ou sociedades civis puras (Paulo Cunha), sendo discutível se têm personalidade coletiva (geral) e, mais precisamente[2318]: se todas a têm, se apenas algumas ou se nenhuma; enquanto prossegue a discussão

2314 *Vide* José Alberto dos Reis, *Comentário* cit., 1, 24-25 e *Código Anotado* cit., 1, 3.ª ed., 26 ss., sendo de notar que os textos então em vigor não correspondiam totalmente aos atuais. Quanto à génese do texto vigente *vide* Lebre de Freitas/Isabel Alexandre, *Código Anotado* cit., 1, 38 ss..

2315 RLx 26-nov.-1985 (Cura Mariano), CJ X (1985) 5, 92-94 (93/II) e RPt 14-dez.-1993 (Cardoso Lopes), BMJ 432 (1993), 424. Quando, dos autos, não resulte que uma determinada herança tenha sido aceite – altura em que perde a personalidade judiciária, integrando-se no património dos herdeiros – ela considera-se como dotada de personalidade judiciária – RLx 24-fev.-2000 (Paixão Pires), CJ XXV (2000) 1, 125-126 (125/II); REv 26-mar.-2015 (Conceição Ferreira), Proc. 136545/14: a herança jacente só tem personalidade judiciária porquanto os respetivos titulares não estiverem determinados.

2316 STJ 10-jul.-1990 cit., BMJ 399, 458.

2317 RLx 13-fev.-1992 (Martins Ramires), CJ XVII (1992) 1, 156-157 (156).

2318 *Vide infra*, 908 ss..

civil, o legislador processual cortou cerce o problema reconhecendo, a todas, a personalidade judiciária;

d) *As sociedades comerciais, até à data definitiva do contrato pelo qual se constituem, nos termos do artigo 5.º do Código das Sociedades Comerciais*; na verdade, apenas com o registo definitivo se dá a aquisição (plena) da personalidade coletiva; antes disso, porém, o ente coletivo pode estar em pleno funcionamento, dispondo, desde logo, de personalidade judiciária passiva[2319];

e) *O condomínio resultante da propriedade horizontal, relativamente às ações que se inserem no âmbito dos poderes do administrador*; de facto e com referência às partes comuns, o administrador tem legitimidade para demandar e ser demandado – artigo 1417.º/1 e 2; atua, então, "em representação" do condomínio, o qual tem personalidade judiciária;

f) *Os navios, nos casos previstos em legislação especial*: trata-se de um princípio reafirmado pelo artigo 7.º do Decreto-Lei n.º 201/98, de 10 de julho, relativo ao Estatuto Legal do Navio, havendo que determinar, *in casu*, a eventualidade da sua verificação[2320].

Haverá, ainda, que acrescentar a hipótese do artigo 7.º, que regula a personalidade judiciária das sucursais.

IV. Cabe perguntar se, nos diversos casos de "personalidade judiciária", não será necessário ir um pouco mais longe, admitindo "alguma" personalidade substantiva. De facto, não se pode reduzir a "personalidade judiciária" a uma questão de representação: um património autónomo não representa ninguém; ele é, sim, representado, nos termos do artigo 21.º, do Código de Processo Civil.

A atuação processual é, porventura, uma das mais marcantes formas de exercer um direito: este ganha-se ou perde-se, amplia-se ou reduz-se, consoante o modo de o colocar no foro e em função do epílogo da ação. A personalidade judiciária – mesmo quando, em rigor, se pudesse chamar "capacidade de gozo judiciário" – traduz uma inegável margem de personalização substantiva.

[2319] RCb 7-mai.-1996 (Jaime Guapo), BMJ 457 (1996), 459, afirmando que a sociedade irregular não dispõe de personalidade judiciária ativa: apenas os "sócios" poderão demandar.

[2320] STJ 26-mar.-1998 (Aragão Seia), BMJ 475 (1998), 571-578 (576, com indicações e 578).

Reformulado o conceito de pessoa coletiva, afastada a miragem formal – porquanto desligada das realidades – da pessoa coletiva puramente qualitativa e admitida a relativização desse conceito, temos uma solução: a construção de pessoas rudimentares.

215. As personalidades económica, laboral e tributária

I. A personalidade económica traduz a aptidão que determinadas entidades tenham de ser destinatárias de regras de Direito da economia ou, mais latamente, de regras de Direito patrimonial[2321]. O problema ocorre porquanto diversa legislação de tipo económico aponta normas dirigidas a empresas e isso independentemente de elas se identificarem – ou não – com entidades personalizadas. Um especial papel era atribuído à empresa pelo revogado Código dos Processos Especiais de Recuperação de Empresas e de Falência, que continha diversas regras dirigidas à empresa[2322]. A esta reconhecia, pelo menos, personalidade judiciária[2323]. O vigente Código da Insolvência e de Recuperação de Empresas mantém essa linha, ainda que de modo menos incisivo.

A empresa surge, assim, como uma pessoa rudimentar: em todos os casos em que seja destinatária formal de regras de Direito, sem assentar num ente personalizado (em sentido amplo). Caso a caso e regra a regra haverá que determinar o alcance da personalização.

II. Também no campo do Direito do trabalho nos aparecem entidades personalizadas, apenas, para certos efeitos. Tal a situação das comissões de trabalhadores: segundo o artigo 17.º da Lei n.º 68/79, de 9 de outubro, as comissões de trabalhadores tinham personalidade judiciária. Além disso, a própria Constituição, no seu artigo 54.º/5, lhes atribui uma série significativa de direitos, desenvolvidos na Lei n.º 46/79, de 12 de setembro, e que não podiam ser reconduzidos às pessoas dos seus membros[2324]. Infere-se daqui que, numa visão tradicional, as comissões de trabalhadores não poderiam deixar de ser consideradas como pessoas coletivas. Como, toda-

[2321] *Vide* o nosso *Direito da economia*, 1 (1986), 209 ss..
[2322] *Tratado*, III, 3.ª ed., 247 ss..
[2323] STJ 23-abr.-1996 (Cardona Ferreira), CJ/Supremo IV (1996) 1, 167-170 (170).
[2324] *Manual de Direito do trabalho*, 502 ss..

via, as suas aptidões estavam limitadas para regras estritamente laborais, poderemos enquadrá-las na ideia de pessoa rudimentar. A evidência da personalidade coletiva era tão forte que o Código do Trabalho veio, no seu artigo 416.º/1, reconhecer a personalidade jurídica destas comissões[2325].

III. Finalmente, no campo fiscal, surge a noção de personalidade tributária: a qualidade de se ser sujeito passivo da obrigação de imposto, com todas as posições instrumentais que isso implica. Infere-se do artigo 2.º do Código do IRC que são reconhecidos como sujeitos passivos entidades desprovidas de "personalidade jurídica plena". Terão personalidade tributária[2326], numa forma particular de personalidade rudimentar.

216. Pessoas coletivas em formação e em extinção

I. A pessoa coletiva retira a personalidade de um ato formal. Como adiante melhor veremos, razões de certeza e de segurança levaram o Direito a abdicar do reconhecimento de um verdadeiro substrato, a favor de meras consignações jurídicas – e isso ao ponto de a própria personalidade coletiva se ter formalizado.

Todavia, na ordem normal das coisas, a pessoa coletiva prossegue objetivos práticos, surgindo dotada de um substrato: uma organização, pessoas que a sirvam, bens de afetação e um objetivo geral. Esse substrato põe-se – ou pode pôr-se – em marcha antes do ato formal atributivo da personalidade. Do mesmo modo, ele pode manter-se depois de um ato formal de sentido contrário que, visando a extinção da pessoa coletiva, venha suprimir a personalidade (plena). Nessas circunstâncias, o Direito reconhece ao substrato em jogo, mesmo privado do reconhecimento formal, determinadas potencialidades, enquanto sujeito de direitos. O fenómeno é tanto mais interessante quanto é certo que, sendo absolutamente legal – isto é: não traduzindo a aplicação de quaisquer sanções – ele demonstra as potencialidades de um substrato, sem a personalização formal. Naturalmente: dá, também, a dimensão desta.

[2325] *Vide* o nosso *Direito do trabalho* 1 (2019), 922 ss..

[2326] Recorde-se o clássico de Pedro Soares Martinez, *Da personalidade tributária* (1952, reimp., 1969).

II. A matéria está expressamente regulada a propósito das sociedades comerciais. O regime destas, inserido nos artigos 36.º a 40.º do Código das Sociedades Comerciais, contém algumas regras que traduzem o afloramento de princípios gerais, com relevo para o artigo 36.º/2, que passamos a transcrever:

> Se for acordada a constituição de uma sociedade comercial, mas, antes de celebração da escritura pública, os sócios iniciarem a sua atividade, são aplicáveis às relações estabelecidas entre eles e com terceiros as disposições sobre as sociedades civis.

As sociedades civis puras representam o tipo básico: a atuação conjunta de duas ou mais pessoas, para um objetivo económico que não seja de mera fruição – artigo 980.º. Quer isto dizer que, no decurso da formação de um ato coletivo e antes de alcançada a personalidade, havendo logo uma atuação dos interessados, cai-se nesse tipo[2327]. A própria sociedade civil pura é – ou pode ser, como veremos[2328] – uma pessoa coletiva rudimentar: qualidade em que incorrem as tais sociedades em formação.

Perante associações ou fundações em formação, o problema resolver-se-á com recurso aos artigos 195.º e seguintes: associações sem personalidade jurídica e comissões especiais. Trata-se de novas hipóteses de pessoas rudimentares[2329]. Resta acrescentar que a situação das pessoas coletivas em formação permitiu, justamente, ilustrar "graduações" na personalização. Foi na base de importantes estudos provocados por esse fenómeno que se veio a alcançar a ideia de relatividade da personalidade[2330].

III. A pessoa coletiva em extinção sofre uma evolução na sua personalidade, equivalendo ao que temos vindo a designar "pessoa rudimentar".

[2327] O Código das Sociedades Comerciais, nos seus artigos 38.º, 39.º e 40.º, regula as relações das sociedades já outorgadas por escritura, mas ainda não registadas. A grande especificidade resulta da natureza ilimitada da responsabilidade dos sócios ou, pelo menos, dos que tenham participado nos negócios com os terceiros. Teremos, então, pessoas coletivas "menos" rudimentares.

[2328] *Infra*, 908 ss..

[2329] STJ 20-out.-2005 (Araújo Barros), Proc. 05B1890, considerou – e bem – de modo expresso, a fundação não reconhecida, com uma pessoa rudimentar.

[2330] Na base Rittner, *Die werdende juristische Person* (1973), já citado. Subsequentemente, intervieram Autores como Breuninger, Göckeler, Raiser e Elsing, citados *supra*, 655.

Assim, com a extinção deveria desaparecer o ente coletivo. Todavia, há que praticar os atos conservatórios e os necessários, procedendo-se, ainda, às diversas operações de liquidação – artigos 166.º/1, 184.º/1 e 194.º, do Código Civil e 146.º e seguintes, do Código das Sociedades Comerciais[2331].

A transição da personalidade para a não-personalidade não se faz de modo brusco. Há um processo, no decurso do qual o ente autónomo vai perdendo a sua existência. A personalidade rudimentar é útil para comunicar tal fenómeno.

217. Associações não reconhecidas, comissões, sociedades civis e sociedades irregulares

I. Como novas hipóteses de pessoas rudimentares surgem-nos as associações não reconhecidas, as comissões, as sociedades civis e as sociedades irregulares. Deve notar-se que as três primeiras figuras citadas têm personalidade judiciária, por via do artigo 6.º, *b*) e *c*), do Código de Processo Civil. As sociedades irregulares podem tê-la, por via da alínea *d*) do mesmo preceito e, ainda e em geral, sempre que deem azo a um património autónomo – alínea *a*). Só por aí, já haveria personalidade rudimentar. Torna-se possível ir mais longe.

II. A associação sem personalidade dispõe de um fundo comum. Embora, teoricamente, esse fundo esteja na titularidade de cada um dos associados, nenhum deles pode exigir a sua divisão – 196.º/2 – tal como nenhum credor dos associados o pode fazer excutir – *idem*. As liberalidades feitas a favor de associação, embora considerando-se feitas aos associados – 197.º/1 – acrescem ao fundo comum – 197.º/2. Quanto às comissões especiais: os fundos angariados devem ser afetos ao fim anunciado, sendo os membros da comissão pessoal e solidariamente responsáveis pela sua conservação – 200.º/1.

[2331] Este último preceito refere, no artigo 146.º/2 que a "sociedade em liquidação mantém a personalidade jurídica ..."; não se trata, porém, de uma "personalidade" idêntica (qualitativa e quantitativamente) à existente antes da extinção. Mais ilustrada assim fica a presença de uma pessoa "rudimentar".

Em suma: mesmo em termos substantivos, há um *modo coletivo* de funcionamento. Faz sentido a referência a "pessoas rudimentares"; no caso das associações "sem personalidade" e porventura: mais do que isso[2332].

III. De sociedades civis puras falar-se-á oportunamente. Antecipamos que, dependendo de certas características próprias, algumas são pessoas coletivas plenas, acolhendo-se outras à figura da personalidade rudimentar.

As sociedades irregulares, abrangendo com essa locução as sociedades comerciais que, por falha ou incompleitude genética, não tenham personalidade coletiva, caem nos artigos 36.º ou 52.º do Código das Sociedades Comerciais. Elas produzem, ainda, alguns dos efeitos próprios da personalidade, seja por remissão para as sociedades civis puras, seja por reenvio para o regime da liquidação. A personalidade rudimentar é, sempre, a figura explicativa mais geral.

218. Esferas e patrimónios de afetação

I. Finalmente, serão pessoas rudimentares as esferas jurídicas e os patrimónios de afetação, isto é: os conjuntos de direitos e de obrigações que, em vez de estarem unificados em função de uma titularidade unitária, o estejam por força da afetação que os una.

O exemplo mais claro é o da empresa, já referido a propósito da "personalidade económica". Os bens e os deveres que constituem, juridicamente, uma empresa, podem pertencer ou não ao mesmo sujeito; da mesma forma, uma única pessoa pode deter mais de uma empresa. A unificação opera, pois, via do destino produtivo unitário, numa asserção que será possível aplicar ao estabelecimento. A empresa, quando tomada em sentido subjetivo, operará como uma esfera de afetação que, não se encontrando personalizada, dá corpo a uma "pessoa rudimentar". Também o estabelecimento pode operar desse modo[2333].

II. A mesma lógica poderá funcionar perante os diversos patrimónios de afetação. Desde que, por razões pragmáticas evidentes, o Direito dirija

[2332] *Infra*, 884 ss..

[2333] *Direito comercial*, 4.ª ed. (2016), 355.

as suas normas não, individualmente, aos titulares dos bens em jogo mas aos próprios patrimónios, temos um *modo coletivo*. A personalidade rudimentar contribuirá para explicar o fenómeno[2334].

219. Monismo conceitual?

I. Ao admitirmos hipóteses de pessoas rudimentares, introduzimos, pelo menos *prima facie*, um dado quantitativo no conceito de pessoa. E assim sendo, a personalidade aproximar-se-ia da capacidade de gozo, podendo constituir, com esta, uma ideia unitária. Chega-se ao monismo conceitual, apresentado com profundidade e brilho, por Diogo Costa Gonçalves[2335], ainda que contestado por Pedro de Albuquerque[2336].

II. A ideia merece maior reflexão. Todavia, conservamos a personalidade coletiva como realidade distinta da capacidade. Valem três razões: (1) o peso histórico-cultural; (2) a dimensão técnica: a personalidade é um modo coletivo de realização do Direito, enquanto a capacidade traduz (apenas) o espaço de atuação do ente; (3) o plano significativo-ideológico, ligado à "pessoa", com consequências práticas. A diferenciação não impede relações mútuas de implicação.

III. Isto dito: os escritos de Costa Gonçalves e de Pedro de Albuquerque prenunciam o aprofundamento jurídico-científico desta temática, e da melhor forma, ao longo do nosso século XXI.

[2334] A. Barreto Menezes Cordeiro, *Do trust no Direito civil* (2014), 883-884.

[2335] Diogo Costa Gonçalves, *Pessoa coletiva e sociedades comerciais* cit., 533 ss. e *passim* e *O início da personalidade jurídica e a capacidade jurídica parcial (*Teilrechtsfähigkeit*)*, RDC 2018, 583-614.

[2336] Pedro de Albuquerque, *A vinculação das sociedades* cit., 1, 815 ss..

§ 45.º FIGURAS AFINS

220. Ideia geral; o modo coletivo imperfeito; o litisconsórcio necessário

I. A chave da personalidade coletiva reside naquilo que temos vindo a designar o *modo coletivo* de regulação jurídica. O Direito determina condutas a entidades que, não sendo humanas e individuais, nunca as poderiam acatar; todavia, tais regras são imputadas ao "ente coletivo" determinando, com isso, o funcionamento de numerosas outras regras, de tal modo que, em última análise, haverá sempre condutas de seres humanos. Quando o *modo coletivo* atinja toda a entidade considerada, teremos uma pessoa coletiva. Quando ele apenas a atinja parcialmente, falaremos, na tradição de Paulo Cunha, em pessoa rudimentar.

Encontramos, agora, uma terceira categoria: a de situações em que o Direito trata, em conjunto, realidades atinentes a várias pessoas, sem todavia, nem total nem parcialmente, o fazer como se de uma única se tratasse. Falaremos, então, em *modo coletivo imperfeito*. E as entidades daí decorrentes constituirão figuras afins às pessoas coletivas.

II. O modo coletivo imperfeito pode ser exemplificado através da figura do litisconsórcio necessário, prevista no artigo 33.º do Código de Processo Civil. Segundo esse preceito, quando, com referência a determinada situação controvertida, a lei ou o negócio jurídico exijam a intervenção de vários interessados, a ação deve ser intentada por todos eles ou contra todos eles, sob pena de ilegitimidade. O mesmo ocorre quando a intervenção de todos os interessados seja necessária para que a decisão produza o seu efeito útil normal.

Pois bem: a projeção processual das situações subjacentes exprime a ideia aqui presente: não havendo, embora, uma pessoa diferente da dos titulares envolvidos, estes apenas em conjunto podem agir: como demandantes ou como demandados. Trata-se de uma figura afim da personalidade judiciária, enquanto a realidade substantiva imanente é afim da própria personalidade coletiva.

221. A mão-comum e a comunhão

I. De entre as figuras afins da personalidade coletiva encontramos a mão-comum ou comunhão em mão-comum e a comunhão simples. Na comunhão em mão-comum, duas ou mais pessoas detêm um direito – ou um acervo de direitos – em conjunto, podendo exercer atuações restritas enquanto membros do grupo. Não podem dispor da sua "parcela" e não podem pedir a divisão da situação. Além disso, toda a sua atuação sobre a coisa passa pela mediação do grupo[2337].

II. A mão-comum, propriedade em mão-comum ou comunhão em mão-comum constitui um tema clássico de História dogmática do Direito. Apesar de algumas referências tradicionais[2338], ele veio a desenvolver-se com o pensamento nacionalista alemão[2339]. A noção era feita decorrer da primitiva propriedade comunitária germânica[2340], contrapondo-se a uma ideia menos marcada de comunhão latina[2341].

A História da mão-comum foi estudada especialmente por Buchda[2342], passando a ser de referência obrigatória. Todavia, a matéria terá sido misturada com institutos romanos[2343], surgindo, hoje, mais como um princípio

[2337] *Vide*, com indicações bibliográficas portuguesas e italianas, *Direitos Reais* (1993, *reprint*), n.º 201, II (438).

[2338] *Vide* a rec. de G. Rümelin a Scheurl, *Zur Lehre von der Teilbarkeit der Rechte. Bedeutung der Begriffsbildung und legislatorische Behandlung*, JhJb 28 (1889), 386-484 e Andreas von Tuhr, *Allgemeiner Teil des Deutschen Bürgerlichen Rechts*/I – *Allgemeine Lehre und Personenrecht* (1910, reimp., 1957), 78 ss. e 348 ss..

[2339] August Sanger, *Gemeinschaft und Rechtsteilung* (1913), 43 ss..

[2340] A qual persistiu, nalgumas manifestações, ao longo dos séculos.

[2341] Konrad Engländer, *Die regellmässige Rechtsgemeinschaft*, I – *Grundlegung* (1914), 1 ss.; este Autor estuda, depois, diversas formas de comunhão no BGB; a sua ordenação interior (ob. cit., 162 ss.) teria de ser vista caso a caso.

[2342] Gerhard Buchda, *Geschichte und Kritik der deutschen Gesamthandlehre* (1936), 15 ss. (história) e 225 ss. (crítica).

[2343] Karl Larenz, *Zur Lehre von der Rechtsgemeinschaft*, JhJb 83 (1933), 108-177 (108); cf., 176-177, um pequeno quadro da matéria.

que transparece em outras situações, como a comunhão hereditária[2344], do que como instituto autónomo[2345].

A mão-comum fica muito próxima da personalidade coletiva; não se deixa, porém, caracterizar perante o Direito vigente, a não ser aproveitando figuras dogmáticas autónomas, como a comunhão conjugal ou a própria sociedade[2346].

III. Na comunhão ou comunhão simples, duas ou mais pessoas são titulares de direitos sobre o mesmo objeto[2347], direitos esses representados por quotas. A matéria vem tratada, no Código Civil, a propósito da compropriedade – artigos 1403.º e seguintes – sendo aplicável a outras formas de comunhão – 1404.º. Embora haja direitos que só em conjunto podem ser usados (a alienação do objeto, a sua reivindicação ou a sua transformação), cada titular mantém uma individualidade, podendo alienar a sua quota ou pedir a divisão da coisa.

Na administração da coisa há que recorrer às regras da sociedade – 1407.º/1 – o que acentua uma aproximação às pessoas rudimentares.

2344 Horst Bartholomeyczik, *Das Gesamthandsprinzip beim gesetzlichen Vorkaufsrecht der Miterben*, FS Nipperdey I (1965), 145-175 (145 ss.); este Autor dá conta de que já Otto von Gierke havia formulado essa ideia.

2345 Wolfgang B. Schünemann, *Grundprobleme der Gesamthandgesellschaft* cit., 22 ss.; as diversas teorias podem ser vistas em Jürgen Blomeyer, *Die Rechtsnatur der Gesamthand*, JR 1971, 397-403 (398 ss.).

2346 Werner Flume, *Gesellschaft und Gesamthand*, ZHR 136 (1972), 177-207 (184 e 190).

2347 Trata-se de explicação mais atual; há, todavia, outras construções; cf. os nossos *Direitos Reais* cit., n.º 201, III, com bibliografia nacional e estrangeira.

SECÇÃO III

CLASSIFICAÇÕES DE PESSOAS COLETIVAS

§ 46.º CRITÉRIOS DE CLASSIFICAÇÃO

222. Pólos, classificações e tipologias

I. As pessoas coletivas obedecem a regras que, dentro de certos limites, ditam a sua conformação interna, o seu modo de atuar e o universo da sua atuação. Não obstante essas limitações, elas podem desenvolver as mais diversas atuações humanas, dando corpo a variadas técnicas de atuação. A Organização das Nações Unidas, os diversos Estados ou uma pequena sociedade de amigos: todos são pessoas coletivas tendo em comum, apenas, um traço negativo: o de não serem seres humanos.

Nestas condições, compreende-se o especial interesse que, para o conhecimento e a análise da matéria, têm as classificações.

II. Temos, todavia, de contar com um óbice importante. As classificações operam por *genus proximum* e *differentia specifica*, o que implica, pelo menos: que as diversas espécies de pessoas coletivas caibam num mesmo género e que seja possível destrinçá-las em função de critérios uniformes. Em boa verdade, deve reconhecer-se que, no campo das pessoas coletivas, é possível avançar mais longe, nesse domínio, do que no campo da generalidade dos institutos jurídico-civilísticos. Trata-se, efetivamente, de um instituto sistematicamente jusracionalista. Como tal, ele comporta um manuseio de tipo lógico-formal.

As possibilidades de classificações lógicas não são totais[2348]. As pessoas coletivas têm, ao longo da História, conhecido desenvolvimentos assi-

[2348] Já Guilherme Moreira, *Instituições* cit., 1, 282, se queixava da falta de "nitidez e precisão" que enformava esta matéria das classificações.

métricos. Podemos considerar que elas evoluíram em torno de determinados pólos, ao sabor de problemas concretos. Apenas *a posteriori* surgiram ordenações sistemáticas e cúpulas explicativas.

III. Um pólo de desenvolvimento autónomo é constituído pelas sociedades comerciais e, dentro destas, pela sua matriz: as sociedades anónimas[2349]. Boa parte das regras atinentes ao funcionamento interno das pessoas coletivas, com relevo para as técnicas de funcionamento das assembleias e para a validade e eficácia das deliberações e que hoje pertence às diversas pessoas de base associativa, foi aperfeiçoada a propósito das sociedades anónimas. Outro tanto seria possível dizer a propósito da fiscalização e das firmas e denominações. Um segundo pólo, de base contratual, adveio das sociedades civis, mais precisamente do contrato de sociedade. O papel da vontade das partes é, aí, aperfeiçoado. Um terceiro, de cariz institucional, vem nos das associações. Deparamos, desta feita, com coletividades ao serviço de fins que transcendem os interesses dos associados mas que, não obstante, repousam neles.

O Direito das pessoas coletivas apresenta-se, a esta luz, como uma síntese complexa de problemas e soluções tecidas na periferia e que as categorias do jusracionalismo procuram reduzir.

IV. As classificações intervêm nesse mosaico de regras e de entidades, procurando ordená-las em função de uma lógica exterior. A seu lado, devemos contar com tipologias: estas não classificam; antes ordenam as diversas entidades, em função das características mais marcantes que as animem.

Por exemplo, poderemos classificar as pessoas coletivas de tipo associativo em associações e sociedades, consoante tenham ou não fim lucrativo[2350]. Mas as diversas formas de sociedades já não obedecem a critérios únicos: antes surgem como uma tipologia ou justaposição de tipos, distintos entre si por uma série, de resto variável, de características.

[2349] O nosso *Da responsabilidade civil dos administradores* cit., § 5.º.

[2350] O que nem é rigoroso, uma vez que as associações podem ter fins lucrativos, enquanto as sociedades podem ser usadas sem esse fim; fala-se, já aqui, apenas de configurações "típicas".

223. Pessoas coletivas públicas e privadas

I. Uma primeira classificação separa as pessoas coletivas em públicas e privadas. Trata-se, apesar da sua aparente simplicidade, de uma contraposição que está, ainda, por esclarecer, particularmente no Direito português[2351]: uma sucessão de experiências de publicização e de privatização, sem projetos unitários, torna a panorâmica portuguesa das mais complicadas.

A discussão começa, logo, pela terminologia: deve dizer-se pessoa coletiva pública, ou de Direito público e privada, ou de Direito privado? A tradição de Guilherme Moreira[2352], reclamada por Marcello Caetano[2353], era a de pessoas coletivas de Direito público e de Direito privado. Segundo este último publicista, a expressão simplificada "pessoa coletiva pública" ou "privada" teria advindo para o Código Civil por via do (mau) exemplo do Código Civil italiano[2354].

No entanto, temos de situar as noções no tempo em que operam. No princípio do séc. XX, tudo era mais claro: certas pessoas coletivas eram criadas pelo Estado, tinham poderes de autoridade e regiam-se pelo Direito público; outras provinham da iniciativa privada, guiavam-se pela igualdade e obedeciam ao Direito privado. A designação de Guilherme Moreira era correta. Todavia, no último quartel do séc. XX, o Estado viu recorrer, cada vez mais, ao Direito privado, criando empresas públicas (que se regem pelo

[2351] Luís Carvalho Fernandes, *Teoria geral* cit., 1, 6.ª ed., 458.

[2352] Guilherme Moreira, *Instituições* cit., 1, 284.

[2353] Marcello Caetano, *Manual de Direito administrativo*, 1, 10.ª ed. (1973), n.º 83 (181).

[2354] P. ex., o artigo 501.º, do Código Civil, refere o "Estado e demais pessoas coletivas públicas". No anteprojeto de Vaz Serra, *Direito das obrigações*, sep. BMJ (1960), 618, artigo 751.º, falava-se em "do Estado ou de qualquer outra corporação de direito público"; na 2.ª revisão ministerial, ocorre a expressão "do Estado ou de qualquer entidade pública"; a expressão final aparece no projeto, sem explicações – cf., quanto a esta evolução preparatória que bem denota a instabilidade subjacente, Rodrigues Bastos, *Direito das obrigações* II (1972), 137-139 – equivalendo ao italiano *persone giuridiche pubbliche*, presente, p. ex., no artigo 11 do *Codice Civile*. Mas se o seguidismo de 1966 merece crítica, a evolução subsequente a 1974 tornaria a expressão "pessoas públicas" ou "privadas" mais adequada, como explicamos no texto. Tal expressão tinha, de resto, curso na nossa literatura, antes do aparecimento do Código italiano; p. ex., Cunha Gonçalves, *Tratado de Direito civil*, 1 (1929), 756 ss., que também usa ocasionalmente "pessoas de direito público" e de "direito privado".

Direito privado) e, por fim, puras sociedades comerciais, ainda que de capital predominante ou totalmente público. E vemos, ainda, o Estado a delegar funções e poderes em entidades privadas.

A partir daí, pessoas coletivas "de Direito público" ou "de Direito privado" perdem nitidez, embora mantenham o relevo que abaixo será referido. Optaremos, pois, por pessoas coletivas públicas e privadas – em consonância, aliás, com a moderna linguagem publicista e privatista[2355].

II. No tocante à distinção entre pessoas coletivas públicas e privadas, é possível reeditar o debate tecido em torno da própria distinção do Direito em público e privado, complementada com outros elementos. Encontramos algumas doutrinas, que passamos a recordar:

– *teoria do fim ou do interesse prosseguido*: as pessoas coletivas públicas prosseguiriam fins ou interesses públicos, interessando-se as pessoas coletivas privadas pelos privados[2356]; todavia, para além das dificuldades em dogmatizar o "interesse", parece hoje adquirido que se podem prosseguir interesses públicos com técnicas e entidades indiscutivelmente privadas[2357], enquanto certos entes públicos (regidos pelo Direito público!) defendem interesses privados, assumida e legalmente;

– *teoria da titularidade de poderes de autoridade*: as pessoas coletivas públicas teriam *ius imperii*, podendo praticar atos de autoridade, só discutíveis *a posteriori*, enquanto as privadas se moveriam no âmbito igualitário do Direito privado[2358]; esta distinção é básica, para distinguir regras e disciplinas jurídicas; todavia, ela não é operacional perante pessoas coletivas: há-as públicas, que

[2355] Diogo Freitas do Amaral, *Curso de Direito administrativo*, 1, 4.ª ed. (2015), 615 ss. e Carvalho Fernandes, *Teoria geral* cit., 1, 6.ª ed., 458-459.

[2356] Propugnada por Cabral de Moncada, *Lições de Direito civil* cit., 1, 3.ª ed., 383 = 4.ª ed. póstuma, 326-327. Era a orientação já subjacente a Guilherme Moreira, *Instituições* cit., 1, 284, tendo sido reanimada por Marcelo Rebelo de Sousa, *Lições de Direito administrativo*, vol. 1.º (1999), 145 ss., como ponto de partida.

[2357] Assim sucede, no próprio Código Civil, com as fundações: conquanto que privadas, elas só são reconhecidas se o seu fim for considerado de "interesse social", pela entidade competente – 188.º/1.

[2358] Propugnada por: Cunha Gonçalves, *Tratado* cit., 1, 759-761, apoiando-se em Jellinek, em Ferrara e em Hauriou; Manuel de Andrade, *Teoria geral* cit., 1, 72, com várias prevenções; Mota Pinto, *Teoria geral* cit., 4.ª ed., 284-285, em termos similares.

apenas recorrem ao Direito privado, enquanto certas pessoas privadas veem-se investidas em poderes de autoridade;

– *teoria da integração*: as pessoas coletivas públicas integrar-se-iam na organização do Estado, ao contrário das privadas[2359]; trata-se de uma orientação que faz apelo ao sistema: nesse sentido, ela é metodologicamente mais avançada; todavia, a grande confusão reinante após as nacionalizações impede integrações sistemáticas coerentes[2360]; digamos, assim, que a inserção na organização do Estado corresponde a uma realidade importante e com consequências: a integração no sector público; o pré-entendimento da matéria em análise leva-nos, porém, mais longe: na organização do Estado atuam entes públicos e privados, pelo que deveremos procurar, alhures, o critério de distinção;

– *teoria da iniciativa*: as pessoas coletivas públicas seriam criadas pelo Estado, enquanto as privadas proviriam da iniciativa privada[2361]: todavia, o Estado cria, com frequência, sociedades anónimas por Decreto-Lei[2362], como exemplo;

– *teoria do regime*: as pessoas coletivas públicas subordinar-se-iam a um regime específico que incluiria a sua sujeição geral ao Direito público, a competência dos tribunais administrativos, um estatuto tributário específico e um regime particular das relações de trabalho[2363]; tudo isto se poderia sintetizar em torno do primeiro termo: "sujeição geral ao Direito público"; todavia, a multiplicação de híbridos e a tendência atual para remeter certos entes públicos para

[2359] Referida por Castro Mendes, *Teoria geral*, 1 (1978), 263; na ed. de 1967, Castro Mendes, *Teoria geral* cit., 1, 298, aderiu ao esquema de Marcello Caetano: constituição por lei, interesse público e poderes de autoridade.

[2360] P. ex., mercê da nacionalização de certas empresas de transportes, por via indireta, algumas sociedades de táxis, pouco significativas, vieram cair no sector público. Considerá-las "pessoas coletivas públicas" seria cientificamente insatisfatório.

[2361] O critério consta de Freitas do Amaral, *Curso de Direito administrativo* cit., 619, embora, segundo esse Autor, seja apenas um dos elementos a ter em conta.

[2362] Algumas dessas sociedades anónimas têm as suas ações sob exclusiva titularidade do Estado – caso, p. ex., da Caixa Geral de Depósitos, SA, cujos estatutos foram aprovados pelo Decreto-Lei n.º 287/93, de 20 de agosto, sendo depois modificados por deliberação da assembleia geral – enquanto outras estão, hoje, sob total controlo privado – caso, p. ex., da BRISA.

[2363] Trata-se da bem apoiada orientação de Carvalho Fernandes, *Teoria geral* cit., 1, 6.ª ed., 466 ss.

o foro comum, para a tributação geral e para o contrato individual de trabalho, acabam por acantonar esta orientação nos "poderes de autoridade";

- *teorias negativistas ou agnósticas*: perante a complexidade da matéria, recusam-se a tomar posição ou declaram inviável fazer uma distinção[2364]; mas não: a dificuldade da matéria não isenta de esforços o estudioso; além disso, não é credível que o Direito civil, particularmente em sede de Parte geral, nada tenha para dizer.

III. O grande problema que, há mais de um século, dificulta a distinção, aparentemente primária e elementar, entre pessoas coletivas públicas e privadas, advém do facto de, sob essa designação, se encobrirem classificações distintas[2365]. Desde logo, as seguintes:

- a que distingue as pessoas coletivas consoante tenham ou não poderes de autoridade; às primeiras poderíamos chamar "de Direito público", com uma reserva: o "Direito público" poderá limitar-se à parcela em que os tais poderes de autoridade lhe tenham sido atribuídos e sejam exercidos;
- a que distingue as pessoas coletivas em função da titularidade do investimento que representem: nuns casos, o capital provém do Estado; noutros, da iniciativa privada; esta classificação distingue, afinal, um sector público caracterizado pela natureza pública dos fundos: tem um grande interesse, por justificar a fiscalização pública de tais dinheiros, com relevo para a jurisdição do Tribunal de Contas[2366];

2364 Tais as escolhas de Armando Marques Guedes, *A concessão*, 1 (1954), 137 ss. ("... a mesma pessoa pode simultaneamente ser de direito público e de direito privado"), de Sérvulo Correia, *Natureza jurídica dos organismos corporativos*, ESC II (1963) 8, 9-25 (19 ss.) e de Oliveira Ascensão, *Teoria geral*, 1.º, 2.ª ed. cit., 225.

2365 No parecer da PGR n.º 160/2004, de 29-set.-2005 (Paulo Oliveira e Sá), DR II Série n.º 198, de 14-out.-2005, 14739-14749, e um tanto à imagem de alguma doutrina italiana – p. ex., Francesca Loffredo, *Le persone giuridiche* cit., 15-16 –, intentou-se uma justaposição dos critérios: a identificação de uma pessoa coletiva pública ou privada adviria da análise casuística da sua finalidade, do modo de criação, da titularidade de poderes de autoridade, da sua integração e da verificação se predominam ou não atributos administrativos. O problema surge, porém, quando estes elementos apontem para direções contrárias.

2366 *Direito bancário*, 6.ª ed., 1033.

– o que distingue as pessoas coletivas em função da sua configuração jurídica: as sociedades, as cooperativas, as associações (de Direito civil), as fundações (também de Direito civil) e outras entidades equivalentes a associações e aprovadas por diplomas extravagantes são privadas; as restantes entidades são públicas.

Retemos esta última: a ela cabe *iure proprio*, a designação pessoas públicas/pessoas privadas.

IV. Como ponto de partida, não podemos pedir, a uma classificação, mais do que ela nos poderá dar. A contraposição entre pessoas coletivas públicas e privadas não é a chave de todo o regime subsequente: para tanto, teremos de fazer intervir muitas outras variáveis. Dá-nos, todavia, uma orientação útil, no universo das pessoas coletivas.

Muitas vezes, a doutrina parte, neste problema, das pessoas coletivas públicas: apuradas as características destas, cair-se-ia, por defeito, nas privadas. Supomos, no entanto, que a orientação deve ser a inversa. Nas pessoas coletivas vigora um princípio de tipicidade, abaixo examinado[2367]. Quer isso dizer que se torna possível indicar, de modo exaustivo, as diversas pessoas coletivas existentes. Essa tarefa é mais fácil no Direito privado: aí, por força da iniciativa privada, os particulares acolhem-se às leis, reconduzindo-lhes as figuras que criem. Já o Estado, dotado de poder legislativo, tem vindo a dar azo às mais diversas situações, sem um figurino claro. Poderemos, então, sufragar um critério jurídico-cultural: são privadas as pessoas coletivas que se rejam pelo Direito civil ou comercial, assumindo a forma de sociedades comerciais, de cooperativas, de associações, de fundações ou de sociedades civis e, ainda, de outras figuras, plenas ou rudimentares, que ocorram em sectores civis ou comerciais extravagantes. As restantes, são públicas.

As pessoas coletivas públicas podem reger-se, em parte ou totalmente, pelo Direito privado: tal o caso paradigmático das empresas públicas, irredutíveis às categorias privadas tradicionais.

V. As pessoas coletivas públicas são passíveis de múltiplas classificações[2368]. Em primeiro lugar, surgem pessoas coletivas de população e terri-

[2367] *Infra*, 689 ss..

[2368] *Vide* Carvalho Fernandes, *Teoria geral* cit., 1, 6.ª ed., 472 e ss., Freitas do Amaral, *Curso de Direito administrativo* cit., 1, 620 ss. e Marcelo Rebelo de Sousa, *Lições de*

tório: o Estado português, as regiões autónomas e as diversas autarquias. De seguida, pessoas coletivas de tipo fundacionalista ou institucional: institutos públicos, fundações públicas, serviços e estabelecimentos públicos personalizados e empresas públicas. Por fim, pessoas coletivas de tipo associativo e, fundamentalmente, as associações públicas, de que as ordens profissionais são o mais conhecido exemplo[2369].

224. Pessoas coletivas de utilidade pública

I. Algumas pessoas coletivas, designadamente de tipo associativo, prosseguem fins de interesse público, que deveriam – ou poderiam – ser cometidos ao Estado. O Direito reconhece essa possibilidade. E assim, sem prejuízo para a sua natureza de pessoas privadas, é-lhes dispensado um estatuto dito "de utilidade pública", com consequências no seu regime.

O "estatuto das coletividades de utilidade pública" consta do Decreto-Lei n.º 460/77, de 7 de novembro[2370]. São consideradas "pessoas coletivas de utilidade pública" as (...) associações ou fundações que prossigam fins de interesse geral, ou da comunidade nacional ou de qualquer região ou circunscrição, cooperando com a Administração Central ou administração local, em termos de merecerem da parte desta administração a declaração de "utilidade pública" – artigo 1.º/1. Segundo o n.º 2, as pessoas de "utilidade pública administrativa" eram também consideradas de utilidade pública.

A utilidade pública exigia que não houvesse limitações de associados contrárias ao artigo 13.º/2 da Constituição e a consciência ativa de utilidade pública. De todo o modo, a qualidade de utilidade pública dependia de declaração do Governo – artigo 3.º.

A utilidade pública dava azo a certas regalias – artigo 10.º – e a benefícios fiscais, hoje constantes da Lei n.º 151/99, de 14 de setembro.

Direito administrativo cit., 1, 150 ss.. No tocante ao Estado e como obra de referência, que traça o desenvolvimento histórico-dogmático desde o início do século XIX, com inúmeras indicações, cf. Henning Uhlenbrock, *Der Staat als juristische Person/Dogmengeschichtliche Untersuchung zu einem Grundbegriff der deutschen Staatsrechtslehre* (2000).

2369 Para as competentes referências legislativas *vide Direito comercial*, 4.ª ed., 283.

2370 O Despacho Normativo n.º 147/82, de 16 de julho, veio "esclarecer dúvidas" sobre algumas das disposições desse diploma. O Decreto-Lei n.º 460/77, de 7 de novembro, foi diversas vezes alterado e, por último, pelo Decreto-Lei n.º 391/2007, de 13 de dezembro, que o republicou em anexo.

A utilidade pública cessaria com a extinção da pessoa coletiva ou por decisão da entidade competente para a declarar, quando deixassem de se verificar os seus pressupostos – artigo 13.º/3.

II. Vários ramos de atividade justificam o aparecimento de "utilidades públicas" específicas. Assim, temos:

– a utilidade turística, regulada pelo Decreto-Lei n.º 423/83, de 5 de dezembro, com as alterações introduzidas pelo Decreto-Lei n.º 38/94, de 8 de fevereiro, pelo Decreto-Lei n.º 141/2007, de 27 de abril e pela Lei n.º 71/2018, de 31 de dezembro;
– a utilidade pública desportiva, prevista no Decreto-Lei n.º 248-B/ /2008, de 31 de dezembro, por último (neste momento), alterado e republicado pelo Decreto-Lei n.º 93/2014, de 23 de junho e de novo modificada pela Lei n.º 101/2017, de 28 de agosto.

III. Encontramos, de seguida, a categoria das instituições privadas de solidariedade social, reguladas pelo Decreto-Lei n.º 119/83, de 25 de fevereiro, alterado, em especial, pelo Decreto-Lei n.º 12-A/2014, de 14 de novembro, que o republicou em anexo e, depois disso, pela Lei n.º 76/2015, de 28 de julho. Esse Decreto-Lei foi complementado pelo Decreto-Lei n.º 347/81, de 22 de dezembro, relativo a associações de socorros mútuos[2371].

O Direito português vigente prevê, depois, numerosas categorias de associações – de estudantes, de pais, de mulheres ou de deficientes, como exemplos – a que dispensa um tratamento diferenciado.

Tudo isto demonstra que, no Direito atual, o interesse coletivo é prosseguido com recurso às técnicas privatísticas.

225. Pessoas coletivas nacionais, estrangeiras, internacionais e comunitárias

I. As pessoas coletivas são consideradas nacionais quando tenham a sua sede principal e efetiva em território português – artigos 33.º/1 do Código Civil e 3.º/1.º do Código das Sociedades Comerciais. Quando isso não suceda, as pessoas coletivas haver-se-ão como estrangeiras.

[2371] Ret. no DR I Série, n.º 173, de 11-nov.-1982, 2252.

Este regime permite às pessoas coletivas apresentar uma sede estatutária que não corresponda à "principal e efetiva". Visando proteger a confiança de terceiros, a sociedade que tenha a sua sede estatutária em Portugal, não pode opor a terceiros a sua sujeição a uma lei diferente da portuguesa – artigo 3.º/1, 2.ª parte, do Código das Sociedades Comerciais[2372].

II. As pessoas coletivas dizem-se internacionais sempre que retirem a sua personalidade de fontes internacionais, *maxime* de tratados ou convenções internacionais[2373]. Em regra, as pessoas coletivas internacionais – ditas, normalmente, "organizações internacionais" – estão vocacionadas para atuar em diversos Estados. Mas não necessariamente: a sua especificidade reside na fonte e não, propriamente, no campo de atuação.

Às pessoas coletivas internacionais haverá que aplicar, sucessivamente, o seu estatuto e o Direito internacional comum. Para questões surgidas em território nacional, haverá que, subsidiariamente, contar com o Direito civil interno.

III. As pessoas coletivas comunitárias retiram a sua personalidade de fontes do Direito europeu. Para além da própria União, damos o exemplo do Banco Central Europeu. O Protocolo relativo aos Estatutos do Sistema Europeu de Bancos Centrais e do Banco Central Europeu[2374] atribui-lhe, no seu artigo 9.º/1, personalidade jurídica, acrescentando que ele "... goza, em cada um dos Estados membros, da mais ampla capacidade jurídica reconhecida às pessoas coletivas pelas legislações nacionais, podendo, designadamente, adquirir ou alienar bens móveis e imóveis e estar em juízo".

226. **Pessoas coletivas associativas e fundacionais**

I. A contraposição entre pessoas coletivas associativas (também ditas de base associativa, de base corporacional ou corporações) e pessoas coletivas fundacionais (também ditas fundações, de base fundacional, de base institucional ou instituições) remonta aos canonistas e foi aperfei-

2372 *Direito das sociedades*, 1, 3.ª ed., 206-207.

2373 *Vide* o artigo 34.º do Código Civil.

2374 DR I Série-A, n.º 300, de 30-dez.-1992, 6026(54)-6026(63).

çoada por Savigny[2375]. Ela assume um relevo estrutural e tem a ver com o substrato que a anime ou – caso não tenha ainda substrato – que se destine a comportar.

Na pessoa coletiva associativa, o substrato é constituído por uma agremiação de pessoas, que juntam os seus esforços para um objetivo comum. Na fundacional, o substrato redunda num valor ou num acervo de bens, que potenciará a atuação da pessoa considerada. Os exemplos mais restritos serão constituídos pelas associações e pelas fundações civis – artigos 167.º e seguintes e 185.º e seguintes, respetivamente.

II. Deve ficar claro – e isso quer se queira, quer não – que a contraposição anunciada, conquanto que, à partida, estrutural, se encontra, hoje, formalizada. Podemos localizar pessoas coletivas que mais não traduzam do que acervos objetivos personalizados e que, todavia, não sigam a forma fundacional, mas antes a associativa: tal o caso das sociedades unipessoais – artigos 270.º-A e seguintes do Código das Sociedades Comerciais – e o das sociedades anónimas de capitais exclusivamente públicos – p. ex., a Caixa Geral de Depósitos.

Estas distorções explicam-se por duas ordens de ideias:

- pelo arcaísmo do regime atual relativo a fundações e que impede que estas tenham fins diretamente lucrativos;
- pela impressividade de tipo ideológico e de mercado que assume a referência a "sociedades" e que leva à adoção, por puras razões de designação, da correspondente forma.

III. A contraposição entre pessoas associativas e fundacionais pode ser seguida entre as pessoas coletivas públicas. Uma associação pública é, naturalmente, uma pessoa coletiva de tipo associativo, enquanto um instituto público ou uma empresa pública assumem natureza fundacional. Já as denominadas pessoas coletivas de população e território assumiram uma natureza mista.

[2375] Savigny, *System* cit., 2, § 86 (243 e 244).

227. **Pessoas coletivas com e sem fins lucrativos**

I. As pessoas coletivas propõem-se desenvolver determinadas atividades, com um objetivo geral. Quando tal objetivo se analise na busca de lucros, a pessoa coletiva tem fins lucrativos e, tendo base associativa, surge como sociedade. Quando não assuma tal fim lucrativo, será uma associação ou, não tendo natureza associativa, uma fundação.

No fundo, esta contraposição permitiria isolar as sociedades das restantes pessoas coletivas: apenas elas teriam, como objetivo geral, a procura de lucro.

II. Estas categorias estão hoje francamente ultrapassadas: apenas sobrevivem devido à sua formalização.

Começando pelas sociedades: nada impede que uma função puramente benemérita seja desenvolvida por uma sociedade (comercial, civil sob forma comercial ou civil pura) especialmente congeminada para esse fim: trata-se de uma questão de mercado ou de técnica de gestão.

Quanto às pessoas ditas sem fins lucrativos: é sempre desejável que elas disponham de rendimentos próprios, normalmente obtidos através de atuações lucrativas. Nessa altura, o seu objetivo geral poderá ser lucrativo, ainda que afetando os lucros a fins beneméritos[2376].

O fim lucrativo ou não lucrativo não dita, pois, de modo fatal, a posição assumida pela pessoa coletiva em jogo. Isso não obsta a que, de facto, as associações tenham um perfil "solto", perante o das sociedades; aí, a busca oficializada do lucro leva a prever esquemas de fiscalização mais marcados e uma tutela especial para minorias, que não é requerida nas associações.

À medida que se acentua o relevo económico, direto ou indireto, de associações e fundações, estas têm vindo a dotar-se de esquemas de acompanhamento, de consulta e de fiscalização semelhantes aos das sociedades.

228. **Pessoas coletivas comuns e especiais**

I. A contraposição entre pessoas coletivas comuns e especiais tem um sentido relativo. À partida, a pessoa coletiva comum rege-se pelo regime

[2376] Quanto à prática de atos de comércio e às qualidades de "comerciante", *Direito comercial*, 4.ª ed., 207 ss. e 256 ss., com indicações.

mais genérico, disponível na ordem jurídica considerada. As pessoas coletivas especiais dependem de regras diferenciadas, particularmente previstas para a categoria que elas integrem. Assim, será comum a associação que se reja, de modo direto, pelo Código Civil; será especial, por exemplo, a associação de estudantes que, além do Código em causa, se irá reger pela legislação específica relativa a associações de estudantes.

II. Infere-se de quanto foi dito que uma mesma pessoa coletiva possa ser "comum" ou "especial", consoante o ângulo por que seja abordada. Por exemplo, uma sociedade anónima será especial perante uma sociedade civil, mas comum perante uma instituição de crédito que, por lei, deverá assumir a forma de sociedade anónima, sujeitando-se, contudo, a regras específicas bancárias.

III. A ordenação das pessoas coletivas em séries, de acordo com relações de tipo comum/especial, tem utilidade: permite, quando faltem normas vocacionadas para regular a pessoa "especial", fazer apelo subsidiário às regras comuns.

Tendencialmente, a base é constituída pelo Direito civil: Direito comum perante a generalidade das outras regulações.

§ 47.º TIPOLOGIA DE PESSOAS COLETIVAS PRIVADAS

229. A tipicidade

I. Uma pessoa coletiva, ainda que por obra artificial do Direito, representa um centro autónomo de imputação de normas jurídicas. Nessa qualidade, tem direitos e assume deveres, podendo praticar diversos atos jurídicos – tendencialmente: todos os que se mostrarem convenientes para a prossecução dos seus fins e que a lei não proíba, como veremos. Além disso, a pessoa coletiva é protegida: como pessoa, dispondo de um círculo de direitos de personalidade e como sujeito de direitos, com o seu património. No tráfego jurídico, qualquer operador pode provocar-lhe danos, incorrendo nas competentes indemnizações. A esta luz, a pessoa coletiva representa, de certa forma, um escolho com o qual podem ser confrontados terceiros estranhos. Por outro lado, as pessoas que, porventura, venham diretamente a contactar com ela, têm todo o interesse em conhecer a sua configuração e o quadro geral em que ela poderá ser responsabilizada.

II. Para evitar surpresas e acautelar os interesses dos diversos operadores jurídicos, o Direito determina, em abstrato, as formas que as pessoas coletivas podem assumir. Tais formas são especialmente aplicáveis aos particulares quando, ao abrigo das suas liberdades de associação, de iniciativa económica ou de contratação, constituam pessoas coletivas: eles deverão escolher um dos sistemas disponibilizados pela lei. O Estado, quando constitua pessoas coletivas por diploma legal – por lei ou por decreto-lei – escapará à necessidade de adotar formas preestabelecidas. Mas como, para tanto, recorre a uma lei formal, fica assegurada a publicidade do ente coletivo assim criado.

III. Fala-se em tipicidade das pessoas coletivas, particularmente das privadas, para designar o princípio segundo o qual elas devem obedecer a uma das formas – dos "tipos" – previstas na lei[2377]. Os tipos legais de pessoas coletivas contêm os aspetos fundamentais do ente considerado e, designadamente:

– os órgãos essenciais;
– o modo de representação;
– o regime de responsabilidade por dívidas;
– os elementos que devam, necessariamente, constar dos estatutos.

O tipo não tem, necessariamente, de ser referenciado, como tal, pela própria lei, sendo dotado de *nomen iuris*: apenas se exige que a lei o preveja. A sua identificação e, eventualmente, a nominação, competem ao intérprete aplicador.

IV. A tipicidade aqui em causa não é fechada, no sentido de dever conter, de modo exaustivo, todos os elementos atinentes ao tipo considerado[2378]. Terá, no entanto, de compor contornos mínimos, sob pena de facultar às pessoas interessadas a constituição das mais díspares e inesperadas figuras.

V. Consequência prática da tipicidade que domina o Direito das pessoas coletivas é a existência de um *numerus clausus* de figuras relevantes. Como todos os tipos de pessoas coletivas constam da lei, é possível identificá-los e seriá-los: uma operação impossível se dominasse um puro princípio de liberdade dos interessados.

Uma segunda consequência é a impossibilidade de, por analogia, construir novos tipos de pessoas coletivas. Na verdade, o recurso à analogia sempre pressuporia a existência de uma lacuna. Ora, numa área normativa dominada por um princípio de tipicidade, não há lacunas: perante uma figura controversa, ou ela cai nalgum dos tipos legais – e ele disporá de lei diretamente aplicável – ou não cai e, nessa altura, não assume relevância para a série considerada: não é pessoa coletiva, não reclamando, por isso, qualquer regime que a conduza à personalização.

[2377] Wolf/Neuner, *Allgemeiner Teil* cit., 11.ª ed., § 16, Nr. 3 (164); a regra da tipicidade é considerada conforme com o princípio constitucional da liberdade de associação.

[2378] Quanto à categoria, Oliveira Ascensão, *A tipicidade dos direitos reais* (1968), 304 ss..

VI. Esta inviabilidade da analogia não transforma as normas relativas a pessoas coletivas em normas excecionais. A personalidade coletiva – ao contrário, como temos repetido, das posições clássicas de Savigny – constitui um instituto perfeitamente integrado na lógica do nosso sistema jurídico. As inerentes normas – salvo quando intrinsecamente excecionais – vão ao encontro das valorações de ordem mais geral que animam o ordenamento. Verificados os competentes pressupostos, elas têm aplicação analógica. Em todo o caso, deve ser ressalvado o sistema de fontes específico das sociedades comerciais[2379].

230. **Associações, fundações e sociedades civis**

I. No Direito civil, a trilogia clássica de pessoas coletivas – salvo o que adiante se dirá sobre as sociedades – é constituída pelas associações, pelas fundações e pelas sociedades civis – artigos 166.º e seguintes, 185.º e seguintes e 980.º e seguintes.

Deve esclarecer-se que não se trata de qualquer classificação: antes e tão-só de um alinhamento de tipos[2380]. As associações e as fundações ainda poderiam ser tomadas como uma classificação básica de pessoas coletivas, atinente à sua estrutura ou ao seu substrato. As sociedades obedecem já a um critério diverso – a apregoada natureza lucrativa – mas, sobretudo, a uma tradição muito distinta e mais antiga: a *societas*.

II. As associações dão corpo a uma manifestação civil básica do princípio da liberdade de associação, a que teremos a oportunidade de regressar. As fundações têm o sentido de entregas em vida ou de deixas por morte do interessado. Elas equivalem a uma reconstrução liberal das antigas deixas pias, a conventos ou a congregações religiosas. Finalmente, as sociedades correspondem ao produto da celebração de contratos de sociedade, podendo apresentar formas muito multifacetadas.

III. A matéria das pessoas coletivas não obteve uma regulação sistemática unitária, no Código Civil. O relegar das sociedades para o capítulo

[2379] *Direito das sociedades*, 1, 3.ª ed., 271 ss..

[2380] Schünemann, *Grundprobleme der Gesamthandgesellschaft* cit., 19, fala em "posições polares" da sociedade e da associação.

dos contratos em especial – artigo 980.º, do Código Civil – é sintomático. De resto, essa situação é comum aos códigos civis dotados de parte geral – como sucede com o BGB alemão – mas com a agravante de, no Direito civil português, as sociedades civis puras poderem ter personalidade jurídica.

231. Sociedades comerciais: cooperativas

I. As sociedades comerciais dão, hoje, lugar a um ramo diferenciado do Direito: o Direito das sociedades comerciais[2381].

Segundo o artigo 1.º/2 do Código das Sociedades Comerciais, são sociedades comerciais:

> (...) aquelas que tenham por objeto a prática de atos de comércio e adotem o tipo de sociedade em nome coletivo, de sociedade por quotas, de sociedade anónima, de sociedade em comandita simples ou de sociedade em comandita por ações.

Aparentemente, teríamos aqui dois elementos, necessários para determinar a presença de uma sociedade comercial: a prática de atos de comércio ou elemento material e a adoção de determinado tipo societário ou elemento formal. Todavia, a entidade que adote a forma de sociedade comercial mas tenha, como objeto exclusivo, a prática de atos não-comerciais, rege-se igualmente pelo Código das Sociedades Comerciais – artigo 1.º/4, deste diploma. O Direito das sociedades comerciais está, assim, formalizado: ele aplica-se a todas as sociedades que assumam forma comercial.

Tais sociedades poderão ser comerciais puras ou, simplesmente, comerciais, quando visem a prática de atos de comércio; serão sociedades civis sob forma comercial, na hipótese inversa.

II. O acima transcrito artigo 1.º/2 do Código das Sociedades Comerciais enumera os diversos tipos de sociedades que ele próprio regula. Normalmente, a destrinça é feita de acordo com um critério de responsabilidade por dívidas, facilmente percetível pela firma da sociedade.

[2381] *Direito das sociedades*, 1, 3.ª ed., 45 ss..

O Código das Sociedades Comerciais prevê os seguintes tipos de sociedades:

- sociedade em nome coletivo: o sócio responde individualmente pela sua entrada e, ainda, pelas obrigações sociais subsidiariamente em relação à sociedade e solidariamente com os outros sócios – artigo 175.º/1; a sua firma, quando não individualize todos os sócios, deve conter, pelo menos, o nome ou firma de um deles, com o aditamento, abreviado ou por extenso, "e Companhia" ou qualquer um que indique a existência de outros sócios – 177.º/1;
- sociedade por quotas: o capital está dividido em quotas e os sócios são solidariamente responsáveis por todas as entradas convencionadas no contrato – artigo 197.º/1; a firma poderá ter uma composição variada mas, em qualquer caso, concluirá pela palavra "limitada" ou pela abreviatura "Lda." – 200.º/1;
- sociedade anónima: o capital é dividido em ações e cada sócio limita a sua responsabilidade ao valor das ações que subscreveu – 271.º; a firma, de composição variada, concluirá com a expressão "sociedade anónima" ou pela abreviatura "S.A." – 275.º/1;
- sociedade em comandita: tem dois tipos de sócios: os sócios comanditários, que respondem apenas pela sua entrada e os sócios comanditados, que respondem nos mesmos termos dos sócios em nome coletivo; na comandita simples não há representação do capital por ações; na comandita por ações, só as participações dos sócios comanditários são representadas por ações – artigo 465.º.

O Decreto-Lei n.º 257/96, de 31 de dezembro, introduziu, no Código das Sociedades Comerciais, a figura das sociedades unipessoais por quotas – artigos 270.º-A a 270.º-G. Trata-se de um tipo societário não coincidente com o das sociedades por quotas "comuns".

III. No âmbito do Código Comercial de 1888 – artigos 207.º e seguintes, hoje revogados – eram ainda consideradas comerciais as sociedades cooperativas. Hoje – e no Direito português[2382] – há quem não considere as cooperativas como sociedades, por lhes faltar o escopo lucrativo. Segundo o artigo 2.º/1, do Código Cooperativo vigente[2383],

[2382] No Direito italiano – artigos 2511.º e seguintes do Código Civil – as cooperativas continuam a ser consideradas sociedades comerciais.

[2383] Aprovado pela Lei n.º 119/2015, de 31 de agosto e alterado pela Lei n.º 66/2017, de 9 de agosto.

> As cooperativas são pessoas coletivas autónomas, de livre constituição, de capital e de composição variáveis, que, através da cooperação e entreajuda dos seus membros, com obediência aos princípios cooperativos, visam, sem fins lucrativos, a satisfação das necessidades e aspirações económicas, sociais ou culturais daqueles.

O Direito subsidiário aplicável às cooperativas é o do Código das Sociedades Comerciais, particularmente os preceitos relativos às sociedades anónimas – artigo 9.º do Código Cooperativo. As cooperativas, embora não distribuam lucros formais, devem ser geridas em termos empresariais. O Direito europeu considera-as sociedades. Toda a ambiência que as rodeia é de tipo societário. Apenas surpreendentes pruridos ideológicos levaram o legislador a retirar-lhes a qualificação oficial de "sociedades"[2384].

2384 *Direito das sociedades* 1, 3.ª ed., 409 ss..

SECÇÃO IV

DOGMÁTICA BÁSICA

§ 48.º SISTEMA DE FONTES

232. A liberdade de associação; evolução

I. O sistema de fontes aplicáveis às pessoas coletivas é dominado por regras constitucionais. Pela sua importância, cabe transcrever o artigo 46.º da Constituição[2385]:

> 1. Os cidadãos têm o direito de, livremente e sem dependência de qualquer autorização, constituir associações, desde que estas não se destinem a promover a violência e os respetivos fins não sejam contrários à lei penal.
>
> 2. As associações prosseguem livremente os seus fins sem interferência das autoridades públicas e não podem ser dissolvidas pelo Estado ou suspensas as suas atividades senão nos casos previstos na lei e mediante decisão judicial.
>
> 3. Ninguém pode ser obrigado a fazer parte de uma associação nem coagido por qualquer meio a permanecer nela.
>
> 4. Não são consentidas associações armadas nem de tipo militar, militarizadas ou paramilitares, nem organizações racistas ou que perfilhem a ideologia fascista.

Além desta consagração da liberdade geral de associação[2386], a Constituição consigna, ainda, manifestações sectoriais desse mesmo Direito.

[2385] *Vide* Jorge Miranda/Rui Medeiros, *Constituição Portuguesa Anotada*, 1, 2.ª ed., (2010), 952 ss..

[2386] *Vide* Jorge Miranda, *Direitos fundamentais*, 6.ª ed. cit., 150 ss., onde podem ser vistas importantes indicações.

Assim: a liberdade de organização religiosa – 41.º/4; a liberdade de criação de escolas particulares e cooperativas – 43.º/4; a liberdade de criação ou de participação em associações e partidos políticos – 51.º/1; a liberdade de constituição de associações sindicais – 55.º/2, *a*); a liberdade de constituição de cooperativas – 61.º/2, todos da Constituição.

A Constituição refere, ainda: as associações de consumidores e as cooperativas de consumidores, reconhecendo-lhes certos direitos – 60.º/3; as associações sindicais, outras organizações representativas dos trabalhadores e associações representativas dos demais beneficiários da segurança social – 63.º/2 – bem como as instituições particulares de solidariedade social e de outras de reconhecido interesse público, sem carácter lucrativo – 63.º/4; as "formas empresariais e privadas de medicina" – 64.º/3, *d*); as associações representativas das famílias – 67.º/2, *g*); as organizações de moradores, as associações e fundações de fins culturais e as coletividades de cultura e recreio – 70.º/3; as organizações de cidadãos portadores de deficiência – 71.º/3; as associações e fundações de fins culturais, as coletividades de cultura e recreio, as associações de defesa do património cultural, as organizações de moradores e outros agentes culturais – 73.º/4; as associações de professores, de alunos, de pais, das comunidades e das instituições de carácter científico – 77.º/2; as organizações representativas dos trabalhadores e as organizações representativas das atividades económicas – 80.º, *g*); as empresas privadas – 86.º; os investimentos de pessoas singulares ou coletivas estrangeiras – 87.º; o associativismo dos agricultores – 93.º/1, *e*); as cooperativas de agricultores e o associativismo rural – 97.º/1 e 2, *d*); as empresas industriais e as pequenas e médias empresas – 100.º, *c*) e *d*).

II. As referências constitucionais à liberdade de associação não se limitam a consagrar a possibilidade de livre constituição de pessoas coletivas e, *maxime*, de associações; elas estabelecem algumas regras importan-

A Constituição alemã, no seu artigo 9/1, abrange na liberdade de associação o direito de constituir associações e sociedades; *vide* Kurt Stöber/Dirk-Ulrich Otto, *Handbuch zum Vereinsrecht*, 11.ª ed. (2016), 1.

Com a liberdade de associação não se confunde a de reunião, que pode depender de autorizações policiais; *vide* REv 31-mai.-1984 (Varela Pinto), CJ IX (1984) 3, 325-326 (326/II).

tes quanto à sua autonomia e ao seu funcionamento, com relevo direto na interpretação e na aplicação da lei civil[2387].

Trata-se de matéria que sofreu uma evolução histórica assaz conturbada, que passamos a referir.

233. A liberdade económica; a livre constituição de sociedades

I. Os níveis constitucionais das pessoas coletivas privadas são, em regra, procurados e localizados nos níveis políticos da liberdade de associação. A História ensina, todavia, que a liberdade de associação não é efetiva se não for acompanhada pela liberdade económica. Esta, por seu turno, para se poder desenvolver, designadamente nas sociedades industriais e pós-industriais marcadas pela economia de mercado, exige a possibilidade de livre constituição de pessoas coletivas com fins lucrativos, o que é dizer: de sociedades.

A Lei Fundamental não é tão explícita, a tal propósito, como vimos ser com as associações. Todavia, temos alguns dados relevantes, todos retirados da Constituição:

- o artigo 61.º/1 consagra o livre exercício da iniciativa económica privada;
- o artigo 86.º salvaguarda as empresas privadas, estabelecendo, no seu n.º 2, que:

> O Estado só pode intervir na gestão das empresas privadas a título transitório, nos casos expressamente previstos na lei e, em regra, mediante prévia decisão judicial.

A existência de "empresas privadas" e a sua autonomia fica assegurada. Na ideia de "empresa", estão abrangidas as sociedades, nos seus diversos tipos.

[2387] Wolf/Neuner, *Allgemeiner Teil* cit., 9.ª ed., 152-153. Com a indicação de diversas consequências do princípio, consagradas pelo Tribunal Constitucional alemão, Stöber//Otto, *Handbuch zum Vereinsrecht* cit., 11.ª ed., 1.

II. A liberdade de constituição de sociedades, particularmente de sociedades anónimas que, pelos recursos económicos que podem mobilizar, são as mais significativas, tem, também, uma história[2388].

Segundo o Código Comercial de 1833 (Ferreira Borges), as sociedades anónimas, então ditas "companhias", dependiam de "... autorização especial do Governo, e aprovação da sua instituição" – artigo 546.º.

A liberdade de constituição de sociedades anónimas foi reconhecida pela Lei de 22 de junho de 1867 (Andrade Corvo), mais precisamente pelo seu artigo 2.º: uma das primeiras leis continentais europeias a fazê-lo.

Esse esquema de liberdade passaria, depois, ao Código Comercial de 1888 (Veiga Beirão), mantendo-se, até hoje.

III. No tocante às sociedades civis puras, previstas no artigo 980.º e seguintes do Código Civil, procede-se, em regra, à sua aproximação da liberdade de contratação[2389]. Este tipo de liberdade, que envolve o princípio óbvio do respeito pelos contratos celebrados, é fundamental para qualquer sociedade. Porém, não está expressamente consagrado na Constituição: trata-se de uma regra de tal forma pacífica, que nunca os legisladores constituintes consideraram sequer necessário reportarem-se-lhe.

De todo o modo, a matriz constitucional da livre constituição de pessoas coletivas surge a propósito das associações: é extensiva às sociedades.

234. A lei civil; antecedentes

I. Tradicionalmente, as regras básicas sobre pessoas coletivas constam, nos países de Direito continental, dos códigos civis respetivos. Tais regras sofrem, assim, os sortilégios e as inflexões próprios das leis civis. Correspondem, em cada momento, a uma síntese complexa entre dados histórico-culturais, entre necessidades práticas e entre as preocupações racionalizadoras e harmonizadoras da Ciência do Direito. Cumpre reconhecer os antecedentes da lei vigente: eles são importantes para o seu conhecimento e a sua aplicação.

[2388] Para outros elementos: *Direito das sociedades* 1, 3.ª ed., 73 ss..

[2389] A qual envolve, naturalmente, o princípio do respeito pelos contratos livremente assumidos.

II. Como foi referido, o Código de Seabra, denotando um grande avanço para a sua época, ocupou-se, no título VI, do Livro único da Parte I – Capacidade civil, das "pessoas moraes". Cumpre dar conta dos três primeiros artigos desse título[2390]:

Artigo 32.º Dizem-se pessoas moraes as associações ou corporações temporareas ou perpetuas, fundadas com algum fim ou por algum motivo de utilidade publica, ou de utilidade publica e particular conjuntamente, que nas suas relações civis representam uma individualidade juridica.

Artigo 33.º Nenhuma associação ou corporação póde representar esta individualidade jurídica, não se achando legalmente auctorizada.

Artigo 34.º As associações ou corporações, que gosam de individualidade juridica, podem exercer todos os direitos civis, relativos aos interesses legitimos do seu instituto.

Como se vê, estava claramente expressa a ideia de personalidade coletiva, bem como o princípio da aquisição de personalidade pelo reconhecimento do Estado.

Aflorava, no artigo 32.º, a distinção entre *pessoas moraes temporareas ou perpetuas* que era, na altura, importante: em relação às perpétuas, vigoravam determinadas restrições quanto à possibilidade de aquisição de bens: artigo 35.º[2391].

O artigo 37.º estabelecia a personalidade coletiva do Estado, da Igreja, das câmaras municipais, das juntas de paróquias e de "... quaesquer fundações ou estabelecimentos de beneficiência, piedade ou instrução pública".

As associações de interesse particular reger-se-iam pelas regras do contrato de sociedade: tal o teor do artigo 39.º.

III. O Código de Seabra não contrapunha, de forma clara, as associações às fundações. Estas eram omitidas no artigo 32.º, embora o artigo 37.º se lhes referisse[2392]; de todo o modo, a doutrina desde cedo passou a fazer a distinção[2393], aprofundando os seus termos[2394].

2390 Quanto à versão inicial do Código: José Dias Ferreira, *Codigo Civil Portuguez Annotado* cit., 1, 2.ª ed., 46 ss..

2391 Com indicações, José Dias Ferreira, *Codigo Annotado* cit., 1, 2.ª ed., 49 ss..

2392 Cunha Gonçalves, *Tratado* cit., 1, 754.

2393 Guilherme Moreira, *Instituições de Direito civil* cit., 1, 288-289.

2394 Manuel de Andrade, *Teoria geral* cit., 1, 54 ss. e 68 ss..

Na preparação de um novo Código, ganharam peso as experiências europeias com maior influência na doutrina portuguesa, com relevo para a francesa, a alemã e a italiana. Convém, delas, ter uma breve panorâmica.

A experiência francesa, no tocante às "pessoas morais"; era um tanto incipiente. A contraposição fundamental operava entre as sociedades e as associações: as primeiras tinham um fim lucrativo – artigo 1832.º do Código Napoleão – enquanto as segundas tinham um fim desinteressado – artigo 1.º da Lei de 1-jul.-1901[2395]. As fundações vinham surgindo, através da prática. Elas vieram a ser referidas pela Lei de 23-jul.-1987, sobre o mecenato, tendo, tendencialmente, um fim não lucrativo[2396], embora podendo apoiar entidades que visam o lucro.

No Direito alemão contrapõem-se, na tradição canónica retomada por Savigny, as associações às fundações. As associações têm um número essencialmente mutável de associados, ao contrário das sociedades. As associações podem ter finalidades não lucrativas (*Idealvereine*) ou lucrativas (*wirtschaftliche Vereine*), estando respetivamente, previstas nos §§ 21 e 22 do BGB[2397]. Com uma diferença fundamental de regime: as primeiras adquirem personalidade jurídica pela mera inscrição, num registo a tanto destinado, enquanto as segundas carecem de aprovação pelos serviços competentes[2398]. As sociedades do BGB não têm personalidade jurídica própria, tal como não a têm as sociedades em nome coletivo. Personalidade coletiva têm-na, sim, as sociedades de capitais – por quotas e anónimas – sujeitas a leis especiais.

[2395] Jean Carbonnier, *Droit civil/Les personnes* cit., 21.ª ed., 370. Num prisma comparatístico entre o Direito francês e o Direito alemão, cf. Ferid/Sonnenberger, *Das französische Zivilrecht* cit., 1/1, 2.ª ed., 367 ss..

[2396] *Idem*, 375 ss..

[2397] Wolf/Neuner, *Allgemeiner Teil* cit., 10.ª ed., 166 ss. e Bernhard Reichert, *Handbuch des Vereins- und Verbandsrechts*, 13.ª ed. (2016), 25. A literatura publicada nos últimos cem anos sobre esta contraposição é inabarcável.

[2398] Dieter Reuter, *Münchener Kommentar* cit., 1, 7.ª ed., §§ 21 e 22 e Karsten Schmidt, *Gesellschaftsrecht* cit., 4.ª ed., 664-665. Até aos anos 70 do século XX, dominava um critério misto subjetivo e objetivo, requerendo-se que a associação económica tivesse um estabelecimento; a partir daí, na base de diversos estudos de Karsten Schmidt, a doutrina dominante optou por um critério teleológico; deste Autor *vide Die Abgrenzung der beiden Vereinsklassen/Bestandaufnahme, Kritik und Neuorientierung*, Rpfleger 1972, 286-294 e 343-353, *Sieben Leitsätze zum Verhältnis zwischen Vereinsrecht und Handelsrecht*, ZGR 1975, 477-486, *Der bürgerlich-rechtliche Verein mit wirtschaftlichen Tätigkeit*, AcP 182 (1982), 1-59 (9 ss.) e *Eintragungsfähige und eintragungsunfähige Vereine*, Rpfleger 1988, 45-51 (50-51).

O Direito italiano fez, de certo modo, a "ponte" entre os grandes sistemas francês e alemão[2399]. A matéria acabaria por ficar regulada nos artigos 11.º a 42.º do Código Civil, em termos que seriam tomados como modelo pelo nosso legislador de 1966[2400]. A personalidade adquiria-se pelo reconhecimento estadual – artigo 12.º – numa regra revogada pelo Decreto n.º 361, de 10 de fevereiro de 2000: exige, apenas, a inscrição em registo adequado.

IV. Na preparação do Código Civil de 1966, a parte relativa às pessoas coletivas foi confiada a Ferrer Correia, provavelmente por indicação de Manuel de Andrade. Ferrer Correia foi, de resto, também o Autor do anteprojeto relativo às sociedades civis puras – atuais artigos 980.º e seguintes – o que permitiu uma concatenação entre ambas as matérias.

O anteprojeto de Ferrer Correia foi, infelizmente, apresentado sem justificação de motivos[2401]. Trata-se de um documento de certa extensão – 88 artigos, contra os 45 que passariam ao projeto – manifestamente inspirado no Código italiano de 1942.

Tinha, todavia, um alcance liberalizador que não passaria ao projeto definitivo. Assim, o reconhecimento das associações só não teria lugar quando o seu fim fosse contrário à ordem pública - 15.º/2 – num esquema semelhante quanto às fundações[2402] – 56.º/2. Umas e outras poderiam ter fins económicos.

Na passagem para o projeto definitivo, parece ter prevalecido uma preocupação limitadora e restritiva: aflorou o ideário antiliberal do Estado Novo e dos juristas que, no Governo, o serviam.

2399 Já assim era antes do Código Civil de 1942, sendo de sublinhar o estudo de Ferrara, *Le persone giuridiche* cit., especialmente 102-172, que teve uma influência decisiva em Manuel de Andrade, que reconhece, de resto, tê-lo seguido de muito perto – *Teoria geral* cit., 1, 70 ss., com múltiplas transcrições e citações.

2400 Não se exige, todavia, um fim económico, para as associações e as fundações.

2401 A. Ferrer Correia, *Pessoas coletivas/Anteprojeto de um capítulo do novo Código Civil*, BMJ 67 (1957), 247-281. O Autor, em nota de rodapé (p. 247) promete tornar públicas "as razões justificativas das principais diretrizes e normas deste anteprojeto", o que, infelizmente, não viria a suceder. Marcello Caetano, na nota prévia ao seu livro *Das fundações/Subsídios para a interpretação e reforma da legislação portuguesa* (1962), III, também dá conta da inexistência de uma exposição de motivos ou de um relatório, referentes ao anteprojeto de Ferrer Correia.

2402 No tocante a estas, previa-se ainda o não reconhecimento, quando os seus bens fossem insuficientes.

No âmbito da preparação do Código Civil, tem ainda interesse referir o estudo de Marcello Caetano, sobre as fundações[2403]. Este estudo faz um comentário ao texto relativo às pessoas coletivas, na versão resultante da primeira revisão ministerial[2404] e conclui apresentando um projeto pessoal de articulado[2405].

235. O Código Civil; a influência comercial

I. Com os antecedentes apontados, o Código Civil, no subtítulo relativo às pessoas, contém um capítulo II intitulado *pessoas coletivas*. Está repartido por três secções:

Secção I – Disposições gerais (157.º a 166.º);
Secção II – Associações (167.º a 184.º);
Secção III – Fundações (185.º a 194.º).

Surge, ainda, um capítulo III, relativo a associações sem personalidade jurídica e comissões especiais (195.º a 201.º).

Deparamos com uma ordenação própria do construtivismo pandectístico, em que se procurou isolar uma massa de princípios gerais, seguidos de regulações mais específicas. Como se referiu, foi adotado o modelo italiano, embora com permeabilidade a outros códigos[2406].

II. O Código Civil italiano tem um Título II relativo a pessoas coletivas. Desdobra-se da forma seguinte:

Capítulo I – Disposições gerais (11 a 13);
Capítulo II – Das associações e das fundações (14 a 35);
Capítulo III – Das associações não reconhecidas e das comissões (36 a 42).

[2403] *Supra*, nota 2401, *in fine*.

[2404] Marcello Caetano, *Das fundações* cit., 168 ss.

[2405] Marcello Caetano, *Das fundações* cit., 197 ss. O projeto de Marcello Caetano limitava-se à secção das pessoas coletivas em geral e às fundações.

[2406] Marcello Caetano, *Das fundações* cit., 168 ss., intentou fazer o levantamento das diversas influências, perante o texto, então disponível, da 1.ª Revisão Ministerial.

O legislador de 1966 aproveitou, do Código italiano, disposições comuns às associações e fundações para, com elas, compor as disposições gerais do Código português. Passamos a estabelecer as seguintes correspondências.

O artigo 158.º equivale ao artigo 12.º; ambos foram alterados; o primeiro pelo Decreto-Lei n.º 496/77, de 25 de novembro, no sentido de suprimir o reconhecimento administrativo das associações; o segundo pelo Decreto n.º 361, de 10-fev.-2000, que o revogou, de modo a libertar, quer as associações, quer as fundações. O artigo 161.º, hoje revogado, equivale ao artigo 17.º. O artigo 163.º recorda o artigo 19.º, embora omitindo aspetos importantes. O artigo 164.º equivale ao artigo 18.º; o 166.º ao 31.º; o 167.º ao 26.º; o 171.º ao 20.º, outro tanto sucedendo com o 173.º; o 175.º tem semelhanças com o 21.º; o 177.º ao 23.º/I; o 179.º ao 23.º/II; o 180.º ao 24.º/I; o 181.º ao 24.º, embora muito menos completo; o 182.º ao 27.º, conquanto que mais prolixo; o 184.º ao 30.º; o 185.º ao 14.º/I e o 185.º/3 ao 15.º; o 186.º ao 16.º; o 189.º ao 25.º, mais completo; o 195.º/1, 1.ª parte, ao 36.º; o 196.º ao 37.º; o 198.º ao 38.º; o 199.º, ao 39.º; o 200.º ao 40.º e o 201.º ao 42.º.

Podemos dizer que o Código Civil de 1966 desenvolveu mais as matérias da forma e da publicidade (168.º), da eleição e destituição de titulares (170.º), da competência (172.º) e forma de convocação da assembleia (174.º), da privação do direito de voto (176.º), do regime da anulabilidade (178.º), das vicissitudes das fundações (187.º, 188.º, 191.º e 192.º a 194.º). Globalmente considerado: podia ter sido mais ambicioso.

III. A grande matriz do texto italiano sobre pessoas coletivas foi o regime das sociedades comerciais, particularmente as anónimas, que se havia desenvolvido em Itália, no âmbito do Código de Comércio de 1882[2407]. De todo esse espólio, foram retirados vetores importantes, como os relativos à invalidade e ineficácia de deliberações sociais e os referentes à responsabilidade dos administradores. Para além do desenvolvimento que certos temas, de ordem geral, adquiriram no Direito comercial, em virtude das necessidades práticas do sector, há que ter em conta: o papel que os comercialistas italianos, particularmente Alfredo Rocco[2408], tiveram na elaboração do Código Civil italiano.

[2407] Sobre a evolução do Direito das sociedades comerciais *vide* o nosso *Da responsabilidade civil dos administradores das sociedades comerciais* cit., *passim*.

[2408] Ministro da Justiça responsável pela aprovação do Código Civil italiano de 1942 e autor de *Principii di diritto commerciale/Parte generale* (1928), de que existe,

Curiosamente, também entre nós a matéria das pessoas coletivas foi entregue, aquando da preparação do Código, a um grande comercialista português, perfeito conhecedor da doutrina italiana e dos grandes avanços levados a cabo, no sector das sociedades, na primeira metade do século XX: o Prof. Ferrer Correia. Fechamos, assim, o círculo.

IV. A matéria das pessoas coletivas, no Código Civil, acaba por ter uma matriz jurídico-cultural própria do Direito das sociedades comerciais. Assim se confirma a elaboração periférica do Direito civil e a unidade do Direito privado português.

Deve ainda acrescentar-se que, em 1966, a matéria comercial disponível entre nós, em termos de legislação, era arcaica. O Código representou, na altura, um avanço notável, que só seria recuperado, pela comercialística, com o Código das Sociedades Comerciais de 1986.

236. **O Decreto-Lei n.° 594/74, de 7 de setembro e a reforma de 1977**

I. O Código Civil foi, desnecessariamente, colocado ao serviço da prática autoritária do Estado Novo. No tocante às associações, isso traduziu-se na não-autorização de associações que pudessem ter uma atuação de tipo político ou até cultural, numa medida que, contra todas as tradições, foi mesmo alargada às cooperativas[2409]. Por isso, pouco depois de 25-abr.-1974, foi aprovado o Decreto-Lei n.° 594/74, de 7 de novembro,

aliás, tradução portuguesa, de Cabral de Moncada, 1931. Ao Código Civil italiano de 1942 chama-se, assim e por vezes, o Código Rocco.

[2409] Trata-se do Decreto-Lei n.° 520/71, de 24 de novembro, que tem uma história: as cooperativas podiam constituir-se normalmente, sem autorização do Governo; foram aproveitadas por algumas iniciativas cívicas, que constituíram "cooperativas culturais"; o Ministro do Interior decidiu então, por despacho, dissolver algumas cooperativas, por entender que os fins culturais não as justificavam; tais despachos vieram a ser anulados pelo Supremo Tribunal Administrativo, por (evidente) usurpação de poder; o Governo de Marcello Caetano aprovou, em resposta, o Decreto-Lei n.° 520/71, de 24 de novembro, que passou a sujeitar as cooperativas culturais a prévio reconhecimento administrativo; na então Assembleia Nacional, o grupo de deputados "liberais" pediu a ratificação do diploma; houve um debate, animado em especial pelo então deputado Prof. Miller Guerra e em que foi questionada a natureza do regime, ainda que sem efeitos práticos, dada a larga maioria governamental. Todo este episódio foi seguido, muito de perto, pela Faculdade de Direito de Lisboa.

ainda parcialmente em vigor[2410] e que veio estabelecer o direito à livre associação.

II. O artigo 1.º desse diploma garantia, a todos os cidadãos maiores de 18 anos e no gozo dos direitos civis, o livre exercício do direito de se associarem para fins não contrários à lei e à ordem pública, sem necessidade de qualquer autorização prévia – 1.º/1.

As associações passavam a adquirir personalidade jurídica pelo depósito, contra recibo, de um exemplar do ato de constituição e dos estatutos no governo civil da área da respetiva sede, após prévia publicação no *Diário da República* e num dos jornais mais lidos na região, de um extrato, autenticado pelo notário, do seu título constitutivo. Este deveria mencionar a denominação, sede social, fins, duração e condições essenciais para a admissão, exoneração e exclusão de associados – artigo 4.º/1. Cópia do ato constitutivo deveria ser enviada ao Ministério Público para que este pudesse promover a extinção judicial das associações cujos estatutos não fossem conformes à lei ou à moral pública.

Este diploma continha ainda múltiplas outras regras relevantes, quanto ao funcionamento das associações. Iremos encontrá-las mais abaixo. Como veremos, na parte em que ele se desvia do Código Civil reformado em 1977, este prevalece: a lei nova revoga a velha[2411].

III. O Decreto-Lei n.º 594/74, de 7 de setembro, determinava, no seu artigo 16.º, que as associações se regessem pelos artigos 157.º e seguintes do Código Civil, "... em tudo o que não for contrário a este diploma". Ficavam, assim, implicitamente revogados os preceitos daquele Código relativos ao reconhecimento da personalidade jurídica das associações.

O Decreto-Lei n.º 496/77, de 25 de novembro, que introduziu alterações importantes, no Código Civil, em parte destinadas a adequá-lo à Constituição de 1976, completou a tarefa do Decreto-Lei n.º 594/74, de 7 de setembro[2412].

Assim:

– foi alterado o artigo 158.º: as associações passaram a adquirir personalidade jurídica pela escritura pública, com as especificações do

[2410] Com alterações introduzidas pelo Decreto-Lei n.º 71/77, de 25 de fevereiro.

[2411] *Infra*, 797-798.

[2412] *Vide* o ponto 9 do preâmbulo do citado diploma. Devemos reconhecer que o Decreto-Lei n.º 496/77, também neste capítulo, foi mais longe do que o requerido pela simples adequação à Constituição.

artigo 167.º/1; apenas as fundações se mantiveram dependentes do reconhecimento;
- foi editado o artigo 158.º-A, relativo à nulidade do ato de constituição ou de instituição, e dando legitimidade ao Ministério Público para desencadear o processo de declaração judicial de nulidade;
- foi revogado o artigo 161.º, relativo à capacidade de adquirir e alienar imóveis, dependente de autorização do Governo;
- foi alterado o artigo 166.º, que dava, à entidade competente para o reconhecimento, os poderes de os reafetar a outra pessoa coletiva;
- foi alterado o artigo 168.º, relativo à forma e publicidade do ato de constituição da associação;
- foi revogado o artigo 169.º, que sujeitava à "... aprovação da entidade competente para o reconhecimento da pessoa coletiva ..." as modificações do ato de constituição ou dos estatutos;
- foram alterados os artigos 182.º e 183.º, relativos, respetivamente, a causas de extinção e à declaração de extinção das associações; em causa estava o papel da entidade competente para o reconhecimento, nesse domínio.

Além disso, cumpre consignar as seguintes modificações:

- foi alterada a epígrafe do capítulo III: de *associações não reconhecidas e comissões especiais*, passou a *associações sem personalidade jurídica e comissões especiais*;
- foram alterados os artigos 195.º e 197.º, no mesmo sentido.

237. O Direito subsidiário; o papel do Direito comercial

I. Independentemente do papel dos estatutos, abaixo ponderado, pergunta-se se existe algum Direito subsidiariamente aplicável às pessoas coletivas da Parte geral do Código Civil e, havendo-o, qual é ele.

À primeira vista, os artigos 157.º e seguintes do Código Civil consideram-se o fundo comum das diversas pessoas coletivas. Dispõe aquele preceito:

> As disposições do presente capítulo são aplicáveis às associações que não tenham por fim o lucro económico dos associados, às fundações de interesse social, e ainda às sociedades, quando a analogia das situações o justifique.

Acontece, porém, que as regras relativas às sociedades, quer civis quer, sobretudo, comerciais, surgem muito mais desenvolvidas do que as constantes do capítulo referido no transcrito artigo 157.º. Para completar a matéria dos artigos 157.º e seguintes, particularmente havendo lacunas, pode-se recorrer ao Direito das sociedades comerciais?

II. O Direito comercial, aqui abrangendo o Direito das sociedades comerciais, não é excecional. Trata-se de um Direito especialmente adaptado às realidades que pretende regular mas que, em regra, dá corpo aos valores fundamentais do ordenamento privado.

Essa proximidade de valores mais se acentua, na experiência portuguesa, se tivermos em conta um fenómeno capital já referido: o de boa parte das regras relativas a associações e fundações ter tido a sua origem no regime das sociedades anónimas.

Nestas condições, não há obstáculos de princípio à aplicação analógica, no campo civil, das regras relativas a sociedades comerciais[2413].

III. O recurso ao Direito comercial implica, todavia, a presença dos diversos requisitos de que depende a analogia: o caso omisso; o facto de esse caso dever ter, à luz do sistema, uma solução jurídico-normativa; a analogia de situações; a presença de uma norma comercial aplicável ao caso análogo.

Verificadas as condições, as pessoas coletivas civis podem recorrer ao inesgotável manancial representado pelo Direito das sociedades comerciais. E como estas, a título subsidiário, também podem recorrer às sociedades civis[2414] e ao Direito das pessoas coletivas, fecha-se o círculo: mais uma vez, reforçada fica a unidade do Direito privado português.

[2413] *Direito comercial*, 4.ª ed., 148 ss..

[2414] Artigo 2.º do Código das Sociedades Comerciais.

§ 49.º ELEMENTOS ESSENCIAIS

238. Considerações prévias; a aplicabilidade dos requisitos do negócio jurídico

I. A matéria relativa aos elementos das pessoas coletivas tem recebido, da parte dos autores nacionais, um tratamento diversificado[2415]. As divergências não correspondem a verdadeiras clivagens de fundo: antes a flutuações na técnica da exposição, assentes no costumado individualismo nacional. Uma vez que dispomos dos elementos relativos ao negócio jurídico e tendo presente o desenvolvimento pacífico que esta matéria suscita noutros ordenamentos, iremos procurar condensar a matéria nos termos subsequentes.

II. Os elementos essenciais da pessoa coletiva são aqueles cuja presença é necessária para o seu surgimento. Há que ser coerente: não vale a pena acenar, por exemplo, com substratos, depois de se ter concluído que o Direito vigente admite, pelo menos em casos muito significativos, a constituição meramente formal de pessoas coletivas.

III. Uma pessoa coletiva privada tem, em princípio, sempre subjacente um ato de constituição. O Código Civil não identifica claramente esse ato: mas pressupõe-no, quando refere: no artigo 158.º/1, as "... associações constituídas por escritura pública ..."; no artigo 158.º-A, a aplicabilidade do artigo 280.º; no artigo 167.º/1, o "... ato constitutivo da associação ...", o qual – artigo 168.º/1 – deve constar de escritura pública; no artigo 185.º/1, "as fundações podem ser instituídas por ato entre vivos ou por testamento". Como qualificar esse ato de constituição?

[2415] P. ex., Manuel de Andrade, *Teoria geral* cit., 1, 56 ss., Oliveira Ascensão, *Teoria geral* cit., 1, 2.ª ed., 235 ss. e Carvalho Fernandes, *Teoria geral* cit., 1, 6.ª ed., 437 ss..

Frente a frente, havia duas teorias tradicionais:

– a teoria da norma;
– a teoria do contrato.

A teoria da norma era defendida pelos organicistas, com relevo para Otto von Gierke que via, no ato constitutivo, uma "fonte autónoma e própria"[2416]; hoje, ela prolonga-se em autores que apelam a um "ato conjunto", ainda que negocial[2417]: na constituição de uma pessoa coletiva (e no aprontamento dos seus estatutos), não haveria uma negociação na qual duas partes procurem harmonizar os seus interesses; antes uma fixação de regras para o futuro.

A teoria do contrato vê, na constituição de uma associação, um contrato de constituição, de tipo organizatório[2418]; na de uma fundação: um negócio (unilateral) de tipo fundacional[2419].

Surgiu, ainda, uma terceira teoria, de tipo misto: o ato de constituição teria natureza contratual, enquanto os estatutos assumiriam natureza normativa[2420].

IV. No Direito português, não oferece grandes dificuldades a afirmação da natureza contratual e negocial do ato de constituição das associa-

[2416] Otto von Gierke, *Deutsches Privatrecht*, I – *Allgemeiner Teil und Personenrecht* (1895), § 63, I, 2 (142-143). A matéria é retomada, em termos rejuvenescidos, por Ulrich Meyer-Cording, *Die Rechtsnormen* (1971), 74 ss. (83-84).

[2417] Dieter Reuter, *Münchener Kommentar* cit., 1, 7.ª ed. cit., prenot. § 21, Nr. 129 e § 25, Nr. 17 e já em *Probleme der Mitgliedschaft beim Idealverein*, ZHR 145 (1981), 273-285 (277 ss., 280, com consequências práticas) e em *Die Änderung des Vereinszwecks*, ZGR 1987, 475-488 (477). *Vide* Ulrich Meyer-Cording, no estudo clássico *Die Vereinsstrafe* (1957), 31 ss., com elementos comparatísticos (37 ss.).

[2418] Larenz/Wolf, *Allgemeiner Teil* cit., 9.ª ed., 173, Stöber/Otto, *Handbuch zum Vereinsrecht* cit., 11.ª ed., 11, Medicus/Petersen, *Allgemeiner Teil* cit., 11.ª ed., 468 (n.º 1091) e Reichert, *Handbuch* cit., 13.ª ed., 16 ss.; também Flume, *Allgemeiner Teil*, I/2 – *Die juristische Person* cit., 315 ss., com indicações.

[2419] Wolf/Neuner, *Allgemeiner Teil* cit., 9.ª ed., 112.

[2420] RG 29-out.-1940, RGZ 165 (1941), 140-146 (143 e 145), BGH 4-out.-1956, BGHZ 21 (1956), 370-376 (374) = NJW 1956, 1793-1794 (1793/II) (a propósito de sanções associativas e afirmando expressamente que os estatutos perdem a sua natureza contratual) e BGH 6-mar.-1967, BGHZ 47 (1967), 172-181 (179-180) = NJW 1967, 1268-1272 (1271).

ções[2421], quando levado a cabo por particulares; a constituição de uma fundação assentará num negócio unilateral. Voltando às associações: há um encontro de vontades, dotadas de liberdade de celebração e de liberdade de estipulação. As dificuldades de leitura advinham da necessidade de um ato de reconhecimento, normativo ou por concessão, ato esse que constituiria a causa eficiente da personalização[2422]. Tal ato, todavia, é condicionante de eficácia plena: não se substitui à vontade fundadora.

Além disso, quer a lei civil, quer a lei comercial consideram, de modo repetido, o ato constitutivo da sociedade comercial como "contrato" ou "pacto social". Finalmente, o artigo 158.º-A considera aplicável, à constituição das pessoas coletivas, o artigo 280.º: requisitos do objeto negocial[2423].

Quer isto dizer que o ato de constituição de pessoas coletivas privadas deve ser física e legalmente possível, conforme com a lei e determinável; além disso, não pode ser contrário à ordem pública e aos bons costumes[2424].

V. Pode acontecer que pessoas coletivas de tipo privado – associações, fundações ou sociedades – sejam constituídas por diploma legal: normalmente Decreto-Lei. Poderíamos, ainda, apurar situações de constituição de associações ou de fundações por deliberação de um ente coletivo – p. ex., da assembleia geral de uma associação ou sociedade.

A hipótese de constituição negocial de associações e fundações é a mais comum ou, em todo o caso: a hipótese paradigmática. Outros instrumentos jurídicos, nos limites que lhes sejam aplicáveis, poderão fazer outro tanto. Tendencialmente, porém, terá aplicação o mesmo regime.

2421 Carvalho Fernandes, *Teoria geral* cit., 1, 6.ª ed., 572.

2422 *Vide* as elucidativas considerações de Manuel de Andrade, *Teoria geral* cit., 1, 63 ss..

2423 Trata-se de um preceito aditado pelo Decreto-Lei n.º 496/77, de 25 de novembro; Pires de Lima/Antunes Varela, *Código Anotado* cit., 1, 4.ª ed., 164, consideram-no supérfluo.

2424 Quanto a estas noções: *Tratado* II, 4.ª ed., 567 ss..

239. Ato constitutivo e estatutos: forma e interpretação

I. Seria possível distinguir, a propósito da formação de uma pessoa coletiva, o ato constitutivo em si e os estatutos[2425]. O Código Civil fala, por vezes, em (ato de) constituição de pessoas coletivas – artigos 158.º/1, 158.º-A, 185.º/1 e 3, 186.º/1, 192.º/1, *b*) – por vezes em estatutos – artigos 159.º, 162.º, 163.º/1, 164.º/1, 166.º/2, 170.º/1, 173.º/1, 175.º/3 e 5, 177.º, 187.º, 189.º – e, também por vezes, num e noutros, contrapondo-os – artigos 167.º, 168.º, 182.º/1, *c*), 185.º/5, 186.º/2. Ocorrem, ainda, as expressões "disposições estatutárias" – artigo 171.º/2 – e "atribuições estatutárias" – artigo 172.º/1.

Teria de se proceder a um cuidado estudo, preceito a preceito, para verificar se as locuções são usadas com propriedade e qual o seu exato alcance. No seu conjunto, todavia, elas estão suficientemente diferenciadas, para se poder fazer uma destrinça técnica entre ambas.

II. O ato constitutivo corresponde a uma ou mais declarações de vontade, nas quais o ou os fundadores: se identificam, nos termos da lei notarial quando aplicável e dão conta da vontade de constituir determinada pessoa coletiva, aprovando os seus estatutos. Estes, por seu turno, analisam-se num documento eventualmente autónomo, que regula as características e o funcionamento da pessoa coletiva criada.

Os estatutos têm a natureza do ato constitutivo: trata-se de um negócio fonte de situações jurídicas, contratual ou unilateral[2426]. A sua autonomia deriva do seu conteúdo puramente organizatório. Além disso, dispõe, em regra, de processos próprios de alteração – *maxime*, por deliberação maioritária – que não correspondem aos acordos modificativos ou a alterações de negócios unilaterais. Tais regras decorrem da natureza organizatória dos estatutos, natureza essa que, assim, se assume como realidade dogmática *a se*.

[2425] O anteprojeto Ferrer Correia, no seu artigo 16.º/3 – *Pessoas coletivas* cit., 253 –, previa a possibilidade de o ato constitutivo e o estatuto constarem do mesmo documento.

[2426] Quanto a associações: Eugen Sauter/Gerhard Schweyer/Wolfram Waldner, *Der eingetragene Verein*, 19.ª ed. (2010), N. 36 (21).

III. Quer o ato constitutivo, quer os estatutos das associações estão sujeitos a escritura pública – 168.º/1. A instituição de fundação, quando feita por atos entre vivos, deve também constar de escritura pública – 185.º/3.

Na prática notarial, a escritura lida em público reporta-se ao ato constitutivo em si, constando os estatutos de documento separado, que dela faz parte integrante, mas cuja leitura pode ser dispensada – artigo 64.º/2, 3 e 4 do Código do Notariado.

IV. A interpretação dos estatutos, mau grado a sua natureza negocial, obedece a regras de tipo objetivo, mais próprias da interpretação e integração da lei do que da interpretação e integração dos negócios jurídicos[2427]. Basta atentar no seguinte: podem ser membros de associações pessoas que nada tenham tido a ver com a outorga inicial dos seus estatutos. Em tais condições, não faz qualquer sentido confrontá-las com o sentido de declaratário normal, com a vontade real das partes ou com a sua vontade hipotética – artigos 236.º e 239.º, do Código Civil. Além disso, verifica-se que os estatutos, quer das associações, quer das fundações, podem ser oponíveis a terceiros que, com elas, contratem. Tais terceiros não devem deparar com interpretações subjetivas que só às partes celebrantes possam dizer respeito.

Propomos, assim, que os estatutos sejam interpretados e integrados de acordo com regras semelhantes às legais – artigos 9.º e 10.º do Código Civil –, por manifesta analogia de situações[2428]. O facto de se apurar que regras pretensamente gerais (as da interpretação e da integração dos negócios jurídicos) acabam, afinal, por não ter aplicação a certos atos negociais, constituirá mais uma acha na fogueira jurídico-científica onde se consome a "Parte geral".

240. **Conteúdo necessário dos estatutos**

I. O Código Civil, repartido entre disposições gerais, associações e fundações, acabou por não indicar o conteúdo necessário dos estatutos de

[2427] *Vide* Reuter, *Münchener Kommentar* cit., 1, 7.ª ed., § 25, Nr. 23, com indicações, Sauter/Schweyer/Waldner, *Der eingetragene Verein*, loc. cit., Stöber/Otto, *Handbuch zum Vereinsrecht* cit., 11.ª ed., 28 e Reichert, *Handbuch* cit., 13.ª ed., 93.

[2428] Adotámos uma solução semelhante no tocante à interpretação e à integração das convenções coletivas de trabalho: *Manual de Direito do trabalho*, 305 ss..

todas. Todavia, com base nos artigos 167.º e 186.º – e salvo o que adiante se dirá quanto às fundações – é possível reconstruir essa matéria.

Uma questão prévia: o que deve constar do "ato de constituição" e dos estatutos? O artigo 167.º/1 contém uma série de elementos que, de acordo com a experiência comum, deveriam constar dos estatutos e não, como resulta da sua letra, do "ato de constituição". Já o artigo 186.º/2, perante elementos similares mas reportados às fundações, parece colocá-los, de modo indiferente, ou no "ato de instituição" ou nos "estatutos". Ultrapassando essas flututações legislativas, provocadas por um menor cuidado na revisão do Código, podemos assentar em que:

- do ato constitutivo devem constar elementos circunstanciais atinentes à constituição da pessoa coletiva e aos intervenientes no ato;
- dos estatutos deverão constar as regras que, para o futuro, vão reger o ente coletivo, as suas relações com os associados e as destes entre si, quando os haja, e as relações com terceiros.

II. O artigo 167.º/1 refere, como elementos que devem constar dos (na nossa construção) estatutos das associações:

- os bens ou serviços com que os associados concorram para o património social;
- a denominação;
- o fim;
- a sede;
- a forma do seu funcionamento;
- a sua duração, quando não se constitua por tempo indeterminado.

Como elementos eventuais, o artigo 167.º/2 indica ainda:

- os direitos e deveres dos associados;
- as condições da sua admissão, saída e exclusão;
- os termos da extinção da pessoa coletiva e consequente devolução do seu património.

O artigo 186.º, relativo a fundações, é menos explícito: os estatutos destas podem ser lavrados posteriormente, por pessoa diversa do instituidor. Todavia, ele dispõe, como elementos necessários a indicar pelo instituidor, no próprio ato de instituição:

– o fim da fundação;
– os bens que lhe são destinados.

Além disso, ele pode indicar:

– a sede;
– a organização e funcionamento;
– a sua transformação ou extinção;
– o destino dos seus bens.

As regras relativas às fundações não podem deixar de ser completadas com recurso ao disposto sobre associações. A matéria da sede e da organização e funcionamento devem constar dos estatutos, sejam estes elaborados pelo instituidor ou posteriormente. Além disso, nenhuma fundação pode ter personalidade coletiva sem uma designação: trata-se de um elemento necessário, omitido na lei[2429].

III. Pode acontecer que os estatutos não contenham algum ou alguns dos elementos essenciais apontados. Nessa altura, ou é possível suprir a omissão, pela interpretação ou com recurso a algum ato superveniente, ou a constituição da pessoa coletiva é nula, por indeterminabilidade do objeto (ou do conteúdo) do ato de que ela dependa. Qualquer interessado poderá, nos termos do artigo 286.º, promover a declaração judicial de nulidade, *devendo* o Ministério Público fazê-lo, nos termos do artigo 158.º-A.

241. Sistematização de elementos; *animus personificandi*?

I. Na base do conteúdo necessário dos estatutos estão diversos elementos que, de acordo com a tradição nacional[2430], aqui complementada, poderemos sistematizar em:

– elemento pessoal ou patrimonial;
– elemento teleológico;
– elemento organizacional.

[2429] Tudo isto é tratado de modo unitário no artigo 16.º do Código Civil italiano, fonte inspiradora dos artigos 167.º e 186.º. A disfunção resultou da desarticulação desse preceito, levada logo a cabo nos artigos 16.º e 57.º do anteprojeto; *vide* BMJ 67 cit., 253 e 269.

[2430] Manuel de Andrade, *Teoria geral* cit., 1, 57 ss..

O elemento pessoal ou patrimonial tem a ver com a necessidade de associados – ou da indicação de como reuni-los –, nas associações e de bens, nas fundações. O artigo 167.º/1 consigna o requisito dos associados, referindo os "bens ou serviços com que os associados concorrem para o património social"[2431]. Ora a associação dispensa patrimónios, assim como dispensa, por maioria de razão, que os associados para ele concorram. Indispensável é, sim, a existência de associados. A contraprova é fácil: o artigo 182.º/1, *d*), considera causa de extinção da associação o falecimento ou desaparecimento de todos os associados; nenhum preceito liga, porém, a extinção da associação à ausência de património.

No que tange às fundações: a insuficiência de bens justifica o seu não-reconhecimento – 188.º/2 – sendo a insolvência uma causa da sua extinção – 192.º/1, *c*).

II. O elemento teleológico ou o fim da pessoa coletiva – artigos 167.º/1 e 186.º/1 – tende, hoje em dia, a ser considerado o seu fator fundamental[2432]. Efetivamente, o fim da pessoa coletiva vai ditar:

– a sua idoneidade e, sendo o caso, o seu reconhecimento;
– a sua capacidade, em função do princípio da especialidade;
– o eventual reconhecimento de utilidade pública;
– o tipo de atuação requerido aos titulares dos seus órgãos;
– as coordenadas de interpretação dos estatutos.

Enquanto uma pessoa singular vale por si, a pessoa coletiva deve ser aferida em função do escopo que tenha em vista.

III. O elemento organizacional abrange um conjunto de fatores: a denominação, a sede, a orgânica e a forma do seu funcionamento – artigos 162.º a 165.º, 167.º/1 e 186.º/2. Trata-se de um elemento primordial: ele dá corpo ao *modo coletivo* de aplicação das normas, base da moderna doutrina

[2431] Esta fórmula era desconhecida no modelo italiano; corresponde a uma "societarização" das associações, que nada justifica.

[2432] *Supra*, 700, a evolução processada, na Alemanha, quanto às associações de fins económicos. Referimos ainda Stöber/Otto, *Handbuch zum Vereinsrecht* cit., 11.ª ed., 31 e Reichert, *Handbuch* cit., 13.ª ed., 123 ss..

da personalidade coletiva. Além disso, ele tem um relevo prático que justifica o seu tratamento em rubrica própria[2433].

IV. Pergunta-se, por fim, pela eventual existência de um elemento voluntário ou *animus personificandi*: um tema que tem motivado a doutrina nacional da especialidade[2434]. Deparamos com, pelo menos, três posições:

- o *animus personificandi* ou vontade de criar um novo ente seria necessário para a constituição de uma pessoa coletiva[2435];
- esse elemento seria desnecessário: normalmente, "... nem sequer passará pela mente dos associados ou dos fundadores a ideia de personalidade"[2436];
- o *animus personificandi* presume-se[2437] ou, noutra variante: ele não tem de ser expresso, antes se dirigindo às consequências práticas do ato constitutivo[2438].

Encontramos aqui, a propósito da constituição de pessoa coletiva, o tema tradicional do papel da vontade em negócios jurídicos. O que temos: um ato de vontade tendente a um fim protegido pelo ordenamento, um ato de autorregulação e interesses ou um ato de autonomia privada a que o Direito associa certos efeitos[2439]? A solução será a encontrada, em geral, para o negócio jurídico: a constituição de pessoas coletivas inscreve-se na autonomia privada, operando quando se mostrem, pelos interessados, reunidos os requisitos necessários.

A pergunta por um *animus personificandi* é, todavia, mais do que a comum indagação pelo papel da vontade nos negócios. Não haverá, para além dessa vontade, um *suplementum* de intenção dirigido à personificação?

[2433] *Infra*, 719 ss..

[2434] *Vide* a panorâmica dada por Carvalho Fernandes, *Teoria geral* cit., 1, 6.ª ed., 562 ss..

[2435] É a posição assumida por Manuel de Andrade, *Teoria geral* cit., 1, 61, por Carvalho Fernandes, *Teoria geral* cit., 1, 6.ª ed., 562 e nota 2 e por Cabral de Moncada, *Lições de Direito civil* cit., 1, 3.ª ed., 409 = 4.ª ed. póstuma, 347 e que aflora, ainda, em Hörster, *A parte geral* cit., 366.

[2436] José Tavares, *Os princípios fundamentais* cit., 2, 128.

[2437] Manuel de Andrade, *Teoria geral* cit., 1, 61 e nota 3 e Mota Pinto, *Teoria geral* cit., 4.ª ed., 275.

[2438] Carvalho Fernandes, *Teoria geral* cit., 1, 6.ª ed., 564.

[2439] *Tratado* II, 4.ª ed., 123 ss..

A questão poderia colocar-se, em termos atualistas, usando a seguinte linguagem. A personalidade coletiva é, em si, apenas um instrumento destinado a prosseguir determinados objetivos. Pois bem: tais objetivos poderiam ser procurados diretamente, pelo sujeito interessado, ou em *modo coletivo*, isto é, fazendo intervir uma pessoa coletiva criada e apetrechada para o efeito. Esta "vontade" de recorrer ao *modo coletivo* poderia ser uma versão atual do *animus personificandi*.

Mas os próprios termos atualistas em que esta questão é colocada permitem a saída. Caso pretenda levar a cabo os seus intentos em *modo coletivo*, isto é, recorrendo a uma pessoa coletiva, o interessado terá de desencadear múltiplos procedimentos previstos na lei. Tais procedimentos serão voluntários – ou não seriam humanos – mas não exigem qualquer outra vontade que não a do prosseguimento do processo. Em suma: não há qualquer *animus* situado num plano diferente do exigido para o desencadear de quaisquer efeitos jurídicos.

A resposta é negativa. A vontade está sempre presente no desencadear de efeitos jurídicos tributários da autonomia privada. Tais efeitos filiam-se, porém, no Direito positivo. É certo que, perante certos negócios mais delicados, particularmente prejudiciais para quem os pratique, o Direito procura assegurar-se da livre determinação do sujeito, indagando a presença de um *animus* claro: pense-se no *animus donandi*, nas doações. Não é, porém, aqui o caso, com a eventual exceção do negócio fundacional *inter vivos*.

V. Problema diverso é o colocado por Castro Mendes[2440] e, em seu seguimento mas com variante, por Oliveira Ascensão[2441]: o de uma relevância negativa do *animus personificandi*.

Castro Mendes põe a hipótese de alguém celebrar uma escritura de constituição de uma pessoa coletiva mas aí exarar que não pretende a personalidade jurídica; poderia esta não surgir, mas apenas se não se mostrassem reunidos os requisitos legais.

Oliveira Ascensão afirma dissentir: as partes poderiam não querer, no campo dos efeitos, o resultado da personalização; rejeitando esta, rejeitariam aqueles, o que é legítimo, no caso das associações: optariam, então, por uma associação sem personalidade jurídica, figura permitida por lei. Parece razoável: só que tem apenas a ver com a opção, pelas partes, pela

2440 Castro Mendes, *Teoria geral* cit., 1 (ed. 1978), 298.
2441 Oliveira Ascensão, *Teoria geral* cit., 1, 2.ª ed., 236 ss..

figura dos artigos 167.° e seguintes ou 195.° e seguintes, a decidir de acordo com as regras de interpretação da vontade dos outorgantes e não com *animi* específicos.

Este episódio da pretensa relevância negativa do *animus personificandi* recorda a problemática da *protestatio facta contraria*, que importa manter no campo próprio. Se alguém desencadeia todos os mecanismos destinados a criar uma pessoa coletiva e, depois, não a quer, temos três hipóteses:

- ou há reserva mental, se nada disser; em princípio, ela é irrelevante – artigo 244.°/2;
- ou há declarações não sérias, se o disser; também são, em princípio irrelevantes – artigo 245.°;
- ou há uma efetiva declaração contraditória com o resto da conduta (*protestatio facta contraria*): nessa altura haverá que interpretar o conjunto, invalidando a declaração por indeterminabilidade, se não houver uma saída razoável possível.

Em suma: uma declaração de não querer a personalidade coletiva ou é uma opção legítima pelos artigos 195.° e seguintes ou é uma *protestatio facto contraria*.

§ 50.º ORGANIZAÇÃO E FUNCIONAMENTO

242. Generalidades; denominação e sede

I. Como referimos, o elemento organizacional é o fator básico da personalidade coletiva: ele consubstancia o *modo coletivo* de aplicação das normas, base da personalidade coletiva.

A organização e o funcionamento de uma pessoa coletiva cobrem a generalidade da sua compleição e dos seus modos internos de funcionamento. Iremos considerar, subsequentemente:

– a denominação e a sede;
– a orgânica;
– os titulares dos órgãos e a sua responsabilidade.

II. A denominação da pessoa coletiva equivale ao nome das pessoas singulares: uma representação vocabular – primeiro, verbal e, depois, escrita – da pessoa considerada sendo, em princípio, necessária e suficiente para a identificar. Tem aqui cabimento a proteção geral dispensada ao nome, enquanto direito de personalidade[2442].

De todo o modo, o "nome" das pessoas coletivas tem regras próprias de formação: a natureza das coisas assim o impõe. Trata-se de um tema que se desenvolveu em torno das sociedades comerciais e da firma ou "nome comercial"[2443], vindo, daí, a aplicar-se a pessoas coletivas civis.

Por isso, vamos encontrar no RNPC[2444], as regras relativas à denominação das associações e das fundações. Mais precisamente: elas constam do artigo 36.º/1 e 2 do referido diploma, que passamos a transcrever:

[2442] *Supra*, 238 ss.. Para maiores desenvolvimentos: Stöber/Otto, *Handbuch* cit., 11.ª ed., 37 e Reichert, *Handbuch* cit., 13.ª ed., 106 ss..

[2443] *Direito comercial*, 4.ª ed., 359 ss..

[2444] Trata-se de um diploma conhecido como Registo Nacional de Pessoas Coletivas ou RNPC, aprovado pelo Decreto-Lei n.º 129/98, de 13 de maio e por último alterado pelo Decreto-lei n.º 52/2018, de 25 de junho.

> 1. As denominações das associações e das fundações devem ser compostas por forma a dar a conhecer a sua natureza associativa ou institucional, respetivamente, podendo conter siglas, expressões de fantasia ou composições.
>
> 2. Podem, todavia, ser admitidas denominações sem referência explícita à natureza associativa ou institucional, desde que correspondam a designações tradicionais ou não induzam em erro sobre a natureza da pessoa coletiva.

Quer isto dizer que, em regra, na denominação das associações figurará o vocábulo "associação" e, na das fundações, "fundação".

O n.º 3 do citado artigo 36.º do RNPC reconhece o direito ao uso exclusivo da denominação das associações ou fundações a partir da data do seu registo definitivo no RNPC: em todo o território nacional, quando o seu objeto estatutário não indicie a prática de atividades de carácter essencialmente local ou regional; no âmbito geográfico do exercício das suas atividades estatutárias, nos restantes casos.

III. A sede equivale, para as pessoas coletivas, ao domicílio dos particulares. Ela deve ser fixada nos estatutos da pessoa coletiva. Na sua falta, ela será havida no local em que funcione habitualmente a administração principal – artigo 159.º. Dadas as diligências necessárias para a constituição de uma pessoa coletiva, com destaque para a obtenção do certificado de admissibilidade da sua denominação, não parece possível, na prática, a não indicação explícita de uma sede. De resto, a indicação de sede torna-se obrigatória, para as associações, nos termos do artigo 167.º/1.

243. Os órgãos

I. Os órgãos das pessoas coletivas são as estruturas de organização humana permanentes, que permitem à pessoa coletiva autodeterminar-se, exercer os seus direitos e cumprir as suas obrigações. Tal matéria pode revestir extraordinárias complexidades em pessoas coletivas que, como o Estado, cubram a generalidade dos campos de atuação de um povo. Impõem-se, então, diversas distinções e subdistinções.

No campo das pessoas coletivas privadas, particularmente das que ocorrem no Código Civil, a matéria é mais simples.

II. Cumpre aos estatutos da pessoa coletiva determinar quais os seus órgãos e qual a sua composição – artigos 162.º, 167.º/1 e 186.º/2. O artigo 162.º aponta, porém, para um conteúdo mínimo obrigatório:

> Os estatutos da pessoa coletiva designarão os respetivos órgãos, entre os quais haverá um órgão colegial de administração e um conselho fiscal, ambos eles constituídos por um número ímpar de titulares, dos quais um será o presidente.

Nas associações haverá uma assembleia geral de associados – artigo 170.º – órgão que faltará, naturalmente, nas fundações.

III. Em matéria de órgãos, podemos identificar os seguintes princípios:

- divisão de poderes;
- colegialidade;
- livre aceitação;
- responsabilidade.

Parecem claros, logo pela sua enunciação: bastarão, por isso, explicações sucintas. O artigo 162.º aponta para a existência separada de um órgão de administração e de um órgão de fiscalização. A ideia é a de cindir posições, dotando, em especial, o órgão de fiscalização de um distanciamento mínimo, para ser eficaz.

A lei impõe que os órgãos sejam colegiais. Previne-se a administração ou a fiscalização por uma única pessoa: além da concentração de poderes que isso implica, poderiam gerar-se situações de menor atenção e cuidado, de compadrio ou, até, de má imagem pública: repare-se que está em causa a gestão de bens alheios.

A livre aceitação não é explícita, mas resulta clara da área em que nos encontramos: o Direito civil. Salvo disposição em contrário – que ocorre, por exemplo, na tutela – artigo 146.º/1 – não há obrigatoriedade (jurídica) de aceitação de quaisquer cargos.

Finalmente, os titulares dos órgãos são responsáveis, perante a pessoa coletiva. Eles têm, para com ela, as obrigações que resultem da lei e dos estatutos – artigo 164.º/1 – sendo responsáveis pela sua violação. Segundo esse preceito, aplicam-se, subsidiariamente, as regras do mandato[2445]. Veremos como esta matéria pode ser construída, em face do Direito português.

2445 Muitos lugares de administração de associações são exercidos em termos gra-

IV. A natureza do vínculo que une os órgãos à pessoa coletiva a que pertençam já levantou dúvidas[2446]. Frente a frente, duas teorias: a teoria orgânica e a teoria da representação. Segundo a teoria orgânica, os órgãos seriam parte da pessoa coletiva, constituindo um dos seus elementos; segundo a teoria da representação, eles operariam como uma realidade exterior, dotada de poderes de representação, em função de um vínculo a tanto direcionado. Com reflexos práticos: pela teoria orgânica, a pessoa coletiva responderia pelos atos dos titulares dos órgãos, ao passo que pela da representação, isso só sucederia quando a qualidade de representante fosse atuada. Hoje ganha corpo uma ideia de responsabilidade que transcende a mera representação: veja-se o artigo 165.°.

Além disso, os progressos na construção normativa da pessoa coletiva, designadamente a ideia de que ela é um regime – o tal *modo coletivo* de atuação jurídica – mostram claramente que os órgãos – ou, mais latamente, a organização – são elementos próprios da pessoa coletiva. Domina, pois, a doutrina orgânica, embora o problema seja cada vez menos referido.

244. Os titulares dos órgãos e a responsabilidade

I. Qual é a natureza do vínculo que une o titular de um órgão à pessoa coletiva a que este pertença? Trata-se de uma questão debatida há cerca de dois séculos, no que tange aos titulares de órgãos das sociedades comerciais, particularmente aos administradores de sociedades anónimas. As doutrinas aí desenvolvidas[2447] são aplicáveis às associações e às fundações. Aliás, o artigo 164.° teve a sua origem, através do Código Civil

tuitos; por isso, os seus titulares pensam não poder ser responsabilizados, desde que não se apropriem de nada. Não é assim. A questão levantou problemas na Alemanha. Uma nova Lei, em vigor desde 3-out.-2009, veio limitar essa responsabilidade: quando o lugar seja gratuito e os administradores não recebam, para despesas, mais de € 500 por ano, só respondem por dolo ou por negligência grosseira: um regra que se aplica, também, às fundações. *Vide* Ulrike Unger, *Neue Haftungsbegrenzungen für ehrenamtlichtätige Vereins- und Stiftungsvorstände*, NJW 2009, 3269-3273 (3270/I).

[2446] Manuel de Andrade, *Teoria geral* cit., 1, 118 ss. e Carvalho Fernandes, *Teoria geral* cit., 1, 6.ª ed., 612 ss..

[2447] Quanto a esta matéria e às indicações que a sustentam cf. os nossos *Direito das sociedades*, 1, 3.ª ed, 839 ss. e *Da responsabilidade civil dos administradores* cit., 335 ss..

italiano – artigo 18.º – no Direito comercial. Vamos limitarmo-nos a referir o essencial.

II. Frente a frente temos três teorias básicas: a teoria contratual, a teoria unilateral e a teoria da designação e emprego.

Segundo a teoria contratual, haveria um contrato entre a pessoa coletiva considerada e o titular do seu órgão, contrato esse que lhe asseguraria os poderes de representação e de gestão. Esse contrato foi, inicialmente, tomado como um mandato e, mais tarde, como um "contrato de administração" ou figura contratual *sui generis*. Trata-se de uma orientação surgida em França, que fez carreira em Itália e que é muitas vezes aceite pelos comercialistas portugueses e, em seu seguimento, por alguma jurisprudência. Todavia, ela não responde a três questões: 1.ª como aparecem deveres legais que transcendem totalmente um contrato; 2.ª como derivar poderes de representação, quando se sabe, hoje, que o mero mandato é insuficiente para isso, sendo ainda necessária uma procuração; 3.ª como explicar a "relação de administração" em casos de manifesta ausência de contrato – p. ex.: o administrador judicial.

III. Segue-se uma teoria unilateral ou institucional. Segundo ela, a posição do administrador – ou, mais latamente, do titular de um órgão social – derivaria de um puro ato unilateral de designação. O visado deveria aceitá-lo, numa posição que não poderia ser reconduzida à comum aceitação de um contrato. A concessão de poderes de representação e de gestão seria puramente unilateral. O administrador retiraria os seus deveres das disposições legais ou estatutárias que tivessem aplicação. Esta orientação surgiu em França e na Alemanha, vindo, neste último País, a evoluir para a construção dualista da designação e emprego.

IV. Segundo a teoria da designação e emprego (*Bestellung* e *Anstellung*), também dita construção dualista, a posição do administrador derivaria de dois atos distintos: um ato unilateral de designação, praticado pela pessoa coletiva e do qual ele retiraria os poderes de representação e de gestão e um contrato de emprego, celebrado entre ambos e que permitiria definir os deveres e os direitos do administrador, entre os quais, sendo esse o caso, o direito à retribuição.

Trata-se de orientação pacífica, hoje, na Alemanha e que alguma doutrina (Ferrer Correia) já fez menção de transpor para o nosso País. Todavia, afigura-se-nos que ela não é funcional entre nós, dada a multiplicação de situações em que não há qualquer contrato.

V. Aproveitando a pesquisa já realizada no Direito comercial, vamos passar a tomar posição sobre o tema[2448]. Uma primeira constatação: a posição do titular de um órgão não pode ser definida com base no modo de provimento. Este pode advir de um contrato, de uma designação estatutária em que o designado seja mero terceiro, de uma deliberação associativa, de uma decisão administrativa, de cooptação ou, até, de decisão judicial. Além disso, esta variedade de fórmulas designativas inculca, ainda, que pode não haver qualquer contrato: ficam vitimadas, logo, as hipóteses contratualistas e, ainda, a construção dualista das *Bestellung/Anstellung*, porquanto esta última é, necessariamente, um contrato.

A posição do administrador caracteriza-se, pois, não pelo modo de designação, mas pelo conjunto de direitos e deveres que envolva. É um *status* (estado)[2449]. E os contornos desse *status* provêm da lei, dos estatutos, de deliberações associativas, de instruções legítimas ou de quaisquer outros fatores relevantes.

VI. Posto isto, cumpre ainda esclarecer que, embora exista toda uma variedade de meios suscetíveis de colocar um administrador no seu cargo, o modo paradigmático é o da designação unilateral, feita pela entidade competente. As outras formas operam como sucedâneos, tendo sempre essa matriz basilar em vista.

245. A administração: gestão e representação

I. Como foi referido, a lei prevê, para todas as pessoas coletivas, um órgão de administração, de natureza colegial. Conforme o tipo de pessoa coletiva, assim a configuração e o modo de designação a ter em conta. Interessa, contudo e seguindo a sistemática do Código Civil, apontar alguns aspetos genéricos.

[2448] Uma opção definitiva deve ter em conta o Direito positivo. Os civilistas alemães, no tocante à natureza da posição dos administradores das associações, propendem para a *Bestellung/Anstellung*, de acordo com os dados legais respetivos e quando operem; cf. Wolf/Neuner, *Allgemeiner Teil* cit., 10.ª ed., 176 e Reuter, *Münchener Kommentar* cit., 1, 7.ª ed., § 27.

[2449] *Supra*, 387 ss..

II. O poder fundamental da administração é o de gestão, isto é: o poder de dirigir os assuntos próprios da pessoa coletiva, tomando todas as decisões concretas necessárias e orientando a atividade para a prossecução dos fins da pessoa coletiva considerada.

O poder de gestão – que o Código Civil omite, embora pressupondo-o, pois é fundamental – abrange a possibilidade de praticar atos materiais da mais diversa natureza, de dar instruções internas e de praticar atos jurídicos, internos e externos.

III. A administração tem, ainda e em geral, o poder de representação. Trata-se de uma representação orgânica, porquanto lhe advém da simples pertença ao órgão coletivo que esteja em causa. De todo o modo, o vínculo de representação é, histórica, cultural e dogmaticamente, modelado pela representação voluntária, regulada nos artigos 258.º e seguintes.

A precisa determinação do poder de representar a pessoa coletiva depende dos estatutos – artigo 163.º/1. Normalmente, estes remetem para a administração, sendo que, por defeito, a solução é a da representação pela administração. O que bem se compreende: a gestão, para ser eficaz, deve ser apoiada em poderes de representação. O administrador é continuamente solicitado a praticar os mais diversos atos jurídicos perante terceiros, mal ficando que, a todo o momento, tivesse de recorrer a uma outra pessoa, como representante.

Seja como for, o artigo 163.º/1, *in fine*, admite que a própria administração possa designar representantes. Normalmente, isso sucede para determinados negócios específicos ou em situações nas quais os administradores designados sejam insuficientes para celebrar todos os negócios necessários[2450].

Do artigo 163.º/2 resulta um princípio da maior importância:

- a designação de representantes (em regra: os próprios administradores) feita pelos estatutos é oponível *erga omnes*; os estatutos gozam, com efeito, de uma especial publicidade, a que abaixo se fará referência[2451];
- a designação de representantes pela administração só é oponível aos terceiros que a conhecessem ou, em formulação preferível:

[2450] Pensamos nas associações de grande porte, que reúnam muitos milhares de associados.

[2451] *Infra*, 797.

é inoponível a terceiros de boa-fé ou terceiros que, sem culpa, a desconhecessem.

IV. Pergunta-se, depois, até onde vão os poderes de representação. A questão poderá confundir-se com a própria capacidade do ente coletivo considerado[2452]. Poderemos isolá-la, colocando-a noutros termos: o representante de uma pessoa coletiva representa-a para todos os efeitos admitidos em Direito ou pode ter poderes de representação limitados?

O artigo 19.º do Código Civil italiano, epigrafado "limitações do poder de representação" dispõe:

As limitações do poder de representação que não resultem do registo indicado no artigo 33.º, não podem ser opostas a terceiros, salvo quando se prove que eles tinham conhecimento delas.

Este preceito não foi, porém, transposto para o Código de 1966. Queda trabalhar com os princípios gerais.

O artigo 163.º/2 fixa a regra de que as "anomalias" na representação só são oponíveis a quem as conhecesse. O artigo 266.º/1, a propósito das modificações e da revogação da procuração, também só as considera oponíveis quando levadas ao conhecimento de terceiros por meios idóneos ou quando se mostre que eles delas tinham conhecimento, no momento das conclusões do negócio. Com base nestes afloramentos, queda retirar uma regra geral: as limitações introduzidas no poder de representação dos administradores ou de qualquer representante *ad hoc* só são oponíveis a terceiros que as conheçam ou, numa fórmula que retome o conteúdo ético da boa-fé, sempre presente: são inoponíveis a terceiros de boa-fé, ou seja, a terceiros que, sem culpa, a desconheçam[2453]. Esta solução vai ao encontro do prescrito no artigo 6.º/4 do Código das Sociedades Comerciais, com o qual deve ser harmonizada[2454].

2452 *Infra*, 729 ss..

2453 Discutível é a questão de saber se tais poderes de representação ultrapassam o requerido pelo escopo do contrato: um ponto que divide a doutrina alemã – *vide* Wolf/Neuner, *Allgemeiner Teil* cit., 10.ª ed., 172. Trata-se, porém, de um campo que se prende com a capacidade das pessoas coletivas, abaixo examinado.

2454 *Infra*, 738.

V. Numa pluralidade de administradores – aliás obrigatória – pergunta-se como funcionam a representação e a gestão. Em abstrato, temos duas orientações possíveis: o exercício conjunto ou o exercício isolado[2455]. Conjunto quando se requeira, para a prática de um ato, a intervenção de mais do que um administrador (ou de todos eles) e isolado quando um administrador, sozinho, possa agir. Quando os estatutos nada digam, o exercício é conjunto[2456].

246. A fiscalização

I. Segundo o artigo 162.º, os estatutos das pessoas coletivas devem prever um conselho fiscal, constituído por um número ímpar de pessoas, das quais uma é presidente. Quanto a associações, o artigo 171.º/1 dispõe que o conselho fiscal seja convocado pelo respetivo presidente e só possa deliberar estando presente a maioria dos seus membros. Funciona, em princípio, por maioria – *idem*, n.º 2.

A lei civil nada mais diz sobre o tema[2457].

II. A lacuna será colmatada pelos estatutos. No silêncio destes, há que recorrer às disposições aplicáveis no domínio das sociedades anónimas – artigos 413.º e seguintes do Código das Sociedades Comerciais e, especialmente, o artigo 420.º quanto à sua competência.

O problema da fiscalização interna das sociedades anónimas surgiu, ao longo do século XIX, à medida que o reconhecimento da sua personalidade jurídica se foi tornando automático e, portanto: à medida que se veio perdendo uma direta fiscalização do Estado[2458].

2455 Wolf/Neuner, *Allgemeiner Teil* cit., 10.ª ed. cit., 174.

2456 Recordamos o teor do artigo 408.º/1 do Código das Sociedades Comerciais, relativo a sociedades anónimas:

Os poderes de representação do conselho de administração são exercidos conjuntamente pelos administradores, ficando a sociedade vinculada pelos negócios jurídicos concluídos pela maioria dos administradores ou por eles ratificados, ou por número menor destes fixado no contrato de sociedade.

2457 Carvalho Fernandes, *Teoria geral* cit., 1, 6.ª ed., 638-639.

2458 Sobre esta evolução *vide* o *Direito das sociedades*, 1, 3.ª ed., 132 ss..

> Ora, nas pessoas coletivas civis – associações e fundações – o problema não se punha: conservou-se a regra da concessão administrativa da personalidade jurídica, de tal modo que se mantinha sempre uma pressão do Estado.
>
> Recentemente, tudo se modificou. O funcionamento de muitas pessoas coletivas, particularmente as associações, processa-se à margem do Estado, pelo que faz todo o sentido dotá-las de esquemas internos capazes de fiscalização.

A matéria é importante. Trata-se de todo um capítulo lacunoso, na lei civil. Ora, considerando o papel potencial que, neste domínio, o Direito das sociedades comerciais vem exercendo, não oferecerá dúvidas a aplicabilidade proposta, a verificar sempre, em concreto.

§ 51.º A CAPACIDADE E A ATUAÇÃO

247. O princípio da especialidade; origens

I. As pessoas têm capacidade jurídica: será a concreta medida de direitos e de obrigações de que sejam suscetíveis. No que toca às pessoas singulares, essa capacidade – ou capacidade de gozo – é plena: elas podem ser titulares da generalidade dos direitos admitidos pelo ordenamento e podem ficar adstritas à generalidade dos deveres que a ordem em causa conheça. Já quanto a pessoas coletivas, uma orientação com certa tradição, entre nós, pretende que a sua capacidade seja limitada pelo princípio da especialidade: ela (apenas) abrangeria os direitos e obrigações necessários ou convenientes à prossecução dos seus fins, segundo a fórmula do artigo 160.º/1.

Esse princípio da especialidade teve uma dupla origem, que importa conhecer.

II. Nos países anglo-saxónicos, a personalidade coletiva começou por surgir por outorga do Parlamento ou equivalente. Requeria-se uma lei específica, lei essa que definia a finalidade da entidade em criação e que fixava os poderes que, em consonância, lhe eram reconhecidos. Se, na atuação concreta, a entidade praticasse atos que sobreelevassem o acervo que lhe fora concedido, eles eram *ultra vires*: ultrapassavam as forças da própria entidade, não a vinculando[2459]. Em linguagem continental, podemos dizer que teria sido ultrapassada a sua capacidade de gozo.

Nos países latinos, particularmente em França, verificou-se um fenómeno diverso. Ao longo da Idade Média, iam sendo deixados bens a conventos e a ordens religiosas, entidades pioneiras no domínio da personalidade coletiva. Tais bens – em especial quando imóveis – saíam do mer-

[2459] Franklin A. Gevurtz, *Corporation Law* (2000), 21 ss..

cado normal: não mais eram transacionados, tinham uma produtividade que podia ser limitada e, além disso, não pagavam impostos, uma vez que ficavam envolvidos nos privilégios da Igreja. Eram os bens de *mão-morta*. Ao longo da História, os reis foram aprontando leis tendentes a limitar tais bens e, designadamente: sujeitando a prévia autorização régia a sua aquisição, pelas referidas entidades. Este estado de coisas ainda se refletia no Código Napoleão cujo artigo 910.º, versão original, dispunha:

> As disposições entre vivos ou por testamento, a favor de hospícios dos pobres de uma comuna ou de um estabelecimento de utilidade pública não produzirão efeitos enquanto não forem autorizadas por um decreto imperial.

Já as deixas à Igreja haviam sido proibidas, tendo-se procedido, ao longo da Revolução, à venda compulsiva dos seus bens.

Na sequência destas medidas, vamos encontrar, no Direito francês, uma referência a um princípio da especialidade, limitador da capacidade de gozo de (certas) pessoas coletivas, princípio esse em que, muitas vezes, é referido já sem uma menção às origens[2460].

III. Em Portugal, a preocupação de restringir a capacidade das pessoas coletivas prende-se, igualmente, ao problema dos bens de mão-morta e às leis de desamortização destinadas a evitá-los.

A primeira lei destinada a combater a acumulação dos bens nas corporações religiosas é de D. Dinis, datando de 10-jul.-1324[2461]. Outras medidas constam das Ordenações Manuelinas[2462], dispondo as Filipinas[2463]:

De muito longo tempo foi ordenado por os Reis nossos antecessores, que nenhumas Igrejas nem Ordens podessem comprar, nem haver em paga-

[2460] Ferid/Sonnenberger, *Das französische Zivilrecht* cit., 1/1, 2.ª ed., 374, Jean Carbonnier, *Droit civil/Les personnes* cit., 21.ª ed., 396 ss. e Mazeaud/Laroche-Gisserot; *Leçons de Droit civil/Les personnes* cit., I, 2, 8.ª ed., 353.

[2461] *Ord. Af.* II, tit. XIII = Ed. Gulbenkian, II, 174-176 (175), assim:

> 2. E porem mando, e defendo que os Clerigos, nem Hord~es nom comprem herdamentos, e aquelles herdamentos, que comprarem, ou fezerom comprar ataaqui pera fy, des que fui Rey, dou-lhes prazo, que os vendam defta Santa Maria d'Agofto ataa hũ anno; e fe os nõ venderem ataa efte prazo, percam-nos.

[2462] *Ord. Man.* II, tit. 8 = Ed. Gulbenkian, II, 27-33.

[2463] *Ord. Fil.* II, tit. 18 = Ed. Gulbenkian, II, 435-437.

mento de suas dividas bens alguns de raiz, nem per outro titulo algum os acquirir, nem possuir, sem especial licença dos ditos Reis, e acquirindo-se contra a dita defesa, os ditos bens se perdessem para a Corôa. (...)[2464].

Com o liberalismo, foram tomadas novas medidas. A Lei de 4-abr.-1861 ordenou a alienação dos bens das Igrejas e determinou a sua sub-rogação por títulos da dívida pública consolidada[2465]. A Lei de 22-jun.-1866 ampliou a desamortização aos bens imobiliários dos distritos, municípios, paróquias, misericórdias, hospitais, irmandades, confrarias, recolhimentos e quaisquer outros estabelecimentos pios, nacionais ou estrangeiros[2466].

A Lei de 28-ago.-1869 procedeu a novas ampliações[2467].

Na sequência de toda esta evolução[2468], o Código de Seabra veio estabelecer:

Artigo 34.º As associações ou corporações, que gosam de individualidade juridica, podem exercer todos os direitos civis, relativos aos interesses legitimos do seu instituto[2469].

Artigo 35.º As associações ou corporações perpetuas não podem, porém, adquirir por titulo oneroso bens imobiliarios, excepto sendo fundos consolidados; e os que adquirirem por titulo gratuito, não sendo d'esta especie, serão, salvas as disposições de leis especiaes, convertidos n'ella d'entro d'um anno, sob pena de os perderem em beneficio da fazenda nacional.

§ 1.º O que fica disposto na segunda parte d'este artigo, não abrange os bens immoveis, que forem indispensaveis para o desempenho dos deveres das associações ou corporações.

§ 2.º São havidas, para os effeitos declarados n'este artigo, como perpetuas:

1.º As associações ou corporações por tempo illimitado;

2.º As corporações ou associações, ainda que por tempo limitado, que não tenham por objeto interesses materiaes.

2464 *Idem*, corpo = 435/I.

2465 Carta de Lei de 4-abr.-1861 = COLP 1861, 155-157 (155).

2466 Carta de Lei de 22-jun.-1866, artigo 7.º = COLP 1866, 254-256 (255).

2467 Carta de Lei de 28-ago.-1869, artigo 1.º = COLP 1869, 394-395 (394).

2468 Cunha Gonçalves, *Tratado de Direito civil* cit., 1, 800-802 (802).

2469 Este preceito reproduz expressões do artigo 4.º da Lei de 4-abr.-1861; cf., ainda, Dias Ferreira, *Codigo Civil Annotado* cit., 1, 2.ª ed., 48.

Como se vê, o artigo 34.º limitava a capacidade "aos interesses legítimos do instituto", enquanto a conjugação do artigo 35.º, com o seu § 1.º e o seu § 2.º, n.º 2, impedia as associações não lucrativas de deter bens imóveis que não fossem indispensáveis para o desempenho dos seus deveres. Fechava-se, mesmo sem autoconsciência, o princípio da especialidade.

IV. Recolhendo e reformulando todas estas construções, Guilherme Moreira procede a uma interessante aproximação:

- por um lado, a ideia, ligada à doutrina *ultra vires*, de que operando o reconhecimento com vista aos interesses legítimos do seu instituto, a capacidade concedida não poderia ir mais além[2470];
- por outro, as restrições postas à aquisição de bens, por parte das *pessoas moraes*[2471].

Trata-se de considerações retomadas por Manuel de Andrade, que aproxima o princípio da especialidade e a doutrina *ultra vires*, de modo explícito[2472]. Outros autores deram o referido princípio como adquirido[2473].

248. Segue; a sua superação

I. O princípio da especialidade veio a perder os dois pilares histórico-dogmáticos em que assentava.

A partir de meados do século XIX, generalizou-se o sistema de reconhecimento automático da personalidade coletiva: reunidos os requisitos legais e procedendo-se às diligências requeridas – *maxime*, ao registo – a personalidade coletiva surge, de acordo com a iniciativa privada. Não há, por esta via, nenhum limite estrutural: nos limites legais, podem os interessados eleger os fins que entenderem, os quais podem ser prosseguidos por todos os meios lícitos. Introduzir, aqui, uma doutrina *ultra vires* vai só embaraçar o comércio jurídico, prejudicando as relações com terceiros.

2470 Guilherme Moreira, *Instituições de Direito civil* cit., 1, 316.

2471 *Idem*, 317.

2472 Manuel de Andrade, *Teoria geral* cit., 1, 123 ss..

2473 Assim Cabral de Moncada, *Lições de Direito civil* cit., 1, 3.ª ed., 428 = 4.ª ed. póstuma, 362-363.

Quanto ao problema da mão-morta e das desamortizações: ele é histórico. Infelizmente, já não se fazem deixas a instituições religiosas ou caritativas. De todo o modo, quando se pretenda evitar a concentração de imóveis em certas esferas jurídicas, leis especiais prescrevem-no[2474].

II. Nesta base, o princípio da especialidade não consta, já, do Código Civil italiano; este apenas previa, no artigo 17.º, a necessidade de autorização governamental para a aquisição de imóveis ou para a aceitação de heranças e legados, preceito esse que já foi revogado[2475]. Também a doutrina alemã da atualidade o ignora: salvas as limitações da natureza, as pessoas coletivas têm plena capacidade de gozo[2476].

O anteprojeto Ferrer Correia recolheu esta solução. Preconizava, quanto à capacidade das pessoas coletivas, o seguinte preceito[2477]:

> Salvas as excepções determinadas na lei, a capacidade das pessoas coletivas estende-se a todos os direitos e obrigações que, segundo a natureza das coisas ou a índole da sua disciplina legal não forem inseparáveis da personalidade singular.

Era o preceito correto. Infelizmente, ele veio a ser afastado nas revisões ministeriais, sem qualquer justificação conhecida e apenas em homenagem a um construtivismo conceitual.

III. A doutrina subsequente a 1966, confrontada com uma consagração legal tardia do princípio da especialidade, no artigo 160.º/1 do Código Civil, tentou minorar o seu alcance. O próprio Antunes Varela, responsável pelas revisões ministeriais, explica que o artigo 160.º/1, facultando os direitos e deveres *convenientes* à prossecução dos fins da pessoa coletiva, atenuou largamente o rigor da especialidade, chegando a uma solução

[2474] Por exemplo, segundo o artigo 112.º do RGIC, as instituições de crédito só podem adquirir os imóveis necessários para as suas instalações, salvo autorização do Banco de Portugal.

[2475] Pela Lei n.º 127, de 15-mai.-1997.

[2476] Wolf/Larenz, *Allgemeiner Teil* cit., 10.ª ed., 151, Medicus/Petersen, *Allgemeiner Teil* cit., 11.ª ed., Nr. 1099 (470-471) e D. Burhoff, *Vereinsrecht*, 9.ª ed. (2014), 35 ss..

[2477] Artigo 5.º, em Ferrer Correia, *Pessoas coletivas* cit., 248. O artigo 6.º do anteprojeto consignava, depois, as restrições tradicionais no tocante à "aquisição de bens imobiliários".

aparentemente mais ampla do que a do Código de Seabra[2478]. Carvalho Fernandes opta por um entendimento liberal do preceito[2479], enquanto Oliveira Ascensão considera praticamente impossível indicar categorias de atos que, em função do seu fim, uma pessoa coletiva não possa praticar[2480]. Pedro de Albuquerque, por fim, sujeita o princípio da especialidade a uma crítica definitiva[2481].

Uma tentativa de salvaguardar o princípio poderia provir de uma dupla compartimentação do seu conteúdo:

- não estaria em causa o fim de uma concreta pessoa coletiva, mas antes o de uma completa categoria de pessoas[2482];
- não estaria em causa um ato em si, mas antes uma categoria de atos, estranhos ao fim[2483].

Dir-se-ia, assim, que certa categoria de pessoas coletivas – p. ex., instituições de crédito – não se poderia dedicar a certas categorias de atos – p. ex., parceria pecuária. Mas não: por verosímeis que pareçam os exemplos que se encontrem, poderia sempre suceder que, em concreto, um ato estranho se mostrasse justificado. Apenas na base de leis específicas se torna possível limitar a capacidade das pessoas coletivas.

IV. O grande campo de eleição para as restrições à capacidade de gozo das pessoas coletivas é o dos atos gratuitos, que poderiam ser contrários aos fins da pessoa coletiva, particularmente se ela fosse uma sociedade. A doutrina tende a abandonar tais construções[2484].

Desde logo, ficam de fora os donativos conformes com os usos sociais: nem são havidos como doações – artigo 940.º/2. O artigo 6.º/2 do

[2478] Pires de Lima/Antunes Varela, *Código Civil Anotado* cit., 1, 4.ª ed., 165, numa consideração retomada por Mota Pinto, *Teoria geral* cit., 4.ª ed., 319 e Hörster, *A parte geral* cit., 390-391 (n.º 624).

[2479] Carvalho Fernandes, *Teoria geral* cit., 1, 6.ª ed., 600 ss. (605).

[2480] Oliveira Ascensão, *Teoria geral* cit., 1, 2.ª ed., 264; como este Autor explicara – *idem*, 263 –, uma sociedade comercial pode praticar beneficiência para melhorar a sua imagem, enquanto uma associação desportiva pode praticar atos de comércio, para aumentar o seu património.

[2481] Pedro de Albuquerque, *A vinculação das sociedades* cit., 1, 850 ss..

[2482] Carvalho Fernandes, *Teoria geral* cit., 1, 6.ª ed., 605.

[2483] Oliveira Ascensão, *Teoria geral* cit., 1, 2.ª ed., 264.

[2484] *Vide* Carvalho Fernandes, *Teoria geral* cit., 1, 6.ª ed., 604-605, ainda que de modo circunspecto.

Código das Sociedades Comerciais também considera não serem contrárias ao fim da sociedade "as liberalidades que possam ser consideradas usuais, segundo as circunstâncias da época e as condições da própria sociedade".

Vamos porém mais longe: e a doação verdadeira e pura ficará fora da capacidade de uma sociedade? E se os seus órgãos próprios, com todas as garantias legais, chegarem à conclusão que a doação acaba por ser vantajosa, a prazo, qual o papel do legislador, procurando intervir num ato de gestão hoje corrente, em todo o Mundo?

A prática de doações ou atuações *non profit* é, hoje, uma "indústria", por parte de instituições lucrativas e muito bem geridas. O próprio legislador consagra um Estatuto do Mecenato[2485], como modo de atrair certas doações. Nenhuma razão se visualiza para considerar as doações fora da capacidade de qualquer pessoa coletiva, mesmo tratando-se de uma sociedade. Em casos concretos, determinadas doações poderão ser inválidas: mas por força de regras específicas, que as proíbam[2486].

Resta concluir: o denominado princípio da especialidade não restringe, hoje, a capacidade das pessoas coletivas: tal como emerge do artigo 160.º/1, ele diz-nos, no fundo, que todos os direitos e obrigações são, salvo exceções abaixo referidas, acessíveis às pessoas coletivas.

249. **As limitações específicas: naturais, legais e estatutárias**

I. Como vimos, o chamado princípio da especialidade não tem, hoje, alcance dogmático. Não se infira, contudo e daí, que a capacidade de gozo das pessoas coletivas seja idêntica à das singulares. Ela pode sofrer diversas limitações. Vamos distinguir:

[2485] Aprovado pelo Decreto-Lei n.º 74/99, de 16 de março e alterado, por apreciação parlamentar, pela Lei n.º 160/99, de 14 de setembro e, depois e sucessivamente, pela Lei n.º 3-B/2000, de 4 de abril, pela Lei n.º 30-C/2000, de 29 de dezembro, pela Lei n.º 30-G/2000, de 29 de dezembro e pela Lei n.º 109-B/2001, de 27 de dezembro, pela Lei n.º 36/2004, de 8 de julho, ele foi revogado pela Lei n.º 53-A/2006, de 29 de dezembro; a matéria passou a ser vista pelo prisma dos benefícios fiscais. Por seu turno, o mecenato científico foi aprovado pela Lei n.º 26/2004, de 8 de julho, alterada pela Lei n.º 67-A/2007, de 31 de dezembro.

[2486] Assim, o exemplo da nulidade da doação feita pela sociedade a um dos sócios – Carvalho Fernandes, *Teoria geral* cit., 1, 6.ª ed., 606: ela impor-se-ia por via dos artigos 31.º e 32.º do CSC, relativo à distribuição de bens aos sócios e não por força de um limite à capacidade de gozo dos sócios.

– limitações ditadas pela natureza das coisas;
– limitações legais;
– limitações estatutárias;
– limitações deliberativas.

Esta destrinça é importante, uma vez que os regimes derivados da inobservância dos diversos pontos não são coincidentes.

II. Segundo o final do artigo 160.°/2, excetuam-se ao âmbito da capacidade de gozo das pessoas coletivas os direitos e obrigações "inseparáveis da personalidade singular". Trata-se, fundamentalmente:

– de situações jurídicas familiares ou sucessórias que, pela sua natureza, visam apenas pessoas singulares;
– de situações de personalidade, também centradas nas pessoas singulares: o direito à vida e à integridade física, o direito à saúde ou o direito ao sono;
– de situações patrimoniais, mas que pressupõem a intervenção de uma pessoa singular: a qualidade de trabalhador subordinado, por exemplo;
– diversas situações de Direito público, também destinadas a contemplar pessoas singulares: o direito ao voto, como exemplo.

Quando se trate de transpor para *modo coletivo* uma determinada norma, cabe verificar, pela interpretação, se ela não opera, apenas, em *modo singular*, contemplando direta e necessariamente pessoas singulares.

A violação de limitações impostas pela natureza das coisas implica a nulidade do negócio, por impossibilidade legal – artigo 280.°/1.

III. As limitações legais à capacidade de gozo das pessoas coletivas, referidas na primeira parte do artigo 160.°/2, têm uma natureza profundamente diferente das impostas pela natureza das coisas. O facto de não se acentuar esta clivagem tem sido fonte de confusões em toda a doutrina da capacidade de pessoas coletivas.

A referência, feita no artigo 160.°, a "... direitos e obrigações vedados por lei ..." é, tal como o princípio da especialidade, herdeira das antigas leis de desamortização, que visavam prevenir a acumulação de bens de mão-morta: mas herdeira tardia.

O Código Civil de 1966, na sua versão inicial, continha um artigo 161.º, epigrafado "alienação e aquisição de imóveis" que, de certa maneira, desenvolvia a locução "vedados por lei". Segundo o n.º 1 desse preceito, as pessoas coletivas podiam adquirir livremente bens imóveis a título gratuito. O n.º 2 sujeitava, porém, a autorização do Governo, "... sob pena de nulidade ..." a aquisição de imóveis a título oneroso, bem como a alienação ou oneração a qualquer título".

Como se vê, a intervenção legislativa era bastante tímida, porquanto permitia as aquisições gratuitas: o grande problema que levara a sucessivas intervenções dos Reis de Portugal, acima referidas. Essa permissão já tinha, porém, pouco significado, uma vez que a materialização dos costumes pôs cobro ao hábito de doar ou deixar por morte bens à Igreja ou a instituições benemerentes. Em compensação, a fiscalização do Governo sobre as operações imobiliárias onerosas das pessoas coletivas era total: quer a aquisição, quer a alienação, quer a simples oneração dependiam de autorização governamental. O artigo 161.º veio a ser revogado pelo Decreto-Lei n.º 496/77, de 25 de novembro: embora o preâmbulo deste seja omisso quanto a tal revogação, parece-nos claro que ela ficou a dever-se à restrição ao direito de livre associação, que representava. Antunes Varela manifestou-se surpreendido, por entender que a medida ia ao arrepio da feição coletivista da Constituição de 1976[2487].

Se bem atentarmos, não há aqui um verdadeiro problema de (in)capacidade: há, sim, uma proibição legal. Pode acontecer que a prática de determinado negócio se inscreva, perfeitamente, nas finalidades coerentes de certa pessoa coletiva (ou de certa categoria de pessoas coletivas) mas que, não obstante, o legislador proíba a sua celebração. Pode ainda suceder que o legislador proíba um ato e, depois, o venha, sucessivamente, a permitir e a proibir de novo: não corresponderia a uma Ciência do Direito harmónica e estável considerar que a capacidade de gozo de certa sociedade se modificou, sucessivamente, ao abrigo de alterações legislativas ...

Temos, ainda, um problema de aplicação de lei no tempo. Vamos supor que era permitida a livre aquisição de imóveis pelas sociedades de advogados e que uma lei superveniente a vinha proibir[2488]. Se se tratar

2487 Pires de Lima/Antunes Varela, *Código Civil Anotado* cit., 1, 4.ª ed., 166.

2488 De acordo com o Direito anterior – artigo 1.º/3 do Decreto-Lei n.º 513-Q/79, de 26 de dezembro – as sociedades de advogados só podia adquirir os bens *necessários* à atividade que constitui o seu objeto social.

de um problema de capacidade de gozo, a sociedade proprietária teria de, imediatamente, deixar de o ser, ficando o imóvel *nullius*: não faz sentido. Estando em causa – como está – uma proibição, ela só produziria efeitos para o futuro – artigos 12.º/1 e 12.º/2, 1.ª parte. Na hipótese de o legislador pretender mesmo que as sociedades de advogados deixem de ser proprietárias de imóveis, teria de o dizer de modo expresso, estabelecendo um regime transitório, com prazos e, sendo esse o caso, compensações.

Esta pequena hipótese ilustra que, na presença de proibições legais, é mesmo destas que se trata e não de uma falta de capacidade.

A inobservância das limitações legais à possibilidade de prática, pelas pessoas coletivas, de certos atos, conduz, em princípio, à nulidade do ato por violação de lei expressa (294.º) ou por ilicitude (280.º/1).

IV. Como terceira categoria de limitações específicas à atuação de pessoas coletivas temos as estatutárias. Podem os estatutos limitar, pela positiva, a atuação da pessoa coletiva a que respeitem à prática de certos atos ou, pela negativa, vedar-lhe a prática de determinados atos. As competentes disposições estatutárias limitam a capacidade de gozo da pessoa coletiva?

À partida: seguramente não. A capacidade de gozo é uma medida que acompanha automática e necessariamente a personalidade jurídica – ou esta já nada quererá dizer, salvo o estabelecer a maior confusão no espaço jurídico. Apenas a lei, seja pela técnica positiva das "pessoas rudimentares", seja pela negativa das proibições específicas, pode reduzir o campo de ação das pessoas coletivas.

As limitações estatutárias são, assim, meras regras de conduta internas. Elas adstringem os órgãos da pessoa coletiva a não praticar os atos vedados, sem, contudo, limitarem a capacidade da sociedade. É, de resto, essa a solução do artigo 6.º/4 do Código das Sociedades Comerciais, cuja generalização às diversas pessoas coletivas não nos parece suscitar quaisquer dúvidas ou dificuldades.

A violação a esses limites estatutários conduz à anulabilidade prevista nos artigos 177.º e 178.º[2489] e com ressalva dos direitos de terceiros de boa fé.

[2489] Veremos, adiante, que esses preceitos devem ser interpretados restritivamente, quando estejam em causa certas violações de lei.

V. O mesmo regime deve ser aplicado às limitações deliberativas, isto é: as limitações que deliberações internas da própria pessoa coletiva ponham à prática, por ela, de certos atos. O desrespeito por tais deliberações responsabiliza o seu autor: a capacidade da pessoa coletiva mantém-se, porém, intacta.

250. A "capacidade de exercício"; a "representação"

I. Apenas para deixar o quadro dogmático básico das pessoas coletivas bastante esclarecido, cabe referir a sua "capacidade de exercício". De facto, a categoria "capacidade de exercício", só é aplicável às pessoas singulares. Visa, aí, retratar o problema dos menores, de interditos e dos inabilitados. Não faz qualquer sentido considerar as pessoas coletivas "feridas de incapacidades": a realidade é completamente diversa, tal como diferentes são as normas aplicáveis.

No Direito das pessoas coletivas não cabe contrapor a capacidade de gozo à de exercício: há, apenas, capacidade[2490].

II. Na mesma linha, os "representantes", já referidos[2491], não são verdadeiros representantes. Joga-se, apenas, a organização da pessoa coletiva: um dos seus elementos existenciais. Todavia e pelo modo próprio que o Direito civil tem de se desenvolver e de aproveitar quadros linguísticos e mentais já disponíveis, fala-se em representação (orgânica), decalcada, em muitos aspetos, das regras de representação voluntária.

251. A responsabilidade das pessoas coletivas

I. Segundo o artigo 165.º,

> As pessoas coletivas respondem civilmente pelos atos ou omissões dos seus representantes, agentes ou mandatários nos mesmos termos em que os comitentes respondem pelos atos ou omissões dos seus comissários.

2490 Com inevitáveis flutuações de linguagem, podemos considerar que a doutrina portuguesa se inclina nesse sentido; *vide* Carvalho Fernandes, *Teoria geral* cit., 1, 6.ª ed., 609 ss., onde podem ser confrontados outros autores.

2491 *Supra*, 725 ss..

O artigo 998.º/1 repete, à letra, esse preceito, aplicando-o às sociedades civis puras. Já o artigo 6.º/5 do Código das Sociedades Comerciais usa uma fórmula diferente:

> A sociedade responde civilmente pelos atos ou omissões de quem legalmente a represente, nos termos em que os comitentes respondem pelos atos ou omissões dos comissários.

A responsabilidade do comitente consta do artigo 500.º, enquanto a do representante deriva do artigo 800.º.

Adiantamos que estas fórmulas e remissões não são satisfatórias: revelam uma área em que a doutrina da personalidade coletiva está, ainda, incompleta. Todavia, se forem bem interpretadas, numa linha doutrinária em que é possível inscrever Manuel de Andrade e Oliveira Ascensão, poderemos colocar o Direito civil português dentro dos atuais parâmetros da responsabilidade civil das pessoas coletivas.

II. Numa fase inicial, as pessoas coletivas eram consideradas insuscetíveis de incorrer em responsabilidade civil[2492]. Mesmo ultrapassando a ideia da ficção e da não aplicabilidade analógica de normas e realidades ficciosas, quedavam dificuldades de fundamentação: a responsabilidade, depois de atormentada evolução, teria de se basear sempre na culpa; ora a pessoa coletiva não poderia ter culpa. Além disso, foi levantado um segundo obstáculo: sendo a pessoa coletiva "incapaz", ela teria sempre de se fazer representar. E os poderes de representação não se alargariam a atos ilícitos.

O primeiro avanço consistiria em estabelecer a responsabilidade civil das pessoas coletivas. Procedeu-se em duas fases: a da responsabilidade contratual e a da responsabilidade delitual ou aquiliana. Quanto à contratual, fácil foi demonstrar que a pessoa coletiva podia não cumprir as suas obrigações; seria mesmo injusto ilibá-la, nesse ponto, de responsabilidade, uma vez que isso iria provocar grave desigualdade nos meios económico-sociais. No tocante à aquiliana, a dificuldade era maior. Procedeu-se, então, à utilização do esquema da responsabilidade do comitente.

[2492] Tal era, como se referiu, a posição de Savigny, *System* cit., 2, § 94 (310-318).

A responsabilidade do comitente consta do artigo 500.º do Código Civil[2493]. Cumpre reter o seu teor:

> 1. Aquele que encarrega outrem de qualquer comissão responde, independentemente de culpa, pelos danos que o comissário causar, desde que sobre este recaia também a obrigação de indemnizar.
>
> 2. A responsabilidade do comitente só existe se o facto danoso for praticado pelo comissário, ainda que intencionalmente ou contra as instruções daquele, no exercício da função que lhe for confiada.
>
> 3. O comitente que satisfizer a indemnização tem o direito de exigir do comissário o reembolso de tudo quanto haja pago, excepto se houver também culpa da sua parte; neste caso será aplicável o disposto no n.º 2 do artigo 497.º.

O sentido da responsabilidade do comitente veio a originar várias teorias[2494], acabando a doutrina por se fixar na do risco: o comitente, por beneficiar de condutas alheias, deveria, também, correr o risco de elas se revelarem danosas: responderia, pois, objetivamente, isto é: mesmo sem culpa.

III. A solução de responsabilizar as pessoas coletivas, em termos aquilianos, pelos atos dos seus representantes e através do esquema da imputação ao comitente não era satisfatória: nem em termos jurídico-científicos, nem em termos práticos. Assim:

– em termos jurídico-científicos, verifica-se que o recurso à imputação do comitente está enfeudado à ideia de pessoa coletiva como "incapaz"; agiria através de comissários ou mandatários, cujos feitos apenas mediatamente se repercutiriam na sua esfera jurídica;

– em termos práticos, a imputação ao comitente equivale a meter de premeio mais uns quantos requisitos; quer isto dizer que a pessoa coletiva acabaria por, no espaço jurídico-social, ter um tratamento diferenciado (mais favorável) do que as pessoas singulares; imagine-se, por exemplo, que o "representante" não tem culpa ou apresenta uma causa de justificação puramente pessoal: a pessoa coletiva potencialmente beneficiada com a sua atuação não responderia, em virtude do final do artigo 500.º/1; não pode ser.

[2493] *Tratado* VIII, 601 ss..
[2494] *Tratado* VIII, 617 ss..

Passa-se, pois, a uma terceira fase: a pessoa coletiva responde diretamente pelos atos ilícitos dos titulares dos seus órgãos, desde que tenham agido nessa qualidade.

IV. A solução da responsabilidade direta da pessoa coletiva pelos atos dos seus órgãos é a solução pacífica na Alemanha: tal a saída consignada no § 31 do BGB[2495]. Costuma-se dar a seguinte explicação: pelo Direito alemão, a responsabilidade do comitente, consignada no § 831 do BGB, é fraca: permite, ao mesmo comitente, eximir-se à responsabilidade pelas regras da *culpa in eligendo*, isto é, provando que pôs na escolha do comissário todo o cuidado requerido. Ora admitir tal esquema no campo das pessoas coletivas equivaleria a uma potencial desresponsabilização em larga escala. Todavia, a solução latina (portanto: sem *culpa in eligendo*) não dá, ao contrário do que se lê em livros de doutrina alemã, uma completa solidez à responsabilidade das pessoas coletivas: há outros requisitos a ter em conta.

Em França deu-se uma viragem favorável a essa mesma responsabilidade direta. Após a reforma das sociedades de 1966, que suprimiu a referência aos "mandatários", adotou-se a teoria orgânica[2496]. Os feitos perpetrados pelos titulares repercutem-se diretamente na pessoa coletiva, responsabilizando-a, se esse for o caso[2497].

Em Portugal, a responsabilização direta das pessoas coletivas, por atos dos seus órgãos, foi defendida por Manuel de Andrade, em termos cuidadosos e convincentes[2498]. Um tanto na mesma linha, Ferrer Correia, no seu anteprojeto – artigo 7.º – distinguiu a responsabilidade da pessoa coletiva pelos atos e omissões "dos seus representantes estatutários", que era direta e a resultante de atos e omissões "de seus agentes e mandatários", que seguia os meandros da responsabilidade dos comitentes[2499]. Infelizmente, esta contraposição perdeu-se nas revisões ministeriais. O artigo 165.º uniformiza, sob a imputação ao comitente, os atos ou omissões dos "represen-

[2495] Wolf/Neuner, *Allgemeiner Teil* cit., 10.ª ed., 177 ss. e, com imenso material, Dieter Reuter, *Münchener Kommentar* cit., 1, 7.ª ed., §31. Quanto às associações, Stöber//Otto, *Handbuch* cit., 11.ª ed., 291 ss., Sauter/Schweyer/Waldner, *Der eingetragene Verein* cit., 19.ª ed., 173 ss. e Reichert, *Handbuch* cit., 13.ª ed., 626 ss. No tocante à história do § 31 do BGB: Detlef Kleindiek, *Deliktshaftung und juristische Person/Zugleich zur Eigenhaftung von Unternehmensleitern* (1997), XXIII + 510 pp. (206 ss.).

[2496] Ferid/Sonnenberger, *Das französische Zivilrecht* cit., 1/1, 2.ª ed., 377.

[2497] Carbonnier, *Droit civil/Les personnes* cit., 21.ª ed., 405 ("... é uma responsabilidade direta e não uma responsabilidade por facto alheio ...").

[2498] Manuel de Andrade, *Teoria geral* cit., 1, 131 ss. (138 ss.).

[2499] Ferrer Correia, *Pessoas coletivas* cit., 249.

tantes, agentes ou mandatários". Deu, assim, azo às confusões subsequentes. Com uma agravante: contagiou as próprias sociedades comerciais, como se alcança do artigo 998.º/1 e do artigo 6.º/5 do Código das Sociedades Comerciais, já citados.

V. Perante o teor literal do artigo 165.º, reforçado, para mais, pelo artigo 6.º/5 do Código das Sociedades Comerciais, que fala em "quem legalmente a represente", a doutrina tem sido levada a pensar que, para efeitos de responsabilidade civil aquiliana, a pessoa coletiva é um "comitente", sendo o seu órgão um "comissário", de modo a aplicar o artigo 500.º[2500]. Concretizam-se os óbices jurídico-científicos e práticos, acima referidos. Há que procurar uma solução alternativa: fácil, de resto, uma vez que beneficiamos da doutrina de Manuel de Andrade e das de outros países, que se viram na situação de fazer evoluir o seu pensamento, na matéria.

A pessoa coletiva é uma pessoa. Logo, ela pode integrar, de modo direto, "aquele que com dolo ou mera culpa ...", referido no artigo 483.º, do Código Civil. A culpa – um juízo de censura! – é-lhe diretamente aplicável: nada tem a ver, na conceção atual, com situações de índole psicológica. O artigo 165.º[2501] não se prende com a responsabilidade das pessoas coletivas por atos dos seus órgãos: antes dos seus representantes (voluntários ou "legais", porquanto nos termos da *lei*[2502]) eventualmente constituídos para determinados efeitos, dos seus agentes e dos seus mandatários[2503]. E aí já fará sentido apelar para a imputação ao comitente.

O Código Civil dá-nos, ainda, um argumento sistemático, que depõe no mesmo sentido[2504]. O artigo 164.º/1 fala em obrigações e responsabilidade dos "titulares dos órgãos das pessoas coletivas": expressão correta, dentro do prisma da "representação" orgânica. Assim, quando o artigo 165.º

[2500] Pires de Lima/Antunes Varela, *Código Civil Anotado* cit., 1, 4.ª ed., 167-168 e Carvalho Fernandes, *Teoria geral* cit., 1, 6.ª ed., 616 ss. (619).

[2501] Que não tem correspondente no Código Civil italiano; também aí a responsabilidade das pessoas coletivas é direta.

[2502] Como modo de ultrapassar o artigo 6.º/5 do CSC: este preceito é inexplicável, em 1986 (data do Código), tendo a ver com a falta de cuidado na sua revisão.

[2503] Tal a posição de Oliveira Ascensão, *Teoria geral* cit., 1, 2.ª ed., especialmente 275 e 276, que merece aplauso.

[2504] Trata-se de uma ideia inicialmente apresentada por Marcello Caetano, *As pessoas coletivas no novo Código Civil português*, O Direito 99 (1967), 85-110 (104) e retomada por Oliveira Ascensão, *Teoria geral* cit., 1, 2.ª ed., 276.

refere os representantes das pessoas coletivas, não pode querer dizer os mesmos "titulares dos órgãos"; será uma realidade diferente e, designadamente: os representantes voluntários, expressamente escolhidos para a conclusão de um contrato ou para qualquer outro efeito[2505].

Apenas nas pessoas coletivas públicas – num preceito cuja constitucionalidade é discutível – a responsabilidade teria de se efetivar com a intervenção do esquema da comissão, dado o teor do artigo 501.º.

252. O exercício de atividades comerciais

I. As pessoas coletivas regidas pelo Código Civil, mais propriamente as associações e as fundações, não têm por fim o lucro: dos associados, no primeiro caso (157.º) e, em geral, no segundo (188.º/1). Trata-se, aliás, de um aspeto que mereceria reforma: ele corresponde à velha (mas criticável) ideia nacional de que a busca do lucro e o êxito económico são condenáveis.

Tecnicamente, as associações e as fundações não são consideradas comerciantes. Podem, porém, praticar atos de comércio e desenvolver atuações lucrativas[2506]. É mesmo desejável que assim suceda, sob pena de deverem viver de donativos, sendo improdutivas.

II. O fundamento jurídico do exercício de atividades comerciais por parte das associações e fundações está, simplesmente, na sua capacidade jurídica tendencialmente plena: abrange tudo o que for necessário e conveniente para a prossecução dos seus fins, na linguagem do artigo 160.º/1. Ora quaisquer fins são convenientemente servidos com a obtenção de meios materiais que lhe possam ser afetos. Sucede, porém, que o exercício de várias atividades sensíveis está regulamentado: exigindo-se, designadamente, que a pessoa que a elas se dedique assuma a forma de sociedade anónima (caso dos bancos[2507]). Deparamos, nessa altura, com uma restrição legal expressa.

[2505] Alguma jurisprudência – assim STJ 21-abr.-2010 (Alves Velho), Proc. 642/04 – insiste em ignorar esta evolução, mantendo a responsabilidade indireta das pessoas coletivas, isto é, através da comissão. Isso deve-se ao permanente hábito e (apenas) consultar o *Código Anotado* de Pires de Lima/Antunes Varela.

[2506] *Direito comercial*, 4.ª ed., 282 ss..

[2507] *Direito bancário*, 6.ª ed., 1133 e *passim*.

III. A capacidade tendencialmente plena de que dispõem as pessoas coletivas habilita-as a exercer atividades comerciais: diretamente, através de um estabelecimento adequado[2508] ou indiretamente, participando em sociedades comerciais que detenham tal estabelecimento. Esta última possibilidade é, hoje, muitas vezes usada por associações de grande porte, como modo de prestar bens e serviços em condições favoráveis, aos seus associados[2509].

[2508] *Vide*, quanto às fundações, a bibliografia referida no nosso *Direito comercial*, 4.ª ed., 283.

[2509] É o caso, entre nós, de associações como o *Automóvel Club de Portugal*, à semelhança de congéneres de outros países, como o ADAC alemão.

§ 52.º A FORMAÇÃO; AQUISIÇÃO DE PERSONALIDADE

253. Os modos de aquisição e a sua evolução

I. A aquisição de personalidade coletiva conheceu, ao longo da História, vários modos de concretização. Todos eles deixaram rastos no Direito atual. Cabe conhecê-los. Existe uma flutuação terminológica marcada que, por vezes, esconde imprecisões quanto às realidades de base. Vamos, por isso, fixar a terminologia[2510]. Assim, a aquisição poderá:

– advir de outorga do Estado;
– provir de concessão estadual;
– resultar de reconhecimento individual;
– emergir de reconhecimento automático ou normativo;
– derivar das próprias partes interessadas.

Esta sequência, mais ordenadora do que classificatória, corresponde a uma evolução histórica.

As primeiras grandes companhias, que estão na origem das atuais sociedades anónimas e às quais se deve o desenvolvimento da dogmática da personalidade coletiva, surgiram no século XVII e tinham fins de exploração colonial[2511]. Tais companhias tinham, na altura, algo de anómalo: dispunham de poderes de autoridade, podendo, designadamente, ter forças armadas próprias, realizar recrutamentos militares compulsivos, fazer a guerra e levantar certos impostos. Em tais condições, a sua constituição representava um ato de especial solenidade, praticado pelo Estado, normalmente com

[2510] *Vide*, para diversas ordenações de denominações da matéria, Cabral de Moncada, *Lições de Direito civil* cit., 1, 3.ª ed., 409 ss. = 4.ª ed. póst., 347 ss., Manuel de Andrade, *Teoria geral* cit., 1, 63 ss., Oliveira Ascensão, *Teoria geral* cit., 1, 2.ª ed., 249 ss. e Carvalho Fernandes, *Teoria geral* cit., 1, 6.ª ed., 443 ss..

[2511] Com bibliografia: o nosso *Da responsabilidade civil dos administradores* cit., 77 ss..

força de lei: era o *Oktroi*, carta de outorga ou, simplesmente, outorga legislativa[2512]. A outorga compreendia os estatutos, com todo o regime legal aplicável e os privilégios reconhecidos ao novo ente. Repare-se que, na altura e na falta de tais diplomas, nem havia Direito comum aplicável. Também entre nós foram outorgadas companhias coloniais, com relevo para as iniciativas pombalinas[2513]. Como exemplo significativo temos o alvará de 7-jun.-1755, relativo à Companhia Geral do Grão-Pará e Maranhão, com larguíssimas prerrogativas e privilégios, incluindo o de nobilitar quem a ela aderisse[2514]. Atualmente, este sistema de outorga encontra rastos no campo do Direito Constitucional público; veja-se, por exemplo, o procedimento relativo aos estatutos político-administrativos das regiões autónomas, que embora elaborados pelas assembleias legislativas regionais, acabam por ser discutidos e aprovados na Assembleia da República – artigo 226.º da Constituição.

Num segundo momento, a personalidade já pertencia aos quadros jurídicos do ordenamento considerado. Certas leis-quadro passaram a reger os seus parâmetros e os modos e condições de constituição. Todavia, o aparecimento de uma pessoa coletiva continuava a ser sentido como uma alteração da ordem jurídica preexistente: apenas um ato do Estado, de feição formalmente legislativa, poderia ter tais efeitos. É o sistema da concessão, que vigorou na primeira metade do século XIX, no tocante a sociedades anónimas[2515]. A concessão era, muitas vezes, acompanhada de regimes de exceção, assim se aproximando da outorga[2516]. Encontramos marcas deste esquema na aprovação, por Decreto-Lei, de institutos e empresas públicas, com regras que ultrapassam o regime comum.

No terceiro momento ocorre um esquema de reconhecimento específico. Desta feita, existe já um Direito das pessoas coletivas, que estabelece o regime aplicável às que se constituam. Todavia, a aquisição de personalidade coletiva exige um ato administrativo individualizado, dirigido

[2512] Ficou célebre, pelo pioneirismo e pela influência subsequente, o *Oktroi* da *Oost-Indische Compagnie* holandesa, de 20-mar.-1602, cujo texto pode ser confrontado em Karl Lehmann, *Die geschichtliche Entwicklung des Aktienrechts bis zum Code de Commerce* (1895), § 3.º.

[2513] Em especial, Rui Manuel de Figueiredo Marcos, *As companhias pombalinas/ /Contributo para a história das sociedades por acções em Portugal* (1995), bem como o nosso *Da responsabilidade civil* cit., 187 ss..

[2514] *Collecção das Leys, Decretos, e Alvarás que comprehende o feliz, reinado del Rey fidelíssimo D. José o I nosso Senhor*, tomo I (1790), s/ind. página.

[2515] Distinguimos, assim, hoje e nesta base, a "outorga", da "concessão".

[2516] Tal a prática seguida, ao longo do século XIX, com as concessões de caminhos de ferro.

à entidade considerada. Trata-se do sistema do reconhecimento individual, próprio das sociedades anónimas, antes das reformas de meados do século XIX[2517] e das associações, antes de 1974[2518]. Ainda aqui temos várias possibilidades, abaixo referidas.

Finalmente, no termo da evolução, o reconhecimento é puramente automático, também dito normativo: verificadas certas circunstâncias e realizadas determinadas formalidades, exclusivamente dependentes dos particulares, a personalidade ocorre: é o atual esquema das sociedades comerciais[2519].

Podemos ainda referir um quinto sistema de aquisição de personalidade, historicamente contraposto a todos os outros: a personalidade adquire-se mercê da simples atuação dos interessados e independentemente de qualquer ato a tanto destinado. Seria o atual esquema das associações, salvo o que depois se dirá sobre a publicidade[2520].

II. De certo modo, a evolução histórica documenta uma caminhada para a personalidade coletiva: passou-se de uma situação inicial, de grande solenidade e exceção, a uma panorâmica em que a constituição de pessoas coletivas, mormente de sociedades, é quase um negócio de tipo corrente.

A outorga pelo Estado inscreve-se no topo da pirâmide: trata-se de um sistema que pressupõe uma atividade legislativa específica e a obtenção de uma pessoa coletiva que obedece a um ordenamento diferenciado. Encontramos, atualmente, apenas exemplos constitucionais e históricos.

III. A concessão continua a ser um esquema de privilégio. Simplesmente, ela opera num pano de fundo em que existe já um Direito comum das pessoas coletivas. Todavia, apenas um ato legislativo permite aceder a esse patamar.

O sistema da concessão é, curiosamente, ainda muito frequente, entre nós. Encontramo-lo:

– perante a constituição de institutos públicos e outras pessoas coletivas públicas, incluindo associações profissionais: as "ordens"[2521];

[2517] Entre nós: antes da Lei de 27-jun.-1867.

[2518] Decreto-Lei n.º 594/74, de 7 de novembro.

[2519] Artigo 5.º do Código das Sociedades Comerciais.

[2520] Artigo 158.º/1.

[2521] Em rigor, poderíamos distinguir entre as ordens mais antigas, que foram inicialmente constituídas como associações e só mais tarde foram "formalizadas" como asso-

– perante a constituição de empresas públicas, quer anteriores a 25-abr.-1974 – por exemplo, os CTT, aprovados pelo Decreto-Lei n.º 49 368, de 10 de Novembro de 1969 – quer as (muito numerosas) que se formaram, depois dessa data e em consequência das nacionalizações de 1975 – por exemplo, a Petrogal;
– perante a constituição de sociedades anónimas de capital detido exclusiva e definitivamente pelo Estado – caso da Caixa Geral de Depósitos, SA, aprovada pelo Decreto-Lei n.º 287/93, de 20 de Agosto – ou destinadas a ulterior privatização – por exemplo, a PETROGAL, SA, provinda do Decreto-Lei n.º 103-A/89, de 4 de abril;
– perante a constituição de fundações – por exemplo, a Fundação Aga Khan Portugal, aprovada pelo Decreto-Lei n.º 27/96, de 30 de março, com alterações subsequentes.

Deve notar-se que, por vezes, a concessão é utilizada quando bastaria um reconhecimento individual ou, até, um reconhecimento normativo. Quando a lei exija um esquema menos pesado, nenhuma dificuldade existirá em recorrer a uma forma mais solene e mais complexa. De todo o modo, a prática, por vezes seguida de fazer aprovar por decreto-lei entidades que careceriam de mera escritura pública levanta, depois, dúvidas de interpretação e, designadamente, sempre que ocorram desvios em relação à lei geral[2522].

IV. O reconhecimento individual pressupõe a aquisição por ato administrativo da entidade competente. Era o caso paradigmático do artigo 158.º, texto original, do Código Civil:

> 1. As associações e fundações adquirem personalidade jurídica pelo reconhecimento, salvo disposição especial da lei.

ciações públicas, por diploma do Estado (caso da Ordem dos Advogados) e aquelas que surgiram *ex nihilo*, por intervenção legislativa.

2522 Trata-se de uma particularidade bem nacional e que dificulta, por exemplo, a dogmática das empresas públicas. Segundo o artigo 4.º/2 do Decreto-Lei n.º 260/76, de 8 de abril, que promulgara o regime geral das empresas públicas, estas deveriam ver os seus estatutos aprovados por decreto simples. A prática subsequente foi, porém, a da sua aprovação por decreto-lei. Desse modo, qualquer disposição não coincidente, do Decreto-Lei n.º 260/76, dever-se-ia ter como automaticamente afastada.

2. O reconhecimento é individual e da competência do Governo, ou do seu representante no distrito quando a atividade da associação ou fundação deva confinar-se na área dessa circunstância territorial.

Temos duas possibilidades. O reconhecimento poderia ser prévio (autorização[2523]), ficando condicionado à prática, pelos interessados, de atos ulteriores. Mas poderia ser subsequente, surgindo como o último ato de uma tramitação destinada à personalização. Esta última modalidade, que permitia uma melhor fiscalização, merecia a preferência do legislador.

O reconhecimento individual postula, ainda, outra possível subdivisão: podia ser vinculado ou discricionário. Vinculado quando, reunidos determinados requisitos fixados por lei, ele não pudesse deixar de ocorrer. Era, um tanto, a solução do anteprojeto Ferrer Correia, relativo às associações, segundo cujo artigo 15.°/2[2524],

> O reconhecimento só deixará de ser concedido quando o fim da associação for contrário à ordem pública.

O reconhecimento individual seria discricionário quando a entidade para o efeito competente pudesse apreciar livremente a oportunidade de surgimento daquela pessoa coletiva. Na base desta margem de livre-arbítrio, a Administração do Estado Novo evitava o surgimento de partidos políticos.

V. O reconhecimento automático ou normativo corresponde a uma postura do executivo de não intervir na constituição de pessoas coletivas. Ele vem consagrar a liberdade de associação e a liberdade de iniciativa económica, consoante se reporte a associações ou a sociedades. A pessoa coletiva vai, em qualquer caso, produzir efeitos perante terceiros. Por isso, o reconhecimento automático requer formalidades claramente percetíveis, de modo que se tenha por certo o aparecimento da nova entidade. Tal o caso do artigo 5.° do Código das Sociedades Comerciais, que faz corres-

[2523] A autorização poderia, ainda, ser um ato policial que legitimasse as iniciativas subsequentes, sem ter a ver com a aquisição da personalidade; *vide* Manuel de Andrade, *Teoria geral* cit., 1, 66-67.

[2524] Ferrer Correia, *Pessoas coletivas* cit., 252.

ponder a aquisição de personalidade jurídica com a realização do registo definitivo.

VI. Finalmente, teríamos a aquisição espontânea da personalidade jurídica, isto é: a constituição de pessoas coletivas por pura iniciativa dos particulares interessados.

Trata-se de uma eventualidade distinta de reconhecimento automático ou normativo por não haver, então, qualquer "reconhecimento", isto é: qualquer sinal do Estado tendente a afirmar ou, até, a constatar, a presença da pessoa coletiva. Durante séculos, as pessoas coletivas ou realidades que as antecederam surgiram e funcionaram na base da mera realidade social ou, se se preferir: por via consuetudinária. Apenas mais tarde o Direito do Estado recuperou o fenómeno.

Não obstante, ela vem surgir nos casos em que a personalização depende, apenas, do contrato social: tal o esquema que se entendia resultar dos artigos 108.° e 113.° do Código Comercial, hoje revogados pelo Código das Sociedades Comerciais, e, em parte, o das associações, perante o atual artigo 158.°/1[2525]. E tal será ainda o esquema das sociedades civis puras, na medida em que lhes seja reconhecida a personalidade jurídica plena[2526].

254. A positividade subjacente

I. A discussão sobre a necessidade e a justificação de um reconhecimento, normativo ou individual, faz parte do acervo clássico relativo às pessoas coletivas[2527]. A discussão tinha um plano político de efetivação, plano esse que, de resto, levava em regra à defesa do reconhecimento individual: tratar-se-ia de garantir o interesse público, de assegurar a idoneidade da pessoa coletiva em formação ou, simplesmente, de não enfraquecer a autoridade do Estado.

[2525] Em parte: visto o disposto no artigo 168.°/3, a plena oponibilidade das associações dependerá, ainda, da publicação do ato constitutivo e dos estatutos, a efetuar pelo notário. Trata-se de um último resquício que escapa ao controlo das partes interessadas.

[2526] *Infra*, 850 ss..

[2527] Manuel de Andrade, *Teoria geral* cit., 1, 65 ss..

Mas para além disso, movimentava-se um plano dogmático: de onde poderia a pessoa coletiva retirar as "forças" subjacentes à sua própria personalização?

II. A jurídica-positividade é sempre comunicada pelo Direito, fenómeno histórico-cultural exterior. A própria autonomia privada advém do reconhecimento normativo do poder jurígena dos particulares. Podemos considerar assente que a personalidade coletiva tem sempre a sua fonte no Ordenamento. Todavia, mantém-se a pergunta:

– a ordem jurídica associa a personalidade a determinadas iniciativas dos particulares;
– ou assistir-se-á, antes, a uma atuação do Estado nesse sentido?

No primeiro caso, a personalização adviria da autonomia privada; no segundo, das funções do Estado.

III. A resposta não é única, nem uniforme. Ambas as causas eficientes convivem, no Ordenamento. Apenas poderemos dizer que, em função do momento histórico atravessado, poderá prevalecer ora uma, ora outra, das duas vias de personalização.

Os sistemas da outorga, da concessão e do reconhecimento individual discricionário correspondem à personalização por atuação do Estado. O reconhecimento individual vinculado, o reconhecimento automático e a aquisição espontânea provêm da autonomia dos interessados. Estes, ainda que sob algumas formalidades, terão então o poder de passar ao *modo coletivo*, na gestão dos seus interesses, materiais ou outros.

IV. Não há nenhuma razão dogmática que obrigue a uma intervenção constitutiva do Estado. Ao contrário do que já foi defendido, a presença de uma pessoa coletiva não é uma novidade absoluta no espaço jurídico: uma anomalia que teria de ser contemplada por expressas previsões jurídico-estaduais. Trata-se, antes, de mais uma forma de atuação humana, aceite pelo Direito: a atuação no que temos vindo a chamar o *modo coletivo*.

255. A multiplicidade de atos de constituição

I. As pessoas coletivas podem constituir-se por formas muito diversas. Como já foi referido, algumas vêm à luz por diploma legal: assim sucede, designadamente, nos casos em que sejam atuados os regimes da outorga ou da concessão. De sublinhar que o recurso a lei material pode ocorrer mesmo perante a constituição de pessoas coletivas privadas.

Noutros casos, a fonte da pessoa coletiva é um negócio jurídico: unilateral ou contratual. Assim sucede, em regra, com as associações, as fundações e as sociedades. O princípio geral é o seguinte: quando a lei prescreva um negócio como forma de constituição, torna-se possível substituí-lo por uma lei; o inverso não é, naturalmente, possível.

II. No domínio das sociedades comerciais encontramos, por vezes, curiosas situações de miscegenação de fontes: estatutos aprovados por decreto-lei e que podem ser modificados por deliberações sociais ulteriores. Resta concluir que, nessa hipótese, conquanto que lei formal, o decreto-lei considerado tem, materialmente, a relevância de um negócio jurídico.

II. Retemos, de tudo isto, que as pessoas coletivas não se deixam surpreender pelas formas da sua constituição. Trata-se de conjunções complexas de situações jurídicas, às quais se pode aceder por diversas fontes. A matriz contratual impera nas sociedades. Nas restantes pessoas coletivas, haverá que ver, caso a caso. Por isso, iremos encontrar a matéria, separadamente, a propósito das associações, das fundações e das sociedades civis puras.

§ 53.° AS VICISSITUDES

256. O problema da parte geral; remissão

I. A dogmática básica das pessoas coletivas deveria prosseguir com o estudo das suas vicissitudes: ocorrências relativas à constituição, forma do ato constitutivo, modificações e extinção. Verifica-se, porém, que as regras aplicáveis, nesses domínios, a associações, a fundações e às sociedades civis puras são bastante distintas. À "parte geral" relativa a essa matéria ou apresentaria, na realidade, uma justaposição de três regimes ou redundaria em generalidades que teriam, depois, de ser precisadas, a propósito de cada tipo de pessoa coletiva.

II. Certas figuras apresentadas como gerais pelo Código Civil são, na realidade, matéria específica das sociedades e das associações. Assim sucede com o tema da responsabilidade dos administradores referido no artigo 164.°.

Procedemos, por isso, a uma remissão global para o estudo dedicado às pessoas coletivas em especial.

SECÇÃO V

O LEVANTAMENTO DA PERSONALIDADE COLETIVA

§ 54.° ORIGENS E EVOLUÇÃO DO LEVANTAMENTO DA PERSONALIDADE

257. Generalidades e terminologia

I. Os Direitos positivos modernos desinteressam-se pelos substratos das pessoas coletivas. Estas dependem, na sua constituição e na sua sobrevivência, de requisitos puramente formais: podem, pois, não apresentar qualquer significado social, económico ou humano. De todo o modo, sempre que encontre uma pessoa coletiva – com ou sem substrato – o Direito positivo passa a regular as situações a ela inerentes reportando-se-lhe como ente autónomo. Digamos que funciona em *modo coletivo*, atingindo as condutas singulares apenas através das regras complexas da personalidade coletiva e do seu funcionamento interno. Este dado é fundamental, na atual vida económica e social. As diversas ordens jurídicas, conscientes das larguíssimas vantagens para todos que isso acarreta, conferem a cada um a possibilidade de gerir os seus interesses diretamente ou pela intermeação de uma pessoa coletiva.

II. A possibilidade de agir por via de pessoas coletivas tem limites. Desde logo, estas não têm capacidade jurídica no tocante a situações exclusivas das pessoas singulares. Além disso, há normas proibitivas que impõem restrições. Finalmente, devemos contar com regras de tipo formal ou processual, sem o que o privilégio da personalidade coletiva não operará.

Em termos simplificados, adiantamos que a existência de pessoas coletivas permite limitar a responsabilidade patrimonial e isentar os administradores e agentes das consequências dos atos imputáveis do ente coletivo. A presença dos limites específicos implica que, por dívidas do ente coletivo, sejam chamadas a responder outras pessoas ou que certos atos não se repercutam totalmente na pessoa coletiva a que sejam formalmente imputados.

Vamos agora considerar *limites genéricos* à personalidade e, designadamente: a eventualidade de, sem normas específicas e por exigência do sistema, o Direito, em certas situações, passar do *modo coletivo* ao *modo singular*, ignorando a presença formal de uma pessoa coletiva. As diversas regras de fundo vão aplicar-se, de forma direta, ao substrato, pessoal ou patrimonial, da pessoa coletiva em causa[2528].

III. Encontramos, em primeiro lugar, um obstáculo terminológico. No Direito anglo-saxónico – mais propriamente, norte-americano – tem sido usado o termo *disregard of corporateness*: à letra: "desconsideração da personalidade". No alemão jurídico, elegeu-se a fórmula *Durchgriff* ou *Durchgriff bei juristischer Personen*, portanto: "penetração" ou "penetração nas pessoas coletivas". Ambas as traduções literais são, desde logo, deselegantes, na nossa língua.

De toda a forma, tem vindo a divulgar-se, entre nós[2529], o termo "desconsideração da personalidade coletiva", de acordo com a terminologia adotada no Brasil. Desde o momento em que uma expressão esteja consagrada, não vale a pena contrariá-la, mesmo quando imprópria: pense-se na locução "personalidade coletiva". Todavia, o instituto aqui em estudo é demasiado recente para que se possa, desde já, falar em consagrações terminológicas.

IV. "Desconsideração" não parece termo adequado. Para além da *inelegantia*, trata-se de uma fórmula anglo-saxónica afastada das nossas tradições. Além disso, tem um sabor pejorativo inadequado. Nós próprios, quando analisámos o tema pela primeira vez[2530], propuséramos,

[2528] Werner Flume, *Allgemeiner Teil des Bürgerlichen Rechts*, I/2 – *Die juristischen Person* (1983), 63.

[2529] Na sequência de Oliveira Ascensão (1986), ele próprio seguindo Lamartine Correia de Oliveira, *A dupla crise da pessoa jurídica* (1979), 294 ss..

[2530] Menezes Cordeiro, *Da boa fé no Direito civil* cit., 1232; a versão não comercial dessa obra foi publicada em 1984, tendo ficado concluída em 1983.

sob influência alemã, o termo "penetração" na personalidade jurídica[2531]. Mantém-se, porém, a *inelegantia*, sendo, além disso, a expressão excessivamente incisiva.

Hipótese primeira foi a preconizada por Inocêncio Galvão Telles, em escrito de 1973, mas publicado apenas em 1979: "superação" da personalidade jurídica[2532]. A fórmula é elegante. Simplesmente, "superar" transmite a ideia de remover um obstáculo, num epíteto que não pode ser aplicado à personalidade coletiva: esta não é um obstáculo, mas algo de perfeitamente regular, a afastar, apenas, em certos casos.

V. Por tudo isto, viemos a fixar-nos na fórmula "levantamento" da personalidade coletiva[2533]. Trata-se de uma locução neutra, conforme com o toar da língua portuguesa e que pode, convencionalmente, ser preenchida com qualquer significado jurídico.

258. Antecedentes alemão e norte-americano

I. O problema do levantamento, no Direito continental europeu, surgiu, historicamente, com o êxito das sociedades por quotas, criadas por genial intervenção do legislador alemão, em 1892[2534]. Até então, ou surgiam sociedades anónimas, rodeadas de cautelas internas e sujeitas a uma especial publicidade no seu funcionamento ou ocorriam sociedades de res-

[2531] Já em 1976, em obra a que, na altura, não tivéramos acesso, Orlando de Carvalho – *Teoria geral do Direito civil/Relatório sobre o programa, conteúdo e métodos de ensino* (1976), 46 – usara o termo "penetração". Este poderá, pois, reivindicar uma antiguidade superior à "desconsideração".

[2532] Inocêncio Galvão Telles, *Venda a descendentes e o problema da superação da personalidade jurídica das sociedades*, ROA 1979, 513-562 (537 e 555). Trata-se, ainda, da designação proposta por Carvalho Fernandes, *Teoria geral* cit., 1, 6.ª ed., 537 ss..

[2533] Menezes Cordeiro, *Do levantamento da personalidade coletiva*, DJ IV (1989/90), 147-161 (151), *Da responsabilidade civil dos administradores das sociedades comerciais* (1997), § 13.°, *O levantamento da personalidade coletiva no Direito civil e comercial* (2000), 103, *Direito das sociedades*, 1, 3.ª ed., 419 ss. e *Responsabilidade por informações dadas em juízo*, ROA 2004, 627-674.

[2534] O sentido e as vicissitudes desta inovação legislativa, em conjunto com diversa literatura, podem ser confrontadas em Menezes Cordeiro, *Da responsabilidade civil dos administradores* cit., 137 ss..

ponsabilidade ilimitada e, portanto: sociedades nas quais os sócios podiam ser chamados a responder com o seu próprio património.

As sociedades por quotas modificaram o panorama: permitiram a "democratização" da responsabilidade limitada. Mas com um preço: surgiam problemas delicados de tutela dos credores sociais, designadamente quando, sem publicidade, fossem ignorados determinados postulados do seu funcionamento.

II. Um dos problemas mais gritantes colocados pelo novo tipo societário da "responsabilidade limitada" era o da unipessoalidade. Quando a sociedade visse todas as suas quotas de capital reunidas numa única titularidade, como distinguir os direitos dela e os do sócio único? O problema foi discutido no *Reichsgericht* (o Tribunal Supremo alemão, antes de 1945), nos princípios do século XX.

Em decisão de 27-Out.-1914, o RG decidiu que "a sociedade por quotas, apesar da reunião, numa só mão, de todas as participações, mantém uma personalidade jurídica própria"[2535]. Trata-se de uma orientação conservada em 4-jun.-1915[2536] e em 21-jan.-1918[2537].

No primeiro pós-guerra, numa situação doutrinária e institucional muito diferente, o *Reichsgericht* – ou um dos seus senados – mudou de orientação. A propósito de uma sociedade unipessoal, o RG, em 22-jun.-1920, entendeu que podia ser responsabilizado o sócio único, declarando[2538]:

> O juiz deve dar mais valor ao poder dos factos e à realidade da vida do que à construção jurídica (...)

Na sua simplicidade, esta decisão é apontada como a certidão de batismo, no Continente, do levantamento da personalidade coletiva[2539] e isso mau grado só com Serick, trinta e cinco anos depois, lhe ter sido aposto um nome.

[2535] RG 27-out.-1914, RGZ 85 (1915), 380-384 (382).

[2536] RG 4-jun.-1915, RGZ 87 (1916), 18-26 (25).

[2537] RG 21-jan.-1918, RGZ 92 (1918), 77-87 (84).

[2538] RG 22-jun.-1920, RGZ 99 (1920), 232-235 (234).

[2539] De entre os primeiros autores que recolheram a jurisprudência sobre o levantamento – e isso quase 40 anos depois! – Ulrich Drobnig, *Haftungsdurchgriff bei Kapitalgesellsschaft* (1959), 25 ss.. *Vide*, também, Klaus Unger, *Der dingliche Durchgriff*, BB 1976, 290-294 (290/I) e Dietmar Benne, *Haftungsdurchgriff bei der GmbH insbesondere im Fall der Unterkapitalisierung* (1978), 3 ss..

A jurisprudência subsequente conheceria alguns recuos; mas sedimentou-se em torno da admissibilidade da figura[2540].

III. O *Reichsgericht*, sem qualquer apoio doutrinário, foi lançando, na prática, as bases da doutrina do levantamento. Um século antes, todavia, já o pensamento jurídico norte-americano dera passos num sentido semelhante. Embora a referência ao Direito norte-americano seja, no domínio do levantamento, um lugar-comum, as exatas origens desse fenómeno são pouco conhecidas. E são interessantes.

IV. O levantamento da personalidade coletiva remonta às próprias origens do ordenamento norte-americano, após a independência, nos finais do século XVIII. A Constituição Federal norte-americana limita, no seu artigo 3.º, 1, a jurisdição federal, entre outras, às controvérsias que surjam entre cidadãos de Estados diferentes. Punha-se o problema das pessoas coletivas: quando avocar, a seu propósito, a competência dos tribunais federais?

O *Chief Justice* Marshall, em 1809 e para preservar a jurisdição federal sobre as pessoas coletivas, explicou que[2541]:

> (...) was compelled to look beyond the entity "to the character of the individuals who compose the corporation".

Explica Wormser que, a partir daí, *the breach of the rampart had been made*. Ao longo do século XIX, multiplicaram-se as decisões – muitas vezes com base na boa-fé! – que, evitando situações nas quais uma pessoa coletiva era usada para prejudicar terceiros, especialmente os credores, se responsabilizavam as pessoas que agiam por seu intermédio e, designadamente, os sócios[2542].

V. O levantamento norte-americano tem pois, na sua origem, razões processuais e constitucionais. É ainda importante sublinhar que ele se radicou antes de o próprio conceito de pessoa coletiva estar bem confor-

2540 O nosso *O levantamento* cit., 105 a 107, com outros elementos.

2541 I. Maurice Wormser, *Piercing the Veil of Corporate Entity*, 12 Col. L. Rev. (1912), 496-518 (497); trata-se da doutrina expressa no caso *Bank of United States v. Deveaux*. Este e outros escritos de Wormser sobre o mesmo tema podem ser confron-tados no seu *Disregard of the Corporate Fiction and Allied Corporation Problems*, 1927, reimp., 2000.

2542 Wormser, *Piercing the Veil* cit., 498 ss., onde podem ser confrontadas diversas decisões ilustrativas.

mado[2543]. Nestas condições, toda a matéria do levantamento radica em fórmulas vagas: *disregarding the corporate fiction*, *piercing the corporate veil* ou *looking at the substance rather than at the form*[2544]. E vagos são o conteúdo e os pressupostos do levantamento. Vamos reter – no original inglês, dada a dificuldade de respeitar o tom, quando traduzido para línguas continentais – a fórmula de Ballantine:

> The use of the entity privilege of separate capacities is at all times subject to limitations of an equitable nature to prevent the privilege from being exercised or asserted for illegal, fraudulent or unfair purpose by those claiming under it, and courts of law and equity will interpose to prevent its abuse as the situation may require[2545].

Para Baker e Cary, o *disregard* impor-se-ia quando a pessoa coletiva fosse:

> *used to defeat public convenience, justify wrong, protect fraud, or defend crime*[2546].

VI. A doutrina lamenta a vaguidade do levantamento. A personalidade coletiva é, hoje, um princípio fundamental do ordenamento, ainda que não absoluto. O levantamento limita-a: mas a forma por que se exprime essa limitação surge pouco clara[2547].

[2543] Wormser, *Piercing the Veil* cit., 496, começa o seu estudo precisamente sublinhando que não há duas pessoas de acordo sobre o que sejam a *corporate entity* ou a *corporate personality*.

[2544] Henry Winthrop Ballantine, *On corporations* (1946), § 122 (292-293), citando diversas decisões. Cf. Ralph J. Baker/William L. Cary, *Cases and Materials on Corporations*, 3.ª ed. (1959), 374 e William L. Cary/Melvin A. Eisenberg, *Cases and Materials on Corporations*, 5.ª ed. (1980), 80 ss..

[2545] Ballantine, *On Corporations* cit., 292.

[2546] Baker/Cary, *Cases and Materials* cit., 3.ª ed., 374. *Vide* Hartwin Bungert, *Die GmbH im US-amerikanischen Recht – Close Corporation* (1993), 71.

[2547] Frank H. Easterbrook/Daniel R. Fischel, *Limited Liability and the Corporation*, 52 U. Chi. L. Rev. 89-117 (89) (1985); *vide*, aí, na nota 1, uma eloquente transcrição. Trata-se de representantes da escola de Chicago, seguidora do método da "análise económica" do Direito e, naturalmente: mais tranquilos perante a limitação de responsabilidade do que perante o levantamento; *vide* Günter H. Roth, *Zur "economic analysis" der beschränkter Haftung*, ZGR 1986, 371-382.

De todo o modo, os exemplos dados situam-se em áreas conhecidas, como a confusão de esferas[2548] ou a subcapitalização[2549]. A doutrina mais recente vem ampliando o espaço que concede ao levantamento, multiplicando as hipóteses da sua concretização[2550].

Poder-se-á considerar que, por definição, o levantamento deverá manter-se como fórmula indeterminada, capaz de acudir a eventualidades que, de todo, o legislador não possa prever cabalmente. Além disso, no espaço norte-americano, a personalidade coletiva tem uma acutilância conceitual menor do que a apresentada no Continente: o levantamento torna-se, pois, relativamente mais fácil. A divulgação, nas doutrinas românicas, do *disregard* norte-americano constituiria um fator importante, na implantação da nova doutrina[2551].

VII. Serick publicou, em 1955, um livro intitulado *Rechtsform und Realität juristischer Personen* – Forma jurídica e realidade das pessoas coletivas[2552] – que marcou o surgimento da atual doutrina continental sobre o levantamento. Depois de introduzir o problema, Serick veio apresentar as possibilidades de levantamento por abuso de forma jurídica de uma pessoa coletiva. A esse propósito, analisa, sucessivamente, a jurisprudência alemã[2553] e passa a analisar a doutrina americana do *disregard of legal entity*[2554]. Os problemas específicos postos por normas societárias foram, também, considerados[2555]. Numa segunda parte, Serick vai tratar problemas de aplicação e de interpretação de normas[2556], acabando por apresentar conclusões claras. E designadamente: o juiz deve abstrair da estrita separação entre os membros e a corporação, quando haja abuso da pessoa coletiva; há abuso quando, com recurso à pessoa coletiva, se contorne uma lei, se vio-

[2548] Ballantine, *On Corporations* cit., 294 ss..

[2549] Easterbrook/Fischel, *Limited Liability and the Corporation* cit., 113 ss..

[2550] Franklin A. Gevurtz, *Corporation Law* cit., 69-111, com múltiplos casos e indicações.

[2551] Martin Schöpflin *Die Durchgriffshaftung im deutschen und englischen Recht*, Fs Volker Beuthien 75, (2009) 245-265.

[2552] Mais precisamente: Rolf Serick, *Rechtsform und Realität juristischer Personen/ /Ein rechtsvergleichender Beitrag zur Frage des Durchgriffs auf die Personen oder Gegenstände hunter der juristischer Person* (1955), 244 pp., incluindo índices. Tratou-se de uma habilitação defendida na Faculdade de Direito de Tübingen.

[2553] Serick, *Rechtsform und Realität* cit., 5-53.

[2554] Serick, *Rechtsform und Realität* cit., 54-103.

[2555] Serick, *Rechtsform und Realität* cit., 104-118.

[2556] Serick, *Rechtsform und Realität* cit., 119-120.

lem deveres contratuais ou se prejudiquem fraudulentamente terceiros[2557]. A sede jurídica residiria na boa-fé, embora no fundo se assistisse à violação da própria personalidade coletiva[2558]. Serick refere, ainda, diversas possibilidades, como a ocorrência de comportamentos contraditórios[2559].

A pessoa coletiva também não deve ser usada para – ou abusada para – frustrar o escopo de uma norma ou de um negócio[2560]; também os escopos de regras dirigidas a pessoas singulares devem prevalecer[2561].

VIII. A influência de Serick foi muito grande. Reeditado[2562] e traduzido[2563], Serick tornou-se referência continental obrigatória, a propósito do levantamento.

É certo que determinadas passagens da sua obra, abaixo citadas, levariam a doutrina a considerar o seu pensamento como subjetivista e portanto: fazendo depender o levantamento de uma intenção abusiva do agente. Todavia, a leitura do seu livro revela que Serick já continha em embrião as demais orientações, tendo como que prefigurado a evolução ulterior do instituto.

259. A receção em Portugal

I. Em Portugal, o instituto do levantamento da personalidade coletiva foi acolhido por via doutrinária.

Tanto quanto sabemos, as primeiras referências surgidas na nossa literatura à necessidade de, em certos casos, ultrapassar a separação imposta pela personalidade coletiva entre patrimónios economicamente unidos deve-se a Ferrer Correia[2564]. Este Autor, estudando o problema das sociedades unipessoais, apela, para o efeito, à boa-fé e ao abuso do direito. Não chega a nominar qualquer instituto: Serick só escreveria passados sete anos! De todo o modo e graças a Ferrer Correia, o instituto do levantamento conta já, entre nós, mais de meio século.

2557 Serick, *Rechtsform und Realität* cit., 203.
2558 Serick, *Rechtsform und Realität* cit., 204.
2559 Serick, *Rechtsform und Realität* cit., 206.
2560 Serick, *Rechtsform und Realität* cit., 208.
2561 Serick, *Rechtsform und Realität* cit., 213; *vide*, também, a conclusão de p. 217.
2562 Mais precisamente, em 1980, mantendo-se o texto inalterado.
2563 Nomeadamente em italiano e em castelhano, o que assegurou a difusão das suas ideias no espaço latino.
2564 António Ferrer Correia, *Sociedades fictícias e unipessoais* (1948), *maxime* 325.

II. O levantamento – na versão alemã da penetração – foi depois, divulgado diversas vezes pela doutrina: a tal propósito recordamos os trabalhos já citados de Orlando de Carvalho[2565] e os nossos próprios[2566], além de uma referência implícita de Coutinho de Abreu[2567].

Independentemente de tais influências e levado pela necessidade de resolver corretamente outros problemas, Galvão Telles já havia proposto a utilização deste instituto, designando-o, como acima foi dito, "superação da personalidade jurídica"[2568]. Simões Patrício, em escrito de Direito da economia, admite a hipótese de um "abuso de personalidade coletiva"[2569].

III. Curiosamente – e num caso de refluxo da literatura brasileira sobre a doutrina nacional – a doutrina do levantamento foi incrementada pela obra, de certo excelente, de Lamartine Correia de Oliveira[2570]. Referida por Mota Pinto[2571], ela foi especialmente divulgada por Oliveira Ascensão[2572], daí advindo o termo "desconsideração".

Um pouco nesta linha, o levantamento foi objeto de uma dissertação de mestrado, de Pedro Cordeiro[2573], e de uma dissertação de doutoramento,

2565 Orlando de Carvalho, *Teoria geral do Direito civil/Relatório* cit. (1976), 46.

2566 Menezes Cordeiro, *Da boa fé* cit., 1232, particularmente com base nos estudos de Helmut Coing e, subsequentemente, em *Direito da economia*, 1 (1986), 224-226, *Do levantamento da personalidade coletiva*, 147-161, *Da responsabilidade civil dos administradores*, § 13.° e *O levantamento da personalidade coletiva* (todos já citados).

2567 Coutinho de Abreu, *Do abuso do direito/Ensaio de um critério em Direito civil e nas deliberações sociais* (1983), 105-106, embora sem denominar o instituto.

2568 Inocêncio Galvão Telles, no já citado *Venda a descendentes e o problema da superação da personalidade jurídica das sociedades*, ROA 1979, 513-562 (537 e 555), correspondendo a um escrito concluído em 1973.

2569 António Simões Patrício, *Curso de Direito económico*, 2.ª ed. (1981), 696 ss.

2570 Lamartine Correia de Oliveira, no já citado *A dupla crise da pessoa jurídica* (1979), 294 ss. e *passim*.

2571 Mota Pinto, *Teoria geral* cit., 4.ª ed., 141, nota 140.

2572 José de Oliveira Ascensão, *Lições de Direito comercial*, I – *Parte geral* (1986/87), 472 ss., e, depois, em escritos sucessivos: *Direito comercial*, IV – *Sociedades comerciais* (1993), 57 ss. e, por último, em *Direito civil/Teoria geral* cit., I, 2.ª ed., 318-321; este Autor mantém-se no plano da divulgação, não aprofundando o tema. No último local citado admite-se já, ao lado da "desconsideração" a expressão, porventura preferível, "superação".

2573 Pedro Cordeiro, *A desconsideração da personalidade jurídica das sociedades comerciais* (1989).

de Maria de Fátima Ribeiro[2574]. Referências mais envolventes podem ser confrontadas na dissertação de doutoramento de Coutinho de Abreu[2575].

IV. O habitual individualismo da doutrina portuguesa – mais do que qualquer outro fator! –, pelas contínuas flutuações a que se dá azo, tem dificultado a receção, pela jurisprudência, da figura do levantamento. Mas ela acabou por ser acolhida nos tribunais. Como pioneiro, podemos citar o acórdão do STJ 6-jan.-1976[2576]. Uma receção formal foi-lhe concedida pela Relação do Porto, em 13-mai.-1993[2577], multiplicando-se os casos em que ela é referida e analisada[2578].

Vencidas as fases iniciais, o problema está maduro para ser sistematicamente estudado e aplicado.

[2574] Maria de Fátima Ribeiro, *A tutela dos credores da sociedade por quotas e a "desconsideração" da personalidade jurídica* (2012), 738 pp..

[2575] Coutinho de Abreu, *Da empresarialidade* (1994), 204 ss., com especial atenção às notas de rodapé.

[2576] STJ 6-jan.-1976 (Oliveira Carvalho), BMJ 253 (1976), 150-155.

[2577] RPt 13-mai.-1993 (Fernandes Magalhães), CJ XVIII (1995) 3, 199-201 (200-201).

[2578] Assim, como exemplos: STJ 6-abr.-2000 (José Mesquita), CJ/Supremo VIII (2000) 2, 245-247 (246/II), RPt 1-jun.-2000 (Viriato Bernardo), CJ XXV (2000) 3, 196-199 (199/II), STJ 9-mai.-2002 (Miranda Gusmão), CJ/Supremo X (2002) 2, 53-55 (54) e STJ 23-mai.-2002 (Abel Freire), CJ/Supremo X (2002) 2, 88-92 (90/II, mal sumariado). Outros casos podem ser confrontados *infra*, 780 ss..

§ 55.º SITUAÇÕES TÍPICAS DE LEVANTAMENTO

260. Sistematização; a confusão de esferas

I. O levantamento da personalidade não deriva de quaisquer lucubrações teóricas. Trata-se de um instituto surgido *a posteriori* para sistematizar e explicar diversas soluções concretas, estabelecidas para resolver problemas reais postos pela personalidade coletiva. Na sua origem, encontramos uma multiplicidade de casos concretos.

A doutrina que se tem preocupado com o levantamento procede a classificações, agrupamentos ou "constelações"[2579] de casos concretos em que ele se manifesta. Existem várias formas de agrupar os casos concretos[2580] em jogo, embora seja patente uma certa estabilização[2581].

Modificando um pouco sistematizações que antes adotáramos, vamos distinguir:

– a confusão de esferas jurídicas;
– a subcapitalização;
– o atentado a terceiros e o abuso da personalidade.

2579 Wolfram Günter Willburger, *Der Durchgriff auf die Gesellschafter wegen angeübter Herrschaftsmacht im Haftungssystem der GmbH* (1994), 4. Para um apanhado da matéria existente: Günter Weick, *Staudingers Kommentar §§ 21-79* cit., Introd. §§ 21 ss., Nr. 37-49 (22-29).

2580 Ordenações diversas, mas com menor poder descritivo, podem ser confrontadas em Karsten Schmidt, *Gesellschaftsrecht*, 4.ª ed. (2002), § 9.º e em Friedrich Kübler, *Gesellschaftsrecht*, 5.ª ed. (1999), § 23 (311 ss.).

2581 A referência a diversos grupos de problemas, propiciadores do levantamento, embora sem correspondência direta no texto, pode ser confrontada em inúmera literatura comercial; *vide* o nosso *O levantamento* cit., 115-116.

O grupo constituído por relações de domínio qualificadas inclui-se no sector do Direito dos grupos de sociedades. Obterá, a esse nível, um tratamento especial, que cabe ao Direito das sociedades comerciais[2582].

II. A confusão de esferas jurídicas verifica-se quando, por inobservância de certas regras societárias ou, mesmo, por decorrências puramente objetivas, não fique clara, na prática, a separação entre o património da sociedade e a do sócio ou sócios.

A nível de jurisprudência, cumpre reter:

– *RG 21-Out.-1921*: a aquisição de quotas próprias, pela sociedade, ainda que possível, tem limites[2583];
– *BGH 30-Out.-1951*: os débitos a uma sociedade de guerra, dominada pelo ex-*Reich*, poderiam ser compensados com créditos detidos sobre este último: na presença de uma relação de domínio exclusiva, a situação deveria ser tratada, como se da mesma pessoa se tratasse[2584];
– *BGH 8-jul.-1957*: não se deveriam admitir diferenças jurídicas, entre a sociedade e o sócio único[2585];
– *BGH 7-Nov.-1957*: reforçou-se essa orientação, apelando para a "... efetividade da vida, as necessidades económicas e o poder dos factos"[2586];
– *BGH 13-Nov.-1973*: na presença de um sócio único, pode haver que ignorar a diferença entre o seu próprio património, designadamente "...nos casos da chamada responsabilidade por levantamento da personalidade coletiva, através do véu enganador da pessoa coletiva"[2587];
– *BGH 12-Nov.-1975*: sufraga uma orientação semelhante[2588];
– *OLG Düsseldorf 1-mar.-1989*: estabelece a responsabilidade do sócio único, mercê do levantamento da personalidade[2589];

[2582] O nosso *O levantamento* cit., 131 ss..
[2583] RG 21-out.-1921, RGZ 103 (1922), 64-68 (66).
[2584] BGH 30-out.-1951, BGHZ 3 (1951), 316-321 (318 e 319).
[2585] BGH 8-jul.-1957, BGHZ 25 (1958), 115-124 (117).
[2586] BGH 7-nov.-1957, BGHZ 25 (1958), 31-38 (33-34).
[2587] BGH 13-nov.-1973, BGHZ 61 (1974), 380-385 (383-384 e 384).
[2588] BGH 12-nov.-1975, BGHZ 65 (1976), 246-253 (251-252).
[2589] OLG Düsseldorf 1-mar.-1989, GmbHR 1990, 44.

– *BGH 13-abr.-1994*: fixa as condições nas quais o gerente de uma sociedade responde pela mistura do seu património, com o da sociedade[2590].

III. Estes casos reportam-se, sobretudo, às chamadas sociedades unipessoais. Trata-se de uma ocorrência que não tinha, na Alemanha, uma lei expressa, devendo, pois, ser cuidadosamente solucionada, na base de princípios gerais e com recurso ao levantamento[2591], em moldes que conservam atualidade, mesmo após a admissão legal expressa da unipessoalidade. Como regra mantém-se, contudo, a da separação: apenas fatores coadjuvantes poderão levar ao levantamento[2592].

261. A subcapitalização

I. Verifica-se uma subcapitalização relevante, para efeitos de levantamento da personalidade, sempre que uma sociedade tenha sido constituída com um capital insuficiente. A insuficiência é aferida em função do seu próprio objeto ou da sua atuação surgindo, assim, como tecnicamente abusiva[2593].

[2590] BGH 13-abr.-1994, BGHZ 125 (1995), 366-382 = GmbHR 1994, 390-394.

[2591] Em especial, Rudolf Reinhard, *Gedanken zum Identitätsproblem bei der Einmanngesellschaft*, FS Lehmann II (1956), 576-593 (593), Erich Schanze, *Einmann-Gesellschaft und Durchgriffshaftung/als Konzeptionalisierungsprobleme gesellschaftsrechtlicher Zurechnung* (1975), 67 ss., e Helmut Ganssmüller, *Schaden des Gesellschafter-Geschäftsführers – insbesondere bei der Einmann-GmbH*, GmbHR 1977, 265-274 (268 ss.). Cf. Bartl/Henkes, *GmbH-Recht/Handbuch und Kommentar*, 2.ª ed. (1986), § 13, 4 (1859), e Karl Peter/Georg Crezelius, *Gesellschaftsverträge und Unternehmensformen*, 6.ª ed. (1995), Nr. 716 (245).

[2592] Hans Berg, *Schadensersatzanspruch des GmbH-Alleingesellschafters bei einem Schaden der Gesellschaft*, NJW 1974, 933-935 (934) e Uwe John, *Gesellschaftsfreundlicher Durchgriff? Schadensersatzprobleme bei Schädigung eines für die Gesellschaft tätigen Einmangesellschafters*, JZ 1979, 511-516 (516).

[2593] Paul Hofmann, *Zum "Durchgriffs-" Problem bei der unterkapitalisierten GmbH*, NJW 1966, 1941-1946 (1943), Rolf Bär, em Wiedemann/Bär/Dabin, *Die Haftung des Gesellschafters in der GmbH* (1968), 82, Klaus Unger, *Der dingliche Durchgriff*, BB 1976, 293, Siegfried Elsing, *Erweiterte Kommanditistenhaftung und atypische Kommanditgesellschaft/Zugleich ein Beitrag zur Lehre von der sogenannten unterkapitalisierten KG* (1977), 103 ss., Georg Kuhn, *Haften die GmbH-Gesellschafter für Gesellschaftsschuldung persönlich?*, FS Robert Fischer 1979, 351-364 (357 ss.), Hachenburg/Mertens,

Cumpre distinguir, para efeitos de levantamento, entre a subcapitalização nominal e a material. Na nominal, a sociedade considerada tem um capital formalmente insuficiente para o objeto ou para os atos a que se destina. Todavia, ela pode acudir com capitais alheios. Na subcapitalização material, há uma efetiva insuficiência de fundos próprios ou alheios. Em rigor, esta apenas releva, para efeitos de levantamento, quando o problema não seja resolvido com recurso a uma norma de Direito estrito[2594].

II. A subcapitalização, para além da inadequação abusiva, exige ainda uma explicitação dos seus fundamentos.

Com recurso à jurisprudência, encontramos, desde logo, situações nas quais a subcapitalização visou diretamente prejudicar os credores. Assim:

– *RG 16-Nov.-1937*: é contrário à boa-fé e aos bons costumes criar uma sociedade por quotas só com o objetivo de limitar a responsabilidade, concluir negócios com ela e agir à custa dos efetivos credores[2595];
– *OLG Karlsruhe 13-mai.-1977*: a utilização propositada, perante um banco, de uma sociedade subcapitalizada, gera responsabilidade por contrariedade aos bons costumes (§ 826 do BGB)[2596];

GmbHG/GrossK, 7.ª ed. (1979), § 13.°, Nr. 47 (31), Rehbinder, *Zehn Jahre Rechtsprechung zum Durchgriff im Gesellschaftsrecht*, FS Fischer (1979), 584, Wiedemann, *Gesellschaftsrecht/Ein Lehrbuch des Unternehmens- und Verbandsrechts* cit., 1.° vol. – *Grundlagen* (1980), 224, Scholz/Emmerich, *GmbHG/Komm*, 7.ª ed., § 13, Nr. 82 (447), Roth, *GmbHG*, 2.ª ed. (1987), § 13, 3 (178), Fischer/Lutter/Hommelhoff, *GmbHG/Komm*, 12.ª ed. (1987), § 13, Nr. 7 (125), Meyer-Landrut/Miller/Niehus, *GmbHG* (1988), § 1.°, 29 (17), Sudhoff/Sudhoff, *Der Gesellschaftsvertrag der GmbH*, 7.ª ed. (1987), 15, Heiner Drüke, *Die Haftung der Muttergesellschaft für Schulden der Tochtergesellschaft/Eine Untersuchung nach deutschen und US-amerikanischen Recht* (1990), 19 ss., Günther Wüst, *Das Problem des Wirtschaftens mit beschränkter Haftung*, JZ 1992, 710-715 (711 ss.), Barbara Grunewald, *Gesellschaftsrecht*, 5.ª ed. (2002), 374 ss., Willburger, *Der Durchgriff auf die Gesellschafter wegen angeübter Herrschftsmacht im Haftunggssystem der GmbH* (1994), 14, Lutter//Hommelhoff, *GmbHG/Komm*, 14.ª ed. (1995), § 13, 11, a) (158), Karlheinz Boujong, *Das Trennungsprinzip des § 13 II GmbH und seine Grenzen in der neueren Judikatur des Bundesgerichtshofes*, FS Odersky (1996), 739-752 (745 ss.), Ulrich Ehricke, *Das abhängige Konzernunternehmen in der Insolvenz/Wege zur Vergrösserung der Haftungsmasse abhängiger. Eine rechtsvergleichende Analyse* (1998), 145 ss. (148 ss.), Dieter Reuter, *Münchener Kommentar* cit., 1, 7.ª ed., prenot. 37, § 21 e Karsten Schmidt, *Gesellschaftsrecht*, 4.ª ed. (2002), 240 ss..

[2594] Karsten Schmidt, *Gesellschaftsrecht* cit., 4.ª ed., 241.

[2595] RG 16-nov.-1937, JW 1938, 862-865.

[2596] OLG Karlsruhe 13-mai.-1977, BB 1978, 1332-1333.

– *BGH 30-Nov.-1978*: a manutenção de uma sociedade subcapitalizada gera responsabilidade quando se atue diretamente contra os bons costumes[2597].

III. Seguem-se casos clássicos em que os administradores, por inobservância das regras aplicáveis, provocam falências evitáveis ou retardam, com prejuízos, falências inevitáveis. Assim:

– *BGH 16-Dez.-1958*: o § 64, I, do GmbHG (dever de diligência dos gerentes) é uma norma de proteção, para efeitos de defesa dos credores, ainda que não os tutele de todo e qualquer risco[2598];

– *BGH 9-jul.-1979*: adota posição similar, nas sociedades anónimas, com referência ao § 93 do AktG[2599];

– *BGH 3-fev.-1987*: violação, pelo gerente, do dever de requerer oportunamente a falência da sociedade[2600];

– *BGH 6-jun.-1994*: fixa uma orientação semelhante, ponderando ainda a culpa na conclusão do contrato[2601].

A jurisprudência permite, ainda, resolver situações deste tipo com recurso à *culpa in contrahendo* e à própria responsabilidade delitual. Como exemplos de *culpa in contrahendo*, além do citado BGH 6-jun.-1994:

– *BGH 27-Out.-1982*: responsabilidade do sócio único, por omissão do dever de explicar a não-credibilidade da sociedade[2602];

– *BGH 23-fev.-1983*: o sócio gerente responde por omissão do dever de informar quando, na contratação, não esclareça sobre a verdadeira situação da sociedade[2603].

Quanto à responsabilidade delitual:

– *BGH 1-mar.-1993*: responsabilidade do gerente pela não apresentação à falência; de novo é ponderado o § 64 do GmbH[2604];

– *BGH 6-jun.-1994*: de teor semelhante[2605].

[2597] BGH 30-nov.-1978, NJW 1979, 2104-2105 (2105).

[2598] BGH 16-dez.-1958, BGHZ 29 (1959), 100-107 (107).

[2599] BGH 9-jul.-1979, BGHZ 75 (1980), 96-116, com imenso material.

[2600] BGH 3-fev.-1987, BGHZ 100 (1987), 19-25.

[2601] BGH 6-jun.-1994, BGHZ 126 (1995), 181-201 = NJW 1994, 2220-2225, abaixo retomado.

[2602] BGH 27-out.-1982, NJW 1983, 676-678.

[2603] BGH 23-fev.-1983, BGHZ 87 (1983), 27-38 (35).

[2604] BGH 1-mar.-1993, NJW 1994, 2149-2152.

[2605] BGH 6-jun.-1994, acima citado.

IV. Para além das fundamentações referidas ou subjacentes à casuística acima enunciada, a responsabilidade dos sócios por subcapitalização tem sido enfocada com recurso ao § 826 do BGB: haveria um atentado doloso contra os bons costumes[2606]. Também a referência à violação de regras de organização tem sido apresentada[2607]. Todavia, não existe uma regra geral (no Direito alemão) relativa à obtenção ou manutenção de um capital bastante, para além do legal[2608].

A margem para um grupo autónomo de casos de levantamento, redutível à subcapitalização é estreita: na verdade, podemos explicar vários dos casos apresentados com recurso à responsabilidade civil, às regras sobre falências ou à própria *culpa in contrahendo*. Alguma doutrina considera a subcapitalização, enquanto hipótese de levantamento, como obsoleta[2609] enquanto outra lhe confere uma margem bem reduzida[2610]. Também a jurisprudência social recusa o levantamento perante o mero facto de insuficiência de capital[2611].

V. Apesar dos progressos feitos por institutos de Direito estrito, pensamos que ainda há margem para manter a subcapitalização como um tipo de casos próprio do levantamento. Ela pode auxiliar no apuramento do escopo das normas em presença[2612]; designadamente: estaria em causa a possibilidade de se apontar a função do capital social como uma regra

[2606] Assim: Paul Hofmann, *Zum "Durchgriffs"- Problem bei der unterkapitalisierten GmbH* cit., 1943/II e 1946/II, Elsing, *Erweiterte Kommanditistenhaftung* cit., 82 ss., Ulrich Kahler, *Die Haftung des Gesellschafters im Falle der Unterkapitalisierung einer GmbH*, BB 1985, 1429-1434 (1434 e 1436), Cornelius Weitbrecht, *Haftung der Gesellschafter bei materieller Unterkapitalisierung der GmbH* (1990), 20 ss. e 81 ss. e Baumbach/Duden/Hopt, *HGB/Komm*, 32.ª ed. (2006), § 172a, Nr. 39 (769-770).

[2607] Georg Winter, *Die Haftung der Gesellschafter im Konkurs der unterkapitalisierten GmbH* (1973), 25 ss. e 88.

[2608] Peter Ulmer, *Gesellschaftsdarlehen und Unterkapitalisierung bei GmbH und GmbH & Co KG*, FS Duden (1977), 661-687 (667); *vide* Jan Wilhelm, *Die Vermögensbildung bei der Aktiengesellschaft und der GmbH und das Problem der Unterkapitalisierung*, FS Flume II (1978), 337-397.

[2609] Markus Geissler, *Zukunft, Stillstand oder Geltungsverlust für die Durchgriffshaftung im Recht der GmbH?*, GmbHR 1993, 71-79.

[2610] Karsten Schmidt, *Gesellschaftsrecht* cit., 4.ª ed., 242-243.

[2611] LG Heidelberg 11-jun.-1997, AG 1998, 197-199 (199/I), BAG 3-set.-1998, GmbHR 1998, 1221-1225 = NJW 1999, 740-743 e BAG 10-fev.-1999, GmbHR 1999, R-69 e 655-658.

[2612] Wolfgang Vonnemann, *Haftung von GmbH-Gesellschaftern wegen materieller Unterkapitalisierung*, GmbHR 1992, 77-83 (77-78).

de tutela dos credores[2613]. Surgem ideias promissoras, como a de Vonnemann, quando apela a um princípio de justa repartição de riscos, entre os sócios e os credores sociais[2614].

A própria jurisprudência, a propósito de questões de subcapitalização, faz um apelo direto aos bons costumes e à boa-fé[2615], em termos vagos que podemos aproximar de um apelo ao sistema.

Adiante veremos a redução dogmática possível.

262. Atentado a terceiros e abuso da personalidade

I. O atentado a terceiros verifica-se sempre que a personalidade coletiva seja usada, de modo ilícito ou abusivo, para os prejudicar. Como resulta da própria fórmula encontrada, não basta uma ocorrência de prejuízo, causada a terceiros através da pessoa coletiva: para haver levantamento será antes necessário que se assista a uma utilização contrária a normas ou princípios gerais, incluindo a ética dos negócios.

Sub-hipótese particular é a do recurso a "testas-de-ferro", numa situação que autorizaria a procurar o real sujeito das situações criadas[2616].

II. Podemos apontar alguns exemplos retirados da jurisprudência:

– *RG 26-Nov.-1927*: a revalorização monetária relativa a uma hipoteca e desencadeada perante uma sociedade anónima, pode ser oposta ao acionista único[2617];

[2613] Marcus Lutter/Peter Hommelhoff, *Nachrangiges Haftkapital und Unterkapitalisierung in der GmbH*, ZGR 1979, 31-66 (58 ss.).

[2614] Vonnemann, *Haftung* cit., 83.

[2615] BGH 14-dez.-1959, BGHZ 31 (1960), 258-279.

[2616] Quanto a "testas-de-ferro" e ao levantamento, cf. Ottmar Kuhn, *Strohmanngründung bei Kapitalgesellschaften* (1964), 188 ss. e Matthias Siegmann/Joachim Vogel, *Die Verantwortlichkeit des Strohmanngeschäftsführers eines GmbH*, ZIP 1994, 1821-1829.

[2617] RG 26-nov.-1927, RGZ 119 (1928), 126-133 (128); como se vê, há também, aqui, um fenómeno de unipessoalidade; simplesmente, parece de salientar, antes, a ocorrência da revalorização monetária, não prevista, na lei, mas admitida em nome da boa-fé, justamente para evitar prejuízos escandalosos; pois bem: a revalorização, *ex bona fide*, aplica-se, se necessário, com recurso ao levantamento.

– *RG 23-fev.-1934*: é viável a anulação de uma declaração de vontade, por erro essencial, erro esse que seja atinente a quem esteja por detrás da sociedade[2618];
– *BGH 8-jul.-1970*: quando as circunstâncias da vida o justifiquem, é possível fazer exigências patrimoniais aos sócios, por atos perpetrados pela sociedade[2619];
– *OLG Köln 26-jun.-1992*: fixa a responsabilidade do gerente, por recorrer a um testa-de-ferro[2620].

III. O abuso do instituto da personalidade coletiva é uma situação de abuso do direito ou de exercício inadmissível de posições jurídicas, verificada a propósito da atuação do visado, através de uma pessoa coletiva. No fundo, o comportamento que suscita a penetração vai caracterizar-se por atentar contra a confiança legítima (*venire contra factum proprium*, *suppressio* ou *surrectio*) ou por defrontar a regra da primazia da materialidade subjacente (*tu quoque* ou exercício em desequilíbrio)[2621]. É certo que todos os outros casos de levantamento traduzem, em última instância, situações de abuso[2622]; neste, porém, há uma relativa inorganicidade do grupo, que deixa, mais diretamente, a manifestação de levantamento, perante a atuação inadmissível. Cumpre ter novamente presente que uma ordenação de grupos de problemas não é, de modo algum, uma classificação: há disfunções e áreas de sobreposição sem que, por isso, o esforço perca a sua utilidade.

[2618] RG 23-fev.-1934, RGZ 143 (1934), 429-432 (431-432).

[2619] BGH 8-jul.-1970, BGHZ 54 (1971), 222-226 (224).

[2620] OLG Köln 26-jun.-1992, BB 1993, 747-748; de notar que se optou, aqui, não por uma responsabilidade delitual, mas pela inobservância dos deveres do gerente em causa.

[2621] Quanto a estas categorias: *Tratado* V, 3.ª ed., 307 ss..

[2622] Hans-Joachim Bauschke, *Durchgriff bei juristischen Personen*, BB 1975, 1322-1325 (1323) e Hermann Malberg, *Gesellschaftsrecht*, 7.ª ed. (1990), Nr. 210 (196). *Vide*, infra, o desenvolvimento sobre a natureza do levantamento. Já fórmulas como a de Francesco Galgano, *L'abuso della personalità giuridica*, em *Letture di diritto civile*, rec. Guido Alpa/Paolo Zatti (1990), 225-237 (233 ss.) = *Diritto civile e commerciale* cit., vol. I, 180, segundo as quais o abuso da personalidade traduziria a utilização das prerrogativas da pessoa coletiva, fora dos objetivos que levaram a lei a concedê-las, equivale a uma versão, hoje superada, do abuso do direito: este destinava-se, então, apenas a facultar uma interpretação melhorada, das normas jurídicas.

IV. O levantamento jurisprudencial, atinente a este grupo de casos, é elucidativo. Assim:

- *RG 19-Out.-1929*: o adquirente sócio único da sociedade vendedora não pode invocar, a seu favor, a boa-fé registal[2623];
- *BGH 3-jul.-1953*: os débitos a uma sociedade do *ex*-Reich são compensáveis em créditos sobre este último, uma vez que, por força do princípio da boa-fé, consagrado no § 242 do *BGB*, não poderia, aqui, haver uma estrita delimitação, entre a pessoa e o seu substrato[2624];
- *BGH 29-Nov.-1956*: a utilização de uma pessoa coletiva, mormente pelo sócio único, contra os fins que levaram ao seu reconhecimento, pelo Direito, representa uma violação da boa-fé; o uso da aparência, possibilitada pela autonomia da pessoa coletiva, é abusivo[2625];
- *BGH 12-mar.-1959*: a transação feita por uma pessoa coletiva, pode ser equiparada à operação, feita por um dos seus membros, quando o uso da diferença jurídica, entre eles, representasse um abuso do direito[2626].

O atentado à boa-fé deve ser muito nítido, para justificar o levantamento, como bem recorda *OLG München 8-set.-1995*[2627]: a regra é, sempre, a da personalidade autónoma.

V. No seu conjunto, é possível considerar que a jurisprudência, relativa ao levantamento, manteve típicas características civis. Não são invocados institutos novos, nem especiais princípios societários[2628]: os problemas têm sido resolvidos através do mérito dos factos e com apelo jurídico-positivo às cláusulas civis da boa-fé e dos bons costumes.

Estamos, assim, próximos da estrutura básica da própria personalidade coletiva.

2623 RG 19-out.-1929, RGZ 126 (1930), 46-50 (49). Desta feita há como que uma aplicação inversa do instituto: por via do levantamento, o agente não pode invocar, a seu favor – e ao contrário do que, normalmente, sucederia – o princípio da boa-fé.

2624 BGH 3-jul.-1953, BGHZ 10 (1953), 205-211 (209 e 210).

2625 BGH 29-nov.-1956, BGHZ 22 (1957), 226-234 (230 e 234).

2626 BGH 12-mar.-1959, BGHZ 29 (1959), 385-393 (392).

2627 OLG München 8-set.-1995, GmbHR 1996, 55-56.

2628 Assim, Rehbinder, *Zehn Jahre Rechtsprechung zum Durchgriff* cit., 603.

§ 56.º AS TEORIAS DO LEVANTAMENTO

263. Quadro geral; teoria subjetiva

I. Apuradas as constelações de casos a propósito dos quais se tem suscitado o problema do levantamento, cumpre analisar as diversas explicações para ele apresentadas.

Existem várias sistematizações possíveis[2629], sendo de salientar a mais difundida: a que distingue:

– a teoria subjetiva;
– a teoria objetiva, incluindo versões institucionais;
– a teoria da aplicação das normas.

Poderíamos ainda acrescentar, como quarta hipótese, a existência de orientações negativistas.

[2629] Rehbinder, *Konzernaussenrecht und allgemeines Privatrecht* cit., 94-96, Hachenburg/Mertens, GmbHG/GrossKomm cit., 7.ª ed., Nr. 39-41 (26-27), Ulrich Hübner, *Zum "Durchgriffs" bei juristischen Personen im europäischen Gesellschafts- und Unternehmensrecht*, JZ 1978, 703-710 (704-705 e 709), Jan Wilhelm, *Rechtsform und Haftung bei der juristischen Person* (1981), 7 ss., Erich Schanze, *Durchgriff, Normanwendung oder Organhaftung?*, AG 1982, 42-44 (42) e *Einmann-Gesellschaft* cit., 58 ss., Flume, *Allgemeiner Teil* cit., I/2, 64 ss., Scholz/Emmerich, *GmbHG/Komm* cit., 7.ª ed., § 13, Nr. 79 ss. (446-447), Christoph Möllers, *Internationale Zuständigkeit bei der Durchgriffshaftung* (1987), 26 ss., Kraft, *AktG/Köllnerkomm*, 2.ª ed., 1 (1988), N. 51 ss. (15 ss.), Friedhelm Beate, *Zur Möglichkeit des gutgläubigen Erwerber einer juristischen Person von ihrem Gesellschafter* (1990), 39-50, Thomas Raiser, *Recht der Kapitalgesellschaften*, 2.ª ed. (1992), 328, Staudinger/Weick, *BGB* cit., 13.ª ed., Ein. §§ 21 ff., Nr. 42 ss. (21 ss.), Kai Litschen, *Die juristische Person im Spannungsfeld von Norm und Interesse* (1999), 62 ss., e Karsten Schmidt, *Gesellschaftsrecht* cit., 5.ª ed., 405 ss., este último com uma ordenação diversa.

II. A teoria subjetivista foi defendida pelo próprio Serick[2630]. Segundo este Autor, a autonomia da pessoa coletiva deveria ser afastada quando houvesse um abuso da sua forma jurídica, com vista a fins não permitidos. Na determinação dos tais "fins" ou "escopos" não permitidos, haveria que lidar com a situação objetiva e, ainda, com a intenção do próprio agente: na fórmula de Serick, o levantamento exigiria um *abuso consciente* da pessoa coletiva[2631], não bastando, em princípio, a não obtenção do escopo objetivo de uma norma ou de um negócio[2632].

A exigência do abuso consciente é sublinhada e requerida por Möhring[2633], sendo retomada por Godin/Wilhelmi, no seu clássico comentário ao *Aktiengesetz* ou lei alemã das sociedades anónimas[2634].

III. Apesar dos antecedentes jurisprudenciais apontados, Serick escreveu, em 1955, contra um dos dogmas mais profundamente radicados na moderna dogmática civilística: o da absolutização da personalidade coletiva.

Nessas condições, compreende-se que Serick viesse apresentar a sua construção do modo mais cauteloso e convincente possível, acrescentando-lhe pressupostos. E com êxito: será muito difícil negar o levantamento nos exemplos radicais em que alguém, conscientemente e com abuso, venha manipular a personalidade coletiva só para prejudicar outrem. A fase "subjetiva" surge, assim, como um episódio natural, dentro da evolução geral da ideia de levantamento: jogam-se, tão-só, os pressupostos da responsabilidade civil.

IV. A chamada teoria subjetiva tem sido rejeitada[2635]. Efetivamente, a utilização puramente objetiva de uma pessoa coletiva fora dos limites sis-

2630 Serick, *Rechtsform und Realität* cit., 11, 38-39 e passim.

2631 Serick, *Rechtsform und Realität* cit., 203.

2632 Serick, *Rechtsform und Realität* cit., 208.

2633 Philipp Möhring, rec. a Serick, *Rechtsform und Realität*, NJW 1956, 1791, que refere, também, Lieberknecht. *Vide*, efetivamente, Otfried Lieberknecht, *Die Enteignung deutscher Mitgliedschaftsrechte an ausländischen Gesellschaften mit in Deutschland belegenem Vermögen* (II), NJW 1956, 931-936 (933/II).

2634 Freuherr von Godin/Hans Wilhelmi, *Aktiengesetz Kommentar*, 4.ª ed. rev. por Sylvester Wilhelmi (1971), An. 18 ao § 1.° (14).

2635 Staudinger/Weick, BGB, 13.ª ed., Intr. §§ 21 ss., Nr. 42 (21) e Karsten Schmidt, *Gesellschaftsrecht* cit., 4.ª ed., 222.

temáticos da sua função seria, só por si, já abusiva. Além disso, a exigência do elemento subjetivo específico iria provocar insondáveis dificuldades de prova.

Deveremos ainda atentar na concreta solução pretendida com o levantamento considerado. Se se tratar, simplesmente, de fazer responder o património do sócio por dívidas da sociedade – e, portanto: de fazer cessar pontualmente o privilégio da responsabilidade limitada – não se requer qualquer culpa subjetiva. Pelo contrário, tratando-se de responsabilidade civil por atos ilícitos ou pelo incumprimento das obrigações, a culpa é requerida. Não se tratará, todavia e nessa ocasião, do específico elemento subjetivo, próprio do levantamento: antes dos comuns pressupostos da responsabilidade civil.

264. Teorias objetivas

I. As teorias objetivas resultam, à partida, da rejeição de elementos subjetivos para fazer atuar o levantamento.

O ponto de partida foi dado pela própria jurisprudência. O BGH, em 30-jan.-1956, veio dizer[2636]:

> Perante o abuso intencional da pessoa coletiva, pode não ser difícil suceder que se mantenha pura e simplesmente a realidade escondida pelo sujeito. A jurisprudência não fez depender a penetração nas forças existentes por detrás da pessoa coletiva de um abuso intencional da figura jurídica da pessoa coletiva.

Esta orientação foi mantida, em decisões subsequentes[2637].

Trata-se de uma evolução bastante comum, no tocante a institutos aparentados à boa-fé e que visam, no fundo, permitir uma sindicância do sistema sobre as diversas soluções jurídicas. Numa primeira fase, tudo é feito depender das (más) intenções do agente. Conquistado o instituto, este é objetivado, passando a depender da pura contrariedade ao ordenamento.

[2636] BGH 30-jan.-1956, BGHZ 20 (1956), 4-15 (13), 258-279 (271-272), citando diversas decisões do *Reichsgericht*.

[2637] Assim, BGH 14-dez.-1959, BGHZ 31 (1960), 258-279 (271-272), dispensando o *Schädigungsvorsatz* ou dolo na provocação de danos.

II. Abandonada a intenção, o levantamento exigiria a ponderação dos institutos em jogo. Quando, contra a intencionalidade normativa, eles fossem afastados pela invocação da personalidade, esta deveria ser levantada. As orientações objetivistas dizem-se, assim, também institucionais[2638], tendo obtido múltiplas adesões[2639].

Desde o momento em que tudo dependa da articulação entre os institutos em jogo, o levantamento vai exigir a cuidada interpretação das regras em presença. As suas diversas manifestações terão de ser estudadas.

III. A propósito das teorias objetivas, Karsten Schmidt faz dois reparos que devem ser retidos. Com elas, o levantamento deixa de constituir uma "pena" para quem manipule o ordenamento e a personalidade coletiva. Todavia, perante elas, o levantamento tende a perder autonomia, seja institucional, seja no plano da sua justificação[2640].

265. Teoria da aplicação das normas

I. A teoria da aplicação das normas foi apresentada por Müller-Freienfels, logo em 1957[2641]. Visava, fundamentalmente, constituir uma alternativa à então recém-publicada orientação de Serick[2642].

Segundo esta orientação, o "levantamento" não traduziria, propriamente, um problema geral da personalidade coletiva: tratar-se-ia, antes, de uma questão de aplicação das diversas normas jurídicas. Quando, particularmente por via do seu escopo, elas tivessem uma pretensão de aplicação absoluta ou visassem atingir a realidade subjacente à própria pessoa coletiva, aplicar-se-iam. O detrimento das regras da personalidade seria uma

2638 Em especial: Kuhn, *Stohmanngründung* cit., 35 ss., 146 ss. e 199 ss..

2639 Assim, Eckart Rehbinder, *Konzernaussenrecht und allgemeines Privatrecht//Eine rechtsvergleichende Untersuchung nach deutschem und amerikanischem Recht* (1969), 119-125. *Vide* Hachenburg/Mertens, *GmbHG/Grosskomm*, 7.ª ed. (1979), § 13, An. 40 (II vol., 27), com indicações, bem como Dieter Reuter, no *Münchener Kommentar* cit., 1, 7.ª ed., § 21, prenot. 22.

2640 Karsten Schmidt, *Gesellschaftsrecht* cit., 4.ª ed., 222.

2641 Wolfram Müller-Freienfels, na já citada *Zur Lehre von sogenannten "Durchgriff" bei juristischen Personen im Privatrecht*, AcP 156 (1957), 522-543 (530 ss. e 542-543, a conclusão).

2642 Eckard Rehbinder, *Zehn Jahre Rechtsprechung zum Durchgriff* cit., 580 ss..

mera consequência daí decorrente[2643]. Noutros termos: haveria levantamento sempre que, por exigência de uma norma concretamente prevalente, não tivesse aplicação uma norma própria da personalidade coletiva[2644].

II. A teoria da aplicação das normas é, em rigor, objetiva, tendo bastante êxito[2645]. Também ela segue um movimento habitual nos institutos que nascem sob a égide da boa-fé ou dos princípios gerais que remetem para o sistema: numa primeira fase, eles bastam-se com essas remissões; subsequentemente eles ganham em precisão dogmática, abandonando as áreas indeterminadas donde provêm: tornam-se Direito estrito. Parece-nos paradigmática, neste domínio, a orientação de Jürgen Schmidt: o levantamento teria de se acolher ao escopo das normas em presença, por ser insuficiente o apelo à boa-fé[2646].

Uma menção especial às considerações de Günter Weick: como ponto de partida, há que ponderar o escopo das normas em presença, assim se alinhando com Müller-Freienfels. Mas a própria boa-fé poderia intervir, designadamente quando a invocação da personalidade coletiva implicasse um *venire contra factum proprium*[2647].

III. A teoria da aplicação das normas não deve, porém, levar a esquecer que a personalidade coletiva tem valores próprios, não sendo um mero jogo de (outras) normas: visa limitar a responsabilidade e funcionalizar patrimónios autónomos[2648].

[2643] *Vide*, ainda, Günter Teubner, *Unitas Multiplex – Das Konzernrecht in der neuen Dezentralität der Unternehmensgruppen*, ZGR 1991, 189-217 (207) e Vonnemann, *Haftung von GmbH-Gesellschaften* cit., 77 ss. e *passim*.

[2644] Tal a posição particularmente vincada de Rudolf Wiethölter, no Direito fiscal, na rec. a Otto Wilser, *Der Durchgriff bei Kapitalgesellschaften im Steuerrecht*, ZHR 125 (1963), 324-326 (326).

[2645] Heinrichs, no Palandt, *BGB*, 62.ª ed. (2003), § 21, Pren. 12 (22) considerava-a, mesmo, dominante; na 63.ª ed. (2004), § 21, Pren. 12 (23), essa referência desapareceu, numa situação que se manteria nas edições subsequentes: *vide*, na 66.ª ed. (2007), 23, na 69.ª (2010), 25-26, na 75.ª ed. (2016), 26 e na 78.ª ed. (2019), 26-27.

[2646] Staudinger/Schmidt, *BGB*, 13.ª ed. (1995), § 242.

[2647] Staudinger/Weick, *BGB* cit., 13.ª ed., Intr. §§ 21 ss., Nr. 43/III.

[2648] Reuter, *Münchener Kommentar* cit., 1, 7.ª ed., § 21, prenot. 20.

266. Teorias negativistas

I. As teorias negativistas negam, direta ou indiretamente, a autonomia ao levantamento da personalidade, enquanto instituto. O levantamento lidaria com proposições vagas, conduzindo à insegurança. Assim, haveria antes que determinar os deveres concretos que, em certos casos, incidam sobre os membros das pessoas coletivas[2649]. No limite, apenas poderíamos responsabilizar os dirigentes ou administradores das pessoas coletivas, por falta de diligência[2650].

II. Ao negativismo frontal de Wilhelm, podemos acrescentar negativismos indiretos. É o que sucede com a recondução do levantamento à fraude à lei, figura essa que, de resto, não tem autonomia nem no Direito alemão, nem no português[2651]: ele diluir-se-ia no vetor mais amplo a que se reconduz a fraude à lei sem apresentar autonomia dogmática.

Também o esquecimento do instituto ou a mera referência sem conteúdo dogmático acaba por se traduzir numa forma de negativismo.

III. O levantamento conquistou a sua posição na Ciência do Direito. Seja qual for a explicação dogmática encontrada, não restam dúvidas sobre a sua capacidade em facultar soluções mais adequadas para diversos problemas. Rejeitá-lo ou ignorá-lo *ad nutum* apenas iria enfraquecer o moderno instrumentário jurídico.

[2649] Jan Wilhelm, *Rechtsform und Haftung bei der juristischen Person* (1981), 285 ss., 291, 316 e 330 ss..

[2650] *Idem*, 337.

[2651] *Tratado* II, 4.ª ed., 574 ss..

§ 57.º IMPORTÂNCIA PRÁTICA EM PORTUGAL E POSIÇÃO ADOTADA

267. A importância prática em Portugal

I. Antes de tomar uma posição quanto à natureza do levantamento, cumpre explicitar a sua importância prática no atual Direito privado português. Efetivamente, estamos perante um instituto que, tendo surgido por via doutrinária e universitária, acabou por ser acolhido, dispondo, já hoje, de *curriculum* jurisprudencial.

Assim e como exemplos:

– *RPt 13-mai.-1993*: os Réus, pais, fizeram trespasse a outros dois Réus, seus filhos, de um estabelecimento comercial, sem o consentimento doutros filhos; a venda foi, porém, feita a uma sociedade, constituída pelos adquirentes, para contornar a proibição de venda de pais a filhos; o tribunal entendeu aplicar a doutrina da "desconsideração", invalidando a venda[2652]. O acórdão – de resto bem documentado –, não refere, de modo expresso a boa-fé: prescindiu de indicar bases legais. Mas de facto, verifica-se, aqui, a predominância da substancialidade subjacente: a proibição da venda de pais a filhos, numa das concretizações da velha *bona fides*;
– *Rev 21-mai.-1998*: os gerentes de uma sociedade comercial, devedora de avultada quantia, transferem os ativos dessa sociedade para uma outra, expressamente constituída, prejudicando os credores: devem ser respon-

[2652] RPt 13-mai.-1993 (Fernandes Magalhães), CJ XVIII (1995) 3, 199-201 (200-201). Sobre esse tipo de problemas, embora em termos restritivos, cf. o escrito já citado de Inocêncio Galvão Telles, *Venda a descendentes e o problema da superação da personalidade jurídica das sociedades*, ROA 1979, 513-562 (537 e 555, mas correspondente a escritos elaborados em 1973), bem como STJ 6-jan.-1976 (Oliveira Carvalho), BMJ 253 (1976), 150-155.

sabilizados; entre outros aspetos, ponderou-se o abuso da personalidade coletiva, por violação do artigo 334.°[2653];

– *RPt 1-jun.-2000*: a propósito do administrador de condomínio e, simultaneamente, gerente de uma sociedade comercial proprietária de parte do imóvel, que veio declarar falsamente que todo o prédio lhe pertencia, para conseguir a mudança do destino de uma fração, veio-se afirmar: "E por vezes torna-se desnecessário *desconsiderar* a personalidade jurídica [da] pessoa coletiva e tomar em conta o respetivo substrato pessoal ou patrimonial. Trata-se de fazer o levantamento da personalidade jurídica ..."[2654];

– *STJ 9-mai.-2002*: embora não fazendo aplicação ao caso considerado, o Supremo admite a doutrina do levantamento, assente no abuso do direito e na boa-fé[2655];

– *STJ 9-jan.-2003*: "... a desconsideração ou levantamento da personalidade coletiva das sociedades só se torna possível quando dela haja sido feito um uso abusivo ou contrário ao princípio da boa-fé (portanto reprovável) ..."[2656];

– *RLx 22-jan.-2004*: "... não prescinde o instituto do levantamento ou desconsideração da personalidade do uso abusivo daquela, para iludir/prejudicar terceiros"[2657];

– *STJ 16-Nov.-2004*: "... quando a personalidade coletiva seja usada de modo ilícito ou abusivo para prejudicar terceiros, existindo uma utilização contrária a normas ou princípios gerais, incluindo a ética dos negócios é possível proceder ao levantamento da personalidade coletiva"[2658];

– *RPt 24-jan.-2005*: "Não deve levantar-se ou desconsiderar-se a personalidade jurídica da empresa contratante, a não ser quando o interessado

[2653] REv 21-mai.-1998 (Fernando Bento), CJ XXIII (1998) 3, 258-262 (260-261) e, designadamente (261/I): "A utilização da personalidade jurídica societária para subtrair o património à garantia geral e comum dos credores configura abuso de direito previsto no art. 334.° do C. Civil".

[2654] RPt 1-jun.-2000 (Viriato Bernardo), CJ XXV (2000) 3, 196-199 (199/II); o itálico é do original.

[2655] STJ 9-mai.-2002 (Miranda Gusmão), CJ/Supremo X (2002) 2, 53-55 (54/II). De notar que em STJ 23-mai.-2002 (Abel Freire), CJ/Supremo X (2002) 2, 88-92 (90/II), se vem dizer que a "doutrina da desconsideração ou ficção da pessoa coletiva não vem sendo aceite no nosso direito"; tem-se, porém, em vista, o problema da expressão dos direitos dos sócios, o que não se prende com o levantamento, no sentido comum que lhe é dado pela doutrina e pela jurisprudência. Tal como está sumariado, este aresto presta-se a equívocos.

[2656] STJ 9-jan.-2003 (Ferreira de Almeida), Proc. 02B3034.

[2657] RLx 22-jan.-2004 (Ezagüy Martins), Proc. 9061/2003-2.

[2658] STJ 16-nov.-2004 (Pinto Monteiro), Proc. 04A3002; *vide*, também, do mesmo e ilustre relator, STJ 9-dez.-2004, Proc. 04A3087.

prove manifestações de conduta societária reprovável (como, por exemplo, a confusão ou a promiscuidade entre as esferas da sociedade e dos sócios, a subcapitalização da sociedade para concretizar o objeto social ou as relações de domínio grupal) e uma atuação de fraude à lei, evidenciada aquando da existência de efeitos prejudiciais a terceiros"[2659];

– *RPt 3-mar.-2005*: "... não é lícito (...) agir em moldes de levar à confusão das esferas jurídicas (...) à subcapitalização ou a prejudicar terceiros, servindo-se de forma abusiva da responsabilidade coletiva ..."[2660];

– *STJ 31-mai.-2005*: a responsabilidade da sociedade dominante é legal: não decorre da desconsideração da personalidade jurídica da sociedade filha[2661];

– *RPt 13-jun.-2005*: "Tal [o levantamento] exige, porém, que se demonstre que a executada, ou a executada acompanhada pelos seus sócios gerentes enquanto pessoas singulares, por meios lícitos, obteve fins proibidos por lei, sendo certo que tal ónus cai ao exequente ..."[2662];

– *RPt 25-Out.-2005*: "Em tese geral, pode dizer-se que a desconsideração da personalidade coletiva, imposta pelos ditames da boa-fé, se traduz no desrespeito pela separação entre a pessoa coletiva e os seus membros"[2663];

– *STJ 23-mar.-2006*: "Trata-se de casos em que o exercício do direito subjetivo conduz a um resultado clamorosamente divergente do fim para que a lei o concedeu e dos interesses jurídica e socialmente aceitáveis"[2664];

– *STJ 18-mai.-2006*: "... ressalvando as situações-limite de desconsideração da personalidade da sociedade face aos sócios e outras (...) equivalentes, são distintas a personalidade jurídica dos sócios e da sociedade"[2665];

– *RPt 31-jan.-2007*: a desconsideração, para efeitos de responsabilidade, tem a ver com o abuso da limitação de responsabilidade das sociedades comerciais[2666];

– *STJ 26-jun.-2007*: por trás da desconsideração ou levantamento da personalidade coletiva, está sempre a necessidade de corrigir comportamentos ilícitos, fraudulentos de sócios que abusaram da personalidade coletiva da

[2659] RPt 24-jan.-2005 (Domingos Morais), Proc. 0411080, sumário/III.
[2660] RPt 3-mar.-2005 (Gil Roque), Proc. 1119/2005-6.
[2661] STJ 31-mai.-2005 (Fernandes Magalhães), Proc. 05A1413.
[2662] RPt 13-jun.-2005 (Ferreira da Costa), Proc. 0540646.
[2663] RPt 25-out.-2005 (Henrique Araújo), Proc. 0524260.
[2664] STJ 23-mar.-2006 (Salvador da Costa), Proc. 06B722.
[2665] STJ 18-mai.-2006 (Sebastião Póvoas), Proc. 06A1106.
[2666] RPt 31-jan.-2007 (Gonçalo Silvano), CJ XXXII (2007) 1, 173-177 (176/II).

sociedade, seja atuando em abuso do direito, em fraude à lei ou de forma mais geral, em violação das regras de boa-fé e em prejuízo de terceiros[2667];

- *RLx 29-abr.-2008*: há confusão de esferas jurídicas quando por violação das regras societárias ou por decorrências puramente objetivas, não fique clara, na prática, a separação entre o património da sociedade e o do sócio ou sócios que tenham atuado sob a capa daquela; o abuso não depende da intenção, mas da violação da boa fé[2668];
- *STJ 5-fev.-2009*: a demarcação entre a personalidade singular e a coletiva não é um valor absoluto[2669];
- *STJ 11-mar.-2010*: refere, com muitos elementos, a doutrina do levantamento[2670];
- *RPt 20-mai.-2010*: o tema foi discutido no processo ainda que, dele, não se tenha feito aplicação[2671];
- *STJ 10-jan.-2012*: demonstrado que a sociedade atuava como mero testa de ferro do sócio dominante (85% do capital socil), justifica-se o levantamento da personalidade jurídica coletiva[2672];
- *STJ 19-fev.-2013*: justifica-se o levantamento para identificar o empregador real[2673];
- *RCb 10-fev.-2015*: levantamento da personalidade jurídica para efeitos de apuramento de eventual responsabilidade civil por danos causados a terceiros[2674];
- *RLx 16-mar.-2016*: naquelas situações em que se verifique que a personalidade coletiva é usada de modo ilícito ou abusivo para prejudicar terceiros, nomeadamente para retirar direitos e garantias a trabalhadores, existindo uma utilização contrária a normas ou princípios gerais, cabe desconsiderá-la[2675];
- *RCb 9-jan.-2017*: o recurso à desconsideração é possível quando ocorram situações de responsabilidade assentes em princípios gerais ou normas de

[2667] STJ 26-jun.-2007 (Afonso Correia), Proc. 07A1274.

[2668] RLx 29-abr.-2008 (Manuel Tomé Soares Gomes), CJ XXXIII (2008) 2, 130-134 (133).

[2669] STJ 5-fev.-2009 (João Bernardo), CJ/Supremo XVII (2009) 1, 87-90 (89-90).

[2670] STJ 11-mar.-2010 (Serra Baptista), Proc. 4056/03.6, em especial na nota 19.

[2671] RPt 20-mai.-2010 (Catarina Arêlo Manso), Proc. 2638/07.6.

[2672] STJ 10-jan.-2012 (Salazar Casanova), Proc. 434/1999.

[2673] STJ 19-fev.-2013 (Pinto Hespanhol), Proc. 73/08.

[2674] RCb 10-fev.-2015 (Moreira do Carmo), Proc. 1279/08.

[2675] RLx 16-mar.-2016 (Leopoldo Soares), Proc. 122/13.

proteção ou em situações de abuso do direito, na falta de outro fundamento legal: é subsidiária[2676];
- *RGm 11-jul.-2017*: a desconsideração tem sido tratada como abuso do direito institucional[2677];
- *STJ 7-nov.-2017*: admite a desconsideração quando a personalidade seja usada contra a boa-fé e a proibição de abuso do direito[2678];
- *STJ 19-jun.-2018*: refere a desconsideração por confusão de patrimónios e menciona a sua natureza subsidiária[2679].

O tema é, ainda, invocado pelas partes em diversos processos, como RLx 17-jun.-2010[2680] e RCb 7-Set.-2010[2681], sem dele se ter feito aplicação.

II. A personalidade coletiva e o recurso a formas societárias, particularmente sociedades por quotas, tem vindo a popularizar-se, no nosso espaço jurídico. Por um lado, cidadãos e famílias de médias ou, até, de pequenas posses, recorrem a sociedades para gerir os seus interesses. Por outro, grandes empresas usam pequenas sociedades, por elas adquiridas ou constituídas, para praticar determinados negócios ou para retirar da sua esfera patrimonial segmentos produtivos e pessoal auxiliar (*outsourcing*). São paradigmáticos os exemplos de grandes multinacionais, que recorrem a pequenas sociedades locais, para desenvolver as suas atividades.

Em todas estas situações, as pessoas coletivas que surgem podem ser usadas fora dos objetivos próprios da personalidade coletiva, de tal modo que, contra os valores fundamentais do sistema – portanto: contra a boa-fé – venham causar danos ou promover atuações pelos quais não possam, depois, responder. O exemplo da multinacional que, a coberto da pequena sociedade, causa danos ambientais catastróficos ou provoca danos patrimoniais calamitosos, merece a atenção dos diversos Direitos[2682].

2676 RCb 9-jan.-2017 (Luís Cravo), Proc. 473/13.

2677 RGm 11-jul.-2017 (Maria de Fátima Andrade), Proc. 2166/12.

2678 STJ 7-nov.-2017 (Alexandre Reis), Proc. 919/15.

2679 STJ 19-jun.-2018 (Graça Amaral), Proc. 446/11.

2680 RLx 17-jun.-2010 (Aguiar Pereira), Proc. 3766/08.6.

2681 RCb 7-set.-2010 (Jorge Arcanjo), Proc. 213/10.7.

2682 Quanto à lei aplicável ao levantamento: fundamentalmente, a reclamada pelo facto que obriga a recorrer a esse instituto, *vide* o nosso *O levantamento* cit., 164-165.

III. O Direito civil deve estar devidamente apetrechado para responder a estas situações. A abertura das fronteiras e a facilidade com que se constituem pessoas coletivas permite abusos de personalidade, contra os quais a moderna instrumentação permite reagir. Não se trata de pôr em crise o instituto da personalidade coletiva, importante fator de cooperação e de progresso dentro do Direito: apenas de cercear formas abusivas de atuação, que ponham em risco a harmonia e a credibilidade do sistema.

268. Posição adotada

I. O levantamento da personalidade coletiva, seja pela sua origem jurisprudencial casuística, seja pela riqueza dos contributos jurídico-científicos que encerra, surge, à primeira vista, com um conteúdo diversificado. Na verdade, os desenvolvimentos anteriores permitem descobrir, no seu seio:

- situações de violação não-aparente de normas jurídicas: a pretexto da personalidade coletiva, são descuradas normas de contabilidade, de separação de patrimónios ou de clareza nas alienações;
- situações de violação de normas indeterminadas ou de princípios: as pessoas que têm a seu cargo a administração de pessoas coletivas agem sem a diligência legalmente requerida para tais funções;
- situações de violação de direitos alheios ou de normas destinadas a proteger interesses alheios, sob invocação da existência de uma pessoa coletiva;
- situações de emulação nas quais, sem razões justificativas, alguém usa uma pessoa coletiva para causar prejuízos a terceiros;
- situações de violação da confiança ou de atentado às valorações subjacentes, através de uma pessoa coletiva;
- situações em que pessoas coletivas são usadas fora dos objetivos que levaram as normas constituintes respetivas a estabelecê-las;
- situações em que jogos de pessoas coletivas são montados ou atuados para além dos princípios básicos do sistema.

Perante a apontada diversidade, seria vão procurar uma noção explícita de levantamento ou indagar, para ele, uma natureza unitária e autónoma. Tão-pouco adianta reportar o assunto à fraude à lei: figura que, de resto, não tem autonomia no Direito português. A "fraude à lei" apenas permitiria referenciar, das situações elencadas, aquelas em que o agente usasse a pessoa coletiva – forma lícita – para prosseguir efeitos proibidos. Teríamos, aí, uma comum ilicitude, que deixaria de fora vários dos fenómenos acima referenciados.

II. A (total) falta de unidade interna tem levado alguns autores a perder o interesse pelo levantamento. Esquece-se, com isso, a natureza sistemática, da Ciência do Direito. As diversas proposições jurídicas ganham sentido através da teia de relações estáveis em que se insiram, isto é: graças à sua inserção num determinado sistema. Este é-o, também, a nível de exposição.

Somos por isso levados a admitir institutos de enquadramento. Trata-se de institutos que reúnem em função de pontos de vista ordenativos – porventura, mesmo: periféricos – figuras que, de outro modo, ficariam dispersas. A junção assim conseguida poderá, à partida, ter escasso conteúdo dogmático. No entanto, esse conteúdo surge *após* a procurada ordenação.

Tomemos precisamente o exemplo do levantamento. Ao conseguir a junção, num espaço específico de pesquisa e de exposição, de um conjunto de situações que delimitam, interna e externamente, a pessoa coletiva, o levantamento vai fatalmente interferir nas diversas soluções em jogo. Pelo cotejo de problemas e das suas soluções, precisamente facultado pelo "instituto de enquadramento", vão-se limar arestas, minorar contradições ou disfunções e colmatar lacunas. O espaço criado permite aprofundar o velho mote de tratar o igual de modo igual e o diferente, de forma diferente, de acordo com a medida da diferença.

III. O levantamento é um instituto de enquadramento, de base aparentemente "geográfica", mas com todas as vantagens científicas e pedagógicas dele decorrentes. Guardadas as devidas distâncias, outro tanto se passa com a própria boa-fé. Reunindo institutos de origens muito diversas – *culpa in contrahendo*, abuso do direito, alteração das circunstâncias, complexidade intra-obrigacional e interpretação do contrato – a boa-fé permitiu afeiçoá-los a todos, inserindo-os, de modo mais cabal, na complexidade do sistema.

IV. Regressemos às experiências práticas de levantamento, jurisprudencial e doutrinariamente documentadas. Mau grado a variedade de situações, é possível reconduzi-las a três grandes grupos:

– situações de responsabilidade civil assentes em princípios gerais ou em normas de proteção;
– situações de interpretação integrada e melhorada de normas jurídicas;
– situações de abuso do direito ou, se se preferir: de exercício inadmissível de posições jurídicas.

No fundo, as teorias historicamente surgidas para explicar o levantamento estão todas representadas: a teoria subjetiva de Serick cobre as hipóteses de responsabilidade civil; a teoria do escopo das normas, de Müller-Freienfelds, tem a ver com a interpretação integrada e melhorada de normas jurídicas; a teoria objetiva ou institucional visa o abuso do direito. Resta concluir: as diversas teorias documentam facetas próprias do levantamento, correspondendo a progressões da mesma ideia. Elas não se opõem: completam-se.

V. Posto isso, não haveria dificuldades em proceder a uma depuração do levantamento. Grupos inteiros de casos que lhe são reconduzidos poderiam ser recolocados noutros institutos[2683]: na responsabilidade civil e nas diversas normas cuja interpretação melhorada permite *in concreto*, julgar que o legislador decidiu reportar-se diretamente a situações subjacentes à pessoa coletiva considerada. Um último núcleo concentrar-se-ia, como rubrica pequena e vagamente autónoma, no abuso do direito.

Má solução: apesar da apontada fragmentação dogmática, apenas a ideia global do levantamento permite: alcançar novas e mais apuradas hipóteses de responsabilidade civil; obter perspetivas aprofundadas de interpretação normativa; conquistar vias mais finas de concretização da boa-fé. Ainda que como (mero) instituto de enquadramento, o levantamento tem uma efetiva eficácia dogmática: a natureza sistemática do pensamento jurídico a tanto conduz.

VI. O levantamento conquistou assim uma autonomia dogmática, enquanto instituto de enquadramento. No fundamental ele traduz uma delimitação negativa da personalidade coletiva por exigência do sistema ou, se

[2683] *Vide* os comentários de Hans-Joachim Bauschke, *Mit dem "Durchgriff" ins kommende Jahrhundert?*, BB 1984, 698-699.

se quiser: ele exprime situações nas quais, mercê de vetores sistemáticos concretamente mais ponderosos, as normas que firmam a personalidade coletiva são substituídas por outras normas.

Em estudos anteriores, procurámos fazer uma distinção entre levantamento amplo e levantamento estrito: o primeiro abrangia todas as situações de levantamento, enquanto o segundo se reportaria apenas àquelas em que isso ocorra por exigência da boa-fé. A distinção tem alguma utilidade, desde que não nos esqueçamos de que mesmo o "levantamento amplo" tem eficácia dogmática, ajudando a localizar problemas e a apontar soluções.

VII. Tal como sucede na própria boa-fé e com os institutos que lhe são reconduzidos, também no levantamento, à medida que a Ciência do Direito progride, as soluções vagas vão sendo substituídas por subinstitutos mais precisos e firmes. No Direito português, as facilidades legislativas permitiram mesmo prever, em lei expressa, problemas típicos do levantamento: é o que sucede com a responsabilidade do sócio único, hoje vertida no artigo 84.° do Código das Sociedades Comerciais[2684]. Outros casos poderiam seguir destino equivalente sem, todavia, esgotarem o filão: a própria evolução das sociedades e da economia acaba por gerar novos problemas, exigindo novas soluções de levantamento, a retirar da boa-fé e do sistema. Pense-se nas multinacionais que atuem, sem rosto, através de fachadas societárias, para se esquivarem a responsabilidades ou ao risco próprio das atuações que desenvolvam.

VIII. A redução dogmática proposta confirma a noção de personalidade coletiva, acima preconizada. Esta, sem prejuízo pela dimensão ético-normativa que necessariamente a enforma, é um produto da ordem jurídica, estabelecido por esta, de acordo com os critérios, que lhe são próprios. E porque assim é, o sistema conserva um controlo intrínseco, no mais fundo plano ontológico, sobre a personalidade e os seus limites. Em suma: apenas uma essência normativa da personalidade se compadece com

[2684] Na sequência dos trabalhos de Ferrer Correia, *Sociedades fictícias e unipessoais* cit., 299 ss. e *O problema das sociedades unipessoais*, BMJ 166 (1967), 183-217 (216-217), com um projeto legislativo.

limites internos. Fosse ela uma "realidade" extrínseca e todos os limites seriam, também, exteriores.

Pela mesma via, confirmamos e recuperamos um dos dados da moderna teoria da personalidade coletiva: a da sua relativização. Ela não integra um dado absoluto, antes se inserindo no sistema e nos seus valores.

CAPÍTULO V

PESSOAS COLETIVAS EM ESPECIAL

SECÇÃO I

ASSOCIAÇÕES

§ 58.° CARACTERÍSTICAS GERAIS E CONSTITUIÇÃO DAS ASSOCIAÇÕES

269. Características gerais; responsabilidade por dívidas e lucro

I. A associação constitui o tipo paradigmático da pessoa coletiva de tipo associativo. O seu substrato compõe-se de duas ou mais pessoas[2685], que irão integrar a assembleia geral, salvo disposição diversa dos estatutos.

A organização das associações é, também, exemplar: assembleia geral, administração e conselho fiscal. Toda esta matéria será configurada pelos estatutos.

A associação personalizada responde, com o seu património, pelas dívidas próprias; não responde pelas dos associados, assim como estes não respondem pelas da associação.

[2685] A lei vigente não consigna um número mínimo de associados; deduz-se, porém, que ele terá de ser superior à unidade, sob pena de unipessoalidade, figura que parece estranha à ideia associativa. Todavia, o artigo 182.°/1, *d*), prevê, como causa de extinção, o falecimento de *todos* os associados; entenda-se, assim, que embora exija pluralidade de membros para se constituir, a associação poderá sobreviver com um único membro. Essa situação não prejudica o princípio da colegiabilidade dos órgãos já que, na lei, nada impõe que os respetivos titulares sejam, eles próprios, associados. O tema não é unívoco, sendo retomado *infra*, 751 ss.

A lei vigente portuguesa não contém qualquer definição expressa de associação. Poderíamos intentar reconstruí-la na base das suas diversas características acabando, em última instância, por se cair em critérios formais, nos termos abaixo explicitados. Como referências com algum interesse, retemos a noção usada na jurisprudência alemã: "conjunto corporacional organizado e duradouro de um certo número de pessoas, que prossigam um fim comum"[2686], matéria que a doutrina procura desenvolver[2687]. A literatura francesa não retém definições cabais de associações, passando a Lei de 1-jul.-1901 a regular as três categorias aí versadas: associações não declaradas, associações declaradas e associações de interesse público[2688]. Também aqui descambamos num conteúdo típico puramente tendencial e em vetores formais que operam a distinção das entidades próximas.

II. O artigo 157.° determina a aplicação das regras sobre associações às que não tenham por fim o lucro económico dos associados. Infere-se, daqui, que embora a associação possa desenvolver atividades lucrativas, praticando, mesmo, atos de comércio[2689], ela não pode visar lucros para os distribuir. Na hipótese de se constituir uma associação que vise distribuir lucros aos associados, estaríamos já perante uma sociedade civil pura – artigo 980.° e seguintes. Nada impede que uma sociedade civil desse tipo adote o figurino de uma associação: não poderá, todavia e então, beneficiar de algumas das regalias próprias da associação e, designadamente:

– a total separação de patrimónios, com a subsequente irresponsabilidade dos associados pelas dívidas da associação;
– a natureza não-patrimonial da posição de associado, com a sua consequente impenhorabilidade.

Toda esta matéria exige novas distinções.

[2686] RG 2-fev.-1905, RGZ 60 (1905), 94-106 (99), RG 25-out.-1910, RGZ 74 (1911), 371-375 (372) e RG 18-jan.-1934, RGZ 143 (1934), 212-216 (213).

[2687] *Vide* a monumental e já referida obra de Bernhard Reichert, *Handbuch des Vereins- und Verbandsrechts*, 13.ª ed. (2016, 1382 pp.), 1 ss. e o desenvolvimento básico de Karsten Schmidt, *Gesellschaftsrecht* cit., 4.ª ed., 659.

[2688] Mazeaud/Chabas, *Leçons de Droit civil* cit., I/2, 8.ª ed. (Laroche-Gisserot), 340 ss.

[2689] *Direito comercial*, 4.ª ed., 279 ss; aproveitamos para precisar algumas considerações então feitas.

III. Na sua letra, como vimos, o artigo 157.° refere as "... associações que não tenham por fim o lucro económico dos associados ...". *A contrario*, elas poderiam visar o lucro económico próprio ou o de terceiros.

A referência do artigo 157.° ao lucro económico dos associados não foi feliz. O Código de Seabra, no seu artigo 32.°, falava simplesmente em "... algum fim ou por algum motivo de utilidade publica, ou de utilidade publica e particular conjuntamente ..."; podiam, todavia, ter por objeto "... interesses materiais ..." – 35.°, § 2.°, 2: apesar das dificuldades dogmáticas, podia-se surpreender o sentido da mensagem normativa "interesse público", ficando claro que este podia ser prosseguido em termos materiais[2690].

O anteprojeto Ferrer Correia, seguindo, de resto, a técnica italiana, era omisso quanto a esse ponto: as associações não tinham definições nem características legais, cabendo à doutrina a sua construção. De todo o modo, era sempre possível um recorte, perante as sociedades.

A contraposição que se imporia – e que resulta, por exemplo, do Direito alemão – opera entre associações ideais e associações económicas ou de fim económico. Não foi essa a via do legislador português. Afigura-se, porém, possível construir um modelo coerente e, até, original, na base dos preceitos em vigor.

A associação deve ter meios económicos para prosseguir os seus objetivos. Faz, assim, todo o sentido, como foi referido[2691], admitir que ela possa desenvolver atividades lucrativas. O facto de a lei comercial impedir que ela seja considerada "comerciante" apenas a isenta de um certo número de posições, hoje pouco significativas e relativas a essa classe profissional.

Também nada obsta a que a associação vise dar lucros a terceiros: pense-se na "associação dos amigos do clube x" ou da "entidade y". Finalmente: parece razoável que a "associação dos deficientes z" possa recolher lucros e outros fundos para auxiliar os seus associados. Mal se perceberia que o artigo 157.° o impedisse ou lhe recusasse o *status* de associação.

Queda uma interpretação estrita do "lucro económico dos associados", referido no artigo 157.° e aproximando-o do artigo 980.°: trata-se

[2690] Manuel de Andrade, *Teoria geral* cit., 1, 80 ss..

[2691] *Supra*, 732 ss., a superação do chamado princípio da especialidade.

de repartir, em função das entradas, o produto lucrativo do ente coletivo. A ajuda aos associados, mesmo de tipo económico, não será lucro[2692].

IV. As associações, à semelhança das sociedades comerciais, acabam por ser discerníveis em funções de critérios formais. Desde logo por, na sua designação, surgir o termo "associação" ou equivalente[2693]. Depois, pela variabilidade dos seus membros e pela natureza não transmissível (ou não patrimonial) das suas posições associativas. Finalmente, pelo regime de responsabilidade por dívidas que encabeçam.

Resta acrescentar que este último aspeto não representa especial risco para o tráfego jurídico: qualquer operador – e, particularmente, a banca e os fornecedores – toma especiais cautelas, quando conceda crédito a uma associação.

270. A constituição; ato constitutivo, estatutos e publicidade

I. A constituição das associações opera por contrato entre os associados fundadores[2694]. Tal contrato deve ser celebrado por escritura pública – 158.°/1 e 168.°/1 –, salvo o regime especial da constituição imediata, introduzido pela Lei n.° 40/2007, de 24 de Agosto e abaixo referido. Acontece, ainda, que nos termos do artigo 54.°/1, do RNPC, na redação dada pelo Decreto-Lei n.° 247-B/2008, de 30 de Dezembro os atos de constituição de pessoas coletivas devem fazer menção ao certificado de admissibilidade da denominação. Esse certificado corresponde a um documento, emitido pelo RNPC, que ateste a admissibilidade de determinada denominação pretendida pelos interessados – 45.°/1, do RNPC.

II. O certificado de admissibilidade pode ser pedido pessoalmente, pela Net ou por correio – 46.°/1. O pedido feito prevalece por ordem de antiguidade – 50.°/1, todos do RNPC. Obtido o certificado de admissibilidade da designação, ele tem os efeitos seguintes:

[2692] Nesse sentido veja-se, também, a noção de cooperativa – artigo 2.° do CCoop – que procura conciliar fins não lucrativos com aspirações económicas dos membros.

[2693] *Supra*, 713 ss..

[2694] Muitas vezes, aquando da constituição de uma associação, os estatutos permitem que os aderentes até determinada data usem, igualmente, o título de "fundadores".

– obriga os interessados ulteriores, na mesma denominação ou noutra que, com ela, se confunda, a procurar outra solução;
– permite a celebração do facto constitutivo ou, sendo esse o caso, a sua alteração – 54.°/1 e 2;
– limita a ampliação do objeto associativo às atividades contidas no objeto declarado no certificado de admissibilidade – 54.°/4, todos do RNPC, na redação atual.

Pelo RNPC, é atribuído, em conjunto com o certificado de admissibilidade, um número provisório de identificação; após a escritura, no presente caso das associações, o RNPC atribui um número de identificação definitivo: o NIPC ou número de identificação de pessoa coletiva – artigos 15.° e 13.°/1, do RNPC, na redação atual.

III. A lei distingue o ato de constituição e os estatutos – 168.°/1.°. O artigo 167.°/1 e 2 parece mesmo contrapor o que deveria constar de um e dos outros. Assim:

– o ato de constituição mencionaria os bens ou serviços com que os associados concorressem para o património social, a denominação, fim e sede da pessoa coletiva, a forma do seu funcionamento e a sua duração, quando a associação não se constituísse por tempo indeterminado[2695];
– os estatutos poderiam especificar ainda os direitos e obrigações dos associados, as condições da sua admissão, saída e exclusão, bem como os termos da extinção da pessoa coletiva e consequente devolução do seu património.

O ato de constituição e os estatutos deverão constar de documentos formalmente autónomos? No anteprojeto Ferrer Correia, dispunha-se expressamente que o ato constitutivo e o estatuto poderiam constar do mesmo documento[2696]. A regra desapareceu na versão final do Código; todavia, nada impede que o ato constitutivo e os estatutos constem de um

[2695] A referência à duração só é necessária quando a associação não se constitua por tempo indeterminado: RLx 21-out.-1999 (Francisco Marcolino de Jesus), BMJ 490 (1999), 312-313 (312/II).

[2696] Artigo 16.°/3; Ferrer Correia, *Pessoas coletivas* cit., 253.

único documento[2697]: basta que se mostrem reunidos os requisitos de forma e de substância para que o Direito nada tenha a objetar. O passo seguinte: quando haja dois documentos, os elementos necessários elencados como devendo pertencer ao ato constitutivo poderão ser deslocados para os estatutos? Aparentemente e numa interpretação literal, isso não seria possível. Contudo, verifica-se que o artigo 167.°/1, entre os elementos que deveriam constar do ato constitutivo, inclui "... a forma do seu funcionamento ...". Ora este elemento abrange o essencial das rubricas que animam os estatutos de associações e sociedades: assembleias gerais, administrações, modo de representação e fiscalização[2698]. Não parece haver substância para esvaziar os estatutos, incluindo tal matéria no ato constitutivo e, muito menos: para invalidar uma associação, quando os elementos do artigo 167.°/1 (e, especialmente, a forma do seu funcionamento) apareçam nos estatutos e não no ato constitutivo. Resta concluir que os elementos necessários do artigo 167.°/2 devem ocorrer nalgum lugar, sendo indiferente que o façam no ato constitutivo ou nos estatutos[2699].

IV. Nos termos do artigo 168.°/2, na redação dada pela Lei n.° 40/ /2007, de 24 de Agosto:

> O notário promove de imediato, a expensas da associação, a publicação da constituição e dos estatutos, bem como as alterações destes, nos termos legalmente previstos para os atos das sociedades comerciais.

Desapareceu a anterior remessa à autoridade administrativa, a qual teria por objeto fins de estatística ou similares: qualquer outra finalidade iria contundir com a liberdade de associação, constitucionalmente assegurada. E desapareceu o dever do notário de envio ao Ministério Público o qual visa permitir, a este e eventualmente, desempenhar a função que lhe é cometida pelo artigo 158.°-A e que abaixo referiremos. A publicação, a

[2697] Nesse sentido: Pires de Lima/Antunes Varela, *Código Civil Anotado* cit., 1, 4.ª ed., 170.

[2698] No anteprojeto Ferrer Correia, artigo 16.°/2, 1.ª parte, "o estatuto deverá conter as regras respeitantes à administração e ao funcionamento da pessoa coletiva" – *Pessoas coletivas* cit., 253. A razão por que esta regra passou para o ato constitutivo, no decurso das revisões ministeriais, é desconhecida.

[2699] Pires de Lima/Antunes Varela, *Código Civil Anotado* cit., 1, 4.ª ed., 170, reportam, aliás, aos estatutos toda a matéria do artigo 167.°/1.

efetuar na II Série do *Diário da República*, destina-se a dar publicidade ao ato.

Segundo o n.° 3 desse preceito,

> O ato de constituição, os estatutos e as suas alterações não produzem efeitos em relação a terceiros, enquanto não forem publicados nos termos do número anterior.

Trata-se de um preceito formulado em termos muito (demasiado!) rígidos. A publicação no jornal oficial não é, sequer, da responsabilidade dos particulares. Além disso, a tomar à letra a não produção de efeitos em relação a terceiros, a própria personalidade coletiva ficaria prejudicada. Finalmente: a publicação no jornal oficial não assegura a efetiva difusão pelo público; melhor seria em jornal comum de grande tiragem.

Preconizamos a seguinte interpretação:

- a personalidade adquire-se através da escritura; a não-aplicação de regras daí advenientes só se justificará para tutela da confiança;
- a publicação em jornal oficial constitui presunção inilidível de conhecimento: ocorrida esta, ninguém poderá pretextar desconhecimento;
- na falta de publicação, o ato de constituição e os estatutos não são oponíveis a terceiros de boa-fé, isto é, a terceiros que, sem culpa, não os conhecessem.

Essa inoponibilidade terá, designadamente, como efeito, o responsabilizar a pessoa singular concreta que contrate com o terceiro, em moldes aplicáveis às associações sem personalidade jurídica, nos termos do artigo 198.°/1. A interpretação preconizada integra-se no sistema de tutela da confiança e aflora nos artigos 38.°/3 e 39.°/3, ambos *in fine*, do Código das Sociedades Comerciais. A aproximação às sociedades comerciais foi, de resto, reforçada pelo final do artigo 168.°/2, na redação da Lei n.° 40/2007, de 24 de agosto.

V. Este regime, resultante do Código Civil, não coincide com o aprovado pelo Decreto-Lei n.° 594/74, de 7 de novembro, com alterações introduzidas pelo Decreto-Lei n.° 71/77, de 25 de fevereiro. Segundo o artigo 4.° do referido Decreto-Lei n.° 594/74,

1. As associações adquirem personalidade jurídica pelo depósito, contra recibo, de um exemplar do ato de constituição e dos estatutos no governo civil da área da respetiva sede, após prévia publicação no *Diário da República* e num dos jornais mais lidos na região, de um extrato, autenticado pelo notário, do seu título constitutivo, que deverá mencionar a denominação, sede social, fins, duração e as condições essenciais para a admissão, exoneração e exclusão de associados.

2. Dentro de oito dias a contar da data do depósito, deve ser remetida, em carta registada com aviso de receção, uma cópia do título constitutivo, autenticada por notário, ao agente do Ministério Público junto do Tribunal de comarca da sede da associação, para que este, no caso de os estatutos ou a associação não serem conformes à lei ou à moral pública, promova a declaração judicial de extinção.

Temos por nós que o Decreto-Lei n.° 594/74 veio criar um regime provisório de liberdade de associação, em substituição do que resultava da versão inicial do Código Civil, demasiado restritivo. Todavia, o Código Civil foi dotado de um novo regime pelo Decreto-Lei n.° 496/77, de 25 de Novembro. Este novo regime veio revogar o Decreto-Lei n.° 594/74, em tudo o que não coincida com ele. Quer isto dizer que o transcrito artigo 4.° está praticamente revogado pela nova versão do artigo 168.°, do Código Civil. Todavia, o Decreto-Lei n.° 594/74, é muitas vezes citado, neste ponto, como estando em vigor.

VI. Antes da formalização da associação e da decorrente aquisição de personalidade jurídica, podem os associados iniciar diversas atividades, praticando atos jurídicos. Teremos a figura da "pré-associação"[2700] já integrada no Direito das associações. Pelo Direito português, estaremos perante uma denominada "associação sem personalidade jurídica": aplicam-se-lhe os estatutos e, no que não pressuponha a personalidade, o próprio regime das associações[2701].

[2700] Sauter/Schweyer/Waldner, *Die eingetragene Verein* cit., 17.ª ed., 7-8 e Karsten Schmidt, *Gesellschaftsrecht*, 4.ª ed. cit., 682. No domínio das sociedades, cabe referir, como obra de referência, a monografia de Erik Kiessling, *Vorgründungs- und Vorgesellschaften* (1999, 433 pp.).

[2701] *Infra*, 885 ss..

271. A invalidade da constituição

I. De acordo com a posição adotada, o ato constitutivo e os estatutos têm natureza contratual[2702]. Pergunta-se, agora, quais são as consequências da sua eventual invalidade. A questão tem um especial interesse prático e, ainda, relevo teórico: é precisamente a este propósito que se pode fazer uma contraprova quanto à própria natureza dos estatutos e do ato constitutivo. O problema pode ser desde já antecipado: imagine-se que se constitui uma associação e que a mesma entra em normal funcionamento: apura-se, então, que houve um vício relativo ao ato constitutivo ou aos estatutos, vício esse que, designadamente, pode envolver (apenas) um dos outorgantes: invalida-se a constituição da associação, pondo em crise tudo quanto já se fez?

Pergunta similar ocorre, também e como é natural, nas sociedades comerciais. Tem contornos tão delicados que, no tocante às sociedades de responsabilidade limitada (sociedades por quotas e anónimas) e nas comanditas por ações, o Código das Sociedades Comerciais limita os vícios que podem dar azo à nulidade do contrato – artigo 42.°/1: falta do mínimo de dois sócios fundadores, salvo quando a lei admita a unipessoalidade; falta de menção da firma, da sede, do objeto, do capital, da entrada de algum dos sócios ou das prestações realizadas por conta desta; objeto ilícito ou contrário à ordem pública; falta de cumprimento dos preceitos legais que exigem a liberação mínima do capital social; falta de escritura pública.

Nas associações, nada se diz. Haverá, assim, que proceder por via doutrinária.

II. Segundo o artigo 158.°-A,

> É aplicável à constituição das pessoas coletivas o disposto no artigo 280.°, devendo o Ministério Público promover a declaração judicial da nulidade.

Significa este preceito que é nula a constituição de uma associação cujo objeto seja física ou legalmente impossível, contrário à lei ou indeterminável ou, ainda, contrário à ordem pública ou ofensivo dos bons costumes. O Ministério Público tem o dever de promover a declaração judicial

[2702] *Supra*, 794 ss..

de nulidade[2703]; todavia, qualquer outro interessado o poderá fazer, nos termos gerais. Repare-se que este tipo de vício tanto atinge a constituição em si mesma como os estatutos, com idênticos efeitos.

A declaração judicial de nulidade, aqui em causa, pode implicar – ou não – a extinção e a liquidação da associação. Pode a invalidade reportar-se, apenas, a um ponto sectorial dos estatutos ou do ato de constituição, que não ponham em causa a subsistência coerente do conjunto. Aplicam-se as regras do artigo 292.°, de tal modo que seja declarada, apenas, a invalidade do ponto questionado. Em sua substituição, recorrer-se-ia ao regime legal[2704]. Quando a redução não seja possível, deveria assistir-se, nos termos gerais, à destruição retroativa dos atos praticados e de todos aqueles que, destes, derivassem. No caso de uma pessoa coletiva, que tem um património, que pode gerar resultados e que tem relações com terceiros, isso é impossível. Temos, pois: a declaração de nulidade da constituição pode ter uma de duas consequências:

– ou deriva de vício de forma, que ponha em crise a aquisição da personalidade, altura em que se segue o regime das associações não personalizadas – artigos 195.° e seguintes;
– ou emerge de qualquer outro vício, e cabe recorrer às regras da extinção e da liquidação das associações.

Trata-se da solução prevista no artigo 52.° do Código das Sociedades Comerciais e que aqui pode ser aplicado por analogia. Como lugar paralelo importante, também suscetível de reforçar o recurso analógico às sociedades comerciais, temos o artigo 182.°/2, *a*), que prevê a extinção por ocorrência superveniente de alguns dos vícios previstos no artigo 280.°.

III. *Quid iuris* quanto a vícios que afetem, apenas, algum ou alguns dos associados outorgantes na escritura? Pondo a hipótese radical: vamos supor que foi outorgada uma escritura de constituição estando um dos sócios sob coação física ou sem consciência da declaração.

O vício atingiria, somente, a presença do associado na agremiação. A invalidação da declaração de vontade da pessoa em causa apenas ditaria

[2703] *Vide* uma aplicação desta regra em RLx 14-abr.-2004 (Ezagüy Martins), CJ XXX (2005) 2, 99-102 (100/II).

[2704] Dieter Reuter, *Münchener Kommentar* cit., 1, 7.ª ed., §§ 21, 22, Nr. 65 e Reichert, *Handbuch* cit., 13.ª ed., 50.

a sua exclusão: não determinaria a invalidade de toda a constituição da associação, salvo quando se mostrasse que ela não teria sido constituída sem a presença do fundador inquinado – artigo 292.°. É a solução propugnada noutros ordenamentos[2705] e que, no Direito português, se torna facilmente concretizável, mercê do regime da redução.

No Direito português, a aquisição da personalidade coletiva das associações ocorre com a escritura: como vimos, temos por revogado o artigo 4.°/1 do Decreto-Lei n.° 594/74, de 7 de Novembro. Não se torna necessário (nem possível) apelar à eficácia constitutiva do registo, para justificar a salvaguarda de alguns efeitos derivados da associação nula. Tão-pouco tem utilidade cindir o ato constitutivo em negócio plurilateral e negócio de organização, apenas ao primeiro se aplicando as regras comuns. Finalmente, o regime proposto assenta nas regras negociais gerais, apenas com a intervenção da necessidade de extinção e liquidação; não há qualquer margem para, a propósito destes regimes, vir contestar a natureza negocial (e contratual) da constituição das associações.

As especificidades do Direito português devem ser conhecidas, antes de se tomar qualquer posição.

272. Aspetos instrumentais; a constituição imediata

I. O funcionamento de uma associação implica, ainda, uma declaração de início de atividade, junto da Repartição de Finanças competente. Caso a associação pretenda celebrar contratos de trabalho, deve inscrever-se na segurança social como empregadora e fazer a prévia comunicação relativa aos concretos trabalhadores que pretenda empregar.

Deverá, ainda, exibir um título bastante relativo à sede, de modo a poder celebrar, com referência a esse local, os contratos de fornecimento de eletricidade, água, telefone ou outros.

II. Em 2005 e 2006, foram publicadas sucessivas reformas que visaram simplificar a constituição, as vicissitudes e a extinção das socieda-

[2705] Assim, Staudinger/Weick, *BGB §§ 21-103* cit., 13.ª ed., § 21, Nr. 19 (78-79), Wolf/Neuner, *Allgemeiner Teil* cit., 10.ª ed., 162, Sauter/Schweyer/Waldner, *Der eingetragene Verein* cit., 17.ª ed., 77 e, com diversos elementos, Reuter, *Münchener Kommentar* cit., 1, 7.ª ed., § 25, Nr. 22.

des comerciais. As associações não foram logo visadas, mantendo-se um complexo sistema em vigor. Cabia ao Ministério da Justiça aprontar, com eficácia, as necessárias revisões legais. Estas foram, efetivamente, aprovadas em Conselho de Ministros, nos finais de 2006, sendo aprovadas pelo Parlamento como Lei n.º 40/2007, de 24 de agosto, depois alterada pelo Decreto-Lei n.º 247-B/2008, de 30 de dezembro.

III. O regime especial de constituição imediata de associações não se aplica aos partidos políticos, às pessoas coletivas "religiosas", às associações sócio-profissionais de militares e de agentes das forças de segurança, às associações de empregadores, às associações sindicais, às comissões de trabalhadores e às associações humanitárias de bombeiros (1.º/2, da Lei n.º 40/2007, de 24 de Agosto). Também não se aplica quando os interessados concorram, para o património social, com imóveis (1.º/3).

O regime especial aqui em causa pressupõe que (2.º):

- os interessados optem por uma denominação de fantasia previamente criada a favor do Estado ou apresentem um certificado de admissibilidade da denominação acolhida, emitido pelo RNPC;
- optem por um modelo de estatutos aprovado pelo Instituto dos Registos e do Notariado, IP.

IV. A aplicação do regime cabe às conservatórias ou outros serviços previstos em portaria do Governo[2706] e isso independentemente da área da sede da associação a constituir (3.º). O prazo da tramitação é muito rápido: o processo deve-se iniciar e concluir no mesmo dia, em atendimento presencial único (4.º).

Os interessados manifestam o seu pedido no serviço competente e optam pela denominação, pela denominação e marca e pelos estatutos, de acordo com os modelos disponíveis (5.º). Apresentam os documentos comprovativos da sua identidade e dos seus poderes de representação e podem, desde logo, proceder à entrega de declaração de início de atividade, para efeitos fiscais ou à indicação dos dados que permitam a sua entrega por via eletrónica (6.º/1 e 2).

[2706] Têm sido publicadas diversas portarias a alargar competência para a "associação na hora"; por último, neste momento, *vide* a Portaria n.º 229/2010, de 23 de abril, que dá conta de, nessa data, haver já 116 postos de atendimento habilitados.

A sequência do procedimento, a cargo dos serviços, consta do artigo 7.° da Lei n.° 40/2007, em nove alíneas. Uma vez concluído, o serviço competente entrega, a título gratuito, aos interessados, uma certidão do ato constitutivo e dos estatutos – 11.°, *a*). Subsequentemente, o serviço (o artigo 12.° fala, então, em "conservatória") efetua diversas diligências, de modo a prevenir todas as entidades competentes.

V. Segundo o preâmbulo da Portaria n.° 229/2010, de 23 de abril, nessa data, já haviam sido constituídas, por este procedimento, 2525 associações. Estamos, na verdade, perante uma pequena revolução burocrática, permitida pelos modernos meios informáticos. Em boa hora.

§ 59.° A POSIÇÃO DOS ASSOCIADOS

273. Direitos dos associados

I. O primeiro e fundamental elemento de qualquer associação é constituído pelos seus associados ou massa associativa[2707]. O associado encabeça uma situação jurídica complexa. Globalmente, ela pode ser considerada como um direito subjetivo ou um conjunto de direitos subjetivos: direitos associativos[2708], atuais ou potenciais[2709].

O Código Civil não explicita os direitos e os deveres dos associados[2710]. Limita-se, no artigo 167.°/2, a dizer que eles podem ser especificados pelos estatutos. De todo o modo, com base na doutrina e na prática associativa comum, é possível indicar as obrigações e os direitos típicos. A matéria é dominada pela contraposição entre direitos gerais e direitos especiais dos associados. São direitos gerais aqueles que assistam, por igual, a todos os associados[2711]; os especiais são conferidos pelos estatutos a algum ou alguns sócios[2712]. Quanto a direitos próprios de classes de associados: serão gerais ou especiais consoante surjam globalmente, para

[2707] Assim, a entidade assente nos "amigos da fundação" é, claramente, uma associação, dado o substrato; *vide* RPt 4-out.-1993 (Simões Freire), BMJ 430 (1993), 515 (o sumário).

[2708] Marcus Lutter, *Theorie der Mitgliedschaft/Prolegome zu einem Allgemeiner Teil des Korporationsrechts*, AcP 180 (1980), 84-159 (101 e *passim*) e Arnd Arnold, *Münchener Kommentar* cit., 1, 7.ª ed. § 38, Nr. 10 ss..

[2709] Arne Helms, *Schadenersatzansprüch wegen Beeinträchtigung der Vereinsmitgliedschaft* (1998), 171 e *passim*.

[2710] Quanto à deficiente regulação legal das relações internas, Jörg Eisele, *Haftungsfreistellung von Vereinsmitgliedern und Vereinsorganen in nichtwirtschaftlichen Vereinen* (1998), 183.

[2711] Sauter/Schweyer, *Der eingetragene Verein* cit., 16.ª ed., 250.

[2712] O artigo 170.°/2, *in fine*, quando ressalva "os direitos fundados no ato de constituição", tem em vista esta categoria de direitos.

quem se encontre em certas circunstâncias, dependendo da manutenção dos estatutos ou, pelo contrário, emerjam de específicas disposições dirigidas a certos associados, disposições essas que apenas com o consentimento dos próprios possam ser modificadas ou suprimidas[2713].

II. No tocante a direitos gerais dos associados, podemos distinguir[2714]:

- direitos participativos;
- direitos de disfruto de benefícios associativos;
- direitos honoríficos e designativos.

Os direitos participativos envolvem, designadamente:

- o direito de participar na assembleia geral, opinando e exercendo o direito de voto;
- o direito de solicitar informações à administração e a outros órgãos;
- o direito de aceder às instalações associativas e de, aí, consultar documentos e obter informações;
- o direito de ser eleito para os órgãos sociais.

Os estatutos podem delimitar estes direitos, sujeitá-los a regulamentos ou à administração ou, até e em certos casos em que não esteja em causa a função de associações de interesse público ou de associações a que a lei atribua prerrogativas especiais, suprimi-los[2715]. Não o fazendo, eles terão aplicação. Repare-se que o direito à informação e o direito ao acesso são corolários do direito ao voto: não faz sentido reconhecer-se este sem atribuir os meios para um exercício consciente.

2713 Correspondem aos direitos especiais dos sócios, previstos no artigo 24.° do Código das Sociedades Comerciais; *vide* Sauter/Schweyer, *Der eingetragene Verein* cit., 16.ª ed., 253 ss..

2714 Um pouco na linha de Wolf/Neuner, *Allgemeiner Teil* cit., 10.ª ed., 181 ss.: não admitimos, como autónomo, um direito à igualdade de tratamento, abaixo referido, no texto. Uma enumeração mais extensa pode ser confrontada em Rudolf Müller-Erzbach, *Das private Recht der Mitgliedschaft als Prüfstein eines kausalen Rechtsdenkens* (1948), 207 ss. *Vide* a monografia de Uwe Schmidt, *Die Mitgliedschaft in Verbänden* (1989), 153 ss. e, quanto a obras de atualidade: Burhoff, *Vereinsrecht* cit., 9.ª ed., 136 ss., Sauter/Schweyer//Waldner, *Die eingetragene Verein*, 19.ª ed. cit., 234, Stöber/Otto, *Handbuch* cit., 11.ª ed., 112 ss. e Reichert, *Handbuch* cit., 13.ª ed., 161 ss..

2715 Pense-se nos denominados "sócios honorários" de certas associações, a quem não é reconhecido o direito de voto.

III. Os direitos de desfruto de benefícios associativos dependem da natureza da associação de que se trate. Podem abranger vantagens puramente internas – p. ex., utilizar campos de golfe, de ténis, piscinas, bibliotecas ou restaurantes, de acesso limitado a associados, ou fazê-lo com descontos ou em condições preferenciais – ou vantagens exteriores – p. ex., incluir listas de candidatos a deputados, ou participar em certames com outras associações ou, simplesmente, em desfiles ou competições reservadas a associados[2716].

Também estes direitos podem ser delimitados pelos estatutos ou por regulamentos para que estes remetam.

IV. Os direitos honoríficos e designativos redundam, fundamentalmente, na possibilidade reconhecida aos associados de certas associações de usarem o inerente título ou de exibirem os respetivos sinais distintivos ou insígnias. No caso de associações de grande prestígio – ou, em qualquer caso, quando o associado tenha esse apreço – pode tratar-se de uma dimensão importante. Por vezes fala-se, a propósito deste acervo, em "direitos associativos morais".

274. Obrigações dos associados; o princípio do igual tratamento; categorias

I. Quanto às obrigações dos associados, podemos distinguir:
– obrigações contributivas;
– obrigações participativas;
– deveres acessórios.

O próprio artigo 167.º/1 dispõe que o ato de constituição "... especificará os bens ou serviços com que os associados concorrem para o património social". Poderia parecer um elemento essencial – o que não é o caso. Em regra, porém, os associados devem contribuir: quer no momento da adesão (jóia), quer, depois disso, periodicamente (quota). A contribuição

[2716] Em BGH 12-mar.-1990, NJW 1990, 2877-2880, discutia-se a pretensão de um associado contra um clube que o excluíra de uma regata; *vide* Heinrich Götz/Jürgen Götz, *Die Haftung des Vereins gegenüber dem Mitglied*, JuS 1995, 106-110.

poderá sê-lo em serviços (associado de indústria). Além disso, os estatutos ou regulamentos que deles decorram podem prever outras contribuições dos associados: em certas ocasiões ou como contrapartida de determinadas vantagens.

II. As obrigações participativas prendem-se com imposições estatutárias de participação: nos órgãos associativos, nas atividades correntes ou em certas eventualidades. Os estatutos de algumas associações fazem depender, do acatamento destes vetores, o disfruto de regalias associativas; surgem, nessa altura, como encargos.

III. Os deveres acessórios decorrem da boa-fé[2717]. À partida, eles adstringem os associados a manter uma postura conforme com a sua posição, não prejudicando a imagem ou os interesses da associação e não atentando contra os outros associados, nessa qualidade.

Por vezes, os estatutos especificam aspetos daqui decorrentes. Quando não o façam, eles retiram-se da regra geral do artigo 762.º/2, podendo cristalizar em deveres de lealdade, de assistência, de sigilo, de não-concorrência e de oportunidade[2718]. Caso a caso haverá que aferir da sua obtenção.

IV. Pergunta-se se toda esta matéria estará marcada pelo princípio da igualdade ou do igual tratamento. Já assim se pretendeu. Todavia, tal afirmação não pode ser feita, nesses termos.

Estamos no campo do Direito privado. O princípio da igualdade exerce-se contra o Estado. Não contra particulares: estes têm o direito de assumir preferências e predileções, que mal ficaria ao Direito vir cercear. Certas associações desempenham, porém, funções do Estado ou, mais simplesmente, funções de utilidade pública. Nesses casos, deverão

[2717] Sauter/Schweyer/Waldner, *Der eingetragene Verein* cit., 19.ª ed., 240.

[2718] Eisele, *Haftungsfreistellung von Vereinsmitgliedern* cit., 117; recordando a necessidade de não exacerbar estes aspetos, sob pena de instilar a insegurança, Walther Hadding, *Ergibt die Vereinsmitgliedschaft "quasi-vertragliche" Ansprüche, "erhöhte Treue- und Fürsorgepflichten" sowie ein "sonstiges Recht" im Sinne des § 823, Abs. I, BGB?*, FS Kellermann (1991), 91-113. Com uma série de elementos sobre a lealdade, Uwe Schmidt, *Die Mitgliedschaft* cit., 206 ss. e Reichert, *Handbuch* cit., 13.ª ed.,180 ss..

observar o princípio do igual tratamento, sob pena de perderem essas suas prerrogativas[2719].

Como exemplos que traduzem o afloramento destes parâmetros, após 25-abr.-1974, temos: artigo 7.°, *a*), do Decreto-Lei n.° 595/74, de 7 de Novembro, com alterações subsequentes e relativo a partidos políticos: não pode ser negada a admissão ou fazer-se exclusão por motivo de raça ou de sexo; artigo 2.°/2 da Lei n.° 33/87, de 11 de julho, com alterações subsequentes: princípio da democraticidade das associações de estudantes; artigo 5.°/2 do Decreto-Lei n.° 119/83, de 25 de fevereiro, com alterações subsequentes e relativo a associações de solidariedade social: os beneficiários devem ser respeitados na sua dignidade e na intimidade da vida privada e não podem sofrer discriminações fundadas em critérios ideológicos, políticos, confessionais ou raciais; artigo 17.° do Decreto-Lei n.° 215-B/75, de 30 de abril, com alterações subsequentes: princípio da gestão democrática das associações sindicais; artigo 10.° do Decreto-Lei n.° 215-C/75, de 30 de abril: *idem*, quanto a associações patronais; artigo 4.°/1 do Decreto-Lei n.° 144/93, de 26 de abril, sobre federações desportivas: princípios da liberdade, da democraticidade e da representatividade; artigo 2.°/1, *a*), do Decreto-Lei n.° 460/77, de 7 de Novembro: as associações e fundações só podem ser declaradas de utilidade pública se, entre outros aspetos, não limitarem o seu quadro de associados ou de beneficiários a estrangeiros ou através de qualquer critério contrário ao n.° 2 do artigo 13.° da Constituição.

Fora destes circunstancialismos e nos limites do artigo 280.°, os particulares podem prever os figurinos que entenderem, nos seus estatutos. A eventuais cláusulas diferenciadoras, não é possível opor o princípio da igualdade, oponível ao Estado, nem o da liberdade de associação. Este último pode ser invocado pelos partidários da "diferenciação": ninguém os obriga a ficarem associados com quem não queiram.

V. O princípio da igualdade de tratamento tem, todavia, uma projeção útil, operativa e da maior importância: a da proibição de arbítrio[2720]. Na atuação da associação e, particularmente, na postura desta e dos seus órgãos perante os associados, não podem ser adotadas posições que não

[2719] Quanto a igual tratamento, com indicações, Stöber/Otto, *Handbuch* cit., 11.ª ed., 113 ss. e Reichert, *Handbuch*, 13.ª ed. cit., 169 ss..

[2720] Wolf/Neuner, *Allgemeiner Teil* cit., 10.ª ed., 183.

tenham cobertura legal ou estatutária. Em suma: o *modo coletivo* de funcionamento do Direito implica, sempre, o respeito por este e pela sua Ciência.

Ainda nesta área, verifica-se que o Direito civil dispensa uma certa tutela às minorias[2721]: aí se inscrevem as exigências de maiorias qualificadas para certas deliberações mais delicadas – por exemplo, o artigo 175.°/3 e 4, para além das regras estatutárias. Como, porém, nas associações, vigora uma regra de maiorias pessoais (ou, pelo menos, não ligadas ao capital detido), o problema é menos candente do que nas sociedades comerciais.

VI. Uma solução diferenciadora comum consiste em prever diversas categorias de associados, com direitos e deveres próprios. Tal pode ocorrer com base nos mais variados critérios e, designadamente:

- na qualidade de fundador ou associado subsequente;
- no tratar-se de associado singular ou coletivo;
- na antiguidade do associado;
- no tipo de serviços que preste ou de necessidades que aparente;
- nas habilitações que exiba.

Outras soluções são possíveis: em rigor todas as que a lei não proíba, uma vez que estamos no domínio da autonomia privada.

275. Número mínimo; ingresso, saída, exclusão; variabilidade e intransmissibilidade

I. A lei portuguesa não prevê um número mínimo de associados[2722]. Terá de haver mais do que um, para se poder outorgar o contrato constitutivo. Para além disso, apenas o artigo 182.°/1, *d*), prevê a extinção da associação pelo falecimento de todos os associados. Haverá outras regras?

[2721] Volker Beuthien, *Mehrheitprinzip und Minderheitensschutz im Vereinsrecht/ /Grenzen der Mehrheitherrschaft bei Vereinszweckänderung und Pflichtenmehrung*, BB 1987, 6-12.

[2722] O § 56 do BGB alemão exige, para o registo das associações, um mínimo de sete membros; o § 73 prevê a perda da personalidade coletiva quando esse número desça abaixo de três; *vide* Arnd Arnold, *Münchener Kommentar* cit., 1, 7.ª ed., §§ 56 e 73.

Alguns autores tentam vias indiretas, na base do número de associados necessário para integrar os órgãos associativos. Assim, dada a regra da natureza colegial dos órgãos, teríamos de contar, pelo menos, três associados para a administração e outros três para o conselho fiscal[2723]: chegaríamos, assim, ao mínimo de seis pessoas[2724]. Esta via não é aproveitável: nada na lei obriga a que esses órgãos sejam preenchidos com associados. Pelo contrário: a importância de algumas associações e a sua envergadura recomenda vivamente que se recrutem gestores e fiscais profissionais. Estes não têm de ser membros da associação, sendo mesmo indicado, em certos casos, que o não sejam.

Até há algum tempo, poder-se-ia fazer intervir, por analogia, o artigo 1007.°, *d*): seis meses para reconstituir a pluralidade de sócios, sob pena de extinção da sociedade, reduzida a um sócio único[2725]. Temos defendido a possibilidade de, às associações, aplicar por analogia regras relativas a sociedades: mas a sociedades civis ou às comerciais. Ora o moderno Direito das sociedades comerciais tende a admitir a unipessoalidade como situação normal e regular[2726]. Não vemos nenhuma razão para, sem qualquer lei expressa, vedar a unipessoalidade no Direito civil. Pelo contrário: o artigo 182.°/1, *d*), ao prever a extinção da sociedade apenas pelo falecimento de *todos* os associados, deixa a porta claramente aberta a que a mesma se mantenha, apenas com um.

E os interesses e valores subjacentes recomendam que se admita a unipessoalidade superveniente. Por exemplo: a associação de alunos de certa escola, que preste auxílio a antigos funcionários: para quê condená-la, se presta ainda os seus serviços, apenas com o último sobrevivente? Ou a associação benemerente que tenha, como associada única, uma outra associação ou, até, uma fundação: pode prestar excelentes serviços. Porquê impor a sua dissolução em nome de um conceitualismo que nenhuma lei prevê?

[2723] Hörster, *A parte geral* cit., 401-402 e Oliveira Ascensão, *Teoria geral* cit., 1, 2.ª ed., 301.

[2724] Carvalho Fernandes, *Teoria geral* cit., 1, 6.ª ed., 630, acrescenta uma sétima: o presidente da assembleia geral.

[2725] Oliveira Ascensão, *Teoria geral* cit., 1, 2.ª ed., 301.

[2726] *Vide* os artigos 270.°-A e seguintes do Código das Sociedades Comerciais, aditados pelo Decreto-Lei n.° 257/96, de 31 de dezembro e os artigos 488.°/1 e 489.°/2, *c*) e 3, do mesmo Código.

II. O ingresso de pessoas, como membros, numa associação pode ser:

- inicial, quando se trate de entidades que tenham outorgado no ato constitutivo ou que os estatutos, *ab initio*, enumerem como associadas;
- superveniente, pela adesão à sociedade.

A adesão tem natureza contratual: depende de uma proposta, feita pelo próprio interessado, pela associação através da administração ou da assembleia geral, *motu proprio* ou por iniciativa de algum ou alguns associados, conforme o previsto nos estatutos. As condições de admissão constam dos estatutos – artigo 167.°/2.

Como foi referido, certas associações não podem condicionar a admissão de novos associados, desde que reúnam os pressupostos mínimos: isso depende, porém, de leis a tanto dirigidas. Na falta de tais leis, os estatutos são soberanos, nos limites do artigo 280.°. Designadamente: a admissão de associados pode depender de uma decisão discricionária, da direção ou da assembleia geral.

III. A saída de um associado corresponde à sua retirada voluntária de determinada associação. Em princípio, tal retirada é livre, ainda que com as consequências do artigo 181.°: o desistente não tem o direito a reaver as quotizações que haja pago[2727] e perde o direito ao património social; todavia, mantém-se responsável por todas as prestações relativas ao tempo em que foi membro da associação. De facto, a possibilidade de desistência corresponde a uma manifestação de liberdade de associação e traduz sempre uma porta de segurança perante qualquer degradação da vida interna da associação. Os estatutos poderão condicionar a saída a pré-avisos ou a prestações suplementares: mas sempre sem impedir a sua efetividade prática.

IV. A exclusão de um associado equivale à extinção dos seus direitos associativos, por decisão da associação: seja da administração, seja da assembleia geral. A lei é omissa. No silêncio dos estatutos, admitimos que

[2727] Esta regra pode, sem dificuldade, ser alargada a outras importâncias, como as correspondentes a jóias; quanto a cauções: sendo meras garantias, elas serão, em princípio, restituídas, desde que asseguradas as posições que visavam garantir.

a exclusão possa operar por aplicação analógica do artigo 1003.°: será um *minimum*. Os estatutos podem prever outras causas de exclusão ou afastar as do artigo 1003.°: estamos no domínio do disponível e ninguém é obrigado a aderir a nenhuma associação. A exclusão pode ser aplicada em termos disciplinares, quando essa faculdade tenha sido estatutariamente consignada[2728].

V. Como corolário natural de livre entrada e saída de associados, as associações apresentam um número variável de membros. Os estatutos podem prever limites máximos ou mínimos (ou fixos) para a massa associativa: vedando entradas para além de certo número e enquanto não houver vagas ou impondo a dissolução quando o número de associados baixe aquém de certa cifra.

VI. O artigo 180.° dispõe a natureza pessoal da qualidade de associado:

> Salvo disposição estatutária em contrário, a qualidade de associado não é transmissível, quer por ato entre vivos, quer por sucessão; o associado não pode incumbir outrem de exercer os seus direitos pessoais.

Resulta, daqui, a intransmissibilidade supletiva da posição de associado. Os estatutos podem dispor de outro modo: nessa altura devem explicitar o tipo de transmissão admitido[2729]. Na falta de dispositivos, valerão as soluções mais restritivas, em nome da regra supletiva de base.

O final do transcrito preceito levanta dificuldades: basta ver que o artigo 176.°/1 admite a representação, para efeitos do direito de voto[2730].

[2728] *Infra*, 813 ss.. *Vide* Dieter Reuter, *Der Ausschluss aus dem Verein*, NJW 1987, 2401-2406 (2406/II: pode ser pena associativa ou denúncia) e Erich Schulze, *Mitgliedsausschluss aus einem wirtschaftlichem Verein am Beispiel der GEMA*, NJW 1991, 3264-3265. Uma série de elementos sobre este tema podem ser confrontados em Reichert, *Handbuch* cit., 13.ª ed., 528 ss..

[2729] Sobre o tema, Walter Hadding, *Verfügungen über Mitgliedschaftsrechte*, FS Steindorff 1990, 31-34 (31 ss.) e Dieter Reuter, *Probleme der Mitgliedsfähigkeit, Nachfolge, Folgen des Ausscheidens*, ZHR 145 (1981), 273-285 (279 ss.). Sobre a natureza dos direitos do associado, à partida não-patrimoniais, cf. Ballerstedt, *Mitgliedschaft und Vermögen beim rechtsfähigen Verein*, FS Knur (1972), 1-24 (1 e 4).

[2730] Quanto à conciliação entre os dois preceitos, *vide* STJ 18-jun.-1996 (Aragão Seia), CJ/Supremo IV (1996) 2, 132-134 (134/I), retomado em RPt 6-mai.-2002 (Fonseca Ramos), CJ XXVII (2002) 3, 169-272 (171/II): a representação é permitida exceto quando

Resta concluir que o artigo 180.°, *in fine*, quando refere "direitos pessoais", tem em vista os desempenhos que dependam das qualidades pessoais do associado considerado e, designadamente: certos direitos participativos, como os relativos a exercícios de cargos sociais, direitos de disfruto e direitos honoríficos.

276. O poder disciplinar associativo

I. As associações postulam, por vezes, organizações complexas e bastante variadas. Há uma lógica de grupo, com regulamentos a observar e códigos de conduta internos e externos. Surgem, ainda, regras técnicas e situações de sujeição a instruções: pense-se, por exemplo, numa associação de tipo partidário ou de tipo desportivo. Os deveres de conduta cuja observância seja requerida aos associados devem, em nome de uma eficácia mínima, ser acompanhados pela aplicação de sanções, por parte da associação[2731].

II. A lei civil apenas refere a eventualidade da exclusão: artigo 180.°. Ora a exclusão constitui, perante a lógica privatística, a sanção mais grave que pode ser aplicada por entidades privadas. Infere-se, daqui, que outras sanções, menos graves, são possíveis[2732]. Encontramos a ideia de poder disciplinar: a faculdade que as associações tenham de aplicar sanções aos seus associados. Trata-se de um instituto a não confundir com o poder disciplinar que as associações, enquanto entidades patronais, tenham sobre os seus trabalhadores ou sobre as pessoas que lhes estejam tecnicamente subordinadas.

III. O poder disciplinar deve estar previsto nos estatutos. Estes podem regulá-lo expressamente ou remeter para um regulamento adequado, a

o artigo 175.° a proíba: nos casos de dissolução e prorrogação. A solução é hábil; optamos, todavia, pela que figura no texto.

2731 Wolf/Larenz, *Allgemeiner Teil* cit., 10.ª ed., 185 ss.; alargadamente, sobre o tema: Stöber/Otto, *Handbuch* cit., 11.ª ed., 458 ss. e Reichert, *Handbuch* cit., 13.ª ed., 517 ss..

2732 *Vide* uma enumeração de possíveis sanções em RLx 15-dez.-2005 (Natalino Bolas), CJ XXX (2005) 5, 167-169 (168/II).

aprovar pela assembleia geral (solução supletiva) ou pela administração. O poder disciplinar não pode ser exercido em termos arbitrários: uma decorrência do princípio de igual tratamento, acima referenciado.

> O poder disciplinar associativo está por construir, entre nós. À partida, ele visa assegurar o respeito pelas regras associativas aplicáveis e não, propriamente, ressarcir quaisquer danos. Assim sendo, o ponto de partida deverá ser a infração disciplinar associativa, numa certa aproximação ao Direito penal. Esta seria a inobservância, dolosa ou negligente, pelo membro da associação, de deveres associativos que, sobre ele, impendem.
>
> O *sujeito* seria, necessariamente, um membro da associação[2733].
>
> Podemos admitir que os estatutos da associação considerada só submetam ao poder disciplinar alguma ou algumas classes de associados. O *facto ilícito* equivalerá a uma atuação do associado que integre uma previsão disciplinar, isto é, a violação de deveres específicos ou genéricos, que lhe sejam aplicáveis. Pode emergir de uma ação ou de uma omissão, nos termos gerais. A *culpabilidade*, por fim, equivale a um juízo de censura que recaia sobre o agente.

IV. Perante uma infração disciplinar, cabe à associação desencadear a aplicação das sanções. Será competente o órgão estatutariamente indicado. Normalmente, os estatutos que preveem o poder disciplinar remetem o seu exercício para um órgão adequado: conselho de disciplina ou comissão disciplinar. Nada dizendo, recai a inerente competência na assembleia geral, que concentra todas as funções residuais, isto é: não atribuídas a outros órgãos – 172.°/1.

A proibição de arbítrio leva a que as sanções disciplinares devam ser aplicadas dentro de certas regras. Designadamente: antes de qualquer sanção, deverá ser comunicado ao visado o facto ou factos de que ele é acusado, dando-se oportunidade de se defender. No fim, qualquer decisão deve ser justificada. Podemos isolar, no exercício do poder disciplinar associativo, os seguintes momentos:

[2733] E nunca uma pessoa a ela estranha; todavia, saindo voluntariamente uma pessoa de uma associação, podemos admitir que o poder disciplinar seja exercido por factos perpetrados em momento anterior, ainda que as sanções daí advenientes surjam limitadas (não se admite, p. ex., a exclusão): o artigo 180.° dar-nos-ia a necessária base jurídico-positiva.

– a iniciativa disciplinar: pode competir ao órgão de disciplina, à administração ou à assembleia geral; equivale à indicação do agente acusado e da matéria relevante, fazendo-se prosseguir o processo;
– processo disciplinar: simples ou complexo, terá de haver sempre uma fase de acusação e de instrução, com a audição do acusado;
– eventualmente, o associado poderá ser suspenso preventivamente do exercício dos seus direitos: explicando-se porquê e ouvindo-o, subsequentemente;
– a fixação dos factos: concluída a instrução, há que indicar os factos considerados apurados;
– a aplicação da sanção.

Pergunta-se se os estatutos podem prescindir de tudo isto, prevendo, apenas, a aplicabilidade de sanções, sem qualquer justificação. Entendemos que não. A hipótese de alguém aderir a uma associação contribuindo para ela com bens ou serviços e, depois, colocar-se totalmente nas mãos dela, admitindo uma exclusão *ad nutum*, equivaleria à constituição de obrigações naturais sem base legal. A proibição de renúncia antecipada aos direitos do credor (artigo 809.°) e de doação de bens futuros (artigo 942.°/1) impedem-no.

V. Questão diversa é a de saber se, perante o exercício do poder disciplinar associativo, há recurso para os tribunais do Estado[2734]. Depende. Se os estatutos nada disserem, o recurso impõe-se. Nos termos gerais, ele basear-se-á na violação de direitos atingidos pela decisão disciplinar em jogo. Quando os estatutos vedem qualquer recurso aos tribunais do Estado, essa cláusula é, em princípio, válida: os direitos associativos são direitos disponíveis, dentro dos limites dos bons costumes e da ordem pública. Mas assim sendo, teremos de considerar tendencialmente aplicável, com as necessárias adaptações, a Lei n.° 31/86, de 29 de agosto, relativa à arbitragem voluntária. A decisão disciplinar associativa só poderá ser anulada pelo tribunal judicial[2735] e, ainda aí, verificando-se os fundamentos apontados no artigo 27.° daquela lei.

[2734] Peter Schlosser, *Vereins- und Verbandsgerichtsbarkeit* (1972), 93 ss..

[2735] Ou seja: o tribunal judicial não pode "refazer" o processo, confirmando ou não a sanção associativa ou aplicando sanção diversa: apenas pode anular, verificados os

VI. As sanções aplicáveis são as previstas nos estatutos ou no regulamento. Nada se dizendo, só são possíveis duas sanções:

– a interpelação ou aviso de que tem obrigações por cumprir;
– a exclusão.

Podem os estatutos prever sanções pecuniárias ou multas: terão a natureza de cláusulas penais, designadamente na versão compulsória e sendo-lhes aplicável o artigo 812.°. Também se podem prever penas de suspensão, de duração variável: são um *minus*, em relação à exclusão.

No sector desportivo, há que contar com regras próprias e, designadamente, as que preveem uma instância de recurso, dentro da própria orgânica associativa[2736]. Também as associações públicas dispõem de regras disciplinares específicas, legalmente consignadas.

VII. A natureza do poder disciplinar associativo tem sido discutida[2737]. Frente a frente, duas grandes orientações:

– a teoria da pena;
– a teoria negocial.

Segundo a teoria da pena, o poder disciplinar das associações derivaria da efetiva assunção, por estas, do poder de punir os seus membros, como forma de melhor realizar os seus fins[2738]. No fundo, trata-se de uma orientação de cariz institucionalista, que remonta às conceções organicistas e às que descobrem ordenamentos "intermédios", para além dos do Estado.

A teoria da pena evoluiu para uma ideia de "poder disciplinar" distinto da cláusula penal e exercido, como tal, pela associação[2739]. Tal poder implicaria a formulação de um juízo de desvalor sobre o associado.

pressupostos, a decisão disciplinar, obrigando a repetir o processo, na instância disciplinar associativa.

2736 Quanto às federações desportivas, *vide* os artigos 52.° e seguintes do Decreto-Lei n.° 248-B/2008, de 31 de dezembro.

2737 Ulrich Meyer-Cording, *Die Vereinsstrafe* (1957), 31 ss. (natureza dos estatutos), Werner Flume, *Die Vereinsstrafe*, FS Bötticher (1969), 101-141 (111 ss.), Peter Schlosser, *Vereins- und Verhandsgerichtbarkeit* cit., 44 ss. e Barbara Grunewald, *Die Ausschluss aus Gesellschaft und Verein* (1987), 14 ss. e 303 ss. (resumo).

2738 Reuter, *Münchener Kommentar* cit., 1, 7.ª ed., § 25, Nr. 42 ss.

2739 Meyer-Cording, *Die Vereinsstrafe* cit., 71 ss.

A teoria negocial impôs-se na sequência dos estudos de Flume[2740]: a associação não pode usurpar o poder do juiz. O poder disciplinar analisar-se-ia numa articulação entre cláusulas penais e o poder de denunciar a relação duradoura em que se traduzem os direitos associativos. Tal poder de denunciar teria de assentar num motivo justificado ou justa causa[2741].

VIII. Perante o Direito português, a natureza do poder disciplinar segue rumos próprios. Na verdade, não podemos esquecer a multiplicação de intervenções legislativas que reconhecem o poder disciplinar a diversas entidades: desde associações públicas até entidades de utilidade pública, com relevo mediático para as federações desportivas. Quando isso suceda, estamos perante regras de delegação do Estado, que conferem às entidades visadas um verdadeiro e próprio poder disciplinar, com a faculdade de censurar as condutas dos intervenientes.

Pelo contrário, em face de associações inteiramente privadas, que apenas no plano estatutário encontrem base para o poder disciplinar, a explicação terá de ser negocial. Mau grado essa base jurídico-positiva, nada impede que sejam prosseguidos fins de prevenção, geral e especial, de acordo com as clássicas finalidades das penas[2742].

277. A natureza dos direitos associativos: o *status* de associado

I. Os direitos associativos correspondem a um acervo complexo. À partida, eles dão lugar a uma relação duradoura entre o associado e a associação de que ele seja membro[2743]. Dessa relação derivam direitos e deveres mútuos, entre ambas as entidades, como foi visto.

[2740] Flume, *Die Vereinsstrafe* cit., especialmente 111 ss..

[2741] Staudinger/Weick, *BGB* cit., 13.ª ed., Penot. 33, §§ 21 ss. (48 ss.) e § 35, Nr. 34 ss. (206 ss.).

[2742] A função de prevenção é hoje reconhecida, sem sobressaltos, em institutos civis, com relevo para a responsabilidade; *vide* Carsten Schäfer, *Strafe und Prävention im Bürgerlichen Recht*, AcP 202 (2002), 397-434.

[2743] Marcus Lutter, *Theorie der Mitgliedschaft* cit., 97 ss.; já Müller-Erzbach, *das private Recht der Mitgliedschaft* cit., 22 ss. *Vide* Reichert, *Handbuch* cit., 13.ª ed., 161 ss..

Sucede, porém, que da situação de membro derivam posições absolutas que devem ser respeitadas por todos: têm cobertura delitual ou aquiliana[2744].

Se nos ocuparmos do conteúdo dos direitos e dos deveres em causa, encontramos situações muito diversificadas: prestações pecuniárias ou de *dare* variadas; prestações de *facere*; sujeições. Lado a lado, podem ocorrer atuações de tipo pessoal e ações indiferenciadas. A mera presença do associado pode ser decisiva ou indiferente. A atuação do associado pode ser puramente interior ou exterior. Há ocorrências patrimoniais e não patrimoniais, e assim por diante, incluindo a eventual sujeição ao poder disciplinar.

II. Na literatura portuguesa usa-se, para designar a situação em análise, a locução "direitos associativos". Trata-se, porém, de um conjunto complexo que transcende largamente a figura dos (meros) direitos subjetivos. Assim, teremos de recorrer à ideia de "condição ou estado de associado" ou *status*: o conjunto das posições complexas que integram a situação jurídica do associado[2745]. O facto de tal *status* ser transmitido através da locução "direitos" não é indiferente: comunica a ideia básica de uma posição globalmente favorável, na disponibilidade do interessado e que todos devem respeitar.

III. Os direitos associativos estão marcados pelo escopo da associação a que respeitem e traduzem a participação do seu titular em todo um (sub)sistema de atuação e de ordenação[2746]. O primeiro aspeto dá um sentido funcional às diversas posições, conferindo-lhes um sentido ainda mais complexo: o "direito" de participar em reuniões internas não é, por exemplo, uma permissão pura uma vez que, em tais reuniões, o associado terá de observar regras e de limitar a sua ação à busca dos fins associativos. O segundo implica o recurso às mais diversas regras jurídicas.

O *status* de associado traduz os primeiros contrafortes do *modo coletivo* de atuação jurídica, próprio da personalidade coletiva.

[2744] Dieter Reuter, *Die Mitgliedschaft als sonstiges Recht im Sinne des § 823 Abs. 1 BGB*, FS Lange (1992), 707-728 (721 ss., 726, matizando) e Mathias Habersack, *Die Mitgliedschaft – subjektiven und "sonstiges" Recht* (1996), 21 ss., 127 ss. e 171 ss., com rec. de Dieter Reuter, AcP 197 (1997), 322-334.

[2745] Quanto à paralela situação de *status* no Direito das sociedades comerciais, Pedro Pais de Vasconcelos, *A participação social nas sociedades comerciais*, 2.ª ed. (2006), 69 ss..

[2746] Marcus Lutter, *Theorie der Mitgliedschaft* cit., 158.

§ 60.° A ASSEMBLEIA GERAL DAS ASSOCIAÇÕES

278. Composição e convocação

I. A assembleia geral surge como o órgão que detém as competências básicas da associação[2747]. Tendencialmente, ela deverá corresponder à reunião de todos os associados[2748]. Nenhuma lei atribui, porém, a cada um deles, o direito de nela participar.

Podemos admitir que os estatutos limitem a presença, na assembleia geral, a alguns associados: os que tenham uma antiguidade superior a um certo mínimo, como exemplo. Trata-se, porém, de restrições provisórias. O associado privado, para sempre, da presença em assembleia geral teria uma posição muito amputada nos seus direitos. No limite, poderia ser um beneficiário da atuação associativa, mas não um associado. Excetua-se a situação dos associados honorários, que não têm direito de voto, ainda que possam participar na assembleia, mas que também não têm deveres, designadamente no tocante a jóias e a quotizações.

A participação em assembleia geral não exige a maioridade. Salvo regra em contrário, a norma que permita associações com menores[2749] está, de modo automático, a facultar-lhes o acesso à assembleia geral.

II. O Código Civil regula, com algum pormenor, o tema da convocação da assembleia geral. Temos, na verdade, matéria que, embora simples, pode, pela sua natureza, suscitar dúvidas e dificuldades.

[2747] Sobre o tema, Reichert, *Handbuch* cit., 13.ª ed., 238 ss. e Günter Weick, *Staudingers Kommentar §§ 21-79* cit., § 32 (185 ss.).

[2748] Sempre com especial sindicância civil, tem o maior interesse, para integrar lacunas, recorrer ao regime da assembleia geral das sociedades anónimas. Assim, *vide* o nosso *SA: assembleia geral e deliberações sociais* (2007).

[2749] *Vide* o artigo 2.° da Lei n.° 124/99, de 30 de agosto e, como norma básica, o artigo 1.°/2 do Decreto-Lei n.° 594/74, de 7 de novembro.

A regra básica resulta do artigo 173.°/1: a assembleia deve ser convocada, pela administração, nas circunstâncias fixadas nos estatutos ou em qualquer caso, uma vez por ano, para a aprovação do balanço. Digamos que a lei é injuntiva, fixando uma convocatória anual mínima; a partir daí, os estatutos podem prever novas convocações obrigatórias.

O artigo 173.°/2 admite, depois, uma convocatória pedida por um número mínimo de um quinto dos associados, "com um fim legítimo", se outro número não for estabelecido nos estatutos. Os estatutos podem elevar esse número: mas não ao ponto de tornarem inviável a convocação feita por associados, à margem da administração. Em regra, porém e nas grandes associações, a tendência vai no sentido do abaixamento desse número. Nesta hipótese, a convocatória será feita pela administração, se os estatutos não conferirem competência ao presidente da assembleia geral.

A exigência de "um fim legítimo" não parece conseguida. A assembleia deveria ser sempre convocada, a pedido de um quinto dos associados, sem necessidade de mais esse escalão apreciativo. No anteprojeto Ferrer Correia, apenas se dispunha[2750]:

> A direção convocará ainda a assembleia geral quando assim lhe for requerido, em exposição escrita e fundamentada, por um número de associados não inferior a uma quinta parte da totalidade, se o estatuto não indicar outros números.

Na passagem para a versão definitiva perdeu-se a referência à entidade que, a pedido do quinto dos associados, deverá convocar a assembleia. A "exposição escrita e fundamentada" foi substituída por "um fim legítimo". Assim, já se entendeu que não basta um simples requerimento, para se dever convocar a assembleia[2751]: há que indicar o motivo, cabendo ao presidente da assembleia geral apreciar a "legitimidade" do pedido[2752]. Na verdade, tal apreciação deverá ser muito elementar, sob pena de pôr em crise a própria liberdade de associação. Só deverão ser desatendidos pedidos manifestamente não-sérios, dilatórios ou chicaneiros.

III. Quando a administração não convoque a assembleia, nos casos em que deva fazê-lo, qualquer associado pode efetuar a convocação –

[2750] Ferrer Correia, *Pessoas coletivas* cit., 256 (artigo 24.°/1.°/III); de notar que a fonte inspiradora deste preceito foi o artigo 20.° do Código italiano que, todavia, apenas requeria a iniciativa de um décimo dos associados.

[2751] STJ 4-nov.-1999 (Ferreira de Almeida), CJ/Supremo VII (1999) 3, 78-80 (79/I).

[2752] *Idem*, loc. cit..

173.°/3[2753]. Não oferece dúvida alargar este preceito aos casos em que ao presidente da mesa da assembleia geral caiba fazer a convocatória e ele não a efetue.

IV. Segundo o artigo 174.°/1, a assembleia é convocada por meio de aviso postal, expedido para cada um dos associados com a antecedência mínima de oito dias. No aviso deve indicar-se o dia, a hora e o local da reunião e a sua ordem do dia – *idem*, 2.ª parte. A jurisprudência esclarece que a convocatória é necessária para a realização de assembleias gerais e não para a sua continuação em dia próximo logo fixado[2754]. O novo 174.°/2, introduzido pela Lei n.° 40/2007, de 24 de Agosto, dispensa o aviso postal quando os estatutos prevejam a sua publicação, nos termos previstos para os atos das sociedades comerciais.

A convocatória é uma declaração escrita recipienda, com os seguintes efeitos:

- permite a reunião da assembleia geral, fixando as suas coordenadas geográficas e temporais;
- confere aos associados o direito de lá comparecer;
- fixa a ordem do dia.

Pergunta-se se o "aviso postal" pode ser substituído por outro tipo de comunicação. A Relação de Lisboa já respondeu que sim: anúncio em jornal diário, *telex* ou *fax*, desde que ofereça a mesma ou maiores garantias para os destinatários[2755]. Assim parece; a convocatória por *fax* está bastante difundida, sendo de esperar a passagem ao correio eletrónico. De todo o modo, de acordo com as regras gerais dos atos recipiendos, a convocatória só se torna eficaz com a receção ou o conhecimento – artigo 224.°/1; prevendo-se o envio, presume-se a receção ou o conhecimento.

[2753] No Código italiano o sistema era, aqui, mais pesado: o poder de convocar a assembleia passava para o juiz.

[2754] STJ 19-dez.-1972 (Eduardo Arala Chaves), BMJ 222 (1972), 440-447 (444), numa decisão relativa a uma sociedade por quotas, mas cuja doutrina é aplicável a quaisquer assembleias gerais.

[2755] RLx 3-mar.-1994 (Carlos Emílio Rodrigues Codeço), BMJ 435 (1994), 882; o anúncio em jornal diário justifica-se nos casos de associações com milhares de membros, que não poderiam ser convocados individualmente, sob pena de custos incomportáveis e desapropriados.

A presença de todos os associados sana qualquer irregularidade de convocação, desde que nenhum se oponha à realização da assembleia – 174.°/4.

V. A fixação da ordem do dia é da maior importância: apenas conhecendo-a poderão os associados ajuizar da necessidade ou da conveniência de comparecer na assembleia. São anuláveis as deliberações estranhas à ordem do dia, salvo se todos os associados estiverem presentes e concordarem com a oportunidade de deliberação – não com o sentido da deliberação em si, que poderá ter vencidos – 174.°/1.

Quanto à ordem do dia, observar-se-á ainda o seguinte:

- os diversos pontos devem estar suficientemente explícitos; por exemplo, não basta uma referência genérica, tipo "outros assuntos", para legitimar tudo o que, na reunião, se queira incluir;
- devem considerar-se abrangidos todos os assuntos que sejam consequência natural e lógica da discussão de outro assunto indicado na convocatória[2756].

VI. Pergunta-se se a assembleia geral, enquanto reunião dos associados, pode ser substituída pela aprovação de propostas por escrito, mas feitas à distância ou, até, por "referendo" interno. As hipóteses clássicas podem ser ampliadas: teleconferência, conferência telefónica e correio eletrónico. O anteprojeto Ferrer Correia previa a validade de deliberações escritas não tomadas em assembleia, desde que unânimes[2757]. Trata-se de uma solução admitida quanto às sociedades comerciais[2758], mas que não passaria à versão definitiva do Código. Todavia, ela oferece todas as garantias: sendo unânime, é de aceitar, mesmo nas associações. Mas só em organismos muito pequenos ela é pensável.

Já a hipótese de assembleias "à distância" parece viável, desde que referida nos estatutos. Na sua falta, não se pode exigir aos associados que disponham do material necessário. Além disso, só os estatutos poderão decidir se, dada a natureza da assembleia, é de prescindir do contacto pessoal e direto entre os sócios, para tomar decisões.

[2756] STJ 10-jan.-1995 (Luís Ramiro Vidigal), BMJ 443 (1995), 319-325 (324), citando, com oportunidade, Cunha Gonçalves (caso "Os Belenenses").

[2757] Artigo 26.°; *vide* Ferrer Correia, *Pessoas coletivas* cit., 257.

[2758] Artigo 54.°/1 do Código das Sociedades Comerciais.

279. Funcionamento

I. A assembleia geral, como qualquer órgão coletivo, deve dispor de um presidente e de um secretário. O Código Civil não articulou sobre esta matéria, assim perdendo a oportunidade de se assumir como a lei geral supletiva, quanto a assembleias. De todo o modo, podemos considerar a lacuna como preenchida pelos estatutos, pela prática constante e, se necessário, pelo apelo analógico ao regime das sociedades[2759].

Nesta base, as assembleias gerais dispõem de uma mesa composta, no mínimo, pelo presidente, que dirige os trabalhos e por um secretário, que elabora a ata. O papel do presidente pode ser fundamental: admitindo ou recusando as propostas e propiciando votações, ele condiciona toda a produção associativa[2760]. A sua eleição, quando os estatutos nada digam, deve competir à própria assembleia. Em termos já reconhecidos pela jurisprudência: a própria convocatória da assembleia geral cabe ao seu presidente, ainda que por iniciativa da administração. Finalmente, havendo empate e sendo o presidente associado, cabe-lhe voto de desempate, além do seu[2761].

II. A assembleia não pode deliberar, em primeira convocação, sem a presença de, pelo menos, metade dos seus associados, isto é: dos associados que nela tenham assento, com direito de voto – 175.°/1. É o chamado *quorum constitutivo* ou *quorum* necessário para que a assembleia, em primeira convocação, se possa considerar constituída. Em segunda convocação, a assembleia poderá deliberar com qualquer número de associados presentes: é o *quorum* deliberativo. Em qualquer das duas hipóteses e para efeitos de *quorum*, devem contar-se as procurações dispensadas para participar e votar na assembleia.

A prática corrente consiste em, na mesma comunicação, remeter logo as duas convocatórias: a primeira e, por hipótese, meia-hora mais tarde, não havendo *quorum*, a segunda. Nas grandes associações com milhares de associados dispersos por todo o País, apenas uma escassa minoria comparece às assembleias.

2759 Consta do artigo 374.° do Código das Sociedades Comerciais, quanto às sociedades anónimas.

2760 *Vide* o nosso *SA: assembleia geral* cit., 45 ss..

2761 Veja-se o lugar paralelo do artigo 171.°/2.

III. As deliberações são tomadas por maioria absoluta dos associados presentes – 175.°/2. Compete ao presidente dirigir as votações em sistemas de alternativa, de modo a que haja sempre maiorias possíveis. Em certos casos, a lei estabelece maiorias qualificadas: 3/4 do número de associados presentes[2762], para alterações dos estatutos e 3/4 do número total de associados, para a extinção ou a prorrogação de associação – artigo 175.°/3 e 4. Trata-se de mínimos: os estatutos podem fixar exigências superiores – 175.°/5.

IV. O associado pode-se fazer representar na assembleia: seja através de outro associado, seja de um terceiro. A possibilidade de representação por outro associado está prevista no artigo 176.°/1; não vemos razão para impedir a representação por terceiro[2763]. Apenas ressalvamos a hipótese de os estatutos determinarem de outra forma e, designadamente, de fixarem o princípio de que somente associados podem estar presentes na assembleia geral.

De facto, a representação é uma possibilidade geral de qualquer ordem jurídica moderna: só deve ser afastada perante normas expressas que o determinem. Segundo o artigo 262.°/2, a procuração nem teria de assumir qualquer forma solene. De todo o modo, como o presidente da mesa e a própria assembleia podem exigir a justificação dos poderes do representante – 260.°/1 –, justificação essa que deve ser produzida na altura, é conveniente (ainda que não necessário) que a procuração conste de instrumento escrito, assinado pelo representado. Os estatutos, muitas vezes, exigem uma simples carta, dirigida ao presidente[2764].

[2762] Excluir-se-iam, aqui, as representações, o que parece constitucional: TC n.° 18/2006, de 6-jan.-2006 (Benjamim Rodrigues), DR II Série n.° 41, de 27-fev.-2006, 2872-2876; a lei não deve ser interpretada como excluindo, aqui, a representação; onde está "presente" deve ler-se "presente ou representado". Para prevenir dúvidas, o melhor será esclarecer o tema nos estatutos. Em STJ 16-nov.-2006 (João Bernardo), Proc. 06B2647, entendeu-se que os estatutos da associação podem consignar que as deliberações da assembleia geral previstas nos artigos 175.°/2 e 3, sejam eventualmente tomadas também por associados representados.

[2763] Como vimos, o final do artigo 180.° não se aplica a esta matéria: apenas aos exercícios intrassocietários ligados à pessoa do associado.

[2764] *Vide* o artigo 380.°/2, do Código das Sociedades Comerciais.

V. Cada associado tem, em princípio, um voto. Os estatutos podem fixar outras regras. Assim, nas federações de clubes, é normal cada associação federada ter um número de votos que exprima a sua própria representatividade. Também se pode admitir que os estatutos confiram mais votos a certas categorias de associados. Em qualquer caso, as associações assentam em maiorias pessoais, isto é, representativas de pessoas, por oposição às maiorias reais, ou seja, relativas ao capital detido por cada votante e que são de regra nas sociedades.

O artigo 176.°/1, sob a epígrafe "privação do direito de voto", estabelece a inibição do votante em caso de conflito de interesses: entre a associação e ele, seu cônjuge, ascendentes ou descendentes. Numa associação, tais conflitos são, em regra, de tipo pessoal e, *maxime*: relativos ao exercício do poder disciplinar.

Quando o impedido vote: a deliberação é anulável se for essencial à maioria verificada – 176.°/2; não sendo esse o caso, a falha considera-se colmatada, por evidentes razões de economia processual.

280. **Competência**

I. A competência de um órgão traduz as matérias sobre as quais ao mesmo cumpre decidir ou deliberar. No tocante à assembleia geral, distinguimos:

– competência legal;
– competência estatutária;
– competência subsidiária ou residual.

A competência legal reporta-se aos temas que, por disposição da lei, devem necessariamente ser atribuídos à assembleia. São eles, segundo o artigo 172.°/2:

– a destituição dos titulares dos órgãos da associação;
– a aprovação do balanço;
– a alteração dos estatutos[2765];

[2765] A jurisprudência entende que a mudança de sede de uma associação implica alteração de estatutos, sendo assim da exclusiva competência da assembleia geral: RCb 14-mar.-1989 (Roger Lopes), BMJ 385 (1989), 616 (o sumário).

– a extinção da associação;
– a autorização para esta demandar os administradores por factos praticados no exercício do cargo.

II. A competência estatutária é toda aquela que lhe seja conferida pelos estatutos. Finalmente, a competência subsidiária ou residual reporta-se aos assuntos que, por lei ou pelos estatutos, não sejam atribuídos a outros órgãos – 172.°/1[2766]. Cabe aos estatutos viabilizar uma discussão técnica de certas matérias, atribuindo a sua competência à direção: sobretudo nas associações de grande porte.

III. A inobservância das regras de competência determina a invalidade das competentes deliberações. Abaixo veremos em que moldes.

281. A invalidade das deliberações associativas

I. As deliberações da assembleia geral das associações têm uma natureza específica a que se chama, justamente, deliberativa[2767]. Tratando-se, como se trata, de atos jurídicos, ser-lhes-iam aplicáveis as regras sobre invalidade e ineficácia dos negócios[2768], por via do artigo 295.°.

No Direito das sociedades comerciais, interesses próprios levaram a que o tema da invalidade das deliberações desenvolvesse regras adequadas, não coincidentes com as civis. A diferença cifra-se, essencialmente, no seguinte: no Direito civil, os vícios dos negócios conduzem, em princípio e por defeito, à nulidade – artigos 280.° e 294.°; só perante disposição legal diversa, se cai na anulabilidade; já no Direito das sociedades comerciais, a invalidade comum é, nada se dizendo, a anulabilidade – artigo 58.°/1, *a*) – vingando a nulidade quando a lei o diga – artigo 56.°/1, ambos do Código das Sociedades Comerciais. Esta solução destina-se a facultar a consolidação das deliberações que não sejam rapidamente impugnadas, de modo a facilitar o giro comercial. Tudo isto veio a desenvolver-se lentamente e

[2766] Nas sociedades anónimas, por claras razões de operacionalidade, a competência residual assiste ao conselho de administração.

[2767] *Tratado* II, 4.ª ed., 93 ss..

[2768] *Idem*, 911 ss.; trata-se de matéria a ter, aqui, bem presente. *Vide*, no mesmo sentido, Ulrich Noack, *Fehlerhafte Beschlüsse in Gesellschaften und Vereinen* (1989), 15 ss..

com dificuldade, de tal forma que apenas o Código das Sociedades Comerciais conseguiu clarificar a matéria[2769].

II. A matéria foi transposta do Direito das sociedades comerciais para o das associações de Direito civil. Todavia, a transposição foi efetuada numa ocasião em que ela não estava ainda sedimentada no Direito comercial[2770]. Resultou, daí, um esquema que deve ser sistematicamente completado. Segundo o artigo 177.°,

> As deliberações da assembleia geral contrárias à lei ou aos estatutos, seja pelo seu objeto, seja pela virtude de irregularidades havidas na convocação dos associados ou no funcionamento da assembleia, são anuláveis.

O regime dessa "anulabilidade" é fixado no artigo 178.°: pode ser arguida no prazo de seis meses, pelo órgão de administração ou por qualquer associado que não tenha votado a deliberação - n.° 1[2771]; tratando-se de associado que não tenha sido convocado regularmente para a reunião da assembleia, o prazo só começa a contar a partir da data em que ele teve conhecimento da deliberação[2772] – n.° 2.

Pois bem: é evidente que uma deliberação contrária à lei expressa ou de objeto impossível nunca poderia ser meramente anulável, sob pena de se consolidar com o decurso do prazo; outro tanto será óbvio no que toca a deliberações contrárias aos bons costumes ou à ordem pública. Temos de admitir, ao lado das deliberações anuláveis, deliberações verdadeiramente nulas[2773].

[2769] Com indicações: *Direito das sociedades*, 1, 3.ª ed., 763 ss..

[2770] *Vide* o artigo 31.° do anteprojeto Ferrer Correia, *Pessoas coletivas* cit., 259, onde se usava a categoria (alemã) da impugnabilidade.

[2771] *Vide* STJ 5-jun.-1985 (Lima Cluny), BMJ 348 (1985), 388-395 (391-392) e STJ 6-out.-2005 (Pereira da Silva), Proc. 05B183.

[2772] STJ 12-jan.-1995 (Mário de Araújo Ribeiro), BMJ 443 (1995), 326-331 (330-331).

[2773] Pires de Lima/Antunes Varela, *Código Civil Anotado* cit., 1, 4.ª ed., 175, apercebem-se do problema; limitam-se, porém, a remeter timidamente para Vasco Lobo Xavier, *Anulação de deliberação social e deliberações conexas* (1976), 194-195, em nota, onde o problema é tratado em termos que merecem aplauso: há situações que não podem deixar de dar azo à nulidade.

III. Segundo o artigo 158.°-A, à constituição de pessoa coletiva é aplicável o artigo 280.°. *A fortiori*, esse preceito deverá ser aplicado às decisões das pessoas coletivas, concretizadas nas deliberações dos seus órgãos. O próprio artigo 295.° coadjuvará esta orientação.

Daí resulta que as deliberações física ou legalmente impossíveis, contrárias à lei ou indetermináveis são nulas, tal como nulas são as que contradigam a ordem pública ou que ofendam os bons costumes. As deliberações que recaiam sobre matéria que, por natureza, escape às decisões das assembleias serão igualmente nulas, por impossibilidade jurídica. Pense-se numa deliberação de perfilhação, por exemplo.

Às deliberações nulas aplica-se o regime geral do artigo 286.°, em detrimento do 178.°. Toda esta matéria é, ainda, reforçada pelos artigos 56.°/1 e 58.°/1, do Código das Sociedades Comerciais.

A doutrina tem evitado referir, sequer, o problema[2774]. Quanto à jurisprudência: ela abstém-se de aplicar os artigos 177.° e 178.° às sociedades comerciais e isso mesmo antes do aparecimento do Código das Sociedades Comerciais[2775]. Todavia, parece de uma evidência cartesiana que certas deliberações terão de ser forçosamente nulas.

Curiosamente, no Direito alemão põe-se um problema inverso: o de fazer admitir, por via doutrinária, a mera anulabilidade. A jurisprudência limita-se a distinguir, quanto a associações civis e ao contrário do que se passa nas sociedades comerciais, que dispõem de leis especiais, entre a validade e a invalidade (nulidade): não singrariam, aí, os interesses que, nas sociedades, permitem soluções mais matizadas[2776], designadamente quanto

[2774] *Vide*, por exemplo, Carvalho Fernandes, *Teoria geral* cit., 1, 6.ª ed., 634 e Oliveira Ascensão, *Teoria geral* cit., 1, 2.ª ed., 302; este último nem aborda a anulabilidade.

[2775] STJ 1-jun.-1973 (José António Fernandes), BMJ 228 (1973), 221-226 (223), STJ 12-dez.-1975 (Eduardo Correia Guedes), BMJ 252 (1975), 174-178 (176), STJ 1-fev.-1977 (Octávio Dias Garcia), BMJ 264 (1977), 218-222 (221), e RLx 18-abr.-1978 (Lima Cluny), CJ III (1978) 2, 481-482 (482/I).

[2776] Karsten Schmidt, *Fehlerhafte Beschlüsse in Gesellschaften und Verein//Nichtigkeit, Anfechtbarkeit und Nichtigerkläurung als Strukturprinzipien des inneren Verbandsrechts*, AG 1977, 205-210 e 243-250, Sauter/Schweyer/Waldner, *Der eingetragene Verein* cit., 19.ª ed., 124, Staudinger/Weick, *BGB* cit., 13.ª ed., § 32, Nr. 23 ss. (173 ss.), Stöber//Otto, *Handbuch* cit., 11.ª ed., 414 ss. e Reichert, *Handbuch* cit., 13.ª ed., 357 ss., todos com indicações.

à tutela de terceiros. A doutrina tem procurado flexibilizar as soluções, no campo associativo[2777].

IV. O artigo 179.° protege os direitos que o terceiro de boa-fé tenha adquirido em execução de deliberação anulada: uma regra que o artigo 61.°/2 do Código das Sociedades Comerciais aplica quer perante a nulidade, quer perante a anulabilidade. Em nome da confiança que as pessoas coletivas sempre devem suscitar em terceiros, preconizamos a aplicação do artigo 179.° também aos casos de nulidade das deliberações. Tratando-se, porém, de situações claramente inviáveis, contrárias à lei, à ordem pública ou aos bons costumes, nenhum terceiro poderá pretextar boa-fé.

V. Contra deliberações inválidas – nulas ou anuláveis – pode-se reagir de imediato pedindo a sua suspensão, nos termos previstos nos artigos 396.° e seguintes, do Código de Processo Civil: uma medida comum a associações e a sociedades. Pelos aspetos práticos implicados, é no Direito das sociedades comerciais que essa matéria se encontra mais aprofundada[2778].

[2777] Karsten Schmidt, *Fehlerhafte Beschlüsse* cit., 250/II.
[2778] *Direito das sociedades* 1, 3.ª ed., 816 ss..

§ 61.º A ADMINISTRAÇÃO E O CONSELHO FISCAL DAS ASSOCIAÇÕES

282. Titulares dos órgãos e "revogação dos seus poderes"

I. Segundo o artigo 170.º/1, compete à assembleia geral designar os titulares dos órgãos, quando os estatutos não estabeleçam outro processo de escolha. Nos termos do artigo 162.º, entre esses órgãos haverá, necessariamente, um órgão colegial de administração e um outro de fiscalização.

A administração nas associações designa-se, com frequência, "direção". Era essa, de resto, a terminologia adotada pelo anteprojeto Ferrer Correia[2779].

Nas associações dotadas de poderes especiais, a lei impõe, muitas vezes, a eleição da administração. Nos outros casos, compete aos estatutos decidir. Os administradores podem ser indicados nos próprios estatutos ou podem resultar de cooptação, como outras soluções possíveis. Idênticas considerações são aplicáveis aos membros do conselho fiscal.

II. O artigo 170.º/2 prevê a "revogação das funções dos titulares eleitos ou designados". Não se trata de qualquer "revogação de funções", mas da destituição dos titulares em causa. Tal destituição pode ser, pelos estatutos, condicionada a "justa causa" – n.º 3 – justa causa essa que deve ser aproximada do motivo justificado presente na revogação do mandato também sob a locução "justa causa".

O Código Civil é totalmente omisso quanto a um regime mais cabal de cessação do mandato dos administradores das associações e, em geral, dos titulares dos diversos órgãos. Haverá que recorrer aos estatutos respetivos. No omisso, pode-se aplicar por analogia, mas em termos que devem

[2779] Ferrer Correia, *Pessoas coletivas* cit., 254 ss.; "direção" é, ainda, a expressão corrente, na Alemanha; *vide* Reichert, *Handbuch* cit., 13.ª ed., 375 ss..

ser verificados caso a caso, o regime dos administradores das sociedades comerciais[2780].

Muitas vezes os estatutos estabelecem uma regra de gratuitidade do exercício das funções de administração. Trata-se de uma orientação que os interessados adotarão, caso a caso. Apenas se chama a atenção para a conveniência em profissionalizar as funções de administração das associações, particularmente das de grande porte. Note-se que a lei não exige que tais titulares sejam associados.

III. Quando se fixe uma duração para o mandato dos titulares dos órgãos, de modo a obrigar a eleições periódicas, os titulares devem manter-se em funções enquanto não forem substituídos: uma solução similar vigora quanto às sociedades.

283. Convocação, funcionamento e competência; outros órgãos

I. O órgão de administração – portanto: o conselho de administração ou direção – e o conselho fiscal dispõem, cada um, do seu presidente. A pessoa do presidente pode derivar dos estatutos ou pode ser designado pela assembleia geral. Não ocorrendo nenhuma dessas eventualidades, o presidente será eleito pelo próprio órgão que esteja em causa.

Cabe ao presidente convocar o órgão respetivo – artigo 171.°/1, 1.ª parte – e dirigir os seus trabalhos. O artigo 171.°/2, *in fine*, dá ainda, aos presidentes, além do seu, um direito a voto de desempate. Recorde-se que não se admitem abstenções, sendo os membros em causa responsáveis pelo que deliberem – artigo 164.°/2. A inoperacionalidade do conselho de administração pode justificar pronta intervenção judicial[2781].

[2780] *Direito das sociedades* 1, 3.ª ed., 839 ss.. A matéria também oferece, aí, dificuldades, uma vez que o Código das Sociedades Comerciais, em vez de fixar um regime unitário para os administradores das diversas sociedades comerciais, ainda que, depois, eventualmente complementado para os vários tipos, veio estabelecer normas dispersas e incompletas. Obriga, assim, o intérprete-aplicador a toda uma tarefa de construção sistemática.

Quanto ao quadro doutrinário da matéria da cessação dos mandatos dos administradores das associações, *vide* Reichert, *Handbuch* cit., 13.ª ed., 406 ss..

[2781] STJ 26-jan.-1995 (Ferreira da Silva), CJ/Supremo IV (1996) 1, 44-46 (45: suspensão do conselho de administração da Fundação D. Mariana Seixas), RPt 16-mar.-1999

II. A competência da administração fica na total disponibilidade dos estatutos. Supletivamente, ela terá funções de representação – 163.°/1. Também é de esperar que lhe caiba, pelo menos, a gestão corrente. A lei, porém, não o impõe.

III. Já o conselho fiscal terá, necessariamente, funções de fiscalização. Só assim se poderá compreender a obrigatoriedade da sua existência.

IV. Os estatutos das associações podem prever outros órgãos. Isso não contunde com a regra da tipicidade, sendo mesmo pressuposto pelo artigo 162.°. Entre esses órgãos possíveis contam-se conselhos de disciplina e de jurisdição, que são mesmo obrigatórios para certos tipos de associações, como as federações desportivas, conselhos técnicos e conselhos consultivos.

284. A invalidade das deliberações

Quaisquer órgãos que deliberem podem, fazendo-o, desrespeitar a lei ou os estatutos. Nessa ocasião, as deliberações daí resultantes serão inválidas: nulas ou anuláveis, nos termos que acima isolámos, a propósito das deliberações da assembleia geral.

O Código das Sociedades Comerciais, a propósito das sociedades anónimas, ocupa-se da invalidade das deliberações do conselho de administração, nos seus artigos 411.° e 412.°. Fica, porém, uma dúvida, que tem dividido a doutrina: a de saber se a invalidade da deliberação do conselho só pode ser invocada dentro do próprio conselho ou da assembleia geral ou se qualquer particular interessado o pode fazer, diretamente, para os tribunais. Propendemos, no Direito comercial, para esta última solução: uma forma de evitar que, através de mecanismos de delegações, a assembleia geral se exima a responder pelo que faça ou possibilite. Por maioria de razão assim deverá ser, no domínio das associações. Os estatutos ou as leis especiais poderão, todavia, fixar outros regimes.

(Emérico Soares), BMJ 485 (1999), 486-487 (o sumário, num caso relativo à providência cautelar de suspensão dos corpos gerentes de uma instituição particular de solidariedade social) e RCb 3-out.-2000 (Manuel Silva Freitas), CJ XXV (2000) 4, 28-32 (31, *idem*).

§ 62.° A MODIFICAÇÃO E A EXTINÇÃO DAS ASSOCIAÇÕES

285. A modificação, fusão, cisão e transformação

I. O Código Civil refere, no artigo 175.°/3, as alterações de estatutos das associações, requerendo, para elas, uma maioria qualificada de três quartos dos associados presentes. Importa ir mais longe e perguntar, para além do magro contributo legal, até onde pode ir a modificação das associações e se são admitidas, em relação às mesmas, ocorrências de fusão, de cisão e de transformação.

II. O problema tem sido tratado no domínio das sociedades comerciais[2782]. Na parte geral do Código das Sociedades Comerciais surgem, sucessivamente, capítulos sobre as alterações do contrato de sociedade (VIII), a fusão (IX), a cisão (X) e a transformação de sociedades (XI).

No tocante à fusão – aspeto importante por dar corpo ao fenómeno da concentração económica – deu-se uma evolução que interessa reter: num primeiro tempo, entendeu-se que se extinguiria uma das sociedades em presença, incorporando-se o seu património na outra (fusão-incorporação) ou que ambas as sociedades a fundir se extinguiam, formando-se a nova sociedade com os despojos das duas (fusão-concentração). Tratava-se, porém, de operações complexas e irreais, que encareciam o resultado pretendido. Admitiu-se, assim, a fusão como operação autónoma: ficaria assegurada a continuidade das entidades a fundir, que sofreriam apenas um processo de transformação; como consequência, a nova entidade sucederia automaticamente nas posições das antecessoras.

Esta mesma orientação pode ser adotada quanto à cisão. Através da cisão, uma sociedade destaca parte do seu património, com o qual forma outra (cisão simples) ou uma sociedade desaparece, para dar lugar a duas ou mais (cisão-dissolução). Em qualquer dos casos entende-se haver continui-

2782 Com indicações nacionais e estrangeiras: *Direito das sociedades* 1, 3.ª ed., §§ 93.° a 97.°, de acordo com a reforma do Código das Sociedades Comerciais de 2006.

dade de personalidade jurídica: tudo isto redundaria em modificações das sociedades preexistentes, com estabilidade das situações jurídicas. Assim vem sendo tratada pelas leis mais recentes, com relevo para o nosso Código das Sociedades Comerciais de 1986 e para a Lei Alemã das Transformações de Sociedades, de 28-Out.-1994 (*Umwandlungsgesetz*).

III. O Direito civil não tem qualquer dificuldade em, perante a ausência de normas, recorrer aos quadros e – com uma ponderação e eventuais adaptações a efetuar caso a caso – às soluções indicadas pelo Direito das sociedades comerciais[2783]. De resto, o artigo 11.°/2 do Decreto-Lei n.° 595/74, de 7 de Novembro, relativo às associações políticas, manda justamente aplicar, às suas fusão e cisão, com as essenciais adaptações, a matéria relativa às sociedades comerciais.

A primeira constatação é a de que a fusão e a cisão de associações é possível: deve ser entendida como uma modificação das entidades preexistentes e não como uma combinação de extinções e de constituições. Assim, haverá que seguir a via da alteração dos estatutos, com a maioria qualificada dos três quartos de associados presentes e não a da maioria qualificada dos três quartos de todos os associados – artigo 175.°/3 e 4.

A segunda é a de que, quando ocorra algum desses fenómenos, as situações jurídicas preexistentes mantêm-se: surgem na esfera jurídica da nova entidade – ou novas entidades – tal como se encontravam na esfera das antecessoras – ou antecessora, conforme se trate de fusão ou de cisão. Esta situação já tem sido jurisprudencialmente reconhecida, a propósito da fusão de associações sindicais[2784].

O Código das Sociedades Comerciais prevê exaustivas cautelas preliminares. Fica claro que nenhuma operação deve prejudicar os credores das associações. Todavia, a natureza dessas entidades permitirá dispensar boa parte das formalidades comerciais, numa situação que só poderá ficar definitivamente esclarecida por uma intervenção legislativa capaz.

[2783] Este movimento completou-se, no Direito alemão; o *Umwandlungsgesetz*, conquanto que primordialmente comercial, prevê a fusão de associações, pondo termo às dificuldades anteriores; *vide* Sauter/Schweyer/Waldner, *Der eingetragene Verein* cit., 19.ª ed., 230-231 e Jochen Neumayer/Andreas Schulz, *Die Verschmelzung von rechtsfähigen Vereinen*, DStR 1996, 872-877 (872 ss.). Um estudo monográfico sobre o tema: Ralf Joachim Katschinski, *Die Verschmelzung von Vereinen* (1999, 200 pp.).

[2784] Assim: STJ 18-jan.-1983 (Rui Corte-Real), BMJ 323 (1983), 380-382 (382) e RCb 21-fev.-1995 (Virgílio de Oliveira), CJ XX (1995) 1, 46-49 (48).

IV. A transformação de associações também não levanta dúvidas; assim a passagem de uma associação a federação ou alterações profundas no seu âmbito: tudo isso pode ser enquadrado com modificações nos estatutos.

Maiores dúvidas poderia suscitar a transformação de uma associação em sociedade civil pura ou em sociedade comercial. Recordamos o artigo 130.° do Código das Sociedades Comerciais, relativo à transformação de sociedades:

> 1. As sociedades constituídas segundo um dos tipos enumerados no artigo 1.°, n.° 2, podem adotar posteriormente um outro desses tipos, salvo proibição da lei ou do contrato.
>
> 2. As sociedades constituídas nos termos dos artigos 980.° e seguintes do Código Civil podem posteriormente adotar algum dos tipos enumerados no artigo 1.°, n.° 2, desta lei.
>
> 3. A transformação de uma sociedade, nos termos dos números anteriores, não importa a dissolução dela, salvo se assim for deliberado pelos sócios.
>
> (...)

Esta norma – que também tem um contexto civil, uma vez que se reporta às sociedades civis puras – tem aplicação, por interpretação extensiva ou por analogia, às associações. As sociedades que delas resultem podem continuar a sua personalidade jurídica, mantendo, íntegras, as situações de que sejam titulares.

286. A extinção

I. A extinção das associações já mereceu a atenção da lei civil e, consequentemente, da doutrina[2785]. O artigo 182.° enumera as causas de extinção.

O artigo 182.° deve ser cotejado com o artigo 1007.°, que enumera as causas de extinção da sociedade. Estas são mais simples, não se prevendo a necessidade de sentença judicial, exceto no caso de insolvência. E ambos esses preceitos devem, por seu turno, ser confrontados com os artigos 141.°

[2785] Luís Carvalho Fernandes, *Teoria geral* cit., 1, 6.ª ed., 579 ss..

e 142.°, do Código das Sociedades Comerciais, relativos à dissolução dessa categoria de sociedades.

Parece indubitável que há ainda um grande esforço codificador a fazer, no sentido de harmonizar conceitos e soluções, perante ocorrências flagrantemente paralelas.

Distingue esse preceito entre a extinção simples e a extinção por decisão judicial.

II. A extinção simples dispensa uma decisão judicial expressamente dirigida a esse efeito. Ela pode ocorrer, segundo o artigo 182.°/1:

- por deliberação da assembleia geral – *a*) – tomada, como se viu, por uma maioria qualificada de três quartos de todos os associados – 175.°/4;
- pelo decurso do prazo, se a associação tiver sido constituída temporariamente – *b*); os associados podem obstar à extinção prorrogando o prazo, para o que se exige a referida maioria de três quartos de todos os membros – citado artigo 175.°/4; o artigo 183.°/1 dá, ainda, um prazo de 30 dias, sobre a data da extinção, para permitir a prorrogação;
- pela verificação de qualquer outra causa extintiva prevista no ato de constituição ou nos estatutos – *c*); esta "causa" pode estar implicitamente consignada: por exemplo, constituída uma associação para um fim determinado, a obtenção deste fim implica a extinção, sem necessidade de recorrer à sentença judicial do artigo 182.°/2, *a*); além disso, a assembleia pode sempre modificar os estatutos, dispondo de mais 30 dias para o fazer – 183.°/1;
- pelo falecimento ou desaparecimento de todos os associados – *d*); como vimos, a lei não impõe a extinção por (mera) unipessoalidade;
- por decisão judicial que declare a sua insolvência[2786] – *e*); repare-se que esta decisão não visa a extinção; esta ocorre, antes, como efeito colateral da falência: artigo 183.°/3.

III. Por decisão judicial, a associação extingue-se quando – 182.°/2:

[2786] Perante o CPEF de 1993, seria "falência"; com o CIRE de 2004, voltou a "insolvência".

- o seu fim se tenha esgotado ou se tenha tornado impossível – *a*); a impossibilidade pode ser física ou jurídica; além disso, podem os associados alterar os estatutos, obstando à extinção pela consignação de outro fim;
- o seu fim real não coincida com o fim expresso no ato de constituição ou nos estatutos – *b*); tratava-se de uma preocupação maior do Estado Novo: reconhecida uma associação com certo fim, esta poderia visar outro, de tipo político; uma interpretação atualista procuraria resolver esta problemática à luz da simulação;
- o seu fim seja sistematicamente prosseguido por meios ilícitos ou imorais – *c*); a referência à "imoralidade" deve ser aproximada dos bons costumes;
- a sua existência se torne contrária à ordem pública – *d*).

A declaração de extinção pode ser pedida pelo Ministério Público ou por qualquer interessado.

IV. As causas de extinção do artigo 182.° podem ser interpretadas de modo extensivo. Mas elas são taxativas[2787]: não é possível descobrir novas causas de extinção, sob pena de, à margem da lei, se extinguirem os direitos associativos dos particulares e se colocar em crise a liberdade de associação. Também não podem terceiros, mesmo interessados no património das associações, requerer a sua extinção, à margem do legislado[2788].

Finalmente: a extinção decidida por despacho e permitida por Decreto de uma assembleia legislativa regional é inconstitucional[2789].

287. Efeitos da extinção

I. A extinção da associação não pode fazer desaparecer instantaneamente todas as situações jurídicas que dela dependam. Abre-se, assim, um período de liquidação, que visa, essencialmente:

[2787] RPt 20-mai.-1993 (Boavida Barros), CJ XVIII (1993) 3, 209-214 (214/I), referente à extinção de uma Casa do Povo.

[2788] REv 4-mai.-2000 (Branquinho Lobo), CJ XXV (2000) 3, 255-259 (259/I), no mesmo ciclo de decisões quanto a Casas do Povo.

[2789] TC n.° 531/92, de 14 de outubro de 1992 (Messias Bento), DR I Série-A n.° 262, de 12-nov.-1992, 5226-5235.

– o exato apuramento do ativo e do passivo da associação;
– a satisfação do passivo;
– a atribuição dos bens remanescentes, de acordo com os princípios gerais fixados no artigo 166.º[2790].

Estas operações podem ser complexas, prolongando-se por meses ou anos.

II. Os órgãos da associação extinta mantêm-se em funções. Todavia, os seus poderes ficam limitados à prática dos atos meramente conservatórios e dos necessários, quer à liquidação do património social, quer à ultimação dos negócios pendentes – 184.º/1, 1.ª parte. Os restantes atos responsabilizam solidariamente os administradores que os pratiquem – *idem*, 2.ª parte: a associação só responde perante terceiros de boa-fé se à extinção não tiver sido dada a devida publicidade.

A lei civil não explica pormenores quanto à liquidação.

III. A matéria conhece um maior desenvolvimento nos artigos 146.º e seguintes, do Código das Sociedades Comerciais. Parece possível recorrer a essas regras para colmatar a lacuna civil, quando a analogia das situações o justifique.

De notar a manutenção da personalidade jurídica para além da extinção – 146.º/2, do Código das Sociedades Comerciais. Trata-se de uma solução especialmente útil, no campo comercial, uma vez que a sociedade em liquidação poderá ter negócios pendentes ou, mesmo e quando justificado, celebrar novos negócios, que decorram de anteriores.

No tocante às associações civis, mantém-se, também, a sua personalidade: mas apenas na medida do necessário, como se infere do facto de não ficarem vinculadas, perante terceiros, por novos atos dos administradores e salvo boa-fé e falta de publicidade da extinção – 184.º/2. Podemos considerá-las pessoas rudimentares.

[2790] *Supra*, 706.

§ 63.º ASSOCIAÇÕES DOTADAS DE REGIMES ESPECIAIS

288. Generalidades

No Direito português, o regime mais geral das associações encontra-se codificado no Código Civil. Todavia, existe uma legislação muito vasta, algo dispersa e bastante variada, que dispensa regimes gerais a diferentes categorias de associações.

Resulta daí que, na prática, as associações tendem a reger-se:

- pelo Código Civil;
- pela lei especial que lhes seja aplicável;
- pelos estatutos.

Vamos, na sequência, referir algumas das associações civis mais significativas. As associações públicas competem ao Direito comum administrativo.

289. Partidos políticos

I. As associações políticas ou partidos políticos são:

> (...) organizações de cidadãos de carácter permanente, constituídas com o objetivo fundamental de participar democraticamente na vida política do País e de concorrer de acordo com as leis constitucionais e com os seus estatutos e programas publicados, para a formação e expressão de vontade política do povo, intervindo nomeadamente no processo eleitoral mediante a apresentação ou o patrocínio de candidaturas.

Trata-se da noção dada pelo artigo 1.º/1 do hoje revogado Decreto-Lei n.º 595/74, de 7 de novembro, alterado pelo Decreto-Lei n.º 126/76, de 13 de março, pela Lei n.º 28/82, de 25 de novembro e pela Lei n.º 110/97, de

16 de setembro, sendo de notar a Lei n.º 19/2003, de 20 de junho, sobre o seu financiamento. A matéria consta, hoje, da Lei Orgânica n.º 2/2003, de 22 de agosto[2791], que não apresenta uma definição. Foi alterada e republicada, sucessivamente, pelas Leis Orgânicas n.º 2/2008, de 14 de maio e n.º 1/2018, de 19 de abril.

II. Os partidos políticos adquirem personalidade coletiva pela inscrição no Tribunal Constitucional (14.º da Lei Orgânica n.º 2/2003), requerida por 7.500 cidadãos eleitores no pleno gozo dos seus direitos políticos e civis (15.º)[2792]. Devem reger-se por um princípio democrático (5.º), prosseguindo publicamente os seus fins (6.º). Podem associar-se com partidos estrangeiros semelhantes e filiar-se em organizações internacionais democráticas (37.º). Temos, ainda, regras financeiras (38.º) e relativas à extinção (17.º e 18.º).

III. Nos limites legais – mas, por vezes, para além destes – podemos considerar que os partidos políticos detêm o poder e exercem-no em todos os planos da vida nacional[2793]. A importância das associações fica, só por aqui, demonstrada.

290. Associativismo jovem (ex-associações de estudantes)

O associativismo estudantil constitui uma matriz fundamental das diversas associações do campo cívico, cultural e desportivo. As associações de estudantes, com raízes no funcionamento das universidades medievais, ganharam um significado moderno de massas a partir do momento em que decidiram abrir-se a todos os estudantes interessados[2794]. Os Estados procuraram controlar o fenómeno, regulando as associações académicas e

[2791] Alterada e republicada pela Lei Orgânica n.º 2/2008, de 14 de maio.

[2792] TC n.º 367/91, de 28-ago. (Luís Nunes de Almeida), BMJ 409 (1991), 301-307 (304), confirmado pelo Plenário: TC n.º 368/91, de 18-set. (António Vitorino), BMJ 409 (1991), 307-312.

[2793] Sobre toda esta matéria: Marcelo Rebelo de Sousa, *Os partidos políticos no Direito constitucional português* (1983).

[2794] Em Portugal, esse passo foi dado pela Associação Académica de Coimbra, em assembleia geral de 9-mar.-1904, sob a presidência de António Francisco de Menezes Cordeiro.

concedendo-lhes certos benefícios. Dispunha, no fundamental, a Lei n.° 33/87, de 11 de julho, com as alterações introduzidas pelas Leis n.° 36/87, de 12 de Dezembro, n.° 32/88, de 5 de fevereiro e n.° 35/96, de 29 de Agosto. A matéria foi integrada na Lei n.° 23/2006, de 23 de junho, que, revogando os diplomas anteriores, passou, também, a versar as associações de estudantes.

291. **Associações de pais e associações de família**

I. As associações de pais e de encarregados de educação, simplesmente designadas associações de pais, têm um regime aprovado pelo Decreto-Lei n.° 372/90, de 27 de Novembro, alterado pelo Decreto-Lei n.° 80/99, de 16 de março, pela Lei n.° 29/2006, de 4 de julho[2795] e pela Lei n.° 40/2007, de 24 de agosto. Elas visam a defesa e promoção dos interesses dos seus associados, em tudo o que respeita à educação e ensino dos seus filhos e educandos que sejam alunos da educação pré-escolar ou dos ensinos básico ou secundário, público, particular ou cooperativo (2.°). São independentes e democráticas (3.°), dispondo de autonomia (4.°).

II. A constituição das associações de pais obedece à tramitação do artigo 5.° do Decreto-Lei n.° 372/90, de 27 de Novembro. Adquirem personalidade a partir da data da publicação dos seus estatutos no *Diário da República* (6.°). Têm facilidades quanto a sedes e a instalações (7.°), podendo federar-se (8.°).

Têm uma série de direitos (9.°)[2796], participando na política educativa (10.°) e na elaboração de legislação (11.°); podem reunir, por sua iniciativa, com os órgãos diretivos (12.°).

A lei geral sobre direito de associação é subsidiariamente aplicável (17.°).

[2795] A Lei n.° 29/2006, de 4 de julho, republicou, em anexo, o Decreto-Lei n.° 372/90, de 27 de novembro, na sua versão consolidada.

[2796] Em RPt 19-mar.-1998 (Moreira Camilo), CJ XXIII (1998) 2, 213-215 (215/I), entendeu-se, todavia, que uma associação de pais não tinha legitimidade para pedir a condenação de uma empresa exploradora a não explorar uma bomba de gasolina nas proximidades da escola.

III. Embora de âmbito diverso, cumpre também referir as associações de família, reguladas pela Lei n.° 9/97, de 12 de maio. Visam defender e promover, em vários planos, os "direitos e interesses da família" – 2.°. São independentes e autónomas (3.°). Quando disponham de "representatividade genérica", são parceiros sociais (4.°). Têm uma série de direitos, que vão desde a participação na definição da política de família ao apoio do Estado (6.°).

A lei geral sobre o direito de associação é, também e aqui, aplicável (8.°).

O registo e o apoio às associações de família resulta do Decreto-Lei n.° 247/98, de 11 de agosto.

292. Associações de defesa do consumidor e do ambiente

I. As associações de defesa do consumidor são reconhecidas na própria LDC, artigos 17.° e seguintes. Podem ser de âmbito nacional, regional ou local, consoante tenham, pelo menos, 3.000, 500 ou 100 associados, respetivamente (17.°/2). Dispõem de uma lista extensa de "direitos" (18.°), para prosseguirem os seus objetivos. O regulamento do apoio do Estado às associações de consumidores foi aprovado pelo Despacho n.° 8/SEAC/95, de 19 de abril. Podem intentar ações inibitórias de cláusulas contratuais gerais[2797], bem como outras ações populares[2798].

II. As associações de defesa do ambiente dispõem de regras aprovadas pela Lei n.° 35/98, de 18 de julho[2799]. Este diploma, por influência anglo-saxónica, fala em "organizações não-governamentais de ambiente" (ONGA); são, porém, verdadeiras associações "... dotadas de personalidade jurídica e constituídas nos termos da lei geral ..." – 2.°/1. São reconhecidas de utilidade pública, em certos termos (4.°). Têm acesso à informação (5.°), participam na definição da política do ambiente (6.°) e são

[2797] *Tratado* II, 4.ª ed., 465 ss..

[2798] Sobre o tema e com orientações diversas: RLx 12-jun.-1997 (Urbano Dias), CJ XXII (1997) 3, 107-109 (109), STJ 23-set.-1997 (Miranda Gusmão), CJ/Supremo V (1997) 3, 30-33 (32) e STJ 17-fev.-1998 (Pais de Sousa), CJ/Supremo VI (1998) 1, 84-86 (85).

[2799] Alterada pela Lei n.° 82-D/2014, de 31 de dezembro, relativa à fiscalidade verde.

parceiro social (7.°). Têm legitimidade processual em ações do ambiente (10.°)[2800], cabendo-lhes um registo nacional (17.°), regulado pela Portaria n.° 478/99, de 29 de junho, alterada pela Portaria n.° 71/2003, de 29 de janeiro e pela Portaria n.° 771/2009, de 20 de julho.

293. Associações católicas; misericórdias

I. As associações e outras organizações católicas estão na origem das diversas associações benemerentes e, mais longe, no da própria ideia de personalidade coletiva, aplicada seja a associações, seja a fundações.

Na atualidade, elas dispõem de um regime especial, derivado da Concordata celebrada entre o Estado Português e a Santa Sé, em 18 de maio de 2004[2801]. Dispõe o artigo 10.° da Concordata:

> A Igreja Católica em Portugal pode organizar-se livremente de harmonia com as normas de direito canónico e constituir, modificar ou extinguir pessoas jurídicas canónicas a que o Estado reconhece personalidade jurídica civil.

II. A ereção de associações públicas de fiéis é regulada pelo cânone 312, do Código de Direito Canónico de 1983; quanto às privadas, esse mesmo cânone tem aplicação.

Este regime diverso do estadual tem sido concretizado, sem dificuldades, pelos tribunais do Estado[2802], sendo de reter o especial estatuto dos "ministros do culto"[2803].

Exemplo importante de associações da Igreja Católica, a que o Estado reconhece funções significativas é o das santas casas da Misericórdia ou irmandades da Misericórdia[2804]. As questões internas das Mise-

[2800] STJ 23-set.-1998 (Garcia Marques), BMJ 479 (1998), 519-548 (536-537); em STA 16-jun.-1999 (Cruz Rodrigues), BMJ 488 (1999), 201-206 (205-206), reconheceu-se essa faculdade, também, a particulares.

[2801] RAR 74/2004, de 30 de setembro, no DR I Série-A, n.° 269, de 16-nov.-2004, 6741-6750.

[2802] Assim: RCb 28-jan.-2003 (Nunes Ribeiro), CJ XXVII (2003) 1, 22-24 (24/II).

[2803] STJ 16-jun.-2004 (Carlos Cadilha), CJ/Supremo XII (2004) 2, 276-278 (278/I).

[2804] *Vide* os artigos 68.° e seguintes do Estatuto das Instituições Particulares de Solidariedade Social, aprovado pelo Decreto-Lei n.° 119/83, de 25 de fevereiro, e abaixo referido.

ricórdias regem-se por Direito próprio, sendo incompetentes os tribunais judiciais[2805].

294. Instituições particulares de solidariedade social

I. As instituições particulares de solidariedade social constituem um universo complexo, que exprime as vias nacionais de expressão da entreajuda humana. Após diversas vicissitudes, o Decreto-Lei n.° 119/83, de 1 de abril, intentou codificar a matéria. Foi alterado e republicado no Decreto-Lei n.° 172-A/2014, de 14 de novembro e, depois, alterado pela Lei n.° 76/2015. de 28 de julho. O seu registo é regulado pela Portaria n.° 139/2007, de 29 de janeiro.

O Estatuto aprovado por aquele Decreto-Lei veio distinguir – artigo 2.°/1:

a) Associações de solidariedade social;
b) [*Revogada*][2806];
c) Associações de socorros mútuos;
d) Fundações de solidariedade social;
e) Irmandades de misericórdia.

Podem agrupar-se em missões, federações e confederações (2.°/2). No seu conjunto e no que agora está em causa, elas constituem a grande maioria das associações existentes no País.

II. O Estatuto reconhece a sua autonomia (3.°), prevendo-se um registo (7.°), pelo qual adquirem automaticamente a utilidade pública (8.°).

Os seus estatutos devem ter determinadas especificações (10.°), dispensando-se a escritura pública, quando registadas (11.°).

Os artigos 52.° e seguintes dispensam, depois, diversas regras quanto às associações de solidariedade social, incluindo: fins e constituição, número mínimo de associados, estatutos, direitos e deveres dos associa-

[2805] STJ 27-jan.-2005 (Custódio Montes), CJ/Supremo XIII (2005) 1, 49-53 (51) e STJ 17-fev.-2005 (Lucas Ferreira de Almeida), CJ/Supremo XIII (2005) 1, 77-79.

[2806] Associações de voluntários de ação social.

dos, votações, corpos gerentes, competência, convocação, funcionamento, deliberações e outros aspetos – artigos 52.° e seguintes. Segue-se, de perto, o Código Civil, com algumas particularidades.

III. As associações de socorros mútuos são remetidas para lei especial – artigo 76.°. Dispõe, hoje, o Código das Associações Mutualistas, aprovado pelo Decreto-Lei n.° 72/90, de 3 de março (112 artigos) e alterado pelo Decreto-Lei n.° 190/2015, de 10 de setembro, relativo às caixas económicas. O artigo 1.° define-as como:

> (...) instituições particulares de solidariedade social com um número ilimitado de associados, capital indeterminado e duração indefinida que, essencialmente através da quotização dos seus associados, praticam, no interesse destes e de suas famílias, fins de auxílio recíproco, nos termos previstos neste diploma.

O ato de constituição requer escritura pública (13.°), o que é dispensado para os estatutos (17.°). Devem ter equilíbrio técnico e financeiro (14.°). Prevê-se um registo especial (15.°), o qual confere utilidade pública (16.°). Pode haver diversas categorias de associados (21.° e seguintes).

IV. As irmandades da Misericórdia ou santas casas da Misericórdia são associações canónicas "... com o objetivo de satisfazer carências sociais e de praticar atos de culto católico, de harmonia com o seu espírito tradicional, informado pelos princípios de doutrina e moral cristãs" – 68.°. Fazem uma interessante junção entre as ordens civil e canónica[2807]. As relações de trabalho que encabecem seguem o regime comum[2808].

V. O Decreto-Lei n.° 171/98, de 25 de junho, veio equiparar, a instituições particulares de solidariedade social, as casas do povo que prossigam os objetivos previstos no respetivo estatuto. Todas elas são associações privadas – salvo a posição canónica das misericórdias – aplicando-se-lhes, em princípio, o Direito privado[2809].

2807 Cf. STJ 11-jul.-1985 (Américo Góis Pinheiro), BMJ 349 (1985), 432-436 (434).
2808 REv 4-fev.-1992 (Paiva Carvalho), CJ XVII (1992) 1, 297-298 (297/II).
2809 STJ 5-nov.-2002 (Silva Paixão), CJ/Supremo X (2002) 3, 123-125 (124/II).

295. Associações de mulheres

I. As associações de mulheres foram acima referidas a propósito do sexo e do estado civil[2810]. A matéria resulta da Lei n.º 107/2015, de 25 de agosto. Trata-se de associações – 2.º/1:

> (...) que sendo constituídas nos termos da lei geral e dotadas de personalidade jurídica, prossigam o escopo referido no artigo anterior e não tenham fins lucrativos.

O fim em causa é (...) *a eliminação de todas as formas de discriminação e assegurar o direito à igualdade de género* (1.º).

II. As associações de mulheres, mau grado a designação, não estão legalmente vedadas a homens. Quando de âmbito nacional, têm representatividade genérica (3.º): participam na definição da política relativa às mulheres (4.º). Além disso, todas elas têm direito de antena (5.º) e à informação (6.º), podendo propor medidas de prevenção e controlo (7.º, *a)*) e, ainda, exercer a ação popular (7.º, *b)*). Prevê-se um registo junto da Comissão para a Cidadania e a Igualdade de Género (10.º).

296. Associações laborais

I. As associações laborais são, fundamentalmente, os sindicatos, suas uniões e federações e as associações patronais, suas uniões e federações[2811]. O artigo 2.º, *b*), do Decreto-Lei n.º 215-B/75, de 30 de abril, conhecido como Lei Sindical, definia o sindicato como uma:

> associação permanente de trabalhadores para defesa e promoção dos seus interesses sócio-profissionais.

Esta noção consta, hoje, do artigo 442.º/1, *a*), do Código do Trabalho.

[2810] *Supra*, 426 ss..

[2811] Sobre toda esta matéria, *vide* o nosso *Direito do trabalho* I (2019), 869 ss., com indicações. A bibliografia é inabarcável.

O sindicato é, inquestionavelmente, uma associação submetida a um regime especial. Podem descobrir duas orientações:

- uma orientação restrita, que vê no sindicato uma associação votada ao domínio sócio-profissional, com um papel marcado no tocante à contratação coletiva e à declaração de greve;
- uma orientação mais ampla, que faculta um alargamento nas funções dos sindicatos, de modo a abrangerem os campos cultural, da mutualidade e assistência, da política, da gestão e das finanças.

II. A própria natureza associativa dos sindicatos e a liberdade aí existente tornam difícil delimitar o seu perfil. Queda uma noção formal: a associação de trabalhadores que se constitua sob a forma de sindicato, adquirindo a personalidade coletiva com o registo no Ministério do Trabalho – artigo 10.°/1 da Lei Sindical[2812], hoje artigo 483.°/1, do Código do Trabalho.

Os sindicatos são enformados por princípios específicos, que escapam à liberdade estatutária. Assim:

- a autonomia sindical: os sindicatos são independentes das associações patronais ou de quaisquer outras associações não patronais – 6.°/1 –, do Estado, de partidos políticos e de instituições religiosas – 6.°/2 da Lei Sindical; a matéria consta hoje, em termos alargados, do artigo 452.° do Código do Trabalho;
- a liberdade de constituição, sem qualquer autorização prévia e mediante um processo meramente formal – 3.°, 8.° e 10.° da Lei Sindical; vejam-se, hoje e entre outros, os artigos 475.° e 483.°, do Código do Trabalho;
- a liberdade de inscrição que cabe a todo o trabalhador, perante o sindicato que represente a categoria respetiva – 16.°/1;
- a liberdade de saída do sindicato em que ele se encontre inscrito – 16.°/4, ambos da Lei Sindical.

Os estatutos devem conter as especificações do artigo 14.° da Lei Sindical.

[2812] Todavia, só podem iniciar a sua atividade com a publicação dos seus estatutos no BTE – 10.°/6 da Lei Sindical e 483.°/3 do Código do Trabalho.

Os sindicatos podem agrupar-se em uniões, de base regional, em federações, por profissões ou ramos de atividade e em confederações, de âmbito nacional – 2.°, *d*), *e*) e *f*), da Lei Sindical.

III. A matéria relativa a associações patronais foi aprovada pelo Decreto-Lei n.° 215-C/75, de 30 de abril. Hoje, rege o Código do Trabalho, nos seus artigos 506.° e seguintes.

Também aqui temos:

- uma orientação restrita, segundo a qual a associação patronal agrupa empregadores, nessa qualidade e com vista à prossecução de atividades laborais;
- uma orientação ampla, que abarca interesses empresariais de tipo global.

As associações patronais adquirem a personalidade com o registo no Ministério do Trabalho, estando os estatutos sujeitos a publicação no BTE.

Por seu turno, as associações podem agrupar-se em uniões, federações e confederações.

Toda esta matéria mantém a sua feição no projeto de Código do Trabalho, em fase final de aprovação.

297. Associações desportivas

I. As associações desportivas constituem, hoje, um sector em diferenciação crescente, do Direito das pessoas. Além disso, ele forma, em conjunto com regras próprias da prática desportiva, amadora e profissional, um sistema em evolução rápida, a que se poderá chamar "Direito do desporto"[2813]. De todo o modo, na falta de especificidades, aplica-se o Direito privado[2814].

[2813] Sobre o tema, João Leal Amado, *Vinculação* versus *liberdade/O processo de constituição e extinção da relação laboral do praticante desportivo* (2001). Quanto a sociedades anónimas desportivas: Ricardo Candeias, *Personalização de equipa e transformação de clube em sociedade anónima desportiva* (2002).

[2814] STJ 18-abr.-1991 (Albuquerque Sousa), BMJ 406 (1991), 586-594 (588), e STJ 10-jan.-1995 (Ramiro Vidigal), BMJ 443 (1995), 319-325 (323).

II. Esta área (tal como muitas outras) acusa sucessivas reformas. Rege, hoje, a Lei de Bases da Atividade Física e do Desporto a Lei n.° 5/2007, de 16 de janeiro, alterada pela Lei n.° 74/2013, de 6 de setembro. A sua publicação envolveu a alteração de numerosa legislação subsequente.

298. Outras associações; conveniência da reforma do Código Civil

I. A lei portuguesa contempla, ainda, numerosas outras associações, todas relevantes para a vida do País. Como exemplos, referiremos: as associações de caçadores, previstas no artigo 45.° da Lei da Caça, aprovada pela Lei n.° 173/99, de 21 de setembro[2815], por último (neste momento) alterado pelo Decreto-Lei n.° 2/2011, de 6 de janeiro; as associações representativas de municípios e freguesias, de perfil fixado pela Lei n.° 54/98, de 18 de agosto, as associações de pessoas portadoras de deficiências, objeto da Lei n.° 127/99, de 20 de agosto, alterada pela Lei n.° 37/2004, de 13 de agosto, as associações de imigrantes, da Lei n.° 115/99, de 3 de agosto, as associações florestais, da Lei n.° 158/99, de 14 de setembro[2816], revogada pela Lei n.° 75/2017, de 12 de setembro e as associações de defesa dos utentes da saúde, objeto da Lei n.° 44/2005, de 28 de agosto.

II. A importância renovada que o associativismo civil assume, particularmente perante a pressão das sociedades comerciais e as influências estrangeiras, justificaria plenamente a atualização e o desenvolvimento do regime das associações, contido no Código Civil.

299. O projeto de "associação europeia"

Os diversos países da União reconhecem figuras semelhantes ou paralelas à de uma associação civil[2817]. Assim, a Comissão Europeia apre-

[2815] Portaria n.° 465/2001, de 8 de maio, quanto a campos de treino, a instalar a pedido dessas associações. Tudo isto deve ser conjugado com a Lei de Bases Gerais da Caça, adotada pelo Decreto-Lei n.° 202/2004, de 18 de agosto, por último alterado pelo Decreto-Lei n.° 167/2015, de 21 de agosto e com o Código Florestal, aprovado pelo Decreto-Lei n.° 254/2009, de 24 de setembro.

[2816] Ressalvada pela Lei n.° 12/2012, de 13 de março.

[2817] Jens Wagner, *Der Europäische Verein/Eine Gesellschaftsform europäischen oder mitgliedstaatlichen Rechts?* (2000), 69 ss., referindo experiências europeias de asso-

sentou em 1992, uma proposta sobre o estatuto da associação europeia[2818] e, em 1993, uma proposta modificada sobre o mesmo assunto[2819]. Ainda em 1993, a Comissão aprontou uma proposta modificada para uma diretriz do Conselho para complementar o estatuto da associação europeia relativamente ao papel dos trabalhadores[2820]. A projetada introdução de uma forma europeia de associação visava, em primeira linha, a integração do mercado interno de associações e fundações, quer no âmbito *non-profit*, quer no do emprego e das representações económicas. A ideia foi acolhida com pouco entusiasmo, pondo-se em causa a sua utilidade[2821]. Foi dada total prioridade à sociedade anónima europeia[2822], mantendo-se a hipótese de uma aprovação futura[2823].

O projeto constitui, de todo o modo, um útil instrumento de estudo para os comparatistas.

ciações sem fins económicos (França, Bélgica, Áustria, Portugal, Suécia e Espanha) e com fins económicos (Alemanha, Grécia e Luxemburgo); refere, ainda, as experiências europeias que não autonomizam o tipo associativo: Inglaterra, Holanda, Irlanda e Dinamarca (70-86).

[2818] JOCE Nr. C99, de 21-abr.-1992, 1.

[2819] JOCE Nr. C236, de 31-ago.-1993, 1.

[2820] JOCE Nr. 99, de 21-abr.-1992, 14; o desenvolvimento e o estado atual dos projetos, bem como uma análise do seu conteúdo podem ser confrontados em Jens Wagner, *Die Europäische Verein* cit., 40 ss. e 46 ss..

[2821] Lothar Vollmer, *Der Europäische Verein*, ZHR 157 (1993), 373-399, Sauter/ /Schweyer/Waldner, *Der eingetragene Verein* cit., 19.ª ed., 18, e Karsten Schmidt, *Gesellschaftsrecht*, 4.ª ed. cit., 663.

[2822] *Vide* o nosso *Direito europeu das sociedades* cit., 905 ss.

[2823] *Vide* Stefan Grundmann, *Europäisches Gesellschaftsrecht* (2004), 515.

SECÇÃO II

FUNDAÇÕES

§ 64.° COORDENADAS HISTÓRICAS E COMPARATÍSITCAS

300. Enquadramento

I. O conhecimento da sua existência efémera impele o ser humano a procurar a vida eterna terrena através de atos e omissões. Tanto as obras físicas como as obras intelectuais assumem, assim, uma dupla dimensão temporal – presente e futura –, que traduz, na perfeição, esta busca pela vida depois da morte.

É no campo político e social que a procura pela imortalidade se faz sentir com maior nitidez. As reformas políticas, a luta pela democracia e por demais causas sociais têm intrínseca uma ideia de continuidade que extravasa a simples existência dos seus defensores. Não se pretende pôr em causa o altruísmo que subjaz às grandes ações, nem desconsiderar o seu impacto presente, factor que certamente mais contribui para a tomada de posições. Todavia, é igualmente certo que o ser humano, nem que seja pelo domínio do conceito de tempo, anteveja as consequências futuras das suas ações.

Também as fundações emergem deste espírito de imortalidade, ao possibilitarem a prossecução dos propósitos e interesses dos seus fundadores para além da sua simples existência física.

II. As fundações fazem parte de um grupo de instrumentos jurídicos transversais à História da Humanidade. Não surgiram num sistema concreto, não são fruto de uma cultura específica nem da genialidade de um jurisconsulto de renome. São presença incontestável nos quatro cantos do globo e resultam de uma constante busca pela imortalidade que tão bem caracteriza a espécie humana.

O afastamento dogmático e cultural entre as diferentes manifestações do instituto, pense-se nas pessoas coletivas continentais, nos *charitable trusts* anglófonos ou nos *waqfs* islâmicos, reforça esta visão universal das fundações, enquanto produto da civilização humana.

Estas diferenças científicas e estruturais exigem uma abordagem histórico-comparatística distinta. O ponto de partida não poderá ser o modelo romano-germânico contemporâneo, assente numa personificação das fundações, o que levaria a excluir, da nossa análise, importantes concretizações fundacionais. Importa antes atender à sua função comum: esta consiste na afetação duradoura de bens a fins identificáveis e na sua prossecução para além da existência terrena do seu fundador[2824].

301. **Evolução histórica**

Embora a personificação das fundações fosse desconhecida dos juristas romanos[2825], a afetação de bens tendo em vista a prossecução de fins específicos para além da vida do doador era já conhecida e praticada. Este exercício era igualmente dominado pelas civilizações grega e egípcia[2826], com propósitos marcadamente espirituais e religiosos[2827].

[2824] Esta visão é hoje pacificamente assumida: Riccardo Orestano, *Problema delle fondazioni in diritto romano: appunti dalle lezioni tenute nell'Università di Genova*, I, (1959), 12 ss; Liermann, *Geschichte des Stiftungsrechts* cit., 1-2; Michael Borgolte, *Von der Geschichte der Stiftungsrechts zur Geschichte der Stiftungen* em Liermann, *Geschichte der Stiftungsrechts* cit., 13-69, 13; Axel Freiherr von Campenhausen, *Geschichte und Reform* em *Stiftungsrechts-Handbuch*, coordenação de Campenhausen e Richter, 4.ª ed. (2014), 83-102, 85-86: as manifestações fundacionais são anteriores à personificação do conceito, nos moldes modernos; José María Blanch Nougués, *Régimen jurídico de las fundaciones en Derecho romano* (2007), 15 ss..

[2825] A doutrina especializada discute se Scaevola não reconhece uma personificação rudimentar, no D. 33.1.20.1, de um templo a quem foi deixado um legado perpétuo, no valor de 10 dinares anuais, através de um fideicomisso. *Vide*: Robert Feenstra, *D. 33.1.20.1 (Scaevola 18 dig.) Revisited* em *Critical Studies in Ancient Law, Comparative Law and Legal History*, coordenação de John W. Cairns e Olivia F. Robinson, 2001, 45-50 e Christian Baldus, *„Tempelrecht" bei Cervidius Scaevola? Hochklassische Praxis, römische* religio *und „Juristische Person"*, Studi Senesi 126 (2014), 165-198.

[2826] Schafik Allam, *Foundations in Pharaonic Egypt: The Oldest-Know Private Endowments in History*, WO 37 (2007), 8-30, 13 ss..

[2827] Bernhard Laum, *Stiftungen in der griechischen und römischen Antike: ein Beitrag zur antiken Kulturgeschichte*, I, (1914, reimp. 1964), 34 ss.; Liermann, *Geschichte des Stiftungsrechts* cit., 1-24.

Na busca pelo conceito fundacional romano e atendendo à posição acima assumida, são três os elementos a considerar: (i) a transmissão de bens para um ou mais sujeitos, (ii) que assumem a obrigação de prosseguir o propósito indicado pelo titular originário, (iii) por um período de tempo indeterminado e que, por regra, irá superar a vida terrena do transmitente. A transmissão tanto poderia ser realizada *inter vivos* como *mortis causa*, os instrumentos usualmente empregues eram o *modus* e o *fideicommissum* e a obrigação de prosseguir a vontade do fundador era assumida por entidades públicas (p. ex.: municípios), privadas ou por sujeitos singulares – afastado o elemento da personificação, não vemos razões para limitar as manifestações fundacionais romanas aos casos em que a titularidade e a administração dos bens fossem conferidas a entidades coletivas[2828], necessariamente rudimentares[2829]. Por fim, os propósitos prosseguidos eram variados: religiosos e espirituais, pessoais, funerários ou beneméritos[2830].

No reinado de Nerva (96-98 d.C.), a máquina imperial desenvolveu um novo mecanismo benemérito-social (hoje denominado de *fundações alimentares*), aproveitado e desenvolvido pelos seus sucessores, em especial Trajano (98-117 d.C.), com características que o aproximam, pelo menos funcionalmente, da figura da fundação: o Tesouro concedia empréstimos a proprietários rurais; os juros desses empréstimos eram pagos, parcialmente, aos municípios; e parte desses juros era entregue a crianças e famílias necessitadas[2831]. Trata-se, inequivocamente, de uma afetação duradoura de bens a um fim social.

II. A expansão do Cristianismo e a sua adoção, enquanto religião oficial, pelo Império Romano foram decisivas para o aperfeiçoamento do conceito de pessoa coletiva[2832] e para a densificação jurídica do instituto

[2828] Eberhard F. Bruck, *Die Stiftungen für die Toten in Recht, Religion und politischen Denken der Römer* em *Über Römisches Recht im Rahmen der Kulturgeschichte* (1954), 46-100, 72 ss. e Robert Feenstra, *Foundation in Continental Law since the 12th Century: The Legal Person Concept and Trust-like Devices* em *Itinera Fiduciae: Trust and Treuhand in Historical Perspective*, coordenação Richard Helmholz e Reinhard Zimmermann (1998), 305-326, 308: seguindo expressamente a posição de Bruck.

[2829] *Vide* 556 ss..

[2830] Laum, *Stiftungen* cit., 34 ss..

[2831] Liermann, *Geschichte des Stiftungsrechts* cit., 21 ss..

[2832] *Vide* 551 ss..

fundacional. A mensagem pregada encoraja o despojamento dos bens materiais e a sua afetação aos interesses sociais e espirituais da comunidade.

A partir deste período, a doação de bens, em vida ou *mortis causa* e com propósitos duradouros, é assumida como uma prática comum. As amplas referências às *piae causae* e seus sucedâneos no Codex são esclarecedoras[2833]-[2834]. Por regra, os bens eram deixados à Igreja, que se comprometia a administrá-los seguindo a vontade do *doador*[2835]. Quanto aos bens testados a favor de Jesus Cristo, cabia às Igrejas locais utilizá-los para alimentar os pobres[2836].

A afetação de bens a propósitos específicos e duradouros foi empregue na constituição de hospitais, colégios, colegiadas e capelas eclesiásticas[2837]. Recorde-se que o conceito de hospital era então particularmente amplo, abrangendo, pelo menos, quatro tipos de instituições: casas para leprosos, asilos, albergues para viajantes pobres ou peregrinos e instituições de carácter mais geral que cuidavam de pessoas pobres e enfermas[2838].

Durante a Idade Média[2839] e a Idade Moderna[2840], o conceito de fundação conservou a indefinição dogmática e estrutural que classicamente o caracterizou: eram reconhecidos diversos mecanismos de afetação de bens, de forma duradoura, a propósitos variados. A clarificação do conceito e a sua necessária sistematização apenas viriam a ser alcanças com Savigny e a pandectística.

III. No início do século XIX, a Comunidade Jurídica alemã foi confrontada com um emblemático litígio que impeliu a discussão prática e científica do tema: o caso *Städel*[2841]. Johann Friedrich Städel, um rico comerciante de Francoforte, deixou todo o seu património, por testamento,

[2833] Ex: C. 1.2.19; C. 1.3.45.

[2834] Harald Siems, *Von den piae causae zu den Xenodochien* em *Itinera Fiduciae* cit., 57-83.

[2835] O uso e a disposição destes bens eram limitados: C. 1.2.14.

[2836] C. 1.2.26.

[2837] Barreto Menezes Cordeiro, *Do trust* cit., 395 ss..

[2838] Martha Carlin, *Medieval English Hospitals* em *The Hospital History*, coordenação de Linday Granshaw e Roy Porter (1990), 21-40, 21.

[2839] Frank Theisen, *Mittelalterliches Stiftungsrecht: eine Untersuchung zur Urkundenüberlieferung des Klosters Fulda im 12. Jahrhundert* (2002).

[2840] Von Campenhausen, *Geschichte und Reform* cit., 92 ss..

[2841] Liermann, *Geschichte des Stiftungsrechts* cit., 243 ss..

a uma *fundação* ainda não constituída, tendo em vista a construção de uma galeria e de uma escola de arte. Aos sujeitos nomeados como administradores, foram-lhes atribuídos poderes para nomear os seus sucessores. O tribunal, sem saber como resolver o caso, recorreu aos mais eminentes juristas da época, que assumiram as mais díspares soluções. O longo litígio viria a ser terminado extrajudicialmente, ficando assim adiada, por mais duas décadas, a dogmatização das fundações.

Coube a Savigny pôr termo à incerteza jurídica. De forma bastante simples e direta, Savigny esclarece que as fundações correspondem simplesmente a uma modalidade de pessoas coletivas distinta das corporações[2842]. A construção mereceu o apoio da doutrina que se seguiu[2843].

302. **Direito comparado**

I. A solução pandectística, assente na personificação das fundações, foi adotada, *grosso modo*, por todos os Direitos ditos continentais[2844].

O BGB, herdeiro direto do pensamento sistemático de Savigny, reconhece a personalidade jurídica das fundações no seu artigo 80.°. Em França, o disposto no artigo 18.° da Lei n.° 87-571, de 23 de julho de 1987, estabelece que do ato de constituição de uma fundação emerge uma pessoa coletiva (*personne morale*). E em Itália, a matéria surge incluída no Título II, do Livro I, do *Codice Civile*, intitulado: *delle persone giuridiche*.

A simplicidade dogmática e sistemática dos Direitos romano-germânicos contrasta, por exemplo, com a multiplicidade das *charitable organizations* britânicas e com o impreciso *waqf*, figura ímpar do Direito islâmico. As diferenças entre estes três grandes regimes é igualmente o reflexo do papel diversificado hoje desempenhado, pelas fundações, em todo o Mundo[2845].

[2842] Savigny, *System* cit., II, 272.

[2843] Andreas Richter, *German and American Law of Charity in the Early 19th Century* em *Itinera Fiduciae*, 427-467 (431-443).

[2844] *Vide*, o nosso, *O regime das fundações*, RDS 5 (2013), 715-740 (719-720).

[2845] *Vide* Reiner Schulze, *Die Gegenwart des Vergangenen- Zu Stand und Aufgaben der Stiftungsrechtsgeschichte*, em Klaus J. Hopt/Dieter Reuter, *Stiftungsrecht in Europa/ /Stiftungsrechts und Stiftungsrechtsreform in Deutschland, den Mitgliedstaaten der Europäischen Union, der Schweiz, Liechtenstein und den USA* (2001), 55-72 e Peter Rawert, *Stiftungsrecht im 20. Jahrhundert* (2004), XIII + 117 pp..

II. De acordo com o disposto na s. 1(1) do *Charities Act*, 2011, a *charity é uma* instituição com propósitos exclusivamente caridosos, sujeita ao controlo e jurisdição do *High Court*. Na s. 3(1), o legislador elenca os objetivos abrangidos pelo conceito de caridade: (1) prevenção e atenuação da pobreza; (2) promoção da educação; (3) promoção da religião; (4) promoção da saúde e da qualidade de vida; (5) promoção da cidadania ou do desenvolvimento comunitário; (6) promoção da arte, da cultura, do património cultural ou da ciência; (7) promoção do desporto amador; (8) promoção dos direitos humanos, resolução de conflitos e reconciliação ou promoção da harmonia, da igualdade ou da diversidade religiosa ou racial; (8) promoção da proteção ou melhoria do meio ambiente; (9) auxílio a necessitados, por razão da idade, doença, deficiência, dificuldades financeiras ou outras; (10) promoção do bem-estar animal; (11) promoção da eficiência das forças armadas reais ou da eficiência policial, dos serviços de bombeiros, de salvamento ou ambulatórios. É ainda estabelecida uma cláusula de salvaguarda que abrange todos os propósitos análogos, desde que reconduzíveis ao conceito de interesse público[2846].

São quatro as principais estruturas conhecidas: (i) *charitable unincorporated association*; (ii) *charitable trust*; (iii) *charitable corporation*; e (iv) *charitable incorporated organization*.

A *charitable unincorporated association* – corresponde à figura comercial da *partnership*, devidamente adaptada aos fins caridosos prosseguidos – representa o modelo mais simples do universo das instituições de caridade[2847]. Este tipo de instituição é particularmente adequado a projetos que dependam de uma participação ativa dos seus membros e cujo financiamento resulte de campanhas de contribuições[2848].

A *charitable corporation* reveste a forma de *company limited by guarentee*. É uma figura mista e complexa, que se rege, conjuntamente, pelo regime societário e pelo regime geral das instituições de caridade. O modelo não é aconselhável para projetos de pequena dimensão[2849].

2846 Estes propósitos são em tudo similares aos já indicados no *Charitabel Uses Act*, 1601.

2847 Peter Luxton, *The Law of Charities* (2001), 259.

2848 Douglas Cracknell, Pesh Framjee, Adrian Longley e Francesa Quint, *Charities: The Law and Practice*, I, (2006), B/23-B/24.

2849 Cracknell/Framjee/Longley/Quint, *Charities* cit., B/21-B/22.

O *charitable trust*, devedor do instituto fiduciário anglófono, corresponde ao modelo tradicional. O instituto foi, paulatinamente, autonomizando-se no *trust* clássico, assumindo, atualmente, características próprias que não encontram paralelo nos negócios fiduciários da *Common Law*[2850].

Mais recentemente, foi positivada uma nova forma de instituição de caridade: a *charitable incorporated organization*. Com personalidade jurídica própria e mais simples de constituir, o modelo encontra-se ainda a ser testado pela realidade prática.

III. O *waqf*[2851-2852] é uma realidade fiduciária constituída perpetuamente, em vida ou *mortis causa*, com objetivos sociais, caridosos ou familiares[2853]. De modo semelhante ao verificado para as restantes figuras jurídicas islâmicas, o que, de resto, se aplica por inteiro ao próprio sistema, o *waqf* está envolto numa complexa dogmática religiosa.

Possivelmente influenciado por algumas construções similares de origem romanística, via Bizâncio, hebraica, como o caso paradigmático do *heqdēsh*, com o qual partilha notáveis semelhanças[2854], e mesmo zoroastrianas[2855], as características próprias e únicas do *wafq* são o resultado de um desenvolvimento muito distintivo da civilização islâmica, forte-

2850 *Do trust* cit., 401 ss..

2851 *Do trust* cit., 304 ss..

2852 Peter C. Hennigan, *The Birth of a Legal Institution: the Formation of the Waqf* in *Third-Century, A. H. Hanafī Legal Discourse* (2004), 50: depois de analisar, de forma minuciosa, os dois primeiros tratados dedicados ao *waqf* – *Ahkām al-Waqf* de Hilāl e *Ahkām al-Awqāf* de al-Khassāf – datados do século IX, o Autor defende que apenas com a sua publicação terá a expressão sido institucionalizada; até então, existiu um conjunto heterogéneo e variado de denominações.

2853 Timur Kuran, *The Provisions of Public Goods under Islamic Law: Origins, Impact, and Limitations of the Waqf System*, L & Soc'y Rev 35 (2001), 841-898 (842).

2854 O *heqdēsh* consistia, originariamente, na consagração de bens imóveis para a conservação do Templo de Jerusalém e ao auxílio dos seus sacerdotes. A grande distinção entre a figura hebraica e o conceito islâmico reside nas limitações religiosas do *heqdēsh*, estendendo-se o *waqf* a propósitos familiares, *vide* Mark R. Cohen, *Poverty and Charity in the Jewish Community of Medieval Egypt* (2005), 200.

2855 János Jany, *The Idea of a Trust in Zoroastrian Law*, J Leg Hist 25 (2004), 269-286.

mente marcada pelo *Qur'an* e pelo papel central ocupado pelas práticas caridosas[2856].

Descrito, por alguns juristas, como o conceito jurídico islâmico com maior carga religiosa, o *waqf* tem um papel preponderante em todos os sistemas jurídicos corânicos, desde Marrocos à Indonésia[2857]. As distinções introduzidas pelas especificidades costumeiras locais e pelas diferenças abertamente assumidas pelas diversas escolas jurídicas não impedem que o núcleo inconfundível do *waqf* seja facilmente identificável em todo o Mundo islâmico[2858].

Recorrendo a uma linguagem civilística, o *waqf* é um negócio jurídico unilateral e consensual, por recurso ao qual um sujeito, denominado *wāqif*, dispondo de um específico direito de propriedade, consagra perpetuamente um bem imóvel e todos os frutos e lucros associados a um propósito caridoso identificado[2859].

Em relação à titularidade dos bens transmitidos, a tese tradicional aponta para uma transmissão a favor de Deus[2860]. Esta posição parece indicar que, na prática, a propriedade não é transmitida para nenhuma pessoa jurídica identificável[2861]. Alguns juristas, provavelmente influenciados pelas construções ocidentais, apresentam o *waqf* como uma pessoa jurídica distinta e autónoma[2862]. Encontram-se ainda posições que atribuem esse direito aos beneficiários[2863] e que garantem a manutenção de, pelo menos, parte dos direitos na esfera jurídica do *wāqif*[2864].

[2856] Hennigan, *The Birth of a Legal Institution* cit., 52 ss.; Amy Singer, *Constructing Ottoman Beneficence: an Imperial Soup Kitchen in Jerusalem* (2002), 23.

[2857] Mohd. Zain, *Institution of Waqf* in *Encyclopaedic Survey of Islamic Culture*, coordenação de Mohamed Taher (1998), 321-328.

[2858] Uri M. Kupferschmidt, *The Supreme Muslim Council: Islam under the British Mandate for Palestine* (1987), 112.

[2859] Henry Cattan, T*he Law of Waqf in Law in the Middle East* em *Origin and Development of Islamic Law*, I, coordenação de Majid Khadduri e Herbert J. Liebesny, (1955), 203-222 (203).

[2860] Sayed Khatab e Gary D. Bouma, *Democracy in Islam* (2007), 99.

[2861] Ann K Bang, *Sufis and Scholars of the Sea: Family Networks in East Africa, 1860-1925* (2003), 166.

[2862] Cattan, *The Law of Waqf* cit., 208.

[2863] David Pearl, *A Textbook on Muslim Personal Law*, 2.ª ed. (1987), 197.

[2864] Abdullahi Ahmed An-Na'Im, *Islam and the Secular State: Negotiating the Future of Shari'a* (2008), 81.

A administração do waqf é entregue ao *mutawalli*, que deve ser um muçulmano responsável e detentor dos conhecimentos e experiência necessários para ocupar o cargo. Os deveres do *mutawalli* derivam, naturalmente, das características específicas do *waqf*, não sendo assim de estranhar que o seu núcleo consista na proteção do objeto e no uso dos frutos ou lucros para os fins determinados, dando cumprimento aos propósitos do instituto e aos intentos do seu fundador[2865].

A monitorização da atuação do *mutawall* está a cargo de um supervisor, denominado *nazir*, normalmente, mas não necessariamente, um juiz (*qadi*). O *mutawalli* assume, também, uma série de obrigações para com o *qadi*, que vai de um dever geral de prestar informações à elaboração e entrega de detalhados relatórios de atividade[2866].

O instituto do *waqf* assenta em três características essenciais que, apesar de terem sido alvo de alguma inovação, o acompanham desde a sua institucionalização: (1) apenas pode ser constituído para propósitos caridosos; (2) é constituído perpetuamente; e (3) os bens constitutivos do *waqf* devem ser imóveis. A segunda característica é normalmente subdividida em: perpetuidade, irrevocabilidade e inalienabilidade

303. **Referência à experiência lusófona**

I. O Código de Seabra, mau grado os antecedentes que remontavam à Idade Média, faz referências dispersas às fundações. Sirva de exemplo o seu artigo 37.º[2867]:

> O estado, a egreja, as camaras municipaes, as juntas de parochia e quaesquer fundações ou estabelecimentos de beneficiencia, piedade ou instrução publica, são havidos, em quanto ao exercicio dos direitos civis respectivos, por pessoas moraes, salvo na parte em que a lei ordenar o contrario.

2865 Miriam Hoexter, *Endowments, Rulers and Community: Waqf al-Haramayn in Ottoman Algiers* (1998), 93.

2866 Sami Zubaida, *Law and Power in the Islamic World* (2003), 67.

2867 A escassez de elementos quanto a esse tema pode ser confrontada em José Dias Ferreira, *Codigo Civil Annotado* cit., 1, 2.ª ed., 53 e em Luiz da Cunha Gonçalves, *Tratado* cit., 1, 827 e 810 ss..

O preceito era muito insuficiente[2868]. Por via doutrinária, foi-se impondo a existência, nas pessoas coletivas de utilidade pública, de duas grandes categorias: as corporações e as fundações[2869]. Nas primeiras, há um grupo de pessoas que se associam para a realização de fins de utilidade pública; nas segundas, um património. A confusão de conceitos e a dificuldade em apurar um regime eram muito acentuadas[2870].

A literatura da época tratava, por isso, as fundações por um prisma de Direito a constituir[2871]. As fundações eram conhecidas e praticadas[2872], mau grado as imprecisões legais e terminológicas de toda a ordem[2873]. Esta situação, que se prolongou até ao Código Civil de 1966, teve, como efeito, o de levar a que as fundações minimamente significativas fossem instituídas por decreto-lei governamental.

III. Bastante mais avançado, o Código Civil brasileiro de 1916 dedicava, às fundações, uma secção específica, preenchida com sete artigos (24.° a 30.°). Dizia o artigo 24.°[2874]:

> Para crear uma fundação, far-lhe-á o seu instituidor, por escriptura publica ou testamento, dotação especial de bens livres, especificando o fim a que a destina, e declarando, se quizer, a maneira de administral-a.

Cabia ao Ministério Público velar pela fundação (26.°), competindo aos administradores elaborar os estatutos e submetê-los à entidade compe-

[2868] *Vide* José Dias Ferreira, *Codigo Civil portuguez annotado*, 1.ª ed. (1870), 72-73. Na 2.ª ed. dessa obra (1894), 1, 53, Dias Ferreira moderou a crítica.

[2869] Guilherme Alves Moreira, *Instituições do Direito civil portuguez/I – Parte geral* (1907), 288 ss..

[2870] *Vide* Luiz da Cunha Gonçalves, *Tratado de Direito civil português* 1 (1929), 755 ss.; *vide*, aí, 810 ss. e 827.

[2871] Assim, Manuel de Andrade, *Teoria geral da relação jurídica* 1 (1960, reimp., 1972), 96 ss. e Marcello Caetano, *Das fundações/Subsídios para a interpretação e reforma da legislação portuguesa* (s/d, mas 1962), 7 ss..

[2872] *Vide* os elementos constantes de António Ferrer Correia, *Contribuição para a história da Fundação Calouste Gulbenkian*, RLJ 134 (2001), 162-182 (165/I).

[2873] Em RLx 12-jan.-1993 (Machado Soares), CJ XVIII (1993) 1, 99-108 (102/II), podem ver-se elementos quanto a essa imprecisão.

[2874] Manuel Paulo Merêa, *Codigo Civil brasileiro anotado* (1917), 31, explica que, anteriormente, a matéria era controversa; todavia, o Código, na linha dos códigos alemão, suíço e japonês, acabou com todas as dúvidas.

tente (27.°). Sendo a fundação nociva ou inviável: o seu património seria incorporado com outras fundações "... que se proponham a fins eguaes ou semelhantes" (30.°).

IV. O Código Civil de 1966 dedicou explicitamente, às fundações, os artigos 185.° a 194.°. São-lhe ainda aplicáveis os preceitos gerais sobre as pessoas coletivas, contidos nos artigos 157.° a 166.°, do mesmo Código[2875]. Deve reconhecer-se que este complexo normativo veio procurar inspiração no Código Civil italiano de 1942.

A regulação existente manteve-se, todavia, pouco densa. Multiplicaram-se as questões práticas, com sucessivas intervenções da Procuradoria-Geral da República, procurando ajudar através dos seus pareceres[2876].

Em todo o Mundo, desenvolvia-se uma técnica *non profit* de gestão de interesses[2877]. Entre nós, mau grado sucessivos apelos a uma reforma adequada[2878], esta não ocorria. Manteve-se, por isso, o referido hábito de, relativamente às fundações mais visíveis, recorrer a decreto-lei do Governo: um ponto a que teremos oportunidade de regressar.

V. O Código brasileiro de 2002 retomou, no essencial, os preceitos pioneiros do Código de 1916, atualizando-os (62.° a 69.°). Tem interesse sublinhar a flexibilidade do dispositivo brasileiro, e isso apesar de o artigo 62.°, § único, dispor:

> A fundação somente poderá constituir para fins religiosos, morais, culturais ou de assistência.

[2875] António Ferrer Correia/Almeno de Sá, *Algumas notas sobre as fundações*, RDE 15 (1989), 331-346.

[2876] PGR n.° 2/2001, de 18 de abril de 2001 (João da Silva Miguel), DR II série, n.° 245, de 22-out.-2001, 17.638-17.654 e PGR n.° 83/89, de 7 de dezembro de 1989 (António Lourenço Martins), BMJ 399 (1990), 71-97.

[2877] Susan Rose-Ackermann, *An Economic Analysis of Non-profit Organizations*, em Hopt/Reuter, *Stiftungsrecht in Europa* (2001), 73-94 e Vincenzo Giarmoleo, *Attività commerciale ed enti non-profit* (2003), 283 pp..

[2878] *Vide*, p. ex., o nosso *Tratado de Direito civil*, IV, 3.ª ed. (2011), 818-820.

§ 65.° DIREITO EUROPEU

304. Antecedentes

I. A criação de um Direito civil europeu tem deparado com muitas dúvidas e dificuldades[2879]. A área onde, apesar de tudo, mais se tem progredido é a do Direito das obrigações: contratos e, mais recentemente, responsabilidade civil e enriquecimento sem causa.

As associações pareciam obter, primeiro, a atenção das instâncias europeias. Efetivamente, os diversos países da União reconhecem figuras semelhantes ou paralelas à de uma associação civil[2880]. Assim, a Comissão Europeia apresentou em 1992, uma proposta sobre o estatuto da associação europeia[2881] e, em 1993, uma proposta modificada sobre o mesmo assunto[2882]. Ainda em 1993, a Comissão aprontou uma proposta modificada para uma diretriz do Conselho, para complementar o estatuto da associação europeia, relativamente ao papel dos trabalhadores[2883]. A projetada introdução de uma forma europeia de associação visava, em primeira linha, a integração do mercado interno de associações e fundações, quer no âmbito *non-profit*, quer no do emprego e das representações económicas. A ideia foi acolhida com pouco entusiasmo,

[2879] *Tratado* I, 360 ss..

[2880] Jens Wagner, *Der Europäische Verein/Eine Gesellschaftsform europäischen oder mitgliedstaatlichen Rechts?* (2000), 69 ss., referindo experiências europeias de associações sem fins económicos (França, Bélgica, Áustria, Portugal, Suécia e Espanha) e com fins económicos (Alemanha, Grécia e Luxemburgo); refere, ainda, as experiências europeias que não autonomizam o tipo associativo: Inglaterra, Holanda, Irlanda e Dinamarca (70-86).

[2881] JOCE Nr. C99, de 21-abr.-1992, 1.

[2882] JOCE Nr. C236, de 31-ago.-1993, 1.

[2883] JOCE Nr. 99, de 21-abr.-1992, 14; o desenvolvimento e o estado atual dos projetos, bem como uma análise do seu conteúdo podem ser confrontados em Jens Wagner, *Die Europäische Verein* cit., 40 ss. e 46 ss..

pondo-se em causa a sua utilidade[2884]. Foi dada total prioridade à sociedade anónima europeia[2885], mantendo-se a hipótese de uma aprovação futura[2886].

O projeto constitui, de todo o modo, um útil instrumento de estudo para os comparatistas.

Todavia, seriam as fundações a tomar a dianteira, mercê de um muito recente esforço das instâncias europeias.

II. Na origem da proposta de regulamento relativo à fundação europeia, abaixo referida, temos os instrumentos seguintes:

– Comunicação da Comissão de 3 de março de 2010: *Europa 2020/ /Estratégia para um crescimento inteligente sustentável e inclusivo*[2887]; procurando ultrapassar a crise, a Comissão Europeia assume cinco objetivos: emprego, investigação e inovação, alterações climáticas e energia, educação e luta contra a pobreza; fazendo uma análise quanto às vias para prosseguir tais objetivos, a Comissão identifica "estrangulamentos"[2888], designadamente os advenientes da existência de 27 ordens jurídicas; perante isso propõe, entre outros aspetos, a simplificação das "sociedades" (em sentido amplo) e o recurso privilegiado a regulamentos, em vez de diretrizes;

– Comunicação da Comissão ao Parlamento Europeu, ao Conselho, ao Comité Económico e Social Europeu e ao Comité das Regiões de 13 de abril de 2011: *Ato para o mercado único/Doze alavancas para estimular o crescimento e reforçar a confiança mútua/"juntos para um novo crescimento"*[2889]; aí, após as considerações habituais sobre o relançar do crescimento e o restaurar da confiança, enumeram-se as "doze alavancas" a preparar para o efeito[2890]: (1) acesso ao financiamento para as PME; (2) mobilidade dos cidadãos; (3)

[2884] Lothar Vollmer, *Der Europäische Verein*, ZHR 157 (1993), 373-399, Sauter, *Der eingetragene Verein*, 19.ª ed., cit. 18 e Schmidt, *Gesellschaftsrecht*, 4.ª ed., cit., 663.

[2885] *Direito europeu das sociedades* cit., 905 ss..

[2886] *Vide* Stefan Grundmann, *Europäisches Gesellschaftsrecht* (2004), 515.

[2887] COM (2010), 2020 final, 38 pp..

[2888] *Idem*, ponto 3.1. (24).

[2889] COM (2011) 206 final, 27 pp..

[2890] *Idem*, ponto 2 (5-20).

direitos de propriedade intelectuais; (4) consumidores, agentes do mercado único; (5) serviços; (6) redes; (7) mercado único digital; (8) empreendedorismo social; (9) fiscalidade; (10) coesão social; (11) quadro normativo das empresas; (12) contratos públicos. A propósito do empreendedorismo social, diz a Comunicação[2891]:

> As fundações dão um importante contributo para o financiamento de ações inovadoras e de interesse geral. Enfrentam, no entanto, dificuldades em estabelecer-se noutros Estados-Membros ou em mutualizar os seus meios além-fronteiras. Para fazer face a estas dificuldades, a Comissão apresentará uma proposta de regulamento que estabelece um estatuto de fundação europeia.

– Comunicação da Comissão ao Parlamento Europeu, ao Conselho, ao Comité Económico e Social Europeu e ao Comité das Regiões de 25 de outubro de 2011: *Iniciativa de empreendedorismo social/ /construir um ecossistema para promover as empresas sociais no centro da economia e da inovação sociais*, de 25 de outubro de 2011[2892]: pretende dar corpo a "um novo crescimento inclusivo"; apresenta as "empresas sociais" e indica várias "ações-chave" para as dinamizar; a "ação-chave n.º 9" envolve[2893]:

> – apresentar uma proposta de simplificação do regulamento sobre o Estatuto da Sociedade Cooperativa Europeia;
> – propor um regulamento que institua um estatuto da fundação europeia;
> – lançar um estudo sobre a situação das mútuas nos Estados-Membros.

305. A proposta de Regulamento sobre a Fundação Europeia (FE)

I. Culminando toda esta preparação, surge, a 8 de fevereiro de 2012, uma Proposta de Regulamento do Conselho relativo ao Estatuto da Fundação Europeia (FE)[2894]. A proposta compreende uma exposição de

[2891] *Idem*, 15.
[2892] COM (2011) 682 final, 13 pp..
[2893] *Idem*, 10.
[2894] COM (2012) 35 final, 1-41.

motivos, assente num estudo de viabilidade elaborado pelo *Max Planck Institut* de Hamburgo, e pela Universidade de Heidelberg. Apresenta a sua base jurídica e procede a uma explicação do conteúdo da proposta[2895]. Segue-se um preâmbulo, também com diversos esclarecimentos. De notar o ponto (7)[2896]:

> A FE apenas deve prosseguir objetivos de utilidade pública, que se entendem como beneficiando um grupo de beneficiários definido em termos gerais. Uma vez que as atividades das entidades de utilidade pública incidem em domínios que são importantes para os cidadãos europeus e para a economia europeia, o seu âmbito de atividade deverá produzir grandes benefícios sociais, económicos e ambientais. A fim de garantir a segurança jurídica, o conceito de utilidade pública deverá ser definido através de uma lista exaustiva de objetivos.

O ponto (8) explicita[2897]:

> O principal objetivo do Estatuto consiste em eliminar os obstáculos com que se defrontam as fundações ao operar através das fronteiras na União. (...)

II. O texto normativo da proposta abrange 55 artigos, assim ordenados:

Capítulo I – Disposições gerais:
- Secção 1 – Objeto, regras aplicáveis e definições (1.° a 4.°);
- Secção 2 – Requisitos gerais aplicáveis à FE (5.° a 8.°);
- Secção 3 – Personalidade e capacidade jurídicas (9.° a 11.°).

Capítulo II – Constituição:
- Secção 1 – Modos de constituição (12.° a 18.°);
- Secção 2 – Estatutos (19.° e 20.°);
- Secção 3 – Registo (21.° a 26.°).

Capítulo III – Organização da FE (27.° a 34.°);
Capítulo IV – Sede social e respetiva transferência (35.° a 37.°);
Capítulo V – Participação dos trabalhadores e voluntários (38.° e 39.°);

[2895] *Idem*, 1-8.
[2896] *Idem*, 10.
[2897] *Idem*, 10.

Capítulo VI – Dissolução da FE (40.º a 44.º);
Capítulo VII – Supervisão pelos Estados-Membros (45.º a 48.º);
Capítulo VIII – Regime fiscal (49.º a 51.º);
Capítulo IX – Disposições finais (52.º a 55.º).

III. O legislador europeu considera, apenas, fundações sociais ou fundações públicas de Direito privado. Preocupa-se com a uniformização e a clareza das regras. Por exemplo: segundo o artigo 19.º/1, (e), da proposta, devem constar, dos estatutos, os ativos, no momento da constituição. Por seu turno, o artigo 2.º (1) define ativos como:

> (...) todos os bens, corpóreos ou incorpóreos, suscetíveis de serem detidos ou controlados para gerar valor;

A alteração do estatuto é decidida, por unanimidade, pelo órgão de gestão e apresentada à autoridade de supervisão, para aprovação (20.º/4). As hipóteses que podem constituir objetivo de utilidade pública constam das 19 alíneas do artigo 5.º/2. A FE pode exercer atividades económicas desde que os lucros daí resultantes sejam exclusivamente utilizados em objetivos de interesse público (11.º). Por seu turno, os ativos da fundação ficam irrevogavelmente consoignados aos fins em causa (5.º/2): um ponto importante, a que teremos a oportunidade de regressar.

IV. A legislação europeia tende a ser muito complicada. Isso explica, por exemplo, o êxito escasso alcançado pela SE ou *societas europaea*[2898]. De todo o modo, a Proposta tem, sempre, uma utilidade interpretativa. Ora, entre outros parâmetros, o texto em causa revela a preocupação do legislador europeu em não intervir (permitindo ou proibindo) nas fundações puramente privadas. Além disso, ele documenta:

- a transparência e a estabilidade, no tocante ao património das fundações;
- a sua autonomia de gestão, reforçada pelo facto de as alterações estatutárias deverem partir da direção da fundação e submetendo-se, a partir daí, à supervisão.

[2898] *Vide* os nossos *Direito europeu das sociedades* cit., 980 ss. e *A proposta de Regulamento do Conselho relativo ao Estatuto da Sociedade Privada Europeia*, RDS 2010, 917-968 (917-918).

§ 66.º CARACTERÍSTICAS GERAIS E INSTITUIÇÃO DAS FUNDAÇÕES

306. O regime jurídico vigente

I. O regime português das fundações constava, essencialmente, do Código Civil. Há muito era reclamada uma reforma, capaz, designadamente, de dar corpo a fundações puramente económicas, à semelhança do que sucede noutros países. Como veremos, não foi essa a opção do legislador.

De todo o modo, a Lei n.º 24/2012, de 9 de julho, levou a cabo uma reforma aprofundada. Ela aprovou a Lei-Quadro das Fundações (LQF) e alterou o Código Civil de 1966. O regime jurídico das fundações voltou a ser objeto de reforma três anos volvidos, através da Lei n.º 150/2015, de 10 de setembro, modificando cerca de metade dos artigos que compõem a LQF e republicando-o em anexo.

II. A LQF surge como um instrumento jurídico de certo fôlego. Ela comporta 61 artigos, assim arrumados:

Título I – Disposições gerais (1.º a 13.º).
Título II – Fundações privadas:
- Capítulo I – Regime geral:
  - Secção I – Natureza, objeto, criação e regime (14.º a 19.º);
  - Secção II – Reconhecimento e estatuto de utilidade pública (20.º a 25.º);
  - Secção III – Organização (26.º a 30.º);
  - Secção IV – Modificação, fusão e extinção (31.º a 38.º).
- Capítulo II – Regimes especiais:
  - Secção I – Fundações de solidariedade social (39.º a 41.º);
  - Secção II – Fundações de cooperação para o desenvolvimento (42.º a 44.º);

Secção III – Fundações para a criação de estabelecimentos de ensino superior privados (45.º a 47.º).

Título III – Fundações públicas:

Capítulo I – Disposições gerais (48.º a 56.º);

Capítulo II – Fundações públicas de Direito privado (57.º a 61.º).

II. O artigo 1.º/1 fixa o objeto da lei-quadro: os princípios e as normas por que se regem as fundações.

O n.º 2 desse preceito explicita:

> As normas constantes da presente lei-quadro são de aplicação imperativa e prevalecem sobre as normas especiais atualmente em vigor, salvo na medida em que o contrário resulte expressamente da presente lei-quadro.

Esta norma está em contradição com o disposto no artigo 6.º/6 da Lei n.º 24/2012, de 9 de julho: um ponto que adiante será esclarecido.

A LLQF aplica-se às fundações portuguesas e, em certos termos, às estrangeiras (2.º/1). Aplica-se, ainda, às fundações de solidariedade social (2.º/2), mas não às instituídas por confissões religiosas, que têm um regime próprio (2.º/3).

IV. Um tanto ao estilo da legislação europeia, são fixados conceitos. A própria fundação é definida. Segundo o artigo 3.º/1:

> A fundação é uma pessoa coletiva, sem fim lucrativo, dotada de um património suficiente e irrevogavelmente afetado à prossecução de um fim de interesse social.

Por seu turno (3.º/2):

> São considerados fins de interesse social aqueles que se traduzem no benefício de uma ou mais categorias de pessoas distintas do fundador, seus parentes e afins, ou de pessoas ou entidades a ele ligadas por relações de amizade ou de negócios, designadamente:

O preceito elenca, a título exemplificativo, os fins considerados de interesse social:

a) A assistência a pessoas com deficiência;
b) A assistência a refugiados e emigrantes;
c) A assistência às vítimas de violência;
d) A cooperação para o desenvolvimento;
e) A educação e formação profissional dos cidadãos;
f) A preservação do património histórico, artístico ou cultural;
g) A prevenção e erradicação da pobreza;
h) A promoção da cidadania e a proteção dos direitos do homem;
i) A promoção da cultura;
j) A promoção da integração social e comunitária;
k) A promoção da investigação científica e do desenvolvimento tecnológico;
l) A promoção das artes;
m) A promoção de ações de apoio humanitário;
n) A promoção do desporto ou do bem -estar físico;
o) A promoção do diálogo europeu e internacional;
p) A promoção do empreendedorismo, da inovação ou do desenvolvimento económico, social e cultural;
q) A promoção do emprego;
r) A promoção e proteção da saúde e a prevenção e controlo da doença;
s) A proteção do ambiente ou do património natural;
t) A proteção dos cidadãos na velhice e invalidez e em todas as situações de falta ou diminuição de meios de subsistência ou de capacidade para o trabalho;
u) A proteção dos consumidores;
v) A proteção e apoio à família;
w) A proteção e apoio às crianças e jovens;
x) A resolução dos problemas habitacionais das populações;
y) O combate a qualquer forma de discriminação ilegal.

O artigo 3.º/3 precisa as noções de "instituição" ou "criação" (a atribuição de meios patrimoniais à futura pessoa coletiva fundacional), "fundador" ou "instituidor" (a entidade que realiza essa atribuição), "apoio financeiro" (qualquer um) e "rendimentos" (aumentos dos benefícios), em termos que não suscitam dúvidas.

V. O artigo 4.º distingue três tipos de fundações (n.º 1):

(a) fundações privadas: as criadas por pessoas de direito privado, em conjunto ou não com pessoas de direito público, desde que estas não detenham, sobre a fundação, uma influência dominante;

(b) fundações públicas de direito público: as criadas exclusivamente por pessoas coletivas públicas, nos termos da lei-quadro dos institutos públicos (Lei n.º 3/2004, de 15 de janeiro, várias vezes alterada);

(c) fundações públicas de direito privado: as criadas por uma ou mais pessoas coletivas públicas, em conjunto ou não com pessoas de direito privado, desde que aquelas, isolada ou conjuntamente, detenham uma influência dominante sobre a fundação.

Quanto à ideia de influência dominante (4.º/2), ela ocorre:

(a) perante a afetação exclusiva ou maioritária dos bens que integram o património financeiro inicial da fundação; ou

(b) manifestando-se um direito de designar ou de destituir a maioria dos titulares do órgão de administração da fundação.

Podemos *grosso modo* afirmar:

– que as fundações públicas de direito público se regem pelo diploma dos institutos públicos (Lei n.º 3/2004 e, ainda, pelos artigos 48.º a 56.º da Lei-Quadro das Fundações);

– que as fundações públicas de direito privado são proibidas para o futuro (57.º/1); as existentes regem-se pelos artigos 57.º a 61.º do mesmo diploma;

– que as fundações privadas se regem pelos artigos 14.º a 47.º da Lei-Quadro e pelo Código Civil.

Todas as fundações públicas ou privadas, seguem ainda os artigos 1.º a 13.º da LQF. E supletivamente, a todas se aplicam os artigos 14.º a 47.º e, como é natural, o Código Civil[2899].

V. Aparentemente – e apenas atendendo ao regime geral – o Direito português é o mais complexo, no tocante às fundações e à sua regulação legal.

[2899] Veja-se a completa anotação de Henrique Sousa Antunes, *Comentário aos artigos 185.º a 194.º do Código Civil: fundações* (2014).

Cabe ao intérprete-aplicador conjugar todos estes preceitos, de modo a construir soluções adequadas[2900].

307. **Formação; a instituição; a deixa fiduciária (*trust*)**

I. A fundação tem uma lógica constitutiva diferente da das associações. Distinguem-se três fases na sua formação:

– a instituição;
– a elaboração dos estatutos;
– o reconhecimento.

A instituição[2901] é um negócio jurídico unilateral, entre vivos ou *mortis causa*[2902]. Através desse negócio, uma pessoa – o instituidor – afeta um património a uma pessoa coletiva a criar, com determinados objetivos de tipo social. Em rigor, a inerente declaração não é recipienda[2903].

A fundação distingue-se, assim, de deixa fiduciária: por esta, determinados bens são deixados, em propriedade, a uma pessoa já existente, singular ou coletiva, para que os administre e, sendo o caso, deles disponha, com determinados fins. A deixa fiduciária fica próxima do *trust* anglo-saxónico[2904].

II. Quando a instituição ocorra por ato entre vivos, não há propriamente, na altura, um beneficiário que o possa aceitar. Por isso, o artigo 185.°/2, do Código Civil[2905] admite que ela seja revogável, pelo instituidor, mas apenas até que seja requerido o reconhecimento ou principie o respetivo processo oficioso. Tratando-se de testamento, o artigo 185.°/3

2900 *O regime das fundações* cit., 728 ss..

2901 Quanto à defesa desta terminologia, que remonta às *Ordenações*, *vide* Marcello Caetano, *Das fundações* cit., 31.

2902 Wolf/ Neuner, *Allgemeiner Teil*, 10.ª ed., cit., 198-199.

2903 Giovanni Iorio, *Le fondazioni* (1997), 65.

2904 Diogo Leite de Campos/Maria João Vaz Tomé, *A propriedade fiduciária (trust) / Estudo para a sua consagração no Direito português* (1999) e Karsten Schmidt, *"Ersatzformen" der Stiftung – Unselbständige Stiftung, Treuhand und Stiftungskörperschaft*, em Hopt/Reuter, *Stiftungsrecht* (2001, cit.), 175-195 (182 ss.).

2905 Pertencem ao Código Civil os artigos sem indicação de fonte, salvo se do contexto resultar outra pertença.

não permite, aos herdeiros, a revogação da instituição: fica, todavia, assegurada a sucessão legitimária. O artigo 3.º da Lei-Quadro reforça a ideia, falando na natureza irrevogável da afetação patrimonial.

III. O ato de instituição, quando celebrado entre vivos, deve seguir a forma prescrita para as doações: escritura pública, quando envolva imóveis (947.º/1) e forma escrita, nos restantes casos (947.º/2). Tratando-se de instituição por testamento, haverá que observar a forma prevista para este (2204.º e seguintes). De todo o modo e na hipótese de instituição *mortis causa*, seguem-se as regras da herança ou do legado[2906].

IV. O ato de instituição deve indicar, necessariamente, o fim da fundação e os bens que lhe são destinados (186.º/1) ou, pelo menos: deve dar indícios bastantes que permitam, pelas regras da interpretação, reconstituir esses dois elementos. De outra forma, o negócio será nulo por indeterminabilidade do objeto (280.º/1)[2907].

Ainda no ato de instituição e como elementos eventuais, deve o instituidor indicar a sede, a organização e o funcionamento da fundação e regular os termos da sua transformação ou extinção, fixando o destino dos respetivos bens (186.º/2).

V. O ato de instituição, os estatutos e as suas alterações devem ser publicitados nos termos do artigo 167.º do CSC, por remissão do artigo 185.º/4. Enquanto isso não suceder, ele não produzirá efeitos perante terceiros.

VI. Tradicionalmente, fazia-se uma distinção entre o ato de fundação e o ato de dotação: pelo primeiro, constituía-se a fundação; pelo segundo, oferecia-se-lhe um património[2908]. Em termos práticos, tal permitiria manter a instituição como verdadeiro negócio fundacional; isso posto, a dotação, quando *mortis causa*, surgiria como verdadeira instituição de her-

[2906] Mota Pinto, *Teoria geral do Direito civil*, 4.ª ed., cit., 306.

[2907] Admite-se que a dotação de bens possa consistir num quinhão do instituidor em herança indivisa; *vide* o parecer da PGR n.º 72/91 (José Joaquim de Oliveira Branquinho), de 1-abr.-1993, DR II Série n.º 254, de 29-out.-1993, 11460-11468 (Fundação da Casa do Soito).

[2908] Giovanni Iorio, *Le fondazioni* cit., 72 ss..

deiro ou de legatário e, quando *inter vivos*, como contrato de doação. Esta construção não corresponde, porém, ao regime vigente, que aproxima a "dotação" e o surgimento da nova pessoa coletiva. Além disso, ela equivale a uma cisão artificial em algo que tem um alcance unitário: o negócio fundacional, de tipo gratuito e com um papel constitutivo, em termos de personalidade coletiva.

VII. Finalmente, o ato de instituição pode ser condicionado, pelo seu autor, a quaisquer eventualidades e, designadamente, às opções que venham a ser feitas quanto ao reconhecimento. No tocante à sua interpretação e na dúvida, prevalece o sentido menos oneroso para o instituidor, nos termos do artigo 237.°, do Código Civil[2909].

VIII. Um lugar distinto cabe às fundações canónicas, constituídas nos termos da Concordata e dotadas de regras próprias[2910].

308. Os estatutos

I. Os estatutos da fundação devem conter todos os demais elementos relativos à pessoa coletiva em causa e que não constem do ato de instituição[2911]: recorde-se a enumeração do artigo 186.°/2, retomada pelo artigo 18.°/2 da Lei-Quadro.

II. Os estatutos podem ser elaborados pelo próprio instituidor – 186.°/2. Quando o não sejam ou eles surjam insuficientes, cabe a sua elaboração:

- aos executores do testamento – 187.°/1 e 19.°/1 da Lei-Quadro;
- à autoridade competente para o reconhecimento, quando os referidos executores os não elaborem no prazo de um ano posterior à abertura da sucessão – 187.°/2, *in fine* e 19.°/2 da Lei-Quadro, também *in fine*;

[2909] Um apanhado do regime do Código Civil, anterior a 2012, pode ser confrontado em Jorge Sinde Monteiro/Paulo Videira Henriques, *Stiftungen im portugiesischen Recht*, trad. al. de Cornelia Plag, em Hopt/Reuter, *Stiftungsrecht* (2001, cit.), 441-454.

[2910] STJ 25-fev.-2010 (Custódio Montes), Proc. 6824/03.

[2911] Giovanni Iorio, *Le fondazioni* cit., 167 ss..

– a essa mesma autoridade, quando a instituição não conste de testamento – 187.º, *in medio* e 19.º/2 da Lei-Quadro, também *in medio*.

Em qualquer dos casos de elaboração dos estatutos por terceiros, ter-se-á em conta, na medida do possível, a vontade real ou presumível do instituidor ou fundador – 187.º/3 e 19.º/3 da Lei-Quadro.

III. Os estatutos deviam ser publicados no jornal oficial, não produzindo efeitos, perante terceiros, antes disso: é o que resultava do artigo 185.º/5 e da sua remissão para o artigo 168.º. Com a reforma de 2012, o artigo 166.º passou a nivelar a publicidade com a requerida para as sociedades comerciais: uma solução que simplifica a matéria, aproveitando a vasta experiência comercial na proteção de terceiros.

309. **O reconhecimento**

I. As fundações não surgem como expressão de liberdade de associação. Além disso, e tradicionalmente, elas não correspondiam a uma forma de exercício da livre iniciativa económica: antes a um esquema de solidariedade. A necessidade de reconhecimento estadual para a obtenção de personalidade jurídica não suscitou, assim, as reservas que, em 1974, levaram à sua abolição, no tocante às associações.

As fundações representam ainda um congelamento de bens: subtraídos à livre alienabilidade e incursos num tipo de gestão muito cauteloso e tendente, apenas, a perceber rendimentos assegurados, elas surgem – ou podem surgir – como herdeiras atuais dos antigos bens de mão-morta. O Estado pretende conservar um duplo controlo: quer apreciando, aquando da constituição, se os fins sociais preconizados justificam o sacrifício de certo modo imposto ao dinamismo da sociedade, quer fiscalizando, depois, o funcionamento do ente. Tudo isto justificará, pela positiva, a necessidade do reconhecimento[2912].

[2912] *Vide*, em termos menos desenvolvidos, Marcello Caetano, *Das fundações* cit., 55.

II. O reconhecimento pode ser pedido – 188.°/1 e 21.°/1 da Lei-Quadro:

– pelo próprio instituidor;
– pelos seus herdeiros ou executores testamentários;
– pela autoridade competente, oficiosamente.

A Lei-Quadro acrescenta ainda o requerimento pelo notário, que tenha lavrado o ato de instituição.

O pedido de reconhecimento ou o início do seu processo oficioso tornam a instituição irrevogável – 185.°/2. O reconhecimento opera, ainda, como aceitação da deixa.

III. O reconhecimento é um ato administrativo que compete ao Primeiro-Ministro, que pode delegar (20.°/1, da Lei-Quadro). Com isso, pretende-se uma maior coordenação e uniformidade de critérios. Trata-se de um ato discricionário, que deve, todavia, obedecer a três parâmetros[2913]:

– a idoneidade do fim: ele deve ser considerado de interesse social, pela entidade competente – 188.°/3, *a*);
– a suficiência patrimonial: os bens afetos devem ser bastantes para a prossecução do fim visado, não havendo fundadas expectativas de suprimento da insuficiência – 188.°/3, *b*).

O artigo 23.°/1 das Lei-Quadro alarga as circunstâncias que podem levar à recusa de reconhecimento.

Negado o reconhecimento por inidoneidade do fim, deve considerar-se sem efeito a instituição: de todo em todo, não é possível satisfazer a vontade do instituidor, pelo que não é justo reter os bens[2914]. No silêncio da lei, é a solução que resulta dos princípios gerais e do próprio artigo 188.°/3.

Residindo o problema na insuficiência do património, a questão é diversa: a vontade do instituidor, quando ele nada mais possa dizer, ainda poderá ser parcialmente respeitada. Donde a solução do artigo 188.°/5, retomada pelo artigo 23.°/2 da Lei-Quadro:

[2913] Quanto à natureza do ato de reconhecimento *vide* Giovanni Iorio, *Le fondazioni* cit., 121 ss..

[2914] Na fundação não reconhecida ou de facto, os bens afetos podem ser retirados pelo seu titular: STJ 30-abr.-2006 (Azevedo Ramos), Proc. 06A1269.

– se o instituidor for vivo, a instituição fica sem efeito;

– se já houver falecido, "... serão os bens entregues a uma associação ou fundação de fins análogos, que a entidade competente designar, salvo disposição do instituidor em contrário".

IV. A lei portuguesa recusa as fundações de família[2915], admitidas noutros países[2916]. Argumenta-se com a paralisia da iniciativa económica e com a abolição dos morgadios: a fundação de família destinar-se-ia, ao longo do tempo, a ajudar alguns membros, atuais ou futuros de certa família, normalmente do instituidor.

A preocupação do surgimento de uma ordem pré-liberal, através de fundações, é totalmente inverosímil: esta e outras restrições poderiam ter sido ponderadas na reforma, o que não sucedeu.

Está adquirido que as fundações podem desenvolver atuações económicas, detendo direta e indiretamente estabelecimentos e empresas[2917]. Os lucros obtidos devem, porém, ser afetos aos "fins sociais" da fundação.

[2915] STJ 24-out.-1996 (Henriques de Matos), CJ/Supremo IV (1996) 3, 76-78 (78/I) = RLJ 130 (1997), 111-116 (116) anot. Henrique Mesquita, *idem*, 116-119 e 141-143 (caso Fundação José Berardo).

[2916] Assim, na Alemanha onde, em 1995, estavam recenseadas cerca de 450 dessas fundações, contra um total de 5.200; *vide* Klaus Neuhoff/Soergel, *BGB*, 1.º vol., 13.ª ed. (2000), Prenot. § 80, Nr. 49 (460). Em 2002, a cifra total ascendia às 10.000, das quais 700 em Hamburgo; cf. Karsten Schmidt, *Brave New World: Deutschland und seine Unternehmenserben auf dem Weg in ein Stiftungs – Ourado?*, ZHR 166 (2002), 145-149 (145). Quanto às fundações de família, *vide* Herbert Kronke, *Familien- und Unternehmensträgerstiftungen*, em Hopt/Reuter, *Stiftungsrecht* (2001, cit.), 159-173 (160 ss.). Como obra de divulgação elementar: Brun-Hagen Hennerkes/K. Jan Schiffer, *Stiftungsrecht* (2001).

[2917] *Vide* Giovanni Iorio, *Le fondazioni* cit., 229 ss., também com indicações.

§ 67.º FUNCIONAMENTO, MODIFICAÇÃO E EXTINÇÃO DAS FUNDAÇÕES

310. A administração e a fiscalização; outros órgãos

I. O Código Civil não contém regras expressas sobre a administração das fundações. Limita-se a dizer que ela pode apresentar, à entidade competente para o reconhecimento, propostas de alteração dos estatutos (189.º) e que ela deve ser ouvida, para efeitos de transformação (190.º/1). Por via das regras gerais (162.º), sabemos, porém, que a administração, a sua composição e os seus poderes devem resultar dos estatutos: será colegial, com um número ímpar de elementos, dos quais um o presidente[2918]. A Lei-Quadro corresponde, com mais desenvolvimentos (26.º a 30.º).

Os próprios estatutos podem ainda designar, desde logo, a administração ou prever outro esquema qualquer de designação. No limite, ele será indicado pela autoridade competente para o reconhecimento.

II. A administração concentra, além dos poderes comuns de gestão e de representação, funções que, numa associação, recairiam sobre a assembleia geral. Digamos que toda a competência residual – que não seja, por lei ou pelos estatutos, atribuída ao conselho fiscal, a outro órgão ou à entidade tutelar – irá reportar-se, numa fundação, à administração.

Pergunta-se se a administração tem poderes de disposição sobre os bens que constituam o património da fundação. A resposta positiva aproximaria os administradores do *trustee* anglo-saxónico. A Lei-Quadro é, todavia, restritiva: exige, quanto aos bens atribuídos pelo fundador, autorização da entidade competente para o reconhecimento (11.º). Quando o faça, os competentes poderes de representação cabem aos administradores.

[2918] Quanto à administração das fundações, *vide* Giovanni Iorio, *Le fondazioni* cit., 229 ss..

A Lei-Quadro insiste na ideia de integralidade do património (*vide* o artigo 3.º/1).

Contra deliberações ilegais da administração de uma fundação, é possível reagir através de procedimento cautelar de suspensão das mesmas[2919]. Pode ainda ser pedida a suspensão do próprio conselho de administração, por inoperacionalidade[2920]. O artigo 7.º da Lei-Quadro fixa regras sobre a defesa do instituto fundacional, que se refletem na gestão das fundações.

III. Também o perfil e a designação do órgão de fiscalização devem resultar dos estatutos, dentro dos condicionamentos do artigo 162.º. O artigo 26.º/1, *c*), da Lei-Quadro complementa a matéria.

IV. Finalmente, os estatutos da fundação em causa podem prever outros órgãos. A prática documenta, por exemplo, a "assembleia de fundadores"[2921], com competências que recordam uma assembleia geral, o "presidente" e o "conselho diretivo", tipo conselho executivo dependente do conselho de administração[2922]. Esse órgão, incumbido da gestão corrente é, de resto, figurado no artigo 26.º/1, *b*), da Lei-Quadro.

311. A modificação

I. A modificação da fundação pode traduzir-se numa mera alteração de aspetos regulamentares dos estatutos ou numa verdadeira transformação, assente em mudança de fim. Caso especial é o da remoção de um encargo prejudicial aos fins da fundação.

[2919] RPt 28-set.-2000 (Viriato Bernardo), CJ XXV (2000) 4, 195-196 (196).

[2920] STJ 26-jan.-1995 (Ferreira da Silva), CJ/Supremo III (1995) 1, 44-46 (45/I), na base dos próprios estatutos (Fundação D. Mariana Seixas).

[2921] Tal o caso da *Fundação para a Prevenção e Segurança*, reconhecida pela Portaria n.º 736/99 (2.ª Série) de 23 de julho, do Secretário de Estado da Administração Interna e que deu origem ao parecer da PGR n.º 611/2000, de 11-jan.-2001, DR II Série, n.º 55, de 6-mar.-2001, 4218-4236, onde podem ser vistos os seus estatutos (4219 ss.).

[2922] Caso da Fundação Aga Khan Portugal, aprovada pelo Decreto-Lei n.º 27/96, de 30 de março, com os estatutos em anexo e precedendo parecer da PGR n.º 13/95, de 27-abr.-1995, DR II Série, n.º 152, de 4-jul.-1995, 7450-7468.

A alteração de estatutos é possível a todo o tempo, pela entidade competente para o reconhecimento e por proposta da administração. Com dois limites importantes – artigos 189.° e 31.° da Lei-Quadro:

– o respeito pelo fim essencial da fundação;
– o respeito pela vontade do fundador ou instituidor.

Nos termos gerais (hoje constantes do artigo 166.°), a alteração só produz efeitos, perante terceiros, após a sua publicação.

II. A verdadeira transformação de uma fundação resulta da assunção, por esta, de um fim diferente. Tal fim só pode ser atribuído pela entidade competente para o reconhecimento, ouvida a administração e o instituidor, se ele for vivo, nas seguintes circunstâncias – 190.°/4 e 32.° da Lei-Quadro:

– quando o fim inicial estiver preenchido ou se tornar impossível;
– quando o fim inicial perca o interesse social;
– quando o património se torne insuficiente para a prossecução desse mesmo fim.

O novo fim deve aproximar-se, quanto possível, do anterior – 190.°/2 e 32.°/3 da Lei-Quadro. Em qualquer caso, não há lugar à mudança de fins se o ato de instituição prescrever, para a hipótese concretizada, a extinção da fundação – artigos 190.°/4 e 32.°/4 da Lei-Quadro.

III. Um caso especial de modificação é o que derive de um encargo prejudicial aos fins da fundação. O instituidor pode cometer à fundação, para além dos fins de interesse social, o satisfazer determinado encargo predeterminado. Esse encargo introduzirá um fator de rigidez, suscetível de prejudicar a atuação geral da fundação, impossibilitando-a ou dificultando-a gravemente - 191.°/1, 1.ª parte e 34.°/1, 1.ª parte, da Lei-Quadro. Nessa altura, a entidade competente para o reconhecimento, sob proposta da administração, poderá "... suprimir, reduzir ou comutar esses encargos, ouvido o fundador, se for vivo" - 191.°/1, 2.ª parte e 34.°/1, 2.ª parte, da Lei-Quadro.

Pode, porém, o encargo ser o motivo essencial da instituição. Nessa ocasião, pode a entidade competente para o reconhecimento – 191.°/2 e 34.°/2, da Lei-Quadro:

– considerar o cumprimento do encargo o fim (único) da fundação;

– incorporar a fundação noutra pessoa coletiva capaz de satisfazer o encargo à custa do património incorporado, sem prejuízo dos seus próprios fins.

IV. Operações mais complexas, como a fusão ou a cisão de fundações, antes viáveis pela conjunção de regimes dos artigos 189.º e 190.º[2923], são hoje possíveis perante o artigo 190.º-A, do Código Civil: quanto à fusão, diretamente e, quanto à cisão, por analogia. Complementarmente, será sempre de atender ao regime das sociedades comerciais, aplicável quando a analogia das situações o justifique.

312. A extinção

I. As causas de extinção das fundações constam do artigo 192.º: um preceito paralelo ao artigo 182.º, relativo à extinção das associações. Aquele artigo é retomado pelo artigo 35.º da Lei-Quadro.

Assim, a extinção é (aparentemente) automática, na hipótese de ser alcançado o termo, sendo a fundação temporária ou na de verificação de qualquer outra causa extintiva, prevista no ato de instituição – 192.º/1, *a*) e *b*). A extinção ocorre ainda na hipótese de insolvência – *idem*, *c*). O artigo 193.º, retomado pelo artigo 36.º da Lei-Quadro, prevê no entanto, em todos estes casos, que a administração da fundação comunique o facto à autoridade competente para o reconhecimento: esta irá declarar a extinção.

II. O artigo 192.º/2 (bem como o artigo 35.º/2, da Lei-Quadro) elenca as causas de extinção que exigem uma tomada de iniciativa, por parte da entidade competente para o reconhecimento: esgotamento ou impossibilidade do fim; fim real diverso do expresso; meios ilícitos ou imorais; contrariedade à ordem pública. O 192.º/3, acompanhado pelo 35.º/3, da Lei-Quadro, prevê, ainda, a extinção por ação intentada pelo Ministério Público, quando o fim da fundação considerada seja sistematicamente prosseguido por meios ilícitos ou imorais ou quando a sua existência se torne contrária à ordem pública.

[2923] Um caso de cisão de Fundação é o da Fundação Aga Kahn Portugal, aprovada pelo Decreto-Lei n.º 27/96 e que autonomiza a parcela da Fundação Aga Kahn (Suíça) que fora autorizada, anos antes, a atuar em Portugal.

III. Ocorrendo a extinção da fundação, segue-se a sua liquidação. A entidade competente para o reconhecimento deverá tomar "providências especiais". Não o fazendo, é aplicável o regime previsto para as associações: é o que resulta dos artigos 194.° do Código Civil e 37.° da Lei-Quadro.

IV. Anteriormente, as fundações aprovadas por decreto-lei do Governo requeriam, para as suas extinção e liquidação, um novo decreto-lei. Foi o que sucedeu, por exemplo, com a Fundação Salazar, extinta pelo Decreto--Lei n.° 295/78, de 26 de setembro, que nomeou uma comissão liquidatária, determinando a passagem do seu património imobiliário para a Casa Pia de Lisboa[2924]. De notar que, no preâmbulo, esse diploma invocou o artigo 192.°/2, *a*), do Código Civil.

313. **As fundações aprovadas por lei**

I. A prática jurídica portuguesa, tentando ultrapassar a insuficiência (hoje suplantada) do regime legal sobre fundações, levou a que as fundações mais significativas fossem aprovadas por decreto-lei do Governo, muitas vezes precedido de negociações entre este e os interessados ou seus representantes. Noutras ocasiões, o próprio Estado acaba por surgir como instituidor ou coinstituidor.

O caso paradigmático é o da maior e mais relevante fundação portuguesa: a Fundação Calouste Gulbenkian, aprovada pelo Decreto-Lei n.° 40 690, de 18 de julho de 1956, que adotou, em anexo, os seus estatutos[2925].

A Fundação Calouste Gulbenkian foi instituída por testamento de Calouste Sarkis Gulbenkian, súbdito britânico de origem arménia, datado de 18-jul.-1953. Tem fins caritativos, artísticos, educativos e científicos[2926] e dispõe de um património considerável.

[2924] Curiosamente, este Decreto-Lei foi alterado, por ratificação, pela Assembleia da República: a Lei n.° 12/79, de 7 de abril, veio atribuir o património imobiliário da Fundação às câmaras municipais da respetiva área e o mobiliário à Casa Pia.

[2925] Sobre as circunstâncias que antecederam essa aprovação, designadamente a transação feita entre os indicados administradores e o filho do benemérito *vide* Ferrer Correia, *Contribuição para uma história da Fundação Calouste Gulbenkian* cit., 162 ss..

[2926] O DN n.° 371/79, de 17 de dezembro, veio determinar que a Fundação Calouste Gulbenkian fosse considerada pessoa coletiva de utilidade pública administrativa, para efeitos de aplicação do disposto no artigo 22.° da Lei n.° 80/77, de 26 de outubro.

A sua organização interna corresponde, um tanto, à ideia do *trust* anglo-saxónico: o conselho de administração tem os mais amplos poderes, aproximando-se do figurino típico do proprietário. Segundo o artigo 14.º dos seus estatutos:

> Ao conselho de administração pertencem, como no testamento do fundador se estipula, os mais amplos poderes de representação da Fundação, de livre gerência e disposição do património e de realização dos fins para que a mesma foi instituída.

Os administradores são cooptados, apenas com o limite de a maioria dever ter nacionalidade portuguesa.

A Fundação Calouste Gulbenkian é credora dos maiores serviços prestados ao País, particularmente na área universitária.

II. Outros exemplos:

Fundação Edgar Cardoso, instituída pelo Decreto n.º 163/79, de 31 de dezembro, junto do Instituto Superior Técnico; não contém estatutos anexos, mas apenas uma breve regulação orgânica;

Fundação Aga Khan: trata-se de uma fundação de Direito suíço, autorizada a exercer a sua atividade em Portugal pelo Decreto-Lei n.º 130/83, de 16 de março; a representação no País seria assegurada por um conselho nacional com maioria de cidadãos portugueses;

Fundação Aga Khan Portugal: criada pelo Decreto-Lei n.º 27/96, de 30 de março, que assumiu as posições da Fundação Aga Khan, na parte em que atuava em Portugal; aquele diploma foi alterado pelos Decretos-Leis n.º 377/97, de 24 de dezembro e n.º 213/99, de 15 de junho;

Fundação Luso-Americana para o Desenvolvimento, criada pelo Decreto-Lei n.º 168/85, de 20 de maio, com alterações introduzidas pelos Decretos-Leis n.º 45/88, de 11 de fevereiro, e n.º 90/94, de 7 de abril;

Fundação de Serralves, instituída pelo Estado através do Decreto-Lei n.º 240-A/89, de 27 de julho, com alterações introduzidas pelos Decretos-Leis n.º 256/94, de 22 de outubro, n.º 163/2001, de 22 de maio e n.º 129/2003, de 27 de junho, que republicou os estatutos;

Fundação Arpad Szénes-Vieira da Silva, instituída pelo Estado, pela Câmara Municipal de Lisboa, pelo Dr. José de Azeredo Perdigão, pela Fundação Luso-Americana para o Desenvolvimento e pela Fundação Cidade de Lisboa e aprovada pelo Decreto-Lei n.º 149/90, de 10 de maio;

Fundação das Descobertas, instituída pelo Estado e por diversas empresas privadas e públicas, depois organizadas em conselho de mecenas e aprovada pelo Decreto-Lei n.º 361/91, de 3 de outubro, alterado pelos

Decretos-Leis n.º 130/96, de 13 de agosto e n.º 391/99, de 30 de setembro; mais tarde, como veremos, ela foi substituída pela Fundação do Centro Cultural de Belém;

Fundação de S. Carlos, instituída pelo Estado e por diversos mecenas e aprovada pelo Decreto-Lei n.º 75/93, de 10 de março;

Fundação Escola Portuguesa de Macau, instituída pelo Estado, pela Fundação Oriente e pela Associação Promotora da Instrução dos Macaenses, aprovada pelo Decreto-Lei n.º 89-B/98, de 9 de abril;

Fundação para a Protecção de Gestão Ambiental das Salinas do Samouco, resultante de compromissos assumidos para a construção da Ponte Vasco da Gama e instituída pelo Estado, pela Lusoponte e pelo Oceanário, sendo aprovada pelo Decreto-Lei n.º 306/2000, de 28 de novembro;

Fundação Casa da Música, criada pelo Decreto-Lei n.º 18/2006, de 28 de janeiro[2927];

Fundação Museu do Douro, *idem*, pelo Decreto-Lei n.º 70/2006, de 23 de março;

Fundação de Arte Moderna e Contemporânea, *idem*, pelo Decreto-Lei n.º 164/2006, de 9 de agosto, para acolher a coleção de J. Berardo;

Fundação Mata do Buçaco, *idem*, pelo Decreto-Lei n.º 120/2009, de 19 de maio;

Fundação Paula Rego, *idem*, pelo Decreto-Lei n.º 231/2009, de 4 de setembro;

Fundação para a Salvaguarda e Valorização de Foz Côa, *idem*, pelo Decreto-Lei n.º 35/2011, de 8 de março;

Fundação para os Estudos e Formação Autárquica, *idem*, republicado pelo Decreto-Lei n.º 92/2012, de 16 de abril.

Todas estas fundações são privadas. Não se confundem com as fundações públicas, por exemplo: a Fundação para a Ciência e Tecnologia, aprovada pelo Decreto-Lei n.º 188/97, de 28 de julho.

III. Têm sido formalizadas fundações públicas, hoje necessariamente acompanhadas pela sigla IP.

A reforma das fundações, de 2012, visou justamente pôr termo ao hábito, algo caótico, de fazer aprovar as diversas fundações por decreto-lei do Governo. Põe-se, agora, um delicado problema de interpretação e de aplicação: o de conciliar essa produção dispersa com as leis gerais de que hoje dispomos.

[2927] Com Ret. n.º 20/2006, de 27 de março.

SECÇÃO III

ASSOCIAÇÕES SEM PERSONALIDADE JURÍDICA E COMISSÕES ESPECIAIS

§ 68.º ASSOCIAÇÕES SEM PERSONALIDADE JURÍDICA (ASP)

314. Noção

I. O Código Civil prevê e regula a figura a que, na sequência da reforma de 1977, chama "associações sem personalidade jurídica" ou asp.

Pela negativa, parece claro que tais associações não percorreram o caminho dos artigos 158.º/1 e 167.º/1, de modo a adquirir a personalidade jurídica plena, aí prevista. Trata-se, em suma, de um requisito negativo.

Pela positiva, o Código Civil não põe quaisquer elementos explícitos de que dependa a "associação sem personalidade". A situação torna-se mais complexa uma vez que, de facto, a personalidade formal dispensa a averiguação de substratos. Na sua falta, essa averiguação assume um papel especial.

II. A chave da associação sem personalidade reside no artigo 195.º/1, quando entra na matéria referindo a "organização interna", a "administração" e "os associados". Tal associação disporá:

– de uma organização, com administração;
– de um elemento pessoal, constituído por vários associados.

Na falta de algum deles, os artigos 195.º e seguintes são puramente inaplicáveis.

III. As associações sem personalidade jurídica foram tratadas pelo Código Civil italiano de 1942[2928]. Os seus termos foram seguidos muito de perto pelo Código Civil. Importa salientar que elas ganharam um grande relevo jurídico-positivo, tendo uma concretização prática muito superior ao que resultaria da doutrina e da jurisprudência nacionais.

Para além de iniciativas que, por razões diversas, não chegam a ser formalizadas, as associações sem personalidade cobrem a área das associações ainda em formação[2929].

315. **Regime**

I. As associações sem personalidade jurídica regem-se, em primeiro lugar, pelas "... regras estabelecidas pelos associados ...": isso sucede no plano interno ("organização interna") e, em certos limites, no externo ("administração") – artigo 195.°, 1.ª parte. Tais regras representam autênticos estatutos, só que não formalizados. Nos termos gerais do artigo 219.°, elas não requerem qualquer forma solene. Têm, ainda e com clareza, natureza contratual[2930].

Quer isto dizer que a pessoa que dê o seu acordo a uma asp (associação sem personalidade) fica vinculada: donde o artigo 195.°/3 que, à saída de associados, manda aplicar o artigo 181.°.

II. No que as regras adotadas pelos associados sejam omissas, são aplicáveis as disposições legais relativas às associações, excetuadas as que pressuponham a personalidade – 195.°/1, 2.ª parte. Ficam abrangidas não apenas as regras dos artigos 167.° e seguintes, mas também as dos artigos 157.° e seguintes, aplicáveis às associações e na medida em que o sejam.

2928 Como obra de referência, com ricas indicações doutrinárias e jurisprudenciais, Barbara Vacca, *Le associazioni non riconosciute e i comitati* (1999), 3 ss., sendo ainda de referir Francesca Loffredo, *Le persone giuridiche e le organizzazioni sensa personalità giuridica* (2001, já citado), 147 ss.. Entre as monografias mais próximas da publicação do Código italiano de 1942, Domenico Rubino, *Le associazioni non riconosciute*, 2.ª ed. (1952).

2929 RLx 22-fev.-1994 (Azadinho Loureiro), CJ XIX (1994) 1, 132-135 (135/I).

2930 Domenico Rubino, *Le associazioni non riconosciute* cit., 2.ª ed., 57 ss..

Mais concretamente, serão aplicáveis os artigos: 159.° (sede), 162.° (órgãos), 163.° (representação, a entender, todavia, como voluntária e não como orgânica), 164.° (obrigações e responsabilidade dos titulares dos órgãos), 166.° (destino dos bens no caso de extinção), 167.° (ato de constituição e estatutos, na parte relativa a estes), 170.° (titulares dos órgãos da associação e revogação dos seus poderes), 171.° (convocação e funcionamento dos órgãos de administração e do conselho fiscal, este último se for previsto), 172.° (competência da assembleia geral), 173.° (convocação da assembleia), 174.° (forma de convocação), 175.° (funcionamento), 176.° (privação do direito de voto), 177.° (deliberações contrárias à lei ou aos estatutos, com todos os complementos doutrinários que essa matéria implica), 178.° (regime da anulabilidade), 179.° (proteção dos direitos de terceiro), 180.° (natureza pessoal da qualidade de associado), 181.° (efeitos da saída ou exclusão, também aplicável por via do artigo 195.°/3), 182.° (causas de extinção, com adaptações), 183.° (declaração de extinção) e 184.° (efeitos da extinção): se bem se atentar, todos estes preceitos são exequíveis e funcionais sem a personalidade jurídica plena[2931].

III. O Código Civil contém, depois, diversas regras que vêm atenuar, de certo modo, a falta de personalidade jurídica. Assim:

– as limitações impostas aos poderes normais dos administradores (só) são oponíveis a terceiro quando este as conhecesse ou devesse conhecer – 195.°/2; *a contrario*, os poderes normais dos administradores são oponíveis a terceiros;
– o fundo comum integra as contribuições dos associados e os bens com elas adquiridos – 196.°/1; enquanto a associação subsistir, nenhum associado pode exigir a sua divisão e nenhum credor dos associados tem o direito de o excutir – 196.°/2;
– as liberalidades a favor de asp acrescem ao fundo comum – 197.°/2;
– o fundo comum responde em primeira linha pelas obrigações da associação; na falta deste, o património de quem as tiver contraído; e na falta deste, o dos restantes associados, na proporção à sua entrada para o fundo comum – 198.°/1 e 2.

[2931] Quanto ao Direito italiano, cujo Código Civil foi, como se disse, seguido muito de perto pela lei civil de 1966, Barbara Vacca, *Le associazioni non riconosciute* cit., 59 ss. (os órgãos do ente e a relação associativa) e 111 (as relações externas, com relevo para o fundo comum, a capacidade e as vicissitudes): um estudo cuidado da matéria revela grandes potencialidades, por parte deste tipo de associações.

A figura das associações sem personalidade jurídica é ainda útil para enquadrar manifestações de associativismo atípicas. Por exemplo: o conjunto organizado de proprietários de lojas num centro comercial[2932].

De notar que as asp têm personalidade judiciária – artigo 6.°, *b*), do Código de Processo Civil – personalidade essa que assiste ao próprio fundo comum, no caso do artigo 198.°/3.

No fundo, a grande diferença entre as associações com e sem personalidade jurídica reside na limitação da responsabilidade dos associados, que apenas se verifica na primeira.

316. **Natureza**

I. As associações sem personalidade correspondem a mais uma importante manifestação da liberdade de associação constitucionalmente garantida[2933]. O facto de elas não serem proibidas, surge, logo, como um dado basilar. Mas a lei vai mais longe: determina-lhes um regime muito significativo, próximo, de resto, do das associações ditas com personalidade. Trata-se de um mérito do legislador italiano, em boa hora acolhido no anteprojeto Ferrer Correia[2934].

No Direito alemão surge a figura da "associação sem capacidade jurídica" (*nichtrechtsfähiger Verein*), consagrada no § 54 do BGB. Dispõe esse preceito[2935]:

> Às associações que não sejam juridicamente capazes têm aplicação os preceitos sobre a sociedade. Por um negócio jurídico que seja assumido, em nome de uma tal associação, perante um terceiro, responde pessoalmente o seu autor; quando várias pessoas tenham agido, respondem em conjunto.

2932 STJ 9-mar.-2004 (Alves Velho), CDP 9 (2005), 54-60 = Proc. 03A4204/ITIJ, visitado em 15-dez.-2006; *vide* a anotação de Ana Afonso, CDP 9 (2005), 61-75.

2933 Barbara Vacca, *Le associazioni non riconosciute* cit., 10 ss..

2934 Ferrer Correia, *Pessoas coletivas* cit., artigos 76.° ss. (277 ss.).

2935 Para um apanhado da (vasta) bibliografia existente cf. Weick/Staudinger, *BGB*, 13.ª ed. cit., § 54 (271-273, com 68 títulos especializados).

Esta regra é considerada inadequada e inconveniente, por toda a doutrina[2936]. O regime das sociedades, marcado pela limitação dos sócios e pela natureza patrimonial estrita dos seus quinhões é, aqui, totalmente inviável. O § 54 do BGB foi assumido, aquando da sua feitura, com conhecimento da incorreção, apenas por razões políticas: manter o controlo do Estado sobre as associações[2937]. Isso também explica o regime pouco convidativo aplicável a quem contrate em nome delas. Hoje a realidade é inversa, reclamando-se outra postura para estas associações[2938].

II. As associações sem personalidade jurídica, salvo determinadas fontes acima expressas, funcionam como sujeitos de direito claramente diversos dos representados pelas pessoas associadas. O Código Civil tentou mesmo desenvolver uma "linguagem ideológica" de não personalidade, logo desmentida pelo regime. É o caso das liberalidades em favor das asp, que se consideram feitas aos associados – artigo 197.°/1; como, porém, elas integram o fundo comum – 197.°/2 – os associados não podem pedir o seu quinhão, enquanto a associação subsistir – 196.°/2 – perdendo qualquer direito com a saída da associação – 195.°/3.

As associações sem personalidade jurídica têm mais "personalidade" do que, por exemplo, as sociedades em nome coletivo[2939].

Não foi feliz a substituição terminológica de 1977 de "associações não reconhecidas" para "associações sem personalidade jurídica": cabe à doutrina determinar, perante o regime legal, se elas são, ou não, pessoas coletivas. De todo o modo, parece claro que a qualificação legal não é vinculativa.

[2936] Assim, Weick/Staudinger, *BGB* cit., 13.ª ed., § 54, Nr. 2 (275 ss.) e Arn Arnold, *Münchener Kommentar* cit., 1, 7.ª ed., § 54, Nr. 3.

[2937] Além de Weick e Reuter, já citados, cf. Walther J. Habscheid, *Der nichtfährige Verein zwischen juristischer Person und Gesellschaft*, AcP 155 (1956), 375-418 (379-380): estavam em causa figuras como sindicatos e agremiações políticas.

[2938] Habscheid, *Der nichtfährige Verein* cit., a propósito da necessidade de suprir as limitações legais quanto às "associações sem capacidade", desenvolve toda uma doutrina sobre a interpretação criativa do Direito (*Rechtsfortbildung*). Neste campo, surge com muita força a ideia de uma "capacidade parcial" (personalidade rudimentar, na nossa terminologia); cf. Reichert, *Handbuch* cit., 9.ª ed., 976 ss. (Nr. 2439 ss.).

[2939] Nas quais há, também, uma responsabilidade subsidiária dos sócios pelas dívidas da sociedade, mas onde estes não perdem os direitos que tenham com a saída ou a exclusão.

III. Tudo aponta para a personalidade coletiva das associações "não personalizadas". E não se trata, na generalidade dos casos[2940], de "pessoas rudimentares": antes de verdadeiras pessoas coletivas, às quais tudo é acessível, exceto a limitação da responsabilidade dos associados e o acesso ao quadro de vantagens administrativas, fiscais e económicas que o Direito pode conceder a determinadas associações.

[2940] Poderá haver asp muito simples; nessa altura, serão meras pessoas rudimentares, numa escala aplicável às sociedades civis puras; *vide infra*, 908 ss..

§ 69.° COMISSÕES ESPECIAIS

317. **Noção e regime**

I. As comissões especiais vêm tratadas nos artigos 199.°, 200.° e 201.° do Código Civil, que acompanham os artigos 39.°, 40.° e 42.° do Código italiano[2941]. A lei não dá uma noção direta: refere – artigo 199.°, 1.ª parte – comissões constituídas para realizar qualquer plano de socorro ou beneficência, ou promover a execução de obras públicas, monumentos, festivais, exposições, festejos e atos semelhantes. Retiramos, daqui, que se trata de agremiações restritas de pessoas (ou não seriam meras "comissões"), que visam fins diferentes dos do lucro dos envolvidos. Surge, depois, uma condição negativa: nas palavras da lei – 199.°, 2.ª parte – "... não pedirem o reconhecimento da personalidade de associação ou não a obtiverem ...". Trata-se de uma relíquia do sistema inicial do Código, que previa a aquisição de personalidade por reconhecimento e que escapou à revisão de 1977. Retém-se, de todo o modo, que as "comissões especiais", para o serem, não devem ser associações ditas personalizadas.

Podemos ir mais longe: elas não têm o substrato organizatório e pessoal que faria delas "associações sem personalidade jurídica", guiando-se pelos artigos 195.° e seguintes.

Do artigo 200.°/1 infere-se, ainda, que as comissões recolhem fundos de terceiros, afetando-os aos tais fins não lucrativos.

II. Segundo o referido artigo 200.°/1, os membros da comissão e os encarregados de administrar os fundos respondem pessoal e solidariamente pela sua conservação e pela afetação ao fim assumido[2942]. Além disso, res-

[2941] Recordamos: Barbara Vacca, *Le associazioni non riconosciute e i comitati* cit., agora a 155 ss..

[2942] RCb 28-set.-2004 (Ferreira Lopes), CJ XXIX (2004) 4, 22-25 (24/II).

pondem também, pessoal e solidariamente, pelas obrigações contraídas em nome dela – 200.°/2.

Por seu turno, os subscritores só podem exigir o próprio valor subscrito quando não se cumpra o fim para que a comissão foi constituída – 200.°/3.

III. O artigo 201.° dispõe sobre a possibilidade de aplicação dos bens a outro fim. Prevê três hipóteses – n.° 1:

– os fundos angariados serem insuficientes para o fim anunciado;
– esse fim mostrar-se impossível;
– restar algum saldo.

O novo fim será o previsto no ato constitutivo da comissão ou no programa anunciado. Nada se tendo pré-regulado, a comissão afetará os fundos a um fim análogo ou, não o querendo fazer: cabe à autoridade administrativa – entenda-se: competente em função do sector onde o problema se ponha – prover sobre o seu destino, respeitando, na medida do possível, a intenção dos subscritores – 201.°/2.

Estas soluções operam quando não seja viável a restituição prevista no artigo 200.°/3 ou quando ela não seja atuada.

318. Natureza

I. A natureza jurídica das comissões especiais presta-se a uma interessante discussão[2943]. Frente a frente, três teorias:

– a teoria associativa;
– a teoria da fundação;
– a teoria dualista ou mista.

Segundo a teoria associativa, a comissão traduziria uma associação específica entre os seus membros. Esta opção encontraria apoio na letra

[2943] Barbara Vacca, *Le associazioni non riconosciute e i comitati* cit., 164 ss..

do próprio artigo 199.°, que refere a "associação", surgindo em autores italianos[2944].

A teoria da fundação vê, nas comissões, fundações não reconhecidas ou não personalizadas. Elas assentariam num negócio fiduciário concluído entre os membros da comissão e os subscritores. Esta orientação é comum na Alemanha, onde obtém largo tratamento dogmático[2945].

A teoria dualista deve-se a Galgano[2946], sendo acolhida pela jurisprudência italiana. A comissão, em si, teria, inicialmente, a qualidade de uma associação. Recolhidos os fundos, estaríamos perante uma realidade de tipo fundacional.

II. Não parece possível, no Direito português, considerar a comissão como associação (sem personalidade): não se lhe aplica o competente regime. De facto, a "comissão" poderia ser constituída por uma única pessoa e ter um único subscritor. O que de mais característico ocorre é a natureza fiduciária das entregas e a necessidade de administrar o património assim conseguido em função do fim dos subscritores: por isso se fala, a seu respeito, também em "patrimónios de subscrição". A figura está, de facto, mais próxima da fundação.

Optaríamos, pois, pela doutrina mista ou dualista de Galgano, mas com dominante fundacional: donde o regime legal.

III. Em termos de personalidade coletiva, as comissões especiais ficam claramente aquém das associações "sem personalidade". A lei considera os fundos afetos aos fins da subscrição, mas não dá margem para ver, neles, um ente autónomo.

Resta concluir que não têm personalidade jurídica plena; poderão apenas, para certos fins limitados – por exemplo, a personalidade judiciária[2947] – surgir como pessoas rudimentares.

[2944] Defendida por Giuseppe Tamburrino, *Persone giuridiche e associazioni non riconosciute/Comitati* (1980), 490 ss. (492). *Vide* Barbara Vacca, *Le associazioni non riconosciute e i comitati* cit., 165-166.

[2945] Birgit Weitemeyer, *Münchener Kommentar* cit., 1, 7.ª ed., § 80, Nr. 199 ss..

[2946] Francesco Galgano, *Associazioni mon riconosciute e comitati, Art. 36-42*, Com. Antonio Scialoja/Giuseppe Branca (1976), 275 ss..

[2947] Artigo 12.°, *b*), *in fine*, do Código de Processo Civil.

SECÇÃO IV

SOCIEDADES CIVIS PURAS

§ 70.º A EVOLUÇÃO GERAL DAS SOCIEDADES CIVIS

319. Direito romano e período intermédio

I. A sociedade deriva do contrato de *societas*[2948]. Ao longo do tempo, tornou-se patente que, à *societas*, podiam acolher-se duas realidades distintas: o próprio contrato de sociedade, moldado inicialmente sobre os *bonae fidei iudicia* e uma organização entre duas ou mais pessoas tendentes à prossecução de objetivos comuns. Esta última terá origem na comunhão de vários herdeiros[2949], tendo sido influenciada, na sua evolução, pela ideia nascente de sociedades comerciais.

No mais antigo Direito romano surgiu o *consortium erito non cito*, na base dos herdeiros de um falecido *pater familias*. Não tinha origem contratual. Mais tarde apareceria uma figura paralela, mas de base contratual: a *societas re contracta*, fonte da subsequente *societas omnium bonorum*. Daí se passaria, depois, à *societas* como *bonae fidei iudicium*[2950].

Como se vê, a *societas*, já nos inícios, surge como o ponto de encontro de institutos variados, com origens históricas distintas e funções próprias.

[2948] *Vide* a nossa *Da responsabilidade civil dos administradores* cit., 74 ss., com indicações.

[2949] Helmut Coing, *Europäisches Privatrecht* cit. I, 464.

[2950] Com diversos elementos, Mario Talamanca, *Società (diritto romano)*, ED XLII (1990), 814-860 (814 ss.).

Ainda no Direito romano surge uma contraposição entre a *societas omnium bonorum*, onde estava em causa a gestão do património comum e dos patrimónios dos *socii* e a *societas omnium quae ex quaesta veniunt*, no qual apenas se jogam os adquiridos: não os patrimónios dos sócios[2951].

II. No período intermédio, foi aprofundada a contraposição entre a *societas universalis* e a *societas particularis*. A primeira abrangia as categorias romanas da *societas omnium bonorum* e da *societas quaesta*; a segunda apontava para um negócio específico, com um escopo particularizado[2952].

A matéria veio ainda a conhecer uma influência das nascentes categorias comerciais[2953]. Tudo isto conheceu ainda o já analisado impacto da nascente doutrina da personalidade coletiva.

320. O estilo napoleónico; a migração comercial

I. Com as codificações, os esquemas anteriores seriam simplificados. Formaram-se, porém, dois grandes estilos – o napoleónico ou francês e o pandectístico ou alemão – que viriam a enformar o Direito continental europeu. O seu conhecimento, ainda que elementar, ajuda a entender o regime nacional.

II. O Código Napoleão de 1804, no seu artigo 1832.°, define sim-plesmente a sociedade como:

> (...) um contrato pelo qual duas ou mais pessoas acordam em pôr alguma coisa em comum, com vista a dividir o benefício que, daí, possa advir[2954].

Impunha-se, de acordo com o pensamemto básico da época, uma conceção contratualista da sociedade.

[2951] Talamanca, *Società (diritto romano)* cit., 823 ss.; Max Kaser, *Direito privado romano*, trad. Samuel Rodrigues/Ferdinand Hämmerle (1999), 255 ss..

[2952] Helmut Coing, *Europäisches Privatrecht* cit., 1, 465.

[2953] Corrado Pecorella, *Società (diritto intermedio)*, ED XIII (1990), 860-865.

[2954] Trata-se da versão original; *vide Les cinq codes, Napoléon, de Procedure Civile, de Commerce, d'Instruction Criminelle, et Pénal*, por T. D. (1811), 209. Este preceito veio a ser alterado pelas Leis n.° 78-9, de 4 de janeiro e 85-697, e 11 de julho.

No Código Napoleão, a sociedade surgia nos artigos 1832.° a 1873.°, ocupando o título IX do Livro III. Apresentava a seguinte sistematização:

Capítulo I – Disposições gerais – 1832.° a 1834.°;
Capítulo II – Das diversas espécies de sociedades – 1835.°;
Secção I – Das sociedades universais – 1836.° a 1840.°;
Secção II – Da sociedade particular – 1841.° e 1842.°;
Capítulo III – Das vinculações dos sócios entre si e perante terceiros;
Secção I – Das vinculações dos sócios entre si – 1843.° a 1861.°;
Secção II – Das vinculações dos sócios perante terceiros – 1862.° e 1864.°;
Capítulo IV – Das diferentes formas por que finda a sociedade – 1865.° a 1872.°;
Disposição relativa às sociedades de comércio – 1873.°.

Registe-se que, segundo este último artigo,

> As disposições do presente título não se aplicam às sociedades de comércio a não ser nos pontos que não tenham nada de contrário às leis e usos do comércio.

Mantinha-se, de acordo com o figurino românico, a contraposição entre as sociedades universais e particulares.

III. A natureza contratual da sociedade implicava a primazia do negócio societário: este atribuiria direitos e deveres mútuos, aos sócios, fixando ainda o fim comum a que toda a atividade social ficava adstrita. O contrato de sociedade seria eminentemente *intuitu personae*, isto é: celebrado tendo em vista as qualidades pessoais dos sócios. As posições destes seriam intransmissíveis, cessando a sociedade com a morte de qualquer deles[2955].

A sociedade opõe-se à corporação ou *universitas*: trata-se de uma distinção nítida, no Direito comum[2956]. Ao contrário da primeira, a *universitas* é independente de quaisquer mudanças que se registem entre os seus membros.

[2955] Assim o artigo 1865.°, n.° 3, do Código Napoleão.
[2956] Helmut Coing, *Europäisches Privatrecht* cit., 2, 354.

Todavia, através da influência do Direito comercial e de todo um desenvolvimento doutrinário, acabou por entender-se que o contrato de sociedade desempenhava uma função organizacional. Ainda que não reconhecendo personalidade coletiva às sociedades civis sob forma civil, as sociedades de Direito civil, na órbita napoleónica, não são muito claramente contrapostas às corporações ou associações[2957]. A prazo, este estado de coisas teve por efeito o de retirar as exposições sobre sociedades civis das obras dedicadas aos contratos[2958], desenvolvendo-se uma dogmática cada vez menos obrigacional. Embora mantendo a localização formal do Código Civil, as sociedades (civis) estão incluídas no Código das Sociedades, de 1966.

IV. Uma evolução deste tipo ficou ainda clara na experiência italiana[2959]. O Código Civil italiano de 1865 ainda tratava a sociedade – artigo 1697.° – como o contrato pelo qual duas ou mais pessoas convencionavam colocar alguma coisa em comunhão, de modo a dividir os ganhos que, daí, pudessem resultar.

Aflorava uma ideia de *societas*, recorrendo embora a esquemas de comunhão.

O Código de 1942 revolucionou a matéria. A sociedade deixou o âmbito dos contratos, surgindo no título V do livro V, dedicado ao trabalho – artigos 2247.° e seguintes[2960]. A doutrina aproxima-a de um exercício coletivo de empresa. Posto isto, o Código Civil italiano trata as sociedades civis em conjunto com as comerciais: de resto, umas e outras são, simplesmente, sociedades.

O título V do Livro V do Código Civil italiano, relativo às sociedades, tem a seguinte sistematização:

Capítulo I – Disposições gerais;
Capítulo II – Da sociedade simples;

[2957] Helmut Coing, *Europäisches Privatrecht* cit., 2, 356.

[2958] François Collart Dutilleul/Philippe Delebecque, *Contrats civils et commerciaux*, 4.ª ed. (1998), 18, explicando que a matéria se estuda no Direito dos agrupamentos ou das sociedades.

[2959] Francesco Galgano, *Società (diritto privato)*, ED XLII (1990), 865-883 (865 ss.), com indicações.

[2960] Pietro Rescigno, *Codice civile*, 6.ª ed. (2006) 2, 2999 ss., com indicações.

Capítulo III – Da sociedade em nome coletivo;
Capítulo IV – Da sociedade em comandita simples;
Capítulo V – Da sociedade por ações;
Capítulo VI – Da sociedade em comandita por ações;
Capítulo VII – Da sociedade de responsabilidade limitada;
Capítulo VIII – Da transformação, da fusão e da cisão de sociedades;
Capítulo IX – Da sociedade constituída no estrangeiro ou operando no estrangeiro.

A migração "comercial" da *societas* fica assim consumada, ainda que a coberto da supressão do velho Direito mercantil.

321. O estilo pandectístico; a preservação formal da *societas*

I. A evolução pandectística da matéria não foi coincidente com a acima apontada. Na verdade, o aprofundamento românico levado a cabo pelos estudiosos alemães originou um reavivar da velha *societas*, com um retrocesso do pensamento comercial[2961]. A contraposição entre sociedade, puramente contratual, e associação ou corporação, de base institucional, foi aprofundada.

A sociedade continua, deste modo, a surgir entre os contratos obrigacionais[2962]: tratada nos §§ 705 e seguintes do BGB[2963], a sociedade é contraposta a outras realidades, com relevo para as associações e para as entidades personalizadas[2964].

II. A noção de contrato de sociedade resultante do § 705 do BGB é elementar e deixa na sombra quaisquer aspetos organizativos. Assim:

[2961] Helmut Coing, *Europäisches Privatrecht* cit., 2, 357.

[2962] Wolfgang Fikentscher, *Schuldrecht*, 10.ª ed. (2006), 649 ss..

[2963] Segundo o § 705 do BGB,

> Através do contrato de sociedade, os sócios obrigam-se reciprocamente a prosseguir a obtenção de um determinado escopo comum pela forma determinada através do contrato e em especial a prestar as entradas convencionadas.

[2964] Hartwig Sprau, no Palandt, 78.ª ed. (2019), § 705, Nr. 3-9 (1297-1298); Como referência: Fritz Lang/Katja Mulansky/Thomas Mulansky, *Die Gesellschaft bürgerlichen Rechts* (2010), XX + 393 pp..

Através do contrato de sociedade, os sócios obrigam-se mutuamente a prosseguir um escopo comum do modo determinado no contrato e em especial a prestar as contribuições ajustadas.

Todavia, ao abrigo de uma fórmula tão simples e genérica, são possíveis concretizações absolutamente distintas: desde a compra a meias de um bilhete de lotaria a uma sociedade com dezenas de prestadores de serviços e toda uma estrutura de funcionamento e de apoio[2965]. O grande desafio reside na funcionalização do conceito em jogo.

III. A doutrina de ponta – com exemplo nos trabalhos de Karsten Schmidt, considerados como os mais avançados nesse domínio – acaba por tratar a "sociedade de Direito civil" entre as diversas sociedades, no domínio do Direito das sociedades comerciais[2966].

Por via doutrinária, o sistema alemão vem, assim, a aproximar-se dos francês e italiano. Desenha-se uma grande disciplina de Direito das sociedades, que absorve as sociedades civis e, além disso: as próprias associações e fundações, em termos já referidos.

[2965] Karsten Schmidt, *Gesellschaftsrecht* cit., 4.ª ed., 1691.

[2966] Karsten Schmidt, *Gesellschaftsrecht* cit., 4.ª ed., §§ 58 e seguintes (1689 ss.), onde pode ser confrontada a doutrina mais recente, que ilustra este movimento.

§ 71.° AS SOCIEDADES CIVIS PURAS NO DIREITO PORTUGUÊS

322. O Código de Seabra

I. Na pré-codificação portuguesa, a tradição da *societas*, viva nas Ordenações[2967], foi reforçada pela influência napoleónica[2968]. Podemos, aí, seguir a contraposição entre a sociedade universal e a particular e as diversas regras quanto à administração da sociedade e aos direitos dos sócios.

II. No Código de Seabra, a sociedade aparece como contrato: ocupa o capítulo II do título, reservado aos contratos em particular, logo depois do casamento. Não obstante, a definição inserida no seu artigo 1240.° parecia acentuar a vertente significativo-ideológica da sociedade[2969]:

> É licito a todos os que podem dispôr de seus bens e industria associar-se com outrem, pondo em commum todos os seus bens ou parte d'elles, a sua industria, simplesmente, ou os seus bens e industria conjuntamente, com o intuito de repartirem entre si os proveitos ou perdas, que possam resultar d'essa communhão. É o que se chama sociedade.

No Código de Seabra, a sociedade alargava-se pelos artigos 1240.° a 1317.°, em obediência à seguinte sistematização[2970]:

2967 *Ordenações Filipinas*, Liv. IV, tit. XLIV = ed. Gulbenkian, 827 ss..

2968 *Vide* Coelho da Rocha, *Instituições de Direito civil portuguez*, § 861 e seguintes = 8.ª ed. (1917), II, 584 ss..

2969 Assim, José Dias Ferreira, *Código Civil Annotado* cit., 2, 2.ª ed., 478, logo aproximava a apontada definição da "realização prática do direito de associação".

2970 José Dias Ferreira, *Código Civil Annotado* cit., 2, 2.ª ed., 478 ss..

Secção I – Disposições gerais – 1240.° a 1242.°;
Secção II – Da sociedade universal – 1243.° a 1248.°;
Secção III – Da sociedade particular – 1249.° a 1251.°;
Sub-secção I – Dos direitos e obrigações recíprocas dos sócios – 1252.° a 1271.°;
Sub-secção II – Das obrigações dos sócios em relação a terceiro – 1272.° a 1274.°;
Secção IV – Da duração e da extinção da sociedade – 1275.° a 1280.°;
Secção V – Da sociedade familiar – 1281.° a 1297.°;
Secção VI – Da parceria rural – 1298.°;
Sub-secção I – Da parceria agrícola – 1299.° a 1303.°;
Sub-secção II – Da parceria pecuária – 1304.° a 1317.°.

Como se vê, a sociedade era, no Código de Seabra, bastante envolvente. A doutrina sublinhava que "sociedade" ora exprimia um contrato, ora traduzia a "coletividade" dele derivada[2971]; um claro reflexo do pensamento francês, como de resto se infere da bibliografia então em voga. Ainda a mesma doutrina apontava as seguintes características da sociedade[2972]:

a) É sempre derivada de um contrato, assim se distinguindo da indivisão ou da compropriedade;
b) Em regra consensual;
c) Bilateral ou sinalagmática[2973];
d) Oneroso: se um dos sócios não prestar nada, haverá uma "doação disfarçada";
e) Comutativo;
f) De fim essencialmente lucrativo.

III. O Código de Seabra mantinha a distinção tradicional entre a sociedade universal e a sociedade particular. A primeira – artigo 1243.° –,

> (...) pode abranger todos os bens móveis e imóveis, presentes e futuros, ou só os móveis, frutos e rendimentos dos imóveis presentes, e todos os bens que se adquirirem no futuro.

[2971] Luiz da Cunha Gonçalves, *Tratado de Direito civil*, 7 (1933), 206.
[2972] Cunha Gonçalves, *Tratado* cit., 7, 207 ss..
[2973] A atual doutrina distingue entre "bilateral" e "sinalagmática": o primeiro exprime a dupla vinculação, enquanto o segundo traduz o nexo comutativo; por exemplo: a promessa "unilateral" (artigo 411.° do Código Civil) é sinalagmática: uma das partes presta se quiser; deverá, todavia, fazê-lo se quiser que a outra preste.

A segunda – artigo 1249.° –,

> (...) é a que se limita a certos e determinados bens, aos frutos e rendimentos destes, ou a certa e determinada indústria.

A sociedade universal implicava que alguém entregasse a generalidade dos seus bens – ou, pelo menos, os móveis – para o manejo social. A sociedade, sendo esta de todos os bens presentes ou futuros, assumiria todas as dívidas anteriores ou posteriores ao contrato e todas as despesas dos sócios, excepto as delituais – artigo 1246.°, sempre do Código de Seabra. Dissolvida a sociedade, os bens repartir-se-iam por igual, salvo cláusula em contrário – artigo 1248.°.

Muito envolvente e de discutível racionalidade económica, as sociedades universais eram pouco praticadas. Cunha Gonçalves explicava que "... estas sociedades só servem como peças de museu de arqueologia jurídica"[2974]. Elas apenas encontrariam algo de paralelo no domínio das comunhões conjugais: mas aí com regimes específicos. Já então, *de iure condendo*, se defendia a sua inutilidade.

IV. A sociedade particular constituía a verdadeira sociedade civil sob forma civil. O Código de Seabra dispensava-lhe, já, uma regulação bastante circunstanciada.

A sociedade "... em cujos haveres entre a propriedade de algum imóvel" só poderia ser constituída por escritura pública – artigo 1250.°.

Os sócios ficavam adstritos às entradas a que se tivessem obrigado, respondendo por elas – artigos 1251.° a 1255.°. Todos os sócios teriam igual poder de administrar, salvo estipulação expressa em contrário – artigo 1270.°. Cada sócio administrador poderia praticar separadamente os atos de administração – artigo 1268.°.

Os sócios não eram obrigados solidariamente pelas dívidas da sociedade, salvo convenção expressa em contrário – artigo 1272.°: sê-lo-iam, porém, por quotas proporcionais às suas respetivas partes na sociedade – artigo 1273.°. O artigo 1274.°, sempre do Código de Seabra, continha uma regra importante[2975]:

[2974] Cunha Gonçalves, *Tratado* cit., 7, 234.
[2975] Cunha Gonçalves, *Tratado* cit., 7, 300 ss..

> Os credores da sociedade preferem aos credores de cada um dos sócios, pelo que toca aos bens sociais; mas podem os credores particulares de cada sócio penhorar, e fazer execução, na parte social do devedor.
>
> § único. Neste último caso, ficará dissolvida a sociedade, e o executado responderá por perdas e danos, para com os outros sócios, verificando-se a dissolução extemporaneamente.

A fragilidade das sociedades civis ficava, assim, patente.

V. O artigo 1276.° do Código de Seabra previa a extinção da sociedade:

> 1.° Findo o tempo por que foi contratada;
> 2.° Pela extinção do seu objeto;
> 3.° Por se achar preenchido o fim dela;
> 4.° Pela morte ou interdição de algum dos sócios;
> 5.° Pela renúncia de algum dos sócios, e no caso do artigo 1274.°, § único.

Alguns destes termos podiam ser afastados ou complementados[2976]. Todavia, eles exprimem a contingência deste tipo de sociedades.

VI. No domínio das sociedades especiais, o Código de Seabra vinha regular as sociedades familiares – artigos 1281.° a 1297.°. Cunha Gonçalves incluía esta figura, ao lado das sociedades universais, no "museu da arqueologia jurídica", esclarecendo que ela não tinha paralelo em nenhum outro Código europeu[2977].

A parceria – ou parçaria – rural podia ser agrícola ou pecuária: na agrícola, uma pessoa dá a outrem algum prédio rústico, para ser cultivado por quem o recebe, mediante o pagamento de uma quota de frutos – artigo 1299.°; na pecuária, seriam entregues animais – artigo 1304.°.

Estas figuras eram dotadas de várias regras, muitas vezes completadas pelos usos locais.

[2976] A análise dos diversos temas pode ser seguida em Cunha Gonçalves, *Tratado* cit., 7, 309 ss..

[2977] Cunha Gonçalves, *Tratado* cit., 7, 342.

323. O Código Civil

I. O Código Civil vigente foi, no domínio da sociedade, particularmente influenciado pelo Código Civil italiano[2978], diferente do napoleónico puro. No entanto, a influência não foi ao ponto de se aproximar a sociedade da "empresa", tanto mais que joga o peso do esquema pandectístico de sinal contrário. Mas ela ganhou uma vasta vertente organizativa, incompatível com um mero contrato, de tipo germânico. De novo a riqueza cultural do Direito privado português obriga a um estudo histórico e comparatístico, para tornar compreensível o regime vigente. Numa rápida apreciação, podemos considerar que o Código Civil veio, em relação ao anterior[2979]:

- simplificar a ideia de sociedade; foram designadamente suprimidas as arcaicas "sociedades universais" e as "familiares", enquanto a parceria foi retirada deste universo; a parceria agrícola, proibida, foi aproximada do arrendamento rural, enquanto a parceria pecuária deu azo a um contrato autónomo, próximo da locação – artigos 1121.° a 1128.°;
- aperfeiçoar a discussão organizativa da sociedade: trata-se de uma decorrência do influxo italiano, como vimos;
- regular com cuidado as relações com terceiros;
- balizar os temas da extinção e da liquidação.

No conjunto, as sociedades do Código Civil, sociedades civis sob forma civil ou sociedades civis puras, na terminologia de Paulo Cunha, surgem como entes autónomos perfeitamente definidos. O contrato de sociedade não está configurado para reger uma associação ocasional entre duas pessoas, com fins económicos, num aspeto a que teremos a oportunidade de regressar.

II. Uma ideia geral do regime da sociedade do Código Civil pode ser obtida com recurso à sua sistematização. A matéria consta do Capítulo III do Livro II, Título II: depois do contrato de doação e antes do de locação – artigos 980.° a 1021.°. Abrange seis secções:

[2978] Foram autores do competente anteprojeto Ferrer Correia e Vasco Lobo Xavier.

[2979] Hoje, dispomos da obra póstuma, mas sempre excelente, de Raúl Ventura, *Apontamentos sobre sociedades civis* (2006), 271 pp..

Secção I – Disposições gerais – 980.° a 982.°;
Secção II – Relações entre sócios – 983.° a 995.°;
Secção III – Relações com terceiros – 996.° a 1000.°;
Secção IV – Morte, exoneração ou exclusão de sócios – 1001.° a 1006.°;
Secção V – Dissolução da sociedade – 1007.° a 1009.°;
Secção VI – Liquidação da sociedade e de quotas – 1010.° a 1021.°.

O regime estabelecido é complexo, implicando o domínio de diversos institutos. Trata-se de matéria própria de uma disciplina de contratos civis ou, preferencialmente, de Direito das sociedades. Vamos, aqui, apenas recordar alguns tópicos[2980].

III. O Código Civil define contrato de sociedade como – artigo 980.°:

> (...) aquele em que duas ou mais pessoas se obrigam a contribuir com bens ou serviços para o exercício em comum de certa atividade económica, que não seja de mera fruição, a fim de repartirem os lucros resultantes dessa atividade.

O contrato não está sujeito a forma especial, salvo se assim o exigirem os bens em jogo – 981.°/1; todavia, a lei prevê, para a inobservância da forma, esquemas reforçados de redução e de conversão – *idem*, n.° 2. As alterações ao contrato devem ser unânimes, exigindo-se ainda o acordo do próprio para a supressão de direitos especiais: tudo isto sujeito a cláusula em contrário – artigo 982.°.

IV. Quanto às relações entre os sócios, cumpre reter o que segue. Os sócios estão sujeitos às obrigações de entrada fixadas no contrato – 983.° – aplicando-se-lhes regimes diferenciados consoante a sua natureza – 984.°.

A administração é supletivamente entregue a todos os sócios – 955.°/1. Todavia, qualquer dos administradores pode opor-se ao ato que outro pretenda realizar, cabendo então à maioria decidir – n.° 2. A cláusula que atribua a administração a determinado sócio pode ser revogada, ocorrendo justa causa – 986.°/1. Aos administradores são aplicáveis as regras do mandato – 987.°/1.

Os sócios têm, ainda, os direitos e deveres seguintes:

[2980] Luís Menezes Leitão, *Contrato de sociedade*, em Menezes Cordeiro (org.), *Direito das obrigações*, 2, 2.ª ed. (1994).

– o direito de fiscalização – 988.° – que envolve a prestação de contas anuais;
– o direito de uso das coisas sociais, mas apenas com o consentimento unânime dos outros sócios – 989.°;
– o dever de não fazer concorrência à sociedade, salvo expressa autorização de todos os outros sócios – 990.°;
– o direito aos lucros e o dever de participar nas perdas – 991.° e 992.° – sendo proibidos os pactos leoninos – 994.°;
– o direito de ceder a terceiro a sua quota, com o consentimento de todos os outros – 995.°[2981];
– o direito de se exonerar da sociedade: a todo o tempo, se esta não tiver uma duração fixada no contrato – 1002.°/1 – ou com justa causa, nos outros casos – n.° 2.

V. No tocante a relações com terceiros, o artigo 996.°/1 dispõe, desde logo, que a sociedade é representada em juízo e fora dele pelos seus administradores; as modificações ou poderes de representação dos administradores não são oponíveis a terceiros de boa-fé – artigo 996.°/2.

Pelas dívidas da sociedade responde ela própria e, pessoal e solidariamente, os sócios – 997.°/1; todavia, estes podem exigir a prévia excussão do património social – n.° 2. A sociedade responde ainda, como comitente, pelos atos ilícitos dos sócios – 998.°/1.

O credor do sócio só pode exigir a liquidação da quota do devedor depois de esgotados outros meios – 999.°. A compensação entre o que um terceiro deve à sociedade e o crédito dele sobre alguns dos sócios não é permitida, outro tanto sucedendo com a que se pretenda entre o que a sociedade deve a terceiro e o crédito que sobre este tenha algum dos sócios – 1000.°.

Todas estas regras, como menciona Paulo Cunha, mostram que a sociedade civil pura constitui uma individualidade diversa da dos sócios que a componham.

VI. A morte, exoneração ou exclusão de sócios obteve regras circunstanciadas – 1001.° a 1006.°.

Quanto à dissolução, prevê o artigo 1007.° que a mesma ocorra:

[2981] A cessão de quotas fica sujeita à forma exigida para a transmissão dos bens da sociedade – 995.°/2.

a) Por acordo dos sócios;
b) Pelo decurso do prazo fixado no contrato, não havendo prorrogação;
c) Pela realização do objeto social, ou por este se tornar impossível;
d) Por se extinguir a pluralidade dos sócios, se no prazo de seis meses não for reconstituída;
e) Por qualquer outra causa prevista no contrato.

Dissolvida a sociedade, procede-se à liquidação do seu património – 1010.°. A liquidação compete aos administradores, podendo surgir liquidatários especiais – artigos 1012.°/1 e 2.

324. O papel das sociedades civis puras

I. O regime dos artigos 980.° e seguintes do Código Civil levanta múltiplas dúvidas.

Em princípio, as sociedades civis sob forma civil ou sociedades civis puras deveriam representar a grande matriz donde, por especialização, teriam sido retiradas todas as restantes, incluindo as comerciais. Todavia, isso não sucedeu. Historicamente, a *societas* era apenas um contrato, sem o poderoso elemento organizativo hoje patente no regime civil português vigente. Esse elemento organizativo adveio das sociedades comerciais, *maxime* das anónimas.

Por isso, o papel das sociedades civis puras no domínio comercial deve ser sempre ponderado, norma a norma.

II. As sociedades civis – agora sob a forma de contrato de sociedade – representariam ainda um quadro elementar de colaboração entre duas ou mais pessoas, para a prossecução de um fim económico comum. Assim sucederia nas hipóteses de associações efémeras: duas pessoas põem-se de acordo para, em conjunto, desenvolver certa atuação, dividindo tarefas ou assumindo, ambas, a mesma atuação. Há sociedade, aplicando-se os artigos 980.° e seguintes do Código Civil? Parece evidente que, numa hipótese dessas, a maioria dos artigos relativos ao "contrato" de sociedade surge puramente inaplicável[2982]. Quando muito, haveria que, caso a caso, indagar da oportunidade de recorrer a normas próprias da sociedade.

[2982] Essa inaplicabilidade resulta do mérito da situação considerada e não de, *a priori*, se ter concluído não estarmos perante uma pessoa coletiva, em concreto.

Resta concluir que o "contrato" de sociedade não é o cenário mais geral de colaboração económica entre duas pessoas: tal papel caberá a um contrato atípico de associação, que não dependa da organização societária e ao qual, eventualmente, se aplicarão as regras – ou algumas regras – da sociedade.

III. Tal o caso decidido pela Relação de Lisboa, em 18-mai.-2000:

Um grupo de pessoas combinara jogar no totoloto, usando sempre uma determinada chave. O boletim correspondente era rotativamente preenchido por cada um dos participantes, sendo o custo das apostas repartido por todos.

Ora, em determinada altura, um boletim foi premiado com 200.363.854$00 (cerca de um milhão de euros). A pessoa em cujo nome o boletim fora preenchido recusava a entrega do prémio aos restantes. O Tribunal entendeu que não havia, aqui, claramente, elementos para integrar o artigo 980.° do Código Civil. Todavia, estar-se-ia perante um contrato atípico, válido, próximo da sociedade e que devia ser cumprido. Determinou, pois, a divisão do prémio[2983].

IV. Finalmente, temos diversas atuações de associações a que o Direito manda aplicar regras próprias da sociedade. Assim sucede no tocante à administração da coisa comum: segundo o artigo 1407.° do Código Civil, há que recorrer ao artigo 985.° do mesmo diploma, "... com as necessárias adaptações ...". Trata-se de uma situação aplicável à comunhão de outros direitos, nos termos do artigo 1404.° do Código Civil, com relevo para as situações hereditárias.

De novo se acentua a necessidade de ponderar situações caso a caso: em abstrato, não é possível definir um âmbito de aplicação para o regime da sociedade civil.

325. As sociedades civis sob forma comercial

I. As sociedades civis que temos vindo a estudar regem-se pelos artigos 980.° do Código Civil: trata-se das sociedades civis sob forma civil ou, na terminologia adotada, das sociedades civis puras.

2983 RLx 18-mai.-2000 (Marcolino de Jesus), CJ XXV (2000) 3, 91-95 (94/I).

Contrapõem-se-lhes as sociedades civis sob forma comercial, isto é, aquelas que adotem um dos tipos referidos no Código das Sociedades Comerciais e, não obstante, tenham exclusivamente por objeto a prática de atos não comerciais – artigo 1.º/4[2984].

II. As sociedades civis sob forma comercial submetem-se ao regime das sociedades comerciais. Decisiva é, pois, a forma que adotem[2985].

326. A personalidade coletiva: o problema e a posição adotada

I. A natureza reconhecida às pessoas coletivas e as tendências atuais para admitirem a sua relativização podem ser testadas perante a questão, entre nós clássica, da personalização das sociedades civis puras. De certo e durante muito tempo, o problema era extensivo às próprias sociedades comerciais, pelo menos nalguns dos seus tipos.

II. Na origem, surge-nos Dias Ferreira que, anotando a sociedade civil do Código de Seabra, a considera como[2986]:

> (...) pessoa jurídica com direitos e obrigações, não só entre os seus membros, mas em relação a terceiros (...)

Guilherme Moreira, a quem se deve, como sabemos, a expressão "pessoa coletiva", vem tomar posição diversa. Para ele, a personalidade só surgiria quando se verificasse uma total independência patrimonial em relação aos sócios ou associados. Isso leva-o a considerar as sociedades

[2984] O revogado artigo 106.º do Código Comercial dispunha:

> As sociedades civis poderão constituir-se sob qualquer das formas estabelecidas no artigo antecedente, mas ficarão nesse caso sujeitas às disposições deste Código, excepto às que disserem respeito à falência e à jurisdição.

O "artigo antecedente" referia as sociedades em nome coletivo, anónimas e em comandita. O artigo 1.º, § único da LSQ continha um preceito equivalente, para as sociedades por quotas.

[2985] *Direito das sociedades*, 1, 3.ª ed., 354 ss..

[2986] Dias Ferreira, *Código Annotado* cit., 2, 2.ª ed., 486.

anónimas como pessoas coletivas; já as sociedades em nome coletivo o não seriam, outro tanto sucedendo com as sociedades civis puras[2987].

Logo José Tavares, numa análise muito incisiva e ponderosa, vem tomar posição oposta: as sociedades civis puras teriam uma verdadeira personalidade jurídica[2988]. De facto, diversos preceitos do Código de Seabra reconheciam, na sociedade civil, uma entidade juridicamente diferenciada dos seus sócios. Rematava este Autor[2989]:

> Em conclusão: se o código civil explicitamente trata a sociedade como uma entidade capaz de direitos e obrigações, atribuindo-lhe de facto as consequências e reconhecendo-lhe as garantias mais características de uma personalidade jurídica, com que lógica de direito se poderá contestar-lhe a natureza de pessoa jurídica idêntica, ou pelo menos, análoga à das sociedades comerciais? Semelhante contestação é decididamente a negação dos princípios fundamentais da própria lei.

Fechando este ciclo de controvérsia, Cunha Gonçalves vem negar a personalidade coletiva das sociedades civis puras. Invoca argumentos de tradição e explica que a "sociedade" é de tomar com o sentido de os "diversos sócios"[2990].

III. Após a publicação do Código Civil de 1966, o problema manteve-se: o legislador entendeu – pensamos que bem – não resolver expressamente o problema, remetendo-o para a doutrina. E assim, a doutrina dividiu-se. Contra a personalidade jurídica das sociedades civis puras

[2987] Guilherme Moreira, *Instituições do Direito civil português* cit., 1, 295. Diz designadamente:

> A attribuição do direito de personalidade ás sociedades em que são invariaveis os socios e ha responsabilidade illimitada pelas dividas, não terá fundamento algum admissivel, pois que nessas sociedades não existem, como é obvio, interesses communs que sejam independentes dos interesses individuaes dos socios, e levará a consequencias inadmissiveis.

[2988] José Tavares, *Sociedades e empresas comerciais*, 2.ª ed. (1924), 191 ss..

[2989] José Tavares, *Sociedades e empresas comerciais*, 2.ª ed. cit., 199.

[2990] Cunha Gonçalves, *Tratado* cit., 7, 225 ss. Este Autor retoma aí a posição já defendida no seu *Comentário ao Código Comercial Português*, 1 (1914), 235 ss..

manifestaram-se Ferrer Correia[2991], Pires de Lima e Antunes Varela[2992], Mota Pinto[2993] e Isabel Magalhães Collaço[2994]. A favor, com algumas reservas, depunha Paulo Cunha[2995]; também com reservas, ela foi propug-

[2991] Ferrer Correia, *Estudos preparatórios inéditos*, transcrito em Pires de Lima/ /Antunes Varela, *Código Civil Anotado*, 2, 4.ª ed. (1997), 288. Diz Ferrer:

> De resto, todos sabem que o conceito de personalidade coletiva é de conteúdo variável, consoante os autores e as escolas. Nós, por exemplo, pensamos que a sociedade civil, tal como se encontra estruturada no Projeto, é um simples caso de comunhão em mão comum (o mesmo pensam os Autores alemães, quanto à sociedade do B.G.B.); mas admitimos que outros, guiados por um diferente critério, entendam ser outra a conclusão exata.

[2992] Pires de Lima/Antunes Varela, *Código Civil Anotado* cit., 2, 4.ª ed., 287-288: reconhecem que certos preceitos atribuem alguns direitos e obrigações às sociedades civis; mas isso não permitiria uma generalização que consideram conceptualista.

[2993] Carlos Alberto da Mota Pinto, *Teoria Geral do Direito Civil* cit., 4.ª ed., 293-295; Mota Pinto sublinha, em especial, ausência de qualquer norma, do tipo da do artigo 158.° do Código Civil ou da do artigo 108.° do Código Comercial, que, genericamente, lhes atribua personalidade coletiva.

[2994] Trata-se de posição defendida por Magalhães Collaço nas exposições orais de Teoria Geral do Direito Civil e que, no ano de 1971/1972, foram parcialmente relatadas por José Magalhães e por Pedro Guerra e Andrade.

[2995] Paulo Cunha, *Teoria Geral do Direito Civil/Apontamentos inéditos das lições*, 1971/1972, 26.ª aula teórica em 20-jan.-1972. A construção de Paulo Cunha era, no essencial, a seguinte. Referindo a não-opção expressa do Código Civil, Paulo Cunha lamentava-a; considerava ainda não haver preceito mais duvidoso do que o artigo 157.° do Código Civil. Posto isso, considerava menos curial a posição de Marcello Caetano, segundo a qual o artigo 157.° permitiria, por analogia, a atribuição de personalidade a certas sociedades: de facto, haveria que partir, antes, das sociedades civis puras; e só depois de, por outros preceitos, se apurar a sua personalidade seria possível falar em analogia. Ora a análise dos artigos 980.° e seguintes do Código Civil – particularmente: dos artigos 984.°, 996.°, 997.°, 1000.°, 1007.°, 1010.°, 1016.°, 1017.° e 2033.° – a que se acrescentavam ainda diversos preceitos do Código de Processo Civil, então em vigor, revelava claramente que as sociedades civis puras eram dotadas de personalidade coletiva, pelo seu regime. Paulo Cunha introduzia, depois, uma dupla restrição. De fora ficavam as parcerias rurais, consideradas sociedades pelo Código Civil de Seabra, mas não pelo Código atual. Quanto às outras: agora haveria que recorrer ao artigo 157.° do Código Civil: as sociedades civis puras deveriam ter estatutos aprovados por escrito e publicados para adquirir a personalidade, assim se afastando as situações efémeras.

nada por Marcello Caetano[2996], Castro Mendes[2997], Oliveira Ascensão[2998] e Carvalho Fernandes[2999].

IV. Antes de situar o problema perante os dados atuais da teoria da personalidade coletiva, parece útil proceder a algumas precisões.

Quando a lei, de modo expresso e eficaz, reconheça personalidade coletiva a determinada entidade está, por essa via, a fixar a aplicação de certas normas: de outro modo, a qualificação "pessoa coletiva" ficaria no vazio. A personalização de um ente "artificial" cria uma entidade oponível *erga omnes*, com direitos – incluindo de personalidade! – próprios, uma esfera específica e todas as prerrogativas que acompanham as pessoas, em Direito. Compreende-se, por isso, que as pessoas coletivas devam ado-

[2996] Marcello Caetano, *As pessoas coletivas no novo Código Civil português*, O Direito 99 (1967), 85-110 (100 ss.): para este Autor, a personalidade das sociedades civis surgiria através do artigo 157.° do Código Civil: quando elas tivessem substrato e houvesse um reconhecimento, impor-se-ia a analogia prevista naquele preceito, surgindo a personalidade.

[2997] João de Castro Mendes, *Direito Civil (Teoria Geral)*, 1 (1967), 307 ss., *maxime* 313, que adota a orientação de Marcello Caetano:

> (...) a sociedade, constituída nos termos dos arts. 980.° e seguintes do Código Civil, só será pessoa coletiva, quando a analogia da sua situação em face das pessoas reguladas nos artigos 157.° e seguintes justifique a atribuição de personalidade jurídica.

[2998] Oliveira Ascensão, *Direito civil/Teoria geral* cit., 1, 2.ª ed., 309 ss., apura, junto dos artigos 980.° e seguintes e, ainda, do artigo 2023.°/2, regras que indiciam haver personalidade coletiva, nas sociedades civis puras. Todavia, nem todas seriam pessoas coletivas, com a consequência (paradoxal) de se não lhes aplicarem ... os artigos 980.° e seguintes – ob. cit., 311. Aí interviria o artigo 157.°: apenas algumas sociedades seriam pessoas. Mas Ascensão acaba por descobrir o critério não em qualquer analogia: antes no facto de haver ou não empresa – ob. cit., 313-314. Não é assim. Uma sociedade civil pode, como qualquer outra pessoa coletiva, deter mais de uma empresa tal como uma mesma empresa pode estar repartida por várias pessoas, coletivas ou não. Além disso, as pessoas coletivas dos artigos 157.° e seguintes do Código Civil podem não pressupor qualquer empresa – em regra, aliás, não o farão. Esta tentativa de introduzir a "empresa" no debate – aparentemente na base de uma transposição italiana, quando a doutrina de Itália, neste momento, já abandonou a empresa como critério de personalização – acaba, afinal, por ter o mérito de ilustrar, mais uma vez, que se deve partir do regime (dos artigos 980.° e seguintes) para a qualificação e não desta para se apurar da aplicabilidade do regime.

[2999] Carvalho Fernandes, *Teoria geral* cit., 1, 5.ª ed., 497 ss. (503), adota uma orientação semelhante à de Marcello Caetano, aperfeiçoando-a. A personalidade coletiva surgiria desde que as sociedades civis recorressem à escritura pública – artigos 158.°/1 e 168.°/1 do Código Civil – fazendo constar, dos estatutos, as especificações do artigo 167.°, todos do Código Civil.

tar determinados figurinos normalizados, sujeitando-o, ainda, a uma certa publicidade. De outro modo, não seria curial opor tais pessoas coletivas a terceiros: estes não podem ser confrontados com a necessidade de respeitar situações que não conheciam nem podiam conhecer.

V. Posto isso, regressemos às sociedades civis puras. A análise do articulado legal decorrente mostra, com relevo para o problema, preceitos que:

- referem diretamente direitos e deveres como sendo da sociedade: artigos 989.° ("coisas sociais"), 995.°/2 ("bens da sociedade"), 997.°/1 ("dívidas sociais"), 997.°/2 ("débitos da sociedade" e "património social"), 998.°/1 ("bens da sociedade"), 1000.° ("terceiro deve à sociedade" e "sociedade deve ao terceiro"), 1003.°, *a*) ("obrigações para com a sociedade") e *c*) ("quotas à sociedade"), 1010.° ("liquidação do seu [da sociedade] património"), 1014.°/1 ("entrega dos bens e dos livros e documentos da sociedade"), 1014.°/2 ("património social"), 1016.°/1 ("bens sociais" e "credores da sociedade"), 1016.°/2 ("bens da sociedade"), 1018.°/1 ("dívidas sociais");
- pressupõem direitos ou deveres da sociedade: artigos 984.°, 1004.° e 1017.°, relativos a entradas;
- mencionam diretamente atos ou atuações da própria sociedade: artigos 990.° ("atividade igual à da sociedade"), 1001.°/1 ("deve a sociedade liquidar a sua quota") e 1019.° ("atividade social" ou "danos da sociedade" – artigo 985.°/5, *in fine*, "perdas sociais" – 992.°/2;
- referem fins da sociedade: artigo 991.° ("fins comerciais"), a representação da sociedade: artigo 996.°; ou o estado da sociedade: artigo 1021.°/1;
- admitem a responsabilidade patrimonial da sociedade: 997.°/1 bem como a sua responsabilidade civil: 998.°/1.

Parece claro que o Código Civil se exprime, em todo este complexo, em *modo coletivo*. Será quimérico tentar convolar todas as regras em que se refere a sociedade para regras reportadas aos sócios. Além disso, o Código Civil postula, várias vezes, a possibilidade de, por maioria, se formar uma vontade social: irredutível, pois, à de todos os sócios: assim sucede nos artigos 982.°/2, 985.°/2, 3 e 4, 991.°, 1005.°/1 e 1008.°/1: umas vezes quando o pacto o permita; outras, por unanimidade.

VI. O Registo Nacional das Pessoas Coletivas, aprovado pelo Decreto-Lei n.° 129/98, de 13 de maio e por último alterado pelo Decreto-

-Lei 52/2018, de 25 de junho, contém elementos com interesse. O Ficheiro Central de Pessoas Coletivas abrange informação relativa às sociedades civis [artigo 4.°/1, *a*), do RNPC]. O seu artigo 42.° dispõe expressamente sobre as denominações das sociedades civis sob forma civil:

> 1. Sem prejuízo do disposto em legislação especial, as denominações das sociedades civis sob forma civil podem ser compostas pelos nomes, completos ou abreviados, de um ou mais sócios, seguido do aditamento "e Associados", bem como por siglas, iniciais, expressões de fantasia ou composições, desde que acompanhadas da expressão "Sociedade".

Não fica, todavia, clara a obrigação de inscrição no RNPC: o artigo 6.° do correspondente diploma refere "pessoas coletivas", não sendo seguro que as sociedades civis puras fiquem abrangidas. Todavia, o artigo 10.°/1, sujeita a inscrição no FNPC factos relativos às entidades referidas no artigo 4.°/1, *d*), o qual refere

> Entidades que, prosseguindo objetivos próprios e atividades diferenciadas das dos seus associados, não sejam dotadas de personalidade jurídica;

Quer isto dizer que as sociedades civis puras devem ser inscritas no RNPC, ou mais precisamente – artigo 10.°/1 – devem sê-lo:

- a sua denominação;
- a sua sede e endereço postal;
- o objeto social ou autoridade exercida;
- o início e a cessação da sua atividade.

Esta obrigação envolve a de adotar uma denominação; ela torna-se efetiva, nos termos do artigo 54.°/2, quando a sua constituição opere por escritura pública: parece que este preceito terá de se aplicar à própria constituição das sociedades civis puras, independentemente de serem, *a priori*, pessoas coletivas.

VII. A sociedade civil pura, constituída por escritura pública, ou equivalente, dotada de denominação, devidamente inscrita no RNPC, dado o âmbito dos artigos 980.° e seguintes do Código Civil, é uma pessoa coletiva em tudo semelhante às demais sociedades. Mostram-se assegurados os diversos interesses e valores subsequentes.

De acordo com a metodologia de Paulo Cunha podemos, então – e só então! – recorrer ao artigo 157.º do Código Civil. Verifica-se a analogia que permite a aplicação dos artigos 158.º/1 e 167.º/1, ambos do Código Civil: as sociedades civis puras, desde que constituídas por escritura pública e com as especificações prescritas, nos seus estatutos, são pessoas coletivas plenas.

VIII. Quanto às restantes, todas as graduações são possíveis. Relativizada a ideia de personalidade coletiva e admitido o princípio das pessoas coletivas rudimentares, nenhuma dificuldade haverá em considerá-las como "pessoas rudimentares". Só funcionam como tal nos casos em que a lei o determine e para os específicos efeitos consignados legalmente.

§ 72.º A EVENTUAL REFORMA

327. O ponto de partida

I. Como ponto de partida para uma eventual reforma das sociedades civis simples ou puras temos a constatação da não-aplicação prática do essencial do dispositivo laboriosamente inserido no Código Civil[3000]. Essa não-aplicação, ao fim de meio século, obriga a uma reflexão. Efetivamente, o regime legal é demasiado denso: não enquadra as sociedades ocasionais e, a ser observado, complica as que tenham objetivos duradouros. Um ponto disfuncional é a "exigência" de um fim lucrativo. Faz todo o sentido constituir uma sociedade civil sob forma civil apenas para gerir um acervo não-lucrativo ou para beneficiar terceiros, tipo *trust*.

II. Tudo isso pode ser ultrapassado com sociedades comerciais e, designadamente, por quotas. Mas estas, além de assentarem em regras complicadas – joga o "contágio" com as sociedades anónimas – têm um regime de duração demasiado longa e dificultam a exoneração e a exclusão de sócios. Cabe ao legislador interrogar-se, em termos de uma boa política legislativa, sobre a conveniência em reanimar as velhas *societates*.

III. Em compensação, deparamos com múltiplas situações civis relevantes, remetidas por lei para o regime da compropriedade. Ora esta não tem versatilidade suficiente para enquadrar os interesses em jogo: abaixo veremos alguns exemplos ilustrativos.

328. Os projetos de reforma do BGB

I. A insuficiência do esquema obrigacional relativo às sociedades foi espoletada por Werner Flume (1908-2009): um clássico dos nosso dias.

[3000] No BGB, *vide* Susanne Lepsius, no HKK/BGB cit., III/2, §§ 705-740, Nr. 216-221 (2075-2078).

Flume explica que as sociedades civis, enquanto comunidades de pessoas, deviam integrar-se na parte geral: e é aí que as examina[3001]. Recorda a distinção, de origem jurisprudencial[3002], entre a "sociedade interna" (*Innengesellschaft*) e a "sociedade externa" (*Außengesellschaft*)[3003]: na primeira, há relações entre os sócios, mas apenas um opera para o exterior; na segunda, funciona uma comunidade ou um grupo, perante terceiros.

II. No âmbito da preparação do que viria a ser a grande reforma do BGB de 2001/2002, Karsten Schmidt elaborou um cuidado estudo de política legislativa[3004]. Aí, retomou a contraposição entre sociedades internas e externas[3005], apresentou vários tipos da vida corrente que documentariam o fenómeno societário[3006] e conclui pela conveniência da reforma, com um projeto de articulado[3007]. O tema das sociedades não foi incluído nas áreas a reformar, mau grado o bom acolhimento do parecer de Karsten Schmidt[3008].

III. O próprio Karsten Schmidt voltou ao tema das sociedades civis do BGB, como figura da Parte Geral, capaz de dar corpo a várias modalidades típicas[3009]. Um simpósio de 15-mar.-2013 retomou o assunto, sendo pretexto para uma intervenção desse professor[3010]. Erik Röder considerou ultrapassado o modelo unitário de sociedade civil do BGB: haverá, pelo menos, dois tipos diferentes, reclamando flexibilidade e níveis distintos

[3001] Werner Flume, *Allgemeiner Teil des bürgerlichen Rechts* I/1, *Die Personengesellschaft* (1977), XIII + 451 pp., 1 ss.

[3002] RG 20-fev.-1941, RGZ 166 (1941), 160-166 (163); BGH 24-fev.-1954, BGHZ 12 (1954), 309-321 (314 ss.).

[3003] Werner Flume, *Allgemeiner Teil* cit., I/1, § 1, III (5-6); deste Autor, *vide* ainda *Gesellschaft und Gesamthand*, ZHR 136 (1972), 177-207 (177 ss.).

[3004] Karsten Schmidt, *Gesellschaft bürgerlichen Rechts/Welche Änderungen und Ergänzungen sind im Recht der BGB-Gesellschaft geboten?*, em AAVV, *Gutachten und Vorschläge zur Überarbeitung des Schuldrechts* III (1983), 413-569.

[3005] *Idem*, 447 ss..

[3006] *Idem*, 450 ss..

[3007] *Idem*, 559-565.

[3008] Uwe Hüffer, *Die Reform des Schuldrechts im Spiegel weiterer Gutachten und Vorschläge*, AcP 184 (1984), 584-594 (588 ss.).

[3009] Karsten Schmidt, *Die Personengesellschaft als Rechtsfigur des "Allgemeinen Teils"/Dogmatisches Konzept und Wirkungsgeschichte von Werner Flumes "Personengesellschaft"*, AcP 209 (2009), 181-204 (186 ss.).

[3010] Karsten Schmidt, *Neuregelung des Rechts der Personengesellschaft? Vorüberlegung für eine konsistente Reform*, ZHR 177 (2013), 712-739 (720 ss.).

de publicidade[3011]. No 71.° Congresso dos Juristas Alemães (2016), coube a Carsten Schäfer a elaboração de um parecer que retomou o tema[3012]. Sublinhe-se. igualmente, uma intervenção de fundo do Prof. H. P. Westermann[3013]. Schäfer faz uma breve síntese da situação, na (atual) última edição do *Münchener Kommentar* ao BGB[3014].

329. Pontos a reformar

I. No plano nacional, o tema das sociedades de pessoas deve ser repensado. No campo comercial, as sociedades em nome coletivo são, hoje, um tipo moribundo. Não tem expressão prática: a facilidade com que se constituem sociedades por quotas retira-lhes o interesse. Poder-se-ia contrapor que estas são especialmente procuradas por, ao contrário das clássicas sociedades de pessoas, permitirem a limitação de responsabilidade. Pura miragem: dada, para mais, a confusão que a reforma de 2006[3015] introduziu no registo comercial, a par com a desformalização das sociedades por quotas, lançou na fidedignidade das sociedades, a banca segue uniformemente a prática de só lhes conceder crédito com o aval ou com uma fiança sem benefício de excussão dos sócios. Não há verdadeira limitação de responsabilidade. As sociedades por quotas não são, pois, procuradas por facultarem a limitação da responsabilidade: antes pelas facilidades de gestão que proporcionam.

II. No campo civil, faria todo o sentido facultar sociedades de pessoas, pelo menos, nas situações seguintes: (1) sociedades de herdeiros; (2) sociedades de condomínio; (3) sociedades profissionais; (4) sociedades com fins específicos; (5) sociedades benemerentes. Vamos ver.

(1) Sociedades de herdeiros: perante um falecimento, os herdeiros, normalmente irmãos, começam, num primeiro momento, por

[3011] Erik Röder, *Reformüberlegung zum Recht der GbR*, AcP 215 (2015), 450-532 (454 ss., 457 ss. e *passim*).

[3012] Carsten Schäfer, *Empfiehlt sich eine grundlegende Reform des Personengesellschaftsrechts?*, DJT 71 (2016), E9-E118. Podem, aqui, ser confrontadas múltiplas e muito relevantes indicações.

[3013] Harm Peter Westermann, *Überlegungen zu Reformen des Personengesellschaftsrechts*, NJW 2016, 2625-2629 (2626).

[3014] Carsten Schäfer, no *Münchener Kommentar zum BGB* 6, 7.ª ed. (2017), Vor § 705, Nr. 34-35 (16-17).

[3015] Quanto ao sentido da reforma: *Direito das sociedades* cit., 1, 3.ª ed., 570 ss..

pretender prosseguir em conjunto o trabalho do seu antecessor; para o efeito, constituem uma sociedade comercial; num segundo momento, desentendem-se, sendo então muito difícil quer a exoneração, quer a dissolução; uma (boa) sociedade civil resolveria o problema;

(2) Sociedades de condomínio: na propriedade horizontal, mormente quando esteja em causa um número elevado de frações, o esquema atual é inoperativo; há que constituir uma entidade mais flexível, capaz de agir;

(3) A lei admite certas sociedades profissionais de tipo civil, como as de advogados; porque não alargar o universo a outras profissões? Recordemos os casos dos cabeleireiros e das lições de yoga; outras situações poderiam ser consideradas, no campo agrário; aliás: a própria parceria pecuária, em face do artigo 1121.°, não será uma espécie de sociedade civil[3016]?

(4) Situações que, atualmente, são enquadradas através de comissões especiais (para ofertas, para recolha de fundos em defesa de acidentados ou para tutela do ambiente) poderiam, com vantagem, dar azo a sociedades civis; recorde-se que o tipo "associações" é pesado, complicado e dispendioso;

(5) As sociedades benemerentes fazem todo o sentido, desde que se ultrapasse o alcance limitado do artigo 980.°.

III. Uma reforma consistente das sociedades civis puras ou, se se preferir, sociedades civis simples, deveria passar por distinguir as internas das externas. Guardaríamos, para as primeiras, o termo "contrato de sociedade", sendo as segundas "sociedades civis simples". Perante um mero contrato de sociedade, as partes obrigar-se-iam a prosseguir em comum um certo objetivo, mas sem aportação de bens para um "património" societário. Já na sociedade civil simples, teríamos um fundo ou património comum. Ambos os modelos seriam dotados de uma larga flexibilidade orgânica, dispensando-se o pesado articulado hoje em vigor. Todavia, relativamente às sociedades civis simples:

(1) reconhecer-se-ia a personalidade coletiva;
(2) assegurar-se-ia uma publicidade adequada: uma matéria hoje muito facilitada, pela Net;

[3016] *Vide* o *Tratado* XII, § 6.°.

(3) fixar-se-ia um esquema fácil de exoneração e de dissolução;
(4) facultar-se-ia uma opção tributária (não obrigatória) pela transparência fiscal.

IV. Desde que tomada uma decisão política, as nossas universidades estão em condições de, sem encargos para o Estado, preparar um projeto adequado.

ÍNDICE DE JURISPRUDÊNCIA

JURISPRUDÊNCIA PORTUGUESA

Tribunal Constitucional

Supremo Tribunal de Justiça (Pleno)

Supremo Tribunal de Justiça

Supremo Tribunal Administrativo

Relação de Coimbra

Relação do Porto

JURISPRUDÊNCIA ESTRANGEIRA

Alemanha

Reichsgericht

Bundesgerichtshof

Bundesverfassungsgericht

Bundesverwaltungsgericht

Itália

Inglaterra

ÍNDICE ONOMÁSTICO

ÍNDICE BIBLIOGRÁFICO

AAVV – *Vicente Ferrer Neto Paiva/No segundo centenário do seu nascimento, a convocação do krausismo*, 1999.

Abel, Olivier – *Les racines protestantes de la notion de sujet de droit*, APD 34 (1989), 33-49.

Abello, L. – *vide* Chironi, G. P..

Abrantes, José João – *A vinculação das entidades privadas aos direitos fundamentais*, 1990.

Abreu, A. J. Teixeira d' – *Curso de Direito civil*, Parte II, 1904-1905.
 – *Curso de Direito civil*, vol. I – *Introdução*, 1910.

Abreu, Jorge Coutinho de – *Do abuso do direito/Ensaio de um critério em Direito civil e nas deliberações sociais*, 1983;
 – *Da empresarialidade (as empresas no Direito)*, 1994.

Actas das sessões da Comissão Revisora do projecto de Codigo Civil Portuguez, 1869.

Afonso, Ana – anotação a STJ 9-Mar.-2004 (Alves Velho), CDP 9 (2005), 61-75.

Agnew, Neville/Demas, Martha – *Les empreintes de Laetoli*, em *Les origines de l'homme/Dossier*, Pour la Science, 1999.

Agostino, Francesco d' – *vide* Scillitani, Lorenzo.

Ahn, Byung Ha – *Der Vermögensrechtliche Zuweisungsgehal des Persönlichkeitsrechts (Eine grundlagenorientierte Studie*, 2009.

Ahrens, Heinrich – *Das Naturrecht oder die Rechtsphilosophie nach dem gegenwärtigen Zustande dieser Wissenschaft in Deutschland*, 2.ª ed. por Adolph Wirk, 1846.

Ahu, Byung Ha – *Der vermögensrechtliche Zuweisungsgehalt des Persönlichkeitsrechts/ /Eine grundlagenorientierte Studie*, 2009.

Aicher, Josef – no *Kommentar zum Allgemeinen bürgerlichen Gesetzbuch*, org. Peter Rummel, 1.° vol., 1983;
 – em Peter Rummel, *Kommentar zum Allgemeinen bürgerlichen Gesetzbuch*, I, 2.ª ed., 1990.

Alarcão, Rui de – *Maioridade e emancipação na revisão do Código Civil*, RFD LII (1976), 363-369;
 – *vide* Andrade, Manuel de;
 – *vide* Correia, A. Ferrer.

Albanese, Bernardo – *Le persone nel diritto privato romano*, 1979;
 – *Persona* (*diritto romano*), ED XXXIII (1983), 169-181.

Alberico, Giuseppe (publ.) – *Geschichte der Konzilien*, 1993;
 – (org.) *Conciliorum Oecumenicorum Decreta*, ed. bilingue latim/alemão trad. al. Josef Wolhlmuth, 3.° vol., 2002.

Albertario, Emilio – *Conceptus pro iam nato habetur (Linee di una ricerca storico-dommatica)*, em *Studi di diritto romano* I (1933), 3-60.
Albuquerque, Pedro de – *Direito de preferência dos sócios*, 1993;
– *A vinculação das sociedades comerciais por garantia de dívidas de terceiros*, ROA 1995, 689-711;
– A vinculação das sociedades comerciais anónimas e por quotas 1, 2018.
Albuquerque, Ruy de – *As represálias/Estudo de História do Direito Português (sécs. XV e XVI)*, vol. I, 1972;
– *O direito de representação na sucessão nobiliária (Séc. XVIII-XIX)/Primeiras linhas*, 2002, inédito.
Alderman, Ellen/Kennedy, Caroline – *The Right to Privacy*, 1997.
Alessandro, Floriano d' – *Persone giuridiche e analisi del linguaggio*, 1989.
Alexandre, Isabel – *vide* Freitas, José Lebre de.
Alfredsson, Gudmundur/Eide, Asbjørn – *The Universal Declaration of Human Rights: A Common Standard of Achievement*, 1999.
Alguer, José – *vide* Enneccerus, Ludwig.
Almeida, António Ribeiro da Costa e – *Codigo Administrativo aprovado por Decreto de 17 de Julho de 1886*, 1887.
Almeida, Carlota Pizarro de/Vilalonga, José Manuel/Patrício, Rui – *Estatuto de Roma do Tribunal Penal Internacional e textos complementares*, 2002.
Almeida, João Luís P. Mendes de – *vide* Coelho, José Gabriel Pinto.
Alpa, Guido – *vide* Galgano, Francesco.
Alpa, Guido/Iudica, Giovanni – Codice civile annotato con la giurisprudenza, 2014.
Althusius, Iohannes – *Ivrisprvdentia romana, vel potius, ivris romani ars; dvobvs libris comprehensa, et ad leges methodi Rameae conformata, Studio Iohannei Althusii*, 1586.
Alves, Jeovanna Viana – *Ensaios clínicos*, 2003.
Alves, Raúl Guichard – *Observações a respeito da incapacidade de exercício dos menores e sua justificação*, RDE 15 (1989), 359-365.
Amado, João Leal – *Vinculação* versus *Liberdade/O processo de constituição e extinção da relação laboral do praticante desportivo*, 2001.
Amaral, Diogo Freitas do – *Curso de Direito administrativo* 1, 4.ª ed., 2015;
– *vide* Caetano, Marcello.
Amaral, José Ribeiro do – *Títulos nobiliárquicos em Portugal*, 1931.
Amelio, Mariano d' – *vide* Eula, Ernesto.
Amos, Merris – *Human Rights Law*, 2.ª ed., 2014.
Anastásio, João – *vide* Homem, Pedro Barbas.
Ancel e outros (org.), Pascal – Code Civil annoté, da Dalloz, 116ª ed., 2017.
Andrade, Abel Pereira de – *Commentario ao Codigo Civil Portuguez (Artt. 359.° e segg.)/ /Moldado nas prelecções do exmo. sr. dr. Sanches da Gama, lente da sexta cadeira da Faculdade de Direito da Universidade de Coimbra*, I, 1895.
Andrade, José Carlos Vieira de – *Os direitos fundamentais na Constituição portuguesa de 1976*, 5.ª ed., 2012.
Andrade, Manuel A. Domingues de – *Direito Civil (Teoria Geral da Relação Jurídica)*, por Porfírio Augusto de Andrade, 1.° vol., 1944;

– *Teoria geral da relação jurídica*, vol. I – *Sujeitos e objecto* por A. Ferrer Correia e Rui de Alarcão, 1960, reimp., 1972;
– *Esboço de um anteprojecto de código das pessoas e da família / Na parte relativa ao começo e termo da personalidade jurídica, aos direitos de personalidade, ao domicílio*, BMJ 102 (1961), 153-166;
– *Teoria geral das obrigações*, com a col. de Rui de Alarcão, 3.ª ed., 1966.

Andrade, Manuel da Costa – *Liberdade de imprensa e inviolabilidade pessoal/Uma perspectiva jurídico-penal*, 1996;
– em Dias, Jorge de Figueiredo (dir.) – *Comentário Conimbricense do Código Penal* – §§ 29 e 30;
– *vide Comentário Conimbricense*.

Andrade, Maria Paula Gouveia – *Da ofensa do crédito e do bom nome/Contributo para o Estudo do art. 484.° do Código Civil*, 1996.

Andrade, Porfírio Augusto de – *vide* Andrade, Manuel A. Domingues de.

Andrick, Bernd/Suerbaum, Joachim – *Das Gesetz zur Modernisierung des Stiftungsrechts*, NJW 2002, 2905-2910.

Anselmo, Manuel – *Da capacidade e da responsabilidade civil dos menores*, RDES VIII (1955), 219-240.

Antonio Scialoja – *vide* Galgano, Francesco.

Antonio, Annamaria dell' – *La partecipazione del minore alla sua tutela/Un diritto miconosciuto*, 2001.

Antunes, Ana Filipa Morais – *Comentário aos artigos 70.° a 81.° do Código Civil: direitos de personalidade*, 2012.

Antunes, Henrique Sousa – *Comentário aos artigos 185.° a 194.° do Código Civil: fundações*, 2014.

Araújo, Fernando – *A procriação assistida e o problema da santidade da vida*, 1999.

Archives de Philosophie du Droit, Le sujet de droit, tomo 34, 1989.

Aristoteles – *Politika* = ed. bilingue *Aristotle in twenty-three volumes*, XXI *Politics*, trad. ingl. H. Rackham (1944, reimp., 1990).

Arnaut, António – *Estatuto da Ordem dos Advogados Anotado*, 5.ª ed., 2000.

Arndt, Hans-Wolfgang – *Kinder, Kinder ... oder: Die unterschiedliche Leistungsfähigkeit der Senate des Bundesverfassungsgerichts*, NJW 1999, 745-750.

Arnesberg, Ludwig Arndts Ritter von – *Lehrbuch der Pandekten*, 9.ª ed., 1877; a 1.ª ed. é de 1849 e a 13.ª, de 1886.

Arnold, Arn – *Münchener Kommentar* cit., 1, 7.ª ed., § 54,

Arnold, Egon – *Verschollenheitsrecht/Kommentar zum Verschollenheitsgesetz in der Fassung vom 15.1.1951*, 1951.

Arnold, Michael – *Die Tragweite des § 8 Abs. 2 PartGG von dem Hintergrund der Haftungsverfassung der Gesellschaft bürgerlichen Rechts*, BB 1996, 597-605.

Arnone, Carmelo – *Diritto nobiliare italiano/Storia ed ordinamento*, 1935.

Arrigo, Cosimo M. D' – *Autonomia privata e integrità fisica*, 1999.

Ascarelli, Tullio – *Considerazioni in tema di società e personalità giuridica*, RDComm LII (1954), 1, 247-270, 333-349 e 421-443.

Ascensão, José de Oliveira – *A tipicidade dos direitos reais*, 1968;
– *Teoria geral do Direito civil*, vol. I e II, 1991, reimpr. da ed. de 1984/85;

– *Lições de Direito comercial* – vol. I – *Parte geral*, 1986/87;
– *Direito comercial* – vol. IV – *Sociedades comerciais*, 1993;
– *Direito civil/Teoria geral*, vol. I, 2.ª ed., 2000;
– *Direito civil/Sucessões*, 4.ª ed., 1989 e 5.ª ed., 2000;
– *A dignidade da pessoa humana e o fundamento dos direitos humanos*, Est. Martim de Albuquerque II (2010), 37-58.

Ascensão, José de Oliveira/Marques, Mafalda de Castro Ascensão – *"Boas práticas" e ética nos ensaios clínicos* em *Estudos de Direito da Bioética*, IV, (2012) 193-229.

Askondo, José Luis Lizundia – *Los cambios legislativos sobre los nombres de persona, familia y lugar en el Estado Español en general y en el Pais Vasco en particular*, em Dieter Kremer, *Onomastik* VI – *Namenforschung und Geschichtswissenschaft/ /Literarische Onomastik/Namenrecht* (2002), 389-397.

Autexier, Christian – *vide* Sonnenberger, Hans Jürgen.

Bachmann, Gregor – *Nationales Privatrecht im Spannungsfeld der Grundfreiheiten*, AcP 210 (2010), 424-488.

Bacon, Anne-Marie – *Les australopithèques*, em *Les origines de l'homme/Dossier*, Pour la Science, 1999.

Bahrenfuss, Dirk – (org.) Gesetz über das Verfahren in Familiensachen und in den Anlegenheiten der freiwilligen Gerichtsbarkeit, 3ª ed., 2017.

Baker, Ralph J./Cary, William L. – *Cases and Materials on Corporations*, 3.ª ed., 1959.

Ballantine, Henry Winthrop – *On corporations*, 1946.

Ballerstedt – *Mitgliedschaft und Vermögen beim rechtsfähigen Verein*, FS Knur (1972), 1-24.

Bamberger, Heinz Georg – em Bamberger/Roth, *Kommentar zum BGB* I, 2.ª ed., 2007, § 12.

Bandini, Vincenzo – *Appunti sulle corporazioni romane*, 1939.

Baptista, Eduardo Correia – *Os direitos de reunião e de manifestação no Direito português*, 2006.

Bar, Christian von – *Schmerzensgeld und gesellschaftliche Stellung des Opfers bei Verletzung des allgemeinen Persönlichkeitsrechts*, NJW 1980, 1724-1729.

Bär, Fred G. – no HKK/BGB 1 (2003), §§ 21-79.

Bär, Rolf – em Wiedemann/Bär/Dabin, *Die Haftung des Gesellschafters in der GmbH*, 1968.

Barbas, Stela – *vide* Campos Diogo Leite de.

Barbero, Domenico – *Sistema istituzionale del diritto privato italiano*, 2.ª ed., vol. 1.°, 1949.

Barbosa, António Soares – *Tratado elementar de filosofia moral*, I e II, 1792.

Barbosa, Mafalda Miranda – Maiores acompanhados / Primeiras notas depois da aprovação da Lei n.° 49/2018, de 14 de agosto, 2018.

Bardenhewer-Rating, Angela – *vide* Pipkorn, Jörn.

Barker, Sir Ernest – Introdução a John Locke, *An Essay Concerning the true Original, Extent and End of Civil Government*, em *Social Contract/Essays* by Locke, Hume and Rousseau.

Baron, J. – *Die Gesammtrechtsverhältnisse im römischen* Recht, 1864;

– *Pandekten*, 6.ª ed., 1887 e 9.ª ed., 1896.

Barrelet, Janne – *Moderne Stiftungsformen/die US- amerikanischen Donor-Advised Funds und ihre Umsetzbarkweit ins deutsche Recht*, 2008.

Barreto, Ireneu Cabral – *A Convenção Europeia dos Direitos do Homem*, 5.ª ed., 2015.

Barriel, Véronique – *L'origine génétique de l'homme moderne*, em *Les origines de l'homme/Dossier*, Pour la Science, 1999.

Barros, Henrique da Gama – *História da Administração Pública em Portugal nos séculos XII a XV*, tomo IV, 1947.

Bartholomeyczik, Horst – *Das Gesamthandsprinzip beim gesetzlichen Vorkaufsrecht der Miterben*, FS Nipperdey I (1965), 145-175.

Bartl/Henkes – *GmbH-Recht/Handbuch und Kommentar*, 2.ª ed., 1986.

Basile, Massimo/Falzea, Angelo – *Persona giuridica (diritto priv.)*, ED XXXIII (1983), 234-275.

Basile, Paolo/Cheli, Enzo – *Domicilio (libertà di)*, ED XIII (1964), 859-870.

Bastos, Jacinto Rodrigues – *Das relações jurídicas/Segundo o Código Civil de 1966*, 1.° vol., 1967;

– *Das obrigações em geral*, II, 1972.

Bastos, José Tavares – *O registo civil na República*, 1909.

Bastuk, Burkhard – *Rechtliche Strukturen von Orchestern*, NJW 2009, 719-723.

Batiffol, Henri – *vide* Beudant, Ch..

Battista, Michele – *Del domicilio e della residenza (Dell'assenza/Dell'influenza delle condanne penali sulla capacità civile)*, 2.ª ed., 1923.

Baudry-Lacantinerie/Fourcade, Houques – *Traité théorique et pratique de Droit civil, Des Personnes*, tomo 1.°, 3.ª ed., 1907.

Bauer, Andreas – no Hanns Prütting/Gerhard Wegen/Gerd Weinreich, BGB / Kommentar, 11ª ed. (2016).

Baumbach/Duden/Hopt – *HGB/Komm*, 32.ª ed., 2006 .

Baume, Hans-Peter/Heincke, Peter – *Gemeinsame elterliche Sorge und Verantwortung für minderjährige Kinder bei Trennung und nach der Scheidung und bei nichtehelichen Lebensgemeinschaften*, s/d, mas 2000.

Bauschke, Hans-Joachim – *Durchgriff bei juristischen Personen*, BB 1975, 1322-1325;

– *Mit dem "Durchsgriff" ins kommende Jahrhundert?*, BB 1984, 698-699.

Bayreuther, Frank – no *Münchener Kommentar*, 1, 5.ª ed., 2006, § 12.

Beate, Friedhelm – *Zur Möglichkeit des gutgläubigen Erwerber einer juristischen Person von ihrem Gesellschafter*, 1990.

Beck, Susanne – *Krankeit und Recht / Ethische und juristische Perspektiven*, 2017.

Behrends, Okko/Knütel, Rolf/Kupisch, Berthold/Seiler, Hans Hermann – *Corpus Iuris Civilis/Die Institutionen – Text und Übersetzung*, 1993;

– *Corpus iuris civilis – Text und Übersetzung*, II, 1995.

Beitzke, Günther – *Mündigkeit und Minderjährigenschutz*, AcP 172 (1972), 240-265.

Bekker, Ernst Immanuel – *System des heutigen Pandektenrechts*, 1.° vol., 1886.

Beleza, Teresa – *Mulheres, direito, crime ou a perplexidade de Cassandra*, 1990;

– *Género e Direito: da igualdade ao "Direito das mulheres"*, Themis I (2000) 2, 35-66.

Beleza, Teresa/Magalhães, José – *Penalizar ou despenalizar o aborto*, 1998.

Beltrão, Sílvio Romero – *Direitos da personalidade*, 2.ª ed., 2014.
Benne, Dietmar – *Haftungsdurchgriff bei der GmbH insbesondere im Fall der Unterkapitalisierung*, 1978.
Bento, Almerinda e outras – *Aborto/decisão da mulher*, 1998.
Benzenhöfer, Udo – *Der gute Tod? Geschichte der Euthanasie und Sterbehilfe*, 2009.
Berg, Hans – *Schadensersatzanspruch des GmbH-Alleingesellschafters bei einem Schaden der Gesellschaft*, NJW 1974, 933-935.
Berg-Schlosser, Dirk – *Zur Universalität von Menschenrechten – Probleme und Grenze*, em K. Peter Fritzsche/Georg Lohmann, *Menschenrechte zwischen Anspruch und Wirklichkeit* (2000), 25-37.
Bernahrd, Astrid – *Der Schwangerschaftsabbruch aus zivilrechtlicher Sicht unter besonderer Berücksichtigung der Rechtsstellung des nasciturus*, 1994.
Bernsmann, Klaus – *Forum: Schwangerschaftsabbruch zwischen "Töten" und "Sterbenlassen" – Überlegungen zum "Geiger-Fall"*, JuS 1994, 9-14.
Beseler, Georg – *Volksrecht und Juristenrecht*, 1843;
– *System des gemeinen deutschen* Rechts, 1847.
Beseler, Gerhard – *Miszellen*, SZRom 55 (1934), 226-272.
Betreuungsrecht, da Beck, 13.ª ed., 2016, com introdução de Lutz Budde.
Betti, Emilio – *Diritto romano* I – *Parte generale*, 1935.
Beudant, Ch. – *Cours de droit civil français*, tomo II, *L'état et la capacité des personnes*, col. Henri Batiffol (1936), 290.
Beuthien, Volker – *Die Haftung von Personengesellschaftern*, DB 1975, 725-730 e 773-776;
– *Mehrheitprinzip und Minderheitensschutz im Vereinsrecht/Grenzen der Mehrheitherrschaft bei Vereinszweckänderung und Pflichtenmehrung*, BB 1987, 6-12;
– *Haftung bei gesetzlichen Schuldverhältnissen einer Vorgesellschaft*, BB 1996, 1337-1344.
Beuthien, Volker/Schmölz, Anton S. – *Persönlichkeitsschutz durch Persönlichkeitsgüterrechte/Erläsherausgabe statt nur billige Entschädigung in Geld*, 1999.
Bezerra Júnior, Luis Martius Holanda – *O tempo e o direito na sociedade de informação: o limite temporal para a manutenção de informações pessoais como corolário de um direito de personalidade*, 2015.
Bianca, C. Massimo – *Diritto civile*/I – *La norma giuridica* – *I soggetti*, 1978;
– La protezione giuridica del sofferente psichico, RivDC XXXI (1985) I, 25-37.
Bienwald, Werner – Zum "Diskussions- Teilentwurf eines Gesetzes über die Betreuung Volljähriger, FamRZ 1988, 902-909 e 1012-1017;
– no Staudingers Kommentar zum BGB, 4 – Familienrecht, §§ 1896-1921 (Rechtliche Betreuung und Pfegschaft) (2006), 1-867;
– Betreuungsrecht: Kommentar, 2011.
Biermann – *vide* Dernburg.
Billy, Pierre-Henri – *Le titre III du décret du 20 Septembre 1792, ses modifications et leur application en France jusqu'au Directoire: Des Naissances*, em Dieter Kremer, *Onomastik* VI – *Namenforschung und Geschichtswissenschaft/Literarische Onomastik/ /Namenrecht* (2002), 341-352.
Binder, Julius – *Das problem der juristischen Persönlichkeit*, 1907;
– *vide* Krüger, Hugo.

Biondi, Biondo – *Il diritto romano*, 1957.

– *Istituzioni di diritto romano*, 5.ª ed., 1965.

Birks, Peter – *The Early History of Iniuria*, TS 37 (1969), 163-208.

Bisegna, Ulderico – *Tutela e curatela (diritto civile)*, XIX (1973), 924-956.

Bittar, Carlos Alberto – *Os direitos de personalidade*, 8.ª ed., 2015.

Black's Law Dictionary, 7.ª ed., 1999.

Bleckmann, Albert – *Staatsrecht* II – *Die Grundrechte*, 4.ª ed., 1997.

Blomeyer, Jürgen – *Die Rechtsnatur der Gesamthand*, JR 1971, 397-403.

Bloustein, Edward J. – *Privacy as an Aspect of Human Dignity: An Answer to Dean Prosser*, N.Y.U.L.Rev. 36, 962-1007 (1964).

Blume, Wilhelm von – *Fragen des Totenrechts*, AcP 112 (1914), 367-427.

Blumenschine, Robert/Cavallo, John – *Nos ancêtres des charognards?*, em *Les origines de l'homme/Dossier*, Pour la Science, 1999.

Bolla, Sibylle – *Die Entwicklung des Fiskus zum Privatrechtssubjekt mit Beitragen zur Lehre vom aerarium/Eine rechtsgeschichte Untersuchung*, 1938.

Bonini, Roberto – *Corso di diritto romano / Il diritto delle persone nelle Istituzioni di Giustiniano*, 1984.

Bonis, Louis de – *Les grands ancêtres*, em *Les origines de l'homme/Dossier*, Pour la Science, 1999.

Boor, Hans Otto de – *Bürgerliches Recht*, 1.º vol., 2.ª ed., 1954.

Borciani, Alberto – *Le offense all'onore*, 1927.

Borg, Reinhard – *Allgemeiner Teil des Bürgerlichen Gesetzbuchs*, 3.ª ed., 2011.

Borges, Roxana Cardoso Brasileiro – *Direitos de personalidade e autonomia privada*, 2.ª ed., 2007.

Boron, Angelo – Codice civile per gli Stati di S. M. il Re di Sardegna, 1842.

Boujong, Karlheinz – *Das Trennungsprinzip des § 13 II GmbH und seine Grenzen in der neueren Judikatur des Bundesgerichtshofes*, FS Odersky (1996), 739-752.

Bourdial, Isabelle/Lima, Pedro – *Qui a inventé l'homme*, Science & Vie 1026 (Março, 2003).

Bourgeois, Bernard – *Le sujet de droit selon Hegel*, APD 34 (1989), 77-88.

Bove, Lucio – *Minore età (diritto romano)*, NssDI X (1964), 759-761.

Branca, Giuseppe – Galgano, Francesco.

Brandeis, Louis D. – *vide* Warren, Samuel D..

Brändel, Oliver/Schmitt, Kerstin – em Horst-Peter Götting e outros, *Handbuch Persönlichkeitsrecht*, 2.ª ed., 2019.

Brandner, Hans Erich – *Das allgemeine Persönlichkeitsrecht in der Entwicklung durch die Rechtsprechung*, JZ 1983, 689-696.

Brauneder, Wilhelm – *Von der Moralischen Person des ABGB zur Juristischen Person der Privatrechtswissenschaft*, QF n.º 11/12 (1982/83), 263-317.

Brecher, Fritz – *Subjekt und Verband/Prolegomena zu einer Lehre von der Personenzusammenschlüssen*, FS A. Hueck (1959), 233-259.

Breuninger, Gottfried E. – *Die BGB – Gesellschaft als Rechtssubjekt im Wirtschaftsverkehr/Voraussetzungen und Grenzen*, 1991.

Brexel, Richard – *Die Entwicklung des Namensgebrauchs zu einem Persönlichkeitsrecht*, 1962.

Brinz, Alois – *Lehrbuch der Pandekten*, 1.° vol., 2.ª ed., 1873.

Brito, Carlos Soares de – *Colheita de tecidos ou órgãos humanos*, ROA 48 (1986), 239-266.

Brito, Joaquim José Rodrigues de – *Memórias políticas sobre as verdadeiras bases da grandeza das nações e principalmente de Portugal*, 3 tomos, 1803-1805.

Brockmeyer, Norbert – *vide* Vogt, Joseph e outro.

Brosey, Dagmar – em Dirk Bahrenfuss (org.), *Gesetz über das Verfahren in Familiensachen und in den Anlegenheiten der freiwilligen Gerichtsbarkeit*, 3.ª ed., 2017, §§ 271-311.

Brox, Hans – *Allgemeiner Teil des Bürgerlichen Gesetzbuchs*, 22.ª ed., 1998.

Brox, Hans/Walker, Wolf-Dietrich – *Allgemeiner Teil des BGB*, 40.ª ed., 2016.

Bruck – Recensão a Ludwig Schnorr von Carolsfeld, *Geschichte der juristischen Person – I – Universitas, corpus, collegium im klassischen römischen Recht*, 1933, SZRom 54 (1934), 421-429.

Bruck, Eberhard F. – *Die Stiftungen für die Toten in Recht, Religion und politischen Denken der Römer*, em *Über Römisches Recht im Rahmen der Kulturgeschichte* (1954), 46-100.

Brückner, Christian – *Das Personenrecht des ZGB (ohne Beurkundung des Personenstands)*, 2000.

Brugger, Winfried – *Abtreibung – ein Grundrecht oder ein Verbrechen?/Ein Vergleich der Urteile der United States Supreme Court und des BVerfG*, NJW 1986, 896-901.

Brugi, Biagio – *Istituzioni di diritto romano (diritto privato giustiniano)*, 3.ª ed., 1926; – *vide* Ferrara, Francesco.

Brunkow, Gesine – *Der Minderjährige als Beweisperson im Straf- und Sorgerechtsverfahren*, 2000.

Bruns, Patrick – *Fiduziarische Stiftung als Rechtsperson*, JZ 2009, 840-846.

Brunsky – *Manual de Direito Civil Portuguez*, 2.ª ed., 1868.

Brussorio-Aillaud, Marjorie/Stasi, Laëtitia – *Droit civil/Personnes, incapacités, famille*, 2010/2011 (colab. Christelle Coutant-Lapalus).

Buchda, Gerhard – *Geschichte und Kritik der deutschen Gesamthandlehre*, 1936.

Bucher, Andreas – *Natürliche Personen und Persönlichkeitsschutz*, 4.ª ed., 2009.

Buckland, William Warwick – *The Roman Law of Slavery/The condition of the slave in private law from Augustus to Justinian*, 1908.

Buergenthal, Thomas – *International Human Rights in an Historical Perspective*, em Symonides (ed.), *Human Rights* (2000), 3-30.

Bungenberg, Marc – *Vertrauenschutz*, em Heselhaus/Nowak, *Handbuch der Europäischen Grundrechte* (2006), 945-967.

Burckas, Leo – *Eigentumsrecht. Urheberrecht und Persönlichkeitsrecht an Briefen*, 1907.

Burdese, Alberto – *Cadavere (diritto romano)*, ED V (1959), 763-764;
– *Capacità (diritto romano)*, ED VI (1960), 1-3;
– *Manuale di diritto privato romano*, 1964;
– *Domicilio (diritto romano)*, ED XIII (1964), 837-838;
– *Fisco (diritto romano)*, ED XVII (1968), 673-676.

Burgard, Ulrich – *Das neue Stiftungsprivatrecht*, NZG 2002, 697-702;
– *Gestaltungsfreiheit im Stiftungsrecht*, 2006.

Burhoff, D. – *Vereinsrecht*, 5.ª ed., 2002.

Buschmann, Arno – *Zur Fortwirkung des Persönlichkeitsrechts nach dem Tode*, NJW 1970, 2081-2088.

Caballero, Francis – *Droit du sexe*, 2010;

Cabral, Rita Amaral – *O direito à intimidade da vida privada (Breve reflexão àcerca do artigo 80.° do Código Civil)*, em *Estudos em Memória do Professor Doutor Paulo Cunha* (1988), separata.

Caeiro, António Miguel – *vide* Cupis, Adriano de.

Caetano, Marcello – *Das fundações/Subsídios para a interpretação e reforma da legislação portuguesa*, s/d, mas 1962;

– *As pessoas colectivas no novo Código Civil português*, O Direito 99 (1967), 85-110;

– *Manual de Direito Administrativo*, 10.ª ed. rev. e act. por Diogo Freitas do Amaral, vol. 1.°, 1973.

Calan, Charles de – *La noblesse française au XVIII siècle*, na Revue des Sciences Politiques, 37 (1922), 130-136.

Callegari, Dante – *Assenza (diritto intermedio)*, NssDI I, 2 (1957), 1120-1121;

– *Assenza (diritto civile)*, NssDI I, 2 (1957), 1121-1130.

Calliess, Christian – *Die Charta der Grundrechte der Europäischen Union – Fragen der Konzeption, Kompetenz und Verbindlichkeit*, EuZW 2001, 261-268;

– *Eigentumsgrundrecht*, em Dirk Ehlers, *Europäische Grundrechte und Grundfreiheiten* (2003), 381-397;

– *Die Europäische Grundrechts-Charta*, em Dirk Ehlers, *Europäische Grundrechte und Grundfreiheiten* (2003), 447-466.

Campos, Diogo Leite de – *A indemnização do dano da morte*, BFD L (1974), 247-297;

– *Lições de direitos de personalidade*, 2.ª ed., 1992;

– *O Direito e os direitos de personalidade*, ROA 1993, 201-224;

– *O estatuto jurídico do nascituro*, ROA 1996, 877-886.

Campos, Diogo Leite de/Barbas, Stela – *O início da pessoa humana e da pessoa jurídica*, ROA 2001, 1257-1268.

Campos, Diogo Leite de/Tomé, Maria João Vaz – *A propriedade fiduciária (trust)/Estudo para a sua consagração no Direito português*, 1999.

Canaris, Claus-Wilhelm – *Grundrechte und Privatrecht*, AcP 184 (1984), 201-246;

– *Verstösse gegen das Verfassungsrechtliche Übermassverbot im Recht der Geschäftsfähigkeit und im Schadensersatzrecht*, JZ 1987, 993-1004;

– *Zur Problematik von Privatrecht und Verfassungsrechtlichen Übermassverbot*, JZ 1988, 494-499;

– *Grundrechtswirkungen und Verhältnismässigkeitsprinzip in der richterlichen Anwendung und Fortbildung des Privatrechts*, JuS 1989, 161-172;

– *vide* Cordeiro, António Menezes;

– *vide* Larenz, Karl.

Candeias, Ricardo – *Personalização de equipa e transformação de clube em sociedade anónima desportiva*, 2002.

Canotilho, Gomes/Moreira, Vital – *Constituição da República Portuguesa Anotada*, I, 4.ª ed., 2007.

Canotilho, Mariana – *vide* Silveira, Alessandra.

Cansacchi, Giorgio – *Predicati e titoli nobiliari*, NssDI XIII (1966), 588-591.
Capitant, David – *Stiftungen im französischen Recht*, em Klaus J. Hopt/Dieter Reuter, *Stiftungsrecht in Europa/Stiftungsrecht und Stiftungsrechtsreform in Deutschland, den Mitgliedstaaten der Europäischen Union, der Schweiz, Liechtenstein und den USA* (2001), 343-369.
Capponi, Neri – *Titoli nobiliari (diritto canonico e ecclesiastico)*, ED XLIV (1992), 681-685.
Carbonnier, Jean – Droit civil / Les personnes, ed. quadrige, 2004;
– *Droit civil* 1/*Les personnes*, 21.ª ed., 2001.
Cardoso, Augusto Lopes – *Do segredo profissional na advocacia*, 1998.
Carneiro, Manuel Borges – *Direito Civil de Portugal contendo três livros I. Das pessoas: II. Das cousas: III. Das obrigações e acções*, tomo I, 1826;
– *Direito civil de Portugal*, tomo III, 1828.
Carolsfeld, Ludwig Schnorr von – *Geschichte der juristischen Person* – I – *Universitas, corpus, collegium im klassischen römischen Recht*, 1933;
– *vide* Bruck.
Carvalho, Luís Guimarães de – *vide* Homem, Pedro Barbas.
Carvalho, Manuel Vilhena de – *Do direito ao nome/Protecção jurídica e regulamentação legal*, 1972;
– *O nome das pessoas e o Direito*, 1989.
Carvalho, Maria João Leote de – *A intervenção institucional na área da justiça tutelar de menores em Portugal*, RMP 25, 98 (2004), 37-76.
Carvalho, Orlando de – *Teoria geral do Direito civil/Relatório sobre o programa, conteúdo e métodos de ensino*, 1976.
Cary, William L. – *vide* Baker, Ralph J..
Cary, William L./Eisenberg, Melvin A. – *Cases and Materials on Corporations*, 5.ª ed., 1980.
Casper, Matthias – Geschäfte des täglichen Lebens – kritische Anmerkungen zum neuen § 105a BGB, NJW 2002, 3425-3430.
Cassese, Antonio/Clapham, Andrew/Weiler, Joseph (eds.) – *Human Rights and the European Community: Methods of Protection*, 2 volumes, 1991.
Castan, Melissa – *vide* Joseph, Sarah.
Castillo, Monique – *Le choix du juste en tant que sujet de droit*, APD 34 (1989), 67-75.
Castro, João Bautista de – *Mappa de Portugal Antigo e Moderno*, tomo 3.º, 2.ª ed., 1763.
Castro, Manuel de Oliveira Chaves e – RLJ 41 (1908), 335-336.
Catalano, Franco – *Servi della gleba*, NssDI XVII (1970), 98-99.
Catalano, Gaetano – *Persona giuridica (diritto intermedio)*, NssDI XII (1965), 1032-1035.
Cavallo, John – *vide* Blumenschine, Robert.
Chabas, François – *vide* Mazeaud, Henri e Léon.
Champenois-Marmier, Marie-Pierre/Sansot, Jean – *Droit, folie et liberté/La protection de la personne des malades mentaux (Loi du 30 juin 1838)*, 1983.
Chaves, Pedro – *Comentário ao Código de Registo Civil*, 2.ª ed., 1923;
– *Comentário ao Código do Registo Civil de 22 de Dezembro de 1932*, 3.ª ed., 1937.
Cheli, Enzo – *vide* Basile, Paolo.
Chenaux, Jean-Luc – *Le droit de la personnalité face aux médias internationaux*, 1990.
Chironi, G. P./Abello, L. – *Trattato di Diritto Civile Italiano*, vol. I – *Parte Generale* (1904).

Chorão, Mário Bigotte – *O problema da natureza e tutela jurídica do embrião humano à luz de uma concepção realista e personalista do Direito*, O Direito 123 (1991), 571-578.

Cicero – *De legibus* = ed. bil. latim/castelhano, de Alvaro D'Ors, *Las Leyes*, 1953.

Citate, Andrea Guarneri – *Assenza (diritto romano)*, NssDI I, 2 (1957), 1119-1120.

Clapham, Andrew – *Human Rights and the European Community: A Critical Overview*, 1991;
– *vide* Cassese, Antonio.

Claudius, Hans – *vide* Pipkorn, Jörn.

Clay, Susanne – *Cybermob / Mobbing im Internet*, 2010.

Cocceius – *vide* Grotius, Hugo.

Code civil des français, 1804.

Coelho, José Gabriel Pinto – *Direito Civil (Noções Fundamentais)*, por João Luís P. Mendes de Almeida/José Agostinho de Oliveira, 1936-37.

Coester-Waltjen, Dagmar – *Der Schwangerschaftsabbruch und die Rolle des künftigen Vaters*, NJW 1985, 2175-2177;
– vide Gernhuber, Joachim.

Cohn, Max – *Zum römischen Vereinsrecht/Abhandlungen aus der Rechtsgeschichte*, 1873.

Coing, Helmut – *Zur Geschichte des Privatrechtssystems*, 1962;
– *Staudinger's Kommentar*, 11.ª ed., 1957; 12.ª ed., 1980;
– *Europäisches Privatrecht 1500 bis 1800*, I – *Älteres Gemeines Recht*, 1985;
– em Werner Selfart, *Handbuch des Stiftungsrechts*, 1987.

Coleman, Janet – *Guillaume d'Occam et la notion de sujet*, APD 34 (1989), 25-32.

Coli, Hugo – *Collegia e sodalitates / contributo allo studio dei collegi nel diritto romano*, 1913.

Collecção Chronologica de Leis Extravagantes, posteriores à nova compilação das Ordenações do Reino, publicadas em 1603, tom. II. de LL. Alvv., etc. Que comprende os Reinados dos Senhores D. Affonso VI, D. Pedro II, e D. João V, Na Real Imprensa da Universidade, Coimbra, 1819.

Collecção das Leys, Decretos, e Alvarás que comprehende o feliz, reinado del Rey fidelíssimo D. José o I nosso Senhor, tomo I, 1790.

Collecção de Decretos e Regulamentos publicados durante o Governo da Regência do Reino estabelecida na Ilha Terceira, 1829-1832, 2.ª ed., 1836.

Comentário Conimbricense do Código Penal – Parte especial, tomo 1/*Artigos 131.° a 201.°* (dir. Jorge de Figueiredo Dias), 1999.

Conde de Listowel – *vide* Monteiro, Maria Albertina Lopes.

Conde de São Payo – *Do Direito Heráldico Português/Ensaio Histórico-Jurídico*, 1927.

Constituições portuguesas, publ. Jorge Miranda – I – *Constituição de 1822*, BMJ 234 (1974), 5-100; II – *Carta Constitucional*, BMJ 235 (1974), 5-47; III – *Constituição de 1838*, BMJ 236 (1974), 5-51; IV – *Constituição de 1911*, BMJ 237 (1974), 33-65; V – *Constituição de 1933*, BMJ 240 (1974), 53-102.

Coppens, Yves – *La saga de nos ancêtres* e *Une histoire de l'origine des hominidés*, em *Les origines de l'homme/Dossier*, Pour la Science, 1999.

Cordeiro, A. Barreto Menezes – *Do trust no Direito civil*, 2014.

Cordeiro, António Menezes – *Da pós-eficácia das obrigações* (1981), em *Estudos de Direito civil*, vol. 1.° (2.ª reimp., 1994), 143-197;

– *Da situação jurídica laboral: perspectivas dogmáticas do Direito do trabalho*, sep. ROA 1982;
– *Da boa fé no Direito civil*, 1984, 2.ª reimp., 2001;
– *Direito da Economia*, vol. 1.°, 1986;
– *Direito das obrigações* 2, 1987, reimp.;
– *Teoria geral do Direito civil/Relatório*, 1988;
– *Direito das obrigações*, 1.° vol., 1989, reimp., e 2.° vol., 1989, reimp.;
– introdução à versão portuguesa de Claus-Wilhelm Canaris, *Pensamento sistemático e conceito de sistema na Ciência do Direito*, 1989;
– *Do levantamento da personalidade colectiva*, DJ IV (1989/90), 147-161;
– *Direitos Reais*, 1993, *reprint*;
– anotação a STJ 2-Jul.-1996, ROA 1996, 683-688;
– *Da responsabilidade civil dos administradores das sociedades comerciais*, 1997;
– *Manual de Direito do trabalho*, 1999, reimpr.;
– *O levantamento da personalidade colectiva no Direito civil e comercial*, 2000;
– *Manual de Direito comercial*, 1.° vol., 2001;
– *Manual de Direito comercial*, 2.° vol., *Sociedades comerciais em geral*, 2001;
– *Os direitos de personalidade na civilística portuguesa*, em *Estudos em Honra do Prof. Doutor Inocêncio Galvão Telles*, 1.° vol. (2002), 21-45;
– *Responsabilidade por informações dadas em juízo*, ROA 2004, 627-674;
– *Direito europeu das sociedades*, 2005;
– *SA: assembleia geral e deliberações sociais*, 2007;
– *Títulos nobiliárquicos e registo civil: a inconstitucionalidade da reforma de 2007*, ROA 2007, 19-57;
– *O sistema lusófono de Direito*, ROA 2010, 1-105;
– *Direito das sociedades* 1, 3ª ed., 2011;
– *Direito comercial*, 3.ª ed., 2012; 4.ª ed., 2016;
– *Direito bancário*, 5.ª ed., 2014; 6.ª ed., 2016.
– *Da situação jurídica do maior acompanhado/Estudo de política legislativa relativo a um novo regime das denominadas incapacidades dos maiores*, RDC 2018, 473-554;
– *Tratado de Direito civil*, 12 volumes, com várias edições;
– *Direito do trabalho* I, 2019 e II, 2019.
Cordeiro, Pedro – *A desconsideração da personalidade jurídica das sociedades comerciais*, 1989.
Cornil, Georges – *Droit romain/Aperçu historique sommaire*, 1921.
Corpus Iuris Civilis/Codex Iustiniani, ed. Paul Krveger, 1877.
Corpus Iuris Civilis, II, 6.ª ed. Paul Krüger, 1885.
Correia, António Ferrer – *Sociedades fictícias e unipessoais*, 1948;
– *Pessoas colectivas/Anteprojecto de um capítulo do novo Código Civil*, BMJ 67 (1957), 247-281;
– *O problema das sociedades unipessoais*, BMJ 166 (1967), 183-217;
– *Estudos preparatórios inéditos*, troço transcrito em Pires de Lima/Antunes Varela, *Código Civil Anotado*, vol. II, 4.ª ed., 1997;
– *Contribuição para uma história da Fundação Calouste Gulbenkian*, RLJ 134 (2001), 162-182;

– *vide* Andrade, Manuel de.

Correia, A. Ferrer/Alarcão, Rui de – *Teoria geral da relação jurídica*, vol. I, *Sujeitos e objecto*, 1960, reimp., 1972.

Correia, A. Ferrer/Correia, Eduardo – *Fundamento de interdição por demência*, RLJ 86 (1954), 289-296, 305-311, 321-325. 337-342 e 353-355.

Correia, A. Ferrer/Sá, Almeno de – *Algumas notas sobre as fundações*, RDE 15 (1989), 331-346.

Correia, Brito – *Os administradores das sociedades anónimas*, 1991.

Correia, Eduardo – vide Correia, António Ferrer.

Correia, José Manuel Sérvulo – *Natureza jurídica dos organismos corporativos*, ESC II (1963) 8, 9-25.

Corsara, Fulvio – *Cadavere (diritto intermedio)*, ED V (1959), 764-768.

Cortese, Ennio – *Fisco (diritto intermedio)*, ED XVII (1968), 676-684.

Cosack, Konrad – *vide* Gerber, Carl Friedrich von.

Costa, Américo de Campos – *Incapacidades e formas do seu suprimento/Anteprojecto do Código Civil*, BMJ 111 (1961), 195-231;

– *Breves notas sobre a menoridade e as incapacidades no anteprojecto do Código Civil (1.ª Revisão Ministerial)*, BMJ 133 (1964), 5-53.

Costa, Mário Júlio de Almeida – *Direito das obrigações*, 12.ª ed., 2009.

Costa, Nuno Gonçalves da – *Infanticídio priveligiado: contributo para o estudo dos crimes contra a pessoa no Código Penal*, 1987, sep. da RFDUL.

Courbe, Patrick/Jault-Seseke, Fabienne – *Droit civil/Les personnes, la famille, les incapacités*, 9.ª ed., 2015.

Coviello, Leonardo – *vide* Coviello, Nicola.

Coviello, Nicola – *Manuale di diritto civile italiano/Parte generale*, 3.ª ed. rev. por Leonardo Coviello, 1924.

Creifelds, Carl e outros – *Rechtswörterbuch*, 18.ª ed., 2004.

Crezelius, Georg – *vide* Peter, Karl.

Crifò, Giuliano – *Diritti della personalità e diritto romano cristiano*, BIDR 64 (1961), 33-59.

Cruz, Guilherme Braga da – *O movimento abolicionista e a abolição da pena de morte em Portugal (Resenha historica)*, 1967 = separata do BMJ 170, 171 e 172.

Cunha, J. M. Damião da – em *Comentário Conimbricense*, tomo II (1999).

Cunha, Paulo – *Lições de Direito civil*, 1965;

– *Direito Civil (Teoria Geral)/Apontamentos manuscritos das Lições dadas ao 2.° ano jurídico de 1971/72*;

– *Teoria geral de Direito civil*, 1971/72.

Cunhal, Álvaro – *O aborto/Causas e soluções/Tese apresentada em 1940 para exame no 5.° ano jurídico da Faculdade de Direito de Lisboa*, 2.ª ed., 1997.

Cupis, Adriano de – *Os direitos da personalidade*, trad. Adriano Vera Jardim/António Miguel Caeiro, 1961;

– *Nome e cognome*, NssDI XI (1968), 299-307;

– *Diritti della personalità*, 2.ª ed., 1982.

Cuq, Édouard – *Manuel des Institutions Juridiques des Romains*, 2.ª ed., 1928.

Czyhlarz, Karl Ritter von – *Lehrbuch der Institutionen des römischen Rechtes* 13.ª-14.ª ed., 1914.

Da situação jurídica do maior acompanhado/Anteprojeto de reforma, RDC 2018, 687-740.

Daele, Wolfgang van den – *Der Fötus als Subjekt und die Autonomie der Frau/Wissenschaftlichtechnische Optionen und soziale Kontrollen in der Schwangerschaft*, KJ 1988, 16-31.

Dahn, Felix – *Deutsches Privatrecht*, I – *Privatrecht und Lehenrecht*, 1878.

Damásio, António R. – *O erro de Descartes/Emoção, razão e cérebro humano*, trad. port., 1994.

Dambach, Karl E. – *Mobbing in der Schulklasse*, 2009.

Damm, Reinhard – *Personenrecht/Klassik und Moderne der Rechtsperson*, AcP 202 (2002), 841-879.

Damrau, Jürgen/Zimmermann, Waltzer – *Betreuung und Vormundschaft/Kommentar zum materiellen und formellen Recht*, 1995.

Dannemann, Gerhard – *Arzhaftung für die unerwünschte Geburt eines Kindes*, VersR 1989, 676-683.

Danz, Wilhelm A. F. – *Handbuch des heutigen deutschen Privatrechts*, 3.° vol., 2.ª ed., 1800.

Daries – *Institutiones Iurisprudentiae privatae romano-germanicae*, 1748.

Das gesammte Betreuungsrecht, da Walhalle, 2016.

Dauner-Lieb, Barbara – *Der Entwurf zur Beschränkung der Minderjährigenhaftung – ein Fremdkörper im Haftungssystem des Unternehmensrechts?*, ZIP 1996, 1818-1824.

Davenport, Noa/Schwarz, Ruth D./Elliot, Gail Pursell – *Mobbing: Emotional Abuse in the American Workplace*, 1999.

David, M. – *Gai institutiones secundum codicis veronensis apographum studemundianum et reliquias in Aegypto repertas*, Leiden, 1964.

Davies, Kevin – *Cracking the Genome/Inside the Race to Unlock Human DNA*, 2001.

Decocq, André/Decocq, Georges – *Droit européen des affaires*, 2003.

Decocq, Georges – *vide* Decocq, André.

Degenhart, Christoph – *Das allgemeine Persönlichkeitsrecht*, JuS 1992, 361-368.

Deinert, Horst – vide Meier, Sybille M..

Delebecque, Philippe – *vide* Dutilleul, François Collart.

Delvincourt, Claude-Étienne – Cours de Code Civil I, 1824.

Demas, Martha – *vide* Agnew, Neville.

Dernburg, Heinrich – *Lehrbuch des Preussischen Privatrechts*, 1875.

Dernburg/Biermann – *Pandekten* 1, 1.ª ed., 1884, 4.ª ed., 1894, 5.ª ed., 1896 e 7.ª ed., 1902; Pandekten 3, 1887.

Dethloff, Nina – Familienrecht, 31ª ed., 2015.

Deutsch, Erwin – anotação a OLG Bamberg 6-Fev.-1978, JZ 1978, 532-534;
- Anotação BGH 18-Jan.-1983, JZ 1983, 451-452;
- *Unerwünschte Empfängnis, unerwünschte Geburt und unerwünschtes Leben verglichen mit wrongful conception, wrongful birth und wrongful life des anglo-amerikanischen Rechts*, MDR 1984, 793-795;

– *Neues Verfassungszivilrecht: Rechtswidrigen Abtreibungsvertrag gültig – Unterhaltenspflicht aber kein Schaden*, NJW 1993, 2361-2363;
– *Schadensrecht und Verfassungsrecht: Akt II*, NJW 1994, 776-778;
– *Berufshaftung und Menschenwürde: Akt III*, NJW 1998, 510.

Deynet, Karl August – *Die Rechtsstellung des nasciturus und der noch nicht erzeugten Person im deutschen, französischen, englischen und schottischen bürgerlichen Recht*, 1960.

Dias, Cândida Rodrigues – *Código do Registo Civil (Decreto-Lei n.° 41.967)*, com a colaboração dos assessores: Maria Carolina Reis Paulino de Jesus, Maria Helena Nunes e Maria Zulmira Pereira e Sousa, 1960.

Dias, João António Álvaro – *Dano corporal/Quadro epistemológico e aspectos ressarcitórios*, 2000 e 2001.

Dias, Jorge de Figueiredo – *Direito de informação e tutela da honra no Direito penal da imprensa portuguesa*, RLJ 115 (1982), 100-106, 133-137 e 170-173;
– *vide Comentário Conimbricense ao Código Penal*, II, 1999.

Dictionaire de la bible, publ. F. Vigouroux V (1908), 159/II.

Diliberto, Oliviero – *Studi sulle origini della 'cura furiosi'*, 1984;
– *vide* Manthe, V..

Direção-Geral da Saúde – *Portugal/Saúde Mental em números – 2015*, 2016.

Disabato, Franco – *Sentenze d'un anno/Le società*, RTDPC 1995, 1471-1478.

Dodegge, Georg/Roth, Andreas – *Systematischer Praxiskommentar/Betreuungsrecht*, 4.ª ed., 2014.

Domat, Jean – *Le droit public, suite des lois civiles dans leur ordre naturel, Oeuvres Complètes de J. Domat*, par J. Remy, tomo 3, 1835.

Donelli, Hugonis – *Commentatorium de jure civile*, 1840; o original é de 1590.

Döring, Caterina – *Die Stiftung als Finanzierungsinstrument für Unternehmen*, 2010.

Dray, Guilherme – *Direitos de personalidade/Anotações ao Código Civil e ao Código do Trabalho*, 2006;
– em Pedro Romano Martinez, *Código do Trabalho Anotado*, 9.ª ed. (2013), 141 ss..

Dreihaupt, Hermann Ulrich – *Schadensersatz für das unerwünschte Kind*, 2001.

Drobnig, Ulrich – *Haftungsdurchgriff bei Kapitalgesellsschaft*, 1959.

Drüke, Heiner – *Die Haftung der Muttergesellschaft für Schulden der Tochtergesell- schaft/ Eine Untersuchung nach deutsche und US-amerikanische Recht*, 1990.

Duarte, Maria Luísa – *União Europeia e Direitos Fundamentais/No espaço da internormatividade*, 2006.

Dudek, Ronald W. – *Hight-Yield Embriology*, 2001.

Duden – *vide* Baumbach.

Duer, Bruno – *Die römischen Namengebung/Ein historischer Versuch*, 1937.

Duff, P.W. – *Personality in Roman Private Law*, 1938.

Duguit, Léon – *L'État, le Droit objectif et la Loi positive*, 1901.
– *Traité de Droit Constitutionnel*, 1.° vol. – *La règle de droit – Le problème de l'État*, 2.ª ed., 1921 e 2.° vol. – *La Théorie Générale de l'État*, 1923.

Dumont, Jean Christian – *Servus. Rome et l'esclavage sous la république*, 1987.

Durand, Paul – *L'évolution de la condition juridique des personnes morales de droit privé*, em *Le Droit Privé Français au Milieu du XX Siècle – Etudes offertes à Georges Ripert* – tomo I (1950), 138-159.

Duranton, Alexandre – *Cours de Droit civil suivant le Code français* 2, 4.ª ed., 1841.

Dutilleul, François Collart/Delebecque, Philippe – *Contrats civils et commerciaux*, 4.ª ed., 1998.

Duve, Thomas – HKK/BGB I – *Allgemeiner Teil*, 2003.

Dworkin, Ronald – *Freiheit, Selbstregierung und der Wille des Volkes/Ist Demokratie heite noch möglich?* em Gosepath/Lohmann, *Philosophie der Menschenrechte*, 1998.

Easterbrook, Frank H./Fischel, Daniel R. – *Limited Liability and the Corporation*, 52 U. Chi. L. Rev. 89-117 (1985).

Egger, A. – *Kommentar zum Schweizerichen Zivilgesetzbuch*, 2.ª ed.. 1930.

Ehlers, Dirk – *Die Grundrechte des europäischen Gemeinschaftsrechts*, Jura 2002, 468-477;
– *Die Grundfreiheiten der Europäischen Gemeinschaften*, § 7.° *Allgemeine Lehren*, em Ehlers (publ.), *Europäische Grundrechte und Grundfreiheiten* (2003), 147-186;
– *Die Grundrechten der Europäischen Gemeinschaften*, § 13.°, *Allgemeine Lehren*, em Ehlers (publ.), *Europäische Grundrechte und Grundfreiheiten* (2003), 319-338.

Ehmann, Horst – *Zur Struktur des allgemeinen Persönlichkeitsrechts*, JuS 1997, 193-203;
– *vide* Erman.

Ehricke, Ulrich – *Das abhängige Konzernunternehmen in der Insolvenz/Wege zur Vergrösserung der Haftungsmasse abhängiger. Eine rechtsvergleichende Analyse*, 1998.

Eide, Asbjørn – *vide* Alfredsson, Gudmundur.

Eisele, Jörg – *Haftungsfreistellung von Vereinsmitgliedern und Vereinsorganen in nichtwirtschaftlichen Vereinen*, 1998.

Eisenberg, Melvin A. – *vide* Cary, William L..

Eiβer, Georg – *Die Entmündingungsgründe nach deutschem Recht*, AcP 146 (1941), 219-299.

Eliachevitch, Basile – *La personalité juridique en droit privé romain*, 1942;
– *vide* Kaden.

Ellenberger, Jürgen – no Palandt, 79.ª ed., 2019.

Elsing, Siegfried – *Erweiterte Kommanditistenhaftung und atypische Kommanditgesellschaft/Zugleich ein Beitrag zur Lehre von der sogennanten unterkapitalisierten KG*, 1977;
– *Alles entschieden bei der Gesellschaft bürgerlichen Rechts?*, BB 2003, 909-915.

Emmerich, Volker – *vide* Scholz, Franz.

Enders, Christoph – *Die Menschenwürde in der Verfassungsordnung/Zur Dogmatik des Art. 1 GG*, 1997.

Engelhardt, Hans – *Das Lebensrecht des Nasciturus und das Verbot der Schwangerschaftsunterbrechung*, FamRZ 1958, 266-270;
– *Kind als Schaden?*, VersR 1988, 540-544.

Engländer, Konrad – *Die regellmässige Rechtsgemeinschaft*, I – *Grundlegung*, 1914.

Engler, Nina – *Strukturelle Diskriminierung und substantielle Chancengleichheit*, 2005.

Enneccerus, Ludwig – *Das Bürgerliche Recht/Eine Einführung in das Recht des Bürgerlichen Gesetzbuchs*, 1900.

Enneccerus, Ludwig/Nipperdey, Hans Carl – *Derecho civil (Parte general)*, por Blas Pérez González e José Alguer, vol. I, 1943;
– *Allgemeiner Teil des bürgerlichen Rechts*, 15.ª ed., 1959.
Epifâneo, Rui – *Direito de menores*, 2.ª ed., 2002.
Epifâneo, Rui M. L./Farinha, António H. L. – *Organização Tutelar de Menores*, 2.ª ed., 1992.
Erdsiek, Gerhard – *Der Ehrenschutz in der Defensive*, FS Rudolf Reinhardt (1972), 69-82.
Erman/Ehmann – *BGB*, 12.ª ed., I, 2008.
Ettore, Giuseppe D' – *Codice per lo Regno delle due Sicilie*, 1859.
Etzioni, Amitai – *The Limits of Privacy*, 1999.
Eula, Ernesto – *Delle persone giuridiche*, no *Codice civile – Libro primo (Persone e Famiglia)*, dir. Mariano D'Amelio, 1940.

Fabia, Ph. – *Nomen (Ò), Dictionnaire des Antiquités Grecques et Romaines*, dir. Edmund Saglio, tomo IV (s/d), 88-97.
Fabricius – *Relativität der Rechtsfähigkeit/Ein Beitrag zur Theorie und Praxis des privaten Personenrechts*, 1963.
Fahrenhorst, J. – Anotação a BGH 22-Nov.-1983, JR 1984, 417-418.
Falzea, Angelo – *vide* Basile, Massimo.
Farinha, António H. L. – *vide* Epifâneo, Rui M. L..
Fawzi, Nayla – *Cyber-Mobbing/Ursachen und Answirkungen von Mobbing im Internet*, 2009.
Fedele, Pio – *Fondazione (diritto intermedio)*, ED XVII (1968), 785-790.
Feenstra, R. – *L'histoire des fondations/A propos de quelques études récentes*, TJ 24 (1956), 381-448.
Felix, António Bagão e outros – *Em defesa da vida/contra o aborto*, 1998.
Fenouillet, Dominique – *vide* Terré, François.
Ferid, Murad/Sonnenberger, Hans Jürgen – *Das französische Zivilrecht*, 1/1: *Einführung und Allgemeiner Teil*, 2.ª ed., 1994.
Fernandes, Luís A. Carvalho – *Teoria geral do Direito civil*, vol. I, tomo I, 1983;
– *A definição de morte / transplantes e outras utilizações do cadáver*, DJ XVI (2002) 2, 29-59;
– *Teoria geral do Direito civil* I – *Introdução/Pressupostos da relação jurídica*, 6.ª ed., 2012.
Ferrara, Francesco – *Teoria delle persone giuridiche*, em *Il diritto civile italiano*, dir. Pasquale Fiore/Biagio Brugi, 1915;
– *Le persone giuridiche*, vol. II, tomo II, do *Trattato di diritto civile italiano*, dir. por Filippo Vassali, 1938.
Ferrara-Santamaria, Massimo – em Mariano d'Amelio e outros, *Codice Civile, Libro Primo (Persone e Famiglia)/Commentario* (1940), 738-759.
Ferrari, Giuseppe Franco – *I diritti fondamentali doppo la Carta di Nizza/Il costituzionalismo dei diritti*, 2001
Ferreira, José Dias – *Codigo Civil Portuguez Annotado*, vol. I, 1.ª ed., 1870; vol. I, 2.ª ed., 1894; vol. II, 2.ª ed., 1895; vol. III, 2.ª ed., 1898; vol. IV, 2.ª ed., 1905;
– *Codigo de Processo Civil Annotado*, 1.° vol., 1887.

Ferreira, Silvestre Pinheiro – *Questões de Direito público e administrativo, Philo-sophia e Litteratura*, 3 vols., 1844-1845.

Festas, David Oliveira – *Do conteúdo patrimonial do direito à imagem: contributo para um estudo do seu aproveitamento consentido e inter vivos*, 2006.

Fichte, Johann Gottlieb – *Einige Vorlesungen über die Bestimmung der Gelehrten*, 1794, publ. Fritz Medicus, 1.° vol., 1962.

Ficker, Hans G. – *Das Recht des bürgerlichen Namens*, 1950.

Fikentscher, Wolfgang – *Schuldrecht*, 9.ª ed., 1997.

Fikentscher, Wolfgang/Müllers, Thomas M. J. – *Die (negative) Informationsfreiheit als Grenze von Werbung und Kunstdarbietung*, NJW 1998, 1337-1344.

Findeisen, Andreas – *Der minderjährige Zeuge im Zivilprozess*, 1992.

Fiore, Pasquale – *vide* Ferrara, Francesco.

Fischel, Daniel R. – *vide* Easterbrook, Frank H..

Fischer, Gerfried – *Schadensersatz wegen unterbliebener Abtreibung*, NJW 1981, 1991-1992;

– *"Wrongful life": Haftung für die Geburt eines behinderten Kindes – BGHZ 86, 240*, JuS 1984, 434-439.

Fischer/Lutter/Hommelhoff – *GmbHG/Komm*, 12.ª ed., 1987.

Flach, Andreas – vide Flach, Dieter.

Flach, Dieter/Flach, Andreas – *Das Zwölftafelgesetz/Leges XII Tabularum*, ed. bilingue latim/alemão, 2004.

Flume, Werner – *Die Vereinsstrafe*, FS Bötticher (1969), 101-141;

– *Gesellschaft und Gesamthand*, ZHR 136 (1972), 177-207;

– *Savigny und die Lehre von der juristischen Person*, FS Wieacker (1978), 340-360;

– *Allgemeiner Teil des Bürgerlichen Rechts*, I/1, *Die Personengesellschaft*, 1977; I/2 – *Die juristischen Person*, 1983.

Fonseca, Tiago Soares da – *Da tutela judicial civil dos direitos de personalidade*, ROA 2006, 231-293.

Foot, Philippa – *Das Abtreibungsproblem und die Doktrin der Doppelwirkung*, em Leist, *Um Leben und Tot* (1990), 196-211;

– *Euthanasie*, em Leist, *Um Leben und Tot* (1990), 289-317.

Forkel, Hans – *Zur systematischen Erfassung und Abgrenzung des Persönlichkeitsrechts auf Individualität*, FS Hubmann (1985), 93-110.

Forndran, Erhart – *Intervention zur Sicherung der Menschenrechte*, em K. Peter Fritzsche/ Georg Lohmann, *Menschenrechte zwischen Anspruch und Wirklichkeit* (2000), 171-178.

Fortuna, José Fernandes Álvares – *De jure naturae positiones/ad usum auditorum in duos livros digestae*, 1815.

Fourcade, Houques – *vide* Baudry-Lacantinerie.

Frada, Manuel A. Carneiro da – *A própria vida como dano?*, ROA 68 (2008), 215-253.

Francesco, Giuseppe Menotti de – *Persona giuridica (diritto privatto e pubblico)*, NssDI XII (1965), 1035-1053.

Franco, António de Sousa – Prefácio a Jorge Bacelar Gouveia/Henrique Mota, *Vida e direito: reflexões sobre um referendo*, 1998.

Frank, Richard – *Der Schutz der Persönlichkeit in der Zivilrechtsordnung der Schweiz*, AcP 172 (1972), 56-84.

Franzki, Harald – *Neue Dimensionen in der Artzhaftung: Schäden bei der Geburtshilfe und wrongful life als Exponenten einer Entwicklung?*, VersR 1990, 1181-1185.

Freire, José Pascoal de Mello – *Instituições de Direito Civil Português tanto público como particular*, 4 tomo, 3.ª ed., reimpr. de 1842 e tradução em português do original latino por Miguel Pinto de Meneses, BMJ 161 (1966), 89-200, BMJ 162 (1967), 31-139 e BMJ 163 (1967), 5-123.

Freitas, Augusto Teixeira de – *Consolidação das leis civis*, 3.ª ed., 1876.

Freitas, José Lebre de – *Código de Processo Civil Anotado*, vol. 1.°, 1999.

Freitas, José Lebre de/Alexandre, Isabel – *Código de Processo Civil Anotado* 1, 3.ª ed., 2014.

Frenz, Walter – *Handbuch Europarecht*, Band I – *Europäischen Grundfreiheiten*, 2.ª, 2012.

Frick, Marie-Theres – *Persönlichkeitsrechte/Rechtsvergleichende Studie über den Stand des Persönlichkeitsschutzes in Österreich, Deutschland, der Schweiz und Liechtenstein*, 1991.

Friedländer, Adolf – *Das Entmündigungsverfahren*, AcP 86 (1896), 437-476.

Friedberg, Emil – *vide* Keller, D. Fried. Ludwig von.

Frisinga, Mistruzzi di – *Trattato di diritto nobiliare italiano*, I, 1961.

Frömming, Jens/Peters, Butz – *Die Einwilligung im Medienrecht*, NJW 1996, 958-962.

Fröschle (org.), Tobias – *Betreuungs- und Unterbringungsverfahren*, 3.ª ed., 2014.

Fuchs, Maximilian – *Diz zivilrechtliche Haftung des Arztes aus der Aufklärung über Genschäden*, NJW 1981, 610-613.

Funke, W. Rainer – *Stiftungsrechtsreform in Deutschland*, em Klaus J. Hopt/Dieter Reuter, *Stiftungsrecht in Europa/Stiftungsrecht und Stiftungsrechtsreform in Deutschland, den Mitgliedstaaten der Europäischen Union, der Schweiz, Liechtenstein und den USA* (2001), 219-225.

Gaitanides, Charlotte – prenot. aos artigos 220.° a 245.°, no von der Groeben/ /Schwarze, *Kommentar*, 4.° vol., 2004.

Galgano, Francesco – *Struttura logica e contenuto normativo del concetto di persona giuridica*, RDCiv 1965, 553-633;
- *Delle persone giuridiche*, no *Commentario del Codice Civile* de Antonio Scialoja/ Giuseppe Branca, 1969;
- *Associazioni non riconosciute e comitati, Art. 36-42*, Com. Antonio Scialoja/ /Giuseppe Branca, 1976;
- *Diritto civile e commerciale* vol. I – *Le categorie generali – Le persone – La proprietà*, 1990;
- *L'abuso della personalità giuridica*, em *Letture di diritto civile*, rec. Guido Alpa/ Paolo Zatti (1990), 225-237;
- *Società (diritto privato)*, ED XLII (1990), 865-883.

Galtung, Johan – *Die Zukunft der Menschenrechte*, 2000.

Ganssmüller, Helmut – *Schaden des Gesellschafter-Geschäftsführers – insbesondere bei der Einmann-GmbH*, GmbHR 1977, 265-274.

Garrow, David J. – *Liberty and Sexuality/The Right to Privacy*, 1994.

Gastaud, Jean Pierre – *Personnalité morale et droit subjectif/Essai sur l'influence du Principe de la Personnalité Morale sur la nature et le contenu des droits des membres des groupements personnifiés*, 1977.

Gaudiam et Spes ou *Constitutio pastoralis de ecclesia in mundo huius temporis* cit. pela edição bilingue latim/alemão, publ. Josef Wohlmuth, *Dekrete der Ökumenischen Konzilien*, 3 vol., 2002.

Gebauer, Karl – *Mobbing in der Schule*, 2005.

Gehlah, Jürgen von – *Die neuere Entwicklung des Persönlichkeitsrechts*, VersR 2012, 278-284.

Geiger, Willi – *Die Rechtswidrigkeit des Schwangerschaftsabbruchs*, FamRZ 1986, 1-6.

Geilen, Gerd – *Das Leben der Menschen in dem Grenzen des Rechts/Zu den Wandlungen des Todesbegriffs und zu neuen Schutzproblemen des werdenden Lebens*, FamRZ 1968, 121-130.

Geissler, Markus – *Zukunft, Stillstand oder Geltungsverlust für die Durchgriffshaftung im Recht der GmbH?*, GmbHR 1993, 71-79.

Genta, Enrico – *Titoli nobiliari (storia)*, ED XL (1992), 674-680.

Geraldes, António Santos Abrantes – *Temas da responsabilidade civil* – II *Indemnização dos danos reflexos*, 2005.

Geraldes, João de Oliveira – Finis vitae *ou* ficta mortis*?*, ROA 2010, 625-673.

Gerber, Carl Friedrich – *System des Deutschen Privatrechts*, 2.ª ed., 1850.

Gerber, Carl Friedrich von/Cosack, Konrad – *System des Deutschen Privatrechts*, 17.ª ed., 1895.

Gernhuber, Joachim/Coester-Waltjen, Dagmar – Familienrecht, 6ª ed., 2010.

Geuerlich, Dieter – *Zur Entstehung und Entwicklung der Familiennamen in hohen Mittelalter*, em Dieter Kremer, *Onomastik* VI – *Namenforschung und Geschichtswissenschaft/ Literarische Onomastik/Namenrecht* (2002), 41-46.

Gevurtz, Franklin A. – *Corporation Law*, 2000.

Giarmoleo, Vincenzo – *Attività commerciale ed enti non-profit*, 2003.

Gierke, Otto von – *Das deutsche Genossenschaftsrecht*, I – *Rechtsgeschichte der deutschen Genossenschaft*, 1868, II – *Geschichte des deutschen Körperschaftsbegriffs*, 1873, III – *Die Staats- und Korporationslehre des Alterthums und des Mittelalters und ihre Aufnahme in Deutschland*, 1881, e IV – *Die Staats- und Korporationslehre der* Neuzeit, 1913;

– *Die Genossenschaftstheorie und die deutsche Rechtsprechung*, 1887;

– *Personengemeinschaften und Vermögensinbegriffe im dem Entwurfe eines Bürgerlichen Gesetzbuches für das Deutsche Reich*, 1889;

– *Deutsches Privatrecht*, vol. I – *Allgemeiner Teil und Personenrecht*, 1895;

– *Besprechung reichsgerichtlicher Entscheidungen*, JhJb 35 (1896), 137-284;

– *Das Wesen der menschlichen Verbände*, 1902.

Giesen, Dieter – *Recht und medizinischer Fortschritt*, JR 1984, 221-224;

– *Schadensbegriff und Menschenwürde/Zur schadenrechtliche Qualifikation der Unterhaltspflicht für ein ungewolltes Kind*, JZ 1994, 286-292.

Giorgi, Giorgio – *Teoria delle obbligazioni nel diritto moderno italiano* III, 1895;

– *La dottrina delle persone giuridiche o corpi morali/esposta con speciale considerazione del diritto moderno italiano*, 1.°, 3.ª ed. (1913), 2.° (1899), 3.° (1900), 4.° (1900), 5.° (1901) e 6.° (1902), estes 5 todos em 2.ª ed..

Gitter, Wolfgang – em *Münchener Kommentar*, I, 3.ª ed., 1993.

Glaeser, Walter Schmidt – *Meinungsfreiheit, Ehrenschutz und Toleranzgebot*, NJW 1996, 873-879.

Gleichauf, Jürgen – *Das postmortale Persönlichkeitsrecht im internationalen Privatrecht/ /Unter besonderer Berücksichtigung des französischen Rechts*, 1999.

Glockner, Hermann – *vide* Hegel, Georg Friedrich.

Glück – *Pandecten*, 2.° vol., 1.ª ed. é de 1791 e 2.ª ed., 1800.

Gobert, Michele – *Le transsexualisme ou de la difficulté d'exister*, DS 1990 I, 3475.

Göckeler, Stephen – *Die Stellung der Gesellschaft des bürgerlichen Rechts in Erkenntnis–, Vollstreckungs- und Konkursverfahren*, 1992.

Godin, Freiherr von/Wilhelmi, Hans – *Aktiengesetz Kommentar*, 4.ª ed. rev. por Sylvester Wilhelmi, 1971.

Goecke, Klaus – *Unbegrenzte Haftung Minderjähriger?*, NJW 1999, 2305-2310.

Goerlich, Helmut – *Grundrechte als Verfahrensgarantien*, 1981.

Gollan, Anna Katherina – *Vorstandshaftung in der Stiftung/eine Untersuchung zur Anwendbarkeit der Business Judgement Rule*, 2009.

Gomes, Januário da Costa – *O problema da salvaguarda da privacidade antes e depois do computador*, BMJ 319 (1982), 21-56.

Gomes, Orlando – *Direitos de personalidade*, RF 216 (1966), 5-10.

Gonçalves, A. da Penha – *Teoria geral do Direito civil*, 1.° vol., 1981, policopiado.

Gonçalves, Diogo Costa – *Pessoa coletiva e sociedades comerciais: dimensão problemática e coordenadas sistemáticas da personificação jurídico-privada*, 2015;

– *O início da personalidade jurídica e a capacidade jurídica parcial* (Teilrechtsfähigkeit), RDC 2018, 583-614.

Gonçalves, Luiz da Cunha – *Breve estudo sobre a personalidade das sociedades commerciaes*, GRLx 25 (1911), 305-307, 313-315, 353-354, 409-411, 425-426, 449-450, 481-482, 521-522, 545-546, 593-594 e 617-619;

– *Comentário ao Código Comercial Português*, vol. I, 1914;

– *Tratado de Direito civil*, 1.° vol., 1929; 2.° vol., 1930; 3.° vol., 1930; 4.° vol., 1931; 7.° vol., 1933.

Gonçalves, Gabriel António Órfão – *Da personalidade jurídica do nascituro*, RFDUL 2000, 525-539.

González, Blas Pérez – *vide* Enneccerus, Ludwig.

Göring, Michael – *Unternehmen Stiftung*, 2010.

Gosche, Anna – *Das Spannungsverhältnis zwischen Meinungsfreiheit und Ehrenschutz in der fragmentierten Öffentlichkeit*, 2008.

Gosepath, Stefan/Lohmann, Georg – *Philosophie der Menschenrechte* (publ. e intr.), 1998.

Götting, Horst-Peter – em Horst-Peter Götting/Christian Schertz/Walter Seitz, *Handbuch Persönlichkeitsrecht / Presse und Medienrecht*, 2.ª ed., 2019.

Götz, Heinrich/Götz, Jürgen – *Die Haftung des Vereins gegenüber dem Mitglied*, JuS 1995, 106-110.

Götz, Isabelle – no Palandt, 75.ª ed., 2016, e 76.ª ed., 2017.

Götz, Jürgen – *vide* Götz, Heinrich.

Goubeaux, Gilles – *Traité de Droit Civil/Les personnes*, 1989.

Gounalakis, Georgios – *Freiräume und Grenzen politischer Karikatur und Satire*, NJW 1995, 809-816;
– *Privacy and the Media/A Comparative Perspective*, 2000.

Gouveia, F. C. Andrade de – *vide* Gouveia, Jaime de.

Gouveia, Jaime de – *Direito Civil*, por F. C. Andrade de Gouveia/Mário Rodrigues Nunes, 1939.

Gouveia, Jorge Bacelar – *Legislação de direitos fundamentais*, 1991;
– *Os direitos fundamentais atípicos*, 1995;
– *O estado de excepção no Direito constitucional*, II vol., 1998.

Gouveia, Jorge Bacelar/Mota, Henrique – *Vida e direito: reflexões sobre um referendo*, 1998.

Grawe, Chr. – *Mensch/Einleitung* HWPh 5, 1980.

Green, Ronald M. – *The Human Embryo Research Delate/Bioethics in the Vortex of Controversy*, 2001.

Grimm, Dieter – *Die Meinungsfreiheit in der Rechtsprechung des Bundesverfassungsgerichts*, NJW 1995, 1697-1705.

Gronau, Kerstin – *Das Persönlichkeitsrecht von Personen der Zeitgeschichte und die Medienfreiheit*, 2000.

Groot, Gerard-René de – *Einige Bemerkungen über das niederländische Adelsprädikat "Jonkheer"*, Das Standesamt 4/74, 103-104.

Gross, Norbert J. – *Der Tote in der Badewanne oder Fürst Bismark auf dem Totenbette*, MDR 1987, 991.

Grossi, Paolo – *Domicilio (diritto intermedio)*, ED XIII (1964), 838 -842.

Grotius, Hugo – *De jure belli ac pacis*, ed. Cocceius, 1717.

Grünberger, Michael – *Von Bernhard Markus Antoinette zu Anderson Bernd Peter/Von der Ordnungsfunktion und der Identitätsfunktion des Vornamens*, AcP 207 (2007), 314-339.

Grundmann, Stefan – *Europäisches Gesellschaftsrecht*, 2004.

Grünewald, Barbara – *Die Ausschluss aus Gesellschaft und Verein*, 1987;
– *Gesellschaftsrecht*, 5.ª ed., 2002.

Guarino, Antonio – *Diritto privato romano/Lezioni istituzionali di diritto romano* 2.ª ed., 1963.

Guedes, Armando Marques – *A concessão*, 1.° vol., 1954.

Guha, Harald Andreas – *Der Schutz der absoluten Person der Zeitgeschichte vor indiskreter Wort- und Bildberichterstattung*, 1999.

Guilherme de Oliveira – *vide* Rodrigues, Cunha.

Günther, Hans-Ludwig – *vide* Keller, Rolf.

Habermann, Norbert – *Staudingers Kommentar*, 1, §§ 1-14 (2013);
– *Verscholenheitsgesetz*, em *Staudingers Kommentar* 1, *§§ 1-14* (2004), 447-537.

Habermann, Norbert – *Verscholenheitsgesetz*, em *Staudingers Kommentar* 1, *§§ 1-14* cit., 520-564.

Habersack, Mathias – *Die Mitgliedschaft – subjektiven und "sonstiges" Recht*, 1996, com rec. de Dieter Reuter, AcP 197 (1997), 322-334.

Habscheid, Walther J. – *Der nichtfähige Verein zwischen juristischer Person und Gesellschaft*, AcP 155 (1956), 375-418.

Hachenburg/Mertens – *GmbHG/Grosskomm*, 7.ª ed., 1979.

Hadding, Walter – *Verfügungen über Mitgliedschaftsrechte*, FS Steindorff (1990), 31-34;
– *Ergibt die Vereinsmitgliedschaft "quasi-vertragliche" Ansprüche, "erhöhte Treue- und Fürsorgepflichten" sowie ein "sonstiges Recht" im Sinne des § 823, Abs. I, BGB?*, FS Kellermann (1991), 91-113.

Haff, Karl – *Grundlagen einer Körperschaftslehre* I – *Gesetze der Willensbildung bei Gemeinschaft und Staat*, 1915;
– *Die juristischen Personen des bürgerlichen und Handelsrechts in ihren Umbildung*, FS RG, 2.° vol. (1929), 178-190;

Hager, Johannes – *Der Schutz der Ehre im Zivilrecht*, AcP 196 (1996), 168-218.

Halfmeier, Axel – *Die Veröffentlichung privater Tatsachen als unerlaubte Handlung/ /Eine rechtsvergleichende Untersuchung*, 2000.

Hämmerle, Ferdinand – *vide* Kaser, Max.

Hansmann, Henry – *A Reform Agenda for the Law of Nonprofit Organizations*, em Klaus J. Hopt/Dieter Reuter, *Stiftungsrecht* (2001), 241-272.

Harari, Yuval Noah – *Sapiens / A Brief History of Humankind*, 2015.

Haratsch/Koenig/Pechstein – *Europarecht*, 9.ª ed., 2014.

Haratsch, Andreas – *vide* Koenig, Christian.

Hare, Richard M. – *Abtreibung und die Goldene Regel*, em Leist, *Um Leben und Tot* (1990), 132-156.

Harmann, Nicolai – *Das Problem des geistigen Seins*, 2.ª ed., 1949.

Härtel, Rainhard – *Selbstbenennung und Fremdbenennung im hohen Mittelalter*, em Dieter Kremer, *Onomastik* VI – *Namenforschung und Geschichtswissenschaft/ /Literarische Onomastik/Namenrecht* (2002), 91-113.

Hattenhauer, Hans – *"Person"/Zur Geschichte eines Begriffs*, JuS 1982, 405-411.

Hegel, Georg Friedrich – *Grundlinien der Philosophie des Rechts oder Naturrecht und Staatswissenschaft im Grundrisse* (1820), em *Stämtliche Werke*, ed. Hermann Glockner, VII, 1928, reimp. 1952.

Heincke, Peter – *vide* Baume, Hans-Peter.

Heinnecius – *Institutiones juris civilis*, por Jo. Waldeck, 1814, ed. Coimbra, 1887.

Heinrichs – *vide* Palandt.

Heinrichs, Helmut – no Palandt Kommentar zum BGB, 42ª ed., 1983.

Heise, Arnold – *Grundriss eines Systems des Gemeinen Civilrechts zum Behuf von Pandecten. Vorslegung*, 1.ª ed., 1807, 2.ª ed., 1816, e 3.ª ed., 1822.

Heisig, Carsten – *Persönlichkeitsschutz in Deutschland und Frankreich*, 1999.

Heldrich, Andreas – *Der Deliktsschutz des Ungeborenen*, JZ 1965, 593-599;
– *Der Persönlichkeitsschutz Verstorbener*, FS Heindrich Lange (1970), 163-178.

Helle, Ernst – *Der Schutz der persönlichen Ehre und des wirtschaftlichen Prufes im Privatrecht/Vornehmlich auf Grund der Rechtsprechung*, 2.ª ed., 1969.

Helms, Arne – *Schadenersatzansprüch wegen Beeinträchtigung der Vereinsmitglied-schaft*, 1998.

Henkel, Heinrich – *Einführung in die Rechtsphilosophie*, 2.ª ed., 1977.
Henkes – *vide* Bartl.
Hennerkes, Brun-Hagen/Schiffer, K. Jan – *Stiftungsrecht*, 2001.
Henriques, Paulo Videira – *vide* Monteiro, Jorge Sinde.
Herdegen, Gerhard – *"Soldaten sind Mörder"*, NJW 1994, 2933-2934.
Hermann, Robert – *Ueber das Recht der Namensführung und der Namensänderung*, AcP 45 (1862), 153-169 e 315-341.
Hermanns-Engel, Karl-Joseph – *Die rechtliche Berücksichtigung der Menschen vor der Zeugung/Eine Untersuchung zum Deutschen, Französischen und Englischen Zivilrecht*, 1997.
Herodoto – *vide* Lange, Friedrich.
Herrmann, Elisabeth – *vide* Vogt, Joseph e outro.
Herrmann, Manfred – *Der Schutz der Persönlichkeit in der Rechtslehre des 16. bis 18. Jahrhunderts*, 1968.
Herth, Christiane – *Persönlichkeitsschutz im englischen Zivilrecht/Ein Rechtsvergleichenden Beitrag zur Haftung der Massenmedien bei Eingriffen in den geschützten Privatbereich*, 1989.
Heselhaus, Sebastian M./Nowak, Carsten – *Handbuch der Europäischen Grundrechte*, 2006.
Heusler, Andreas – *Institutionen des Deutschen Privatrechts*, 1885.
Hillebrand, Julius Hubert – *Lehrbuch des heutigen gemeinen deutschen Privatrechts mit Einschluss des Handels- und Lehnrechts*, 1849.
Hirsch, Christoph – *Der Allgemeiner Teil des BGB*, 2.ª ed., 1992;
– *BGB / Allgemeiner Teil*, 9.ª ed., 2016.
Hirsch, Günther – *Die Grundrechte in der Europäischen Union*, RdA 1998, 194-200;
– *Gemeinschaftsgrundrechte als Gestaltungsaufgabe*, em Karl F. Kreuzer/Dieter H. Scheuing/Ulrich Sieber, *Europäische Grundrechtsschutz* (1998), 7-24.
Hochhuth, Martin – *Die Meinungsfreiheit im System des Grundgesetzes*, 2008.
Hoerster, Norbert – *Ein Lebensrecht für die menschliche Leibesfrucht?*, JuS 1989, 172-178.
Höfling, Wolfram/Rixen, Stephan – *Recht und Leben und Verbot der Todesstrafe*, em Heselhaus/Nowak, *Handbuch der Europäischen Grundrechte* (2006), 361-389.
Hofmann, Hans – *Das Lebensrecht des Nasciturus/Zivilrechtliche Aspekte der Abtreibung*, 1992.
Hofmann, Paul – *Zum "Durchgriffs-" Problem bei der unterkapitalisierten GmbH*, NJW 1966, 1941-1946.
Höhn, Günther – *Akademische Grade-, Dienst- und Berufbezeichnungen Sowie Titel (Namensattribute) in der Firma in Firmen- und wettbewerbsrechtlicher Sicht*, ZHR 153 (1989), 386-422.
Holch, Georg – em *Münchener Kommentar zum BGB*, I, 4.ª ed., 2001.
Hölder, Eduard – *Das Problem der juristischen Persönlichkeit*, JhJb 53 (1908), 40-107.
Hölder, Eduard – *Kommentar zum Allgemeiner Theil des Bürgerlichen Gesetzbuchs*, 1900;
– *Natürliche und juristische Personen*, 1905.
Homem, Pedro Barbas/Carvalho, Luís Guimarães de/Anastásio, João – *Legislação de educação*, 2001.

Hommelhoff, Peter – *Stiftungsrechtsreform in Europa*, em Klaus J. Hopt/Dieter Reuter, *Stiftungsrecht in Europa* (2001), 227-240;
– *vide* Fischer;
– *vide* Lutter, Marcus.

Hondius, Fritz – *A Panorama of Trends and Developments of Foundation Law in Europe*, em Klaus J. Hopt/Dieter Reuter, *Stiftungsrecht in Europa* (2001), 573-592.

Honsa, Hans-Jurgen – *Mobbing und sexuelle Belästigung im öffentlichen Dienst*, 2008.

Hopf, Gerhard – em Helmut Koziol/Peter Bydlinski/Raimond Bollenberger, *Kurzkommentar zum ABGB*, 4.ª ed., 2014.

Hopt – *vide* Baumbach.

Hopt, Klaus J./Reuter, Dieter – *Stiftungsrecht in Europa: Eine Einführung*, em Hopt/ /Reuter (publ.), *Stiftungsrecht in Europa* (2001), 1-20;
– *Stiftungsrecht in Europa/Stiftungsrecht und Stiftungsrechtsreform in Deut- schland, den Mitgliedstaaten der Europäischen Union, der Schweiz, Liechtenstein und den USA* (2001).

Hörster, Heinrich Ewald – *A parte geral do Código Civil Português/Teoria geral do Direito civil*, 1992.

Houin, M. – *Avant-projet de textes sur les droits de la personnalité, Livre premier – Des personnes physiques et de la famille* em *Travaux de la Commission de Réforme du Code Civil* (1950-1951), 31-346.

How, W. W./Wells, J. – *A commentary in Herodotus*, vol. II (Livros V-IX), 1912, reimp., 1990.

Howe, Peter – *Zivilrechtlicher Eingriff und Interessenabwägung beim Persönlichkeitsrechts auf Wahrung der Privaten Geheimsphäre*, 1990.

Huber, Peter M. – *Recht der Europäischen Integration*, 2.ª ed., 2002.

Hubmann, Heinrich – *Das Persönlichkeitsrecht*, 1.ª ed., 1953, e 2.ª ed., 1967.

Hübner, Ulrich – *Zum "Durchgriffs" bei juristischen Personen im europäischen Gesellschafts- und Unternehmensrecht*, JZ 1978, 703-710.

Huc, Th. – *Le Code Civil Italien et le Code Napoleón*, 1868.

Hüffer, Uwe – Die Reform des Schuldrechts im Spiegel weiterer Gutachten und Vorschläge, AcP 184 (1984), 584-594.

Hugo, Gustav – *Lehrbuch des Naturrechts, als einer Philosophie des positiven Rechts*, 1798 e 2.ª ed., 1819.

Hugoni Donelli jurisconsulti et antecessoris opera omnia, tomo I, ed. 1840.

Human Rights in International Law/Collected Texts, 2.ª ed., 2000.

Hume, David – *Of the original contract*, publ. em *Moral and Political Essays* (1748) ed. Sir Ernest Barker, 209-236.

Husserl, Gerhart – *Rechtssubjekt und Rechtsperson*, AcP 127 (1927), 129-209.

Hüttemann, Rainer – *Das Gesetz zur Modernisierung des Stiftungsrechts*, ZHR 167 (2003), 35-65.

Iliadou, Ekaterini – *Forschungsfreiheit und Embryonenschutz/Eine verfassungs- und europarechtliche Untersuchung der Forschung an Embryonen*, 1999.

Impallomeni, Giambattista – *Persona giuridica (diritto romano)*, NssDI XII (1965), 1028-1032.

Iorio, Giovanni – *Le fondazioni*, 1997.
Ipsen, Jörg – *Staatsrecht*, II – *Grundrechte*, 18.ª ed., 2015.
Irmgard, Heinrich – no Comentário de Th. Soergel, *Bürgerliches Gesetzbuch*, I, 12.ª ed., 1987.
Iudica, Giovanni – vide Alpa, Guido.

Jarass, Hans D. – *EU-Grundrecht/Ein Studien- und Handbuch*, 2005.
Jardim, Adriano Vera – *vide* Cupis, Adriano de.
Jauernig, Othmar – *Bürgerliches Gesetzbuch/Kommentar*, 11.ª ed., 2004.
Jault-Seseke, Fabienne – vide Courbe, Patrick.
Jellinek, Georg – *System der subjektiven öffentlichen Rechte*, 2.ª ed., 1905, reimp., 1963.
Jesus, Maria Carolina Reis Paulino de – *vide* Dias, Cândida Rodrigues.
Jhering, Rudolf von – *Rechtsschutz gegen injuriöse Rechtsverletzung*, JhJb 23 (1885), 155-338 = *Gesammelte Aufsätze*, 3.° vol. (1886, reimp., 1981), 233-408;
– *Geist des römischen Rechts auf den verschiedenen Stufe seiner Entwicklung*, 3.° vol., 10.ª ed. equivalente à 5.ª, de 1906, reimp., 1993.
John, Uwe – *Gesellschaftsfreundlicher Durchgriff? Schadensersatzprobleme bei Schädigung eines für die Gesellschaft tätigen Einmangesellschafters*, JZ 1979, 511-516.
Jonas, Martin – vide Stein, Friedrich.
Jorge, Álvaro – *A verdade sobre o crime do aborto/Subsídios para a história da defesa do direito à vida em Portugal*, 1982.
Joseph, Sarah/Castan, Melissa – *The International Covenant on Civil and Political Rights: Cases, Materials and Commentary*, 3.ª ed., 2013.
Jowitt, Earl/Walsh, Clifford – *The Dictionary of English Law*, 2 volumes, 1959.
Juglart, Michel de – *vide* Mazeaud, Henri/Mazeaud, Léon/Mazeaud, Jean.
Junker, Claudia – *Pflichtverletzung, Kindesexistenz und Schadensersatz/Wrongful Life, Wrongful Birth, Wrongful Pregnancy, Wrongful Adoption & Wrongful Parenthood*, 2002.
Junqueiro, Porfírio Augusto – *vide* Andrade, Manuel de.
Jurgeleit, Andreas (org.) – *Betreuungsrecht/Handkommentar*, 2013.
Jürgens, Andreas – *Betreuungsrecht Kompakt: systematische Darstellung des Betreuungsrechts*, 2016.
Justo, António dos Santos – *A escravatura em Roma*, BFD 73 (1997), 19-33.

Kaden – Recensão a Basile Eliachevitch, *La personalité juridique en droit privé romain*, 1942, SZRom 46 (1944), 437-448.
Kahler, Ulrich – *Die Haftung des Gesellschafters im Falle der Unterkapitalisierung einer GmbH*, BB 1985, 1429-1434.
Kaiser, Peter – *vide* Keller, Rolf.
Kant, Immanuel – *Grundlegung zur Metaphysik der Sitten* (1785), em *Kant's gesammelte Schriften*, ed. Real Academia Prussiana das Ciências, IV, 1903;
– *Prolegomena zu einer jeden künftigen Metaphysik die als Wissenschaft wird auftreten können* (1783), em *Kant's gesammelte Schriften*, ed. Real Academia Prussiana das Ciências IV, 1903;

– *Einleitung in die Metaphysik der Sitten*, 6.° vol. em *Kant's gesammelte Schriften*, ed. Real Acad. Prussiana das Ciências, 1907;
– *Kritik der reinen Vernunft*, 2.ª ed. (1787), em *Kant's gesammelte Schriften*, ed. Real Academia Prussiana das Ciências, III, 1911.

Karlowa – *Zur Lehre von den juristischen Personen*, GrünhutZ 15 (1888), 381-432.

Kaser, Max – *Das römische Privatrecht*, I – *Das altrömische, das vorklassische und klassische Recht*, 1955;
– *Partus ancillae*, SZRom 75 (1958), 156-200;
– *Das römische Privatrecht* I – *Das altrömische, das vorklassische und klassische Recht*, 2.ª ed., 1971;
– *Direito privado romano*, trad. Samuel Rodrigues/Ferdinand Hämmerle, 1999.

Katschinski, Ralf Joachim – *Die Verschmelzung von Vereinen*, 1999.

Kaufmann, Horst – *Allgemeines Persönlichkeitsrecht und Schmerzensgeld*, JuS 1963, 373-384.

Kayser, Pierre – *Les droits de la personnalité/Aspects théoriques et pratiques*, RTDCiv LXIX (1971), 445-509;
– *La protection de la vie privée*, 1990.

Kehl, Robert – *Die Rechte der Toten*, 1991.

Keinhard, Rudolf – *Das Problem des allgemeinen Persönlichkeitsrechts in der Zivilrechtsordnung/Offene Probleme einer juristischen Entdeckung*, 1977.

Keller, D. Fried. Ludwig von – *Pandekten*, publ. Emil Friedberg, 1861.

Keller, Rolf/Günther, Hans-Ludwig/Kaiser, Peter – *Kommentar zum Embryonenschutzgesetz*, 1992.

Kelsen, Hans – *Reine Rechtslehre/Einleitung in die Rechtswissenschaftliche Problematik*, 1934.

Kennedy, Caroline – *vide* Alderman, Ellen.

Kierulff, J. F. – *Theorie des gemeinen Civilrechts*, 1.° vol., 1839.

Kieβ, Peter – vide Pardy, Karl-Dieter.

Kiessling, Erik – *Vorgründungs- und Vorgesellschaften*, 1999.

Kingreen, Thorsten – *Gleichheitsrechte*, em Dirk Ehlers, *Europäische Grundrechte und Grundfreiheiten* (2003), 398-420.

Kipp, Theodor – *vide* Windscheid, Bernhard.

Klang/Wolff – *ABGB*, §§ 1-352, 1933.

Kleindier, Detlef – *Deliktshaftung und juristische Person/Zugleich zur Eigenhaftung von Unternahmensleitern*, 1997.

Klinkhardt, Horst – *vide* Oberloskamp, Helga.

Klippel, Diethelm – *Der zivilrechtliche Schutz des Namens/Eine historische und systematische Untersuchung*, 1985.

Kluth, Winfried – *Zur Rechtsnatur der indizierten Abtreibung/Analyse und Auslegung des § 218 a StGB*, FamRZ 1985, 440-444.

Kniepp, Ferdinand – *Societas Publicanorum*, 1896.

Knütel, Rolf – *vide* Behrends, Okko.

Köbler, Gerhard – *Das Minderjährigenrecht*, JuS 1979, 789-794.

Koenig, Christian/Haratsch, Andreas – *Europarecht*, 4.ª ed., 2003.

Kohl – *Alternativ Kommentar BGB*, 1987.

Köhler, Helmut – *BGB / Allgemeiner Teil*, 42.ª ed., 2018;
– *Namensrecht und Firmarecht*, FS Fikentscher (1998), 494-515.

Kohler, Josef – *Das Autorrecht, eine zivilistische Abhandlung, zugleich ein Beitrag zur Lehre vom Eigenthum, vom Miteigenthum, vom Rechtsgeschäft und vom Individualrecht* I, JhJb XVIII (1879), 129-138 e II, JhJb XVIII (1879), 329-442;
– *Das Individualrecht als Namensrecht*, AbürglR V (1891), 77-110;
– *Die Ideale im Recht*, 1891;
– *Das Recht an Briefen*, AbürglR VII (1893), 94-149.

Kollmer, Norbert – *Mobbing im Arbeitsverhältnisse*, 2003.

Koos, Stefan – *Fiduziarische Person und Widnung: das stiftungsspezifische Rechtsgeschäft und die Personifikation treuhänderisch gefrägter Stiftung*, 2004;
– no *NomosKommentar zum BGB* 1, 3.ª ed., 2016.

Korneeva, Ekaterina – *Das Persönlichkeitsrechts des Unternehmens*, 2014.

Koschaker, Paul – *Miszellen*, SZRom 49 (1929), 404-471;
– rec. a Emilio Bussi, SZRom 58 (1938), 252-270.

Koumantos, Georgios – *Rechte an Briefen / Eine rechtsvergleichende Skizze*, FS Hubmann (1985), 193-200.

Kraft, Alfons – *Gedanken zum allgemeinen Persönlichkeitsrecht juristischer Personen*, FS Hubmann (1985), 201-219;
– *AktG/Köllnerkommentar*, 2.ª ed., 1.º vol., 1988.

Krause, Karl Friedrich – *vide* Mello, Francisco de Mendonça e.

Kraut, Wilhelm Theodor – *Die Vormundschaft nach den Grundsätzen des deutschen Rechtes* (1835), três volumes, especialmente 2, 1847;
– *Grundriss zu Vorlesungen über das Deutsche Privatrecht*, 6.ª ed., 1886.

Kriele, Martin – anotação a BVerfG 25-Fev.-1975, JZ 1975, 222-225;
– *Ehrenschutz und Meinungsfreiheit*, NJW 1994, 1897-1905.

Kronke, Herbert – *Familien- und Unternehmensträgerstiftungen*, em Klaus J. Hopt/ /Dieter Reuter, *Stiftungsrecht in Europa* (2001), 159-173.

Krückmann, Paul – *Institutionen des Bürgerlichen Gesetzbuches*, 1912.

Krüger, Hildegard – *Der Name der Frau nach bürgerlichem Recht*, AcP 156 (1957), 232-264.

Krüger, Hugo – recensão a Julius Binder, *Das problem der juristischen Persönlichkeit*, 1907, SZRom 29 (1907), 518-526.

Krüger, Paul – *vide Corpus Iuris Civilis*;
– *vide* Mommsen, Theodor.
– *vide* Puchta, G. F..

Krüger-Nieland, Gerda – *RGRK*, 12.ª ed., 1982.

Krveger, Paul – *vide Corpus Iuris Civilis/Codex Iustiniani*.

Kübler, Friedrich – *Gesellschaftsrecht*, 5.ª ed., 1999.

Kuhn, Georg – *Haften die GmbH-Gesellschafter für Gesellschaftsschuldung persönlich?*, FS Robert Fischer 1979, 351-364.

Kuhn, Ottmar – *Strohmanngründung bei Kapitalgesellschaften*, 1964.

Kuhse, Helga – *Die Lehre von der "Heiligkeit" des Lebens*, em Leist, *Um Leben und Tot* (1990), 75-106.

Kummerow, E. – *Gesetz über die Verschollenheit, die Todeserklärung und die Feststellung der Todeszeit*, 1949.

Kunig, Philip – *vide* Münch, Ingo von.

Kunkel, Wolfgang – *Exegetische Studien zur aquilischen Haftung*, SZRom 49 (1929), 158-187;

– *Herkunft und soziale Stellung der römische Juristen*, 2.ª ed., 1967.

Kupisch, Berthold – *vide* Behrends, Okko.

Küster, Axel – *Blinde und Taubstumme im römischen Recht*, 1991.

Laband, Paul – rec. a Carl Gareis, *Das Deutsche Patentgesetz vom 25. Mai 1877 erläutert*, ZHR 23 (1878), 621-624.

Labrée, Xavier – *Esquisse d'une définition civiliste de l'espèce humaine*, D 1999, 437-442.

Lammeyer, Joseph – *Die juristischen Personen der katholischen Kirsche*, 1929.

Landi, Guido – *Domizilio, residenza e dimora (diritto privato)*, ED XIII (1964), 842-856.

Lang, Fritz/Mulansky, Katja/Mulansky, Thomas – *Die Gesellschaft bürgerlichen Rechts*, 2010.

Lange, Friedrich – *Die Geschichten des Herodotos*, ed. Otto Güthling (1885), II.

Lange, Hermann – *Römisches Recht im Mittelalter* – Band I – *Die Glossatoren*, 1997.

Lanza, Carlo – *Ricerche su "furiosus" in diritto romano*, 1990.

Larenz, Karl – *Zur Lehre von der Rechtsgemeinschaft*, JhJb 83 (1933), 108-177;

– *Das "allgemeine Persönlichkeitsrecht" im Recht der unerlaubten Handlungen*, NJW 1955, 521-525;

– *Allgemeiner Teil des deutschen bürgerlichen Rechts*, 8.ª ed., 2004; 9.ª ed., 2004.

Larenz, Karl/Canaris, Claus-Wilhelm – *Lehrbuch des Schuldrechts*, II/2 *Besondere Teil*, 13.ª ed., 1994;

– *Methodenlehre der Rechtswissenschaft*, 3.ª ed., 1995.

Larenz, Karl/Wolf, Manfred – *Allgemeiner Teil des Bürgerlichen Rechts*, 8.ª ed., 1997.

Laroche-Gisserot, Florence – *vide* Mazeaud, Henri e Léon.

Laufs, Adolf – *Schädliche Geburten – und kein Ende*, NJW 1998, 796-798.

Leage/Prichard, A. M. – *Roman Private Law*, 3.ª ed., 1961.

Leakey, Meave/Walker, Alan – *Les premiers bipèdes en Afrique*, em *Les origines de l'homme/Dossier*, Pour la Science, 1999.

Lecheler, Helmut – *Einführung in das Europarecht*, 2.ª ed., 2003.

Lefebvre-Teillard, Anne – *La Loi du 11 Germinal An XI*, em Dieter Kremer, *Onomastik* VI – *Namenforschung und Geschichtswissenschaft/Literarische Onomastik/ /Namenrecht* (2002), 381-387.

Lehamnn, Karl – *Die geschichtliche Entwicklung des Aktienrechts bis zum Code de Commerce*, 1895.

Lehmann, Britta – *Postmortaler Persönlichkeitsschutz*, 1973.

Lehmann, Karl-Heinz – *Abtreibung und legaler Schwangerschaftsabbruch in der DDR*, FamRZ 1968, 413-423.

Lehmann, Mathias – *Der Begriff der Rechtsfähigkeit*, AcP 207 (2007), 225-255.

Lehner, Roman – *Zivilrechtlicher Diskriminierungsschutz und Grundrecht*, 2013.

Leipold, Dieter – *Zur Beweislast beim Schutz der Ehre und des Persönlichkeitsrechts*, FS Hubmann (1985), 271-284.

Leist, Anton – *Diskussionen um Leben und Tot*, em Leist, *Um Leben und Tot* (1990), 9-72;
– *Eine Frage des Lebens/Ethik der Abtreibung und künstlichen Befruchtung*, 1990;
– *Um Leben und Tot/Moralische Probleme bei Abtreibung, künstlicher Befruchtung, Euthanasie und Selbsmord*, 1990.

Leitão, Luís Menezes – *Contrato de sociedade*, em Menezes Cordeiro (org.), *Direito das obrigações*, 2.° vol., 2.ª ed., 1994;
– *Estatuto da Ordem dos Advogados anotado*, 2015;
– *Direito das obrigações* 1, 15.ª ed., 2018.

Lenel, Otto – *Briefe Savignys an Georg Arnold Heise*, SZRom 36 (1915), 96-156;
– *Das Edictum Perpetuum/Ein Versuch zu seiner Wiederherstellung*, 3.ª ed., 1927.

Lenzen, Karl – *Hat das ungeborene Kind nur einen moralischen Status?*, MDR 1990, 969-971.

Leonhard, R. – *Domicilium*, PWRE 5, 1 (1903), 1299-1301.

Lepsius, Susanne – no Historisch-kritischer Kommentar zum BGB III/2 (2013), §§ 705-740.

Les cinq codes, Napoléon, de Procedure Civile, de Commerce, d'Instruction Criminelle, et Pénal, por T. D. (1811).

Lessmann, Herbert – *Persönlichkeitsschutz juristischer Personen*, AcP 170 (1970), 266-294.

Levesque, Alfred – Anotação a CssFr 30-Dez.-1867, D 1868, 1, 49-50.

Liebenam, W. – *Zur Geschichte und Organisation des römischen Vereinswesens*, 1890.

Lieberknecht, Otfried – *Die Enteignung deutscher Mitgliedschaftsrechte an ausländi- schen Gesellschaften mit in Deutschland belegenem Vermögen*, NJW 1956, 931-936.

Lilienfeld-Toal, Roland von – *Das allgemeine Persönlichkeitsrecht juristischer Personen des Zivilrechts*, 2003.

Lima, Pedro – *vide* Bourdial, Isabelle.

Lima, Pires de/Varela, Antunes – *Código Civil Anotado*, 1.° vol., 4.ª ed., 1987.

Lindon, Raymond – Anotação a CssFr 16-Dez.-1975, DS 1976, 398-399.

Lipp, Martin – *"Persona moralis", "Juristische Person" und "Personenrecht" – Eine Studie zur Dogmengeschichte der "Juristischen Person" in Naturrecht und frühen 19. Jahrhundert*, QF 11/12 (1982/83), 1, 217-262.

Litschen, Kai – *Die juristische Person im Spannungsfeld von Norm und Interesse*, 1999.

Lobão, Manuel Almeida Sousa de – *Tratado pratico de morgados*, 3.ª ed., 1841.

Locke, John – *An Essay Concerning the true Original, Extent and End of Civil Government*, em *Social Contract/Essays* by Locke, Hume and Rousseau, intr. Sir Ernest Barker, 1947, 1-206.

Locke, John – *Two Treatises on Civil Government*, 1690.

Loffredo, Francesca – *Le persone giuridiche e le organizzazzioni sensa personalità giuridica*, 2001.

Lohmann, Georg – *Die unterschiedlichen Menschenrechte*, em K. Peter Fritzsche/Georg Lohmann, *Menschenrechte zwischen Anspruch und Wirklichkeit* (2000), 9-23;
– *vide* Gosepath, Stefan.

Loock, Alexandra – *Das allgemeine Persönlichkeitsrecht der öffentlichen Person in den Medien*, 2005.

Lopes, J. de Seabra – *Direito dos Registos e do Notariado*, 7.ª ed., 2015.

Losch, Bernhard/Radau, Wiltrud Christine – *Die "Kind als Schaden"-Diskussion*, NJW 1999, 821-827.

Löw, Konrad – *Die Grundrechte*, 1982.

Löwisch, Manfred – *Beschränkung der Minderjährigenhaftung und gegenseitiger Vertrag*, NJW 1999, 1002-1003.

Lübtow, Ulrich von – *Untersuchung zur lex Aquilia de damno iniuria dato*, 1971.

Lüdicke, Klaus – *vide Münstnischer Kommentar zum Codex Iuris Canonici.*

Lutter, Marcus – *Theorie der Mitgliedschaft / Prolegome zu einem Allgemeiner Teil des Korporattionsrechts*, AcP 180 (1980), 84-159;
– *vide* Fischer.

Lutter, Marcus/Hommelhoff, Peter – *Nachrangiges Haftkapital und Unterkapitalisierung in der GmbH*, ZGR 1979, 31-66;
– *GmbHG/Kommentar*, 14.ª ed., 1995.

Mac Crorie, Benedita – *A eutanásia e o auxílio ao suicídio na Carta dos Direitos Fundamentais da União Europeia*, SI LII (2003), n.º 297, 447-473.

Macedo, Jorge Borges de – *Nobreza – Na época moderna*, DHP IV (1979), 388-394.

Machado, Baptista – *"Venire contra factum proprium" e tutela da confiança*, RLJ 117 (1985).

Maffei, Domenico – *Capacità (diritto romano)*, ED VI (1960), 3-7.

Magalhães, Fernando Sousa – *Estatuto da Ordem dos Advogados – anotado e comentado*, 10.ª ed., 2015.

Magalhães, José – *vide* Beleza, Teresa.

Malaurie, Philippe – *Droit civil/Les personnes/Les incapacités*, 3.ª ed., 1995.

Malberg, Hermann – *Gesellschaftsrecht*, 7.ª ed., 1990.

Manssen, Gerrit – *Staatsrecht*, II – *Grundrechte*, 12.ª ed., 2015.

Manthe, Ulrich – *Bemerkungen zur "cura furiosi"*, TS LVII (1989), 157-167;
– *Gaius institutiones/Die Institutionen des Gaius*, 2004.

Manthe, V. – *Bemerkungen zur "cura furiosi"*, TS LVII (1989), 157-167 – recensão a Oliviero Diliberto, *Studi sulle origini della 'cura furiosi'*, 1984.

Mantello, Antonio – *Individuo, fenomeni associativi e strutture socio-economiche nel razionalismo wolffiano/Qualche spunto critico*, QF 11/12 (1982/83), 179-216.

Mantovani, Fernando – *Morte (generalità)*, ED XXVIII (1977), 83 -102.

Marbach, Ernst – *Mors*, PWRE 16,1 (1933), 314-316.

March, Ramiro Javier/Monnier, Jean-Laurent – *Les plus anciennes traces de feu*, em *Les origines de l'homme/Dossier*, Pour la Science, 1999.

Marcos, Rui Manuel de Figueiredo – *As companhias pombalinas/Contributo para a história das sociedades por acções em Portugal*, 1995.

Mariconda, Rachele – *Dei cambiamenti e delle modificazioni del nome e del cognome*, em Pasquale Stanzione, *Il nuovo ordinamento dello stato civile* (2001), 317-363.

Marongiu, Antonio – *Assenza (storia)*, ED III (1958), 406-409.

Marques, António dos Reis – *Lei de saúde mental e internamento compulsivo*, *A lei de saúde mental* (2000), 111-119.

Marques, J. P. Remédio – *Alteração de nome – referências nobiliárquicas*, Lusíada, 2001, 155-173.

Marques, José Dias – *Teoria Geral do Direito Civil*, vol. 1.°, 1958.
Marques, Mafalda de Castro Ascensão – *vide* Ascensão, José de Oliveira.
Marques, Oliveira – *Cavalaria*, DHP, II vol., 26-28;
– *Lei Mental*, DHP, IV vol., 265-266.
Martens, Sebastian A. E. – *Kurze Geschichte der Frau im Recht*, Jura 2018, 1194-1199.
Martin, Klaus – *Das allgemeine Persönlichkeitsrecht in seiner historischen Entwicklung*, 2007.
Martin, Robert – *La taille du cerveau et l'évolution humaine*, em *Les origines de l'homme/Dossier*, Pour la Science, 1999.
Martinez, Gregorio Peces-Barba – *Diritti e doveri fundamentali*, DDPubl V (1990), 139-159.
Martinez, Pedro Soares – *Da personalidade tributária*, 1952, reimp., 1969;
Martinez, Pedro Romano – *Da cessação do contrato*, 3.ª ed., 2015.
Martini, C.-A. von – *Positiones de lege naturali in usum auditorii vindolonensis*, 1782, ed. de Coimbra, 1794.
Martins, Manuel Flamínio dos Santos – *Código do Registo Civil (Decreto-Lei n.° 41.967, de 22-11-1958), Revista com notas na parte final e índice alfabético*, s/d.
Marty, Gabriel/Raynaud, Pierre – *Droit Civil/Les Personnes*, 3.ª ed., 1976.
Marty, Jochen – *vide* Soergel.
Mascio, Katia – L'amministrazione di sostegno / nella dottrina e nella giurisprudenza, 2016.
Mathieu, Bertrand – *Le recherche sur l'embryon au regard des droits fondamentaux constitutionnels*, D 1999, 451-456.
Matias, Carlos Frias de Oliveira – *vide* Sousa, António Pais de.
Matos, Filipe Albuquerque – *Responsabilidade civil por ofensa ao crédito ou ao bom nome*, 2011.
Matta, José Caeiro da – *Pessoas sociaes administrativas (Princípios e theorias)*, 1903.
Mattoso, José – *Ricos-homens, infanções e cavaleiros/A nobreza medieval portuguesa nos séculos XI e XII*, 1985.
Maurenbrecher, Romeo – *Lehrbuch des heutigen gemeinen deutschen Rechts*, 1832.
Mazeaud, Henri/Mazeaud, Léon/Mazeaud, Jean – *Leçons de Droit Civil*, tomo I, 5.ª ed., por Michel de Juglart, 2.° vol., *Les personnes/La personnalité*, 1972.
Mazeaud, Henri e Léon/Mazeaud, Jean/Chabas, François – *Leçons de Droit civil*, tomo I, 2.° vol., *Les personnes*, 8.ª ed. por Laroche-Gisserot, Florence, 1997.
Mazeaud, Jean – *vide* Mazeaud, Henri.
Mazeaud, Léon – *vide* Mazeaud, Henri.
Medeiros, Rui – *vide* Miranda, Jorge.
Meder, Stephan – no *HKK/BGB*, IV, *Familienrecht* (2018), 5-26.
Medicus, Dieter – *Allgemeiner Teil des BGB*, 10.ª ed., 2010.
Medicus, Dieter/Petersen, Jens – *Allgemeiner Teil des BGB*, 11.ª ed., 2016.
Medicus, Fritz – *vide* Fichte, Johann Gottlieb.
Meier, Sybille M./Deinert, Horst – *Handbuch Betreuungsrecht*, 2.ª ed., 2016.
Meinhart, Marianne – *D. 50.16.231/Ein Beitrag zur Lehre vom Intestaterbrecht des ungeborenen Kindes*, SZRom 82 (1965), 188-210.

Meissner, Michael – *Persönlichkeitsschutz juristischer Personen im deutschen und US-amerikanischen Recht/Eine rechtsvergleichende Untersuchung des allgemeinen Persönlichkeitsrechts juristischer Personen*, 1998.

Mello, Francisco de Mendonça e – *Curso de Direito Natural ou de Philosophia do Direito segundo o estado actual da sciencia na Alemanha*; tradução de Karl Friedrich Krause.

Mendes, Armindo Ribeiro – *vide* Mendes, João de Castro.

Mendes, João de Castro – *Direito Civil (Teoria Geral)*, 1.° vol., 1967;
– *Direito civil/Teoria geral*, 1.° vol., col. Armindo Ribeiro Mendes, 1978;
– *Direito civil (Teoria geral)*, vol. II, 1968.

Meneses, Miguel Pinto de – *vide* Freire, Pascoal José de Mello.

Merêa, Manuel Paulo – *Codigo Civil brasileiro anotado*, 1917;
– *Génese da "Lei Mental" (Breves notas)*, BFD X (1929), 1-15;
– *Lance de olhos sobre o ensino do direito (Cânones e leis) desde 1772 até 1804*, BFD XXII (1957), 187-214.

Mertens – *vide* Hachenburg.

Mesquita, Henrique – anotação a STJ 24-Out.-1996, RLJ 130 (1997), 116-119 e 141-143.

Messinetti, Davide – *Personalità (diritti della)*, ED XXXIII (1983), 355-405.

Mestmäcker, Ernst-Joachim – *Marktversagen und Staatsversagen in der Europäische Union*, em Grundmann, *Systembildung* (2000), 54-65;
– *Wirtschaft und Verfassung in der Europäischen Union/Beiträge zu Recht, Theorie und Politik der europäischen Integration*, 2.ª ed., 2006.

Meyer-Cording, Ulrich – *Die Vereinsstrafe*, 1957;
– *Die Rechtsnormen*, 1971.

Meyer, Jürgen – *Kommentar zur Charta der Grundrechte der Europäischen Union*, 4.ª ed., 2014.

Meyer-Landrut/Miller/Niehus – *GmbHG*, 1988.

Miguel, Carlos Frederico Montenegro de Sousa – *Escravatura*, DHP II (1979), 421-424.

Miguel, M. Ângela Montenegro – *Casa Pia*, DHP I (1979), 513-515.

Miller – *vide* Meyer-Landrut.

Miranda, Francisco Pontes de – *Tratado de Direito privado* VII, 3.ª ed., 1971.

Miranda, Jorge – *Direitos fundamentais/Introdução geral*, 1999;
– *A abertura constitucional a novos direitos fundamentais*, nos *Estudos em Homenagem ao Professor Doutor Manuel Gomes da Silva* (2001), 559-572;
– *Manual de Direito Constitucional*, tomo IV – *Direitos fundamentais*, 6.ª ed., 2015;
– *vide* Sousa, Rabindranath Capelo de.

Miranda, Jorge/Medeiros, Rui – *Constituição Portuguesa Anotada*, 1, 2.ª ed., 2010.

Mitteis, Ludwig – *Römisches Privatrecht bis auf die Zeit Diokletians* – I – *Grundbegriffe und Lehre von den juristischen Personen*, 1908.

Mittenzwei, Ingo – *Die Rechtsstellung des Vaters zum ungeborenen Kind*, AcP 187 (1987), 247-284.

Möhring, Philipp – rec. a Serick, *Rechtsform und Realität*, NJW 1956, 1791.

Möllers, Christoph – *Internationale Zuständigkeit bei der Durchgriffshaftung*, 1987.

Mommsen, Theodor – *Die römischen Eigennamen der republikanischen und augustei-schen Zeit* (1860) = *Römische Forschungen*, 1.° vol., 1864, reimp., 1962;
– *Zur Lehre von der römischen Korporation*, SZRom 25 (1904), 33-51.

Mommsen, Theodor/Krüger, Paul – *Corpus Iuris Civilis*, 6.ª ed., Berlim 1954.

Moncada, Luís Cabral de – *O "Idealismo alemão" na História da Filosofia do Direito em Portugal*, 1938;

– *Subsídios para uma História da Filosofia do Direito em Portugal*, BFD XIV (1937-38), 104-146, 259-342 e XV (1938-39), 25-117;

– *Lições de Direito civil/Parte geral*, 3.ª ed., 1959, correspondente à 1.ª, de 1932 = 4.ª ed. póstuma, 1995;

– *vide* Rocco, Alfredo.

Moniz, Helena – *Os problemas jurídico-penais da criação de uma base de dados genéticos para fins criminais*, RPCC 12 (2002), 237-264.

Monnier, Jean-Laurent – *vide* March, Ramiro Javier.

Monteiro, António Pinto – *Cláusula penal e indemnização*, 1990;

– anotação a STJ 19-Jun.-2001 (Fernando Pinto Monteiro), *Direito a não nascer*, RLJ 134 (2002), 377-384;

– Das incapacidades ao maior acompanhado/Breve apresentação da Lei n.º 49/2018, RLJ 2018, 72-84.

– *vide* Pinto, Carlos Alberto da Mota.

Monteiro, Jorge Sinde/Henriques, Paulo Videira – *Stiftungen im portugiesischen Recht*, trad. al. Cornelia Plag, em Klaus J. Hopt/Dieter Reuter, *Stiftungsrecht in Europa* (2001), 441-454.

Monteiro, Maria Albertina Lopes – *A eutanásia (Estudos) (estudos sobre eutanásia*, org. pelo Conde de Listowel e traduzida em port. por), 1972.

Monti, Gennaro Maria – *Lineamenti di storia delle corporazioni* I, 1931.

Moore, Keith L./Persaud, T. V. N. – *Before we are born*, 5.ª ed., 1998.

Moreira, Guilherme – *Instituições de Direito Civil Português* – I, 1903;

– *Instituições de Direito Civil Português* – I – *Parte Geral*, 1907.

Moreira, Sónia – *A autonomia do menor no exercício dos seus direitos*, SI 2001, 159-194.

Moreira, Vital – *vide* Canotilho, Gomes.

Mota, Henrique – *vide* Gouveia, Jorge Bacelar.

Müller, Gabriele – *Betreuung und Geschäftsfähigkeit*, 1998.

Müller, Gabriele/Renner, Thomas – *Betreuungsrecht und Vorsorgeverfügungen in der Praxis*, 4.ª ed., 2015.

Müller, Ulrich – *Die Verletzung des Persönlichkeitsrechts durch Bildnisveröffentlichung*, 1985.

Müller-Erzbach, Rudolf – *Das private Recht der Mitgliedschaft als Prüfstein eines kausalen Rechtsdenkens*, 1948.

Müller-Franken, Sebastian – em Bruno Schmidt-Bleibtreu, *Kommentar zum Grundgesetz*, 14.ª ed., 2018.

Müller-Freienfels, Wolfram – *Zur Lehre von sogenannten "Durchgriff" bei juristi- schen Personen im Privatrecht*, AcP 156 (1957), 522-543.

Müllers, Thomas M. J. – *vide* Fikentscher, Wolfgang.

Münch, Ingo von/Kunig, Philip – *Grundgesetz-Kommentar*, 5.ª ed., 2000.

Münstnischer Kommentar zum Codex Iuris Canonici, publ. Klaus Lüdicke, vol. 4, 1986.

Mutzenbecher, Franz Matthias – *Zur Lehre vom Persönlichkeitsrecht*, 1909.

Nagel, Bernhard – *Wirtschaftsrecht der Europäischen Union*, 4.ª ed., 2003.
Napoli, Emilio Vito – *L'infermità di mente, l'interdizione, l'inabilitazione*, 2.ª ed., 1995.
Nass, Gustav – *Person, Persönlichkeit und juristische Person*, 1964.
Natali, Nunzio – *La legge aquilia ossia il damnum iniuria datum*, 1896, reimpr., 1970.
Nehlsen, Hermann – *Sklavenrecht zwischen antike und Mittelalter/Germanisches und römisches Recht in den germanischen Rechtsaufzeichnung* I – *Ostgoten, Westgoten, Franken, Langobarden*, 1972.
Neill, Onorr O' – *Transnationale Gerechtigkeit*, em Gosepath/Lohmann, *Philosophie der Menschenrechte* (1998), 188-232.
Neiva, Bandeira de – *Observações sôbre o projecto do Codigo Civil*, 1860.
Nerson, Roger – *L'influence de la biologie et de la médecine modernes sur le droit civil*, RTDC LXVIII (1970), 661-683.
Nettesheim, Martin – *"Leben in Würde": Art 1 Abs. 1 GG als Grundrecht hinter den Grundrechten*, JZ 2019, 1-11.
Neuhoff, Klaus/Soergel – *BGB*, 1.º vol., 13.ª ed., 2000.
Neumann-Duesberg, Horst – *Abgrenzbarkeit des allgemeinen Persönlichkeitsrechts und sein Schutz nach § 823 Abs 1 BGB*, NJW 1957, 1341-1344.
Neumayer, Jochen/Schulz, Andreas – *Die Verschmelzung von rechtsfähigen Vereinen*, DStR 1996, 872-877.
Neuner, Jörg – *Privatrechtliche Schutz der Persönlichkeit*, JuS 2015, 961-969;
– vide Wolf, Manfred.
Nicolaysen, Gert – *Historische Entwicklungslinien des Grundrechtsschutzes in der EU*, em Hesselhaus/Nowak, *Handbuch der Europäischen Grundrechte* (2006), 1-28.
Niehus – *vide* Meyer-Landrut.
Nikoletopoulos, Panajiotis – *Die zeitliche Begrenzung des Persönlichkeitsschutzes nach dem Tode*, 1984.
Nipperdey, Hans Carl – vide Enneccerus, Ludwig.
Nissel, Reinhard – *Das neue Stiftungsrecht / Stiftungen bürgerlichen Rechts*, 2002.
Noack, Ulrich – *Fehlerhafte Beschlüsse in Gesellschaften und Vereinen*, 1989.
Nobreza de Portugal e do Brasil, II vol., 1960, reimpressão 1989.
Nörr, Dieter – *Origo/Studien zur Orst-, Stadt- und Reichszugehörigkeit in der Antike*, TS 31 (1963), 524-600.
Novais, Jorge Reis – *As restrições aos direitos fundamentais não expressamente autorizados pela Constituição*, 2.ª ed., 2010;
– *A dignidade da pessoa humana*, I – *Dignidade e direitos fundamentais*, 2015.
Nowak, Carsten – *Grundrechtsberechtigte und Grundrechtsadressaten*, em Hesselhaus/ /Nowak, *Handbuch der Europäischen Grundrechte* (2006), 212-254;
– *vide* Heselhaus, Sebastian M..
Nunes, Maria Helena – *vide* Dias, Cândida Rodrigues.
Nunes, Mário Rodrigues – *vide* Gouveia, Jaime de.

Oberloskamp, Helga – *Vormundschaft, Pflegschaft und Beistandschaft für Mindesjährige*, 2.ª ed., 1998.
Oertmann, Paul – *Bürgerliches Gesetzbuch/Allgemeiner Teil*, 3ª ed., 1927.
Oetker, Hartmut – *Münchener Kommentar* 2, 7.ª ed., 2016.

Oliveira, Elsa Dias – *Da responsabilidade civil extracontratual por violação de direitos de personalidade em Direito internacional privado*, 2011.

Oliveira, Guilherme de – *Direito biomédico e investigação clínica*, em *Temas de Direito da Medicina* (1999), 185-201;
– *O direito do diagnóstico pré-natal*, em *Temas de Direito da medicina* (1999), 203-223.

Oliveira, Jorge Menezes de – *vide* Pinheiro, Alexandre Sousa.

Oliveira, José Agostinho de – *vide* Coelho, José Gabriel Pinto.

Oliveira, Lamartine Correia de – *A dupla crise da pessoa jurídica*, 1979.

Oliveira, Luis da Silva Pereira – *Privilegios da Nobreza, e Fidalguia de Portugal*, 1806.

Oliveira, Nuno Manuel Pinto – *O direito geral de personalidade e a "solução do dissentimento"/Ensaio sobre um caso de "constitucionalização" do Direito civil*, 2002.

Olivero, Giuseppe – *Domicilio (diritto canonico)*, ED XIII (1964), 856-859.

Ordenações e Leis do Reino de Portugal, na *Collecção da Legislação antiga e moderna do Reino de Portugal*, 1833.

Orestano, Riccardo – *Il "problema delle persone giuridiche" in diritto romano*, 1.° vol., 1968.

Ors, Alvaro d' (org.) – *El Digesto de Justiniano*, vol. I, 1968;
– *El Digesto de Justiniano*, vol. II, 1972;
– *vide* Cícero.

Ortloff, Friedrich – *Grundzüge eines Systems des Teutschen Privatrechts mit Einschluss des Lehrrechts*, 1828.

Oslander, Daniela – *Das Recht am eigenen Bild im allgemeinen Persönlichkeitsrecht/ / Aspekte für Medienschaffende*, 1993.

Ostheide, Stefan – *Die Schadensersatzrechtliche Problematik des unerwünschten Kindes im deutschen Zivilrecht*, 2000.

Ostheim, Rolf – *Probleme bei Vertretung durch Geschäftsunfähige*, AcP 169 (1969), 193-231.

Otero, Paulo – *Sumário de um curso de direitos fundamentais*, 2000;
– *Direito da vida/Relatório*, 2004;

Ott, Claus – *Recht und Realität der Unternehmenskorporation / Ein Beitrag zur Theorie der juristischen Person*, 1977;
– *Begriff und Bedeutung der juristischen Person in der neueren Entwicklung des Unternehmensrechts in der Bundesrepublik Deutschland*, QF 11/12, 2.° vol. (1982/83), 915-946.

Otto, Dirk-Ulrich – *vide* Stöber, Kurt.

Otto, Lieselotte – *Handbuch der Stiftungspraxis / Stiftungsrecht, Steuerrecht und Becherungslegung bei Stiftung*, 2007.

Pacchioni, Giovanni – *Corso di diritto romano*, II, 2.ª ed., 1920.

Pache, Eckart – *Begriff, Geltungsgrund und Rang der Grundrechte der EU*, em Hesselhaus/ Nowak, *Handbuch der Europäischen Grundrechte* (2006), 142-186.

Pacheco, A. F. Carneiro – *Código Civil Português Actualizado*, vol. I, 1920.

Pahmeier, Lydia – *Die Geburt eines Kindes als Quelle eines Schadens*, 1997.

Paiva, Vicente Ferrer Neto – *Reflexões sobre os sete primeiros titulos do livro unico da Parte I do Projecto do Codigo Civil Portuguez*, 1859.

Palandt/Heinrichs, *BGB*, 62.ª ed., 2003; 63.ª ed., 2004; 64.ª ed., 2005; 66.ª ed., 2007; 75.ª ed., 2016.

Palandt/Sprau, Hartwig – *BGB*, 66.ª ed., 2007; 75.ª ed., 2016.

Palma, Maria Fernanda – *Tribunal Penal Internacional e constituição penal*, RPCC 11 (2001), 7-38.

Pamuk, Orhan – *A cidadela branca*, 1979, trad. port. Manuela Vaz, 2000.

Pardy, Karl-Dieter/Kieβ, Peter – *Betreuungs- und Unterbringungsrecht*, 5.ª ed., 2014.

Parquet, Muriel – *Droit des personnes*, 3.ª ed., 2010.

Pastori, Franco – *Gli istituti romanistici come storia e vita del diritto*, 2.ª ed., 1988.

Patrício, António Simões – *Curso de Direito económico*, 2.ª ed., 1981.

Patrício, Rui – *vide* Almeida, Carlota Pizarro de.

Pawlowski, Hans-Martin – *Allgemeiner Teil des BGB/Grundlehren des bürgerlichen Rechts*, 6.ª ed., 2000.

Pechstein – *vide* Haratsch.

Pecorella, Corrado – *Società (diritto intermedio)*, ED XIII (1990), 860-865.

Peixoto, A. Cruz da Rocha – *A noção de personalidade jurídica*, 1906.

Pereira, André Gonçalves Dias – *O consentimento para intervenções médicas prestado em formulários: uma proposta para o seu controlo jurídico*, BFD 76 (2000), 433-471.

Pereira, Manuel Gonçalves – *Ausência (Anteprojecto para o novo Código Civil)*, BMJ 105 (1961), 281-372;

– *Da ausência*, BMJ 105 (1961), 373-391.

Pereira, Rui Carlos – *Os crimes contra a integridade física na revisão do Código Penal*, em Maria Fernanda Palma e Teresa Pizarro beleza, *Jornadas sobre a Revisão do Código Penal* (1998), 183-205.

Pernice, Alfred – *Marcus Antistius Labeo/Das römische Privatrecht im ersten Jahrhundert der Kaiserzeit*, 1873.

Perreau, E. H. – *Des droits de la personnalité*, RTDC VIII (1909), 501-536 ;

– *Le droit au nom en matière civile (Patronymique, titre, prénom, pseudonyme, surnom, armoiries)*, 1910.

Persaud, T. V. N. – *vide* Moore, Keith L..

Peter, Karl/Crezelius, Georg – *Gesellschaftsverträge und Unternehmensformen*, 6.ª ed., 1995.

Peters, Butz – *vide* Frömming, Jens.

Peters, Ernst – *Erlöschen bevorrechtigenden Adelsbezeichnung*, Das Standesant 8/66, 239.

Petersen, Jens – vide Medicus, Dieter.

Peifer, Karl-Nikolaus – *Individualität im Zivilrecht/Der Schutz persönlicher, gegenständlicher und wettbewerblicher Individualität im Persönlichkeitsrecht. Immaterialgüterrecht und Recht der Unternehmen*, 2001.

Pfeiffer, R. – *Die Lehre von den juristischen Personen nach gemeinem und würtembergischem Rechte*, 1847.

Pfordten, Dietmar v. D. – *Gibt es Argumente für ein Lebensrecht des Nasciturus?*, ARSP 1990, 69-82.

Pfurtscheller, Bettina – em Michael Schwimann, *ABGB Taschenkommentar*, 2015.

Picker, Eduard – *Schadensersatz für das unerwünschte Kind ("wrongful birth")/Medizinischer Fortschritt als zivilisatorischer Rückschritt?*, AcP 195 (1995), 483-547;
– *Schadensersatz für das unerwünschte eigene Leben/"Wrongful Life"*, 1995;
– *Menschenwürde und Menschenleben – Zum Auseinarderdriften zweier fundamentaler Werte als Ausdruck moderner Tendenzen zur Relativierung der Menschen*, FG Flume 90. (1998), 155-263;
– *Il dano della vita/Risarcimento per una vita non desiderata*, trad. it. de Damiano Canale, 2004.

Pinheiro, Alexandre Sousa – *Privacy e protecção de dados pessoais: a construção dogmática do direito à identidade pessoal*, 2015.

Pinheiro, Alexandre Sousa/Oliveira, Jorge Menezes de – *O bilhete de identidade e os controlos de identidade*, RMP 60 (1994), 11-100.

Pinheiro, Jorge Duarte – *Código do Registo Civil / Código do Notariado*, 4.ª ed., 2010.

Pintens, Walter – *Entwicklungen im belgischen und niederländischen Namenrecht*, em Dieter Kremer, *Onomastik* VI – *Namenforschung und Geschichtswissenschaft/ / Literarische Onomastik/Namenrecht* (2002), 399-406.

Pinto, Carlos Alberto da Mota – *Teoria geral do Direito civil*, 3.ª ed., 1985; 4.ª ed. póstuma, actualizada por António Pinto Monteiro/Paulo Mota Pinto, 2005.

Pinto, Eduardo Vera-Cruz – Ius Commune Humanitatis *ou* Lex Mundi?, 2001.

Pinto, Paulo Mota – *O direito à reserva sobre a intimidade da vida privada*, BFD LXIX (1993), 479-585;
– *Declaração tácita e comportamento concludente no negócio jurídico*, 1995;
– *O direito ao livre desenvolvimento da personalidade*, em *Portugal-Brasil* (2000);
– *Indemnização em caso de "nascimento indevido" e de "vida indevida"* ("wrongful birth" *e* "wrongful life"), Lex Medicinae 2007, 5-25;
– *Direitos de personalidade e direitos fundamentais/Estudos*, 2018;
– *vide* Pinto, Carlos Alberto da Mota.

Piot, Maudy (org.) – *Le fœctus, une personne?*, 2010.

Pipkorn, Jörn/Bardenhewer-Rating, Angela/Claudius, Hans – von der Groeben/ /Schwartze, *Kommentar*, 1.° vol., 6.ª ed., 2003.

Pirson, Dietrich – *Das Stiftungsrecht des Codex Iuris Canoni*, em Klaus J. Hopt/Dieter Reuter, *Stiftungsrecht in Europa/Stiftungsrechts und Stiftungsrechtsreform in Deutschland, den Mitgliedstaaten der Europäischen Union, der Schweiz, Liechten-stein und den USA* (2001), 555-570.

Pitão, José António de França/Santos, Manuel António Macedo dos/Santos, Rui Crisóstomo dos – *Código do Registo Civil Anotado*, 1978.

Plag, Cornelia – *vide* Monteiro, Jorge Sinde e outro.

Planiol, Marcel – *Traité Élémentaire de Droit Civil*, 1, 3.ª ed., 1904.

Platão – *Politeia*/O Estado = ed. bilingue *Werke in acht Bänden*, trad. al. Friedrich Schleiermacher, vol. 4, 1971.

Pleimes, Dieter – *Irrwegen zur Dogmatik im Stiftungsrecht*, 1954.

Poetzsch-Heffter, Fritz – *Handausgabe der Reichsverfassung vom 11. August 1919*, 2.ª ed., 1921;
– *Handkommentar der Reichsverfassung vom 11.August 1919*, 3.ª ed., 1928.

Poggeschi, Raffaele – *Interdizione e inabilitazione*, NssDI VIII (1962), 809-836.

Pólay, Elemer – *Iniuria types in roman law*, 1986.

Pombo, J. Robalo – *Código do Registo Civil/Anotado e Comentado*, 1991.

Popu, Hélène – *La depouille mortelle, chose sacrée/À la decouverte d'une catégorie juridique oubliée*, 2009.

Pothier, R.-J. – *Traité des Personnes et des Choses*, em *Oeuvres de R.-J. Pothier contenant les Traités du Droit Français*, par M. Dupin Ainé, tomo 5.°, 1831.

Preuss, Hugo – *Stellvertretung oder Organschaft?*, JhJb 44 (1902), 429-479.

Prichard, A. M. – *vide* Leage.

Prinz, Mathias – *Der Schutz der Persönlichkeitsrechte vor Verletzung durch die Medien*, NJW 1995, 817-821;
– *Geldentschädigung bei Persönlichkeitsrechtsverletzung durch Medien*, NJW 1996, 953-958.

Proença, José Carlos Brandão – *A maioridade e a emancipação*, RFD LII (1976), 371-382.

Projecto de Codigo Civil Portuguez, 1867.

Projecto de Tratado que estabelece uma Constituição para a Europa, JOCE N.° C-169, 1-105, de 18-Jul.-2003, Parte II, 22-29.

Prütting, Hanns – no PWW/BGB, 5.ª ed., 2010 e 13.ª ed., 2018.

Puchta, G. F./Krüger, Paul – *System und Geschichte des römischen Privatrechts*, 8.ª ed., 1875, póstuma = 10.ª ed., 1893.

Puchta, Georg Friedrich – *Vorlesungen über das heutige römische Recht* 1, 4.ª ed., 1854, publ. A. F. Rudorff;
– *Cursus der Institutionen*, 2.ª ed., 1842 = 6.ª ed., 1866, revista por Adolf Friedrich Rudorff;
– *Cursus der Institutionen*, 1.° vol., 2.ª ed., 1845.

Puchta/Rudorff – *Pandekten*, 8.ª ed., 1856.

Pufendorf, Samuel – *De iure naturae et gentium libri octo*, 1672.

Pugliese, Giovanni – *Istituzioni di diritto romano*, col. Francesco Sitzia/Letizia Vacca, 1986.

Pulitanò, Francesca – *Studi sulla prodigalità nel diritto romano*, 2002.

Quaderni Fiorentini 1982/83, número duplo.

Quante, Frank – *Das allgemeine Persönlichkeitsrecht juristischer Personen/Eine zivilrechtliche Studie*, 1999.

Quintela, Paulo – tradução de *Grundlegung zur Methaphysik der Sitten*, de Kant, 1785.

Rackham, H. – *vide* Aristóteles.

Radau, Wiltrud Christine – *vide* Losch, Bernhard.

Raiser, Thomas – *Recht der Kapitalgesellschaften*, 2.ª ed., 1992;
– *Gesamthand und juristische Person im Licht des neuen Umwandlungsrechts*, AcP 194 (1994), 495-512;
– *Die Haftung der Gesellschafter einer Gründungs-GmbH*, BB 1996, 1344-1349.

Raiser, Thomas/Veil, Rüdiger, *Recht der Kapitalgesellschaften*, 6.ª ed., 2015.

Ramalho, Maria do Rosário Palma – *Igualdade de tratamento entre trabalhadores e trabalhadoras em matéria remuneratória: a aplicação da Directiva n.° 75/117/CE em Portugal*, ROA 1997, 159-181;

– *Direito do trabalho*, II, *Situações laborais individuais*, 5.ª ed., 2014.

Raschauer, Bernhard – *Namensrecht. Eine systematische Darstellung des geltenden österreichischen und des geltenden deutschen Rechts*, 1978.

Raue, Peter – *Persönlichkeitsrecht / Die Verteidigung der persönlichen Ehre* (1997).

Rawert, Peter – *Stiftungsrecht im 20. Jahrhundert*, 2004.

Raynaud, Pierre – *vide* Marty, Gabriel.

Rebello, João M. Pacheco Teixeira – *Collecção completa de Legislação Ecclesiastico-Civil desde 1832 até ao presente*, 1.° vol., 1896 e 2.° vol., 1897.

Rebhahn, Robert – *Zivilrecht und Europäische Menschenrechtskonvention*, AcP 210 (2010), 489-554.

Rebuttati, Carlo – Inabilitazione, NDI VI (1938), 913-921;

– *Interdizione*, NDI VII (1938), 8-35.

Redinha, M. Regina – *Assédio moral ou* mobling *no trabalho*, Est. Raúl Ventura 2 (2003), 833-847.

Reforming European Data Protection Law, coordenação de Serge Gutwirth, Ronald Leenes e Paul de Hert, 2015.

Regelsberger, Ferdinand – *Pandekten*, 1.° vol., 1893.

Reggi, Roberto – *Liber homo bona fide serviens*, 1958.

Regimento de Nobreza dos Reis d'Armas que mandou fazer o Senhor Rei D. Manuel, que Deus tem, em anexo a Conde de São Payo, *Do Direito Heráldico Português/Ensaio Histórico-Jurídico*, 1927.

Rego, Carla – *vide* Ridley, Matt.

Rehbinder, Eckart – *Konzernaussenrecht und allgemeines Privatrecht/Eine rechtsvergleichende Untersuchung nach deutschem und amerikanischem Recht*, 1969;

– *Zehn Jahre Rechtsprechung zum Durchgriff im Gesellschaftsrecht*, FS Fischer (1979), 577-603.

Reichenbach, Bruce C. – *Euthanasie und die aktiv/passiv-Unterscheidung*, em Leist, *Um Leben und Tot/Moralische Probleme bei Abtreibung, künstlicher Befruchtung, Euthanasie und Selbsmord* (1990), 318-348.

Reichert, Bernhard – *Handbuch des Vereins- und Verbandsrechts*, 13.ª ed., 2016.

Reinhard, Rudolf – *Gedanken zum Identitätsproblem bei der Einmanngesellschaft*, FS Lehmann II (1956), 576-593.

Reis, José Alberto dos – *Comentário ao Código de Processo Civil*, vol. 1.°, 1944;

– *Código de Processo Civil Anotado*, 3.ª ed., 1.° vol., 1948;

– *Processos especiais*, vol. I, 1982, reimpr..

Rengeling, Hans-Werner – *Grundrechtsschutz in der Europäischen Gemeinschaft/ /Bestandaufnahme und Analyse der Rechtsprechung des Europäischen Gerichtshofs zum Schutz der Grundrechte als allgemeine Rechtsgrundsätze*, 1993.

Rengeling, Hans-Werner/Szczekalla, Peter – *Grundrechte in der Europäischen Union/ /Charta der Grundrechte und Allgemeinen Rechtsgrundsätze*, 2004.

Renner, Thomas – vide Müller, Gabriele.

Rentenaar, Rob – *Humanismus und Familiennamen. Zur Entstehung und Verbreitung der humanistischen Familiennamen in Nordwesteuropa*, em Dieter Kremer, *Onomastik* VI – *Namenforschung und Geschichtswissenschaft/Literarische Onomastik/Namenrecht* (2002), 161-167.

Rescigno, Pietro – *Codice civile*, 6.ª ed., 2006;
– *Danno da procreazione*, 2006.

Restatement of the Law (Second)/Torts, §§ 588-707 A (1989), Ch. 28 A – *Invasion of Privacy* (276-283) e §§ 652-A/652-I (283-393).

Reuter, Dieter – *Probleme der Mitgliedschaft beim Idealverein*, ZHR 145 (1981), 273-285;
– *Die Änderung des Vereinszwecks*, ZGR 1987, 475-488;
– *Der Ausschluss aus dem Verein*, NJW 1987, 2401-2406;
– *Die Mitgliedschaft als sonstiges Recht im Sinne des § 823 Abs. 1 BGB*, FS Lange (1992), 707-728;
– recensão a Mathias Habersack, *Die Mitgliedschaft – subjektiven und "sonstiges" Recht*, 1996, AcP 197 (1997), 322-334;
– *Die Stiftung zwischen Verwaltungs- und Treuhandmodele*, FS Hadding (2004), 231-251.
– *Stiftungsform, Stiftungsstruktur und Stiftungszweck/Zu neueren Thesen über die Gestaltungsfreiheit im Stiftungsrecht*, AcP 207 (2007), 1-27.
– *vide* Hopt, Klaus J..

Rhode, Heinz – *Juristische Person und Treuhand/Grundzüge einer Lehre vom zweckgebundenen Recht*, 1932.

Ribeiro, Geraldo Rocha – A protecção do incapaz adulto no Direito português, 2010.

Ribeiro, J. Sousa – *A maioridade e a emancipação nos países socialistas*, RFD LII (1976), 383-388.

Ribeiro, Maria de Fátima – *A tutela dos credores da sociedade por quotas e a "desconsideração da personalidade jurídica*, 2012.

Richter, Andreas – *German and American Law of Charity in the Early 19th Century*, em *Itinera Fiduciae*, 427-467.

Richter, Johannes – *Das moralische Lebensrecht des Nasciturus*, 1998.

Ridley, Matt – *Genome/The autobiography of a species in 23 chapters*, 2000; há tradução portuguesa da versão de 1999, de Carla Rego, *Genoma*, 2001.

Rieder, Heike – *Genetische Untersuchungen und Persönlichkeitsrecht/Eine Auseinandersetzung mit dem Bundesgesetz über genetische Untersuchungen beim Menschen im medizinischen Bereich*, 2006.

Rittner, Fritz – *Die werdende juristische Person/Untersuchungen zum Gesellschaft und Unternehmensrecht*, 1973.

Rixecker, Roland – *Das allgemeine Persönlichkeitsrecht*, em anexo ao § 12 do *BGB/ /Münchener Kommentar*, 5.ª ed., 2006 e 7.ª ed., 2015;

Rixen, Stephan – *Lebensschutz am Lebensende/Das Grundrecht auf Leben und die Hirntodkonzeption/Zugleich ein Beitrag zur Autonomie rechtlicher Begriffsbildung*, 1999;
– *Würde des Menschen als Fundament der Grundrechte*, em Heselhaus/Nowak, *Handbuch der Europäischen Grundrechte* (2006), 335-360.
– *vide* Höfling, Wolfram.

Robertis, Francesco Maria de – *Contributi alla storia delle corporazioni a* Roma, 1934.
– *Il diritto associativo romano*, 1943;
– *Il fenomeno associativo nel mondo romano/dai collegi della Repubblica alle corporazioni del Basso Imperio*, 1955;

– *Storia delle corporazioni e del regime associativo nel mondo romano*, 2 volumes, 1971.

Robleda, Olis – *Il diritto degli schiavi nell'antica Roma*, 1976.

Rocco, Alfredo – *Principii di diritto commerciale/Parte generale*, 1928, tradução portuguesa, de Cabral de Moncada, 1931.

Rocha, M. A. Coelho da – *Instituições de Direito Civil Portuguez*, tomo I, 2.ª ed., 1843, reimp., 1917.

Röder, Erik – Reformüberlegung zum Recht der GbR, AcP 215 (2015), 450-532.

Rodrigues, Anabela Miranda – em *Comentário Conimbricense do Código Penal – Parte especial*, tomo 1/*Artigos 131.° a 201.°* (dir. Jorge de Figueiredo Dias), 1999, 533 ss..

Rodrigues, António – *Tratado Geral da Nobreza*, 1931.

Rodrigues, Cunha – *Sobre o estatuto jurídico das pessoas afectadas por anomalia psíquica*, em *A lei de saúde mental e o internamento compulsivo*, org. Duarte Nuno Vieira/Guilherme de Oliveira (2000), 19-52.

Rodrigues, João Vaz – *O consentimento informado para o acto médico no ordenamento jurídico português (Elementos para o estudo da manifestação da vontade do paciente)*, 2001.

Rodrigues, Maria Teresa Campos – *Rico-homem*, DHP 5, 1979.

Rodrigues, Samuel – vide Kaser, Max.

Roell, Monika – *Die Geltung der Grundrechte für Minderjährige*, 1984.

Rogron, Joseph-André – *Code Civil expliqué*, 1845.

Roller, Martina – *Die Rechtsfähigkeit des Nasciturus*, 2013.

Romagnoli, Emilio – *Assenza (diritto civile)*, ED III (1958), 409-417.

Roque, Helder – *Uma reflexão sobre a nova lei de saúde mental*, *A lei de saúde mental* (2000), 121-131.

Rose-Ackerman, Susan – *An Economic Analysis of Nonprofit Organizations*, em Klaus J. Hopt/Dieter Reuter, *Stiftungsrecht in Europa* (2001), 73-94.

Rosenbach, Manfred – *vide* Seneca, L. Annaeu.

Roth, Andreas – vide Dodegge, Georg.

Roth, Günter H. – *Zur "economic analysis" der beschränkter Haftung*, ZGR 1986, 371-382.

Roth, Paul von – *System des Deutschen Privatrechts*, 1880.

Rousseau, Jean-Jacques – *Du contrat social* (1762), publ. *Du contrat social ou principes du droit politique* (ed. 1962).

Roux, Jean-Claude – *La protection de la vie privée dans les rapports entre l'Etat et les particuliers*, 1983.

Rubino, Domenico – *Le associazioni non riconosciute*, 2.ª ed., 1952.

Rückerl, Adalbert – posfácio a Joseph Walk, *Das Sonderrecht für die Juden im NS-Staat//Eine Sammlung der gesetzlichen Massnahmen und Richtlinien – Inhalt und Bedeutung*, 2.ª ed., 1996.

Rudorff, Adolph August Friedrich – *Das Recht der Vormundschaft/aus den gemeinen in Deutschland geltenden Rechten entwickelt*, 3 volumes, 1832, 1833 e 1834;

– *vide* Puchta, G. F..

Rueff, Maria do Céu – *O segredo médico como garantia de não-discriminação/Estudo de Caso: HIV/SIDA*, 2010.

Ruffert, Matthias – *Die Mitgliedstaaten der Europäischen Gemeinschaft als Verpflichtete der Gemeinschaftsgrundrechte*, EuGRZ 1995, 518-530;

– *Grundrecht der Berufsfreiheit*, em Dirk Ehlers, *Europäische Grundrechte und Grundfreiheiten* (2003), 364-380. Ruffini, Francesco – *La classificazione delle persone giuridiche in Sinibaldo dei Fieschi (Innocenzo IV) ed in Federico Carlo di Savigny*, Sc. Francesco Schupfer, II (1898), 313-393 = *Scritti giuridici minori*, II (1936), 5-90.

Ruggiero, Roberto de – *Instituições de Direito Civil* – vol. I – *Introdução e Parte Geral*, trad. port. Ary dos Santos, 1934.

Rümelin, G. – recensão a Scheurl, *Zur Lehre von der Teilbarkeit der Rechte. Bedeutung der Begriffsbildung und legislatorische Behandlung*, JhJb 28 (1889), 386-484.

Rummel, Peter – *vide* Aicher, Josef.

Rund, J. F. – *Grundsätze des allgemeinen deutschen Privatrechts*, 1791, 4.ª ed., de 1806 e 8.ª ed. publ. C. L. Runde, 1829.

Runde, C. L. – *vide* Rund, J. F..

Ruscher, Anselm – *Die Bestimmung des Todeszeitpunktes aus Erbrechtlicher Sicht*, 1989.

Ruth, Markus – *Die Rechtsgeschäftslehre im demographischen Wandel*, AcP 208 (2008), 451-489.

Rüthers, Bernd/Stadler, Astrid – *Allgemeiner Teil des BGB*, 18.ª ed. (2014), § 14

Ruyh, Marjkus – *Die Rechtsgeschäftslehre im demographischen Wandel*, AcP 208 (2008), 451-489.

Sá, Almeno de – *vide* Correia, A. Ferrer.

Sá, Fernando Cunha de – *Abuso do direito*, 1973.

Sabatakakis, Konstantin – *Todes- und Verschollenheitserklärung und die Wiederheiratung bei Verscholenheit eines Ehegatten im Deutschen Recht, verglichen mit dem französischen, schweizerischen, griechischen und englischen Recht*, 1970.

Sachs, Michael – *Verfassungsrecht*, II – *Grundrechte*, 2.ª ed., 2003.

Saglio, Edmund – *vide* Fabia, Ph..

Saint-Pau, Jean-Christophe (coord.) – *Droits de la personnalité*, 2013.

Saleilles, Raymond – *De la personalité juridique/Histoire et théories*, 2.ª ed., 1922.

Sampayo, António de Villas Boas e – *Nobiliarquia Portugueza/Tratado da Nobreza Hereditaria e Política*, 1728.

Sanger, August – *Gemeinschaft und Rechtsteilung*, 1913.

Sansonnet – Anotação a CssRoma 25-Fev.-1880, FI 1880 1, 593-604.

Sansot, Jean – vide Champenois-Marmier, Marie-Pierre.

Santalucia, Bernardo – *Fondazione (diritto romano)*, ED XVII (1968), 774-784.

Santoro-Passarelli, F. – *Teoria Geral do Direito Civil*, trad. Manuel de Alarcão, 1967.

Santos, António Cristóvão – *Diogo Inácio de Pina Manique*, DHP IV (1979), 153-154.

Santos, António Marques dos – *Direito internacional privado/Colectânea de textos legislativos de fonte interna e internacional*, 2.ª ed., 2000.

Santos, Ary dos – *vide* Ruggiero, Roberto de.

Santos, Manuel António Macedo dos – *vide* Pitão, José António de França.

Santos, Rui Crisóstomo dos – *vide* Pitão, José António de França.

Saraiva, António José – *Vieira*, DHP VI (1979), 298-302.

Sartor, Giovanni – *The Right to be Forgotten: Dynamics of Privacy and Publicity*, em *Protection of Information and the Right of Privacy – A New Equilibirum?*, coordenação Luciano Floridi (2014), 1-16.

Sassano, Francesca – *Manuale pratico dell'amministrazione di sostegno/Aggiornato con la c.d. Legge sul "Dopo di noi" (L. 112/2016)*, 2016.

Sauter, Eugen/Schweyer, Gerhard/Waldner, Wolfram – *Der eingetragene Verein*, 19.ª ed., 2010.

Savigny, Friedrich Carl von – *System des heutigen römischen Rechts*, 1, 1840, reimp. 1981; 2, 1840; 3, 1840; 8, 1849, reimp., 1981.

Scardulla, Francesco – Inabilitazione, ED XX (1970), 841-857;

– Interdizione (diritto civile), ED XXI (1971), 932-952.

Schack, Haimo – *Das Persönlichkeitsrecht der Urheber und ausübenden Künstler nach dem Tode*, GRUR 1985, 352-361;

– *BGB – Allgemeiner Teil*, 15.ª ed., 2016.

Schäfer, Carsten – *Strafe und Prävention im bürgerlichen Recht*, AcP 202 (2002), 397-434;

– Empfiehlt sich eine grundlegende Reform des Personengesellschaftsrechts?, DJT 71 (2016), E9-E118;

– no Münchener Kommentar zum BGB 6, 7.ª ed., 2017.

Schanze, Erich – *Einmann-Gesellschaft und Durchgriffshaftung/als Konzeptionalisierungsprobleme gesellschaftsrechtlicher Zurechnung*, 1975;

– *Durchgriff, Normanwendung oder Organhaftung?*, AG 1982, 42-44.

Schebitz, Bernhard – *Berechnung des Ersatzes nach der lex aquilia*, 1988.

Scheerer, Hans-Peter – *Bankgeschäfte des Minderjährigen*, BB 1971, 981-987.

Scheffer, Urban – *Die Marktfreiheiten des EG-Vertrages als Ermessensgrenze des Gemeinschaftsgesetzgebers*, 1998.

Schenkl, R. D. Maurus de – *Theologiae pastoralis systema* (1815), ed. org. e ampl. Joa. Georgius Wesselak, ed. Porto, 1861.

Scherner, Karl Otto – *BGB – Allgemeiner* Teil, 1995.

Scheyhing, Robert – *Zur Geschichte des Persönlichkeitsrechts im 19. Jahrhundert*, AcP 158 (1959/60), 503-525.

Schiemann, Gottfried – no *Staudingers Kommentar*, §§ 249-254, 13.ª ed., 1998.

Schiffer, K. Jan – *vide* Hennerkes, Brun-Hagen.

Schleiermacher, Friedrich – *vide* Platão.

Schlosser, Peter – *Vereins- und Verbandsgerichtsbarkeit*, 1972.

Schlossmann, Siegmund – *Persona und προσωπον im Recht und im Christlichen Dogma*, 1906.

Schlüter, Andreas – *Stiftungsrecht zwischen Privatautonomie und Gemeinwohlbindung/ /Ein Rechtsvergleich zwischen Deutschland, Frankreich, Italien, England, USA*, 2004.

– *Stiftungsrecht: Erscheinungsformnen und Errichtung der Stiftung und Stifter Internationales Stiftungsrecht*, 2007.

Schlüter, Wilfried – *Das obiter dictum/Die Grenzen höchsrichterlicher Entscheidungsbegründung dargestellt an Beispieken aus der Rechtsprechung des Bundesarbeitsgerichts*, 1973.

Schmidt, Karsten – *Die Abgrenzung der beiden Vereinsklassen/Bestandaufnahme, Kritik und Neuorientierung*, Rpfleger 1972, 286-294 e 343-353;

– *Der Funktionswandel der Handelndenhaftung im Recht der Vorgesellschaft – Ein Beitrag zur Abgrenzung des "Handelnden"-Begriffs*, GmbHR 1973, 146-152;
– *Sieben Leitsätze zum Verhältnis zwischen Vereinsrecht und Handelsrecht*, ZGR 1975, 477-486;
– *Fehlerhafte Beschlüsse in Gesellschaften und Verein/Nichtigkeit, Anfechtbarkeit und Nichtigerkläurung als Strukturprinzipien des inneren Verbandsrechts*, AG 1977, 205-210 e 243-250;
– *Der bürgerlich-rechtliche Verein mit wirtschaftlichen Tätigkeit*, AcP 182 (1982), 1-59;
– *Gesellschaft bürgerlichen Rechts/Welche Änderungen und Ergänzungen sind im Recht der BGB-Gesellschaft geboten?*, em AAVV, *Gutachten und Vorschläge zur Überarbeitung des Schuldrechts III* (1983), 413-569;
– *Einhundert Jahre Verbandstheorie im Privatrecht/Aktuelle Betrachtung zur Wirkungsgeschichte von Otto v. Gierkes Genossenschafttheorie*, 1987;
– *Eintragungsfähige und eintragungsunfähige Vereine*, Rpfleger 1988, 45-51;
– *Grenzen der Minderjährigenschutzes im Handels- und Gesellschaftsrecht*, JuS 1990, 517-522;
– *"Ersatzformen" der Stiftung – Unselbständige Stiftung, Treuhand und Stiftungskörperschaft*, em Klaus J. Hopt/Dieter Reuter, *Stiftungsrecht in Europa* (2001), 175-195;
– *Gesellschaftsrecht*, 4.ª ed., 2002;
– *Die Personengesellschaft als Rechts figur des "Allgemeinen Teils"/Dogmatisches Konzept und Wirkungsgeschichte von Werner Flumes "Personengesellschaft"*, AcP 209 (2009), 181-204;
– *Neuregelung des Rechts der Personengesellschaft? Vorüberlegung für eine konsistente Reform*, ZHR 177 (2013), 712-739;
– *vide* Staudinger.

Schmidt, Torsten – *Die Entmündigung von den Anfängen des BGB bis zu ihrer Ablösung durch das Institut der Betreuung*, 1998.

Schmidt, Uwe – *Die Mitgliedschaft in Verbänden*, 1989.

Schmidt, Walter – *Die bedrohte Entscheidungsfreiheit*, JZ 1974, 241-250.

Schmieder, Hans-Heinrich – *Name-Firma-Titel-Marke: Grundzüge des Rechts an der Bezeichnung*, JuS 1995, 119-123.

Schmitt, Jochen – no *Münchener Kommentar*, 1, 5.ª ed., 2006.

Schmitt, Kerstin – *vide* Brändel, Oliver.

Schmitz, Peter – *Persönlichkeitsschutz als Bürgerliche Freiheit im englischen Recht unter besonderer Berücksichtigung der Kollision mit der Pressefreiheit*, 1996.

Schmölz, Anton S. – *vide* Beuthien, Volker.

Schnizer, Helmut – *Die juristische Person in der Kodifikationsgeschichte des ABGB*, FS Wilburg (1965), 143-155.

Schöbener, Burkhard – *Menschliche Existenz als Schadensquelle? Verfassungsrechtliche Aspekte der Rechtsprechung des BGH zur Geburt eines unerwünschten Kindes*, JR 1996, 89-94.

Scholz, Franz/Emmerich, Volker – *GmbHG/Komm*, 7.ª ed., 1988, § 13.

Schönfeld, Walter – *Zur Konstruktion der Offenen Handelgesellschaft/Versuch einer juristischen Theorie der Rechtsperson*, JhJb 75 (1925), 333-374;
– *Rechtsperson und Rechtsgut im Lichte des Reichsgerichts als Vorarbeit zu einer künftigen Wirtlichkeitslehre des deutschen Rechts*, FS RG (1929), 2.° vol., 191-272.

Schopenhauer, Arthur – *Aphorismen zur Lebensweisheit* em *Parerga und Paraliponema*, 1850 = *Sämtliche Werke*, 5.° vol., 2.ª ed., 1946.

Schöpflw, Martin – *Die Durchgriffshaftung im deutschen und englischen Recht*, FS Volker Beuthien 75. (2009), 245.

Schreuer, Hans – *Der menschliche Körper und die Persönlichkeitsrechte*, 1919.

Schröber, Jan – *Zur älteren Genossenschaftstheorie. Die Begründung des modernen Körperschaftsbegriffs durch Georg Beseler*, QF 11/12 (1982/83), 399-459.

Schroeder, Klaus-Peter – *Der Dreissigjährige Krieg, das Alte Reich und Samuel von Pufendorf (1632-1694)*, JuS 1995, 959-965.

Schubert, Friederike – *Der Wert des Individuums im deutschen und französischen Privatrecht*, 2006.

Schulz, Andreas – *vide* Neumayer, Jochen.

Schulz, Markus – *Persönlichkeitsschutz juristischer Personen im europäischer Privatrecht*, 2013.

Schulze, Erich – *Mitgliedsausschluss aus einem wirtschaftlichem Verein am Beispiel der GEMA*, NJW 1991, 3264-3265.

Schulze, Reiner – *Die Gegenwart des Vergangenen- – Zu Stand und Aufgaben der Stiftungsrechtsgeschichte*, em Klaus J. Hopt/Dieter Reuter, *Stiftungsrecht in Europa/ Stiftungsrechts und Stiftungsrechtsreform in Deutschland, den Mitgliedstaaten der Europäischen Union, der Schweiz, Liechtenstein und den USA* (2001), 55-72.

Schulze, Wilhelm – *Zur Geschichte lateinischer Eigennamen*, 2.ª ed., 1966.

Schünemann, Hermann – *Schadensersatz für missgebildede Kinder bei fehlerschaften genetischer Beratung Schwangerer?*, JZ 1981, 574-577.

Schwab, Dieter – *Mündigkeit und Minderjährigenschutz*, AcP 172 (1972), 266-290;
– *Das neue Betreuungsrecht/Berich über die verabschiedete Fassung des Betreuungsgesetzes (BtG)*, FamRZ 1990, 681-693;
– Probleme des materiellen Betreuungsrechts, FamRZ 1992, 493-507.
– *Einführung in das Zivilrecht*, 16.ª ed., 2005.
– no Münchener Kommentar zum BGB 8, 6ª ed., 2012 e 9 (Familienrecht II), 7.ª ed., 2017.

Schwarz, Gustav – *Rechtssubjekt und Rechtszweck/Eune Revision der Lehre von der Personen*, AbürglR 32 (1908), 12-139.

Schwerdtner, Peter – *Das Persönlichkeitsrecht in der deutschen Zivilrechtsordnung*, 1977;
– *Die zivilrechtliche Persönlichkeitsschutz*, JuS 1978, 289-299;
– *Postmortaler Persönlichkeitsschutz*, Jura 1985, 105-106.

Schweyer, Gerhard – *vide* Sauter, Eugen.

Schwickerath, Josef – *Mobbing am Arbeitsplatz/stationäre Verhaltenstherapie von Patienten mit Mobbing erfahrungen*, 2009.

Schwind, Ernst Freih. Von – *Deutsches Privatrecht*, 1.° vol., 1919.

Scialoja, Vittorio – *Sul diritto al nome e allo stemma*, em *Studi giuridici*, vol. III – *Diritto privato* (1932), 49-89.

Sciascia, Gaetano – *Capacità giuridica (diritto romano)*, NssDI II (1958), 869-871

Scillitani, Lorenzo – *Mutilazioni e cultura: aspetti antropologici*, em *Il corpo deformato*, org. Francesco d'Agostino, 2002.

Scozzafava, Guendalina – *Amministratore di sostegno: principi enunciati e risvolti applicativi*, 2015.

Seabra, António Luiz de – *A propriedade. Philosophia do Direito. Para servir de introdução ao commentario sobre a lei dos foraes*, 1850;

– *Apostilha à censura do Senhor Alberto de Moraes Carvalho sobre a primeira parte do Projecto de Codigo Civil*, 1858.

Seibicke, Wilfried – *Die Personennamen im Deutschen/Eine Einführung*, 2.ª ed., 2008.

Seichter, Jürgen – Einführung in das Betreuungsrecht, 4ª ed., 2010.

Seiler, Hans Hermann – *vide* Behrends, Okko.

Seixas, Margarida – *O escravo no Direito penal português moderno*, Est. Martim de Albuquerque II (2010), 277-299.

Selb, Walter – *Schädigung des Menschen vor Geburt – ein Problem der Rechtsfähigkeit?*, AcP 166 (1966), 76-128.

Selfart, Werner – *vide* Coing, Helmut.

Seneca, L. Annaeu – *Ad Lucilium epistulae morales* = ed. bilingue *Philosophische Schriften*, trad. Manfred Rosenbach, 4.° vol., 1984.

Senut, Brigitte – *Les humains les plus anciens*, em *Les origines de l'homme/Dossier*, Pour la Science, 1999.

Serick, Rolf – *Rechtsform und Realität juristischer Personen/Ein rechtsvergleichender Beitrag zur Frage des Durchgriffs auf die Personen oder Gegenstände hunter der juristischer Person*, 1955.

Serra, Adriano Vaz – *Direito das obrigações*, BMJ 101 (1960), 15-408;

– *Anotação a STJ 5-mai.-1974*, RLJ 108 (1976), 315-319, 324-326.

Serracapriola, Giovanni Maresca di – *Nobiltà*, NssDI XI (1965), 277-288.

Serrão, Joel – *Barão*, DHP, vol. I, 296-297.

– *Conde*, DHP, II vol., 148;

– *Duque*, DHP, II vol., 344;

– *Fidalgo*, DHP, III vol., 8;

– *Marquês*, DHP, IV vol., 202;

– *Visconde*, DHP V vol., 332-333.

Seutter, Konstanze – *Eigennamen und Recht*, 1996.

Seyfarth, Sabine – *Der Schutz der unsebstständigen Stiftung/Gefahrenlagen, Schutzmöglichkeiten, Schutzlücken*, 2009.

Sgroi, Vittorio – *Morte (diritto civile)*, ED XXVII (1977), 103-110.

Shestack, Jerome J. – *The Philosophical Foundations of Human Rights*, em Janusz Symonides (ed.), *Human Rights: Concept and Standards* (2000), 31-66.

Siegmann, Matthias/Vogel, Joachim – *Die Verantwortlichkeit des Strohmanngeschäftsführers eines GmbH*, ZIP 1994, 1821-1829.

Silva, Manuel Duarte Gomes da – *O direito da família no futuro Código Civil*, BMJ 123 (1963), 285-320;

– *Esboço de uma concepção personalista do Direito*, RFDUL XVII (1964), 139-255 e XVIII (1964), 51-185.

Silva, Manoel Luiz Coelho da – *Manual de Direito parochial*, 3.ª ed., 1904.

Silva, Nuno Espinosa Gomes da – *História do Direito Português*, 1969, polic..

Silveira, Alessandra/Canotilho, Mariana – *Carta dos direitos fundamentais da União Europeia*, 2013.

Silveira, Manuela Valadão e – *A participação no suicídio e a criminalização da propaganda do suicídio*, em Maria Fernanda Palma/Teresa Pizarro Beleza, *Jornadas sobre a Revisão do Código Penal* (1998), 157-182.

Simon, Dietrich von – *Begriff und Tatbestand der "Iniuria" im altrömischen Recht*, SZRom 82 (1965), 132-187.

Simon, Jürgen – *Das allgemeine Persönlichkeitsrecht und seine gewerblichen Erscheinungsformen/Ein Entwicklungsprozess*, 1981.

Sitzia, Francesco – *vide* Pugliese, Giovanni;
– *vide* Solazzi, Siro.

Soehring, Jörc – *Ehrenschutz und Meinungsfreiheit*, NJW 1994, 2926-2929.

Soergel – *vide* Neuhoff, Klaus.

Soergel/Marty, Jochen – *BGB*, 13.ª ed. (2000), § 90.

Sohm, Rudolph – *Institutionen des Römischen Rechts*, 4.ª ed., 1889.

Solazzi, Siro – *La minore età nel Diritto romano*, 1912;
– *Istituti tutelari*, 1929;
– primeira parte do estudo (re)publicado, postumamente, com Francesco Sitzia, *Tutela e curatela (diritto romano)*, NssDI XIX (1973), 912-919.

Sonnenberger, Hans Jürgen – *vide* Ferid, Murad.

Sonnenberger, Hans Jürgen/Autexier, Christian – *Einführung in das französische Recht*, 3.ª ed., 2000.

Sontheimer, Jürgen – *Das neue Stiftungsrecht/Die Stiftung des privaten Rechts im Zivil- und Steuerrecht*, 2.ª ed., 2003.

Sorace, Silvio – *Interdizione (diritto processuale civile)*, ED XXI (1971), 953-996.

Sottomayor, Maria Clara – *Adopção ou o direito ao afecto*, SI LIV, n.º 301 (2005), 115-137.

Sousa, António Pais de/Matias, Carlos Frias de Oliveira – *Da incapacidade jurídica dos menores, interditos e inabilitados*, 2.ª ed., 1983.

Sousa, Manuel de – *A origem dos apelidos das famílias portuguesas*, 2001.

Sousa, Marcelo Rebelo de – *Os partidos políticos no Direito constitucional português*, 1983;
– *Lições de Direito administrativo*, vol. 1.º, 1999.

Sousa, Maria Zulmira Pereira e – *vide* Dias, Cândida Rodrigues.

Sousa, Rabindranath Capelo de – *A Constituição e direitos de personalidade*, em *Estudos sobre a Constituição*, publ. Jorge Miranda, 2.º vol. (1978), 93-196;
– *O direito geral de personalidade*, 1995;
– *O segredo bancário/Em especial face às alterações fiscais da Lei n.º 30-G/2000, de 29 de Dezembro*, em *Estudos em Homenagem ao Prof. Doutor Inocêncio Galvão Telles*, II volume – *Direito bancário* (2002), 157-223.

Souza, Marnoco e – *Constituição Politica da Republica Portugueza, Commentario*, 1913.

Spickhof, Andreas – *Autonomie und Heteronomie im Alter*, AcP 208 (2008), 345-415.

Spindler, Gerald – *Durchbruch für ein Recht auf Vergessen(werden)? – Die Entscheidung des EuGH in Sachen Google Spain und ihre Auswirkungen auf das Datenschutz- und Zivilrecht*, JZ 2014, 981-991.

Sprau, Hartwig – no Palandt, 69.ª ed. (2010);
– *vide* Palandt.

Sprengler, Ernst – *Vergleichende Untersuchung zur Frage der Entmündigung wegen Geisteskrankheit und Geistesschwäche (Jahrgänge 1926-28, 1936-38, 1956-58)*, 1965.

Stadler, Astrid – *Persönlichkeitsrecht contra Medienfreiheit / Zivilrechtliche Aspekte der Kontroverse in dem U.S.A.*, JZ 1989, 1084-1095;
– *vide* Rüthers, Bernd.

Stasi, Laëtitia – *vide* Brussorio-Aillaud, Marjorie.

Stathopoulos, Michael – *Schadensersatz und Persönlichkeitsschutz des Behinderten Kindes*, FS Canaris 1 (2008), 1213-1230.

Staudinger/Coing – *BGB*, 11.ª ed., 1957, §§ 1-240.

Staudinger/Coing/Habermann – *BGB*, 12.ª ed., 1980.

Staudinger/Schmidt – *BGB*, 13.ª ed., 1995, § 242.

Staudinger/Weick – *BGB*, 13.ª ed., 1996.

Steffen, Erich – *Schmerzensgeld bei Persönlichkeitsveletzung durch Medien*, NJW 1997, 10-14.

Stein, Axel – *Der Schutz von Ansehen und Geheimsphäre Verstorbener/Zugleich eine Stellungsnahme zu jüngeren höchstrichterlichen Entscheidungen*, FamRZ 1986, 7-18.

Stein, Friedrich/Jonas, Martin – Die Zivilprozessordnung für das Deutsche Reich 2, 12.ª/13.ª ed., 1926.

Steinbock, Bonnie – *Life before birth/The Moral and Legal Status of Embryos and Fetuses*, 1992.

Stobbe, Otto – *Handbuch des Deutschen Privatrechts*, 1.º vol., 2.ª ed., 1882.

Stöber, Kurt – *Handbuch zum Vereinsrecht*, 8.ª ed., 2000.

Stöber, Kurt/Otto, Dirk-Ulrich – *Handbuch zum Vereinsrecht*, 11.ª ed., 2016.

Störle, Johann – *vide* Voll, Otto.

Strangas, Jean – *Les implications philosophiques de la notion de sujet de droit*, APD 34 (1989), 122-157.

Strebel, Helmut – *Die Verschollenheit als Rechtsproblem/Eine rechtsanalytische und vergleichende Studie*, 1954.

Streibel, Angela – *Rassendiskriminierung als Eingriff in das allgemeine Persönlichkeitsrecht*, 2010.

Stresemann, Christina – no *Münchener Kommentar* 1, 7.ª ed. (2015), § 90

Stumpf, Günter – *Die Verletzungsfähigkeit des Nasciturus*, 1966.

Sudhoff/Sudhoff – *Der Gesellschaftsvertrag der GmbH*, 7.ª ed., 1987.

Suerbaum, Joachim – *vide* Andrick, Bernd.

Symonides, Janusz – *vide* Shestack, Jerome J..

Szaniawski, Elimar – *Direitos de personalidade e sua tutela*, 2.ª ed., 2005.

Szczekalla, Peter – *Funktionen der Grundrechte*, em Hesselhaus/Nowak, *Handbuch der Europäischen Grundrechte* (2006), 187-211;
– *vide* Rengeling, Hans-Werner.

Tafaro, Sebastiano – *Pubes et Viripotens nella esperienza giuridica romana*, 1988.
Talamanca, Mario – *Società (diritto romano)*, ED XLII (1990), 814-860.
Tamburrino, Giuseppe – *Persone giuridiche e associazioni non riconosciute/Comitati*, 1980.
Tampieri, Maura – *Immissioni intollerabili e danno alla persona*, 2006.
Tarrab-Maslaton, Martin – *Rechtliche Strukturen der Diskriminierung der Juden im Dritten Reich*, 1993.
Taupitz, Jochen – *Privatrechtliche Rechtspositionen um die Genomanalyse: Eigentum, Persönlichekeit, Leistung*, JZ 1992, 1089-1099;
– *Von der entrechtenden Bevormundung zur helfenden Betreuung: Das neue Betreuungsgesetz*, JuS 1992, 9-13.
Tavares, José – *Sociedades e empresas comerciais*, 2.ª ed., 1924;
– *Teorias sobre o conceito e fundamento da personalidade colectiva*, GRLx 38 (1924), 161-164 e 193-195;
– *Elementos constitutivos da pessoa colectiva*, GRLx 38 (1924), 241-245;
– *Pessoas colectivas nacionais e estrangeiras*, GRLx 38 (1925), 337-339;
– *Os princípios fundamentais do Direito civil*, 1, 2.ª ed., 1929; 2 – *Pessoas, cousas, factos jurídicos*, 1928;
– *Os princípios fundamentais do Direito civil*, vol. I, 2.ª ed., 1929.
Tedeschi, Vittorio – *Del domicilio*, 1936;
– *Domicilio, residenza e dimora*, NsDI VI (1975, reimp.), 189-203.
Telles, Inocêncio Galvão – *Teoria Geral do Direito Civil/Sumários*, s/d, polico- piados;
– *Venda a descendentes e o problema da superação da personalidade jurídica das sociedades*, ROA 1979, 513-562;
– *Resolução do contrato de arrendamento/Residência permanente, residências alternadas e residência ocasional*, CJ XIV (1989) 2, 31-35;
– *Direito das sucessões/Noções fundamentais*, 6.ª ed., 1991.
Telles, José Homem Corrêa – *Digesto Portuguez ou tratado dos direitos e obrigações civis accomodado ás leis e costumes da nação portuguesa para servir de subsidio ao "novo codigo civil"*, em três tomos; existem edições de 1835, 1840 e 1845 e reimpressões de 1853, 1860 e 1909.
Teonesto, Ferrarotti – *Commentario teorico pratico comparato al Codice Civile italiano* 1, 1872.
Terré, François/Fenouillet, Dominique – *Droit civil/Les personnes, la famille, les incapacités*, 6.ª ed, 1996.
Tertulianus – *De anima*, 37,3.
Teubner, Günter – *Unitas Multiplex – Das Konzernrecht in der neuen Dezentralität der Unternehmensgruppen*, ZGR 1991, 189-217.
Teuschel, Peter – *Mobbing/Dinamik, Verlauf, gesundbeitliche und sozialen Folgen*, 2010.
Teyssié, Bernard – *Droit civil / Les personnes*, 15.ª ed., 2012.
Theisen, Frank – *Mittelalterliches Stiftungsrecht/Eine Untersuchung zur Urkundenüberlieferung zur Urkundenüberlieferung des Klorsters Fulda im 12. Jahrhundert*, 2002.
Thibaut, Anton Friederich Justus – System des Pandekten-Rechts 1, 5ª ed., 1818.
Thomasius, Christian – *Fundamenta iuris naturae et gentium*, 4.ª ed., 1718.

Thomson, Judith Jarvis – *Eine Verteidigung der Abtreibung*, em Anton Leist (org.), *Um Leben und Tot* (1990), 107-131.

Timm, Wolfram – *Die Rechtsfähigkeit der Gesellschaft bürgerlichen Rechts und ihre Haftungsverfassung*, NJW 1995, 3209-3218.

Tinland, Franck – *La notion de sujet de droit dans la philosophie politique de Th. Hobbes, J. Locke e J.-J. Rousseau*, APD 34 (1989), 51-66.

Tinnenfeld, Marie-Theles – *Persönlichkeitsrecht und Modalitäten der Datenerhebung im Bundesdatenschutzgesetz*, NJW 1993, 1117-1119.

Todescan, Franco – *Dalla "persona ficta" alla "persona moralis" – Individualismo e matematismo nelle teorie della persona giuridica del secolo XVII*, QF n.º 11/12 (1982/83), 1.º vol., 59-93.

Tomás, São – *Summa Theologica*, ed. de Leão XIII, *Sancti Thomae Aquinatis doctoris angelici opera omnia*, IV, 1888.

Tomé, Maria João Vaz – *vide* Campos, Diogo Leite de.

Tooley, Michael – *Abtreibung und Kindstötung*, em Leist, *Um Leben und Tot* (1990), 157-195.

Trigeaud, Jean-Marc – *La personne*, ADP 34 (1989), 103-121.

Tschuggerel, Wilhelm – em Andreas Kletečka/Martin Schauer, *Kommentar zum Allgemeinen Bürgerlichen Gesetzbuch*, 2010.

Tuhr, Andreas von – *Allgemeiner Teil des Deutschen Bürgerlichen Rechts/I – Allgemeine Lehre und Personenrecht*, 1910, reimp., 1957.

Uhlenbrock, Henning – *Der Staat als juristische Person/Dogmengeschichtliche Untersuchung zu einem Grundbegriff der deutschen Staatsrechtslehre*, 2000.

Ulmer, Peter – *Gesellschaftsdarlehen und Unterkapitalisierung bei GmbH und GmbH & Co KG*, FS Duden (1977), 661-687.

Ulsamer, Franz – *Zur Kritik der Lehre von Persönlichkeitsrecht*, 1910.

Unger, Klaus – *Der dingliche Durchgriff*, BB 1976, 290-294.

Unger, Ulrike – *Neue Haftungsbegrenzungen für ehrenamtlich tätige Vereins- und Stiftungsvorstände*, NJW 2009, 3269-3273 (3270/I).

Usseaux, Francesca Brinetta d' – *Esistere per il diritto/La tutela giuridica del non nato*, 2001.

Vacca, Barbara – *Le associazioni non riconosciute e i comitati*, 1999.

Vacca, Letizia – *vide* Pugliese, Giovanni.

Valdez, Rui Dique Travassos – *Títulos nobiliárquicos*, em *Nobreza de Portugal e do Brasil*, 2.º vol. (1960), 191-199.

Vangerow, Karl Adolph von – *Leitfaden für Pandekten-Vorlesungen* 1 – *Allgemeine Lehren*, 3.ª ed., 1843, § 53 = 7.ª ed., 1863, § 53.

Varela, João de Matos Antunes – *Noções fundamentais de Direito civil*, *Lições* do Prof. Dr. Pires de Lima ao Curso do 1.º ano jurídico de 1944-45, vol. I, 1945;
- prefácio à 2.ª ed. do *Código Civil Anotado*, 1.º vol., 1979;
- *Alterações legislativas ao direito ao nome*, RLJ 114 (1981), 207-212 e 229-233, 114 (1982), 260-261, 293-297, 323 e 357-359, 115 (1982), 7-9, 37-40, 68-72 e 196-201, 116 (1983), 140-146, 116 (1984), 257-258 e 289-293, 117 (1984), 97-100, 133-136,

161-165 e 196-200, 117 (1985), 275-262 e 354-357, 118 (1986), 262-267, 293-298 e 321-324 e 119 (1986), 197-200;

– *Das obrigações em geral*, vol. 1.°, 10.ª ed., 2000;

– *vide* Lima, Pires de.

Vasconcelos, José Máximo de Castro Melo Leite de – *O Código Administrativo de 18 de Março de 1842 annotado*, 1849.

Vasconcelos, Pedro Pais de – *A participação social nas sociedades comerciais*, 2.ª ed., 2006;

– *Direito da personalidade/Relatório*, 2006;

– *Teoria geral do Direito civil*, 8.ª ed., 2015.

Vassali, Filippo – *vide* Ferrara, Francesco.

Ventura, Raúl – *Apontamentos sobre sociedades civis*, 2006.

Vieira, Duarte Nuno – *vide* Rodrigues, Cunha.

Vigouroux, F. – *vide Dictionaire de la bible*.

Vilalonga, José Manuel – *vide* Almeida, Carlota Pizarro de.

Viola, Mario E. – *Tutela e curatela (diritto intermedio)*, NssDI XIX (1973), 919-924.

Vitale, Antonio – *Minore età (diritto canonico)*, NssDI X (1964), 763-765.

Vogel, Hermann – *Verschollenheitsrecht*, 1949.

Vogel, Joachim – *vide* Siegmann, Matthias.

Vogt, Joseph/ Bellen, Heinz – *Bibliographie zur antike Sklaverei*, com Elisabeth Herrmann e Norbert Brockmeyer, 2 volumes, 1983.

Voirin, Pierre – *Manuel de Droit Civil*, 21.ª ed., 1984.

Völkl, Artur – *Die Verfolgung der Körperverletzung im frühen römischen Recht*, 1984.

Voll, Otto/Störle, Johann – *Bayerisches Stiftungsgesetz mit Ausführungsveordnung Kommentar*, 2.ª ed., 1979.

Vollkommer, Max – *Richterpersönlichkeit und Persönlichkeitsrecht*, FS Hubmann (1985), 445-468.

Vollmer, Lothar – *Der Europäische Verein*, ZHR 157 (1993), 373-399.

Volterra, Edoardo – *Istituti di diritto privato romano*, 1961.

Vonnemann, Wolfgang – *Haftung von GmbH-Gesellschaftern wegen materieller Unterkapitalisierung*, GmbHR 1992, 77-83.

Wächter, Carl Georg von – *Pandekten* – I – *Allgemeiner Theil*, 1880.

Wagner, Armin – *Die soziale Entwicklung des Sklavenrechts in der römischen Kaiserzeit*, 1968.

Wagner, Jens – *Der Europäische Verein/Eine Gesellschaftsform europäischen oder mitgliedstaatlichen Rechts?*, 2000.

Waldeck, Jo. – *vide* Heinnecius.

Waldner, Wolfram – *vide* Sauter, Eugen.

Walk, Joseph – *Das Sonderrecht für die Juden im NS-Staat/Eine Sammlung der gesetzlichen Massnahmen und Richtlinien – Inhalt und Bedeutung*, 2.ª ed., 1996.

Walker, Alan – *vide* Leakey, Meave.

Walker, Wolf-Dietrich – *vide* Brox, Hans.

Walter, Christian – *Geschichte und Entwicklung der Europäischen Grundrechte und Grundfreiheiten*, em Dirk Ehlers (publ.), *Europäische Grundrechte und Grundfreiheiten*, 4.ª ed. (2014), 1-24

Walter, Gerhard – *Der Gesellschafter als Gläubiger seiner Gesellschaft*, JuS 1982, 81-87.

Waltzing, J.-P. – *Étude historique sur les corporations professionnelles chez les romains depuis les origines jusqu'à la chute de l'Empire d'Occident*, 1.° (1895), 2.° (1896), 3.° (1899) e 4.° (1900).

Walz, Rainer – Anotação a BGH 16-Fev.-1973, JZ 1947, 106-107.

Wanckel, Endress – anotação a BVerfG 22-Ago.-2006, NJW 2006, 3411.

Warren, Samuel D./Brandeis, Louis D. – *The Right to Privacy*, 4 Harv. L. Rev. 193-220 (1890).

Watson, Alan – *Roman slave law*, 1987.

Weber, Reinhold – *Schadenersatzrechtliche Folgen der Geburt eines unerwünschten Kindes?/Zur Rechtsentwicklung und zur Rechtsprechung des BVerfG*, VersR 1999, 389-401.

Wedemann, Frauke – *Die Rechtsfolgen der Geschäftsunfähigkeit*, AcP 209 (2009), 668-705.

Weick, Günter – em Staudinger/Weick, *BGB*, 13.ª ed., 1995, Einl §§ 21 ss.;
– *Staudinger Kommentar §§ 21-79 – Allgemeiner Teil* 2 (2005), Intr. §§ 21 ss., Nr. 5;
– *vide* Staudinger.

Weiler, Joseph – *vide* Cassese, Antonio.

Weill, Alex – *Droit Civil / Introduction générale*, 2.ª ed., 1970.

Weimar, Robert – *Haftungsrisiken für die Beteiligten einer GmbH "im Aufbau"*, GmbHR 1991, 507-515;
– *Die Haftungsverhältnisse bei der Vor-AG in neuerer Sicht*, AG 1992, 69-79.

Weinriefer, Gertrud – *Die Entmündigung wegen Geisteskrankheit und Geistesschwäche*, 1987.

Weitbrecht, Cornelius – *Haftung der Gesellschafter bei materieller Unterkapitalisierung der GmbH*, 1990.

Weitemeyer, Birgit – *Münchener Kommentar* cit., 1, 7.ª ed., § 80

Wells, J. – *vide* How, W. W.

Wendt, Otto – *Lehrbuch der Pandekten*, 1888.

Wesselak, Joa. Georgius – *vide* Schenkl, R. D. Maurus de.

Westermann, Hans Peter – *Das allgemeine Persönlichkeitsrecht nach dem Tode seines Trägers*, FamRZ 1969, 561-572;
– Überlegungen zu Reformen des Personengesellschaftsrechts, NJW 2016, 2625-2629.

Westrup, C. W. – *Some notes on the roman slave in earley times/A comparative sociological study*, 1956.

What we talk about when we talk about persons: the language of a legal fiction, 114 HLR 1745-1768 (2001).
– *Zur Theorie der juristischen Person des Privatrechts*, FS E. R. Huber (1973), 339-383.

Wieczorek, Mirko Andreas – *Persönlichkeitsrecht und Meinungsfreiheit im Internet/ / Kollision und Abwägung bei Internetangeboten – eine verfassungsrechtliche Analyse*, 2013.

Wiedemann, Herbert – *Juristische Person und Gesamthand als Sondervermögen*, WM SBL Nr. 4/75, 1975;

– *Gesellschaftsrecht/Ein Lehrbuch des Unternehmens- und Verbandsrechts*, 1.° vol. – *Grundlagen*, 1980.

Wieser, Eberhard – *Verstösst § 105 BGB gegen das verfassungsrechtliche Übermassverbot?*, JZ 1988, 493-494.

Wiethölter, Rudolf – rec. a Otto Wilser, *Der Durchgriff bei Kapitalgesellschaften im Steuerrecht*, ZHR 125 (1963), 324-326.

Wilhelm, Jan – *Die Vermögensbildung bei der Aktiengesellschaft und der GmbH und das Problem der Unterkapitalisierung*, FS Flume II (1978), 337-397;

– *Rechtsform und Haftung bei der juristischen Person*, 1981.

Wilhelmi, Hans – *vide* Godin, Freuherr von.

Wilhelmi, Sylvester e outro – *vide* Godin, Freuherr von.

Willburger, Wolfram Günter – *Der Durchgriff auf die Gesellschafter wegen angeübter Herrschaftsmacht im Haftungssystem der GmbH*, 1994.

Windscheid, Bernhard/Kipp, Theodor – *Lehrbuch des Pandektenrechts*, vol. I, 9.ª ed., 1906, reimp., 1984.

Winter, Georg – *Die Haftung der Gesellschafter im Konkurs der unterkapitalisierten GmbH*, 1973.

Winter, Thomas – *"Bébé prejudice" und "Kind als Schaden"/Ein rechtsvergleichende Untersuchung zum Haftung für neues Leben in Deutschland und Frankreich*, 2002.

Wittmann, Roland – *Die Entwicklung der klassischen Injurienklage*, SZRom 91 (1974), 285-359.

Wohlmuth, Josef – *vide Gaudiam et Spes*.

Wolf, B. – Das Bürgerliche Gesetzbuch / Hand-Kommentar, 1908.

Wolf, Christian – *Jus naturae methodo scientifica* pertractum, 1741.

Wolf, Ernst – *Grundlagen des Gemeinschaftsrechts*, AcP 173 (1973), 97-123;

– *Allgemeiner Teil des bürgerlichen Rechts / Lehrbuch*, 3.ª ed., 1982.

Wolf, Manfred – *vide* Larenz, Karl.

Wolf, Manfred/Neuner, Jörg – *Allgemeiner Teil des Bürgerlichen Rechts*, 10.ª ed. 2012 e 11ª ed., 2016.

Wolff, Hans J. – *Organschaft und Juristische Person*, vol. 1.°, 1933.

Wolff, Karl – em Heinrich Klang e Franz Gschnitzer, *Kommentar zum Allgemeinen bürgerlichen Gesetzbuch* I, 1964.

Wolmerath, Martin – *Mobbing / Rechtshandbuch für die Praxis*, 2007.

Wormser, I. Maurice – *Piercing the Veil of Corporate Entity*, 12 Col. L. Rev. (1912), 496-518;

– *Disregard of the Corporate Fiction and Allied Corporation Problems*, 1927, reimp., 2000.

Wüst, Günther – *Das Problem des Wirtschaftens mit beschränkter Haftung*, JZ 1992, 710-715.

Xavier, Vasco Lobo – *Anulação de deliberação social e deliberações conexas*, 1976.

Yavetz, Zvi – *Slave and Slavery in ancient Rome*, 1988.

Zapp, Hartmut – *Codex iuris canonici*, 1986.
Zatti, Paolo – *vide* Galgano, Francesco.
Zeyringer, Walter – *Entwicklungen des österreichischen Namensrecht*, em Dieter Kremer, *Onomastik* VI – *Namenforschung und Geschichtswissenschaft/Literarische Onomastik/Namenrecht* (2002), 421-430.
Zimmermann, Reinhard – *Gesellschaft, Tod und medizinische Erkenntnis*, NJW 1979, 569-576;
– *The Law of Obligations: Roman Foundations of the Civilizan Tradition*, 1999.
Zimmermann, Waltzer – *vide* Damrau, Jürgen.
Zippelius, Reinhold – *Meinungsfreiheit und Persönlichkeitsrecht*, FS Hubmann (1985), 511-521.
Zitelmann, Ernst – *Begriff und Wesen der sogenannten juristischen Personen*, 1873.
Zöllner, Wolfgang – *Regelungsspielräume im Schuldvertragsrecht/Bemerkungen zur Grundrechtsanwendung im Privatrecht und zu den sogenannten Ungleichgewichtslagen*, AcP 196 (1996), 1-36.

ÍNDICE IDEOGRÁFICO